가면들의 병기창

발터 벤야민의 문제의식

가면들의 병기창

발터 벤야민의 문제의식

문광훈 지음

Walter Benjamin

한길사

가면들의 병기창

발터 벤야민의 문제의식

지은이 문광훈
펴낸이 김언호

펴낸곳 (주)도서출판 한길사
등록 1976년 12월 24일 제74호
주소 10881 경기도 파주시 광인사길 37
홈페이지 www.hangilsa.co.kr
전자우편 hangilsa@hangilsa.co.kr
전화 031-955-2000~3 **팩스** 031-955-2005

부사장 박관순 **총괄이사** 김서영 **관리이사** 곽명호
영업이사 이경호 **경영담당이사** 김관영
편집 백은숙 노유연 김광연 민현주 이경진 **마케팅** 양아람
관리 이중환 김선희 문주상 이희문 원선아
디자인 창포 031-955-9933
출력 및 인쇄 예림인쇄 **제본** 광성문화사

제1판 제1쇄 2014년 9월 30일
제1판 제3쇄 2017년 10월 20일

값 35,000원
ISBN 978-89-356-6910-3 03160

- 잘못 만들어진 책은 구입하신 서점에서 바꿔드립니다.
- 이 도서의 국립중앙도서관 출판시도서목록(CIP)은 서지정보유통지원시스템 홈페이지(seoji.nl.go.kr)와
  국가자료공동목록시스템(www.nl.go.kr/kolisnet)에서 이용하실 수 있습니다.
  (CIP제어번호: CIP2015002179)
- 이 저서는 2009년 정부(교육부)의 재원으로 한국연구재단의 지원을 받은 연구(KRF-2009-812-
  A00065)로서, 원제목은 "자본주의 하의 예술운명─발터 벤야민의 문예미학"이었으나 출판과정에서
  제목을 바꾸었다.

"그 때문에 나는 괴물과의 싸움에 지치지 않았다.
그 집은 가면들의 병기창이었다."
• 발터 벤야민, 『베를린의 어린 시절』

텍스트 미로를 헤쳐 가며: 벤야민의 사유운동

■ 책을 내면서

20세기 전반에 활동한 지식인들 가운데 아마도 발터 벤야민 Walter Benjamin, 1892~1940 만큼 오늘날까지 의미심장한 영향력을 미치는 사례는 많지 않을 것이다. 그의 저작이 주는 충격은 다채롭고, 그 논의에는 이견의 여지가 많으며, 그 사유법은 복잡하면서도 급진적이다. 그것은 인화성이 매우 높은 취급주의 저작물이다. 벤야민의 글 가운데 완결된 것은 500편쯤 되고, 살아 있을 때 출간된 것은 네 권뿐이었지만 그 영향력은 이미 몇 가지 분과학문을 훨씬 넘어선다. 그것은 문학과 비평, 매체학과 미학뿐 아니라 철학과 정치이론, 도시분석과 자본주의 비판, 문화학이나 신학에 이르기까지 광범위하게 걸쳐 있다.[1]

------

1) 벤야민의 저작은 1950년대까지만 해도 부분적으로 출간되기는 했으나 흩어져 있는데다 개인이 소장하고 있었기 때문에, 실제로는 없는 것이나 마찬가지였다. 그러다가 1960년대에 이르러 아도르노(Th. Adorno)의 주도로 '벤야민 전집'을 위한 준비가 이뤄졌고 그 첫 번째 권이 1972년에 출간되었다. 이것이 아도르노와 숄렘의 주도 아래 티데만(R. Tiedemann)과 슈베펜호이저(H. Schweppenhäuser)가 엮은 『발터 벤야민 전집』으로, 이후 35년

이질적 원칙 사이에서

벤야민의 사유는 이율배반적 축 사이에서 이 이질적 축을 드러
내면서 그 배치관계Konstellation 아래 움직인다. 이때의 축이란 예
술과 비평, 작품과 매체, 원전과 번역, 정치와 희망, 법과 정의, 역
사와 구원, 전통과 아방가르드, 마르크스주의와 메시아주의, 폭력
과 화해, 주체와 대상, 형이상학적 사변과 정치적 참여, 사실기술
과 자기고백 등이 될 수 있다. 이 둘은 확고하게 정해진 것이 아니
라 불확정적이다. 둘의 관계는 유동적으로 움직이면서 좀더 나은
단계와 수준으로 점차 옮아간다.

이 비대칭적 관계에서 중요한 것은 어느 한 쪽이 아니라 둘 사
이의 관계이고, 이렇게 어우러지는 관계 속에서의 좀더 나은 상태

이상 벤야민 연구의 표준서로 기능한다. 2000년에 와서 괴데(Ch. Gödde)
와 로니츠(H. Lonitz)가 편집한 『벤야민 편지 전집』(전 6권)이 출간되었다.
그 이후 벤야민 저작의 국제적 중요성은 점차 더욱 커져갔고, 그에 대한 2차
문헌도 덩달아 엄청나게 쌓이게 되었다. 2008년 이후에는 주어캄프 출판사
에서 21권으로 된 새로운 벤야민 전집인 『저작과 유고: 비판적 전집』을 펴내
고 있는데, 괴데와 로니츠가 함부르크 학문문화장려재단의 후원 아래 발터
벤야민 문서보관소와 협력하여 발행하는 것이다.

벤야민 전집이 이렇게 발간되기까지는 좀더 역사가 길다. 가장 멀리로
는 1917년 이래 평생 친구였던 숄렘이나 1930년대의 호르크하이머(M.
Horkheimer)가 큰 역할을 했고, 1940년대에 와서는 아도르노와 아렌트(H.
Arendt)가 중대한 기여를 했다. 잘 알려지지 않았지만, 벤야민의 파리 체류
시절 바타이유(G. Bataille)가 그의 원고를 파리국립도서관에 보관해주었
고, 1980년대에 와서는 아감벤(G. Agamben)이 벤야민 원고의 일부를 발견
한 것으로 알려져 있다. 그 외에도 벤야민의 아내인 도라와 아들인 스테판,
출판업자 페터 주어캄프도 큰 도움을 주었다.

이고, 이 상태로의 부단한 움직임이다. 이 움직임 속에서 벤야민은 더 진실하고 더 선하며 더 아름다운 것으로 향해 나아간다. 그리하여 그가 고민한 문제는 세속적인 것인가 아니면 신성한 것인가, 역사인가 아니면 신인가와 같은 양자택일적 선택이 아니라 세속적인 현실에서의 구원 가능성이었다. 그는 두 대립축 사이로 난 좁고도 위태로운 길을 걸었던 것이다. 전혀 이질적인 요소들이 서로를 배제하고 물리치게 내버려두는 것이 아니라 그 이질적 요소 바로 곁에서, 이 낯선 것들과 서로 짝하면서, 그리하여 상호대립적 길항작용에서 나오는 생산적 에너지에 기댄 채, 그의 사유는 움직인 것이다.

그리하여 벤야민에게 처음부터 승인된 전제나 확증된 명제는 없다. 그는 미리 주어진 신념이나 가치를 무조건 따르지 않는다. 오히려 그는 지속적인 질문 가운데 여러 원칙과 명제를 서로 떼

예를 들어 포츠담의 독일중앙문서보관소에 있던 벤야민 유고는 파리의 게슈타포 보관서에 있던 것으로, 전쟁 말기 슐레지엔으로 옮겨진 후 소련군이 확보하고 있다가 1957년에 다시 동독 측에 양도되었다(여기에 대해서는 Dokumentation: Von Walter Benjamins Archiven zum Walter Benjamin Archiv. Eine Geschichte in Dokumenten, zusammengestellt v. Ursula Marx, Gudrun Schwarz, Michael Schwarz und Erdmut Wizisla, Text und Kritik(31/32), Walter Benjamin, 3 Aufl, München, 2009, S. 134~210; Eva Gilmer, Opera Benjaminiana. Ein Verlagsspiel in vier Akten, S. 219, Text und Kritik(31/32), Walter Benjamin, a.a.O., S. 219f. 참조). 2003년 함부르크 학문문화장려재단이 베를린에 발터 벤야민 문서보관소를 세웠는데, 이곳은 함부르크 재단의 기관으로서 베를린에 있는 예술아카데미 문서보관소 재단의 일부로 기능하고 있다. 프랑크푸르트의 아도르노 문서보관소 자리에 보관되어 있던 벤야민의 유고는 2004년 이후 베를린으로 옮겨졌다.

어내 다시 잇고 다시 와해시킨다. 어떤 다른 요소는 기존의 요소들 아래 단순히 배제되거나 억압되는 것이 아니라, 소멸과 몰락할 위험이 있는데도 여기 이편의 관점과 시각을 보충하고 확대하는 생산적 계기로 적극 포용되고—이 포용능력이 그의 언어철학을 특징짓는 '미메시스적 능력'이다—이 포용 속에서 그의 사유는 살아 움직이며 자기 얼굴을 드러낸다. 그것을 '사유의 이중운동'이라고 말할 수 있을지도 모른다.

사유의 이중운동

사유의 이중운동이란 상반되는 두 축이나 여러 축 사이에서 끊임없이 움직이면서 좀더 높은 진실의 단계로 나아가는 성찰적 움직임이다. 이 움직임 속에서 사물의 질서는 새롭게 구성된다. 그러니까 벤야민의 사유는 어떤 정해진 교의를 확신하고 고집하는 데 있는 것이 아니라, 그와 대립되는 것과의 만남 속에서 가치의 지속적 갱신을 도모하고, 기존의 사유를 비로소 살아 있는 것으로 변형·확장시키는 것이다.

아닌 게 아니라 벤야민의 글에서는 곳곳에 흩어진, 어떤 편재하는 자의식이 자리한다. 그것은 비판적 자의식이고 살아 숨 쉬는 지각이며 대상과의 간격을 유지하는 거리감이다. 이 거리감은 철저하게 비순응주의적이다. 그는 극단적으로 이질적인 원칙들을 비판적으로 재구성함으로써 기존의 관념을 안이한 자족과 일체의 순응주의로부터 구제하려고 노력한다. 그는 '천재'나 '이상' Ideal, '정관'靜觀/Kontemplation이나 '도취' 같은 전통개념이 부르주아적 미학범주라고 하여 비판했다. 여기에는 타당한 점도 있지만,

이 모든 가치가 정말 그런지는 좀더 물어보아야 한다. 예를 들어 그가 중시한 알레고리 개념은 간단히 말해 죽음과 소멸에 대한 정관적 사유라고 할 수 있고, 그러는 한 정관은 반드시 퇴행적 개념이라고 말하기는 어렵기 때문이다. 그의 언어가 그렇고, 논리전개 방식이나 표현형태도 그러하다.

불연속적 종합

벤야민은 문학적·철학적·문화적 형식의 변형가능성에 열려 있었다. 그는 모든 형식의 변형가능성을 열어두는 데 비평적 진실이 있다고 여겼는지도 모른다. 그가 손쉬운 종합을 질타한 것도 그런 이유에서일 것이다. 전체는 가상이고, 그 때문에 붕괴되어야 한다. 반성되지 않은 종합은 거짓종합인 까닭이다. 벤야민의 종합은 일목요연하지 않고 정연하지도 않다. 그것은 차라리 불연속적이고 비체계적이다. 그래서 쉽게 재구성되기 어렵다. 그러나 사유는 불연속적·비체계적 종합 속에서 계속 나아갈 수 있다. 불연속적 종합이라는 이 불안정한 균형 속에서 그는 지식 자체를, 담론의 구성과정 자체를, 마치 그 뒤에 푸코가 그러하듯이 문제시했다. 수많은 인용과 그에 대한 논평으로 엮어진 『아케이드 저작』*Das Passagenwerk*은 그 좋은 예다. 아마도 벤야민만큼 지식비판적인 지식인은 없을 것이다. 이 유동적이고 탄력적인 사유법은 바이마르 공화국과 나치즘 체제라는 격변기 속에서 현실과 이념, 역사와 구원, 전통과 혁신을 오가면서 그 매개가능성을 모색한 그의 생애의 성격이기도 하다.

벤야민은 베를린의 유복한 유대계 가정에서 태어났지만 20대

말 이후의 삶은 불안정했고, 33세 때 프랑크푸르트대학교에서 교수자격을 취득하기 위한 노력이 좌초된 후 생계는 더욱더 어려워졌다. 그는 마흔 무렵 여러 차례 자살을 시도하기도 한다. 파리에서 망명생활을 시작한 1933년 이후 경제적 곤궁은 그의 일상이었다. 이때부터 1940년 스페인의 국경인 포르 부Port-Bou에서 자살할 때까지 그는 한 번도 정해진 주거지나 조용한 작업실을 갖지 못한다. 그는 수도 없이 자주 이사를 다녀야 했고, 먹고 잘 곳을 마련하기 위해 이혼한 아내 도라Dora가 있던 산 레모San Remo까지 찾아가기도 한다.

궁핍한 삶에서 살아남는 법

궁핍함은 지속되었지만 벤야민은 파리 망명시절 국립도서관에 매일 다니면서 방대한 『아케이드 저작』 작업에 매달렸다. 그러면서 동시대 그 어떤 지식인들보다 집요하게 금기시된 사고의 철책을 무너뜨리려 했고, 정치적 환멸로 가득 찬 현실에서 새로운 의미지평을 열어보이고자 애썼다. 죽기 전에 쓴 「역사의 개념에 대하여」(역사철학테제)는 다가오는 나치즘의 학살체제 앞에서 이뤄진 독소불가침협정에 대한 그의 비판적 대응이었다. 그가 아렌트H. Arendt에게 맡긴 이 원고를 아도르노Th. Adorno는 그의 사후인 1942년 『사회연구』 특별판에 게재한다. 책과 논문, 논설과 서평뿐만 아니라 팸플릿이나 플래카드, 포스터에 이르기까지 글의 장르와 형식을 가리지 않았던 것도 그의 극심한 생활고와 연관될 것이다.

벤야민은 삶에서 겪고 생각하고 꿈꾸고 욕망한 모든 것을 현실을 이해하기 위한 성찰의 자료로 삼았다. 그는 삶에서 일어난 모든 경험의 질료를 끊임없이 반추하고 성찰하고 재배치하면서 무너뜨리고 또 짓는다. 그는 분리와 결합, 해체와 축조의 쉼 없는 반복을 통해 전혀 새로운 가치지평을 펼쳐 보인다. (이것이 그의 사유방식인 '해체구성의 변증법'이다.) 그러면서 그는 '독립적 지식인'의 역할을 늘 고민한다. 그는 불우한 다수에 공감하는 지식인의 모순을 생각하고 자신의 교양특권을 문제시하면서도 부르주아 계층 출신이라는 가계家系를 부정하지 않았다. 모순에 찬 삶에서도 이 모순을 미화하거나 회피한 것이 아니라, 오히려 직시하면서 모순 너머의 가능성을, 삶의 화해적 가능성을 추구했던 것이다.

개별적인 것의 진실

벤야민은 모든 이론적 일목요연함과 체계적인 것의 억압성을 문제시했다(아도르노가 '체계강제'Systemzwang라는 개념을 사용하면서 자신의 미학이론을 비체계적으로 만든 것은 그의 영향 덕분이었다). 그는 전체보다는 부분을 중시했지만, 이 부분은 위로부터 부과되기보다는 아래에 뿌리박은 것이었다. 그는 개체적이고 특수하며 작고 주변적인 것들의 진실을 옹호했다. 이 작은 것들의 유일무이한 진실이 어떤 외적이고 집단적인 이념에 의해 휘둘리는 것이 아니라, 오히려 이 집단이념이 작고 파편적이며 불연속적인 경험재료에 의해 부단히 검증되어야 한다고 여겼다. 그는, 역사적 차원에서건 철학적 차원에서건, 모든 직선적이고 연속적이며 시종일관된 가치모델을 불신했다. 그래서 지속보다는 단절을 선호했고 축조보다는 파괴를 더 강조한다(자본주의가 내세우는 성장이데올로기나 무한한 새로움에 대한 맹신은 이런 점에서 비판될 수 있을 것이다).

벤야민은 의례화된 개념규정이나 관습적인 사유방식과 단호하게 결별한다. 그는 학계의 분과학문적 구분도 인정하지 않았다. 오히려 그는 주어진 가치체계를 과감하게 해체함으로써 계율화되지 않은, 그래서 정해진 도식과 안이한 명제를 벗어난 생경하고 신선한 것들의 구원가능성을 탐색한다. '정전'canon이란 그런 도식의 하나다. 벤야민이 리글A. Riegl을 높게 평가한 이유는 이 예술사가가 '예술의지'Kunstwollen/artistic will라는 개념으로 예술장르의 관습적 경계를 허물어뜨렸기 때문이었다. 구원이 있다면, 그것은 현재하는 시간의 구태의연한 타성과 결별하는 가운데, 이 결별 아래 가능한 자기변형적 각성으로부터 잠시 나타날 것이다. 그리하여 진실한 종합은 순간적으로만 타당하다. 그렇듯이 행복도 섬광처럼 찾아들 뿐이다.

언어와 사유의 주권성

벤야민 사유의 주권성Souveränität/sovereignty은 삶의 모순 속에서 이 모순을 회피하거나 외면하는 것이 아니라, 그 모순을 응시하고 그와 대결하면서 좀더 참되고 선하며 아름다운 현실을 추구한 데 있다. (릴케는 장미를 '순수한 모순'이라고 불렀지만, 아마도 삶에서 순수한 것은 모순뿐일지도 모른다.) 사유의 주권성은 곧 언어의 주권성이다.

사유의 주권성은 사유가 사유할 수 있는 최극단의 경계선 그 너머까지 나아가는 것을 주저하지 않는 데 있다. 종합의 가능성은, 결코 포기되지 않은 채, 무한하게 유보된다. 그것은 사유 속에서 만들어지는 사유이고, 사유 안에서 그 밖을 사유하는 사유다. 진정한 사유는 사유의 근원역사, 다시 말해 사유의 이전과 그 이후를 '동시에' 사유한다. 사유의 진실성은 사유의 움직임 그 자체 속에서 잠시 만들어진다. 그래서 벤야민의 사유는 언제나 '지나가는'passage 복도 또는 통로 또는 건널목이라는 이미지로, 잠정적인 형태로 잘 드러난다.[2]

벤야민이 혁명을 꿈꾸었다면, 그 혁명은 상투적 이념이나 어떤 기존정당에 기대어 이뤄지는 것이 아니라, 글쓰기 속에서 익명의 불우한 다수를 떠올리며 이뤄지는 것이었다고 말할 수 있을지도 모른다. 그것은 혁명 자체가 아니라 '혁명'으로 불리는 온갖 비혁명적인 요소를 관통하면서, 이런 요소들의 구태의연함을 해체하고 구축하는 가운데 수행되는 것이었다. 그리하여 그것은 혁명을 이미 떠난 것일 수도 있고, 전혀 '혁명'이라고 불리지 않아도 좋을 것이었는지도 모른다. 중요한 것은 '혁명'으로 불리는가 불릴 수 없는가가 아니라, 지금보다 좀더 나은 질적 수준으로 나아가는 쇄신적·변형적 움직임이기 때문이다. 이질적 원칙들을 관통해가는 언어와 사유는 이미 삶을 새롭게 조직하려는 윤리적 실천이다. 이 실천은 이미 정치적 현재성을 내장한다.

이러한 실천에서 나온 독창적 결과물의 한 사례가 '사유이미지/이미지적 사유'Denkbilder/Bilddenken이고 파사주 프로젝트였다. 이미지적 사유에서 내용과 형식, 이론과 실천의 분리가 지양된다면, 파사주 프로젝트는 대도시 파리에 대한 그 엄청난 색인 작업이 보여주듯이, 숱한 단편 속에서 삶의 전체를 보여주려던 전혀 새로운 진술방식이었다.

---

2) 이런 면모는 그에 대한 데리다의 독법에서 강조된다. 제11장, 제13장 참조.

혁신의 어려움

그러나 현실에 대한 다른 시각도 그렇거니와, 전혀 다른 쇄신의 실천도 지극히 어렵다. 벤야민은 '메시아가 들어오는 작은 문'에 대해 말했고, 데리다J. Derrida는 '메시아주의가 없는 메시아적인 것'을 말한 바 있지만, 현실을 변화시키기 위한 길은 간단치 않다. 그것은 활짝 열린 탄탄대로가 아니라, 돌과 늪과 진창으로 이뤄진 좁고 험난한 가시밭길이다.

벤야민의 작업은 글쓰기에 대한 명징한 자의식이나 비판적 부정 없이 불가능하다. 그것은 자기 글에 대한 절대화나 신화화가 아니라, 글 자체의 자기갱신적이고 자기변형적인 계기에 대한 믿음 위에 자리한다. 자기갱신을 이루려면 자기부정적이어야 하고, 자기반성적이어야 한다. 그의 글은 단순히 혁신을 주장하거나 설명하는 것이 아니라, 그 혁신을 자기 글의 근본 에너지로 내장하여 스스로 실행한다. 혁신을 자기 글 자체의 동력으로 육화하는 것이다. 벤야민 사유의 저항적 성격은 그의 글에 내재된 이 자기갱신적이고 자기비판적인 잠재력에서 나온다. 그러므로 사유한다는 것은 그에게 그저 이론행위에 그치는 것이 아니라 무엇보다 삶의 태도이고, 이 삶의 압도적 현실 앞에서 인간이 취하는 세계대응의 한 방식이다.

빠져나가는 벤야민

벤야민을 '다시 쓰는're-writing 일의 어려움도 아마 이것과 관련될 것이다. 그의 사유는 이질적인 원칙들 아래 움직이면서 해체구성적으로 현실에 대응하는 것이기에 간단히 요약하기 어렵다. 그의 글을 읽고 그에 대해 쓰려는 사람은 누구나 그렇게 쓴 내용이 원래의 텍스트를 빠져나간다는 경험을 자주 할 수 있다.

벤야민에 대해 제대로 쓰려면, 몇 가지 주제나 모티프를 거론하는 것만으로는 어림없다. 그런 경우 그의 일부를 말할 수는 있다. 그러나 그 전체 모습은 포착하기 어렵다. 벤야민의 전모는, 우리가 그의 언어와 사유를 이루는 독특성을 우리 스스로 어느 정도 체화할 때, 그래서 이를테면 '해체구성의 변증법'을 필자 자신의 언어와 사유도 따를 수 있을 때, 자연스럽게 드러난다. 또는 앞서 말한 '사유의 이중운동'을 염두에 두어야 하고, 이 이중적 사유운동을 논평자 스스로 육화해야 하며, 그래서 논평자의 언어가 벤야민의 그것처럼 주권적이어야 한다. 껍질로 존재할 뿐이라면, 우리는 껍질 같은 진실을 오직 부단한 사유실험 속에서나마 어렴풋이 가늠할 수 있을 뿐이다.

20여 권의 벤야민 저서와 그에 대한 수백 편의 논문에서 우리는 무엇을 얻으려 하는가? 벤야민에는 거의 모든 것이 들어 있다. 문학과 예술과 철학, 역사와 현재와 미래, 재앙과 억압과 파국과 구원과 행복, 자본주의와 상품과 대도시, 체념과 우울과 환멸, 비평의 거짓과 진실, 문명의 허영과 죄악, 법의 기만과 머나먼 정의, 신학과 역사철학, 글쓰기와 기억과 문화, 원전과 번역과 근원실종, 매체와 기술과 상실된 아우라, 사진과 영화 등등 그에 기대면 우리는 학문적 주제의 거의 모든 것에 대해 새롭게 사유할 수 있는 어떤 실마리를 마련할 수 있다. 과연 어떻게 해야 우리는 벤야민을 '제대로' 읽을 수 있는가? 어떻게 다시 써야 그의 역사적 중대성을 증거할 수 있는가?

이 책에서 나는 단순히 벤야민을 이루는 몇 가지 면모나 특정한 주제 또는 어떤 모티프나 몇몇 확신을 소개하려 하지 않는다. 또 다양한 논제를 담은 그의 글에 대한 문헌학적 접근이나 텍스트 분석을 하려는 것도 아니다. 그의 주요 저작에 대한 다양한 해석의 사례나 그 분화된 수용사에 대한 고증적 연구는 다른 책에서 얼마든지 확인할 수 있을 것이다.

이 책의 목표: 네 단계

이 책의 목표는 벤야민이라는 한 뛰어난 문필가이자 비평가이고 문예이론가이자 사상가의 전체 모습은 무엇인지, 그가 가진 문제의식의 뿌리에는 무엇이 있는지, 그 핵심 구상 가운데 과연 어떤 것이 오늘의 관점에서, 또 한국의 문학적·문화적 지형에서 여전히 타당한 것인지를 검토하는 데 있다. 이를 위해 나는 적어도 네 가지 원칙을 늘 견지하려 했다.

① 벤야민의 모습을 최대한 전체적으로 균형감 있게 드러낸다(1차 문헌에 대한 충실).

② 벤야민에 대한 주요 논의는 끌어들이되 주어진 그대로 수용하는 것이 아니라, 그와 철저하게 대결하는 가운데 취사선택하며 비판적으로 논평한다(2차 문헌과의 대결).

③ 벤야민의 글이든 그에 대한 논의든, 그렇게 대결한 결과물은 오늘의 여기 상황, 즉 한국의 문학적·문화적 지형에 맞게 재구성되어야 한다. 따라서 이 책의 벤야민은 '독일의 벤야민'이나 '외국의 벤야민'이 아니라 '한국의 벤야민'이고, 그 이전에 '나의 벤야민'이다. 그리고 나의 벤야민은, 이것이 재구성되는 과정에서 설

득력을 가질 수 있다면, '우리의 벤야민' 또는 '한국문학과 한국문화에서의 벤야민'으로 자리할 수 있다. 즉 비교문학적·비교문화적·비교사상적 관점이 개입되었다는 뜻이다. 나아가 이 벤야민은 마땅히 다른 논자들의 이런저런 관점과 대조되어야 한다. 그래서 그것은 대조를 통한 비판적 검증의 혹독한 과정에서 살아남아야 한다.

④ 재검토된 벤야민의 사유 가운데 어떤 점이 여전히 타당한가? 이렇게 타당한 것 가운데 어떤 것이 내가 앞으로 계획하는 비평론과 예술론에 적용될 수 있는가? 이것은, 다르게 말하면, 그의 현대성modernity에 대한 물음이다.

벤야민적 현대성은 형식의 탈경계화 또는 장르 위반을 통해 전혀 새로운 가치공간을 타진한 사유방식에 있다. 정치적인 것의 가능성도 그에게는 목적과 수단의 일원화된 관계를 해체시키는 데 있었다. 그가 다룬 거의 모든 주제는, 그것이 언어든 예술비평이든 철학이든 정치든, 또는 역사든 법이든 도시든 신학이든, 결국 사유의 현대성을 얼마나 견지하는가라는 문제로 수렴된다고 나는 생각한다. 벤야민의 사유방법은, 앞서 언급했듯이, 해체구성의 혁신적 변증법이고, 그 내용은 좀더 공정한 세계, 즉 억압과 폭력으로부터 자유로운 세계이며, 그 목표는 행복일 것이다. 행복은 세속에서의 구원경험일 것이기 때문이다. 여기에서 출발점은 자기진술 또는 자기초상으로서의 글쓰기라고 할 수 있을지도 모른다. 문학 언어가 위대하다면, 그것은 그 언어가 자신의 개인적·실존적 경험으로부터 사회역사적으로 퍼져가는 데 있을 것이다. 그런 점에서 모든 문학 언어는 근본적으로 자서전적이라고 할 수 있다.

이 네 가지 원칙 가운데 특히 세 번째와 네 번째 물음은 중요하다. 문화적으로 축적된 것의 의미는, 우리가 그렇게 축적된 유산을 지금 여기에서 어떻게 읽고 얼마나 이해하며, 이렇게 이해한 것 가운데 어떤 것을 현실쇄신의 에너지로 전환시키느냐에 따라, 전혀 달라진다. 과거는 우리가 이 과거를 읽는 방식으로만 현재적으로 드러난다. 그러나 현재하는 문제의식에 대한 이러한 필요성은, 제3부 제8장 2절 「무의도적 진리」에서 강조하듯이, 이 문제의식에 배어 있는 일체의 의도마저 지워버릴 때, 참으로 진실할 수 있다.

미래의 비평, 미래의 예술

바로 이 대목에서 나는 '미래의 비평'과 '미래의 글쓰기'를 떠올리고, '미래의 독문학'과 이 독문학이 기여하게 될 '미래의 한국문학'을 떠올린다. 나아가 비평론과 예술론 일반을 떠올린다. 비평론과 예술론 일반이란 보편적 비평론과 예술론이다. '독일'이나 '한국' 같은 이런저런 지역적 수식을 거쳐 우리가 도달해야 할 하나의 궁극지점은 이 모든 수식어를 벗어난, 그리하여 세계의 전체에 두루 열린 예술론이고 인간론이기 때문이다. 문학론이나 예술론, 철학과 역사, 이 모두를 포함한 인문학은 보편적 지평으로 열린 이 확산적 경로와 그것의 전체 좌표축을 잊어선 안 된다. 한국에서의 발터 벤야민론도 예외는 아니다.

납득할 만한 벤야민론이 있기 위해서는 여러 단계와 조건이 구비되어야 함은 자명하다. 첫째, 벤야민의 주요저작이 정확하고도 체계적으로 번역되어야 하고[3] 둘째, 그에 대한 문헌학적 검토와 다양한 각도에서의 해석이 축적되어야 한다. 셋째, 여러 해석을 바탕으로 엄밀하고도 객관적인 비판이 이뤄져야 한다. 넷째, 나아가 이러한 비판은 단순히 몇 편의 논문으로 끝나는 것이 아니라 다양한 관점을 유기적으로 결합한 저작의 형태[4]로 결산되어야 한다. 다섯째, 한국에서의 벤야민 읽기도 이런 방향으로 나아가야 할 것이다. 또 이런 종류의 책은 한두 권이 아니라 열 권, 스무 권으로 축적되어야 하고, 각 논의는 저작 사이에서 이뤄지는 선의의 경쟁을 통해 학계의 공정한 평가를 거쳐야 한다.

지나간 것은, 벤야민이 보여주듯이, 과거의 사건과 그에 대한 사료, 내 유년시절의 기억과 이런저런 산보, 정치철학적 성찰과 표현이 서로 어우러지면서 만들어내는 전체 풍경으로부터 만들어진다. 이 지나가버린 풍경은 그 지난날의 의식이 아니라 지금 여기의 의식과 결부된 채, 현재적 인식가능성 속에서, 마치 꿈이 의식과 만나면서 주체가 잠에서 깨어나듯이 고찰되어야 한다. 그리하여 우리는 지나가버린 것들에 기대어 자신의 시간을 살피고, 지나가버린 것의 변형 속에서 새로운 인식의 가능성을 찾는다.

여기서 핵심은 자기의 고유한 목적을 위해 비판적 해석전환Uminterpretation을 시도하는 일이다. 이런 해석전환을 통해 이미 있어온 것들을, 인간의 예술과 사상과 역사를 전혀 새로운 방식으로 읽는 일이다. 수많은 텍스트와 기호와 그림을 읽으면서 무너진 꿈

---

3) 여기에는 반성완 이래 최성만·조형준 등 여러 학자의 기여를 말할 수 있다.

4) 벅 모스(S. Buck-Morss)의 아케이드 저작이나 질로크(G. Gilloch)의 대도시 분석, 벤야민 법개념에 대한 데리다의 해석은 그런 모범적 사례일 것이다.

의 개인적인 사연과 좌초한 이념의 사회역사적인 궤적을 적는 일이다. 우리는 현재를 '깨어 있는 역사', 곧 꿈을 간직한, 그래서 얼마든지 기존과 다르게 변형할 수 있는 역사로 파악할 수 있어야 한다.

또 다른 벤야민

이 다섯 단계를 지나면 우리는 이윽고 한국에서의 '또 다른 벤야민'을 기대할 수 있을지도 모른다. 그것은 새로운 비평론과 예술론을 정립시킬 때 가능할 것이다. 결국 제대로 된 벤야민 읽기는 전적으로 새롭고도 신선한 해석 속에서 또 하나의 다른 벤야민을 창출할 때 비로소 실현되는 것이다. 하나의 벤야민은, 그것이 또 하나의 다른 벤야민과 만날 때, 마침내 불꽃을 피운다. 하나의 독창성이란 또 다른 독창성으로만 전해진다.

비평은, 그것이 지배적 견해와 집단적 권력을 거스르지 못한다면, 살아남기 어렵다. 그러나 살아남는다고 해도 비평은, 또 문학의 언어는 자연의 부서진 조각일 뿐이다. 진리는 진리 밖의 어떤 것과 만나지 않고 진실하기 어렵다. 참된 것은 잔해 속에 있고, 문화사의 업적이라는 부서진 것들의 잔해, 즉 토르소를 닮아 있기 때문이다. 그리하여 예술의 작업에서, 또 학문의 진실탐구에서 우울은 불가피하다. 삶의 피로taedium vitae는 어쩔 수 없다. 우리는 상실의 감정으로 살아가고, 이 상실의 슬픔 속에서 잠시 행복할 수 있다. 영원한 것은 상실의 아련한 목록뿐.

그리하여 우울은 다시 모든 의미의 근원이라고 할 수 있다. 우울은 인간에게만 있는 것이 아니다. 우울의 감정은 인간에게 고유하지만, 우울을 야기하는 생멸의 현상은 곳곳에 있다. 그것은 시시각각 자라나거나 꺼져가는 우주의 존재론적 기반이다. 여기에서 우선은 사물이지 인간이 아니다. 인간의 우울마저 생멸적 자연현상의 한 사례에 지나지 않는다. 그리하여 선악과 시비是非를 가리는 것은 중요하지만, 그보다 더 중요한 것은 시비의 지평 그 너머를, 저 미지의 타자적 세계를 잊지 않는 일이다. 문학예술은 이 타자적 지평을 끊임없이 상기시켜준다. 바로 이 점에서 예술은 그 어떤 활동보다 정의롭고 윤리적이다. 예술의 가장 깊은 내부에 슬픔이 있는 것은 자연스러운 일인지도 모른다.

'한국학'의 일부로서의 독문학

위의 네 가지 원칙이 제대로 이뤄졌다면, 이 책은 그 자체로 외국학으로서의 독문학이 오늘날 이 땅에서 갖는 위치에 대한, 그리고 '한국학'Korean Studies의 일부로서의 독문학이 갖는 비교문학적·비교문화적 의의에 대한 하나의 반성적 결과물이 될 수 있을 것이라고 나는 생각한다. 벤야민의 텍스트는 그 복잡한 구조나 다양한 주제의식, 전혀 양립할 것 같아 보이지 않는 입장들 간의 위태로운 균형과, 그 균형 속에서 자기 관점의 놀라운 견지가 이뤄진다. 그런 점에서, 오늘날의 모든 이론적 시도에 대하여, 그 시도가 문학적이거나 예술철학적이거나 사회과학적이거나 문화분석적이거나 간에, 자기가 선택한 방법론의 수준과 타당성을 검증할 수 있게 하는 매우 좋은 시금석으로 보인다. 벤야민의 진정한 유산은 그가 남긴 모든 것이 아니라, 오늘의 관점에서도 여전히 적실하고 타당성 높은 어떤 구상이나 문제의식일 것이기 때문이다.

문화적으로 축적된 모든 것은 말할 것도 없이 오늘의 관점에서, 또 나의 체험과 우리의 현실 속에서 부단히 검증되어야 한다. 이 검증 속에서 그것은 늘 새롭게 재구성되어야 한다. 그리하여 우리가 벤야민에게서 배워야 할 것은 역사적으로 누적된 과거의 것들을 읽는 그의 독특한 문제의식, 말하자면 현존하는 것의 세부에 충실하면서도 역사의 거시적 폐허를 잊지 않는 교차독법의 사유이고, 이 사유의 반성적 운동일 것이다. 이 사유운동 속에서 성숙한 문화는 이름 없는 것들에 이름을 지어준다. 나는 확신에 찬 벤야민주의자Benjaminianer가 결코 아니지만, 모든 종류의 확신은 차라리 '비벤야민적'이라고 불러야 하겠지만, 이 책에서 검토한 벤야민의 사유법은 이 땅에서 문학예술을 바라보는 방식에 있어서, 또 우리의 문화공동체에서 학문의 윤리를 생각하는 데 있어서 의미 있는 역할을 하게 될 것이라고 생각한다.

왜 '가면병기창'인가

끝으로 제목에 대한 간략한 설명이 필요할 것 같다. 연극의 주인공을 일러 흔히 '페르소나'persona라고 할 때, 그것은 '가면'이나 '분신'分身이라는 뜻이다. 연극의 주인공은 말할 것도 없이 작가의 분신이다. 그는 여러 가면을 바꿔 쓰면서 수없이 다양한 인간과 세계를 보여준다. 그래서 가면을 통해 지금까지와는 다른 방식으로 인간과 현실을 드러낸다. 그러므로 가면은 좁게는 예술에 대한 비유이고, 넓게는 인간과 세계에 대한 별칭이다. 인간이 가면 같듯이, 세계도 가면 같은 것이다.

벤야민론을 내면서 그의 문제의식을 한마디로 압축할 수 있는 어휘가 무엇일지 오랫동안 고민했다. 그렇게 하여 결국 고른 단어가 '가면들의 병기창'das Arsenal der Masken이다. 이 말은 1932년부터 쓰기 시작했지만 1950년이 되어서야 출간된 『베를린의 어린 시절』에 실린 「숨을 곳들」Verstecke에 들어 있다. 가면이 예술에 대한 비유라면, '가면들의 병기창'이란 곧 '예술(들)의 병기창'이 될 것이다. 그러니까 벤야민의 사유공간은 세상과 대결하기 위해 예술이라는 무기를 벼리는 곳이고, 그의 글 전체는 예술의 이 저항적 가능성을 탐색한 병기창인 셈이다. 이것이 책 제목을 『가면들의 병기창』으로 지은 이유다.

인간적인 것은 문명적 불야성의 모든 미망迷妄으로부터 깨어나야 한다. 진정한 행복은 아직 오지 않은 미래의 것이기 때문이다. 땅 위의 것은 오직 몰락의 대가를 치르면서 신적인 것과 이어진다. 그 이어짐의 아득한 고리가 예술의 표현이고 시적 형상이다. 예술은 현실의 가면을 드러내는 인간의 가면. 그래서 그것은 내 슬픈 분신이기도 하다. 예술은 현실을 가면 같은 것으로, 가면의 껍질로 드러내는 반성적 무기다. 예술은 가면병기창이다.

이 글을 쓰기 시작한 것은 2008년 겨울 무렵이었다. 각 장을 쓸때마다 나는 두세 번씩 퇴고하였고, 한 부가 완성되면 다시 처음부터 끝까지 두어 번 퇴고하였다. 그렇게 하여 벤야민론은 전체 4부 15장의 본론 이외에 서론과 결론으로 마무리되었다. 이렇게 마무리된 원고지 4,000장의 전체 글을 그 뒤에 띄엄띄엄 시간적 간격을 두고 가다듬었다. 그러면서 2~3년이 지나갔다. 나는 벤야민에 관한 한, 내가 배울 수 있고 한국의 문학과 비평과 문화가 얻을 수 있는 것이라면 그 어떤 관점이나 문제의식도 하나도 남김없이 받아들여 나의 언어와 시각으로 재해석하고자 애썼다.

벤야민을 오랫동안 읽고 마침내 책을 내게 된 것은 말할 것도 없이 여러 선학先學의 자극과 가르침 덕분이다. 그 가운데 프랑크푸르트대학의 린트너 선생님Prof. Burkhardt Lindner은, 벤야민에 관한 한, 결코 빠뜨릴 수 없는 나의 독문학 은사님이다. 학위논문을 번역한 책에도 언급한 적이 있지만, 그는 문헌적 엄밀성이나 독자적 해석의 정확성에 있어 정평 있는 학자로 국제적으로 알려져 있다. 1970년대 이래 벤야민의 해석사에 그야말로 '새로운 길을 열어젖힌 bahnbrechend' 선생님의 그 많은 선구적인 논문이 없었더라면, 나는 아마도 이 책을 쓰지 못했을 것이다. 고개 숙여 깊이 감사드린다.

이 적지 않은 분량의 글을 책으로 기꺼이 내주신 한길사 김언호 사장님과 교정과 편집의 번거로운 일을 맡아준 안민재 과장께 깊이 감사드린다.

2014년 6월
문광훈

일러두기

1. 이 책에 나오는 벤야민의 글은 모두 독일 주어캄프 출판사에서 간행된 『전집』 (*Gesammelte Schriften*, 이하 *GS*)에서 인용한 것이다.

2. 필자가 발표한 벤야민 관련 논문의 서지는 다음과 같다. 이 논문들은 이 책 본문을 부분적으로 고치거나 줄인 것이다.

    ① 제13장: 「언어채무: 벤야민 번역론에 대한 데리다의 시각」, 『번역비평』, 2009년 3호, 번역비평학회 편, 고려대 출판부, 246~273쪽(2009년 5월 16일 고려대에서 열린 번역비평학회에서 발표).

    ② 제6장 2절: 「무한한 정의-벤야민과 데리다의 법이해」, 『독일언어문학』, 2011년 51호, 109~127쪽(2010년 11월 12일 충남대에서 열린 독일언어문 학회에서 발표).

    ③ 제5장 1~3절: 「돈과 빚과 죄-발터 벤야민의 자본주의 이해」, 『독일언어문 학』, 2012년 57호, 69~85쪽.

    ④ 제14장 2~3절: 「화해적 결별-발터 벤야민의 문화사 이해」, 『독일언어문 학』, 2013년 59호, 109~128쪽.

    ⑤ 제5장 4절: 「인류사는 결손사-발터 벤야민의 자본주의 분석(2)」, 『독일언 어문학』, 2013년 61호, 135~154쪽(2012년 12월 8일 동덕여대에서 열린 독어독문학회에서 발표).

벤야민은 누구인가

끝없이 이어지는 가운데
마치 밤하늘의 별무리처럼
전체국면적이면서 구조적으로,
결국 분위기로 드러나는 것,
그것이 바로 벤야민의 이름이다.

추방된 자의 원고: 왜 벤야민을 읽는가

벤야민은 누구인가

여기 발터 벤야민Walter Benjamin, 1892~1940이라는 사람이 있다.

그는 여러 가지 점에서 흥미롭다. 그는 흔히 문학비평가이자 미학자이고 철학자이자 매체이론가로 불린다. 그는, 뛰어난 논자가 대개 그러하듯이, 글쓰기의 장르나 형식에 제한을 두지 않았다. 논문이건 서평이건, 번역이건 단상斷想이건, 아니면 아포리즘이건 가리지 않았다. 그가 10여 년에 걸쳐 쓴 대작 『아케이드 저작』 *Das Passagenwerk*은 수많은 인용과 완성되지 못한 착상으로 가득 차 있고,[1] 죽기 전에 쓴 「역사의 개념에 대하여」(역사철학테제)Über den Begriff der Geschichte는 분석과 기억, 회한과 진단, 우울과 전망을 오가며 절망적 희망 속에서 써내려간 이단적 좌파의 인류사적 묵시

---

1) 벤야민의 *Das Passagenwerk*는 한국에서 흔히 '아케이드 프로젝트'로 번역되고 소개되었지만, 이것은 정확한 번역이 아니다. 독일어 Passagen이 '아케이드들'이라면, Werk는 '작업'이나 '저술/저작' 또는 '작품'이라는 뜻이다. 따라서 *Das Passagenwerk*는 '아케이드에 대한 저술' 또는 '아케이드 저작'쯤으로 번역하는 게 적절하다.

록처럼 느껴진다.

벤야민이 남긴 모든 글은 수많은 이질적 이미지가 뒤엉킨 채 엮어진 변증법적 의미의 몽타주로 보이고, 자살로 마감된 그의 삶은 이 불안정한 몽타주의 생애적 육화는 아닌가 여겨지는 것이다. 그는 한편으로 기술시대에 들어선 예술의 변화를 누구보다 먼저 직시하고 그 대응의 필요성을 역설했지만, 다른 한편으로 참된 경험을 전달하는 '이야기하기'story telling의 전통적·역사적 의미를 소중히 여긴 사람이기도 했다. 그는 영화의 대중적 계몽가능성에 기대를 걸었고, 오랫동안 라디오 강연에 참여하기도 했다. 그는 또 아이들의 장난감이나 다양한 인형을 열렬하게 수집하기도 했다.

이처럼 다채롭고 때로는 이질적인 면모를 보이지만, 이 모든 것을 일단 제쳐둔 채 나는 벤야민을 그저 '한 사람의 저자'나 '필자'로 이해하고 싶다. 적어도 궁극적으로는 글 쓰는 사람—오직 글로써 인간의 현실을 새롭게 이해하고, 이 세계를 다르게 조직하려고 혼신의 힘을 기울인 저자로 자리매김하고 싶다. 아니면 '우울한 사색가'나 철학적 문학이론가가 될 수도 있을 것이다. 그도 아니라면, 우울한 문예인간이라고나 할까.

자, 묻자. 벤야민은 누구인가? 그는 변증법적 유물론자인가, 꿈의 해석자인가? 게으른 산보객인가, 알레고리의 해독자인가? 아니면 마르크스주의적 유대신비주의자인가? 어떻게 그가 불리든, 이러한 명칭들보다 내게 더 두드러져 보이는 것은 그가 극도로 예민하고 섬약하여 상처받기 쉬운 순결한 영혼이었고, 이 섬세한 심미적 감수성으로 자신의 사유체계를 독자적으로 구축했던 창의적 미학자이자 집요한 수집가였으며, 거의 평생에 걸쳐 좌절을 거듭

1939년, 파리국립도서관에서 집필에 몰두하는 벤야민. 나치군의 침공소식 앞에 서도 그는 이곳을 매일 찾았다. 읽고 쓰고 분류하며 사유하는 것은 그에게 생존 을 위한 투쟁(Überlebenskampf)이었다.

한 사강사Privatdozent이기도 했다는 사실이다. 그러니 다시 묻자. 발 터 벤야민은 과연 누구인가? 나는 그의 이름을 조용히 불러온다. 벤- 야- 민-, 이라고 천천히 그 이름을 되뇌면, 내겐 여러 가지 상 념이 순서도 끝도 없이 줄줄 떠오른다.

　망명시절 파리의 국립도서관에서 책 읽는 모습이 떠오르는가 하면, 베를린 집의 어둑한 골방에서 책 읽기에 빠진 한 어린아이 의 모습이 나타나기도 한다. 아니면 먹고살기 어려워 이혼한 아내 가 운영하는 이비자 섬의 여관집으로 찾아가 며칠 동안 머물던 때

> **자, 묻자. 벤야민은 누구인가?**
> **그는 변증법적 유물론자인가, 꿈의 해석자인가?**
> **게으른 산보객인가, 알레고리의 해독자인가?**
> **아니면 마르크스주의적 유대신비주의자인가?**

의 모습이 떠오르기도 한다. 19세기 중엽 대도시 파리의 상점가를 이리저리 거닐며, 마치 보들레르C. Baudelaire가 그랬던 것처럼, 자기가 쓴 글을 사줄 고객을 기다리는 한 작가의 이미지가 겹쳐 보이기도 한다. 그리고 이 궁핍한 작가의 일상 옆에는 이 도시의 쓰레기를 모아 파는 넝마주이의 모습도 있다.

넝마주이가 소비와 욕망의 찌꺼기를 모은다면, 수집가는 철 지난 유행의 찌꺼기에서 자기의 취향물을 긁어모은다. 앗제E. Atget는 도시인이 남긴 이 같은 흔적을 사진으로 기록한 사람이다. 사라져간 날들의 지난 사연들을 옛날 농부나 선원이 이야기 형태로 우리에게 전달했다면, 그것을 언어로 기록한 것은 프루스트M. Proust 같은 현대의 소설가다. 프루스트가 침상에서 죽어가면서도 파편화된 기억을 통해 지난 생애를 정리했다면, 카프카F. Kafka는 현대적 삶의 이런 익명성을, 이 익명성 속의 억압과 과오를 더없이 즉물적인 언어로 묘사해냈다. 이 같은 예술적 표현을 어떻게 정치변혁적인 에너지로 전환시킬 것인지를 형식적으로 실험한 사람은 브레히트였다. 사진이나 영화는 이런 실험을 하기에 아주 적절한 매체였다.

이렇듯 벤야민은 낡고 해진 물건을 모으는 수집가처럼, 북적이는 거리를 돌아다니며 사람과 건물과 상점을 관찰하고 기록하는 시인처럼, 도시의 구석구석을 기록한 사진가처럼, 지나간 고통과 기쁨을 기억으로 소환하여 더 나은 오늘을 조직해내려는 소설가처럼 살았다. 아니다. 이 모든 영상보다 더 오래, 더 집요하게 내게 남아 있는 것은 그의 말년의 모습이다. 조여오는 심장의 통증 속에서도 아직 완성되지 못한 원고뭉치가 든 가방을 들고, 피레네 산맥의 언덕길을 며칠 밤낮에 걸쳐 넘어가던 그의 마지막 모습이다. 그는 전쟁과 살육과 억압이 자행되던 인간들의 사회, 인간들의 역사, 인간들의 국가를 넘어 그 경계 너머의 어떤 다른 질서에 이르고자 했을까? 그의 글은 그런 질서를 담은 그 어떤 공동체를 실현하는 데 과연 무슨 소용이 있는 것이었을까?

벤야민은 시에나와 모스크바, 스페인과 리투아니아와 지중해로 여행했고, 무수한 도시의 박물관과 미술관과 전시회를 돌아다녔다. 베를린에서 파리로 여행했고, 파리에서 코펜하겐으로 몸을 피했으며, 프랑스에서 스페인으로 쫓겨 다니는 길 위에서도 수백 수천 장의 쪽지를 남겼다. 수백 장의 카드를 분류하고 정리하면서 자기만의 생각을 구축했고, 이렇게 구축된 생각을 노트 수십 권에 옮겨 적었다. 심지어 노트를 구하지 못해 종이 값을 아끼기 위해 그는 편지지나 엽서의 뒷면, 차표의 뒷장에까지 자기의 느낌과 생각을 빼곡하게 적었다. 그러면서 가장 작고 미세한 것에서부터 가장 크고 거시적인 것에 이르기까지 극도로 미묘하고 극도로 이질적인 이 인간세계와 사물세계의 놀라운 내외적 풍경을 인상학적으로 기록했고, 어린이책과 장난감에 대한 느낌이나 이런저런 기억과 여행의 이미지, 온갖 글과 그림과 기호와 매체의 의미를 섬세하고도 주의 깊게 탐구하려고 애썼다. 그는 인간역사의 의미론적 근원과 그 유래에 대한 유례없는 탐색자였다. 그래서 그의 글은 그 자체로 엄청난 문학예술적·문화학적·인류학적 성찰의 기록보관소와 다르지 않다.[2]

그리하여 벤야민에게 탐구대상이 된 모든 것은 그의 글 안에서, 그것이 직접적이든 간접적이든, 다시 긴밀하게 이어져 있다. 개별적인 것은 주제적으로나 모티프적으로, 문제의식적으로 다른 많은 개별적 요소와 이어지고 이것들로 옮겨가고 이동하면서 그다음 요소들로 부단히 이월된다. 그렇다는 것은 그의 글이 분과학문적 협애성을 이미 뛰어넘고 있다는 뜻이기도 하다.[3] 포괄성은 비

---

2) 2006년 10월 3일부터 11월 19일까지 독일 베를린의 예술아카데미에서 열린 전시회인 '발터 벤야민의 기록보관소'는 이런 점을 잘 보여준다. 여기에 대해서는 Ursula Marx/Gundrun Schwarz/Michael Schwarz/Erdmut Wizisla, Walter Benjamins Archive: Bilder, Texte und Zeichen, in Daniel Weidner/Sigrid Weigel(Hg.), *Benjamin-Studien* 1, München, 2008, S. 235~248 참조.

3) 벤야민의 저술은 독일에서도 거의 대부분 독어독문학과에 진열되어 있고, 최근에 들어서는 영화연극학 분야나 특히 매체미학과 관련하여 분류되지만, 그렇다고 철학 분야나 사회과학란에 진열되어 있지는 않다. 역사학에서 그가 고려되는 경우도 드물다. 현재 분류의 주된 범주는 크게 보아 독일 근현대문헌학과 연극영화학, 문화학 쪽이다. 이러한 사실은 그의 교수자격논문이 대학에서 거부되었던 1925년을 전후한 그 시절이나 지금이나 그를 수용하는 학문일반의 상황이 크게 변하지 않았음을 보여주는 것이기도 하다. 말하자면 분과학문적으로 파편화된 협소성과 고루함이 벤야민 저작의 포괄적이고도 공정한 이해에 가장 결정적인 장애가 되고 있는 셈이다. 그러나 그의 문제의식은, 그를 다루는 논의의 주체가 대상의 개별장르적 정밀성에 충실하면서도 '동시에' 이 개별적 세분화의 한계를 넘어설 때, 비로소 조금

의성秘義性과 더불어 벤야민 사유의 주요 특징이다. 포괄성과 비의성은 그의 텍스트에 전형적인, 난해하기 그지없는 의미론적 내향성을 이루지만, 그는 다른 한편으로 사람들과 얘기하거나 강연할 때면 언제라도 '인쇄해도 될 만큼'druckfertig 완벽한 문장으로 말했다고 전해지기도 한다. 그러니 독자로서는 그의 글을 어디에서 끊어야 할지, 그리고 이 구분과 절단으로 그의 사유가 혹시라도 왜곡되지 않을지 망설이지 않을 수 없다.

벤야민의 글에는 한편으로 도시와 소비적 욕망이 있고, 이 욕망에 따르며 살아가는 사람이 있는가 하면, 다른 한편으로 이것을 서술하고 분석하며 고민하고 진단하는 사람도 있다. 도시를 만들고 계획하는 사람이 있는가 하면, 도시가 생기기 전의 농촌적 공동체, 즉 자연과 인식이 분화되기 전의 근원상태를 살았거나 이렇게 살았던 때를 기억하는 사람도 있다. 수집가와 사진가와 이야기꾼 옆에는 소설가가 있고, 이 소설가 둘레에는 비평가와 사회학자, 정치가와 역사서술자와 혁명가도 자리한다. 사회를 변혁시키고 정치를 진전시키려는 이상주의자의 머리에는 유년의 꿈이 들어 있고, 이 꿈 속에는 유물론적 역사의지와 메시아적 구원에 대한 열망이 서로 얽힌 채 꿈틀댄다. 무자비한 현실에 응전하는 좌파 지식인의 실천적 분투가 있는가 하면, 이 분투가 어떤 파급력을 가질지 회의하는 우울의 정신도 있다.

썩 그 나름의 온전한 형태로 파악될 것이다.

여운의 독해자

벤야민은 어디에 있는가? 그는 셰바르트Scheebart나 그랑빌J·J Grandville, 푸리에J.B Fourier나 장 파울J. Paul, 프루스트나 카프카 같은 사람들을 좋아했다. 그는, 카프카의 소설에 등장하는 인물들이 자주 그러하듯이, 늘 주저하고 망설이던 수줍은 사람이었을 것이라고 생각된다. 그리고 그 특유의 이 같은 내향적 성격은, 유럽대륙을 단호하게 떠나지 못한 예에서 보듯이, 결국에는 생애적 파국으로 이어진다. 그가 오랫동안 품고 다녔다는 '역사의 천사'는, 이 천사가 안겨다 줄 행복의 잊혀진 목록들은 모두 어디로 사라져버렸는가?

이렇듯이 벤야민에게는 많은 것이 끝도 없이 얽혀 있다! 이 끝이 없음, 끝없이 이어지는 무엇 그리고 이렇게 이어지는 가운데 마치 밤하늘의 별무리처럼 전체국면적이면서constellative/configurative 구조적으로, 그리하여 결국 분위기로 드러나는 것, 그것이 바로 벤야민의 이름이다. 밤하늘의 별무리, 이 별무리가 보여주는 어떤 생생하면서도 아득하고, 개별적으로 살아 있으면서도 전체적으로 여운을 남기는 이미지, 이 이미지의 불우하고도 강렬한 메아리가 그의 글이 남긴 궁극적 흔적이라고 생각된다. 그리하여 나는 벤야민에게서 '여러 벤야민'을 느낀다.

발터 벤야민은 '벤야민들'로 남아 있다. 그의 주체는 하나가 아니다. 그것은 여러 자아로 구성되고 이 각각의 자아는 여러 다른 면모를 지닌 것으로 여겨진다. 역사적 자아가 있는가 하면 자전적 자아가 있고, 문학적 자아가 있는가 하면 분석적·논리적 자아가 있다. 또 서정적 자아가 있는가 하면 철학적 자아도 함께한다. 이렇듯 벤야민의 자아는 혼종적이고 이질적이고 다차원적이다. 이 것은 그의 사상적 모티프가 낭만주의적이고 형이상학적인 동시에 마르크스주의적이면서 신학적인 것이라는 사실과 관련되는지도 모른다. 그러면서 이들 모두는, 전체적으로 보면, 정해진 어떤 특정이론이나 철학에 의해 유도되기보다는 구체적 현실과 이 현실의 경험에 대한 인상학적·직관적 지각에 의해 유도된다. 그에게 이론이 있다면, 그 이론은 구체적 경험의 세부에서부터 나오고, 다시 이 세부로 돌아간다. 이렇게 돌아간 세부의 정밀성은 형이상학적·신학적 테두리에 의해 다시 감싸져 있다. 그의 주체는 단순히 정신의 형상물이 아니다. 그는 어떠한 본질이나 실체를 불신한다.

인간이 유사성을 만들어내는 최고의 능력, 즉 미메시스적 능력을 가지고 있다면 벤야민은 인간현실을 이 미메시스적 능력으로 다양하게 그려나갔고, 이 다양한 세계에 그의 다면적 자아는 대응하는 것처럼 보인다. 세계의 복합성이란 이 복합적 세계에 대응하는 주체의 복합성의 산물과 다르지 않을 것이다.

세계와 주체가 통일적이라면, 이 통일성은 단일성과 동질성이 아니라 차라리 다양성과 차이로 엮어진다. 이 같은 관점은 그 자체로 계몽주의 이후 지속되어온 일원론적인 역사철학 모델에 대한 안티테제가 아닐 수 없다. 그에게 모든 것은, 사유든 감각이든, 분석이든 비평이든, 논평이든 성찰이든 대상을 새롭게 구성하고, 이 새로운 구성을 통해 기존질서를 새로 조직하려는 안간힘으로 보인다. 그것은 과거의 흔적을 기억하고 그 폐허를 발굴하며, 지나간 꿈을 해석하고 사유의 지층을 읽어내려는 몸짓과 같다. 그래서 그는 고고학자인 듯하면서도 꿈의 해석자이고, 지질학자와 닮아 있으면서도 이야기꾼처럼 보이는 것이다. 그러나 그중의 어느 하나로 고정되기보다는 그 모두에 가깝다.

이런 식으로 벤야민은 주체와 객체, 나와 대상이 상호삼투할 수 있는 조건을 감각적으로 느끼고 사유적으로 성찰하면서 이 성찰 내용을 언어적으로 정식화하는 데 상당할 정도로 성공한 듯하다. 그는 세계를 기존과는 전혀 다른 방식으로 구성해보인 것이다. 이 같은 구성의지는 문학예술이나 문화에 대한 관점, 역사철학이나 정치철학, 언어이해와 매체분석, 진리와 비평의 개념, 심지어 감정의 지각적 태동에 대한 생각에서도 조금씩 형식을 달리하면서 나타난다. 그러면서 이 모든 것은 결국 '글쓰기'라는 작업으로 수렴되는 것 같다. 이것은 현실의 균열을 언어적으로 내장한다는 뜻이고, 이렇게 내장된 균열의 에너지가 벤야민 사유의 현재적 의미를 구성한다는 뜻이다. 우리는 이 에너지로 현재의 역사일반과 예술문화사가 지닌 어떤 누락과 결핍을, 나아가 그 부당성과 야만성을 문제시할 수도 있을 것이다. 문화는 단순히 폐기되어야 할 것이 아니라 이전과는 다르게, 그래서 지금보다는 더 정당한 방식으로 읽혀져야 하기 때문이다.

여기서 하나의 출발점은 사물의 바탕에 놓인 또는 단어와 행간에 각인된 의미의 여운을 읽는 일이라고 할 수 있다. 벤야민은 이 작은 여운을 읽어내고자 고투했던 지독히 불운한 저자였다. 그러니 그가 쓴 텍스트를 이해하기 쉽거나, 그 어조가 밝을 리 없다. 그 것은 문장론적으로 지독하게 얽혀 있고, 의미론적으로는 지독하게 암울한 내용을 담고 있다. 그는 지독히 불순한 텍스트를 쓴 지독히 불운한 저자다. 이 불운은 세 겹이다. 그의 불행은, 그가 퇴행

> **“** 끝없이 이어지는 가운데 마치 밤하늘의
> 별무리처럼 전체국면적이면서 구조적으로,
> 결국 분위기로 드러나는 것,
> 그것이 바로 벤야민의 이름이다. **”**

적이고 야만적인 시대를 살았고(시대적·역사적 차원), 스스로 불행
하였으며(생활적·실존적 차원), 이 불행한 삶 속에서 글을 통해 추
구한 행복도 위태롭기는 마찬가지였다(학문적·이념적 차원)는 점에
서 세 겹이다. 하지만 이 점, 말하자면 삶의 근본적 결손과 그 불충
분성을 외면하지 않고 직시하며 그와 대결했다는 바로 그 점에서
벤야민은 이 결손의 지양가능성, 즉 삶의 새로운 가능성을 희구하
기를 멈추지 않았고, 바로 이 때문에 그는 가끔은 행복하기도 했
던, 아니 좀더 오래 행복했어도 좋았을 그런 작가였다.

　벤야민을 일으켜 지금 여기로 불러들일 때, 불러들여 그의 문제
의식을 오늘의 생산적 에너지로 전환시킬 때, 그는 비로소 의미
있는 계기가 될지도 모른다. 그때야 비로소 우리는 말의 엄격한
의미에서 그와 만날 수 있을 것이다. 대상의 새로운 구성은 이 대
상을 느끼고 생각하는 주체의 의미 있는 구성이 되고, 이렇게 구
성된 주체들은 이 주체들로 이뤄진 사회와 세계의 바른 구성과 무
관할 수 없다. 대상과 주체와 세계는 각 개인이 가진 느낌과 생각
의 구성적 개입 속에서 이어지기 때문이다.

　여기에서 주체의 구성의지는 핵심적이다. 주체의 의식은, 대상
이 이 주체 안으로 들어올 수 있도록, 외부세계에 열려 있어야 한

다. 내가 사물의 심부로 잠겨들듯이 세계는 내 속으로 유입되게 해야 한다. 혼융은 서로가 서로에게 열려 있을 때 비로소 이뤄진다. 이때 이질적 요소들은 비억압적으로 공존할 수 있기 때문이다.

그러므로 벤야민 글의 개별적 요소들을 우리는 세심하게 고찰해야 하고, 이렇게 고찰된 것은 다른 것과의 관계 아래 파악되어야 한다. 이런 식으로 이어진 모든 것은 하나의 전체 그림 아래 마치 그물망처럼 서로 연관되면서 드러나야 한다. 이때 개별적인 것은 개별적 독자성 속에 드러나는 것이면서 전체의 의미 있는 일부로 자리한다. 이렇게 드러나려면, 내 사유가 벤야민의 사유풍경을 닮고, 나의 언어가 그의 언어 이미지를 그려낼 수 있어야 한다. 이것은 결국 나의 언어가 그의 언어를 닮고 내 사유가 그의 사유와 닮을 때 어느 정도 가능할 것이다.

삶이 미궁처럼 얽혀 있다면, 이 삶을 추적하는 글도 어느 정도 미궁과 같아야 하지 않는가? 이렇게 얽히고설킨 현실의 타래를 풀면서 우리는 죽음의 문 앞에 서서, 구원의 좁은 문을 떠올리면서, 잠시 진리를 말할 수 있을지도 모른다. 나는 아래에서 벤야민의 문제의식을 일곱 가지로 줄여 말하려 한다.

벤야민 사유의 문제의식들

벤야민의 사유는 ① 전적으로 새롭다. ② 이 새로움 속에서 신화적 굴레를 타파하면서 지식을 구제하려 한다. ③ 그러나 이때의 언어는 투명하되 신학적 초월성을 배제하지 않는다. ④ 그것은 세속적 구제 또는 현세적 쇄신을 꾀한다. ⑤ 이런 쇄신을 위해 그가 의지하는 한 출구가 바로 예술이다. ⑥ 그는 예술에 기대어 세계의 이율배반과 싸운다. ㉠그러나 이 사유는 기이하게도 급진적이면서 동시에 온화하다. 이렇듯 그의 문제의식은 어떠한 일의성과 체계화를 벗어나면서 개념-언어-사유의 '그물망'을 이룬다. 그러니 개별 주제에 대한 하나의 글은 다른 주제에 대한 다른 글과 이어지면서, 다른 글을 전제한다. 벤야민에 대한 글은, 마치 벤야민 자신의 글처럼, 반복과 중첩, 교차와 재강조를 피할 수 없다.

1. 전적인 새로움: 일의성의 거부

벤야민의 글은 간단치 않다. 그것은 서로 어긋나는 생각과 이미지, 단상과 견해를 담고 있다. 그의 글에는 한편으로 매우 비의적이고 신학적인 요소가 있고, 다른 한편으로 현실적이고 계급투쟁적인 면모가 있다. 현실분석적·이데올로기 비판적 요소가 있으면서도 동시에 초현실적이고 몽상적인 면모도 배어 있다. 쉽게 납득하기 어려운 이 이율배반적인 모티프를 그는 어떻든 조율하면서 일정한 형태와 의미체계로 결합하고 편성한다. 그러나 이렇게 구성된 체계는 단순히 일원적으로 나타나지 않는다. 모순적인 요소들이 어떤 통일성이 아니라 이질성 속에서 균열적이고도 불연속적으로 배치되기 때문이다. 왜 그런가?

여기에도 여러 이유가 있을 것이다. 그러나 그 이유를 뿌리까지 추적해보면, 거기에는 '지옥으로서의 근대', 즉 "언제나 이미 있었던 것의 연관항 속에 드러나는 새로운 것으로서의 근대"라는 문제의식이 있다.[4] 근대는 상품의 성격이 보편적으로 확대되는 물신주의적 공간이고, 이 물신적 공간에서 역사의 의미는 휘발된 채 나타난다. 물신화된 역사의 근대공간에서 모든 것은 얼핏 보기에 새롭게 나타나지만, 사실 이 '새롭다'는 것은 '이미 있어왔던 것의 복제품'이다.

이 복합적인 요소 가운데는 현실에 대한 비판이 있는가 하면(사회정치 논설에서처럼), 과거에 대한 회상이 있기도 하고(『베를린의 어린 시절』처럼), 문학과 예술의 가능성에 대한 진단이 있는가 하면(기술복제 가능성에 대한 글처럼), 근대도시의 성격에 대한 고찰도 있다(파리 분석의 글이 보이듯이). 또 위기의 역사에 대한 묵시록적 글이 있는가 하면(「역사의 개념에 대하여」처럼), 새로운 예술장르에 대한 희망적 견해를 피력한 글도 있고(사진이나 영화에 대한 글이 그렇다), 나아가 몽타주 같은 영화기법을 적용한 글쓰기의 사례도 있다(『아케이드 저작』은 이런 예다.) 벤야민의 모든 글은 분석이자 진단이며 논평이지만, 그 가운데 어떤 것은 회상이고 추억이며, 어떤 것은 자서전적이면서도 허구적이며, 또 어떤 것은 아련한 회상에 잠겨 있는 듯하면서도 더없이 치밀한 현실비판적 시각을 띠는 가운데 철학적 논거로 무장되어 있다. 그것은 문학적·철학적·미학적·정치경제적·종교적·사회적·문화적 관점들이 부단히 상호교차하는, 그래서 단절과 병치, 연속과 불연속을 통해 삶의 새로운 가능성을 모색하는 사유실험의 마당 같아 보인다.

이 같은 사유의 몽타주를 추동하는 것은 무엇인가? 그것은 말할 것도 없이 벤야민 자신의 자아, 즉 글쓰는 주체이고 이 주체의 정

---

4) Walter Benjamin, "Das Passagenwerk," *GS* V/2, v. R. Tiedemann(Hrsg.), Frankfurt/M., 1982, S. 1010, 1166, 1222.

체성이다. 이 주체는 근본적으로 문학적이고 비평적이지만, 이 비평적 자아는 어떤 하나의 특성으로 굳어 있지 않다. 글을 쓰는 자아는 이 자아가 쓰는 글의 주제처럼 다채롭다. 이 다채로운 대상을 다루면서 벤야민적 주체는 스스로를 구성하면서 해체하고, 분해하면서 다시 축조한다. 구성과 해체, 분해와 축조 사이의 긴장에 의지하면서, 이 긴장을 생산적 에너지를 위한 발판으로 삼으면서 그는 현실을 최대한 선명하게 해명하는 가운데 이 해명 너머의 지평으로 나아간다. 어떤 해명이란 있을 수 있는 가능성의 한 측면만 드러내기 때문이다. 그의 글이 직설적이고 단정적인 표현을 피하는 것은 그 때문인지도 모른다. 그의 글은 사태의 윤곽만큼이나 윤곽 너머에 있는 것들, 즉 의미의 누락이나 사멸, 언어의 잔해와 심연이라는 타자적 현장을 함께 보여준다.

그리하여 벤야민의 글에서 가장 큰 특징은 결국 새로움이라고 말해야 하는지도 모른다. 좋은 글은 폭풍우가 바닷물결을 휘젓듯이 기존의 관념을 뒤섞고 흔든다. 전혀 이질적인 것과 거리낌 없이 만나고, 이 이질적인 것들을 여기 이편의 이해적 영역으로 포용하며, 이 포용을 통해 새로운 인식으로 나아가는 것, 새 인식을 위해 기존과의 급격한 단절 속에서 탈정전화Entkanonisierung와 탈맥락화Entkontextualisierung를 부단히 시도하는 것이야말로 벤야민 사유의 독창성을 이룬다고 나는 생각한다. 이 독창성은 그의 작업이 기존의 전통에 대해 얼마나 혁신적이고 실험적이며 교정적 입장에 있는가에서 잘 드러난다. 혁신은 단순히 기존에 대한 능란한 재구성적 기술만으로 되지 않는다. 그것은 무엇보다 사유적으로 정밀해야 하고, 언어적으로 적확한 동시에 미묘해야 하며, 이 사

> **❝** 이질적인 것들을 거리낌 없이 만나고,
> 여기 이편의 이해적 영역으로 포용하며, 이를 통해
> 새로운 인식으로 나아가는 것, 기존과의 급격한 단절 속에서
> 탈정전화와 탈맥락화를 부단히 시도하는 것. **❞**

유와 언어를 지탱하는 감성이 지각적으로 섬세해야 한다. 이 모든 것은 엄격한 철학적 논리와 문헌학적 정밀성에 의해 뒷받침되어야 한다. 이런 전방위적인 대담함이 없다면, 진선미에 대한 추구는 헛될 공산이 크다.

벤야민에게 인식이나 구원, 법과 예술은, 이 모든 것이 글로 표현되고 정식화되는 것인 한, 언어에서 먼저 나타난다. 그 점에서 언어에 대한 이해는 모든 다른 대상에 대한 이해의 출발점이자 그 뿌리다. 여타의 이해, 즉 인식비판이나 역사이해, 사회진단이나 신학적 표상, 비평적 관점과 예술론, 도시이해, 매체분석, 문화론도 결국 언어이해라는 하나의 점으로 수렴되는 것이다. 또 이렇게 수렴되는 한 그 지점은 마치 폐허지에서 발굴해낸 토르소처럼 불완전할 수밖에 없다. "논리와 윤리 그리고 미학"은 그에게, 『독일 비애극의 원천』*Ursprung des deutschen Trauerspiels*, 1928에 적혀 있듯이, "분과학문의 이름이 아니라 이념세계가 가진 불연속적 구조의 기념비"로 자리하는 것이다.[5]

---

5) Walter Benjamin, "Ursprung des deutschen Trauerspiels," *GS* I/1, Frankfurt/ M., 1974, S. 213.

여기에서 두 가지 사실이 밝혀진다.

첫째, 철학(개념/논리)과 미학(아름다움)과 윤리(실천)는 깊게 이어져 있다는 것이고, 이 결합은 언어에 대한 일정한 이해방식 위에 자리한다. 둘째, 이 이해방식은 불연속적이고 파편적이며 불완전한 구조로 특징지어진다. 그러니까 학문적 체계라는 것은, 이 체계가 논리로 불리든 윤리나 미학 또는 다른 그 무엇으로 불리든 근본적으로 불연속적이고 파편적인 것의 잠정적인 형태에 불과하다. 벤야민의 단절적 불연속적 사유는, 그것이 진리의 유일성과 통일성을 전제한다는 점에서 체계논리와 다르고 그 점에서 빈틈없는 귀납연관항에 대한 학문/과학의 일반적 요청에 거스른다. 그의 미학이 헤겔의 체계미학적·형식미학적 성격과 구분되고, 심미적 정전에 대한 아도르노의 옹호와도 구분되는 것은 그 때문일 것이다.

조금 더 살펴보자. 아도르노는 정신사적·문화적 전통에 충실했고 심미적 가상을 고수하려 했지만, 벤야민은 이 모든 관습과의 단절을 통해 심미적 가상을 넘어서고자 했다. 그의 '긍정적 야만주의'positives Barbarentum 개념은 전통과의 단절을 주장하는 이 같은 입장을 잘 보여준다. 벤야민은 어떤 개념도, 설령 옳은 것이라도 유보 없이 추구하지 않는다. 대상에 대한 무조건적 추구가 맹종이라면, 이 절대화된 신념 형식은 그의 글에서는 매우 드물다. 그는 개념을 무조건적으로 신뢰하지 않는다. 모든 일의성의 기만가능성을 직시했기 때문이다. 그래서 이질적이고 파편적인 개념들을 즐겨 만들었고, 이렇게 만든 개념들을 선호했다.

그리하여 벤야민의 언어는 단일성·순수성·통일성·전일성으로 나아가는 것이 아니라 이질성과 파편성에 친숙하고, 혼융과 복합성과 혼재성을 적극적으로 수용한다. 이것의 예는 수없이 많다. '파괴성', '역사의 불연속성', '알레고리', '토르소', '변증법적 이미지', '아우라' 같은 벤야민 사유를 지칭하는 열쇠어는 그 몇 가지 예에 불과하다. 그러나 바로 이 점이 독자의 창조적 개입을 허용하면서 그 이해를 방해한다. 그의 어휘구성적 글은 분명 수사적 독해를 자극한다.

벤야민 사유구조에서 불연속과 단절, 중단과 해체는 하나의 근본 모티프로서 자리한다. 그렇다는 것은 그가 이성의 원칙을 고수했지만, 이때의 방식은 일관되지 않음을 뜻한다. 그는 투명성이나 체계성 같은 철학에서 요구하는 일반적인 덕목을 중시하지 않는다. 그의 사유는 개념적으로 확정짓기 어렵고, 그래서 체계적이라기보다는 비체계적인 것에 가깝다.

벤야민의 사유는 논증의 정전적 원칙을 고수하지 않고, 보편성의 원칙에도 자주 어긋난다. 그의 사유가 철학적이라면, 그것은 전통적 의미의 철학이 아니라 현대적·아방가르드적 의미의 철학, 즉 체계논리가 아니라 비체계적 체계의 실험적 논리를 띤다고 말해야 한다. 그는 철저히 전통을 거스르고, 동시대적 조류의 안이 아니라 그 밖에서 활동했다. 이것은 생계가 불안정했던 청년시절이나 국적이 박탈된 이방인으로 살았던 파리에서의 말년 삶에서 극명하게 확인된다. 말하자면 그는 시간 속에서 시간을 넘어서고, 규범 속에서 규범을 위반하며, 가치의 가치전복을 통해 새로운 가치가 창출되기를 시도했다. 칼 크라우스K. Kraus를 두고 그가 "탈시간적 세계훼방꾼"zeitentbundene Weltverstörer이라고 지칭했을 때, 이 지칭은 다름 아닌 그 자신의 모습이기도 했다.[6] 벤야민은 탈시간적 범주위반과 질서훼방을 통해 기존의 세계를 부단히 개선시키고자 했던 것이다.

이러한 논의 또한 간단치 않다. 벤야민의 이 시도는 그의 동시대 사람들에게와 마찬가지로 오늘날의 독자에게도 엄청난 도전거리를 제공한다. 기존의 범주와 분류체계에 만족하지 않을 때, 그래서 그 원칙에 파열음을 내면서 그와 결연히 단절하고자 할 때, 사람은 온갖 오해와 질시를 견뎌내야 하고, 무엇보다 나날의 생활고를 감내하지 않으면 안 된다. 그리고 스스로 매 순간 깨어 있어야 한다. 깨어 있다는 것은 무엇인가? 그것은 반성한다는 것이다. 이 깨어 있는 반성을 위해서는 기존의 것을 고수하는 것이 아니라, 그때까지 하던 것을 단호하게 중단할 수 있어야 한다. 멈춰 설 때, 사람은 주변을 돌아보며 제정신을 차릴 수 있기 때문이다.

현실의 실체는, 그 흐름을 중단시킬 때, 비로소 조금씩 파악될 수 있다. 물론 모든 중단이 다 바람직한 것은 아니다. 아무렇게나 행해진 중단은 오히려 혼돈을 야기한다. 그러나 혼돈에 빠지지 않고서 기존의 관점을 멈추게 할 수 있는가? 다시 말해 하나의 단절이 '일정한 질서를 부여하는 방식으로' 일어날 수 있는가? 단절을 통한 형식부여 또는 단절적 형상화는 어떻게 가능한가? 이때 필요한 것이 '침착함'Geistesgegenwart이다. 벤야민은 이 단어를 빈번하게 쓴다. 침착함이란 독일어로 '정신'Geist이 '현재하는'gegenwärtig 것을 뜻한다.

───

6) Walter Benjamin, "Karl Kraus," *GS* II/1, Frankfurt/M., 1977, S. 348.

정신이 현재할 때, 심성은 차분해진다. 침착한 정신 속에서 기존의 범주가 반성될 때, 현실은 혼돈을 야기하지 않거나 최소화하면서 조금씩 교정될 수 있다. 이 침착한 정신을 통해 그는 기존의 고답적 원칙들, 즉 인본주의적 유산이 의도하는 형이상학적 거짓위로를 철저하게 해체하고자 했다. 이것은 '관조'나 '감정이입' 또는 부르주아적 안락함을 경멸하고, '파국'과 '재앙'과 '파괴' 그리고 '순간'에 대한 그의 관심과도 이어진다.

그러므로 벤야민의 사유는 사유를 거스르는 사유다. 그것은 어떤 것을 정당화하거나 확정지으려는 사유가 아니라, 그 부당성을 증거하고 공식성을 의문시하는 사유다. 진리는 그에게 어떤 확정된 명제의 제시가 아니라, 제시된 명제의 이데올로기적 성격을 거부하는 것에 있다. 그 때문에 그의 진리는 인간적 진리이거나 세속적인 진리이면서도, 여기에서 더 나아가 이런 차원들을 상당 부분 넘어선다. 그리하여 벤야민은 자기일관성을 요구하는 텍스트 자체의 논리마저 거스르고자 했다. 이것이 곧 벤야민 사유의 전적인 새로움을 이룬다.

2. '지식의 구제': 신화적인 굴레의 타파

예나 지금이나 인간은 이런저런 낯선 힘들, 즉 알 수 없는 사건과 그 원인, 권력의 횡포와 그 관계망에 포박된 채 살아간다. 그 점에서 인간은 이전처럼 지금도 신화적인 무엇에 예속되어 있다고 말할 수 있다. 벤야민은 이 예속성으로 인해 역사가 '재앙'을 반복하고 있다고 여긴다. 이 눈먼 재앙의 희생자는 물론 인간이다. 그리고 그 증인도 인간, 즉 우리들이다.

그렇다면 재앙의 내용은 무엇인가? 그것은 여러 분야에 걸쳐 있다. 개인적·경험적 차원에서와 마찬가지로 사회적·제도적 차원에서도 나타나고, 역사나 문화에 대한 이해에서도 드러나듯이 사회분석이나 현실비판의 방법론에서도 확인된다. 역사의 재앙, 즉 신화적 면모는 현상적 대상일 뿐만 아니라 이 현상을 파악하고 이해하는 관념에도 배어 있다. 이 재앙의 내용을 가장 명료하게 적시하는 곳은 아마 「역사의 개념에 대하여」 열 번째 항목이 될 것이다. 여기에서 벤야민은 가장 경계할 것으로 "진보에 대한 고집스런 믿음", "'대중기반'에 대한 신뢰", "통제 불가능한 기구에 대한 노예적 맹종"을 거론하면서, 이것들은 "동일한 사안의 세 가지 측면"이라고 썼다. 그러면서 이를 피하기 위해서는 "우리의 관습적 사고가 얼마나 '비싼' 대가를 치러야 하는지"도 생각해야 한다고 했다.[7] 편견에 대한 경계심 그리고 이 경계심을 통한 비판은, 그가 다른 데에서 썼듯이, "전체 과거가 역사적 구제Apokatastasis 속에서 현재로 되돌아올 때까지"[8] 계속되어야 한다.

위에서 지적하듯이, 벤야민에게 역사의 재앙은 진보에 대한 맹신, 대중적 기반에 대한 근거 없는 믿음, 기구에 대한 맹종에 있다. 그는 역사의 발전이나 인류의 진보를 신뢰하지 않았다. 그는 널리 퍼진 슬로건을 반복하거나 그 이념을 선창하는 것이 아니라, 차라

---

7) Walter Benjamin, "Über den Begriff der Geschichte," *GS* I/2, Frankfurt/M., 1974, S. 698.

8) Walter Benjamin, "Das Passagenwerk," *GS* V/1, *a. a. O.*, S. 573.

리 그 퇴락에 유의하고 그 폐허를 즐겨 찾는다. '대중'이나 '집단'을 내세우기보다는 '개체'나 '세부의 내막'에 충실하려 한 것이다. 기구에 의존하고 제도를 맹종하기보다는 지금 여기의 현실을 중시하고, 지금 여기에서 이뤄지는 인식적 각성의 현재적·현실쇄신적 의미를 더 소중하게 여겼다. 그가 여하한의 진보물신주의와 대중주의populism를 불신한 것도 이 때문이다.

따라서 우리는 이렇게 말할 수 있다. 벤야민의 사유는 근본적으로 경험적이고 반공식적이며, 반집단주의적이고 반형이상학적이다. 그는 급진적 단절의 사유를 통해 신화에서 해방된 삶의 구원적 가능성을 타진한다. 이를 위한 방법론은 여러 가지다. 그가 선택한 중요한 하나의 방법은 인용과 몽타주였다. 그는 역사를 명상이 아니라 파괴적 구성의 대상으로 삼는다. 곳곳에 흩어진 것을 '끌어들이고'(인용), 이렇게 끌어들인 것을 서로 '잇고 결합함으로써'(몽타주) 새로운 맥락의 관계, 즉 현실의 새로운 의미론적 지도를 만들고자 했다. 이런 점에서 그 글의 난해성은 자연스런 것인지도 모른다. 그것은 지극히 이질적이고 다의적이며 분산적이고 비규정적이기 때문이다.

벤야민의 사유는 처음부터 정해진 일관성을 거부한다. 그렇다고 아무렇게나 행해지는 것은 아니다. 사례별로, 소재별로 그때그때 적절하게 대응하면서도 어떤 원칙은 있다. 그러나 이 원칙이라는 것도, 이미 언급했듯이, 몇 가지로 정해진 것이라기보다는 여러 이질적인 항목 사이에서 부단히 움직인다. 즉 유동적이다. 그는 기존의 성취를 그 근본적인 부정성 속에서 끊임없이 탈취-전복-역전-결합하고자 한 것이다. 극단성이 그의 방법적 특징이라

> **"**그는 변두리에 있는 잊혀지고 억압되고
> 무기력한 것들을 끌어들여 서로 잇고 조직하면서,
> 각자에 어울리는 고유한 지위와 권리를 부여하고자 한다.
> 이것은 '권리를 회복시켜 주는' 행위다.**"**

면, 파괴적 인화력은 그런 방법의 효과로 보인다.

이 같은 방법적 세련성은 깨어 있는 의식을 요구한다. 명확한 의식을 위해서는 명상이 필요하다. 우리는 바른 구성을 위해 깊이 성찰해야 하고, 이렇게 성찰하려면 내면으로 오랫동안 침잠해야 한다. 이 명상은, 그러나 다시 한 번 강조하여, 단순한 침잠으로 끝나서는 곤란하다. 내면에 대한 명상은 외부현실로 나아가야 하고, 이렇게 나아가면서 이 현실을 조직하는 데로 이어져야 한다. 그런데 이 조직은 기존범주의 해체를 전제한다. 의미 있는 재조직이란 해체를 통한 구성작업이다. 그리하여 벤야민의 방법론은 '해체적 구성의 방법'이라고 할 수 있다(이미지와 텍스트의 몽타주도 해체구성적 방법의 한 예다).

해체적 구성의 방법론이 잘 드러나는 곳은 1800년대 파리 분석에서다. 그는 주저인 『아케이드 저작』을 인용만으로 조립하고자 했다. 아닌 게 아니라 이 글은 수백 수천 개의 인용구절과 색인, 도서목록을 그물망처럼 나열하고 결합하고 다시 삭제하고 기록하면서 이렇게 결합된 전체국면의 성격을 논평하였고, 이 조감적 논평을 통해 근대적 도시인 파리가 어떻게 신화적이고 고대적인 성격을 그대로 간직하고 있는지, 그래서 대도시는 어떻게 폐허의 이미지를 내장하는지를 보여준다. 그것은 '고대로서의 근대'를 구출하려던 보들레르의 기획이기도 했다. 알레고리는 이 허깨비 같은 상품세계를 구출하기 위한 파괴적 재구성의 방식이었다. 말하자면 그는 해체구성의 방법을 통해 근대성의 계보학적 탐구를 시도한 것이다.

그러므로 벤야민에게 해체는 단순히 대상의 파괴에 머무는 것이 아니고, 구성은 무조건적인 축조에 있는 것도 아니다. 그것은 내적 침잠을 통해 외적 대상을 구성하고, 현실적 개입 속에서 내면적 명상을 놓치지 않으려 한다. 그는 기존의 갖가지 범주에, 이 범주가 인식론이나 사회분석에 해당되건, 역사이해나 신학적 주제에 관련되건, 아니면 문학비평이나 매체론에 속하건 간에, 논평적으로 개입하려 하고, 이 개입으로 기존의 가치체계를 거스르려 하며, 이 역행 속에서 새로운 질서를 조직하고자 한다. 구성은 곧 해체이고 조직이며 파괴이자 폭로인 것이다. 벤야민의 논평은 언제나 해체와 구성, 파괴와 축조를 오고간다. 구성과 침잠, 개입과 명상의 변증법적 움직임 속에서 우리는 비로소 신화적 예속의 반복적 메커니즘을 벗어날 수 있다고 믿었기 때문이다. 그러니 해체적 구성은 그에게 비판활동과 다를 수 없다. 구성은 늘 비판적 해체구성이어야 한다.

해체구성적 작업이 가능한 것은 물론 벤야민의 명징한 정신 덕분이다. 이 정신은 이성으로부터 나온다. 그러나 비판적 이성은, 흔히 그러하듯, 직접 드러나거나 명시적으로 제시되지 않는다. 그것은 차라리 글의 보이지 않는 배후로 자리한다고 할 수 있다. 그래서 분위기의 일부라도 되듯이 글의 전체에 어려 있거나 어떤 여운처럼 글을 읽고 난 뒤의 뒷맛으로 남는다. 여기에는 그의 지각 이론, 즉 인상학적 인식론이 자리한다. 이 인식론을 지탱하는 것은 섬세한 감수성이다. 섬세한 감수성은 극도의 미시감각에서 온다. 더 나아가면, 거기에는 기억의 작업이나 미메시스적 공감 그리고 이 공감에서 희구되는 구원에의 표상이 자리한다고 말할 수 있을지도 모른다. 그러니까 벤야민은 이성적 사유의 명료성에 기대어 운명처럼 반복되는 삶의 신화적 억압성을 문제시하는 것이다. '현대성의 재검토'라는 그의 거대한 기획은 이런 식으로 이뤄진다.

벤야민의 구제비평적 글쓰기는, 독자 쪽에서 보면, 주어진 역사의 연속성 교리에 수동적으로 따르는 것이 아니라 그에 거스르는 계기를 제공한다. 이 저항적 계기는 절대화된 것이 아니라 반성된 것이다. 글을 쓰는 주체는 반성을 통해 외부의 기준에 거스를 뿐만 아니라 자기자신도 거스른다. 대상의 반성은 반성하는 주체 자신에 대한 반성으로 이어지기 때문이다. 그러니까 글은 자기자신과의 갈등관계를 예비하고 의식하며 이를 주제화하지 못한다면 오래가기 어렵다. 이 반성적 자기의식 속에서 벤야민은 절대화된 이념과 가치의 체계를 불신한다. 절대화된 체계란 신화적·이데올로기적 체계인 까닭이다. 그는 절대화된 신화적 메커니즘을 해체하는 가운데, 페리스D.S. Ferris가 정확하게 지적하듯이, "끊임없이 지식을 시시각각으로 구제하면서"[9] 반성하고자 한다. 그러므로

---

9) David S. Ferris, "Introduction: Reading Benjamin," David S. Ferris(ed.) *Walter Benjamin*, Cambridge University Press, 2004, p. 15.

현대성의 재검토란 곧 '지식의 구제'에 닿아 있다. 그의 비평이 이른바 '구제비평'이 되고, 그의 글이 '단절의 글쓰기'가 되는 것은 이런 맥락에서일 것이다

벤야민은 거대한 것과 사소한 것, 중요한 것과 중요하지 않은 것의 모자이크적 병치를 통해 역사를 지금까지와는 다른 맥락 아래 보여준다. 그럼으로써 지각과 이해의 저류에 잠복해 있는 어떤 위험스런 순응성 또는 손쉬운 이해의 거짓가능성을 문제시한다. 공식담론과 가치체계가 선전하는 연속성을 훼방하고 그 단절을 시도하는 것, 이 단절 속에서 지금까지의 경로를 성찰하게 하는 것은 그 자체로 비판적이다. 왜냐하면 연속성의 단절을 통해 오늘의 현실을 이루는 현대성 자체가 검토될 수 있기 때문이다.

우리가 '현대성'이라고 부르는 것도 다른 무엇이 아니라, '현재의 우리가 과거를 읽는 방식을 통해서 마련된 것의 집적물'에 불과하다. 지금 진실하고 선하며 아름답다고 간주되는 것도 기존의 것에 대해 오늘의 우리가 가진 이해와 수용과 소화의 방식을 통해서 비로소 규정된다. 여기에서 지배적인 것은 지배자의 권력이고, 이 같은 권력이 관철된 공식적 담론이다. 이 지배의 담론에는 물론 보이는 힘과 보이지 않는 힘의 관계가 작용한다. 공식문화가 지배권력의 이데올로기 아래 장려되고 선전되는 공적 의미체계라면, 벤야민의 사유는 이 공식화된 의미체계에 대항하는 부정적 문제제기의 한 방법인 셈이다.

벤야민의 글쓰기는, 궁극적으로 보면, 현대성의 정당성 여부를 검토한다고 할 수 있다. 그 점에서 그것은 그 자체로 지배적·권력적·공식적 문화의미론에 대한 안티테제다. 그는 변두리에 있

는 잊혀지고 억압되고 무기력한 것들을 끌어들여 서로 잇고 조직하면서, 그 각자에 어울리는 고유한 지위와 권리를 부여하고자 한다. 이것은 기본적으로 '권리를 회복시켜 주는' 행위다. 어떤 근원사적urgeschichtlich 계기는 이 복권적 행위에서 드러난다. 근원사적 계기가 경험과 이 경험에 대한 성찰, 그리하여 구체적인 것과 이념적인 것의 변증법적인 결합인 한, 그것은 그 자체로 사회변혁적으로 작용할 수 있다. 벤야민은 그렇게 여겼다. 그 점에서 그의 시도는 기존 역사에 대항하는 텍스트적 실천이라고 할 수 있다. 그가 염원한 역사의 어떤 모델, 즉 올바른 역사의 이미지 또한 이런 것일 것이다.

벤야민은 현대성을 둘러싼 온갖 담론이 일종의 신화적 구성물에 불과하다는 것, 그래서 신화적 반복의 이 같은 억압성을 적시摘示함으로써 지식 자체의 반성과 구제를 시도했다. 새로운 삶의 가능성은 이 시도의 수준과 방법과 정도에 달려 있을 것이다. 언어는 이 부정의 방법이 적용되는 매체이자 사유의 표현수단이다.

3. 침묵으로 나아가는 언어

> 우리는 가볍고도 무책임한 글쓰기 표현을 경멸합니다.
>
> ■ 벤야민, 『편지』 제1권

벤야민은 베를린의 부유한 부르주아 집안 출신이다. 그렇지만 이념적으로 그는 무산자, 즉 프롤레타리아 노동자 계층의 삶에 깊게 공감했다. 이 공감에는 생계를 도와주던 아버지의 손길이 끊긴

후 그가 겪게 된 여러 실존적 상황, 즉 아내와의 이혼이나, 나치즘 때문에 생명의 위협을 느끼고 독일을 떠나야 했던 절체절명의 상황이 큰 몫을 차지했다. 그는 1933년 파리 망명을 시작하면서 계급투쟁 아래 위치한 자신의 지식인적 위치를 절감한다. 이때의 위기의식은「생산자로서의 작가」에 특히 잘 나타난다.

벤야민은 자기의 출신조건에 거리를 두었지만 그 영향을 부정할 수 없었고, 자신의 교양특권을 문제시하면서도 이 교양의 전환가능성, 즉 지식의 생산성을 적극적으로 활성화하는 어떤 계기를 찾고자 애썼다. 말하자면 그는 그 당시 양심적 지식인이 그러하듯이 지식인으로서의 모순성에 깊이 빠져 있었고, 이 같은 자괴감 속에서도 그 생산적 에너지를 활용하려 했던 것이다. 그의 양심은 너무도 철저하여 결국에는 모순적으로 보이는 지점에까지 이를 정도였다고 말해야 할지도 모른다. 그렇다는 것은 거꾸로 보면, 모순과 역설을 보여주지 못한다면 양심적일 수 없다는 뜻이 된다.

모순이 삶에 불가피하다면, 중요한 것은 모순 자체가 아니라 이 모순에 대응하는 방식의 고안 여부다. 자의식이 깊으면 깊을수록 삶은 좀더 복합적인 모습을 드러낸다. 이 복합적인 모습에서 모순은 없어지는 것이 아니라 불가피하게 자리하며, 삶의 이 불가피한 모순은 새로운 대응방식을 요구한다. 좌파지식인으로서 벤야민은 기존의 가치척도나 정형화된 분류체계에 자족하지 않고, 여러 사상적 진영을 오가면서 그 흐름을 포괄하였으며, 이렇게 포괄한 생각들을 실험적인 글쓰기의 형태로 담아내고자 했다. 그래서 그것은 거미줄처럼 얽혀 있다.

벤야민은 초기의 비의적이고 신학적인 경향에서 벗어나 점차 사회역사적 현실에 눈을 뜬다. 결정적인 전환점이 된 사건은 1929년 브레히트와의 친교였다. 브레히트의 실제적이고 과학적인 현실개입의 방식은 벤야민에게 작업방법뿐만 아니라 비판적 사고와 정치적 행동, 말하자면 지성의 정치화 가능성을 생각하는 데 많은 자극을 주었다(그는 브레히트와 『위기와 비판』이라는 잡지 발행을 준비했지만, 실현되지 않았다). 이러한 변화는 1933년 나치독일이 집권함으로써 그가 파리의 망명생활을 시작하지 않을 수 없었던 데서 더욱 철저해진다. 이 변모의 경로는 세심하게 고찰될 필요가 있다. 이것은 벤야민에게 현실적·역사적 관심이 그때까지 없다가 갑자기 생겨난 것은 아니라는 뜻이기도 하다. 초기에 경험현실에 대한 관심이 없었던 것이 아니듯이(예컨대 교육개혁에 대한 대학생 시절의 참여가 그렇다. 그는 「대학생의 삶」이라는 글에서 메시아 왕국과 프랑스혁명 이념을 같은 선상 위에 놓고 이해한 바 있다), 좌파지식인의 정치적 입장을 고민하던 말년에도 유대신학적 면모가 완전히 사라지는 것은 아니었다.

이런 크고 작은 변화 속에서, 정평 있는 벤야민 전문가인 린트너B. Lindner가 정확하게 지적하듯이, 초기의 언어철학과 관련하여 매체개념이 새롭게 파악되고, 신화개념이 역사화되며, 프로이트적 꿈 이론이 획기적 각성(깨어남)으로 재해석되고, 마르크스적 자본주의 비판의 지평 속에서 무정부주의적·신학적 혁명개념이 재정식화되기에 이른다.[10] 이 변화과정을 추동하는 주된 힘이 실험

---

10) Burkhardt Lindner, "Allegorie," Michael Opitz/Erdmut Wizisla(Hg.): *Benjamins Begriffe*, 1Bd, Frankfurt/M., 2000, S. 85.

적 글쓰기 방식이라면, 이미지 사유Bilddenken는 이 실험적 글쓰기의 핵심내용이라고 할 수 있다. 전통적 의미의 서사적·내러티브적·언어적 표현방식에 대한 안티테제로서 그림적 이미지pictura와 성찰적 글scriptura의 긴장관계를 살리는 이러한 표현법은 그의 모든 글에서 특징적으로 나타난다.[11]

이미지적 사유의 글쓰기를 통해 벤야민은 기존의 세계관적 전체성을 흔들면서 대상의 새로운 양상을 드러내고자 하고, 이 현재화를 통해 현실의 가능성을 새롭게 진단하고자 한다. 사회문화사에 대한 가치전복적 이해는 이런 식으로 이뤄진다. 알레고리는 이같은 심미적 표현형식이자 인식이론적·철학적 모델이기도 하다. 그래서 그것은 해체적이고 파괴적이다.

벤야민의 글에서 사물은 단순히 '사물화된verdinglicht 사물'이 아니다. 그것은 '사물의 이미지'로 자리하고, 이 사물이미지는 사고의 결과, 즉 '이미지 사유'의 한 형식이다. 말하자면 사물묘사는 이미지 사고의 결과다. 그 때문에 사유이미지에서 대상과 표현은 분리되지 않는다. 사유이미지에서 사물과 언어, 내용과 형식은 깊게 이어져 있다. 이런 내용형식적 결합을 그는 헤벨이나 카프카, 프루스트에 대한 인상학적 묘사방식에서 대가다운 수준으로 보여준다.

벤야민의 작가론에는 밑줄 그을 만한 생각과 깊은 통찰이 곳곳에 보석처럼 숨어 있다. 이러한 성찰의 보석을 찾아내는 것은 벤야민을 읽는 또 다른 재미이기도 하다(프루스트론인 「프루스트의 이

---

11) Willi Bolle, "Geschichte," *Edd.*, S. 422.

미지」는 제목에서부터 이런 점을 잘 보여준다). 그에게 인상이란, 호놀트가 정확히 지적하듯이, "어떤 심리적 자료가 아니라 구성의 도구이고 사고형식이며 묘사의 틀(무늬)이다."[12] 그래서 그의 글은 분석적이면서도 비유적이고 경험적이고, 즉물적이면서도 수수께끼처럼 농축되어 있다. 이 문학적 인상학은, 더 넓은 맥락에서 보면, 정치와 신학, 문학과 철학의 결합으로 이어진다. 그의 많은 글은 이 같은 사고실험의 언어마당이다. 그가 라디오 방송을 한 것도 라디오가 새로운 공적 담론과 공론장을 획득하기 위한 혁신적 매체라고 여겼기 때문이다.

벤야민은 학술적 형태인 책, 말하자면 저술의 발간만 고집하지 않았다. 그는 그 당시의 블로흐E. Bloch나 루카치G. Lukács 또는 크라카우어S.Krakauer처럼, 비평가이자 저널리스트로서 지극히 다양한, 그래서 '잡다하다'고 말할 수 있을 만큼 여러 장르의 이질적인 글을 썼다. 이 글들은 도표나 행렬, 표제어 등 양식적으로도 매우 다채롭고, 방법적으로도 혁신적이었다. 이런 시도는 1925년부터 1933년 사이에 주로 이뤄졌다.

당시 주도적 매체인『프랑크푸르트 차이퉁』*Frankfurter Zeitung*이나『문학세계』*Literarische Welt*에 벤야민은 정기적으로 글을 발표했다. 그는 팸플릿이나 소책자, 잡지나 플래카드도 그때그때 현실의 필요에 대응하기 위한 좋은 매체라고 판단했다. 『아케이드 저작』은 그와 같은 개방적인 매체대응의 괄목할 만한 예가 아닐 수 없다.

---

12) Alexander Honold, "Karl Kraus," Burkhardt Lindner(Hg.), *Benjamin Handbuch*, Stuttgart, 2006, S. 529.

거기에는 얼마나 많은 인용과 논평과 도식과 도표와 스케치와 배치, 축약문과 표어가 집약되어 있는가. 그는 글을 쓰면서도 그 의미와 전략을 지치지 않고 고려했던 것이다. 글은 바로 이런 현실 응전의 전략이자 방법이었다. 편지에서가 아니라면 '나'라는 표현을 쓰지 않으려 애썼다고 그가 고백한 것도 이 사실적이고 객관적인 필요성과 연결될 것이다.

언어의 한계, 그 너머의 가능성

벤야민이 다양하고도 실험적인 글쓰기를 시도했다는 것에는 언어에 대한 어떤 믿음이 전제되어 있다. 그러나 그 믿음은 절대적인 게 아니다. 오히려 그는 언어의 한계를 직시했다. "언어가 자연에 부여될 때, 모든 자연은 탄식하기 시작한다"[13]고 그는 썼다. 자연에 대한 언어의 관계가 탄식과 슬픔으로 차 있다면, 그 이유는 아마도 언어가 자연을 완벽하게 그릴 수 없기 때문일 것이다. 그렇다고 언어가 이 같은 무력증에만 포박된 것은 아니다. 언어의 한계는 한계 너머의 가능성으로 열려 있다.

벤야민은 한편으로 언어가 대상을 지시하고 전달하며 묘사함으로써 타자와 소통하게 만드는 매체라고 여기면서도, 다른 한편으로 이런 도구적인 기능에만 머문다고 여기지 않았다. 소통과 전달은 언어의 중대한 요소이기는 하지만, 하나의 요소일 뿐이다. 언어의 가능성은 차라리 이런 도구적·지시적 차원을 훨씬 넘어선

---

13) Walter Benjamin, "Die Bedeutung der Sprache in Trauerspiel und Tragödie," *GS* II/1, Frankfurt/M., 1977, S. 138.

> **"** 말없는 것에 말을 부여할 때,
> '실제적 행동'보다 더 실천적일 수 있고,
> 그래서 정치적일 수 있다.
> 이것이 언어의 비밀이요 그 성스런 작용이다. **"**

다. 언어란 그가 보기에 무엇을 말하는 것이면서도 동시에 말할
수 없는 것이기도 하다. 더 적확하게 표현하면, 말할 수 있는 것을
통해 언어는 말할 수 없는 영역으로 다가간다. 그리하여 말할 수
있는 것은 언제나 말할 수 없는 것과 함께 자리한다. 그러나 말할
수 없는 것은 말하기 어려운 것들의 비의나 무언어로 빠져드는 것
이 아니라, 그가 1916년 7월 마틴 부버에게 보낸 의미심장한 편지
에서 썼듯이, "말할 수 없는 것을 언어 속에서 수정처럼 순수하게
제거하는 것"die kristallreine Elimination des Unsagbaren in der Sprache으로
이어져야 한다.[14] "말할 수 없는 것의 이러한 제거는 내게 곧 본래
즉물적이고 명징한 글쓰기 방식과 일치하고, 인식과 행동의 관계
를 다름 아닌 언어적 마법 속에서 암시하는 것으로 보입니다."[15]

언어와 비언어, 말과 침묵, 표현할 수 있는 것과 표현할 수 없는
것은 따로 존재하는 게 아니다. 그것은 서로 얽혀 있고 같이 작용
한다. 언어란, 적어도 그것이 참된 언어라면, 이 얽힘을 드러낼 수

---

14) G. Scholem u. Th. W. Adorno(Hrsg.), *Walter Benjamin, Briefe* 1-2, Bd. 1,
　　Frankfurt/M., 1993, S. 127.
15) *Ebd.*

있어야 한다. 그래서 언어는 마법적 영역과 분리된 것이 아니라 이 영역으로 들어가면서 모호하고 불투명한 영역을 '드러내는' 것이다. 이것을 벤야민은 "본래 즉물적이고 명징한 글쓰기 방식으로"mit der eigentlich sachlichen, der nüchternen Schreibweise 해내려 한다. 이 것을 그는 "고도로 정치적인 스타일"이라고 불렀다.

"즉물적이며 동시에 고도로 정치적인 스타일sachlichen und zugleich hochpolitischen Stils과 글쓰기에 대한 나의 개념은 이렇다: 말이 포기한 것으로 나아가는 것. 말 없는 것의 이런 영역이 말 할 수 없이 순수한 힘 속에서 해명되는 곳에서만 말과 움직이는 행동 사이의 마술적 불꽃이 피어오를 수 있고, 여기서 두 실제 적 영역 사이의 통일이 있다. 오직 가장 내밀한 침묵의 핵심으로 강렬하게 다가감으로써 말은 진실된 작용에 도달하게 된다. 말이 '실제적' 행동보다 신적인 것으로부터 더 멀리 있는 것이라고 나는 믿지 않는다. 그리하여 말은 자기자신과 자기의 고유한 순수성을 통하여 신적인 것으로 나아가는 것 외에 다른 능력을 가진 것이 아니다."[16]

위에서 나타나는 것은 언어에 대한 벤야민의 생각이다. 그것은 넓게 말하자면, 언어의 정치성 또는 정치적 언어의 의미에 대한 생각이다. 정치적 언어란 간단히 말해, "말이 포기한 것으로 나아 가는 것"이다. 그것은 말할 수 없는 것을 말하게 하고, 말이 없는

16) *Ebd.*

곳에 말이 있게 하는 일이다. 바로 여기에서 "말과 움직이는 행동 사이의 마술적 불꽃이 피어오를 수 있고, 여기에서 두 실제적 영역 사이의 통일이 있다."

벤야민에게 말 없음-침묵-무표현의 영역이란 언어에 낯선 곳이 결코 아니다. 그것은, 적어도 그의 이해에서는, 언어의 영역에 매우 근접해 있다. 아니 말 없음의 영역을 말로 드러내는 것이 바로 언어의 존재이유다. 그리하여 언어는 침묵의 미지영역에 근접할 때 비로소 참되게 작용할 수 있다. 언어의 진실된 작용은 어떤 메시아적인 것으로 이어진다(벤야민의 언어이해는 이 대목에서 신학이해로 넘어간다). 그래서 그는 이렇게 쓴다. "말이 '실제적' 행동보다 신적인 것으로부터 더 멀리 있는 것이라고 나는 믿지 않는다."

결국 벤야민에게 정치적 스타일이란 말할 수 없는 영역으로 나아가는 언어이고, 이렇게 다가감으로써 그 언어는 참된 영향을 일으킬 수 있으며, 이 영향 속에서 이미 신적인 것에 근접한다. 더 적극적으로 표현하면, 침묵의 영역을 드러내지 못한 언어란 올바른 언어일 수 없다. 또 말 없는 것에 말을 부여할 때, 그것은 '실제적 행동'보다 더 실천적일 수 있고, 그래서 정치적일 수 있다. 이것이 언어의 비밀이요 그 성스런 작용이다.

언어의 이 복합적 메커니즘은 쉽게 외면된다. 특히 현실정치의 언어는 대상과 기호, 말하는 사람과 듣는 사람, 기호와 의미의 관계를 단순한 인과관계로 파악하고, 언어의 여러 가능성을 전달적·지시적 기능으로 제한한다. 그래서 어떤 절대화된 명제를 공시하고 포고하며 선전하는 도구로 언어를 이해한다. 벤야민이 청년시절의 은사이던 비네켄의 무책임한 언어, 즉 그의 전쟁옹호에 실망하고, 위 모토에서 인용했듯이, 거부의 편지를 보냈던 것은 그 때문이었다. 그것은 언어의 가능성을 단어와 단어의 기계적인 배열로 제한할 뿐만 아니라, 더 나아가 그 악용을 일삼는 일이다. 이 같은 언어이해를 벤야민은 '끔찍하다'고 보았다. 언어의 즉물적이면서도 마법적이고, 명징하면서도 시적인 차원을 고려하지 않기 때문이다.

참된 언어는 세계의 비밀을 해명하는 것이면서도 보존하는 것이어야 한다. 또 언어의 현실해명은 세계의 비밀과 함께 견지되어야 한다. 이 언어의 역설은 어떻게 감당될 수 있는가? 그것은 오직 언어 스스로 움직임으로써 가능할지도 모른다. 이 움직임이란 언어의 자기성찰에서 온다고 할 수 있다. 말하자면 자기성찰적 반성운동을 내장할 때, 언어는 참된 의미에서 고도로 정치적일 수 있다. 이 점에서 우리는 이른바 '정치적 올바름'political correctness의 문제를 다시 한 번 생각한다.

그러므로 이미 실현되거나 확정된 의미를 의심하지 못한다면, 언어는 엄격한 의미에서 정치적이기 어렵다. 언어는 말할 수 없는 영역으로 들어가 표현할 수 없는 것들의 핵심을 '수정처럼 투명하게' 드러냄으로써 마침내 그 힘을 입증한다. 그것은 말해진 것의 한계를 넘는 일이고, 이 한계를 넘어 포기되고 체념된 것들의 권리를 복원시키는 일이다. 말해져야 하는 것, 그럼에도 말할 수 없었고 말해지지 않은 것은 드러나야 한다. 그러나 이것은 세계의 비밀이 없다거나 그 비밀을 깡그리 파헤친다는 뜻이 아니다. 오히려 그것은 삶의 비밀과 비의를 존중하면서 이뤄진다. 말해진 것은 말해지지 않는 것들 위에 자리하기 때문이다. 말해진 것을 가능하게 하는 것은 말해지지 않은 것의 바탕 또는 그 테두리 덕분이기 때문이다. 그리하여 언어의 한계는, 새뮤얼 베버가 정확히 지적했듯이, 지양된다기보다는 끊임없이 유예된다고 보아야 한다.[17] 말 없는 것의 목록들은, 그것이 말을 통해 서술되는 가운데, 단순히 제거되거나 사라지기보다는 줄여지면서 점진적으로 밝혀진다.

그리하여 언어의 정치성을 성찰한다는 것은 말해진 것의 드러나지 않은 핵심, 이 핵심의 근본적 침묵성, 이 침묵의 이질적 의미 공간을 헤아린다는 뜻이고, 이렇게 헤아리는 주체의 반성적 리듬을 쉬지 않는다는 뜻이다. 이질적 영역의 침묵하는 공간을 헤아릴 때, 말은 제 몫의 과제에 충실하고, 현실의 행동도 그 폭력적 가능성을 줄일 수 있다. 그러나 이 지속적인 언어화/표현화/정식화/형식화에도 불구하고 침묵의 잠재영역은 여전히 존속한다. 삶의 대부분은 말해지지 않은 불확실성의 지대地帶로 남기 때문이다. 그래서 언어의 표현 옆에는 표현되지 않은 것, 즉 마법과 비밀이 언제나 자리한다. 우리는 이 점을 하나의 절대적 사실로 존중해야 한다. 바로 이것이 벤야민이 생각한 정치적 스타일이고, 즉물적이고 명징한 글쓰기의 방법이다.

이때 말은 일종의 행동으로 자리한다. 그래서 신적인 것의 예언적 일부가 되어 있다. 참된 문학의 언어는 그 자체로 과거를 발굴하고 기억하고 기록하는 가운데 미래를 선취하는 것이다. 참으로 시적인 언어는 예언적이다. 이런 언어의 예를 그는 프루스트나 카

17) Samuel Weber, Der Brief an Buber vom 17. 7. 1916, Burkhardt Lindner(Hg.), *Benjamin Handbuch*, Stuttgart, 2006, S. 606.

프카에게서 확인했다.

벤야민은 카프카 세계의 천재성이란 그가 전혀 새로운 것, 즉 '진리'나 '지혜'를 단념한 채 어떤 비유적인 것을 고수했다는 것에 있고, 바로 이 점에서 그의 문학은 비유 그 이상이었다고 적은 바 있지만,[18] 그 역시 교훈이나 진리를 그리 신뢰하지 않았다. 그가 선호한 것은 혁신과 실험이었다. 그는 '기술'이나 '구성', '새로움', '변화', '기능'(전환)을 중시했다. 그는 한편으로 늘 새롭고도 다르게 사고하고자 했고, 이렇게 사고한 내용을 언어로 드러내려 했다. 이것은 그가 이해한 언어의 존재근거이기도 했다. 그렇다고 그가 이렇게 표현되는 언어 자체를 절대시한 것은 아니다. 그는 카프카에 대해 이렇게 쓴다. "카프카는 자신의 묘사에서— 말하자면 여기서는 그 모든 것이 연구가 되는데— 왜곡되지 않는 어떤 과정도 생각할 수 없다는 마음으로 가득 차 있었다. 다른 식으로 말해, 그가 서술하는 모든 것은 자기자신과는 다른 것을 진술한다."[19] 벤야민의 글도 그렇게 적은 자기자신을 넘어선다고 말해야 할 것이다.

어떤 언어도 절대시하지 않았다는 것은 벤야민의 진리개념이 탄력적이었다는 것이고, 이 탄력성으로 삶의 모호성, 즉 모순과 역설에 대해서도 그가 열려 있었음을 뜻한다. 그에게 중요한 것은 어떤 것에서 어떤 것으로의 변화와 전이, 이 전이의 순간적 지점

---

18) G. Scholem u. Th. W. Adorno(Hrsg.), *Walter Benjamin, Briefe 1-2*, Bd. 2, *a. a. O.*, S. 763.

19) Walter Benjamin, "Franz Kafka: Beim Bau der chinesischen Mauer," *GS*. II/2, S. 678.

에 대한 섬세한 주의였다. 그는 자기 행동에 대한 모든 관찰이 "충분할 정도로 가차 없이 그리고 급진적"이기를 바랐다. "가장 중요한 일에서 언제나 급진적으로, 그러나 결코 일사분란하지 않게 처리하는 것, 그것이 언젠가 내가 공산당에 입당한다면 가지게 될 이념이라네."[20] 이렇게 그는 1926년 5월 29일자 숄렘에게 보낸 편지에 적었다. 이 반反절대적 사유는, 그가 카프카에 대하여 "어떤 작가도 '너는 네 스스로 우상을 만들어선 안 된다'는 것을 그렇게 정확히 따르지는 못했다"[21]라고 적었을 때, 거듭 확인된다. 그러니까 벤야민과 카프카는 비일관적 사유의 급진성을 공유하고 있고, 이 사유의 급진성은 기존과는 구분되는 글쓰기에서 유래한다.

그러므로 벤야민의 언어는 우상타파적이고 비절대적이다. 그것은 표현 속에서 표현 너머의 세계로 나아가고, 언어를 통해 침묵으로 들어간다. 이렇게 나아가는 언어의 내용은 일관되기보다는 불연속적이고 이질적이다. 그가 좌파지식인이면서도 어떤 무리로 분류되기보다는 하나의 예외적 인물로, 그리하여 철저한 이단아로 보이는 것은 그 때문일 것이다. 뛰어난 사상가는 오직 일회적인 현상으로, 그래서 아무도 쉽게 모방할 수 없고 누구도 쉽게 흉내 낼 수 없는 그만의 고유한 방식으로 왔다가 활동하다가 사라진다. 사상사, 예술사, 지성사는 이 전적인 새로움과 고유한 정체성의 유일무이한 족적으로 그 명맥을 이어간다.

---

20) Briefe Bd. 1, S. 425.
21) Walter Benjamin, "Franz Kafka," *GS*.II/2, S. 428.

4. 현세적 쇄신: 내재적 초월성

벤야민의 신학적 입장은 초기의 형이상학적 단계를 지나 점차 유물론적으로 변형되고, 그 후로도 현실경험이나 동료와의 대화를 통해 지속적으로 교정되어간다. 그의 '세속화'Profanierung 개념은 이렇게 해서 나온 것이다. 그러나 이것은 좋게 말한 것이고, 나쁘게 얘기하면, 그에게 신학과 유물론은 절충주의적으로 되었다고 말할 수 있다. 절충주의란 '양쪽 다 뒤틀리는' 것을 뜻할 수도 있다. 그러나 다른 시각에서 보면, 그의 사고의 급진성과 그 폭발력은 바로 이 비틀린 면모, 즉 공식적 가치범주와의 현격한 단절지점으로부터 나오는 것은 분명해 보인다.

사안이 어떻든 간에 벤야민은 모든 이름 있는 것들, 즉 공식적이고 지배적인 것이 뒤로 물러나고, 익명의 개인적이고 공동체적인 것이 전면에 등장하는 상태를 염원했던 것이라고 생각된다. 그런 점에서 그는 '신학적 모티프의 유물론적 변호자'라고 말할 수 있을지도 모른다. 그러나 그는 숄렘처럼 유대신학적 휘광에 휘둘리거나, 반대로 브레히트처럼 계몽과 훈계의 필요성을 역설하는 데 머무르지 않는다. 그는 현실의 변혁가능성을 지향하면서도 신학적 유산을 유지하며, 구원에 대한 신학적 열망 속에서도 경험현실의 바탕을 잊지 않는다. 여기에서 현실과 형이상학, 역사와 신학 사이의 비중을 양자택일적으로 가리기는 어렵다. 분명한 사실은, 이 둘 사이의 무게중심이 어떠하건, 그 토대는 여전히 현실이고 경험이고 역사라는 점이다.

그리하여 벤야민에게 유물론은 '일종의 세속화된 우상금지'라는 형태를 띤다. 다시 말해 그것은 현실적·경험적·물질적 토대 위에서 그 어떤 것도 신비화/신화화하지 않은 채, 더 나은 삶을 지향하기 위해 요구되는 무엇이다. 종교에서 정신의 우상금지를 위해 여하한의 세속적 이미지를 불허하였다면, 역사에서는 경험의 우상금지를 위해 신학이라는 원칙이 필요했던 것이다.

그러나 유물론적·경험적 토대에도 불구하고 벤야민적 메시아주의의 신학적 함의는 부인되기 어려웠던 것 같다. 그의 이런 신학적 함의로부터, 예를 들면 아도르노는 거리를 두고자 했다. 삶의 구제는 초월성으로 유예될 것이 아니라 현세성 안에서 일어나야 한다고 보았기 때문이다. 이 점에서 아도르노의 비판은 타당해 보인다.

그러나 앞서도 보았듯이, 벤야민에게 현실에 대한 관심이 없었던 것은 물론 아니다. 그의 이론을 일정한 균형 아래 있게 한 것은 신학적 초월성 이상으로 경험적 현실주의다. 이 현실적 관심 때문에 벤야민은 구성적 실천에 주목한다. 이것은 아도르노가 '구성'보다는 '비판'을 더 중시하고, '실천'보다는 '이론'에 더 많은 관심을 가졌던 사실과 대비된다. 아도르노는 보수적 문화비평가들의 체념적인 태도를 비판했지만, 그 자신에게도 이 같은 체념과 비관주의가 없었던 것은 아니었다. 그렇다고 아도르노의 비판이 역사로부터 절연된 것이라고 보는 것은 지나친 단순화가 아닐 수 없다. 벤야민에게 메시아적 존재는 초월적 실체가 아니라, 현실이 측정되는 하나의 실제적 척도로 자리한다.

경험과 그 너머, 역사와 신학, 정치와 구원을 결합하는 것은 말할 것도 없이 너무나 어려운 일이다. 어려울 뿐만 아니라 그것은 이율배반적이다. 벤야민의 글은 갖가지 모순과 모호함, 비약으로 차 있다. 그는 현재의 경험과 인식가능성을 중시하면서도 이때의 시선은 경험 너머로 열려 있고, 초경험적 차원을 열망하면서도 현실의 모순과 법제도의 부패, 상품사회의 비유기성과 삶의 사물화를 끊임없이 비판한다. 그러면서 지나간 시절을 회고하고 이 회고를 통해 잊혀지고 누락된 사실을 발굴할 때, 인간 해방과 세계 구원의 징후가 찾아들 것이라고 그는 믿는다. 그는 떠나가버린 것의 기억과 표현 속에 구원의 은밀한 색인이 들어 있을 것이라고 굳게 믿었다.

그러나 역사와 신학, 유물론과 초월성 사이에 어떤 납득할 만한 길을 낸다는 것은 지난한 일이다. 그 길은 행동의 길이기에 앞서 사유의 길이고, 사유의 길이기에 앞서 언어의 길이다. 언어의 길이란 곧 꿈과 열망의 길이다. 그래서 처음부터 실패가 예정된 것이나 마찬가지라고 할 수도 있다. 역사를 현실 속에서 이해하지만, 이 같은 이해를 초월적·형이상학적 무한지평으로 열어두는 것은 시공간적으로나 실존적으로, 또 생물학적으로 제한된 인간이 도달하기에는 참으로 버거운 일이 아닐 수 없다.

벤야민은 신학과 역사유물론 사이의 양자택일을 거부함으로써 삶의 실패를 자초했다고 할 수도 있다. 그러나 다름 아닌 바로 그 같은 이유, 즉 정치와 신학, 경험과 형이상학의 점이지대에 놓인 어떤 미지의 가능성을 지치지 않고 탐색했기에 그의 글은 역설적으로 살아남은 것이 되었다. 나는 그렇다고 생각한다. 삶의 새 지평은 가치의 점이지대, 즉 적절한 선택이 전혀 불가능하게 보이는 결정의 아포리아로부터 비로소 열리기 때문이다.

> **❝** 벤야민에게 유물론은 '세속화된 우상금지'다.
> 그것은 현실적·경험적·물질적 토대 위에서
> 그 어떤 것도 신비화/신화화하지 않은 채
> 더 나은 삶을 지향하기 위해 요구되는 무엇이다. **❞**

역사를 재앙의 연속사로 이해한 것이 벤야민이고, 이 역사를 내려다보는 것이 곧 그의 천사다. 천사는 부당한 현실을 주시하면서 문화와 야만성의 얽힘을 생각한다. '새로운 야만성'에 대한 그의 옹호도 이 같은 맥락에서 이해될 수 있을지도 모른다. "야만성의 새롭고도 긍정적인 개념", 말하자면 "새롭게 시작하는 것; 적은 것으로 견디는 것, 적은 것으로부터 구성하고, 이때 왼편이든 오른편이든 쳐다보지 않는 것"[22]을 그는 추구했다. 우리는 역사적 유물론의 신학적 차원을 다시 경험 속에서 이해할 필요가 있다. 그렇듯이 신학적인 것의 유물적 차원을 초월적 관점에서 다시 파악할 필요도 있다.

오늘날의 비판활동이 많은 점에서 이런저런 식으로 왜곡되어 난관에 봉착하고 있다는 사실을 떠올릴 때, 벤야민이 난관 앞에서 취한 이 복합적 대응방식은 절실해 보인다. 왜냐하면 삶이 이 같은 난관으로 가득 차 있기 때문이다. 현대의 구원 가능성은 아마

---

22) Walter Benjamin, "Erfahrung und Armut," *GS* II/1, Frankfurt/M., 1977, S. 215. 그의 야만성 개념은 이중적으로 보인다. 그것은 현실의 그릇된 역사를 뜻한다는 점에서 부정적이고, 이 그릇된 역사와의 급격한 단절을 꾀한다는 점에서 긍정적이기도 하다.

도 세속적 비판을 통과하고, 이때의 비판이 신학적 모티프를 배제하는 것이 아니라 오히려 광범위하게 포용할 때, 어느 정도 올바르게 모색될지도 모른다.

여하한의 단순인과관계 또는 주객의 연관항을 넘어서지 못하면 언어든 인식이든 역사든 문화든 아니면 감성이나 사유든 간에 어떤 것도 진실되기 어렵다. 그러려면 탐구는 일정한 의도와 목적성을, 설령 좋은 것이라고 해도, 적어도 종국적 의미에서는 넘어설 수 있어야 한다. 벤야민이 『독일 비애극의 원천』에서 '진리의 비의도성'을 거듭 강조한 것도 이 때문이다. 그의 문제의식은 경험현실에 닿아 있지만, 그 시선은 늘 경험현실의 너머로 열려 있다. 현실의 화해가 불가능하다는 것, 이 화해가 가능하다면 일정한 조건에서, 그것도 잠시 있을 수 있다는 삶의 엄정한 사실을 깊게 절감하면 할수록, 그는 더 처절하게 절망했을 것이다. 바로 이 절망이 그로 하여금 조건 없는 화해의 초월적 비전, 말하자면 현실 너머의 신적 화해를 떠올리게 했는지도 모른다. 그와 같은 절망적 노력에서 그는 다음과 같은 문장도 썼을 것이다. "사실 진실한 화해는 오직 신과 관련하여 있을 뿐이다."[23]

유물론적·신학적 인식방법이 좀더 온전한 지평 아래에서 삶의 전망을 보여줄 수 있다는 것, 그래서 덜 왜곡된 해방의 가능성에 대한 계기를 제공한다는 것은 설득력 있어 보인다. 여기에서 사회비판과 구원은 결합되어 있다. 벤야민의 신학적 유물론은, 거

23) Walter Benjamin, "Goethes Wahlverwandtschaften," *GS* I/1, Frankfurt/M., 1974, S. 184.

듭 강조하건대, 신학적·형이상학적 지평으로 열려 있으면서도 경험분석적이고 현실진단적이며 자본주의 비판적이다. 그의 사유는 부정을 통한 구원, 즉 구원의 빛 아래 행해지는 비판의 실천인 것이다. 이것은 삶을 비판 속에서 구원하는 일이면서 비판 자체의 구원이 된다. 그리하여 그는 폭력 없는 삶의 질서를 염원하면서도 이 일이 현실적으로 실현되기 어렵다는 것도 알았다. 지상적 질서를 넘어선 신적 질서의 가능성을 염원했던 것은 그런 이유에서였을 것이다. 적어도 그의 사유에서 현실적 문제제기는 신적 질서의 배경 아래 이뤄지고, 경험적 탐색은 형이상학적 진실에 위배되지 않는 듯이 보인다. 바로 이 같은 양가성이 논리적 절차의 모순을 낳고, 연구자에게는 광범위한 문헌적 파편화와 의미론적 방향상실을 야기하기도 한다. 독자에게 그것은 자의적 해석의 근거로 작용한다. 그러나 그 같은 이유에서 안이한 접근도 줄어든다.

역사의 재앙이란 현실의 폭력 이상으로 가치론적 편향을 뜻한다. 과거와의 약속에 기대어 우리는 이 가치론적 불균형에서 어떻게 벗어날 수 있을까? 망각된 것의 기억 속에 구원의 가능성은 과연 있는가? 메시아는 내세나 초월성 아래 희구되는 것이 아니라, 마땅히 지금 여기 세속현실의 한복판에서 추구되어야 한다. 그렇다는 것은 실패가 예정된 삶의 가능성을 우리는 벤야민을 읽으면서, 그러나 그와는 다른 식으로 다시 탐색해야 한다는 뜻이기도 하다. 의미는 실패의 위험을 무릅쓰는 데서 겨우 조금씩 만들어진다.

5. 예술이라는 출구

현대사회에서는 많은 것이 합리성이나 정당성이라는 이름 아래 비합리적이고 부당하게 자행한다. 그것은 기업의 경영원리일 수도 있고, 국가의 공권력 행사일 수도 있다. 그것은 성격을 조금 달리하면서 대중의 상품소비에서 나타나기도 한다. 현대의 합리적 비합리성은 무엇보다 생산과 유통과 소비, 공시와 명령과 규제 아래 이뤄지는 각 개인의 삶에서 매일같이 체험될 수 있다. 이것을 '사물화'Verdinglichung 현상이라고 한다면, 이 사물화를 지탱하는 원리는 간단히 말해, 도구적 이성이다.

도구적 이성이 강제하는 것은 동일성의 원리다. 동일성 원리는 어떤 타자, 즉 다른 관점과 사고와 느낌을 허용하지 않거나 허용하는 데 인색하다. 도구적 이성의 비합리성 아래에서 인간은 자연을 지배하듯이 인간을 지배하고, 타자를 통제하듯이 자기를 통제한다. 여기에서 신화의 폭력성은 반복된다. 이 모든 것은 사람의 눈을 멀게 하는, 아도르노에 기대어 말하면 '현혹의 기만적 연관항'을 이룬다. 이 보편적 기만의 허위체계에서는 대상에 대한 인식이 아니라 인식 자체가 차단되고, 올바른 인식의 가능성 자체가 의문시된다.

그렇다면 무엇을 할 수 있는가? 우리의 이성은 상품세계가 허용하는 거짓 안락함에 자족하고 있고, 지금 사는 삶의 체제가 이성마저 도구화하는 보편적 기만체제가 되어 있다면, 그래서 사람은 문화산업이 강제하는 요구 앞에서 그저 타율적 소비자에 불과한 것이라면, 이 삶은 어떻게 쇄신될 수 있는가? 우리는 도구화된 삶의 억압체제를 구성하는 개별적 의식만이 아니라 이 체제를 끌고 가는 집단적 무의식도 문제시할 수 있어야 한다. 세계는 역사상 유례없는 불투명성 아래 잠겨 있고, 현실은 예측하기 어려우며, 인간의 인식과 생활은 마치 언제라도 무너질 것처럼 보이지만 그럼에도 결코 무너지지 않는 상태에서 지구의 비참은 계속되고 있다. 아마도 지금의 판단을 믿을 수 있다고 해도 이 믿음은 오래가기 어려울 것이다. 무엇을 할 수 있는가?

삶의 세계가 보편적 기만의 강제체제 아래 있다면, 이 강제체제에서 사람이 할 수 있는 일은 전혀 없거나 거의 없다고 봐야 할지도 모른다. 오늘날 많은 현실진단이 비관적으로 되는 것은 그 때문일 것이다(아도르노가 세계를 더 이상 '구성의 대상'으로서가 아니라 '비판의 대상'으로 간주한 것도 이와 관련된다). 현실의 질서는 부단히 부정되고 비판되어야 한다. 아도르노는 이런 기만의 폭로에 비판철학과 예술이 일정한 역할을 할 수 있으리라 여겼다. 예술은 현실을 있는 그대로 재현하고, 이 재현 속에 이미 반성적 계기를 담고 있기 때문이다. 이것은 새삼스러운 사실이 아니라 서구의 예술이론사/미학사에서, 특히 쉴러 이후 면면히 이어지는 인본주의 교양전통의 한 핵심적인 문제의식이기도 하다.[24)]

─────

24) 고대 그리스에서 이뤄진 인간과 자연의 결합──이것을 쉴러는 '소박한' naive 것이라고 불렀다──은 근대에 와서 불가능해진다. 쉴러는 고대 이후의 이성문화를 '감상적'sentimentalisch이라고 이해했다. 이 이전의 잃어버린 조화를 복원하는 것이 예술의 성찰력이라면, 이 성찰력은 근대 이후 거의 모든 미학의 특징이 된다. 예술의 현대적 성찰가능성을 논의하는 한, 우리는 이런 쉴러적 고민에서 벗어날 수 없을 듯하다. 단지 그것은 그 당시 그

예술의 표현력은 근본적으로 반성적·성찰적·비판적 에너지로부터 나온다. 반성적 성찰력에 기대어 우리는 보편적 현혹체제와는 '다른 삶의 가능성'을 타진할 수 있다. 어떤 화해는 이 타진 속에 도달될 수 있을지도 모른다. 이 같은 구상은 현대에 와 아도르노의 미학론에서 본격적으로 전개되지만, 벤야민에게도 없는 것은 아니다. 아도르노의 미학체계는 간단히 말하여, 벤야민 사유의 예술철학적 정밀화라고 할 수 있다.

벤야민에게 구성이 비판적 의식과 결합되어 있다면, 이 비판의식에 구원에 대한 열망이 담겨 있다면 그것은 그 나름으로 삶의 화해적 상태를 지향하는 것이다. 예술의 심미적 비판은 기존질서를 문제시하는 가운데 폭력 없는 화해적 계기를 내장한다. 모든 심미적인 것은 기존의 부정직성을 부정하고, 이 부정성 아래 비판과 화해는 하나로 만난다. 이것이 벤야민에서는 아도르노 미학론에서와는 다르게 체계적으로 정식화되지 않는다(아도르노 역시 미학을 체계적으로 제시하기보다는 체계화된 가치의 억압성을 문제시하는 숨겨진 체계, 즉 '비체계적 체계'의 성격을 띤다). 그렇지만 예술이 현실의 어둠을 감당해야 한다는 것, 그리하여 예술의 행복은 불행을 직시하는 데 있다는 생각은 그의 사유의 바탕에 분명히 흐르고 있다.

예를 들어 글쓰기 방식을 살펴보자. 벤야민은 칸트주의자나 실증주의자처럼 대상의 기능적 메커니즘을 개념적으로 분석하기보다는, 이런 점도 없지 않지만, 그 이상으로 사물이 드러나는 지각

대로 받아들여질 것이 아니라 오늘의 관점에서 재구성되어야 한다. 이 점에서 '쉴러 이후의 미학적 가능성'을 생각할 수도 있을 것이다.

> **❝예술은 역설적으로 현실에 개입한다.**
> **현실을 회피하거나 거부함으로써가 아니라,**
> **그 강제적인 서열체제를 그려냄으로써**
> **이 체제와는 다른 삶의 가능성을 타진한다. ❞**

적 현상을 인상학적으로 파악하고자 한다. 그는 아도르노처럼 심미적 규범('진실한 작품'이나 '아름다운 가상' 같은)을 처음부터 전제하거나 중시하는 것이 아니라, 오히려 이런 규범과 대결하고, 전승되는 정전이나 전통을 '서술/묘사하는'deskriptiv 가운데 문제시한다. 그에게 중요한 것은 대상의 '전체'라기보다는 이 전체가 드러나는 '파편들'이었고('전체란 허위'라는 아도르노의 그 유명한 테제는 벤야민 테제의 한 변주에 불과했다), 이 파편 속으로의 침잠을 통해 그는 전체의 윤곽과 이미지를 읽어내려고 애썼다. 왜냐하면 진리는 '시간적 핵심'Zeitkern을 지니고, 따라서 단순히 절대적이거나 상대적인 것이 아니라 그 핵심을 어떻게 읽어내느냐에 따라 구원의 가능성이 약속된다고 여겼기 때문이다.

  세계는 사소한 경험의 세부를 읽는 가운데 구원될 수 있다. 또는 구원은 세계의 해독가능성에서 마침내 약속된다. 그래서 무엇을 말하기보다는 수동적인 침잠과 적극적인 해석을 결합하는 가운데 벤야민은 '그저 보여주고자' 노력한다.[25] 그가 자료의 몽타주적 배합이 갖는 충격효과를 의도한 것은 그런 이유에서다.

----

25) Walter Benjamin, "Das Passagenwerk," *GS* V/1, *a. a. O.*, S. 574.

벤야민에게 절실한 것은 경험과 이론, 세부와 이념, 구체와 전체의 매개이고, 이 매개를 통한 대상과 현실의 새로운 조직가능성이다. 매개와 구성과 조직을 제대로 한다면, 그것은 그 자체로 학문/과학에 대한 정당한 비판적 실천이 될 수도 있다. 이 매개를 위해 그는 '전달'보다는 '표현'을 우선시했고, 개념적 '인식'보다는 이념의 '진리'를 소중하게 여겼다. 이 표현과 진리는 지금 여기의 생생한 경험에 뿌리내린 것이어야 한다. 이 경험적 천착으로부터 전체적 국면, 즉 개념적 인식을 넘어서는 온전한 삶에 대한 진리가 얻어진다. 여기서 나오는 개념이 곧 '별자리'Konstellation다.

그리하여 벤야민은 역사가 초래한 재앙과 파괴를 미화하는 것이 아니라 있는 그대로 드러내고, 이렇게 정직하게 드러내는 가운데 구원이 있을 것이라고 믿었다. 비록 자연을 지배하던 근원적 통일성은 파괴되었고, 이렇게 파괴된 파편들 속에 현실의 악이 분명히 싹트고 있지만(이 점에서 그는 우울하다), 이 불순한 파편들을 모아 그 균열의 의미를 읽어내는 것은, 마치 유대신비주의가 알려주듯이, 악과 재앙의 지배로부터 세계를 방면시키는 일이기도 하다(이 점에서 그는 염세주의적이지 않다). 그에게는 분명 허무주의적 면모가 있다. 그러나 그렇다고 해서 비관적인 것은 아니다. 그는 구원에 대한 열망을 결코 포기하지 않기 때문이다. 알레고리에 그가 주목했던 것도 그 대상이 이런 파편이기 때문이다. 파편은 단순히 퇴락과 몰락의 표시만이 아니라, 무엇보다 미래에 복원되어야 할 전체의 기호다. 그리하여 알레고리는 비참한 현실을 묘사함으로써 구원의 역설적 표식으로 자리한다. 고통은 표현 속에서 구원의 기호로 변전變轉한다.

풍경-공간-자연에서 인간의 행동이 일어난다면, 공간은 근본적으로 그 행동이 남긴 폐허의 흔적과도 같다. 공간에는 행동의 모든 결과가 지층처럼 쌓이기 때문이다. 역사의 성취라는 것들도 폐허, 즉 무덤의 잔해에 불과하다. 그러니 과거에서부터 전해져오는 파편들은 부단히 새롭게 발굴되고 해석되며 쓰여야 한다.

파편-재-폐허-죽음-고통의 표현에는 이미 구원의 기미가 깃들어 있다. 이 기미를 독해하는 것은 구원을 약속하는 일이다. 이 약속은 신학에서는 메시아에 의해 보장되지만, 예술에서는 표현으로 선취된다. 이것을 벤야민은 언어로 실행한다. 삶의 파편들은 읽혀지고 해석되며 이해되고 다시 쓰여야 할 암호, 즉 '구원의 은밀한 색인'과 같은 것이다. 이것은 낙원 추방 이후의 인간이 바빌론의 파편화된 언어를 긁어모아 원래의 순수했던 언어를 다시 창출해야 하는 일과 이어진다(이것이 그의 언어론이고 번역론이다). 그는 역사과정이 야기한 재앙과 그 폐허를 직시하려 한다. 이렇게 과거를 쳐다보면서, 역사의 천사처럼 미래에 등을 돌린 채, 현실의 바람을 맞으며, 그는 기억하고 읽고 쓰고자 한다. 두 눈 부릅뜨고 악을 직시한다면, 이렇게 직시하며 표현한다면, 구원은 우리 곁으로 다가올 것이다.

예술은 역설적으로 현실에 개입한다. 현실을 회피하거나 거부함으로써가 아니라, 그 강제적 서열체제를 그려냄으로써 이 체제와는 다른 삶의 가능성을 타진한다. 그러니 심미적 진실 속에서 현실을 조건짓는 대립관계, 즉 기만과 화해, 현혹과 구원의 적대관계는 소극적으로 배제되는 것이 아니라 적극적으로 표현된다. 이 표현을 통해 예술은, 비판철학이 그러하듯이, 현실의 무자비함

에도 불구하고 이 냉혹한 강제체제를 무너뜨릴 수도 있다. 화해로
운 삶은 이렇게 간단치 않는 경로를 통해서 비로소 도달될 수 있
을지도 모른다. '화해'Versöhnung는 아도르노 특유의 개념이지만,
부정현실에 거스르는 미학적 지향을 넓게 보아 화해라고 부른다
면, 이 화해의 개념에는 신학적 함의가 들어 있고, 그러니만큼 벤
야민에게도 그것은 낯설지 않다.

예술의 현실개입은 행동처럼 직접적이지는 않지만, 그럼에도
이 현실과 행동주체에 영향을 미칠 수 있다. 그런 점에서 예술은
'제2의 실천'이라고 할 만하다. 그것은 간접적이고 우회적이지만,
직접적 행동보다 더 내밀하고, 그래서 더 오래 작용한다. 예술은
비화해적 현실에 대항하는 화해적 상호이해의 영역이다.

6. 이율배반과의 싸움: "세계를 조금 바로잡는 것"

> 꼽추는 뒤틀린 삶을 살아간다.
> 메시아가 오면, 그는 사라질 것이다.
> 메시아는 폭력으로 세계를 변화시키려는 것이 아니라
> 그저 조금 바르게 할 것이라고 어떤 위대한 랍비는 말했다.
>
> ■ 벤야민, 「카프카」, GS, II/2

생애 말년에 이르면 적지 않은 철학자들이 예술에 관심을 갖거
나 윤리학으로 돌아간다. 윤리학에 대한 관심은 다시 미학으로 옮
겨가기도 한다. 니체F.W. Nietzsche가 그랬고, 루카치와 메를로퐁티
M. Merleau Ponty, 아도르노와 푸코가 그랬다. 심미적인 것은, 그들

철학이 아무리 이론적 실천이나 정치적 참여의 가능성 또는 철학의 책임과 윤리를 내세운다고 해도 상쇄할 수 없거나 이 모든 요구를 포괄할 수 있는 하나의 종국적 근거로 보였기 때문인지도 모른다. 이 믿음의 근거는 아마도 예술경험이나 이 경험을 통한 깨우침이 지극히 분화된 오늘의 분과학문적 시대에 어떤 통합적 인식의 매체로 여겨진 데서 온 것인지도 모른다.

지극히 분화된 '현대'라는 세계에서 어떤 통일성을 추구한다는 것은 그 자체로 모순적이지 않을 수 없다. 그래서 그것은 이율배반적인 싸움이 된다. 이율배반과의 이율배반적인 싸움, 그것은 엄청난 모험이다. 왜냐하면 전체에 대한 통찰은 오늘날에 와 거의 불가능하고, 현대의 미학은 이 불가능한 사실에도 불구하고 있을 수 있는 미지의 가능성을 위해 무엇인가 시도하기 때문이다.

해결할 수 없는 이율배반을, 이 이율배반에 깃든 불합리한 요소를 고려하지 않는다면, 우리는 삶의 많은 것을 놓칠 것이다. 일목요연한 것만 강조하는 실증주의나 확실한 것만 산정하는 기계적 합리주의는 이 점을 고려하지 않는다. 우리는 삶의 저편을 생각하면서도 오늘의 구체로부터 출발하고, 기성현실의 압도 속에서도 이와 다른 현실을 생각할 수 있어야 한다. 그것은, 간단히 말해, 생각하지 못한 것을 생각하는 일이고, 쓰이지 않은 것을 쓰는 일이다. 결코 "쓰이지 않은 것을 읽는 것"이라는 호프만슈탈H.V. Hofmannsthal의 글을 자주 인용하면서 벤야민은 이것이야말로 "참된 역사가"의 일이라고 여겼지만,[26] 비단 역사가만의 일이 아니

---

26) Walter Benjamin, "Abhandlungen," *GS* I/3, Frankfurt/M., 1974, S. 1238.

> **❝** 벤야민의 글은 완전성, 절대성, 순수성을 고집하지 않는다.
> 자기일관성을 요구하는 텍스트의 논리를 거스른다.
> 삶의 다채로운 현상에서 보이는 파편들의
> 더미에 기꺼이 다가간다.**❞**

다. 글을 읽고 생각하며 쓰는 모든 탐구자의 목표라고 말해야 한다.

이렇듯이 현대적 삶의 일반성격이 이율배반성으로 구조화되어 있다면, 이 모순은 특히 벤야민에게 표본적으로 나타난다고 할 수 있다. 이 이율배반성은 1차적으로는 부르주아 계급출신에 좌파적 이념을 가진 그의 실존적 균열의식에 뿌리박고 있다. 그러나 이것 만이 아니다. 그것은 그의 정치적·철학적·이념적 성향에서도 나타나고, 더 나아가면 스타일이나 어조, 글의 형식이나 방법에서도 확인된다.

벤야민의 정확한 직업은, 그 스스로 희구한 직업은 강단철학자 나 교수가 아니라 '자유문필가'였다. 그는 교유관계에서도 숄렘 같은 유대신학적 성향의 친구와 교류하면서도 브레히트 같은 열 렬한 유물론적·마르크스주의적 예술관의 소유자와도 동시에 사 귀었다. 그의 사유는 이질적인 사상들의 어긋나고 착종된 성격을 방법론적으로 통합하고자 한 급진적인 시도의 하나로 보인다. 벤 야민의 사유풍경에 배인 심각한 불안정성은 여기에서 올 것이다. 이 불안정성은 기본적으로는 1920년대 말 이후 가중되었던 생활 적 불확실성에서 연유한다. 그러나 생계의 어려움 속에서도 출판 사나 신문사에 보낸 글이 제대로 실리는 경우가 드물었고, 계획

했던 글은 이런저런 생계의 어려움으로 중단되기 일쑤였다. 설령 글이 실렸다고 해도 비평계의 인정 이상으로 많은 반발을 일으키곤 했다. 그래서 그는 마르크스주의자 비평가 사이에서도 자기기만을 일삼는 '전형적 반혁명가'나 '부르주아'로 자주 비난받곤 했다. 이런 난관 속에서도 그는 자신의 입장을 부단히 성찰하면서 교정해나갔다.

벤야민 글의 그 어떤 것도 일목요연하지 않다는 사실은 이런 맥락에서 이해될 수 있다. 그것은 얼음 위를 스케이트로 달릴 때처럼 매끈하게, 그러니까 아무런 장애나 균열 없이 이뤄지지 않는다. 그의 글에는 곳곳에 협곡과 나락, 심연과 낭떠러지가 있다. 독서의 순탄한 진행을 방해하는 요소들, 즉 이질적이고 낯설며 엉뚱하고 이색적인 불협화음들이 잠복해 있는 것이다. 이것은 그의 언어에서 잘 확인된다.

벤야민의 언어는 엄격하면서도 미묘하다. 개념의 구분과 한계 설정은 대체로 모호하다. 그러나 그는 '순수한'이나 '참된', '깊은'이나 '더 높은 질서' 같은 단어를 그가 불신하는 데서도 드러나듯이 무책임한 모호성은 좋아하지 않았다. 그의 글은 신학적·형이상학적 함의를 깊게 내장하지만, 그럼에도 예술감상에서 그는 감정이입의 방법에 반대했다. 그것은 현실의 고통을 외면하는 미식가적 견해이기 쉽고, 그래서 자본주의 사회구조의 상품화된 향락극을 반복할 수 있기 때문이다. 현실의 비참함이 단순히 향락의 대상이어서는 곤란했다. 이 점에서 그는 우울하다.

벤야민 사유의 근본적 정서는 '우울'Spleen 또는 '회한'이라고 나는 생각한다. 폐허가 사물의 부서진 모습이라고 한다면, 이 폐허의 현실과 역사를 바라보는 정신은 우울하지 않을 수 없다. 우울은 그가 보들레르와 관련하여 명료하게 적고 있듯이 "항구적 재앙에 상응하는 감정"이고, "아우라의 몰락에 대한 고통"의 표현이다.[27] 우울은 아우라가 몰락해버린 현대라는 시대의 역사적 징후이기도 하고, 이 징후를 직시하는 벤야민의 감정이기도 하면서, 이 같은 감정이 녹아 있는 글의 주된 정서이기도 하다. 저자의 이런 감정은 그의 글을 읽는 독자의 감정으로 전해져 온다. 우리가 사는 오늘의 현실이 벤야민이 살았던 1920~30년대보다 더 밝지는 않다는 점에서, 우울은 현재의 정조이기도 하다. 우울은 보편적으로 체험되는 깊은 시대감정인 것이다.

그리하여 벤야민의 글은 더 이상 완전성이나 절대성 또는 순수성을 고집하지 않는다. 아니 이 순수성을 타매하는 것 같다. 스스로 순수성을 벗어던지고 자기를 이질적 성분으로 전염시키면서 기존의 동질성을 해체적으로 재구성시켜간다고 말하는 편이 옳을 것이다. 그는 자기일관성을 요구하는 텍스트의 논리를 거스른다. 그러면서 삶의 다채로운 현상에서 보이는 파편들의 더미에 기꺼이 다가간다. 그저 다가가는 데 그치는 것이 아니라, 이 파편더미를 발굴하고 기억하면서 이것과 마침내 닮아간다. 이렇게 닮아가면서 죽어 있는 역사의 얼굴을, 이 역사의 근원풍경을, 마치 뒤러 A. Dürer의 「멜랑콜리아 I」의 여인처럼 정면으로 응시한다. 그런 점에서 그의 텍스트는 폐허의 텍스트다. 말하자면 그는 패배한 자의

---

27) Walter Benjamin, "Das Passagenwerk," *GS* V/1, V/2, v. R. Tiedemann (Hrsg.), Frankfurt/M., 1982, S. 437, 433.

역사 편에 기꺼이 선다. 역사 속에서 패배한 자들이 무엇을 원했고 무엇을 했으며 어떠했는지의 기록은 세세연년 외면되거나 무시되거나 삭제되어왔기 때문이다. 남아 있다고 한다면, 그것은 승자勝者의 이데올로기 아래 흔적도 없이 짓눌려 있다.

정당함은 대체로 이론에서는 주장될 수 있으나, 현실에서는 조롱되고 왜곡되며 억압되는 수모를 감수해야 한다. 벤야민은 패배한 자들의 이 같은 수모와 역사의 망각을 쫓는다. 그래서 그는 불순한 텍스트의 불운한 저자로 보인다. 알레고리 분석가인 그는 알레고리적 시선을 통해 알레고리적 비애극을 삶의 위태로운 무대 위에 상연해 보이는 듯하다. 그 나름으로 알레고리적 실천이 아닐 수 없다.

벤야민은 기존의 형이상학에서 벗어나 해석적 논평으로 현실에 개입하고자 했다. 신학이 지금 가능하다면, 그것은 '역전'inversion의 형태를 띠어야 한다. 말하자면 그것은 초월을 해체시키는 가운데 현실의 초라한 실상을 정면으로 직시하면서 추구되어야 한다. 그가 썼듯이, 공장굴뚝도 바빌론 사원의 원주처럼 볼 수 있어야 한다. 이것은 정신과 사물의 상호교섭 없이는 불가능하다. 그러므로 사물에 정신을 쏟아 넣듯이, 이 정신의 뿌리에는 사물이 스며들어야 한다. 그래서 지금 여기의 인식가능성 속에서 기존의 인식 틀을 해체구성하는 가운데 사회문화적 역사를 거슬러 읽어야 한다. 행복은 문화의 성취를 구가하는 것 이상으로 그 억압성을 문제시하면서, 또 현재의 의미론적 준거를 수정하고 그 미혹을 줄여나갈 때, 잠시 여기로 다가올 것이다. 기억과 기록, 묘사와 표현은 이때 선택되는 화해의 한 방식이다.

예술은 비화해적 화해의 묘사술이다. 그것은 대상의 궁극에 이르도록 진행되는 것이고, 때로는 자기활동의 근거까지 무너뜨릴 만큼 위태롭게 이어지기도 한다. 말하자면 심미적 실천은, 그 방식이 글이든 사유든, 자기의 한계와 아포리아까지 성찰할 수 있어야 한다. 심미적 부정의 이 같은 절대주의는 심미적 비판의 급진성과로 이어지고, 이 급진적 비판은 예술적 실천의 철저함에 다름 아니다. 이런 실천 속에서 예술의 언어와 비언어, 저항과 침묵, 가능성과 불가능성은 하나로 만난다.

오늘날의 미학적 노력은 아포리아의 소용돌이 그 한복판에서 행해지는 어떤 아포리아와의 대결이다. 우리는 있을 수 있는 가능성을 포착하기 위해 수많은 난관의 불가능성을 직시해야 한다. 벤야민의 급진적 사유는 바로 이런 점을 생각하게 하고, 그 점에서 '절망적일 정도로 희망적'이다. 그의 글은 종말론적이고, 이 종말론적 진보비판에는 강인한 현실주의뿐만 아니라 이 현실주의를 넘어서는 메시아주의도 자리한다.

심미적인 것은, 적어도 현대의 그것은, 현실과 대결하는 가운데, 이 같은 대결 속에서 자기한계를 인정하면서 그 작은, 너무나 작아 때로는 보이지도 않는 극미의 가능성을 탐구한다. 이미 자리한 것들의 성채처럼 공고한 공식이데올로기는 이런 식으로 조금씩, 점진적으로, 가장자리에서부터 파괴될 수 있을지도 모른다. 구원의 계기는 현재적 개입의 실행 속에서 잠시 자리한다. 심미적 진리의 정체성identity은 자기자신의 부정으로부터 만들어진다.

7. 급진적 사유의 온화함

벤야민을 고찰하는 데 있어 출발점이 그가 살았던 현실의 내용이라면, 이 현실에서 맞닥뜨려야 했던 절박한 상황은 결정적이다. 이 삶의 상황은 청년시절 이후 그가 죽을 때까지 평생 지속된다. 그 신산스러움은 파리에서 망명생활을 시작한 1933년부터 세상을 떠나는 1940년까지 7년 동안 특히 심했다.

그 시절 벤야민이 한결같이 바랐던 것은 생계 걱정 없이 글을 쓰는 일이었다. 그는 매일처럼 이어지는 사회정치적 위기상황 속에서 어떻게 '독립적 자유문필가'로서의 삶을 확약받을 수 있는지 고민하고 또 고민했다. 실패로 끝나고 말았지만, 대학교수직에 지원하기도 했다. 그렇다고 교수직이 자신에게 맞다고 여겼던 것은 아니었다. 그는 누구보다 첨예한 현실인식과 사회변혁적 관심으로 무장되어 있었지만 공산당에 입당하지는 않았다. 그럴 경우 있기 마련인 예속의 가능성 때문이었다.

이런 점에서 보면, 벤야민의 텍스트는 단순히 문학적 차원에만 머물지 않는다고 말할 수 있다. 그것은 논쟁적으로 구성되어 있고, 개념적으로 첨예하게 구조화되어 있다. 어떤 경우 '강령적 선언문'을 닮아 있고, 전체적으로는 문제제기적인 기록물에 가깝다고도 할 수 있다. 그러므로 그의 글을 문학적·은유적 산문으로만 읽는 것은 잘못이다. 그의 글에서는 무엇보다 기존의 가치체계를 의심하는 문제적 정신이 작동하고, 이 문제제기적인 정신으로 그는 기성질서와는 다른 어떤, 좀더 나은 세계관적 지평을 도모하기 때문이다. 그럼에도 나는 내밀함과 나직함 역시 그의 사유의 핵심적 면모 가운데 하나라고 생각한다. 그의 글이 지닌 여운이나 좀 더 심각한 것으로서의 이단성도 이 점에서 오지 않았나 생각한다. 그러니까 그의 글은 크고 작은 억압의 징후들, 즉 정치권력과 대중의 맹목성에 대항하여 자기 삶을 정위하는 가운데 이성적 사회를 염원했던, 지극히 명민하고 섬세한 사상가의 궤적에 다름 아니다(이것은 특히 이 책 제15장 「입김이 머무는 동안: 행복의식」에서 집중적으로 다루었다).

벤야민의 독특함은 그가 쓴 거의 모든 주제, 즉 언어론과 비평론, 번역론과 알레고리론, 매체론, 문화사 이해, 도시론과 자본주의 분석, 역사철학, 신학 등에서 나타난다. 그의 독창성은 전방위적이다. 그런 만큼 기존의 공식담론에 대한 해석적·인식론적 단절성의 정도도 크다. 이 단절성은 단편적이고 논리적 비약이 심한 언어에서 잘 나타난다. 많은 경우 그의 어조는 의미를 드러내는 것만큼이나 숨기고, 별다른 설명 없이 하나의 단계에서 그다음 단계로 옮아간다. 그러나 이것은 의미론적 층위를 복합적으로 만드는 요인이 되기도 한다. 여기에 신학적 모티프가 더해지면, 텍스트의 의미는 비의적·형이상학적 차원으로 상승한다. 그의 사유가 지닌 가늠하기 힘든 진폭과 깊이는 이런 요소들의 복합적 결과로 보인다.

그렇다면 이 모든 이질적인 요소가 수렴되는 곳은 없을까? 벤야민을 읽고 생각하고 또 다시 읽고 쓰고 곱씹으면서 남는 것은 결국 무엇인가? 나는 그것이 극도의 미묘함과 섬세함이 아닌가 생각하곤 한다.[28]

벤야민의 구상은 급진적이다. 이 구상을 실행하는 방법 또한 기

존담론과 급격한 단층을 이룬다. 그의 글은 단절이나 파괴, 간극
이나 균열, 모순과 역설을 두려워하지 않는다. 하지만 기이하게도
그 글이 남기는 파문은 오히려 미묘하게 느껴진다. 물론 과격한
주장이나 급진적인 생각이 없는 것은 아니다. 『일방통행로』 같은
글에서 보이듯이, 글의 표현이 직접적으로 작용할 때도 많다. 그
러나 이런 과격함도 그의 글이 주는 전체적 이미지와 세부묘사에
배인 미세함에 비하면 지엽적으로 보인다. 그가 남긴 최상의 것은
정치적 요구와 혁명적 관심이, 비록 야만적 현실에서 이것은 더없
이 긴급하고 절박했지만, 좌절되는 바로 그 순간에 덮쳐오던 체념
과 우울의 내밀한 사연을 외면하지 않고 기록했다는 데 있었던 것
같다.

그리하여 벤야민의 글은 전체적으로 온화한 것이라고 말하지
않을 수 없다. 그는 혁명적 행위의 전복성을 옹호하고 정치적인
것의 의미를 새롭게 사유하지만, 그 방법은 급진적인 것 이상으로
미묘한 것이기도 하다. 이 점은 강조되어야 한다. 나는 '급진적 사

---

28) 문광훈, 「감성은 섬세, 사유는 견고한 산문가」, 『발터 벤야민 선집 1-3』(최
　　성만 외 옮김, 길), 2007년 12월 8일자, 『경향신문』 서평.

유의 온화함'이야말로 벤야민 사유의 궁극적 특성이고, 스스로의 학문적 긴장을 유지시킨 결정적 인자라고 여긴다. 이 미묘함이 잘 나타난 예로 어떤 구절이 가장 적당할까? 미묘함과 섬세함을 잘 나타낼 뿐만 아니라 이렇게 나타난 구절에 벤야민의 문제의식 전체를 한마디로 압축해주는 비유는 없는가? 내게는 다음의 구절이 떠오른다.

> "그 때문에 나는 괴물과의 싸움에 지치지 않았다. 그 집은 가면들의 병기창이었다."[29]

벤야민이 남긴 많은 글 중에서 어떤 구절이 그가 평생 붙들고 고민했던 문제의식에 가장 잘 어울리는 것일까? 나는 그의 글을 읽으면서, 또 지금의 이 글을 쓰는 동안 이런 물음과 오랫동안 씨름했다. 그러다가 『베를린의 어린 시절』에 실린 한 편에서 "가면들의 병기창"das Arsenal der Masken이라는 구절을 만났다.

'가면들의 병기창'이라는 의미는 물론 이 구절이 실린 「숨을 곳들」이라는 글 안에서 고려되어야 하고, 넓게 보면 '1900년경 베를린에서의 어린 시절'이라는 전체 맥락 아래에서 파악되어야 한다. 또 이렇게 파악된 것은 그의 사유의 위상학적 좌표 속에서 다시 놓일 수 있어야 한다. 그러나 굳이 그게 아니라도 이 말은 여러 가지 뉘앙스를 갖는 것으로 느껴진다.

---

29) Walter Benjamin, "Berliner Kindheit um Neunzehnhundert," *GS* IV/1, 1991, S. 254.

이 문장을 풀이하면 이렇다. 벤야민/우리가 사는 집은 첫째, 여러 가면으로 가득 차 있다. 둘째, 그래서 그 집은 하나의 '병기창'과 같은 곳이고, 그/나는 이 병기창에 놓인 가면들을 일종의 '무기'로 쓸 수 있다. 실제로 「숨을 곳들」이라는 글에서 '나'는 '가면을 쓴 사제'가 되어 집으로 들어오는 모든 사람에게 마법을 걸 수 있는 것으로 묘사된다. 예술은 세계의 악령과 맞설 때 착용하는 가면 같은 것인지도 모른다. 그렇다면 글은, 언어와 사유는 이 가면들이 놓인 저장소, 즉 무기창고와 같은 곳이다.

하지만 이 가면은 말 그대로 실체가 아니다. 그것은 헛된 것이고, 그래서 그림자를 닮아 있다. 사람이 의지하는 예술이나 이념도 헛된 그림자와 같은 것이 아닌가? 그러면서 그것은 음습한 삶의 현실을 구해주는 병기창 구실을 하기도 한다. 그런 점에서 이 비유는 다의적이고 역설적이다. 이런 이유에서 '가면들의 병기창'이라는 구절은 이 자본주의적 반복강제의 상품사회에서 어떻게 예술이 재앙과 폐허의 인류사를 넘어 좀더 비폭력적인 삶의 질서로 나아갈 수 있는가라는 벤야민의 문제의식을 가장 적확하고도 풍요롭게 담는 비유라고 판단한다.

뉘앙스 풍부한 탄력성에 의지하여 상호이질적인 가치와 영역을 매개하려는 긴장된 노력은, 그것이 정치신학이든 인간학적 유물론이나 비의적 역사철학이든, 벤야민의 거의 모든 글에 들어 있다. 지극히 섬세하지만 연약하기보다는 충격적일 만큼 강력하고, 이렇게 강력하여 기존 시각과 현저한 단층을 이루지만, 그러나 이 단층은 조야하기보다는 정묘精妙하게 느껴진다. 그렇다. 그의 사유는 정밀하고 미묘하다. 아마도 이 정묘함으로 무장된 현저한 차별성 덕분에 벤야민의 사유는 오늘날에도 '살아남은' 것, 그러니까 시간적 풍화를 견뎌낸 지성사적 유산이 되지 않나 싶다. 근대의 성취와 병리학은 그에게 지극히 미묘하게 해부되고, 여기에서 작동하는 미세한 지각력과 신선한 표현, 철학적 강인함이 그의 사유의 중추로 자리한다.

제1장
'다른 현재'의 경험

벤야민을 이해하는 데는, 그의 사유세계가 드넓은 만큼 여러 통로가 있다. 문학비평에서 시작할 수 있는가 하면, 매체론이나 사진론 또는 영화론에서 출발할 수도 있고, 역사철학이나 정치사회 분석에서 시작할 수도 있다. 그렇듯이 문화사적 관점에서 논의할 수도 있고, 미학론적 관점이나 예술철학적 관점에서 접근할 수도 있다. 종류가 어떠하건, 그 핵심의 하나는 무엇인가?

나는 벤야민의 사유를 이해하는 출발점이자 그 사유의 문으로 들어가는 가장 중요한 열쇠어는 "인식가능성의 순간"Augenblick seiner Erkennbarkeit 또는 "지금 시간으로 충족된 시간"die von Jetztzeit erfüllte이라는 표현이라고 생각한다.[1] 이 두 구절은 모두 「역사의 개념에 대하여」라는 글에 나온다. 자세히 보자.

---

[1] Walter Benjamin, "Über den Begriff der Geschichte," *GS* I/2, Frankfurt/M., 1974, S. 695, 701. '지금 여기에서의 인식가능성'이 지닌 심미경험적 중대성을 나는 여러 작품에 기대어 서술한 적이 있다. 문광훈, 「「아름다움의 현실적 조건」」, 『교감: 천천히 사유하는 즐거움』, 생각의 나무, 2007, 14쪽 이하 참조.

첫째, "인식가능성의 순간"이라는 말은, 과거의 진실된 이미지는 순간적으로 나타났다가 사라진다는 것 그리고 과거를 바라보는 주체의 현재도 그렇게 사라질 위험에 처해 있기 때문에 이 순간성, 즉 순간 속의 인식적 시도가 중요하다는 뜻이다. 지금의 현재란 공허한 동질적 시간이 아니라, 역사의 억압성을 폭파시킬 수 있고, 그럼으로써 잊혀지고 억눌린 과거와 작별하면서 새롭게 출발할 수 있는 메시아적인 구원의 시간이다. 지나간 것의 의미는 이런 식으로 현재적 순간의 인식적 가능성 속에서 새롭게 배치되어야 한다.

둘째, "지금 시간으로 충족된 시간"이라는 구절은 그렇게 해서 나온다. 사실 이 두 구절에 벤야민의 언어이해나 역사철학, 정치관과 미학론 나아가 시간이해와 신학, 기억론과 주체론, 전통에 대한 태도, 현실대응의 방식 등 그의 사유 전체를 관통하는 주된 문제의식이 거의 다 들어 있다고 나는 생각한다. 왜 그런가? 그의 문제의식을 세 단계로 나누어보자.

첫째, 삶의 진실은 순간적으로 온다.

둘째, 따라서 순간 속의 변증법적 인식이 중요하다.

셋째, 삶은 "매 순간"의 "작은 문"에서 구제될 수 있다.

이것을 좀더 풀어 쓰면, 아래와 같이 될 것이다.

1. 진실은 문득 닥친다

지금이란 지나간 것의 가장 내밀한 이미지다.

■ 벤야민, 『아케이드 저작』, GS V/2

이른바 공식역사는 새로운 인식이나 사고방식을 그리 선호하지 않는다. 차라리 그것은 새 사고를 방해하는 경향이 있다고 말하는 게 옳다. 왜냐하면 인간의 현실이란 이미 있어왔던 대로 앞으로도 진행되고, 그래서 공식문화의 담당자들은 이 역사가 '아무 탈 없이', 일탈과 위기를 모른 채, 고스란히 진행되기를 바라기 때문이다. 또 그렇게 하는 것이 기성집단에게는 가장 편하고 안전한 상태일 것이다. 따라서 지배 이데올로기는 여하한의 새로운 것, 즉 낯설거나 이질적이거나 기이한 것을 싫어한다. 나아가 새로움을 '병적'으로 분류하면서 경멸하고 배제한다. 이질적인 것의 등장으로 기존질서가 위태로워져서는 안 되기 때문이다. 그래서 공식적 지배체제에서는 선언이나 구호, 공공기관의 행사나 기념비가 중대한 역할을 한다.

이에 반해 비공식적 역사는 작고 보잘것없으며 불완전한 것들의 권리에 주목한다. 이런 존재는 사람에게서처럼 사물에게도 나타난다. 소외되고 취약한 사람들이나 작고 미미한 사물들이 그렇다. 혹은 분명 일어났으나 제대로 보도되지 않거나 부당하게 취급되는 일상의 무수한 사건들도 박탈된 권리에 신음한다. 이들의 권리를 복원시키는 데는 물론 여러 가지의 의식적 노력과 제도적 장치가 필요하다. 벤야민이 주목한 것은 무의식적이고 비자발적인

> **과거는 순간의 성좌 속에서 우리 눈앞에
> '현재적으로 드러나는' 것이다. 삶의 전체 이미지는
> 지나간 일이 현재와 관계하는 그 순간에 비로소 현현한다.
> 순간의 이 흔적은 언제라도 달아날 수 있다.**

계기가 갖는 현실연관성이었다. 이것을 그는 프로이트S. Freud의 무의식이론이나 베르그송H. Bergson의 순수기억mémoire pure, 프루스트의 비자발적 기억술mémoire involontaire에 기대어 펼쳐 보인다. 그 외에 딜타이의 생철학이나 클라게스와 융의 심리학이 자리하고, 더 나아가면 유대신학적 계기에 대한 비판적 검토도 있다.

여기에서 중요한 것은 기억 자체보다는 무의식적이고 비자발적인 요소다. 왜 무의식적이고 비자발적인 차원이 중요하고, 어떤 이유로 이 차원은 현실적 정합성을 갖는가? 그것은 말 그대로 아무런 의식과 의도가 없기 때문이다. 벤야민의 맥락에서 의도 intention란 곧 불순이고 전략이며, 따라서 거짓될 공산이 크기 때문이다.

벤야민은 지금 여기의 현재를 '역사적 시간'이라 불렀고, 이 역사적 현재에서 주체가 깨어 있는 의식으로 과거를 바라볼 때, 진리가 드러나면서 과거는 복원된다고 보았다. 이때 대상과 주체, 과거와 현재는 번갯불처럼 순간적으로 만난다. 여기에는 상반된 두 계기, 즉 무너지면서 동시에 생겨나는 이미지가 들어 있다. 이것이 이른바 '변증법적 이미지'다. 하나의 새 국면은 이 만남을 통해 조성된다. 그러니까 지나간 것은 단순히 사라지는 것이 아니라

현재의 인식적 각성 속에서 '새롭게 읽히며', 이렇게 읽히는 가운데 구원은 '약속될' 수 있다. 역사가 새롭게 읽힌다는 것은 그 연속성이 파괴되고 단절된다는 뜻이다. 이 파괴를 벤야민은 '폭파'라고 불렀고, 이 폭파는 "의도의 죽음"이며, 의도의 죽음은 "참된 역사적 시간의 탄생, 즉 진리의 시간과 일치한다"고 그는 적었다.[2)]

"진리란 어떤 관계 속으로, 특히 어떤 의도적 관계 속으로 들어서지 않는다. 인식의 대상이 개념의도로 규정된 것이라면, 그것은 진리가 아니다. 진리란 이념으로 형성된 무의도적 존재다…… 진리는 의도의 죽음이다."[3)]

우리는 과거를 아직 존재하지 않는 미래의 관점으로 파악해야 하지만(이 점에서 의식적이고 의도적이다), 이 태도에 깃든 의식적·의도적 부분을 가능한 한 최대로 줄여가야 한다. 대상은 '의도 없는 의도'를 통해 비로소 새롭게 인식될 수 있기 때문이다. 파괴와 생성, 의도와 의도 없음, 중단과 지속의 동시적인 작동은 벤야민의 인식론에서 매우 중요한 두 측면이다. 그러는 한 '모순'이라고 타기될 것이 아니라 긴장의 생산적 계기로 파악되어야 한다. 흔히 '정지 속의 변증법'으로 불리는 이 같은 진리이해의 방식[4)]은 아도

2) Walter Benjamin, "Das Passagenwerk," *GS* V/1, v. R. Tiedemann(Hrsg.), Frankfurt/M., 1982, S. 578.

3) Walter Benjamin, "Ursprung des deutschen Trauerspiels," *GS* I/1, Frankfurt/M., 1974, S. 216.

4) Walter Benjamin, "Das Passagenwerk," *a. a. O.*, S. 577, 578, 1035.

르노로 전해져 '역사서술의 무의식성'이나 예술의 진리성, 즉 '의도 없음의 의도' 또는 '비동일성의 미학'이라는 그의 미학의 핵심 개념으로 재구성된다.

다시 문제는 쉼 없는 주의注意이고 경계이며 침착성, 즉 정신의 현재성이다(벤야민은 '침착성'Geistesgegenwart이라는 말을 즐겨 썼다). 그것은 일체의 의도로부터 거리를 둔 채 현실을 정확하게 인식하려고 노력하는 일이다. 만약 현실이 중요하고, 이 현실의 구체적 경험과 세부를 인식하는 것이 이뤄진다면, 벤야민은 모든 것을, 그것이 '변증법'이거나 '이론' 또는 '종합' 같은 핵심개념이라고 해도, 양보할 준비가 되어 있었다. 그에게는 '종합'보다는 종합을 이루는 '개별적 요소들'이 중요했고, 이 개별적 요소들에 대한 '현재적 인식'이 중요했다. 그래서 그는 "종합이란 사고를 말소시킨다"고 썼고, "이론을 완전히 제거하면서 이뤄지는 구성"을 희구했던 것이다.[5] 이것은 그만큼 그의 현실인식이 사실존중과 경험존중의 원리 위에 서 있음을 뜻한다. 사실밀착을 통한 정확한 과거인식이 그 어떤 정언명령보다 그에게는 중요했던 것이다.

우리는 어떻게 과거를 경험할 수 있는가? 어떻게 과거를 진실되게 경험하여 온전히 자기자신의 것으로 만들 수 있는가? 이 물음에 대한 하나의 답변은 의식-의지-지능-이지만으로 과거를 올바르게 경험할 수 없다는 사실이다. 이 점을 벤야민은 보들레르론에서 이렇게 적는다.

---

5) *Ebd.*(V/2), S. 1033.

"흘러간 것은 '지능이나 이 지능의 영향권의 영역 밖에 있는 어떤 실제적 대상 안에' 자리한다…… '그것이 어떤 대상 속에 있는지 우리는 알지 못한다. 우리가 죽기 전에 그것과 맞닥뜨릴지 결코 만나지 않을지는 우연의 문제다.'"[6]

우리는 현재를 순간적으로 경험한다. 현재란 순간적으로 나타나는 무수한 점의 끝없는 연속이다. 이 점들은 눈을 깜빡이는 순간 다가오고, 눈을 깜빡이는 순간 사라진다. 그것은 마치 오는 도중에 사라지고 있거나 이렇게 경험되면서 이미 소멸하는 것처럼 보인다. 순간성, 우연성, 소멸성은 현재의 현존방식인 것이다. 거기에는 지속성, 항구성, 연속성이 휘발되어 있다. 순간은 오직 순간적으로 명멸하는 가운데 자기존재의 확실성을 덧없이 가진다. 그러니 그 근거는 불완전하고 불안정하다.

이 현재적 순간의 국면에서 믿을 만한 것, 즉 어떤 참된 것을 경험하기란 쉽지 않다. 현재의 참된 경험이 있다면, 그것은 순간의 변덕과 우발성 속에서일 것이다. 프루스트가 주목한 것은 바로 이 점, 즉 삶의 우발성이었고, 이 우발성을 의미 있는 것으로 엮어내는 힘이 무엇인가라는 물음이었다. 그는 이 힘이 기억에 있다고 보았다.

이 기억은 그러나 의식적 기억이 아니다. 의지로 통제되고 지능에 의해 파악되며 의도적으로 기억하는 경험의 내용을 그는 불신했다. 오히려 그는 예기치 않게 일어나는 우발적이고 비의도적 경

---

6) Walter Benjamin, "Über einige Motive bei Baudelaire," *GS* I/2, Frankfurt/M., 1974, S. 610.

험의 진실성을 신뢰했다. 의식성이 아니라 무의식성이, 의지가 아니라 무의지가, 자발성이 아니라 비자발성이 그에게는 진실의 인식에서 더 가치 있는 것이었다. 이런 생각들은 의식성과 의지와 자율성을 중시한 기존의 기억론, 더 넓게는 전통철학적 논의, 적어도 계몽주의 이후의 서구 근대철학이 내걸었던 전제들에 어긋나는 생각이었다.

현재의 시간은 프루스트에 따르면 시작도 끝도 없이 이어지고 이렇게 이어지는 시간의 흐름 속에서 어떤 각성, 즉 깨어남의 순간이 찾아든다. 이 순간에 이미 존재했던 것들은 지금 현재와 뒤섞이면서 마치 '번갯불처럼' 별자리 같은 이미지가 된다. 과거는 순간의 성좌 속에서 우리 눈앞에 '현재적으로 드러나는' 것이다. 삶의 전체 이미지는 지나간 일이 현재와 관계하는 그 순간에 비로소 현현한다. 그러나 순간의 이 흔적은, 다시 강조하건대, 언제라도 달아날 수 있다. 지나간 것은, 우리가 주의하고 집중하지 않으면, 현재와 만나지 못한다. 과거는 주체의 고양된 지각력 속에서 현재와 긴장관계를 이루고, 이 긴장을 통해 의미는 '잠시' 만들어진다. 이것이 벤야민이 말한 변증법적 이미지이고, 이 순간의 흔적을 추적하며 공간의 아우라를 경험하는 것이 산책자다.

벤야민은 이 변증법적 이미지를 역사에서 읽어내는 것이 '참된 역사가'의 임무라고 보았다. 이것은 독자에게도 해당될 것이다. 과거를 현재 속에서, 지금 여기에서 살아가는 자기자신과의 긴장관계 아래 새롭게 읽어내지 못한다면, 그는 참된 독자가 될 수 없을 것이다. 의미란 과거가 현재와 맺는 길항작용 속에서 만들어지기 때문이다.

어느 날 오후에 맛본 마들렌 과자맛이 『잃어버린 시간을 찾아서』의 화자를 지난 삶의 실상으로 데려다주듯이, 참된 경험은 인위적이고 의식적인 차원을 넘어서 있다. 그것은 의지나 지능으로되지 않고, 정보나 이지적 노력으로도 도달하기 어렵다. 중요한것은 프루스트의 이 무의지적 기억에 대한 벤야민의 관점이 무엇인가 하는 것이다. 그는 한편으로 프루스트 기억술에 담긴 무의지성과 이 무의지적 기억이 지향하는 삶의 우발성 그리고 현재의 순간성에 동의했다. 그러면서 다른 한편으로 그 기억이 사적이고 내밀한 차원에 머무는 것이 아니라 "상황의 흔적"을 담고 있다는 것, 그래서 "엄밀한 의미에서 경험이 지배하는 곳에서는, 개인적 과거의 내용들은 집단적 과거의 내용들과 결합된다"[7]고 논평한다. "그렇게 하여 의지적 기억과 무의지적 기억은 상호배타성을 상실한다."[8] 그러니까 벤야민의 기억 개념은 개인적인 동시에 집단적이며, 무의식적인 동시에 의식적이기도 하다. 그는 발생적 계기에주목했던 프루스트와는 달리 기억의 구성술이 갖는 현실연관성을더 의식했으며, 그 때문에 기억의 서술미학적 고려보다는 그 인식이론적이고 정치적인 의미를 고민했다.

지각되지 못한 현재는 전혀 일어나지 않은 것처럼 망실된다. 과거가 남긴 흔적을 텍스트처럼 읽는 자가 바로 역사가다. 산책자는이 흔적을, 도시의 거리를 기웃거리며 추적한다. 순간의 국면이지닌 변증법적 의미를 읽어내는 한, 시간의 연속성은 중단될 수

---

7) *Ebd.*, S. 611.

8) *Ebd.*

있고, 그 점에서 역사의 과정은 비완결적으로 이어진다.

2. 순간의 인식이 중요하다

진리는 쉽게 드러나지 않는다. 현대사회에서의 그것은 특히 그렇다. 진리로 향한 직접적 통로는 막혀 있는 듯하다. 진실이 나타난다면, 그것은 언어로 번역되고 논평되면서부터라고 말해야 할지도 모른다. 현대사회에서의 우리는, 삶을 조건 짓는 무수한 헛것에 둘러싸인 채, 오직 우회적으로만 진실에 도달할 수 있다고 말할 수도 있다. 언어, 개념, 범주, 이미지 또는 논평은 진리포착의 이 같은 우회로에서 갖는 이런저런 도구들이다.

벤야민의 사유이미지Denkbilder도 이런 맥락에서 나온 것이다. 사유이미지에서 사실과 사실 너머, 대상과 기호, 의미와 의미해체는 하나로 되기 때문이다. 글과 이미지, 언어와 정신, 아우라적인 것과 비아우라적인 것, 현상과 이념은 사유이미지에서 둘이 아니다. 사유의 이미지란 벤야민의 맥락에서는 변증법적 이미지와 비슷하다. 이 이미지 속에서 대립되는 것들은 이어지는 까닭이다. 그의 자전적 에세이는 순간적으로 명멸하는 단편적인 기억의 모음집이다.

기억 속에서 시간·사건·공간은 서로 얽힌 채 일정한 이미지로 농축된다. 과거는 현재 속에서 의미 있는 순간으로 변모되고, 이 변모된 형식에서 과거와 현재, 대상과 주체는 변증법적으로 결합하여 일정한 의미의 그물망을 이룬다. 과거와 현재는 동일한 순간의 전체국면 아래 서로 분리된 것이 아니라 하나로 어울리며 나타

> **❝**순간을 포착하려면 의식이 깨어 있어야 하고,
> 정신은 지금 여기에 작동해야 한다.
> 이 각성이야말로 사유의 새로운 출발점이고
> 실천의 새로운 탄생 지점이다.**❞**

난다. 이때 일어나는 것을 세 가지로 줄일 수 있다.

첫째, 과거의 성격이 변한다. 과거의 변화란 엄밀하게 말하여 과거에 일어난 사실의 변화가 아니다. 일어났다는 사실 자체는 변할 것이 없다. 그것은 과거가 지닌 '의미의 변화'다. 그런데 이 변화는 과거가 아니라 현재에 일어난다. 둘째, 과거의 의미변화는 과거에 대해 주체가 갖는 관계의 변화를 뜻한다. 셋째, 주체의 변화는 단순히 과거에 대해서만 일어나는 것이 아니다. 그것은 무엇보다 주체가 살고 있는 현재가 과거에 대해 갖는 관계의 변화를 뜻한다. 즉 과거의 의미변화는 과거에 대한 현재적 의미의 변화를 내포한다.

결국 과거의 바른 경험은 현재의 바른 경험을 야기하는 계기가 되고, 과거와 현재의 변화된 관계는 과거에 대한 주체의 태도나 관점에 의해 만들어진다. 이 관계란 관점과 시각의 문제이면서 시간의 문제이며, 더 나아가 역사이해와 생애적 태도의 문제다. 과거의 역사적 사건을 새롭게 인식함으로써 주체는 자신의 현재적 삶을 새롭게 조직할 가능성을 갖게 되는 것이다. 역사이해가 도달하는 '특별한 시간관계'란 이런 뜻이다.

꿈이나 깨어남, 개인적인 것과 집단적인 것, 사적인 것과 사회적

인 것, 전기적傳記的이고 역사적인 것은 분리되어 있는 듯 보이면 서도 얽혀 있다. 이 얽힘은, 벤야민에 따르면, 우리가 매일 겪는 현실의 다양한 모습들, 즉 지나가는 사람들이나 순간적 유행이나 오래가는 건축물에 그 흔적을 담고 있다.

그러나 전환의 계기가 가장 잘 나타나는 것은, 벤야민의 초현실주의 이해에서 보듯이, 꿈에서 깨어나는 순간이다. 이 순간에 여러 이미지들, 즉 형상과 상상, 환영과 판타스마고리가 발생하는데 이 꿈의 영상에는 한 시대의 성취와 좌절이 고스란히 담겨 있다. 그래서 그것은 유토피아적 비전도 포함한다. 이 유토피아적 비전에는, 그가 보기에, 역사의 원형적 요소들, 즉 계급 없는 사회의 에너지가 배어 있다.[9] 그렇다면 글의 사유이미지는 물신화된 삶에서 물신화되지 않은 근원사적 모습을 담고 있다고 말할 수 있다. 그러니까 사유이미지는 물신화된 삶에서 이 물신화를 넘어 근원

---

9) 벤야민이 말한 '세속적 계시'(profane Erleuchtung)란 이렇게 혼융된 초현실주의적 경험을 일컫는다. 이것은 '계시'라는 점에서 신학적이지만 종교적 경험과는 다르고, '세속적'이라는 점에서 경험적이지만 마약적 도취와 같지 않다. 그것은 차라리 "유물론적이고 인간학적인 영감" (materialistischen, anthropologischen Inspiration)에 뿌리를 두고 있다 (Walter Benjamin, "Der Sürrealismus," *GS* II/1, Frankfurt/M., 1977, S. 297). 그는 초현실주의의 진정성을 종교나 마약에 의한 도취적 황홀경과 분명하게 구분짓는다. 벤야민의 사유를 흔히 '인간학적 유물론'(anthropologischer Materialismus)이라고 칭하는 것은 이런 맥락에서다(*GS* II/1, S. 309). 자연과 역사의 대립을 지양하는 것은 인간학적 유물론의 한 특성이고, 이 점에 대해 아도르노는 1932년「자연사의 이념」이라는 제목으로 강연한 바 있다. Theodor W. Adorno, "Die Idee der Naturgeschichte, ders," *Philosophische Frühschriften*, *GS* Bd.1, Frankfurt/M., S. 1973, S. 357ff.

으로 다가가려는 역설적 노력의 표현인 셈이다.

모순과 긴장 속에서 사유이미지는 근원형상의 한 자락을 펼쳐 보인다. 우리는 글의 텍스트를 통해 현실의 텍스트로 나아가고, 텍스트의 세계를 통해 세계의 텍스트를 읽는다. 언어를 통한 사유, 사유에 기댄 언어가 걷는 현실대응의 길은 이런 식으로 펼쳐진다. 그러나 이 길은 단순히 이념적 추상 위에 있는 것이 아니라 지금 여기—오늘의 경험현실 위에 뿌리내려야 한다. 현재적 순간에서 보고 듣고 만지고 맛보고 냄새 맡은 세계의 전체가 진리의 온전한 바탕인 까닭이다.

변증법적 이미지는 인식하는 지금 여기의 순간에 번개처럼 나타났다가 순식간에 사라진다. 따라서 순간을 포착하려면 의식이 깨어 있어야 하고, 정신은 지금 여기에 작동해야 한다. 벤야민이 거듭 "육체적 정신의 현재"leibhafte Geistesgegenwart, 즉 침착성을 강조하는 것은 이 때문이다.[10]

매 순간 깨어 있기 위해 몸이 먼저 자리해야 하고, 이 몸의 정신이 현재적 상황에 주의해야 한다. 현실에 무슨 일이 일어나는지, 현실의 외부사건이 어떻게 나의 내부에서 포착될 수 있는지 주체를 시시각각 검토하지 않으면 안 된다. 외부현실과 내부현실, 대상적 사건과 주체적 의식의 긴장은 이렇게 생겨난다. 밀려드는 외부세계에 대항하여 몸과 정신의 내부세계를 얼마나, 어느 정도까지 유지할 수 있는지는 침착성에 달려 있다. 신화적 속박으로부터 우리가 얼마나 벗어날 수 있는지는 깨어 있는 정신의 각성 정도에

---

10) Walter Benjamin, "Einbahnstraße," *GS* IV/1, Frankfurt/M., 1991, S. 142.

의지한다. 이 각성이야말로 사유의 새로운 출발점이고 실천의 새로운 탄생 지점이지 않을 수 없다. 따라서 중요한 것은 이 사라진 비전을 얼마나 지금 여기의 에너지로 만들 것인가다.

지금까지의 논의에서 확인하는 것은, 프로이트의 심리학이나 베르그송의 순수기억, 프루스트의 무의지적 기억이 벤야민에 와서 그대로 적용되는 것은 아니라는 사실이다. 벤야민은 이들 이론의 창의성에 주목했지만, 자기의 관점과 관심에 맞게 재검토하고 재조정했다.

벤야민에게 무의식적·비자발적 기억은, 프루스트에게 보이듯이, 사적이고 서술미학적 차원에 한정되는 것이 아니라 정치이론적이고 역사철학적으로 재번역된다. 그렇듯이 프로이트의 무의식적 계기는 「역사의 개념에 대하여」에서 사회심리적이고 정치이론적으로 변용된다. 이 재번역의 과정, 즉 사적이면서 개인적인 차원으로부터 공적이고 정치적 차원으로 전이되는 계기, 이 경과의 지양적 성격을 분명히 하는 것은 벤야민 이해에서 매우 중요하다. 바로 이 지점에서 어떤 도약, 즉 단절을 통한 각성적 전환이 일어나기 때문이다. 이것은 그의 초현실주의 이해의 핵심이면서, 크게는 19세기 근대사에 대한 총체적 해명의 시도인 『아케이드 저작』의 이론적 토대이기도 하다. 그는 개인적 무의식이 집단적 무의식으로 전이되고, 이 집단적 무의식에서 깨어나는 변화의 과정이 변증법적 이미지를 가장 잘 보여주는 예라고 여겼다. 그의 사유의 독창성과 그 모순점도 여기에 놓여 있다.

벤야민 사유의 독창성은 거듭 강조하건대 첫째, 그것이 '영원한 가치'를 설파하는 것이 아니라 새로움을 향해 있고, 둘째, 전통의 변함없는 계승이 아닌 그 파괴를 통한 재구성을 강조하며, 셋째, '천재성'이나 '자율성'의 예찬이 아닌 '지금 여기에서의 혁신'에 주의한다는 점에서, 긴장에 차 있다. 그것은 이미 있어왔던 것의 안락한 반복이 아니라 그에 대한 불편한 검토와 재조직을 요구하고, 이 재조직 속에서 가능한 새 출발을 희구한다. 벤야민의 관심이란 이론의 실천성, 다시 말해 '이론의 정치적 파급력'에 대한 고민이다. 그는 경직된 좌파의 독단을 어떻게 교정하여 파시즘적 위기현실을 꿰뚫고 나갈 것인가를 늘 생각했고, 이런 현실대응에서 문학과 예술이 그리고 기술혁신이 어떻게 정치계몽적으로 개입할 것이며, 이 역할을 통해 어떻게 대중을 올바르게 각성시킬 것인가 부단히 성찰했다. 이런 일련의 시도는 궁극적으로 올바른 역사의 정립과 그 구원적 가능성으로 수렴된다.

벤야민은 자기가 관심을 둔 이론에 생각의 뿌리를 두면서도 그것을 있는 그대로가 아니라 자기 식으로 변용해서, 다시 말해 자기 관심의 방향으로 물길을 돌려 새롭게 조직해놓는다. 이런 인식의 형성에 결정적인 역할을 한 것이 신학적 모티프다.

3. 삶은 '매 순간' '작은 문'에서 구제된다

「역사의 개념에 대하여」라는 글에서 역사는 탁자 아래 숨은 난쟁이에 기대어 체스놀이를 한다. 이때 역사가 유물론이라고 한다면, 난쟁이는 신학이고, 체스놀이는 역사의 공간에서 일어나는 현실의 사건이라고 해석할 수 있다. 왜 벤야민에게는 역사를 사고하는 데 신학이 필요했을까? 이것은 이 글이 쓰인 1940년 무렵의 상

> **❝**중요한 것은 이 둘,
> 즉 태고의 시간과 현재의 시간,
> 신화의 상징세계와 현대의 기술세계가 만나
> 하나의 새 국면이 되게 하는 것이다.**❞**

황을 살펴보면 어느 정도 이해할 수 있다.

「역사의 개념에 대하여」는 벤야민이 느베르Nevers 수용소에서 3개월 만에 석방된 1939년 11월부터 파리를 탈출하던 1940년 6월 사이, 그러니까 독일군이 프랑스로 밀려들던 6개월 동안에 쓴 글이다. 그 바로 전인 1939년 8월에는 히틀러-스탈린 사이에 불가침 협정이 맺어졌다. 이 협정 때문에 소련의 공산당정책에 동조하던 많은 좌파는 엄청난 절망감에 빠져든다. 벤야민도 예외는 아니었다. 한 친구의 술회에 따르면, 그는 이 조약으로부터 "치유할 수 없는 충격"을 받았고, "일주일 동안 수면제를 복용하지 않고 밤을 보내지 않은 적이 없다"고 전해진다.[11]

무엇보다 그 환멸은 스탈린 정치의 경색된 이데올로기에서 나

---

11) 히틀러-스탈린 협정이 체결되었던 당시 파리 망명생활을 하면서 벤야민과 자주 왕래했던 모르겐슈테른(S. Morgenstern)은 숄렘에게 보낸 1972년 12월 12일자 편지에서 이렇게 적고 있다. 이 편지에서 그는 아도르노의 비판이론이 벤야민에게, 특히 그의 「역사의 개념에 대하여」에 크게 빚졌음에도 고마워하지 않고 있고, 따라서 이 글과『계몽의 변증법』사이의 관계가 검토되어야 한다고 흥미롭게 언급한다. Walter Benjamin, *Nachträge*, GS VII/2, Frankfurt/M., 1991, S. 771ff.

왔고, 이 경직성은 독일의 좌파정당이나 이 정당에 소속된 사회민주주의자들에게도 확인되는 것이었다. 그것은 반파시즘 좌파세력 전체의 정치적·이론적 무기력을 입증한 것이기 때문이다. 그의 「역사의 개념에 대하여」는 이런 현실적 충격 하에서 시도된 유물론적 역사철학의 비판적 교정판이라고 할 수 있다.

벤야민은 스탈린적 정통교리와 마르크스주의의 경직된 사고를 이겨내고, 다가오는 파시즘 현실에 대항할 수 있는 힘을 조직해낼 필요를 느꼈다. 그러기 위해 과거는 다시 이해되어야 했고, 과거에 대한 현재의 관계도 변해야 했으며, 지금 여기의 중요성은 새롭게 각성되어야 했다. 그래서 새로운 시간관이 필요했고, 주체의 구성이나 기억에 대한 새 관점이 요구되었다. 이 모든 것은, 줄이고 줄이면, '어떻게 역사가 더 정당하게 서술될 수 있는가'라는 문제로 귀결된다. 이 점은 다시 강조되어야 한다. 새로운 세계이해는 단순히 역사서술상의 문제에 그치는 것이 결코 아니다. 그것은 시간이해와 기억의 해석, 주체구성, 서술방법 등 여러 문제를 포함한다. 그리고 이 문제들은 다시 역사서술의 방법론에 대한 구상으로 수렴된다. 그의 「역사의 개념에 대하여」는 이 실존적이고 사회정치적으로 가장 위태로운 시점에 작성되었다. 당시 벤야민의 삶은 어떠했는가?

1933년 이후 7년이나 계속된 파리 망명기간에 벤야민의 거처는 지극히 불안정했다. 앞서도 언급했듯이, 그는 매달의 집세와 매일의 끼니를 걱정해야 했다. 하루하루 살아가는 것이 급박했던 이 같은 현실에서 그는 어떻게 신학적 사유를 포기하지 않았을까? 실존적 삶의 나날이 이렇듯이 위태로웠기 때문에 절대자-신-신학적 표상은 그만큼 더 절실했는지도 모른다. 바른 역사, 바른 삶, 구원의 가능성을 사유하는 데 유대신학은 그에게 더없이 좋은 출구였는지도 모른다. 그것은 야만적 역사의 부당한 연속성을 끊고 새로운 인간현실을 시작할 수 있는 하나의 계기가 될 수 있는 것으로 보였다. 신학적 표상은 훼손되지 않은 역사의 원형을 암시하기 때문이다.

현재의 구제가 염두에 두는 것은 '근원'Ursprung이다. 근원의 의미는 벤야민의 맥락에서 간단하지 않다. 그것은 복잡하고 때로는 모순적으로 읽힌다.[12] 그러나 단순화하자면, 그것은 '역사 이전' Vorgeschichte이라고 할 수 있다. 그렇지만 어떤 실체화된 시간, 즉 유토피아적 낙원이나 마르크스주의에서 말하듯 원시공산사회는 아니다. 그것은 차라리 '자연'에 가까워 보인다. 이때 자연은 근원사로 자리한다.[13] 하지만 근원개념을 통해 그는 태고의 원시시절을 회상하는 것도, 오늘의 현재 속에 머무는 것도 아니다. 중요한 것은 이 둘, 즉 태고의 시간과 현재의 시간, 신화의 상징세계와 현대의 기술세계가 만나 하나의 새 국면이 되게 하는 것이다. 벤야민이 근원을 말하는 것은 이 새로운 관계를 형성하기 위해 과거의

---

12) 여기에서 짚고 넘어가야 할 것은 '근원'이라는 개념의 정확한 내용이다. 그것은 이중적이다. 즉 '근원'이나 '근원사'라고 말할 때, 그것은 부정적 의미에서 신화의 억압과 맹목성이 반복되는 위협으로서의 과거시간일 수도 있고, 긍정적 의미에서 착취와 종속으로부터 해방된 구원의 자연적 시간일 수도 있다. 벤야민의 역사철학에서 인류의 역사는 '자연사'라는 중성적 형태를 띤다.

13) Walter Benjamin, "Das Passagenwerk," *GS* V/1, v. R. Tiedemann (Hrsg.), Frankfurt/M., 1982, S. 576.

참된 실상을 인식하는 것이 전제되기 때문이다. 왜 그런가? 그것이야말로 지나간 세대와 오늘의 세대 사이에 놓인 어떤 "비밀스런 약속"을 지키는 일이고,[14] 이 약속을 이행하면서 삶의 행복이 실현되기 때문이다. 이것이 바로 '지금 시간으로 채워진 시간'의 의미다.

벤야민에 따르면, "매 순간순간"은 "메시아가 들어올 수 있는 작은 문"이다.[15] 순간적인 것 속에서 진리를 포착하지 않는 한, 인간의 시간은 쉽게 떠나간다. 그래서 공허하다. 지금 여기에서의 인식가능성을 실천하지 않는 한, 우리는 공허한 시간의 연속성을 벗어날 수 없다. 이 무의미한 시간의 타성 속에서 현재는 늘 위태롭게 나타난다. 현재는 의식하든 의식하지 않든 타성적 상황의 압도적 연속이기 때문이다. 공허감은 곳곳에서 우리를 덮쳐오고 있지 않는가?

메시아가 올 때 현세와 내세, 지상적인 것과 천상적인 것은 구분되지 않는다. 세속성과 성스러움은 메시아적 표상 아래 하나로 만난다. 이때가 되면 세계는 더 이상 세속적이지도 않고 성스럽지도 않다. 구원되었다면, 굳이 성스러울 필요가 없기 때문이다. 구원의 삶에서 역사적인 것과 메시아적인 것의 경계는 소멸된다. 그리하여 구원 속에서 역사는 멎는다고 할 수 있다.

그러나 '인간'으로서의 우리는 역사를 벗어날 수 있는가? 그럴수 없다. 천상의 세계에 들어서지 않는 한, 그렇게 들어서서 천상

---

14) Walter Benjamin, "Über den Begriff der Geschichte," *GS* I/2, *a.a O.*, S. 694.
15) *Ebd.*, S. 704.

의 의미를 내 살과 피부와 영혼으로 체감할 수 없는 한, 우리는 역사의 밖에서가 아니라 그 안에서 구원의 문제를 고민하지 않으면 안 된다. 세속적 구원은 기존역사를 단절시키거나, 이 단절이 어렵다면 연속적 역사의 폐해를 직시하는 데서 시작할 수 있다. 폐해의 직시로부터 역사의 다른 가능성은 이미 시작된다. 그러므로 관건은 역사적 모순의 인정과 그 직시이고, 이렇게 직시된 긴장을 어떻게 유효한 에너지로 전환시킬 수 있느냐. 이렇게 벤야민은 세속성과 신학성을 상호배제적으로 파악한 것이 아니라 위태로운 길항관계 속에서 적극적으로, 말하자면 현실에 대항하기 위한 의미 있는 계기로 삼고자 했다.

벤야민이 신학적 무장을 통해 「역사의 개념에 대하여」에서 일관되게 비판한 것은 역사주의와 그 결정주의적 방법론이다. 부르주아 역사학자들은 오직 현상의 유지와 강화에 신경을 쓴다. 현상태의 지속은 그들의 모토다. 과거란 있는 그대로 불변하는 것이고, 따라서 객관화될 수 있는 것이라고 그들은 말한다. 그들은 한편으로 '감정이입'을 통해 역사적 거리를 극복해야 한다고 말하면서도, 다른 한편으로 이 객관성을 위해 모든 '선판단'을 배제해야 한다고 본다. 이 모순적 태도에서 확정되는 것은 과거만이 아니다. 과거를 바라보는 주체와 주체가 사는 현재의 성격도 확정된다. 즉 굳어버린다. 그리하여 이들의 시각에서 현실은 은폐되거나 무시된다. 그들은 삶의 비참함을 인본주의의 이름으로 정관靜觀하거나 느긋하게 명상하기를 즐긴다(벤야민은 '정관'이나 '명상'이라는 말을 불신했다. 그러나 정관적대적인 태도가 반드시 옳은 것인지는 다시 물어보아야 한다. 왜냐하면 명상이 절실하게 필요할 때도 있기 때문이고, 나아가 신적 진리를 이해하기 위해 이성뿐만 아니라 관조도 요청되기 때문이다). 부르주아의 역사서술법 아래에서 '영원성', '객관성', '절대성'은 찬미된다. 이 절대화된 가치에서 해석자는, 의도하건 의도하지 않건, 공식적 역사의 공모자가 된다. 랑케의 실증주의 역사학이나 딜타이의 생철학은 이 공모자들의 활동으로 간주된다.

그리하여 결정주의적 태도는 벤야민이 보기에 매우 위험스런 것이었다. 그것은 그 당시에는 특히 다가오는 파시즘의 전쟁을 호도하고 현실의 위기를 은폐하면서 무엇보다 순응주의적 낙관론을 내세웠기 때문이다. 그것은 기존의 현실을 아무 탈 없는 것으로 간주한다. 그래서 더 나은 것, 즉 더 선하고 더 아름답고 더 정의로운 무엇으로 나아갈 이유를 묻지 않는다. 부르주아 역사기술법에서 역사적 시간은 혁신적으로 사고될 수 없다. 그가 문제시한 것은 역사해석의 이 같은 수동성과 현실추종적 태도였다. 부르주아 역사가들은 객관성의 미명 아래 살아 있는 현실개입의 가능성을 차단하려고 했던 것이다.

벤야민이 강조한 것은 바로 이 같은 근거 없는 낙관주의와의 절연이고, 이미 이뤄진 (거짓)평가에 대한 거리감이다. 그는 역사해석을 가치의 전승과정이나 현재의 이데올로기적 토대를 검토할 수 있는 성찰의 기회로 삼는다. 그는 "사실내용은 논평하고 진리내용은 비판하라"고 쓴 적이 있지만, 이 같은 논평과 비판을 통해 해방된 인류의 새로운 시간을 탐색한 것이다.

4. 예외적 순간을 위하여

어쩌면 다르게 될 수도 있었던, 그래서 실현될 수 있었지만 실현되지 않은 것들은 오늘의 현실에서 얼마나 많은가? 이것은 없었던 것이 결코 아니다. 분명 하나의 사건으로서, 적어도 '잠재된 형태의 사건'으로서, 그래서 '현실의 보이지 않는 또 다른 사실'로서 '여기 이 자리에 있었다'. 그러나 지배적 담론은 이를 공식영역에서 배제시켜버린다. 그래서 그것은 마치 없었던 것처럼 간주된다. 그리하여 이제는 남은 요소들만 서로가 서로를 지시하고 이어지고 엮어지는 가운데 원인과 결과의 한 연속성을 만들어내고, 이렇게 만들어진 그럴듯한 인과론이 하나의 '주류역사'로 정립된다.

그러나 그렇게 정립된 주류의 공식역사는, 다시 강조하건대, '하나의 역사'일 뿐이다. 그것은 실현될 수 있었던 '무수한 역사들' 가운데 '하나의 드러난 형태'일 뿐이다. 그러니 하나의 공식화된 역사 옆에는 여러 비공식적 역사가 언젠가 공식적으로 정립되기를 기다리며 소리 없이 잠복해 있다. 벤야민이 주목한 것은 이 비공식적이고 피억압적인 역사의 엄연한 실존이고, 이 실존의 권리다. 그가 고민한 것은 기존 역사의 연속성을 단절시키는 가운데 드러날 수 있는 어떤 대안역사의 가능성이다.

대안역사의 가능성에 대한 탐색은 두 가지로 나타난다. 첫째, 과거에 대한 해석이고, 둘째, 이런 해석을 통한 현재의 실천적 가능성이다. 해석은 부르주아 역사학이 부차적이라고 간주한 것들, 즉 일상적이고 사소하며 잊혀진 것들을 다룬다. 실천의 가능성은 다른 과거를 경험하고 해석함으로써 지금 여기에 얻어진다. 이 의미

> **❝** 도약과 단절은 지금 이 순간에,
> 시시각각의 현재 속에서 일어난다.
> 그것이 일어났을 때, 지금의 시간은
> 예외적 단절의 찰나가 된다. **❞**

론적 변화에 결정적인 역할을 하는 것은 중단이나 단절, 파괴와 해체와 구성, 정신의 현재, 인식가능성의 순간, 변증법적 이미지 같은 열쇠어들이다.

단절-중단-파괴는 벤야민의 맥락에서 매우 중요하다. 그것은 그 자체로 비판적 계기이면서 정치적 실천의 일부로 기능한다. 그 것은 「역사의 개념에 대하여」에 적혀 있듯이 마치 시계탑에 총을 쏘는 것과 같이[16] 지속되는 사건이나 사고의 흐름을 중단시킴으로써 꿈의 의식을 각성의 의식으로 만든다. 이 전환은, 주체적 차원에서는 대상과의 안일한 동일시를 방해하고, 서사적 차원에서는 서술되는 이야기로부터 반성적 거리감을 갖게 하며, 역사이론적 차원에서는 기존의 인과론적 서술과는 구분되는 시간경험을 갖게 한다. 이것은 공식적 담론의 직선적 진행을 문제시한다는 점에서 정치적이지만, 이 문제를 통해 좀더 선한 삶의 가능성을 타진한다는 점에서 윤리적이며, 손상 없는 삶의 근원을 상기케 한다는 점에서 신학적이기도 하다. 이렇듯이 벤야민의 글에서 주체이

16) Walter Benjamin, "Über den Begriff der Geschichte," *GS* I/2, Frankfurt/M., 1974, S. 702.

해와 서사이론, 역사이해와 시간관념, 정치론과 윤리학, 신학이 긴밀하게 얽혀 있다.

새로운 시간관계와 주체구성의 지평 아래 벤야민은 역사이해와 신학표상의 다른 의미론적 모델을 모색한다. 그리고 이 모든 것의 바탕에는 내가 보기에 행복에 대한 표상이 있다. 예술언어가 할 일은 이 부서지기 쉬운 행복을 향유하기 위해 말할 수 없는 것들의 끝도 없는 이름을 부르는 일이다. 실종자나 희생자의 삶을 복원하는 것은 이런 문제의식의 한 실천이다. 인간의 행위는 궁극적으로는 현세적 삶의 해방에 복무해야 한다. 그것은 자명한 일이다.

벤야민의 이론적 구상은 역사유물론과 신학, 무의식과 의식, 비자발성과 자발성 사이에서 부단히 움직인다. 그것은 긍정적으로 보면 긴장에 찬 역동적인 것이지만, 부정적으로 보면 서로 양립하기 어려운 모순된 것이다. 그러나 앞서 말했듯이 이 같은 모순성으로부터 어떤 에너지는 생겨날 수도 있다. 적어도 이 균열이 의식된다면, 그것은 현재의 시간을 채우고 다르게 조직하는 의미 있는 계기가 될 수 있기 때문이다. 세속적 현실에서 신학을 분리시키고자 했던 숄렘에게 벤야민의 경우와 같은 긴장을 느끼지 못한다면, 아마도 이와 관련되는 것일지도 모른다. 세속성과 초월성, 땅 위의 것과 하늘의 것이 분리된다면, 우리는 이때 어떻게 현실 교정적 계기를 구할 수 있겠는가? 구원은 단절과 도약의 계기를 지금 여기 이 자리에서 만들어내는 데 있다.

현재는 과거의 역사를 다르게 구성할 수 있는 출발점이고, 이 현재의 주체가 스스로 변화할 수 있는 시점이기도 하다. 이렇게 구성된 삶 또는 구성하려는 삶의 성격은, 적어도 이 현재적 순간의 이전과 그 이후와 관련하여 보았을 때, '예외적'이다. 이 예외적 위상으로 하여 과거는 변화 없는 직선의 연대기적 순서로 떠오르는 것이 아니라 불연속적 혼돈과 단절 아래 나타나고, 바로 이 단절의 도약에서 새 의미가 부여될 수 있다. 도약과 단절은 지금 이 순간에, 이 순간에 맞닥뜨리는 시시각각의 현재 속에서 일어난다. 그것이 일어났을 때, 지금의 시간은 예외적 단절의 찰나가 된다. 현재는 고정된 것이 아니라 역사가 생성하는 전혀 새로운 지점인 까닭이다.

현재에 대한 이 같은 이해는 다시 과거를 새로 조직하는 생성의 계기가 될 수 있다. 우리는 예외적 순간의 현재적 경험을 위해 과거를 바라보고 미래를 전망한다. 그러므로 목표는 예외적 순간의 의미 있는 조직화다. 해석은 이 점을 성찰한다.

인문학은 근본적으로 해석학이다. 아니 해석적 실천학이다. 우리는 삶의 조건을 해석학적이고 자기비판적인 태도로 분석해야 한다. 그러면서 이 현실이 움직이는 상황적 자장磁場을 동시에 고려하지 않으면 안 된다. 정치적 입장은 이 대목에서 개입한다. 여기에서 중심은 어디까지나 현재이고, 이 현재를 살아가는 나의 몸이며, 이 몸의 정신이 사유하는 근원이고, 이 근원에 대한 문제적 시선이다. 몸과 정신과 시선의 새로운 조직 자체가 삶의 현재적 조직가능성을 위한 출발점이 된다.

이것으로 벤야민의 문제의식에 대한 대략적인 스케치는 끝났다. 이제 본격적으로 그의 문제의식을 하나하나씩 살펴보고자 한다. 나는 이것을 모두 4부, 곧 역사와 현대, 정치경제와 법과 신학, 예술의 의미, 기술과 매체와 문화로 나누어 살펴보고자 한다. 첫번째로 살펴볼 것은 역사와 현대—제1부「역사의 유래와 오늘의 사회」다.

제1부

역사의 유래와 오늘의 사회

역사의 파편을 기억하고 표현함으로써
의미 없는 것들에 의미를 부여하고,
자명하고 당연하며 절대적인 것을 문제시할 수 있어야 한다.
이제 절실한 것은 더 작고 미묘하게 반응하면서도
더 크게 파악하고 포용하는 일이다.

지금까지 나는 벤야민 사유를 규정짓는 여러 모순적 항이 서로 대립되어 있고(첫째), 이 대립은 일목요연하게 정리되어 나타난다기보다는 여러 층위에서 불규칙적이고도 불연속적으로 뒤섞여 있으며(둘째), 바로 이 이율배반적 메커니즘이 현실에 대응하는 어떤 생생한 에너지로 전환되어 있다고 적었다(셋째). 이 생성으로의 전환에서 '현재적 순간'은 결정적이다(넷째). 이 순간의 각성을 통해 삶은 구제될 수 있기 때문이다. 그의 언어이해나 비평론, 몽타주적 해체구성의 원리, 변증법적 사유, 신학적 유물론, 자본주의 분석, 대도시 경험, 예술론과 매체론은 모두 이런 틀 안에서 움직인다. 이것은 역사에 대한 그의 생각에서도 나타난다.

제2장

폐허의 기념비: 역사이해

> 항구적 재앙에 대한 긴장 속에서 예술의 부정성은 자리하고,
> 어둠에의 예술참여도 자리한다.
>
> ■ 아도르노, 『심미적 이론』(1970)

벤야민의 글을 읽는 것은 불편하다. 그의 문장을 읽을 때면 긴장의 끈을 놓기 어렵다. 글은 촘촘히 이어지고, 이렇게 이어지면서 이런저런 생각이 드러나다가 곧 숨어버리기 때문이다. 그래서 읽는 도중에 자주 나 자신의 생각을 가다듬어야 하고, 이 가다듬은 생각으로 읽고 있는 책에 대한 의식을 더 집중시켜야 한다. 그렇듯이 때로는 읽기를 멈추고, 책을 에워싼 오늘의 세계를 잠시 돌아보기도 한다.

벤야민 글의 의미는 단박에 드러나지 않는다. 용어상의 일관성이나 개념적 명료성은 있다기보다는 차라리 없는 것처럼 보인다. 그의 글은 모호하고 이질적이고 복합적이다. 문장과 문장의 연결이나 단락의 구분 또는 단어의 구성이 그리 매끈하지 못한 곳도 적지 않다. 그것은 대체로 어떤 요철, 즉 통사론적·의미론적 굴곡

을 드러내고 그 때문에 거칠고 둔탁한 느낌을 주기도 한다. 또 한 문장의 느낌은 그 이전의 문장을 이어받으면서 그다음 문장으로 이어진다. 이 느낌 속에 모호함은 가시지 않지만, 그럼에도 단어와 단어, 문장과 문장 곳곳에는 쉽게 고갈될 수 없는 어떤 함의가 배어 있는 듯하다. 느낌의 여운이랄까 울림이랄까. 벤야민의 문장은 흔히 만날 수 있는 독일어 문장이 아닌 것이다.

벤야민의 텍스트는 글쓴 자의 비상한 집중력과 집요한 논리, 강인한 사고력을 그 자체로 증거해주는 듯하다. 그의 사고력은 그리고 이 사고를 지탱하는 언어와 감각은 마치 삶의 극미한 심부와 나락, 즉 의미와 언어와 기호의 심연에까지 파고드는 듯하다. 그가 쓴 글의 다양한 종류가 보여주듯이, 삶에 일어나는 갖가지 사건과 일이 그의 관심을 끌었던 것 같다.

벤야민의 미세한 서술, 정밀한 논리, 집요한 서술의지는, 위에서 살펴보았듯이, 어떤 이미지적 성격과 관련되어 있는지도 모른다. 그것이 사고이미지Denkbilder든 글 이미지Schriftbilder든 이 이미지란 간단히 말하여 어떤 여운이고 흔적이며 이 흔적에 어린 전체적 분위기이자 영상이라고 할 수 있다. 이것은 무엇보다 깨알처럼 작고 촘촘하게 쓴 글씨체에서 이미 확인된다. 그는 '이미지적으로 사유하는'imigistic thinking 데 뛰어났던 것 같다. 그리고 이런 사유를 정밀한 언어에 담아내는 데 그 나름으로 성공했던 듯싶다.

실제로 벤야민의 글에는 대상에 대한 확고한 규정보다는 그에 대한 이미지들, 즉 대상의 전체적 정조情調와 분위기를 전달하는 표현들로 넘쳐난다. 유년시절에 대한 기억과 회상을 담은 에세이나 문학평문에서 특히 그렇다. 그래서 하나의 표현 속에는 어떤 다른 요소들도 담겨 있다. 그 글에서 어떤 울림이 느껴지는 것은 그 때문일지도 모른다. 그것은 독자를 사물과 존재의 모호성으로 이끈다. 그래서 이 세계가 얼마나 넓고, 삶의 현실이 얼마나 깊은 비밀로 이뤄져 있는지 알려준다. 좋은 글에는 삶의 복합성을 암시하는 메시지가 들어 있다. 그러나 이미지적 글은 다른 한편으로 약점일 수도 있다. 이해하기가 어려운 까닭이다.

그렇다면 이 에너지의 정체는 무엇일까? 그를 아직도 읽어야 한다면 그 이유는 무엇인가? 나는 그것을 나의 언어로 생생히 그려낼 수 있을까? 아마도 그것은, 그가 가르쳐주듯이, 새로운 조합과 구성과 배치를 통해 기존과는 다르게 오늘의 현실로 불러들여져야 할 것이다. 이 점을 나는 아래에서 여섯 가지, 즉 '널려 있는 모순들', '역사의 부스러기', '알레고리적 우울', '해체구성의 변증법', '미시감각적 글쓰기', '가스마스크와 수고手稿'를 통해 알아보고자 한다.

1. 널려 있는 모순들

> 종합은 사유를 지워버린다.
>
> ▪ 벤야민, 『아케이드 작업』, *GS* V

독창적 사상가가 흔히 그러하듯이, 벤야민의 사유도 몇 가지로 요약하기 어렵다. 그의 언어관이나 문학비평은 어떠하고, 예술사에 대한 관점은 어떠하며, 정치철학이나 역사철학은 어떻게 구성되어 있는가? 또 사회비판이론이나 현대성에 대한 고찰은 어떻고,

대도시에 대한 그의 생각은 무엇이고, 기술발전으로 인한 지각
경험적 변화, 대중매체의 영향력은 어떤 관계가 있는가? 또 문화
나 인류사에 대한 그의 생각은 어떻게 전개되는가? 이즈음 들어
와 자주 언급되듯이, 폭력에 대한 이해나 후기식민주의 그리고 페
미니스트 이론은 또 어떤 양상을 띠며 나타나는가? 이것은 평자
의 관심과 관점에 따라 여러 측면에서 접근할 수 있다. 그러나 각
각의 접근이 설득력이 있으려면, 그것은 전체적 얼개와 구조 아래
파악되어야 한다. 어떤 부분적 진술도 전체의 맥락을 헤아리지 않
고는 납득할 수 있는 수준에서 말해질 수 없기 때문이다.

1. 불안정한 삶

벤야민의 저술로 들어가기 전에 짚고 넘어가야 할 것이 하나 있
다. 그것은 그의 생애다. 베를린의 유대인으로서, 재야 학자로서,
사랑을 잃은 연인으로서, 그리고 그 무엇보다 독일비평사를 새롭
게 쓰고자 열망했던 한 사람의 신참 평론가로서 그의 현실은 녹록
한 것이 아니었다.

큰 사상가 가운데 그 삶이 평이하고 안락한 경우는 거의 없지
만, 그래서 이들은 대체로 우울하고 비극적인 삶을 살아가지만,
벤야민의 경우 그 삶은 특히 신산스러웠던 것 같다. 그는 원래 생
활의 어려움은 모르고 자란 대부르주아 가문 출신이었다. 하지만
서른 이후 부모에게서 독립하면서 경제적 궁핍과 불안정이 거의
일평생 이어진다. 그의 삶은 이동과 이사, 간청과 부탁, 망명과 탈
출, 피신과 피난의 연속이었다. 이런 신산스런 경험은 그로 하여
금 사회경제적 약자의 고충을 더 깊게 이해하게 만든 요인이 되었

> **"** 벤야민 문제의식의 중심부에는
> 문학예술이나 미학이 아니라 정치가 놓여 있었다.
> 그의 글은 삶의 토대가 전적으로 와해되는
> 사회정치적 상황의 현저한 위기로부터 나왔다. **"**

을 것이다.

『모스크바 일기』가 보여주듯이, 이 여행지에서도 집세와 빵값을 걱정하지 않던 날이 없었다. 이 일기는 송금에 관한 언급을 자주 신고 있다. 이런 실존적 급박성과 세상살이의 어려움은 일자리를 구하려고 그가 쓴 1934년 7월 4일자 이력서에서도 극명하게 나타난다.

"1933년 3월 나는, 독일 국민으로서, 41세의 나이로 독일을 떠나야 했습니다. 정치적 격변시절 독립적인 연구자이자 작가로 생활해왔던 나는 정치적 격변 때문에 갑자기 내 실존의 토대를 빼앗겨버렸고, 반체제주의자였으나 어떤 정치적 정당에도 속하지 않았는데, 그럼에도 나의 개인적 자유를 더 이상 확신할 수 없었습니다. 나의 동생은 같은 3월에 심한 고초를 겪었고, 성탄절까지 강제수용소에 감금되어 있었습니다."[1]

---

1) Walter Benjamin, "Drei Lebensläufe," *Zur Aktualität Walter Benjamins*, v. S. Unseld(Hrsg.), Frankfurt/M., 1972, S. 48.

나치가 집권할 즈음 벤야민은 독일을 떠난다. 그러나 그는 독일 국민이었다. 말하자면 독일 국적을 가진 사람으로서 조국 독일을 떠나게 되는 것이다. 어떻게 된 일인가? 그는 어떤 정치적 정당에도 소속하지 않았다. 한때 강제수용소에 감금되었던 세 살 어린 동생 게오르크는 1936년에 징역선고를 받은 후 1942년 수용소에서 죽임을 당한다.[2] 개인의 자유는커녕 살아가는 것조차 그 누구도 장담하지 못하던 시절이었다.

그럼에도 벤야민의 글은 다른 한편으로 신비가의 어떤 경험처럼 비의적이고 고독하며 비밀에 차 있다. 이것은 초기에 가졌던 언어성찰에서 이미 나타난다. 하지만 이런 성향은 초기에만 한정된 것이 아니다. 그것은 미메시스적 언어이론에서부터 메시아적 역사이론이나 비평이론에 걸쳐 그 뒤에도 꾸준히 나타난다. 그러면서도 거기에 현실의 체험이 휘발되는 것은 결코 아니다.

벤야민의 현실인식은, 앞서 언급했듯이, 브레히트와의 만남을 통해 본격적으로 촉발되지만, 나치즘이 집권하던 1933년 이후 더더욱 첨예화된다. 이때 이후 그의 문제의식의 중심부에는 문학예술이나 미학이 아니라 정치가 놓여 있었고, 그는 무엇보다도 이 정치현실의 변화가능성에 골몰했다. 그가 매달렸던 문학예술과 미학도 무수한 사람이 쫓겨나고 감금되고 죽어가는 매일매일의

---

2) 벤야민은 동생이나 동생의 부인인 힐데와는 달리 독일공산당(KPD)에서 활동하지 않았고, 자신을 당에 소속된 공산주의자로 결코 여기지 않았다. 그렇지만 「기술복제시대의 예술작품」의 마지막에 나오듯이, 그는 나치독일의 다가오는 절멸전을 예견하고 있었고, 바로 그 때문에 파시즘이 추동하는 '정치의 미학화'에 '예술의 정치화'로 대항하기를 바랐다.

현실을 더 적극적으로 다루지 않을 수 없었다. 그러니까 그의 글은 삶의 토대가 전적으로 와해되는 사회정치적 상황의 현저한 위기에서 나온 것이다.

벤야민은 언제나 사회정치적 상황을 정확히 포착하고자 했고, 그러면서도 이 사회적 문제로 환원될 수 없는 사적이고 실존적이면서도 동시에 형이상학적이고 신적인 영역이 존재함도 부정하지 않았다. 그는 개인의 실존적 난관에 사회 전체의 폐해가 여러 겹으로 맞물려 있음을 분명하게 직시했다. 삶의 위기는 항구적인 것처럼 계속되었고, 그의 실존적 위기는 사회적으로 보편화된 억압과 빈곤과 차별 속에 다시 확인되는 것이었다.

그리하여 벤야민 속에는 한편으로 비의적이고 신학적인 요소가 짙게 배어 있으면서도 다른 한편으로 현실적이고 계급투쟁적이며 혁명지향적인 면모가 공존한다. 또 현실분석적이고 이데올로기 비판적인 요소가 있으면서도 초현실적이고 몽상적인 면모도 그 옆에 자리한다. 이 어긋나는 모티프를 그는 그러나 모순으로 생각하지 않았던 듯하다. 오히려 그는 이율배반적 요소들을 적극적으로 결합시킨다. 그러나 이때의 결합이 어느 한쪽으로 수렴되거나 환원되는 것을 그는 경계했다. 그것은 말끔하게 일원화되는 것이 아니라 이질성 속에서 균열적으로, 그래서 거칠게 배치되는 것이다. 그의 사상을 '신학적 유물주의'라고 일컫는 것은 이 때문인지도 모른다. 역사는 타락과 죄악의 역사이면서 모순과 부패와 불의의 역사이기도 하다. 이 모호하고 모순되며 무모한 입장 때문에 절친했던 동료들도 한둘씩 점차 떠나간다. 브레히트와 소원해진 한 가지 원인도 여기에 있다.

벤야민의 글은 그 방향이나 주제가 어떤 것이든 전체적으로 내게는 어긋나는 것들, 즉 단절과 균열, 낯섦과 중단, 모순과 배치^背^馳의 용광로로 느껴진다. 어떤 어긋남인가? 이 어긋나는 이항대립의 항목들은 중대한 것과 사소한 것, 고대와 현대, 신화와 이성, 신비와 계몽, 낡은 것과 새로운 것, 연속성과 불연속성, 순간과 영원, 중앙과 변두리, 표현과 침묵, 지배와 억압, 역사와 반^反역사, 진보와 퇴행, 구축과 파괴, 주의력과 무심함, 열정과 권태 등으로 끝없이 이어질 수 있다. 이것은 그가 쓴 거의 모든 글에서 끝없이 변주되면서 하나의 만화경, 즉 세계의 복잡하고도 모호한 축도를 이룬다. 이 요지경적 우주 속에서 나는 개별적 요소들이 뒤섞이며 뿜어올리는 어떤 에너지를 느낀다. 우리가 벤야민을 읽는 것은 바로 이 에너지, 즉 스스로 변화하면서 그를 읽는 독자를 변화시키는 자기생성적 사고의 자기장^{磁氣場} 때문이 아닌가 생각한다.

2. 생성의 에너지

양의성, 즉 의미의 이율배반은 벤야민 사유의 구성적 특징이다. 그의 변증법적 사유가 그렇고, 도시체험이 그렇고, 신화와 아우라와 해체구성의 개념이 그러하며, 언어와 역사에 대한 이해도 그러하다. 거꾸로 이 이중성 자체가 현대적 삶에 내장된 깊은 분열의 한 징후라고도 할 수 있다. 그것이 어쩌하건, 이율배반의 주제와 모티프 그리고 방법론적 관심은 그의 저작의 도처에서 얽혀 있는 것으로 보인다.

가령 언어에 대한 벤야민의 생각을 잠시 살펴보자. 그에게 언어는 어떤 의미를 전달하는 도구가 아니다. 언어에는 의미가 '실릴'

뿐만 아니라 '담겨져' 있고, 더 나아가 '숨겨져' 있다. 그래서 그것을 우리는 '읽어내야' 한다. 그에게 번역이 중요한 것은 의미가 숨어 있기 때문이고, 그래서 번역을 통해 읽어내야 하기 때문이다. 그렇듯이 과거는 그 자체로 있는 것이 아니라 지금 여기로 '불러들여야' 한다. 그래야 현재의 경험과 뒤섞이면서 그 나름의 뜻을 가질 수 있다. 역사가는 「역사의 개념에 대하여」에서 말하듯이 미래로부터 불어오는 바람에 떠밀리면서도 자기의 시선은 과거로 향해야 하는 것이다.

더 중요한 것은 순풍과 역풍 사이에 자리한 위기의 구조는 벤야민이 살았던 당대 현실을 반영한다는 사실이다. 그 현실이란 구체적으로 말하여 히틀러 군대의 군홧발 소리와 진군하는 탱크의 굉음으로 뒤덮여 있었다. 곳곳에서 전쟁과 침략과 전투가 일어났고, 하루에도 수십 수백 명이 테러와 굶주림으로 죽어갔으며, 협박과 풍문 속에 불안정한 삶을 이어가야 했다. 삶의 이런 위기상황은 사회정치적 현실에서만 일어난 것이 아니었다. 위기현실의 경험은 예술작품을 해석할 때도 적용되었다. 즉 비평가는 작품에서 주어진 것을 '다시 읽는' 데 그치는 것이 아니라, 기존과는 다른 무엇을 발굴해내야 한다. 말하자면 소재적 내용을 반복하는 것이 아니라 '진리내용'을 새로 해독해내야 하는 것이다. 이것이 문학비평에서 벤야민이 가졌던 생각이다.

그러나 이질적인 것들이 뒤섞이며 드러내는 그림의 전체 풍경은 간단할 수 없다. 그것은 복합적이다. 벤야민의 글에서 나는 미궁에 들어선 듯한 느낌을 자주 받는다. 그래서 이해하기가 쉽지 않다. 그 의미를 한 논평자로서의 나의 언어로 재번역하는 것은 더 어렵다. 비평이나 철학에서 자기의 언어와 관점을 고민하는 사람에게 벤야민의 비판적 재구성은 매우 까다로운 일이다. 한국에 벤야민으로 학위를 받은 연구자는 여럿 있지만 그에 대한 단행본은 두세 권밖에 되지 않는 기이한 사실은 이 점에서도 이해할 수 있다. 그러나 이것은 외국문학의 수용에 있어서, 또 외국문학의 재구성이나 문학이론 일반, 나아가 우리의 정신문화적 척박함을 증거하는 것이기도 하다.

벤야민은 오늘의 한국 현실에서, 2014년 이 땅을 살아가는 우리에게 어떤 의미가 있을까? 의미가 있다면 그것은 나의 관점 아래 해석되고, 나의 언어로 번역되어 다른 사람들도 이해할 수 있도록 명료하게, 그러면서도 그 깊이를 잃지 않은 채로, 그리하여 설득력 있는 균형감각 아래 서술될 수 있는가? 이 글은 바로 이런 문제의식에서 쓴 벤야민론이다.

벤야민을 읽다보면 가장 내 눈에 띄는 것은 어떤 의미론적 고정성 또는 도식화된 의미체계에 대한 반기다. 이 고정성은 불변성이나 완전성, 영원성이나 동질성 등 여러 형태로 변주된다. 도식화된 고정성은 거의 모든 가치와 규범, 기준과 원칙에 구현되어 있다. 이것은 그 종류가 어떠하건 전래적 가치범주에도 어느 정도 해당한다고 볼 수 있다. 벤야민은 이 전래적인 가치가 부르주아적 가상이자 허위의식이기에 극도로 불신했다.

예를 들어 동질성에 대한 비판은 벤야민의 인식론적 내용의 핵심이고, 영원성에 대한 거부는 절대적 진리관념에 대한 문제제기라고 할 수 있다. 그래서 불변성은 전통적 시간개념의 한 특징으로서 현대적 관점 아래 재검토될 수 있다. 이런 식으로 고정성에 대한 반기는, 적극적으로 표현하면, 개방성과 변형가능성에 대한 선호가 된다. 그가 의미를 단순히 도구적인 것이거나 확정적인 것으로 보지 않거나, 역사의 진보신화를 불신하거나 비평개념에서 구성활동을 중시한 것은 가치와 원칙의 이 같은 개방성을 전제하기 때문이다.

방법적 원리를 명기하거나 절대적 진리를 가정하는 작가나 사상가에게 벤야민이 의문을 품었던 것도 같은 맥락에서다. 그는 꿈의 원형적 이미지에 관심을 가졌지만, 집단적 무의식에서 공적 의미를 탈색시킬 때 처하게 될 정치적 위험성을 분명하게 인식했다. 그가 융C.G. Jung이나 고트프리트 벤G. Benn의 나치즘 후원활동을 문제시한 것은 이 때문이었다. 그는 '감정이입'에 기반을 둔 작품 감상법도 옹호하지 않았다. 감정이입이 지나치면, 현실은 소외되고 시간은 망각되기 때문이다. 감정이입이 거리감을 수반하지 않으면, 그것은 물화된 의식으로 변질되고, 그래서 상품과 동일시될 수도 있다. 반성되지 않은 감정이입에서는 역사도 증발한다. 이 무시간성의 숭배 속에서 비평과 철학, 예술과 학문은 쉽게 왜곡된다. 그가 전통적 문예학을 불신한 것도 이런 이유에서다.

벤야민은 이 영원성의 신화를 어떻게 끊어놓을 것인지를 고민했다. '단절'이나 '충격', '불연속성', '조립'과 '구성', '일탈'과 '잔해' 같은 말들이 그의 주제어가 되는 것도 이와 관련된다. 알레고리는 이 절대화된 심미적 가상에 대한 파괴적이고도 우울한 표현형식이라고 할 수 있다. 전통적 문학비평과 다르게 그는 독자를 고려하고 작가동맹을 생각하며 책의 유통이나 매체론을 중시했다. 그리고 작품의 영향사와 수용사를 그 발생사만큼이나 중요한 것으로 간주했다. 어떻게 벤야민을 이해할 수 있을까? 그가 불신한 통일성이 아니라 비통일성 아래, 그러나 일목요연하고도 체계적으로 그의 문제의식을 이해할 수 있을까? 어떻게 그의 전체적 면모를 훼손함 없이, 이 전체를 구성하는 여러 개별적 요소를 그 나름으로 드러내면서 사유의 전체이미지를 소묘해볼 수 있을까?

벤야민의 역사인식은 네 개의 주된 낱말, 즉 '부스러기', '알레고리', '변증법', '미시감각적 글쓰기' 아래 포착될 수 있다고 나는 생각한다. 각각의 것은 겹치기도 하고, 더 구체적인 하부개념으로 분절될 수도 있다. 하지만 적어도 이 네 열쇠어 아래 그의 사유의 전체 모습과 핵심적 문제의식이 어느 정도 가늠될 수 있으리라고 나는 판단한다.

이렇게 하는 것은 단순히 그를 안내하거나 새로운 해석을 덧붙이기 위해서가 아니다. 이것도 중요하다. 그러나 나의 시도는 궁극적으로 이 땅의 예술문화적 문제, 즉 오늘의 한국사회가 더 이성적이고 합리적인 방향으로 성숙해가는 데 그의 문예론적 미학적·철학적·문화적 구상이 어떤 기여를 할 수 있는가라는 문제로 수렴된다. 이 땅에서 이 땅 밖의 사상가를 읽는 것은 이 같은 현실적·현재적 적실성의 물음을 피할 수 없고, 또 피해서도 안 된다. 자기정체성과 관련된 이 문제의식과 분리되어 있다면, 벤야민 읽기는 도대체 어디에서 의미를 찾을 수 있겠는가?

2. 역사의 부스러기들

모든 살아 있는 아름다운 것은 가상이다.

■ 벤야민, 『단편, 전기적 저작』

벤야민을 이해하고자 할 때, 처음 물어야 할 것은 다음과 같은 질문일 것이다. 사물은 어떻게 존재하는가? 이 세계는 어떻게 이 뤄져 있고, 세계 속의 인간은 어떻게 살아가는가? 우리는 어떤 의 미를 쫓고, 이 의미 가운데 어떤 것이 옳고 그른 것인가? 진선미라 고 알려진 것들은 참으로 진실하고 선하며 아름다운 것인가? 우 리는 과연 예술과 문화에 대한 바른 이해를 가지고 있는가?

이 일련의 물음 가운데 핵심이 될 만한, 그래서 기존사유에 대 한 가장 강력한 문제제기가 될 수 있는 벤야민의 생각은 무엇일 까? 그것을 나는 아래의 다섯 군데 글에 들어 있다고 생각한다.

"만약 우리가—이렇게 말해도 될 것이다—어떤 것에 대해 선 더 평정하게, 또 다른 것에 대해선 더 빠르게 다른 리듬에 따라 산다면, 우리 앞에는 '어떤 지속적인 것'도 있지 않을 것이고, 오 히려 모든 것이 우리 눈앞에서 일어나고 우리 쪽으로 닥쳐들 것 이다"(H1a, 5).

"문화의 개념이 어떻게 생겨나는지, 그것이 서로 다른 시기에 어 떤 의미를 가졌는지, 그 특징이 어떤 욕구에 상응하는지를 조사하 는 것"(N6, 1).

"무엇으로부터 현상은 구제되는가? 그것은 단순히 현상이 처해 있는 악평이나 무시로부터의 구제가 아니다. 오히려 그것이 너무도 자주 나타내는 특정한 전승의 방식, 즉 현상을 '유산으로 찬양'하는 재앙으로부터의 구제다. 그것은 그런 현상에 깃든 도약을 지시함으로써 구제된다. 전승되는 것은 재앙으로 있다"(N9, 4).

"진보 개념은 재앙의 이념 속에 근거해야 한다. '계속해서' 간다라는 생각은 재앙이다. 그것은 그때그때 앞으로 다가올 것이 아니라, 그때그때 이미 주어진 것이기 때문이다…… 지옥이란 우리에게 다가오는 것이 아니라 여기의 이 삶이다"(N9a, 1).

"역사적 유물론은 역사의 서사적 요소를 포기해야 한다. 그는 사물화된 '역사의 연속성'으로부터 시대를 폭파시켜 떼내야 한다. 그는 시대의 동질성도 폭파시켜 열어제쳐야 한다"(N9a, 6).[3]

위의 인용문에는 벤야민 사유가 움직이는 모든 영역, 즉 역사철학이나 문화사 이해 외에도 언어론, 번역론, 예술비평에서부터 바로크 알레고리론과 글쓰기론, 행복론을 지나 매체이론과 유물론적 신학이해에 이르기까지 그의 거의 모든 문제의식을 관통하는 핵심적 열쇠어가 다 들어 있다.

벤야민은 역사에는 '조화'나 '화해'의 이념만으로 파악될 수 없는 모순과 균열이 들어 있고(그래서 그것은 '동질적인' 것이 아니라 '비동질적'이고 '비연속적'이다. 이것이 역사인식이다), 따라서 문화가

---

3) Walter Benjamin, "Das Passagenwerk," *GS* V/1, v. R. Tiedemann(Hrsg.), Frankfurt/M., 1982, 차례대로 S. 272, 584, 591, 592f. 강조는 필자가 한 것이다.

> **❝** 하찮고 비루하며 잊혀지고 영락한 것들이야말로
> 벤야민 사유의 더없이 귀중한 목록이다.
> 이 비루하고 일상적이며 조야하고 추잡하며 불쾌한
> 것에서 어떤 진실한 것, 즉 영감이 생겨나기 때문이다. **❞**

시대마다 "어떤 욕구에 상응하여" 그때그때 서술되는지 살펴보아야 하며, 무엇보다 이때의 "전승의 방식"을 문제 삼아야 한다(이것이 문화사 이해의 핵심이다)고 생각한다. 기존해석과의 단절과 그 해체가 그의 인식론이라면, 이런 단절을 통한 비판적 재구성은 그의 방법론이다. 이 해체구성적 방법은 잊혀지고 밀려난 것들, 즉 파편으로 남은 역사의 폐허를 더듬는다(이것이 바로크 알레고리론의 핵심이다). 역사의 폐허란 기존의 보편사에서 폄하되거나 배척된 변두리적 현상이다. 그가 리글A. Riegl의 주저인 『후기 로마의 예술산업』에 주목한 것도, 그래서 마치 이 미술사학자가 그 당시 아무도 거들떠보지 않던 금세공술을 다루었듯이, 그때까지 폄하되던 바로크 비애극을 복권시키는 것도 그 때문이다. 이렇듯이 예술비평/문학비평은 공식문화에서 배제된 것들을 기억하고 기록할 수 있어야 한다(이것이 문예비평의 지향점이다). 글의 진실은 억눌리고 잊힌 존재들의 권리를 복원시키는 데 있다. 세계는 기억과 기록을 통해 잠시 구제되는 것이다(이것이 유물론적 신학관이다).

벤야민은 역사적·문화적 의미론의 구제를 위해서는 "확고하고, 얼핏 보기에 잔혹한 개입이 필요"[4]하다고 썼다. 그러나 이 개입은 절로 생기지 않는다. 그것은 "어떤 다른 리듬", 즉 감각과 사

유의 다른 리듬을 요구한다. 그것은 이미 행해져온 것을 되풀이 하는 게 아니라 전적으로 새롭게, 기존과는 전혀 다른 관점과 문제의식으로 시작할 수 있다. 그것이 바로 기존역사의 어둠에 대한 잔혹한 개입이고 가차 없는 참여다. 단순한 되풀이란 그가 보기에 재앙일 뿐이기 때문이다. 감각과 사고가 되풀이될 뿐이라면, 현재가 지옥이 되는 것은 피할 수 없다.

벤야민의 통찰이 보여주듯이, 지속적인 것이나 단절적인 것의 기준은 그리 분명한 게 아니다. 아무리 지속적인 것으로 보여도 어떤 리듬에 따라 살면서 감각하고 사유한다면, 그것은 더 이상 지속적인 것이 아니다. 인간 삶의 영원성이라는 것도 지질학적·천문학적 시간단위에서 보면 일순간에 불과하지 않는가? 사람의 시간개념이나 역사이해도 지극히 제한되어 있다. 그래서 그것은 유동적이며 주관적이다.

역사는 벤야민에 의하면 단순히 목적론적이거나 발전적으로 파악할 수 없다. 그것은 그 자체로 완결된 개념이 아니기 때문이다. 역사는, 부르주아의 실증주의 역사관이 가정하듯이, 일목요연한 하나의 논리적 체계가 아니다. 그것은 승자의 관점에서나 중앙과 지배의 관점에서 그 나름으로 정리되고 요약되고 유포된 것이다. 그래서 패자나 주변인들은 포함되지 않는다. 이들의 고통은 오히려 배제된다. 공식적 역사란 승자의 원칙과 배제의 원리에 따라 서술된다. 그렇다는 것은 우리가 '과거'라고 부르는 실체가 정당하게 입안된 것이 아니라 부당하게 질서지어진 것임을 보여준

---

4) *Ebd.*, S. 592.

다. 그것은 깨진 항아리의 조각들처럼 들쑥날쑥 성글게 짜맞춰져 있다. 역사의 법칙성을 강조하면서 '원래 있었던 것'을, 이것이 마치 처음부터 정해지기라도 한 것처럼, 일목요연하게 서술하고자 했던 랑케 식의 역사서술이나, 지나간 것과 현재적 시간의 차이를 무시하면서 역사의 신화적 순환을 강조하던 니체나 토인비나 슈펭글러의 관점과 벤야민이 거리를 두는 것은 그 때문이다.

하찮고 비루하며 잊혀지고 영락한 것들, 퇴짜 맞고 보잘것없는 것들이야말로 벤야민 사유의 더없이 귀중한 목록들이다. 왜냐하면 이 비루하고 일상적이며 조야하고 추잡하며 불쾌한 것에서 어떤 진실한 것, 즉 영감inspiration이 생겨나기 때문이다. 그가 '세속적 계시'profane Erleuchtung라는 개념으로 강조한 것도 이 비천한 것들 사이에서 순간적으로 드러나는 어떤 계시적 현현이었다.[5]

그리하여 벤야민은 헌 옷이나 폐기물, 쓰레기나 골동품 같은 낡아빠진 유물에 열정적 관심을 보인다. 넝마나 창부, 술주정꾼은 이런 '쓸모없이' 되어버린 물건들과 관계하는 사람들이거나 이 하찮음이 드러나는 인격적 형식이다. 하지만 이 억압받은 자에게만 그가 시선을 준 것은 아니다. 산책자나 댄디, 도박사 같은 안락함에 젖어 하루하루를 권태로워하던 부르주아적 인물들도 그는

---

5) 이런 점에서 벤야민의 시각은 게오르크 지멜의 그것을 닮아 있다고 할 수 있다. 왜냐하면 지멜 역시 일상적이고 사소하며 눈에 띄지 않는 대상에서 위대하고 본질적인 무엇이 발견될 수 있다고 믿었기 때문이다. 그러나 대상세계에 대한 지멜의 관심은 근본적으로 사회학적이다. 그는 아카데미즘 미학의 예술중심적 관점에 반대하여 심미적인 것과 비심미적인 것의 어울림을 미의 구성적 가치로 보았다.

> **❝모든 현대적 경험은**
> **순간적으로 생겨났다가 순간적으로 사라진다.**
> **휘발성과 일시성 그리고 소멸성은**
> **현대적 삶의 근본성격이다. ❞**

주목했다. 이들은 단순히 계급적 차이로 구분되지 않는다. 수집가는 폐물을 모음으로써, 시인은 기록작업을 통해 현대적 삶에 적극적으로 대응하는 사람이다. 이들은 모두 시대의 낡고 허름하며 뒤처진 것들과 관계하거나 이 비루한 것들에 의미를 부여하는 사람들이다. 벤야민이 보들레르에 주목한 이유도 이 시인이 누추하고 비루한 것들에 "예의를 갖추었기" 때문이었다.[6]

보들레르가 도시의 어두침침한 골목을 자주 들락거렸다면, 벤야민은 그 어두운 잔해들의 의미를, 이 잔해가 도시에 흩어져 있건 역사에 축적되어왔건 간에 지치지 않고 탐사했다. 이 잔해란, 벤야민의 맥락에서는, 정확히 두 번의 역사적 패배―30년 전쟁과 제1차 세계대전을 뜻한 것이었다. 『독일 비애극의 원천』은 1600년대 독일역사의 비참함에 대한 알레고리적 헌사라고 할 수 있다.

------

6) 벤야민은 이런 영감을 보인 작가, 말하자면 인간학적 유물론을 구현한 작가로 헤벨이나 뷔히너, 니체와 랭보를 들었다. 이 '세속적 계기'의 개념에는 기존의 이상주의적이고 환상주의적인 가상이해와 결별하려는 벤야민 특유의 역사유물론적 재구성 의지가 들어 있다. 현대의 지각경험을 특징짓는 아우라의 파괴 역시 전통적 가상개념의 이 같은 해체정신과 밀접하게 관련된다. 이것은 가상개념에 대한 개념사적 접근을 통해 더 자세히 거론될 수 있다.

그가 초현실주의자들에게 관심을 가졌던 것은 이 초현실주의자들이 현대성의 폐허에, 이 폐허가 갖는 긍정적인 계기에 주목한 최초의 아방가르드였기 때문이다.

알려져 있듯이 초현실주의자들은 꿈과 무의식의 자동적 발현을 중시했고, 이 발현을 통해 드러나는 영적·리비도적 에너지를 사회변화의 계기로 삼으려 했다(이것이 이른바 '자동기술법'이다). 그들은 이 에너지를 통해 계급이나 집단의 힘을 복원시킴으로써 퇴행적 기성질서를 전복시키려고 했다. 그 숨겨진 힘은 파괴적이면서 건설적이다. 그것은 무의식에서 나올 수도 있고, 사회의 변두리 집단에서 나올 수도 있다. 초현실주의자들의 이 같은 구상을 벤야민은 적극적으로 받아들였다. 그러면서도 이때의 문제의식이 그들에서와는 다르게 현실과 유리되지 않도록 유의했다. 그는 화려하고 떠들썩한 상품사회의 배후와 이 배후의 의미를 드러내고자 했다. 지배구조는 이런 요소들을 숨기고 분리시키는 까닭이다. 억압된 힘의 새로운 읽기는 그 자체로 정치적일 수도 있고, 인식론적이거나 이데올로기적이며 미학적일 수도 있다. 그 점에서 그것은 공식적 질서에 대항하는 어떤 부정적 계기로 자리한다.

초현실주의자들은 무시된 역사의 구석구석에 주의함으로써 잠들고 있던 꿈의 영역을 일깨우고자 했다. 이런 역사의 각성은 벤야민에게도 중요한 과제였다.「역사의 개념에 대하여」가 보여주듯이, 그는 미래를 향해 부는 진보의 바람에 떠밀리면서도 앞보다는 뒤를 즐겨 바라보는 것이 '천사'라고 말하면서, 역사가도 이 천사처럼 행동한다고 적은 바 있다. 그러나 이것은 유물론적 역사가만의 과제일까? 그렇지 않다. 천사는 역사가만이 아니라 글을 쓰는 사람 또는 예술가와 문필가를 상징한다고 할 수 있다. 그것은 마땅히 지식인 일반의 과제여야 한다.

그리하여 우리는 이율배반의 역사적 퇴적층을 한데 모으고 정리하면서 거기에 형식을 부여할 수 있어야 한다. 역사를 다시 서술해야 할 주체는 이 역사를 읽고 배우는 오늘의 우리다. 우리는 눈앞에서 일어나는 현재의 일에 주목하면서도 이미 일어난 과거의 일도 잊지 않고자 한다. 잊혀지고 파괴되고 패배한 것들을 오늘의 현실로 불러들임으로써 이전의 재앙이 반복되지 않기를, 그래서 다가오는 미래의 재앙을 우리는 막고자 애쓴다(이 '추방'이나 '재앙'에는, '천사'라는 용어에서 보듯이, 그 특유의 신학적 함의가 배어 있다).

다른 리듬 아래에서 삶을 관찰할 때, 현실적인 것은 비현실적인 것과 뒤섞인다. 삶의 파편들은 이제 비현실적인 것, 말하자면 꿈이나 몽상의 이미지로 나타난다. 현실은 낮의 의식 속에서 경험되고, 이 경험은 밤의 무의식에까지 흔적을 남긴다. 그러나 무의식의 흔적은 대체로 낮의 논리에는 포착되지 않는다. 그러면서 그것은 의식의 체계를 넘어서는 것까지 포함하고, 이 점에서 경험의 영역을 확장시키는 것이기도 하다. 무의식적 꿈은 현실을 부정하고 교정하며 배반하는 전복적 에너지를 지닌다. 벤야민은 이것을 초현실주의자들에게서 배웠는데 앙드레 브르통André Breton은 그런 초현실주의자들 중 대표적인 인물이었다. 이들은 현대사회의 여러 잔재와 꿈의 무의식성 속에서 사회적 혁명의 효소를 본 것이다(이 초현실주의적 모티프들은 시간이 지나면서 보들레르의 '알레고리 시학'이나 프루스트의 '비의도적 글쓰기'로 대체된다).

낮의 의식에서건 밤의 무의식에서건 파편적 요소는 인간의 삶을 지배한다. 그것은 현대적 경험의 가장 특징적 요소이기도 하다. 현대사회에서 인간은 그 어떤 것도 연속적으로 느끼지 못한다. 생각의 연속성이 보장될 수 없는 것은, 여기에도 많은 요인이 있지만, 줄이면 감각이 파편화되어 있기 때문이다. 모든 현대적 경험은 순간적으로 생겨났다가 순간적으로 사라진다. 휘발성·일시성·소멸성은 현대적 삶의 근본성격이다. 이것이 가장 잘 나타나는 곳은 아무래도 도시, 특히 대도시에서의 삶이다. 벤야민은 19세기에 들어와 자리 잡기 시작하는 서구의 대도시에서 이 파편적 경험이 일반화된다고 여겼다. 베를린이라는 거대도시에서 태어난 그에게 이것은 무엇보다 체험으로 터득된 것이다. 인간의 삶에, 그의 의식과 무의식, 감각과 사유와 글과 생활에 이 파편성과 소멸성이 각인되는 것을 그는 두루 체험하고 관찰한다. 그가 보들레르에 심취하게 된 것은 이 시인이 도시경험의 이 같은 이중성을 가장 뛰어나게 간파했다고 여겼기 때문이다.

대도시의 이중성이란 무엇인가? 보들레르가 거주했고 벤야민도 망명지로서 살았던 파리를 생각해보자. 이 도시는 어떤 곳인가? 그곳은 런던이나 베를린처럼 자본주의의 원리가 만개한 곳이다. 이 원리는 상품의 유통과 소비로 특징지어진다. 노동자가 공장에서 물건을 생산하면, 그것은 운반되어 시장이나 백화점, 아케이드나 거리에서 소비자에게 판매된다. 구매된 상품은 소비자의 욕구를 만족시키면서 소모되고, 이렇게 상품이 낡아가는 동안 소비자는 다음 상품을 기다린다. 이왕 구매되는 것이라면, 상품은 가능한 한 산뜻하고 예쁘고 멋들어진 것이어야 한다. '새것'에 대한 대중적 요구는 이렇게 생겨난다. 유행의 기간이란 일정한 주기, 즉 하나의 상품이 생산되어 나와 진열되고 구매되고 소비되어 그다음 상품이 다시 구매될 때까지의 기간을 뜻할 것이다.

그러므로 상품의 유행은 오래가지 못한다. 그것은 다음 상품이 나올 때까지만 통용된다. 상품의 새로움이란 '다음 제품이 출고될 때까지만' 타당하다. 그 이후는? '폐물'로 처분된다. 그런데 이 폐물적 속성은 상품에만 해당되는 것이 아니라 이 사회에 통용되는 거의 모든 것에 어느 정도 타당하다. 즉 폐기될 운명의 신상품은 자본주의 체제 하의 모든 욕망과 의지의 스펙트럼, 즉 호기심과 충족, 열광과 환멸을 오가면서 규정한다. 그래서 그것은 마술환등 Phantasmagorie을 닮아 있고, 허깨비 같은 요소를 갖는다. 벤야민은 자본주의 사회에 작동하는 상품의 생산과 유통 그리고 소비의 방식에서 한 사회의 일상적 삶과 미학, 정치학과 대중문화가 어떻게 관계하는지, 이때 지각과 경험의 내용은 어떻게 변모하는지를 추적했다.

현대사회의 경험이 상품의 물신성物神性으로 파편화된 것처럼 드러난다면, 이 파편조각이 시간적으로 축적되면 역사의 산물로 된다. 부스러기는 사물과 인간, 상품과 인간의 현대적 속성이면서 역사적으로 퇴적되는 요소이기도 하다. 벤야민은 역사 자체를 파편의 연쇄로, 그래서 하나의 정형화된 덩어리가 아니라 무정형적인 요소의 의미 없는 집적체로서 이해했다. 이 요소들은 그것이 무정형적인 것이니만큼 곳곳에서 흩어진 채 불연속성을 이룬다. 그리하여 역사가는, 마치 골상학자가 뼈의 생김새骨相에서 외모를 유추하고 그 얼굴의 생김새에서 뼈의 구조를 떠올리듯이, 과거에서 현재를 읽고 이 현재에서 미래를 추론한다. 그는 이미 있어왔던 것에서 앞으로 있을 것을 상상하고, 과거의 것에서 다가올 미래의 것을 떠올리는 것이다. 이것은 그 자체로 새로운 역사서술이면서 현재 읽기이고, 나아가 미래에 대한 전망이기도 하다.

그러나 이 의미 있는 시도도 기나긴 역사의 밀물과 썰물 사이에 생겨나는 잠시의 출렁임일 수 있고, 이 점에서 또 하나의 무의미가 될 수도 있다. 좀더 나은 미래를 떠올리는 것은 흥분되는 일이지만, 여기에는 기쁨의 쾌활함 이상으로 책임의 무거움이 깃들어 있는 까닭이다. 역사의 탐구는 그래서 우울하다. 우울과 비애야말로 벤야민 글을 관통하는 변함없는 정조情調로 보인다. 알레고리는 이 우울의 문학미학적 표현형식이다. 그것은 역사의 폐허를 자각하는 데서 오는 깊은 슬픔이다.

3. 알레고리 - 우울 - 폐허

> 죽음이 제거된 지속durée에는 장식물의 조야한 무한성이 있다.
>
> ■벤야민, 「보들레르의 몇 가지 모티프에 대하여」

알레고리에 대한 벤야민의 생각은 초기의 저작 『독일 비애극의 원천』에 잘 나타나 있다. 17세기 바로크 희곡은 흔히 '고전비극Tragödie의 실패한 양식'으로 간주되곤 했다. 그러나 그는 그와 다른 견해를 내놓는다. 그는 전염병이 창궐하던 1600년대의 역사적 성격에 주목한다. 자연재앙의 이런 경험은 종교전쟁이라는 또 다른 인위적 재앙과 결합하면서 정치적 위기까지 야기한다. 살인과 죽음, 폭력 그리고 폐허는 이 시대의 주제어였다. 이것은 바로크 희곡이나 회화작품에서 쉽게 확인할 수 있다. 현실의 위기에서 사람은 삶이나 자신에 대해 다시 생각하지 않을 수 없다. 주체나 의미의 위기는 이렇게 생겨난다.

이 시대에 가장 빈번히 등장하는 것의 하나는 폭력에 노출된 인간의 육체, 즉 주검의 이런저런 이미지다. 시·소설·희곡이 죽음을 묘사하듯이, 그림도 늙음이나 죽음을 즐겨 묘사한다. 가령 한스 발둥Hans Baldung의 잘 알려진 「인생의 세 시기와 죽음」을 보자. 이 그림의 중앙에는 한 젊은 여인이 자기 모습에 반한 듯 거울을 들여다보고 있고, 그 옆에서 한 노인은 해골 모습으로 그녀의 베일을 왼손으로 잡고 있다. 그리고 오른손으로는, 쉼없이 흘러가는 시간을 암시하듯이, 모래시계를 들고 있다. 이 알 수 없는 그림은 아름다움이나 젊음 같은 모든 좋은 것의 덧없음, 즉 허영의 알레고리쯤으로 해석할 수 있을 것이다. 이 물질적 현실의 경험이 벤야민에 따르면 비애극의 소재와 문법, 등장인물의 성격과 행동을 규정한다. 이것은 설득력 있게 들린다.

알레고리는 간단히 말해 하나의 의미가 다른 의미를 대변한다는 점에서 상징과 유사하다. 그러나 이때의 의미는 단일적 차원을 넘어선다. 그것은 드러나 있기보다는 차라리 숨어 있다. 그래서 신비로우며 복합적으로 여겨진다. 이 점에서 알레고리는 상징과 구분된다. 알레고리는 상징과는 다르게 여러 가지로 해석될 수 있는 수수께끼적 성격을 가진다. 알레고리의 가장 큰 동기는 공허감이고, 이 공허감은 무상성의 자각에서 온다.

사람 하는 일이 아무것도 보상받을 수 없을 때, 그래서 모든 것

발둥의 「인생의 세 시기와 죽음」(1510년경).
아름답고 싱그러운 모든 것에는 조만간 쇠락이 찾아든다.
삶의 본질을 의식한다면, 우울하지 않기 어렵다.

이 덧없이 느껴질 때, 우리의 마음을 채우는 것은 공허의 감정이
다. 이 공허감은 생명과 번영의 이미지보다는 죽음과 폐허의 이미
지에 더 친숙하다. 죽음과 폐허의 이미지에는 지상의 영광이란 한
때의 것이며, 어떤 것도 이 유한성의 한계를 넘어설 수 없음이 암

> **알레고리의 의도는 삶의 근본적 무의미를
> 상기하고, 역사의 이 무의미한 연속성을 파괴하고,
> 이 파괴를 통해 재앙을 중단시키려는 것이다.
> 그래서 알레고리의 경험은 근본적으로 슬프다.**

시되어 있다. 이 공허감 속에서 인간은 영원성을 떠올리고, 이 영원한 것에 기댈 길을 찾으려고 애쓴다. 벤야민이 명쾌하게 정의 내렸듯이, "알레고리가 사고思考의 제국에 있다면, 폐허는 사물의 제국 속에 있다."[7] 세상의 폐허 앞에서 갖게 되는 감정이 우울이라면, 이 우울의 사고적 표현이 알레고리인 것이다.

무한성은 사람의 것이 아니라 저기 저 너머 사람 밖의 것이다. 이것은 우리가 영원성을 생각하는 것도 영원성 자체가 아니라 이 영원성을 상상하는 자기육체의 유한성과 순간을 통해서라는 점을 알려준다. 이때의 감정이 밝을 순 없다. 그것은 우울하다. 영원한 것은 아무것도 없다는 것, 모든 것은 퇴락한다는 것, 그리고 지금 있는 것마저 재앙으로 가득 차 있으며, 역사의 이 같은 재앙은 반복된다는 것을 바라보는 일은 우울과 비애의 감정 없이 불가능하다. 알레고리는 이 우울의 감정으로 현실과 역사 앞에서 사유하는 표현형식인 것이다.

그러므로 알레고리의 의도는 삶의 근본적 무의미를 상기하고,

---

7) Walter Benjamin, "Ursprung des deutschen Trauerspiels," *GS* I/1, Frankfurt/M., 1974, S. 354.

역사의 이 무의미한 연속성을 파괴하고, 이 파괴를 통해 재앙을 중단시키려는 것이다. 그래서 알레고리의 경험은 근본적으로 슬픈 것이다. 알레고리의 경험은 부정성否定性의 경험이다. 그것은 부정성 속에서 이 부정不正의 현실을 해체하고 중단시키며 구축하고 구성하며 성찰하고자 한다. 알레고리는 삶의 근본적 무의미를 수수께끼적 이미지로 드러내려 한다. 여기에는 성찰적 에너지가 들어 있다. 이것이 어쩌면 '좌파적 우울이자 회한'일지도 모른다 (벤야민은 「좌파 멜랑콜리」라는 제목으로 케스트너Erich Kästner의 시집을 서평한 일이 있다).

우울은 그것이 역사의 집적된 폐허 앞에 서 있다는 점에서 절망적이고 이 절망에도 재앙의 연속사를 부정하려 애쓰기에 좌파적이다. 그것은 자기성찰적 좌파의 모순되지만 생산적인 정서다. 우울한 좌파의 이 회한에는 인간의 현실이 생각보다 쉽게 변할 수 없으며, 변한다고 해도 이 변화가 주체의 뜻대로 되는 것은 드물다는 뼈아픈 환멸이 들어 있다. 여기에는 환멸 이상으로 이 환멸 또한 변할 수 있으리라는 희망도 들어 있다. 환멸이 삶에 견고한 것이라면, 희망도 집요한 것이다. 알레고리적 희망은 해묵은 우울 없이 불가능하다.

그런 점에서 알레고리는 감정을 과장하거나 위로를 선전하는 '낭만적 허위'나 좋은 게 좋다는 '긍정적 심리학'과는 분명히 다르다. 알레고리적 사유는 적어도 현실을 기만하거나 미화하지 않는다. 근거 없는 행복을 부인하기 때문이다. 알레고리는 의미 없음의 의미라는 모순 속에서 생겨난다. 그래서 그 경험은 고통과 우울을 통해 현실의 진면목, 다시 말해 삶에 결여되고 부재한 것에 다가가는 계기가 된다. 그러므로 벤야민의 알레고리적 관심은 신적·종교적 표상에서가 아니라, 피와 육체를 가진, 그래서 부패와 타락을 겪어야 하고 소멸과 죽음을 감당해야 하는 존재로서의 인간의 유한성을 이해하려는 의지에서 나온 것이다.

영원한 삶의 약속도 유한한 것, 즉 물질적이고 육체적인 것에서 이루어진다고 한다면 과연 영원성이란 존재하는 것인가? 설령 있다고 한들 유한한 인간이 감지하고 생각한 영원성이 진짜 영원성일 수 있는가? 어디서도 확증할 수 없다. 적어도 유한성을 통해 무한성을 암시하려 한다는 점에서 알레고리에는 신학적 요소가 스며 있다. 알레고리는 역사의 현실에서 신학의 내세로 초월하려는 징검다리 같은 심미적 범주로 보인다. 폐허에서 갱생을 떠올리고, 영광에서 잔해를 상기하며, 의미에서 무의미를 잊지 않는 것, 그것이 알레고리의 정신이다. 벤야민이 보들레르를 알레고리스트라고 부른 것은, 이 시인이 대도시 지옥에서 이 지옥과는 다른 현실을 추구했기 때문이다. 알레고리를 통해 경험적인 것은 어떤 조화나 완전성이 아닌 폐허와 불완전성 속에서 신적인 것으로 구제된다.

여기에서 알레고리는 벤야민에게 단순한 기법이나 양식을 넘어 어떤 가치이자 태도이며 세계관으로 기능함을 우리는 확인하게 된다. 오늘의 결핍을 성찰하고 이 결핍 이상의 또는 이 결핍과는 다른 풍요의 가능성을 떠올리고자 한다면, 아니 적어도 유한한 한계를 넘어 영원한 무엇을 잊지 않으려 한다면, 우리는 알레고리라는 방법에 의존하지 않을 수 없다. 남아 있는 폐허에서 살려내야 할 것을 밝혀내고 지금 서술되는 것에서 빠진 것을 기억하는 일, 그리하여 존재와 부재를 동시에 생각하고 보이는 것에서 보이지 않는 배후를 떠올리는 일 모두 '알레고리적'이다. 이것이 알레고리의 정신이라면, 곧 예술의 정신이자 문화의 존재이유이기도 하다. 그러나 절대화하지는 말자.

인간의 역사는 고통스럽고 억눌린 것들이 항구적으로 지속되는 시간이라고 할 수 있다. 이 재앙의 항구적인 반복을 사람들은 '발전'이라고 말하는지도 모른다. 그러나 그것은 안이한 언급일 수도 있다. 섣부른 규정에는 현실이 담겨지기 어렵다. 역사가 재앙의 영원한 반복이라면, 그것은 발전이 아니라 차라리 퇴행이라고 말해야 한다. 이것은 정체停滯에 가깝다. 아니면 무의미한 소모의 악순환이라고나 할까. 역사는 파국의 항구적인 반복이요 의미의 무의미한 고갈 과정인지도 모른다.

문제는 그 같은 악순환이 끊임없이 반복되면서 지금 여기 살아 있는 자들을 괴롭힌다는 사실에 있다. 그러므로 어떤 식으로든 대응해야 한다. 벤야민은 이런 대응이, 마치 프루스트가 그랬듯이, 기억과 기록을 통해 의미 있게 행해질 수 있지 않는가 생각했던 것 같다. 그에게 역사는 단순히 배워야 할 것이 아니라 다시 구성되어야 할 대상으로 나타난다. 「역사의 개념에 대하여」의 논점도 여기에 있다.

재앙의 역사는 인식의 현재적 순간 속에서, 이 순간의 변화가능한 전체 국면 아래 재구성되어야 하고, 이 재구성을 통해 구원은 현실에 실제적인 계기로 작용할 수도 있다. 파국의 상기와 기록은 단지 부정성으로 그치는 것이 아니라 부정적 차원 너머로 나아간다. 그것은 일체의 경직성에 대한 거부이자 이 거부를 통한 새로운 변화를 위한 시도다. 닫혀 굳어진 모든 것은 죽은 것이고, 열려 움직이는 모든 것은 살아 있는 것이다. 살아 있는 것은 얼마든지 다른 무엇으로 변형될 수 있다. 변형가능성이 있다는 것은 그만큼 주체의 자기의식이 깨어 있음을 보여준다. 깨어 있음은 앞에서 말했듯이 꿈에 대한 각성이다. 그것은 신화적 반복을 되풀이하지 않는다는 뜻이고, 그 몽매로부터 벗어난다는 뜻이며, 이렇게 벗어나 어떤 새로운 차원으로 나아가서 변화하고 전환한다는 뜻이다. 이 전환에 힘입어 우리는 순간적인 것 속에서 순간을 넘어서는 항구적 단계에 들어선다. 비평의 과제도 이 점에 있다고 벤야민은 생각했다.

철학이나 문학 그리고 예술 작품은 흔히 과거에 속한 것으로 여겨진다. 그러나 그것은 죽은 자를 증거하는 기념비만은 아니다. 예술작품은 우리가 그것을 어떻게 읽고 해석하며 평가하느냐에 따라 전혀 다른 위치가치를 가질 수 있다. 지금까지의 평가가 항구적인 것이 아니듯이, 현재의 평가도 항구적으로 지속되는 것이 결코 아니다. 현재성이란 '늘 변화하는 현재성'인 까닭이다. 그러므로 우리는 이전의 작품을 알레고리적 시각 아래 오늘의 것으로 되살려낼 수 있어야 한다. 세부와 구조에 얽힌 역사의 흔적을 들추어내면서 "사실내용을 진리내용으로 변모시키는 것",[8] 이것이 벤야민이 이해한 비평의 과제다. 그래서 그의 비평은 '구제적 비평'rettende Kritik이 된다.

벤야민에게 비평은 복구-보상-상환-회복-구출-구제의 의미를 지닌다. 비평의 구제적 성격은 사실 그의 글의 주된 목표이기

---

8) *Ebd.*, S. 358.

도 하다. 즉 그의 거의 모든 글에서 그것은 마치 주도모티프처럼 나타난다. 그는 사물과 현실 그리고 세상을 현재적 타락으로부터 구제하기 위해, 그래서 그 본래적 가치를 복원시키기 위해 글을 쓴다. 이 의미복구적 작업은 일반 비평가의 시각과는 다르게 진행되고, 때로는 작가 자신의 의도까지 거스른다. 괴테의『친화력』에 대한 비평이 그 예다.

벤야민은 작품의 생산처럼 작품에 대한 비평도 사회적 생산의 일부로 본다. 그러면서 작품이 경험적 현실뿐만 아니라 초월적 이념까지 내포하듯이, 비평도 경험과 동시에 초월을 포함해야 하고, 형이상학과 더불어 정치를 고려하지 않으면 안 된다고 여겼다. 그는 괴테의 권위 있는 해석자였던 군돌프F. Gundolf처럼 작가와 작품을 동일시하지도 않고,『친화력』에서의 결말을 신성화하지도 않는다.

벤야민은 제1차 세계대전의 격변기에 기존의 인본주의적 교양 이상이 어떻게 청년들을 전쟁터로 몰아갔고, 바이마르 시대의 문학자들이 어떻게 고전주의의 절대화를 통해 역사적 경험의 비참함을 외면했는지 정확히 인식하고 있었다. 여기에는 부르주아 민주주의가 어떻게 파시즘적 전체주의 체제로 타락해버렸는가라는 현실정치적 문제의식이 들어 있다. 그는 고전주의적 이상을 이상적 언어로서 단순히 반복하는 것이 아니라 탈신화적으로 해체하여 재해석하고자 한 것이다. 이런 시도는『독일 비애극의 원천』에서뿐만 아니라 괴테의『친화력』에서 나타나듯이 현재의 누락된 점을 복구시키면서 가치의 보편적 준거를 더 균형되게 잡는 일이기도 하다.

> **❝** 사회가 언어를 오용하면 할수록
> 언어는 그만큼 더 타락한다.
> 비평의 목적은 이렇게 타락한 언어와
> 그 의미를 회복하는 것이다. **❞**

비평이 구제적 성격을 갖는 데는 여러 이유가 있다. 그중에서 언어의 타락은 크게 자리한다. 현대의 상품사회에서 언어는 불순해질 수밖에 없다. 언어는 사람의 복잡해진 관계나 대도시의 사물화 과정 그리고 무엇보다 상품소비나 정치적 수사의 남용으로 말미암아 본래의 의미를 잃는다. 이렇게 상실된 의미는 사람의 삶에서도 되풀이된다. 언어의 의미상실은 삶의 상실로 이어지고, 이 생애적 상실은 사회적 상실로 다시 확대된다. 사회가 언어를 오용하면 할수록 언어는 그만큼 더 타락한다. 비평의 목적은 이렇게 타락한 언어와 그 의미를 회복하는 것이다('타락'이라는 용어에서 보듯이, 벤야민의 초기 언어철학에 신학적 요소가 이미 들어 있다). 이것은 1920~30년대를 거치면서 갖게 되는 사회정치적 관심에 의해 희석되기는 하지만, 그렇다고 없어지는 것이 아니다. 예를 들어 말년의 「역사의 개념에 대하여」는 마르크스주의와 유대신학의 상호융합이라고 할 수 있다.

물론 언어개념 역시 벤야민에게 간단치 않다. 그것은 대체로 네 단계, 즉 창조적 언어, 아담의 명명적命名的 언어, 인간의 현재 언어, 사물의 침묵하는 언어 등으로 나뉘어 분석된다. 하지만 그는 간단히 말해 언어에 정신이 스며 있다고 보았다. 그러나 이 본질이, 고전주의 예술에서 그러하듯이, 경험과 따로 있는 것은 아니다. 그는 주체와 객체, 현상과 본질을 이원화하는 이상주의적 시각 대신 이 대립을 다름 아닌 이 언어로 매개하고자 하기 때문이다. 언어는 사물의 구체적 이름으로서 그 이념을 담는다. 그래서 경험적 차원에서 형이상학적 차원으로 나아가는 다리가 된다. 그는 언어를 통해 언어로 지시될 수 없는 영역, 즉 침묵의 가장자리로 틈입하고자 했고, 비평의 일도 이와 관계한다고 본 것이다.

벤야민이 1920년대에 아무도 거들떠보지 않던 독일 바로크 희곡을 연구한 것도, 그래서 『독일 비애극의 원천』에서 시도한 것도 이와 같다. 말하자면 그때까지 '열등한 장르'로 간주되던 비애극을 역사적 망각의 자리에서 끌어내어 비극과 동등한 위치가치를 부여한 것이다. 그 덕분에 역사에, 폐허에 묻혀 있던 17세기 희곡은 20세기의 현실로 불러들여져 새 의미가 주어진다. 이렇게 복원된 것의 중심에는 앞서 언급했듯이 알레고리라는 범주가 있다. 벤야민의 이런 시도는 통상적 문학사 서술에 거스르는 새로운 문학사 서술의 좋은 예가 된다. 나아가 이 같은 비평적 실천은 사유의 실천에서도 이어진다. 그리하여 그의 철학도 복원적·구제적 계기에 의해 추동된다.

4. '현재의 재배치': 해체구성의 변증법

벤야민은 모든 살아 있는 것, 살아 있어 아름다운 것은 '가상'이라고 보았다. 그것은 영원히 지속되는 것이 아니라 결국 소멸하는 것으로 변질되기 때문이다. 그는 죽은 것들, 그래서 아무런 가상

없이 존재하는 것이 '자연스런' 것이라고 보았고, 이 죽어 있는 것이 아름다울 수 있다고 믿었다.

의미의 체계는 그것이 거짓되지 않으려면 생멸의 메커니즘을 담아내는 것이어야 하고, 그러는 한 유동적이어야 한다. 굳어 있다면 그것은 신화이고 이 신화는 삶의 전체를 포괄하기 어렵다. 이 전체에서 와해는 사물의 본래적 모습이다. 진실한 것은 온전한 것, 즉 완결성과 완전성에 있는 것이 아니라 파괴되고 부서지며 소멸하고 사라지는 것 가운데 있는 것이다. 아름다움도 이 소멸의 운명을 피할 수 없다. 그것 역시 끊임없이 부서지고 사라지는 가운데 생겨났다가 다시 사라진다. "아름다움의 고유한 시간이란 신화가 몰락하여 폭파되는 지경에 이르는 것으로 규정된다."[9]

벤야민에게 신화개념은 이중적이다. 문명사의 논리가 적용되기 전의 역사란 어떤 시원적 에너지를 지녔다는 점에서 긍정적이다. 그러나 이 원초적 에너지는, 그것이 제어되지 않은 것이라는 점에서 위협적이고, 그 때문에 부정적이다. 신화로서의 역사란 무정형적 힘의 강제된 지속이다. 신화적인 것은 단순히 역사와 대립되는 것이 아니라 이 역사 속에 뿌리박고 있다. 또는 신화적인 것 속에 역사가 뿌리내리고 있다고 볼 수도 있다. 그래서 근대사회에서도 신화는 지속된다. 예를 들어 역사주의적 시각도 '신화적'이라고 할 수 있다. 그것은 역사를 직선적이고 동질적으로 이해하기 때문이다.

---

9) Walter Benjamin, "Fragmente, Autobiographische Schriften," *GS* VI, Frankfurt/M., 1991, S. 128.

그러나 현실의 역사란 그렇게 일목요연하지 않다. 진리는 현실에서 끝없이 무너지고, 미美는 삶 속에서 부단히 파괴된다. 역사를 동질적으로 이해한다면, 이 이해는 광기와 신화에 포박된 것이다. 벤야민은 이 역사주의적 관점을 '공허한 것'으로 파악했다. 그러면서 그에 대립하여 이질적이고 단절적이며 파편적인 역사관을 내세웠다. 이 단절을 통해 그는 역사의 참된 에너지가 방출되기를 원했기 때문이다. 그는 이 에너지로 신화로부터의 해방, 즉 집단적 꿈으로부터의 각성을 희구했다. 그리하여 역사서술은 "각성의 기술을 위한 시도"다.[10]

그러므로 우리는 역사적 단절의 순간적 현상을 놓치지 말아야한다. 이 순간이 이른바 '위기적 국면'Kritische Konstellation이다. 이 국면에서 대상은 새롭게 분류되고 비판적으로 구성된다. 변증법적 실천의 핵심은 바로 분류와 배치의 구성적 조직활동Konfiguration에 있다. 몽타주는 이런 구성활동의 가장 흔한 예라고 할 수 있다. 이 방법은 초현실주의자들이 고안해낸 것이다.

1. 파괴와 구성

벤야민에 따르면, 문화는 지난 수천 년간 기존의 질서를 정당화하면서 피억압자를 착취해왔다. 그렇다면 문화의 역사는 거슬러 읽기를 통해, 그리고 구제의 관점 아래 다시 읽혀야 한다. 이때 동원되는 한 방식이 몽타주다. 사실 몽타주는 20세기 초 아방가르드

---

10) Walter Benjamin, "Das Passagenwerk," *GS* V/2, v. R. Tiedemann(Hrsg.), Frankfurt/M., 1982, S. 1006.

의 미학적 방법이었다. 그것은 종래의 마르크스주의 정치경제학에서는 전혀 낯선 것이었다. 벤야민은 연속으로서의 역사개념에 몽타주 원리를 도입하여 새로운 역사 읽기를 시도한다.

"가장 작은, 예리하고 날카롭게 만들어진 건축재로 된 거대한 구성물을 세우는 것. 그렇다, 작은 개별계기의 분석 속에서 전체 사건의 결정체를 발견할 것. 그래서 역사적 속류자연주의와 단절할 것. 그 자체로서의 역사의 구성을 파악할 것."[11]

벤야민이 세우고자 한 역사의 거대한 구성물은 "가장 작은, 예리하고 날카롭게 만들어진 건축재"로 되어 있다. 이 작고 예리한 개별요소들을 분석하면서 "전체사건의 결정체를 발견해내야" 한다. 이것이 몽타주적 원리다. 이것은 구성만으로 되는 게 아니다. 구성되기 이전에 새로 읽혀야 하고, 기존의 것을 파괴하고 해체해야 한다. 그런 다음 다시 조합되고 조립되어야 한다. "감정이입에서의 '재구성'은 일면적이다. '구성'은 '파괴'를 전제한다."[12] 이것은 단순한 구성의 원리라기보다는 차라리 파괴와 구축의 동시적 실행, 즉 '해체구성'으로 불리는 편이 더 적절할지도 모른다. 벤야민은 해체구성의 미학적 방법론을 역사에 적용하면서 기존의 역사이해를 새로 구성하려 한 것이다.

벤야민의 성찰은, 앞서 적었듯이, 압축된 이미지를 가진다. 이

---

11) Walter Benjamin, "Das Passagenwerk," *Ebd.*, S. 575.
12) *Ebd.*, S. 587.

이미지들은 사유의 모티프로서 끝없이 이어지는 연쇄고리를 이루며 축조된다. 마치 벽돌을 쌓아올리듯이, 사유의 이미지가 수평적으로 결합되면서 동시에 수직적으로도 구축된다. 그의 글은 적절하고 간명한 언어 속에 경험의 다양한 구성성분이, 마치 모자이크나 직조물처럼 교직되는 것이다. 여기에서 이질적인 것들은 서로 배제하는 것이 아니라 하나로 만나면서, 이 만남의 상호삼투를 통해 더 큰 의미론적 파장을 일으킨다. 그것은 일목요연하게 일어나기보다는 혼란스럽게 펼쳐지고, 조화로운 형태라기보다는 균열적인 형태 아래 공존하는 것처럼 보인다. 그의 『아케이드 저작』은 이 사회문화사적 해체구성의 거대한 결과물이다.

그러나 모든 현상이 일반적 지평으로 손쉽게 수렴되는 것은 아니다. 각각의 것들은 그 나름의 차이 속에서 어울리거나 상충한다. 어울림은 그러니까 갈등을 유발하는 이질성 속에서 자기존재를 보장받는다. 이 어울림도 그러나 쉽게 드러나지 않는다. 그것은 벤야민이 즐겨 쓰듯이 '순간적으로' 또는 '불현듯이' 나타난다. 과거의 파편들은 현재의 경험 속에서 주체가 이 파편들을 만날 때, 만나서 느끼고, 더 나아가 자신과의 관련 아래 인식할 때, 불꽃을 일으킨다. 그것은 순간적으로 타올랐다가 다음 순간에 사라지고 만다('꿈'이나 '빛'은 초현실주의자들이 즐겨 쓴 용어의 하나였다). 현재라는 순간에 자리하는 과거의 파편을 섬광처럼 신속히 지각하는 것, 그것이 시적·예술적 직관이다. 뛰어난 예술가에게 이런 능력은 예외 없이 구비되어 있다.

더 자세히 알아보자. 벤야민이 말하는 변증법적 이미지의 '인식 가능한 현재'란 무엇을 의미하는가? 그것은 자연적·물리적 시간

> **❝** 현재라는 순간에 자리하는 과거의 파편을
> 섬광처럼 신속히 지각하는 것,
> 그것이 시적 – 예술적 직관이다.
> 뛰어난 예술가에게 이런 능력은 예외 없이 구비돼 있다. **❞**

의 순간이 아니다. 또 헤겔이 말한 '역사적' 시간도 아니다. 그것은 '최대한으로 나뉜 시간'—벤야민의 말을 빌리면 "시간미분소" Zeitdiffenential이고, "이 미분된 시간 속에서만 변증법적 이미지는 현실적으로 되며, 이것은 헤겔이 생각하지 못하던 것이다."[13] 이 극미의 순간에 변증법은 적어도 벤야민이 이해한 변증법 개념은 속물자연주의나 역사실증주의와 분명하게 결별한다. 이 두 경향은 역사의 직선적이고 일목요연한 전개, 즉 통일성과 전체성과 보편성을 전제하는 까닭이다. 이 가정된 통일성 속에서 개별적인 것은 억압되고 특수성은 제외되며 구체성은 외면된다. 벤야민은 이 연속성의 전체사와 단절하면서 그와 다른 시간적 계기, 다시 말해 변화와 도약을 위한 전복적 계기를 발견하고자 한다.

그러나 현실의 중층적 성격은 보통 사람들에게 포착되기 어렵다. 현실의 움직임을 추적하는 변증법적 이미지도 그렇다. 그것은 모호하고 유동적이다. 그렇다는 것은 변증법적 이미지에 대한 이해도, 마치 부르주아 예술의 이중성처럼, 웬만큼 준비하지 않으면 의식의 기만을 야기할 수 있다는 뜻이 된다.

───

13) Walter Benjamin, "Das Passagenwerk," *GS* V/2, S. 1038.

벤야민은 이미지적 사유와 언어로써, 이 이미지적 사유 아래 그려지는 별자리 같은 비유 아래 다층적 현실을 포착하려고 애썼다. 그는 개념/논리/담론으로 전개되는 철학의 전통적 논의형식에 반대했다. 그는 이미지-이미지적 사유-이미지적 텍스트야말로 현대의 변화된 삶에 더 효과적으로 대응할 수 있는 지각적 혁신수단으로 이해했다. 그러나 이 같은 생각은 몇 가지 정식으로 테제화되기보다는, 그의 문제의식의 바탕으로서 여러 글에서 흩어진 채 표현된다. 특히 신학적 사유나 이 신학적 사유가 담긴 언어철학(언어론과 번역론)에서 이미지적 사유의 역할은 결정적이다. 신학이 벤야민 문제의식의 최종근거라면, 언어는 이 문제의식이 표출되는 매체이기 때문이다.

우리가 『아케이드 저작』에서 보는 것은 인용과 주석, 관찰과 논평의 연쇄다. 그것은 단순히 서술과 설명의 모음집이 아니다. 그것은 말끔하게 정리된 것도 아니고, 보기 좋게 체계적으로 조직된 것도 아니다. 벤야민이 사용하는 것은 주어진 자료의 거친 조합이고 가차 없는 논평이며 구성적 배치이자 개입이다. 이것은 이론이나 구상concept으로 되는 게 아니다. 그것은 '묘사하는'beschreiben 것이 아니라 '제시하고'vorzeigen, 더 정확하게는 "이론을 전적으로 제거하는 가운데 구성하는 것", 그래서 "사실로만 구성"하는 것이다.[14] 이렇듯이 그의 방식은 직접적 실천의 방식이다. 조합과 배치를 통해 하나의 단어는 원래의 기능연관으로부터 벗어나 새로운 의미구조를 갖는다. 이것은 역사적 유물론자의 구성작업이면

---

14) *Ebd.*, S. 1030 u., 1033.

서 그 자체로 역사에 대한 새로운 인식과정이고, 나아가 기억의 구제과정이기도 하다. 그래서 그는 쓴다. "변증법적 이미지는 구제된 인류의 비고의적unwillkürliche 기억으로 정의될 수 있다."[15]

역사의 연속성을 불연속적으로 구성하고 단절적으로 기억하는 것은 그 자체로 현실을 다르게 보고 시간을 다르게 구성하는, 그래서 인간을 구원할 수 있는 한 작은 출발이 될 수 있다. 그것은 과거는 과거대로, 현재는 현재대로 서로 상관없는 것으로 간주하는 것이 아니라 지금 여기에서, 지금 여기의 인식적 순간 속에서, 이 순간적 국면의 새로운 변형가능성 아래 해후케 하기 때문이다. 그 점에서 그것은 구원사적 개입이다. 그러니까 벤야민은 정해진 이론틀로 현실을 설명하는 것이 아니라, 그래서 기존의 현실인식을 상투적으로 재생하는 데 그치는 것이 아니라, 주어진 자료의 전혀 다른 분석과 이 분석을 통한 새로운 구성 속에서 현실의 은폐된 성격, 즉 역사의 신화적 반복메커니즘이 절로 드러나게 한다. 이 신화적 이데올로기 중에는 예술에 대한 관념도 있다. 기존의 예술이해에 따르면, 예술가는 고독하고 자율적이며 독창적인 존재다. 이 생각은 제도화된 공식담론으로 작용한다. 벤야민은 이 공식담론을 문제시한다. 거짓이 와해되지 못하면 진리는 밝혀지지 않는다.

'현재'라는 개념은 결코 자기동일적이지 않다. 그것은 어떤 통일된 단위가 아니라, 지금 여기에서 어떻게 대하는가에 따라 얼마

---

15) Walter Benjamin, "Anmerkungen der Herausgeber," *GS* I/3, Frankfurt/M., 1974, S. 1233.

든지 다르게 변형될 수 있는 무엇이다. 벤야민에게 시간은 동질적이 아니라 비동질적이고, 연속적이 아니라 불연속적이다. 그는 연속적 시간을 '시계의 시간'이라고 불렀고, 불연속적 시간은 '캘린더의 시간'이라고 불렀다. 캘린더의 나날은 우리가 어떤 의미를 부여하느냐에 따라 다르게 나타난다. 이렇게 다른 의미를 부여하기 위해 중단이 시도된다. 주체의 기대지평은 중단 속에 방해되거나 분쇄됨으로써 인위적으로 혼란에 빠뜨려지는 것이다.

2. 연대기적 시간에 대한 간섭

벤야민 사유에서 중지-중단-불연속성은 매우 중요하다. "재앙이 발전이고, 발전이 곧 재앙"인 역사의 연속성은 멈춰져야 하는 까닭이다.[16) 세계의 연속성, 즉 신화적 반복과 강제의 연속성은 끊어진 다음 다시 새로 조직되어야 한다. 그는 이렇게 쓴다. "진보는 시간진행의 연속성 속에 있는 것이 아니라 그 연속성에 대한 간섭 아래 있다. 이 간섭 속에서 참으로 새로운 것이 이전의 명료성과 처음으로 만난다."[17) 그는 프롤레타리아 혁명이 역사발전의 정점이 아니라, 또 진보의 이념이 역사적으로 실증되는 것이 아니라, 오히려 그 '간섭' 속에, 중단과 단절과 방해의 적극적 개입 속에 있다고 말한다. 지속되는 이념은 승자, 다시 말해 권력의 지배자가 만든 술어이기 때문이다.

그러므로 기존의 역사서술은 지금까지와는 다른 방식으로 독해

---

16) *Ebd.*, S. 1244.
17) Walter Benjamin, "Das Passagenwerk," *GS* V/1, S. 593.

되어야 한다. 간섭이나 방해란 있는 그대로의 신화와 연대기를 인위적으로 흩트리는 일이고, 그 때문에 벤자민A. Benjamin이 지적하듯이, '탈자연화하는' 것이다.

"신화와 연대기를 탈자연화하는 행위가 방해다. 이 방해의 즉각적 결과는 현재의 재배치다. 이 재배치를 통해 현재는 철학적이고 동시에 정치적인 과제의 성격을 발생시키는 '지금', 즉 어떤 시간화되고 역사화된 현재로 나타난다."[18]

벤자민이 적절하게 지적하듯이, 중단이나 방해는 "현실을 재배치하기"reconfiguring of the present 위한 것이다. 역사나 연대기, 신화나 자연은 언제나 동일해지기를 요구하는 체계인 까닭이다.

신화나 연대기가 자기동일적 '의미'체계라면, 자연은 자기동일적 '사실'체계다. 마찬가지로 '경험되는' 역사가 동일적 사실체계라면, '서술되는' 역사는 동일적 의미체계라고 할 수 있다. 신화, 연대기, 역사는 일정한 동일성을 전제한다. 이 자기동일적 강제가 없다면, 연속성은 확립되기 어렵다. 이들에게 변화가 있다면, 그 변화란 자기동일적 연속성에서의 변화이고, 그러는 한 일정하게 강제된 체계, 즉 동일성의 반복메커니즘 아래 자리한다. 그러므로 단절과 중단의 전략은 자기동일적 강제체계에 저항한다.

흥미로운 것은 중단이나 간섭이 사유의 방법적 원리이면서 이

---

18) Andrew Benjamin, "Benjamin's modernity," David S. Ferris(ed.), *Walter Benjamin*, Cambridge University Press, 2004, p. 109.

사유의 내용이기도 하다는 점이다. 예컨대 혁명은 이런 단절의 정치적 이름이 될 것이고, 각성은 꿈을 중단시키는 정신분석적 방법론의 이름이 될 것이다. 벤야민의 글은 낯섦과 급작스러움을 최대한으로 이용함으로써 기존의 역사관, 즉 대상의 연속성을 강조하는 관조적이고 관습적인 부르주아 태도와 단호하게 결별한다. 그가 '아름다운 가상'이나 '조화', '다양한 것의 통일성' 같은 고전주의적 예술관을 비판한 것도 이런 이유에서다.[19] 그는 인용과 관련하여 이렇게 쓴 적이 있다. "내 글의 인용문들은 길의 강도와도 같아서 무장한 채 튀어나와 한가한 산보객의 확신을 빼앗아버린다."[20] 길거리의 강도처럼 인식적 중단과 방해 속에서 확신의 틀을 뒤흔드는 것이 변증법적 사유의 핵심이다.

간섭이란 기존에 해왔던 사고와 감각을 정지시키는 일이다. 새로운 것은 정지로부터 싹터 오른다. 마치 미망迷妄으로부터 약속이 생겨나듯이, 기존의 연속성은 간섭으로 중단되면서 이전과는 다른 빛 아래 드러난다. 중단을 통해 침잠과 성찰이 일어나기 때문이다. 역사의 진보이데올로기가 의문시되는 것도 이런 침잠을 통해서다. 그러니 중단은 연속성의 안락한 진행과정을 방해한다.

---

19) Walter Benjamin, Eduard Fuchs, "der Sammler und der Historiker," *GS* II/2, Frankfurt/M., 1977, S. 478. 공식적 역사담론에 대한 비판적 서술의 예를 벤야민은 푹스(E. Fuchs)의 작업에서 본다. 왜냐하면 푹스는 전통적 예술사에서 사용되는 도식적 틀에 따르는 것이 아니라 캐리커처나 목판화, 삽화, 포르노적 묘사 등 비공식적 자료의 수집을 통해 문화사를 기존과는 전혀 다르게 재구성했기 때문이다.

20) Walter Benjamin, "Einbahnstraße," *GS* IV/1, Frankfurt/M., 1991, S. 138.

이러한 방해에 의미를 부여하는 것은 표현이다. 표현은 의미부여
적 해석활동이다. 그것은 집단적 꿈을 일깨움으로써 역사적 연속
성이라는 의미의 순환강제적 주문呪文을 푼다. 이것은 벤야민의
철학성찰이나 문학비평, 매체관, 언어이해에 두루 나타난다.

세계가 온전한 전체가 아닌 단편적 세부에서 드러난다면, 이 세
부는 세계의 퇴락을 단자적 형태로 구현한다고 볼 수 있다. 전체
의 모습은 모든 개별적 요소에 어려 있다. 라이프니츠G.W. Leibniz
의 단자론도 이와 비슷하다. 그러니 개별적 요소는 관찰되고 수집
되어야 한다. 새로운 시각 아래 해체되고 배열되며 다시 구성되어
야 한다. 이 구성을 통해 상투적 세계관의 억압적 연쇄고리는 끊
길 수 있다. 이 단절과 중단, 휴지와 방해를 벤야민은 이미지적 사
유의 변증법을 통해 겨냥한다. 이때 '변증법적'이란, 앞서 언급했
듯이, 말의 참된 의미에서 '비동일적'이고 '비판적'이라는 뜻이다.
모든 것이 살아 움직이며 숨 쉬어야 하듯이, 때로는 숨을 죽이며
멈춰서기도 해야 한다.

그러므로 진정한 출발은 이 휴지기休止期를 거치면서 비로소 이
뤄진다. 중단에서 휴식이 이뤄지고, 휴식 아래 성찰이 일어나며,
성찰을 통해 새로운 도약이 가능하기 때문이다. 이 점에서 꿈과
각성, 의식과 무의식의 영역은 결코 별개영역이 될 수 없다. 벤야
민은 이렇게 쓴다.

"깨어날 때 꿈의 요소를 환산하는 것은 변증법적 사고의 정석
이다. 그 때문에 변증법적 사고는 역사적 각성의 기관이다. 모든
시대는 다음 시대를 꿈꿀 뿐만 아니라 꿈꾸면서 깨어나도록 몰

> **❝** 새로운 것은 정지로부터 싹터 오른다.
> 마치 미망으로부터 약속이 생겨나듯이,
> 기존의 연속성은 간섭으로 중단되면서
> 이전과는 다른 빛 아래 드러난다. **❞**

고 간다."[21]

벤야민에게 꿈과 각성, 꿈꾸기와 깨어나기는 얽혀 있다. 이 꿈은 개인의 것이기도 하면서 집단의 것이기도 하다. 집단적 꿈에는 한 시대의 무의식 전체, 그의 말을 빌리면 희원希願의 집단적 이미지 Wunschbilder가 들어 있다. 이 이미지는 좀더 나은 사회, 다시 말해 억압 없고 계급 없는 삶을 낙원적 이미지로 암시한다. 여기에는 초현실주의의 영향이 깊게 깔려 있다.

초현실주의자들은 현재를 무엇보다 '억눌린 것'으로 이해했다 (이 점에서 그들은 프로이트의 정신분석에 의존한다). 개인과 집단의 역 사는 유령에 의해 쫓기듯이, 왜곡되고 부서지고 억압된 것으로 간 주된다. 그래서 현실의 폭력을 고발하고 억눌린 충동을 복원시킬 때, 삶은 제자리를 찾는다고 그들은 보았다. 초현실주의자의 이 같은 문제의식을 벤야민은 메시아적 유대주의, 즉 구원적 의미와 연결시킨다. 즉 억압된 에너지를 복원시키는 것은 단순히 현실의 변화만 가져오는 것이 아니라 삶을 구제하는 신학적 의미까지 지

---

21) Walter Benjamin, "Das Passagenwerk," *Ebd.*, S. 59.

니게 된다. 여기에는 초현실주의, 프로이트의 정신분석, 마르크스주의, 유대신학 등 여러 사상적 함의가 뒤섞여 있다. 이 같은 인식틀에 기대어 그는 한 사회의 문화적 산물에 내장되어 있는 어떤 집단적 이미지들, 즉 소망과 환멸의 흔적이 들어 있는지 밝혀내고자 했다.

새로움이나 유행, 발전이나 혁신 같은 술어는, 그것이 상품이나 광고에서 나타나건, 건축이나 기술 분야에서 나타나건, 일종의 '근대의 신화'를 보여준다. 이 근대적 신화는 현대인의 경험 속에 농축되어 집단적 꿈의 이미지나 환영幻影 또는 유토피아로 결정화結晶化된다. 유리나 철골로 지어진 역이나 전시장 또는 파사주/백화점은 이런 근대적 신화를 체현하는 물리적 구조물에 다름 아니다.

이 '근대성/현대성이라는 신화'를 탐사해가는 벤야민의 글은 단순히 종합적이거나 체계적이지 않다. 오히려 그는 체계의 강제성 또는 개념적 종합의 위험성을 문제시한다. 그래서 그의 사유는 비종합적nonsynthetic이고 비포섭적nonsubsumptive이다.[22] 비종합적이고 비포섭적인 성격은 그의 언어에서도 드러나고 사유에서도 나타난다. 그의 변증법 개념이 많은 사람에게 비판받았던 것도 이런 독특함 때문인지도 모른다. '정지/중단'을 전제하는 그의 방법론은, 그것이 변증법의 역동과정을 정태적으로 해석하였다는 이유로, 자주 오해받았다. 그러나 바로 이 점에서 그의 역사관은 구태의연한 기성역사관과 구분되는 관점적 탄력성을 보인다고 말할

22) Samuel Weber, "Benjamin's Writing Style," Michael Kelly(ed.), *Encyclopedia of Aesthetic* Vol. 1, Oxford University Press, 1998, p. 263.

수도 있다. 역사를 진보의 직선적 시간으로 보는 것은 인간의 희망이지 현실의 실상이 아니다. 벤야민의 역사이해는 오히려 반진화주의적이라고 할 수도 있다. 이 점에서 그의 변증법은 정통 마르크스주의적 변증법에 어긋나고, 좀더 넓은 관점에서 보면 단선적이고 연대기적인 역사이해를 거스른다.

단절적·비연대기적 역사이해의 시각에서 보면, 역사와 권력은 매우 비합법적인 방식으로 야합해왔고, 또 그렇게 야합할 수 있다는 사실이 드러난다. 우리는 단절적이고 비포섭적이며 비종합적인 변증법의 사유 속에서 동일과 반복의 신화적 가상을 넘어설 수 있을지도 모른다. 그것은 해체구성적 부정성否定性의 움직임이기 때문이다.

여기에서 이질적 대립항들, 즉 연속성과 불연속성, 동질성과 이질성은 서로 분리되지 않는다. 이 분리란 분리될 수 있는 것 같으면서도 사실은 분리되지 않은, 정확히 말하면, '분리되어야 한다' 또는 '분리될 수 있다'는 인간적 욕망에 가깝다. 그것은 깊은 의미에서는 차라리 분리될 수 없는 것이라고 말해야 하는지도 모른다. 그것은 '얽힌 채 서로 관계한다'. 이율배반의 요소들은 삶의 전체 안에서 서로가 서로를, 마치 다면체 거울처럼, 비추며 삼투하는 까닭이다. 그런 이유로 벤야민적 의미의 변증법적 사유는 이질적 대립항의 상호삼투 가능성을 장려한다. 상호삼투를 통한 이 부정성 아래 그의 해체구성적 사유법은 자본주의적 반복강제를 문제시한다.

그리하여 변증법적 이미지가 자리하는 곳은 일목요연하다기보다는 어수선해 보인다. 과거와 현재, 꿈과 깨어남, 대상과 주체, 폐허의 역사와 유토피아의 미래가 착잡하게 뒤섞여 있는 까닭이다. 그것은 두려움과 기대, 환멸과 희망이 뒤엉키면서 한 시대의 개인적이고 집단적인, 내면적이고 물리적인 풍경의 전체를 이룬다. 이 이미지는 여러 시대 동안 존속해온 거대한 건축물이나 기념비에 구현되어 있을 뿐만 아니라 가장 사소한 것들, 즉 상품이나 광고지, 신문조각이나 쓰레기, 전단지에도 나타난다. 또 그것은 집과 거리와 골목에도 스며들어 있다.

그러므로 우리는 이 흩어진 의미의 구조물을 부단히 '읽어내야' 한다. 왜 그런가? 깨어나기 위해서다. 읽어내야 한다는 것은 깨어나야 한다는 것과 동의어다. 따라서 해체구성은 현실의 혼란스런 복합성에 부응하기 위해, 정치사회적 삶의 위기에서 벗어나기 위해 수십 수백 번 계속되어야 할지도 모른다. 변증법적 사유는 삶의 각성을 위한 독해작업을 행한다.

벤야민이 파악하기에 유물론적 역사가의 일도 이와 다르지 않다. 그러나 이것은 역사가의 과제에 그치는 것은 아니다. 그의 글에 자주 등장하는 수집가나 탐정, 골상학자骨相學者 그리고 해몽가가 하는 것도 사실 각성을 위한 이 독해작업, 다시 말해 비판적 구성활동이라고 할 수 있다. 수집가는 진열과 배치를 통해 낡은 물건에 새 가치를 부여하고, 골상학자는 뼈대연구를 통해 개별 대상의 생김새를 추적하며, 탐정은 면밀한 기승전결 속에서 사건의 인과관계를 추적한다. 그렇듯이 해몽가는 꿈의 해석을 통해 몽상의 현실적 성격을 밝혀내려 하지 않는가. 새 관념이 구성되고, 이 관념 아래 현실이 다시 인식되는 것은 해체구성의 이런 활동에서부터 시작된다.

고립되어 있는 것들은 변증법적 사유에 의해 밀접하게 연관된다. 그래서 사물들은 새롭게 느껴지고 다시 사유되며, 이 감각과 사유 속에서 시간은 기존과는 다르게 조직되면서 복구된다. 시간의 연속성이 파괴되어 불연속적으로 이해되듯이, 불연속의 끊어진 시간은 새롭게 결합되면서 다시 배치된다. 이것은 그 자체로 역사에 대한 재서술이고 다시 읽기가 아닐 수 없다. 그렇다는 것은 변증법적 사유가 기존의 역사를 다르게 보고, 다른 시각을 통해 한 시대의 집단적 심리병리학psychopathology을 치유하는 데로 나아감을 보여준다. 무의미하게 흩어져 있거나 부당하게 폄하된 것들이 변증법적 해체구성을 통해 그 나름으로 구제되는 것이다.

이렇듯이 영원성의 신화적 자연사는 변증법적 실천 속에서 지양된다. 적어도 더 낮아지고 더 구체적이려는 변증법적 성향에는 어떤 정화淨化의 의지가 들어 있다. 삶의 해명을 위한 이 정화의 의지 덕분에 역사와 현재, 주체와 객체, 사고와 행동의 균열은 조금씩 메워진다.

지금까지 보았듯이, 벤야민의 변증법은 간단하지 않다. 그것은 모순되고 불명료하며 모호하다. 그러나 이 모호함과 그로 인한 모순성은 방향상실에서 오는 것이 아니다. 그것은 미숙함의 결과가 아니라 철저함, 즉 탐구의 양심성에서 오는 것 같다. 현실의 전모를 포착하려는 탐구의 열정은 모순적이지 않기가 어렵기 때문이다. 현실의 진실에 더 충실하면 할수록 열정은 더 깊은 균열을 삶에서 느끼게 되고, 이 깊은 균열의식 속에서 현실은 더욱 복합적으로 나타난다. 균열과 모순의 자의식 없이 참으로 진실되기 어렵다.

그리하여 모순된 열정은 어쩌면 탐구정신의 진실과 그 양심을 증거한다고 말할 수 있을지도 모른다. 벤야민의 변증법적 사유를 지탱하는 것도 이 모순된 열정의 양심으로 보인다. 이 양심으로 그는 주체와 객체, 먼 것과 가까운 것, 사고와 이미지, 과거와 현재 사이를 부단히 오고간다. 그러면서도 이때의 무게중심은 주체이고 경험이고 감각이며, 이 주체의 감각은 가까운 것과 지금 이 순간에 주의한다. 벤야민에게는 인식보다 느낌이 우선되고, 이념보다 경험을 더 중요시한 것은 이 때문일지도 모른다. 적어도 이것이 모든 일의 출발점인 것은 분명해 보인다. 그는 느낌과 경험과 이미지 속에서 '지금 여기에서의 변화가능성'을 늘 고민했다. 이념은 인식의 대상이고, 이 인식은 전체의 이미지를 포착하는 데 있으며, 이 이미지는 느낌의 경험에서 생겨난다. 이런 식으로 많은 것은 고리처럼 이어진다.

'지금 여기'가 중요한 것은 경험이 일어나는 시점이 현재인 까닭이다. 그것은 역사의 꿈으로부터 깨어나는 순간이다. 이 깨어남에서 물질과 정신, 유물론과 신학, 현재와 구원은 결합한다. 벤야민이 관심을 가졌던 초현실주의자들은 꿈과 현실의 이 같은 결합을 동일시하고, 이 동일시의 에너지를 예술의 모토로 삼았다. 그가 프루스트를 흠모했던 것도, 프루스트가 기억의 순간 속에서 삶의 전체를 지금 여기로 불러들여 기록했기 때문이다. 『잃어버린 시간을 찾아서』는 기억을 통한 변증법적 해체구성의 서사적 예인 셈이다.

5. 미시감각의 글쓰기

우표는 작은 숫자와 조그만 글자들, 작은 잎과 눈으로 가득 차 있다.
그것은 그래픽적 세포조직이다. 그것은 서로 뒤엉켜 우글거리고,
마치 하등동물처럼 그 자체로 쪼개져도 계속 살아간다. 그 때문에
우표의 작은 조각들을 끼워 붙이면, 그것은 강력한 그림이 된다.

■ 벤야민, 「우표상」, 『일방통행로』, *GS* IV/1

슬픔이나 기쁨, 미래에 대한 섣부른 낙관이나 비관 사이의 양자
택일이 아니라 삶의 근본적 한계 속에서도 가능성을 잊지 않고 이
전망 속에서도 삶을 미화하지 않는 것, 그래서 지금 여기의 경험
현실로 거듭 되돌아가는 태도를 우리는 견지할 수 있을까. 그것을
매일의 삶 가운데서도 놓치지 않고, 하나의 생활원리로 마음에 새
기며 살아갈 수 있을까. 인류가 지금까지 겪고 남겼던 것, 이것들
은 어떻게 오늘의 현실로, 현재의 의미 있는 에너지로 변용될 수
있을까? 여기에서 나오는 것이 바로 기억이고 수집이며 글쓰기다.

그러나 그 전에 전제되어야 할 사항이 있다. 그것은 삶의 부스
러기를 알레고리적으로, 다시 말해 해독되어야 할 의미 있는 암호
로 인식하고, 이렇게 인식된 내용을 변증법적 이미지 아래 파악하
는 것이 무엇인지 물어보는 일이다. 이것은 어떻게 가능한가? 무
엇이 있어야 이렇게 할 수 있는가?

나는 이것이 벤야민 특유의 '미시적 집중'에서 나온다고 생각한
다. 작고 사소한 것에 대한 그의 열렬한 관심은 이미 여러 사람이
지적한 바 있다. 아도르노는 그의 '미시적 시선'을 얘기했고, 숄렘

은 작은 대상에 매력을 느껴 종이 한 장에 100행의 문장을 쓰려 했던 벤야민의 기이한 열망을 얘기하기도 했다.[23] 이 미시집중의 감각 속에 사실 벤야민의 '체념과 행복'이 다 들어 있는 듯하고, 이 체념적 행복은 '가스마스크와 수고手稿'로 비유될 수 있을 듯하다.

1. 미시집중

벤야민의 미시감각을 우리는 더 자세히 살펴볼 필요가 있다. 미시집중이란 무엇인가? 그것은 극도로 섬세한 감성으로 사물의 세부에 마치 현미경으로 관찰하듯 집중하는 힘이다. 그러나 이 힘은 단순히 감각에서만 오지 않는다. 이것은, 내 생각에, 적어도 다섯 가지 요소가 '동시에' 구비될 때, 비로소 얻을 수 있는 것 같다.

미시집중의 능력은 어떻게 구비될 수 있는가? 첫째, 사물에 대한 고도의 주의력과 집중력이다. 둘째, 대상을 정밀하게 정식화하는 표현력이다. 이 정밀한 표현력으로 인해 경험내용은 적절하고 정확한 형식을 얻는다. 셋째, 현실쇄신적 계기에 대한 실천적 관심이다. 경험된 내용과 이 내용의 정식화는 그 자체로 있는 게 아니다. 넷째, 이 모든 것을 지탱하는 것은 극미의 시간관념, 다시 말해 시간미분소 속에서 변화의 가능성을 탐색하는 비체계적·비종합적 사유법이다.[24] 변증법적 사유방식은 이 점을 잘 보여준다.

---

23) Susan Sontag, "Under the Sign of Saturn," *A Susan Sontag reader*, introduced by Elizabeth Hardwick, Vintage Books, 1983, p. 394. 블로흐 또한 벤야민의 "미시적 언어감각"을 지적했다고 질로크는 언급한다. 그램 질로크, 노명우 옮김,『발터 벤야민과 메트로폴리스』, 효형출판, 2005, 27쪽.

24) Walter Benjamin, "Das Passagenwerk," *GS* V/2, S. 1038.

다섯째, 이것은 삶의 본래성을 회복하려는, 다시 말해 신화의 미혹을 벗어나 해방된 삶으로 나가려는 가치복구적 의지에 의해 추동된다.

벤야민의 미시집중에는 이 다섯 요소들, 즉 고도의 주의력과 집중력, 정식화 능력, 현실쇄신적 의지, 극미의 시간관념, 해방의지가 교차한다. 그는 삶의 세세한 요소들이 어떻게 전체로 모아지고 응결되는지 살피면서 과거의 잔해들, 다시 말해 역사의 파편덩이를 현재에 살아 있는 것으로, 살아 있어야 할 의미 있는 대상으로 불러 일깨운다. 그것은 감각적·언어적·세계관적 구상화의 한 방법이다. 그러므로 벤야민의 사유에서 중요한 것은 첫째, 이런저런 이론이 아니라 이 이론적 매개 없이, 선험적 전제 없이 세계의 비밀을 극도의 주의 아래 정밀하게 지각하고, 둘째, 이렇게 지각한 내용을 면밀한 언어로 표현해내는 일이었다. 사물의 진리는 사물의 뒤나 위나 그 배후에 있는 것이 아니라 사물 자체 속에 있는 까닭이다.

미시감각의 미시집중이 없다면, 사물의 진리도 마치 없는 듯이 사라진다. 예를 들어 『일방통행로』1928에 나오는 「산림을 보호합시다」라는 글을 읽어보자. 이 글은 이렇게 시작된다.

"무엇이 '해결되었는가'? 살았던 삶의 모든 문제는 우리의 시선을 막는 나무더미처럼 뒤로 물러난 채 그대로 있지 않은가? 그것을 벌채하거나 솎아내는 것을 우리는 생각하지 못한다. 우리는 계속 나아가지만, 그것은 우리 뒤에 남는다. 멀리서 보면 굽어볼 수 있지만, 희미하고 그늘져 있으며 그만큼 더 수수께끼처럼 파묻혀 있다."[25]

벤야민의 글은 미묘하다. 마치 안개 속에 잠긴 듯, 여러 거울을 겹쳐놓은 듯 하나의 단어는 다른 단어들과 만나고, 이 만남에서 생겨나는 뉘앙스적 파장은 새로운 의미망을 생성시킨다. 이렇게 뉘앙스 가득한 새 의미망 속에서 그의 문장은 관습적·기능적 의미가 아니라 낯설고도 생경한 울림을 낳는 것이다. 앞의 글에서도 마찬가지다.

벤야민은 삶의 많은 문제가 해결되지 않고 뒤로 남겨진다고 말한다. 그리고 이 미해결의 잔재는, 눈앞의 나무더미처럼 우리의 시야를 가린다고 말한다. 전체를 조감할 수 있지만, 그 구체적 형상은 희미하게 그늘져 있다. 그래서 그것은 "수수께끼처럼 파묻혀 있는" 것이다.

여기에는 사물의 전체를 가늠하려는 벤야민의 열의와 이 열의가 충족되지 못한 데서 오는 회한이 동시에 묻어 있다. 그러면서 이 회한에는, 삶이란 근본적으로 확정되기 어렵다는 것, 그래서 "우리는 계속 나아가지만", "삶의 모든 문제"란 "우리 뒤에 남는다"는 체념과 이 회한이 이어짐으로써, 더 큰 현실에 대한 긍정도 배어 있다. 이 긍정은, 그것이 포착될 수 없고 해결될 수 없는 현실에 대한 긍정이기에, 반드시 즐거울 수는 없다. 삶의 문제는 끊임없이 제기되지만, 어느 것도 완벽하게 해결되는 경우란 드물다. 마치 해결되는 것처럼 보이지만, 그것은 기껏해야 '어느 정도' 해

25) Walter Benjamin, "Einbahnstraße," *a. a. O.*, S. 92.

결될 뿐이다. 더 정확히 말하면, 해결되는 듯 보이면서 그다음의 문제로 '옮겨간다'. 문제의 완전한 해결은 항구적으로 이월되면서 유예되는 것이다. 그리하여 많은 것은 희미한 그림자를 드리우며 수수께끼처럼 자리한다.

그러나 이 수수께끼는 단순히 사라지는 것이 아니라 반성적 지성에 의해 포착된다. 벤야민의 글은 바로 이 점을 포착한 것이다. 이렇게 포착하는 그의 지성이 곧 미시집중력이다. 앞의 글은, 조금 더 뒤에서, 이렇게 이어진다.

"사랑하는 자는 연인의 '결점'에만 매달리는 것도 아니고, 연인의 변덕이나 약점에만 매달리는 것도 아니다. 얼굴의 주름살과 기미, 낡아버린 옷이나 기우뚱거리는 걸음걸이가 모든 아름다움보다 더 오래 또 사정없이 그를 사로잡는다. 이것은 오래전부터 아는 일이다. 왜 그런가? 감정이 머릿속에서 둥지를 트는 것이 아니라는 것, 우리가 창문과 구름, 나무를 뇌 속에서가 아니라, 오히려 그것을 보는 장소에서 느낀다는 사실이 옳다면, 우리는 연인을 바라볼 때에도 우리 밖에 있게 된다. 고통스러울 정도로 긴장하여 매혹된 채…… 새들이 잎 많은 나무에서 은신처를 찾듯이, 우리의 느낌은 사랑하는 연인의 그늘진 주름살과 품위를 잃어버린 몸짓, 눈에 안 띄는 육체의 결점으로 도피한다. 그리고 이곳에서 감각은 은신처인 양 안심하며 움츠린다. 그냥 스쳐 지나가는 사람들은 바로 이곳에, 말하자면 결함 많고 흠 있는 곳에 사랑을 경애하는 자의 화살처럼 빠른 동요가 둥지를 튼다는 사실을 알아차리지 못한다."[26]

벤야민의 글이 갖는 의미는 읽는 즉각 들어오지 않는다. 그것은 천천히, 각 구절이 말하는 이미지를 떠올리면서, 차근차근 읽어야 한다. 단번에 읽히는 것이 아니라 두고두고 곱씹으면서, 그의 생각을 하나하나 차례로 떠올리는 가운데, 그리고 이렇게 생각하는 나 자신의 경험을 서술된 이미지의 풍경에 겹쳐놓고 상상하면서 음미하듯 읽어가야 한다. "그냥 스쳐 지나가는 사람"은 벤야민에게서 어떤 것도 얻어낼 수 없을 것이다.

앞의 글에서 말하는 것 중 하나는 사랑에 빠진 자란 연인의 아름다움뿐만 아니라 그 추한 면, 즉 '결점'이나 '변덕'에도 주의한다는 점이다. 그러나 이 결점이 금방 드러나는 것이라면, 두고두고 드러나는 결점도 있다. '주름살'이나 '기미' 같은 것이 그렇다.

쉽게 드러나지 않는 것에까지 닿아 있을 때, 감정은 비로소 사랑이 된다. 그래서 벤야민은 이렇게 적는다. "얼굴의 주름살과 기미, 낡아버린 옷이나 기우뚱거리는 걸음걸이가 모든 아름다움보다 더 오래 또 사정없이 그를 사로잡는다." 주름살이나 몸짓, 육체의 결함은 그것이 사랑하는 여인의 것이라면 아무리 "그늘지고", "품위를 잃어", "눈에 안 띄는" 것이라고 해도, 더 이상 결점이 될 수 없다. 우리는 누군가를 사랑할 때, 이미 "우리의 밖에 있기" 때문인가? 참으로 사랑한다는 것은 사랑받는 자의 눈에 안 띄는 그 늘까지 사랑하는 것이다…… 이렇게 나는 해석한다.

벤야민의 글이 갖는 울림은 크다. 울림은 무엇보다 정서적 반향, 즉 메아리다. 그런데 그에게 울림은 현실인식과 정치적 의식,

---

26) *Ebd.*

역사에 대한 이해와 밀접하게 연관되어 있다. 더욱이 그것은 메시아적 열망으로 채색되기도 한다. 그러면서 초월적 열망은 다시 지금 여기 내 감정의 뉘앙스에 뿌리를 내리고 있다. 이 내밀한 감정이 가장 잘 나타나는 장르는 일기가 될 것이다. 모스크바 여행의 기록물인 『모스크바 일기』에는 이런 사적 감정이 잘 나타나 있다. 1926년 12월 20일자 일기에는 다음과 같은 구절이 있다.

"우리 사이에 너라는 호칭은 자기를 주장하는 것으로 보이고, 오랫동안 나를 바라볼 때의 그녀 시선은—나는 어떤 여자가 그렇게도 오랜 시선과 그렇게도 오랜 입맞춤을 허락했는지 떠올리지 못한다—나에 대한 어떤 힘도 잃지 않았다. 오늘 난 아샤에게 이제는 아이를 갖고 싶다고 말했다. 육감적인 일에 대해 그녀가 지금 부과하는 제어에도 불구하고 무의미하지는 않는, 보기 드문 그러나 즉각적인 움직임은 그녀도 날 원하고 있음을 말한다. 싸움을 피하기 위해 내가 어제 그녀의 방을 떠나려 했을 때, 그녀는 날 세게 붙잡고는 손으로 머리를 쓸어내렸다. 그녀는 종종 내 이름을 부른다. 최근에 한 번 내게 말했다. 우리가 무인도에 살면서 두 아이를 갖지 않게 된 것은 오직 내 책임이라고. 그건 어느 정도 진실하다. 세 번이나 네 번쯤 나는 공동의 미래를 직접적이든 간접적이든 피했다. 말하자면 내가 카프리에서 그녀와 '도망가지'—그러나 어떻게?—않았을 때, 로마에서 아시시와 오르비에토로 그녀를 데려가는 것을 거부했을 때, 1925년 여름 레틀란트로 함께 가지 않았고, 겨울에 베를린에서 그녀를 기다리지 않았을 때다. 그건 경제적 문제 때문만이 아니

> **쉽게 드러나지 않는 것에까지 닿아 있을 때,**
> **감정은 비로소 사랑이 된다.**
> **참으로 사랑한다는 것은 사랑받는 자의**
> **눈에 안 띄는 그늘까지 사랑하는 것이다.**

었다…… 그녀 속에 있는 적대적 요소들에 대한 두려움 때문이 었다. 이 요소들을 오늘에야 비로소 나는 이겨낼 수 있다고 느낀다. 나는 최근 그녀에게 말했다. 우리가 그 당시에 서로 결합했더라면, 이미 오래전에 갈라서지 않았을지 모른다고. 지금 나의 안과 밖에서 일어나는 모든 것은 그녀와 헤어져 산다는 생각을 지금까지보다는 견딜 만하게 한다…… 가장 좋은 것은 아이를 통해 그녀와 결합하는 것이다. 그러나 놀라운 시련이 있는 그녀와의 삶을, 그녀가 가진 그 달콤함과 냉정함에도 불구하고, 오늘날에도 내가 이겨낼 수 있는지 나는 모른다. 겨울의 삶은 이곳에서 한 차원 더 풍요로워진다. 공간은 덥거나 추운 것에 따라, 말 그대로 완전히 달라진다."[27]

거듭 말하지만, 벤야민의 글에는 여러 요소가 담겨 있다. 상대방에 대한 그의 생각과 그의 이런 생각에 대한 또 다른 생각들, 상대

---

27) Walter Benjamin, "Moskauer Tagebuch," ders., *Fragmente, Autobiographische Schriften*, *GS* VI, Frankfurt/M., 1991, S. 317f.; 김남시 옮김, 『발터 벤야민의 모스크바 일기』, 그린비, 2005. 번역은 부분적으로 고쳤다.

에 대한 그의 감정적 태도와 이 감정에 대한 그녀의 태도가 서로 끊임없이 교차한다. 그리고 그와 그녀로 이뤄지는 삶은 인간 삶의 일부가 될 것이다. 그들의 삶은 이 삶이 자리한 공간, 즉 모스크바라는 공간에서 차지하는 지리학적 위치와 계절적 시간에 의해 다시 한 번 저울질된다.

감정의 굴곡을 더듬어가는 벤야민의 글은 단어의 모퉁이마다 그 촉수가 느껴질 만큼 예민하고 섬세하다. 이 섬세함은 상대에게 향하는 것 이상으로 자기자신에게 향하는 것이기도 하다. "그러나 오늘도 내가…… 그녀의 냉정함을 견딜 수 있을 만큼 성숙한지는 잘 모르겠다." 그의 이러한 불안과 안타까움은 마치 모스크바의 하늘이 "겨울에 한 차원 더 풍요로워지듯이" 반드시 부정적인 것으로 여겨지지 않는다. 1926년 12월 24일에 적힌 글의 한 대목은 이런 미시적 뉘앙스가 지닌 풍성한 울림의 압권 같아 보인다.

"사랑하는 사람이, 비록 우리가 닿지 못하는 다른 장소에 있다고 해도, 같은 시간에 외로움을 느낀다면, 우리에게는 어떠한 외로움도 존재하지 않음을 나는 알았다. 외로운 감정이란 근본적으로 그렇게 반사적인 현상인 듯하다. 그 감정은 우리가 아는 사람, 즉 대개 우리가 사랑하는 사람이 우리 없이도 다른 사람과 즐거이 어울리고 있을 때, 우리에게 되비치는 것이다. 삶에서 그 자체로 완전히 홀로 된 사람조차도 그가 알지 못하는 어떤 여인을 생각할 때나 자기 아닌 동료들과 외롭지 않게 있는 어떤 사람을 생각할 때 외롭다고 느낀다."[28]

벤야민의 이 구절을 읽을 때마다 내게 떠오르는 것은 프루스트의 언어들이다. 그가 글을 통해 떠올리는 이미지는 프루스트의 글에서처럼 끊임없이 환기되는 어떤 아련한 것들의 반향이다. 그의 글은 외로움의 감정을 싣거나 전달하는 데 그치는 것이 아니라 이 감정이 지나간 자리, 그것의 궤적과 여운과 메아리를 담고 있는 듯하다. 그래서 그의 글은 하나의 의미에서 다른 의미로 나아가고, 하나의 이미지에서 또 다른 이미지로 뜻을 나르면서, 이 뜻에 사라진 추억과 지나간 생활의 편린이 묻어나게 한다.

주체의 현재적 순간은 오직 기억되는 삶의 내용으로 더 풍요로워지지 않는가? 인간의 삶은, 그것이 마음의 공간에서 현재와는 다른 이미지를 불러들일 때, 비로소 진정하게 현존하게 되는 것이다. 이렇게 글을 쓰는 비평가를 나는 벤야민 외에 달리 보지 못했다.

벤야민은 문예비평의 프루스트다. 그는 뛰어난 작가적 스타일을 지니고 있다. 그러나 이 스타일은 단순한 재주, 다시 말해 글 쓰는 기술이 아니다. 그것은 철학적 성찰에 기반하고 논리의 정밀성으로 지탱된다. 그러면서 이 견고한 문장의 체계는 시적이고 문학적으로 용해되어 있다. 그는 뛰어난 사상가 이상으로 뛰어난 문필가다. 이것은 많은 경우 그의 변증법적 사유와 이 사유에 바탕을 둔 글의 이미지적 성격에서 오지 않나 여겨진다. 그러나 그 원인이, 다시 강조하건대, 사유나 언어의 성격에만 있지 않을 것이다. 그것은, 위에서 보았듯이, 텍스트 읽기에서도 드러나고, 심지어 사

---

28) *Ebd.*, S. 326f.

랑하는 연인과의 관계에서도 드러난다. 어쨌건 이 모든 것은 최종적으로 글을 쓰는 가운데 결정화된다.

벤야민은 진리를 포착하고자 하지만, 그것을 소유하기보다는 그 테두리를 그리는 데 만족하고, 대상을 확정짓기보다는 거리감 속에서 스케치하는 것에 자족한다. 진리의 의미가 그렇고, 연인 라시스에 대한 태도가 그렇고(『모스크바 일기』는 그 예다), 텍스트에 대한 비평이 그렇다(『친화력』의 오틸리에에 대한 관점이 그렇다). 확정-결합-소유-규정은 그의 삶이나 세계관도 아니고, 그의 언어와도 무관하게 보인다. 그는 삶을 더 강밀하게 체험하기 위해 이 삶으로부터 때로는 더 멀어져가는 것일까? 이 멀어져감을 그는 탐구로, 읽기로, 쓰기로 상쇄하는 듯하다.

2. 체념과 행복

이 대목에서 나는 이렇게 묻지 않을 수 없다. 왜 벤야민은 사랑하는 사람을 앞에 두고 사랑을 주저하고, 구원의 표상을 한순간도 잊지 않으면서도 유토피아를 전면에 내세우지 못했던 것일까? 왜 그의 언어는 우회로를 즐겨 찾고, 대상을 돌고 돌아 즐겨 암시하려고 했을까? 그것은 아마도 인간의 삶이, 특히 현대에서의 그것이 너무도 위험한 상황 속에 자리 잡고 있고, 인간의 맹목이란 유구하며 그 삶은 덧없이 짧고, 그 가운데 붙잡을 수 있는 행복이란 참으로 잠시의 것이고, 그래서 미완의 형태일 수밖에 없다는 깊은 체념에서 왔을지도 모른다. 벤야민 사유의 기저에는, 하버마스·Habermas가 적절하게 지적했듯이, 체념과 행복의 정서가 자리하는 듯하다.

"벤야민은 마르크스로 돌아간 전통 속에서 착취나 진보의 개념에 있는 '그 이상의' 계기, 즉 굶주림과 억압 외에 체념을, 복지와 자유 외에 행복을 강조했던 첫 번째 사람 중의 한 명이었다. 그가 세속적 계시라고 불렀던 행복경험이 전통의 구제에 결부되어 있음을 그는 보았다. 행복의 요구는 우리가 세계를 해석하기 위해 우리 욕구의 빛 속에서 필요로 하는 의미론적 잠재력의 원천들이 마르지 않을 때만 상환될 수 있다. 문화재는 승리의 행진에서 지배자들이 가져온 전리품이다. 그 때문에 전승의 과정은 신화에서 해방되어야 한다. 이제 문화의 해방은 제도에 들어 있는 억압의 극복 없이 불가능하다."[29]

적어도 벤야민 이후에 현실변화의 가능성을 검토할 때, 우리는 착취개념에만 매달려서는 안 된다. 결핍의 상태는 경제적 차원만이 아니라 의식적 차원에도 있을 수 있고, 그러니만치 그것은 객관적 현상이면서 주관적 성격일 수도 있다. 굶주림이 없다고 해방된 것은 아니며, 물질적 재화의 증가가 영혼의 행복을 보장하는 것도 아니다. 물론 영혼의 행복만 강조하는 것은 기만적이다. 삶의 행복을 위해서는 사회적·경제적 조건의 구비가 필수적이고, 이 구비는 제도적으로 보장되어야 한다.

그렇다고 해서 이것만으로 모든 문제가 해결되는 것도 아니다.

---

29) Jürgen Habermas, "Bewußtmachende oder rettende Kritik die Aktualität Walter Benjamins," *Zur Aktualität Walter Benjamins*, v. S. Unseld(Hrsg.), Frankfurt/M., 1972, S. 216f.

행복은 바로 이 점, 즉 사회정치적·경제적 조건만이 아니라 개인적·주관적 면모까지 포괄한다. 그러면서 그것은, 지배자의 전유물로서의 문화의 위상을 재해석할 때, 그래서 그 "의미론적 잠재력"을 새롭게 발굴해낼 때, 조금 더 온전해진다…… 이것이 하버마스가 읽은 벤야민의 문제의식이다.

벤야민의 글은 신화적 언술을 거부하는 일상의 세부에 닿아 있지만, 이 경험적 직접성은 초월적·형이상학적 질서로 열려 있다. 그는 사회변혁의 가능성을 타진하지만, 변혁에 따르는 체념과 무기력을 무시하지 않는다. 행복은 활력과 무기력 사이에 숨어 있기 때문이다. 억압을 질타하고 해방을 역설하는 데 자족하는 것이 아니라 이런 '듣기 좋은 술어'에 고리처럼 이어지는 퇴행과 거짓의 위험성도 그는 직시한다. 이런 자기해부적 관점은 기존의 마르크스주의 비평에는 매우 낯선 것이었다. 이런 이유로 하버마스는 체념과 행복과 구원이라는 벤야민적 표상에서 속류 마르크스주의와의 변별성을 찾는다. 이런 문제의식은 제도적 조건이 개선되면 민주화된다고 여기는 정치주의적 시각과도 어긋나고, 사회경제적 합리화로 행복이 보장되리라고 여기는 복지지상주의적 관점과도 다르다. 삶의 질적 변화는 마땅히 정치경제적인 것 이상으로 예술문화적으로 이뤄지고, 사회적·집단적 차원에서만큼이나 개인적·실존적·성격적 차원에서도 일어나야 한다. 깊은 의미에서 '잘 산다'는 것은 영육적으로 실현되어야 하고, 형이하학적이면서 동시에 형이상학적으로 구현되어야 한다.

진보는 많은 경우 억압의 대가로 이뤄진다. 진보의 실상은 진보의 슬로건에 의해 자주 은폐된다. 복지나 자유, 해방이나 행복도

> **벤야민은 사회변혁의 가능성을 타진하지만,**
> **변혁에 따르는 체념과 무기력을 무시하지 않는다.**
> **행복은 활력과 무기력 사이에**
> **숨어 있기 때문이다.**

나와 우리의 차원을 넘어서지 못한다면, 그래서 그들의 차원으로 열리지 못한다면 얼마든지 변질될 수 있다. 이것은, 이라크 전쟁에서 보았듯이, '반反테러 선언'을 테러에 대한 전쟁 속에서 행하는 미국의 일방주의에서도 확인되는 것이었다. 정당성의 담론은 그 자체로 정당화되는 것이 아니라 보편적 가치의 지평 속에서 거듭 검토되어야 한다.

기존의 정당성에 의문을 제기하고 그 부당성을 일깨우는 것, 그래서 묻혀 있는 의미의 파편들을 망각의 폐허지로부터 발굴해내는 것, 그것이 비평과 사유의 과제다. 지나간 것을 일깨워 나의 오늘 경험에 유효한 양분이 되게 할 때, 예술작품은 비로소 나의 것으로 된다. 하버마스가 벤야민의 예술론을 단순히 이데올로기 비판으로서가 아니라 '경험이론'으로 해석한 것은 이 때문일 것이다. 말하자면 이전 예술도 그 자체로 경배되는 것이 아니라, 그래서 '아우라적으로' 신격화되는 것이 아니라, 탈아우라적으로 entaurasiert 재구성시켜야 한다.

의미론적 잠재력의 원천은 삶의 해방을 위해 메시아적으로 복구될 필요가 있다. 과거의 것은 현재적 삶의 질적 고양을 위해 탈신화화해야 한다. 이 탈신화하는 재검토 속에서 과거는 참으로 나와 우리의 것이 된다. 유산은, 그것이 예술이든 문화든, 주체적 현재경험에 대한 적실성relevance을 잃지 않을 때, 그래서 멀리 있는 것이 그저 먼 곳에 있는 것으로 그치는 것이 아니라 오늘의 현실에 자극제가 될 때, 비로소 의미 있는 것이다. 행복은 이 자극을 통한 변화에서 오기 때문이다.

아우라가, 벤야민의 정의대로, "멀리 있는 것의 순간적 다가옴"이라고 한다면, 이것은 행복의 이미지와 크게 다르지 않을지도 모른다. 그것은 가까운 것과 먼 것, 지금 여기 있는 나(주체)와 저기 저 곳에 있는 너(객체/타자) 사이의 가슴 두근거리는 만남이다. 그것은 이질적인 항목 사이의 교제이고 삼투이며 융합이자 지양이다. 삶의 행복은 여기의 내가 나 자신의 고유성 속에서 이 개별적 고유성을 넘어설 때, 그래서 타자의 일반성과 만날 때, 그리하여 결국 이 만남을 통해 주체의 협소한 영역을 부단히 교정하고 확장시켜나갈 때 생겨난다. 내면적·비의적 차원이 외면적·공적 차원으로 고양되면서 감각과 사고는 점차적으로 객관화되는 것이다. 이렇게 객관화된 감정에는 사고/논리/이성이 이미 어느 정도 작용한다. 결국 행복이란 주관의 객관화에서 오고, 이 객관화로부터 이뤄지는 주체의 자기쇄신적 경험에 다름 아니다.

예술의 경험이 결국 행복의 경험이라면, 이 경험은 주체의 객관화로부터 온다. 그것은 예술가가 만든 작품에서 이 작품에 묘사된 현실과 만나는 일이고, 이 만남에서 주체는 지금까지와는 다른 면모를 발견하게 된다. 주체는 객체와의 만남 속에서 기존의 자신을 벗어나 더 넓은 자아, 즉 다른 자기와 다른 현실을 향해 나아간다. 이 같은 진전은 전全인격적으로 일어난다.

감각에서 이뤄지는 것이 '심화'라고 한다면, 사고에서 일어나는 것은 '확대'다. 감각적 심화와 사고적 확장 속에서 예술은 기성의 논리체계에 포섭될 수 없는 근원적 욕구들, 즉 연대적 공존에 대한 열망이나 삶의 기쁨 그리고 자연과의 유대를 암시한다. 이것은 기술적·경제적 합리성이 포착하지 못하는 욕구들이고, 합목적적 정언명령 아래 억눌려온 욕구들이다. 이 익명의 욕구들을 경험하면서 주체는 보편적으로 변형된다. 행복은 깊은 감각과 넓은 사고의 자발적 경험에서 온다. 벤야민은 이 욕구들에 대하여 좀더 긍정적이고 개방적으로 접근하고자 했던 것 같다. 그러면서 내밀한 욕구의 사회적 변용가능성을 고민했던 것 같다. 그는 작품의 개인적 수용방식 이상으로 집단적 수용방식에 더 강한 관심을 가졌기 때문이다.

벤야민은 조용하게 책을 읽거나 명상적으로 듣는 것보다는—이것 또한 중요하지만—여러 명이 모여 함께 감상하는 장르, 이를테면 연극이나 영화나 라디오에 큰 관심을 가졌다. 집단적 경험에서 주체는 객체로 고양되고, 이 고양에서 '세속적 빛'의 행복한 계기가 주어진다고 여겼기 때문이다. 그러나 잊지 말아야 할 사실은, 다시 한 번 강조하건대, 그는 여전히 내밀하고도 미시적인 감각의 경험, 즉 뉘앙스 풍부한 세부를 중시했다. 세부충실은 진리의 출발점인 까닭이다. 행복은 이 세부의 뉘앙스 풍부한 경험에서부터 시작하기 때문이다. 그는 경험세계의 미시적 분석가였고, 이 경험세계로부터 미래의 암호를 읽어내려 한 알레고리 해석자였다. 그에게 외면해도 좋을 경험현실이나 읽지 않아도 될 현실의 비밀은 없었다. 인간세계는 그 무엇이나 두루 읽고 경험하고 관찰하며 해독해내야 할, 알 수 없는 암호이자 광대한 기호였다.

그러나 한 걸음 물러나자. 이 모든 것을 인정한다고 해도, 자본주의 체제 하의 글쓰기는 여러 가지로 착잡한 관계 아래 있다. 그것은 벤야민의 보들레르론이 보여주듯이 극도의 모순을 지닌다. 시인은, 적어도 현대사회에서의 그는, 시장과 상품의 요구를 무시할 수 없다. 마치 창녀가 고객의 요구에 몸을 맡기듯이, 그는 영혼의 육체인 작품을 대중의 수요에 맞게 버무려내야 한다. 그렇다는 것은 창녀나 시인이 오늘의 세계에서 살아가는 방식이 적어도 둘다 '자기를 내다 판다'는 점에서는 크게 다르지 않음을 뜻한다. 그렇다면 이 모순된 세계에서 해방과 진보와 계몽을 말한다는 것은 무슨 의미인가? 행복이란 과연 무엇인가? 이것은 어려운 문제가 아닐 수 없다. 아마도 진리는 오직 부정적으로나 소극적으로 진술될 수 있는지도 모른다.

기억과 기록, 표현의 예술적 길도 이 부정적·소극적 방식의 하나일 것이다. 그것은 시간의 연속성, 즉 언제나 동일한 것의 자연사적 연속성을 끊어준다. 아니다. 더 소박하게 말하여, 그것은 어떤 의미 있는 것을 통해 오늘의 삶을 그나마 '덜 공허하게' 만든다고 말할 수 있을지도 모른다. 과거의 잠재력을 불러낼 때, 우리의 삶은 좀더 견딜 만하게 되지 않는가? 또는 스스로 어느 정도 견뎌가고 있지 않은가? 그런 점에서 표현은 일종의 '해석적 실천'이라고 말할 수도 있다. 표현이 감각과 사유와 형식부여로 이뤄진다면, 표현활동은 그것이 다가올 참여를 예비케 한다는 점에서 정치적이고, 이 참여를 통해 실천을 장려한다는 점에서 윤리적이다. 표현은 그 자체로 윤리적 표현행동인 것이다.

그러므로 참된 표현에서 정치적 참여와 윤리적 실천은 하나로 만난다. 이것은 새로운 출발점이 될 수 있다. 이것을 위해 글은 쓰이고, 이렇게 적힌 글을 우리가 다시 읽는다. 패배한 것, 잊혀지고 포기되며 좌절된 것에 대한 기억과 미시적 표현은 절실하다. 필요한 것은 승리와 성취의 역사적 기념비가 아니라 미비와 결핍의 현실적 재발견이다.

6. 가스마스크와 수고

철학사-사상사-미학사-문예사-예술사를 구성하는 작품은 처음부터 불변의 것으로 자리하는 것이 아니다. 그것은 끊임없이 해석되고 해체되며 또다시 구성된다. 그러는 사이에 그것은, 마치 인간처럼, 해석의 수용사적 부침淨沈을 겪는다.

이때 잊혀지거나 제쳐져서 주목받지 못하는 작품들도 생긴다. 그러면서 어떤 것은 새롭게 조명되고, 어떤 것은 기존과는 다르게 평가된다. 책도 망각과 기억, 상실과 회복, 변형의 역사를 겪는다. 그러나 이런 변화와는 별도로 묻혀 있는 작품들도 있다. 그러니 좀더 넓게 수용의 역사에서 다뤄지는 글이란 참으로 미미하다. 쓰이고 그려진 모든 기록물, 지어지고 불러진 문화적 업적들은 우리가 불러내는 만큼, 불러내어 오늘의 에너지로 만드는 만큼 다시 살아난다. 폐허의 자연사는 기억과 기록의 매우 드문 요청 속에서 비로소 새 생명을 얻는다. 벤야민의 경우도 마찬가지다.

지금까지 필자는 벤야민의 역사이해를 다섯 개의 술어 아래 스케치해보았다. 그것은 그의 주요개념을 간략하게 설명하고 요약하기보다는 이 개념이 지닌 다른 개념과의 관계 속에서, 또 그가 배우고 의존했던 작가나 저작과의 연속성 아래에서 보여주고자 했다. 사안에 대한 일목요연한 소개가 아니라, 밤하늘의 별자리처럼 점점이 흩어져 있고 불규칙적으로 산포된 그 전체의 얼개를 드러내고자 했다. 다시 말해 필자가 선택한 방법은 규칙성 속에서 불규칙성을 암시하고, 체계를 통해 체계를 넘어서는 방식이라고 할 수 있다. 벤야민에게 논리가 있다면 그것은 '흩어지는 논리'이고, 체계가 있다면 그것은 '숨은 체계'에 가깝다. 다시 말해 벤야민은 비체계적 체계의 사유방법을 지닌다.[30]

비체계적 체계의 사유법이란 무엇인가? 벤야민의 문제의식과 방법론 그리고 그 스펙트럼을 살펴볼 때마다 한결같이 내게 밀려든 것은, 이것이 그 자체로 중요한 것이면서도 그의 삶, 다시 말해 망명 속에서 자살로 마감되어야 했던 불우한 현실을 고려하자면, 오독誤讀이자 객설客說은 아닌가 하는 자괴감이다. 그래서 그가 처했던 생생한 나날의 처지로 돌아가 다시 살피게 된다. 작가 잘H. Sahl은 죽던 해의 벤야민을 이렇게 회상한 적이 있다.

"그(벤야민)와 내가 철조망 옆에 서서 그 바깥에서 풀을 뜯던 양들을 바라보던 어느 날, 그는 내게 말했다. '언제 다시 한 번 카페테라스에 앉아 빈둥거리며 지내는 것, 그것이 내가 아직도

---

30) 벤야민의 이러한 사유법을 나는 다른 곳에서 '별자리적 사유'(konstellatives Denken/Denken in Konstellation) 또는 '짜임관계적 사유'라고 지칭한 바 있다. 문광훈, 『아도르노와 김우창의 예술문화론』, 한길사, 2006, 114쪽 이하.

> **❝**벤야민은 내밀하고도 미시적인 감각의 경험 —
> 뉘앙스 풍부한 세부를 중시했다. 세부충실은 진리의
> 출발점인 까닭이다. 행복은 이 세부의 뉘앙스
> 풍부한 경험으로부터 시작하기 때문이다.**❞**

바라는 모든 것일세.' 몇 달 후 잠시 석방되어 그의 파리 집을 내가 방문했을 때, 그는 결코 빈둥거리며 지내지 않았다. 그는 책상가에 앉아 작업하고 있었던 것이다."[31]

잘이 전하는 이때의 벤야민은 1940년 독불전쟁이 일어나기 두어 달 전 프랑스의 한 수용소Stade Colombe에서 만난 때의 모습이다. 잘의 기록에 따르면, 이때 사람들은 씻을 물이 없어 얼굴과 머리카락이 엉겨 붙은 상태였고, 곧이어 옮겨진 성城에서는 맨바닥에서 잠을 자며 지내야 했다. 그러나 이 비참한 포로생활 가운데서도 벤야민은 철학강의를 하곤 했다. 그뿐인가. 심지어 그 수용소 안에서 문학잡지를 발간하려고 몇몇이 모여 '일주일에 두 번이나' 편집회의를 열었다고 전해진다. 그러나 이렇게 기획했던 책은 그가 곧 석방되었기 때문에 나오지 못한다. 그가 석방되지 않았다고 해도, 그래서 책자가 설령 발간될 수 있었다고 해도, 곧이어 일어난 독일군의 파리 진군 때문에 중단되었을 것이다.

---

31) Hans Sahl, "Walter Benjamin im Lager," *Zur Aktualität Walter Benjamins*, Frankfurt/M., 1972, S. 78.

1940년 6월 중순 독일군이 파리를 점령하기 전에 벤야민은 이 도시를 떠난다. 모스크바의 어느 잡지에 낸 글 때문에 그는 그 전해에 독일국적을 상실했고, 아무런 국적이 없기에 독일군이 아직 닿지 않은 프랑스 남부로 거처를 옮긴다. 루르드에 머물 당시 그는 마르세유 영사관의 확인을 받기 위해 답신요금까지 첨부하여 전보를 보냈지만, 답장을 받지 못한다. 아마도 이 우편료는 며칠분의 빵값을 줄여 마련했을 것이다. 그는 8월에 마르세유에 도착하여 스페인과 포르투갈을 통과할 수 있는 비자를 얻는 데 성공한다. 이 무렵 그는 미국에 있던 동료 호르크하이머나 아도르노, 아렌트의 도움으로 마침내 미국비자도 얻는다. 그러나 정작 프랑스 출국비자는 받지 못한다. 그것은, 언제든 게슈타포에게 체포되면 그가 즉각 독일로, 그래서 가스수용소로 끌려갈 수 있음을 뜻했다.

이렇게 마을에서 마을로 옮겨 다니고 도시에서 도시로 피신해 갈 때, 벤야민은 매일 매 순간 굶주림 속에서 생명의 위협을 느꼈을 것이다. 그러나 이 생명의 위협보다 그가 더 염려했던 것은 손으로 쓴 원고手稿였다. 죽기 4개월 전 파리에서 탈고했던 「역사의 개념에 대하여」는 사후에 가까스로 출간되었고, 『아케이드 저작』은 미완성인 채로 그가 파리를 떠나기 직전 친구 바타유G. Bataille에게 맡겨둔다. 그는 이 모든 파국을 예상했지만, 그 어떤 것에도 대비할 수 없었다. 원고의 상실보다 더 위험했던 것은 물론 자신의 목숨이었다. 파리를 떠나면서 그가 챙겨온 것은 오직 세 가지, 즉 가스마스크와 세면도구, 몇 편의 알려지지 않은 글이었다. 그는 1940년 9월 26일 마침내 피레네 산맥을 넘지만, 스페인 쪽 국경선이 있는 포르 부에서 스스로 목숨을 끊는다.

자, 다시 묻자. 벤야민의 글을 우리는 어떻게 읽을 것인가? 그의 글은 내게 시대의 이 참혹한 모순을 담고 있는 기록물이고, 이 모순에 저항한 한 고결한 양심의 모순된 결과물처럼 보인다. 그는 시대와 비평, 현실과 글쓰기 영역에서 그 어느 쪽에서도 인정받지 못했고, 그 어디에서도 안정을 찾지 못했다. 생활고에 쫓기듯이 정치현실에 위협받았고, 기성학계에 환멸을 느꼈듯이 이념의 세계에서도 동의할 만한 지표를 찾기 어려웠다. 그래서 자기자신이 수긍할 만한 가치체계를 스스로 세워가야만 했다. 그는 변증법적 유물론이야말로 자기가 의존할 수 있는 강력한 세계관이라고 여겼지만, 그 세부는 기존과는 전혀 다르게 정초되어야 한다고 느꼈다. 이렇게 해서 나온 것이 해체구성의 방법론이고 사유이미지적 글쓰기며, 인용과 몽타주의 적극적 응용이라고 할 수 있다. 단절의 역사관이나 언어신학, 물화된 문화관에 대한 반기도 여기서 나온다.

벤야민의 글에서 많은 것은 서로를 비춘다. 이 상호조응은 유사한 것들 사이에서도 일어나지만, 때로는 대립되는 것에서도 보인다. 언어가 침묵을 비추듯이 파국은 유토피아를 비추고, 자유가 질곡을 비추듯이 경험은 형이상학을 비춘다. 그렇듯이 재앙은 구원과 만나고, 신화는 진리와 만난다. 그러면서 이 모든 이질적인 요소는 하나의 거대한 의미의 건축물을 이루고, 이 사유의 건축물을 그림과 텍스트, 이미지와 언어가 뒤섞이면서 지탱한다.

대립적이고 상충되는 것들은 벤야민 글이 갖는 내밀한 논리 속에서, 이 논리의 이어지는 리듬 속에서, 이 리듬이 만들어내는 의미론적 파장 속에서 반드시 모순적인 것은 아니다. 이 둘은 서로 만나고 새 의미를 만들어내면서 어울린다. 그리고 이 어울림 속에서 그것은 사유의 이미지적 구조, 즉 상상력의 조형성에 참여한다. 그의 글에서 우리가 대상을 분석하는 것만큼이나 꿈결처럼 떠올리고, 진단하는 것 이상으로 어떤 분위기로 느끼게 되는 것은 그 때문일 것이다. 이것이 알레고리적 혼융이자 치환의 방식인지도 모른다.

이율배반은 이미 서론에서 언급했듯이 다양한 주제와 분야, 관심 영역에서 출발한 벤야민의 성찰이 수렴되는 하나의 소실점으로 여겨진다. 삶의 이율배반은 역사의 것이기도 하면서, 이 역사를 해석하고 이 역사 속에서 행동하는 주체 자신의 성격이기도 하다. 단지 차이점이 있다면 현실의 이율배반이 상품의 물신성으로 인해 역사의 진정한 범주를 은폐시키는 데 기여한다면, 그의 이율배반은 사물화의 범주적 왜곡을 드러내고 밝히며 교정하고자 한다는 데 있는 것 같다. 교정은 어떻게 이뤄지는가? 그것은 모순되는 여러 항이 지양될 때, 그래서 그 차별이 단순히 제거되기보다는 줄어들면서 유보될 때 이뤄진다. 이 지양을 그는 이론이나 구상이 아닌 현실의 경험 속에서 도모하고자 했다. 이론과 실천의 관계를 재정의하도록 그에게 요구하는 것은 다름 아닌 현실이었다. 바로 이 점이 중요하다. 현실의 지양을 경험하는 순간에 변증법적 이미지는 나타난다.

모순-이율배반-역설-아포리아가 해명과 교정의 에너지라면, 그것은 더 이상 부정적인 것이 아니다. 벤야민의 모순들은 모순이라기보다는 갱신의 추동력, 즉 삶을 지탱하고 구성하면서 주체로 하여금 나아가게 한다. 이 진전의 에너지 때문에 대립적 요소들은 밀접하게 교류한다. 따라서 그것은 양자택일적으로 논의될 수 없다.

벤야민은 사상과 비평의 역사에서 유례없는 방식으로, 말하자면 맹목과 구원, 경험과 초월, 폭력과 화해를 분리하기 어려울 정도로 상호교직시키면서 대안적 가능성을 조직하고자 했다. 이렇게 조직하면서 그는 동화되지 않고 남아 있는 것들, 즉 무가치하고 이질적이며 약한 것들의 편에 서고자 했다. 그래서 그의 글에는 한없이 낮은 곳에 처하려는 이런 몸짓이 어떤 열망의 이미지로서 곳곳에 짙게 녹아 있다. 그러나 계몽과 신비, 이성과 형이상학을 하나로 이으려는 벤야민의 노력은 성공하기보다는 실패할 확률이 높다. 역사의 폐허에서 갱생의 기념비를 세우려 했던 벤야민의 궤적도 역사의 작은 삽화가 될 것이기 때문이다.

살아 있는 것들이 돌처럼 변하고, 역사가 잔해로 부서져가는 사이에 우리가 지금 앉아 있는 의자와 책상도 무너져내리고, 이 책상가의 벽면도 금이 갈 것이다. 현실의 항구적 승리자는 자연이지 인간이 아니다. 만약 인간이 승리자라면, 그는 권력자이거나 금력가다. 그러나 이 힘 있는 자들도 소리 소문 없는 자연과 시간의 위력 앞에서 끝끝내 좌초될 것이다. 결국 남는 것은 자연의 침묵과 여운, 그 무의미한 무한의 궤적일 것이다.

인간 승리의 짧음과 자연의 장구한 지속을 떠올리자면, 우리의 마음이 편할 수 없다. 그러니 벤야민의 성찰적 궤적을 좇아가는 일도 가볍지 않다. 그가 적었듯이, 우리의 경험이 낡은 것의 새로운 출현이라면, 그것은 '영원한 천벌'일 수도 있다. 모순에 항거하는 사람의 노력이 모순을 피할 수는 없을 것이다. 삶은 불가항력적 모순 속에서 불필요한 모순을 조금씩, 눈에 띄지 않을 정도로 아주 조금씩 줄여가는 일인지도 모른다. 우리는 그의 전언을 어떤 식으로든, 그가 전통에 거슬러 행했듯이, 우리 나름으로 지금 여기에서 읽어내야 한다. 그리하여 나는 다시 묻는다. 오늘의 벤야민은 어떤 현재적 의미를 지니는가? 나는 지금 역사의 전사前史와 후사後史를 떠올린다. 지금 현재란 아직 오지 않은 것의 전사이고 이미 가버린 것의 후사가 될 것이다. 지금까지 이러했다면, 앞으로의 미래는 어떠해야 하는가? 폐허의 기념비가 또 다른 잔해로 변모한다고 해도, 이 폐허를 발굴하고 기억하면서 이 기억으로부터 의미를 만들어내려는 노력이 무의미한 것만은 아닐 것이다.

계층 간의 갈등이 누그러지고, 사람의 관계가 조금씩 이해되는 것, 그래서 미움을 줄이고 독단을 삼가는 것. 성취보다는 과오에 유의하고, 이뤄진 것에 자족하기보다 이뤄지지 못한 것을 겸허하게 둘러보는 일. 동일과 반복의 물신적 강제를 넘어 삶의 원래 풍경Urlandschaft과 근원역사Urgeschichte를 부단히 떠올리는 일…… 유토피아의 이미지를 저기 저곳이 아니라 지금 여기의 이곳에서 조금씩 확인하는 일이 과연 실현될 수 있을까. 이것이 미망迷妄이고 허위의식이 아니 되는, 인간의, 모든 살아 있는, 아니 모든 존재하는 것을 위한 길은 정녕 있을까? 간단치 않다.

더 나은 삶에 대한 위태로운 희망과 이 희망의 부질없음에도 불구하고 포기할 수 없는 좀더 높은 진선미의 길을 희구하는 한 우리는 벤야민을 계속 읽어야 한다. 그러나 이런 절규마저 진리가 아니라 조각난 부스러기가 될 수 있음을 잊지 않을 때, 바로 그때 비로소 우리는 그를 잘못 읽는 것이 아니게 될 것이다.

제3장

자본주의적 반복강제: 오늘의 상품소비사회

우리 세대의 경험은 자본주의가

결코 자연사하지는 않을 것이라는 점이다.

■ 벤야민, Bd. V/2

1. 유쾌한 신상품

현대 자본주의 사회를 여러 각도와 관점에서 진단할 수 있지만, 간단히 두 가지 모순된 성격으로 특징지을 수도 있다. 그 하나는 매력이고, 다른 하나는 환멸이다. 이것은 특히 물건/상품의 대량 생산과 소비에서 잘 경험된다.

물건을 사기 위해 외출하고, 진열대와 진열대 사이를 거닐면서 신상품을 구경하는 즐거움은 오늘의 삶에서 작은 것일 수 없다. 거기에는 상품에 대한 구매욕도 있겠지만, 새것에 대한 막연한 호기심도 자리한다. 기분전환 삼아 나선 길일 수도 있다. 울적하거나 기분이 안 좋을 때 무조건 시장이나 마트나 백화점으로 달려가는 사람들이 많다. 이른바 '쇼핑족'이다. 이 순례에는 충동구매 외에도 사람을 구경하거나, 공간의 이동에 따른 분위기를 새롭게 느껴보려는 욕구도 있다. 더 근본적으로는 도시 나름의 활력을 공유하고픈 은밀한 요구도 있다. 이 모든 것이 모여 현대사회의 생기, 말하자면 대도시 특유의 소란과 번잡함을 이룬다.

그런데 상품의 생산과 구입, 소비를 둘러싼 즐거움에는, 단순한 즐거움으로 해소될 수 없는 좀더 복잡한 배경이 있다. 가령 우리는 구매한 물건을 적절하게 사용하는가? 그것은 생활에 정말 필요한 것인가? 또 그것은 내가 사용하는 만큼 다른 사람들에게도 골고루 배분되고 있는가? 이렇게 물으면, 그 답변이 시원스러운 것은 아니다. 사회적 사용에서 그러하듯이, 개인적 사용에서도 물건의 구매와 사용이 바람직한 방식으로 이뤄진다고 말하기 어렵다. 이 불균등성은 다음 같은 질문들 앞에서는 좀더 가중된다. 즉 나는 스스로 원하여, 무엇보다 이 욕구를 스스로 제어하면서 물건을 소비하는가? 우리의 사회질서는 상품에 따라 휘둘리는 것이 아니라 상품의 생산과 소비를 제어하는, 그래서 내적 욕구에 따라 각자가 자발적으로 상품을 사용하도록 '건전하게 구조화되어' 있는가? 이것은 불편한 물음이다. 그 답변이 그리 긍정적이지 않기 때문이다.

상품이 새것인 것은 구입할 때다. 이렇게 구입한 것은 사용기간이 지남에 따라, 또 구입자의 감각이 둔해짐에 따라 이전의 신선함을 잃는다. 그것은 닳고 낡으면서 헌것으로 변질된다. 또는 낡기도 전에 신상품이 시장에 출하되고, 이 신상품을 다시 확인하게 되면, 지금껏 잘 사용하던 것이 어느 순간 구차하게 느껴진다. 여태껏 아무런 문제없다고 여겨왔는데, 하루아침에, 그러니까 신상

> **“**상품소비에서 나타나는 욕망의 피동화는
> 의식과 무의식의 차원에 한정되지 않는다.
> 조작된 욕망은 구매자의 삶 전체를 사물화한다.
> 소외란 이 사물화에 대한 인간관계적·사회적 이름이다.**”**

품의 광고를 본 순간 갑자기 구닥다리로 느껴지고, 심지어 귀찮고 성가시게 여겨지는 것이다. 그러니까 상품의 구매욕은, 또 구매에 필요한 감각적인 신선함은 한 상품의 구입시기와 그다음 상품의 출하시기 사이에만 유효하다고 말해야 할지도 모른다. 아니면 신상품의 판매시기와 다음 상품의 진열시기 사이에 놓인 것인지도 모른다. 그렇다면 매번 생겨나는 구입자의 욕구는 그리 순정한 것이라고 말하기 어렵다. 자발적인 욕구가 아니라 시장에서 부과된, 광고와 선전에 의해 촉발된 인위적인 욕구이기 때문이다.

오늘날의 시장사회에서 욕망은 내가 스스로 원해서 가지는 것이 아니라, 상품의 출하-유통-판매-광고의 시기와 깊게 맞물려 있다. 그것은 구체적으로 말하여, 기업의 판매전략이나 홍보전략에 좌우된다. 그렇다면 이 욕망은 내 스스로 만든 것이 아니라 외부에서 주어진 것이고, 따라서 강제된 욕망이다. 상품사회에서의 인간 욕망은 조작된 욕망에 가깝다. 구매자의 욕구는 외부의 기획으로 짜여지고, 이렇게 짜인 피동적인 조건은, 이 상태가 지속되다 보면, 어느 시점부터 더 이상 의식되지 않는다. 그리하여 구매자는 자기욕구가 자발적인 것인지 묻기보다는 주어지는 대로 따르고, 이렇게 따르는 피동적인 상태를 자연스런 것처럼 간주한다.

그는 이 주어진 강제조건을 당연한 것으로 내면화하면서 살아가게 된다. 그러니까 의지나 의식 같은 각성된 상태뿐만 아니라, 욕망이라는 가장 내밀한 충동마저 선전과 광고와 유행의 전략적 흐름에 휘둘리게 된다. 환멸은 이 피동적 삶의 전체를 자각할 때 생겨난다.

상품소비에서 나타나는 욕망의 피동화는 그러나 의식과 무의식의 차원에 한정되지 않는다. 조작된 욕망은 이렇게 휘둘리는 구매자의 삶 전체를 사물화Verdinglichung한다. 소외란 이 사물화에 대한 인간관계적·사회적 이름이다. 의식과 무의식에서 자발성도 없이 살아가는 주체는 자기 삶의 전체를 마치 물건처럼 여기게 되고, 그래서 스스로 만들어가는 것이 아니라 이미 만들어진 틀 안에서 쾌적하게 영위한다. 여기에는 생명의 환희나 책임의식, 독립적 의지나 윤리적 실천이 없다. 그래서 그는 자기가 사는 사회에 대해 무감각하고, 그 현실에 무지하며, 자연에 대해 둔감하다. 그저 주어진 대로 살아갈 뿐이고, 해왔던 대로 행할 뿐이기 때문이다. 여기서는 아무런 생각도 더하지 않는 것처럼, 아무런 느낌도 새롭게 일어나지 않는다. 아니, 이 감각과 사고의 뿌리마저 지우고, 나아가 이렇게 지웠다는 사실조차 의식하지 못한 채 사물화된 인간은 살아간다. 그야말로 한 마리의 야수로서 화석화된 삶을 살아가는 것이다.

현대적 삶의 사물화된 형태에는 인간의 자발적 의지를 박탈하고 주체의식을 마비시키는 요소가 분명 들어 있다. 현대 자본주의의 운영체계 안에는, 마르크스가 '상품물신화'라는 말로 지적했듯이 물건을 신성시하는 초자연적이고 신화적인 뿌리가 박혀 있다.

그것은 철저하게 맹목적이다.

맹목성은 물건의 우상화/절대화/신비화/신화화에서 온다. 신화적 요소는 사회에서 생산되는 물건 자체의 것이라기보다는 이 물건을 이용하고 소비하는 주체의 비주체적인 태도에 있다. 주체는 자기의 삶을 주인으로서 '부리는' 것이 아니라, 마치 타자가 조정하는 것처럼 '부려지는' 삶을 산다. 그래서 그는 자기 삶에서조차 타인이 되는 것이다. 그러므로 상품의 물신화는 주체의 타성화이고 삶의 사물화다. 이 모든 물신화-타성화-사물화가 세계의 소외를 야기한다. 삶의 이 소외현상은, 그것이 보편적으로 실현되는 것인 만큼 상품의 유통과 소비에서 가장 잘 나타나지만, 패션과 유행과 선전과 광고에서도 나타나고, 도시의 건물과 그 양식, 거리와 골목과 여가와 놀이에서도 나타난다. 그리고 마침내 이 모든 것을 표현하는 문학과 예술의 작품에도 반영된다.

그렇다면 삶의 전반적인 사물화는 역사적으로 언제부터 시작되었는가? 벤야민의 『아케이드 저작』이 던진 물음의 중심에는 바로 이것이 있다.

2. 1800년대 파리: 현대성의 시초

현대 자본주의 사회와 이 사회를 추동하는 상품물신화 경향은 오늘날에 와서 일반화되었지만, 이것이 역사상 처음으로 사회전체적 현상이 되었던 시기는 19세기였다. 1800년대, 특히 1850년을 전후한 시기는 산업화와 기술화가 그 이전과는 전혀 다른 차원에서 확산되고 있었고, 새로운 문화형식과 장르가 선보이기 시작했다.

대중문화에서 패션과 광고와 팸플릿이 등장했듯이, 문학에서는 보들레르의 『악의 꽃』 같은 부르주아 예술관을 뒤엎는 '악마 같은' 시집이 나오기 시작했다. 어디 그뿐인가. 그 옆에는 그랑빌의 사회풍자화나 발자크H.Balzac의 사회고발소설도 자리했다. 기술의 발달로 예술분야에서는 사진술이 등장했고, 교통분야에서는 가스등이 설치되고 철도가 부설되었다. 특히 철도는 '조립가능한 부품들'─이것 자체가 현대성의 확실한 표지이지 않는가?─로 이뤄진 근대 산업기술의 혁신상품이었다. 건축분야에서 등장하기 시작한 아케이드 상가나 아케이드가 발전한 형태인 백화점, 기차역이나 기념비가 있는 광장은 대다수 사람이 모여드는 그 이전에는 볼 수 없던 공적 공간으로 자리하게 되었다. 이 드넓게 트인 광장에서 무정형의 다수는 과거처럼 흩어져 있는 것이 아니라 정형화된 다수로 변모한다. '대중'은 이렇게 생겨난 다수를 뜻한다. 노동자 봉기는 불특정 다수의 이 같은 대중이 하나의 문제의식 아래 결집될 때 나타나는 근대적인 정치현상이다.

새 사회경제적·기술적·정치적 배경 아래 등장하는 새 문화형식들은 기존의 가치체계, 즉 규범이나 정전正典을 의문시하면서 스스로 독자적인 존재권리를 주장하기 시작한다. 그것은 지배문화의 공식적인 범주틀이 반드시 지배적이어야 하는 것은 아니며, 자신들의 목소리도 또 하나의 정당한 표현으로서 공식문화의 일원이 될 자격이 있음을 보여준다. 기존 정전의 탈정전화는 이렇게 생겨난다. 지금까지 외면되거나 무시되어온 많은 사실이 새 작품과 표현과 언어의 옷을 걸친 채 새로운 위상을 얻게 되는 것이다.

이것은 문화적 의미론의 재조직, 즉 가치의 위상학적 재정렬을 뜻한다. 실내와 실외의 구분을 지워버리는 아케이드 건물양식, 구독자도 '독자란'을 통해 또 다른 필자로 참여할 수 있게 된 일간지, 개인이 광고판으로 등장하는 샌드위치맨sandwichman, 또는 자신의 몸을 구매가능한 상품으로 내놓은 창녀 등은 모두 근대적 삶의 이런 가치론적 급변을 보여주는 예들이다.

이러한 변화는 긍정적 측면 이상으로 부정적 결과를 야기한다. 산업화 이후 근대사회는 기술의 진전에 힘입어 '진보'와 '발전'을 선전했지만, 이것이 모든 사람이나 모든 사회에서 정말 그러했는지 물어보아야 한다. 그 답변은, 전체적으로 보면, 오히려 부정적이다. 사회의 진보는 이전보다 교묘하게 작동하는 조종과 억압의 장치들을 수반했고, 발전은 대개 특정계층의 희생이나 일정지역의 낙후를 동반했기 때문이다. 그리고 이 불평등은 경제적 차원에 국한된 것이 아니었다. 그것은 사회정치적 차원에서도 실현되었고, 정신적·문화적·이데올로기적 차원에서도 광범위하게 진행되었다.

앞에서 언급했던 사물화란 이 광범위한 폐해와 관계한다. 그리하여 근대적 진보와 발전의 대가는 그것이 역사의 병리학이 될 만큼 혹독한 것이었다. 벤야민의 『아케이드 저작』은 바로 이런 문제, 즉 상품물신주의의 여러 모티프가 사회문화적·정신적 산물 속에 어떻게 표현되어 나타나는지를 추적한 역작力作이다.

벤야민은 상품이 사물적 존재로부터 자립적 존재인 듯한 모습으로 변모되어가는 과정을 '판타스마고리Phantasmagorie, 마술환등, 허깨비의 과정'이라고 불렀다. 원래 판타스마고리란 1800년대 파리

에서 대중 사이에 인기 있던 마술환등쇼를 지칭하는 용어였다. 그
당시 사람들은 이 마술환등쇼를 통해 프랑스 혁명과 이 혁명 후에
죽은 사람들의 악령을 불러냄으로써, 어떤 유토피아적 가능성을
일깨우고자 했다.[1] 이런 허깨비적 상황은 단순히 마술환등쇼에
한정된 것이 아니었다. 그 의미는 사회현실의 유령적인 성격을 지
칭하는 데로 확대된다. 일반화된 삶의 환등상은 무엇보다 상품의
사물화에서 온다. 이런 정황은 벤야민이 인용한 륄레O. Rühle의 글
에서 가장 선명하게 나타나는 것 같다. 이 대목은 좀 길지만 전부
읽어볼 필요가 있다.

---

1) Margaret Cohen, "Benjamin's phantasmagoria: the Arcades Project," David
S. Ferris(ed.), *Walter Benjamin*, Cambridge University Press, 2004, p. 207. 마
술환등쇼에서는 혁명의 영웅이나 악당에서부터 실연한 연인에 이르기까지
다양한 종류의 유령을 선보였고, 이때의 효과는 거울이나 음악, 연기나 목소
리가 동원됨으로써 또는 연극기술적 요소가 첨가됨으로써 강화되었다. 그
이후 마술환등쇼는 사람들 사이에 상당한 성공을 거두었고, 그에 따라 판타
스마고리아라는 용어도 현실의 환각적인 과정을 묘사하는 비유적 의미로 사
용된다. 급기야 마르크스는『자본론』에서 상품물신주의적 현상을 지칭하
기 위해 이 용어를 쓰기에 이른다. 같은 곳 참조.

"상품은 가격표를 붙여 시장에 들어온다. 상품으로서의 소재적 개성이나 특질이 교환의 매력이 될 뿐이다. 상품의 가치를 사회적으로 평가하는 데 상품은 전혀 중요치 않다. 상품은 추상체가 된 것이다. 생산자의 손길을 벗어나 그 실제적 특수성이 제거되면, 상품은 생산물이기를 그치고 인간에게 지배되지도 않는다. 그것은 '유령 같은 대상성'을 획득하여 자신의 독자적 삶을 산다. '상품은 얼핏 보면 당연하고 별것 아닌 물건으로 보인다. 그러나 분석해보면 여러 가지 것이 얽히고설킨 기분 나쁜 것, 다시 말해 형이상학적 억지와 신학적 고집으로 가득 찬 것임이 드러난다.' 그것은 인간의 의지에서 벗어나 비밀에 찬 위계로 들어서서 교환능력을 보여주거나 거절하며, 허깨비 같은 무대 위의 배우로서 자기법칙에 따라 행동한다. 증권현황 보도를 보면, 면화가 '올라가고', 동銅이 '곤두박질치며', 옥수수가 '활황을 이루며', 갈탄이 '침체되고', 밀의 시세가 '오르고', 등유가 '신장세를 보인다'. 사물은 독자적으로 되어 인간의 행동을 보인다…… 사물은 원래 인간 손이 생산한 것이지만, 인간을 지배하는 우상으로 변신한다. 마르크스는 상품의 물신성격에 대해 이렇게 말한다. '상품세계의 이 물신적 성격은 상품을 생산한 노동의 고유한 사회적 성격으로부터 나온 것이다…… 이 상품으로 인해 사물관계의 판타스마고리적 형식을 갖게 되는 것은 인간 자체의 일정한 사회적 관계다."(G5,1)[2]

---

2) Walter Benjamin, "Das Passagenwerk," *GS* V/1, v. R. Tiedemann(Hrsg.), Frankfurt/M., 1982, S. 245.

시장에 나올 때, 상품은 그냥 나오지 않는다. 상표를 달고 가격표를 붙인 채 진열된다. 이때 상품의 가치는 상품 자체에서 오기보다는 그 소재가 어떤 개성을 가졌고 어떤 특질을 지니는가에 따라 결정된다. 그리고 이 개성과 특질이 구매를 자극하는 '매력'이 된다. 그러니까 상품은 구매자의 필요나 물건의 용도 때문이 아니라, 상표나 가격표에 따라 선택되고 소비된다. 물건 자체가 아니라 이름이, 실질이 아니라 명성이 그 물건의 존재이유가 되는 것이다. 이것은 상품이 만들어진 원래 목적(사용가치)을 떠난다는 뜻이고, 그것을 생산하는 인간의 의도에도 벗어난다는 뜻이다. 이것을 륄레는 "유령 같은 대상성"이라고 부른다. "상품은 생산물이기를 그치고 인간에게 지배되지도 않는다. 그것은 '유령 같은 대상성'을 획득하여 자신의 독자적 삶을 산다."

왜 륄레는 상품의 유령적 성격에서 '형이상학적 억지'metaphysischer Spitzfindigkeit와 '신학적 변덕'theologischer Mucken이라는 마르크스의 표현을 끌어들였을까? 왜 마르크스는 상품의 유령적 대상성에서 형이상학적·신학적 요소를 보았던 것일까? 쉽게 단정하기는 어렵다. 그의 어투에는 명료하지 못한 면도 있다. 그러나 이 불명료함은 그의 분석대상인 상품의 성격 자체가 불명료하기 때문이기도 하다.

상품의 유령적 효과는 상품이 원래의 목적인 사용가치를 벗어난 데 있다. 자본주의 사회에서 물건은 사람이 쓰려고 만들어내지만, 상표는 특히 가격은 이렇게 만들어진 물건을 사용의 구체적 대상이 아니라 교환의 추상적 대상으로 변질시킨다. 원래의 실질 가치가 아니라 '매겨진 시장의 가치'가 그 물건을 규정하는 것이다. 이런 가격산정은 철저히 이윤과 수익의 원리에 따른다. 그리하여 상품은 이제 제멋대로 살아간다. 마치 알 수 없는 고집이 뒤섞인 듯이 그것은 쉽게 제어될 수 없다. '형이상학적 억지'와 '신학적 변덕'이라는 표현은 상품의 이 같은 허깨비적 성격을 지칭하기 위해 쓰였을 것이다.

상품의 무차별적 작동에는 형이상학론자에게나 있는 비현실적인 억지가 묻어 있고, 초월적인 것에 포박된 듯한 신학적 고집과 변덕이 있지 않은가? 이런 억지와 고집이 상품에 알게 모르게, 그래서 마치 비밀처럼 묻어 있다고 할 수 있다. 그리하여 상품은 "허깨비 같은 무대 위의 배우로서 자기법칙에 따라 행동한다". 상품의 유령화가 시작되는 것이다. 이것은 상품의 유통과 소비, 경기의 상승과 침체를 보여주는 인격화된 표현들에서 생생하게 확인된다. "증권현황 보도를 보면, 면화가 '올라가고', 동이 '곤두박질치며', 옥수수가 '활황을 이루며', 갈탄이 '침체되고', 밀의 시세가 '오르고', 등유가 '신장세를 보인다'. 사물은 독자적으로 되어 인간의 행동을 보인다 ……"

세상을 지배하는 것은 인간이 아니라 사물이고 상품이다. 상품은 인간의 노동에서 산출되었지만, 이제는 스스로 '또 하나의 사물인간'으로서 인간을 부린다. 인간이 물건처럼 부려질 때, 그의 노동도 의미를 잃는다. 노동도 물건처럼 상품화되고, 나아가 삶의 전체관계가 상품화된다. 상품화란 곧 유령화다. 상품화된 삶은 허깨비를 닮아간다. "인간 자체의 일정한 사회적 관계"가 "사물관계의 판타스마고리적 형식을 갖게 된다."

삶의 사물관계와 사회적 관계가 허깨비처럼 된다는 것은 무슨 뜻인가? 그것은, 벤야민이 썼듯이, 박람회 구경꾼이 기적을 찾아 다니는 종교적 순례자와 같고, 아케이드의 상품은 교회벽감에 놓인 성상처럼 진열되어 있는 데서 잘 나타난다. 이처럼 자본주의 하에 생산되는 많은 것은 사람의 눈을 멀게 하는 거짓휘광, 즉 현혹의 빛을 띠고 있다.[3] 이 거짓 가상에 도취된 채, 오늘날의 사람들은 자신의 내면적 빈곤을 다독이고 그 권태를 위로하면서 살아간다. 이것이 상품의 유령 같은 성질이고, 현대적 삶의 허깨비 같은 구조다.

상품은 인간의 욕망을 새로움으로 충족시켜주는 것 같지만, 이 새로움은 그러나 늘 '반복되는 새로움'일 뿐이다. 그 점에서 새로움은 마취며 환각이다. 그래서 지옥과도 같다. 거짓 새로움이라는 환영幻影 아래 반복되는 끔찍한 상투성이 '발전'과 '진보'라는 현대사회의 문명적 내용을 이룬다. 권태와 우울은 이 상투성에서 나온다. 여기에서 인간 욕망은, 적어도 근원적 형태의 욕망은 은폐되거나 부인된다. 상품은 인간의 욕구를 충족시켜주는 것 이상으로 왜곡하고 기형화하는 것이다.

문제는 상품으로 인한 욕망의 왜곡이 심리적·정서적 구조에 국한되지 않는다는 사실이다. 상품물신화의 심각한 결과는 이미 언급한대로 노동의 왜곡이고, 노동왜곡을 통한 사회관계 일반의 왜곡에 있다. 그 때문에 그 왜곡은 물질적·가시적 차원뿐만 아니라 정신적·비가시적 차원에도 나타난다. 그리하여 정신과 이 정신이

---

3) 자본주의와 이 자본주의 하의 삶이 갖는 종교적·제의적·신학적 성격은 이 책의 제5장「돈과 빛과 죄: 기생자본주의」에서 더 상세하게 논의된다.

> **"상품화란 곧 유령화다.**
> **상품화된 삶은 허깨비를 닮아간다.**
> **"인간 자체의 일정한 사회적 관계"가**
> **"사물관계의 판타스마고리적 형식을 갖게 된다."**

경험에서 길어 올리는 작품 또한 물신화하게 되는 것은 당연하다. 작품의 페티시즘feticism은 이렇게 생겨난다. 『일방통행로』에서 지적한 책의 창녀화, 즉 "책과 매춘부는 침대로 끌어들일 수 있다", "밤을 낮처럼, 낮을 밤처럼 지배하여" "시간을 뒤엉키게 한다"는 언급은 정신이나 시간의 페티시즘에 대한 적절한 은유라고 할 수 있다.[4] 사물만이 아니라 이 사물의 성격을 관찰하고 진단하는 정신마저 자본주의 사회에서는 물신화되는 것이다.

　행동의 자발성이 줄어들고, 의식의 비판성이 훼손되는 것은 이같은 보편적 사물화의 몇 가지 결과다. 인간의 소망이나 사회의 지향은, 흔히 말하듯이, 자율적 개인들의 자유로운 의견교환으로 결정되는 것이 아니라 유행되는 상품의 주기와 이 상품에 대한 고객의 소비취향, 대기업의 판매전략이나 신기술의 개발계획에 맞춰 재편성된다.

　그러므로 현대의 생활세계는 상품의 생산과 유통, 소비의 구조 아래 점차 판타스마고리적 성격, 즉 유령의 모습을 띤다. 인간의

---

4) Walter Benjamin, "Über den Begriff der Geschichte," *GS* I/2, Frankfurt/M., 1974, S. 109.

욕망과 정서와 정신은 이렇게 반복되는 순환강제적 메커니즘에서 벗어나기 어렵다. 아마도 그 때문에 벤야민은 이렇게 썼을 것이다. "'영원한 회귀'는 근원사적·신화적 의식의 '근본'형식이다(그것은 반성되지 않는 바로 그 같은 이유에서 신화적 의식이다)."[5] 이때 '신화적'이란 정확히 말하여 '반복된다'는 뜻이고, 그러니만큼 '반성되지 않는다'는 뜻이기도 하다. 반성되지 않고 반복되기에 그것은 폭력적이고 맹목적이다. 그리하여 상품물신화의 신화적 강제구조 안에서 맹목과 폭력은 거의 항구적으로 되풀이된다.

오늘의 상품세계는 신화적 맹목성·폭력성·순환성을 내장한다. 이렇게 내장된 상품물신화의 구조가 반복강제다. 자본주의적 반복강제는 거칠고 맹목적이며 폭력적이고 천박하다. 이 순환구도에서 벗어난다고 해도, 그것은 아마도 '부분적으로' 또는 '잠시' 가능할 뿐일 것이다. 인간의 역사는 근본적으로 이 상품세계적 저열함을 피하기 어려울 듯하다. 현대사회의 저속성은 상품-수익-이윤으로 강제된 질적 타락과 이 타락의 지칠 줄 모르는 반복성에 있다.

5) Walter Benjamin, "Das Passagenwerk," *a. a. O.*, S. 177.

3. 언제나 똑같은 것의 새로움

유령세계에는 역사가 없다.

■ 벤야민, 『독일 비애극의 원천』

　도시인은 늘 바쁘고, 또 바쁜 것처럼 살아간다. 이 분주함 속에서 그들은 자극을 갈망하고 이 자극에 자신을 기꺼이 노출시킨다. 그러나 이 자극은, 엄격하게 말하여, '주어지는' 것이다. 스스로 원하여 자신에게서 우러나는 것이 아니라, 그의 외부에서 만들어져 부과된 것이다. 이런 외적 자극에 그는 곧 익숙해진다. 그래서 무감각해진다. 그는 매일매일 무엇인가 일어나기를 기대하지만 이 기대가 충족되지 못할 것임을 곧 깨닫는다. 그는 어떤 자극을 원하지만 머지 않아 이 자극에 무뎌지고, 그래서 쉽게 의기소침해진다. 상품에 대해서도 다르지 않다. 처음에는 신상품에 솔깃하지만, 그 흥분은 오래가지 않는다. 마치 발전이나 진보의 이념처럼 도시의 일상은 곧이어 따분해지고 처음의 생기는 빛이 바래간다.

　오늘날의 상품사회란 천국처럼 유쾌한 공간이면서 지옥처럼 괴로운 공간이기도 하다. 자본주의 체제란 또 하나의 자기결박적 세계인 까닭이다. 거기에서 생산되는 많은 것은 마치 세상에 처음 선보이기라도 하는 듯이, 그래서 전혀 새로운 것이라도 되는 것처럼 출현한다. 이런 상품세계에 사람은 쉽게 휘둘린다.

　상품의 진열대 앞을 지나면서 눈은 휘둥그레지고 귀는 소리가 나는 곳으로 움직인다. 백화점에서 현기증을 느끼고 방향감각을 잃게 되는 것은 흔히 일어난다. 상품세계란 마비와 도취의 허깨비 제국이다. 혼돈은 이렇게 나타난다. 이 혼돈은 거듭 강조하면 현대적 삶의 일반적인 특징이지만, 작게 보면 물신화된 상품에서 오고, 크게는 상품처럼 되어버린 대도시 현실에서 온다. 여기서는 살아 있는 육체와 죽은 사물, 유기체와 비유기체, 제1의 자연과 제2의 자연 사이에 큰 차이가 없다. 인간의 육체는, 그랑빌의 풍자화가 보여주듯, 그 자체로 또 하나의 사물상품으로 나타난다. 도시에서 이뤄지는 모든 일에는 이런 환각-유령-허깨비가 들어 있다.

현대인은 단순히 상품을 사용하고 지배하는 존재가 아니다. 그의 상품소비는 그저 상품을 사용하는 데만 그치는 게 아니다. 그의 삶은, 그리고 그 사회적 관계는 상품에 의해 부려지고 조종되며 각인되고 제어된다. 말하자면 현대적 소비활동에서는 전全사회체제의 허깨비화가 일어나는 것이다. 이것을 우리는 아도르노에 기대어, '전적으로 관리되는'durchgorganisiert 현대사회의 집단적 '현혹연관항'Verblendungszusammenhang이라고 부를 수 있을 것이다. 인간 현실의 물질적·제도적 차원뿐만 아니라 지적·의식적·문화적 차원 모두가 총체적으로 사물화된다. 삶의 사물화란, 인간의 경험이 유기적 성격을 벗어난다는 점에서 그렇기도 하지만, 사물이 그 자체의 물성物性이 아닌 껍데기로 전락한다는 점에서 차라리 각질화에 가깝다. 삶의 사물화란 껍데기가 되어버린 삶의 공동화空洞化, 즉 내실없는 삶이다.

이 총체적 사물화/각질화/공동화 아래에서는 어떠한 주체성과 자유의지, 자발적 선택과 책임 있는 결정이 자리하기 어렵다. 사물화에서 모든 것은 마치 새것인 것처럼 항구적으로 되풀이된다. 이것이, 하버마스가 날카롭게 지적했듯이, "자본주의 아래서 관철되는 신화적 반복강제Wiederholungszwang, 즉 새로운 것에서 나타나는 언제나 동일한 것das Immerwiedergleiche am Neuen"의 의미다.[6]

자본주의 상품의 새로움은 영원한 새로움이다. 그러나 이 새로움은 엄밀하게 보자면 전적으로 새로운 것이 아니라 어느 정도의 새로움이다. 더 정확히 말해, 완전한 새로움이 아니라 있어왔던 것의 부분적 변주, 다시 말해 약간의 새로움을 더한 것에 불과하다. 따라서 그것은 새로움을 가장한 옛것이고, 이전 것의 가면이 된다. 그러므로 상품의 새로움은 구태의연한 것의 화장술일 뿐이다. 바로 이것이 아우라가 상실된 현대경험의 본질적 내용, 즉 파편화와 공허, 황량함과 분절화를 규정한다.

현대사회는 근본적으로 진품성과 유일무이성, 진정성과 고유성이 상실되어버린 시공간이다. 그것은 근본적으로 각질화된 무의미의 공간이고 의미증발의 공간이다. 그 경험은 피상적이고 진부하며 케케묵은 것이다. 설사 때로는 새롭게 보일지라도, 이 새로움은 곧 퇴락해갈 운명을 지닌다. 그리하여 새로운 상품은 짧디짧은 새로움과 기나긴 낡음, 거죽의 참신함과 알맹이의 진부함 사이를 부단히 왕래한다. 이것이 현대(성)의 근원사적 성격이다. 유행의 시간은 이 왕래의 부질없는 주기를 일컫는다.

---

6) Jürgen Habermas, "Bewußtmachende oder rettende Kritik die Aktualität Walter Benjamins," *Zur Aktualität Walter Benjamins*, v. S. Unseld(Hrsg.), Frankfurt/M., 1972, S. 189. 벤야민은 보들레르 문학이 "언제나 다시 동일한 것에서의 새로움, 그리고 새로운 것에서의 언제나 다시 동일한 것"을 드러내 보여준다고 적은 바 있다. Walter Benjamin, "Zentralpark," *GS*, I/2, Frankfurt/M., S. 673.

이런 이유에서 자본주의 상품사회는 '신화적'이라고 할 수 있다. 현대성은 깊은 의미에서 신화적이다. 이것은 언제나 동일한 것이 새것의 탈을 쓰고 꿈결처럼 계속되는 모조적이고 아류적이며 노예적인 상황이 바로 지금 세계라는 것을 보여준다. 그래서 그것은 마술환등과도 같은 도취적·마비적 효과를 낸다. 이 세계는 아주 오래전의 세계, 즉 원시적 폭력의 세계와 다르지 않다. 그래서 근대의 역사에서는 태곳적 근원역사가 반복되고 있다. 말하자면 근대성/현대성 자체가 원시적인 것이다.

역사를 근원사의 신화적 반복이라고 한다면, 그것은 '영원한 발전'의 과정이 아니라 끊임없는 타락이나 몰락의 과정이 된다. 이 것을 벤야민은 자연사의 알레고리적 인상학으로 이해했다. 바로 크 시대의 연극무대에서 상연된 것도 이런 주제들이었다. 타락과 소멸의 반복강제에 대한 이 같은 이해는 사실 그의 생각이라기보다는 그가 읽었던 여러 작가와 사상가에게서 원용된 측면이 크다. 니체나 블랑키L.-A. Blanqui, 보들레르가 그 예다. 철학자 니체는 '영원회귀'를 얘기했다는 점에서, 또 급진파 행동주의자 블랑키는 '무한히 반복되는 악마적 우주'를 말했다는 점에서 그의 관심을 끌었다. 이 두 사상가는 모두 진보이데올로기를 탈신화화했다는 점에서 서로 일치한다. 벤야민이 보들레르 문학에 주목한 것은 이 시인이 자본주의의 이 이중적인 구조, 즉 영원히 동일한 것의 새로움을 가장 탁월하게 구현하고 있다고 보았기 때문이다. 보들레르는 현대적 삶의 지옥 같은 반복성과 그 권태를 투시한 최초의 현대 시인이었다.

『아케이드 저작』에 몰두해 있을 때, 벤야민은 '영구혁명'에 전

생애를 바친 블랑키의 글에 특히 열광한 적이 있지만, 동일성의 반복은 단순히 유한한 틀 안에서 일어나는 일이 아니다. 그것은 순환되면서 무한하게 증식한다. 그리고 이 전체는, 마치 지구표면에 남겨진 긁힌 자국처럼, 어떤 무의미를 함의한다. 이 무의미는 너무도 철저한 것이기 때문에, 항구적 반복을 교란하는 힘마저 아무것도 아닌 것처럼 무화시켜버린다. 그렇듯이 현대적 삶의 무의미란 의미를 만드는 노력뿐만 아니라 무의미에 저항하는 일체의 노력마저 소멸시킨다.

그러므로 현대사회의 거주자는 주술에 걸린 것처럼 자본주의적 반복강제에 포박되어 있다. 이들은 매일 사회에서 일어나는 사건들, 즉 상품을 둘러싼 광고와 판매와 소비의 행사와 이 행사에서 유포되는 이런저런 유토피아의 꿈을 함께 나눈다. 거꾸로 말하면, 이 모든 산물에는 지금 사는 사람들이 오래전부터 품어온 집단적 꿈과 욕망이 녹아 있다. 삶의 사건은 언제나 처음처럼 나타나지만, 여기에 새로운 것은 없다. 단지 '새롭게 보일' 뿐이다. 새롭게 보이는 것은 그러나 이미 있어왔던 무수한 것의 반복이다. 그렇다는 것은 우리의 욕망이 완전하게 충족될 수 없음을, 그래서 그것이 무한대의 시간 뒤로 끝없이 유예된다는 사실을 보여준다. 인간의 구원은, 적어도 자본주의 체제에서 그것은 상품의 환각 속에서나 상품을 닮은 모든 의미형식 속에 내장된 것으로 간주된다. 그것은 착각이 아닐 수 없다. 그래서 미망이고 환각이 된다. 자본주의적 구원의 약속은 허깨비 같은 환각 속에 담겨 있는 것이다. 하지만 그것은 반성되지 않기에 중단될 수도 없다.

그러므로 반복강제의 신화적 고리는 다시 검토되어야 한다. 상품사회의 유령적 속박은 뒤흔들리고 깨어지며 풀어 제쳐져야 한다. 왜냐하면 그것은 상품현실의 성격이면서 이 현실을 바라보는 주체의 사물화된 관점, 즉 인간의 물신화된 역사이해이고 문화이해의 결과이기 때문이다. 벤야민의 분석이 의도하는 것은 신화적 반복의 이 물신주의적 마법을 푸는 것이다. 그는 자본주의의 문화형식에 깃든 물질적이고 무의식적인 이미지의 폭력성을 이 이미지의 뿌리까지 파고 들어가 파괴하고 구성하며 다시 조합함으로써 밝혀보고자 한다. 이 점에서 그의 분석은 부르주아 예술에 대한 마르쿠제H. Marcuse의 이데올로기 비판적 입장보다 더 적극적이다. 해체구성의 변증법은, 앞서 언급했듯이, 이때 동원되는 방법론이다. 전래되어온 가치기준들은 주체의 현재적 인식가능성 아래 쇄신되어야 한다. 이 쇄신의 태도 속에서 영원성의 자연사는 현재의 역사에 우선권을 양보한다. 여기서 해체구성은 두 단계로 일어난다.

첫째, 기존역사의 연속성은 우선 중단되어야 한다. 지금까지의 역사와 지식, 문화는 중단 속에서 다시 고찰된다. 중단되지 않는다면 신화적 운명은 지속되는 까닭이다. 운명의 연속성은 정지-중단-단절-간섭 속에서 재편된다. 그러니 벤야민에게 정지는 그 자체로 메시아적이다. 정지하는 가운데 새로운 구성과 이 구성을 통한 출발이 내포되기 때문이다(그래서 그의 변증법은 '정지 속의 변증법'Dialektik im Stillstand으로 불리기도 한다). 이것이 두 번째 단계다. 중단에서 재구성은 이미 시작된다. 공허하고 작위적인 시간은 멈춰지고, 파편화된 경험은 단절 아래 새 가치를 부여받는다. 언제나 동일한 것의 새로움 또는 새로운 것의 늘 동일한 반복은 현재

> **"** 반복강제를 통한 삶의 허깨비화는 오늘날 사회의 근본조건이다. 소비에서 드러나는 욕망의 충족방식이나 형성방식 나아가 행동과 사고의 내용, 심지어 꿈의 지향까지 조건 짓는다. **"**

의 변형가능성 속에서 비판적으로 고찰되고 조직되는 것이다. 이 것은 그 자체로 상품사회적 환등상에 대한 각성의 작업이면서, 이 각성에는 새 시대에 대한 전망이 들어 있다. 그 점에서 그것은 구 원의 신학적 지향을 닮는다.

모든 현재는 '느끼고 생각하는 현재'다. 이 현재에서 나라는 주 체가 깨어 있다면, 그래서 쉼 없는 각성의 순간 아래 있다면, 대상 은 어떤 식으로든 기존과 다르게 독해되고 이해될 수 있다. 새 인 식의 가능성은 이렇게 자라난다. 현재라는 순간에는, 적어도 현재 가 지각주체의 고양된 의식 아래 자리한다면, 변화를 위한 변증법 적 이미지가 녹아 있다. 현재의 반성적 사고에 기대어 우리는 자 연사적 시간의 신화적 연속성을 거스를 수 있다.

이렇듯이 벤야민의 역사이해는 반反진화주의적이다. 그것은 인간의 역사가 단순히 진보하고 발전한다고 선언하는 것이 아 니라, 진화론적 믿음에 자족하는 것이 아니라, 발전과 진보의 시 간관을 인식적 단절 속에서 현재의 변형가능성이라는 것 아래 문제시하는 것이다. 그럼으로써 그것은 진보적 낙관도 또 하나 의 사물화된 의식의 표현일 수 있음을 보여준다. '진보물신주의' Fortschrittsfetischismus에 대한 비판은 여기에서 나온다.

4. 타율적 문명

순수한 소비자는 그러나 순수한 약탈자다.
그것은 논리적으로도 이론적으로도 그렇다.
■벤야민, 「프루스트의 이미지에 대해」, *GS* II/1

판타스마고리, 즉 허깨비의 형상은 현대적 삶의 곳곳을 채운다. 그것은 그저 떠도는 무엇이 아니라, 하나의 환영幻影으로서 생활의 곳곳에 삼투하여 구체적인 경험내용을 이룬다. 이런 문제의식은 『아케이드 저작』에 대한 요약문, 그 가운데 1939년 개요인 「파리―19세기의 수도」 서문에 잘 지적되어 있다.

삶의 허깨비화, 즉 사물화는 상품형식에서 가장 명료하게 드러나지만 그렇다고 경제나 기술, 산업의 분야에 국한되지 않는다. 그것은 벤야민이 적절하게 지적하듯이 "이데올로기적 치환" transposition idéologique을 통해 생활일반의 양식으로 퍼져가고, 이렇게 퍼져나간 생활상의 변모는 감각적이고 지각적인 차원에서도 더 촘촘하게 재생된다. 그리하여 "시장의 환등상"은 실내장식에서 드러나듯이 개인의 느낌에서도 나타나고, 개인의 주관적 정서상태는 "문명 자체의 환등상"으로 발전하며, 이 문명적 환등상은 종국적으로 "환등상의 우주"로까지 뻗어간다.[7] 삶의 일상적이고 감각적이며 지구적이고 우주적인 차원 모두가 허깨비로 변모하는 것이다. 그리하여 상품허깨비는 이제 인간의 지구현실을 뒤덮는다.

---

7) Walter Benjamin, "Das Passagenwerk," *GS* V/1, S. 60f.

벤야민은 이처럼 보편화된 환등상의 관점에서 현대도시와 인간의 성격을 파악하고자 한다. 가령 도시의 거리를 돌아다니는 산보자는 "공간의 환등상"에 몰입하고, 시간도 잊은 채 내기에 빠진 도박꾼은 "시간의 환등상"에 젖어 있다.[8] 이 허깨비적 면모는 상품이 한 줄로 진열되어 있고, 이렇게 진열된 공간이 마치 실내인 것처럼 조성된 곳인 아케이드에서 극단화된다. 여기에서 사람들은 낮과 밤의 구분 없이, 실외의 날씨나 기온에 상관없이 상품의 허영에 빠져들 수 있기 때문이다.

현대인은 자본과 상품이 과시하는 새로운 것들의 미망 속에서 이 미망을 축복인 양 향유하며 살아간다. 모든 새로운 것은 무감각한 개체, 즉 반성 없는 개인을 안락하게 하고, 이 생각 없는 개인들로 구성된 사회를 해방시켜줄 듯하다. 그러나 실제로 나아지는 것은 없다. 그저 있어왔던 것들을 새로운 것처럼 보여주는 환각적인 효과만 조금씩 달라질 뿐이다. 이 효과는 정치경제적·물질적 차원에서뿐만 아니라 지적·정신적·사상적 차원에서도 작동한다. 그래서 그것은 마침내 현대문화의 근본징후가 된다. 새로울 것 없는 것들의 지칠 줄 모르는 반복성과 그 집요한 영원성이 "문화사의 판타스마고리"인 것이다.[9] 그러니 상품사회에서 생각 없는 소비자, 즉 "순수한 소비자"는, 모토에서 인용했듯이, "순수한 약탈자"일 수밖에 없다.

상품세계의 물신적 성격, 그 판타스마고리가 전사회적으로 퍼

---

8) *Ebd.*, S. 57.
9) *Ebd.*, S. 55.

져나가는 과정을 우리는 기구적·제도적·가치론적 차원으로 구분해서 생각할 수 있다. 상품의 생산과 분배, 유통과 소비를 관할하는 정치경제적·사회적 규칙과 체제의 관계망을 제도적 차원이라고 한다면, 소비를 통해 욕구를 충족하고 꿈꾸며 일정한 가치를 지향하는 것은 이데올로기적 차원이 된다. 자본주의적 반복강제의 폐해는, 상품물신주의가 나날의 삶 전체에 삼투되어간다는 것, 그래서 인간의 삶과 그 관계도 유행하는 물건처럼 소모품이 되는 사실에서, 잘 드러난다. 그것은 주체를 이웃과 주변환경으로부터 소외시키듯이 자신에게서도 소외시킨다. 이제 주체는 자기의 주관성을 자유롭게 다스리기 어렵다. 상품사회의 질서는 물질적·정신적 차원에서 삶을 거친 타율성에 방치시켜버린다. 이런 사실은, 주체구성의 인위적 과정을 이데올로기론으로 설명했던 알튀세르 L. Althusser의 관점으로 해석해보면, 좀더 명료하게 드러난다.

지배질서를 재생산하는 중요기제로 '국가'를 지목한 알튀세르는 국가를 '억압적 국가기구'와 '이데올로기적 국가기구'로 나누어 설명한 바 있다. 이 개념구분은 그리 명쾌해 보이지 않지만─왜냐하면 이데올로기적 국가기구에 억압적 요소가 없는 것은 아니기 때문이다─그는 폭력으로 억압하는 앞의 차원(예를 들어 정부나 군대, 경찰과 법원)보다는 사람의 생각이나 가치, 이념이나 감성을 지배하는 뒤의 차원(예를 들어 교육이나 종교, 대중매체나 문학, 스포츠)이 더 효과적으로 작동함을 지적했다. 상품소비사회에서 더 심하게 훼손되는 것은 가치관과 사고, 감성의 체계일 것이다. 감성과 가치의 체계는 거꾸로 자본주의의 상품구조를 다시 강고하게 하고, 그럼으로써 지배질서를 '탈없이' 재생산하는 데 기여한다. 결국 반복강제의 맹목적인 메커니즘은 기구적·제도적 차원에서뿐만이 아니라 가치론적 차원에서도 작동하고, 물리적 차원에서뿐만 아니라 이념적·이데올로기적 차원에서도 작동한다. 반복강제의 타율성이 전사회적이고 전체제적으로 인간의 삶을 옥죄면서 꿈과 가치, 심지어 각자의 주체성마저 몇 개의 도식틀로 주형시키는 것이다.

반복강제를 통한 삶의 허깨비화는 오늘날 사회의 근본조건이다. 그것은 단순히 상품소비에서만 일어나는 게 아니다. 그것은, 이미 언급했듯이, 소비에서 드러나는 욕망의 충족방식이나 형성방식 나아가 행동과 사고의 내용, 심지어 꿈의 지향까지 조건 짓는다. 그것은 일상적인 생활규율로 작동하면서 지각적 경험과 의사소통의 내용, 텍스트의 이해방식이나 교육과 학습, 종교활동과 철학적 성찰까지 각인짓는다.

우리는 이 거대한 사물화 메커니즘과 그 이데올로기적 조작에 이미 너무 깊게 침윤되어 있어서, 그 폐해를 잘 알아차리지 못한다. 그뿐만 아니라 이런 지적까지 이제는 낯설게 여겨지는 지경에 이르렀다. 현혹의 그늘을 말하기에 안락함의 세례란 너무도 전면적이라고나 할까. 설령 그 폐해를 지적한다고 해도 이렇게 지적된 내용이란 폐해의 전체라기보다는 그 일부일 확률이 높고, 이 일부마저 다음 순간에 밀려드는 편리한 상품세례로 곧 녹아버리고 만다. 그리하여 개인의 비판의식과 저항도 지배질서에 순응하고, 이 지배원리를 내면화함으로써 기성질서를 재생산하는 데 기여하게 된다. 이것이 자본주의 상품사회의 마술환등적 성격이다.

벤야민에 따르면 인류의 역사는 몰락과 붕괴의 역사다. 그것은 고통스런 파국으로 얼룩진 좌절과 비애의 연속사다. 이 고통을 인간은 신의 창조 이후 지금까지 벗어난 적이 없다. 인류사는 부단한 고통이 반복되는 시간이라는 점에서 신화적이고, 이 반복의 순환에서 새것은 어디에도 없다는 점에서 허깨비와도 같다. 여기에서 그것은 자연의 물리적 역사와 크게 다르지 않다. 이것이 인류사의 뿌리까지 관통하는 근원사의 모습이다. 자연사와 인류사는 이 둘 모두 반복강제의 맹목적인 메커니즘 안에 있다는 점에서 서로 만난다. 모든 존재하는 것은 반복강제의 틀 안에서 점진적으로 고갈되어간다. 폐허는 그런 고갈의 결과다. 그러나 폐허적 성격은 자본주의적 상품물신화에서 강화된다. 그것은 시장의 영역을 벗어나 시간과 공간, 지구와 우주의 차원으로 확대된다.

반복강제의 메커니즘은 현실의 맹목성을 여러 차원에서 증거한다. 상품사회에서 우발성이나 우연성이 시간적·사건적 허깨비라고 한다면, 변덕이나 권태는 심리적·정서적 허깨비가 될 것이다. 이것은 지루함이나 기다림 또는 빈둥거림이라는 일상적 반응으로 나타난다. 몽매함은 이런 경험이 누적된 인식론적 결과일 것이다. 여기에는 상품형식의 마취작용도 한몫한다. 상품소비는 무엇보다 경험의 파편성·일시성·불안정성으로 특징지어질 수 있다. 그래서 현대의 경험은 일관되기 어렵다. 그것은 곳곳에서 부서져 있고 구멍 나 있으며 뒤틀려 있거나 구겨져 있다. 상품경험에서 사람은 논리정연한 생각이나 통일된 가치를 정립하기 어렵다. 그리하여 타율성은 구조화된다. 결국 상품물신주의의 반복강제는 타율성의 강제다. 그것은 타율적 삶과 타율적 인간을 배태시키기 때문이다. 삶의 사물화란 타율성의 구조화인 것이다.

다시 거꾸로 물어보자. 문명의 타율성은 어디에서 오는가? 거기에는 지금껏 서술했듯이 여러 요인이 있다. 가장 결정적인 요인은 상품소비에서 올 것이고, 이 물량화된 소비에 대한 맹목적 탐닉에서 올 것이다. 이 탐닉에서 상품은 찬양되고 물질은 숭배되며 기술은 장려된다. 기술의 엄청난 위력은 놀라움의 대상일 뿐 그 결과나 도덕적 의미는 논의되지 않거나 지엽적으로 다뤄진다. 기술적인 사안은 정신적인 것과 유리된 채 언급되고, 기술이 사회적 질서를 인간화하는 데 어떻게 이용되고 제한되어야 하는지는 누락된다. 민간인이든 군인이든, 무차별적으로 몰살하는 화학무기전(가스전)에 대한 벤야민의 경고도 바로 이 점, 말하자면 크게 보면 과학기술의 비판이고, 작게 보면 생산품에 대한 통제 문제에 닿아 있다. 비대화된 기술의 지배와 이 기술에 대한 맹목적인 복종은 죽음을 야기한다. 전쟁은 그렇게 야기되는 가장 큰 사건이다. 그는 이렇게 적었다. "앞으로 일어날 모든 전쟁은 동시에 기술의 노예봉기다."[10] 전쟁은 기술에 대한 무반성적인 노예적 숭배의 결과로부터 생겨난다. 반성되지 않은 기술은 영원한 전쟁으로 귀결된다.

---

10) Walter Benjamin, "Theorien des deutschen Faschismus," *GS* III, Frankfurt/M., 1991, S. 238. 융어(E. Jünger)의 책에 대한 서평 형식의 이 글에서, 세계의 삶이 아니라 죽음을 재촉하는 전쟁의 신성화에는 '제국주의적 지도자'가 어른거린다고 벤야민이 지적할 때, 우리는 다가오는 나치즘의 대학살을 그가 예견하고 있었음을 짐작할 수 있다. 이 글에서 그는 '예술을 위한 예술'이 전쟁의 차원으로 옮겨지면, 그것은 인민권(Völkerrecht)의 토대도 무너뜨리는 가스전이 될 것이라고 진단했다.

지루함과 권태, 빈둥거림, 새로움의 구태의연한 되풀이는 자본주의적 상품경제에 깃든 반복강제가 초래하는 여러 징후에 다름 아니다. 그러나 이 모든 징후를 관통하는 더 중요한 것은 그 엄청난 낭비일 것이다. 낭비의 체계는 발전도 아니고 퇴보도 아니다. 반복에 대한 도박꾼의 도취나 상품의 호황과 불황에 들썩대는 대중의 변덕은 역사의 진보를 전망하는 데 어울리지 않는다. 그렇다면 지배적인 역사관, 즉 부르주아의 발전사관은 우선 끊겨야 한다. 현존의 역사는, 벤야민이 『아케이드 저작』의 「인식이론적인 것, 발전의 이론」(N항목)에서 집중적으로 서술하듯이, 재앙과 파국의 연쇄인 까닭이다. 반복강제의 이 같은 연속성은 중단되어야 한다. 그가 촉구한 '각성'이란 이 연속성을 지탱하는 거짓낙관주의에서 깨어나는 일이다.

개별상품은 신선함과 낡음, 새것과 헌것을 동시에 지닌다. 이것이 상품의 진리내용이다. 이 내용에는 사물의 신선함과 이 신선함이 사라져갈 앞으로의 운명, 흥분의 일시성과 쇠락의 항구성이 함께 묻어 있다. 그러는 한 상품에는 신화적 요소가 담겨 있다. 그러니까 현대에 생산되는 물품에는 많은 시원적始原的인 것들이 억눌려 있다. 마찬가지로 인간의 역사적 전통에는 억압된 무엇이 들어 있다. 공식적 지배문화의 전통이 한편에 있다면, 다른 한편에는 비공식적 문화의 억눌린 전통이 있는 것이다. 이 억눌린 것들의 숨죽인 사연을 지금 여기로 불러들이는 것, 여기 오늘의 현실로 불러들여 과거의 다차원성을 새롭게 읽는 것이 변증법적 독해의 각성작업이다. 벤야민은 이것이 변증법적 유물론자의 과제라고 보았다. 이 각성작업에서 과거와 현재, 현재와 미래는 그물망

> **❝** 이 억눌린 것들의 숨죽인 사연을
> 지금 여기로 불러들이는 것,
> 오늘의 현실로 불러들여 과거의 다차원성을
> 새롭게 읽는 것이 변증법적 독해의 각성작업이다. **❞**

처럼 이어지면서 다른 시간의 가능성을 탐색한다.

벤야민은 사소하고 무가치하며 하찮게 보이는 것에도 유토피아적 계기가 숨어 있다고 보고 잡동사니 자료들을 부지런히 모았다. 그리고 이것을 꼼꼼하게 관찰하고 세심하게 기록했다. 이 발굴과 수집, 기억과 기록의 작업을 통해 집단적 꿈의 이미지는 이 이미지에 담긴 반복강제의 허깨비가 뒤흔들리고 부정되면서 변증법적 이미지로 전환한다. 현재의 인식가능성 속에서 기존자료가 새 의미를 부여받게 되는 것이다. 그러므로 역사와 문화의 과제는 버려진 것들의 권리복원에 있다. 이 복권활동에 예술은 표현으로써 참여한다. 예술의 표현은 역사와 문명의 타율성에 저항한다.

5. 사물의 저항과 절제

> 단식광대는 단식을 하고, 문지기는 침묵하며,
> 학생들은 깨어 있다. 카프카에게는 그런 식으로
> 금욕의 위대한 규율이 숨은 채 작용한다.
> ■ 벤야민, 「프란츠 카프카」, *GS* II/2

앞에서 다루었듯이, 현대사회는 상품의 물신성으로 인해 강고한 미신과 신화에 빠져 있다. 그것은 너무도 깊고 전면적이고 지속적인 것이어서 유령이나 허깨비라고 할 만하다. 이것은 현대성의 새로운 몽매주의로 여겨지기도 한다. 이 몽매성은 줄이면 '사고와 판단의 자율성 결핍'으로 수렴되는 듯하다.[11] 자율성이 결핍되었다는 것은 타율성이 그만큼 강제되었다는 뜻이다. 자본주의적 반복강제가 초래하는 궁극적인 폐해는 이 '타율성의 강제'에 있다고 나는 생각한다.

이 타율성의 강제는 오늘의 세계에서, 삶의 거의 모든 차원에서 실현되어 있다고 할 수 있다. 그것은 반성 없는 신화적 의식에

---

11) 칸트가 계몽주의를 '미성숙으로부터의 해방'이라고 말했을 때, 이 미성숙이란 '자기자신의 이성을 사용할 수 있는 용기(sapere aude)의 결핍'이었다. 자기이성을 사용할 수 있는 용기란, 한마디로 말하면, 자기결정력이고 자기규정력이다. 이것은 자율적 인간의 자기책임성과 책임 있는 판단능력에서 온다. 그렇다는 것은 결국 자기결정력/자기책임성이 없을 때 인간은 미성숙하고 몽매하다는 뜻이 된다. 즉 그는 근대적 자유의 인간이 아니라 봉건적 노예인 셈이다. 오늘날 시민교육/예술교양교육의 목표도 궁극적으로 보면 이 자율성의 연마에 있는 것 같다.

서뿐만 아니라, 이 강제적 삶을 문제시하는 반성적 의식에도 어느 정도 침윤되어 있다. 그리하여 강제 없는 삶에 대한 희구 역시 그 자체로 순수한 것이 아니다. 그것은 알게 모르게 어느 정도는 이미 사물화되어 있다고 말해야 한다. 자본주의 체제에서 모든 것은, 이미 살펴보았듯이, 잠시 지속되며 이 새로움의 가치도 예외는 아니다. 상품의 새로움이란 순간적인 새로움에 지나지 않은 까닭이다. 그러는 한 그것은 근본적 허망함 위에 자리한다. 이 점에서 보면, 자본주의의 목표는 순간적 새로움으로 최대한의 잉여가치를 창출하는 삶의 체제다. 이것은 새로움에 대한 현대인의 갈구라는 것이 '처음부터 낡았다'는 우울한 사실을 잘 보여준다.

이제 인간은 파국의 역사를 벗어나려고 애쓰지 않는다. 설령 그렇게 애쓴다고 해도 이 소망은 제도적 차원에서뿐만 아니라 가치론적 차원에서 관철되는 무수한 환각작용 때문에 제대로 이뤄지기 어렵다. 벤야민의 자본주의 이해와 역사관이 비애와 우울에 깊이 젖어 있는 것은 이와 관련될 것이다. 그는 통상 마르크스주의자 작가나 문예비평가와는 다르게 몇 개의 주된 개념어, 예를 들어 '경제결정론', '토대와 상부구조와의 이원적 관계', 이데올로기 비판, 프롤레타리아 투쟁, 생산력/생산관계 같은 열쇠어에 의존하면서도 이것에 결코 자족하지 않았다. 그는 오히려 이러한 설명틀 이상으로 그 밖의 차원들, 말하자면 감각적이고 상징적인 면에 주의했고, 지각적이고 표현적이며 문화적인 차원들에 열려 있었다.

침묵이 말 속에 섞여 있듯이, 구원은 재앙 속에 깃들어 있다. 드러난 세계는 아직 드러나지 않은 세계를 배태한다. 그렇듯이 상품 세계에도 집단의 무의식 또는 무시간적 영원의 이미지가 들어 있다. 그렇다는 것은 탈신화화가 각성된 의식의 문제이면서 그 이전의 상품이 원래의 사용가치를 회복할 때, 그래서 사물이 본래의 모습으로 돌아갈 때 이뤄질 수 있음을 뜻한다. 변증법적 사고란 지속적 갱신을 통해 사물의 이 본래성을 회복하려는 움직임이라고 정의할 수도 있다. 그것은 사물의 본래성을 성찰하는 의식이다. 이 변증법적 성찰력으로 우리는 상품형식의 거짓안락과 기만적 환영의 각질을 벗겨야 한다.

이 탈신화화 작업을 벤야민은 미세하면서도 정밀하게, 말하자면 해체적이면서도 구성적이며 미시적이면서도 파괴적으로 실행한다. 아래에서 다룰 두 항목—'사라지는 온기'와 '소유욕을 삼가라'—은 그런 내밀한 전언으로 여겨진다.[12]

1. 사라지는 온기

벤야민이 경험사실의 생생함을 존중한 것도 이런 맥락에서 이해할 수 있다. 그는 누구보다도 개별사안의 작고 미묘한 세부에 주목했다(그 점에서 현상학적이다). 그러면서 세부에 대한 자신의 느낌이 어떠한지 꼼꼼하게 기록한다(그 점에서 지각적이다). 나는 이것을 '미시지각적 표현실천'이라고 부르고 싶다.

벤야민의 대상이해는 역사유물론의 원리 아래 미시지각적 현상학의 방식으로 수행되는 것으로 보인다. 그는 추상적 개념이나 구상concept으로 사고하는 것이 아니라 어떤 이미지로, 나아가 이 이

---

12) 이것은 이 책 제15장「입김이 머무는 동안: 행복의식」과 주제상으로 잘 이어질 것이다.

미지가 함의하는 사물적 충일성 아래 사고하고, 이렇게 사고한 사물적 충일성을 다시 전체국면Konstellation 아래 하나의 그물망으로 드러내 보인다. 그의 역사적 감수성은 이 이미지적 사고 위에 자리한다. 이것이 그의 역사해석법이고 현실서술법이다.

이 모든 것은, 벤야민이 거듭 강조하듯이, 지금 이곳의 순간 속에서 점화한다. 즉 현재적 인식가능성으로 모든 문제의식은 귀결된다. 다음의 대목도 이 미시적 의식 아래 포착되었을 것이다. 그것은 오늘날의 생태위기와 관련해서도 흥미롭다.

> "사물에게서 온기가 사라지고 있다. 우리가 매일 사용하는 물건들은 사람에게서 천천히 그러나 집요하게 벗어나고 있다. 그래서 인간은 그에게 닥쳐오는 확연한 저항은 말할 것도 없고 은밀한 저항을 극복하기 위해 엄청난 일을 해야 한다. 인간은 사물의 냉기 때문에 몸이 굳지 않도록 그 냉기를 자기 온기로 상쇄시켜야 하고, 그 가시에 찔려 피나지 않도록 끝없는 완숙함으로 처리해야 한다…… 사물은 인간의 타락을 따르면서 사물 자체의 기형화로 인간을 징벌하고, 이 사물의 기형화에 국토 자체가 공모하고 있다. 사물과 마찬가지로 땅이 인간을 갉아먹고 있다."[13]

놀라운 일이다. 쓰인 지 100년이 다 된 글인데도, 그 내용은 오늘 한국의 현실에도 호소하는 바가 크게 여겨지기 때문이다. 그

---

13) Walter Benjamin, "Einbahnstraße," *GS* IV/1, Frankfurt/M., 1991, S. 99.

동력은 어디에서 나올까? 나는 무엇보다 벤야민의 미시지각력을 떠올린다. 그리고 이 미시지각력에 바탕한 그의 섬세한 감수성과 극도의 정밀한 표현력을 생각한다.

위의 글은 『일방통행로』[1928]에 실린 「카이저 파노라마관」의 일부다. 여기에서 얘기되는 현실이란 1920년대를 전후한 독일 바이마르 공화국의 사회정치적·경제적 상황이다. 그 당시 현실은 제1차 세계대전의 패배로 야기된 최악의 경제위기, 말하자면 과도한 외채, 빈곤과 빈부격차의 심화, 점증되는 실업과 정치파국 등 사회 혼란이 극심했고 이런 혼란 속에서 어리석고 맹목적인 대중과 이들의 집단주의적 폭력, 이런 사회적 갈등에 무기력한 지식인과 언론으로 특징지어진다. 이 점에 유의하면서 우리는 더 넓은 맥락에서, 즉 오늘날의 생태위기적 관점에서도 이 단락을 읽을 수 있다.

사물화는 현대적 병리의 바탕에 자리한 가장 근본적인 증상들 가운데 하나다. 이것은, 더 단순화시키면, 벤야민이 적은 대로 인간뿐만 아니라 사물 역시 '온기를 상실'하는 데서 온다고 할 수 있다. 이것은 물론 사물의 왜곡에서 생겨난다. 그러나 이 왜곡을 야기한 것은 사물이 아니라 인간이다. 그렇다는 것은 인간도 사물처럼 일정하게 왜곡되어 있음을 뜻한다. 인간의 왜곡은 그가 만든 사회체제, 즉 자본주의 사회의 파국적 증상들에서 연유했다. 상품화-물신화-교환가치화-소외는 그런 증상의 이름이다. 이 모두는, 그 종류가 어떠하건, 결국 인간의 자율성을 훼손하는 데 귀결한다. 그것은 자신의 삶을 주인으로 살아가도록 돕는 것이 아니라 주어진 대로, 유행에 따라, 그래서 외적 기준에 자신을 구겨 맞춘 채 수동적으로 살게 만든다. 그것은 주체의 타율성을 증대시키면서 그

> **"**오히려 삶의 조건이 인간을 규정하게 되었다. 도시인들은 이제 타율성의 완벽한 강제상태, 즉 완전히 불투명하고 전적으로 불안정한 피동적 상황에 처하게 된 것이다.**"**

생애를 무의미한 고갈과 소모의 메커니즘으로 만들어버린다.

상품소비사회의 핵심이 허영의 반복강제에 있다면, 타율성의 구조화는 이 반복강제의 결과다. 타율성이 인간에게 나타나는 질환이라면, 기형화는 사물에게 나타나는 증상이다. 타율성이든 기형화든 이 모두는 사람 사는 공간을 황폐화시킨다. 그리하여 인간의 타락과 사물의 기형화 그리고 생활공간의 황폐화는 이어져 있다. 그래서 벤야민은 적는다. "사물들은 인간의 타락을 따르면서 사물 자체의 기형화로 인간을 징벌하고, 이 사물의 기형화에 국토 자체가 공모하고 있다. 사물과 마찬가지로 땅이 인간을 갉아먹고 있다." 이 온기 잃은 공간에서 인간은 사는 것이 아니라 '갉아먹힌다'.

이 같은 벤야민의 생각은 생태학적 범신론자의 면모를 강하게 풍긴다. 또는 '경건한 무신론자'의 모습이라고나 할까. 그는 전체 만물의 온기와 신성성을 염두에 두고 있고, 이 신성성이 제거되었을 때 인간에 대한 사물의 "은밀한 저항"이 어떻게 나타나는지 말하고 있는 것이다. 이런 진단은 계속된다.

"모든 사물이 끊임없이 뒤섞이고 오염되는 과정에서 그 본질

적 표현을 잃고 이중적인 것이 고유한 것의 자리에 들어서는 것
처럼 도시도 그러하다. 대도시는 비할 바 없이 안정되고 확고
한 힘을 가지고 있지만, 그 힘은 일하는 사람들을 성안의 평화
에 가둬버리고, 점점 깨어나는 근원적 힘(자연의)에 대한 의식마
저 지평선의 광경과 더불어 이들에게서 빼앗는다…… 사람들이
사는 지역조차 불안정하여 대도시 거주민은 완전히 불투명하고
극히 잔혹한 상황에 처하게 되고, 이 상황에서 그는 고립된 평
지의 불편한 것들 사이에서 도시건축이 뱉어놓은 나쁜 소산을
받아들이지 않으면 안 되게 되었다."14)

벤야민의 진단대로, 현대의 삶에서 모든 것은 "끊임없이 뒤섞이
고 오염되는 과정에" 있다. 그래서 그것은 "본질적 표현을 잃고",
애매하고 이의적인 것, 즉 "이중적인 것이 고유한 것의 자리에 들
어서"게 된다. 원래의 것이 쫓겨나고 이질적인 것이 들어서는 것
은 포용과 확대의 과정이기도 하면서 전염과 오염의 과정이 될 수
도 있다. 수용하는 편의 정체성이 확고하게 뿌리내려 있지 않으면
특히 그렇다.

대도시는 고유한 것이 축출되는 오염의 과정을 적나라하게 보
여주는 공간이다. 그것은 겉으로 보기에 "비할 바 없이 안정되고
확고한 힘을 가지고 있지만", 이 힘이란 제한된 것이고, 그래서
"성안의 평화"와 같다. 그래서 여기 사는 거주민들은 "점점 깨어
나는 근원적 힘(자연의)에 대한 의식"을 상실해간다. 근원적 자연

---

14) *Ebd.*, S. 100.

력이란 땅과 하늘, 대기와 지평선을 뜻하는 것일 테다. 그것은 흙과 공기, 물과 대지의 무한성과 순환성으로 이뤄진다. 이 땅과 하늘, 공기와 물의 근원적 자연조건으로부터 사람은 이제 멀리 떠나 있다. 대도시인의 근본적 불안정성, 즉 "완전히 불투명하고 극히 잔혹한 상황"은 여기에서 온다. 현대적 병리의 끝에는 궁극적 자연력으로부터의 이 같은 인간격리가 자리한다. 벤야민의 이 시각은 틸렌H.Thielen이 적절하게 지적하듯이, "사회적 자연관계를 교정하는 가운데", "자연과의 화해 속에서" 마르크스주의적 유토피아를 신학적으로 새롭게 사고하려는 시도로 보인다.[15]

인간의 삶은 자연력의 도움 없이 한순간도 지탱할 수 없다. 그럼에도 우리는 자연력을 상기하거나 생각하지 않고 살아가는 데 익숙해져 있다. 마르크스는 노동자가 노동조건을 이용하는 것이 아니라 노동조건이 노동자를 이용한다고 쓴 적이 있지만, 오늘날 인간은 삶의 조건을 스스로 규정하기보다는 오히려 삶의 조건이 인간을 규정하게 되었다. 도시인은 이제 타율성의 완벽한 강제상태, 즉 완전히 불투명하고 전적으로 불안정한 피동적 상황에 처하게 된 것이다. 왜 그렇게 되었는가? 물론 여러 가지 요인을 들 수 있다. 우리는 그 요인으로 마르크스주의에서 논의되는 사회경제

---

15) Helmut Thielen, Eindenken, "Walter Benjamins theologischer Materialismus," *Global Benjamin* 3, v. K. Garber u. L. Rehm(Hrsg.), München, 1992, S. 1390. 틸렌은 자연과의 이런 화해의 시도가 벤야민에게 '전복' (Subversion) 속에서 혁명을 지양하려는 것으로 나타난다고 분석한다. 이 좋은 논문은 그러나 아쉽게도 벤야민 저작에 나타난 자연과 환경에 대한 포괄적 이해에 대해서는 더 이상 논의하지 않는다.

> **"** 자연과의 교류는 단순한 이용에 있지 않다.
> 기존의 자연교류가 지배와 착취의 방식이었다면,
> 이제부터 취해야 할 방식은 공정한 주고받음이다.
> 이 호혜관계 속에서 절제와 삼가도 있다. **"**

적·물질적 토대뿐만 아니라 의식적·이데올로기적 조건을 들 수 있고, 더 근본적으로는 생태환경의 왜곡을 들 수도 있다. 사물의 오염과 냉기는 환경적 왜곡에서 온다.

그러면 어떻게 해야 하는가? 사물의 기형화에 우리는 어떻게 저항할 수 있는가? 벤야민은 놀랍게도 소유욕의 삼가, 즉 절제를 얘기한다. 그것이 놀라운 이유는 절제가 동서양의 사상사에서 전통적 미덕이기 때문이고, 더 구체적으로는 경건주의적이고 금욕주의적인 전통에 닿아 있기 때문이다. 그것은 근본적으로 종교적 뉘앙스를 갖는다. 하지만 이 종교적 요소 이전에 그 자체로 귀 기울여볼 만한 소중한 전언이라고 생각한다.

2. '소유욕을 삼가라'

이 대목에서 눈에 띄는 것은 생태적 환경조건에 대한 벤야민의 생각이다. 사물의 왜곡은 자연의 근원적 힘을 망각하는 데서 오고, 이 망각은 현대적 삶의 불안정성을 야기한다. 이것은, 그에 따르면, 자연 자체의 항거, 즉 '환경의 저항'에서 온다. "모든 인간적 움직임의 전개에 대해, 이 움직임이 정신적 충동에서 나온 것이건 자연적 충동에서 나온 것이건, 환경의 무한한 저항이 포고되었다."[16]

자연의 말 없는 저항 앞에서 우리는 어떻게 해야 하는가? 흥미롭게도 벤야민은 사물화를 막을 수 있는 실마리가 "모든 인민의 가장 오래된 관습"이 말하는 "경고"에 있다고 본다. 이 경고의 내용은 "우리가 자연으로부터 그토록 풍부하게 얻는 것을 가져갈 때 소유욕Habgier을 삼가라"는 것이다. 그것은 절제와 금욕의 권고다. "왜냐하면 우리는 우리 자신에게서 어머니 대지에 선사할 아무것도 가지고 있지 않기 때문이다. 그래서 우리가 우리의 것을 취하기 전에, 우리가 그때그때 받은 것 가운데 일부를 다시 돌려줌으로써, 경외감을 보여주는 것이 마땅하다."[17]

자연과의 교류는 단순한 이용에 있지 않다. 일방적인 이용은 약탈이고, 이 약탈은 지금까지만으로도 충분하다. 기존의 자연교류가 지배와 착취의 방식이었다면, 이제부터 취해야 할 방식은 공정한 주고받음이다. 이 호혜관계 속에서 절제와 삼가도 있다. "경외감을 보여주는 것"이란 이 공정한 관계를 위해 적극적 행동을 하는 것인지도 모른다. 우리는 삶의 유토피아를 첫째, 마르크스주의적 사회비판 속에서, 둘째, 이 과학적 비판이 그러나 메시아적 구원의 빛을 놓치지 않게 하면서, 셋째, 오늘의 현실에 주목하고, 넷째, 이 주목이 현상적 현실에 포박되는 것이 아니라 근원적 환경의 바탕과 테두리를 염두에 두는 것이어야 하며, 다섯째, 변방적 존재의 잊혀진 권리를 기억과 기록으로 복원하는 가운데 추구할

16) *Ebd.*, S. 99.
17) *Ebd.*, S. 101.

수 있어야 한다. 이것은 그 자체로 마르크스주의적 유토피아의 현실적이면서도 신학적이며, 물리적(형이하학적)이면서도 초물리적인(형이상학적인) 교정책이 아닐 수 없다.

벤야민은 구원의 빛 속에서 모든 것을 느끼고, 이 구체적 느낌 아래 사유하며, 이렇게 사유한 것을 뉘앙스 풍부하게 표현한다. 그가 생각한 삶의 궁극적 화해란 세속적 역사의 신적 구원형식이었는지도 모른다. 그것은 지나간 싸움의 실패한 시도를 오늘의 관점에서 재활성화하려는 유토피아적 몸짓이다. 현재의 삶에서 변혁은 오직 구제의 관점 아래 자리할지도 모른다. 더 이상 직선적 발전이나 연속적 성장의 관점에서가 아니라 이 지배적·공식적 관점에 거스르는 것, 이렇게 거스르면서 기억하고 기록하며 주변을 돌아보는 것, 그러면서 이름 없는 것들의 정체성을 돌려주는 것은 그 자체로 지배의 억압형식을 철폐하면서 삶의 모순을 포괄적으로 화해시키는 길이 될 수 있을 것이다. 이것은 우리 모두가 지향할 수 있는 실천의 구체적인 모습이 될 수 있을까?

벤야민은 공정한 주고받음의 예를, 고대 아테네의 관습에서 보이듯이, 땅에 떨어진 벼이삭이나 포도를 줍지 않는 데 남아 있다고 썼다. 이것은 다른 식으로 생활상의 금욕을 실행하는 것이라고 할 수 있다. 이와 같은 금욕적 덕성은 자연과의 관계에서도 필요하고, 사람과의 관계에서도 요청된다. 그리고 이 금욕적 절제의 기율은 오늘날 퍼져 있는 사물화, 즉 사물의 왜곡과 인간의 상품화에 더욱 절실한 덕목이지 않을 수 없다. 그러나 이 덕성은, 주의할 것이 바로 이 점인데, 상품물신주의에서처럼 강제되어서는 곤란하다. 외부에서 부과되는 타율성의 법칙이 아니라, 각자 스스로 행하는 자발적 실천의 원리여야 한다. 문제는 물질의 결핍이 아니라 소유의 과잉이고, 이 과잉소유에서 보이는 무절제한 탐욕이다. 땅과 하늘의 척박함이 아니라 한계를 모르는 인간의 자연강탈이 사물에서 온기를 빼앗고 그 저항을 불러일으킨다.

삶의 사건들은 기억되지 못한 채 흩어져 있다. 인간이 경험하는 대부분의 일은 기록되지 않는다. 거의 예외 없이 깡그리 잊혀진다. 그러나 남아 있는 것에는 잊혀진 것들의 흔적이 배어 있다. 마찬가지로 생산된 것에는 생산되지 않은 것 또는 생산되고 난 후의 것들, 즉 소비되고 버려진 것들의 잔해가 묻어 있다. 그래서 나는 이렇게 묻는다.

자명하고 당연하며 절대적인 것으로 보이는 것, 그것은 언제나 자명하고 당연한 것인가? 이것의 정당성을 주장하는 것은 전래되어 온 가치관, 지속된 역사의 공식, 전해 내려온 전통이 누누이 강조하는 바다. 그런 면이 전혀 없는 것은 아닐 것이다. 그러나 말해진 모든 것이 반드시 옳은 것은 아니고, 또 자동적으로 옳은 것은 더더욱 아니다. 그것은 많은 경우 지배자의 지배하려는 의지의 표현이자 담론이다. 이것이 진보의 역사관을 지탱하고, 무한한 발전을 자임하는 자본주의적 성장체제를 추동한다. 자연의 훼손과 자원약탈, 노동의 폄하 그리고 전쟁의 광기는 이 무한성장 체제가 겨냥하는 수익극대화를 위한 것이다. 이 극대화 정책 아래 삶은 황폐화되고 인간은 사물화되며 사물은 온기를 잃는다. 이 같은 체제에서 해방적 비전이 멀어지는 것은 자명하다.

그러므로 이 모든 소모와 고갈의 정치경제학은 문제시되어야 한다. 그것은 환영幻影이고 귀신이며 유령이고 허깨비인 까닭이다. 이것은 유령의 역사철학이다. 진보가 있어야 한다면, 그것은 마땅히 기존의 진보물신주의와 구분되어야 한다.

우리는 역사의 파편을 기억하고 표현함으로써 의미 없는 것들에 의미를 부여하고, 자명하고 당연하며 절대적인 것을 문제시할 수 있어야 한다. 이것은 초현실주의자의 예술적 의도를 계승하는 일이면서 동시에 마르크스주의의 사회변혁을 지향하는 일이다. 그러나 이것 이상으로 중요한 것은 이들의 과오, 다시 말해 아방가르드의 현실외면이나 마르크스주의의 경제결정론과 거리를 두는 일이다. 이제 우리는 진보물신주의를 문제시하면서도 진보의 이념을 포기하지 않고, 역사낙관주의를 비판하면서도 현실의 지속적인 갱신가능성을 타진할 수 있어야 한다. 그러므로 이제 절실한 것은 더 작고 미묘하게 반응하면서도 더 크게 파악하고 포용하는 일이다.

벤야민의 전언은 1920년대를 전후한 독일의 정치경제적 상황을 염두에 두고 있지만, 그 당시뿐만 아니라 오늘의 대량소비사회에서도 웬만큼 타당해 보인다. 그러나 그것은, 이미 언급했듯이, 혁명적·계급적 요소를 중화시키는 가운데 좀더 정밀하고 유연한 형태로 개진된다면 — 예를 들어 아도르노가 전면적인 사회비판으로서의 부정신학적 입장을 예술에 기댄 채 보여주었듯이 — 더 높은 현실정합성을 가질 수 있을지도 모른다. 이 땅의 사람들은 돈만 되면 무엇이든지, 심지어 자신이 나고 자란 또는 수십년 간 살아온 집마저 내다 팔 준비가 되어 있지 않은가? 잠을 자고 쉬는 집마저 여기 남한이라는 곳에서는 '아무것도 아닌 것'처럼 되어버린 지 오래다. 우리는 사물의 냉기에도 이젠 무덤덤하고, 환경의 저항에도 좀처럼 끄덕하지 않는다.

자본주의 사회에서 거의 모든 것은 흉할 정도로 일그러져 있다. 사물은 이곳에서 전반적으로 퇴행해간다. 사물의 보편적 퇴행 앞에서 벤야민은, 흔히 그러하듯이, 패배나 허무의 유혹에 굴복하지 않는다. 그는 우울과 좌절이 끊이지 않는데도 불안의 원인이 무엇이고 삶은 왜 일그러져가는지 보여주고자 했다. 단순히 고발하는 것이 아니라 이 기형성 속에 사람의 소망이, 삶의 비밀스런 목록이 어떻게 훼손되어가는지 보여준다. 실현되지 못한 소망은 비밀과 함께 사라진다. 그는 이렇게 적었다. "사물에게서 온기가 사라지고 있다." 그렇듯이 인간에게서도 온기가 사라지고 있다.

오늘의 세계에서 더 시급히 복원되어야 할 것은 해방과 정의와 도덕이 아니라 삶의 온기인지도 모른다. 이것은, 벤야민이 보여주었듯이, 우리가 얼마나 소유욕을 삼갈 수 있느냐에 달려 있다.

제4장

대규모 침식: 도시체험

자신의 판타스마고리에 지배되는 세계,

바로 그것이, 보들레르의 표현을 빌리자면, 현대다.

■ 벤야민, *GS*, Bd. V

1. 물질적 역사의 문화적 차원

어떤 사실을 경험할 때 우리는 대체로 '하나의 사실'과 '하나의 경험'이 있다고 여긴다. 그러나 그 층위는 하나가 아니다. 사실과 경험은 여럿이고, 이 하나하나의 것도 여러 겹으로 구성되어 있다. 그러니까 어떤 대상을 개별적으로 짚어가는 일에서조차 우리는 사실의 다차원성, 즉 한 대상과 이 대상을 에워싼 테두리를 헤아리게 된다. 또는 그렇게 헤아려야 한다. 이때 테두리란 대상과 그 배후, 개체와 그 지평을 뜻한다. 대상이 무엇이건, 우리는 삶의 테두리와 그 복합조건을 다차원적으로 검토할 수 있어야 한다.

지금의 인간 삶을 구성하는 사회적·물리적 조건은 많다. 이 조건은 시간적으로 과거, 현재, 미래를 향해 뻗어 있고 공간적으로

> **현대성의 본질은 경제/상업/교역/상품본위의**
> **대도시라는 공간에서 전형적으로 드러난다.**
> **오늘날 지구인의 삶은**
> **무엇보다도 '자본주의적으로' 규정된다.**

여기 이 땅, 즉 서울과 지방, 남한과 북한, 아시아와 그 이외의 대륙으로 뻗어간다. 그리하여 우리 사는 이 지구는 끝도 헤아릴 수 없는 광막한 우주의 어느 어스름한 구석에서 하나의 창백한 점으로 자리한다.

이 점으로서의 지구와 이 지구의 현실에서 이뤄지는 현대적 삶을 규정하는 것에도 여러 가지가 있다. 하지만 가장 결정적인 범주는 자본주의라고 할 만하다. 오늘날 지구인의 삶은 무엇보다도 '자본주의적으로' 규정된다고 할 수 있다. 현대적 삶의 성격 또는 조금 더 넓게 말하여 현대성의 본질은 경제/상업/교역/상품본위의 대도시라는 공간에서 전형적으로 드러난다. 특히 서울 같은 대도시의 삶에서 그 폐해는 복합적이다. 그것은, 흔히 지적되듯이, 고도의 압축성장 속에서 산업화/도시화가 급격히 진행되었고, 시장에 대한 국가의 개입이나 시장의 자기제어에 대한 사회적 동의, 이로부터 나올 수 있는 윤리적 성찰이 부족했기 때문에 더 가중되는 것일 것이다. 그리하여 도시경험은 자본주의 현대성의 문화적·비문화적 원천을 비판적으로 성찰할 수 있는 하나의 모범적인 사례가 된다.

지금 우리는 어떤 삶을 살고 있는가? 도시의 삶은 어떤 점에서 유익하고 어떤 점에서 해로운가? 그리고 유익하다는 것은 정말 유익한 것인가? 아니면 그것은 혜택을 가장한 거짓인가? 이 도시적 편리와 안락에서 잃어버린 것은 없는가? 만약 있다면, 그것을 우리는 어떻게 회복할 수 있는가? 나아가 오늘의 삶을 지탱하는 자본주의적 생산질서를 교정할 능력이, 또 이 질서의 향후 전개를 더 인간적인 방향으로 조절할 수 있는 능력이 우리에게 있는가? 우리는 우리의 정치경제적·문화적 질서를 믿고 의지할 만한 행복한 것으로 변모시킬 수 있는가? 이 글에서 필자가 가진 문제의식은 여기에 있다.

여기에서는 현대성이라는 것, 이 현대성이 가장 잘 나타난 대도시의 삶, 현대적 삶을 시작하던 하나의 전형적 사례로서 19세기 파리의 모습을 논의해보려고 한다. 벤야민은 이 논의에서 우리가 의지할 선구적인 논자의 한 사람이다. 왜냐하면 그는 19세기 자본주의 현대성의 문화적·사회적·인식론적 전사前史를, 이 역사가 가진 의미를 탐구했기 때문이다. 이때 논의되는 현대성의 중심에는 상품사회의 도시와 이 도시에 대한 체험이 있다. 그는 대도시 삶의 여러 물질적 양상 속에서 현대성의 문화적 의미를 분석한다.

2. 도시의 이중성

도시의 많은 것은 혼란스럽게 나타난다. 생활은 늘 바쁘고 분주한 듯하고, 당장 하지 않으면 안 될 것 같은 갖가지 일로 하루가 채워지지만, 반드시 그런 것은 아니다. 정말 긴급한 일도 있지만, 그렇지 않은 일도 적지 않다. 분주하게 쫓아다녔던 일도 지나고 보면 반드시 그 시점에 하지 않았어도 별 상관없었던 것으로 밝혀지기도 한다. 그래서 공허하게 느껴진다. 생각 없이 한 일의 결과도 헛되고, 절실하다고 믿었던 일도 부질없게 느껴질 때도 많다. 그러니 했던 일의 대체는 차라리 시간적 추이 속에서 그때그때 방편에 따른 것이기 쉽다.

도시적 삶은 분주한 외양 속의 단조로움과 이 단조로움이 주는 무기력증으로 지탱되는 것인가? 이 단조로움 속에서 각 개인은 마치 단자처럼 타인에게서, 또 자신에게서 단절되어 있다. 그러면서 전체 메커니즘의 한 부품으로 불안하게 또는 안락한 듯이 살아간다. 있어도 좋고 없어도 무관한 부품으로 허겁지겁 살아가는 것이다. 그러나 이 삶이 하나의 피난처가 될 수 있는가? 적어도 세계의 대세에 그 나름의 영역을 잃지 않는 자신의 색채는 유지되는가?

18~19세기를 지나면서 생겨난 대도시는 당시 많은 사람에게 하나의 투기장이자 전장戰場처럼 비쳐졌다. 그것은, 발자크나 플로베르G.Flaubert의 소설이 잘 보여주듯이, 한편으로 돈과 권력과 지식에 기대어 새로운 지위를 확보할 수 있는 가능성의 공간이었고, 다른 한편으로 이 가능성을 위해 나머지 모든 것을 희생시켜야 하는 끔찍하게 위험한 장소이기도 했다. 그래서 도시는 천국의 안락함과 지옥의 고통이라는 이중의 이미지를 띤다.

보들레르가 암시했고, 이 암시를 벤야민이 인용했듯이, 현대사회는 근본적으로 모순의 세계이고, 이 모순에 지배되는 세계다. 그것은 온갖 선전과 광고를 통해, 무한정으로 공급되는 편리하고 멋진 상품을 통해 사람을 도취시킨다. 이 도취는 감각적·경험적 차원에만 머물지 않는다. 안락한 느낌은 정신마저 이완시킨다. 상품세계의 만화경이 제공하는 안락한 정신상태는 삶에 대한 시각을 예각화하기보다는 둔각화한다. 보이는 것에 대한 숭배, 그로 인한 가치순응은 이렇게 생겨난다. 결국 상품의 안락과 편리는 일종의 '마술환등'으로서 현실의 실체를 가리는 데 기여한다. 그 점에서 풍요로운 상품은 정신을 마비시키는 공허한 약속일 수 있다. 상품사회 그리고 도시는 신화적이다.

앞서 지적했듯이, 벤야민에게 많은 것은 모호하고 양의적이다. 신화의 개념에도, 도시나 현대성 또는 군중의 의미처럼 모순되는 두 가지 뜻이 혼재한다. 신화는 일반적으로 자연적 사건이나 현상을 초자연적이거나 마법적인 존재, 즉 악마나 영혼, 신 또는 마술을 통해 설명하고 이야기하는 형태라고 할 수 있다. 그래서 무지나 폭력, 현혹과 환영 같은 비합리적이고 파괴적인 힘이 거기에 작용한다. 그것은 필연적 강제의 세계다. 또는 필연성 아래 진행되는 비합리적인 힘의 반복적·무시간적 세계다. 신화의 이 모순된 의미를 바라보는 벤야민의 시각은 변증법적이다. 그는 강제와 반복을 비판하고, 무정형의 힘은 구출하고자 한다. 그래서 긍정적인 관점에서 보면, 신화는 현대성의 위축된 경험을 회복하는 데 어떤 순기능을 할 수도 있게 된다. 신화를 탈신화화하는 에너지로 신화가 작동한다고나 할까. 그러면서 그것은, 전체적으로 보면, 계몽-이성-합리-자유에 대한 안티테제로 기능한다. 이것은 다시 비판적으로 고찰해야 한다. 이 이중적 차원에서 도시의 인상을 다시 살펴보자.

대도시에서 사건은 쉼 없이 일어나고, 이렇게 일어나면서 또 사라진다. 사건은 유동적이고, 이 사건에 대한 지각은 오래가지 않는다. 무수한 것이 일어나고 사라지지만, 그것은 잠시 떠올랐다가 순간적 인상을 남길 뿐 지속되지 않는다. 그 인상은 곧 다른 인상으로 대체되기 때문이다.

그리하여 도시의 사건은 연중 내내 무대 위에 올려지는 장기공연작과도 같다. 무대의 사건들은 벌써 한 번 이상 일어났던 일이고, 누구나 익히 보아왔던 일이며, 따라서 연출자 없이도 공연될 수 있는 것들이다. 여기에 새로운 것은 없다. 새로운 일이 일어날 리 없다. 이 같은 경험은 지루함을 불러일으킨다. 이 지루함 때문에 도시인은 무관심해진다. 사람들은 이제 아무것도 새롭게 느낄 필요가 없고, 그저 있어왔던 대로 지내는 것으로 충분하다. 낯선 일과 그로 인한 충격이 가끔 일어날 수 있지만, 그것조차 미리 준비되었거나 양념으로 뿌려지는 것이다. 대부분의 일은 '이미, 언제나 있어왔던 사건의 반복'에 지나지 않는다. 그러면서 이렇게 반복되는 사건의 실체는 알려지지 않는다. 유동성과 파편성, 일시성과 모호성은 도시적 삶의 가장 확실한 특징이다.

무감각이 묵고 묵으면 그것은 외면과 배제로 이어진다. 도시인은 주변에 일어나는 사건을 잘 관찰하지도 않고, 그 일에 관계하려고 애쓰지도 않는다. 눈앞에 무슨 일이 일어나도 자신과 상관 있는 일은 없다고 간주한다. 그리하여 사람들은 무리 속에서 이 무리가 아닌 개별단위로 고립된 채 생존한다. 도시의 편안함은 '고립된 편안함'이다. 그것은 비사회적이고, 따라서 책임의식이 휘발되어 있다. 군중 속의 개인은 개인의 사회적·공적·윤리적 흔적을 지운다. 거리에서 개인은 가장 새로우면서도 흔히 있어왔으면서도 불가해한 존재다. 그는 증발된 사회성과 완벽한 익명성 속에서 더없이 자유롭지만, 이 익명의 자유는 절대적인 무책임 아래 있다. 대중의 자유가 위험한 것은 이 때문이다.

벤야민은 "대도시 거주민의 황홀은 첫눈에 반해 일어나는 사랑이 아니라 마지막 시선에서 일어나는 사랑이다"[1]라고 적었다. 무슨 뜻일까? 첫눈에 반한 사랑에 호기심과 애정이 있다고 한다면, 마지막 시선에 담긴 사랑은 환멸과 체념이 담겨 있다고 할 수 있다. 그럼에도 그것이 여전히 사랑이라면, 이 사랑의 감정은 묘한 이중의식, 즉 애정과 낙담, 기대와 환멸이 교차된 무엇일 것이다. 대도시에 대한 느낌에도 이런 양의적 요소가 깃들어 있지 않을까?

우리는 도시의 활기에 휩쓸리고 싶어하지만, 그와 동시에 이 활기가 공허하고 비인간적임을 안다. 그래서 도시의 매력은 도시의 환멸과 짝을 이룬다. 기대 속에서 이 기대와 더불어 예상되는 실망을 안고 우리는 도시에서 살아가는 것이다. 그렇듯이 우리는 군중의 하나가 되어 거리를 거닐고 싶어하면서도 이 군중에게서 멀어지고자 한다. 격리와 공존은 대도시 삶에서 이웃한다.

도시의 거리를 채우는 것은 사람이지만, 이들 가운데 공적인 사안에 관심을 가진 자는 드물다. 그들은 거리를 활보하지만, 이 활보에는 어떤 구속력이 없다. 윤리적 덕목도 도시의 삶에서 잘 보이지 않는다. 그래서 편하다. 그러나 편리함의 이 집단적 향유 속에 어떤 일은 아무렇지도 않은 것처럼 일어난다. 좋은 일일 수 없

1) Walter Benjamin, "Über einige Motive bei Baudelaire," *GS* I/2, Frankfurt/M., 1974, S. 623.

> 도시의 활기에 우리는 휩쓸리고 싶어하지만,
> 그와 동시에 이 활기가 공허하고 비인간적임을 안다.
> 그래서 도시의 매력은 도시의 환멸과 짝을 이룬다.
> 격리와 공존은 대도시 삶에서 이웃한다.

는 중대한 일이 사소한 일에 섞여 아무렇게나 함께 일어나는 것이다. 국가주의적·쇼비니즘적 광포함이 이 틈에 스며 있다. 대중은 사회적·문화적 일에 무심하듯이, 정치적 과오와 공동체적 운명의 이성적 방향에 대해 어떤 책임도 느끼지 않는다. 그리하여 맹목과 우둔이 조직적으로 배태되는 단계에 이른다. 전체주의적인 집단 기만은 그렇게 생긴 결과다.

이렇듯이 도시적 삶에는 자유와 활기만 있는 게 아니다. 자유와 활기 옆에는 대중의 무감각과 정치적 오류, 즉 집단적 우매화와 그로 인한 야만적 폭력이 자리한다. 이것은 생활적 차원에서 보면 도시의 이중성이고, 자본주의적 차원에서 보면 상품 물신화의 반복강제이며, 역사적 차원에서 보면 근대의 신화성이다. 벤야민에게 흥미로운 점은 도시의 이중성이란 도시가 건설될 당시부터 보였다는 사실이다. 베를린이나 런던과 함께 19세기의 파리는 자본주의적 대도시의 전형적인 모델로 꼽힌다. 그의 분석을 자세히 들여다보자.

3. 파리 개조와 제국주의

대도시 사람은 대량생산된 물질의 안락함을 즐기면서도, 이 풍요로운 세계가 허깨비와 같음을 알지 못한다. 물건은 외양과 규모, 색깔과 편의로 오감五感을 마비시키기 때문이다. 그것은 자기도취적인 판타스마고리의 제국이다. 이 쾌락의 제국으로 들어서면, 자기소외나 현실의 비참은 그럴듯한 환영幻影 뒤로 사라진다.

1870년을 전후하여 서구 열강들은 제국적 힘을 과시하고자 경쟁적으로 박람회를 개최했다. 각국은 다른 어떤 나라보다 더 멋들어진 전시관을 마련하려고 애썼다. 프랑스나 독일, 영국이나 러시아가 그랬다. 박물관의 건물은 웅장하고 장대한 고대 이집트 사원을 흉내 내어 지어졌고, 이 거대한 건물에는 바빌론의 갖가지 유물이 상품처럼 전시되었다. 이런 식으로 고대의 유물과 현대의 상품 사이에 구별은 사라졌다. 그래서 근대적 도시는 시원적인 것의 재현, 즉 '과거에 있었던 것의 새로운 반복'이 된다. 에펠탑이나 수정궁Crystal Palace은 그런 자본주의적 현대성을 신화적으로 구현한 19세기의 대표적인 건축물이다. 사실 '수정궁'이라는 이름부터 이미 동화적이고 작위적인 느낌을 내포한다.

현대성의 허깨비를 보여주는 이 같은 표현물이 공적 건물이나 야외에서만 전시된 것은 아니었다. 그것은 대개 야외에서 거대한 규모와 형태로 나타났지만, 각 개인의 집 안에서도, 말하자면 실내에서도 작고 아기자기한 장식 형태로 나타났다. 유겐트슈틸Jugendstil은 그 당시 유행했던 이 실내장식을 지칭한다. 꽃이나 잎 등 자연의 식물적 요소를 우아하게 추상화하여 개인의 주거공간을 꾸미는 것이었다. 사적 공간은 이런 식으로 인공자연화한다. 그 효과는 이중적이다. 한편으로 개인의 주거공간을 안락하고 쾌적한 장소로 바꾸지만, 다른 한편으로 사회역사적 관계에서 격리시킨다. 그래서 개인의 공간은 사물화된 밀실로 나타난다. 여기에는 이웃이나 역사가 제거되고, 동시대적 현실도 휘발된다. 결국 자본주의 하의 사적 밀실은 상품사회적 판타스마고리가 개인의 내밀한 판타스마고리로 변질되고 확대된 형태가 되는 것이다.

이제 건물은 유리나 철골 등 새 건축자재와 기술로 최신식으로 세워진다. 오늘날 서구사회에서 흔히 보는 거대한 건축물, 즉 기차역·박물관·전시관은 대개 1830년대를 전후하여 지어졌다. 그것은 모두 자본주의 산업의 기술력과 상품의 대량생산에 힘입어, 그리고 여기에 정치권력의 과시욕이나 부르주아의 사치스러운 소비 등이 맞물리면서 산출된 그 시대 집단욕망의 표현이었다. 그 가운데 파사주(아케이드)는 근대적 환등상의 대표적 예라고 할 수 있다. 파사주는 이때 이후 옥외에 대한 대중의 관심이 늘어나면서 점차 백화점으로 변형되어갔다. 이 변화의 경로에서 오스망B. Haussmann 남작의 파리 대로大路, boulevard 건설은 큰 몫을 한다. 매매춘 같은 여타의 사회정책도 한몫을 한다.

파사주의 형태를 한번 살펴보자. 아케이드 지붕은 유리와 철골로 되어 있고, 벽은 몇 개의 건물블록을 통하면서 이어진다. 그래서 원래는 야외가 될 법한 곳을 실내의 일부로 여기게 만든다. 마치 가스등의 등장으로 밤이 낮으로 변하듯이, 아케이드의 출현으로 야외와 실내, 건물의 안과 밖 사이의 구분이 사라지는 것이다.

공간의 이 같은 인공적 확대나 시간의 인위적 조절은 모두 근대성의 두드러진 특징에 해당한다. 여기에는 현대에 와서 새롭게 부각되는 심미적 가치, 즉 기능성이나 효과라는 요소도 고려된다. 예를 들어 유리나 철제, 그 뒤에 나오는 시멘트 같은 재료는 흙·나무·돌에 한정되었던 전통적 건축자재와는 다르게 공간적 구성의 가능성을 현저하게 확장시켰다. 이 새로운 재료들이 건축현장에 광범위하게 응용되면서 예술은 기능성과 효용성을 극대화할 수 있게 되었다. 이것은 예술과 기능을 분리한 전통적 부르주아 미의식과는 분명히 다른 것이었다(예술과 기능의 현대적 융합은 20세기에 와서 아방가르드적 건축관으로 이어진다. 바우하우스Bauhaus의 기능주의는 그 좋은 예다).

아케이드 건물 안을 유유자적 거닐면서 도시인은 상품의 매력을 조용히 관조할 수 있었다. 그러나 아케이드는 상품진열의 단순공간으로 그치지 않는다. 그곳은 상품을 구매하는 유쾌한 장소이면서 이렇게 구매하는 대중의 오랜 꿈, 즉 인류사 이래 품어온 집단적 소망을 충족시키는 최상의 환상적 장소로 변모한다. 그래서 이것을 벤야민은 '꿈의 집'이라고 부른다. 아케이드는 그 자체로 집단적 삶의 유토피아적 이미지를 내포한다. 벤야민이 아케이드의 의미를 푸리에의 유토피아 사상과 연결시킨 것은 이런 맥락에서다.

사실 1830년 7월 혁명부터 1848년 2월 혁명과 6월 봉기를 거쳐 1871년 3월 18일 파리코뮌에 이르기까지 그 당시 프랑스에서는 봉기와 저항, 진압과 투쟁의 사회정치적인 혼란이 끊이지 않았다. 7월 혁명에서는 루이 필립 왕을 '시민왕'으로 옹립하는 봉기가 일어났고, 6월 봉기에서는 바리케이드 전투가 일어났으며, 파리코뮌

아케이드는 실내가 된 야외, 내부가 된 외부공간이다. 이 공간에서 사람들은 하루 종일 아니 일 년 내내 아늑한 쇼핑을 즐길 수 있다. 전천후적 소비생활이 실현된 것이다.

에서 혁명정부가 수립되어 거의 2만 명에 달하는 사람이 죽임을 당했다. 부르주아 출신이던 루이 필립은 시민의 추대로 시민왕의 지위에 올랐으나 평민의 삶을 높이는 데 기여하지 못했고 자유와 평등, 박애라는 근대적 가치에도 헌신하지 않았다. 마찬가지로 제 2제정기의 파리 건설(1853~70)을 담당했던 오스망 남작은 재건축이라는 미명 아래 도시 전체를 비인간화했다. 여기에 대해 벤야민은 이렇게 적고 있다.

"길게 뻗은 일직선상의 도로를 통해 원근법적 조망이 가능하도록 하는 것이 오스망의 도시계획 이상이었다…… 양쪽으로

> **"** 아케이드 건물 안을 유유자적 거닐면서 도시인들은
> 상품의 매력을 조용히 관조할 수 있었다.
> 그곳은 상품구매의 유쾌한 장소이면서 대중의
> 오랜 꿈을 충족시키는 최상의 환상적 장소로 변모한다. **"**

집이 길게 늘어선 길에서 부르주아 계층의 세속적·정신적 지배를 위한 기관들이 신격화되어야 했고, 이 일직선의 거리는 완성되기 전에 천막으로 덮여 있다가 기념비 제막식 때처럼 그 모습을 드러냈다. 오스망의 활동은 나폴레옹의 제국주의에 어울렸다. 이 제국주의는 금융자본을 우대했다. 파리는 투기의 전성기를 맞이했다. 봉건사회 시절의 도박형식 대신 주식투기가 들어섰다…… 그는 1864년 의회연설에서 대도시에 살고 있는 뿌리없는 사람들에 대한 증오를 드러냈다…… 임대료의 상승으로 프롤레타리아는 교외로 쫓겨났다…… 그는 파리 사람들을 이 도시에서 소외시켰다. 파리 시민들은 도시 안에서도 편치 않았다. 그들은 대도시의 비인간적 성격을 의식하기 시작했다…… 오스망식 작업의 진정한 목적은 시민전쟁(내란)으로부터 도시를 지키는 것이었다. 그는 파리에서 바리케이드가 영원히 설치되지 못하도록 그 도로를 만들고자 했다."[2]

---

2) Walter Benjamin, "Das Passagenwerk," *GS* V/1, v. R. Tiedemann(Hrsg.), Frankfurt/M., 1982, S. 56f.

오스망의 파리 개조는 두 가지 모순된 측면을 지닌다. 첫째, 그 것은 중세 말기부터 생겨나기 시작한 대도시와 인구의 계속적 유입 그리고 이 때문에 생겨난 갖가지 불합리한 문제들, 즉 교통·주거·위생 등의 문제를 해결하기 위한 것이었다. 상수도 정비는 그 예다. 그러면서 동시에 파리 건설은 상승하는 부르주아 계급의 이 데올로기를 대외에 선전할 수 있는 절호의 기회이기도 했다. 세계 박람회가 성대하게 개최된 데는 이 같은 정치적 고려가 있었다. 아케이드에서 전시되는 상품의 찬양도 그러했다. 화려하고 크며 번지르르한 외양을 통해 부르주아 계급은 현대적 삶의 장대한 스펙터클을 그리고 이 스펙터클에 담긴 꿈과 환상을 대외적으로 과시함으로써 자신들의 정치경제적·산업적 능력을 증명하고자 했다. 하지만 이 계획에는, 이것이 두 번째 모습인데, 더 심각한 의도도 들어 있었다.

당시 파리 중심지에는 다수의 노동자가 거주하고 있었다. 적어도 부르주아 지배계급에게는, 이들이 치안 유지에 매우 위협적인 존재로 여겨졌다. 실제로 노동자 계급은 1830년부터 1870년에 이르기까지 끊이지 않고 일어났던 각종 소요와 봉기, 투쟁의 주체였다. 오스망의 생각에, 이들은 어떤 식으로든 도시 밖으로 추방되고 교외로 분산되어야 했다. 동서와 남북, 가로와 세로로 길게 뻗은 대도로망grand boulevard 건설은 바로 이 점을 염두에 둔 계획이었다. 각종 봉기를 진압하기 위한 군수차량의 이동을 용이하게 하는 일이었기 때문이다. 이 계층배타적 의도 속에서 "부르주아 계층의 세속적·정신적 지배를 위한 기관들"이 차츰 지어졌고, '신격화' 되었다.

파리의 이 대도시화 과정에서 임대료가 급등하고, 사기성 투기 지역이 늘어난다. 그래서 많은 노동자는 원래의 주거지를 잃고 교외로 쫓겨난다. 도시의 슬럼가가 형성된 것은 이 때문이다. 자유와 박애 대신 억압과 규제가 행해지고, 평등 대신 불평등이 확산된 것이다. 오스망의 파리 재건축은 교통의 편리함과 위생안전이라는 미명 아래 사회적 갈등을 조장하고 계급적 불만을 억누르기 위한 정치적·제도적 탄압조처였던 것이다. 그것이 '파리 건설'이었다면, 이 건설은 배제와 억압과 소외를 동반한 불순한 것이었다. 파리 건설은 '파리 파괴'였던 것이다.

그러나 이 분석은 '세계의 도시'이던 19세기 파리에만 해당되는 게 아니다. 그것은 오늘의 현실, 즉 벤야민이 이 분석을 수행했던 1930년대에서도 적용될 수 있다. 즉 19세기 파리에 구현된 자본주의 체제와 그 물신성은 그의 동시대 현실에도 지속되고 있었고, 루이 보나파르트의 제국주의적 속성은 히틀러의 나치정권에 의해 이어지고 있었다. 바로 이 점을 비테[B. Witte]는 명석하게 지적한 바 있다.

"루이 보나파르트의 독재정권은 파시즘적 테러의 선구자로, 그리고 악마주의와 이의성으로 도피한 시인은 파시즘으로 인해 망명할 수밖에 없는 작가의 선구자로 제시된다…… 루이 보나파르트와 히틀러, 보들레르와 벤야민 사이의 평행관계가 정당성을 갖게 되는 이유는 1848년부터 1851년까지의 기간과 1918년부터 1933년까지의 기간, 이 둘 사이의 사회적 조건이 근본적으로 동일하기 때문이다."[3]

그렇다. 벤야민은 19세기 근대적 파리를 해부하면서 대도시 현상을 해부하는 데 그친 것이 아니다. 그는 이 문제의식을 20세기 고도 자본주의 사회가 지닌 물신성과 그 소외를 인식하는 데로 결합시킨다. 그가 보들레르에 관심을 가졌던 것은, 이 시인이 화려한 대도시적 경험 속에서 어떻게 활기와 소멸을 결합시켰는지, 그래서 근대적 역사 속에서 어떻게 억압적·신화적 요소가 되풀이되고 있는지를 그 누구보다 첨예하게 인식했고 표현했기 때문이다. 소멸-죽음-폭력-재앙은 일회적인 것이 아니라 되풀이하여 일어난다. 루이 보나파르트의 제국주의와 히틀러의 야만은 서로 대비되고, 비평가 벤야민과 시인 보들레르는 이 두 독재자를 고발하는 데서 서로 만난다.

아케이드 건축물은 1830년대에 인기를 끌다가 곧 시들해지고 그 이후에는 신상품의 진열장소가 아니라 골동품의 창고가 된다. 그래서 철지난 물건을 쌓아두는 곳으로 전락한다. 한때는 부르주아가 건설한 자본주의의 대표적 기념물이었지만, 그 뒤에는 몰락한 왕가의 폐허처럼 쇠퇴해버리는 것이다. 아케이드의 운명이 보여주듯이, 파리 건설은 선전과 과시 아래 행해진 제국주의적 체제화였다.

여기에서 자유와 평등 같은 선한 이념들도 하나의 판타스마고리다. 그것은 지배층의 배타적 헤게모니를 역전시키는 데 결정적 역할을 못했기 때문이다. 도시의 신화적 표면과 그 배후는 면밀하

---

3) 베른트 비테, 안소현·이영희 옮김, 『발터 벤야민』, 역사비평사, 1994, 171쪽 이하에서 인용. 필자가 부분적으로 번역을 고쳤다.

게 규명되어야 한다.

4. 현대적 새로움과 상품물신주의

> 노동자는 상품을 만들면 만들수록
> 자신은 그만큼 더 값싼 상품이 된다.
> 사물 세계의 가치 증대에 정비례해서
> 인간 세계의 가치 저하가 심해진다.
> ■ 마르크스, 『경제학–철학 초고』(1844)

이 대목에서 우리는 제3장 「자본주의적 반복강제」에서 던졌던 '현대적 새로움'이란 정녕 새로운 것인가라는 물음을 다시 던질 수 있다. 새로운 것이란 무엇인가? 그것은 정녕 새로움 고유의 신선함과 활기를 가진 것인가? 아니면 새로움을 가장한 낡고 헛된 것일 뿐인가? 새로움이란, 어떤 근대적 표어가 내세우듯이, 마치 도시처럼 '우리를 자유롭게 만드는' 것인가? 자유롭다고 하는 우리의 자유에서 상품과 선전과 광고가 빠진다면, 우리 자신은 이 도시와 함께 무너져내릴 것은 아닌가?

벤야민은 『아케이드 저작』에서 자본주의 소비사회의 중요한 특징으로 보이는 다양한 대상을 분석한다. 아케이드, 파노라마, 유행, 광고, 패션, 조명, 실내, 매춘과 도박, 사진과 다게레오타이프, 증권거래소, 석판화, 세계박람회, 철도, 대로, 철골과 유리의 사용에서 보이는 건축적·디자인적 요소, 실내장식, 문학사와 경제사, 사회운동, 유토피아 사상 등은 그렇게 분류된 대표적인 항목들이다.

벤야민이 현대성의 한 모델로 삼은 아케이드는, 앞서 보았듯이, 천장을 유리로 덮은 길게 늘어선 통로를 말한다. 이 통로를 지나가면서 사람들은 양쪽에 진열된 상품을 구경하며 쇼핑할 수 있다. 무엇을 구경하는가? 그것은 근대의 도시 부르주아가 영위하는 자본적 삶의 풍경이다. 이렇게 이어지는 진열장에는 갖가지 상품이 다양하게 소개되어 있고, 다가올 계절의 유행을 미리 선보이는 마네킹도 서 있다. 아케이드를 나서면 증권거래소가 있고 도박장이 있으며 창녀촌도 있다. 이 거리를 지나면서 보행자들은 알 수 없는 무엇인가를 꿈꾸고 갈망하면서, 신기함과 권태감이 착종된 묘한 감정에 사로잡힌 채, 그래서 때로는 모종의 음모를 꾸미기도 하면서, 게으르게 걷는다.

여기에 기술의 발전으로 대량생산되는 신문의 머리기사는 대도시의 추문을 속속들이 들추어낸다. 그것은 대중의 호기심을 자극하지만 세부사실이나 그 진위에는 관심이 없다. 모두들 아는 것처럼 말하고 듣고 걷고 바라보지만 이 삶의 실체를 파악하는 사람은 드물다. 많은 현실은 드러나는 가운데 숨어 있고, 이렇게 숨은 채로 휘발되는 까닭이다.

대도시의 삶에서는 이런저런 풍요와 변화함이 잘 펼쳐진다. 박람회는 번화한 생활세계가 조직적으로 공개되고 전시되며 관리되는 공공장소다. 그러나 이 번화함 뒤에는 사회의 모순도 들어 있다. 이런 양의성은 아케이드의 구조 안에 이미 암시된다. 정확하게 말하면, 이 통로는 안도 아니고 밖도 아니기 때문이다. 실내이지만 유리천장 덕분에 비를 막을 수 있다. 하지만 그렇다고 실외와 완전히 격리된 것은 아니다. 사람은 건물 안에서, 마치 건물 밖에서 그러하듯이, 진열된 상품을 구경하며 '지나갈' 수 있다. 고객은 이제 어디서도 머물지 않는다. 아케이드는 이 한시성, 즉 순간의 부유浮遊를 허용한다. 아케이드는 안이자 밖이고 실내이자 야외인 것이다. 이 양의성은 사실 대도시의 곳곳에 널려 있다. 사람들은 아케이드 복도를 따라 진열된(따라서 드러난) 상품뿐만 아니라 이 상품을 통해 과시하려는 은밀한(따라서 숨은) 욕망을 가늠한다. 그리하여 아케이드 통로에는, 벤야민의 분석대로, 이름 지어지지 못한 소망과 끈질긴 유령들이 드나드는 것이다. 이것은 인간과 상품의 교류형식에도 들어 있다.

오늘의 사회는 근본적으로 상품지배 사회다. 인간은 상품사회의 일원으로서 상품을 구매하고 소비하면서 한 생애를 보낸다. 상품이라는 선물을 주고받고 즐거워하면서 그다음 상품을 기다린다. 인간관계의 중심에는 상품이 있고, 이 상품에 대한 이런저런 호기심·만족도·평評이 있으며, 이 기호嗜好를 나누면서 하루를 맞고 한 달을 지내며 일 년을 보낸다. 상품에 대한 물신적物神的 의존이 각 생애를 규정하고, 이 개별적 생애로 이뤄진 사람들의 사회적 관계일반을 지탱한다.

오늘날의 사람들은 누구나 할 것 없이 백화점에서 고객으로 누리는 당당함에 익숙해져 있다. 백화점에 들어서기 전과 후의 우리 태도에는 뭔지 모르게 확연한 차이가 있지 않은가? 그곳에서 깍듯이 행동하는 사람은 매장 직원밖에 없다. 가게 직원은 백화점 안에서는 예외 없이 친절하다. 그들이 예의바른 이유는 찾아온 사람들이 고객이기 때문이다. 고객은 상품의 잠재적 구매자다. 그것은 그가, 적어도 직원의 처지에서 보면, '대상적으로' 파악되고 있음을 뜻한다. 고객은 상품을 구입하는 존재이지만, 직원에게 그는 상품을 팔아야 하는 대상이다. 즉 물건처럼 이해된 존재, 다시 말해 물화物化된 객체다. 그러니까 고객도 또 하나의 상품인 것이다. 고객은 직원 앞을 지나가며 상품을 구매하는 존재이지만, 이렇게 구매하는 주체는 직원에게 또 하나의 구매되어야 할 상품물건인 셈이다.

그리하여 고객과 직원은 백화점에서 상품의 구입과 판매를 매개로 만나지만, 이 연결관계 자체가 상품적 성격을 갖는다. 고객이 상품으로서 가치가 없어 보이면, 즉 물건을 사지 않는다면, 이 관계는 급랭한다. 물건을 사려다가 실제로 사지 않을 때, 직원의 얼굴빛은 얼마나 빨리 변하는가? 백화점의 온기는 판매를 전제하기 때문이다. 구매가 이루어지지 않는다면, 이 둘의 관계는 허물어진다. 이 상품적 상호관계가 가장 잘 나타나는 인간의 예는 창녀일 것이다. 창녀에게 상품이란 그녀 자신의 몸이다. 창녀는 몸으로 자신을 상품화한다.

사람은 상품을 생산하고, 이렇게 생산된 것을 구매하고 소비하면서 흡족해한다. 구매와 소비의 사이클이 반복되면 반복될수록 순환의 주기는 가속도를 낸다. 소비의 양이나 유통의 주기가 빨라질수록 구매의 속도도 더 빨라지고 소비하는 목록도 많아진다. 그러나 감각과 만족은 구매의 양와 소비의 속도에 반비례한다. 즉 소비하는 것이 많으면 많을수록, 그리고 소비의 속도가 빠르면 빠를수록 사람은 더 비주체적으로 되고, 그의 감각은 더 무뎌진다. 그러므로 상품을 많이 소비한다고 감각이 더 새로워지는 것은 아니다. 오히려 둔화된다. 소비되는 상품의 양이나 소비속도에 반비

> **"고객은 이제 어디서도 머물지 않는다.**
> **아케이드는 이 한시성, 즉 순간의 부유**浮遊**를 허용한다.**
> **아케이드는 안이자 밖이고 실내이자 야외인 것이다."**

례하여 감수성은 낮아지는 것이다. 내가 상품을 자발적으로 선택하는 것이라기보다는 주어진 상품에 의해, 유행의 주기에 따라, 그리하여 판매와 광고와 선전의 시장전략에 휘둘린 채, 그때그때 호주머니 사정이 허락하는 한 내가 '구매되는' 것이다. 구매자는 시장이지 사람이 아니다.

그러므로 우리는 이렇게 말할 수 있다. 자본주의 사회에서 궁극적으로 팔리는 것은 상품이 아니라 바로 인간이다. 물건이 소비되는 것이 아니라 사람의 인격과 그 자아가 소비되고 고갈된다. 이 정도 되면 상품은 단순히 하나의 물건에 그치는 것이 아니다. 그것은 성배聖杯처럼 신성화된다. 즉 사물이 신의 위치로 격상되는 것이다. 물신화物神化란 이것을 지칭한 것이다.

물신주의Fetischismus란, 벤야민의 간결한 정의에 따르면, "비유기적인 것의 섹스어필"이다.[4] 상품이란 생명 없는 물건이다. 그러나 이 물건은, 그것이 생명이 있는 것처럼 인간 사이에서 숭배되고 선호된다. 이것은 어떤 제의행사에서 일어나는 것과 유사하다(벤야민은 「종교로서의 자본주의」(1921)에서 자본주의를 "휴일도 없이", "사

---

4) Walter Benjamin, "Das Passagenwerk," *GS* V/1, *a. a. O.,* S. 51.

람에게 빚을 지우면서", "영원히 지속되는", "제의종교"Kultreligion라고 적었다[5]). 그리하여 사물이 인간을 대신하고, 노동보다는 생산성이 우선시되며, 실체가 아니라 환영이 현실을 압도한다. 사물의 신적 고양이 일어나는 것이다. 이렇게 신성화된 상품 앞에서 인간의 온기, 주체의 개입적 가능성은 사라진다. 온기가 사라진 삶 또는 주체적 개입이 불가능한 생활이란 곧 소외다.

우리는 상품을 구매하는 것이 아니라 숭배한다. 이 숭배의 태도는 상품을 구매하면서 이렇게 구매하는 자신이 그처럼 떠받들어지고 있다고 착각하는 데 있다. 자기숭배란 자기미화다. 자기미화에는 주체의 자기자신과의 관계, 자기자신과의 성찰적 거리가 없다. 그러니 자립적 행동의 가능성도 차단된다.

그러나 휘발되는 것은 주체의 독자성만이 아니다. 타율적 인간은 그가 만나는 사물도 타율적으로 바라본다. 대상 자체의 독자성을 인정하지 않는 것이다. 그리하여 결국 현실의 무대를 지배하는 것은 죽은 것과 생명 없는 것, 즉 비유기적인 것의 위력이다. 물신성이 사물의 비유기체에 구현된 욕망이라면, 인간에게 구현된 물신성은 어떤 모습일까? 그것의 한 모습은 매춘이라고 말할 수 있을지도 모른다. 몸을 사고팔 수 있는 하나의 대상으로 삼는다는 것은 살아 있는 육체, 즉 유기체에 대한 상품화/환전화의 욕망을 표현하기 때문이다. 몸이 상품화될 때, 삶의 물신성은 정점頂点에

<hr>

5) Walter Benjamin, "Kapitalismus als Religion," *GS* VI(*Fragmente, Autobiogra-phische Schriften*), Frankfurt/M., 1991, S. 100. 자본주의의 종교적 · 제의적 물신화된 성격에 대해서는 제5장 「돈과 빚과 죄: 기생자본주의」를 참조할 것.

이른다. 여기에서는 비유기적이고 사물적인 것만이 아니라 유기적이고 생명적인 것 모두가 대상화된다. 이렇게 되면, 사람의 육체도 상품처럼 환산가능하고 교환가능해진다. 그래서 언제라도 대체될 수 있고, 여러 대체가능한 것 가운데 하나로 전락한다.

그러므로 현대사회에서 상품화되는 것은 상품만이 아니다. 인간도 상품화된다. 한 인간이 다른 인간과 맺는 관계도 그렇다. 사람과 상품의 관계처럼 사람과 사람의 관계도 상품의 물성物性을 매개로 이 물성을 체현하면서 맺어진다. 그러니까 인간의 사회적 관계란 상품성이 실현된 사물화된 관계에 다름 아니다. 이 사물화된 관계에서는 새로움이, 그것도 진짜 새로움이 아니라 껍질로서의 새로움이, 이 거짓 새로움에 대한 헛된 욕망이 모든 것을 결정한다. 그리하여 신상품에 대한 애착은 다음 상품이 등장할 때까지만 유효하다. 하나의 상품이란 전적으로 새로운 것이라기보다는 오래전부터 예비된 것의 적당한 변주나 약간 다른 버전에 불과한 까닭이다. 이 구태의연한 물건이 다시 우리의 나태한 감각을 기만하면서 그 거짓욕망을 부추긴다.

삶의 사회적 관계는 이런 식으로 간접화되고 객체화되고 유령화된다. 상품은 이제 상품이기를 그치고 인간 자체를 사용하고 지배하고 관리한다. 이것이 "사물관계의 허깨비적 형식"die phantasmagorische Form eines Verhältnisses von Dingen이다.[6] 그리하여 이제는 상품도 인간도 다들 허깨비가 된다. 그러니 인간의 노동이나 그 삶도 상품의 사물적 성격을 벗어나기 어렵다. 삶의 관계 전체가 비유기적 환등상의 성격을 띠게 되는 것이다. 이런 식으로 현대의 역사는 퇴행한다. 그것은 시원적 세계로의 신화적 재귀다.

> **❝** 자본주의 사회에서 궁극적으로 팔리는 것은
> 상품이 아니라 바로 인간이다.
> 물건이 소비되는 것이 아니라, 사람의 인격과
> 그 자아가 소비되고 고갈된다. **❞**

현대사는 물질과 기술의 신화 위에서 이뤄진 허깨비의 역사다.

그러나 이 허깨비적 요소는, 다시 주의하자면, 문화산업에 의해 아무것도 아닌 것처럼 아니 유쾌하고도 안락한 일이라도 되는 것처럼 무작위로 공급된다. 이 점에서 상품산업은 근본적으로 오락적·마약적 요소를 지닌다. 이 점을 벤야민은 이렇게 적고 있다.

"오락산업은 인간을 상품의 지위로 올려줌으로써 그의 마음을 가볍게 한다. 그는 자신으로부터의 소외와 타자로부터의 소외를 즐기면서 오락산업의 조작에 몸을 맡긴다. 상품이 왕관을 쓰게 되고, 이 상품을 둘러싼 기분전환용 광휘가 그랑빌 예술의 비밀스런 주제다."[7]

이제 인간은 더 이상 자기를 제어하지 못한다. 상품사회에서 인간을 다스리는 것은 인간 자신이 아니라 상품이다. 상품은 자본주의 사회에서 최고의 권력을 누린다. "상품이 왕관을 쓰게 된다."

6) Walter Benjamin, "Das Passagenwerk," *Ebd.*, S. 245.
7) *Ebd.*, S. 50f.

그러나 이 상품도 새로움과 낡음, 참신함과 진부함 사이를 오가면서 부침浮沈을 겪는다. 유행이란 이 부침의 주기라고 할 수 있다.

유행은 새것이 낡은 것으로 되고, 낡은 것이 새것으로 교체될 때까지만 지속된다. 인간은 새 상품이 나올 때 가지기를 원하고, 그것이 낡으면 사정없이 버린다. 그리고 다시 새것으로 바꾸기를 원한다. 결코 새롭지 않을 새것에 대한 낡은 욕구는 영원하다. 이 것은 기묘한 일이지 않을 수 없다. 이 욕구는 소비 주체에게서 오는 것이면서 물건의 상품적 성격에서 오는 것이기도 하다. 물건은, 그 자체로 사용될 때 아무런 신비도 없는 것이지만, 상품의 형식을 띠게 되면 마치 살아 있는 듯 감각적이고 초감각적인 매력을 풍기면서 소비되기를 갈망한다. 마르크스가『자본론』에서 상품을 일러 "형이상학적 억지와 신학적 변덕으로 가득 찬 기묘한 물건"이라고 부른 것은 그 때문일 것이다.[8]

이제 인간은 스스로 원해서 상품을 구입하는 것이 아니다. 새 상품이 진열되어 있기 때문에 신상품의 광고를 보았고 그 광고의 매혹을 떨쳐버릴 수 없기에 구입한다. 그리하여 욕망의 주기는 상품의 순환주기와 정확하게 상응한다. 이것은 노동자가 생산수단을 사용하는 것이 아니라 생산수단이 노동자를 사용하는 것과 같다. 마치 공장에서 노동자가 자기가 만든 물건으로부터 소외되듯이, 상품의 구매자는 자기가 소비하는 이 상품으로부터 소외되는 것이다. 교환관계에서 주인은 인간이 아니라 상품이다. 욕망의 물신주의화는 이렇게 생겨난다. 인간은 상품이 주는 쾌적함에 몸을

---

8) *Ebd.*, S. 245, 262.

19세기 판화가 그랑빌의 「딱정벌레 가족」(위)과 「고양이가 떠나자 춤을 추는 쥐들」(아래). 동물들의 요란한 치장과 의례는 인간의 사회적 관습에 대한 신랄한 풍자다. 인간 사이의 사교와 구애와 예절도 상품의 판매유통과 구조적 친연성을 지닌다.

맡기면서 자기로부터 소외되듯이 다른 사람들로부터도 소외되고, 이러한 소외화는 삶 전체로 확대된다.

현대적 삶 자체가 현대인에게는 낯설게 되어버렸다. 현대인은 모두 삶을 살아가는 듯이 보이지만, 자기 삶을 실제로 사는 자는 드물어 보인다. 아마도 그렇다고 말해야 하는지도 모른다. 이 점을 판화가 그랑빌은 뛰어난 풍자화로 묘사하는 데 성공했다.

5. 비유기성의 숭배

사물이 상품이 될 때 그것은 원래의 성격에서 벗어나 가격표의 한 등급으로 환산된다. 이 환산은 의미의 변질을 뜻한다. 더 정확히 말하자면, 본질의 격하格下라고 할 수 있다. 사물은 가격의 꼬리표 속에서 본래의 가치를 잃고 사고팔 수 있는 무엇이 된다. 즉 구매와 소비 또는 반품의 대상이 된다. 사물은 사용가치적 성격을 잃고 언제든 대치될 수 있는 딱지가 붙는 것이다.

그렇다면 소비된 후에는 어떻게 되는가? 그다음에는 또 다른 상품이 이전과 근본적으로 동일한 형식 아래 등장한다. 그러므로 상품사회의 새로움이란 이미 언급했듯이 전적으로 케케묵은 것의 새로움일 뿐이다. 교환가치 속에서 사물은 고유성과 자립성을 상실한다. 그렇다는 것은 물건이 상품으로서 새로움과 낡음, 명멸과 퇴락의 주기를 영원히 반복한다는 뜻이다. 바로 이런 주기, 이 주기 속의 대체가능성이 사람과 사물의 관계, 나아가 사람과 사람의 비본질적 근본관계를 규정한다.

상품의 물신화를 우리는 세 가지 차원, 즉 주체적(의식적) 차원,

객체적(사물적) 차원, 사회적 차원에서 나누어 생각해볼 수 있다. 첫째, 주체적 차원에서 인간은 상품을 '애호한다'. 그것은 내가 좋아하는 것이고, 그래서 즐겨 찾는 것이다. 손으로 만지고 귀에 걸고 코나 입에 붙이고 그것으로 온몸을 치장하기도 한다. 마치 연인이라도 되듯이, 상품은 감정적·성애적 욕망의 대상이 된다. '상품의 에로티시즘'이라고나 할까? 물건은 인간이라도 된 것처럼 인격화될 뿐만 아니라, 심지어 신적 숭배의 대상으로 상승된다. 이것이 둘째, 대상의 우상화이자 신비화다.

첫째가 주체의 소외라고 한다면, 둘째는 주체소외로 야기되는 객체소외 또는 사물소외다. 이제 우리는 상품을 연모하고 사랑할 뿐만 아니라 경애하여 '모시게' 된다. 일종의 종교적 숭배대상이 되는 것이다. 종교로서의 상품 또는 종교로서의 자본주의는 이렇게 해서 나온다. 삶의 사물화에는 분명 맹목적이고 신화적인 요소가 배어 있다.

셋째, 물신화의 사회적 차원은 상품의 에로티시즘과 우상화가 개체의 삶을 넘어 집단적으로 확산되면서 나타난다. 이때 우리는 보이는 것이나 제공되는 것 이상을 보지 않으려 한다. 그래서 광고되고 선전되는 것 이외의 것은 생각하는 것을 꺼린다. 상품사회는 이미 있는 것, 즉 기성의 공급과 기존질서에 순응하도록 가르치고 부추기고 명령하고 설교하는 까닭이다.

우리는 상품을 생산하고 유통하며 소비하는 가운데 자본주의적 상품원리에 종속되면서 이 원리를 마치 우리가 원한 것인 양 자발적으로 내면화한다. 지배질서나 기존가치에 대한 순응은 이렇게 일어난다. 순응적 이데올로기로서 상품물신주의는 기존체계를 정당화하고 재생산하는 데 기여한다. 인간은 상품을 생산하고 소비하는 주체인 듯하지만 그보다는 이 상품에 지배되고 부려지는 객체에 더 가깝다. 이것을 우리는 벤야민의 말을 빌려 "전사회적 판타스마고리화"로 또는 아도르노의 말을 빌려 "전적으로 관리되는" 현대사회의 "현혹연관항"Verblendungszusammenhang으로, 아니면 하버마스의 말을 빌려 "신화적 반복강제"Wiederholungszwang로 지칭할 수 있을 것이다.

벤야민 책을 편집했던 티데만R. Tiedemann은 판타스마고리를 상품물신성의 다른 이름이라고 언급했지만, 전방위적 상품화는 현대적 삶의 만화경을 이룬다. 그것은 주마등같이 변화무쌍한 모습을 이루며 지나가는 풍경처럼 보인다. 그래서 마술환등처럼 여겨지는 것이다. 이것이 상품의 판타스마고리다. 상품의 판타스마고리란 상품이 '직접적 현전 속에서 감각적으로 변용하는verklären 것'을 뜻한다. 마치 예수가 인간에서 신으로 변하듯이, 물건이 사용가치를 갖던 것에서 교환가치를 갖는 것으로 질적 변화를 이루는 것이다. 그래서 물건은 원래 사람이 만든 것이지만, 이제는 더 이상 사물로 그치는 것이 아니라 초자연적이고 성스러운 모습으로 나타난다. 상품은 최고의 지위, 즉 왕으로 추대되는 것이다. 이것이 벤야민이 말하는 "상품의 즉위식"die Inthronisierung der Ware이다.[9]

상품의 이 질적 변용은 사용가치가 증발하면서 노동이 추상화된 결과다. 이 결과로부터 상품미학적 가상이 생겨난다. 이 가상

9) Walter Benjamin, "Das Passagenwerk," *GS* V/1, *a. a. O.,* S. 51.

에는 물건뿐만 아니라 그 형식, 즉 전시되는 공간으로서의 파사주나 백화점, 박람회도 한몫한다. 판타스마고리로서의 상품은 토마스 베버T. Weber가 적절하게 지적했듯이, "더 이상 어떤 이데올로기를 재현하는 것이 아니라 물질적으로 현재하는 이데올로기 '이다'."[10] 상품, 상품의 형식, 그 외양과 판매장소, 전시공간 전체가 물질적으로 눈앞에 자리하는 하나의 이데올로기로서, 광고와 선전에 힘입어 자리하는 것이다. 여기에서 인간은 기분전환을 하는 것에 그치지 않고 자기자신에게서 멀어진다. 상품의 원래가치(사용가치)로부터 멀어지듯이, 타자에게서도 멀어진다. 그리하여 상품사회에서 인간이 궁극적으로 누리는 것은 상품이 아니라 자기자신의 소외인 것이다. 이것이 상품미학적 가상의 슬픈 결과다.

그리하여 판타스마고리는 사물의 구조만이 아니라 인간의 의식 내부에까지 파고든다. 많은 것은 사고팔 수 있는 척도에 따라, 교환가치가 얼마냐에 따라, 얼마나 유리하거나 불리한가에 따라 판단된다. 판타스마고리는 물질적·육체적 측면뿐만 아니라 의식적·가치적 측면에서 중대한 기준이다. 이 물신화된 상품은 일정한 주기를 탄다. 유행이란 다름 아닌 이 주기, 즉 매력과 권태, 호기심과 지루함 사이의 기계적 주기를 일컫는다. 이 세계에서 온기는 사라진다.

사물 자체가 신처럼 받들어진 세계에는 참다운 생명이 없다. 참신함이나 진실성은 증발한다. 그래서 그것은 비유기적으로 된다.

------

10) Thomas Weber, "Erfahrung," Michael Opitz/Erdmut Wizisla(Hg.), *Benjamins Begriffe*, Bd. 2, Frankfurt/M., 2000, S. 248.

> **혁신과 새로움은 시장의 이데올로기이고,
> 그 자체로 상품형식의 효과다.
> 새로움은 한때 문화와 예술의 가치였지만,
> 지금은 상품의 한 속성으로 전락해버렸다.**

그러니까 유행의 폐해는 유기적인 것의 억압 또는 생명적인 것의 무시에 있다. 벤야민은 이렇게 적고 있다.

"유행은 유기적인 것과 모순된다. 그것은 살아 있는 육체를 비유기적 세계에 연결시킨다. 유행은 살아 있는 것에서 시체의 권리를 알아챈다. 비유기적인 것의 섹스어필에 굴복하는 물신주의는 패션의 생명력이다. 페티시즘은 상품숭배에 봉사하게 된다."[11]

상품은 유기적인 것에 적대적이다. 상품은 비유기적인 것, 즉 무생명적인 것에 호소하기 때문이다. 물신주의란 이 무생명적인 것을 마치 생명이 있기라도 한 것처럼 숭배하는 것을 뜻한다. 무생명적인 것을 숭배하면서 인간은 대상처럼 자신도 물신화시킨다.

상품물신화 속에서 인간도 스스로 하나의 상품형식으로 자리하게 된다. 이렇듯이 상품은 모든 유기적인 것을 무기물로 변모시킨다. 벤야민이 썼듯이, 만국박람회가 "상품의 우주"를 만들어냈다

11) Walter Benjamin, "Das Passagenwerk," *GS* V/1, *a. a. O.*, S. 51.

면, 이 박람회를 보고 즐기는 인간은 상품우주 속의 한 인자, 즉 또 하나의 상품으로 자리한다. 그리하여 상품화된 개인으로 구성되는 사회는 하나의 물신화된 우주인 것이다. 19세기의 뛰어난 판화가 그랑빌은 벤야민이 지적하듯이 패션의 물신화가 "일용품에서 우주에까지 확대된다"고 말한 바 있다.[12] 도시의 황폐함과 상품의 물신화, 비유기성의 전일적 숭배는 일정한 상관관계 아래 있다.

상품사회의 새로움이란 지난 유행이면서 앞으로 다가올 유행이기도 하다. 그러면서 그것은 종국적으로 낡아빠진 것으로 변모해간다. 그렇다면 현재의 새로움 역시 가상이요 일종의 이데올로기다. 혁신과 새로움은 시장의 이데올로기이고, 이것은 그 자체로 상품형식의 효과다. 새로움은 한때 문화와 예술의 가치였지만, 지금은 상품의 한 속성으로 전락해버렸다. 또는 상품생산의 대량체제에 의해 더 조직적으로 취급된다고나 할까? 자본주의 사회의 모든 것은 상품형식의 이 같은 전일화全一化에 노출되어 있다. 예술도 예외가 아니다. 예술작품은 더 이상 영감이 분출되는 신성한 영역이 아니다. 또 고독한 천재가 거주하는 고상한 영역도 아니다. 예술작품은 그저 시장의 수요에 따른, 그래서 대중의 소비욕에 부합하고 판매전략에 따라 좌우되는 하나의 제품일 뿐이다. 상품문화 시대에 예술가가 갖는 고민은 바로 이 점에 있다. 보들레르의 시는 이 점을 잘 보여준다.

보들레르가 활동한 19세기에 새로움은 최대의 가치로 간주되었다. 새로움이 예술의 한 기준이라면, 이 기준을 만드는 것은 예술

---

12) *Ebd.*

가가 아니다. 그것은 시장에서 만들어지고, 고객의 욕구에 좌우되며, 경기의 활황과 불황 여부에 따라 변동한다. 이런 시장의존적 상황에서 예술가에게는 두 가지 길, 즉 기성체제에 복속할 것인가 아니면 이 체제에 저항할 것인가라는 양자택일이 놓여 있다.

그 당시 비순응주의자들은 예술시장에 저항하면서 이른바 '예술을 위한 예술'의 길로 나아갔다. 그러지 않은 사람은 자기가 만든 작품을 상품으로 판매했다. 그러나 대부분의 예술가는 어정쩡하게 눈치를 보며 망설이지 않을 수 없었다. 작품은 작가의 실존적 고민에서 시작되지만, 이 고민의 내용은 그 밖에서 온다. 밖이란 고객의 취향이나 시장의 변동 같은 외적·현실적 요인을 말한다. 보들레르는 그 사이에 있다. 그는 한편으로 기성체제에 저항하고자 했지만 이 저항은 쉽지 않았다. 그는 자신의 작품을 시장에 내놓아야 하고, 이 작품이 고객에게 팔려야만 살아갈 수 있음을 분명히 의식했다. 그는 착잡한 심정으로 새로움을 추구하지만, 상품사회의 이 새로움이란 허영에 지나지 않음을 깨닫는다. 그래서 반사회적이고자 했지만, 자신이 완전히 비사회적일 수 없음을 알고 괴로워했다. 시인 역시 자본주의 상품사회에서는 속물의 운명을 피하기 어렵다.

예술의 시장예속적인 상태를 우리는 벤야민의 아우라 개념을 통해 다른 시각에서 쓸 수도 있다. 예술작품은 이른바 사용가치와 전시가치를 상실하게 되면서 '탈아우라화한다'. 미학사에서 예술과 문화의 상품화는 19세기 중엽부터 본격적으로 시작된다. 예술은 기존의 제의적 가치를 상실하면서 비의적 요소를 점차 벗어난다. 이제 작품에는 그 나름의 아우라, 즉 어떤 신비로운 진품성의 분위기는 남지 않는다. 예술은 더 이상 고독하게, 명상적으로, 그리하여 감정이입의 관조적 대상으로 자리하는 것이 아니라, 집단적으로 충격과 낯섦 속에 지각되는 것이다.[13]

자본주의 아래 생산되는 모든 것은 상품적이거나 유사품적인 속성을 담고 있다. 그것은 어떤 식으로든 '교환'되어 '소비'될 어떤 것이다. 그 점에서 자기 목적적이기보다는 이런 목적을 위한 도구적인 성격을 지닌다. 그것은 자체의 고유성을 가지기보다는 일종의 부산물로서 자리하는 것이다.

생산된 것은 그 이전의 물건을 따른 것이고, 다음에 올 것은 이미 온 물건의 약간 다른 재생일 뿐이다. 하지만 그것은 '새것'으로 선전된다. 이것은 수없이 이어지면서 변화를 약속하지만, 이 약속은 표면적으로만 지켜진다. 또는 지켜지는 듯 얘기되지만, 실제로 지켜지는 것은 아무것도 없다. 포장만 새것이지 내용까지 새로운 것은 아니기 때문이다. 적어도 상품의 핵심은 근본적으로 변하지 않는다. 자본주의 사회는 새것의 망령 속에 사는, 이 새것 망령에 의해 지탱되고 지배되는, 그러나 철저히 진부한 것들의 물신공동체다. 자본주의 체제란 비유기적 망령사회다.

13) 아우라 상실에 대한 벤야민의 태도는 이중적이다. 그는 아우라의 상실을 한편으로 애달파하면서도 다른 한편으로 아우라 상실에서 오는 지각적 충격을 사회변혁의 의미 있는 계기로 삼고자 노력했다.

6. 반反문화의 재구축

초현실주의자들은 기술의 발전과 그로 인한 과학의 객관성에 주목했다. 그러면서 이 발전이 문화적으로 남긴 결과, 즉 부르주아 문화유산이 남긴 잔해에도 눈을 돌렸다. 유행이 지난 물건의 가치를 인정한 것도 그들이었다. 초현실주의자들은 현실의 잔해와 부스러기, 역사의 파편과 폐허의 이미지에 열광했다. 프로이트의 글을 프랑스에 소개하는 데 중요한 역할을 했던 브르통은 '끔찍한 것'Das Unheimliche과 같은 프로이트적 용어로 이 문명적 잔해의 의미를 이해하는 데 골몰했다. 『아케이드 저작』은 이 같은 초현실주의적 문제의식을 벤야민이 대도시 분석에 적용시킨 사례라고 할 수 있다.

전혀 어울릴 것 같지 않은 것들이 밀접하게 병치되는 예는 벤야민 글의 곳곳에 나타난다. 그것은 『아케이드 저작』의 인용방식이나 배열방식에서도 드러나고, 「역사의 개념에 대하여」라는 강령적 프로그램에서도 나타나며, 자전적 글인 『베를린의 어린 시절』이나 『일방통행로』에서도 보인다. 예를 들어 『일방통행로』에서 그가 "삶의 행복의 결정체는 알칼리 용액 속에서처럼 만들어진다"고 적을 때,[14] 우리는 행복이라는 주관적·심정적 개념과 알칼리 용액이라는 물리적·화학적 개념이 이질적으로 병치되어 있음을 본다. 전혀 상반되는 이미지는 이런 식으로 함께 자리함으로써 이전과는 다른 효과를 드러낸다. 『아케이드 저작』에서 우리는 우

14) Walter Benjamin, "Einbahnstraße," *GS* IV/1, Frankfurt/M., 1991, S. 88.

리가 읽는 쪽의 그다음 단락에서 어떤 설명과 사고와 이미지가 튀어나올지, 어떤 작가와 사상가, 어떤 사회학자와 도시계획자의 글이 어우러진 채 인용될지 전혀 예상할 수 없다. 그래서 우리는 매 장 매 단락을 낯선 흥분 속에 맞이하게 된다.

이런 점에서 보면, 벤야민의 글은 깔끔하고 군더더기 없는 글이라고 보기 어렵다. 오히려 거칠고 낯설며 이질적이고 모호한 혼란의 텍스트에 가깝다. 그것은 단순히 초현실주의적 효과를 빌리는 데 그치는 것이 아니라, 스스로 이질성의 충격을 구현한다. 실제로 그는 '충격'이나 '중단'이라는 말을 선호했다. 1935년 8월 9일 숄렘에게 보내는 편지에서 그는 이렇게 적고 있다. "나의 작업은 초현실주의의 철학적 환산화이자 그 지양을 나타낸다네. 그것은 가장 눈에 띄지 않는 현존의 확정된 것들, 그 쓰레기들 속에서 역사의 이미지를 포착하려는 시도와도 같네."[15]

벤야민은 부르주아 지배계층이 강조하는 예술의 자율성 가상에 거스르기 위해, 이 가상이 은폐한 상투성과 기만성을 무장해제시키기 위해 이질적이고 단절적인 표현법을 즐겨 썼다. 이를 통해 "가장 눈에 띄지 않는 현존", 말하자면 역사의 밖으로 밀려나고 의미의 체계로부터 배제된 것을 포착하려고 그는 엄청난 노력을 기울였다. 그것은 초현실주의적 충격을 통한 역사의 새로운 해석, 즉 역사적 유물론에 기댄 새로운 현실구성법이었다. 그 핵심은 현실과 꿈, 구체성과 초월성, 내밀함과 역사성을 변증법적으로 배합하는 데 있다. 그는 "고양된 시각성Anschaulichkeit과 마르크스주의

---

15) Walter Benjamin, "Das Passagenwerk," *GS* V/2, *a. a. O.*, S. 1137.

적 방법의 수행을 결합하는" 것이 "역사적 유물론의 중심문제"라고 생각했다.[16)

생각의 대립, 이미지의 충돌, 이로 인한 의미의 상충과 분쇄는 벤야민 사유의 중요한 특성이다. 그는 오래된 것과 새로운 것, 과거의 것과 현재의 것, 의미와 폐허가 무관한 것이 아니라 서로 깊게 연결되어 있다고 보았고, 이 둘을 연결시키는 가운데, 그리고 이렇게 연결되는 순간적 국면의 빛 속에서 무의미의 야만적 연속성을 깨뜨리는 새로운 가능성을 본 것이다. 이 가능성이란 파국적 현실에서 도달할 수 있는 어떤 구원의 가능성이었다. 『아케이드 저작』은 이 같은 가능성을 위해 시도된 다양한 인용과 논평, 설명과 주해로 구성된 이질적 사유조각들의 거대한 집적체다. 그리고 몽타주 기법은 이 충격적 문장배치법이 실현된 예술양식적 예다. 이런 이유에서 그가 텍스트와 이미지의 관계를 고민하고, 글과 사유의 이미지성을 강조한 것은 당연한 것인지도 모른다.

그러나 이 충격은 오늘날에도 유효한 것인가? 그것은 벤야민이 기대한 만큼의 효과가 있는가? 적어도 2014년이라는 현재에서 볼 때 충격의 효과, 즉 이질적 인용의 방식이나 몽타주 기법은 어떠한가? 우리는 이 물음에 부정적일 수밖에 없다. 오늘날 많은 경험은, 비록 낯설고 충격적인 것이라고 해도, 자본주의 생산원리에 의해, 또 상품사회적 구조로 하여 상당 부분 동질화되고 표준화되어 있기 때문이다.

지금 사회에서 참다운 의미의 개성은 살아남기 어렵고, 장려된

---

16) Walter Benjamin, "Das Passagenwerk," *GS* V/1, *a. a. O.*, S. 575.

다고 해도 그 개성이라는 시장의 이윤원리에 부합할 때만 허용된다. 때때로 개성이 이윤원리에 어긋난다고 해도, 그것은 결국 일정하게 규격화된 산업사회적 틀 속의 개성이기 때문이다. 모든 것은 생산되고 유통되고 소비되는 상품의 순환주기 속에서 일회적이고 찰나적인 효과를 가지며, 이 효과도 고유한 것이 아니라 대체가능한 것이다. 지적·문화적 산물도 철저하게 산업화/상업화의 수익체계 안에서 존속하는 까닭이다. 여기에 사적 영역과 공적 영역의 구분은 없다. 공적 영역도, 예를 들어 광화문 거리의 수많은 광고와 홍보전광판이 보여주듯이, 사적으로 점유되어 있다. 대중문화와 이 문화산업에 의해 문화 자체의 전방위적인 반反문화화가 일어나는 것이다. 그러니 의미가 만들어져야 한다면, 이 동일성의 강제체계부터 먼저 문제시되어야 한다. 몽타주 방식은 이 단절과 파괴를 통한 각성의 방법이다.

벤야민은 초현실주의적 구상을 받아들여 자본주의 비판을 위한 에너지로 이용한다. 그러나 이 수용은 무조건적인 것이 아니었다. 그는 초현실적 꿈의 이미지가 갖는 전복적 힘과 폐허의 에너지에 동의했지만, 현대성의 미혹에 대한 초현실주의적 탐닉과는 분명한 거리를 두었다. 도시의 신화적 성격은 더 이상 신화적으로서가 아니라 탈신화적으로 해체되고, 비판적으로 재구성되어야 한다고 보았기 때문이다. 그가 융이나 클라게스의 집합적 무의식 개념을 문제적으로 보았던 것은, 물론 이렇게 한 데는 아도르노의 지적이 큰 역할을 했지만, 이 때문이었다. 초현실주의자의 입장과 자기 입장의 차이점을 그는 『아케이드 저작』에서 이렇게 적는다.

"아라공이 꿈의 영역에 머물렀다면, 여기(『아케이드 저작』 — 옮긴이)에서는 깨어남의 국면이 발견되어야 한다······ 이 글에서 중요한 것은 역사 공간 안에서 신화를 해소하는 것이다. 이것은 물론 이미 있었던 것에 대해 아직 의식되지 않은 지식을 일깨움으로써만 가능하다."[17]

초현실주의자들의 문제의식은, 벤야민이 보기에, 그 혁명적 에너지에도 불구하고 여전히 신화적 꿈의 영역에 머물러 있었다. 이 꿈 속에서 그들은 부르주아 이데올로기에 대한 유물론적 비평을 하지 않는다. 이 꿈은 일깨워져야 한다. 그 점에서 벤야민은 부패·쇠락·폐허를 '유물의미론적으로 확장했다'고 볼 수 있다. 또는 꿈의 사회정치적 차원에 대해 초현실주의자들보다 더 의식적이었다고나 할까?

변증법적 유물론이 부르주아 이데올로기에 대항하는 벤야민의 사유법이었다면, 해체구성의 방식은 기존역사를 다시 조직하기 위한 구체적 대응방법이다. 이 방법에는 물론 여러 가지가 있다. 미시적 고찰이나 미메시스적 언어능력, 인상학적 관찰법, 몽타주적 배치, 이미지적 사유와 단절적 인식은 이런 방법과 연관된다. 수집에 대한 관심도 이 같은 문제의식에 닿아 있다.

왜 수집하는가? 어지럽게 분산된 것은 우선 정리되어야 한다. 그것은 무질서에 대한 거역이고 싸움이며 투쟁이다. 혼란에 대한 저항 때문에 사람은 물건을 수집한다. 이렇게 모은 것을 수집가

---

17) *Ebd.*, S. 571f.

는 일정한 순서와 위치에 따라 배열한다. 이때 사물은 원래의 기능연관에서 벗어나 새 자리를 얻는다. 의미의 전환은 이때 일어난다. 새로운 가치부여가 이뤄지는 것이다. 그리하여 이전의 가치들은 불변의 상태로 머무는 것이 아니라 새 형태를 얻는다. 수집가의 자세는 폐허지의 파편들을 끼워 맞춤으로써 사라진 역사를 해독하는 고고학자나 수수께끼 같은 현상에서 그 의미를 캐내려는 알레고리스트allegorist를 닮아 있다. 또는 그것은 사건의 원인을 추적하는 탐정가나 얼굴의 형태와 모습에서 다가올 운명을 해석하는 관상자의 시선과 유사한 것인지도 모른다. 이들은 모두 습관적 의미관계에서 새 의미를 추출하거나 생성해내려고 한다는 점에서 같다. 수집은 기억의 실천적 형식 또는 "실천적 기억의 한 형식"인 것이다.[18]

벤야민은 다른 것에서처럼 수집활동에도 관심을 가졌지만, 스스로 열광적인 수집가이기도 했다. 그는 장난감이나 고서적 또는 어린이책을 즐겨 수집했다. 그는 자신이 여행하던 곳의 그림엽서나 사진, 심지어 차표까지 집요하게 모았다. 20대 말에는 실제로 중고서적을 매매하면서 생계를 꾸려나갈 생각을 하기도 했다. 그는 무엇을 꿈꾸었던 것일까? 삶의 폐허와 유적遺跡을 거슬러 읽음으로써 유토피아적 이미지를 발견하려 했던 그에게 나는 이렇게 묻지 않을 수 없다. 폐허의 빛을 읽듯이, 우리는 추악함의 아름다움을 읽어내야 하는 것이 아닐까? 낡고 잊혀진 것에서 그가 새로운 것을 발굴하려 했듯이, 우리는 새로운 것으로부터 그 소멸적

---

18) *Ebd.*, S. 271.

징후를 내다보아야 하지 않는가? 그것이야말로 변증법적 이미지를 현실에서 경험하는 일이고, 상품사회의 새로운 지배를 문제시하는 변증법적 실천이 아닌가? 이런 식으로 지금의 이 글도 변증법적 움직임을 스스로 체현해야 한다. 의미 있다고 생각한 이 글마저 언젠가 폐허가 될 어느 미래를 맞이하리라는 것을 나는 지금 예상해야 한다.

그렇듯이 인간 육체의 아름다움은 피부의 두께 1밀리미터조차 넘지 못한다. 살갗 표면과 마찬가지로 그 아래도 볼 수 있다면, 우리는 호흡이 가빠지면서 토악질을 하게 될지도 모른다. 그러나 이 토악질을 거부하지 않을 때, 이것을 피하지 않고 흔쾌히 받아들일 때, 삶의 아름다움도 우리의 것이 될지도 모른다. 승리의 영광을 읊조리기 전에 이 찬가의 행렬 밖으로 밀려난 이들을 우리는 우선 헤아려야 한다. 역사의 패배자를 위한 흔적 없는 묘비도 찾아내어 읽어야 한다. 이 모든 것을 관통하는 것은 역사의 연속성에 대한 문제제기와 이 문제제기를 추동하는 아방가르드적 실험정신이다. 이런 문제제기를 통해 역사의 비억압적 가능성, 즉 이성적 삶의 질서가능성을 비로소 탐색할 수 있기 때문이다. 기존과는 다른 그 어떤 삶의 아름다움은 그다음에야 비로소 찾아들게 될 것이다.

많은 것은 중앙이 아니라 그 변두리에, 삶의 가장자리에, 그리하여 보이지 않는 곳에 흩어져 있다. 이것은 우선 수집되고 배열되며 또다시 구성되어야 한다. 알레고리적 시선은 사물의 외양과 내부를 동시에 본다. 그것은 화려한 외양에 깃든 다가올 폐허와 몰락, 쇠퇴와 쇠잔의 이미지를 읽어낸다. 이 폐허와 몰락의 궁극점은 죽음일 것이다. 이것은 알레고리 작가가 또는 넓게 말하여 바

> **많은 것은 중앙이 아니라 그 변두리에,**
> **삶의 가장자리에, 그리하여**
> **보이지 않는 곳에 흩어져 있다.**
> **이것은 수집되고 배열되며 또다시 구성되어야 한다.**

로크 작가나 화가가 왜 죽음을 그토록 자주 묘사했는지에 대한 답변이 될 수 있을 듯하다. 모든 살아 있는 것은, 그것이 죽음의 관점을 내포할 때, 그래서 소멸의 징후까지 소화해낼 수 있을 때 참으로 진실하게 되기 때문이다. 미의 인식도 죽음을 관통하면서 비로소 진실해진다.

7. 인공 거주지에서의 편두통

벤야민은 왜 19세기 파리에 대해 썼을까? 그는 왜 그토록 위태롭던 20세기 초의 현실에 살면서, 매일매일의 생계적 불안정과 무려 13년1927~40에 걸친 무국적자로서의 박탈감 속에서 파리를 탈출하기 바로 직전까지, 매일처럼 파리국립도서관의 한구석에 앉아 수많은 자료더미를 뒤지고 기록하고 논평하면서,『아케이드 저작』에 매달렸던 것일까? 이런 고고학적 의미발굴 작업을 통해 그가 남기려 했던 것은 결국 무엇인가?

자본주의 비판을 간단히 '신화비판'이라고 한다면, 이 신화비판은 자본주의의 소비문화가 잘 드러나는 대도시에서 가장 선명하고도 광범위하게 나타난다고 할 수 있을 것이다. 벤야민의 고찰은 도시가 구현한 신화적 휘광을 벗겨내어 그 실상을 알아내는 데 있다. 도시적 삶을 이루는 소비형태나 의식내용, 표상형식에는 예외 없이 환각적 형태가 구현되어 있는 까닭이다.

필요한 것은 이 미망迷妄의 주술을 무효화시키는 것이다. 이를 위해 벤야민은 현실에 불연속적이고 비체계적으로, 해체구성적으로 대응하고자 한다. 이미 존재하는 것을 전혀 다른 맥락에서 사유하는 것, 즉 비체계적 체계의 재구성 작업이 그의 글과 사고방식과 표현방식에 두루 들어 있다. 이 문제의식은 『독일 비애극의 원천』의 서문에 특히 선명하게 주제화된다. 여기에서는 단순히 인식내용만 문제시되는 것이 아니라 인식이 생산되는 조건에 대한 탐색이 이뤄지며, 나아가 지식의 함의 자체를 문제시하는 글쓰기가 시도된다.

벤야민은 현대성의 모습에 매혹되면서도 이 매혹 속에 숨은 미망과 허위를 잊지 않는다. 자본주의의 산업기술과 이 기술이 양산해낸 번지르르한 상품, 상품의 편리함 아래 은폐되는 대도시의 소외와 우울, 그 피폐와 왜곡을 그는 잊지 않는다. 그는 도회적 삶의 안락함과 이 안락함에 취한 개인의 자족, 이 자족 속에서 파편화되어가는 경험을 끊임없이 주시한다. 아케이드를 떠도는 대중은 이 파편화된 경험을 공유한 다수다. 이 생각 없는 다수는 편리한 도시적 익명성 속에서 때맞추어 공급되는 상품을 주체적으로 소비한다고 느끼지만, 공적 책임은 갖지 않는다. 공적 선의는 그들이 보기에 생각하지 않아도 좋은 무엇이다. 그러나 이 나태한 의식의 틈을 타고 개인의 독단과 편견은 증식되고, 사회의 억압과 폭력이 자라난다. 경험궁핍의 경험 속에서 공적 질서는 무너지고,

개인과 국가 사이의 이해관계적 대립은 더욱 첨예화한다.

히틀러의 폴란드 침공이나 파리 진격은 이런 대립 가운데 일어난 대표적 재앙이다. 특정계층이 안전과 평화의 슬로건 아래 안락함을 구가하는 시간에도 이름 없는 다수는 끌려가거나 유린되거나 추방되면서 결국 죽임을 당한다. 벤야민도 그런 경우였다. 그는 이 무렵에 독일국적을 박탈당한다. 그의 친동생은 그렇게 해서 강제수용소로 끌려갔고, 거기서 죽음을 맞는다. 또 얼마나 많은 이름 모르는 다수가 그렇게 죽어갔던가? 그처럼 죽어간 사람들의 끝없는 대열 그 어디쯤에 벤야민도 쓰러져 있었다. 그렇게 죽어가면서 그는 히틀러 같은 역사의 유령이, 이 유령에 편승한 스탈린 같은 위정자들이 사라진 폭력 없는 시대를 염원한지도 모른다. 그가 죽은 곳은 프랑스와 스페인의 국경에 있는 작은 마을 포르 부였다. 1940년 9월 27일의 일이었다.

박해와 추방, 약탈과 살인의 시대적 야만 앞에서 벤야민의 슬픔은 비관적 체념으로 빠지지 않는다. 그는 우울에 차 있었지만 이 시대를, 이 시대의 자본주의적 기원을, 이 기원에 깃든 신화적 폭력의 토대를 파리라는 대도시 분석에서 끝까지 해명하려고 애썼다. 이것은 히틀러 군대의 진격으로 파리국립도서관의 출입이 어려워질 때까지 계속된 『아케이드 저작』에서 잘 입증된다. 그의 글쓰기는 피신하기 전까지 이어졌다. 그것은 글을 통한 '현대세계의 본성'에 대한 탐구였다. 절망의 요소는 그가 쓴 글의 곳곳에 남아 있지만, 그는 이 절망의 폐허지에서도 어떤 긍정적 계기를 읽어내려고 혼신의 힘을 기울였다. 나는 그가 처해 있었을 실존적 상황을 다시 떠올린다. 그는 어떻게 매일매일 살았던가?

벤야민은 탈아우라된 현대사회를 분석하면서 1930년대를 파리에서 보냈다. 거듭되는 생활난, 점증하는 전쟁의 기운, 곳곳에서 자행되는 폭력의 위협 속에서 그는 매일 파리국립도서관에 나가 동시대 사회정치적 파국의 원인이 무엇인지, 그 근원적 뿌리는 어디에 닿아 있는지 알아내고자 했다. 그러면서, 당시 편지가 보여주듯이, 닥쳐오는 재난을 피해 미국으로 이주하고자 애썼다. 그가 미국행 비자를 받으려고 곳곳에 편지를 보내고 팔방으로 수소문하며 다닌 것은 이 때문이다. 그의 글은 이 절멸의 실존상황에서 살기 위한, 아니 살아남기 위한 절망적인 안간힘의 놀라운 결과가 아닐 수 없다. 그 시절 한 편지에서 그는 이렇게 쓴다.

"파리에서 최소한의 생계비는 매달 1,000프랑입니다. 폴락은 이것을 5월에 마련해주었지만, 6월에도 그만큼 필요합니다. 그러나 계속 작업하기 위해 한동안 그것이 필요합니다. 어려움은 지금껏 충분히 겪었습니다. 내 위태로운 존재방식에서 격심한 편두통까지 자주 일어납니다."[19]

미국으로 이주하는 것도 그 당시에는 쉽지 않았다. 각 나라에 대해서처럼 독일에도 할당된 이주인원이 정해져 있었고, 영사관에 등록되지 않으면 그렇게 이주하기가 어려웠다. 벤야민에게는 이 제한된 인원에 포함될 방법이 없었다. 그래서 그는 미국에 있던 동료인 호르크하이머나 아도르노에게 빈번히 편지를 보내곤

---

19) Walter Benjamin, "Das Passagenwerk," *GS* V/2, *a. a. O.*, S. 1118.

했다. 그러나 답신비용까지 지불해야 했던 전보의 경우 매우 부담스러웠다. 아마 이 때문에 그는 자주 끼니를 건너뛰어야 했을 것이다. 그는 '어떤 의무도 부과되지 않는 지원금'을 매달 1,000프랑 정도 받고 싶어했지만 꿈같은 소원이었다. 연구지원금을 받을 가능성도 없었고, 미국시민이 될 수 있는 길도 없었다.

안정된 직장과 매일의 빵에 대한 갈망은,『베를린의 어린 시절』의 한 구절이 보여주듯이, 벤야민이 죽는 날까지 결코 채워지지 않는다. "내가 좋은 직장과 확실한 빵을 가졌으면 하는 희망이 헛된 것이었다는 것을 알기까지는 오랜 시일이 걸렸다."[20] 그럼에도 이 사무적인 일을 처리하는 것 외에 그는 매일같이 파리국립도서관을 오가며, 이 도서관의 한갓진 곳에 앉아, 어떤 사진이 보여주듯이, 책을 읽으며 도서카드를 뒤지거나 자료를 기록하면서 이 도시를 이 근대적 도시의 괴물 같은 성격을 해부했다.『아케이드 저작』은 이 "격심한 편두통"의 "위태로운 존재방식"에서 나온 산물이다.

대도시의 거리에는 온갖 소비와 과시와 유행의 욕망이 흐른다. 그러면서 거기에는 쉬 포착되기를 거부하는 집단적 꿈과 무의식, 침묵과 아쉬움과 탄식도 스며 있다. 후각을 자극하는 잡다한 향수와 미각을 돋우는 음식의 향연에도 불구하고 어떤 부패의 기운, 즉 썩어가는 곰팡내와 퇴행의 기운, 독기는 사라지지 않는다. 도시의 우울은 여기에 닿아 있다.

---

20) Walter Benjamin, "Berliner Kindheit um Neunzehnhundert," *GS* IV/1, 1991, S. 248.

> **"도시에서 남는 것은 결국 편두통이다.**
> **편두통 없이 도회적 인공거주지에서 우리는**
> **생활할 수 없으며 살아남기도 어렵다.**
> **도시적 우울과 불안은 이 위태로운 생활을 증거한다."**

벤야민은 현대란 잠자는 시대이고 이 잠 속에 신화가 번창하는 시대로 보았지만, 현실에서 좌절된 소망과 욕망은 이런저런 꿈의 형태로 출현한다. 무의식에는 충족되지 못한 무시간적이고 항구적인 세계상이 서려 있기 때문이다. 신화적 세계의 이 이미지는 옷과 건물, 패션과 장식, 거리와 광장 등 대도시를 이루는 여러 물질적·관습적 형식 속에 구현된다. 그래서 그것은 신선함과 활기 이상으로 상투성과 지겨움, 역겨움과 구토를 일으키기도 한다. 도시에서 결국 남는 것은 편두통이다. 편두통 없이 도회적인 인공거주지에서 우리는 생활할 수 없으며 살아남기도 어렵다. 도시적 우울과 불안은 이 위태로운 생활을 증거한다.

역사적 형성물은 갖가지 요소로 오염된 망각의 지층 위에 포개져 있다. 이것은 지질학적 형성물만큼이나 관통하기 어렵다. 그러나 폐허의 충적층은 뚫어져야 한다. 역사적 망각의 오랜 퇴적층은 파내고 뒤집혀야 한다. 벤야민은 이것이 개인의 깨어 있는 의식을 통해 가능하다고 여겼다. 각성은 기억을 활성화시킴으로써 촉진된다. "존재했던 것을 꿈의 기억 속에서 철저히 견뎌내는 것! 기억과 깨어 있음(각성)은 서로 밀접하게 관계한다. 각성은 말하자면 침잠적 상기Eingedenken의 변증법적 코페르니쿠스적 전환이다."[20] 벤야민은 꿈과 그 기억, 이 기억에서 이뤄지는 각성의 힘을 말했지만, 나는 차라리 표현이라는 단어를 쓰고 싶다. 표현이야말로 그가 말한 꿈과 각성, 꿈과 기억, 실천을 하나로 잇기 때문이다.

표현은 단순히 감각만의 일도 아니고, 사고나 언어만의 일도 아니다. 그것은 대상을 우선 느끼고, 이렇게 느낀 것을 생각하며, 이런 생각을 언어로 드러내는 일련의 의미화 과정이다. 그렇다면 그것은 대상을 기억하고 이 기억된 대상에 형식을 부여하는 것이며, 이 형식부여를 통해 스스로 깨어나는 각성의 실천이 된다.

그러므로 기억과 각성은 표현 속에서 완성된다. 재앙의 부당한 연속사는 표현을 통해 단절될 수 있고, 이 단절 속에서 비판적으로 재구성될 수 있다. 그래서 기존의 경험내용은 새 이미지 속에서 포착되고 이해되고 묘사된다. 상징공간에서의 조합과 구성, 해체와 조직의 실험적 재배치는 의미의 이 재편과정을 뜻한다. 작품은 이 같은 과정의 산물이다. 그것은 작품을 읽는 독자에게 다시 깨어나기를, 깨어나 새로운 의미를 자기 삶 속에서 스스로 조직하기를 북돋는다. 기억-각성-표현-실천은 하나의 고리로 이어지는 것이다.

기억을 통한 표현적 실천은 상품물신주의에 저항하고 대도시의 편두통을 견디면서 삶의 유기성을 상기시키고자 한다. 도시적 세련미를 받치고 있는 것은 상하수도 시설이고 밤의 화려함 다음에는 술 깬 다음날의 환멸이 있다. 도시의 자유를 구가하기 위해서는 악취를 직시해야 한다.

---

21) *Ebd.*, S. 491.

제2부

정치경제와 법, 신학

벤야민은 오늘날의 신학이
"작고 추하며, 그 때문에 보여선 안 되는" 것이라고
분명히 말한다. 왜 그런가?
지금의 세계에서, 특히 자본주의 사회의 역사적 조건에서
삶은 근본적으로 사물화되어 있기 때문이다.

벤야민의 글은 대개 미묘하지만 이 미묘함은 어떤 외적 조건, 즉 현실의 전체국면을 도외시하지 않는다. 이 전체국면에서 가장 큰 범주가 역사라고 한다면, 이 역사를 이루는 내적·제도적 장치는 정치와 경제와 법이라고 할 수 있다. 신학은 이 내적·제도적 장치를 초월적 차원에서 보완하는 형이상학적 틀이라고 할 수 있다. 이 내외적 틀에 대한 생각을 동시에 가늠할 수 있어야 그의 미묘함, 즉 사유의 섬세함과 감정의 뉘앙스도 제대로 포착할 수 있다. 제2부에서는 벤야민 사유의 내외적 틀을 살펴보고자 한다.

먼저 정치경제에 대한 벤야민의 생각을 알아보자. 이것은 궁극적으로 자본주의 이해로 수렴된다고 할 수 있다. 이 자본주의 이해에서 결정적 술어는 세 가지, 즉 돈과 빚과 죄다.

제5장

돈과 빚과 죄: 기생자본주의

> 화폐는 눈에 보이는 신이며,
>
> 인간과 자연의 모든 성질을 그 반대되는 것으로 바꾸는 것이며,
>
> 사물의 전반적인 혼돈과 전도다.
>
> ■마르크스, 『경제학-철학 초고』(1844)

> 자발적 경험의 지금 여기는 오래전에 부식되어 무력화된다.
>
> 인간은 더 이상 기업연합이 제공하는 시리즈 생산물을
>
> 단순히 받아들이는 게 아니라 스스로 기업연합독재에 의해 산출되어
>
> 개별성을 상실한 듯하다.
>
> ■아도르노, 「올더스 헉슬리와 유토피아」(1951)

벤야민의 글 가운데 「종교로서의 자본주의」[1921라는 글이 있다. 서너 쪽밖에 되지 않는, 나중에 쓸 논문을 위한 스케치로 쓴 짧은 글이다. 하지만 이 글은 매우 인화력이 높다. 이 글은 이렇게 시작된다. "자본주의에서 우리는 하나의 종교를 볼 수 있다. 말하자면 자본은 이전에 종교가 답변을 주었던 것과 똑같은 걱정과 고통,

불안을 잠재우는 데 본질적으로 기여한다."[1]

그가 보기에 자본주의가 종교적인 것은 종교가 행하는 흔한 방식, 즉 불안의 위로를 답습하기 때문이다. 어떻게 위로하는가? 그리고 이 위로는 제대로 이뤄지는 것인가? 이런 식으로 우리는 자본주의와 종교의 관계를 더 자세히 물을 수 있다.

이에 대한 벤야민의 답변은 전체적으로 그리 치밀한 것으로 보기 어렵다. 「종교로서의 자본주의」는 몇 개의 경구적인 노트와 앞으로 작업할 때 참조할 책의 목록만으로 되어 있기 때문이다. 그러니만큼 여기에서 언급된 니체와 프로이트, 마르크스와의 연관성이 논의되어야 하고, 참조목록으로 등장하는 소렐G. Sorel과 웅거 E. Unger, 푹스와 베버, 란다우어G. Landauer 등도 그의 사유에서 어떤 의미를 갖는지 고려해야 한다.[2] 또 비슷한 시기에 작성된 「운명과 성격」1919이나 「강제력 비판」1921도 같이 읽어야 하고, 이 무렵 친교하던 블로흐와의 관계나 그의 『유토피아의 정신』에 대한 벤야민의 생각도 고려해야 한다.

그 당시 벤야민은 자본주의의 종교적 구조와 그 죄악을 직시하

---

1) Walter Benjamin, "Kapitalismus als Religion," *Fragmente, Autobiographische Schriften, GS* VI, Frankfurt/M., 1991, S. 100.

2) 소렐과 웅거, 푹스와 란다우어의 경우 이들은 자본주의 질서의 극복을 모색한다는 점에서 기존의 마르크스주의자와 같은 생각이었지만, 경제결정론에 치중한 마르크스주의의 사회분석에는 다같이 비판적이었다. 가령 소렐은 프롤레타리아 세력의 조직화에 그리 적극적이지 않았고, 무산자 혁명의 목표가 곧 사회주의 국가라고 여기지도 않았다. 이런 연관항에 대해서는 Uwe Steiner, "Die Grenzen des Kapitalismus," *Kapitalismus als Religion*, v. Dirk Baecker(Hrsg.), Berlin, 2003 참조.

는 가운데 인간이 단순히 종교의 도움으로 구원되기 어렵다고 여겼고, 부르주아적 기성질서를 거부하면서 무정부주의에 크게 공감하기도 한다. 이 공감은 무엇보다 '정치적인 것의 의미'를 새롭게 고민한 데에서 온다. 그러나 그의 논리는 비약적이고, 그 어조는 강령처럼 단정적이다. 그럼에도 곱씹어볼 만한 중요한 통찰이 곳곳에 숨어 있다.

1. 돈벌이: 자본주의적 '제의종교'

벤야민이 언급한 자본주의의 특징은 무엇인가? 그것은 네 가지다.

첫째, 자본주의는 "순수한 제의종교祭儀宗敎, Kultreligion다. 그래서 "어떤 교리도, 신학도 모른다." 둘째, "자본주의는 꿈도 자비도 없는 제의Kult sans rêve et sans merci의 거행이다." "거기에는 어떤 평일도 없으며", "경배하는 자가 엄청난 긴장을 갖고, 그 모든 성스런 치장을 펼친다는 끔찍한 의미에서 축제가 아닌 날이 없다." 그리하여 자본주의적 제의는 "영원한 지속"의 성격을 갖는다. 셋째, 그것은 "빚을 지게 한다"verschuldend. "자본주의는 죄를 벗어나게 하는entsühnend 것이 아니라, 빚을 지게 만드는 제의의 첫 경우일지도 모른다." 넷째, 자본주의적 종교의 신은 '숨어 있다'.[3]

자본주의의 종교적 성격에 대한 논의는 벤야민에게만 나타나는 게 아니다. 돈에 의해 추동되는 자본주의는 자신을 목적화하는 것이고, 이 점에서 그것은 스스로를 숭배Kultus한다. 자본주의의 자

---

3) Walter Benjamin, "Kapitalismus als Religion," *a. a. O.*, S. 100f.

> **❝ 자본주의 화폐경제에서 개인은
> 돈벌이를 하나의 예배처럼 행하도록 강제된다.
> 그래서 제의의 형태를 닮는다. 제의에서 '주체'나 '자율',
> '자유'나 '책임'은 증발되기 때문이다. ❞**

기승배 또는 자기우상화에 대한 이 같은 생각은 마르크스에게서
도 나타난다. 그리고 이것은 마르크스 이전에, 가령 질서를 파괴
한다고 하여 외상(신용대부)이나 이자를 사회에서 추방하려 한 아
리스토텔레스의 생각에도 어느 정도 묻어 있다고 할 수 있다.[4] 그
러나 가장 직접적인 사상적 친화성은 아무래도 막스 베버M. Weber
의 문제의식에 들어 있는 것 같다.

베버가 여러 편에 걸친 종교사회학적 연구를 통해 자본주의의
종교적·윤리적 조건에 관심을 가졌다면, 벤야민은 자본주의를 근
본적으로 '종교적 현상'으로 이해한다. 경제적 사고에 어떻게 윤
리와 근검절약의 관습ethos이 들어 있고, 이 에토스의 발생조건과
그 형식이 무엇이었는지를 베버가 논의했다면, 벤야민에게서는
돈벌이 자체가 일종의 자기목적성을 띠는 것으로 이해된다. 두 사
람의 관점은 경제적·물질적 요소만 강조하지 않는다. 그 점에서
그것은 마르크스주의적 기본 사고, 즉 사회적 존재가 의식형태를
규정한다는 관점과 분명하게 대립된다. 그러면서 벤야민은 존재

---

4) Birger P. Priddat, "Deus Creditor: Walter Benjamins 'Kapitalismus als
Religion'," Dirk Baecker(Hrsg.), *Kapitalismus als Religion, a. a. O.,* S. 224.

와 의식, 하부구조와 상부구조, 물질과 정신이 인과적으로 설명될 수 있다기보다는 "표현적으로 얽혀 있다"고 이해한다.[5] 또 그는 베버와는 다르게 자본주의를 종교적으로 포박되었다고 파악하는 데 그치지 않고 그 구조를 입증해 보이고자 했다. 이 시도에서 두드러진 점은 자본주의의 제의적/의례적kultisch 성격이다.

제의의 한 특징은 그것이 반복적으로 계속된다는 데 있다. 제의는 특정한 대상을 향해 있지만, 이 대상이 반드시 신인 것은 아니다. 그것은 우상일 수도 있고, 알 수 없는 신화적 힘일 수도 있다. 알려져 있듯이, 제의는 흔히 토테미즘이나 샤머니즘에서 일어난다. 그것은 여러 가지 의식儀式의 형태로 거행되지만, 종교에서의 의식이 신이라는 분명한 대상을 향해 있는 반면, 제의는 종교보다 모호하고 더 신비스런 대상을 향해 있다고 할 수 있다. 그 점에서 벤야민이 자본주의를 '제의종교'라고 부른 것은 제의 특유의 모호하고 운명적이며 불합리한 성격을 강조하기 위한 것이라고 할 수 있다.

현대사회에서 우리는 주체적으로 돈을 버는 것처럼 여긴다. 과연 그런가? 개인은 자본주의적 경제체제에서 자율적으로 행동하는가? 그렇다고 말하기 어렵다. 왜냐하면 많은 것은, 그것이 노동이건 노동의 조건이건 아니면 봉급체계나 상품의 구매성향이건, 효능과 수익과 이윤의 시장원리에 따라 철저하게 관리되기 때문이다. 그것은 노동자/소비자가 스스로 원하여 만들었다기보다는 외부

---

5) 여기에 대해서는 제14장 「화해적 단절: 문화사 이해」 4절 "문화–상하부구조의 '표현적' 얽힘"을 참조할 것.

에서 부과된 체제이고, 그 점에서 일종의 강제체제^{Zwangssystem}다.

　수익과 이윤의 자본주의적 강제체제에서 개인은 주체적으로 선택하고 자율적으로 행동하기 어렵다. 그는 오히려 타율적이고 부자유한 객체로서 마치 사물인 것처럼 산다. 자본주의 화폐경제에서 개인은 돈벌이를 하나의 예배처럼 행하도록 강제된다. 그래서 제의의 형태를 닮는다. 제의에서 '주체'나 '자율', '자유'나 '책임'은 증발되기 때문이다. 거기에는 규율의 지배와 복종, 명령과 이에 대한 추종만 자리한다. 우리는 예배를 주관主管하지도 않고, 주관할 수도 없다. 예배를 이끄는 것은 성직자다. 각 개인/신도에게는 기존의 규칙에 대한 순응만 있지 그 외의 가능성은 주어지지 않는다. 무한한 이윤추구의 강제논리가 작동한다.

　돈이 갖는 종교적 기능을 지멜이 『돈의 철학』^{1900}에서 이미 지적한 바 있다. 실제로 벤야민은 베를린에서의 대학 시절 지멜의 수업을 들었고, 그가 주도하는 모임을 찾아다니곤 했다. 자본주의의 종교적·유사종교적 성격을 그는 이미 그때 인식했는지도 모른다. 돈이 스스로 목적화하면, 원래의 기능에서 벗어나고 신화화한다. 이제 돈은 일과 땀과 수고의 자연스런 대가가 아니다. 그래서 모든 노동은 그 자체로 보람되고 가치 있는 무엇이 아니라, 돈을 얼마나 버느냐에 따라 평가된다. 여기에 대응하는 것은 물질의 사용가치가 아니라 교환가치다. 아니 '사용가치'와 '교환가치'라는 전통적 대립항은, 오늘의 관점에서 보면, 너무 낡아버린 개념인지도 모른다. 교환가치보다는 '과시가치'요 '투자가치'라는 용어가 더 적절할지도 모른다.

　돈은 이제 단순한 벌이의 대상에 머물지 않는다. 그 지위는 숭배의 대상으로까지 격상된다. 이것이 이른바 "돈의 성체변질聖體變質, Transsubstantiation des Geldes"이다.[6] '변용'Verklärung이란 원래 신성한 변화를 뜻한다. 사물의 단순한 변화가 아니라, 인간이던 예수가 신으로 변하듯이 하나의 물건이 질적으로 전혀 다른 차원으로 변하는 것을 뜻한다. 이처럼 돈은 신의 기능적 등가물로 간주된다. 돈은 곧 신이 되는 것이다.

이제 이 돈으로 할 수 없는 일은 없다. 돈은 신처럼 전지전능하다. 돈은 모든 문제를 해결할 수 있고, 실제로 모든 것을 해결한다. 수익의 모티프는 하나의 신처럼 모든 행위의 보편적 원천으로 자리한다. 그러나 이 신성화된 돈이라는 숭배물에서 인간은 사라진다. 중요한 것은 돈이지 이 돈을 쓰는 사람이 아니기 때문이다. 자본의 세계에서 인간은 철저하게 수동적이고 피동적인 객체에 지나지 않는다. 돈은 이제 현대적 삶을 조건짓는 가장 강력한 운명적 테두리가 된 것이다.

각 구성원은 자본주의 교리의 신자이고, 이 신자는 이윤창출이라는 제의를 신성하게 받들면서 돈벌이를 한다. 하지만 그는 빚에서 벗어날 수 없다. 일하는 만큼 돈을 받을 수 없고, 설령 받는다고해도 소비의 양이 임금보다 많기 때문이다. 자본주의적 소비체제는 수입보다 지출이 많도록 부추겨지는 곳이기도 하다. 그리하여

---

6) 돈의 신격화를 볼츠(N. Bolz)는 버크(K. Burke)의 말을 빌려 "돈의 성체변질"이라고 부른다. Norbert Bolz, "Der Kapitalismus eine Erfindung von Theologen?," Dirk Baecker(Hrsg.), *Kapitalismus als Religion, a. a. O.,* S. 206; Kenneth Burke, *Grammar of Motives*(Reprint), Berkeley: University of California Press, 1969, p. 54.

> ❝ '시간 없다'는 말은 '돈 없다'는 말 다음으로
> 자주 쓰는 현대인의 관용구다. 이들의 삶은
> '휴일도 없이' '영원히' 이어진다.
> 자본주의 하에서 영원한 것은 무의미뿐이다. ❞

임금과 소비, 노동과 욕망 사이에는 메꿀 수 없는 간극이 자리한다. 바로 이 간극이 빚을 '영원하게' 만든다. 자본주의 체제 하의 노동자는 항구적으로 빚진 삶을 살아간다. 그래서 벤야민은 이렇게 썼을 것이다. "사건의 일의성을 보장하는 세계사의 최고 범주는 죄/빚이다. 모든 세계사적 계기는 부채를 지고 있고, 부채를 지게 만든다."[7] 빚은 소비사회의 구성원에게 마치 운명처럼 부과된다. 역설적인 것은 이 항구적 채무의 메커니즘으로 인해 자본주의는 존속한다는 사실이다. 그래서 거기에는 '꿈도 자비도 없다'.

자본주의 현실에서 빚과 죄악의 메커니즘은 휴일도 없이 지속된다. 그리고 이렇게 지속되는 경과는 신성불가침한 일이라도 되는 것처럼 경배된다. 여기에는 그 어떤 의심이나 물음이 자리하지 않는다. 이것이 순응과 종속의 자본주의적 강제체제다. 이 대목에서 확인되는 것은 자본주의의 문제점이 단순히 종교와의 유비적 관계에 그치는 것이 아니라 종교 자체로 동질화된다는 사실이다. 이것이 앞서 언급한 '자본주의 체제의 성체변질'이다. 그러므로

---

7) Walter Benjamin, "Zum Problem der Physiognomik und Vorhersagung," *Fragmente, Autobiographische Schriften*, GS VI, *a. a. O.*, S. 92.

문제는 자본주의의 종교적 성격이 아니라, 정확히 말하여 '자본주의로 변형되어버린 기독교' 또는 '기독교마저 흡수한 자본주의'이고, '기독교화한 자본주의 신화'다. 기독교의 근대적 역사는 자본주의 발생의 역사다.

그러므로 자본주의 하의 노동은 대체로 엇비슷한 것이 된다. 거기에는 휴식이나 은총이 허락되지 않는다. 적어도 참된 의미의 휴식은 있기 어렵다. 강제된 일과 일 사이에 마치 우발적으로 끼어드는 낯설고 불안정한 휴식이 있을 뿐이다. 또한 계속되는 일은 타자와의 관계 속에서 제 삶을 보존하는 자유로운 활동이 아니라, 생산된 제품의 양과 이 제품에서 받은 금액으로 환산되는 무엇이다. 이렇게 환산된 노동은 '생산성'이라는 이름으로 불린다. 인간의 노동이 아니라 시장체제 속의 수익가능성이 경제를 지배하는 것이다. 노동의 수고 대신 극대화된 경쟁이 칭송되고, 땀 대신 연봉이 이윤추구의 제의에서 경배되는 것은 그 때문이다. 이것이 오늘날 시간경험의 주요 내용이다.

'시간 없다'는 말은 '돈 없다'는 말 다음으로 자주 쓰이는 현대인의 관용구다. 이들은 시간 속에 살지만, 이 시간은 이들과 무관해 보이거나 이들을 떠나 있는 것처럼 보인다. 그리하여 이어지는 것은 무의미한 시간의 동질적 지속이다. 이들의 삶은 '휴일도 없이', '영원히' 이어진다. 자본주의 하에서 영원한 것은 무의미뿐이다.

2. 상표다신주의

인간으로 하여금 돈벌이를 신성하게 여기도록 만드는 것은 무엇인가? 무엇이 그로 하여금 주말도 휴식도 잊은 채 무자비하게 일하도록 부추기는가? 그래서 삶의 세계를 무의미의 집하장으로 만들고, 나날의 삶을 비인간적으로 변질시키는가? 이윤과 수익에 모든 정력을 바치게 만드는 요인은 과연 무엇인가? 그것은 물신주의Fetischismus다.

자본주의의 맹목적 이윤추구를 지탱하는 것은 상품 물신주의다. 이 물신주의를 벤야민은 "비유기적인 것의 섹스어필"이라고 간략하게 정의한 바 있지만,[8] 여기에서 특징적인 것은 비유기적인 것의 지배다. 살아 있는 것이 아니라 죽어 있는 것이 중시되고, 죽어 있는 것이 마치 살아 있는 것처럼 행세한다. 그리하여 그저 사용되는 데 그치던 사물은 이제 일정한 가치로 환산되어 다른 사물과 교환할 수 있는 것으로 바뀌고, 단순히 교환가능한 지위에서 벗어나 그 스스로 주체/주인이라도 된 것처럼 자리하는 것이다. 이것이 상품의 신성화, 즉 '사물의 성체변질'이다.

이렇듯이 상품의 교환가치화와 삶의 소외는 상호상승적으로 일어난다. 이로부터 야기되는 것은 대상의 탈실체화, 즉 삶의 전반적 공허화다. 벤야민이 보기에 자본주의적 탈실체화가 가장 번지르르하게 표출된 하나의 전범적 사건은 1867년의 만국박람회였다.

---

8) Walter Benjamin, "Das Passagenwerk," *GS* V/1, v. R. Tiedemann(Hrsg.), Frankfurt/M., 1982, S. 51.

"만국박람회는 물신상품을 위한 순례지다……만국박람회는 상품의 교환가치를 변용시킨다. 그것은 상품의 사용가치가 뒤로 물러나는 틀을 창출한다. 그것은 판타스마고리(허깨비/환등상)를 열어 보이는데, 이곳으로 인간은 기분전환을 위해 들어간다. 오락산업은 인간을 상품의 높이로까지 끌어올려 사람의 기분을 가볍게 한다. 그는 자신과 타인으로부터의 소외를 즐기면서 오락산업의 조작에 자신을 맡긴다. 상품에 왕관을 씌우고, 상품을 둘러싼 기분전환의 광휘가 그랑빌 예술의 숨은 주제다."[9]

만국박람회가 개최되는 공간에서는 상품이 지배한다. 그곳은 상품의 우주로서, 모든 만들어진 것이 모든 살아 있는 유기체의 삶을 대신한다. 비유기적인 것이 선호되고 선전될 뿐만 아니라 신성시되고 숭배되면서 찬미된다. 죽은 것들을 위한 제의가 마치 종교에서처럼 거행되는 것이다.

여기에서 상품은 단순한 구매대상에 그치는 게 아니다. 그것은 제의에서처럼, 종교적 의례에서처럼 찬미되고 숭배된다. 물론 상품구입이 단순한 기분전환이나 스트레스 해소를 위해 일어나기도 한다. 그러나 자세히 보면, 거기에는 그 이상의 도취와 자기위로도 작용한다. 화장품을 바르는 것은 피부의 탄력이 더 오래 지속되기를 바라기 때문이다. 담배를 피우는 것은 일이 답답해서거나 한숨을 돌리기 위해서다. 하지만 이 흡연에는 출구를 향한 어떤 알 수 없는 갈망도 있다. 그렇듯이 자동차는 나만의 내밀한 공

---

9) *Ebd.*, S. 51f.

간을 제공해주고, 캐주얼 옷차림은 언제라도 모험에 나설 수 있을 듯한 착각과 흥분을 불러일으킨다. 나이키 신발을 신거나 구찌 핸드백을 어깨에 걸치면, 우리는 뭔가 날아갈 듯한 또는 어디론가 비상할 듯한 기분에 젖지 않는가? 그리하여 폴로 매장에 들어서면 마치 신성한 제단에 들어설 때처럼, 비록 잠시이기는 하나 몸과 마음이 정화되는 듯한 착각에 빠져들기도 한다.

현대의 신성한 장소는 성당이 아니라 매장이고, 교회가 아니라 상점이며, 제단이 아니라 백화점이다. 현대인은 신성함도 돈으로 구매한다. 바로 이 점을 투시한 것이 19세기의 보들레르였고, 보들레르의 이 통찰에 주목한 것이 벤야민이었다. 그래서 그는 썼다. "만국박람회는 물신상품을 위한 순례지다."

물건에 대한 이 물신주의적 사랑이 야기하는 것은 무엇일까? 그것은 한마디로 주체의 광범위하고도 체계적인 탈주체화다. 주체는 주체적 존재로 살아가는 듯 보이지만, 사실 주체적으로 살지 못한다. 그가 자기책임 아래 선택하고 결정하는 것은 없다. 왜냐하면 그는 자기 이외의 다른 것을 사고할 수 없기 때문이다. 현대의 인간은 공장과 기업이 제공하는 상품의 안락에 순응하면서 자신의 개별성과 자율성을 해체해간다. 상품체제의 강제와 압박을 내면화하게 되는 것이다. 이 내면화의 결과 그는, 아도르노가 예리하게 지적했듯이, "태곳적 미성숙 상태"에 빠지게 된다.

"원칙상 담화는 곳곳에 자리하는 산업체의 카탈로그에 이미 적혀 있는 것, 말하자면 오직 제공된 제품에 대한 정보와 관련된다. 대화의 이념은 사람들이 아직 모르는 것을 발견하는 데 있지만, 그 같은 정보는 사실 불필요하고 공허한 대화의 껍질이다. 이 이념이 없다면, 대화는 소멸할 때가 된 것이다. 완전히 집단화된 사람들, 그러면서도 끊임없이 대화하는 자들은 모든 의사소통을 포기하고, 스스로 말없는 단자로서 자신을 고백해야 할 것이다. 사실 그들은 부르주아 초기 시절 이후 그렇게 존재해 왔다. 그들은 태곳적 미성숙에 빠져 있다."[10]

상품사회를 살아가는 현대인들의 대화란 "오직 제공된 제품에 대한 정보와 관련된다." 그러나 "대화의 이념"이, 아도르노의 지적대로 "아직 모르는 것을 발견하는 데 있다"면, "그 같은 정보는 사실 불필요하고 공허한 대화의 껍질"에 불과하다. 그리하여 현대인들은 개별성과 자율성, 자발성을 상실한 집단화된 존재로서 "태곳적 미성숙 상태에 빠져 있"는 것이다.

현대인이란 주체성이 휘발된 존재다. 그는 철저히 탈주체화된 주체로서 자기 삶의 주인이 아닌 종복으로 살아간다. 아니 삶을 스스로 '살아가는' 것이 아니라 '살게 되는' 것이다. 스스로 살아가는 자율적 존재가 아니라, 주어진 매뉴얼대로 살게끔, 보이게/보이지 않게, 강제된 타율적 존재인 것이다.

이렇듯 오늘날 상품사회의 억압은 체계적이다. 이 체계적 억압성은 시장이 마련한 표준화 원칙에서 잘 나타난다. 상품은 미리 마련된 규정 아래 일정한 항목과 종류, 크기와 양과 치수를 가진

---

10) Theodor W. Adorno, "Aldous Huxley und die Utopie," *Kulturkritik und Gesellschaft* I, *GS* Bd. 10/1, Frankfurt/M., 1977, S. 103.

채 제공된다. 이 규격화된 제품 외의 것을 우리/소비자는 쉽게 요구하기 어렵다. 소비는 자유롭지만, 이 자유는 일정하게 틀지어진 동일성의 체계 속에서 행사된다. 따라서 현대인의 (보이는) 자유란 (보이지 않는) 속박의 자유다. 소비자는 순례하듯이 백화점에 들르고, 전시된 상품을 숭모하듯이 바라보며, 흡족한 마음으로 물건을 구입하게 되지만, 이렇게 구입한 상품은 그 이외의 무수하게 많은 다른 고객도 구입한 것이다. 사들인 상품에서 고객은 자신의 소망이 성취된 듯한 기분에 젖어들지만, 이 기분은 유일무이한 것이 아니라 대량으로 생산된 무수한 상품 중의 하나에 의해 자극된 것이다. 구매한 상품이 대체가능한 것처럼, 이 상품에서 누리는 기쁨도 무한히 복제가능한 것 중의 하나다.

사물의 숭배, 즉 사물제의는 마침내 유기적인 것을 대체하고, 더 나아가 유기적인 것을 자임한다. 현대의 종교는 마침내 상품소비의 시장에서 구현된다. 신성한 초월의 영역은 더 이상 따로 존재하지 않는다. 그것은 내가 소비하는 현장에서 새 구두를 구입하고 새 윗도리를 걸치며 새 바지로 바꿔 입는 순간에 이미 구현된다. 눈앞에 펼쳐지는 상품의 전시와 이 상품을 위한 선전과 시연의 각종 행사에서 신성함은 어느 정도 체험되는 것이다. 아니 각각의 상품과 상표가 그 나름으로 신인 것처럼 자리한다. 상품이 신이 되고, 트렌드가 시대정신이 되며, 유행이 문명의 방향을 지시한다. 이것을 볼츠는 이렇게 지적한다. "우리는 상표와 유행의 다신주의 속에서 산다. 소비의 물신은 더 이상 초월을 향한 도구가 아니라 성스러움 그 자체다. 간단히 정식화하면, 인간은 종교적 감정을 더 잘 사용하기 위해 신을 지운다."[11]

현대사회는 과학과 기술에 힘입어 가장 합리화된 역사의 단계라고 흔히 말하지만, 그래서 이 합리적 세계에서 제의의 행태나 숭배의 가치는 사라졌다고 말하지만, 이 과학기술에는 역설적이게도 신화적 요소가 자리한다. 문명이 축출했다고 하는 원시적 몽매성이 다시 회귀한 것이다. 그리하여 베버는 『프로테스탄티즘의 윤리와 자본주의 정신』을 마무리하면서 자본주의의 암울한 미래풍경에 대해 이렇게 적었다. "정신없는 전문가, 가슴 없는 향락자──이런 공허한 인간들은 인류가 전례 없는 단계에 도달했다고 생각할 것이다."[12]

몽매적·신화적 요소는 다시 돌아왔으나 이전에 상정되는 신은 지금 이 자리에 없다. 신이 있다면, 그것은 상품 속에서 다양한 형태로 구현되어 나타난다. 그것이 바로 상품다신주의多神主義다. 그러나 거듭 강조하건대 상품다신주의에서 신은 상품이지 신 자체가 아니다. 참된 신은 현대 자본주의 사회에서 없다.

많은 현대인이 건강중독증에 걸리고, 연예인에게 열광하며, 축구선수나 농구선수에게 매달린다. 더 일상적인 예는 많다. 주문한 상품이 도착하면, 그래서 그 옷을 입어보거나 시계를 차보거나 가방을 둘러메면, 우리는 뭔가 산뜻하고 신선한 느낌을 가지지 않는가? 이 느낌이 심해지면 중독될 수도 있다. 중독된 구매욕망은 소비적 차원을 넘어선다. 그것은 영적 체험에 가깝다. 그리하여 과

11) Norbert Bolz, "Der Kapitalismus eine Erfindung von Theologen?," Dirk Baecker(Hrsg.), *Kapitalismus als Religion*, a. a. O., S. 202.

12) Max Weber, *Die protestantische Ethik und der Geist des Kapitalismus*, Gesammelte Aufsätze zur Religionssoziologie, Tübingen, 1988, S. 204.

> **"사들인 상품에서 고객은
> 자신의 소망이 성취된 듯한 기분에 젖어들지만,
> 구매한 상품이 대체가능한 것처럼 이 상품에서
> 누리는 기쁨도 무한히 복제가능한 것들 중의 하나다."**

학문명의 한복판에서 오랫동안 억압되어온 환각의 느낌이 여봐란 듯이 활개를 치는 것이다. 이 점에서 우리는 '이성적 세계의 비이성화' 또는 '비합리적 계급관계의 합리적 조직화'를 말할 수 있을지도 모른다.

기만의 연관관계가 확장됨에 따라 인간은 자신를 에워싼 주변조건을 사유하지 못한다. 그러니 그의 자족감이 있다면, 거짓과 기만의 자족감이다. 여기에 비판능력은 자리하기 어렵다. 상황과의 타협도 그래서 쉽게 이뤄진다. 우매함이 재생산되면서 계급관계가 영구적으로 고착되는 것은 이런 맥락에서다.

이와 같은 전사회적 우매화와 비이성화, 타동화와 탈주관화를 부추기는 것은, 그래서 기만과 좌절과 거짓욕구의 생활체제를 정립시키는 데 기여하는 것은 광고와 마케팅 전략이다. 이것은 상품 물신주의의 축제가 차질 없이 진행되도록 집요하게 물량공세를 퍼붓는다. 시장의 우상은 이런 식으로 경배된다. 시장현실에서 중시되는 것은 더 이상 가르침이나 도덕, 율법이나 설교가 아니다. 모든 것은 행사-판촉-이벤트에 자신의 사활을 건다. 말하자면 실질적 내용이 아니라 각색된 상연가치Inszenierungswert가 생활세계를 점령하는 것이다. 삶의 이벤트화란 바로 이것이다.

자본주의적 제의가 치중하는 것은 상품이고 유행이며 판매량이고 수익이다. 자본주의적 제의종교란 상품수익을 위한 제의이고, 이 제의에서 선전되는 것은 보이는 것의 휘광, 즉 무대 위에서 선보이는 외양이자 겉멋이다. 이 숭배의식에서 사물의 원래 가치는 아무래도 좋다. 상품은 그것이 위로와 도취와 열광과 망각을 제공하는 한 아무런 문제가 없다. 상품세계란 도취를 위한 환각의 무대, 즉 판타스마고리가 연출되는 가상세계다. 현대사회란 이성과 과학을 가장한 상품미신의 허깨비 세계다. 문제는 이 미신세계로 인해 땀과 노동의 가치가 잊혀지고, 자연이 사라지며 불합리성이 증가한다는 사실이다.

현실은 상품소비사회의 이 점증하는 불합리성 때문에 점점 퇴보해간다. 이 퇴보는 갈등과 부당함과 폭력 같은 갖가지 폐해를 야기한다. 순수한 물신주의에서 대중적 집단기만이 유래하는 것이다. 상품종교가 존재의 혁신이 아니라 그 파괴라던 벤야민의 말은 바로 이 점을 지적한 것이다.

3. 빚=죄악?

베버는 서구 근대사회의 합리화 과정을 자본주의와 기독교 윤리의 관계로 설명한다. 그는 자본주의 경제윤리가 종교적 내용, 즉 프로테스탄티즘의 금욕적 윤리에 의해 조건지어졌다고 이해하면서, 이전에는 교회가 구원의 성스러운 힘을 가졌다면, 근대사회에 들어온 후에는, 즉 계몽주의 시기를 전후해서는 세속적 직업활동 덕분에 구원이 가능하게 되었다고 진단한다. 이 직업활동은 계속적 합리화·지성화·산업화로 인한 것이다.

근대사회의 이 같은 합리화 과정을 베버는 '세계의 탈마법화 Entzauberung der Welt 과정'이라고 부른 바 있다. 이 합리화 과정에서 이전의 신화적·근원적 가치는 점차 물러나면서 다양한 가치질서 사이의 경쟁이 일어나고, 이 경쟁 때문에 사회의 각 영역은 더욱 더 세분화된다. 이것이 근대사회의 전문화다.

흥미로운 것은 합리적 현대사회에서의 가치갈등이, 베버에 따르면, 고대의 다신주의 사이에서 일어났던 갈등과 상당할 정도로 닮아 있다는 사실이다. 지극히 합리적으로 보이는 현대사회가 역설적이게도 자신이 떠나온, 이렇게 떠나왔다고 믿어온 신적·마술적 세계에 가까워지게 된 것이다. 그리하여 계몽주의 시대에 시작된 탈마법화 과정은 결국 '재마법화' Wiederverzauberung 되어버린 것이다. 그만큼 현대사회는 마치 빠져나올 수 없는 올가미에 포박된 것처럼 알 수 없는 힘에 운명적으로 휘둘린다. 이 불합리한 힘은, 특히 자본주의 사회에서 그것은, 돈과 자본과 시장과 상품에서 온다. 생산되고 소비되는 모든 물건은 인간을 철저하게 탈주체화하고 타율적으로 만듦으로써 어떤 헛된 것, 즉 비유기적이고 물신화된 것들을 숭배케 한다. 그리하여 이 소비망령의 사회에서 우리는 궁극적 해결책을 마련하기 어렵다.

오늘의 사회를 지배하는 것은 어떤 운명이나 불가피성이라고 말해야 할지도 모른다. 현대사회를 '신화시대'라고 지칭할 수는 없지만, 그것이 뭔가에 휘둘리고 어딘가에 포박된 듯 몽매하고 아둔한 상태는 지속된다는 점에서, 삶의 신화적 성격은 여러 분야에서 여러 형태로 나타난다고 할 수 있다. 사람의 교제방식이 그렇고, 이들의 사물이해가 그러하며, 갈등의 존재방식도 그와 다르지 않다. 이 편재하는 몽매함 속에서 다양한 가치는 시도 때도 없이 엇갈리고 부딪친다. 가치의 갈등은 특정한 시기나 사안에 국한되는 게 아니다. 그것은 차라리 항구적으로 지속되는 것처럼 보인다. 마치 신과 같은 불변의 존재가 그 뒤에 자리하는 것처럼 가치의 경쟁과 충돌은 휴식도 없이 이어진다.

그러니 싸움과 오해, 이반과 균열은 피하기 어렵다. 현대사회에 합리성이 있다면, 그것은 이 모순과 이반과 몽매가 한결같이 지속된다는 의미에서 그렇다. 말하자면 '비합리성의 합리적 지속'이다. 모순의 한결같은 지속성에 바로 현대의 합리성이 있다. 그리하여 지극히 합리적 외양을 가진 불합리한 내용이 알 수 없는 신화적 구조의 연속성 속에서 영위되는 것, 그것이 현대사회의 특징을 이룬다.

한 사회가 일정한 불가피성, 즉 비합리성의 운명적 구조 아래 작동한다면, 그것은, 위에서 언급했듯이, 일종의 강제체제라고 할 수 있다. 이 강제체제를 벤야민은 '빚'Schuld이라는 개념으로 설명한다. 이 점에서 그는 베버와 구분된다. 베버 사고의 핵심에 '합리성의 이중성'이 있다면, 벤야민 사고의 중심에는 '빚 개념의 이중성'이 있다. Schuld란 '죄'와 '빚'이라는 두 가지 뜻을 갖기 때문이다. 빚이란 갚아야 할 무엇이다. 그 점에서 당위적이고 도덕적인 함의가 들어 있다. 빚을 갚지 않으면 죄의식을 느끼고, 부끄러움이 밀려든다. 자본주의 아래에서 '빚진다'는 것은 '죄를 짓는다'는 뜻과 같다.

그러므로 돈을 버는 것은 빚을 갚기 위해서이고, 이렇게 빚을 갚음으로써 현대인은 죄악에서 벗어나려 한다. 그러니 돈벌이는 예배와 유사한 것, 즉 유사종교적 행위가 된다. 현대의 경제는 영원한 채무의 태곳적·신화적 강제틀에 종속되어 있다. 바로 여기에 자본주의 화폐경제의 부자유하고 의례적인 성격이 있다.

사실 돈은, 어원적으로 보면, 그 자체로 '옳은 것'이다. 독일어로 돈은 'Geld'라고 하는데, 이것은 어원적으로 'gelten'(타당하다)에서 나온 것이다. 그렇듯이 gelten은 '예배'라는 뜻의 Kult와 관련되어 있다(이교도의 예배는 'kelt'로 불렸다). 마치 상품이 신으로 즉위하듯이, 돈도 자본주의 사회에서는 왕으로 추대된다. 돈은 자기를 정당시하면서 스스로를 경배의 대상이 되게 하기 때문이다. 이것이 돈의 자기목적화self-finalization다. 돈의 자기목적화란 돈이 자기를 궁극적 목적으로 삼는 것이고, 이 목적의 실현을 통해 자기를 완성시키는 것이다. 그러므로 돈의 자기목적화란 돈의 자기우상화와 다르지 않다. 이윤창출이 '공리주의'功利主義라는 이름 아래 당연시되는 것과 같다.

이제 돈은 전방위적 주술어呪術語가 된다. 그것은 더 이상 누군가의 동의나 지지를 필요로 하지 않는다. 돈벌이는 더 이상 이념의 도움으로 자신을 정당화할 필요도 없고, 윤리적 근거를 마련할 이유가 없다. 돈벌이는 그 자체로 윤리적으로 절대화한다. 그 스스로 종교에 유사한 행위가 되었기 때문이다. 돈-수익-이윤-효용의 원리는 더 이상 통제되지 않는다. 돈벌이는, 모든 제의가 그러하듯이, 절대적으로 경원시되는 것이다.

마치 교회가 헌당되듯이 돈이 헌정되며, 신이 경배되듯이 화폐가 경배된다. 오늘날 경배, 기도, 헌당은 신을 중심으로 이뤄지는 것도 아니고, 신적인 것을 향한 것도 아니다. 사물이 아니라 돈이 숭상되고, 수익과 이윤과 배당률이 신격화되는 것이다. 그것은 돈의 유일신격화다. 이윤창출의 사업은 신의 숭배의식과 유사한 형태를 갖는다. 그리하여 자본주의 하의 금융기관이 교회와 유사하게 되는 것은 특이한 현상이 아니라 당연한 결과인지도 모른다.

이윤추구는 전통사회에서 원래 종교적 동기를 부여받고 있었지만, 현대 자본주의에 들어와서 자가동력화한다. 돈이 삶을 위해서가 아니라, 믿음을 강하게 하거나 신을 경배하기 위해서가 아니라, 그 자체로 목적이 되는 것이다. 목적이 된 돈은 사람을 블랙홀처럼 빨아들인다. 인간뿐만 아니라 그의 의지나 감정, 꿈과 욕망마저 흡수하여 사물화시킨다. 이 자기목적화한 돈의 블랙홀에서 빠져나오기란 불가능해 보인다. 하지만 이보다 더 무서운 것은 빚이다. 빚은 죄보다 무섭다. 죄는 회개하면 벗어나지만, 빚은 또 다른 빚을 낳기 때문이다. 그것은 죄가 또 다른 죄를 낳는 것과 같은지도 모른다. 빚은 일을 통해, 일에서 받은 임금으로 갚을 수 있지만, 이 상환은 대개 신용대부(외상)를 통해 이뤄진다('돈을 빌린다'는 것은 '신용을 대부하는' 일이다. 즉 돈은 믿음이다). 그러나 외상에 기댄 상환이 오래갈 수는 없다. 원금이 이자를 낳고, 이 이자가 또 다른 이자를 낳기 때문이다. 그러니 이자의 변제란 이자의 이자의 변제가 된다. 자본주의에서 이자의 이자의 변제란 거의 불가능한 것이라고 말해야 하는지도 모른다.

그러므로 참으로 무서운 것은 채무상황이다. 빚진 현실에서 채무자가 죄의식에서 헤어나지 못하고 죽음에 이르는 것은 그리 드물지 않다. '돈을 못 번다'는 것은, 그래서 '빚진다'는 것은 자본의

> **자본주의 아래에서 '빚진다'는 것은 '죄를 짓는다'는 뜻과 같다. 빚을 갚음으로써 현대인은 죄악으로부터 벗어나려 한다. 돈벌이는 예배와 유사한 것 즉, 유사종교적 행위가 된다.**

현실에서는 '무기력하다', '활동능력이 없다'는 뜻이다. 나아가 그것은 '죄를 짓는다'는 뜻이기도 하다. 그래서 범죄행위 같은 것으로 간주된다. 그리하여 이자수익을 금지하는 기독교적 가르침은 잊혀지고, 자선과 기부의 전래적 형태는 철폐되면서 이윤을 얻기 위한 무제한적 노력이 칭송되는 것이다. 그러나 가중된 채무의식은 생명마저 끊을 만큼 무겁고 무섭다. 이 죄의식은 피하기 어렵다. 빚은 어디에서나, 누구에게나 일어나기 때문이다.

　자본주의를 지탱하는 것은 이 보편화된 채무상황이다. 자본주의적 합리성은 모든 대상을 교환가능한 등가물로 파악함으로써 세속적인 것과 성스러움, 믿음과 화폐를 구분 짓고, 가치의 높고 낮은 경계를 구분 짓는 가운데 모든 대상에게 빚/죄/부정성不正性을 부과한다. 그리하여 채무상황은 "보편적으로 타당하고 일반적으로 동등한 논리적·존재론적 틀"이 된다.[13]

　수익을 위한 자본주의적 제의종교는 작업일과 휴일, 성스러움

---

13) Burkhardt Lindner, "Der 11.9.2001 oder Kapitalismus als Religion," Nikolaus Müller-Schöll(Hg.), *Ereignis. Eine fundamentale Kategorie der Zeiterfahrung. Anspruch und Aporien*, Bielefeld, 2003, S. 202.

과 세속적인 것의 경계도 말살하면서 쉼 없이 이어지고, 이 휴식 없는 전진의 질식상황은 전 지구적으로 확장된다. 살아 있는 것들은 원래 모습을 잃고, 인간은 자기의 주체성을 잃는다. 일상의 전반적 비유기화와 탈주체화가 일어나는 것은 이런 맥락에서다. 사물화란 이 비유기화되고 탈주체화된 삶을 일컫는다. 여기에서 종속과 굴종, 과오와 타율은 불가피하다. 죄책감이 비주체적이고 비독립적인 삶의 도덕적 상태라면, 빚은 그 경제적 상태를 뜻한다고 할 수 있다. 자본종교의 보편화란 빚의 파괴적 보편화다. 그리고 빚의 보편화란 죄의식의 보편화다. 자본주의적 체제란 근본적으로 빚을 지게 하는 메커니즘, 즉 채무의 보편화 체제이기 때문이다.

그렇다면 보편화된 채무관계 또는 죄악의 연관구조로부터 우리는 어떻게 빠져나올 수 있는가? 구원이 과연 가능한가? 신성시된 돈벌이는, 앞서 언급했듯이, 평일과 휴일도 구분하지 않는다. 이 무자비한 이윤추구는 신의 창조를 방해하는 데까지 이른다. 그리하여 그것은 제1의 원죄, 즉 낙원추방에 이은 제2의 원죄가 될 법하다.[14] 이런 문제의식을 현대학문의 세 거장인 마르크스, 니체, 프로이트는 공유하고 있었다.

그러나 빚은 과연 죄악인가? 그것은 죄악으로 불려도 좋은 것인

---

14) 최초의 인간이 첫 원죄를 저지른 이유가 선악과에 기인한다면, 오늘날의 인간이 두 번째 원죄를 저지르는 이유는 빚을 지기 때문이다. 첫 번째 원죄의 대가가 낙원추방이라면, 두 번째 원죄의 대가는 자기의 비인간화다. 첫 인간이 금기의 열매를 무릅쓰고 행한 인식 때문에 낙원에서 추방되었다면, 현대의 인간은 빚 때문에 믿기 어려운 존재라는 저주를 받는 것이다. 주체가 사물화되는 것도 인간 상호간의 믿음이 박탈되었기 때문이다.

가? 현대사회에서는 특히 한국사회에서는 '그렇다'고 할 수 있을 만큼 빚은 죄악시된다. 현재 이 땅에 사는 국민의 90퍼센트가 가계 빚을 갖고 있고, '신용불량자'로 판정받은 사람들은 사회활동이 금지되기 때문이다. 자본주의 하에서 빚/죄악은 체제적으로 장려되고 제도적으로 고착화된다. 돈이 위력을 발휘하면서 이 힘의 원천을 종교에서 빌려오고, 이렇게 빌려온 힘은 신화화된다. 돈이 신화적으로 되듯이, 신화가 된 돈/자본/자본주의는 하나의 종교로 기능한다. 기독교는 그 예다. 그러나 종교는 전면에 나서는 것이 아니라, 뒤로 물러나 있다. 벤야민이 썼듯이, 신은 숨어 있는 것이다. 이것은 두 가지 사실을 알려준다. 첫째, 기독교의 역사는, 적어도 근대 이후 기독교 역사는 자본주의의 역사다. 둘째, 돈이 있으면 구원될 수 있고, 돈이 없으면 구원될 수 없다. 빚짐이 죄악인 까닭이다.

이제 지폐나 화폐, 수표는 성체聖體처럼 숭앙된다. 돈을 버는 행위는 성스런 미사처럼 여겨진다. 돈이 구원의 증표이듯이, 빚은 죄악의 증표다. 여기서 확인되는 사실은 경제적 행위와 종교적 행위 사이의 구조적이고 의미론적인 유사성이다. 죄(도덕적 개념)가 곧 빚(물질적 개념)과 겹친 채 나타나는 것이다.

그렇다면 채권과 채무의 메커니즘은 왜 발생하는가? 왜 사람들은 돈을 빌리고 빌려주는가? 그것은 간단히 말해 이윤을 얻기 위해서다. 자본주의 경제의 동력은 수익에서 나온다. 수익에 대한 욕구는 숨은 신처럼 제 몸을 숨기고 모든 일에서 작동한다. 이윤을 얻기 위해 사람은 돈을 빌려주고, 이 돈을 빌린 자는 원금을 갚지 못해 다른 데서 또 빌린다. 빌리고 빌려주는 이 순환의 메커니즘은 자본주의 체제를 건전하게 지탱하는 것이 아니라 불안정한 상태로 몰아간다. 불황은 이 위기의 표현이다. 자본주의 불황이란, 단순화하면 빚이 보편화되면서 삶의 체제 전체가 거대한 채무상태로 들어서는 것을 뜻한다. 채무상태란 외양과 실질 사이의 간극, 즉 거품상태를 뜻한다. 이 거품으로 인해 기업이 도산하고, 노동자는 봉급을 받지 못한다. 이것은 대상/금전/이윤을 숭배한 대가, 즉 물신숭배의 대가다. 의식이 억압된 것(무의식)에 대가를 지불해야 한다면, 이자는 이렇게 지불되는 비용이다. "억압된 것, 죄스러운 생각은…… 무의식의 지옥이 이자를 내는 자본"이라고 벤야민은 썼다.15) 사람이 이윤을 추구하는 것은 이 이윤이 믿음을 준다고 여기기 때문이다. 어떤 믿음인가? 불멸과 영생의 믿음이다. 오늘날의 인간은 돈을 통해 죽음의 공포를 이겨내고 영생의 불멸적 삶을 살 수 있다고 헛되이 믿는다.

지금 사람들은 억눌린 것을 상품으로 위로할 수 있고, 돈으로 영생할 수 있다고 여긴다. 그러니 자본은 억눌린 죄의식을 무마하기 위한 합리적 형식이다. 종교든 도덕이든, 사회든 예술이든, 이 모두는, 프로이트가 지적했듯이, 억압된 것을 되찾고 그로 인한 죄의식을 진정시키려는 시도의 하나로 볼 수 있다. 이때 진정제 역할을 하는 것은 돈/상품/이윤/물질이다. 돈은 인간이 만든 것이지만, 시간이 지나면서 그 자체로 살아간다. 그래서 돈이 돈을 낳고, 이 돈이 다시 또 다른 돈을 낳는 것이다. 그리하여 돈은 결국 사람보다 더 위력적이다. 돈은 괴물 같은 존재, 즉 광기가 되어

---

15) Walter Benjamin, "Kapitalismus als Religion," *a. a. O.,* S. 101.

버린다. 돈을 못 벌면 죄책감을 느끼듯이 사람들은 돈으로 회심回心하기도 하고, 돈을 내면서 마음이 깨끗하게 정화되기를 바라며, 십일조를 통해 참회하려 한다. 이렇듯이 원래 종교영역에 머물렀던 경건하고 신성스런 것들의 모티프는 돈의 일상사, 즉 금전의 유통회로 속으로 깊숙이 자리하게 된다.

사실 오늘날에 와서 모든 종교적이고 신성하며 형이상학적인 것들은 돈을 벌거나 쓰거나 빌려주거나 찾는 일을 중심으로 재편되어 있는 듯 보인다. 그러니 사회변화에 대한 의지도 이 돈의 보편화된 위력 아래 쉽게 증발되어버린다. 란다우어가 사회주의로 나아가는 데 가장 결정적인 장애물로 돈을 파악한 것은 이 때문이었는지도 모른다. 자본주의에서 삶의 이상적이고 초월적인 의미는 거의 완벽하게 사라져버린지도 모른다.

자본주의 하에서 빚/죄악은 보편적으로 실현된다. 이때 '보편적으로 실현되다'라는 것은 '시간과 공간을 초월하여', '도처에서', '언제 어느 때라도 자리한다'는 뜻이다. 그러니 이 상황에서 벗어나기란 불가능하다. 출구 없음은 자본주의적 죄악의 보편화 구조를 특징짓는 가장 결정적인 요소다. 돈-상품-자본-이윤-선전-광고-물신-교환가치화-사물화는 살아 있는 모든 것을 죄와 빚의 총체적 연관관계 속으로 몰아넣는다. 이런 의미에서 아도르노가 현대사회를 '현혹적 의미연관항'Verblendungssinnzusammenhang, 즉 모든 사람을 눈멀게 하는 의미들의 연관관계이라고 부른 것은 '살아 있는 것의 죄악연관항'이라는 벤야민 테제의 한 변주로 볼 수 있다.

베버가 자본주의를 합리성/탈마법화라는 종교사회학적 명제로 설명했고, 프로이트가 죄의식이라는 종교심리학적 논거로 고대와 현대를 설명하려 했다면, 벤야민은 자본주의의 억압적·종교적·물신주의적 성격을 입증하려 했다. 그러나 이것을 '입증'이라고 할 수 있는가? 아니면 입증을 위한 시도에 그치는 것인가? 아마도 그것은 하나의 의미 있는 시론試論으로 보는 게 적절할 것이다.

이렇듯이 자본주의 체제는 사람을 현혹시키면서 휴식도 없이 영원히 유지되는 것처럼 보인다. 아마도 이런 이유에서 '자본주의란 결코 자연사하지 않을 것'이라는 것, 그래서 대상을 현재적 인식가능성 속에서 비판적으로 이해하고, 꿈의 변증법적 이미지 아래 신화적 강제로부터 깨어나 문화사를 단절적으로 해석하는 것이 절실하다고 벤야민은 보았을 것이다.[16] 삶의 채무관계가 보편화되고 절망이 세계상태로 확대되면서 신의 표상마저 마침내 죄를 지으며 숨게 되는 불황상태란 완벽한 타락의 시간에 다름 아니다. 그는 이 종말론적 분위기를 1920년대 바이마르의 경제위기에서 몸소 겪었을 것이다. 그는, 슈타이너가 적절하게 지적했듯이, "절망을 저지하는 것이 아니라 오히려 바라는 것처럼 보이는, 어떤 잠재적으로 재앙적인 구원경제학이라는 자격을 자본주의에 부여한 것"이다.[17] 자본주의란 전망이 아니라 절망이 약속된 재앙적 구원의 경제체제다.

그러므로 자본주의에 대한 벤야민의 시각 역시 이중적이라고

---

16) Walter Benjamin, "Das Passagenwerk," *GS* V/2, *a. a. O.*, S. 1218.
17) Uwe Steiner, "Kapitalismus als Religion," Burkhardt Lindner(Hg.), *Benjamin Handbuch*, Stuttgart, 2006, S. 171.

> **❝돈을 못 벌면 죄책감을 느끼듯이**
> **사람들은 돈으로 회심回心하기도 하고,**
> **돈을 내면서 마음이 깨끗하게 정화되길 바라며,**
> **십일조를 통해 참회하려 한다.❞**

하지 않을 수 없다. 즉 자본주의는 한편으로 맹목적 수익의 추구를 통해 현재의 절망상태를 구제하는 것처럼 보인다. 그러나 그 체제는 다른 한편으로 '잠재적으로 재앙적'이다. 왜냐하면 그것은 빚/채무의 항구화를 통해 절망을 증폭시키기 때문이다. 그리하여 절망적 세계상태는 보편적으로 지속된다. 이제 신성이 있다면, 그것은 초월성 속에 있는 것이 아니라 이윤추구의 유사종교적 제의 속에 자리하고, 이 제의는 구원을 약속하는 대신 파멸될 위기에 처해 있다. 이제 남은 것은 빚을 지는 일, 즉 죄악의 책임을 짊어지는 일뿐인지도 모른다.

4. 항구적 채무관계

이미 여러 차례 지적했듯이, 벤야민의 문장은 고도로 압축적이고, 그 논리는 자주 비약한다. 그래서 그것을 이해하려면, 우리는 압축된 문장을 다시 풀어 써야 하고 비약적 논리의 틈을 스스로 메꿔야 한다. 그러지 않으면 논리의 얽힌 내부는 모호하고, 비약적 논리는 어디로 튈지 파악하기 어렵다.

지금까지의 논의를 정리하면 이렇다.

자본주의는 일종의 제의적 종교형태를 갖는데, 이 제의구조에서는 죄/빚을 질 수 밖에 없다.[18] 그래서 그것은 운명적이고, 이 운명의 시간에서 현재·과거·미래는 다르게 구분되지 않는다. 죄는 동질적 시간의 무한한 반복 속에서 강제되는 까닭이다. 이러한 죄악에는 여러 요인이 있겠지만, 그것은 무엇보다 빚 때문에 야기된다고 할 수 있다.

여기서 강조되는 것은 죄/빚의 보편화다. 자본주의 체제에서 채무상황이란 피할 수 없는 운명처럼 전사회적으로 확산되어 나타난다. 이 보편화된 채무가 일으키는 것은 절망의 세계적 확장이다.

"자본주의라는 종교운동의 본질은 종말에 이르도록 견디는 것, …… 그래서 궁극적으로 신이 완전히 죄를 짓게 될 때까지, 즉 절망이 실현된 세계상태에 이를 때까지 견디는 것이다. 그것은 절망의 세계상태를 '희망한다'. 종교는 더 이상 존재의 개혁이 아니라 그 파괴라는 사실에 자본주의의 역사적으로 전례 없는 성격이 자리한다. 구원은 종교적 세계상태로까지 확장된 절망으로부터 기대될 수 있다. 신의 초월성은 무너졌다."[19]

---

18) 이 점에서 벤야민의 사고는 지멜의 생각과 구분된다. 지멜이 '원시적·제의적인 것의 근대적 기능분화'에 관심을 가졌다면, 벤야민은 이 원시적인 근원에 포박된 근대성의 의미란 바로 현대문화의 병리적 현상에서 찾을 수 있다고 여겼다. 이것은 19세기 파리의 신화적 성격에 대한 분석에서 잘 확인되는 것이었다.

19) Walter Benjamin, "Kapitalismus als Religion," *a. a. O.,* S. 101.

위의 글에도 여러 생각이 들어 있다. 그러나 핵심은 자본주의적 제의운동이 보여주는 극단화다. 이 극단화는 심지어 다른 무엇도 아닌 "신이 완전히 죄를 짓게 될 때까지, 즉 절망이 실현된 세계상태에 이를 때까지" 이어진다. 이것은 "종말에 이르도록" 지속된다. 이때 죄악은 편재하고, 절망은 '세계상태'가 된다. 이것은 끔찍한 일이 아닐 수 없다. 이제 바랄 수 있는 것은 '절망의 세계화' 또는 '세계화된 절망상태' 뿐이다. 자본주의 종교는 "더 이상 존재의 개혁이 아니라 그 파괴"를 지향하기 때문이다.

절망이 제거되는 것이 아니라 오히려 희구되고, 종교가 존재의 개혁이 아니라 그 파괴를 목표로 할 때, 그래서 신마저 궁극적으로 죄를 짓게 되는 상황이란 어떤 상황인가? 이런 현실에서 역사는 어떤 모습이고, 신학은 어떻게 자리하는가? 그리고 이런 질문은 오늘의 한국현실에서 어떤 의미를 지니는가?

필자는 아래에서 첫째, 자본주의의 병폐를 '채무의 항구적 구조화'라는 벤야민의 관점에 기대어 성찰해보고, 둘째, 이 영원한 채무구조 또는 '결핍'으로서의 자본주의 체제에서 폭력은 어떻게 도구화되는지를 9·11 사건에 기대어 살펴보고자 한다. 이 두 번째 사항에는 물론, 매우 간략하게나마, 외국문학의 한 분야로서의 독문학/독일문예학의 현재적·한국적 의의를 잊지 않으려는 비교문학적·비교문화적 의식이 들어 있다.

1. '시장신학' 또는 파국이라는 구원

존재의 파괴가 전체적인 것의 총체적 파괴라고 한다면, 인간의 파괴는 존재파괴의 일부에 해당한다. 인간의 파괴는 줄이면 두 가지 궁핍을 야기한다. 가난이 물질적·경제적 궁핍이라면, 소외는 정신적·심리적 궁핍이라고 할 수 있다. 자본주의가 초래하는 정신적 궁핍, 즉 정신병이나 의식의 출구 없음을 벤야민은 거듭 지적하지만 이 정신적 궁핍 아래 사람은 나날이 자라나기 어렵다. 그는 자신이 하는 일에서 소외되고, 이 일은 생산으로부터 벗어나 있기 때문이다. 그는 사물/상품뿐만 아니라 일/생산으로부터 격리되고, 사물과 노동의 이 같은 소외는 급기야 삶 자체의 소외로 이어진다.

자본주의 경제체제는 인간이나 노동과는 무관하게 또는 그 관련성이 심각할 정도로 낮은 상태로 작동한다. 여기서는 노동 대신 노동의 지능적 조직이 우선시된다. 이윤 때문이다. 이윤을 얼마나 남기느냐가 중요하지 땀과 수고가 중요한 게 아니다. 그리하여 의미와 보람은 뒷전으로 밀려나고, 이윤획득을 위한 전략과 기획과 광고가 우선시된다. 일을 통해 어떻게 땅에서 먹을 것을 구하고 가계와 집oikos을 꾸리느냐가 아니라, 돈이 돈을 낳고 이자가 또 다른 이자를 부리는 데로 활동의 목표가 옮아가는 것이다.

앞의 것이 토지적·자연적 영역에 머무는 농업경제라고 한다면, 뒤의 것은 자연적 경계를 넘어선 2차 경제, 즉 근대 자본주의의 금융경제를 말한다. 근대 자본주의 경제는 더 이상 집과 살림을 돌보는 데 머물지 않고, 그것은 세계를 대상으로 환산화된 부동산인 금융을 다룬다. 그러므로 중요한 것은 이윤창출을 위한 동산動産의 전략적 조직화다. 성장이, 그것도 무한하게 지속하는 성장이 금융시장 경제의 핵심주제다. 무한성장은 물론 무한이윤을 겨냥한다.

이제 자라나는 것은 돈 주머니이지 양식良識이 아니다. 증식하는 것은 자본주의의 메커니즘이지 삶의 질이 아니다. 사람이 돌보는 것은 경제일 뿐 교양이나 정신이나 의미나 내면성일 수 없다. 인간의 인간다움을 구성하는 많은 것, 즉 자발성이나 자유의지, 선택과 책임과 결정의 미덕은 사라지거나 축소되거나 왜곡된다. '영원히 성장하는 경제'라는 모토 아래 인간은 자본축적을 통해 천국으로 나가려고 하고, 이렇게 천국으로 가기 위해 그는 미리 투자한다. 일은, 정확하게 말하여, 내세적 보상을 위한 것이지 현세적 자신을 돌보는 게 아니다. 현대의 노동자는 '기도하듯이' 전심專心으로 돈을 번다. 돈벌이는 기도의 근현대적 형식이다. 여기에는, 베버가 『프로테스탄티즘의 윤리와 자본주의 정신』에서 분석해 보이듯이 근검과 절제라는 미덕이 자리하지만, 그 이상으로 부정적 함의도 들어 있다. 이미 언급했듯이, 땀이 아니라 돈이 우선시되고, 노동이 아니라 수익적 사고가 모든 것을 결정하기 때문이다. 그리하여 인간은 자신에게서 멀어지듯이 사회에서 멀어지고, 동료인간에게서 격리되듯이 자연과 신으로부터도 격리된다.

이윤의 경제는 일종의 구원경제Heilsökonomie로 받아들여지기도 한다. 그러나 이윤경제 아래 쌓여가는 것은 보람이 아니라 불신이고, 자기 돈이 아니라 남의 돈이다. 그래서 빚은 죄악처럼 쌓여간다. 이것이 벤야민이 말한 빚의 연관관계이고 죄악의 전체국면이다. 세계의 역사는 이 죄악의 강제적 메커니즘 아래 펼쳐진다.「인상학과 예언의 문제에 대하여」에서 그는 이렇게 쓴다.

"세계사의 구조에 대한 원인과 작용은 결코 결정적 범주일 수 없다. 왜냐하면 그것은 그 어떤 총체성도 규정할 수 없기 때문이다. ……어떤 역사적 총체성(즉 세계상태)을 원인이나 작용으로 간주하는 것은 합리주의적 역사이해의 과오다. 세계상태는 언제나 (나중에 오는 세계상태와 관련하여) 빚일 뿐이다."[20]

운명의 시간이란, 벤야민의 맥락에서는, 신화의 또는 신화적인 시간이다. 이 신화적 시간에서 과거, 현재, 미래는 구분되지 않는다. 시간의 교체라든가 발전 또는 단절은 허락되지 않기 때문이다. 따라서 개인의 자유를 위한 여지나 타자와의 다른 관계도 생각하기 어렵다. 변화를 위한 고유한 시간, 즉 역사의 고유한 시간은 부재하는 것이다. 운명적·신화적 시간에서 허락되는 것은 반복이고 순환이며, 이 순환의 항구적 재귀다. 어떤 재귀인가? 그것은 절망과 불충분의 재귀이고, 결핍과 그르침의 재귀다. 왜 그러한가?

삶에서 일어나는 것은 그 자체로 자리하지 않는다. 그것은 무엇인가에서 시작하여 무엇인가로 이어진다. 설령 그 자체로 일어나는 것처럼 보인다고 해도, 이때의 사건은 일정한 그물망, 즉 시공간적 관계망의 구조 아래 있다. 그래서 그것은 명시적이든 암묵적이든 다른 무엇인가에 기탁한다. 바로 그 점에서 하나의 사건은 다른 사건들에 '빚지고 있다'고 할 수 있다. 그러나 합리주의적 역사이해는 이 측면을 간과한다. 그것은 세계사의 사건을 단일적으로 규정하고, 이 단순 인과론적 시각 아래 판단하기 때문이다. 그

---

20) Walter Benjamin, "Zum Problem der Physiognomik und Vorhersagung," *a. a. O.*, S. 92.

러나 하나의 사건은, 앞서 말했듯이, 기원이나 지향과의 관련 없이 발생하지 않는다. 바로 이 관계 때문에 불완전한 모습을 띤다. 이 점에서 모든 사건은 하나의 누락이고 결여며 결손이자 적자가 아닐 수 없다. 이것을 벤야민은 다음과 같이 명료하게 표현한다. "모든 세계사적 계기는 부채를 지고 있고, 부채를 지게 한다."[21] 그는 예리하다.

사실 오늘날의 현대사회는, 자본주의 비판의 시각에서 보면, "자본주의가 종교적일 정도로까지 숭상되는 역사의 한 시기", 즉 제의화된 자본주의의 한 시기로 간주될 수 있을지도 모른다. 자본주의를 일종의 종교로 비판한 것은 마르크스적 모티프이지만, 그리고 이런 문제의식은 베버나 지멜에 의해서도 일정하게 공유되면서 변주되지만, 굳이 이것이 아니라도 자본주의의 성장 대가가 혹독하다는 사실은 여러 비판가가 이미 초기 산업화 시절부터 줄곧 지적한 바 있다. 그것은 상품과 유행, 생산과 수익의 이름 아래 삶의 물질적·경험적 차원뿐만 아니라 지적·정신적 차원까지 왜곡시켜 왔기 때문이다. '사물화', '소외', '물신주의' 같은 잘 알려진 개념들은 이런 폐해를 지적한 열쇠어다. 그러니까 자본주의의 발달사는 인간 삶의 문명사를 동반한 것이고, 이 인간의 문명사란 희생의 역사에 다름 아니다.

그런데 이 자본주의의 위력은 오늘날에 와서 자본의 세계화, 특히 다국적 기업에 의한 금융자본의 전 지구화를 통해 역사상 유례없이 가공할 만한 것이 되었다. 이것을 흔히 '시장근본주의'market

---

21) *Ebd.*

fundamentalism라고 부르지만, 벤야민의 맥락에서는, 틸렌의 예리한 지적대로, '시장의 신학'이라고 부를 수도 있겠다.

"자본주의를 끌고 가는 파괴의 궤적은 그 자체로 구제의 길로 선언된다. 시장의 신학은 종말론적이고 메시아적이지만 특별한 차이도 있다. 즉 '그 종말론은 현실적이지만, 그 메시아적 성격은 형식적이고 공허하다.' 묵시록의 경험내용은 수백만 종류의 고통과 굶주림과 병, 군사행동과 경찰로 인한 죽음, 자유로운 경쟁 자체에서 이뤄지는 실존의 절멸상태에서 이것이 실업이건 노숙자건 기업파산이건 간에 나타난다. 현실의 이 종말적 모습은 신학적 해석 속에서 이미 '구원' 자체가 된다. 왜냐하면 종말의 끝은 보이지 않고, 시장경제와 실제로 다른 것, 즉 타자는 선험적으로 그리고 악의 제국이라고 독단적으로 인식되었기 때문이다."[22]

오늘날에 와서 자본은 신과 같은 지위를 누린다. 그것은 점점 신처럼 추상화되어 가거나 이미 신격화되어 있다고 말할 수 있을지도 모른다. 우리는 현대 자본주의 사회의 이 종교적 조건을 면밀하게 검토해야 한다.

틸렌은 벤야민의 유물론적 신학을 마르크스주의와 변증법, 해

---

22) Helmut Thielen, Eindenken, "Walter Benjamins theologischer Materialismus," *Global Benjamin* 3, v. K. Garber u. L. Rehm(Hrsg.), München, 1992, S. 1381.

방신학, 오늘의 신자유주의 현상이라는 문제틀 안에서 치밀하게 분석하고 있는데, 그가 적절하게 지적하듯이, 시장의 신학이 내건 "종말론은 현실적이지만, 그 메시아적 성격은 형식적이고 공허하다." 현실의 종말론적 요소는 세계의 곳곳에서, 즉 기아와 병, 군사행동이나 경찰폭력에서 잘 나타난다. 그리고 이것은 '자유로운 경쟁'이 내세우는 전혀 자유롭지 못한, 아니 거의 살인적인 경쟁에서 그 정점에 이른다. "자유로운 경쟁 자체에서 이뤄지는" 것은 "실존의 절멸상태"이기 때문이다.

실존의 절멸상태, 이것이 현대 자본주의의 야만적 파국상황을 극적으로 요약한다. 이 전면적 파국상태에서 삶의 출구는 쉽게 찾기 어렵다. 그럼에도 이 파국은 그럴듯한 슬로건 아래 낙관적으로 제시된다. 그래서 성스런 "구제의 길"로 간주되는 것이다. 그러나 삶의 다른 인간적 가능성, 즉 "시장경제와 실제로 다른 것"은 어디에도 없다.

신성이나 은총은 이제 어디에서도 찾아보기 어렵게 되었다. 신적 초월은 땅에 떨어지고, 구원은 상품 안에서나 가능하게 되었다. 그리하여 세계는 자본의 황무지, 즉 돈을 섬기고 이윤을 얻기 위한 살벌한 전장戰場이 된다. 자본주의 체제는 상품의 풍요를 선전하지만, 그 풍요는 10퍼센트의 수혜자와 90퍼센트의 희생자를 야기하면서 이뤄진다. 아니 5퍼센트의 수혜자와 95퍼센트의 희생자라고 말하는 편이 더 적확할지도 모른다. 아니면 1퍼센트와 99퍼센트의 대립인가? 옳고 선한 것, 아름다운 것은 어디에 있는가? 파괴의 궤적이 구제의 길인 것처럼 행세하고, 삶의 절멸상태가 새 낙원을 약속하는 것으로 치장되는 상품현실에서 과연 이성적인 길은 어디에 있는 것인가? 구원이 곧 종말이 되어버린 세계에서, 재앙 이외에는 아무런 새로운 삶의 가능성을 찾아보기 어려운 현실에서 우리는 어떻게 해야 하는가? 이 황무지 시장사회에 과연 신은 나타날 수 있는가? 여기에서 신은 전적인 공허, 즉 무無의 상징어가 되고, 신학은 '신 없는 체계'로 된다.[23]

2. 인류사는 결손사

그렇다면 우리는 무엇을 할 수 있는가? 현대인에게 남겨진 것은 무엇인가? 그것은 이 출구 없는 삶을 기껏해야 소비의 쾌락 속에서 탕진하는 도리밖에 없는 것처럼 보인다. 이런 생각을 하마허W. Hamacher는 적극적으로, 그러니까 세계사적 과정으로서의 채무현상으로 이해한다.

"모든 역사는 하나의 불충분 현상이다…… 죄는 하나의 불충분한 관계이고 결여되고 그르친 것에 대한 관계다. 그 때문에 모든 역사는 역사의 형식이―그리고 그 때문에 내용도―빚으로 규정된다는 의미에서 빚의 역사다. 빚을 다루지 않았던 역사는 없고, 어떤 타자적인 것에 부채를 지지 않은, 그래서 타자'에게' 죄 짓지 않은 역사는 없다. 그리고 이 타자는 다시 그 나름으로 역사이고 죄(부채)일 수 있다. 간단히 말해 역사란 채무의 과정이다."[24]

---

23) *Ebd.*, S. 1382.
24) Werner Hamacher, Schuldgeschichte, Benjamins Skizze, "Kapitalismus als

역사를 정해진 것으로 파악하는 것은 결정론적 관점이다. 이 관점을 지탱하는 것은 합리주의적 역사이해의 태도다. 그것은 역사주의자들이 갖는 실증적 태도로서 역사의 현상을 인과론적으로 이해한 결과다. 총체성이나 통일성은 이렇게 이해된 인과론적 인식모델의 핵심 개념이다. 이들은 복잡다단한 대상을 일목요연하게 설명할 수 있다고 간주하기 때문이다.

그러나 현실은 그런가? 그렇지 않다. 현실은 일목요연하고 단순인과론적인 관계를 넘어선다. 하나의 사건은 그에 앞선 것에 의해 규정되듯이, 그 뒤에 따라오는 것에도 영향을 미친다. 그렇다는 것은 이 같은 규정과 영향이 단선적인 것이 아니라 복선적이며, 정태적인 것이 아니라 역동적이라는 사실을 알려준다. 현실은 복선적이고 역동적인 가운데 시시각각 변화한다. 그리하여 세계사의 상태는, 그것이 법률적이건 도덕적이거나 인식론적이건 아니면 사회정치적이거나 경제적이거나 인간관계적이건, 일정한 결핍을 불가피하게 동반한다. 그래서 '불충분한' 현상이 된다. "모든

Religion," Dirk Baecker(Hrsg.), *Kapitalismus als Religion*, *a. a. O.*, S. 81. 문헌학자 가운데 사유의 독창성을 보여주는 드문 사례가 있다면, 그중의 한 명이 독일의 인문학계에서는 하마허가 아닌가 나는 가끔 생각한다. 그의 해석은 문헌학적인 엄밀성에서 출발하면서도 문학연구자에게 흔히 보이듯이 지엽적인 정보더미나 상투적인 표현, 협소한 관점에 포박되기보다는 늘 새로운 시각을 개시하는 창의적인 이해로 나아간다. 이것은 아마도 몇 가지 덕목, 이를테면 문헌적 충실성과 견고한 사고력, 밀도 있는 표현력이 '동시에' 구비됨으로써 만들어진 그만의 스타일 덕분일 것이다. 그리하여 그는 유능한 문학연구자와 이론가 사이에 자리하는, 그 나름의 해석적 세계관과 자기언어를 가진 뛰어난 문예학자로 보인다.

역사는 하나의 불충분 현상이다." 그런 점에서 불충분-채무-결손-적자는 역사에서 결정적이다. 그렇다면 죄악도, 빚이 불가피하듯이, 불가피하다. 하마허가 정확하게 적고 있듯이, "빚을 다루지 않았던 역사는 없고, 어떤 타자적인 것에 부채를 지지 않은, 그래서 타자'에게' 죄 짓지 않은 역사는 없다. 그리고 이 타자는 다시 그 나름으로 역사이고 죄(부채)일 수 있다. 간단히 말해 역사란 채무의 과정이다."

그러므로 우리는 이렇게 말할 수 있다. 세계사는 근본적으로 결손의 역사다. 인류사는 채무사다. 그것은 누락되어 있고 빠져 있으며, 뒤틀려 있거나 착종되어 있기 때문이다. 그래서 '어딘가 모자라는 상태로' 자리한다. 또는 모든 역사는 타자의존적이라고 말할 수 있다. 이 불충분함 또는 불능성이 세계의 질서와 인간의 시간을 규정한다. 여기에서는 전적인 새로움, 즉 갱신과 자유, 거리와 해체가 불가능하다.

역사의 시간에는, 엄격한 의미에서 보면, 어쩌면 상호변별성이 없다고 말할 수 있을지도 모른다. 과거, 현재, 미래는 이미 언급했듯이 결여와 누락, 결손과 불충분과 빚짐을 벗어날 수 없다는 점에서 근본적으로 동질적인 것이기 때문이다. 이 점을 벤야민은 '신화적'이라고 불렀고 '운명'이라고 이름 지었다. 그리하여 살아 있는 것이 죄악의 연관항 속에 있고, 인류의 역사가 고통의 역사로 되는 것은 이런 맥락에서다.[25] 어쩌면 인간은 근원적 빚/죄와

25) Walter Benjamin, "Schicksal und Charakter," *GS* II/1, Frankfurt/M., 1977, S. 175; "Ursprung des deutschen Trauerspiels," *GS* I/1, Frankfurt/M., 1974,

이 죄를 갚기 위한 허망한 회로를 영원히 반복하는지도 모른다. 이렇게 반복하며 짧디 짧은 삶을 더욱더 짧고 허망하게 탕진하는 어리석고 눈먼 존재인지도 모른다.

그렇다면 자유란 인간에게 무엇이고 자율이란 어떤 의미를 지니는가? 과연 그에게 자유나 자율은 어울리는가? 자연적 천진성이나 낙원이란 과연 인간에게 무슨 뜻을 갖는가? 나아가 윤리란 무엇이고, 진보와 발전이란 어떤 의미를 갖는가? 그것은, 사람들이 흔히 말하듯이, 그 나름의 의의를 갖는가? 아니면 그저 인간들 사이에서나 통용될 뿐인 인위적 구성물, 즉 근거 없는 인간학적 허구에 불과한가? (푸코는 『말과 사물』에서 인간에 관한 모든 것은 '지난 200년간의 발명품'에 불과하다고 쓴 적이 있다.) 우리는 정말이지 우리가 즐겨 쓰는 학문의 술어가 말하기에 '멋지고', 듣기에 '낭랑한' 그래서 지금 여기 내가 살아가고 숨 쉬면서 다른 사람과 관계하는 데 그럴듯한 수사修辭요 장식에 불과한 것은 아닌지 심각하게 질문하지 않으면 안 된다.

자본주의를 근본적으로 종교적 현상, 즉 단순히 하나의 종교가 아니라 '제의종교'이고, 이 제의종교는 영원히 지속한다고 이해한 벤야민의 성찰은 이 점에서 매우 깊은 통찰을 지닌 것으로 보인다. 그것은 우리 사는 세계가 하나의 불충분한 토대 위에 서 있는, 누군가에게 빌려온 부채의 역사이고, 바로 그런 이유에서 근본적

S. 343. 벤야민은 몰락과 소멸의 이 인류사적 근원풍경이 바로크의 비애극에 잘 나타난다고 보았고, 그 의미를 알레고리적 성찰로 분석했다. 바로크 예술에서 의미의 문명사/문화사는 무의미의 자연사와 겹친다. 의미의 문화사를 동반하는 것은 사실 무의미의 자연사다.

> **❝** 세계사는 근본적으로 결손의 역사다.
> 인류사는 채무사다. 그것은 누락되어 있고 빠져 있으며,
> 뒤틀려 있거나 착종되어 있기 때문이다.
> 또는 모든 역사는 타자의존적이다라고 말할 수 있다. **❞**

으로 누락과 결핍의 죄스러운 역사임을 보여주기 때문이다. 이 점에서 그의 문제의식은 높은 인화성을 내장하고 있고, 여러 측면에서 사유의 갱신과 확장을 자극한다.

자본주의 질서는 신화 속의 제의가 그렇듯이 오직 한 가지, 즉 항구적인 결핍상태를 야기할 뿐만 아니라 이 결핍상태를 구조화한다. 자본주의 체제란 빚과 죄악과 결핍의 불안정한 체계다. 이 결핍상태로부터 사람은 결코 해방되지 못할 수도 있다. 그러니 그들이 매일 걱정하고 불안해하며 고통당하는 것은 당연한 일인지도 모른다. 자본주의는 생래적으로 결손과 적자를 야기하듯이, 걱정·불안·고통을 일용할 양식처럼 야기한다. 정치와 경제도 이 근본적인 누락체제에서 항구적인 결핍을 수반한다. 인간의 역사는, 특히 근대사는 근본적으로 채무와 적자와 결손의 역사와 다르지 않다. 근대의 역사에서 정치는 과오의 정치이고 경제는 채무의 경제며 윤리학은 죄의 윤리학이고 철학은 미숙과 불완전성의 철학이다.

예를 들어 20세기의 자연과학적 인식을 결정적으로 규정한 하이젠베르크W. K. Heisenberg의 '불확정성의 원리'는 이 불완전성의 철학 또는 '인간적으로 불가피한 불완전성에 대한 자각'의 표현

이라고 할 수 있다. 신은 이제 완벽할 정도로 타락하여 언제 어느 때라도 돈과 대체될 수 있게 되었다. 여기에서 돈이 사물화된 이념의 가시적인 물질적 형식이라면, 그것은 오늘날 대중이 선호하는 가방이나 옷 또는 스마트폰 같은 상품이나 아파트 같은 부동산, 아니면 '1등급'이나 이른바 '일류대학' 같은 학력, 더 일상적으로는 '대박'이나 '훈남', '몸짱'이나 '식스팩' 같은 이 시대의 흔하디 흔한 유행어로 확장시켜 적용할 수도 있다. 여기에서 돈은 과시와 편리와 부귀와 자랑과 안락의 동의어쯤 된다.

그러므로 신은 오늘날 단순히 죽거나 사라진 것이 아니라, 더 많이 일하고 더 많이 생산하며 더 많이 돈 벌고 더 많이 소비하는 가운데, 그 일원화된 맹목적 추동력 속에 차라리 편재한다. 아니 편재하는 것으로 착각된다. 돈을 많이 벌면 더 신실해지는 것 같고, 대부貸付의 능력이 높으면 경제력이 더 있는 것처럼 여겨지지 않는가? 그래서 경제적 신용credit은 곧 성스런 신심credo이 된다. 이 같은 변질, 즉 돈이 물건을 만드는 것이 아니라 이자를 낳고, 이 이자가 자본이 되며, 이 자본의 운용에서 부가가치를 창출하는 부의 증식과정 자체가 경배되는 것이다. 노동의 소외, 일상의 괴리, 이윤의 착취로부터 연유하는 삶의 광범위한 식민화는 이렇게 일어난다. 신은 이 같은 변질과 타락 속에서도 끔찍하리만큼 태연하다. 그러나 이 자연스러움 속에서 시간은 반복되고, 타락한 시간의 이 지겨운 반복이 거꾸로 수동적이고 타성적인 인간의 삶, 즉 채무의 영원한 인류사를 다시 보장하는 것이다.

자본주의 현실에서 삶의 해방은 거의 실현되기 어렵다고 말해야 할지도 모른다. 가능하다면, 그것은 빚의 발생과 축적을 통해 이뤄질 것이고, 이 축적 속에서 결핍과 누락, 불충분과 미비는 이미 구조화되는 것이다. 그러니 이 자본주의 체제에서 회귀나 반전은 어렵고 도약과 갱신도 힘들다. 그렇듯이 구원이나 초월은 실현되기 어려울 것이다. 아마도 죽음 같은 고독과 절망만 따를 것이라고 말하는 것이 더 정확할 것이다. 왜냐하면 자본주의 하에서 인간은 자기자신에게서와 마찬가지로 사회로부터 격리되어 있고, 더 나아가 존재와 자연과 신으로부터 분리되어 있기 때문이다. 오늘날의 인간은 존재하는 것들의 총체로부터 고립되어 있다. 그는 물건을 쉼 없이 만들어내지만, 그렇게 만들어내는 것만큼이나 없애버리기도 한다. 생산과 소모, 창출과 고갈은 자본주의 인간을 동시에 규정한다.

이 무의미한 고갈의 불가항력적 회로에 포박된 채, 인간은 언제나 똑같은 것이 시작도 끝도 없이 이어지는 순환체계의 부질없는 한 부품으로 제 생애를 고갈시켜간다. 자본주의적 삶은 근본적으로 '꾸어다놓은 강제형식', 즉 무의미한 과잉생산과 과잉소모의 강박체제인 것이다. 그래서 그것은 죄스러운 일이 된다.

결핍의 강제체계에서 인간의 경험은 물리적으로나 정신적으로 궁핍할 수밖에 없다. 경험의 이 근본적 탈가치화는 사물세계의 탈가치화에 상응하고, 사물의 탈가치화는, 앞서 보았듯이, 사물이 사용가치와 생산관계로부터 이탈한 데서 온다. 나아가 그것은 생산관계로부터 벗어난 지식, 즉 정보의 과잉으로 인해 가속화된다. 그러므로 세상을 채우는 것은 맥락을 벗어난 단편적 소식이나 근거 없는 소문과 풍문이다. 인간의 경험은 정보를 통해 확장되는 것이 아니라 역설적으로 더 빈곤해진다. 정보는 삶의 실제로부터 추상화되어 있기 때문이다. 그것은 나날의 생활에, 각자의 체험에 뿌리박고 있지 않다.

영혼은 이제 내용 없는 물건인 상품에 집중한다. 상품은 자신이 유래한 흔적을 지우고 스스로 물신화한다. 그리고 물신화한 상품과의 이 피상적 교류가 인간의 주된 경험내용을 이룬다. 그러니 무슨 심각한 의미가 깃들겠는가? 여기에 어떻게 자아의 변화나 내면의 성장이 있을 수 있겠는가? 그리하여 인간은 전적으로 탈인간화하고ent-menscht, 그의 교양은 탈교양화한다ent-bildet. 자본주의 하의 정신적 궁핍이란, 궁극적 견지에서 보면, 결국 교양의 붕괴로 귀결된다. 그것은 인간 삶의 전적인 탈교양화요 무교양화다.

이 편재화된 절망상황에서 신은 자리하기 어렵다. 신적 가치는 무너져내리거나 사라진다. "신의 초월성은 무너졌다." 니체의 초인은 자본주의의 절망적 상황을 인식하고 이 상황이 초래한 절대적 고독의 궤도를 이탈한 존재라고 벤야민은 이해한다. 신은 이제 그 자체로 드러날 수 없다. 그것은 "숨어 있어야 하고, 채무의 정점에서 비로소 언급되어야 한다."[26] 오늘의 세계에서 신성은 쉽게 드러날 수 없고, 신에 대한 이해도 신을 둘러싼 비밀을 더 이상 고려하지 않는다. 차라리 신성은 자주 침해된다. 이렇게 무시되는 신성 대신 등장하는 것이 자본주의다. 그리하여 자본주의는 신성한 의식儀式이다. 하지만 거기에는, 앞서 언급했듯이, 교리가 없다. 만약 있다면 그것은 이자과 이윤이다. 항구적 채무관계 또는 보편화된 죄의식의 재생산이 자본주의의 강령이다.

---

26) Walter Benjamin, "Kapitalismus als Religion," *a. a. O.*, S. 101.

경쟁과 효율은 산업자본주의의 현실원칙이다. 이 현실원칙에 적응하지 못하면, 자본주의 체제에서는 낙후를 면할 수 없다. 그래서 돈을 벌지도 못하고 빌리지도 못하여 결국 채무상태에 빠지고 만다. 그러나 거듭 지적했듯이, 빚지는 것은 죄악과 같다. 그래서 채무자는 신심 없는 자가 파문을 당하듯이 자본주의 사회에서 제외된다. 걱정은 이렇게 생겨난다. 이 걱정은 그러나 사적이고 개별적인 차원에서만 일어나는 것이 아니다. 그것은 벤야민이 정확히 지적하듯이, "자본주의적 시대에 고유한 하나의 정신병"으로서, 단순히 "개인적·물질적 출구 없음이 아니라", "공동체의 출구 없음에서 발생하는" 것이다.[27] 현대인의 불안과 공포란, 적어도 자본주의 체제에서 출구 없는 상황이라는 공동체의 난관에서 나온다. 이 난관의 막막함을 지탱하는 것이 바로 죄의식이다. 그리하여 자본주의와 기독교 사이에는 어떤 구조적 친연성이 있다. 자본주의란, 그가 급진적으로 정식화하듯이, "기독교의 기생충 Parasit"인 것이다.[28]

기독교라는 종교는 원래 신학적이고 윤리적인 내용을 가지고 있었다. 그러나 그 신학적·윤리적 내용은 근대에 들어와 본격적으로 진행되는 경제적·상업적 활동과 더불어 점차 물러난다. 상업활동을 추동하는 수익적 동기로 인해 실용적이고 사물숭배적인 면모가 더 두드러지게 되기 때문이다. 그리하여 기독교의 역사는 주된 것이 아니라 부수적인 것, 즉 기식자寄食者의 모습을 띤다. 기

27) *Ebd.*, S. 102.
28) *Ebd.*

> **세상을 채우는 것은 맥락을 벗어난
> 단편적 소식이나 근거 없는 소문과 풍문들이다.
> 인간의 경험은 정보를 통해 확장되는 것이 아니라
> 역설적으로 더 빈곤해진다."**

독교 자체가 '기생자로서의 자본주의 역사'로 변질되어버린 것이
다.[29]

자본주의가 기독교의 기생충이라면, 빚은 이 자본주의의 기생
충이다. 실제로 자본주의는 일종의 숙주宿主로서 수많은 기식자를
거느린다. 빚은 자본주의가 양산하는 이런저런 주된 요소 가운데
하나라고 할 수 있다. 자본주의 현실에서는 인간 삶의 최고심급
인 신마저 빚을 진다. 신까지 채무자가 됨으로써 자본주의의 타락
상은 정점에 이른다. 이 빚이 사회적으로 확산되면서 죄악은 넓게
퍼진다. 그리하여 이 세계에서 우리는 구원을 말하기 어려워진다.
그것은 자본주의 하에서 빚의 변제가 불가능한 것과 같다. 그래
서 대다수 사회구성원은 외상을 지고 산다.[30] 자본의 생산성은 근

---

29) 자본주의가 기독교의 물질적 기생자라고 한다면, 기독교의 관점, 조금
더 넓게 신학적 사유는 이 자본주의 현실을 비판하는 데 필요불가결하
게 된다. 이런 이유에서 볼츠는 "신학이 자본주의 현실논평의 근본학
(Grundwissenschaft)이 될 수 있다"고 적는다. 이것은 가장 비신학적으
로 사물화된 자본주의의 현실에서 왜 신학의 '근본학적 비판'이 필요한
지를 알려준다는 점에서 흥미롭다. Norbert Bolz, "Der Kapitalismus eine
Erfindung von Theologen?," Dirk Baecker(Hrsg.), *Kapitalismus als Religion*,
a. a. O., S. 195.

본적으로 지속적인 채무과정 아래 있다. 그래서 무기력은 불가피하다. '빚이 불가피하다'는 것은 '죄악 또는 속죄는 불가피하다'는 뜻과 같다. 이때 신은 단순히 죽은 것이 아니라 돈으로 변용된 무엇이다. 그리하여 돈은 삶에 죄와 빚을 부과하는 신적 존재로 자리한다.

무서운 것은 이 보편화된 채무상태의 난관 때문에 야기되는 삶의 부정적 변질이다. 이 변질이 '부정적인' 것은 신용대부의 능력이 성스러운 것처럼 여겨지고, 이 착각 속에서 채무화-수동화-타성화가 생활세계에서 체계화되기 때문이다. 삶의 보편적 사물화란 결국 타성적 삶의 체계화를 뜻한다. 생활세계의 황폐화는 이렇게 일어난다. 현대 인간의 절대적 고독은, 흔히 말하듯이 노동소외와 상품물신성, 그로 인한 정신의 고갈에 있는 것이 아니다. 그런 점도 있지만 그보다는 차라리 물질 가운데 가장 피상적이고 부박한 것, 즉 주기적으로 순환하는 유행상품이 신성한 영역을 대신함으로써 그것이 신성성의 대리자인 것처럼 행사하는 데 있다고 보아야 한다. 현대인은 더 이상 소외를 의식하고 물신성을 타박하는 것이 아니라, 이 보편화된 상품소비의 세계에서 물신성을 즐기고 오히려 편안해한다.

어쩌면 신의 말씀은 오늘날의 화폐나 이 화폐가 상징하는 능력과 효율, 수익과 부자의 꿈에 깃들어 있는지도 모른다. 이제 전지전능한 것은 돈이지 더 이상 신이 아니다. 자본주의와 종교의 친

---

30) 개인의 부채가 공적으로 확대된 것이 '국가부채'다. 1997년 한국경제의 도
  산사태는 그 점에서 이해될 수 있을 것이다.

연성을 알기 위해서는 다양한 종교적 성화聖畵와 여러 나라의 국가화폐를 비교하고, 이 화폐장식에서 나타난 정신을 생각해보라던 벤야민의 말은 이런 맥락에서 이해될 수 있다. 과연 자본주의 그 너머의 질서는 있는가? 정말이지 우리는 자본주의의 대안체제적 가능성을 생각할 수 있는가?

3. 9·11 사건과 도구화된 테러리즘

지금까지 우리는 첫째, 이윤과 이자를 절대적으로 추구하는 자본주의 체제에서 죄와 빚은 항구화된다는 것, 둘째, 항구화된 죄/빚의 관점에서 보면 인류의 역사는 '누락'과 '결핍'의 역사로 드러나지 않을 수 없다는 점을 논의하였다. 누락과 결핍의 역사란 역사 자체가 '빚을 지고 있다'는 뜻이고, 이 빚진 상태에서 죄의식은 불가피하다. 그리하여 기독교적 죄의식과 자본주의 체제 하의 채무의식 사이에는 '구조적·정신적 친연성'이 자리한다. 그렇다면 이런 벤야민적 문제의식은 오늘날의 사회에서 어떤 의미를 지니는가?

시장과 이윤이 신처럼 숭배되고, 채무가 보편적으로 강제되는 오늘날의 현실에서는 한편으로 '사상 최고 실적', '연봉', '혁신' 같은 수사가 찬미되지만, 다른 한편에서는 고통과 기아, 파산과 노숙자, 비정규직이 일상화되어 있다. 오직 절망만을 희망할 수 있을 뿐인 이 '실존의 절멸상태'를 직시하는 벤야민의 구상은 9·11 사건과 이 사건의 보도를 둘러싼 매체현실의 성격 그리고 미국의 대외정책 등을 잠시 돌아보면, 지금의 폭력현실에서 좀더 중대하고도 생생한 함의를 지닌 것으로 나타난다.

> **66** 자본주의적 일상에서는 가장 비참하고 재앙적인 사건도
> 시청각적 사건으로 순치되어버린다.
> 폭력의 사실에 대한 중계, 즉 매개된 환상이
> 매체의 전달과정에서 인간의 현실을 지배하는 것이다. **99**

주지하다시피 2001년 9·11 사건은 말 그대로 역사상 전례 없는 사건이었다. 거대한 민간항공기가 최신식 초고층 쌍둥이 빌딩인 세계무역센터를 관통하는 모습은 영화나 소설에서나 나올 법한 스펙터클한 광경이었다. 비행기가 엄청난 굉음을 울리며 이 빌딩에 부딪히자 거대한 구름 연기가 피어나면서 그 큰 건물은 화염을 뿜으며 순식간에 무너져내렸다. 덮쳐오는 잔해를 피해 사람들은 아우성치며 도심의 거리를 이리저리 내달렸다. 그것은 흡사 지진이나 태풍 같은 자연재해처럼 일어났고, 또 그렇게 보였다. 이 새로운 재앙은 '제3세계'의 어느 낙후되고 한적한 곳에서 일어나지 않았다. 세계은행과 유엔연합, 세계무역센터 같은 '자본주의의 심장'이라고 할 수 있는 세계의 중심부, 즉 뉴욕의 월스트리트에서 일어났다. 말하자면 미국이라는 서구사회의 기독교 중심지에서, 그 문화와 정치와 경제의 최고 성취라고 할 수 있는 자본주의를 겨냥하여 새로운 파괴적 힘이 발생한 것이다.

이 사건만큼이나 특이했던 것은 그것의 매체적 전달과정이었다. 9·11 사건은 TV 방송으로 보도되었다. 발칸 전쟁이나 두 차례에 걸린 이라크 전쟁 또는 그 밖의 사건에 대한 보도가 그랬던 것처럼, 9·11의 참사는 현장에서의 실시간 보도를 통해 어디서나

생생하게 경험할 수 있었다. 엄격히 말해, 그것은 사건 자체는 아니었다. TV를 통해 전달되는 이미지였다. 그 이미지는 화려했으며, 때로는 그 규모 때문에 장엄하기조차 느껴졌다. 생각해 보라. 100층보다 더 높은 두 건물이 또 그만큼이나 엄청난 여객기와 충돌하는 상황을. 그것은 생생하게 실감되는 비극적 사건이라기보다는 TV 속의 '영상적 사건'이었고, 당사자가 아닌 사람들에게는 '볼 만한 구경거리'로 나타났을 수도 있다.

이렇듯이 자본주의적 일상에서는 가장 비참하고 재앙적인 사건도 시청각적 사건으로 순치되어버린다. 폭력의 사실이 아니라 이 사실에 대한 중계, 즉 매개된 환상이 매체의 전달과정에서 인간의 현실을 지배하는 것이다. 그래서 폭력의 현실 자체는 증발해버린다.

그러므로 문제는 대중매체가 제공하는 스펙터클이 엄청난 망상을 만들고, 이 이미지 제의의 망상 속에서 각 개인은 현실의 비참과 몰락을 파악할 수 있는 실질적 능력을 상실할 수도 있다는 끔찍한 사실이다. 그래서 위기는 결국 별다른 방해를 받지 않고 영구화될 수도 있다. 이것은 섬뜩한 일이다. 어두운 폭력이 도처에서 현실을 잠식하지만, 이 일상화된 폭력의 실체를 사람은 제대로 인식하지 못한다. 여기에는 여러 요소가 개입한다. 크게는 무책임한 대중매체와 오락산업이 관계하고, 작게는 주어진 전달내용을 반성적 여과 없이 수용하고 향유하는 대중이 자리한다. 위정자는 이 생각 없는 대중을 이용한다. 세계권력으로서의 미국정치는 그 좋은 예다. 그것은 자국의 정책오류를 벗어나기 위해 국외의 많은 사건을 자주 이용한다. 단순히 갈등을 이용하는 데서 더 나아가

분쟁을 야기하기도 한다. 이것은 9·11 사건에 대한 미국의 대응 방식에서도 확인된다.

그러나 미국의 "국가테러주의"(촘스키)는 이 사건 이전에도 없었던 게 아니다. 이들이 내세우는 '반테러리즘'Counter-Terrorism은 이미 있는 테러뿐만 아니라 있을 수 있는 테러를 가정하고 지목한다. 그래서 그들의 정책을 따르지 않거나 이에 우호적이지 않은 국가에는 이른바 '불량국가'라는 딱지가 붙는다. 이 불량국가는 서구의 '선진민주주의 문명국가'를 전복시킬 수 있는 위협적 존재로 간주되고, 따라서 미리 제거되어야 한다. 미국의 대외군사 정책이 '예방적 타격'preemptive strike으로 불리는 것은 그 때문이다. 그들은 이런 명분 아래 테러단체나 다른 국가에 군사적으로 개입하고, 이 군사적 개입은 정치경제적 개입으로 이어진다. 미국의 이라크 개입이 원유자원을 확보하기 위한 것이라는 사실은 이미 잘 알려져 있다. 아프가니스탄에서 빈 라덴을 찾고, 이라크에서 사담 후세인을 축출한 것은 한두 사례일 뿐이다.

위에서 보았듯이, 미국의 대외정책이 일방주의적이었던 것은 어제 오늘의 일이 아니다. 그것은 구소련을 성서상의 아마겟돈, 즉 '악의 제국'이라고 말하던 레이건 행정부 때도 있었던 일이고, 더 넓게 보면 비서구에 대한 서구의 일반적인 대응방식이기도 했다. 그런 점에서 9·11 사건은 테러에 대한 일종의 테러이면서, 이 테러에 대한 또 다른 테러를 일으킨 문명사적 폭력사건이다. 폭력의 근본성이 이슬람의 일부 과격단체에 해당한다면 그것은 서구사회의 일부, 즉 미국의 대외정책과 이 정책을 실행한 강경파들(흔히 '네오콘'이라고 불리는), 나아가 이들에 동조하는 미국 동맹국의 정책입안자들에게도 해당된다. 한국은 그런 동맹국들 중의 하나다.

린트너는 한편으로 적대국가를 배제한다는 명분으로 테러리즘을 도구화하는 미국의 정책을 비판한 촘스키N. Chomsky의 논지와, 자기배제적 논리로 '비상사태'를 선언하면서 그에 대한 권리를 독점한다고 진단한 아감벤의 논지를 끌어들이면서, 이 같은 비상상황이란 오늘날 시간적 지역적 경계를 넘어서게 되었다고 옳게 지적한다. 그러면서 이렇게 덧붙인다.

"주권자는 더 이상 비상사태를 결정하는 자가 아니라, 이 비상사태를 지속사태로 정립하는 자다. 평상상태로 변형된 예외적 상태(비상사태)는 영토적으로나 시간적으로 원칙상 한계가 없다.

이것은 인간의 벌거벗은 육체적 실존에 대한 경찰과 군인의 처리권한을 권력정치적 이해관계의 척도에 따라 갖게 하는 상태다.[31] 비상상황은, 아감벤이 벤야민의 후기 테제인 「역사의 개념에 대하여」와 관련해 언급하듯이, 규칙이 되어버렸다."[32]

---

31) 이런 식으로, 예를 들면 관타나모로 옮겨진 600명 이상의 '탈레반 수감자들'은 전쟁포로의 지위도, 외국국적자의 신분도 갖지 못한다. 이들은 그저 전혀 알 수 없는 방식으로 군 형법에 회부되었다. 이것은 법부재 Rechtlosigkeit라는 문제의 터무니없이 특이한 경우이다. 이 법률부재의 상황은 상당히 진척되어, 전쟁을 피해 외국으로 도망가는 사람들이나 보트피플, 국가난민허가기관에도 해당된다.

문제는 예외적 비상상황의 전 지구적 확장이고, 그 비상상황의 절대적 고착화다. 비상사태가 일상화하고 항구화되는 것은 이런 맥락 속에서다. 이것은 우리의 논의맥락에서 보면 자본주의적 제의종교에서 일어나고, 그로 인한 위기는 '국가안전'의 이름으로, 또 '테러와의 전쟁'이라는 명분을 내세우면서 무법상황을 야기하는 미국정책에서 기인한다.

여기에서 분쇄대상이 되는 것은 테러리스트만이 아니다. 그것은 테러리스트를 용인하는 기관이나 국가도 포함한다. 마찬가지로 대량학살무기를 생산하는 것으로 간주되는 국가나 그 국민도 테러리즘의 화신, 즉 악으로 간주된다. 이렇게 보면 현대사회에서의 악은 실제로 있는 것 이상으로 '만들어지는 것'이다. 현대의 악은 존재하는 것 이상으로 대량 생산되고 대량 유포된다.

여기에는 사실 많은 주제가 얽혀 있고, 그러니만큼 핵심 개념도 많다. 그 대표적인 것은 '벌거벗은 생명'bloßes Leben, 죄(악), 죄짓게 함(빚지게 함), 법, 돈, 정의, 폭력, 국가, 종교, 신화, 이교도, 운명, 불행, 죄의 연관항, 자본주의 등이다. 여기에서 결정적 물음은 이런 개념들의 상호관련성이고, 이 상호관련성이 오늘의 현실에서 갖는 의미다.

다시 요약하자. 벤야민에게 법개념은 첫째, 신화-몽매-운명-죄와 관계한다. 둘째, 법에는 신화의 액운이 끊이지 않고 나타난다.

---

32) Burkhardt Lindner, "Der 11.9.2001 oder Kapitalismus als Religion," Nikolaus Müller-Schöll(Hg.), *Ereignis. Eine fundamentale Kategorie der Zeiterfahrung. Anspruch und Aporien*, Bielefeld, 2003, S. 205.

셋째, 국가는 법의 이름으로 강제력의 수단을 독점한다. 넷째, 이 상태에서 인간의 굴종은 법으로 제거되는 것이 아니라 오히려 강화된다. 그러니까 죄악의 연관항은 단순히 인간의 자유의지가 없거나 자기결정의 도덕적 태도가 잘못되어서 초래되는 것이 아니다. 또 법률제도나 소송상의 불합리한 절차로부터 나오는 것이 아니다. 오히려 그것은 법의 신화적 성격에 이미 깊게 결부되어 있다. 이 점에 대해 린트너는 이렇게 적는다.

"이 구조는, 그 때문에 벤야민은 죄악의 연관항을 말하는데, 결코 법정소송의 형식적 강제로부터 연유하는 것이 아니라, 법과 법률에 기입되어 있다. 법률화Verrechtlichung의 진전―궁극적으로는 피의 보복이나 신체절단을 수감이나 벌금으로 대체하는 것이 여기에 속하는데―은 이 순환에서 빠져나올 수 없다. 오히려 화폐경제의 팽창에서 채무화와 형벌의 새로운 형식이 생겨난다."[33]

자본주의 체제에서 예속적 삶은 불가피하다. 예속성은 개인의 빚이나 국가부채의 상태로 먼저 나타나지만, 그 상황은 경제적 차원에 한정되는 것은 아니다. 그것은 9·11 사건에 대한 대중의 반응에서 보듯이 삶의 위기나 폭력의 실체를 보지 못하게 만들기도 하고(언론적·의식적·문화적 차원), 법이 정의의 실현에 기여하는 것이 아니라 죄악과 위선을 영속시키는 데 관계하기도 한다(법률적·

---

33) *Ebd.*, S. 206.

행정적 차원). 나아가 그것은 인간의 육체가 생물학적 차원에서 억압됨을 보여주기도 하고(개인적·신체적 차원), 넓게는 사회 전체가 부자유한 종속상태로 빠져드는 것을 뜻하기도 한다(사회구조적 차원). 그리하여 법적 관계가 무력화되면서 규범과 절차에 의한 합리적 사회의 구성가능성이 아예 차단되어버리는 것이다.

삶의 세계가 시장화/자본화/상품화하는 데서 채무의 구조는 확대되고, 법부재의 새로운 형벌형식은 점차 늘어난다. 이때 폭력은 일상화되고, 테러는 도구화된다. 그래서 폭력은 9·11 사건에서 보듯이 선의를 가장하면서 파괴가 마치 구제인 것처럼 나타난다. 오직 절망만을 희망하는 가운데 테러를 일삼는 실존의 절멸상태가 이어진다. 그리하여 곳곳에서 병과 굶주림, 파산과 노숙, 난민과 수감과 포로가 발생한다. 그러나 채무건 불법이건, 폭력이건 비상상황이건, 이 모두는 그것이 인간의 행동과 그 관계에서의 결함이자 누락이고 불충분이라는 점에서 동일하다. '생활세계의 보편적 결손'이라는 종말적인 비상상황이 지속되는 것이다.

그렇다면 이 결함은 줄여질 수 있는가? 이 대목에서 우리는 공적 강제력의 근거에 대해 질문할 수 있다. 즉 국가의 정당한 주권은 가능한가? 이것은 법철학적 물음이다. 비상사태를 선언하는 세속화된 국가의 절대권력은 과연 절대적이어도 좋은가?

슈미트C. Schmitt의 '주권성 이론'은 이 물음에 긍정적이었다. 그러나 비상사태와 그로 인한 법의 유보는 단순히 국가의 절대화된 권력을 보장하는 데 있는 것이 아니라, 마땅히 법 자체의 불합리성을 성찰하는 방향에서 고려되어야 한다. 왜냐하면 예외적 상황이 예외적 성격을 잃어버림으로써 불법적 비상상태가 시간적·장

> **비상사태와 그로 인한 법의 유보는**
> **법 자체의 불합리성을 성찰하는 방향에서 고려되어야 한다.**
> **예외적 상황이 예외적 성격을 잃어버림으로써**
> **불법적 비상상태가 일상화될 수 있기 때문이다.**

소적 규제를 넘어 일상화될 수 있기 때문이다. 그리하여 오늘날에는 많은 예외적 사항과 이 예외의 이름으로 자행되는 권리침해가 아무렇지도 않게 평상화되어버렸다. 결국 인간의 생애사, 더 정확히 말하여 인류사는 결손의 역사로서 뉘앙스와 정도程度를 달리하면서 항존한다. 자본주의는 영구화된 절망의 세계상태로 치닫는 하나의 묵시록적인 생활체제인 것이다.

일상화된 부정의의 상태에서 정의나 평화를 말하기는 어렵다. 또는 자유무역체제나 민주주의를 말하거나 사고와 표현과 신앙의 자유를 거론할 수 있는가? 자본주의는 이전에 종교가 담당하던 역할, 즉 신자들의 짐을 덜어주고 죄를 씻겨주던 영적 치유의 기능도 이제 맡지 못한다. 오히려 그것은, 벤야민이 지적했듯이, 엄청난 죄의식을 보편적으로 항구화하고 영속화하는 데 기여한다. 그가 기성의 정치질서를 중단시킬 혁명을 떠올린 것은 그 때문인지도 모른다. 그런데 이 죄의식은, 앞서 보았듯이, 도덕적·경제적 차원에 국한되는 것이 아니라 정치적으로 오용되고 이데올로기적으로 확산되며 법률적으로 보장되고 더 나아가 군사적으로 실행된다. 그렇게 해서 많은 강제력은, 심지어 전쟁까지도, 악을 응징하기 위해 '어쩔 수 없이 행해지는 정당방위'로 긍정된다. 이것은 하나의 악을 응징하기 위한 또 다른 악의 정당화이면서, 궁극적으로는 결손사로서의 인류사를 심화시키는 폐악이지 않을 수 없다.

악이 선의의 이름 아래 자행될 때, 이질적인 생각과 언어와 이를 통한 문제제기는 '적'으로 간주된다. 위기를 자각하는 지적 능력과 비판력은 사이비 체제에서 고사枯死되고 만다. 그래서 결국 재앙적 역사를 단절시키려는 해방적 시도도 사라진다. 인류의 역사에서 변함없는 것은 이 집단적 병리학, 즉 신화적일 만큼 고착된 우둔과 몽매의 강제구조인지도 모른다.

5. 정당한 질서는 가능한가?

종교로서의 자본주의에 대한 벤야민의 생각은 직관과 통찰로 번득이지만, 그렇다고 모두 납득할 만한 것은 아니다. 그의 글은 곳곳에서 논리적 비약과 모호함을 낳고 있기 때문이다. 가령 프로이트의 이론도 '자본주의적으로 사고된 것'이라고 여기거나, 기독교 자체가 자본주의로 변형되었다고 그가 파악할 때, 이 같은 진술은 좀더 자세한 해명과 보충을 요구한다. 테제형식의 정식화는 사안을 예각적으로 주제화하는 데 도움되지만, 이해를 체계적으로 심화시키는 데 장애가 될 수도 있다.

물론 프로이트 이론에 자본주의적으로 사고된 측면이 없는 것은 아니다. 억압된 것은, 벤야민이 지적하듯이, '무의식이 이자처럼 지불해야 하는 자본'이라는 측면도 분명 갖기 때문이다. 그러나 그것이 어떻게 자본주의라는 메커니즘과 이어지는지는 적어도 「종교로서의 자본주의」에서는 확연히 드러나지 않는다. 그는 "회귀 없이 도달한, 하늘을 관통하여 자라나온 역사적 인간"으로 니체적 초인을 칭송하고,[34) 그 비극적 영웅주의에 관심을 기울이지만, 그렇다고 이 논조가 동의할 만한 것으로 보이지 않는다. 벤야민은 니체, 마르크스, 프로이트가 모두 기독교의 보편적 죄의식을 적극적으로 문제시한다는 점에서 자본주의적 제의종교를 주관하는 "성직자 지배계급"Priesterherrschaft이라고 보았다.[35) 이 점에서도 그의 사유가 동시대의 철학적 입장들과 얼마나 이질적인지 잘 드러난다. 하지만 다른 한편으로 그것이 좀더 선명하게 논의되었더라면 하는 아쉬움도 남긴다.

다른 시각에서 벤야민의 문제의식은, 이윤에 대한 충동이 죽음을 견뎌내기 위해 행해진다는 좀더 일반적인 관점에서 보면, 반드시 이해 못할 것도 아니다. 자본주의적 충동은, 그것이 물건에 대한 숭배이건 돈에 대한 욕구이건, 결국에는 죽음과 소멸의 공포를 잊기 위해서 생겨난다고 할 수도 있다. 그 충동에는 망각을 통해 불멸할 수 있다는 환상이 숨어 있다. 결국 자본주의적 물신화에는 불멸에 대한 욕망이 자리하는 것이다. 프로이트의 이 같은 생각을 경제학에 도입한 사람은 케인스J. M Keynes였다. 물신에 대한 욕망은 그러나, 인간이 유한한 조건을 넘어설 수 없는 한 헛된 것이다. 하지만 어쩔 수 없는 일이기도 하다. 돈의 욕구 또는 자본의 축적충동은 운명처럼 불가피하다. 소유욕을 줄일 수 없는 한 죄악도 피하기 어렵다. 자본주의가 예배처럼 되는 것은 이 때문이다.

---

34) Walter Benjamin, "Kapitalismus als Religion," *a. a. O.*, S. 101.
35) *Ebd.*

지금까지의 논의를 요약하면, 세 가지로 줄일 수 있을 것이다.

첫째, 종교와 경제의 구조적 유사성. 종교는 원시적 마술상태와 분리되면서 근대 이후 자기 길을 걷는다. 하지만 종교의 이 경로에서 원시적 제의의 성격이 완전히 사라지는 것은 아니다. 이것은 자본주의적 삶에서 잘 확인된다. 즉 종교적 행위와 경제적 행위 사이에는 구조적 유사성이 있다. 이 유사성이란 사물에 대한 무한 추구라는 동일한 욕구에 있다. 그런데 이 극대화된 욕구에는 주체가 박탈되어 있다. 현대의 종교나 자본주의에는 주체가 사라진 인간의 지칠 줄 모르는 물질욕망이 자리하는 것이다.

둘째, 이윤추구의 자기모순성. 이윤의 무한추구는 이렇게 추구하는 주체로서의 인간이 유한한 존재이기에 무한하게 추구될 수 없다. 그것은 모순되고 불합리하기 때문이다. 이 불합리성은 해소될 수 없다. 그것은 신화의 구조처럼 필연적이다. 따라서 그것은 폭력과 죄악의 가능성을 내장하면서 운명적으로 반복된다. 그렇다면 자본종교의 교환합리성과 이 교환합리성이 야기하는 보편적인 채무화 구조를 진단하면서 벤야민은 무엇을 염원했는가? 그것은 새로운 질서의 어떤 가능성이라고 할 수 있다. 이 대목에서 세 번째 항목, 즉 정치적인 것의 의미에 대한 재검토의 필요성이 생긴다.

셋째, 정당한 질서의 재검토. 이 점을 벤야민은 에둘러 진술한다. 거듭 말하여, 그의 생각은 단편적이고 그 논리는 비약적이며, 정치적 단상 역시 신학적으로 침윤되어 있다. 그래서 그의 문제의식을 선명하게 윤곽 짓는 것은 매우 어렵다. 하지만 다음과 같이 이해할 수 있다. 그는 기존의 주요 개념들, 즉 정치나 법률, 정의 같은 술어의 정당성 영역을 비판하려 했고, 이를 위해 각 영역을 구분해보고자 했다.[36] 그러면서 어떤 것이 개념적/이념적으로 오용되고 있는지, 그래서 어떻게 원래의 형태를 복원할 수 있는지 알아보고자 했다.

이 시도는 결국 '세속화' 과정으로 지칭되는 근대사회로의 이행이 어떤 식이어야 하는가라는 물음과 이어진다. 근대사회로의 이행에 대한 물음이란, 다르게 말하면, '제대로 된 세속화'에 대한 물음이다.

1. 제대로 된 세속화

근대가 한편으로 종교로부터의 해방이라고 지칭되면서도 다른 한편으로 이 근대의 핵심산물인 자본주의에 제의종교적 속성이 들어 있다면, 이것은 근대의 세속화 과정이 성공하지 못했다는 것이고, 그래서 해방은 참된 의미에서의 해방이 되지 못했다는 사실을 보여준다. 제의로 말미암아 빚과 죄악의 상황이 보편적으로 확대됨으로써 혁명은 일어날 수 없게 되었기 때문이다. 신은 전적인 불능상태에 처하게 되고, 벤야민의 표현에 기대면, '절망만 희망할 수 있는' 지경에 빠지게 되었다.

그렇다면 제대로 된 세속화란 어떤 형태일까?[37] 오늘날 신이

---

36) 벤야민의 법개념에 대해서는 제6장 「법은 정의로운가?」를 참조.

37) 린트너는 위에서 언급한 논문의 끝에서 바로 이 점을 지적한다. 세속화 (Säkularisierung)란 간단히 말해, 이전에 지배적이던 종교적 · 형이상학적 세계상이 합리화되는 과정을 뜻한다. 그는 세속화된 서구문명의 자기이해가 오늘날, 특히 9 · 11 사건 이후에 새롭게 평가되어야 한다고 전제한 후,

자본(주의)의 형태를 띠고 있다면, 그와 다른 모습, 즉 '되어야 할 신'의 바른 모습은 어떤 것일까? 상품이나 유행으로서의 신이 아니라, 사물의 사용가치를 회복하고 비소외적 삶을 살며 신성성을 체험하는 일은 오늘날에 가능한가? 정말이지 대안적인 삶의 비전은 어떠하고, 새로운 역사철학은 어떤 형태여야 하는가?

자본주의는 빚 없이 확장될 수 없다. 벤야민은 자본주의 하에서는 죄악/채무를 씻을 수 있는 것이 아니라, 니체의 초인처럼 그 채무를 짊어져야 한다고 여겼다. 그래서인가? 그는 역사의 진보에 대해 동의하지 않았다. 사회주의적 전망도, 자본주의가 그러하듯이, 합리화의 불합리한 형식이라는 (란다우어 같은) 이론가들의 견해에 그는 동의했으며, 따라서 인류의 미래에 대한 전망이 될 수 없다고 여겼다. 그는 사회주의를 자본주의의 지양이 아니라 오히려 그 확장으로 보았던 것이다. 그는 「강제력 비판」에서 썼듯이, 법이 아닌 정의에 근거하는 공동체가 혁명세력에 의해 세워지는

세속화라는 말에 들어 있는 원래적 의미, 즉 교회재산을 몰수하여 세속적 권력(국가)이 소유하게 되는 부정적 의미를 환기시킨다. 그러면서 이 부정적 함의 때문에 블루멘베르크H. Blumenberg 같은 철학자는 근대를 단순히 이성의 자기주장이 시작되는 시기가 아니라 역사적 불법의 범주로 이해한다는 것이고, 이 점에서 블루멘베르크의 생각은 근대를 단순히 세계화/이성화로 등치시키지 않는 아렌트의 그것과 상통한다. 이것은 곧 벤야민이 「종교로서의 자본주의」에서 전개한 세속화 이론과 차별화되는 생각이기도 했다는 것이다(Burkhardt Lindner, "Der 11.9.2001 oder Kapitalismus als Religion," a. a. O., S. 217). 이것은, 자본주의적 제의종교에 대한 벤야민의 비판적 사유가 지향하는 바, 즉 역사/근대성/세속성/합리화에 대한 새로운 이해를 보여준다는 점에서 중요한 지적으로 보인다.

새 역사를 염원했지만(왜냐하면 법은 근본적으로 '신화적' 성격을 지녔기 때문이다), 새로운 시대의 이 현실이 어떠할지에 대해서는 구체적으로 그려내지 못했다. 그러나 "우리는 우리가 서 있는 그물망을 끌 수 없다. 하지만 나중에는 조감할 수 있을 것이다"라고 썼을 때,[38] 그는 자본주의를 넘어선 미래를 언젠가는 그려낼 수 있으리라고 여겼는지도 모른다.

미래는 어떻게 나타나는가? 이에 대한 벤야민의 설명은 더 이상 없다. 그것이 있다면, 다른 글에 뿔뿔이 흩어져 있다. 그렇게 흩어진 생각의 파편을 읽고 결합함으로써 우리는 그 의미를 어느 정도 해명할 수 있다. 그 내용이 무엇이든 간에, 하나의 결론은 정치적인 것과 미학적인 것, 현실적인 것과 메시아적인 것의 상호관계를 사유하는 것이고, 이 교차적 사유를 통해 관계의 길항에서 나오는 에너지를 생산적으로 전화轉化시키는 일일 것이다. 그것은 달리 말해, 사회적 삶(기능)에서 고유한 삶(의미)의 가능성을 구현하는 일이다. 현실과 초월 중의 어느 하나가 아니라—이 둘을 하나로 모으는 게 중요하다. (그래서 마약이나 역사적 유물론은 그가 선택한 방식이 될 수 없었다. 마약은 황홀을 가져다주지만 현실을 외면하고, 역사적 유물론은 사회와 대결하지만 초월을 배제하기 때문이다.) 신학을 하나의 '근본학문'으로 상정하는 것이나 행복을 염두에 두는 것은 그것이 총체성, 즉 삶의 전체성으로 다가가려는 시도이기 때문일 것이다. 모순적인 것의 통합 속에서 전체로 나아가는 것이야말로 벤야민 사유의 한 목표다.

---

38) Walter Benjamin, "Kapitalismus als Religion," *a. a. O.*, S. 100.

> **❝** 아름다운 것은 피나 죽음 없이 오기 어려울지도 모른다.
> 그렇다고 처음부터 죽음을 도모할 순 없다.
> 절망과 환멸 속에서도, 그러나 폭력과 죽음에 기댐 없이,
> 우리는 미를 추구할 수 있어야 한다. **❞**

그러나 이러한 노력은, 벤야민이 적었듯이, 니힐리즘적으로만 사유될 수밖에 없을지도 모른다. 오늘날 사람들은 이 괴물 같은 보편적 채무화의 재생산구조에서 근본적으로 벗어날 수 없다. 자본주의 지구를 바라보는 그의 시선은 「보들레르에 대한 몇 가지 모티프」에 나타나듯이 근본적으로 우울하다. "우울한 자는 지구가 말 그대로 자연상태로 추락하는 것을 경악 속에서 바라본다."[39] 새로운 삶의 가능성은 오직 근본적 비관성 아래 탐구될 수 있을지도 모른다. 마치 부정否定신학에서 신이 부정되면서 역설적으로 희구되듯이, 삶은 도저한 부정성 속에서 마침내 긍정될 수 있을 뿐인가? 아름다운 것은 피나 죽음 없이 오기 어려울지도 모른다. 그렇다고 처음부터 죽음을 도모할 수는 없다. 절망과 환멸 속에서도 그러나 폭력과 죽음에 기댐 없이 우리는 미를 추구할 수 있어야 한다.

새 정치의 가능성도 이 착잡하고도 모순된 문제의식 아래 모색되어야 한다. 그렇다면 무엇을 할 수 있는가? 새로운 정치는 신적

---

39) Walter Benjamin, "Über einige Motive bei Baudelaire," *GS* I/2, Frankfurt/M., 1974, S. 643.

강제력이 현 질서를 피의 폭력 없이 철폐시킬 때 가능한가? 절망이 편재하는 죄악의 현실에서 희망은 기존질서의 파괴 없이 실현될 수 없는 것인가?

2. 자기성찰: 책임-윤리-해석

이 모색의 길에서 우리가 선택할 수 있는 평범하면서도 중요한 기준이 하나 있다. 그것은 곳곳에 잠재하는 폭력의 다양한 형식에 대한 지각력을 높이는 것이라고, 나는 여긴다. 현실의 폭력은 얼마나 지치지 않고 도처에서, 소리소문도 없이, 예기치 않게 우리를 덮쳐오는가? 우리는 그것을 매 순간 주시하고 관찰하며 성찰해야 한다. 이것이 정상화되어버린 비정상적 삶에서 우리가 간직해야 할 하나의 올바른 자세인지도 모른다.

문제는 현재 일어나고 있는 폭력과 닥쳐오는 위기에 대한 우리의 대응방식이다. 이 대응방식은 물론 어떤 결의, 즉 의도적 의식의 산물로 자리하지만 의도 이상으로 중요한 것은 무의식적이거나 전前의식적인 준비요 그 결의의 체화일 것이다. 말하자면 위기에 대한 대응방식이 의식적인 결의로서가 아니라 의식 이전에 몸으로 구현되어 있는 상태가 중요하다. 이때 의식과 육체, 사고와 몸, 결의와 행동은 분리되지 않기 때문이다. 그것은 그때 하나로 되어 있을 것이다. 이 결의와 행동을 하나로 잇는 한 원리가 행복이다. 그래서 행복의 표상은 채무가 보편화된 자본주의적 삶에서 이 삶의 위기에 적절하게 대응하는 게 중요하다고 나는 생각한다. 행복은 행복 자체에서 오기보다는 부자유한 삶의 경험에서 이 경험을 비판적으로 성찰하는 가운데 조금씩 그리고 예외적으로 온다. 역사는 결코 발전적으로 전개되지 않는다. 세속화도 진보의 증거나 그 결과라기보다는 퇴락과 파국을 내장할 수도 있다. 아마 그렇다고 해야 할 것이다.

자본주의가 제의종교처럼 신성시된 이윤원칙에 포획된 인간에게 가장 절실한 것은 무엇일까? 그는 어떤 점에서 가장 치명적인 손상을 입고 있는가? 나는 그것이 '자유에 대한 무감각'에 있다고 생각한다. 자본주의적 삶이 불편한 것은 궁극적으로 그것이 인간의 넓고 깊은 가능성, 즉 자유로운 삶의 실현가능성을 제한하기 때문일 것이다. 우리가 폭력 없는 공동체나 더 나은 사회를 희구하는 것도 그곳에서 삶이 지금보다 더 자유로워지기를 바라기 때문 아닌가? 그러므로 중요한 것은 어떻게 각자가 어울리는 가운데 자유롭고도 행복한 삶을 살 수 있는가다.

현대의 자유란 적극적일 수 없다. 벌린I. Berlin의 의견을 빌리면, 인간의 자유란 "무엇을 향한 자유'(적극적 자유)가 아니라 '무엇으로부터의 자유"(소극적 자유)이기 때문이다. 자본주의적 화폐경제에서 사람은 돈과 죄악의 연관항에 운명처럼 묶여 있다. 이 타율적인 틀로부터 그는, 앞서 보았듯이, 적어도 이 체제가 청산되지 않는 한 벗어날 수 없다. 그는 빚이 보편화되는 죄악의 굴레를 짊어지고 살아야 한다. 그렇다면 길은 없는 것인가? 이 상황에 속수무책 시달리기만 해야 하는가? '그렇다'고 수긍해야 할지도 모른다. 신은 숨어 있고, 이렇게 숨은 상태로 죄과를 짊어진 채 만들어진다. 이 만들어지는 신werdender Gott에서 벤야민은 '구제'를 말하면서 이 편재된 절망을 희망해야 한다고 적었다. 그러나 이것뿐인가? 우리는 출구 없는 현실에 더 적극적으로 개입할 수 없는가?

> **" 행복은 행복 자체에서 오기보다는**
> **부자유한 삶의 경험에서**
> **이 경험을 비판적으로 성찰하는 가운데**
> **조금씩, 예외적으로 온다. "**

형성적 신에 의한 구제와 절망적인 희망도 누군가에 의해 주어지는 것이 아니라 우리 각자가 스스로 행함으로써 만들어낼 수 있다. 그런 점에서 나는 주체, 즉 개인의 자발적이고 적극적인 역할을 생각하지 않을 수 없다. 벤야민의 '만들어지는 신' 개념을 레비나스E. Levinas의 주체개념, 즉 타자와의 관계에서 책임을 지는 주체성과 연결시키면서, 프리다트B.P. Priddat는 이 책임 있는 주체성 때문에 인간은 절망 속에서도 신에게 말을 걸 수 있다고 해석한다. 그리고 이 점에서 벤야민적 주체는 (빚진 사람이 아니라) 시혜자로서 계약을 통해 타인과 만나는 자유주의적 개인이나, 생산과 상호작용을 전제하는 마르크스적 상호주관성에서의 주체와는 다르다고 분석한다.[40] 그의 해석은 형성적 신 개념과 인간(주체)의 연결점에 대한 직접적 언급이 벤야민에게 없다는 점에서 논리적 비약으로 비쳐지기도 한다. 하지만 이것은, 세계 전체가 절망에 이르러 "궁극적으로 신이 완전히 죄를 짓게 되는 데까지"bis an die endliche völlige Verschuldung Gottes[41] 성찰한다는 것이 세계와 인간에

---

40) Birger P. Priddat, Deus Creditor, "Walter Benjamins 'Kapitalismus als Religion'," a. a. O., S. 244f.

대한 주체의 공감력 없이 불가능하다는 점에서, 이해될 수 있다. 여기에서 핵심은 절망적인 세계상태 자체가 아니라 이 절망상태를 대하는 주체의 자기성찰적·현실개입적 태도다.

인간은, 레비나스에 따르면, 자신의 주권상태로부터 의식적으로 벗어날 수 있을 때, 그래서 타인에 대한 책임감을 가질 수 있을 때 비로소 정체성을 정립할 수 있다. 각 개인이 유일무이한 것은 그가 자신을 타자적으로 구성할 수 있을 때, 그래서 이 구성활동으로 타인과의 관계를 지닐 때다. 타자와의 만남에서 자신을 구성해나갈 때, 개인은 참된 윤리적 주체가 되는 것이다. 타자와 관계 맺는다는 것은 대상에 공감한다는 뜻이고, 그렇게 공감한 것에 책임을 진다는 뜻이기 때문이다.

그러므로 주체의 공감능력이 타인에 대한 관심에서 온다면, 이 관심은 단순한 호기심의 산물일 수가 없다. 그것은 타자의 삶도 마치 내가 나의 안전과 평화를 바라듯이 안전하고 평화로워야 한다는 당위성에 대한 도덕적 요청이다. 그래서 그것은 도덕적 요청에 대한 타자의 책임뿐만 아니라 자기자신의 책임도 갖는 일이고, 책임의 이 같은 공유 속에서 선에 대한 의식을 환기시키는 일이다. 그리하여 타자에 대한 공동책임을 느끼는 것은 이 공감 속에 그렇게 느끼는 주체의 자기성찰이 이미 어떤 식으로든 '윤리적으로 개재介在되어 있음'을 뜻한다. 대상에 대한 공감에서 주체의 책임과 윤리의식은 확장되는 것이다. 이 확대된 책임감에서 레비나스는 '자아 속에 타자를 두는 새로운 자아', 즉 '윤리적 주체의 정

---

41) Walter Benjamin, "Kapitalismus als Religion," *a. a. O.*, S. 101.

체성'을 본다. 이것을 우리는 벤야민의 「종교로서의 자본주의」와 관련하여 다시 생각할 필요가 있다.

자본주의 아래에서 문제는 개인의 개별적 채무가 아니다. 그것은, 앞서 지적했듯이, 빚의 체계화, 즉 보편화된 채무상황이다(이 점에서 벤야민은 애덤 스미스A. Smith가 말한 '삶의 복지'comfort of life를 거부하는 셈이다). 인간은 자본주의를 끌어들이면서 빚지기 시작하여 이 빚에서 헤어 나오지 못한다. 보편화된 채무관계가 삶의 세계 전체를 파괴하면서 자본주의의 구조를 지탱하기 때문이다. 자본주의는 사람으로 하여금 빚지게 하는 구조, 즉 일종의 보편적 채무화 형식이다. 그러니 그것은 전적인 부자유나 구조화된 부자유를 초래한다. 자본주의적 제의종교는 자유에 대한 보편적 파괴운동인 것이다. 이것은 심각한 불균형이 아닐 수 없다. 절망의 정점에서 사람이 말을 걸 수 있는 '성숙한 신'을 벤야민이 언급한 것은 이 같은 불균형을 시정하기 위해서인지도 모른다. 이 시정을 위해 신적 은총이 필요하다고 봤기 때문일 것이다. 신은 '교환하는 자'가 아니라 '주는 자'다. 신은 주면서도 반대급부를 결코 요구하지 않는다. 그래서 신이 주는 것은 은총이라고 불린다.

그러므로 은총은 거래의 대상이 아니다. 거기에는 이자도, 이자의 이자도 붙지 않는다. 또 갚을 수 있는 것도 아니다. 이런 신에게 말을 걸 수 있다면, 그는 누구인가? 프리다트가 해석한 대로, 여기에는 타자에게 책임을 지는 윤리적 주체가 있는지도 모른다. 이 책임은 물론 여러 방식으로 있을 수 있다. 기독교적으로 해석하자면, 다음과 같이 될 것이다.

낙원상태에서 신과 인간, 창조주와 피조물 사이에는 조화가 있

> **" 신은 '교환하는 자'가 아니라 '주는 자'다.**
> **신은 주면서도 반대급부를 결코 요구하지 않는다.**
> **그래서 신이 주는 것은 은총이라고 불린다. "**

었다고 얘기된다. 이 조화는 인간의 낙원추방 이후에 깨진다. 인간은 이제 사회를 만들어내고 정치와 경제를 꾸리며 도덕을 세워야 한다. 그는 자립해야 하는 것이다. 그러나 이 자립이 꼭 축복스런 것은 아니다. 인간은 이미 신의 세계를 떠났다. 이 신 없는 현실에서 불가능 또는 불완전은 처음부터 예정되어 있다. 반대로 자립이나 독자성은 은총이 아니라 벌로 주어진 것이다. 인간은 더 이상 구원의 문제에 골몰할 수 없다. 인간사회의 주제는 '구원이냐 죄악이냐'가 아니라 '채무냐 채권이냐'다. 설령 채권자의 처지라고 해도, 그것이 구원의 방편이 될지는 또 다른 문제다. 자본주의란 영원한 채무화 체제이므로, 구원은 처음부터 실현되기 어렵다고 보는 것이 더 정확할 것이다. 이 난관 속에서 현대인은 어쨌든 일어서야 하고, 스스로 자신을 만들어야 하며, 그 삶을 홀로 헤쳐가야 한다. 이 독자적인 삶의 방식은 여러 가지겠지만, 학문활동에서 그것은 해석과 실천에 있을 것이다.

인간해방을 지향하는 마르크스적 테제는 실현되기 어렵지만, 그렇다고 쓸모없는 것은 아니다. 오늘의 삶에서도 여전히 유효하다면, 그 문제의식은 이전보다 더 면밀하게 검토되지 않으면 안 된다. 사물을 새롭게 느끼고 다시 사유하며 다르게 표현하는 일에서 해방을 위한 싹은 이미 싹트기 시작할 것이다. 왜냐하면 새롭게 느끼고 다시 사유하며 다르게 표현하는 것 자체가 그렇게 행동하는 주체의 내·외면을 연마시키는 일이고, 이 연마 속에서 그는 그다음의 성숙한 시간을 도모하기 때문이다. 그것은 성숙을 향한 자기형성적 시간이자 이 형성 속에서 시도되는 자유의 실천이다. 그래서 그것은 올바른 공동체commune로 나아가는 길에서 그리 멀지 않다. 또한 이 길은, 더 크게 보면, 올바른 역사의 가능성과 분리된 게 아니다. 이 실천적 걸음은 텍스트와의 적극적 교류로서의 해석에서 시작된다.

사물을 새롭게 보는 것, 현실을 기존과는 다르게 해석하는 것, 텍스트를 비상투적으로, 그리하여 면밀하고도 정확하게 이해하려는 노력도 일종의 개입이고 타자에 대한 관여이며, 따라서 책임 있는 실천의 한 형식이다. 거기에서 주체는 이미 타자적으로 관계되고, 이 관계로부터 주객은 상호상승적으로 자라나는 상태에 있다.

이 상호작용의 관계에서 주체의 어떤 면이 견지되고 타자의 어떤 면이 고려되는지는 분명치 않다. 어떤 경우 주체는, 자기자신을 완전히 비워내야 할 정도로까지, 그래서 자기소멸에 이를 때까지 타자의 영역으로 나아가야 할 때도 있다. 그것은 위태로운 일이다. 그러면서도 이 비움은 자신을 단련시키는 즐거운 형성의 활동이다. 그리하여 그것은 주체가 대상 속에 완전히 소멸되는 '주객합일'의 상태는 아니다. 주체는 나아간다는 의식, 타자로 나아감으로써 자기자신을 부단히 구성해간다는 현재적 의식만큼은 견지하는 까닭이다. 성찰력이란 타자지향의 이 현재하는 자기구성적 반성의식이다. 해석의 반성의식으로부터 주체는 나날이 자라날 수 있다.

그러므로 바람직한 해석의 상태에서 대상과 주체는 어느 한편으로 치우치지 않는다. 해석은 물론 주체로부터 시작하지만, 대상에 대한 주체의 관계는 기울어진 것이 아니다. 해석은 외부로부터 부과되는 것이 아니라 주체 스스로 행하는 것이기 때문이다. 해석이 자발적일 때 능동성을 획득하고, 이 능동성이 주체의 해석적 개입을 비로소 윤리적으로 만든다. 「종교로서의 자본주의」에 대한 나의 읽기는 해석의 이 같은 실천성을 의식하면서 이뤄진 것이다. 그러나 그것이 얼마나 주체적이고 얼마나 윤리적인지는 두고 봐야 한다. 남은 것은 벤야민의 시각과 이 시각에 대한 나의 해석을 독자가 어떻게 받아들일 것인가다.

6. 니힐리즘적 방법

오늘의 세계는 복잡하고 불투명하다. 그래서 믿기 어려운 곳이 되어 있다. 많은 일은 예기치 않게 일어나고, 설령 어떤 법칙성 아래 일어났다고 해도 그 법칙이 복잡하기 때문에 사건은 느닷없이 발생한 것처럼 여겨진다. 세계는 전적인 우발성의 공간이 되어버린 것이다. 이 예측하기 힘든 세계에서 어떤 계획 아래 일관된 원칙을 갖고 살아가기란 참으로 힘들다. 이 어려움은 어떻게든 단순하고 간단하며 눈에 띄는 것을 갈구하도록 부추긴다. 직업생활을 하건, 사람을 만나건, 진리를 탐구하건 분명한 주객관계의 설정은 이 시대 최고의 미덕처럼 여겨진다. 이렇게 얻은 것을 사람은 그것이 모든 것인 양 느끼고 품는 것이다.

그러나 이렇게 간주되고 있는 것은 그 자체로 세계의 실상인가? 그렇지 않다. 사람에게 주어진 전체라는 것은, 정확히 말하여, 전체로 불리는 부분, 즉 '전체로 보이거나 간주되는 일부'에 가까운 것이기 때문이다. 현대인은 파편적인 것을 전체인 양, 마치 제의에서처럼, 기리고 섬길 뿐이다. 전체나 온전함 또는 완전성은 오늘의 세계에서 하나의 환상이거나 허깨비로 자리한다. 완전성이 있다면 그것은 가짜의 완전성이고, 절대성이 있다면 그것은 인위적 절대성이다. 문제는 현대적 절대성이 더 이상 종교의 성스런 영역에서가 아니라 상품이라는 물질세계에서, 이 상품을 구매하고 소비하는 나날의 일상에서 아무런 성찰이나 책임의 윤리적 매개 없이, 오직 선전과 마케팅을 통해 전파되고 공시公示되며 유포되고 체득된다는 사실에 있다. 현대의 온전함이란 이미지의 온전함이다. 사람들은 이 이미지 덩어리를 소비하면서 싸구려 만족에 마비되어 있다.

이 환각의 중심에는 물론 상품이 있다. 그리고 이 상품을 언제라도 구입할 수 있는 돈이 있다. 그러므로 문제는 돈이다. 자본주의 하에서 돈은 모든 것을 대체할 수 있다. 이렇게 대체되는 것에는 물건뿐만 아니라 인간도 있다. 오늘날에는 인간의 장기臟器도 사고판다. 이 무자비한 교환의 끝에는 신이 자리한다. 그렇다면 결국 핵심은 신처럼 숭배되고 신성시된 돈-사물-상품-자본의 재앙적 파괴작용이다.

인간은 돈이나 상품에 의해 변두리로 밀려난다. 이제 활동의 중심에서 사람-주체-자아-자발성-책임-윤리는 사라진다. 혹시 아직도 사람이라는 존재가 있다면, 그는 소비자나 관객에 가깝다.

그는 자신만의 정체성과 사연과 역사를 가진 존재가 아니라, 유행의 시장에 전시되는 상품을 수동적으로 구입하는 데 자족하고, 연출되는 무대 위에서 아무런 생각없이 떠밀려왔다가 떠밀려가거나 이 무대의 스펙터클에 눈먼 채 열광하는 존재다. 그는 외부로부터 규정된 대로 살아가는 하나의 부품일 뿐이다. 현대에서 개인이 껍데기이거나 가면 또는 거품의 모습을 띠는 것은 당연한 일인지도 모른다. 이 허깨비 삶에서 경험은 의미 있게 축적되기 어렵다. 현대적 경험내용은 근본적으로 빈곤하고, 이 경험적 빈곤성은 상품형식의 공허성에 정확하게 일치한다.

오늘날의 상품사회에서 인간은 유령처럼 살아간다. 그만큼 화폐경제 하의 기술논리적 조직화는 철저하게 실현되어 있다. 기술의 보편적 조직에서 경제는 정신을 대신하고, 화폐는 언어로 기능하며, 모든 판단은 수익을 중심으로 이뤄진다. 돈은 모든 가치와 판단의 궁극적 준거점이다. 돈과 말, 화폐와 소통, 경제와 정신의 구조적 유비관계는 영속적인 것처럼 보인다. 이것이 자본주의의 사물화 메커니즘이다.

자본주의의 사물화 메커니즘은 휴식도 휴일도 없이 작동하면서 만성적 공포와 불안, 죄의식을 일으킨다. 그래서 위협적이고 운명적이다. 죄악은 곳곳에 현존한다. 그러니만큼 빚도 편재한다. 자본주의적 삶은 그 자체로 빚으로 뒤덮인 굴종의 삶이기 때문이다. 사람들은, 마치 잠에 빠진 듯이, 죄와 빚의 굴레에 매어 있다. 그러니 그는 깨어나야 하고, 몽매의 흐름은 중단되어야 하며, 운명의 순환은 분쇄되어야 한다. 자본주의라는 근현대의 깊은 잠은 일깨워져야 한다. 이것은, 벤야민이 보기에, 무엇보다 역사가의 과제이지만, 넓게 보면 현대를 살아가는 모든 의식 있는 자의 책무이기도 하다. 근대와 고대의 이 같은 착종관계는 『아케이드 저작』을 관통하는 핵심주제다.

자본주의 하에서 인간이 더 이상 채무에서 벗어날 수 없다는 것, 죄악의 상태는 영구화될 것이라는 점은 그가 더 이상 나아질 수 없다는 사실을 뜻한다. 그는 이제 자신에게 책임질 수 없고, 책임을 통해 더 이상 개선될 수도 없으며, 자신의 의지와 이성으로 세계를 구성하기도 어렵다. '인간해방'이라는 마르크스적 기획은 이것으로 좌초된 것인가? 벤야민은 인간의 해방과 역사의 진보가 빚 때문에 실패하게 되었다고 본다. 현대사회에서 신이 미숙하게 나타난다면, 그 이유는 인간에게 있다고 보아야 할 것이다. 미숙한 것은 신이 아니라 인간이다. 그 점에서 우리는 여전히 '계몽된 시대'가 아니라 '계몽되어야 할 시대'에 있다고 할 수 있다. 그러나 이때의 계몽이란, 우리가 역사적 시기로서의 계몽주의 시대를 벌써 거쳐왔다는 점에서, 그래서 오늘의 이성은 더 이상 계몽주의적 이성이 아니라 여러 가지 형태로 변질되어버렸다는 점에서, 이전보다 면밀한 논리적 검토를 요구한다. 이 작업은 어떻게 이뤄져야 하는가?

지나간 것은 회귀한다. 그러나 그것은 이전과 같은 모습으로서가 아니라 왜곡된 채로 돌아온다. 지금의 삶이 왜곡된 것이라면, 이 삶이 자본주의적으로 구조화되어 있다면, 우리는 이 왜곡된 체제를 넘어설 수 있는가? 자본주의 체제의 즉각적인 극복이 불가능하다면, '이 체제 안에서' 그 어떤 다른 가능성, 즉 '자본주의의 대안체제적 가능성'을 검토할 수 없는가? 그리하여 죄와 빚의 항구적 메커니즘이 좀더 인간적인 질서를 새롭게 변형해내는 데로 나아갈 수 있는가? 그 세계는 단순히 사변이나 명상, 정관靜觀을 통해 실현될 수 없다. 이론적 구상은 마땅히 실천으로 전환되어야 한다. 해체구성의 변증법은, 제2장 4절에서 언급했듯이 이런 고민이 귀결한 하나의 실천법이라고 할 수 있다. 정치가 개입하는 것은 이 대목이다. 이 점에서 우리는 이 글의 처음, 즉 현실을 조건짓는 대표적 질서인 정치·법률·권력의 문제로 다시 돌아온다.

현세적 욕구의 충족은, 적어도 그 궁극형식은 자본주의로부터 얻어질 수 없다. 그것은 무엇보다 책임 있는 기관에서, 의식 있는 구성원의 조직을 통해, 제도적으로 먼저 구비되어야 한다. 의회정치의 개혁은 그 한 예다. 이렇듯이 정치는 제도의 합법적 개선과 관계한다.

벤야민은 역사에 대한 정치의 우위성을 말했고, 법을 가능하게 하는 신화적 힘보다는 정의와 연관되는 신적 힘을 강조했다. 그리고 이 신적 힘은 그것이 기존의 법질서에 파괴적으로 작동함으로써 법제도를 전복시킬 수도 있다고 그는 여겼다. 혁명이 그런 전복적 계기다. 그는 신화적 국가권력에 대항하는 '혁명의 순수한 힘'을 생각했지만, 그것을 절대적으로 신봉했다고 보기는 어려울 듯하다. 순수하다고 믿었던 혁명의 힘도, 스탈린주의나 모스크바 재판에서 드러나듯이, 또 다른 테러로 변질될 수 있기 때문이다. 그는 실제로 독소불가침협정에 경악했다. 그가 삶의 막바지에 신학적 구상에 골몰하게 된 것도, 그래서 재앙의 연속사로서의 인류사가 현재의 인식적 순간 속에서 단절되어야 하고, 이 단절을 통해 메시아적 구원이 찾아들지도 모른다고 여긴 것도 현실사회주의의 야만성에 대한 불신 때문이었을 것이다.

여기에서 드러나듯이, 벤야민이 정치적인 것의 새 의미를 성찰할 때, 이 의미에는 정치활동만 고려되는 게 아니다. 그것은 신적 표상과 겹쳐 있고, 이 메시아적 표상에는 여러 다른 문제의식, 즉 지배적인 것의 가면을 벗겨 그 허위성을 폭로하고(문학비평), 의미의 재서술을 넘어 언어 자체가 성스러운 성장을 꾀하며(언어관), 무의지적 기억 속에서 구원을 예감하고(기억의 이해), 폐허뿐인 역사의 파편을 발굴하는 가운데 현재를 재배치하면서(역사철학) 무의도적 진리를 추구하는 일(문학비평과 예술철학) 등이 겹쳐져 있다. 그렇다는 것은 정치의 새로운 가능성이 정치영역에서의 정책적·제도적·행정적 구상만으로 이해되어서는 안 된다는 뜻이다. 정치도 그것이 실질적·경험적 사안에 관계하는 한 현실의 일부로서의 한계를 갖는 동시에 삶의 맥락 전체를 고려해야 하고, 이 전체 지평으로 열려 있어야 한다. 행정적·정책학적 사안이 정치적인 것의 모든 가능성은 결코 아니다.

그러므로 한계에 대한 성찰 없이 정치란 어떤 것도 바르게 할 수 없다. 이 한계를 성찰할 때 주체의 의식은, 벤야민의 말대로, '니힐리즘적'이다.[42] 신학적 표상들은 이 한계의 수용을 쉽게 만든다. 신학은 오늘날 어떤 '근본학'Grundwissenschaft이 될 수 있다고 그는 쓴 적이 있지만, 신학은 넓게 보면, 그것이 절대적 타자를 상정한다는 바로 그 점에서, 현실에 대한 가장 강력한 안티테제가

---

42) Walter Benjamin, "Theologisch-Politisches Fragment," *GS* II/1, Frankfurt/M., 1977, S. 204.

> **땅에서 일어나는 모든 것은
> '오직 몰락의 대가를 치르고서야' 신적 영역과
> 이어질 수 있다. 그러니 행복추구의 방식이나
> 정치의 방법은 염세적이지 않을 수 없다.**

될 수 있다. 이성의 재구성 작업도 신학적 표상에서 중대한 함의를 얻을 수 있다. 정치는 이 한계를 받아들이면서도 그 나름으로 할 수 있는 게 분명 있다. 정치의 목표는, 「신학적·정치적 단편」 1921에 드러나듯이, 행복이다. 행복의 이념은 철저히 세속적인 영역 안에 자리한다. 이 세속적인 것은 그러나 오래갈 수 없다. 조만간 잊혀지고 몰락해갈 종류의 것이기 때문이다.

따라서 땅에서 일어나는 모든 것은 '오직 몰락의 대가를 치르고서야' 신적 영역과 이어질 수 있다. 또는 그것은 처음부터 신적인 것과 구분되어 추구되어야 하고, 이렇게 구분되면서 메시아를 향해 있다. 그러니 행복추구의 방식이나 정치의 방법은 염세적이지 않을 수 없다.

오늘날의 삶에서 신은 물러나 있다. 현대의 신은 숨어 있는 반면 보이는 신은 자본이고 시장이며 상품이고 이윤이다. 그러므로 구원의 역사는 이제 없다. 있다면 그것은 구원을 향한 세속적 추구가 있을 뿐이다. 그러니 구원의 문은 지극히 좁고 그 길은 위태롭다. 이 위태로운 길에 있을 행복의 순간은 참으로 짧을 것이다. 이 짧은 행복의 경험에서 나와 타자, 세계의 시간과 신의 시간, 현실정치와 신적 왕국은 잠시 조우할지도 모른다. 세상에서 인간의 행복은 오직 사라지는 찰나 가운데 덧없이 머물 것이다. 영원히 완전하게 지속하는 것은 오직 덧없는 소멸일 것이다.

죄/빚이 제의처럼 영원히 지속되고, 광고가 율법처럼 전파되며, 소비가 예배처럼 행해지는 곳에서 신이 어디에 자리하고 신성은 어디에서 찾아들 수 있는가? 그것은 오직 '부정적으로'exnegativo 나타날 수 있을 것이다. 그러니 신이 존재한다면, 그것은 오늘날 온전한 형태가 아닌 불완전한 형태, 즉 미숙하고 결함 많은 기형의 모습일 것이다. 자본주의란 미숙한 신을 위한 물질적 제의다. 상품은 이 물신제의가 구현된 대표형식이다. 온갖 종류의 상품, 즉 가방, 신발, 모자, 팔찌, 머리핀, 코트, 정장은 자본주의적 제의 형식의 일상화된 품목들이다. 이 물화된 형식에서 자본주의는, 종교가 한때 그러했듯이 안락과 복지를 약속하지만, 이 약속이 정말 지켜질 수 있을지 아무도 모른다. 그래서 절망은 반복되고 환멸은 쌓여간다.

그러므로 이제 필요한 것은 희망의 돌봄이 아니라 환멸의 관리일 것이다. 그것은 낙관적 전망이 아니라 염세적 개입이다. 현대적 삶은 염세적 방법으로서만 조금씩 나아질지도 모른다.

제6장

법은 정의로운가?: 법과 정의와 정치의 관계

> 그는 가끔 법률책이란
>
> 위풍당당하고 매우 값진, 금실로 짠 아름다운 겉옷에
>
> 똥으로 수를 놓은 것과 같다고 말하곤 했다.
>
> ■ 라블레(F. Rabelais), 『팡타그뤼엘』(1532)

벤야민의 글은 한결같이 '난삽한'──단순히 난해한 것이 아니라──의미구조를 가진 채 우리 앞에 있다. 1921년에 발표한 문제적 에세이 「강제력 비판」$^{Zur\ Kritik\ der\ Gewalt1)}$도 마찬가지다. 1921

---

1) Walter Benjamin, "Zur Kritik der Gewalt," *GS* II/1, Frankfurt/M., 1977, S. 179~203. "Zur Kritik der Gewalt"의 'Gewalt'는, 중요한 외국어 개념이 대개 그러하듯이, 여러 가지의 함의──힘, 권력, 무력, 강제력 등의 뜻을 갖고 있다. 가장 좋은 것은 물론 하나의 일관되면서도 풍요로운 함의를 가진 번역어를 정하는 것이겠다. 거의 모든 논문에서 Gewalt는 '폭력'으로 번역되고 있지만, 나의 생각으로는 '강제력'이 더 정확하지 않을까 싶다. 왜냐하면 벤야민의 맥락에서 Gewalt란 '도의적 상황에 개입할 수 있는 구속적 힘'을 뜻하지, 처음부터 '폭력'이라는 부정적인 의미를 띠지 않기 때문이다(*Edd.*, S. 191 참조). 따라서 이 강제력은 그 자체로 적법적일 수도 있고 불법적일 수

년이라면 그의 나이 29세 때였다. 당시 그는 2년 전에 베른대학교에서 박사학위를 마쳤고, 4년 전에는 도라와 결혼한 터였다. 그 무렵 그는 블로흐의 『유토피아의 정신』[1918]을 집중적으로 읽고 있었고, 결국에 발간되지는 못했지만 잡지 『앙겔루스 노부스』를 기획하고 있었다. 국내외적으로는 1914년에 일어났던 제1차 세계대전의 여파가 여전히 독일의 정치경제적 현실을 옥죄고 있었고, 더 가까이로는 러시아 혁명의 여진이 남아 있었다.

「강제력 비판」은 이 개인적이고 사회적인, 실존적이고 시대적인 자장(磁場)의 복합성 안에 놓여 있다. 그래서 여기에는 여러 핵심

도 있다. 국가가 국민에게서 위임받은 강제력인 이른바 '공권력'은 중성적이고, 따라서 양날의 칼이다.

물론 이 글이 전체적으로 법(률)의 부당한 근거와 그 양의성을 밝히고 있는 것만큼 '폭력'으로 번역하는 것이 완전히 틀렸다고 말할 수는 없을 것이다. 그러나 'Gewalt'의 의미를 중성적으로 다루는 것은 글의 전체 논지를 균형적으로 다루기 위해 더 바람직해 보인다. 예를 들어 "Rechtsgewalt"(196), "reinen göttlichen Gewalt"(203)를 "법폭력"이나 "순수한 신적 폭력"으로 번역한다면, 그 의미는 이해되기 어렵다. 그럴 경우 법에 처음부터 폭력을 전제하거나, 신적인 것에 폭력을 전제해야 하기 때문이다. 그러나 '신적 폭력'이라는 것이 있는가? 있다면, 그것은 또 어떻게 '순수할' 수 있는가? 혹은 다음과 같은 문장 "Sie(Die Gewalt – 필자 첨가) ist nicht eigentlich zerstörend"(197)을 "폭력은 원래 폭력적이지 않다"로 번역할 수는 없다. 파업권(Streikrecht) 역시 "일정한 목적을 관철시키기 위한 '강제력'의 사용권리이지 '폭력'의 사용권리가 아니다(184). 벤야민의 문제의식은 단순히 국가권력의 신화적·허위적 성격을 폭로하는 데 그치는 것이 아니라 법적 정당성의 결정불가능성 문제로까지 이어진다. 이 법적 정당성의 결정불가능성은 곧 언어적 진위의 결정불가능성에 닿아 있는 것이기도 하다. 그리하여 법적 정당성은 도덕적·언어적·재현적·인식론적 문제와 결부되는 것이다.

술어가 얽힌 채 나타난다. 한편으로는 법과 정의의 관계, 수단과 목적의 의미에 대한 성찰이 있다. 이와 관련하여 자연법과 실정법의 구분이 있고, 세부적으로는 정당한 강제력과 부당한 강제력, 신화적 강제력과 신적 강제력의 구분에 대한 여러 층위의 논쟁과 논의가 있다. 다른 한편으로는, 이것은 더 근본적인 문제에 해당하는데, 강제력의 역사적 기원에 대한 법철학적·역사철학적 고찰이 있다. 사회계약의 문제나 노동자의 파업권, 국가권력의 전쟁권, 개인의 정당방위권, 군국주의 하의 강제력 사용, 경찰제도 등이 갖는 문제점들은 이런 물음을 구성하면서 다뤄지는 다른 주제들이다. 이 많은 문제항의 세부 논의가 어떠하건,[2] 그 곁가지를 쳐내면서 우리는 이 모두를 관통하는 하나의 실마리를 끄집어내야 한다. 그리고 이 실마리에서 다른 문제항에 대한 관계가 어떠한지 다룰 수 있어야 한다.

여기에서 핵심은 무엇인가? 왜 벤야민은 「강제력 비판」을 썼는

---

2) 「강제력 비판」의 모든 논의는, 줄이자면 세 부분으로 고찰할 수 있다. 첫째, 수단으로서의 강제력에 대해서다. 이것은, 통상 법철학에서 다뤄지듯이, 목적과 수단의 틀 안에서 법 강제력의 두 기능, 즉 제정적 기능과 유지적 기능을 다룬다(179~190쪽). 둘째, 강제력이 없는, 따라서 '순수한' 수단에 대해서다. 이 주제에 대한 논의는 법철학적·담론적 차원을 넘어선다(190~195쪽). 셋째, 다른 종류의 강제력에 대해서다. 여기에서는 신화적 강제력과 신적 강제력을 다룬다. 법 강제력은 신화적 강제력이라고 배척되는 반면, 신적 강제력은 순수한 혁명적 힘의 표현으로 간주된다(196~203쪽). 여기에 대해서는 Burkhardt Lindner, "Derrida, Benjamin, Holocaust. Zur Dekonstruktion der 'Kritik der Gewalt'," K. Garber u. L. Rehm (Hrsg.), *Global Benjamin* 1, 2, 3, München, 1992, S. 1693 참조.

가?「강제력 비판」이란 결국 무엇을 겨냥하고 있는가? 이 글은, 줄이면, '강제력에는 어떤 종류의 정당성이 있는가'를 다룬다고 할 수 있다. 이것은, 더 단순화하면, '정치적인 것의 가능성'이다. 즉 여하한의 사적 이해관계에서 벗어나 윤리적이고 인간적인 질서의 가능성을 창출해내기 위한 에너지의 원천으로서 그는 정치를 생각하는 것이다.

소렐이든 페기Ch. Péguy든 웅거든, 그 당시 정치이론가들의 사유 방향은 제각각 달랐지만, 벤야민이 이들에게서 20대 중반에 배운 것은, 호네트A. Honneth가 정확하게 지적했듯이, "모든 목적설정을 분쇄한다는 생각, 세계해명적 경험으로의 재결합, 역사적 연속성으로부터의 탈퇴"였다.[3] 그의 문제의식은 정치의 가능성을 여하한의 목적으로부터 분리시키고자 했다는 점에서 반공리주의적反功利主義的이고 형이상학적이었다. 그러나 경험 속에서 정치적 행동의 가능성을 찾으려 했다는 점에서 그것은 현실적이기도 했다. 그는 부패한 법제도를 철폐시킬 수 있는 강제력의 혁명적·전복적 형식과 원천을 유대적·기독교적 일신론의 전통에서 찾아보려 한 것이 아니라 법철학적 차원에서 생각해보고자 한 것이다.

이런 생각들은 모순된 것이다. 그렇지만 그것은 여하한의 목표를 거부한다는 점에서 삶의 역사적 연속성을 부정하는 것이고, 그런 만큼 급진적이다. 벤야민은 기존의 질서와 타협하지 않는 바로 이 급진성이야말로 새로운 사유와 도덕의 질서를 가능하게 한다

---

3) Axel Honneth, "Zur Kritik der Gewalt," Burkhardt Lindner(Hg.), *Benjamin Handbuch*, Stuttgart, 2006, S. 194.

고 믿었던 것 같다. 그리고 이 급진성은 법 강제력에 대한 비판에서도 유효하다고 보았던 것 같다.

1. 법의 정당성

내가 보기에 이 모든 논의는, 좀더 넓은 맥락에서 보면, '정의의 명분 아래 행해지는 강제력의 불법적·폭력적 문제'로 귀결되지 않는가 싶다. (『강제력 비판』의 처음에 벤야민은 프랑스 혁명의 이데올로기와 그 테러리즘의 관계를 언급한다.) 이 문제의 중심에는, 다시 줄이면, 강제력이 인륜적sittlich인가 아닌가 하는 물음이 있다. "강제력 일반이, 원칙으로서, 정당한 목적을 위한 수단 자체로서, 인륜적인지 아닌지 하는 문제는 언제나 열려 있다."[4]

강제력은 인륜적이고 윤리적인가? 이 물음은 이렇게 다시 쓸 수 있다. 강제력은 강제되어도 좋은 것인가? 더 일반적으로 쓰면, 이렇게 된다. 정당하다는 법의 근거는 정당한가? 이런 식의 문제제기는 이 글의 여러 군데에서 계속 이어진다.

1. 법은 적법한가?

법과 정당성 또는 옳음의 관계는 우리말에서 불분명하지만, 독일어에서는 그 단어 속에 이미 함축되어 있다. 법/권리란 독일어로 'Recht'라고 하는데, 이 'Recht'의 'R'을 소문자로 써서 'recht'가 되면 '옳은'이라는 형용사가 된다. '정의'Gerechtigkeit라는 단어

---

4) Walter Benjamin, "Zur Kritik der Gewalt," *a. a. O.*, S. 179.

도 이 법/옳음은Recht/recht에서 나왔다. 그러니까 법이란 '옳아야' 하고, 이 옳음에 대한 권리가 '법'이 되는 것이다. 이 법을 통해 법적 주체으로서의 공식기관 또는 국가는 비로소 자신의 정당성을 누릴 권리를 얻는다. 거꾸로 말하여, 옳지 않다면, 그래서 정당하지 못하다면 그것은 법이 될 수 없고, 이 법의 사용권리도 갖지 못하게 되는 것이다.

그러나 사람들이 흔히 '옳다'고 여기거나 아니면 '옳음'을 전제로 성립하는 법은 과연 옳은 것인가? 법은 과연 적법한 것이고, 그래서 합법적인 규범체계가 되는 것인가, 아니면 옳음을 가장한 기만의 체계인가? 벤야민이 「강제력 비판」에서 던지는 것은 법의 이같은 적법성 또는 법의 정당한 근거에 대한 법철학적·역사철학적 물음이다. 이 물음에서 처음 언급되는 것은 자연법과 실정법의 구분이다.

"자연법은 목적의 정의를 통해 수단을 '정당화'하려고 노력하는 반면 실정법das positive Recht은 수단의 정당화를 통해 목적의 정의를 '보증'하려고 한다. 그러나 이 이율배반은, 공통의 독단적인 전제조건이 거짓이라면, 다시 말해 한편의 정당한 수단과 다른 한편의 정당한 목적이 서로 합치될 수 없는 대립Widerstreit 속에 있다면, 해결될 수 없는 것으로 입증된다. 여기에서의 통찰은, 이런 순환을 떠나 정당한 목적과 정당한 수단에 대한 상호 독립적 기준이 제시되기 전에는, 결코 얻어질 수 없다."[5]

---

5) *Ebd.*, S. 180f.

벤야민이 자연법과 실정법을 거론하는 것은 단순히 이 둘의 성격을 구분하기 위해서가 아니다. 두 가지 법형태가 행하는 수단의 정당화와 목적의 정당화 자체가 중요한 것이 아니라, 이 정당화에서 일어나는 "이율배반"Antinomie, 다시 말해 "한편의 정당한 수단과 다른 한편의 정당한 목적이" 보여주는 "서로 합치될 수 없는 대립Widerstreit"이 중요하다. 그에 따르면 이 대립은 "상호독립적 기준"의 "제시"를 요구한다. 여기에서 상호독립적 기준의 제시란, 자연법은 실정법에서 벗어나는 기준을 마련하고, 실정법은 자연법에서 벗어나는 기준을 마련한다는 것을 뜻한다.

그런데 법의 기준을 우리는 법 밖에서 구할 수 있는가? 만약 구할 수 있다면, 그것은 어떤 형태이고 어떤 내용인가? 법에 대한 역사철학적 고찰을 통해 법적 정당성의 역사적 기원을 묻는 일은 이렇게 행해진다.

법적 정당성의 기원에 대한 물음에서 밝혀지는 하나의 사실은 강제력이 처음부터 법의 소유도 아니고, 그렇다고 법을 집행하는 기관들―법원이나 검찰 또는 경찰이나 국가에 소속된 것도 아니라는 점이다. 공공기관은 강제력을 사용하기는 하지만, 그것을 독점할 권한을 갖지 않는다. 단지 강제력의 행사를 위임받았을 뿐이다. 그럼에도 노동자의 파업을 "남용"Mißbrauch이라고 부르거나, "불법적"widerrechtlich이라고 규정하는 것은 국가다.[6] 이것을 벤야민은 "법상황의 사실적 모순"이라고 부른다.[7] 전쟁에 대한 권리

---

6) *Ebd.*, S. 184.
7) *Ebd.*

Kriegsrecht의 가능성도, 그가 보기에, 파업권의 가능성처럼 이런 모순 속에 있다. 왜냐하면 대부분 전쟁은 정당성 없이 일어나는 까닭이다. 대체로 이때 내세워지는 명분은 역설적이게도 평화다. 사람들은 평화를 위해 전쟁을 하고, 목숨을 구한다면서 생명을 죽이는 것이다.

그렇다면 이해관계의 대립을 폭력 없이 해소할 수 있는 공적 영역이란 존재하기 어려운가? 그것은 거의 불가능한 것처럼 보인다. 벤야민이 신적 강제력을 생각하는 것도 이 때문인지도 모른다. 적어도 인간사회 안에서 이해관계의 상충은 변함 없이 지속된다. 그래서 법적 강제력은 '불가피하게' 동원되는 것으로 여겨진다.

"갈등의 완전한 강제력 없는 제거는 결코 법적 계약으로 귀결될 수 없다. 아무리 법적 계약이 계약 당사자들에 의해 평화적으로 맺어질지라도, 결국 그것은 가능한 강제력으로 이어진다. 왜냐하면 법적 계약은, 상대방이 계약을 위반할 경우, 이 상대방에게 강제력을 어떻게든 행사할 권리를 각 당사자에게 부여하기 때문이다. 이것뿐만 아니다. 결과와 마찬가지로 모든 계약의 원천도 강제력을 요구한다."[8]

벤야민은 분명히 적고 있다. "갈등의 완전한 강제력 없는 제거는 결코 법적 계약으로 귀결될 수 없다." 왜냐하면 계약도 "가능한 강제력으로 이어지기" 때문이다. 그렇다는 것은 법적 정의가 대체

---

8) *Ebd.*, S. 190.

로 법률적 차원, 즉 계약을 포함한 법적 조항의 문제로 축소되면서 해소된다는 뜻이다. 그러니까 법적 계약은 '계약'이 함의하는 '동등' 또는 '평등'이라는 평화적인 외피를 두르고 있지만, 이 외피란 보기 좋은 수사修辭에 지나지 않는다. 그것은 사실 평화적이지 않은 수단인 강제력의 동원을 전제하기 때문이다.

우리는 폭력을 막기 위해 폭력 없는 길을 원하고, 정의를 얻으려고 법을 세우지만, 법이라는 공적 계약을 체결하는 데는 강제력의 소유와 그 집행의 문제가 이미 포함된다. 그리고 이 강제력은, 흔히 보듯이, 얼마든지 불법적으로 오용되거나 남용될 수 있다. 강제력 하의 불법은 흔히 정당화되기 때문이다. 그리하여 집단화된 거짓은 처벌받지 않는 경우가 많다. 그렇다는 것은 법이 만들어지고 공권력이 집행되는 것은 반드시 정의를 수호하기 위한 것이 아닐 수도 있다는 뜻이다. "그것(법)은, 도덕적 고려에서가 아니라 사기당한 사람들에게 사기가 야기할 수 있는 폭력에 대한 두려움에서 이 사기에 반대한다."[9] 법질서는 정의감 또는 도덕의식에서 비롯되는 것이 아니라 예상되는 폭력이나 손해에 대한 두려움에서 추구되는 것이다.

이런 이유로 법제도가 할 수 있는 것은 그리 많지 않다. 벤야민이 「운명과 성격」에서 "법은 유죄판결을 통해 사람을 처벌하는 것이 아니라, 오히려 이 사람으로 하여금 죄를 짓도록 한다"고 적은 것은 그 때문이었을 것이다.[10] 이렇게 하여 도달하는 것은 "법 자

---

9) *Ebd.*, S. 192.

10) Walter Benjamin, "Schicksal und Charakter," *GS* II/1, Frankfurt/M., 1977,

체 영역의 타락일 뿐만 아니라 순수한 수단의 축소"다.[11]

법의식의 타락은 이해관계적 갈등에 연루된 단체와 개인들, 즉 국가와 개인, 국가권력과 노동자 계급, 법률기관과 일반시민, 기업과 노동자, 개인과 개인 등 곳곳에서 나타난다. 이 타락의 내용을 좀더 구체적으로 살피기 위해 벤야민은 법의 강제력을 두 가지 차원, 즉 '제정적' 차원과 '보존적' 차원으로 나눠 고찰한다.

2. 제정적/보존적 기능

법적으로 부당한 일은 어떻게 일어나고, 어떤 경로를 거쳐 '합법적으로' 보증되는가? 법 제정은 이 일에 관계한다. 이렇게 정립된 법적 질서는, 다시 묻건대, 정말 적법한가? 핵심은 그 과정, 즉 어떻게 하나의 법이 정당성을 지닌 법으로 정립되는가라는 물음이다. 그리고 이 정립과정에서 어떤 의미론적 왜곡, 즉 이데올로기의 개입이 일어나는가다. 그러니까 벤야민이 묻는 것은 개별법률이나 법적 항목, 사례, 형량이 아니라 법질서의 형성과정이고 이 과정에서 자임되는 '정당성의 부당한 조건 가능성'이다.

법은 "제정되거나rechtsetzend 보존되면서rechtserhaltend" 자리한다.[12] 예를 들어 전쟁을 통해 승리하면, 이 승리로 법이 새로 제정되면서 정당화된다.[13] 그래서 여기에는 몽매한 힘인 신화적 요소

S. 175.

11) Walter Benjamin, "Zur Kritik der Gewalt," *a. a. O.*, S. 192.

12) *Ebd.*, S. 190.

13) 예링(R. v. Jhering)이 말한 '자연목적'(Naturzwecken)과 '법목적'(Rechtszwecken)은 법제정적 차원에서 일어난다.

가 개입한다. 예를 들어 국민개병제는 법의 이름으로 시민을 예속시키므로, 이때의 강제력은 '법보존적으로' 기능하는 것이다. 제정이 법의 '제도화'를 의미한다면, 보존이란 법의 '재생산'과 관계한다고 할 수 있다. 법의 제정적·입법적 제도화건, 법의 보존적·유지적 재생산이건 이 모두는 강제력의 행사나 그 위협을 통해 보장된다. 그래서 이 두 강제력의 형식을 벤야민은 "배척하여 마땅한"verwerflich 것, 즉 부도덕하고 사악한 것이라고 말한다.[14] 군국주의는 국가의 목적을 위해 이런 힘을 강제하는 정치체제다.

그런데 벤야민이 주목하는 것은 법의 제정적 기능과 유지적 기능이 그리 선명하게 나뉘는 게 아니라는 사실이다. 그것은 오히려 뒤섞여 있다. 어떤 개별적이고 특수한 사례를 조항이나 규약이라는 이름으로 일반화하는 것이 법의 제정과정이라면, 이 과정에는 기존의 질서를 유지하려는 안간힘이 있고, 이 안간힘이란 이해관계적 개입이라고 할 수 있다. 이 개입을 통해 위정자(지배계급)는 새로운 법을 제정하고자 한다. 그래서 모든 법제정적 강제력에는 제정의 순간에 이미 법보존적 요소가 포함된다.

이런 뒤섞임, 즉 이렇게 뒤섞여 구분불가능하고 결정불가능하게 된 상태를 벤야민은 '신화적'mythisch이라고 부른다.[15] 여기에

---

14) *Ebd.*, S. 203. '신적 강제력'의 가능성을 희구하는 벤야민에게 강제력 일반에 대한 이러한 불신은 이해할 만하다. 그러나 이런 관점이나 태도가 반드시 옳은 것인지 더 나아가 바람직한 것인지는 물어보아야 한다. 왜냐하면 사회 공동체 속에서 영위되는 삶에서, 또 인간관계의 갈등적 양상을 해소하기 위해 강제력의 존재 자체는 불가피한 것으로 보이기 때문이다.

15) 법제정적 차원과 법보존적 차원의 이런 뒤섞임을 멩케는 "법의 불순한 계

서 신화성이란 결정불가능한 상태를 말하면서 동시에 이 상태가 계속 반복되는 상황을 뜻한다.[16] 법 제정의 유일무이성과 법 보존의 반복성이 뒤섞인 채 자리한다면, 이 굴레를 벗어나는 것이 필요하고, 그래서 '다른 법의 가능성'을 생각하는 것이 절실해진다. 그의 사유는 바로 이 점을 겨냥한다.

모든 인륜적 관계가 법률적 목적-수단의 틀에 의해 조직된다면, 정의는 어디에 자리하고, 도구화되지 않은 강제력은 어떻게 가능한 것인가? 법 제정과 법 유지 사이의 기계적 순환이 지배질서를 공고하게 만들면서 법의 전체 상황을 부패하게 만든다. 제도 법률의 이런 부패와 오용과 관련하여 벤야민이 주목한 것은 경찰 제도다. 경찰의 활동에서 강제력이 지닌 법 제정적 기능과 법 보존적 기능이 가장 왜곡된 형태로 드러나기 때문이다. 경찰은 뚜렷한 법적 목적 없이 사람들을 따라 다니며 감시하거나, 치안유지를 목적으로 사람들을 괴롭힌다. "그들(경찰)의 강제력은 문명화된 국가들의 삶 속에 떠도는, 결코 포착될 수 없지만 도처에 퍼

보학"이라고 적절하게 표현한다(Bettine Menke, "Die 'Kritik der Gewalt' in der Lektüre Derridas," K. Garber u. L. Rehm(Hrsg.), *Global Benjamin* 1, 2, 3, München, 1992, S. 1674). 벤야민의 정치적·역사철학적·언어적· 예술적 저작을 관통하는, 연속성을 구성하려는 모든 시도에 대한 저항은 이 법/정당성의 불순성에 대한 인식으로부터 나온다고 할 수 있다. 역사는 정당성을 자임하는 보이는 보이지 않는 불순한 권력의지의 균열로 가득 차 있고, 따라서 순수함은 현실의 이 권력공간 안에 자리하기 어렵다.

16) 이 점에서 데리다는 법의 역설을 보면서, '근원은 근원적으로 반복되고 왜곡된다'고 말한다. 여기에 대해서는 이 책 409쪽 '정의의 비대칭성: 데리다의 법 이해'에서 살펴볼 것이다.

> **"** 모든 강제력은 유령 같다.
> 도처에서 집행되지만, 그 정당한 이유나 근거는
> 찾아보기 어렵기 때문이다. 이처럼 법은 자의적이고
> 불안정하며 이해하기 힘든 토대 위에 서 있다. **"**

져 있는 유령과 같은 형상처럼 형태가 없다."[17] 그래서 "경찰정신
은…… 민주주의에서 강제력이 가장 심하게 타락한 모습을 보인
다."[18]

　모든 강제력은 유령 같다. 또는 유령처럼 작동하는 것이 타락한
강제력이다. 이것은 도처에서 집행되지만, 그렇게 집행되는 정당
한 이유나 근거는 찾아보기 어렵기 때문이다. 이처럼 법은 자의적
이고 불안정하며 이해하기 힘든 토대 위에 서 있다.

　법의 정당성에 대한 회의는 벤야민이 「강제력 비판」을 썼던
1920년대 시대현실과 깊은 관련이 있다. 당시 바이마르 공화국은
극도로 혼란스런 정치경제적 기상도 아래 놓여 있었고, 그래서 법
제도에 대한 회의나 국가권력의 정당성에 대한 물음이 곳곳에서
터져 나왔다. 그러나 그의 생각은 당시의 극단적 경향들, 즉 슈미
트나 하이데거의 보수극우적 생각과는 분명히 구분되는 것이었
다. 법제도에 대한 그의 비판은 얼핏 보면 반의회주의적이지만,
그렇다고 해서 슈미트의 반민주주의적 사고와 같은 것은 아니었

---

17) Walter Benjamin, "Zur Kritik der Gewalt," *a. a. O.*, S. 189.
18) *Ebd.*, S. 190.

다. 그는 슈미트와는 달리 상충되는 이해의 폭력 없는 매개를 염두에 두었다.[19]

벤야민이 강제력을 비판한 것은 제1차 세계대전 직후의 독일현실에서였지만, 강제력의 부당한 행사는 그 이전이나 이후에도 없었던 건 아니다. 가령 테러리즘을 막기 위해 전쟁을 수행한 2000년대 부시 미국 행정부에서도 그것은 잘 경험되던 일이었다. 또 범인을 색출하기 위해 입국 시 모든 외국인의 지문날인과 디지털 신원확인 절차를 오늘날 많은 나라는 확대하고 있지 않은가? 그런데도 이들은 '선진국'이나 '민주주의 국가'로 불린다. 2003년 뉴욕대학에 초빙받았던 철학자 아감벤은 9·11 이후 부시 행정부가 외국인 지문날인제도를 도입하자 이 조처에 항의하여 미국 방문을 거부하면서, 이 모든 것이 단순히 안전문제라기보다는 통제와 권력의 문제라는 것, 나아가 현대 민주주의 국가는 일종의 '수용소적 상황'과 유사하다고 지적한다. 그러면서 한 인터뷰에서 이렇게 말한다.

"수용소에서 법은 완전히 무효했고, 그러는 한 수용소는 비상 사태에 대한 완전한 예를 제공했다. 그러면서도 그것은 전적으

---

19) Burkhardt Lindner, "Derrida, Benjamin, Holocaust," *a. a. O.*, S. 1695. 각주 5) 참조. 슈미트는 1920년대 초만 해도 가톨릭을 믿는 보수적 입헌주의자였고, 벤야민이 「강제력 비판」을 출간했을 때 축하인사를 전하기도 했다. 그러다가 1933년에 이르러 히틀러주의자로 전향한다. 그는 법이론을 통해 '지도자는 법 아래 있는 것이 아니라 최고 법정 자체다'라는 위험한 사고를 피력한다. 여기에서 지도자란 물론 히틀러다.

로 안전명령 아래 있었다. 우리는 오늘날 그런 비상지역에 점점 더 많이 익숙해 있다고 나는 생각한다. 여기서 내가 말하는 것은 단순히 관타나모나 유럽의 공항에 있는 이주자 '임시구역' zone d'attente이 아니다. 오히려 문제가 되는 것은 이런 전개상황에서 유럽의 도시들이 정치적 공간을 자유롭게 유지하고 장려하기를 멈췄다는 사실이다. 인간에 대한 그토록 엄격한 통제가 있었던 적이 없었다. 통제도구는 특별히 개인적으로 돋보이기 위해 사람이 구입하는 상품의 정품표시에서부터, 일자리에서의 심리적 적응압박을 지나 수표나 컴퓨터, TV, 네비게이션, 핸드폰, 디지털 신분증명서에까지 넓게 걸쳐 있다. 어디에서 머무는지 우리는 거의 매분마다 감시받는데, 그와 같은 일은 결코 있지 않았던 것이다."[20]

역사상 유례없는 이 전적인 통제는, 아감벤에 의하면, 결국 생활세계의 보편적 경제화에서 연유한다. '생활세계의 보편적 경제화'란 단순히 경제가 압도적 위력을 떨친다는 것을 뜻하지 않는다. 그것은 경제가 정치마저 대신하고, 나아가 스스로 신성화되는 지경에까지 이르렀다는 것을 의미한다. 그래서 유사종교적 차원을 갖는 것이다. 이 점에서 그는 벤야민의 「종교로서의 자본주의」를 끌어들인다.[21] 이것은 오늘날 적지 않은 나라에서 대기업의 CEO 출

---

20) Matthias Matussek/Mathias Schreiber, Interview mit G. Agamben "Kontrolliert wie nie," *Der Spiegel*, 9/2006, S. 168.
21) 여기에 대해서는 제5장 「돈과 빚과 죄: 기생자본주의」를 참조할 것.

신이 정부수반이 되는 경향에서도 잘 확인된다. 언론재벌 베를루스코니가 총리였던 이탈리아가 그렇고, 이 땅의 이명박 정부도 예외는 아니었다. 정치의 완전한 경제화 또는 정치/정부를 대신한 경제/기업/자본이 오늘의 공적 세계현실이 처한 현주소인 것이다.

사회의 전반적인 탈정치화가 여러 병폐를 야기하면서 귀결하는 것은 삶의 소외, 즉 낯섦의 보편화다. 자본주의는 인간의 제반활동을 낯설게 만든다. 자본주의 하의 인간은 자신의 일에서와 마찬가지로 자신이 사용하는 물건에서도 격리되고, 일과 사물에서 소외되듯이 동료인간에서도 소외된다.[22] 이 총체적인 소외는, 경제적 차원에서 보면 사용가치에서 멀어진 교환가치적 소비숭배로부터 오고, 정치적 차원에서 보면 안전이라는 미명 아래 통제되는 유례없는 강제상황을 야기한다. 어느 것이든 이 모두는 삶의 공간이 '임시구역화되는', 그래서 비정상적인 것이 정상화되는 기형상태를 보여준다. 부자유한 삶은 이 기형의 내용이다. 비정상적인 것의 정상화에서 가장 크게 훼손되는 것은, 궁극적으로 보면, 인간의 자유인 것이다. 그중에서 공적 공간의 정치적 자유는 특히 그렇다. 이것은 몇 명의 위정자가 안전의 패러다임을 자의적으로 독점하는 데서 연유한다.

비정상적인 것의 정상화는, 정도의 차이가 있지만, 오늘날 한국의 현실에서도 생소한 것이 아니다. 사실상 부당한 일은 많은 경

---

22) 아감벤은 베네치아가 밀려오는 관광객으로 인하여 1년 내내 박물관처럼 되어버렸고, 이 때문에 이 도시의 사람들은, 자신이 그렇듯이, 자신이 사는 도시에서 이방인처럼 전락해버렸다고 토로한다.

우 '법'이라는 이름으로 자행된다. 예를 들어 노동법은 어떤가? 「비정규직보호법」에는 원래 2년 계약이 끝나면 정규직으로 전환해야 한다고 되어 있지만, 현실적으로 이 규정은 2년이 되기 전에 '계약해지'로 끝난다. 「남녀고용평등법」이나 「모성보호법」은 원래 여성과 산모를 보호하려고 만들어졌지만, 오히려 여성의 고용을 꺼리게 하는 요인으로 받아들여진다. 「외국인근로자의 고용 등에 관한 법률」은 이주노동자의 고용관계를 합리적으로 규정한다는 명분 아래 만들어졌지만, 사실상 작업장의 이동 등 활동범위를 제약하는 데 쓰인다. 정리해고 같은 권익침해가 합법적으로 되는 역설을 우리는 어떻게 받아들여야 하는가? 더 일상적인 예로, 정권이 바뀌면서 일어나는 '코드 인사'는 어떤가? 국립현대미술관 관장이나 한국예술종합학교 총장, KBS 사장이나 그 이사도 마찬가지다. 이 기관장들은 모두 쫓겨났고, 임기보장을 요구하면 감사의 표적이 되곤 한다.

법의 오용은 이렇듯이 텍스트의 안에나 밖에 널리 퍼져있다. 강제력의 근거가 부당하다면, 그 이유는 그것이 어떤 가능성의 전체로서 사고되기보다는 매우 좁은 의미, 말하자면 기능적·실정적 관점에서 이해되고 수용된 데 있을 것이다. 그래서 법 자체의 적법성 여부는 말할 것도 없고, 법을 넘어선 가능성, 즉 수단과 목적의 협애한 도식틀을 넘어선 상태는 질의되지 않는 것이다. 벤야민이 희구하는 '신적 강제력'은 바로 이 상태를 물은 것이다.

3. '신적 강제력'과 새로운 역사

벤야민이 지향하는 법은 어떤 법인가? 그것은 간단히 말하면 기존에 시행되는 법을 넘어서는 것으로 보인다. 그는 「강제력 비판」의 마지막에서 법 제정적 강제력이나 법 보존적 강제력을 비난받아 마땅한 것으로 간주했기 때문이다. 그가 희구하는 것은 여하한의 법적 제도의 테두리를 벗어난다. 이것은, 이때의 법을 공식적 기관이 관장하는 것이라면, 이 기관의 관리와 운영을 떠난다는 뜻이다. 법의 관계상황 하에 적용되는 강제력의 근거는, 적어도 종국적으로 보면, 확정될 수 없고 어떤 식으로도 정당화될 수 없다.

그렇다면 목적과 수단의 틀로 왜곡되지 않는 강제력이 과연 있는가? 폭력 없이 실현될 수 있는 사회적 합의의 형식은 가능한가? 그렇다면 그것은 무엇에 의해 매개되는 것이 아니라 직접적으로 드러나야 할 것이다. 강제력의 이 직접적 표현에 대한 예로 벤야민은 '분노'를 말한다. 사람의 분노는, 그가 보기에, 무엇을 위한 수단이 아니라 그 자체로 '표명'manifestation이기 때문이다(이런 면도 분명 있다. 그러나 사람의 분노가 일체의 수단적 성격으로부터 완전히 자유로울 수 있는지 우리는 더 물어보아야 한다). 'manifestieren'이란 표명하고 공시하고 공표하고 선언하는 것을 뜻한다. 이런 점에서 사회적 저항은 어떤 목표에 도달하기 위한 단순한 수단일 수 있지만, 이 수단적 차원을 넘어서는 어떤 도덕적 분노의 표현이기도 하다. 이런 표명이 잘 나타나는 곳은 신화다. 벤야민은 니오베Niobe의 설화를 언급한다.

그리스 로마 신화에 나오는 니오베에게는 자랑거리가 많았다. 한 나라의 왕비로서 가문이나 혈통은 말할 것도 없고, 남편 암피

온도 수금竪琴, 하프을 잘 탔으며, 자기가 다스리는 나라도 훌륭했고, 무엇보다 그녀 곁에는 잘 자라난 아들과 딸이 14명 있었다. 그래서 그녀는, 신들을 가볍게 여기면 무서운 벌을 받는다는 교훈을 알고 있었는데도, 레토 여신라토나에게 드리는 경배를 소홀히 하고 만다. 이뿐만 아니다. 그녀의 불경스러움은 이 경배를 조롱하는 데까지 이어진다. "눈앞에 있는 여신은 마다하고, 하늘에 있다는, 소문으로만 들은 신들을 섬기다니, 이게 대체 무슨 수작이냐? 내 신성은 머리 둘 곳이 없는데, 어째서 라토나만 그 이름에 봉헌된 신전에서 섬김을 받아야 옳다는 말이냐?"23) 이 말을 전해들은 라토나의 자식 아폴로와 아르테미스는 니오베의 자식들을 차례차례 다 죽여버린다. 그리하여 니오베의 몸은 견딜 수 없는 슬픔으로 인해 결국 돌로 변한다.

여기에 대해 벤야민은 이렇게 적는다. "니오베의 교만은 불행을 초래하는데, 그 이유는 그녀가 법을 침해해서가 아니라 운명에 도전하여 싸움을 걸었기 때문이다. 이 싸움에서 운명은 승리할 수밖에 없고, 이 승리에서 법이 드러난다."24)

신화에서는, 그리스 로마 신화가 보여주듯이, 여러 신이 등장하고 이 신들은 인간에 대한 지배력-강제력을 가진다. 이 강제력은 법률적 목적-수단의 틀을 벗어나 있다. 그래서 그것은 비도구적이다. 이렇게 표명된 힘을 통해 신들의 영역과 인간들의 영역은 구분된다. 그러나 신화적 강제력 개념은 애매하다. 그것은 한편으

---

23) 오비디우스, 이윤기 옮김, 『변신 이야기』 1, 민음사, 1998, 251쪽.
24) Walter Benjamin, "Zur Kritik der Gewalt," *a. a. O.*, S. 197.

로, 그것이 더 이상 법이 지배하는 역사적 현실영역에 속하지 않는다는 점에서, 법의 상황에 들어맞지 않는다. 그것은 법처럼 무엇인가를 규정하거나 규율하는 것이 아니라 그 자체로 '표명하고 발현하기' 때문이다. 신화적 강제력은 다른 한편으로 초지상적 힘을 행사한다. 그래서 일정한 가치질서를 생성시키고, 이렇게 생겨난 질서를 통해 인간을 지배한다. 이 점에서 신화적 강제력은 법 강제력과 비슷하다. 여기서 운명은 발생한다. 벤야민이 모든 법 강제력을 '신화적'이라고 지칭한 것은 이 때문이다. 그러니까 신화적 강제력은 한편으로 법의 지배가 두드러지는 역사적 시기를 떠나 있으면서도, 다른 한편으로 이 법적 관계에 여전히 속하는 것이다.

힘은, 그것이 반성되고 제어되지 않으면, 순식간에 한쪽으로 기운다. 그래서 특정계층의 특권으로 변질되어버린다. 그러나 신화적 강제력은 힘의 근거에 대한 이런 물음을 불허한다. 그래서 타락한다. 이 불순한 강제력에 대응하여 벤야민이 내세운 것은 신적 강제력이다. 그는 모든 법 강제력을 신화적 강제력이라고 배척한 반면 신적 강제력은 신성한 일을 수행하는 어떤 긍정적인 것으로 간주한다.

"직접적 강제력의 발현은 좀더 순수한 영역을 열어주기는커녕 가장 깊은 점에서 모든 법강제력과 동일한 것으로 드러나고, 이로써 법 강제력의 문제점에 대한 예감이 그 역사적 기능의 타락성에 대한 확신으로 나타난다. 그래서 이 역사적 기능의 파괴가 과제로 된다. 이 과제 때문에 결국 신화적 강제력을 중단시킬 수 있는 어떤 순수하고 직접적인 강제력에 대한 물음이 생긴다. 모든 영역에서 신화에 대해 신이 맞서듯이, 신화적 강제력에 신적 강제력이 맞선다. 신적 강제력은 모든 면에서 신화적 강제력에 대립된다. 신화적 강제력이 법 제정적이라면 신적 강제력은 법 파괴적이며, 신화적 강제력이 경계를 설정한다면 신적 강제력은 무경계적으로 파괴하며, 신화적 강제력이 죄를 짓게 하면서 동시에 속죄하게 한다면 신적 강제력은 죄를 면해주며, 신화적 강제력이 위협적이라면 신적 강제력은 내리치는 것이며, 신화적 강제력이 피를 흘리게 한다면 신적 강제력은 피 흘리게 하지 않고도 치명적이다."[25]

정리하자. 신화적 강제력이 "법 제정적이고", "경계 설정적이며", "죄를 짓게 하면서도 속죄케 하고"verschuldend und sühnend, "위협하고drohend 피 흘리게blutig 한다면", 신적 강제력은 "법 파괴적이고", "속죄적"entsühnend이며, "내리치고"schlagend, "피 없이 죽음을 앗아가는"auf unblutige Weise letal 것이다. 그러니까 일정한 가치와 기준의 경계 안에 자리하는 것이 신화적 힘이라면, 신의 힘은 이 모든 가능한 경계를 넘어선다. 그러면서 여전히, "내리친다"는 말에서 보이듯이, 단죄적 성격을 지닌다. 그러나 신적 강제력의 이 단죄적 성격은 피를 흘리게 하지 않는다는 점에서 신화적 힘과는 구분된다. 그러면서도 그것은 죽음을 앗아가리만큼 치명적이기도 하다.

―――

25) *Ebd.*, S. 199.

신화적 강제력과 신적 강제력의 가장 뚜렷한 차이는 아마도 속 죄의 가능성, 피의 여부, 희생에 대한 대응방식의 차이일 것이다. "신화적 강제력이 강제력 자체를 위해 단순한 삶에 가해지는 피의 강제력이라면, 순수한 신적 강제력은 살아 있는 것 자체를 위해 행해진다. 첫 번째 것이 희생을 요구한다면, 두 번째 것은 희생을 받아들인다."[26] 신화적 강제력에서 피와 희생이 요구된다면, 신적 강제력에서는 피/죽음이 아니라 "살아 있는 것 자체"가 중시된다. 희생의 요구가 아닌 그 수용이 강조되는 것이다. 그것은 신의 강제 력이란 삶을 위해 사랑의 방식으로 실행되기 때문인지도 모른다.

그리하여 지금의 과제는 사랑과 희생의 신적 강제력으로 신화 적 강제력과 이 신화적 성격을 지닌 모든 법적 강제력이 보여주는 "역사적 기능의 타락성"을 "파괴"하는 것이라고 벤야민은 분명하 게 적고 있다. 이런 파괴는 성경의 「민수기」(제16장 4~35절)에 나 오는, 코라Korah와 그 무리에 대한 신의 복수에도 잘 나타난다.

"신적 강제력의 예로서 니오베 설화는 코라의 무리에 대한 신 의 법정에 대응될지도 모른다. 신의 법정은 특권층인 레위족을 겨냥하고, 예고도 없이, 위협하지도 않고 내리치며, 절멸 앞에서 도 멈추지 않는다. 그러나 바로 그런 파괴에서 신의 법정은 속 죄케 하며, 신적 강제력이 지닌 피 없는 성격과 속죄의 성격 사 이의 연관성이 분명히 드러난다."[27]

26) *Ebd.*, S. 200.
27) *Ebd.*, S. 199.

니오베의 교만이 레토나의 복수를 불러 일으켰듯이, 모세와 아론에 항의하여 민중을 사주한 코라와 그 족속은 신의 벌을 받아 절멸된다. 니오베의 설화에서 신화적 강제력이 드러난다면, 코라와 그 족속에서는 신의 강제력이 그 진실성을 입증하는 것이다. 신의 강제력은 "예고도 없이unangekündigt, 위협하지도 않고ohne Drohung, 내리치며schlagend, 절멸 앞에서도 멈추지 않는다"(그러나 정확히 말하면, 모세는 여러 차례 코라의 무리에게 경고[28]했다).

여기에서 '부수는'이란 "법률적 제약을 거스르고 파괴하는"이라는 뜻이 될 것이다. 그것은 근본적으로 법질서를 부정한다. 신화적 강제력이 부단히 죄를 짓게 함으로써 죄악의 순환회로에 포박되어 있다면, 신적 강제력은 기존의 법질서와 그 제도를 부정하고, 이 제도를 넘어선 어떤 다른 질서로 나아간다. 그래서 그것은 더 이상 기존의 권력과 폭력의 구조를 재생산하는 데 그치는 것이 아니라, 기존의 질서를 넘어 새 삶의 가능성, 즉 새로운 법과 새로운 국가의 가능성을 탐색한다. 신적 힘은 순수하고 직접적으로 작용하기 때문이다. 신화적 강제력이 법의 정립을 통해 일정한 경계를 설정하고 이 경계설정 속에서 삶을 협소하게 만든다면, 그래서 결국 사람을 죄짓게 하는 동시에 속죄하게 한다면, 신적 강제력은 이 모든 경계를 무화시키면서 죄를 사면해준다.

여기에서 보듯이, 벤야민은 신화와 신, 신화적 강제력과 신적 강

---

28) 모세는 코라와 그의 무리에게 이렇게 말한다. "내일 아침 야훼께서 알려주실 것이다. 누가 당신의 사람이며 누가 거룩하며 누가 당신 앞에 나아갈 수 있는지 알려주실 것이다. 당신께서 택한 사람을 당신께로 나오게 하실 것이다."(「민수기」 제16장 4~5절)

제력을 대비시키면서 이 신적 강제력을 강력하게 염원한다. 그는 법률적·정치적 질서를 구성하는 것이 신화적 강제력이라고 간주하여 모두 부정했던 것이다. 그러면서 이 법적 질서와 그 체계를 파괴하는 신적 강제력에 희망을 두었다. 신적 강제력이란 오늘날 종교적 전승물에서보다는 법의 테두리 밖, 말하자면 성스러운 발현 속에 자리한다고 하면서, 그 예로 그는 완전한 형태의 교육적 강제력을 들었다. 그는 아이에 대한 부모나 교사의 의지도 신적일 만큼 순수한 의지라고 본 것일까? 그는 교육자적 강제력의 자연스런 목적을 얘기한다.

예를 들어 아이들의 잘못된 행동을 벌주는 아버지의 분노는 그가 보기에 정당하고도 순수한 강제력의 표명이다. 따라서 교육영역에 법적 범주가 들어오는 것은 이 교육영역을 도구화할 수 있기 때문에 바람직한 것이 될 수 없다. 그러니까 부모의 교육적인 행동은, 마치 총파업에 대해 그가 생각했듯이, 신적 강제력이 현실에서 직접 집행될 수 있는 하나의 세속적인 사례라고 할 수 있을 듯하다. 좀더 면밀하게 살펴보자.

신적 현상형식이란, 벤야민에 의하면, "신 자신이 강제력을 기적 속에서 직접 행사하는 것이 아니라, 피 흘리지 않고 부수며 면죄해주는 실행의 계기를 통해" 그래서 "마침내 모든 법 정립의 부재를 통해" 드러난다.[29] 이때 '법 정립의 부재'란 법 자체의 제정을 취소하는 것을 뜻한다. 신적 강제력은 "신화적 법형식의 주술권 아래 자리하는 이 순환을 파괴하는 데로", 다시 말해 "법이 의

---

29) *Ebd.*, S. 200.

존하는 강제력, 말하자면 결국 국가강제력과 더불어 법 자체의 탈정립Entsetzung으로" 나아간다.[30] 법의 탈정립이란 정립된 법의 무효화, 즉 법 제정의 취소라고 할 수 있다. 그것은 기존의 권력질서가 강제하는 연속성의 틀을 훼손하고 파괴하고 침해하고 위반하는 것이다. 이것은 혁명적 상황 같은 정치적 격변기에서나 가능하다. 기존 권력관계의 신화적 반복을 벗어날 수 있는 것은 오직 혁명적이거나 혁명에 준하는 계기를 통해서다. 그것은 불순하지 않은 강제력의 직접적인 실행을 통해 정의를 세속적으로 만들어낼 때 비로소 가능하다.

그러므로 신의 강제력이 법의 탈정립으로 나아간다는 것, 그래서 기존의 법제도를 부정하고 전복시키게 되는 것은 자연스럽다. 그것은 "순수한 강제력" 또는 "혁명적 강제력"이기 때문이다.[31] "새로운 역사적 시대"를 위한 바탕은 여기에서 마련된다.[32] 새로운 삶의 질서는 기존의 법질서가 부재하는 데서 시작된다. 적극적으로 표현하면 새로운 국가와 역사의 시대는 기존 법질서를 무효화하는 가운데 열린다고 할 수 있다. 신적 힘은 법과 같은 규범이나 이 규범이 유래한 신화의 강제형식에서 벗어나기 때문이다. 그래서 그것은 "성스러운 집행의 수단이 결코 아닌 그 옥새와 인장 Insignium und Siegel"이 된다.[33] 신적 힘은 더 이상 통제하거나 관리하는 것이 아니라 섭리한다.[34] 신적 강제력은 근본적으로 비법적

---

30) *Ebd.*, S. 202.
31) *Ebd.*, S. 202f.
32) *Ebd.*, S. 202.
33) *Ebd.*, S. 203.

> **신화적 강제력이 부단히 죄를 짓게 함으로써
> 죄악의 순환회로에 포박되어 있다면,
> 신적 강제력은 기존의 법질서와 그 제도를 부정하고,
> 이 제도를 넘어선 어떤 다른 질서로 나아간다.**

außerrechtlich이고 무정부적이며, 따라서 혁명적이다.

신의 힘은 법률적·정부적·제도적 차원을 넘어선다. 신은 타자의 이름이다. 그래서 그것은 비어 있거나 벗어나거나 침묵한다. 전적인 부재를 의미한다고나 할까? 신은 그 어떤 매개나 결정, 재현이나 전달을 허용하지 않는다. 왜냐하면 매개나 재현 속에서 대상은 제한되기 때문이다. 재현되고 표현된다는 것은 그 자체가 아니다. 그런 점에서 그것은 대상 자체를 '더럽힌다'. 재현이나 표현은 오염적 행위다. 신은 부재함으로써 지금 여기에서 벗어나는 것을 허용하고, 이렇게 벗어나는 운동을 통해 존재의 빈자리, 즉 침묵을 드러낸다. 신 앞에서 모든 기준은 자신의 자리를 부단히 옮겨가야 한다. 신은 전적인 타자다. 그러므로 텍스트에 대한 해석과 이해, 글읽기와 글쓰기도 전적인 타자로서의 이 신적 침묵을, 이 침묵 속의 일탈과 부재를 기억해야 한다. 폐허란 이 침묵이 자리한 곳이다. 기억과 기록을 통해 패배하고 잊혀진 것들의 폐허는

---

34) *Ebd.* 벤야민은 법 제정적 힘이 "통제하는 강제력"(die schaltende Gewalt)이라면, 보존적·유지적 힘은 "관리되는 강제력"(die verwaltete Gewalt) 또는 "관리하는 강제력"(verwaltende Gewalt)이고, 신적 힘은 "섭리하는 강제력"(die waltende Gewalt)이라고 쓰고 있다.

비로소 복원될 수 있다.

다시 한 번 상기할 것은, 신화적 강제력이나 신적 강제력은 벤야민이 '또 다른 강제력'의 가능성을 성찰하는 가운데 나온 핵심적인 개념이라는 사실이다. 그러니만큼 그것은 「강제력 비판」을 추동하는 주된 문제의식이 아닐 수 없다. 신화적·법적 강제력이 죄와 희생을 요구하면서 자연적이고 단순한 삶을 죄로 물들인다면, 신적 강제력은 삶을 위하고 자연스런 것을 희구한다. 희생이 있다면, 신적 강제력은 이 희생을 받아들인다. 그리고 희생을 받아들이는 가운데 기존 법제도가 상정하는 신화적 연속성을 타파하고자 한다. 그래서 직접적이고 순수하며 무정부주의적이고 혁명적이다(법비판에 나타나는 벤야민의 무정부주의적인 입장은 1920년대를 지나면서, 특히 러시아 혁명 후의 상황과 맞물리면서, 사회주의적인 입장으로 점차 바뀐다). 신적 강제력에 대한 구상이 법의 부재나 탈정립을 통해 새로운 역사와 국가의 실현으로 나아가는 것은 그 때문이다.

2. 법과 정의의 역설적 구조

그러므로 우리는 이렇게 물을 수 있다. 기본법/강제력의 제정과 유지, 그것의 부당한 제도화와 재생산을 넘어서는 것이 가능한가? 그것이 가능하다면, 그때 작용하는 강제력의 순수형태란 어떤 것인가? 벤야민은 이런 물음을 던진다.

1. '화해 불가능한 대립'

여기에서는 강제력의 현재적 형식과 미래적 형식, 불순한 형식과 순수한 형식이 대비된다. 이미 언급했듯이, 벤야민이 의미하는 순수하고도 신적인 강제력은 법의 제도적 차원을 벗어나 있다. 그것은, 법규범이 상정하는 수단과 목적의 도식에 포박되지 않는다는 점에서, 여하한의 목적이나 공리성을 고려하지 않는다. 이에 반해 제정적·유지적 강제력은 일반적으로 정당한 것으로 간주된다. 왜냐하면 법이 강제력을 쥐고 있고, 이렇게 장악하면서 다른 규범을 지배하기 때문이다. 강제력의 독점이 강제력으로서의 법을 정당화한다.

벤야민의 문제제기는 법의 실제적 지배를 벗어난 차원, 즉 법질서 밖에서의 법적 가능성으로 향한다. 그리하여 법제도 일반에 대한 불신은 「강제력 비판」의 곳곳에서 나타난다. 그런데 그것은 대여섯 문장에 이미 압축되어 있다. 그는 이렇게 적는다.

"정당화된 수단을 투입하는 일종의 운명적 강제력이 그 자체로 정당한 목적과 화해할 수 없는 대립 속에 있다면, 어떻게 되는가? ……그럼으로써 모든 법문제의 종국적 결정불가능성에 대한 기이하고도 절망적인 경험이 드러나게 될 것이다. 이런 경험은 아마도, 경험의 전망불가능성 속에서, 형성되어가는 언어에 드러나는 '옳음'과 '그름'에 대한 간단한 결정의 불가능성과 오직 비교될 수 있을 것이다. 수단의 올바름에 대해, 그리고 목적의 정의에 대해 결정하는 것은 결코 이성이 아니다. 앞의 것을 결정하는 것은 오히려 운명적 강제력이고, 뒤의 것을 결정하는 것은 신이다. 이런 통찰은, 완고한 습관이 지배하기 때문에, 아주 드물다."[31]

위의 글은 세 가지 사항으로 정리할 수 있다.

첫째, 정당성은 수단과 목적의 두 차원에서 생각할 수 있다. 벤야민에 의하면, 수단의 정당성을 결정하는 것은 "운명적 강제력"이고, 목적의 정당성을 결정하는 것은 신이다.

둘째, 문제는 정당화된 수단과 정당화된 목적은 서로 충돌하는 것이고, 그래서 "화해할 수 없는 대립 속에 있다"는 점이다. 우리를 "낙담케 하는" 것은 바로 "모든 법문제의 종국적 결정불가능성"이다.

셋째, 법적 결정불가능성은 흥미롭게도 언어의 확정불가능성, 즉 "'옳음'과 '그름'에 대한 간단한 결정의 불가능성"에 이어져 있다. 왜냐하면 언어는 언제나 '형성되는'werdend 것이기 때문이다. 그것은 단언하고 확정하고 규정하는 것이면서, 동시에 여기에만 그치는 것이 아니라, 무엇보다 부단히 자라나고 변형되는 가운데 성숙해간다. 이런 생각은 벤야민의 언어관에서 잘 나타나고, 이런 언어이해에 기반을 둔 번역론에서도 되풀이된다. 그러니까 그의 언어이해와 번역론 사이에는 어떤 연속성이 있다.[36]

법적 문제이건 언어나 번역의 문제이건, 이 모두는 종국적으로

---

35) *Ebd.*, S. 196.
36) 여기에 대해서는 제11장「파편언어들 사이에서: 언어형이상학」과 제13장「언어채무: 벤야민 번역론에 대한 데리다의 시각」을 참조할 것.

'전망불가능성'의 차원으로 수렴된다. 전망할 수 없는 비규정성 속에서 법과 언어는 서로 비교되고 상응한다. 그리하여 법이 자기 설정적이면서 이 '설정을 벗어나는'ent-setzend 것은 당연한 일인지도 모른다. 그렇듯이 언어도 대상을 규정하면서도 규정 그 너머의 침묵을 지향한다. 침묵은 있는 듯 없는 공간, 부재의 존재공간에 깃들어 있다. 침묵은 여하한의 규정과 설정을 넘어 타자의 영역에, 이 타자의 영역으로 자리한다. 신은 이 타자의 영역을 지배하고 결정한다. 또는 타자성의 영역 자체가 신이라고 할 수도 있다. 신적 타자성은 이성이나 논리, 언어가 관여할 수 있는 게 아니다. 만약 관여할 수 있다면, 그것은 타자성의 가장자리만 잠시 건드릴 수 있을 뿐이다. 그러나 이런 생각도 현실적으로 갖기 어렵다. 벤야민의 의견을 빌리면, "완고한 습관이 지배하기 때문"이다. 그러니까 사람은 완고한 습관 때문에 타자의 영역에 낯설어 하고, 또 이 영역으로부터 멀리 떨어져 있다.

위에서 살펴보았듯이, 법이 반드시 적법한 것은 아니다. 그렇듯이 법의 제정 과정도 모순과 역설로 차 있다. 제정된 법은 자주 권력의 표현이 되고, 마치 늘 온당한 것처럼, 그래서 '정의'의 표현인 것처럼 행사된다. 이것은 전쟁을 한 다음 아무런 희생이나 죽음이 없었던 것처럼 '평화'의 협정을 치를 때, 그래서 협약이나 협정 같은 법적 문제가 체결될 때도 되풀이된다. 벤야민은 이것을 "법의 신화적 이의성"이라고 부르면서, 이렇게 "모든 법의 시초에는 왕이나 거물들, 이를테면 권력자들의 '우선권'Vor-recht이 있었던 것이 아닌가 추측하는" 소렐의 의견을 공감하듯 끌어들인다.[37] 그러니 법의 부당하고 특권적인 지위는, 이런저런 도전과 약간의

> **❝** 자본주의 현실에서 인간의 경험은
> 근본적 공허성을 피하기 어렵다. 이 공허한 경험이
> 부당한 법제도의 존속을 가능케 하고, 이 부당한 법제도에
> 기대어 자본주의의 채무구조가 활개를 치는 것이다. **❞**

변형을 겪기는 하지만, 근본적으로 변하지 않는 것이라고 말해야 할지도 모른다. "법은, 존속하는 한, 필요한 변경만 가해진 채mutatis mutandis 그대로 남을 것이다. 왜냐하면 법만이 보장할 수 있는 강제력의 관점에서는 어떤 평등이 아니라 기껏해야 똑같은 크기의 강제력만 자리할 것이기 때문이다." 현실을 지배하는 것은 만인평등의 보편적 요청이 아니라 일정한 강제력의 끝도 없는 유예다.[38]

정리하자. 벤야민이 다루는 주제는 그 어떤 것이나 명쾌한 윤곽을 지니고 있지 않다. 하나의 생각에 다른 생각이 쉼 없이 이어지고, 하나의 술어에 또 다른 술어가 얽혀들면서 사유의 전체 풍경을 이룬다. 어떤 문제의식이 한두 마디로 정식화되어 선명하게 표출되기보다는 거듭되는 논의 속에서 뭐랄까, 어떤 숨겨진 의미로 또는 표현의 바탕으로서 문장의 밑바닥에 깔린 채, 마치 이미지나 분위기처럼 이어지는 것이다. 그래서 큰 줄기를 가려내어 그 대강大綱을 포착하고, 이렇게 포착된 대강을 해석자 자신의 언어로 정식화하기가 쉽지 않다. 그렇다고 그것이 꼭 불가능한 것이 아

---

37) *Ebd.*, S. 198.
38) *Ebd.*, S. 198.

니다. 중요한 열쇠어들은 반복해서 나타나면서 강조되기 때문이다. 그 열쇠어들이란, 내가 보기엔, "궁극적 결정불가능성"letzlichen Unentscheidbarkeit이나 "법의 신화적 이의성"mythische Zweideutigkeit der Gesetze과 같은 것이다.

흥미로운 점은 이 열쇠어들과 개념적으로 상통하는 술어들이 글의 다른 곳에서도 나타난다는 사실이다. 예를 들어 "통일될 수 없는 대립"in unvereinbarem Widerstreit, "법 위협의 비규정성" Unbestimmtheit der Rechtdrohung, "화해할 수 없는 대립"unversöhnlichem Widerstreit, "전망불가능성"Aussichtlosigkeit, "결코 어디에서도 포착되지 않는, 모든 곳에 퍼져 있는 유령적 현상처럼 형태도 없이" gestaltlos wie seine nirgends faßbare, allverbreitete gespenstische Erscheinung, "법의 탈제정화"die Entsetzung des Rechts[39] 등이 바로 이런 개념들이다. 이 자기모순적인 개념들은, 그것이 수단과 목적의 도식틀로 환원될 수 없는 삶의 사회정치적 복합관계를 강조함으로써 법적 정당성의 도구적 기준을 의심하게 한다는 점에서, 모두 의미론적인 친족관계를 이루지 않나 여겨진다.

주의해야 할 것은 법에 대한 벤야민의 이 부정적 관점이, 예를 들어 해체주의적 법 고찰이 보여주듯이, 법적 논증의 내적 역설인 비규정성의 문제로 수렴되거나 단순히 부당한 강제력의 행사를 강조하는 데만 있지 않다는 사실이다. 이 점에 대해 호네트는 이렇게 적확하게 지적하고 있다.

---

39) 차례대로 적으면 위의 글, 181, 188, 196, 202쪽에 나온다.

"이 모든 것은 벤야민이 그의 논지에서 주제화한 관점이기는 하나, 그러나 그것은 그가 결국 법을 사회성의 한 형식으로서 역사철학적으로 비판하게 되는 논거의 핵심은 아니다. 오히려 이 바탕은, 이미 말했듯이, 다음의 정황, 말하자면 법이 그 자체로 이런저런 목적들에 봉사하고, 그런 목적설정이 다시 사람들의 이기주의적 본성의 표현인 이해관계로 수렴되는 사정에서 찾아질 수 있다."[40)

법의 가치구분과 이 구분에 의한 판결의 기준은 모호하다. 그래서 이의적二義的이고, 이 이의성은 때때로 상호모순적으로 보이기도 한다. 그것은, 해체주의적 시각이 보여주듯이, 무규정성 속에서 결정 불가능한 것으로 여겨진다.

그러나 문제는, 호네트가 지적하듯이, 이 모호성이나 결정불가능성이 아니라 어떤 사적 이해관계에 봉사하는 법의 목적성이다. 이 법의 목적이 사적 이해관계에 봉사한다는 것은 그만큼 자의적이라는 뜻이다. 여하한의 목적성이란, 물론 이 목적이 보편성을 내걸 때도 있지만, 일반적으로 일정하게 편향되어 있기 때문이다. 그래서 그것은 '사회성의 바람직한 형식'이 되지 못한다. 법제도는, 벤야민이 지적하듯이, "목적-수단의 도식틀 안에서 자기에게

---

40) Axel Honneth, "Zur Kritik der Gewalt," *a. a. O.*, S. 199. 인용문 첫 문장인 "이 모든 것은 벤야민이 그의 논지에서 주제화한 관점이기는 하나, 그러나 그것은……"(Alles das sind zwar zwar Geschichtspunkte, die Benjamin im Zuge seiner Argumentation thematisiert, aber sie……)에서 'Geschichtspunkte' 는 'Gesichtspunkte'를 잘못 표기한 것으로 보인다.

주어진 강제력 수단의 투입을 명료하고도 분명하게 확정하는 데 구조적으로 성공할 수 없기 때문에, 사회적 대립의 중재라는 의무가 좌초하게 된다."[41]

강제력 수단의 투입을 명확히 규정할 수 없는 것은 법이 설정한 목적-수단의 도식틀이 삶의 상황을 온전히 포괄하지 못하기 때문이다. 강제력의 근거와 조건, 투입의 사례, 개입해야 할 상황과 개입하지 않아도 되는 상황의 구분, 이 구분을 위한 기준, 이 기준을 구성하는 개별적 항목과 이 항목에서의 우선순위는 분명하기 어렵다. 바로 이것이 법제도의 아포리아, 즉 그 무규정성과 결정불가능성을 야기한다.

법질서가 사회적 갈등을 해소하는 데 기여하기보다는 오히려 지속시키는 데 관계할 때, 그래서 이기적 인간본성의 표현이기를 그치지 않을 때, 우리는 법질서의 이 부당성을 문제시할 수밖에 없다. 법에 대한 벤야민의 거부감은 여기에서 온다. 이 부당성은, 앞서 언급했듯이, 복잡할 수밖에 없는 삶을 수단과 목적의 도식틀로 형식화한 데 있다. 이런 형식화 아래 삶의 내용은 빈곤해진다. 이 내용적 빈곤은, 이것 역시 앞서 보았듯이, 자본주의적 사물화의 현실에 정확하게 상응한다. 자본주의 현실에서 인간의 경험은 근본적 공허성을 피하기 어렵다. 그리고 이 공허한 경험이 역설적으로 부당한 법제도의 존속을 가능하게 하고, 이 부당한 법제도에 기대어 자본주의의 채무구조가 활개를 치는 것이다. 마치 이윤/이자/채무의 계속적 증대가 지배적 경제질서를 지탱시키듯이, 형식

---

41) Walter Benjamin, "Zur Kritik der Gewalt," *a. a. O.*, S. 204.

화된 법제도가 불합리한 정치질서를 지속시키는 데 기여하는 것이다.

그러므로 현대적 삶의 빈곤은 법제도적 미비가 지탱시키는 자본주의 질서로부터 기인하는 것이면서, 동시에 이 자본주의적 경제합리성 때문에 장려되는 불합리한 법제도의 자연스런 결과다. 결국 사물화된 자본현실과 부당한 법현실은 상호상승적으로 서로를 부식시킨다.

그렇다면 법적 강제에 대한 대안은 있는가? 법과 도덕, 법률의 일반성과 정의의 요구, 이 사이의 간극은 메워질 수 있는가? 메워질 수 있다면, 이것은 법적 규범 안에서 가능한 것인가? 아니면 법적 규범 밖에서, 그러니까 법 이외의 형식으로 가능한 것인가? 어떤 형태를 띠건, 그것은 인간의 이기적 본성이나 사적 이해관계를 대변하는 것이 아니라 이를 넘어 올바르고 도의적인sittlich 것이어야 할 것이다. 올바르고 도의적인 상태란, 벤야민적 맥락에서는, 여하한의 목적을 벗어나고 그래서 그 자체로 도덕적 타당성을 지닐 때, 비로소 실현될 수 있다. 그것은 어떤 목적이 아닌, 목적이 없는 목적, 즉 칸트적 의미의 무목적적 목적성에 가깝다고 할 수 있을 듯하다. 벤야민이 말한 순수한 강제력 상태란 이 도의적 상태, 즉 법적 지배가 지양된 차원을 향해 있다.

2. 정의의 비대칭성: 데리다의 법 이해

법은 정의가 아니라 권력을 공시公示한다. 법이 처벌하는 것은, 니오베 신화가 보여주듯이, 단순히 법을 침해하기 때문이 아니라 법에 도전하기 때문이고, 이 도전으로 자기존재가 위태롭다고 여

> **법은 권력의 공시와 선언을 통해 생겨난다.**
> **"법제정이란 권력의 제정이다."**
> **우리는 다시 이렇게 물을 수 있다.**
> **법의 정당성은 어디에 있는가?**

기기 때문이다. 법 자체가 위반되어서가 아니라 법이 대변하는 권력이 위협받기 때문에, 위협받는다고 느끼기 때문에 강제력은 행사되는 것이다.

법은 권력의 공시와 선언을 통해 생겨난다. 그래서 벤야민은, 모든 법은 처음부터 권력자들의 '우선권'으로 자리했다는 소렐의 생각에 기대어 이렇게 쓴다. "법제정이란 권력의 제정이다."[42] 법은 중성적 언어임에도 특권층의 이해관계를 보장하는 매우 자의적 기준 위에 서 있는 것이다. 그리고 이렇게 봉사하는 가운데 그 것은 지배계층에게서 도덕성과 정당성을 확약받는다. 결국 법제도는 기성의 권력유지에 기여하는 부정의한 규범으로 자리한다. 그 점에서 그것은, 벤야민이 지적한 대로, 철저히 '신화적'이다.

우리는 다시 이렇게 물을 수 있다. 법의 정당성은 어디에 있는가? 우리가 경험하는 법은 법적 가능성의 전체인가? 아니면 현재적이고 역사적으로 제약된 제도의 표현일 뿐인가? 법은 지배계층의 사적 이해관계를 관철하는 위장된 공공성에 불과한가? 그리하여 법적 강제력은 정말이지 도구주의적 한계를 결코 넘어설 수 없

---

42) *Ebd.*, S. 198.

는 것인가?

이 물음에 대해 벤야민 텍스트의 의미를 법철학적으로 가장 깊이 있게 성찰한 사람은 데리다라고 생각한다. 그는 카프카의「법 앞에서」라는 짧은 텍스트에 대해 그러했듯이, 벤야민의「강제력 비판」에 대해서도 한 권의 책을 냈다. 그 제목은『법의 힘―'권위의 신화적 근거'』[1990, 이하『법의 힘』]다.[43] 두 편의 강연문을 엮은 이 책의 첫 번째 부분은 법(강제력)과 정의, 해체주의의 상호관련성을 다루고 있고, 두 번째 부분은 벤야민의「강제력 비판」을 해석한 것이다. 그러나 벤야민과의 연결은 이미 첫 부분에 나타난다.

데리다의『법의 힘』도 여러 각도에서, 가령 법과 정의의 관계나 법과 해체주의의 관계, 벤야민의 법 이해와 홀로코스트 문제 등의 관점에서 접근할 수 있다. 내가 관심을 갖는 것은 법의 정당성과 이 정당성의 근거와 기준, 이 근거의 취약성과 이 때문에 절실해지는 해석적 개입의 비판적 가능성이다.

---

43) Jacques Derrida, *Gesetzeskraft. Der 'mythische Grund der Autorität'*, Frankfurt/M., 1991. 이 책은 2부로 나뉘어 있는데, 첫 번째 부분은 1989년 10월 카르도소 로스쿨이 개최한 콜로키움인 '해체주의와 정의의 가능성'에서 발표되었고, 두 번째 부분은 1990년 4월 솔 프리드랜드(Saul Friedlander)가 개최한 캘리포니아대학의 콜로키움인 '나치즘과 최종해결: 재현의 한계를 시험하며'에서 발표되었다. 이 독일어판 번역본의 뒷장에는『프랑크푸르트 알게마이나 차이퉁』(FAZ)의 서평 한 구절인 "자크 데리다는 법철학을 다시 독일 관념주의의 수준으로 끌어올렸다"라는 문장이 적혀 있다. 독일 관념론이 인류지성사의 한 근대적 정점을 보여주는 것이라면, 이 같은 논평은 한 저서가 받을 수 있는 최고의 찬사가 아닐 수 없다. 그만큼 그의 저작은 문제적이라고 여겨진다.

어떤 정당성의 토대가 취약하고, 이렇게 취약해지는 토대의 정도에 반비례하여 해석적 개입의 여지가 더 커지는 것이라면, 이때의 해석은 그 자체로 윤리적이라고 할 수 있다. 새 해석을 통해 기존의 의미체계가 누리는 부당한 독점권을 지적하고, 이 지적 속에서 좀더 공정하고 균형 잡힌 관점의 지평이 열릴 수 있기 때문이다. 실천적 행동의 가능성은 이렇게 탐색된 것에 대한 동의가 있은 이후에 가능하다. 그 점에서 윤리적 해석을 담은 글은 이미 어느 정도 정치적이기도 하다. 해석은 다가올 행동의 가능성을 예비한다. 나는 데리다의 『법의 힘』에서 법이 정의로울 수 있는 가능성, 즉 법이 법 자체의 테두리를 넘어서고자 할 때, 그래서 법의 안으로부터 그 밖의 영역으로 열려 있을 때 비로소 가능한 정의의 가능성에 대해 생각해보고자 한다.

'권위의 신화적 근거'

파스칼과 몽테뉴를 거론하면서 데리다가 『법의 힘』의 제1부에서 말하는 주요 사실의 하나는 정의란 그저 말해지는 것이 아니라 강제력에 의해 동반되어야 하고, 법이란 정의와 구분되어야 한다는 점이다. 그러면서 법을 법으로 만드는 것, 즉 그 강제력의 근거란 그리 분명하지 않다는 점을 지적한다. "권위란…… 자기자신 이외의 다른 어떤 것에도 근거할 수 없기 때문에 권위의 원천, 법의 논증과 토대, 제정은 그 자체로 근거 없는 강제력폭력, eine grund-lose Gewalt(tat)이다."[44]

---

44) *Ebd.*, S. 29.

법을 만들거나 정당화하는 모든 조처는, 데리다에 의하면, 그 자체로 정의롭지도 않고 그렇다고 정의롭지 않은 것도 아니다. 법이 내세우는 정당성과는 달리 법 자체를 있게 하는 정당한 근거는 어디에도 없기 때문이다. 법의 정당성은 법 조항이나 판례 또는 판사나 법원 같은 사법기관에 속한 것이 아니다. 법이 옳다고 한다면, 이 옳음은 법의 판결을 실행하는 강제력에서 오는 것이지 법 제도의 밖에 있는 어떤 것에서 오지 않는다. 그렇다는 것은 법 제정 시 이미 정의의 문제가 "강제적으로 해결된다"는 것이고, 따라서 무엇인가가 어떤 식으로든 "매장되고 은폐되며 축출된다"는 것을 뜻한다.[45] 이런 점에서 보면, 법기관은 근본적으로 억압적이다. 그래서 법 강제력은 '수행적'performativ이고, 이 수행적 강제력에 깃든 설명하기 힘든 한계나 침묵은 "신화적인 것"이라고 그는 말한다.[46]

법적 정당성의 한계-침묵-신화적 성격은 법 외부에 있는 것이 아니라 법 자체를 구성한다. 법을 직접적으로 정의하거나 객관화할 수 없는 것은 이런 이유에서다. 적극적으로 표현하면, 정의를 배반하지 않고 '무엇이 정의롭다'거나 '어떤 것이 정의다'라고 우리는 말하기 어렵다.

법의 정당성이 모호하다는 것, 권위의 원천에 납득할 만한 근거가 없다는 사실은 법이 여러 가지 관점에서 새로 재구성될 수 있음을 뜻한다. 법이 재구성될 수 있다는 것은 무슨 뜻인가? 이것은

45) *Ebd.*, S. 48.
46) *Ebd.*, S. 28.

법뿐만 아니라 법을 지탱하는 합법성과 정당성도 해체될 수 있음을 말한다. 법과 그 정당성을 유효하게 하는 것이 강제력이라고 한다면, 또 이 강제력이 정확성·유효성·타당성도 함의한다면, 해체되는 것은 단순히 법적 차원에 머무는 것이 아니라 법률적·강제력 차원을 넘어서는 더 넓은 영역을 포괄한다. 그리하여 법이나 정당성(법철학적 문제)뿐만 아니라 진리와 의미의 문제(철학적·인식론적 문제), 표현과 재현의 문제(예술의 문제), 소수자의 문제(민족적·인종적·성적·인권적 문제), 나아가 언어와 침묵(문학의 문제)도 이 해체적 재구성의 잠재적 대상이 되는 것이다. 이렇듯이 정의는 해체된 법과 합법성, 정당성의 관점에서 광범위하게 재해석될 수 있다. 그렇게 할 수 있다는 것은, 다른 관점에서 보면, 해당 시대가 그만큼 급박하고 위태로웠다는 사실을 보여준다.

벤야민이 「강제력 비판」을 작성하던 1921년을 전후로 독일의 사회정치적·경제적 분위기는 극도로 위태로웠다. 당시 독일은 제1차 세계대전에서 패배한 패전국의 입장이었고, 따라서 국제적으로 막대한 전쟁보상금 문제에 시달리고 있었다. 이 채무상황은 국내의 정치구조를 지극히 불안정하게 만드는 요인으로 작용했다. 민족주의적 슬로건 아래 극우적 테러가 곳곳에서 횡행하고 반유대주의와 반의회주의가 기승을 부린 반면, 평화주의 운동이나 반군국주의적 담론은 미약했다. 경찰력이나 사법권, 파업권을 포함한 공권력의 정당성에 대한 지식인들(법률가나 법 이론가를 포함하는)의 비판적 담론도 이 옆에 자리한다. 벤야민의 글은 이런 역사적 배경 아래 나온 것이다.

데리다는 벤야민의 텍스트가 정보적·전달적 언어가능성을 거스르고, 이 전달적 기능을 해체하면서 새로운 의미체계, 말하자면 새 정의개념과 새 강제력의 가능성을 타진한 것으로 이해하고, 자기도 벤야민의 텍스트를 해체적으로 재구성해보고자 한다. 왜냐하면 해체적 독법은, 그것이 재현 너머의 재현불가능한 의미질서를 탐색하는 한 이미 그 나름으로 정의롭기 때문이다.[47)]

그러나 불가능한 것이 늘 경험될 수 있는 것은 아니다. 그것은 위기의 상황, 좀더 정확하게 말하여 혁명적 상황에서, 또 이 혁명적 상황이 초래하는 급격한 변화에서나 경험될 수 있다. 하지만 급격한 변화는 현실에서 일어나기 어렵다. 모든 것은 법제도에 의해 제어되고, 이 법제도가 강제력을 독점하는 까닭이다. 강제력의 도움 아래 법제도는 준수되어야 할 사항이 무엇이고, 이 규정사항이 위반되었을 때는 어떻게 처벌되는지를 정한다. 강제력은 법의 질서 안에 자리하지 그 밖에 자리하지 않는다.

그런데 법질서의 보호를 받으면서도 법을 위협하는 힘이 있다.

----

47) 데리다는 "해체가 정의이고", "정의는 불가능한 것의 한 경험"이라고 적는다(*Ebd.*, S. 30. 33. 69). 이렇게 적을 때, 그는 '해체주의'(Dekonstruktion)라고 부르는 것보다 더 정의롭고 적당한 그 어떤 것도 알지 못하는 것처럼 보인다(*Ebd.*, S. 42f.). 이런 해체주의적 독법은 그 자체로, 린트너가 지적했듯이, 경외할 만한 칸트적 비판전통에 상응하는 것처럼 보인다(Burkhardt Lindner, "Derrida, Benjamin, Holocaust," *a. a. O.*, S. 1701). 왜냐하면 데리다는 법이 아니라 정의-정당성-옳음의 가능성을 타진하면서, 이렇게 타진하는 자신의 해석적 시각과 이런 시각 아래 쓰이는 글 자체가 정의롭기를 바라기 때문이다. 그러므로 데리다의 정의란 법의 정의라기보다는 해석과 해체적 글쓰기의 정의에 가깝다. 그런 점에서 그의 해체적 독법은 윤리적 수행성을 이미 구현하고 있다고 말할 수 있다.

파업권이 그렇다. 파업권은, 벤야민이 적었듯이, 국가 이외의 유일한 법 주체다(이것 이외에 강제력에 대한 권리는 개별주체에게, 적어도 현대 법에서는, 주어지지 않는다. 원시시대에 이 같은 권리를 가진 자는 예언자나 주권자(왕)였다). 노동자는 파업을 통해 강제력에 대한 권리를 가진다. 이 강제력은, 노동자가 집단적으로 일손을 놓음으로써, 경제와 정치와 사회의 기존체계를 위협하는 일이 될 수 있다. 국가가 두려워하는 것은 단순히 범죄나 법의 위반 같은 것이 아니다. 그것이 두려워하는 것은, 데리다가 지적하듯이, "'논거하는' begründend 강제력", "법에 대한 법(권리)을 갖는 강제력"이다.[48] 왜냐하면 '논거하다'는 것은 '근거'Grund를 '대는'be 또는 '마련하는'이라는 뜻이고, 이 논거하는 강제력은 정당성의 근거를 법제도에 의지하는 것이 아니라 스스로 마련하고자 하기 때문이다. 그 점에서 그것은 시간적 연속성을 부정한다. 기존의 법제도가 무서워하는 것은 바로 이것이다.

프롤레타리아의 파업이나, 그 연장으로서의 혁명은 논거하는 강제력에 대한 권리를 주장함으로써 새 공동체와 새 국가를 목표로 한다. 그것은 자기 정당성의 근거를 밖에서 가져오는 것이 아니라 스스로 만들고자 한다. 새 국가는, 기존 법의 밖에서 새 법의 질서를 만들 때, 그래서 역사적 연속성을 해체시킬 때 비로소 세워질 수 있다. 그러나 이미 있는 "국가는 이런 경계를 넘어가는 것을 잘 참지 못한다."[49]

---

48) Jacques Derrida, "Gesetzeskraft," *a. a. O.,* S. 76.
49) *Ebd.,* S. 75.

지금까지의 논의는 두 가지 사항을 알려준다.

첫째, 모든 국가의 창건에는 강제력의 확립과 동원이 필요하고, 이 강제력은 많은 경우 기존의 가능성을 억압하는 가운데 제도화된다. 이것은 수많은 나라에서 전쟁 같은 위기상황에서 빈번히 일어났고, 수용소 감금이나 유형 또는 국외추방에서 지금 이 시각에도 확인할 수 있다. 국가의 건설은 법의 제정과 더불어 무법-위법-탈법-위법의 폭력을 동반한다.

둘째, 그렇다면 기성의 법질서는 계속 변하거나 새롭게 논증될 수 있어야 한다. 그것은 지금 실현된 것의 모습을 보여줄 뿐이고, 그 외의 것은 아무것도 실현시키지 못하고 있기 때문이다. 그러므로 여하한의 강제력은 강제력에 대한 비판을 필연적으로 내장한다. 이때의 강제력 비판은 곧 법에 대한 비판이고, 법이 대변하는 여하한의 정당성과 공식성에 대한 비판적 성찰이다. 그리하여 강제력 비판은 기존 법에 대한 '다른 법의 권리'를 선언하는 것이다.

그리하여 지금까지의 논지는 이렇게 요약할 수 있다. 우리는 강제력을 제어하는 강제력, 법의 합법적 근거, 권리를 위한 권리를 생각할 수 있어야 한다. 우리는 강제력의 강제력, 법의 법, 권리의 권리를 말할 수 있고, 또 말할 수 있어야 한다. 왜냐하면 이것은 기존의 법제도 그 너머에 자리한 법질서와, 이 법질서로 구성된 좀 더 공정한 공동체를 염원하기 때문이다.

이러한 염원은 법에 대한 이중적 성찰, 즉 법에 대한 성찰뿐만 아니라 이 성찰에 대한 성찰을 통해 가능하다. 그것은 다르게 말하여 다른 법, 즉 법의 다차원적 가능성에 대해 생각하는 것이고, 다른 법을 통한 다른 국가의 가능성에 대해 생각하는 일이다. 이를 위해 우리는 기존의 규범과 정전에 자족하는 것이 아니라 이 정전의 체계를 문제시하면서 복합적으로 성찰해야 한다. 그것은 기성질서 속에서 다른 질서를 생각하고, 공식문화 속에서 비공식 문화의 어떤 다른 가능성을 헤아리는 일이다. 이 이중의 성찰 속에서 기존의 법질서는 자신의 현재적 미비와 과오, 심연과 나락과 아포리아를 직시할 수 있고, 이 직시를 통해 그 한계를 넓혀가면서 조금씩 더 인간화하게 될 것이다.

이 점에서 우리는 근본적으로, 카프카가 썼듯이, 법의 '안'이 아니라 그 '앞'에 서 있다고 해야 한다.[50] 우리는 정의의 안이 아니라 그 밖에 서 있다. 그러므로 법 안에 법 밖의 법에 대한 권리가 있다. 그렇듯이 국가 안에서 이 국가의 과오와 미비를 인식하는 가운데 다른 삶의 공동체를 염원할 수도 있어야 한다.

'오고 있는 정의'

> 그들 앞이 아니라 바로 신 앞에서 자기고백을
> 하는 것처럼 그들에게 말씀하십시오.
> ■ 고골, 『죽은 혼』(1842~52)

햇빛은 서른두 명의 죄수와 판사 사이에 한 줄기 넓은 광선을

---

50) 아직도 규정되지 않은, 그리하여 앞으로 규정되어야 하고 도래하고 존재해야 할 것으로서의 법 앞에 우리 모두는 서 있다. 카프카-법-데리다의 관계에 대해서는 문광훈, 「법 앞의 물음: 데리다의 카프카 읽기로부터」, 『카프카 연구』, 한국카프카학회 편, 2000년 8집, 87~121쪽 참조.

드리우며 양쪽을 서로 연결했는데, 아마 그것을 본 방청객 중
어떤 이들은 판사와 죄수들이 완전히 동등하게 모든 것을 다 알고 있고,
결코 잘못 행하는 법이 없는 더 큰 최후의 심판을 향해
함께 나아가고 있다는 사실을 떠올렸을지도 모른다.

■ 디킨스, 『위대한 유산』(1861)

벤야민이 적었듯이, 모든 법 강제력이 불분명한 이의성 속에서
권력자의 우선권에 봉사한다면, 그것은 신화적이다. 그 때문에 이
몽매한 법형식의 납득하기 힘든 연쇄고리는 파쇄되어야 한다. 그
렇지만 새 가치체계는 전적으로 새롭게 나타나기보다는 기존의
규범으로부터 천천히 그리고 조금씩 생겨난다. 이 기존규범은 드
러난 것이면서 숨은 것이기도 하다. 그러면서 정의를 내세우면서
동시에 억누르기도 한다.

법의 정당성과 그 권위는, 이미 살펴보았듯이, 모호하다. 그러나
더 모호한 것은 정의의 개념이다. 확인할 수 있는 지시체계 안에서
움직이는 것이 법이라고 한다면, 그래서 그것은 근본적으로 동질
적인 약호의 영역이라면, 정의는 이 친숙한 지시체계를 넘어선다.
그래서 이질적 영역에 닿아 있거나 이 영역에 열려 있다. 그 점에
서 정의는 근본적으로 무한하다. 무한한 정의는 산정하기 어렵다.

데리다는 정의의 무한성을 "타자에 대한 관계가 곧 정의"라는
레비나스의 테제와 연결시키면서, 특이하게도 정의란 적절한 분
배나 평등 또는 균일이 아니라 "대칭에 낯설고 이질적이며 종속영
양적heterotrop"이며, 따라서 "절대적 비대칭성에 근거한다"고 적는
다.[51] '종속영양적'이란 "영양공급 시 다른 유기체의 생산물에 의

지하는"이라는 뜻이다. 그렇듯이 정의란 완전한 균형과 평등 위에 자립적으로 자리하는 것이 아니라 차라리 불균형 또는 비대칭 위에 자리하고, 바로 그 때문에 자기 아닌 다른 것으로 기울어져 있으며, 이 다른 것에 의존한다는 것이다. 그래서 그 영양공급은 자가적自家的으로가 아니라 종속적으로 일어난다.

정말 그런가? '그렇다'고 말해야 할지도 모른다. 정의란 그 자체로 완결된, 그래서 그 속에 멈춰 있고, 그 자체로 정체된 것이 아니다. 그것은 차라리 부단히 성장하고 스스로 갱신해가는 것이다. 그 점에서 정의란 무한하고 타자지향적이며 비대칭적이고 이질적이다. 그렇다고 한다면 정의는, 데리다가 쓰고 있듯이, 현재적으로 실현된 형태가 아니라 미래에 구현되어야 할 무엇으로 자리한다. 그것은 온 것이 아니라, 정확히 말하여 '오고 있는' 것이다.

"정의란 '오는 것'에 머물고, 아직 와야 하며, 미래이고 미래를 가지며, 그것은 일어나지 않은 사건의 차원이고, 그것이 오는 것은 축약될 수 없다. 이 미래는 언제나 정의의 미래일 것이다. 정의란 단순히 법률적·정치적 개념이 아닌 정도에서, 바로 그 때문에 '아마도' 정의는 미래적으로 법과 정치의 어떤 변화와 변형 또는 새로운 논거를 위한 개방성을 만들어낸다. 정의는 '아마도' 미래의 이 변화와 변형 또는 새로운 논거를 개시한다.
'아마도', 즉 정의에 대한 것일 때, 사람은 언제나 '아마도'를 말해야 한다. 정의란 미래에 헌납된 것이고, 사건으로서 예측과

---

51) Jacques Derrida, "Gesetzeskraft," *a. a. O.,* S. 44f.

규칙, 프로그램과 선취 등을 능가하는 어떤 것이 일어날 수 있을 때만 존재한다. 절대적 타자성의 경험으로서 정의란 묘사불가능하지만, 그러나 이 점에 사건의 기회와 역사의 조건이 놓여 있다."[52]

정의란, 데리다의 통찰력 있는 해석에 의하면, 아직 "일어나지 않은 사건의 차원"이다. 그것은 과거의 정의도 아니고 현재의 정의도 아닌, 언제나 미래의 정의다. 그 점에서 '아마도'나 '혹시' 아니면 '어쩌면'이야말로 정의에 대한 바른 술어가 될 수 있다. '어쩌면'이라는 말에는 미래적 시간차원에 대한 유보가 담겨 있고, 이 미래에 대한 개방성이 자리하기 때문이다. 바로 이 개방성으로 인해 정의는 "예측과 규칙, 프로그램과 선취 등을 능가"할 수 있고, "법과 정치의 어떤 변화와 변형 또는 새로운 논거"를 창출할 수 있다. 정의가 정의로울 수 있는 조건은 개방성으로부터 온다. 거꾸로 말해, 타자에 대한 개방성이 정의를 마침내 정의롭게 만든다.

정의는, 그것이 규칙과 체계를 넘어설 수 있을 때, 비로소 정의롭다. 왜냐하면 그것은 타자에게 열려 있어 스스로 변화할 준비가 되어 있기 때문이다. 그러나 이 개방성은 하나의 잉여, 즉 묘사불가능한 과잉의 부분이기도 하면서, 이 묘사불가능성 때문에 오용될 수 있는 것이기도 하다. 주의해야 할 것은 이 점이다. 데리다는 이 잉여 부분이 "알리바이로 되어선 안 된다"고 지적한다.

"정의의 과잉은 ─ 이 과잉으로 인해 그것은 법이나 예측에서

---

52) *Ebd.*, S. 56.

도 고갈될 수 없는데―그리고 묘사할 수 없는 것의 과잉은―
이 묘사불가능성으로 인하여 그것은 규정될 수 있는 것을 벗어
나는데―한 제도나 국가 안에서(다른 제도나 국가에 대한 한 제도
나 국가의 관계에서) 법률적·정치적 투쟁을 멀리하는 알리바이로
봉사해서는 안 된다. 자기자신 위에 세워져, 자신을 체념하고 포
기하고 오직 허용하면서, 모든 예측이나 계산을 거스르는, 정의
를 희사하는 이념은 언제나 악에게, 그렇다, 가장 나쁜 것에 가
장 근접해 있다. 왜냐하면 가장 뒤틀린 계산이 언제나 다시 정
의를 자기 것으로 전취할 수 있기 때문이다. 이 가능성은 항상
지속한다. 그러므로 모든 예측이나 계산에 완전히 낯선 정의는
예측과 계산을 '명령한다'."[53]

위 글에서 데리다가 강조하는 것은, 복잡하기는 하지만, 결국
한 가지로 수렴될 수 있다. 즉 정의의 개념이 쉽게 묘사할 수 없다
고 하여, 그래서 그 개념을 '희사'하는 것처럼 보인다고 하여, 이
잉여 부분이 "법률적·정치적 투쟁을 멀리하는 알리바이로 작용
해서는 안 된다"는 사실이다. 정의의 이념은 "언제나 악에게, 그
렇다, 가장 나쁜 것에 가장 근접해 있기" 때문이다. 그렇다는 것은
정의가 전혀 정의롭지 못한 수단에 의해 악용될 수도 있다는 뜻이
고, 실제로 그렇게 악용되곤 한다는 뜻이다. "가장 뒤틀린 계산이
언제나 다시 정의를 자기 것으로 전취할 수 있기 때문이다."
정치적 관심과 이 관심을 통한 정치적 정당성에 대한 환기는 이

---

53) *Ebd.*, S. 57.

때문에 절실하다. 우리는 정의와 관련된 법의 영역에 다시 주의해야 하고, 이 영역에서 일어나는 여타의 활동들, 즉 정치경제적이고 윤리도덕적이며 사회적이고 철학적인 사안을 주시하지 않으면 안 된다. 그래서 계산가능한 것과 계산불가능한 것, 묘사할 수 있는 것과 묘사할 수 없는 것의 경계를 넘어서야 하고, 사적 영역과 공적 영역, 국가적인 것과 국제적인 것, 지방적인 것과 세계적인 것의 구분을 벗어나야 한다. 이렇게 넘어가면서 법의 근거를 다시 검토하고, 정의의 가능성을 새로 성찰해야 한다.

이 같은 검토와 성찰은 기존질서에 대한 또 다른 식의 정치적 개입이 될 수도 있다. 데리다는 이때의 법을 넓은 의미에서 재해석하고자 한다. 말하자면 고대 그리스 로마 이래의 또는 계몽주의 이래의 자연법적 해방이상을 지금 일어나는 이런저런 이슈와 관련하여 다시 생각하는 것이다. 해방투쟁이나 노예제 철폐 같은 오래된 주제뿐만 아니라 과학연구의 군사적 이용이나 테러리즘, 인질, 에이즈나 낙태, 마약, 안락사, 노숙자 등 이른바 변두리적 주제와 관련하여 법과 정의의 문제도 생각하자고 그는 제안한다.[54] 이 모든 것은, 개별 종류는 다를지언정 그것이 지배적 공준의 근거에 대한 재검토를 촉구한다는 점에서, 하나로 만난다고 할 수 있다. 그래서 삶의 세계에 미시정치적이고 거시정치적으로 개입하도록 만든다.

이런 시각을 통해 데리다는 벤야민의 「강제력 비판」이 단순히 법제도적인 측면에 대한 비판에 그치는 것이 아니라 묘사나 재

---

54) *Ebd.*, S. 58f.

현, 언어나 상상력의 한계를 문제시하는 데로 이어지고, 이렇게 재현[55]되고 대표되는 하나의 심급인 정치체제에 대한 급진적 성찰을 담고 있다고 해석한다. 이런 관점은, 벤야민이 신적 강제력의 정의를 통해 신화에서 벗어난 역사의 새 가능성을 염원하는 것인 만큼 틀린 것이 아니다.[56] 재현한다는 것, 매개한다는 것, 기호

---

55) '재현'Repräsentation이란 대상을 '다시 쓰며 제시하는' 예술 활동이면서 민의를 '대변'하는 의회민주주의적 정치활동을 뜻하기도 한다.

56) 여기에서 나아가 데리다는 벤야민의 개인사와 시대사를 이루는 여러 사건과, 이 사건 사이의 모호한 관계(가령 유대인의 '최종해결'[대량절멸]을 결의하는 반제Wannsee 회담이 1942년에 일어났고, 벤야민은 1940년 프랑스-스페인 국경에서 자살했던 것 같은)에도 불구하고, 「강제력 비판」을 썼던 1921년에 그가 이미 이 '최종해결'의 가능성을 염두에 두고 있었다는 가설을 가질 만하다고 여긴다(Ebd., S. 63). 그러나 이것이 얼마나 사실에 가까운 것인지는 좀더 엄정하게 검토해보아야 한다. 예를 들어 나치가 사용한 치명적 가스나 이들이 세운 시체소각장을 "정당하고 강제적인 신적 분노의 해명하기 힘든 기호"로 그가 해석하는 것은(Ebd., S. 124.), 린트너가 지적한 대로, 벤야민은 갖지 않았을 "매우 무책임하고 경악할 만한" 해석이라고 볼 수도 있다(Burkhardt Lindner, "Derrida, Benjamin, Holocaust," a. a. O., S. 1722).

그러나 이와는 별개로 데리다의 해석적 개입이 이미 윤리실천적으로 구성되어 있다는 것 또한 사실일 것이다. 문헌적 고찰만큼이나 중요한 것은 기존과는 다른 해석적 개입의 가능성이고, 이 해석적 가능성에서 열리는 윤리적 실천의 가능성이다. 『법의 힘』을 마무리하면서 데리다가 "이 모든 담론과 가장 끔찍한 일 사이에 자리하는 있을 수 있는 공모관계를 우리가 생각하고 인식하고 상상하고 형식화하고 판단해야 한다"고 쓸 때(Ebd., S. 124f.), 그의 글쓰기를 추동하는 것은 이 같은 책임성, 즉 모든 담론의 있을 수 있는, 악과의 공모관계적 가능성에 대한 자의식이라고 나는 이해한다. 악에 대한 경계가 아니라면 글은, 해석과 사유는 과연 무엇에다 쓸 것인가?

> **정의로워진다는 것, 책임진다는 것은 정의라는 말이 행해지는 삶의 테두리, 그 유래와 지향을 동시에 헤아리는 일이다. 사는 일과 사는 방식을 꼼꼼하고도 철저하게 성찰한다는 뜻이다.**

화한다는 것, 정보를 주고받는다는 것의 활동 속에 어떤 일이 오해되거나 어떤 사람이 희생되고, 누군가가 결정하듯이 어떤 다른 이는 그 결정을 고통 속에 받아들여야 하는 것이기 때문이다. 언어적인 것과 현실적인 것, 정치적인 것과 비정치적인 것의 경계선은 그리 선명한 것이 아니다.

재현과 기호화의 상호주체적 관계 속에 이미 사회적 갈등과 정치적 오용의 가능성이 발생한다. 그리하여 악은 곳곳에 생겨날 수 있다. 우리는 재현과 묘사와 표현의 정치적 억압가능성을 문제시할 수 있어야 한다. 마치 옳음-정당성-법을 위한 항소의 과정이 무한하게 이어져야 하듯이, 정의를 위한 노력도 무한하게 이어져야 한다.[57] 그러나 이 같은 문제시는 단순히 정의로워지는 것을

----

57) 주지하다시피 '소송'(Prozess)이란 곧 '과정'이기도 하다. 그리하여 옳음을 위한 항소의 과정은 삶 자체의 과정이고, 이 과정은 생애가 계속되는 한 이어진다. 이 지속되는 무한성에서 법과 정의는 어떤 다른 질서를 희구한다. 그런 의미에서 소송이란 근본적으로 '다른 소송'이고, 정의란 곧 '다른 정의'다. 여기에 대해서는「다른 소송: 바이스와 카프카의 법해석」(문광훈,『현대비평과 이론』, 통권 31호, 2009년 6월, 한신문화사, 114~170쪽)을 참조.

통해서가 아니라 '정의에 대한 정의로움'을 통해 가능하다고 데리다는 여긴다.

"사람은 정의에 대해 정의로워야 한다. 말하자면 정의에 귀기울이고, 정의를 읽고 정의를 해석한다는 의미에서, 정의가 어디에서 오는지, 정의가 우리에게 무엇을 원하는지를 이해하고자 시도한다는 의미에서, 정의가 특별한 언어·어구·표현 속에서 우리에게 덮쳐온다는 사실을 안다는 의미에서, 정의가 우선 일어나야 한다. …… 우리는 이런 정의가, 보편성에 대한 정의의 요구와 상관없이 또는 바로 이 요구 때문에, 다양하게 특별한 것으로, 다른 사람들의 특이성으로 향해야 한다는 사실을 알아야 한다.
……기억에 대한 책임은 책임의 개념 자체에 대한 책임이고, 이 책임개념이 우리 자신의 행동방식과 우리의 이론적·실천적·윤리정치적 결정의 정의로움과 적절성을 규정한다."[58]

"정의에 대해 정의로워야 하고", "책임의 개념 자체에 대해 책임져야 한다"는 것은 무슨 뜻인가? 그것은 정의가 내세우는 또는 정의라는 말을 담고 있는 "특별한 언어·어구·표현"이 어떤 의미를 가지는지, 그것이 "어디에서 오고", "무엇을 원하는지", 제대로 "읽고", "해석하고", "이해하며", "귀 기울이는" 것을 뜻한다. 그리고 이렇게 주의하고 이해하고 해석하는 가운데 정의가 포함하는

---

58) Jacques Derrida, "Gesetzeskraft," *a. a. O.,* S. 40f.

"다양하게 특별한 것"에, 이 특별한 것에 내재된 그 무수한 개체적 단일성에 충실한다는 뜻이다. 이것이 데리다가 강조하는 바, "책임의 개념 자체에 대해 책임지는" 일이다.

그러므로 정의로워진다는 것, 책임을 진다는 것은 단순히 정의를 선언하거나 밝히거나 설명하거나 설파하는 데 그치는 것이 아니다. 그것은 정의라는 말이 행해지는 삶의 테두리, 그 유래와 지향을 동시에 헤아리는 일이다. 그것은 달리 말하여 삶의 일상적 사소함에 충실해진다는 뜻이기도 하다. 생활에 충실해진다는 것은 그저 '열심히 산다'는 뜻이 아니라, 이렇게 사는 일과 사는 방식을 꼼꼼하고도 철저하게 성찰한다는 뜻이다. 그것은, 더 줄여 말하면, 주의注意하는 일이다. 주의란 세부적인 경험에 무감각하지 않는 데서 생긴다. 주의와 민감성은 주어진 규정을 상투적으로 확인하는 데 그치는 것이 아니라 이 규정적 협애성을 넘어 더 나은 것, 즉 옳고 선한 것을 언제나 다시 요구하는 것으로 이어진다. 삶을 채우는 무수한 비대칭, 말하자면 개념적·규범적·이론적·가치적 불균형에 대한 문제제기는, 그리고 이 문제제기를 통한 기존 관념의 재검토는 이런 식으로 이뤄진다.

정의란 더 옳고 더 선하고 더 아름다운 것에 대한 감각이고 의지라고 한다면, 이 진선미의 영역은 실현된 것 이상으로 아직 실현되지 않은 것이고, 그러니만큼 타자적 영역에 자리한다. 그러니까 정의란 타자성에 대한 주의이자 이해이고 해석이자 소화다. 정의에 대해 정의롭고, 책임개념에 대해 책임지는 일은 아마도 이 타자성과의 관계를 '비타자적非他者的으로 전환시키는' 데 있을지도 모른다.

비타자적 전환이란 주체적·독립적·자립적 전환이다. 그것은 현재적 충일성 속에서 미래의 가능성에 열려 있는 일이다. 더 나아가자. 정의 개념이 그렇듯이, 정의의 개념과 연결된 여러 다른 개념—올바름, 결정, 판단, 선, 고유성, 의도, 주체, 공동체 등의 개념도 이런 식으로 재검토될 수 있다. 기존의 모든 가치와 척도를 타자성의 관점 아래에서 부단히 재검토하는 일이야말로 정의에 대해 정의롭고 책임개념에 대하여 책임을 지는 일이다.

정의란 과거에 이미 온 것이 아니라 지금 오고 있고 앞으로 올 것이다. 그것은 벌써 실현된 것이 아니라 여전히 실현되지 않은 것이고, 그래서 약속의 미래적 형태에 가깝다. 바로 그 때문에 그것은 신의 모습을 닮아 있다(레비나스에게 정의란 무한성이고 성스러움에 상응하는 것이었다). 그러므로 어떤 중단-유보-분쇄-단절-해체는 정의를 위해 불가피하다. 이러한 중단에서 부당한 연속성을 방해하는 어떤 변화와 이 변화를 위한 결정 그리고 이 결정 하의 새로운 시작이 가능하기 때문이다.

'차연적 오염'—해석적 저항

하나의 텍스트를 읽는다는 것은 무엇인가? 읽고 느끼고 생각하며 해석한다는 것은, 그리고 이렇게 해석한 것을 다시 쓴다는 것은 무슨 뜻인가? 그것은 내가 타인의 텍스트로 들어가 그의 생각과 삶을 더듬고 그 세계를 이해하면서, 이렇게 이해한 나의 언어로 새 의미를 만드는 것이다.

타자의 경험 속에서 나는 나의 세계와 현실의 세계를 새롭게 경험한다. 새 경험 내용, 이것이 곧 새 의미다. 의미의 지평은 나와 세계의 관계가 기존과는 다른 식으로 조직되면서 열린다. 이 표현된 세계에는 나뿐만 아니라 타자도 참여한다. 해석은 이미 나의 언어를 통해 타인의 세계로 나아가는 일이고, 이 타인의 언어를 이해하고 그와 충돌하며 그에 개입하고 그와 뒤섞이는 가운데 새 삶의 가능성을 창출하는 일이다. 해석은 자기경험과 타자경험을 뒤섞고, 자기관계와 세계관계를 매개한다.

여기에서 순수한 의미, 즉 절대적으로 확정된 의미체계는 상정하기 어렵다. 의미의 질서는 많은 경우 순수성만큼이나 불순성도 포함하거나 이 불순성과 이웃한다. 법제정도 의미체계화의 일종이라면, 이것도 예외는 아니다. 모든 법정립적 시도에는 새로운 의미와 더불어 기존의 의미도 얼마간 뒤섞이는 까닭이다. 이것을, 데리다는 "법에 있는 썩은 무엇"이라는 벤야민의 구절과 관련시키면서, "차연적 오염"différantielle Kontamination이라고 부른다.[59]

법률적이건 법률 이외의 것이건, 모든 기초와 바탕을 마련하는 행위는 깨끗하기 어렵다. 국가의 창설이건 기관의 설립이건 이념의 정립이건 간에, 이 모든 강제력을 만들고 보존하는 데는 불순한, 그래서 범죄적인 일이 개입한다. 새로 세워지는 것에는 이전부터 전해져온 것들, 말하자면 허락되었으나 검증되지 않은 것들이 포함되어 있고, 이전의 것을 보존하는 데는 다시 검토되어야

---

59) *Ebd.*, S. 83; Walter Benjamin, "Zur Kritik der Gewalt," *a. a. O.*, S. 188. 데리다는 이렇게 적고 있다. "이 썩은 것, 벌레 먹거나 부패한 것은 이미 법에 유죄판결을 내리거나 법을 파괴한다. 법은 선고받았고 파괴되었고, 폐허처럼 파괴되었으며 황폐하게 되었다." Jacques Derrida, "Gesetzeskraft," *a. a. O.*, S. 84.

할 것들이 섞여 있기 때문이다.

순수한 의미의 법제정은 없다. 그렇듯이 순수한 의미의 법보존도 있기 어렵다. 이것을 벤야민은 "법의 썩은 것"이라고 불렀고, 데리다는 "차연적 오염"이라고 지칭했다. 그것이 '오염'인 것은 그 어떤 창립과 토대의 시도에도 불순한 것이 개재되기 때문이고, 그것이 '차연적인' 것은 제정(정립)과 유지(보존)가 뒤섞인 채로 무한하게 반복되기 때문이다. 그리하여 순수한 대립을 얻기 위한 모든 노력은 무력화된다(이것은 1차적으로 법개념에 적용되는 것이지만, 넓게 보면 철학적 개념정립이나 담론일반의 성격에도 타당하다고 볼 수 있다. 예를 들어 선과 악, 진실과 거짓, 내면과 외면 같은 이항대립항들은 대체로 하나의 허구적이고 인위적인 구성물일 뿐이다). 벤야민도 이런 절대적 구분이 견지될 수 없음을 잘 알고 있었다. 의미는 정립과 유지, 설정과 보존을 끊임없이 반복하는 가운데 서로를 오염시키고, 그래서 각자 부식된 채로 만들어진다. 해석은 이렇게 오염되고 부패한 의미의 황무지를 오가면서 불완전하게 이뤄지는 것이다.

그러므로 의미의 정립과 보존은 완전히 분리될 수 없다. 그것은 서로 교차되고 어울린 채, 서로가 서로를 부식시키고 퇴락시키면서 일어난다. 이렇게 뒤섞이면서 하나의 기준이나 원칙 또는 목표에 어긋나는 것은 점차 배제되고 축출되며 억압된다. 불법과 무법의 범죄가 일어나는 것이다.

모든 해석은 일정한 오염을 감수하면서 시도되는, 어떤 차이에 도달하기 위한 또는 차이의 권리를 획득하기 위한 노력이라고 할 수 있다. 그것은 기존의 의미체계에 대한 거부이고 부정이며 해체이고 파업이다. "모든 해석이 그 자체에 대하여 파업이자 파업권을 가진다면, 그것은 마찬가지로 전쟁과 논쟁polemos을 품는 것이기도 하다."[60] 모든 해석에는 파업적·논쟁적 계기가 있다. 그것은 이미 있는 심급, 달리 말해 의미와 판결과 제도의 기성권위를 인정하지 않는다. 그 점에서 해석은 무엇을 일으키고 세우며 짓고 만든다. 해석은 그 자체로 하나의 수행적인 힘이다. 그것은 이미 있는 힘이 아니라 새로운 힘이다. 새로 만들어진 또는 새로 만들어지고 있는, 아니 새로 만들고자 하는 힘이다. 이런 해체적 해석을 법과 정의에 적용시키면 어떻게 될까?

법이 해체될 수 있는 것이라면, 정의는 해체될 수 없다. 법의 가능성이 기존의 제도적 틀 안에서 예측될 수 있는 것인 반면 정의의 가능성은 제도 밖으로 열려 있기 때문이다. 제도 밖으로 열려진 것, 그래서 기존의 질서를 넘어서는 영역은 무한하다. 그래서 그것은 예측하거나 규정하거나 계산할 수 없다. 그러나 예측불가능한 정의도 법 자체의 부단한 해체를 시도함으로써, 다시 말하여 이렇게 해체된 법개념을 통해 기존의 권위를 문제 삼음으로써, 지금까지와는 다르게 파악될 수 있다. 해체적 해석을 통해 만나는 무한한 타자성의 한 자락이 이미 정의의 흔적을 담기 때문이다(위에서 나는 데리다와 관련하여 '정의의 잉여성과 미래성'을 말했고, 레비나스와 관련하여 '정의의 무한성과 타자성'을 말했다). 참된 정의는 늘 타자의 정의이고 무한한 정의다. 그것은 늘 기존의 틀로 범주화되지 않은 잉여의 부분으로 남아 있기 때문이다.

그러므로 정의롭다는 것은 결국 타자에게 열려 있다는 뜻이다.

60) *Ebd.*, S. 84.

> **정의는 이미 있었던 것의 확인이라기보다는 아직 오지 않은 것의 구상이고 실현되지 않는 것의 열망이며, 미지에 대한 꿈이고 이뤄지지 않은 것에 대한 약속에 가깝다.**

이렇게 열림으로써 기존의 정체성을 넘어서고, 이렇게 넘어서서 이 정체성의 협소함과 빈약함을 헤아린다는 뜻이다. 그것은 자기 정체성을 해체하거나 해체할 준비가 되어 있다. 해체 속에서 우리는 이미 있는 개념적·규범적·가치론적 도구의 토대와 한계, 그 근거와 근원을 되물을 수 있다. 기존의 안락함과 안정, 균형과 조화를 훼방하고 교란시키는 것은 이 물음을 통해서다. 그러니 해체가 조화보다는 부조화로 기울어지고, 대칭보다는 비대칭을 선호하는 것은 당연한지도 모른다.

정의의 무한한 가능성에 비한다면, 기성의 법제도란 얼마나 협소한 것인가? 공식적 규범이란 비공식적 자유의 가능성에 비한다면 얼마나 초라하고 답답한 것인가? 기존의 규범제도 안에서 그밖으로 탐색해간다는 것은 지속되는 가치의 중단 없이 불가능하다. 그래서 그 일은 유보이고 중단이며 단절이자 부정이 된다.

이와 관련하여 데리다는 현상학적 '판단중지'epoché를 말한다.[61] 이 중단으로 말미암아 기존의 연속성은 파괴되고, 어떤 부적절하고 불편한 타자성의 경험에서 새로운 것, 즉 정치적·법률적·도덕

---

61) *Ebd.*, S. 42, 78.

적·인식론적 변화가 시작된다. 기존의 법제도를 넘어서는 새 질서의 혁명적 쇄신 가능성이 타진되는 것이다. 사실 법의 기나긴 역사는 새로운 법의 제정과 유지를 반복하는 가운데 위태롭게 구성되어 온 것이다.

법은 언제나 새롭게 제정되는 것이면서(이 점에서 혁명적이다), 이렇게 제정된 것은 그 자체로 기존의 체계를 고수하려고 한다(이 점에서 보수적이다). 여기에 대하여 정의는 이미 있었던 것의 확인이라기보다는 아직 오지 않은 것의 구상이고 실현되지 않은 것의 열망이며, 미지에 대한 꿈이고 이뤄지지 않은 것에 대한 약속에 가깝다(그 점에서 신학적이다). 그러나 정의의 약속은 지금 여기에 작용하고 있고(이 점에서 경험적이다), 그러면서도 현재의 현실을 넘어 미래의 시간을 향해 열려 있다(이 점에서 초월적이다). 이처럼 법의 가시적 영역이란 정의의 비가시적 영역에 비해 여러 가지로 제약되어 있다. 이런 제약이 법적 정당성의 근본적 결정불가능성, 즉 '화해불가능한 모순'을 야기한다. 그러므로 정의란, 그것이 해체적 여지를 허용하는 한, 그래서 스스로 재검토할 준비가 되어 있는 한, 비로소 정의로울 수 있다. 오직 미래가 정의의 정당한 자리를 보증할 수 있다.

흥미로운 것은 첫 번째, 법과 정의의 역설적 구조나, 권위/강제력의 신화적 근거를 데리다가 해체적으로 독해하면서, 그 대상인 벤야민의 텍스트 자체가 '유령적'이라고 생각할 뿐만 아니라, 두 번째, 이 유령적 성격을 자기의 텍스트 안에서도, 그러니까 자신의 글쓰기를 통해 적용시킨다는 사실이다. 첫 번째 부분과 관련지어 말하자면 이렇다. 벤야민은 강제력을 법 제정적 차원과 법 보존적 차원을 구분하면서도 동시에 구분하지 않는다고 데리다는 적는다. 특히 경찰의 강제력은 "어디에서도 파악할 수 없는, 곳곳에 퍼져 있는 유령적 현상처럼 형태도 없는" 것이라고 벤야민은 적었다.[62] 사실 「강제력 비판」에서 언급되는 많은 주제는, 법질서든 강제력이든 법문제든, 결정할 수 있는 것이면서 결정할 수 없고, 규정할 수 있는 것이면서 규정할 수 없다. 그래서 그는 법의 '설정'Setzung/position 이상으로 법의 '탈설정'Ent-setzung/Aus-setzung/ex-position /de-position을 말하고 있다.

법의 탈설정이란 법의 설정을 벗어나는 것이고 부인하는 것이다. 법의 부재를 전제한다. 그리하여 「강제력 비판」은 있지 않은 강제력에 대한 유령 같은 비판의 텍스트가 된다. 데리다는 이 점을 포착한다. "이 텍스트는 자신을 파괴하고 자신을 전염시키며 스스로 오염되면서 자기자신의 유령이 된다." "자신의 타당성을 요구하고 스스로 유지하기 위해 근원은 근원적으로 반복되고 왜곡되지 않을 수 없다."[63]

여기서 유령적 성격은 이중적으로 나타난다. 즉 법과 정의, 신화적 강제력과 신적 강제력에 대한 벤야민의 논의에서 유령적 현상이 강조될 뿐만 아니라, 이 벤야민의 논의를 해석하는 데리다의 글에서도 유령적 성격이 나타난다. 유령적 현상이 갖는 의미는 양가적이다. 그것은 의미의 갈등을 유발하여 이해를 어렵게 만드는 것이면서—그래서 부정적이다—동시에 바로 이 유령적 애매성

62) Walter Benjamin, "Zur Kritik der Gewalt," *a. a. O.*, S. 189.
63) Jacques Derrida, "Gesetzeskraft," *a. a. O.*, S. 92.

덕분에 해석과 글쓰기에서의 자유가 가능해진다―그래서 긍정적이다. 타자에 대한 개방성이 지닌 윤리성과 이 윤리성 위에 자리한 정의의 무한성을 떠올리는 것은 이런 해석적 개방성 때문일 것이다. 그러니까 해체적 글쓰기는 해체적 해석력에 힘입은 결과다(이것이 두 번째 부분이다).

그러므로 유령적 포착불가능성은 법철학적 문제를 넘어 언어와 의미, 해석과 표현의 문제이고, 더 나아가 삶 일반의 문제가 된다. 현실이 의미론적 위기를 피할 수 없는 한, 그래서 위기의 이 순환회로로부터 벗어날 수 없는 한, 유령적 현상은 삶에 불가피하다. 무기력은 이 불가피성에 대한 심정적 반응이다. 「강제력 비판」도 1920년대의 폭력적 현실위기에서 나온 것이다.

이제 남은 것은 무엇인가? 이것을 나는 세 가지로 모으고 싶다.

첫째, 삶의 유령적 현상에 대해서다. 언어든 의미든, 해석이든 표현이든, 법제도든 정의든, 우리는 삶의 유령적 현상과 더 적극적으로 대결할 필요가 있다. 그것을 선악이나 진위의 이분법으로 분류하거나 단정하는 데 만족하는 것이 아니라 현실과 인간과 사물과 세계와 언어의 근본적 속성으로 간주하고, 그와 능동적으로 만나 충돌하고, 그에 응전해야 한다. 삶은 그 자체로 '근원조차 그저 근원적으로 반복될 뿐인' 엄청난 역설과 아이러니로 차 있기 때문이다.

둘째, 근원부재의 이 보편적 유령화 앞에서 우리 자신의 언어와 사유, 감각과 표현과 글 자체를 해체적으로 재구성할 필요가 있다. 그러려면 감각과 사유와 언어가 한층 더 탄력적이어야 하고 다차원적이며 복합적이어야 한다. 스스로 유령일 수 있음을 부정하거나 외면하지 않아야 하고, 유령적 존재로서의 언어와 사유를 냉정하게 객관적으로 성찰할 수 있어야 한다. 이러한 해체적 재구성은, 데리다가 보여주듯이, 정의의 한 차원을 여는 일이기도 하다.

셋째, 결국 이 모두는 벤야민적 맥락에서는 법의 신화적·불법적·불합리적 근거를 문제시하고, 정의의 무한성을 성찰하는 데로 이어진다. 데리다가 썼듯이, 우리는 '정의에 대해 정의로워야' 한다. 그러려면 법의 제도적 차원과 그 밖을 생각할 수 있어야 하고, 이미 있는 정의와 앞으로 되어야 할 정의를 동시에 고려할 수 있어야 한다. 말하자면, 정의의 근본적 무한성과 타자성을 성찰할 수 있어야 한다. 문학예술과 비평, 철학은 바로 이 타자와의 유령적 만남을 회피하지 않는다.

법과 정의는 역설적으로 관계한다. 법은 그 자체로 정의로운 게 아니다. 정당하다면, 그것은 여러 조건과 유보 아래에서 그렇다. 이것은 법의 정당성이 부분적이라는 것, 그 때문에 법 이외의 것으로 보완될 필요가 있음을 뜻한다. 데리다식으로 말하자면, 해석적 오염이 필요하다. 정의의 개념은 법제도적 협소함을 반성하기 위해 요구된다. 법이 제도적 틀 안에 제한되어 있는 반면, 정의는 무한하게 열려 있기 때문이다. 적어도 벤야민, 데리다, 레비나스의 정의에 대한 관점은 그렇다. 이 무한한 개방성 속에서 정의는 비로소 참으로 정의로운 것이 된다. 그러는 한 그것은 완성된 형식이 아니라 완성되어야 할 형식, 즉 앞으로 부단히 조직되고 성찰되며 갱신되고 구축되어야 할 것으로 남는다. 법의 화해 불가능한 대립은 정의의 이 무한한 갱신가능성에 기대어 어느 정도 해소될 수 있을 것이다. 정의란, 말의 엄격한 의미에서, 현재의 정의가 아니라 미래의 정의인 까닭이다.

우리는 무한한 정의의 개념 속에서 권위의 신화적 근거를 문제시하면서 기존과는 다른 삶의 질서를 만들 수 있을지도 모른다. 단순히 기성의 규범과 기준을 반복하거나 추종하는 것이 아니라, 그것의 제약과 한계를 고쳐나감으로써 더 인간적이고 더 비폭력적인 세계의 가능성을 탐색할 수 있을 것이다. 이런 탐색의 실천은 있어온 경계를 이미 넘어선다. 기존의 영역 안에서, 그러나 이 영역이 제공하는 의미를 넘어 새 지평을 구성하는 일은 그 자체로 옳은 일일 수 있다. 이 점에서 "정의란 불가능한 것의 경험"이라는 데리다의 언급은 동의할 만하다.[64] 오직 불가능한 타자와 만날 때, 그래서 유령 같은 현실을 부단히 검토하려 할 때, 인간의 정의는 비로소 정의로울 수 있다.

3. 정의로운 힘은 없는가

앞에서 우리는 벤야민이 법의 강제력을 제정적 기능과 보존적 기능이라는 두 차원으로 나누면서 이 강제력이, 그것이 결정불가능한 모호성 속에 있다는 점에서 '신화적'이고, 모든 법의 문제는 이 신화적 이의성에 포박되어 있다는 것, 그 때문에 기존의 법제도를 만드는 신화적 강제력에 맞서는 신적 강제력을 불러들이는 것을 보았다. 그리고 데리다는 벤야민처럼 '권위의 신화적 근거'에서 출발하면서도, 벤야민과 다르게 '오고 있는 정의', 즉 정의

---

64) *Ebd.*, S. 33.

의 무한성 속에서 법과 정의의 관계를 해체적으로 해석하고 재구성하는 텍스트 실천의 수행적 예를 보여주었다. 이제 우리는 법과 정의의 관계나 정당성과 권위의 근거뿐만 아니라, 해석과 글쓰기의 책임 그리고 그 윤리성에 대해서도 생각할 수 있게 되었다. 다시 벤야민을 들여다보자.

벤야민이 「강제력 비판」에서 시도한 것은 자연법적 논증이 아니다. 그는 '법 앞에서의 만인평등'이라든가 '천부인권설'을 논하기 위해 계몽주의적 사유전통으로 돌아가지 않는다. 또 자유와 행복의 권리를 말하기 위해 '미국 독립선언문'이나 '프랑스 혁명선언서'를 거론하지도 않는다. 그렇다고 실정법 이론을 옹호하는 것도 아니다. 그는 오히려 실정법 이론이 처해 있는 수단과 목적의 도식틀, 이 도식틀에 기반한 강제력의 근본적 부당성을 신화적인 것이라고 비판했다(이 점에서 그의 글은, 데리다가 지적했듯이, 1920년대에 유행하던 "반의회적이고 반계몽주의적 조류에 속한다"고 할 수 있다 [65]). 그러면서 그는 신화적 토대에서 벗어난 순수하고 신적인 강제력의 가능성을 탐색한다. 말하자면 실정법의 논증가능성이 아니라, 법체계 밖에서의 법과 정의의 문제를 타진한 것이다.

이때의 강제력이란 물론 국가가 가진 강제력이다. 강제력은 흔히 법의 이름으로, 또 '국민 또는 집단의 안전'이라는 구실을 내세워 행사된다. 마녀 화형식, 심문, 사지절단은 그렇게 행해진 극

---

65) *Ebd.*, S. 62. 데리다는 「강제력 비판」이 "언어의 왜곡과 타락으로서의 재현에 대한 비판"이 아니라 "형식적·의회적 민주주의 정치체계로서의 재현(대의/대표)에 대한 비판"이라고 간주하고, 이 반의회적이고 반계몽주의적인 흐름의 표면 위로 떠올랐던 것이 나치즘이라고 파악한다(S. 61f.).

형의 예다. 국가와 법 그리고 강제력은 근대 이후의 사회구성에서 거의 동의어처럼 기능한다. 강제력이 독점되면, 법의 영역 밖에서는 어떤 강제력도 있을 수 없고 있어서도 안 된다. 만약 있다면, 그것은 '사회에 위험한 것', 즉 국가전복적인 것으로 단죄되거나 이 단적인 것으로 파문된다. 왜냐하면 이것들은 새로운 법을 만들고자 하기 때문이다.

법의 강제력은 법을 제정하려는 모든 시도를 두려워한다. 법은 일정한 강제력, 가령 혁명이나 쿠데타 등을 통해 제정되면서 제도 속에 자리 잡지만, 이렇게 자리 잡은 후에는 더 이상 새로운 권력이 아니라 기존권력의 유지에 전념하면서 자기 근원인 힘의 강제적 흔적을 지우려 한다. 그리하여 모든 강제력에는 부패와 억압, 타락의 징후가 녹아 있다. 그러나 이 같은 타락은 완전히 없어지는 게 아니다. 그것은 나중의 권력에 의해 또 다른 형태의 새로운 타락으로 대체되거나 계승된다. 그래서 기득층의 특권적 지배는 영구적으로 고착된다. 벤야민이 신적 강제력을 불러들이는 것은 법 강제력이 행사하는 항구적 지배의 연속성을 끊어놓기 위해서다. 이것은 그의 「역사의 개념에 대하여」에서 억압의 연속사에 대한 단절의 희망을 메시아주의에 두는 점과 이어진다고 볼 수 있다.

그렇다면 법체계 밖에서의 법의 가능성에 대한 논의는 어떻게 이뤄지는가? 이미 살펴보았듯이, 법의 부정적 두 기능, 즉 제정적 차원과 보존적 차원에 대립되는 것으로 벤야민은 신적 강제력을 상정했다. 이 개념적인 대립을 통해 그는 강제력의 부당하지 않은 토대가 과연 있을 수 있는지 묻는다. "서로 상충하는 인간적 이해관계의 규정을 위해 강제력 있는 수단 이외의 다른 수단이 있는지라는 문제가 대두된다."[66] 이것은, 더 간단히 말하면, "갈등의 강제력 없는 제거는 가능한 것인가?"가 된다.[67]

이 대목에서 우리는 신적 강제력에 대한 벤야민의 관심이 천부인권설적 이념과 완전히 무관한 것은 아님을 확인할 수 있다. 왜냐하면 법의 정당성, 법을 넘어선 법에 대한 물음 자체가 직접적이든 간접적이든 "갈등의 비폭력적 해결"을 함의하고 있고,[68] 이 비폭력적 해결이 평화로운 삶에 대한 권리인 한, 이 같은 문제의식은 누구에게나 타당한 자연법적 보편이념과도 이어지기 때문이다. 이 물음 앞에서 벤야민은 '총파업'과 '덕성'을 언급한다. 그러나 그의 언급은 납득할 만한 것인가? 그렇게 보이지 않는다. 어떤 대목은 이해할 수 있지만, 어떤 것은 지극히 모호하다. 상세히 알아보자.

1. 총파업

우리는 자주 정의를 입에 담지만, 이 정의가 어떤 정의인지 잘 묻지 않는다. 그러나 정의의 개념은 간단치 않다. 정의正義를 정의定義하기 위해 사람은 흔히 수단과 목적의 관계를 상정하고, 이 수단이 목적에 부합하는지, 이렇게 도달한 목적이 원래의 취지와 어긋나지 않는지 살펴본다. 그러나 이 둘이 양립하는 경우란 그리

---

66) Walter Benjamin, "Zur Kritik der Gewalt," *a. a. O.*, S. 190.

67) *Ebd.*, S. 191.

68) 「강제력 비판」에서 벤야민은 여러 차례에 걸쳐 '갈등의 비폭력적 해결가능성'과 이 해결을 위한 '인간 합의의 비폭력적 영역'이 자신의 핵심적 문제의식임을 밝히고 있다. *Ebd.*, S. 191, 192, 193.

> **❝법은 더 이상 새로운 권력이 아니라
> 기존권력의 유지에 전념하면서 자기 근원인
> 힘의 강제적 흔적을 지우려 한다. 모든 강제력에는
> 부패와 억압, 타락의 징후가 녹아 있다.❞**

많지 않다. 수단과 목적, 취지와 결과 사이에는 늘 건너뛰기 힘든 간극이 자리하기 때문이다.

오늘날에 와서 강제력이란 대개 법의 형태로 주제화된다. 법적 형태를 가지지 않고, 그러니까 법의 영역 밖에서 가능한 강제력의 형식을 상정하기란 어렵다. 법적 형태를 가진다면, 여기에는 일단 두 개의 주체, 즉 정부(국가)와 비정부(시민단체나 노조 등)를 상정할 수 있다. 벤야민이 말하듯이, "조직된 노동자 계급은 오늘날 국가와 더불어 강제력에 대한 권리가 용인된 유일한 법적 주체다."[69] 예를 들어 파업권이란 노동자 계급이 일정한 목적을 관철하기 위해 사용하는 강제력 또는 이 강제력의 사용권리를 뜻한다. 그러나 이때의 강제력은 그저 일손을 놓는 것, 말하자면 "행동의 중지"일 뿐이다.[70] 이 경우 중단된 행동을 강제력의 일종으로 간주할 수 있는지는 더 따져보아야 한다.

파업은 적극적 의미의 강제력을 행사하는 것이 아니고, 그 때문에 비폭력적이라고 할 수 있다. 벤야민이 파업권을 '순수한 강제

---

69) *Ebd.*, S. 183.
70) *Ebd.*, S. 183f.

력의 형식'으로 여긴 것은 그런 이유에서였을 것이다. 그런데 두 주체인 정부와 비정부, 국가와 노동자의 관점이 대립하는 경우도 있다. 그것은 총파업Generalstreik이 일어날 때다. 여기에 대해 그는 이렇게 쓴다.

"총파업 시 노동자 계급은 매번 자신들의 파업권을 주장할 것이지만, 국가는 파업권이라는 것이 '그런 것'은 아니기 때문에 그 주장을 남용이라고 부르면서 비상조치법을 반포할 것이다. 왜냐하면 모든 사업체에서—입법자가 전제한 특별한 파업의 계기가 모든 사업체에 주어지는 것은 아니므로—파업을 동시에 벌이는 것을 불법이라고 선언하는 것이 국가의 재량에 맡겨져 있기 때문이다. 이 해석상의 차이에서 드러나는 것은 법 상황의 사실적 모순이다. 법 상황에 따라 국가는 강제력을 인정하는데, 이 강제력의 목적을 국가는 때로는 자연목적Naturzweck으로 무관심하게 대하다가, (혁명적 파업 같은) 심각한 경우에는 적대적으로 대하게 된다. 말하자면, 이것은 얼핏 보면 역설적으로 여겨지는데, 어떤 법의 실행에서 취해지는 행동도 일정한 조건 아래서는 강제력으로 불릴 수 있다. 그러한 태도는 그것이 능동적일 때 강제력일 수 있는데, 이것은 그 강제력이 자신에게 부여된 권리를 행사하여 법질서—이 법질서의 힘으로 그 권리는 부여되는데—를 전복시키고자 할 때 그렇다."[71]

71) *Ebd.*, S. 184f.

> **❝** 노동자 계급에게서는 법적으로 정당한 행사로
> 간주되는 파업을 국가는 '불법'이라고 선언한다.
> 이 불법은 반드시 불법적인 것이 아닐 수도 있다.
> 그래서 역설적이다. **❞**

위 인용 글에서도 여러 생각이 뒤엉킨 채 나타난다. 그러나 그 요지는 줄이면 하나다. 즉 파업의 적법성과 불법성, 법 목적과 자연목적 사이의 간극이다. 파업이 노동자 계급에게는 법적으로 정당한 행사로 간주되지만, 이 정당한 행사를 국가는 '불법'이라고 선언한다. 그러나 이 불법은 반드시 불법적인 것이 아닐 수도 있다. 그래서 역설적이다. 이 역설은, 벤야민이 보기에, "법상황의 사실적 모순"이다. 이것은 또, 위에서 언급한 다른 규정들과 연결시키면, '법의 신화적 이원성'이고, '법 위협의 비규정성'이라고 할 수 있다.

하나의 법질서가 강제력으로서의 파업의 행사를 권리로 인정하면서도, 이렇게 인정된 파업권을 노동자들이 행사했을 때 이것을 다시 불법이라고 선언한 경우, 이것은 어떻게 되는 것인가? 법질서가 허용한 강제력이 이 법질서를 다시 위협할 때, 이때의 강제력은 어떻게 평가되어야 하는가? 정부는 이런 '위협'에 대하여 법 유지적 차원에서 경찰권 같은 강제력을 사용할 수 있다. 반면 총파업도 동일한 법치국가가 보장한 합법적인 권리다. 이 경우 충돌하는 것은 하나의 합법적 힘과 또 다른 하나의 합법적 힘이다.

두 개의 정당성이 마치 비극에서처럼 상충하는 것이다. 국가는

스스로 승인한 강제력(파업권)에 또 다른 강제력으로 대응하는데, 이때의 강제력은 무법적이거나 불법적인 것일 수 있다. 그렇다면 국가가 파업권을 허용하는 이유는 단순히 자연권을 인정해서가 아니라 그렇게 허용하지 않을 때 나타날 수 있는 어떤 불이익을 원치 않기 때문이다. 이것을 벤야민은 정확하게 지적한다. "법이 파업권을 용인하는 이유는, 법이 맞서기를 두려워하는 폭력적 행동을 제지하기 위해서다."[72] "공동의 손해에 대한 두려움"에서 순수한 수단이 주어지는 것이다.[73] 이 점에서 법제도는 절차적 자기모순을 보여준다. 그리고 이 모순은 법치국가적 근거의 내적 취약성을 이룬다.

강제력의 독점에는 법 목적의 옹호 이상으로 기존이익을 고수하려는 지배의지가 작용한다. 그런데 이 모순성은 사실 법질서의 곳곳에 자리한다. 예를 들면 그것은, 벤야민이 지적하듯이, 전쟁권이나 사형제도에도 해당된다. 우리는 전쟁의 불가피성이 평화나 안녕의 이름으로 역설되는 것을 자주 보지 않는가? 전쟁은 폭력이 아니라 평화를 보장하기 위해 감행된다. 그리고 이렇게 감행된 전쟁과 이 전쟁으로 인한 희생은 나중에 다시 법으로 정당화된다. 사형제도 역시 이런 점에서 생각할 수 있다. 사형제를 찬성하는 것은 이 사형수에 대한 연민이 없어서라기보다는 사형제가 없으면 법 자체가 부정된다고 여기기 때문이다. 그러니까 사형제의 의미는, 어떤 관점에서는, 개별 범법자들을 처벌하는 것 자체에 있

---

72) *Ebd.*, S. 192f.
73) *Ebd.*, S. 193.

다기보다는 이들에게 삶의 권리를 박탈함으로써 법질서를 확립하고, 이 법질서의 확립을 통해 기성의 질서 전체를 안정시키는 데 있는 것이다.

그리하여 나는 다시 묻는다. 법의 자기모순은 어떻게 이해될 수 있는가? 지배적 법실증주의가 표방하는 정당성의 기준은 어디에 있는가? 강제력의 사용을 허용하는 법제도는 얼마나 인정할 만한 것이고, 그래서 그 자체로 얼마나 정의로운 것인가? 아니 다음과 같이 묻는 것이 더 실질적일 것이다. 인간 사회에서 법제도를 부정하기 어렵다면, 우리는 법적 질서 안에서 법의 오용을 어느 정도까지 문제시할 수 있는가? 그래서 수단과 목적의 기능주의적 도식틀을 넘어, 그러니까 자의적 목적으로 사실을 은폐하거나 지배권력을 남용함 없이, 우리는 과연 제대로 된 법치국가를 조직해낼 수 있는가?

이런 물음은 사회적 이해대립利害對立의 비폭력적 해결가능성이라는 문제로 이어지고, 이 평화적 갈등은 법제도에 의해서만큼이나 도덕적·도의적·개별적 차원에서 해소되기도 한다. 그 점에서 그것은 실정법적 차원을 넘어선다. 아래에서 다룰 문제는 그런 측면이다.

2. 무목적성과 '덕성'

말할 것도 없이 현실의 척도는 규범과 제도에서 나온다. 법은 이 규범과 제도 중에서 가장 중추적인 것이다. 제도는 규범의 구현형태라는 점에서 암묵적 약속으로 자리하는 규범보다는 더 실제적이라고 할 수 있다. 따라서 어떤 척도와 기준 아래 시행되는 일이 올바르지 못하다면, 그 제도를 고쳐야 한다. 제도법률에 대한 비판은 이렇게 해서 나온다.

제도법률이 강제적이고 나아가 화해불가능한 대립 속에 있다면 어떻게 해야 하는가? 우리는 법실증주의가 상정하는 수단과 목적의 그럴싸한 순환고리를, 어떤 혼돈이나 폭력을 야기함 없이 끊을 수 있는가?(주지하다시피 법실증주의는 법목적의 정당성을 목적의 실행에 필요한 수단을 정당화하는 데서 찾는다.) 법의 강제력에 대한 지배 없는 대안은 과연 가능한가?

한 사회의 법 강제력이 갖는 정당성이란 단순히 몇 가지 조건이나 조항의 충족 여부에 따라 판단되기 어렵다(이런 식으로 이른바 '법률절차주의'에 대해서도 문제시할 수 없는 게 아니다). 이것을 일반적 관점에서 쓰면 이렇게 된다. 우리의 문제의식이 투사되고 적용되는 사회와 법률에 의해 이 문제의식이 이미 규정되고 그 역사적 한계 아래 미리 조건지어지는 것이라면, 이 영역 밖에서의 관점이 어떻게 가능한 것인가? 우리는 법적 한계 안에서 이 한계를 넘어서는 비법적이고 도의적인 질서를 생각할 수 있는가? 사실 이 문제는 법철학이나 사회철학, 정치철학에서 가장 중요한 질문의 하나라고 할 수 있다. 이 물음 앞에서 벤야민은 앞서 언급한 총파업 이외에, 이것은 놀라운 일인데, 사적 영역에서의 인간관계를 거론한다.

신적 강제력이 죄 없고 피 없는 화해를 장려한다면, 이 폭력 없는 화해는 신 없이 가능한 것인가? 이에 대한 벤야민의 답변은 매우 소극적으로 보인다. 강제력 없는 수단, 즉 법적 문제와 무관한 수단으로 그는 "진심에서 우러나오는 친절, 애정, 평화에 대한 사랑, 신뢰" 같은 "순수한" 요소를 거론하면서, 이 요소들은 직접적이 아니라 "간접적 해결방식"이라고 말한다.[74] 그것은 공적 제도가 아닌 사사로운 관계를 통해 갈등을 중재하려고 하기 때문이다. 이 "폭력 없는 합의는, 마음의 문화die Kultur des Herzens가 합의를 위한 순수한 수단을 사람들 손에 건네는 곳이면, 어디든 가능하다."[75]

여기에서 믿음과 사랑이 지배하는 '마음의 문화', 노동자의 총파업, 외교관계는 각각 개별적 의미가 강하고 그 때문에 공통분모가 적어 보인다는 점에서, 서로 어떻게 관련되는지 지극히 불분명하다고 말하지 않을 수 없다. 그러나 다른 한편으로 총파업은 권력을 점유하기 위한 단순한 '수단의 질서'가 아니라 비폭력의 새 시대로 나아가기 위한 '표명Manifestation의 질서'라는 점에서 순수하다고 할 수 있다. 외교관계는 갈등을 어떤 규약 이상으로 상호 믿음에 기대어 평화적으로 해결하고자 한다. 그 점에서 그것은 목적과 수단의 도식적 틀을 벗어나 진실한 관계와 어느 정도 이어진다고 볼 수 있다.

친절이나 애정, 사랑이나 믿음도 모두 갈등해결의 집단적 수단이 아니라 개별적 수단이고, 그러니만큼 사적 인간관계에서 '내밀하게 실행되고', '간접적으로 작동한다'. 그래서 무기력하게 보이기도 하지만, 바로 그 때문에 폭력 없는 합의를 도출할 수 있는 하나의 방식일 수도 있다.

---

74) *Ebd.*, S. 191.
75) *Ebd.*, S. 191.

그러나 이러한 생각은 이해적이고 이상적인 관점에서 납득할 만하다고 해야 할 것이다. 또 폭력 없는 합의가 가능하려면, 벤야민이 말한 대로, 무엇보다 우선 '마음의 문화'가 전제되어야 한다. 그 같은 마음의 진심어린 문화는 어디에 있는가? 그것은 쉽게 구현될 수 있는 것인가? 만약 그런 문화가 없다면─사실 삶의 공간은 오히려 거짓공간에 가깝다고 해야 할 것이다─이 거짓현실에서 폭력 없는 합의는 어떻게 가능할 것인가? 벤야민은 사적 인간관계에서는 거짓이나 사기도 처벌받지 않는다는 점에서 비폭력의 가능성을 보았지만, 이 관계의 실현 여부와는 별개로 거짓에 대한 처벌의 부재가 반드시 바람직하다고 말할 수 있는가? 그는 폭력 없는 질서를 꿈꾸었지만, 이 질서의 실현에 신적 강제력은 어떻게 세속적으로 개입하는가? 이때 정치적인 것의 역할은 무엇인가? 이것은 매우 복잡한 물음이다.

이런 일련의 물음에 대하여 벤야민이 남긴 답변은 없다. 단지 하나, 비록 지나가듯 잠시 언급하는 것이지만, 마음의 문화에서 갖는 언어의 역할을 거론했다는 점이다. 언어는 "'이해'의 고유한 영역"으로서, 이 영역 안에서 특히 "시민적 합의의 기술로서의 담화Unterredung"에서 "비폭력적 합의가 가능할 뿐만 아니라 폭력의 원칙적 배제"가 "확인된다."[76] 언어를 통한 상호이해의 과정에서

---

76) *Ebd.*, S. 192. 주지하다시피 벤야민은 여러 편의 언어론, 즉 「언어일반과 인간의 언어에 대하여」(1916)나 「번역자의 과제」(1923) 등을 통해 재현적·정보적·기호적·의사소통적 차원을 넘어선 언어의 가능성, 말하자면 '나날이 자라나는 성스런 언어'를 추구했다(여기에 대해서는 이 책 제11장 「파편언어들 사이에서: 언어형이상학」과 제13장 「언어채무: 벤야민 번역

> **❝** 친절이나 애정, 사랑이나 믿음은
> 사적 인간관계에서 '내밀하게 실행되고'
> '간접적으로 작동한다'. 무기력하게 보이기도 하지만,
> 바로 그 때문에 폭력 없는 합의를 도출할 수 있다. **❞**

그는 사회적 갈등의 비폭력 해결을 위한 하나의 출구를 본 것이다. 그러나 이것은 더 이상 논증되지 않는다.

폭력적 질서가 총파업 같은 집단의지에 의해서도 중단되지 않는다면, 그것은 어떻게 사적 영역에서의 사적 인간관계에 의해 진실한 문화의 주관적 감정들로써 치유될 수 있다는 것인가? 그것도 무기력한 언어에 의해서 말이다. 갈등의 사회적 해결책이 만약 이것뿐이라면, 실망스럽게 여겨질 수도 있다. 이 같은 해결안은, 적어도 총파업을 거론하고 혁명과 메시아적 개입을 통한 역사적 단절을 얘기하는 벤야민적 사유의 급진성에 비하면 '연성적軟性的 출구'로 여겨지는 까닭이다.

그러나 그것이 연성적이라고 하여 정말 연약한 것인가? 그 방법이 소극적이라고 하여 그 효과도 무기력할 것인가? 다시 면밀하게 검토해보아야 한다. 폭력은 이 폭력에 상응하는 또 다른 강제력 없이 해결되기 어렵고, 설령 해결된다고 해도 이 해결은 대

론에 대한 데리다의 시각」을 참조). 그러나 언어의 다른 가능성은 전달적·의사소통적 차원을 배제하는 것이 아니라 그 일부로 포함한다. 따라서 비폭력적 상호양해의 의사소통과 이런 의사소통을 통한 사회적 합의가 가능하기 때문에 언어는 그에게 하나의 구제적 출구로 비쳤는지도 모른다.

체로 부분적 사안에 해당될 것이다. 그렇다는 것은 갈등이 제도적 영역에서 집단적 수단으로 해결되는 것만큼이나 사적 영역에서 개별적 수단으로 해소될 수도 있음을 뜻한다. 해소되는 또는 해소될 수 있는 갈등이란, 그것도 비폭력적 방식으로 해결되는 갈등이 사회의 전체 갈등 가운데 작은 일부라고 한다면, 우리는 사적 영역에서 이뤄지는 사소하고 미묘한 관계에, 이 관계의 실질적인 개선에 더 주목하지 않으면 안 된다. 이 작고 사소한 관계를 지속적으로 쇄신하기 위한 집중적인 노력은 의외로 현실적인 힘을 발휘할 수도 있다. 적어도 집단의 이름을 앞세워 모든 개별적 불성실도 유야무야 넘어가는 실천의 자기기만만큼은 줄일 수 있다. 섬세한 감성, 신뢰와 사랑과 평화로 이뤄진 마음의 문화에 대한 벤야민의 관심을 나는 이런 맥락에서 이해한다.

그러나 이와 별개로 벤야민의 생각이 처해 있는 난관은 사라지지 않는다. 이 난관은, 줄이면, 두 가지 점에 있다. 그것은 첫째, 사적 감성적 영역과 공적·제도적 영역의 얽힘이고, 둘째, 신화적 강제력과 신적 강제력, 법제도의 세속적 영역과 법 밖의 초월적 영역 사이의 관계라는 관점에서 고찰할 수 있다.

위에서 보았듯이, 벤야민은 법의 신화적 근거를 지적하면서 신화적 강제력과는 대립되는 신적 강제력을 상정했다. 그러나 신적 강제력은 한편으로 내세적·초월적 영역에 자리하는 것이 아니라 세속적 영역에 자리하고—그래서 전통적 의미의 선험적·초현실적 힘이 아니다—다른 한편으로 세속적 영역에 자리한다고 해도 사회적 제도나 기관에 구현되는 것도 아니다.[77] 이것은 모순된 것이지 않을 수 없다. 벤야민은 정의가 지상적 법의 사안이 아니라 신의 사안이고 세계심판의 일이라고 하면서도, 역설적이게도 사적 인간관계나 '마음의 문화'를 말하고 있다. 그의 전체 난관은, 린트너가 정확히 지적했듯이, "무정부상태를 세속적 영역에 지정하려고 하면서— 왜냐하면 그는 블로흐처럼 모든 신정정치를 배척하기 때문이다—동시에 신의 순수한 강제력에 결부시키고자 하는 데" 있다.[78]

벤야민적 의미의 혁명은 단순히 억압받은 계층의 정치적 조직을 통해 이뤄지는 게 아니다. 그것은 공동체Gemeinschaft, 가령 신앙

---

77) 벤야민은 이렇게 적고 있다. "그 어떤 '사회적 기관'에서가 결코 아니라, 오직 공동체 안에서 신적인 것은 강제력 없이 또는 강제력을 가지고 나타난다…… 그러한 나타남은 사회적인 것의 영역에서가 아니라 계시적 지각 속에서, 그래서 무엇보다도 언어에서, 그것도 성스런 언어 속에서, 찾아질 수 있다"(Walter Benjamin, "Fragmente, Autobiographische Schriften," *GS* VI, Frankfurt/M., 1991, S. 99). 법제도의 부패를 지양하는 하나의 원천을 그가 신적 강제력에서 구했다면 그리고 그 강제력의 하나를 파업 같은 혁명적 에너지에서 보았다면, 이 에너지란 '섭리하는' 신의 세계내적 형식이고, 언어나 지각은 이 형식이 드러나는 매체라고 할 것이다. 앞서 말한 '섬세한 감정'은 이 지각과 이어질 것이고, "마음의 문화"란 이런 지각과 언어로 축적되는 문화를 뜻할 것이다. 자기 언어에 어떤 속죄적이고 현실쇄신적이며 세계해명적인 차원이 있다는 것을, 그것이 실제로 그러한 것인지, 정말 그렇다면 또 얼마나 그러한지에 대한 검토는 나중에 한다고 해도, 처음부터 상정하지 않는다면, 우리는 어떻게 한 사람의 필자로서 의미 있는 글을 쓸 수 있겠는가?

78) Burkhardt Lindner, "Derrida, Benjamin, Holocaust," *a. a. O.,* S. 1710. 블로흐와 관련하여 벤야민은 「신학적·정치적 단편」에서 이렇게 적고 있다. "신정정치의 정치적 중요성을 매우 밀도 있게 거절한 것은 블로흐의 '유토피아의 정신'이 지닌 가장 큰 업적이다"(Walter Benjamin, "Theologisch-Politisches Fragment," *GS* II/1, Frankfurt/M., 1977, S. 203).

공동체에서 보이는 것 같은, 공적公的이기보다는 차라리 사적인 성격에 가까운 모임에서 이뤄진다고 할 수 있다. 여기에서 옳음은 목적-수단의 기계적 순환관계를 넘어서기 때문이다. 그것은 여하한의 도구적 성격으로부터 벗어나 실행적 성격을 갖는다. 정의란 어떤 목적을 위한 수단이 아니라 그 자체로 하나의 실행이고, 그래서 도의적 표현이 된다. 신적 강제력은 여하한의 목적으로부터 벗어나 있다. 그래서 말의 엄격한 의미에서 순수하다.

그러나 다시 한 번 더 주의하자. 이 순수함이란 순수주의의 순수함은 아니다. 그것은 현실의 폭력성, 즉 전쟁(제1차 세계대전)의 재앙을 직시하고, 법제도의 억압성을 관통하고 겪으면서 견지된 순수성이다. 따라서 그것은 단순한 평화주의나 정신주의와는 분명한 차별성을 갖는다. 벤야민은, 그의 매체론이나 문화사 이해에서 나타나듯이, 인문주의 전통의 오래 묵은 허위성을 폭로하고자 했고, 「역사철학테제」에서 보이듯이 역사적 억압의 폭력적 반복 강제를 철저하게 문제시했다.

지금까지의 논의에서 분명해진 사실은 벤야민의 법개념이 범주적으로 매우 제한되어 있다는 점이다. 이 제한은 물론 기성의 법제도 일반에 대한 가차 없는 불신에 기인한다. 그는 법적 제약이란 신화적으로 되풀이되고, 이 되풀이 속에서 불행을 피하기 어렵다고 보았다. 그래서 마치 원죄의식처럼 인간을 짓누르는 것과 유사하다고 이해된다. 그는 다음과 같이 적는다. "법의 저울"이란 "오직 불행과 죄악이 통용되는 또 다른 영역"이고, "법적 질서"란 "인간이 가지는 악마적 실존단계의 한 잔재"에 불과하다.[75] 여기서 말하는 불행과 죄악의 뉘앙스는 거의 운명적으로 느껴진다. 운명개념에 대해선 더 자세히 살펴볼 필요가 있다.

벤야민에게 운명의 의미는 성격Charakter과의 관계 아래 어느 정도 파악될 수 있다. 그것은 또 다른 개념인 '단순한 삶'bloßes Leben과도 연결되지만, 어떻든 그에게 운명은 죄악 개념과 결부되어 있다. 인간의 운명은 죄악으로부터 생겨나는 까닭이다. 사람은 운명 속에서 심판받는 죄의 삶을 산다. 이렇게 죄스런 삶을 살도록 그는 예정되어 있다. 그는 이렇게 쓴다. "운명은 살아 있는 것의 죄악의 연관항이다."[80] 불행은 이 죄악에서 온다.

죄악의 내용은 무엇인가? 이것도, 그의 맥락에서는 여러 다른 요소와 이어져 있지만, 줄이면 분규 속에서 노예적이고 기생적이며 비독립적으로 살아가는 것을 뜻한다.[81] 인간이 불행한 것은 현재를 모른 채 비독립적이고 굴종적인 삶을 살기 때문이다. 이 굴종적인 삶은, 마치 다른 삶은 불가능하기라도 하듯이 반복되기에, 예정되어 있는 것처럼 여겨진다. 운명은 순환의 노예적인 삶이고, 이 노예적 삶은 이런저런 굴종과 불순을 야기한다. 인간이 불행한 것은 이 죄악 때문이다. 불행은 인간의 죄악에 대한 신의 답변이다. 아니 그것은 죄악 그 자체가 아니라 비독립적 굴종에 대한 신의 응답처럼 보인다. 그렇다면 행복이란 이 죄악적 연쇄의 운명적 굴레에서 벗어나는 것이다. 운명에서 벗어나는 것 또는 벗어나게 하는 것, 그것이 행복이다. 이 "죄악의 연관항 속에 있는 인물의

---

79) Walter Benjamin, "Schicksal und Charakter," *a. a. O.*, S. 174.

80) *Ebd.*, S. 175.

81) *Ebd.*, S. 176.

신화적 노예화"에 대해 성격은 "창조적 정신Genius의 답변을 부여한다."[82]

현실을 규율하는 법적 문제는 신화의 운명처럼 돌고 돌면서 인간의 과오를 재생산해낸다. 이 재생산의 구조는 쉽게 극복되기 어려울 것이다. 그래서 그것은 운명처럼 보이고, 인간의 죄악은 불가피한 것처럼 나타난다. 그렇다면 신화적 운명의 굴레 안에서 우리가 할 수 있는 것은 무엇일까? 창조적 정신만 이겨낼 수 있는가? 여기에 대해서는 더 이상의 답변이 없다. 단지 나는 이렇게 가늠한다. 행복이 벤야민적 맥락에서 자유롭고 자발적이며 독립된 삶을 뜻하는 것이라면, 이것은 강제된 법제도에서가 아니라 마음의 문화에서 발현될 것이고, 섬세한 감성이나 정감적 덕성은 이 진심어린 문화를 지탱하고 만드는 요소가 될 것이다.

3. 비강제적 형식

운명이 비독립적 삶을 살아가는 것이라면, 이 굴종의 삶은 창조적 성격으로 지양될 수 있다. 그래서 자연적인 천진성을 갖는다. 천진스런 삶을 살 때, 인간은 운명의 선고에서 벗어난 '단순한 삶'을 살 수 있다. 그래서 벤야민은 쓴다. "이 단순한 삶에서 살아 있는 것에 대한 법의 지배는 멈춘다."[83] 사람이 현재를 주체적으로 살 때 법적 지배는 사라지고, 창조적 생활이 이뤄지게 되는 것이다. 벤야민에게 운명이 불행과 분규와 노예화와 죄악에 연루되어

---

82) *Ebd.*, S. 178.
83) Walter Benjamin, "Zur Kritik der Gewalt," *a. a. O.*, S. 200.

있다면, 성격은 행복과 무죄와 자연스러움, 자발적 삶과 자유와 창조의 비전에 이어진 것으로 보인다.

벤야민의 법 이해는 법을 둘러싼 여러 다양한 의미론의 일부에 불과하다. 그렇다는 것은 법이 할 수 있는 일이란 지극히 제한된 것이라는 뜻이기도 하다. 법적 정당성이란 삶의 윤리적 정당성이라는 관점에서 보면 작은 것이고, 천진한 무죄의 삶에서 보면 더더욱 작은 계기가 된다. 그의 법 이해는, 다른 여러 대상, 즉 언어나 역사 또는 진리에 대한 이해가 그러하듯이, 근본적으로 신학적으로 채색되어 있다. 이것은 간단하게 보면, '죄악'이나 '무죄', '심판'이나 '운명'이라는 말의 빈번한 사용에서도 확인된다. 그는 이성이나 보편성이 아니라 자연법적·계몽주의적 법 이해를 넘어 신적 힘을 곧장 끌어들인다.

이 대목에서 내가 떠올리는 것은 어떤 드넓은 삶의 지평이다. 즉 우리는 법적 정당성도 실정법적 차원을 넘어선 보편적 가치의 지평 속에서 파악하지 않으면 안 된다. 이 지평이란 이미 있는 지평이 아니라 있을 수 있는 지평, 즉 가능성의 지평이다. 가능성의 지평은 우리 자신의 삶을 얼마나, 어떻게 더 진실되고 더 선하며 더 아름답게 살 것인가의 문제로 모아질 것이다. 이것은 작품 안에서 보면 비평적·예술철학적 문제가 되고, 장구한 시간적 흐름에서 보면 역사와 문명의 문제가 되며, 오늘의 자본주의 현실과 연결시켜 이해하면 사회진단이 되고, 구원의 관점에서 파악한다면 신학의 문제가 될 것이다. 어느 것이든, 이 모든 물음은 삶의 '비강제적·비지배적 자유의 가능성에 대한 탐구'로 수렴될 것이다.

어째서 우리는 드넓은 삶의 비지배적 가능성을 생각하게 되는

가? 벤야민에게 법은 왜 실정법적 차원에서 논의되는 데 그치지 않고, 신학적이고 역사철학적인 차원으로 확장되는가? 이렇게 확대될 수 있는 근거는 어디에 있는가? 그것은 그가 "모든 법이론이 염두에 두는 것과는 다른 강제력의 종류에 대한 물음"을 던지기 때문이다.[84) 기존과는 다른 강제력의 가능성, 이것이 벤야민 법 이해의 궁극적 목표다.

지금까지의 논의를 요약하면 다섯 가지가 될 것이다.

첫째, 벤야민은 여하한의 법을 불신한다. 법제정적 차원이건, 법 유지적 차원이건, 모든 법은 이의적이고 모순되는 점을 갖기 때문이다. 그것은 기득세력의 특권을 은폐한다. 둘째, 그는 실정법이 주장하는 강제력을 '신화적'이라고 칭한다. 그것은 맹목적인 순환성 속에서 폭력과 희생과 굴종을 요구하기 때문이다. 셋째, 신화적 강제력에 대립되는 것은 '신적 강제력'이다. 신적 강제력은 기존의 법질서를 부수고 파괴하는 어떤 순수한 것이다. 신화적 강제력이 생명을 앗고 죄를 짓게 한다면, 신적 강제력은 이렇게 지은 죄를 풀어준다. 넷째, 신적 강제력은 종국적으로 혁명을 통해 국가 강제력을 철폐함으로써 죽음과 지배가 없는 새 시대를 희구한다. 그리고 이 새 역사의 시대는, 그가 보기에, 그리 멀리 있지 않다.

잊지 않아야 할 사실은 이런 법 이해의 바탕에는 법질서 자체의 불법적 토대에 대한 비판, 즉 '권력비판'이라는 지극히 현실주의적 사고가 있다는 점이다. 벤야민이 무엇보다 강조하는 것은 법 영역 자체의 타락과 이 타락에서 이뤄지는 수단과 목적의 불일치

---

84) *Ebd.*, S. 196.

다. 파업권이나 경찰제도에 대한 비판적 논의는 그렇게 해서 나온다. 여기에서 수단은 폭력적으로 되고, 목적은 남용된다. 이것은 근대사에 대한 법철학적 이해, 즉 인간의 폭력적인 자연상태가 근대 이후 도덕적으로 정당화된 법질서로 대체되었다는 일반적인 시각이 잘못되었음을 보여준다. 또 이 관점은 물리적인 권력비판에 한정되지 않는다. 이 비판의 밑에는, 이미 언급했듯이, 목적의 합리성에 대한 초월적·형이상학적 물음이 자리한다. 권력이 실정법에 의해 신화적으로 제정된다면, 신은 정의를 염두에 두면서 목적을 마련한다고 했다. 정의는, 그것이 지배 없는 시대를 염원하는 한, 신학적 뉘앙스를 갖는다. 이것은 메시아적 염원과 통한다. 이 메시아적인 것과 세속적인 것이 어떤 관계를 맺는가가 벤야민 역사철학의 가장 중요한 가르침이다.

다섯째, 벤야민은 늘 새로운 법, 말하자면 모든 법이론이 염두에 두는 것과는 '다른 종류의 강제력'을 염원한다. 여기에서 비로소 신적 정의가 구현될 수 있기 때문이다. 신적 강제력이 기존의 강제력과 다른 것은 비폭력적이어서다. 그것은 기존의 법제도가 지배를 멈춘 곳, 즉 비지배의 공간에서 작동한다. 신적 질서란 비지배의 체계이고 비폭력의 공간이다. 신적 정의의 세계에서는, 그것이 법체계를 넘어선 곳인 만큼, 수단과 목적이 대립하지 못할 것이고, 어떤 공식적 정당성이 다른 목소리를 억누르지 않을 것이며, 여하한의 희생과 굴종도 요구하지 않을 것이다. 그러므로 정의란 벤야민적 의미에서 정치적·사회철학적 차원을 넘어선다. 그것은 궁극적으로 결정할 수 없는 이의성, 다시 말해 화해할 수 없는 대립을 넘어 무한성으로 열려 있다. 이 무한한 영역에서는 법 자체가 부재한다. 인간의 구원은 어쩌면 부재하는 법의 무한영역에서나 실현될 수 있을지도 모른다.

이 무한영역이 벤야민, 데리다, 레비나스의 이해에 따르면 정의의 영역이다. 여기에서는 법의 지배가 멎는다고 여겨지는 까닭이다. 참다운 의미의 정의는 세계사적인 현존상태의 반복적 굴레를 벗어나 자연스런 삶의 무한성으로 뻗어나간다. 법문제가 지닌 아포리아, 즉 그 협소함과 편향과 독단은 이 열린 관점에서 고찰될 수 있을 것이다. 이러한 고찰에서 법체계의 강제력은 어떻게 판단될 수 있는지, 법의 기준은 얼마나 정당한지 등을 다시 검토할 수 있다. 국가의 강제력 독점이 언제나 옳은 것은 아니라는 것, 법규범의 기준이나 경계설정 또한 적지 않게 자의적일 수 있다는 것, 나아가 기존의 법제도가 허용하지 않은 '적대적이고 전복적 힘'도 때로는 긍정적 계기를 가질 수 있다는 사실도 이런 맥락 아래에서 성찰될 수 있는 것이다.

이와 다른 관점이 제기될 수도 있다. 벤야민은 법과 정의를 대립시키면서 법질서 밖에 있을 수 있는 강제력의 정당한 근거를 찾으려 했고, 그의 이 같은 정의개념에 기대어 데리다는 '정의의 무한성'과 '정의개념에 대한 정의로운 책임'을 강조하면서 레비나스의 '무한한 정의' 개념을 끌어들이지만 그리고 이때의 정의란 신의 영역과 결부되는 것으로 나타나지만, 우리는 정말 그러한지 다시 물어볼 수 있다. 신은 어쩌면 정의의 개념마저, 적어도 이 개념을 인간이 규정한 것이라면, 벗어나는 존재라고 말할 수 있기 때문이다.

신은 정의로울 터이지만, 정의를 비롯한 여하한의 '좋은 술어들'

> **" 신적 강제력은 기존의 법제도가 지배를 멈춘 곳,
> 즉 비지배의 공간에서 작동한다.
> 신적 질서란 비지배의 체계고 비폭력의 공간이다. "**

도 차라리 넘어서는 존재에 가까울 것이다. 그래서 그 어떤 말이나 이념에도 들어맞지 않는, 모든 언어와 사유와 규정도 그 앞에서는 부적절하고 미흡한 무엇일 것이다. 신은 일체의 진위나 선악의 기준을 벗어나 존재한다. 이 점에서 벤야민, 데리다, 레비나스의 정의이해는 일정한 한계 안에 자리한다고 볼 수도 있다.

그러나 여전히 중요한 것은 법의 제도적 차원이고, 그 근본적 사회성이라는 사실을 다시 확인하는 일일 것이다. 법은 무엇보다도 삶의 사회적 조건을 어떻게 보장하고 그 질서를 어떻게 공적 합리성에 맞게 유지할 것인가라는 문제에 관계한다. 이때의 삶이란 아무러한 삶이 아니라 인간다운 삶이다. 여기에는 말하자면 삶의 공간이 '먹이를 얻기 위한 사적 이해관계의 항구적인 각축장'이 되어서는 곤란하다는 암묵적 전제가 있다. 먹이싸움의 각축장이란 짐승들의 세계이지 인간들의 세계는 아니기 때문이다. 인간적 공간이란 각 개인이 자신의 행복을 추구하면서도 이렇게 추구되는 사적 행복이 타인의 행복을 무시하는 것이 아니어야 하고, 자유의 개인적 행사가 타인의 자유를 훼손하는 것이어서는 안 된다는 일반적 정언명령 위에 서 있다. 이 공간에서 주체는 자신을 드높이는 것 이상으로 스스로 낮출 수 있어야 하고, 자기의 자존

심만큼이나 타인의 자존심을 헤아릴 수 있어야 한다. 이 점에서 나는 다시 벤야민이 결국 말하게 된 미덕, 즉 자기절제와 겸허와 자제의 덕성을 떠올린다.

벤야민은 섬세한 감정이나 마음의 문화와 아울러 이 윤리적 덕성이 필요하다고 여겼다. 이것이 그의 사유의 미묘한 지점이고, 그의 급진적·정치적·혁명적 문제의식의 균열지점이다. 어쩌면 이 지점은 단순히 타기되거나 힐난받아야 할 면모가 아니라, 바로 이 독특성과 이 독특성이 야기하는 균열로 인하여 그의 비정통주의적이고 국외자적인 입장과 독창성이 자리하는 것인 만큼 더욱 주목받아야 하는지도 모른다.

모든 용인된 힘에는, 그것이 정부에 속하든 비정부기관에 속하든, 법질서를 위협하는 경향이 있고, 따라서 그 힘의 사용근거를 우리는 물어볼 필요가 있다. 강제력을 비판할 수 있을 때, 우리는 죄악 모르는 삶, 즉 자연스럽고 바른 삶의 방식에 한 걸음 더 다가갈 수 있을 것이다. 사회적 삶의 조건을 최소한으로 보장하는 것이 법의 일반적 목적이라면, 우리가 덧붙일 수 있는 점은 이런 보장이 공정하게 이뤄져야 하고, 이해관계의 개인적·집단적 갈등이 반복되거나 더 심화되는 것이 아니라 점차 해소되거나 최소화되어야 한다는 자명한 사실이다. 그렇다는 것은 첫째, 강제력이 필요불가결하다는 것이 되고, 둘째, 이 강제력이 폭력 없이, 그러니까 비지배적으로 행사되어야 한다는 뜻이다.

문제는 법이나 법의 부재, 강제력이나 강제력의 부재가 아니라 정의로운 법과 비폭력적 강제력의 가능성이다. 이 가능성은 도덕과 법, 자연법과 실정법의 대립을 넘어서는 어떤 새로운 생활방식의 고안에서 나올지도 모른다. 그러나 그것은 아주 멀어 보인다. 좀더 간단하고 구체적인 대응법은 없는 것일까?

4. 잠재적 폭력에 대한 주의

법이 법으로 작동하게 되는 것은 스스로 설정한 수단과 목적의 메커니즘에 따른 결과다. 그러나 이 메커니즘이 이른바 법 목적 뿐만 아니라 자연목적을 구현하고 있는지, 그래서 말의 바른 의미에서 보편적 가치를 구현하고 있는지 물어보아야 한다. 이렇게 물을 수 있을 때, 예를 들어 법이 인민주권Volkssouveränität의 대원칙에 충실하는지에 대해서도 질의할 수 있다. 또는 소극적으로 말하여, 법질서가 비도구적 도덕상태를 구현하는지, 그래서 불합리한 법제도를 지양하고 있는지도 묻게 된다. 이런 식으로 우리는 현재의 삶을 규율하는 강제력 형식이 바람직한 형태로 작동하고 있는지, 그래서 미래의 어느 날에도 지금의 형식이 통용될 수 있는지 생각해보아야 하는 것이다.

이런 질문을 던지는 것은 오늘날의 법제도가 어느 사회에서나 정도의 차이는 있는 채로 삶의 세부내용을 사상한 채 광범위하게 형식화-각질화-피상화되어버렸다는 인식 때문이다. 피상화는 근대적인 삶의 일반적인 모습이기도 하지만, 그것은 단순화하면 자본주의 체제의 작동방식, 다시 말해 더 많은 생산과 이윤과 소비를 부추기는 물질주의적 탐욕에 기인한다고 할 수 있다. 자본주의 하의 모든 산물은, 정신이든 물질이든, 이 계량화된 기준에 의해 생산되고 유통되고 소비된다. 사물화-물신주의-소외란 그 결과

> **"** 인간적 공간이란 각 개인이 추구하는 사적 행복이
> 타인의 행복을 무시하는 것이 아니어야 하고,
> 자유의 개인적 행사가 타인의 자유를 훼손하는 것이어선
> 안 된다는 일반적 정언명령 위에 서 있다. **"**

다. 법체계의 운용도 이 같은 사물화와 무관하지 않다.

예를 들어 오늘날의 법질서가 순전히 기능주의적 차원, 즉 수단과 목적의 단순 순환관계로 환원되어버린 것에는, 물론 여기에도 여러 요인이 있지만, 사물화도 작용한다. 법의 문제가 인간 삶의 복잡다기한 굴곡과 이 굴곡에서 작용하는 크고 작은 사연에 열려 있는 것이 아니라 법조항의 기계적인 해석문제로 축소되어버렸다면, 그것은 법정신의 사물화가 아니고 무엇인가? 공리주의란 이런 사물화된 정신, 말하자면 맹목적인 이윤추구의 경향을 말한다. 여기에서 많은 것은 본래의 의미를 잃는다. 그래서 법의 내용도 공허해진다.

이제 남은 것은 무엇인가? 「강제력 비판」을 읽고 나서 가장 먼저 드는 의문의 하나는 어떻게 삶과 정치의 이 근본적 주제를 벤야민은 28세의 나이에 자유자재로 버무리면서 다룰 수 있었던가 하는 점이다. 그는 법의 정당성이나 법과 정의의 구분, 법제도의 근거와 기준, 법질서의 결정불가능한 토대, 법과 권력의 이해관계, 법질서의 한계와 다른 법의 실현가능성, 이 실현을 통한 다른 국가와 역사의 가능성 등 그야말로 개인과 공동체를 구성하는 삶의 핵심적 문제들을, 1920년대 당시 논의되던 주요한 사회적 이슈,

이를테면 바이마르 공화국의 국가법적 토대나 경찰권의 남용, 파업의 합법적 근거, 의회주의에 대한 문제제기, 사회의 전면적 개선방법을 광범위하게 끌어들이면서 논의한다.

이 같은 벤야민의 논의는 우선 실정법의 합법적 토대를 돌아보게 한다. 그가 보기에 오늘날의 법은 근본적으로 신화적이다. 신화가 끝없이 재생산되는 맹목적인 폭력으로 자리한다면, 법은 이 신화적 순환 메커니즘 속에서 산출된 것이다. 그래서 그것은 정당하기보다는 부당한 강제력으로서의 권력의 형식을 띤다. 관료제도는 이렇게 권력화된 강제구조라고 할 수 있다. 이런 측면을 카프카의 작품에서 읽어낸 사람은 아도르노였다. 그는 현대사회의 법적·제도적 기형성, 즉 체포와 심문, 습격과 폭행으로 얼룩진 전체주의적 통제권력을 『소송』에서 보았다. 신화란 그가 보기에 "끝없이 재생산되는 맹목적 강제력"이고, "그 최후 단계는 관료적 통제"이며, 카프카는 이 신화의 강제력을 관료제 속에서 인식한 최초의 작가이기도 하다.[85] 아마도 이 신화적 강제력의 한 완성된 형식은 나치즘이 될 것이다. 그런데 아도르노의 이런 문제의식은 기본적으로 벤야민적 구상을 따른 것이다.

벤야민은, 앞서 살펴보았듯이, 국가의 신화적 강제력과 국가라는 권력 자체를 부정했다. 그가 여하한의 법강제력을 비판했다면, 그것은 강제력의 공적 제도화와 이 제도화에서 야기되는 불법적 횡포 때문이다. 사실 국가라는 존재는 신화적이다. 그것이 강제

---

85) Theodor W. Adorno, "Aufzeichnungen zu Kafka," *Kulturkritik und Gesellschaft* I, *GS* Bd. 10/1, Frankfurt/M., 1977, S. 273.

력/공권력 위에 자리한다면, 이 강제력의 바탕과 기원은 근본적으로 허구적이지 않을 수 없다. 더욱이 이 강제력을 임의적이고 자의적으로 사용한다면, 그래서 그 근거가 어떤 납득할 만한 정당성도 갖지 못한다면 그렇다고 할 수 있다. 국가는 법의 구속적 힘을 실행하는 주체이지만, 법적 구속력을 지탱하는 근거는 국가의 구성원들에게서 온다. 따라서 법의 정당성은 여러 조건의 충족 하에 확보되는 것이지 처음부터 자명한 것이 아니다. 그것을 우리는 절차적으로 따져보아야 한다. 법의 정당성은 많은 경우 별다른 근거 없이 실행된다. 또는 그 근거는 오염되어 있고, 그런 채로 부당한 법집행은 지속된다.

국가의 강제력에 대립되는 것은 신에게서 나온 강제력이다. 벤야민은 강제력이 법의 차원을 넘어 '순수하게' 존립할 수 있다고 본다. 그것은 급작스럽고도 예기치 않게 발현되는 것이고, 그러니만큼 이성적 정당성이나 검토의 대상이 아니다. 혁명은 이 순수한 강제력의 좋은 예다. "인간에 의한 순수강제력의 최고도 발현이 입증될 수 있는", "혁명적 강제력이 가능하다."[86] 신적 강제력은 순수하고 혁명적이다. 그래서 한계를 모르고, 무한한 정의의 개념과도 상통한다(그 점에서 그의 사고는 흑인인권운동에서 유사한 입장을 피력한 마틴 루터 킹과 이어진다고 할 수 있을지도 모른다. 폭력 자체를 정당화하지는 않았지만, 인권옹호를 위해 때로는 폭력이 필요하다고 주장했던 맬컴 엑스와 이어진다고 할 수도 있다. 그러나 여기에는 또 다른 상술이 필요하다). 벤야민은 순수한 강제력을 통해 법을 철폐하고 국가를

---

86) Walter Benjamin, "Zur Kritik der Gewalt," *a. a. O.*, S. 202.

넘어서는 어떤 순간, 말하자면 신화적·역사적 연속성을 벗어나는 혁명적 단절의 계기를 상정한 것이다.

이러한 생각을 나는 일반적인 맥락에서, 그러니까 사유와 표현과 언어와 글의 의미를 성찰하는 차원에서 재번역할 수도 있다고 생각한다. 사실 벤야민에게 사유와 표현과 언어와 행동, 철학과 미학과 윤리는 『독일 비애극의 원천』에서 보여주듯이 서로 무관한 것이 결코 아니다. 진리든 재현이든 언어든 인식이든 또는 행동이든 실체주의적으로 순수한 것은 없다. 모든 근원은 반복되면서 왜곡되기 때문이다. 언어와 사유와 글의 의미를 배제되고 왜곡되며 따라서 불완전한 것의 관점에서 성찰하는 것은 법의 온전성, 말하자면 '무한한 정의로서의 법'을 생각하는 데도 도움을 준다. 그리고 이것은 그가 말한 것처럼 법의 개별적 사례가 아닌 그 머리와 몸통을 반박하고, 이 반박을 통해 좀더 차원 높은 상위질서를 탐색하는 일이기도 하다.

배제되고 파괴된 것의 입장에서 사고한다는 것은 특수하고 개별적인 것의 시각에서 사고한다는 뜻이다. 그것은 기존의 질서를 그 전체적 맥락 아래 고려하면서도 일반적·중앙적·공식적 관점에서보다는 예외자적·소수적·변두리적 관점에서 이해하고 해석하며 서술하는 것이다. 이에 대해 지배권력은 대개 하나의 질서만 허용하고 하나의 운명만을 상정한다.

그러나 삶에 하나의 질서만 있는 게 아니다. 현실에는 여러 질서가 있고, 하나의 질서 속에도 여러 이질적인 하위질서가 있다. 하위질서가 있는가 하면 상위질서가 있고, 안의 질서가 있는가 하면 밖의 질서도 있다. 그리고 무엇보다 질서와 질서의 교차와 중첩이 자리하고, 이 중첩으로부터 새 질서가 생겨날 수 있다. 그렇다는 것은 많은 것이 겹친 채 혼재되어 있다는 뜻이고, 그러니만큼 얼마만큼의 불순과 거짓이 불가피하다는 뜻도 된다. 그래서였을까? 벤야민은 이렇게도 썼다. "거짓을 원천적으로 처벌하는 입법은 아마도 지구상에 없는 듯하다."[87] 한계는 받아들여야 한다. 그렇지만 동시에 이 한계는 직시되어야 한다.

이런 계속되는 성찰의 결과로 나온 정의란 어떤 모습인가? 정의는, 벤야민에 의하면, 이성이나 강제력이 관할하는 것이 아니라 신이 결정한다. 목적의 정당성은 신이 추구하는 사안이다. "법 제정은 권력의 설정이고, 그러는 한 강제력의 직접적 표시행위다. 정의는 모든 신적 목적설정의 원리이고, 권력은 모든 신화적 정립의 원리다."[88]

그러므로 정의란, 적어도 벤야민적 맥락에서는, 인간이 관여할 수 있는 사안이 아니다. 그것은 이성이나 논리의 문제가 아니라 신이 감당하고 결정하는 문제다. 그렇다는 것은 인간이 추구하는 옳음이란 엄격한 의미에서, 종국적 의미에서 정의의 차원이 될 수가 없다는 뜻이다. 인간의 법이란 기껏해야 통제하고 관리하고 억압하고 제한하면서 피의 희생을 요구하는 권력의 놀이에 불과하기 때문이다. 그래서 그것은 맹목성을 수반하고 죄악을 야기한다. 신화적 강제력이 운명으로 되는 것은 그런 이유에서다. 이에 반해 신은 법의 경계와 결정, 통일과 전망을 넘어선다. 신의 힘은 가장

---

87) *Ebd.*, S. 192.

88) *Ebd.*, S. 198.

정의롭고 혁명적이며 가장 순수하고 가장 역사적인 힘이기 때문이다. 벤야민이 희구한 것은 신의 정의로운 힘이 펼쳐 보이는 무경계적 삶이고, 이 무경계적 자유 속에서 실현되는 진실하고 선하며 아름다운 삶이다.

흥미로운 점은 이 무경계적 삶에, 적어도 벤야민의 이해에 의하면, 사람이 접근할 수 없는 것은 아니라는 사실이다. 목적-수단의 도식을 넘어설 때, 사람의 의지는 힘을 발휘할 수 있기 때문이다. 이에 대한 예로 벤야민은 아이에 대한 부모의 교육행동이나 노동자의 총파업을 들었다(이것이 실제로 얼마나 그러한지는 따로 검토해야 한다. 문헌적 사실만 언급한다면, 이 같은 가능성을 그가 보았다고 말할 수 있다). 이런 행동에서 그는 자연스럽고도 죄 없는 삶이 가능하다고 여겼던 것일까? 그러나 더 이상의 상세한 설명은 없다. 그 대신 벤야민은 모든 강제력의 폭력적 가능성에 대한 깨어 있는 의식을 촉구한다. "법 기관에 주어진 강제력의 잠재적 현존에 대한 의식이 사라지면, 그 기관은 타락한다."[89] 여기에서 강제력이란 법 기관이 오용하는 강제력이고, 그래서 '폭력'으로 해석될 수 있다.

그러므로 "강제력의 잠재적 현존에 대한 의식"이란 폭력의 잠재적 가능성에 대한 의식이고, 더 줄이면 잠재적 폭력에 대한 경계심이다. 이 경계심을 통해 우리는 단순히 법의 철폐나 보존 사이의 양자택일이 아니라, 아감벤이 지적했듯이, "삶과 법, 법과 강

---

89) *Ebd.*, S. 190.

제력의 관계를 다르게, 더 정확하게 사고해야" 한다.[90]

법의 필요불가결성을 인정하면서도 그에 얽매이지 않고, 그것을 존중하면서도 넘어설 수 있는 길은 과연 어떤 길일까? 삶과 법의 관계가 그렇듯이, 법과 정의, 법과 윤리의 관계도 우리는 지금까지와는 다르게 사유할 수 있어야 한다. 법적 정당성의 설정에 따른 어려움 또는 그 부당한 토대에 대한 섬세한 감각과 깨어 있는 의식이야말로 여하한의 법제도적 폭력에 대한 사전예방이 될 것이고, 나아가 자연스런 삶을 예비하는 것이 될 것이다.[91] 자연스런 삶이란 법으로 통치되는 삶이 아니라, 법의 철폐 없이도 법을 넘어서는 자유로운 삶이다.

잠재적 폭력가능성에 대한 섬세한 감각과 의식은 갈등해결의

---

90) Matthias Matussek/Mathias Schreiber, Interview mit G. Agamben "Kontrolliert wie nie," *a. a. O.,* S. 169. 아감벤은 이렇게 덧붙인다. "마치 프란체스카 수도사와 같이 말이지요. 그들은 자신들의 계율을 법칙으로가 아니라 삶의 형식으로, 소유개념을 포기하면서도 공동의 삶을 만드는 것으로 이해했습니다. 그들은 법을 삶에 적용한 것이 아니라, 이 법을 철폐하지 않은 채 넘어섰습니다." 절실하게 필요한 것은 삶에 율법을 외적으로 부과하는 것이 아니라 삶 속에서 율법을 육화하고, 이 육화를 통해 결국 이 율법마저 초탈하는 일일지도 모른다. 율법 속에서 이 율법을 초탈할 때, 인간은 마침내 자유로울 것이다.

91) 벤야민은 "법 속의 부패한 것"이 "더 섬세한 감정"(dem feineren Gefühl)에 드러날 것이라고 말한다(Walter Benjamin, "Zur Kritik der Gewalt," *a. a. O.,* S. 188). 그러니까 법질서의 부당성을 비판하는 데 핵심적 역할을 하는 것은 잠재적 폭력의 현존에 대한 '의식' 이외에 섬세한 감각이다. 이 감각은 타자의 관점 속으로 자기자신을 옮겨놓음으로써 갈등을 비폭력적으로 해결하는 윤리적 덕성과 이어지지 않나 여겨진다.

'비폭력적 수단들', 예를 들면 예의·사랑·믿음과 이어진다. 예의나 친절, 평화의 사랑이나 믿음 같은 것은 긍정의 감정이다. 이것은 벤야민이 말한 '마음의 문화'에서 자연스럽게 자라나고, 또 이 문화 속에서 배울 수 있는 덕성이다. 이 덕성의 바탕에는 다시 섬세한 감수성이 자리한다. 도대체 섬세한 감정 없이 어떻게 친절이나 믿음, 평화의 사랑이 가능하겠는가? 그러나 이 긍정의 감정과 덕성은 예찬한다고 얻어지는 게 아니다. 그것은 감성과 사유의 문제이면서, 감성과 사유로 구성되는 문화의 건전한 토대, 말하자면 합리적인 정치제도와 튼튼한 경제적 토대, 공정한 법률적 실행으로 획득된다. 이 점에서 제도의 불합리, 힘의 오용, 강제력의 불법성, 법질서의 부당성에 대한 직시는 절대적으로 필요하다.

그러므로 절실한 것은 사안의 이 같은 복합적 회로에 대한 복합적 인식이다. 데리다가 말한 것, 다시 말해 정의에 대해 정의롭고 책임 개념에 대해 책임을 지는 일도 이런 복합적 인식의 산물로 내겐 보인다. 이런 인식이 전제된다면, 우리는 그다음에 덕성이나 긍정적 감성, 마음의 문화 같은 '듣기 좋은 술어'를 말해도 좋을 것이다.

「강제력 비판」은 정당성의 근거(현실)와 그 지향(가능성)에 대한 탐구이면서, 이때의 정당성은 법적·법률적·제도적 차원에 머무는 것이 아니라 정의의 문제나 신적 질서의 문제로 옮아간다. 그리고 이렇게 옮아간 것은 결국 친절과 평화와 믿음이 있는 진정한 문화의 문제로 수렴된다. 이것은, 데리다가 보여주었듯이, 이 모든 것이 텍스트를 해석하고 표현하면서 이뤄지는 한, 해석과 언어와 표현과 사유의 문제를 포함한다. 그러니까 법의 정의와 부정의

> **" 타자를 포용하지 못한다면 법은 정의로울 수 없다.
> 타자에게로 나아가지 못한다면 사유와 글은
> 윤리적일 수 없다. 사유와 글은, 타자와의 만남을 통해
> 마침내 정당성을 확보한다. "**

는 삶의 그물망 전체구조 속에서 포괄적으로 성찰되는 것이다. 이 일련의 성찰에서 그 핵심은, 거듭 확인하건대, 법-권력-힘의 순수한 형식은 없다는 사실이다. 모든 정당성의 근거는 지극히 모호하고 불순하다. 그러므로 우리는 불순하고 오염되며 해체적인 방식으로 기존의 의미체계와 그 권위를 뒤흔들 수 있고, 이렇게 뒤흔듦으로써 규정하기 힘든 타자성의 영역에 참여할 수 있다. 이런 참여는 그 자체로 무한한 미지에 대한 참여이고, 그래서 정의롭고 윤리적이다.

참된 언어와 사유는 타자적 무한성과 만날 때, 이 무한성과의 만남을 준비하고 이 무한영역에 열려 있을 때, 비로소 정당할 수 있다. 타자와의 만남에서 여하한의 신화적 정당성과 그 악의 굴레는 해명되고 지양될 수 있다. 이 점에서 언어는 정의와 무관하지 않다. 차라리 언어는, 적어도 진실하게 표현된 언어는 정의의 한 켠을 구현한다. 그 점에서 언어의 완성은 곧 정의의 완성이다.

그러나 언어의 정의는, 단순히 정의를 고수할 때가 아니라 정의마저 내버릴 수 있을 때 얻어지는 것이다. 정의가 '인간들 사이에서' 이뤄지는 것이라면, 그렇게 이해된 정의는 일정한 의미의 보이거나 보이지 않는 강제 속에 있고, 따라서 왜곡된 정의일 가능

성이 높기 때문이다. 신적 타자로 열린다는 것은 정의의 굴레마저 버리는 것을 포함하고, 언어의 표현마저 중단하는 것이다. 그리하여 그것은 부재 또는 침묵의 영역과 이웃한다. 크고 넓은 정의는 부재 또는 침묵의 가장자리에 자리한다. 바른 언어는 정의를 넘어선 정의의 가능성까지 사유할 수 있어야 한다.

이 대목에서 나는 법적 정의뿐만 아니라 사유와 언어의 정의를 떠올리고, 나아가 철학과 문학과 예술의 정의 그리고 그 윤리성을 생각한다. 모든 정당한 것 또는 정당하다고 불리는 것의 근거를 우리는 부단히 질의하고 검토하고 성찰해야 한다. 모든 정당성의 시초에는 권력자의 특권이 자리하는 까닭이다. 현재의 정당성이란 현재의 지배질서가 허용한 만큼만 실현되어 있기 때문이다. 그렇다면 그 밖의 정당성이란? 그것은 마땅히 기존의 기준에 대한 부단한 위반과 간섭과 오염을 통해 우리가, 우리의 해석적 실천이 개입해야 할 유쾌한 대상으로 남는다.

벤야민의 문장은 지극히 비의적이고 애매하지만, 그의 문제의식은 근본적으로 메시아적 종말론의 분위기를 띠고 있지만, 이 모든 것은 시종일관 집요하게 '정치적 질서의 새로운 가능성'이란 문제로 수렴된다. 이렇게 수렴되는 논제의 바탕에는 운명의 순환이라는 신화적 세계관과 이 신화적 굴레를 단절시키는 신학적 구원의 모티프가 자리한다. 그런 점에서 그의 고민은 제도적·법률적 차원을 넘어 형이상학적 진실로 나아간다고 할 수 있다. 그러나 이 모든 제재는 다시 법의 부재 또는 기존의 법체계를 넘어선 질서의 가능성으로 옮아가며, 이렇게 옮아가면서도 이때의 가능성이란 내세적 차원보다는 현세적 차원, 즉 현실에서의 실현가능성을 염두에 둔다. 그 점에서 그의 고민은 철저하게 사실적 경험현실 위에 자리한다. 벤야민은 이토록 철저하게 새 역사와 새 시대의 정치, 이 정치를 통해 실현될 새 국가를 염원한 것이다.

벤야민이 썼듯이, 거짓을 원초적으로 처벌할 수 있는 법이 지구상에 없다면, 우리가 할 수 있는 일이란 폭력적 수단을 매 순간 적용하는지에 대한 주의 또는 강제력의 잠재적인 현존에 대한 쉼 없는 경계警戒가 될 것이다. 이 쉼 없는 경계야말로 책임 있는 정의의 실천이고, 정의의 책임이다. 이것은 법의 정의이면서 사유의 정의이고, 이 같은 정의를 지향하는 글과 표현의 용기다. 참된 사유와 글은 법을 철폐함 없이 이 법 속에서 이 법을 넘어선 삶의 정의로 나아간다. 자기자신에 대한 경계는 이 넘어섬을 위해 필요하다. 자기경계 속에서 역사적인 것은 비로소 메시아적인 것으로 완성될 것이다. 법은 그것이 단순히 시행되는 데서가 아니라 그 내용이 정의로울 때 삶의 윤리적 질서가 된다. 법의 내용과 시행이 정의롭다는 것은 법 이외의 영역에 열려 있다는 뜻이다.

타자를 포용하지 못한다면 법은 정의로울 수 없다. 타자에게로 나아가지 못한다면 사유와 글은 윤리적일 수 없다. 사유와 글은, 마치 법이 그러하듯이, 타자와의 만남을 통해 마침내 정당성을 확보한다. 정의는 이미 온 것이 아니라 앞으로 와야 할 무엇으로 남아 있다.

제7장

우상을 만들지 말라: 신학이해

왜 사람은 더 나은 행성의 우표를 보여주지 않는가?

■ 벤야민, 「우표상」, 『일방통행로』, *GS* IV/1

1. 과학과 종교

과학과 종교의 관계를 둘러싼 논란의 역사는 오래되었다. 데카르트 이후 헤겔에 이르기까지 근대철학자는 과학과 종교를 결합시키고자 했다. 그들에게 종교적·도덕적 원리는 학문/과학과 일치해야 했다. 사람 사는 세계를 사물 자체가 아니라 그 현상으로 이해한 칸트조차 신이나 신의 율법을 "합리적으로 추구할 수 있는 요청Postulat"으로 고찰했다. 현상이란 보이는 세계이고, 따라서 상대적이기 때문이다. 현상의 가시적 세계는 절대적 세계의 반영에 불과하다. 그렇다면 우리는 절대적 세계의 존재와 그 진실을 묻지 않을 수 없다.

우리는 절대적인 것을 책임질 수는 없지만, 그 존재방식에 대해 관심을 가질 수 있고, 그 존재에 대해 물을 수 있다. 다시 말해 신학적 비밀을 허용하면서 우리는 이성적 물음을 계속할 수 있고, 또 해야 한다. 사실과 구원, 객관성과 형이상학, 이성과 믿음의 문제는 이 같은 물음이 변주된 형태라고 할 수 있다. 여기에는 많은 문제가 얽혀 있고, 이런 문제의 대부분은 양립하기 어렵다. 그래서 모순적인 것으로 드러난다.

이 같은 물음은 그러나 근대를 지나면서 점차 줄어든다. 계몽주의 이후 학문은, 전체적으로 보아, 신학적 표상으로부터 조금씩 해방되기 시작하기 때문이다. 신학은 이제 학문적 대화에서, 이 학문이 자연과학이건 인문과학이건 자기 목소리를 잃게 되었고, 이런 경향은 학문 전반의 세분화로 인해 가속화된다. 그것은 마치 의학이 내과, 외과, 이비인후과, 심혈관과, 산부인과, 소아과 등으로 개별화되고, 그 연구도 특수화됨으로써 전체로서의 인간 인식, 말하자면 온몸에 대한 온전한 탐구가 잘 이뤄지지 않게 되는 일과 비슷하다. 그리하여 신의 개념도 근대 이후에는 지나치게 객체적으로 취급된다. 그만큼 대상화하는 것이다. 이성으로 직시할 수 없는 것이 '없거나 불필요한', 그래서 '부적절한' 것으로 폄하되는 것도 이런 맥락에서다. 결국 근대 이후의 삶에서 종교/신학의 영향은 현저하게 작아져버린다. 더불어 초월적·형이상학적 세계도 타기된다.

그러나 뒤얽힌 것 그래서 양립불가능하게 보이고 모순적으로 여겨지는 것만큼 인간 삶의 복잡다단한 속성을 보여주는 것도 없다. 그러니만큼 그것은 우리가 회피할 것이 아니라 그와 만나 계속 그 본성에 대해 물어야 한다. 이성으로 직시할 수 없다고 해서 없는 것이 아니듯이, 언어로 설명할 수 없다고 하여 부재하는 것은 아니기 때문이다. 보이는 세계가 볼 수 있는 세계의 전부는 아니고, 있는 세계의 전부는 더더욱 아니다.

그러므로 우리는 과학과 종교를 하나로 묶었던 원래의 범주를 회복해야 한다. 우리는 과학과 종교, 이성과 신앙의 관계를 다시 물어야 하고, 그 관계의 상호융합 가능성을 다시 생각해보아야 한다. 그것은 단순히 모든 것이 포용되어야 한다는 요구 때문이 아니라, 이 포용을 통해 좀더 온전한 삶을 만나고, 이 삶의 현실을 더 올바르게 방향 짓기 위해서다. 그러니까 신적인 것의 차원을 말하는 것은 어떤 교리의 전도나 신심信心의 고양을 위해서가 아니라—이것도 중요하지만—삶 자체의 정상화를 위해 절실하다. 삶의 정상화란 곧 삶의 인간화이기 때문이다.

인간이 할 수 있는 것은 무엇이고, 인간이 할 수 없는 것은 무엇인가? 여기에서 신과 같은 존재는 어떤 역할을 하는가? 신은 반드시 절대적이고 전지전능해야 하는가? 가령 불교가 그러하듯이, 우리는 신에게서 생로병사를 겪는 존재를 상정할 수는 없는가? 그럴 수 있다면, 이때의 존재는 무엇으로 불려야 하는가? 종교를 반드시 초자연적·내세적 존재로 환원시킴 없이, 지금 여기에서 경험하고 우리 거주하는 삶의 공간 안에서 확인할 수 있도록 상정할 수는 없는가? 회의하면서도 믿고, 믿으면서도 이성을 버리지 않을 수 있는가? 그래서 스스로 자유로운 가운데 신적 숭고함을 곁에 있는 듯 늘 생생하게 느끼며 살 수 있는가? 그렇다면 이때의 신 또는 신적 존재는 어떤 모습일까? 여기에서 과학의 사실탐구는 어떤 의미를 가지고 있고, 어떤 의미를 가져야 하는가? 더 높은 객관성은 삶의 현실성과 초월성, 종교의 형이상학적 성격과 구원 그리고 그 실천을 생각하는 데 어떤 영향을 미치는가? 거꾸로 과학적 객관성을 받아들일 준비가 되어 있지 않다면, 신앙이란 대체 무엇이고 종교의 현실적 의미란 무엇일 것인가?

이런 일련의 물음들은 최근에 들어와 자연과학에서, 특히 분자 생물학이나 진화생물학, 사회생물학과 뇌신경학에서 이뤄진 여러 성과와 관련해서도 생각할 수 있다. 이 성과란 예를 들어 생명의 근원은 무엇이고, 인간과 그 의식은 어떻게 전개되어왔는지에 대해 지금껏 신비롭게 여겨져온 많은 의문을 밝혀놓고 있기 때문이다. 그것은 한편으로 사실에 대한 객관적 이해도를 높이는 것이면서, 다른 한편으로—바로 이 점이 종교적 영역과 겹친다는 이유로—적지 않은 신학적 논란을 야기하기도 했다. 널리 알려진 도킨스R. Dawkins의 『만들어진 신』The God Delusion이 그렇다. 여기에서 되풀이되는 것은, 위에서 언급했던 과학과 종교의 관계라는 문제로 수렴된다.

우리는 종교와 과학의 관계에 대해 여러 각도와 관점에서 생각해볼 수 있다. 그것은 편의상 세 가지로 나눌 수 있다.

첫째, 과학적 입장을 엄격하게 고수하는 이들이 있다. 이것은 '과학주의'로 불릴 만하다. 둘째, 그와 반대로 교리적 입장을 충실하게 지키려는 이들이 있다. 일반적으로 유대 율법가나 신구교의 근본주의적 신학자가 여기에 포함된다. 셋째, 이 둘의 관계를 어떻게든 이어보려는 또는 각자의 고유성은 인정하면서도 그 공통분모를 강조하는 이들이 있다. 어떤 것이나 가능하다. 내가 확인하려는 것은 종교적 가르침이란 교리만으로 그치지 않는다는 것이고, 과학적 객관성도 객관성 자체를 위해 존재하지 않는다는 자명한 사실이다. 즉 종교적 구원이든 과학적 사실이건, 이 모든 것은 지금 여기에서 이뤄지는 삶을 위한 것이어야 한다는 대원칙이 예나 지금이나 정당하다. 이 바람은 다시 다음과 같이 표현될 수 있다.

종교가 내세성만 고집하는 것이 아니라 오늘의 현실에도 주목하고, 과학의 탐구가 사실성과 사실성 너머의 사실로 나아가기 위해서는, 그래서 이 둘의 활동이 삶의 풍요에 기여하기 위해서는 어떻게 해야 하는가? 이성과 신앙은 상호이해의 확장을 위해 소통할 수 있는가? 나아가 이 소통 속에서 현실의 비참과 역사의 빈곤을 줄여가는 데 다 함께 참여할 수 있는가? 아니 그 이전에 어떻게 각자의 배타적 선입견을 줄여갈 것인가? 왜냐하면 견해의 분열은 그것이 학파에서 오건 종파에서 오건 무엇보다 무지나 몰이해에 있기 때문이다. 그리하여 궁극적으로 과학과 종교가 기존과 다른 개념 아래— '진화론적 인본주의'나 '자연적 무신론' 같은— 초자연적이고 전능한 존재에 맹목적으로 의존하는 것을 줄이면서도 생활세계의 사실에 더 밀착하면서 현실의 왜곡을 완화시켜갈 수 있는가? 우리는 인간의 생물학적 본성을 인정하면서도 '동시에' 이성적 공동체에 대한 믿음을 여전히 견지할 수 있는가?

바로 이런 문제를 성찰하는 데 벤야민의 생각들은 도움이 되는 것 같다. 그 생각이란 신학에 관한 것이다. 정확하게 말하면, '신학의 세속적 차원'에 대한 고민들이다. 신학-종교-메시아-구원-신에 대한 그의 이해는 철저한 역사유물론적·정치적 성격 때문에 종교와 과학의 이 일반론적 고민과는 멀어 보일 수 있다. 그러나 그의 사유는, 그것이 20세기 초에 정치적 재앙을 초래한 나치즘뿐만 아니라 이 전체주의를 비판한 좌파 이론가들의 이데올로기적 독단성까지 교정하려 했다는 점에서, 이 비판적 검토에서 신학적 모티프가 결정적 역할을 한다는 점에서 그와 무관하다고 말하기 어렵다. 이 신학적 성찰을 통해 그는 "구원받은 인류"의 가능성[1]을 간절히 염원했다.

구원의 빛 속에서 억압받는 자들에게 주목하고, 이 변두리적 존재를 변혁적 정치이론과 문예이론에 녹여 절망적 삶의 희망으로 삼으려 했다는 점에서, 벤야민의 사고는 깊은 화해를 지향했다고 볼 수 있다. 이 글에서는 그의 이른바 '유물론적 신학' 또는 '신학적 유물론'의 입장을 알아보고, 이 입장이 삶의 억압관계를 줄이면서 인권을 실현하는 데 어떤 의미를 갖는지 생각해보려 한다. 그것은 신 또는 신적 차원이 거의 고갈되어버린 오늘날, 또 신학이 있다 해도 상품과 시장과 자본의 신학만 횡행하는 듯 보이는 지금의 시대에 과학과 종교의 본래 과제, 말하자면 온전한 삶의 조직에 기여해야 하는 본래의 의무를 성찰하는 데 도움이 될지도 모른다.

2. '작고 추한': 오늘날의 신학

벤야민이 청년기에 가졌던 신학적·형이상학적 사상은 그 이후 유물론적 변형단계를 겪지만, 히틀러와 스탈린 조약[1939] 소식을

---

1) Walter Benjamin, "Über den Begriff der Geschichte," *GS* I/2, Frankfurt/M., 1974, S. 694. 벤야민은 인식의 현재성, 역사적 순간, 무의지적 기억, 변증법적 이미지 등과 관련하여 "구원된 인류"를 여러 곳에서 언급하고 있다. 예를 들면 Walter Benjamin, "Abhandlungen," *GS* I/3, Frankfurt/M., 1974, S. 1232, 1233, 1239.

들은 후 크게 흔들린다. 당시의 많은 좌파 지식인이 그랬듯이 그는 이 조약에 혹독한 환멸을 느꼈고, 그래서 신학적 사고에 다시 골몰하게 된다. 그러면서 정치적·역사적 인식을 급진적인 현실해방에 대한 실제 관심과 연결시킨다. 죽던 해에 쓴 「역사의 개념에 대하여」는 이것을 잘 보여준다.

1940년대의 위기상황은 그 시대에 한정된 것이 아니었다. 그것은 더 오랜 역사를 가진다. 독일은 1918년 제1차 세계대전에 패한 후 막대한 전쟁배상금을 지불해야 했고, 그 때문에 국내의 사회정치적·경제적 위기가 급속도로 가중된다. 물가는 올라가고 실업자는 늘어났으며 정치마당에서는 이런저런 노선투쟁으로 당파싸움이 그치지 않았다. 곳곳에서 폭력이 자행되었고, 노동조합이나 쟁의가 금지되었으며, 책이 불태워지기도 했다. 이 불안정한 상황은 국제사회의 혼란 때문에 더 격화되었다. 이 전반적 혼란에서 1929년 세계대공황은 독일이 전체주의 국가로 재편성되는 데 결정적 역할을 했다고 볼 수 있다. 나치즘의 집권[1933]은 그 한 결과임에 틀림없다. 독일 국내에서 민주주의 세력이나 사회주의 세력, 공산주의 세력은 이 같은 위기에 모두 얽혀 있었고, 이들 집단 간의 갈등은 제2차 세계대전[1939~45]으로 이어진다.

잘 알려져 있듯이, 나치가 득세한 후 많은 책이 불태워지고, 표현과 출판의 자유는 광범위하게 유린되었다. 많은 유대인 지식인은 강의나 집회의 권리를 탄압받아 외국으로 망명해야 했다. 브레히트와 카시러, 카네티나 바이스가 그러했고, 벤야민도 그중의 한 사람이었다.

1938년 독일 전역에서는 수많은 유대인이 살해되었고, 이들의

> **벤야민은 오늘날의 신학이 "작고 추하며,**
> **그 때문에 보여선 안 되는" 것이라고 분명히 말한다.**
> **왜 그런가? 지금의 세계, 특히 자본주의 사회의 역사적**
> **조건에서 삶은 근본적으로 사물화되어 있기 때문이다.**

상점이 습격당했으며, 그 가운데 수만 명이 강제수용소에 감금되기도 했다. 당시는 그야말로 '재앙이 일반화'되던 시기였다. 이 편재화된 위기에서 길이 있다면, 그것은 말할 것도 없이 기존과는 전혀 다른 것이어야 했다. 호르크하이머를 위시한 비판이론가들이 철학, 사회학, 정신분석 등으로 마르크스주의를 혁신적으로 해석하고자 한 것도 그런 전복적인 독해의 일환이었다. 벤야민이 찾고자 한 출구도 위기에 찬 이런 현실인식의 자장 안에 있었다. 그는 일련의 현실상황들—노동운동의 실패[1919], 극도의 사회경제적 혼란, 테러와 폭력의 일상화, 전체주의적 경향—을 시대의 위기적 징후로 진단했다. 사실 그의 글은 예외 없이 위기진단적 성격을 가진다. 그가 신학에 몰두한 것은 이 출구 없는 억압상황에서 온다. 그 위기란 뒤집힌 세계의 위기다.

전도顚倒된 세계에서 진리는 왜곡될 수밖에 없다. 그래서 그것은 정상적이고 공식적인 영역에서만큼이나 비정상적이고 비공식적인 영역에 깃든다. 뒤집힌 현실에서 진리가 훼손되고 병들며 잊혀지고 유린되는 것은 자명하다. 자본주의적 체제 아래에서는 특히 그렇다. 학문이 진리의 현현顯現방식에 관한 탐구라면, 이 학문적 탐구에서도 왜곡은 없을 수 없다. 학문의 한 분과인 신학도 그렇다.

그렇기는 하나 신학은 과학이나 철학 등의 분과와는 달리 불우하고 불리한 것들의 목록에 좀더 직접적으로 관계한다고 할 수 있다. 이것은 신학이 사랑이나 자비 또는 구율의 가르침을 강조한다는 사실에서도 잘 나타난다. 그러면서 그것은 이미 있는 것이 아니라 아직 존재하지 않는 것, 그래서 앞으로 와야 할 것을 중시한다. 앞으로 와야 할 것 속에는 예수의 재림도 있다. 이 점을 알려주는 것이 계시Offenbarung다.

계시란 간단히 말해 신의 말씀이다. 그것은 이미 있는 불리한 것들, 말하자면 불행하고 고난에 찬 존재를 통해 진실의 흔적을 '드러낸다'offenbar-machen. 이 드러남은 설명되기보다는 이해되는 것이고, 분석되기보다는 믿어지는 것이다. 종교는 설명과 해석의 작업이 아니라 믿음의 문제이고, 이 믿음에 따라 믿음 속에 사는 일이다. 언어나 개념이나 규정이 중단되는 바로 그 지점에서 종교가 시작되는 것은 이 때문일 것이다. 그러면서 이 모든 추구가 진실성을 향한다는 점에서, 신학이나 학문일반의 길은 서로 어긋나지 않는다. 신 또는 신적 진리를 탐구하는 것은 우선 신학의 일이 되지만 넓게는 철학의 과제이고, 더 넓게는 이성의 비판활동이며 언어의 보편적 지향점이다.

벤야민에게 신학적 모티프는 여러 분야에서 다양한 형태로 나타난다. 문학비평이나 정치진단이건, 역사서술이나 미학이건, 언어이해건 간에, 신학적 표상은 그의 글에서 고통과 구원과 화해와 관련하여, 또 천사와 메시아적 시간과 관련하여 지속적으로 나타난다. 이 개념의 원천은 유대적 전통, 그중에서도 메시아주의와 신비주의다. 그의 유대적 자기이해는 분명하다.

그러나 벤야민은 정치운동으로 정향된 독일의 시오니즘Zionism
과는 달리 유대적 가치를 존중하는 문화적 시오니즘을 옹호했다.
예를 들어 그는 제1차 세계대전 당시 많은 시오니스트가 전쟁에
열광하는 것을 이해할 수 없었다. 그래서 부버M. Buber가 간행했던
잡지 『유대인』에서 권력자의 언어를 지식인이 문제시하지 않는다
고 논박하기도 한다. 특이한 점은 그런 종교적 원천이 언제나 현
실역사적이고 정치적인 관심에 의해 추동된다는 사실이다. 말하
자면 그의 관심은 지극히 '세속적으로 구조화된 신성성의 탐구'
라고 할 수 있다. 그래서 혁명주의와 유대신학, 볼셰비키즘과 신
비주의는 벤야민 사상의 두 축이 된다. 학문과 비의, 진리성과 신
학, 내재성과 초월성, 비판과 구원은 이 두 바탕을 다른 식으로 표
현한 것이지만, 근본적으로 동일한 형태의 반복이다.

벤야민의 입장을 지탱하는 이 두 이미지가 가장 선명하게 드러
나는 예는 아마도 「역사의 개념에 대하여」의 첫 테제에서 볼 수
있을지도 모른다. 이 글에서 그는 사람과 장기를 두면서 언제나
이기는 '자동기계'를 말하는데, 이때 이 두 이미지가 등장한다. 하
나는 장기판 앞에 앉은 인형이고, 다른 하나는 난쟁이다. 등 굽은
난쟁이는 장기판이 놓인 책상 안에 앉아 줄을 당기며 인형을 조종
한다. 벤야민은 이 인형과 난쟁이의 관계를 역사적 유물론과 신학
의 관계로 번역해서 설명한다.

"이 장치에 대응되는 것을 우리는 철학에서 생각할 수 있다.
우리가 '역사적 유물론'이라고 지칭하는 인형이 언제나 이겨야

한다. 오늘날 주지하다시피 작고 추하며 그 때문에 보여서는 안 되는 신학을 철학이 이용한다면, 철학은 그 무엇도 받아들일 수 있다."[2]

벤야민은 오늘날의 신학이 "작고 추하며klein und häßlich 그 때문에 보여서는 안 되는" 것이라고 분명히 말한다. 왜 그런가? 지금의 세계에서, 특히 자본주의 사회의 역사적 조건에서 삶은 근본적으로 사물화되어 있기 때문이다. 우리가 경험하는 많은 것은 물량과 수치와 업적으로 계량화되어 나타난다. 땀의 힘겨운 과정이나 이 과정에서의 질적 노고가 아니라 수익과 이윤의 수량이 삶을 결정하고, 자기욕구와 자율의 정신이 아니라 상품의 종류와 유행의 품목이 진실의 척도가 되는 것이다.

여기에서 나날의 노동은 삶에서 소외된다. 나는 내 삶을 산다고 하지만, 이 삶은 말의 바른 의미에서 나의 것이 아니다. 시간은 내가 꾸리는 것이 아니고, 일은 보람에서 벗어나 있는데, 어떻게 그 삶이 나의 것일 수 있는가? 그리하여 많은 것은 허깨비처럼 거짓되거나 은폐되어 있다. 이것을 아도르노는 "현혹의 연관항" Verblendungszusammenhang이라고 쓴 바 있지만, 상품소비사회에서 인간은 총체적으로 눈멀어 있다. 그래서 어떤 것도 그 자체로 포착하기는 어렵다.

경험은 일정한 관계 속에서 뒤엉킨 채 나타나고, 이렇게 나타난 것도 온전한 것이 아니라 깨져 있고, 이 깨진 것도 끝없이 대체된

---

2) Walter Benjamin, "Über den Begriff der Geschichte," *a. a. O.,* S. 693.

다. 변화하는 가운데 소멸하는 것은 세계의 본성이지만, 이 본성도 오늘날에는 그 자체로 나타나기보다는 위장된 채 갖가지 장식과 가면 속에서 나타난다. 벤야민이 알레고리에 집착했던 이유는 알레고리가 삶의 소멸적 계기를 담은 것이라고, 소멸하는 가운데 의미하는 것이라고 보았기 때문이다. 그것은 뭔가를 표상하는 가운데 사라진다. 말하자면 의미 자체의 소멸성을 의미한다고나 할까? 현대사회는 의미일탈이 극단화되는 역사적 한 시점으로 보인다.

모든 것이 허위와 기만이 된 세계에서는 꿈도 자신을 위장할 수밖에 없다. 신학도 장기판 아래 숨은 채로 역사의 자동인형을 조종해야 한다. 현실의 재앙에 대해서는 이런 식으로밖에 관여할 수 없다고 벤야민은 생각했던 것일까? (실제로 그는 나치경찰의 검열과 감시를 피하기 위해 자주 가명을 쓰곤 했다.) 여기에서 난쟁이는 불구의 몸으로 신적 존재를 구현한 것으로 간주된다. 그에게 자유는 박탈되고 품위는 제거된다. 오늘날 신적 계시를 경험한다는 것은 얼마나 어렵고 얼마나 드문 것인가? 이런 정황을 철학은 직시해야 한다. 이렇게 직시할 수 있는 것은, 벤야민에 따르면, 신학적 문제의식에 의지함으로써다. "철학이 신학을 이용한다면, 철학은 그 무엇도 받아들일 수 있다."

철학은 신학을 받아들이면서 역사현실과 만난다. 역사는 그 자체로 고찰되는 것이 아니라 신학적 구상 속에서 이해되고 분석되며 희구된다. 역사와 신학은 상호적으로 작동한다. 이때 기억은 이 둘을 잇는 매개체다.

"역사는 단순히 학문이 아니라 적지 않게 기억의 형식이다.

학문이 '확인한' 것을 기억은 변경할 수 있다. 기억은 완결되지 않은 것(행복)을 완결된 것으로 만들고, 완결된 것(고통)을 완결되지 않은 것으로 만들 수 있다. 그것이 신학이다. 우리가 역사를 직접적으로 신학적 개념 속에서 서술하려고 해서는 안 되듯이, 역사를 근본적으로 비신학적으로 파악하지 않도록 하는 경험을 우리는 기억 속에서 한다."[3]

학문이 대상을 논리나 개념으로 '확인/확정'feststellen하는 데 있다면, 이렇게 확정한 것을 우리는 '변경할'modifizieren 수도 있다. 이 변경은 기억에서 이뤄진다. 기억은 과거의 경험을 교정하고 갱신시키기 때문이다. 그리하여 완결된 것으로 드러난 고통도 기억 속에서 완결되지 않은, 그래서 새롭게 해석해야 할 것이 되고, 완결되지 않은 행복은 앞으로 완결되어야 할 것으로 이해된다. 이것은, 벤야민에 따르면, 신학적 요소에 기대어 가능하다. 기억 자체가 신학적인 것이다.

그러므로 우리는 역사를 단순히 사실적인 것의 집합체로 생각해서는 안 된다. 그렇듯이 역사와 신학을 등치시켜서도 안 된다. 다만 역사는 사실이면서 사실 이상의 형이상학적 차원을 가지고 있고, 적어도 제대로 된 신학이라면, 신학의 종교적 초월성은 역사의 경험적·물질적 차원도 내포하고 있다. 아니 내포할 수 있어야 한다. 그리하여 벤야민의 역사적 사고는, 잉크를 빨아들이지만

---

3) Walter Benjamin, "Das Passagenwerk," *GS* V/1, v. R. Tiedemann(Hrsg.), Frankfurt/M., 1982, S. 589.

그렇게 쓴 내용이 남지 않는 압지^{壓紙}처럼 신학에 젖어 있고, 이 관계에 그러나 이 신학을 전면에 내세우지 않는다.[4] 우리는 신학을 말하지 않으면서도 이때의 현실내용이 '형이상학적으로 열려 있는 어떤 광대하고 열려 있는 무엇'이 되게 할 수도 있다. 또 그렇게 할 수 있을 때, 마침내 구원은 닥친다.

구원은, 역사와 신학이 하나의 정점에서 만날 때, 실현되는 것인지도 모른다. 또는 최고의 신학은 역사 속에서 구현되고, 최고의 역사는 신학을 통해 이뤄진다고나 할까? 구원은 어떤 발전의 끝에 오는 것이 아니라, 고통의 반복사를 중단시키는 가운데 그 빛이 비쳐드는 것이다.

3. 유물론적 신학과 부정성

'신학적 유물론'이라는 표현은 모순이다. 그것은 한편으로 경제적이고 경험적이며 기술적이고 정치적인 토대로부터 시작한다. 그러면서 이 가시적·물질적 토대에서 벗어나 이데올로기적·정신적·영혼적 상태로 나아간다. 거꾸로 이데올로기적 내용과 기능으로부터 벗어나 종교를 비판하지만, 첫째, 그것은 여전히 경험적 토대 위에서, 둘째, 흩어진 행복의 흔적을 쫓으며 셋째, 지금 여기의 현재적 순간에 충실하고자 한다. 이때 우리는 유물론에 깃들 수 있는 어떤 초월적 테두리를 떠올리듯이, 신학의 현실성찰적·경험비판적 계기도 떠올린다. 계시에도 이성적 요소가 있을 수 있

---

4) *Ebd.*, S. 588 참조.

다. 그렇듯이 메시아주의가 현실해방의 실천적 사건이 될 수도 있을 것이다. 이것은 유물론과 신학이 결합될 때 가능하다.

신학적 유물론은 구원의 빛 아래 행복의 흔적을 현실로부터 찾고자 한다. 행복은 곧 구원의 섬광이고 해방의 계기이기도 하다. 벤야민은 행복의 해방적 계기를 역사적 현재라는 순간 속에서 인식하고 경험하려 한다. 이것은 철저하게 유물론적이면서 동시에 유물론 이상의 어떤 신학적 계기를 포함한다. 이런 이유에서 우리는 '유물론의 신학적 실천성' 또는 '신학의 유물론적 희구'를 말할 수 있을지도 모른다. 그러나 이것은 되풀이하여 모순된 것이다. 벤야민의 사고는 이 모순성 때문에 갖가지 오해와 비판에 시달리기도 한다. 이런 오해는 삶의 바른 방식에 대한 비판적 논의에서 신학이 어떤 역할을 할 수 있는가라는 문제를 둘러싸고 일어난다. 벤야민이 숄렘이나 호르크하이머 또는 아도르노 같은 동류와 논쟁한 지점도 바로 여기다.

1. 세속화된 우상금지

벤야민이 동료들과 벌인 신학적 논쟁이나 그 견해의 미묘한 차이를 지적하는 일은 간단치 않다. 이것은 그 당시 나눈 이런저런 견해들과 편지교환, 그 외에 여기저기 흩어진 노트를 참조함으로써 어느 정도 재구성할 수 있다. 이 글에서 내가 할 수 있는 것은 간단한 스케치다.

가령 호르크하이머는 이 문제에서 비종교적인 사고방식을 고수한다. 그는 어떤 형이상학도 이 시대에는 있을 수 없으며, 따라서 절대적인 것에 대한 어떤 긍정적 진술도 불가능하다고 생각하는 쪽이다. 아도르노 역시 벤야민에게 사회조사연구소에서 일하려면 신학적 범주를 사용하지 말라고 조언하기도 한다. 하지만 벤야민은 신학적 모티프를 버리지 않는다. 그는 인식을 위한 '규제적 이념'으로 신학적 차원이 필요하다고 보았고, 이 신학적 차원 속에서 비판적 사유로, 또 이 비판적 잠재력으로서의 예술의 힘으로 기존현실을 성찰하고자 했다. 이런 생각은 아도르노에게서 '부정否定의 미학'Aesthetik der Negation 또는 '부정적 신학'negative Theologie 이라는 이름으로 나온다. 그것은 '구원의 빛 아래 행해지는 비판'이라는 형식을 띤다. 다음의 글은 아도르노가 유물론과 신학의 관계를 어떻게 생각했는지 잘 보여준다.

"완전한 객체는 오직 형상(우상) 없이bilderlos 생각될 수 있을 것이다. 그 무형상성은 신학적 우상금지와 일치한다. 유물론은 유토피아를 긍정적으로 묘사하는 것을 허용하지 않으면서 이 우상금지를 세속화했다. 이것이 유물론이 가진 부정성의 내용이다. 유물론이 가장 유물론적일 때 그것은 신학과 일치한다. 유물론이 열망하는 것은 육체의 부활인지도 모른다. 이 열망은 절대적 정신의 왕국인 이상주의(관념론)에게 전적으로 낯설고, 역사적 유물론의 소실점은 그 자신의 지양, 즉 물질적 욕구가 충족된 상태에서 이 욕구의 우위로부터 정신이 해방되는 상태일 것이다. 충족된 육체적 충동에서 정신은 화해될 것이고, 정신은 물질적 조건의 구속 아래 물질적 욕구의 만족을 거부하면서, 정신이 그렇게 오랫동안 약속하는 것으로 될 수 있을 것이다."[5]

아도르노 글이 대체로 그러하듯이, 위 문장에도 여러 중요한 개념이 한꺼번에 집약되어 있다. 그래서 세심한 독해가 필요하다. 그 논의를 차례대로 언급하면, 이렇게 될 것이다. 첫째, 물질적 욕구가 충족될 때 육체와 정신의 화해가 가능하다. 둘째, 화해를 통해 정신은 육체에서 해방된다. 셋째, 문제는 육체와 정신, 물질과 형이상학 사이의 분리가 아니라 그 긴장이다. 이 긴장이란 정신의 철저성에서 온다. 부정성否定性은 정신의 철저성을 일컫는다. 유물론은 이미 있는 것의 부정을 통해 그 너머를 지향한다.

정신 없는 육체 또는 육체 없는 정신이 중요한 것이 아니라 그 뒤얽힘, 즉 부정성 속에서 견지되는 정신과 육체의 변증법이 중요하다. 이때 육체는 더 이상 육체가 아니고, 정신은 정신만이 아니기 때문이다. 육체가 가장 육체적인 가운데 정신으로 나아가고, 물질은 가장 물질적인 가운데 정신으로 나아간다. 그래서 아도르노는 쓴다. "유물론이 가장 유물론적일 때, 그것은 신학과 일치한다. 유물론이 열망하는 것은 육체의 부활인지도 모른다." 참된 유물론은 육체 속에서 육체의 지양을 염원한다. 그것은 물질 속에서 물질을 부정하는 일이기도 하다. 그렇듯이 참된 정신은, 아도르노를 인용하면, "물질적 조건의 구속 아래 물질적 욕구의 충족을 거부"할 때, 약속하게 되는 것이다. 그렇다는 것은 어떤 가시적 형태로서의 현상적 형상에 자족하지 않는다는 것을 뜻한다. "완전한 객체는 오직 형상(우상) 없이 생각될 수 있을 것이다."

5) Theodor W. Adorno, "Negative Dialektik," *GS* Bd. 6, Frankfurt/M., 1977, S. 207.

'지양', '부정', '거부', '부활'이라는 일련의 단어에서 확인하게 되는 것은 어떤 사유의 움직임이다. 움직임이기에 그것은 살아 있는 것이고 관여하는 것이며, 그 때문에 실천적이다. 이 사유의 추동력은 부정성이고, 그 방향은 '저 너머'다. 저 너머는, 그것이 물질적 차원이건 정신적 차원이건, 지금 여기의 현상을 넘어서 있다. 그것은 육체의 초극이자 정신의 초극이다. 이 점에서 그것은 근본적으로 '신학적'이라고 말할 수 있다.

한 걸음 물러나도록 하자. 변증법이 하나의 의식현상이고 정신의 운동이라면, 이 운동은 이중적이다. 그것은 대상을 향한 것이면서 이 대상을 향한 주체의 움직임이기도 하다. 그러나 이 움직임을 절대화하지 말자. 변증법도 자기목적화한다면, 그것은, 설령 그 자체로 하나의 바람직한 사유모델이라고 해도, 사물화되기 때문이다. 나는 사유의 구성작용을 믿지만, 그렇다고 이 구성작용이 물질/현실 자체보다 중대할 수 없다고 여긴다. 사고의 이중적 관점을 강조한 아도르노에 대하여 변증법이 자기목적화할 수 있다고 비판한 것은 크라카우어였지만, 자기목적화한 사고의 경직성은 뛰어난 좌파지식인의 철학적 자기이해에서 드물지 않게 확인되는 것이기도 하다. 사고가 신학으로 나아가고, 언어가 침묵으로 바뀌는 것도 자기목적화를 경계한 데서 나온다고 할 수 있다. 참된 사유의 길은 수난의 길이다. 사고는 자기 오류를 피하기 위해 자신을 계속 객관화할 수 있어야 한다.

그리하여 참된 신학이 내세성 속에서 현실의 이편을 탐구한다면, 참된 유물론은 현세성 속에서 그 너머를 다룬다고 할 수 있다. 신학이 믿음의 우상금지를 말한다면, 유물론은 사고의 우상금지

> **참된 신학이 내세성 속에서 현실의 이편을 탐구한다면,
> 참된 유물론은 현세성 속에서 그 너머를 다룬다.
> 신학이 믿음의 우상금지를 말한다면,
> 유물론은 사고의 우상금지를 말한다.**

를 말한다. 유물론이 이상주의 관념론을 비판하는 것은 그 때문이다. 그것은 여하한의 완결적 범주들, 이를테면 조화와 총체성과 전체와 통일성을 문제시한다. 왜냐하면 관념론이란 우상시된 관념의 경직된 가치체계인 까닭이다.

그러므로 역사적 유물론의 이성은 신학적 뿌리를 가진다. 아도르노의 부정신학적 관점은 간단히 말하여 부재하는 신에 대한 신학이다. 그것은 무엇보다 신의 부재를 상정한다. 거기에는 신비적 직관 아래 모든 현세를 부정하는 그노시스적gnostisch 면모가 있다. 그노시스적 관점에서 세계는 극단적으로 거부된다. 신이 부재하다면, 현실에 존재하는 많은 것은 거짓될 수밖에 없기 때문이다. 그렇다고 진실이 아주 없는 것은 아니다. 거짓 세상에서 진실의 불꽃은 현실의 어딘가에 숨겨진 채 흩어져 존재한다. 아도르노는 벤야민처럼 신학적 근본 모티프를 숨기기 위해 무진 애를 썼다. 그의 신학적 함의는 벤야민의 그것보다 더 내밀하고 더 매개된, 따라서 더 복잡한 것이라고 말할 수 있을지도 모른다. 그에 반해 벤야민의 사상은 아도르노의 부정신학적 입장보다 신학적 내용을 좀더 직접적으로 고수한다. 그러나 그는 좀더 극단적인 신학적 입장, 예를 들면 숄렘의 유대시오니즘적 입장에는 동화되지 않

왔다.

현실은 미망에 찬 사물화된 세계이지만, 그럼에도 진실이 완전히 사라진 것은 아니다. 이 드문 진실은 어떻게 접근될 수 있는가? 벤야민은 예술 속에서, 마치 불꽃처럼, 에피파니가 그렇듯이, 순간적으로 경험될 수 있다고 믿었던 것 같다. 이런 생각을 훨씬 더 적극적으로 밀고 간 사람은 아도르노라고 할 수 있다. 예술은, 아도르노의 미학에 따르면, 의미의 기만체계가 보편적으로 실현된 현대사회에서 이 체계를 투시할 수 있는 거의 유일한 매체로 이해된다. 왜냐하면 그것은 보편적 현혹체계로서의 현대 소비사회에서 상대적 자율성을 누리기 때문이다. 이 상대적 자율성 속에서 예술은 잊혀지고 조각나고 배제되며 억압된 것, 말하자면 '비동일적 진실의 구출자'가 된다. 그런데 아도르노의 이 같은 생각은, (제8장 「비애와 성찰: 예술철학적 근거」에서 앞으로 다룰 것이듯이) 벤야민에게 이미 녹아 있다.

부정의 변증법은 지배적 동일성과 비동일적 타자성 사이에서 움직이면서 해방의 가능성을 탐색한다. 이때 무게중심은 어디까지나 비동일성에 있다. 동일성이 이미 정립된 의미체계라면, 비동일성은 아직 정립되지 않은, 따라서 앞으로 조명되어야 할 비공식적이고 억압된 의미체계다. 체계system와 비동일성 사이의 모순은 삶에서, 또 인식론에서 사라지기 어렵다. 그것은 언제나 변형된 모습으로 또다시 나타난다. 이 변형 속에서 예술을 통한 반역 또는 혁명신학에 대한 열망이 표출된다. 예술은 비동일성의 미메시스적인 구제다.

예술의 부정성에서 신학과 정치, 구원적 시각과 사회비판은 교차한다. 예술의 부정적 유토피아는 이런 식으로 신학적인 동시에 유물론적이며, 유물론적 신학 속에서 이미 반자본주의적이다. 기억이 신학적이듯이 예술도 근본적으로 신학적이다. 예술의 신학적 면모에 대해서는 조금 더 살펴보자.

2. 예술의 신학적 차원

유물론의 궁극적 목표는 물질의 풍요를 누리면서도 이 물질적 제약으로부터 해방되는 상태라고 할 수 있다. 이 구원은, 다시 한번 강조하여, 기독교 신학에서 그러하듯이 정신의 영역에서 실현되는 게 아니다. 그것은 가시적이고 경험적이며 공적 공간에서 이뤄진다. 즉 역사의 공동체 안에서 실현되어야 한다(이것이, 한 신학자에 따르면, 유대교 구원이 기독교 구원에 대해 갖는 차이점이 된다[6]).

똑같은 논리로 우리는 이렇게 말할 수 있다. 벤야민에게 구원은 우상금지를 통해 내세로 옮겨가는 것이 아니라 사회현실의 물질 공간 안에서 세속화하고자 한다. 여기에는 끊임없는 교섭과 이 교섭을 위한 거리두기, 정형화된 것에 대한 비판이 '연속적으로' 필요하다.[7] 유물론의 유토피아는 오직 부정적으로 접근될 수 있고,

---

6) Andreas Pangritz, "Theologie," Michael Opitz/Erdmut Wizisla(Hg.), *Benjamins Begriffe*, Bd. 2, Frankfurt/M., S. 796. 이러한 논지의 근거로 신학자 판그리츠가 들고 있는 책은 다음과 같다. Gershom Scholem "Zum Verständnis der messianischen Idee im Judentum," ders., *Judaica* I, Frankfurt/M., 1963, S. 7f.

7) 이 점에서 벤야민과 아도르노의 신학적 이해는 유사하다. 이들은 신학적 범주의 명시적 사용을 꺼린다는 점에서 일치한다. 이것은 신학에 관한 일반적 태도이기도 하다. 신학의 근본 내용은 쓰여진 언어와 그 텍스트에 담길 수

따라서 '지금 여기에서의 유토피아'가 된다. 벤야민의 사유는 근본적으로 지상의 낙원을 염원한다. 삶의 진리는, 그것이 모자라고 불충분하다는 부정적 의식 속에서만 오늘에 자리한다.

이 대목에 이르면, 우리는 신학이 단순히 신에 대한 긍정적인 진술에 그치는 것이 아님을 확인하게 된다. 신 또는 더하게 신적인 것은 구원의 형이상학 이전에 어떤 열망의 흔적이자 희망의 표현이기 때문이다. 그것은 차라리 저 너머에 대한 그리움, 즉 타자에 대한 지향을 담고 있다. 사실 모든 지적 추구는 신/신적인 것의 비의와 어둠을 해명하려는 인간주의적 노력이 아닌가? 그것은 신적 본성의 비밀을 인식하려는 일종의 한계형식Grenzform이다.

그리하여 신학적인 것은 종교적 영역뿐만 아니라 삶의 여러 다른 영역에 광범위하게 걸쳐 있음을 우리는 깨닫게 된다. 그것은 천국이나 영생, 영원이나 부활을 설파하는 데 그치는 것이 아니라, 그보다 덜 신학적이지만 그 때문에 더 일반적인 함의, 말하자면 폭력 없는 삶의 구원적 가능성을 내포한다. 그래서 평화와 공존의 전언을 담는다. 거기에는 우애와 박애 그리고 경건함도 자리한다.

예를 들어 오늘의 아름다움을 생각하고 더 정의롭고 부패 없는 사회를 구상할 때나, 인간의 윤리적 덕성을 떠올릴 때도 신적인

없기 때문이다. 신학적 진리는 보이지 않는 것들 투성이기 때문이다. 두 사람의 신학적 이해는 근본적으로 부정적이다. 그러나 프롤레타리아적 혁명에 대해 절망적 희망을 가졌던 벤야민과는 달리, 아도르노에게 신학적 표상은 더욱 줄어들면서 세속화되고, 이 세속화는 후기에 와 그의 미학 안으로 '지양되면서 구제된다'고 할 수 있다. 그런 점에서 아도르노 미학은 '지양된 예술신학'이라고 말할 수 있을지도 모른다.

것은 닿아 있다. 신적인 것은 나날의 생활 밖에 있는 것이 아니라 그 안에, 지금 여기 순간의 주위에 널려 있다. 신적 차원을 고려하지 않는다면, 우리는 더 넓고 더 깊은 진선미의 이해로 나아갈 수 없을지도 모른다. 완전한 진선미가 우상 없이 가능하다면, 그것은 자기갱신적인 부정성 속에서만 도달될 수 있을 것이다. 이 부정성 그리고 부정성을 통한 언어와 사고의 우상금지는 예술의 의미를 생각할 때도 중요하다.

예술작품은 원래 제의에 봉사하는 마술적·종교적 의미 아래 생겨났다. 아우라는 이 제의적 성격을 잘 보여준다. 아우라에서 말하는 먼 것은 단순히 공간적으로 먼 것이 아니다. 그것은 '제의적이고 종교적으로 먼 것'이다. 그래서 "예술의 신학적 근거"를 이룬다.[8] 이것은 일반적 맥락에서 봐도 이해할 수 있다. 즉 이념은 예술작품에서 단순히 특정대상의 재현이나 모방이 아니라 신적 존재의 반사물로 나타난다. 어떤 장소에서 순간적으로 드러나는 것은 다시 회복할 수 없는 일회성 속에서 그 진정성을 드러낸다. 이것이 아우라다. 그래서 아우라에는 초월적·형이상학적 실재의 흔적이 마치 그림자가 비치듯이 스며들어 있다. 그리하여 작품에 대한 해석은 희망 없는 삶에서 절대성과 만나고, 이 절대성 앞에서 희구되는 모든 것은, 의도하건 의도하지 않건 신학적 양상으로 변모한다.

무기력-절망-비밀-신비-침묵-타자 앞에서 우리가 맞닥뜨리

---

8) Walter Benjamin, "Das Kunstwerk im Zeitalter seiner technischen Reproduzierbarkeit(1 Fassung)," *GS* I/2, S. 441.

는 것은 어떤 낯선 것들이고, 이 낯선 것들은 타자적 영역에 속한다. 그래서 낯선 것에는 신적인 것의 흔적이 담겨 있다. 그것은 박탈된 존재의 권리를 내세우며, 지금 여기에 흩어진 채 신음하며 웅얼댄다. 예술은 이 낯선 타자성의 궤적을 좇는다. 그런 점에서 우리는 '시의 신학', '글의 신학', '예술의 신학'을 말할 수 있다.

시와 예술은 근본적으로 신학적이다. 또 신적인 것을 생래적으로 내포한다. 벤야민이 보기에 '예술을 위한 예술'도 재현수단의 혁신, 특히 사진의 발명으로 야기된 현대사회의 지각적 위기에 대응하는 예술운동이었고, 그러는 한 예술의 신학이라는 면모를 가진 것이었다. 이 예술신학으로부터 모든 사회적 기능을 부정하는 예술의 부정적 신학이 나온다고 이해된다. 그러나 아도르노가 부정신학적 입장을 말할 때, 이것은 부정성 속에서 기존상태를 넘으려는 예술고유의 비판적 잠재력을 뜻한다. 그래서 그것은 유미주의가 보여주는 예술의 신학성보다 더 적극적인 현실 대응법이라고 할 수 있다. 우리의 논의에서 중요한 것은 예술에 깃든 신학적 요소들, 말하자면 초월성·형이상학·구원성이고, 이러한 이념이 갖는 체제대항적 비판성이다.

오늘날 아름다움은 물신주의 때문에 겹겹의 가면에 덧씌워져 있다. 미는 원래 이런저런 베일에 가려진 채 나타나지만, 지금의 그것은 단순히 가려 있을 뿐만 아니라 근본적으로 변질되어 있다. 그러면서 미는 가상의 이름 아래 여전히 은폐된 채 드러난다(이 '숨김 속의 드러남'은 하이데거가 가진 미의식의 핵심이기도 했다). 이 점에서 미는 신적 계시와의 유비類比 속에서, 이 계시를 암시하는 가운데 드러난다.

> **❝**이념은 예술작품에서 특정대상의 재현이나
> 모방이 아니라 신적 존재의 반사물로 나타난다.
> 어떤 장소에서 순간적으로 드러나는 것은 회복할 수 없는
> 일회성 속에서 그 진정성을 드러낸다. 이것이 아우라다.**❞**

여기에서 우리는 신-미-진리의 현현방식에서 드러나는 일정한 공통점, 즉 은폐와 비밀의 측면을 발견한다. 그것은, 예각적으로 말하면, 온전한 방식으로 자리하기보다는 불충분한 형식으로, 또는 벤야민이 보여주듯이, 난쟁이 같은 불구의 형식으로 나타난다. 신이나 미 그리고 진리는 결핍과 과오에 찬 것, 그래서 빈자리로 남아 있다. 현실에서 경험되는 미와 진리와 신은 가상으로서 자리할 뿐이다. 또는 플라톤식으로 말하여 가상의 가상으로 자리한다고나 할까? 창조와 계시와 온전함은, 말의 엄격한 의미에서, 여기 이곳의 것이 아니다. 그러므로 필요한 것은 단순한 설명과 전달의 차원 그 너머를 주시하는 일이다. 기능적인 것 너머의 차원은 이렇게 해서 절대적이다. 침묵, 다른 것, 파악할 수 없고 표현하기 어려운 것들을 통틀어 타자성이라고 지칭할 수 있다면, 이 타자성은 이 모든 기능적·의도적 차원 너머에 자리하는 신적인 것의 대표적 범주다.

그러나 신학으로 도피하지 않고도 초월적인 것을 간직하고, 이 초월성을 단순히 구원의 형이상학으로서가 아니라 사실적 경험충실로부터 추구하는 것은 아직도 가능한가? 또 이 세속적인 추구방식을 견지하면서도 언어의 한계와 사고의 맹목성을 우리는 흔

쾌히 인정할 수 있는가? 그리하여 결국 실존적 삶의 한계를 인정하면서도 이성적 탐구의 가능성을 포기하지 않을 수 있는가? 그래서 이 표현적 탐구 자체가 자유의 행위가 되게 할 수 있는가? 아마도 이것은 오직 이념적으로만 또는 예술 속에서만 가능할지도 모른다. 현실의 해명은 예술의 표현행위를 통해 신적 구제와 아주 드물게나마 만날 수 있기 때문이다. 어떤 화해로운 삶은 이 만남에서 가능할지도 모른다.

문제는 평화로운 현존의 '지상적' 가능성이다. 아니 평화-비폭력-비억압의 삶이 단순히 가능성의 차원에서가 아니라 오늘의 현재적 체험이 되도록 지금의 공동체를 믿고, 이 공동체의 질서를 의지할 만한 것으로 우리는 만들 수 있는가?

마르크스에게 현재의 역사는 인류의 '전사'前史, Vorgeschichte였고, 그래서 그것은 다가올 역사를 위한 하나의 잠정적 시기에 불과했다. 참으로 정당한 역사는 그의 눈에 미래의 사건으로 남아있었다. 지금까지의 억압사를 인류사의 앞선 단계이게 하고, 폭력이 없는 그래서 참으로 진실된 역사를 마침내 현재적 경험이 되게 할 그런 날이 정녕 올 수 있을까? 인간다운 삶은 지금 여기에서 과연 어느 정도까지 실현될 수 있는가? 이런 물음에 대한 답변이 비관적이지 않게 되기란 오늘날에는 지극히 어려워 보인다.

4. 피억압자의 메시아

2010년대의 한국사회에서 '역사교과서 기술'을 둘러싼 좌우파의 논쟁은 현재진행형이다. 이것은 상해임시정부의 위상에 대한 논란이나 1948년 정부수립일을 둘러싼 '건국 60주년' 논란이 뜨겁게 일어난 데서도 되풀이된다. 사회정치적·이념적 갈등을 체험한 지 오래되지 않고, 그런 체험으로 인한 고통이 아직도 치유되지 못했으며, 그 같은 갈등과 고통의 역사적 의미에 대한 평가가 사회적 합의에 이르지 못한 곳에서 이런 논쟁이 발생하는 것은 당연하고, 그것은 어쩌면 또 필요한 것인지도 모른다. 그러나 비판적으로 보면, 이러한 논쟁은 '하나의 가치기준을 세우고 이렇게 세워진 기준을 자기화하기 위한 일종의 이데올로기적 싸움'이라고 볼 수도 있다. 그래서 그것은 특정계파나 집단의 이익을 대변하는 정치적 싸움으로 변질되기 일쑤다. 논쟁은 단순한 의견대립의 차원에 그치는 것이 아니라 전사회적으로 확대되어 엄청난 오해와 증오의 파문을 일으킨다. 문제는 바로 이 때문에 일어나는 사회적 낭비와 없어도 좋을 고통이다.

한국의 지금 현실은 이런 혐의를 거두기에는 너무도 뿌리 깊은 파당적 이해관계와 그 충동에 의해 휩쓸려가는 듯하다. 명분이 실질을 대신하고, 집단의 작위적 슬로건이 개별적 사실의 진실을 호도하기 때문이다. 그래서 그 폐해는 더 심해지고, 삶의 억압성은 줄어들기보다는 갈수록 더욱더 증폭되는 것으로 보인다.

1. 억압현실과 비동일성

문제는 억압되는 현실이다. 억압적 양상은 여러 형태의 지배형식에 녹아 있다. 공식적 담론이나 언론보도 또는 상투적 유행어는 현실을 왜곡시키는 지배형식의 가장 흔한 예다. 억압적 담론의 특징에도 여러 가지가 있지만, 그중 하나는 기존의 친숙한 것을 즐

겨 따르는 반면 낯설고 이질적인 것을 꺼린다는 데 있다. 지배적·
공식적 담론은 동일화/동질성 논리를 따른다.

동일화 논리는 개별적인 것의 사연을 일반적인 것에 복속시킴
으로써 특수한 것의 고유성을 억압한다. 이 억압을 통해 그것은
이미 전해져온 것이나 통용되어온 것의 타당성을 반복한다. 그러
니까 옳은 것은 '언제나 옳은 것'으로 간주되어왔던 것이고, 그른
것은 '언제나 글렀다고 지금까지 여겨져온 것'이다. 동질화 논리
속에서 진위의 기준은 변화를 모른다. 문제는 이 불변의 논리를
통해 지배의 메커니즘, 즉 기존의 공식질서가 더욱더 공고화된다
는 사실이다. 그렇다면 이렇게 말할 수 있다. 동일화 논리는 근본
적으로 억압적 질서의 존속에 기여하고, 이 메커니즘으로서의 인
류사의 연속성에 헌신한다. 이렇게 하여 재앙의 현실은 단절되는
것이 아니라 지속적 생명을 보장받는다. 아도르노는 이것을 "동일
화 강제"라고 불렀다. 그의 '비동일성'das Nicht-Identische의 사고는
바로 이 동일화의 강제성을 문제시한 것이다.

동일화의 사고는 그 자체로 억압적이다. 이 억압의 연쇄고리를
끊는 것, 말하자면 부정을 통해 이전의 연속사와 단절을 꾀하는
것이 벤야민적 사고의 저항방식이다. 그러므로 부정을 통한 저항
은 동일성에 대한 저항과 아울러 비동일적인 것의 복원이라는 성
격을 갖는다. 거꾸로 말하면, 비동일적 사유의 복원이야말로 해방
과 자유의 실천이 된다. 역사의 재앙적 연속성에서 그 흐름을 끊
는 것이 중요한 것은 이 때문이다. 벤야민이 마르크스와 구분되는
곳도 이 지점이다. 그는 이렇게 적는다. "혁명은 세계사의 기관차
라고 마르크스는 말한다. 그러나 어쩌면 전혀 다른 것인지도 모른

다. 혁명은 이 기차에 타고 있는 인류가 브레이크를 거는 것인지도 모른다."[9]

그러나 이것이 현실에서 실제로 어느 정도 실현될 수 있을지는 별개의 문제다. 어쩌면 인간의 역사는 정의의 이념들이 끊임없이 유예되는 가운데 고만고만하게 유지되는 종류의 것이라고 말해야 할지도 모른다. 그만큼 '좋은 말'은 실현되기 어렵다. 차라리 인류사는 유예된 미덕이나 지켜지지 않은 약속을 먹고산다. 이것은 마르크스 저작에서 중요하다는 세 가지 기본개념을 언급하는 벤야민의 다음 글에서도 확인된다.

"그것은 바로 프롤레타리아의 계급투쟁, 역사적 발전 과정 그리고 계급 없는 사회다. 마르크스에게 근본사고의 구조는 다음과 같이 표현된다. 일련의 계급투쟁을 통해 인류는 역사적 발전의 진행 속에서 계급 없는 사회에 도달한다. 그러나 계급 없는 사회는 역사적 발전의 종점으로 생각될 수 없다. 이 잘못된 구상으로부터 무엇보다 아류들에게 '혁명적 상황'에 대한 생각이 생겨나는데, 이 혁명적 상황이란, 잘 알려져 있듯이, 쉽사리 생겨나지 않는다. 그러므로 계급 없는 사회라는 개념에 우리는 참된 메시아적 얼굴을 부여해야 한다. 그것도 프롤레타리아 자체의 혁명적 정치에 대한 관심 속에서 말이다."[10]

---

9) Walter Benjamin, "Abhandlungen," *GS* I/3, *a. a. O.*, S. 1232.
10) *Ebd*.

위에서 보이듯이, 벤야민은 마르크스주의를 지탱하는 주요개념들, 즉 '계급투쟁'이나 '발전' 또는 '진보'의 역사관, '계급 없는 사회'라는 술어로부터 일정한 거리를 유지한다. 이 거리유지는 물론 어떤 정치적 관심, 말하자면 프롤레타리아적 혁명에 대한 믿음 위에 기반한 것이다. 그러면서 이 모든 것은, 더 중요한 것은 바로이 점인데, 신학적 충동에 의해 이끌린다. 그가 다음처럼 쓰는 것도 그 때문이다. "그러므로 계급 없는 사회라는 개념에 우리는 참된 메시아적 얼굴을 부여해야 한다."

메시아적 얼굴을 부여하는 행위란 지금 여기의 순간적 인식을 중시한다는 것이고, 이 현재적 인식을 통해 기존역사의 파국적 연속성을 중단시키는 것이며, 이 중단 속에서 구원의 계기를 마련한다는 뜻이다. 중단 또는 파괴야말로 "참된 인간성의 기온"이기 때문이다.[11]

단절에서 과거는 지금까지와 전혀 다른 모습을 드러내고, 이 다른 모습에서 역사는 새롭게 경험될 수 있다. 벤야민적 의미에서 구원이란 '전혀 새롭게 경험되는 역사의 순간'이고, '이 순간을 통한 현재적 현실의 갱신가능성'이다. 그러니까 과거가 새로 경험될 때 현실은 이미 구제될 수 있고, 이 구제로부터 현실은 새롭게 변형될 수 있다. 변화를 위한 각성은 이미 구원적이다. 그러므로 단절-중단-파괴는 구원을 위해 불가피하다. "계급 없는 사회란 역사에서의 발전의 종결점이 아니라 이 발전의, 때로는 실패하지만 그럼에도 잠시 이뤄지는 중단이다."[12]

---

11) *Ebd.*, S. 1243.

> **"** *계급 없는 사회라는 개념에 우리는*
> *참된 메시아적 얼굴을 부여해야 한다.*
> *프롤레타리아 자체의 혁명적 정치에 대한*
> *관심 속에서 말이다.* **"**

파국적 역사의 메시아적 중단에서 잊지 말아야 할 것은 프롤레타리아 혁명정치에 대한 벤야민의 관심이 줄어들지 않고 있다는 사실이다. 더 정확하게 말하자. 이때의 관심은 단순히 프롤레타리아, 즉 무산자 계급에 한정된 게 아니다. 그의 관심은 이보다 더 넓은 외연, 말하자면 패배하고 잊혀지고 밀려나고 배제된 계층을 향해 있다고 말해야 한다. 이것은 피억압자 전체에 가깝다. "역사의 주체는 인류가 아니라 억압된 자들이다. 연속성이란 억압하는 자의 연속성이다."[13]

이 대목에서 나는 예수를 떠올린다. 예수야말로 억압된 자들의 대변자였기 때문이다. 벤야민의 생각을 예수의 생애에 적용하여 다시 번역해보면 어떻게 될까? 예수가 사마리아 여인을 만난 삽화는 몇 가지 중대한 것을 암시한다.

2. 예수와 사마리아 여인

어느 날 낮에 예수는 한 우물가에 앉아 있었다. 이곳으로 한 여

---

12) *Ebd.*, S. 1231.
13) *Ebd.*, S. 1244.

자가 물을 뜨러 온다. 예수는 이 여자를 보고 '물을 달라'라고 청한다. 그러면서 "이 우물의 물을 마시는 자는 다시 목이 마르겠지만, 내가 주는 물을 마시는 자는 영원히 목마르지 않을 것이다"고 말한다(「요한」, 4: 13~14). 이렇게 나누는 대화 중에 이 여자는 자신이 창녀임을 예수가 알고 있으면서도 그가 믿음의 언어를 전하려 한다는 사실에 큰 감화를 받는다. 그리고 이렇게 감동받은 내용을 다른 사람들에게도 알려, 결국에는 더 많은 사람이 예수를 믿게 한다. 이 짧은 삽화에서 우리는 몇 가지를 생각해볼 수 있다.

당시 대부분 사람은 신의 대리자인 제사장을 통해서만 구원받을 수 있다고 여겼다. 불구자나 정신병자는 '영혼이 불결한 자'로 간주되었다. 이들은 유대사회에서 철저하게 격리되었다. 성전에 가까이 갈 수조차 없었다. 사마리아인은 이렇게 가장 멸시받던 민족 중의 하나였다. 게다가 『성경』에 등장하는 '사마리아 여인'은 창녀였다. 그래서 그녀는 햇볕이 가장 뜨거워지는 한낮에 뭇사람의 눈을 피해 물을 길러 갔던 것이다. 예수는 바로 이런 여자에게 스스럼없이 말을 건넨다. "내 말을 믿어라. 사람들이 예배드릴 때, '이 산이다' 또는 '예루살렘이다' 하고 굳이 장소를 안 가려도 될 때가 올 것이다"(「요한」, 4: 21). 예수는 사마리아 여인에게 그러했듯이, 병든 자나 불구자 또는 귀신 들린 자들과도 즐겨 어울렸다. 그에게는 장소나 민족이 중요하지 않았던 것처럼, 신분이나 직업도 사소한 것이었다. 그는 내몰리고 미움 받고 추방된 자들의 친구였다.

예수는 사람을 편견 없이 대한 사랑의 인간이었지만, 그 스스로는 사랑받지 못했다. 밑바닥 사람들에 대한 그의 관심은 그 자체로 기성사회에 대한 도전이었기 때문이다. 그리하여 그의 메아리 없던 사랑은 그 자체로 억압의 연속성에 균열을 내는 일이고, 편견의 지배와 단절하는 일이었다. 예수의 이런 파격적인 행동에 유대인, 특히 종교지도자를 포함한 상층사회가 경악한 것은 당연했던지도 모른다. 이렇듯이 누구의 사랑은 어떤 사람들에게 '도전'이자 '저항'이 되기도 한다. 그래서 그는 이해받기보다는 더 자주 기피된다. 예수가 고발되거나 체포되어 매질당하고 수감되는 것은 시간문제였는지도 모른다.

하지만 예수에게 신분이나 계급, 지위나 재산은 금지해야 할 우상과도 같았고, 사랑과 너그러움과 자유는 우상 너머에 자리하는 실천적 덕목이었다. 사랑과 진실은 계급이나 지위, 신분과 권력 같은 세속적 우상을 넘어서지 못하면 도달될 수 없다. 완전한 객관성은 부정성 속에서 우상 없이 오직 영적 진실을 염두에 두는 가운데 얻을 수 있다.

3. 확대된 억압개념

주의할 것은 여기에서 지적된 억압된 존재가 인간에게만 국한된 것은 아니라는 사실이다. 그것은 생명 있는 모든 것과, 나아가 생명 없는 것까지를 포괄한다.[14] 이 점에서 벤야민의 신학적 유물론 구상은 기존 유물론과 선명하게 구분된다고 할 수 있다. 이것은 피억압자에 의한 혁명적 투쟁이 그의 글에서 전면적으로 주제

---

14) 이런 면모를 나는 벤야민론의 여러 글에서 조금씩 다루었다. 그중에서도 특히 제10장 「글의 자연사: 문학비평」에 나오는 레스코프 해석을 참조할 것.

화되기보다는 대개 그 배후에 머문다는 사실과도 이어진다.

신학적 구상도 그러하다. "나의 생각이 신학에 대해 갖는 관계는 마치 압지가 잉크에 대해 갖는 관계와 같다. 그것은 신학에 흠뻑 젖어 있다. 그러나 압지를 떼놓고 보면, 쓰인 그 어떤 것도 남아있지 않다."[15] 그러니 압지에서 잉크 흔적을 읽어내기 위해서는 투과적 시선을 가져야 한다. 우리는 보이지 않는 것에서 무엇인가를 읽어내고, 들리지 않는 것에서 무엇인가를 들으며, 말하지 않는 것에서 말해야 할 것을 찾아낼 수 있어야 한다. 아래의 문장은 그 점을 말한다.

"역사의 구조를 탐색하려는 역사적 유물론자는 자기 방식대로 일종의 스펙트럼分光 분석을 행한다. 마치 물리학자가 태양분광기에서 자외선을 알아내듯이, 그는 역사 속에서 메시아적 힘을 알아낸다. '구원된 인류'가 어떤 상태에 있는지, 이 상태의 도래는 어떤 조건에 처해 있는지, 언제 그 상태는 올 수 있는지 알려는 사람은 여러 질문을 던지지만, 이 질문에 대한 답변은 없다. 마찬가지로 그는 자외선이 어떤 색채를 가지는지 찾아낼 수도 있다."[16]

이것을 벤야민은 역사적 유물론자의 일로 여겼지만, 우리는 좀

---

15) Walter Benjamin, "Abhandlungen," *GS* I/3, *a. a. O.*, S. 1235; "Das Passagen-werk," *GS* V/1, v. R. Tiedemann(Hrsg.), Frankfurt/M., 1982, S. 588.

16) Walter Benjamin, "Abhandlungen," *a. a. O.*, S.1232.

더 넓은 맥락에서, 그러니까 삶 일반에 대한 하나의 관점으로 받아들일 수도 있다. 더 넓은 관점은, 그가 지향하는 계층이 무산자 프롤레타리아뿐만 아니라 피억압자 일반이었다는 점에서, 더 필요하지 않는가 여겨진다.

내가 주목하는 것은 역사서술이나 역사이해의 방식뿐만 아니라 문학예술과 문화를 읽는 데서도, 또 인간을 이해할 때도 그런 시각이 절실해보인다는 사실이다. 그러니까 삶의 구조를 총체적으로 이해하려는 자는 그 나름의 "분광적 분석을 행해야" 한다. "마치 물리학자가 태양분광기에서 자외선을 알아내듯이, 그는 역사 속에서 메시아적 힘을 알아낸다." 이것을 '스펙트럼적 사유'라고 할 수 있을까? 이 사유가 지향하는 형태가 변증법적 이미지라면, 이 사유가 배어든 글의 형식은 자전적 사유이미지의 수기가 될 것이다.

이 실천적 행위에서 혁명이나 운동은 급진적인 행동방식이 된다. 하지만 구원의 길에는 이런 방법만 있는 게 아니다. 다른 해석이나 관점, 무의지적인 기억이 작동하여 쓰인 여러 편의 글도 구제적 행위다. 나아가, 이미 강조했듯이, 벤야민의 현실 대응법은 겉으로 내세워진 정치적 요구보다 훨씬 미묘하고 깊은 면모를 갖고 있고, 이 풍부한 뉘앙스에는 그의 신학적 모티프가 큰 역할을 한다. 우리가 말의 고유한 의미에서 '벤야민적'이라고 말할 수 있는 것은 바로 이 미묘하고 그윽한 울림을 주는 글일 것이다. 적어도 뉘앙스-여운-기미-분위기-울림을 헤아리지 못한다면, 이것이 현실과 역사에 대한 것이건 개인사적으로 내밀한 것이건, 벤야민 사유의 가장 중대한 면모를 놓친 것이라고 나는 생각한다. 실

> **❝** 보이지 않는 것에서 무엇인가를 읽어내고,
> 들리지 않는 것에서 무엇인가를 들으며,
> 말하지 않는 것에서
> 말해야 할 것을 찾아낼 수 있어야 한다. **❞**

제로 그는 크고 거창한 구호를 선호하기보다는 지금 여기에서 당장 시작할 수 있는 작고 미미한 것을 더 중시했다.[17]

벤야민은 구원을 일정한 장소에서 경험되거나, 어떤 시기가 되어야 겪게 되는 일로 보지 않는다. 그는 삶의 모든 순간이 그리고 시시각각이 구원으로 열린 문이 될 수 있다고 말했다.[18] 매 순간의 행동과 이 행동에 담긴 온갖 느낌과 생각과 여운의 파장이 현재를 넘어서는 놀라운 변화의 계기가 될 수 있는 것이다. 그것은 분명 작고 좁은 통로다. 그러나 그 문을 지난 결과는 예상 밖으로 클 수도 있다. 이러한 점은 헤겔이나 마르크스의 변증법에는 없는 요소다. 이 차이를 더 자세히 알아보자.

---

17) 여기에 대해서는 이 책 제2장 「폐허의 기념비: 역사이해」의 5절 '미시감각의 글쓰기'나 제9장 「여운의 궤적: 글쓰기」, 제15장 「입김이 머무는 동안: 행복의식」을 참조할 것.

18) Walter Benjamin, "Über den Begriff der Geschichte," *a. a. O.*, S. 704. 여기에 대해서는 제1장 「'다른 현재'의 경험」 3절에서 다루었다.

4. 헤겔/마르크스와의 차이

헤겔이 강조한 것은 세계정신으로서의 이성이다. 그러나 전체로서의 이성이 절대화될 때, 사물의 개별성과 특수성은 배제된다. 이 점은 마르크스도 비판한다. 그러나 마르크스에게 헤겔 논리의 관념론적 유산이 사라지는 것은 아니다. 토대와 상부의 이원구조나 경제결정론이 그 예다. 그러니까 헤겔의 정신적 관념론은 엄격하게 보아 생산력과 생산관계 위에 근거한 마르크스의 경제기술적 일원주의로 '자리이동'한 것이라고 볼 수도 있다. 이 점에서 둘은 모두 형이상학적이다. 헤겔철학이 정신적 형이상학이라면, 마르크스는 경제기술적 형이상학이다. 그래서 둘은 모든 것을 일체화하여 하나로 수렴하는 논리, 말하자면 동일화 논리의 억압성에서 벗어나지 못한다.

이에 대하여 벤야민의 변증법은 동일화 논리에서 무시되는 존재들, 즉 억압되고 잊혀지고 조각난 존재들과 이 변두리 존재들의 개별적 특수성을 광범위하게 불러들인다. 그의 해체구성적 방법론은, 쇠트커D. Schöttker의 말을 빌려, '파편적 구성주의'는 이 점을 극명하게 보여준다.[19] 이것을 틸렌은 '변증법에서 대화법으로의 전이'로 이해하면서, 바로 여기에서 벤야민의 사상적 가능성을 본다.[20] 그는 이렇게 쓴다.

---

19) Detlev Schöttker, *Konstruktiver Fragmentarismus, Form und Rezeption der Schriften Walter Benjamins*, Frankfurt/Main, 1999.

20) Helmut Thielen, Eindenken, "Walter Benjamins theologischer Materialismus," *Global Benjamin* 3, v. K. Garber u. L. Rehm(Hrsg.), München, 1992, S. 1394.

"지금까지 변증법은 일반적인 것과 특수한 것의 갈등을 검토·강조하면서도 결국 일반적인 것의 우월성에, 이 일반성이 세계정신이건 발전이건 노동집단이건 간에 동의한 반면 벤야민에게 변증법은 거꾸로 된 방향에서 권리를 얻게 된다. 즉 갈등은 더이상 조정되는 것이 아니라 특수한 것을 해방하고 구제하는 빛속에서 나타난다. 두 가지 계기의 싸움을 해결하는 '경향'은 억압적 일반성의 승리에 있는 것이 아니라 사고와 실천의 형식 속에서 이 일반성을 철폐하는 데 있다. 그리고 이때의 형식은 형식적 논리나 변증법이 아니라 대화법Dialogik이다. 이 경향을 지칭하는 것이 벤야민에게 전체국면별자리이다."[21]

틸렌의 해석력은 돋보인다. 그것은 흔히 있는 벤야민 해석과는 조금 달라 보인다. 벤야민 사유의 특징은 단순히 개체와 전체, 일반과 특수의 대립 사이에서 움직이는 것이 아니라고 할 수 있다. 그렇게 이해한다면, 그것은 그의 사유의 독특성을 기존의 틀 안으로 환원시킨다는 의혹을 남기기 때문이다. 그래서 이런 해석은 뭔가 듬성하고 상투적이라는 느낌을 갖게 한다.

틸렌의 해석이 보여주듯이, 벤야민은 대립적 축이나 모순되는 면들을 단순히 '조정'하는 데 만족하지 않는다. 헤겔이나 마르크스처럼 일반성 아래 개체성을 종속시키는 것이 아니라, 그래서 전체를 위해 개체를 억압시키는 것이 아니라, 개체의 고유성에 주목하고 이 개체의 특수한 사연들을 구제함으로써 전체국면을 온전

---

21) *Ebd.*, 1392.

> **❝벤야민은 헤겔이나 마르크스처럼 일반성 아래 개체성을 종속시키는 게 아니라, 개체의 고유성에 주목하고 이 개체의 특수한 사연들을 구제함으로써 전체국면을 온전하게 만들고자 한다.❞**

하게 만들고자 한다. 개체와 전체 사이의 '대화'는 이렇게 해서 생겨난다. 그러니까 모순해결의 방식은, 틸렌이 잘 지적했듯이, "억압적 일반성의 승리에 있는 것이 아니라 사고와 실천의 형식 속에서 이 일반성을 철폐하는 데 있다."

일반성의 원리가 다양한 대상을 자기논리에 따라 하나로 수렴하고자 한다면, 그것은 동일화하는 원리, 즉 동일성의 원리를 적용한 것에 다름 아니다. 그것은 이질적인 것을 한편으로 동질화하면서, 다른 한편으로 이 동질화를 거부하는 것은 철저히 배제하기 때문이다. 그리하여 그것은 억압과 축출의 지배논리로 변질된다. 벤야민의 사유는 이 동질화의 지배원리와는 질적으로 구분된다. 그것은 기성화된 일반담론을 불신한다. 그가 '단절'이나 '파편', '중단'이나 '구성' 또는 '파괴'를 중시한 것은 이런 이유에서다. 벤야민의 부정성은 억압적 일반화 원리에 대한 구제적 반발이다. 그러므로 비동일적 사유방식 자체가 구제적이다.

5. 구제적 비동일화

벤야민은 물질적 생산력과 정신적 이데올로기, 노동의 사회적 생산력과 예술작품 사이의 관계를 인과적으로 해석하지 않는다.

그의 관점은 헤겔의 이성적 절대화나 마르크스주의의 경제결정론의 타당성은 인정하지만, 그것을 완전히 따르지 않는다. 그는 대상을 더 탄력적이고 느슨하게, 그리하여 유추적 비유 아래 사유하고자 한다. 부르주아 도덕률이 강조하는 내면성이나 양심, 정신주의나 유심론에 깃든 여러 독단적인 속성을 그가 신랄하게 비판한 까닭은 그 때문이다.[22]

삶은 그 자체로 유동적이고 이 유동성이 끊임없이 흐르는 것이라면, 삶을 해명하려는 지식 역시 살아 움직이는 활동이지 않으면 안 된다. 지식과 삶의 관계는 유동적이고 유기적이어야 한다. 진리가 드러나는 방식도 필연적인 것만큼이나 우연적일 수 있고, 따라서 그에 대한 고찰은 일정한 논리 속에서 이 논리를 넘을 수 있어야 한다. 논리 속에서의 논리초월은, 사유가 비대칭적이고 불연속적이어서 비동일적으로 작동할 때, 비로소 가능하다.

벤야민 사유의 핵심원리는 동일화가 아니라 비동일화에 있다. 그것은 일반성의 규칙 아래 이질적 세부를 하나로 획일화하는 것이 아니라 각각의 고유성을 그 자체로 존중하고자 한다. 동질적 논리가 전통철학의 관념론적 변증법을 지탱하는 것이라면, 벤야민의 변증법은 비동질적 특수성의 논리 위에 있다. 그것은 세부의 사연을 중시하고, 무엇보다 기성화되지 않은 변두리적 가치에 주목한다. 그 점에서 그것은 방법론적으로 전복적이면서 의미론적

---

22) 그러나 벤야민의 이런 수긍할 만한 비판에도 불구하고, 또 다른 측면에서 보면, '내면성'이나 '양심', '정신주의'나 '유심론'이 그 자체로 잘못되었거나 불필요한 것은 물론 아니다. 문제는 하나의 이념이 어떤 문화적 맥락 아래 있고, 그것의 어떤 측면이 사회적으로 오용되는지를 직시하는 일이다.

으로 구제적이다. 기존의 역사를 기존의 술어로 되풀이하는 것이 아니라, 그래서 역사의 억압적 연속성에 기여하는 것이 아니라, 이 기존의 역사에 결여된 자리인 그늘을 비추고 그 맹점을 드러내고 자 한다. 그 점에서 그것은 '윤리적'이라고 말하지 않을 수 없다.

벤야민의 사유는 개별적이고 특수한 것, 비동일적이고 이질적 인 것을 구제하고자 한다. 그것은 이미 있었던 것의 동일적 반복 이 아니라 새로운 것의 비동일적 발굴을 통해 빈자리의 권리나 아 직 부재하는 것의 가치를 옹호한다. 이 비동질성의 원리는 아도 르노에게 계승되어 그의 미학에서 '비동일적 사유'Nicht-Identisches Denken로 발전한다. 현대철학의 한 저류를 간단히 '타자성의 사유' 라고 지칭할 수 있다면, 타자적 사유는 벤야민/아도르노식으로 보 면 비동일적 사유로 다시 쓸 수 있다. 이때 비동일성이란 기성의 논리에 의해 아직 수렴되지 않은 타자적 영역에 속하기 때문이다. 그 점에서 벤야민과 아도르노의 미학적 사유는 현대사상의 근본 흐름을 공유한다고 할 수 있다. 아니 이 근본 경향의 한 방식을 선 구적으로 정초했다고 말하는 것이 더 정확한 표현일 것이다.

벤야민의 비동일적 사유는 타자성을 지향한다. 그러나 기존 의 역사를 문제시하고 그 재앙적 연속성을 단절시키려는 시도 는 간단하지 않다. 이것은, 그가 적고 있듯이, 일종의 "위험국면" Gefahrenkonstellation 속에서 일어난다.[23] 이 위험은 물론 위기이면서 기회이기도 하다.

벤야민은 역사의 문제점을 생각하면서 그 단절을 고민하고, 이

---

23) Walter Benjamin, "Das Passagenwerk," *GS* V/1, *a. a. O.*, S. 587.

> **"** 벤야민의 사유는 개별적이고 특수한 것,
> 비동일적이고 이질적인 것을 구제하고자 한다.
> 새로운 것의 비동일적 발굴을 통해 빈자리의 권리 또는
> 아직 부재하는 것의 가치를 옹호한다. **"**

렇게 고민하는 가운데 좀더 정당하고 선한 역사의 다른 가능성을 구성하고자 한다. 이 구성이 일어나는 것은 '현재라는 역사적 순간'이고, 그 계기는 이 순간에 일어나는 인식이다. 이 인식의 예를 보여주는 사람은, 그의 저작에서는, 꼽추천사이고 수집가이며 탐정이고 고고학자다. 또는 인상학자이거나 푹스 같은 역사가이거나 레스코프N. LessKow, 프루스트 아니면 카프카 같은 작가라고 할 수도 있다. 이들은 최고의 위태로운 순간에서 어떤 도약을 위한 전환의 계기를 포착해낸다. 누구는 기억을 통해, 누구는 수집이나 얘기를 통해, 누구는 변증법적 이미지나 글쓰기를 통해 그렇게 했다. 참된 인식은 순간적으로 점화하고, 이 점화 속에서 행동의 해방적 가능성이 싹트는 것이다.

종교를 내세우지 않으면서도 신심을 잃지 않고, 내세를 주장하지 않으면서도 현존의 초월적 가능성을 잊지 않는 길은 있는 것일까? 이른바 '내재적 초월'의 방식은 무엇인가? 이것은 큰 질문이다. 그러니 이렇게 다시 묻는 것은 어떤가? 오늘의 삶에서 이 삶의 깊이를 잊지 않고 사는 길은 과연 있는가? 이것이 생활 속에서 가능하다면, 그 형태는 어떠할까? 그런 모습이 하나로 나타나는 대목이 벤야민의 글에 있는가? 나는 이 점을 레스코프에 대한 글에

서 찾았다고 생각한다. 그 이름은 '지상적 내재성'이라고 불릴 수 있을 것 같다.

5. 주의력: 지상적 구제

> 잠을 자는 동안에도 깊이 자면서 내 자신을
> 날카롭게 지켜볼 수 있는 행운을 가져봤으면 좋겠다.
>
> ■ 카프카, 「굴」(1923)

벤야민이 유물론적 신학을 통해 이 땅의 낙원, 말하자면 지상적 낙원의 가능성을 탐구했다면, 이 가능성은 그가 다룬 시인이나 작가나 역사가의 이런저런 작업에서 직접적으로 나타날 것이다. 그리고 수집가나 만보객 또는 넝마주이의 모습에서 그는 그런 행동의 표본을 보았다고 말할 수 있을지도 모른다.

그러나 이 모든 것을 개념적 구분이나 논증 같은 지적 작업이나 취미나 기질 아니면 생계활동에서가 아니라 그저 생활 속에서 매일매일 살아가는 삶 자체로 구현한 경우란 없는 것인가? 원래 종교에서 얘기되는 신성이나 구원 또는 은총의 문제란 지금처럼 교리의 어떤 자구에 대한 해석에 매달리거나, 이들 해석서나 문답서의 이런저런 입장 차이에 모든 것을 거는 일이 아니었을 것이다. 그것은 차라리 보통의 눈어림이면 누구나 이해할 수 있는 평이한 언어로 얘기되고 이해되며, 나아가 이렇게 얘기되기보다는 일상적 삶 속에서 말없이 행해지는 것에 가까웠을 것이라고 해야 할지도 모른다. 지적 저술이건 생계활동이건 아니면 여가생활이건 간에, 이 모두는 결국 각자가 영위하는 나날의 생활 안으로 뿌리내려야 한다.

1. 자연스런 삶의 성자

벤야민은 어떤 인물이나 어떤 인간상에게서 지상적 삶의 한 모델을 보았던 것일까? 이것은 그가 레스코프에 대해 쓴 「이야기꾼」에서 나타나는 것 같다고 나는 판단한다. 아래 인용문은 이 러시아 작가의 일생을 회고하면서 그의 이야기 방식에 대해 말하는 대목이다.

"그가 쓴 일련의 전설적 이야기들이 있는데, 그 중심에는 정의로운 자가 있다. 고행자는 드물고, 대개는 단순하고 활동적인 사람인데, 이들이 얼핏 보면 너무도 자연스런 방식으로 이 세상에서 성자가 된다. 신비로운 황홀은 레스코프의 일이 아니다. 때때로 그는 기적적인 일에 즐겨 골몰하지만, 이 놀라운 일을 경건함 속에서도 확고하고 자연스런 일과 결부시키는 것을 가장 좋아한다. 그는 세상일에 너무 깊이 관여하지 않고도 이 세상에서 그럭저럭 살아가는 사람에게서 모범상을 본다. 그리고 비슷한 태도를 세속적 영역에서도 보여주었다."[24]

이 글은 시사적이다. 그것은 단순히 레스코프의 이야기 방식에 대해서만 말하는 게 아니다. 그 외에 그것은 이 작가가 경애하는

---

24) Walter Benjamin, "Der Erzähler," *GS* II/2, Frankfurt/M., 1977, S. 441.

어떤 인간상이나 모범적 삶의 형식에 대한 벤야민의 깊은 공감을 담은 것으로 보인다. 그래서 그것은 레스코프가 추구한 인간상이면서 동시에 벤야민도 추구한 인간상이 아닌가 추측하게 만든다. 그 내용은 "단순하고 활동적인 사람"이 어떤 고행이나 금욕 또는 "신비로운 황홀"에 의지하는 것이 아니라, "얼핏 보면 너무도 자연스런 방식으로 이 세상에서 성자가 되는" 경우다. 조금 더 체계적으로 해석해보자. 벤야민이 생각한 모범적 삶에는 세 가지 조건이 들어 있다.

첫째, 그는 단순하고 활동적인 사람이고, 둘째, 어떤 인위적 강제나 억제가 아니라 자연스런 방법으로 살아가고 있으며, 셋째, 이 살아감이 지금 여기에서, 그러니까 현세적 공간에서 이뤄진다. 그리하여 놀랍고 기적적인 일은 가끔 일어나지만, 이것도 "확고하고 자연스런 일에 결부"되어 있다. 그래서 벤야민은 쓴다. "그는 세상일에 너무 깊이 관여하지 않고도 이 세상에서 그럭저럭 살아가는 사람에게서 모범상을 본다." 아마도 행복한 사람의 삶이란 이런 종류의 것이라고 말해야 될지도 모른다. 자연스럽게 자기 일을 하는 것, 세상과 거리를 두지만 그렇다고 사회와 격리되지는 않는 것, 그래서 일정한 거리감 아래 자기 일에 골몰하고, 이렇게 골몰한 일이 '정당하게' 되도록 하는 것…… 벤야민이 말한 유물론적 신학 또는 더 넓게 말하여 세속적 구원의 인간적 형식도 이와 다르지 않을 것이다.

레스코프의 이 인물묘사에는 모범적 인간상으로 어떤 게 좋겠다는 추측이나 염원보다는 그의 오랜 고심이 들어 있다고 벤야민은 이해한다. 하지만 이 고심의 구체적인 내용이 무엇인지 그는 적지 않았다. 단지 그의 해석에 기대어 조금 추측해볼 수는 있을 듯하다. 그에 의하면, 레스코프는 로마교회에서 비난받은 바 있는 오리게네스Oregenes, 182년경~254년경라는 신학자에게 깊은 영향을 받았는데, 이 신학자에게는 아포카타스타시스Apokatastasis가 중요했다고 한다. 아포카타스타시스란 신비주의자들의 한 가르침으로써, '세계종말의 시간에 나타나는 일반적 완전성의 복원'을 뜻한다. 더 구체적으로 말하면, 그것은 단순히 신도뿐만 아니라, 또 인간이나 생명 있는 것만 아니라 존재하는 모든 것이 어떻게 천국으로 들어갈 것인가라는 문제를 중시한다. 레스코프는, 벤야민 해석에 따르면, 이런 생각들을 "러시아의 민중종교와 결부지어 "부활을 그리스도의 변용으로서보다는 (동화와 유사한 의미에서) 탈마법화로 해석했다."[24]

그러니까 부활은 예수라는 특정 인격체에 결부된 것이 아니라 더 넓은 맥락에서, 즉 '신화적 세계의 폭력으로부터 사물을 해방시키는 보편적인 사건'으로 이해된다. 이것은 특히 동화에서 잘 나타난다. 공포가 사람에게 태초부터 존재한다면, 동화의 여러 기능 중의 하나는 이 지속적 공포와 폭력을 지혜와 용기 또는 간계로 떨칠 수 있게 조언하기 때문이다. 그래서 그것은 해방적 힘을 갖고 있고 부활적 계기를 내장한다. 레스코프가 창조한 인물은 대개 이 동화적 존재로 나타난다. 그들은 신화나 전설의 마법적 틀을 없애면서, 벤야민에 따르면, "삶의 빛—밖에서처럼 안에서도 조용히 타오르는, 인간에게 고유한 삶의 빛을 구제한다"는 것이다.

---

25) *Ebd.*, S. 458f.

> **" 선한 삶이란 두루 열려 있는 삶이다.
> 연민이 인간을 넘어 세계의 모든 것을 향할 때,
> 이 모든 것이 그의 '친척'이 될 때,
> 올바름은 비로소 온전해진다. "**

그리하여 레스코프의 이야기 속 인물들은 "지혜와 선함, 세상의 위로를 구현한다."[26] 그런데 작품 속 이 인물들의 모습은 현실 속 어떤 인물, 즉 레스코프가 쓴 그의 어머니의 이미지와 확실히 닮아 있다.

"그녀는 영혼이 선하여 어떤 인간에게도 고통을 줄 수 없었지요. 심지어 동물에게도 말이지요. 그녀는 고기도 생선도 먹지 않았는데, 그것은 살아 있는 것들에 연민을 가졌기 때문이에요. 아버지는 그 때문에 어머니를 타박하곤 했어요…… 그렇지만 엄마는 이렇게 대답했죠. '나는 이 동물새끼들을 손수 키웠고, 그래서 그것들은 내 아이들이나 다름없어요. 내 자식을 먹을 수 없잖아요!' 이웃집에 가서도 그녀는 고기를 먹지 않았다. 그녀는 말하길, '난 이 동물들이 살아 있을 때 본 걸요. 그것들은 내 친척이지요. 내 친척들을 잡아먹을 수는 없어요.'"[27]

---

26) *Ebd.*, S. 459.
27) *Ebd.*

레스코프가 상정하는 올바른 인간상은 모성적인 면을 가지고 있다. 이 모성성은 물론 여성에게 고유한 것이지만, 그렇다고 여성에게만 국한된 것은 아니다. 그것은 여성적이면서도 남성적인 것을 포용하고, 그러니만큼 양성성을 구현한다. 또 이 양성성은 인간에게만 해당되는 게 아니다. 동물에게도 해당되고, 나아가 무생명적인 것으로까지 확장될 수 있다. 이것은, 인용문에서 드러나듯이, 살아 움직이는 생물에 대한 연민에서 우선 나타난다. 하지만 연민은 주변의 모든 것을 대할 때도 적용된다. 자신에게서 시작하되 자신 이외의 모든 것을 포용하려고 하는 것, 그것은 곧 신적인 것의 이름이다. 양성적 연민은 "지상적 세계와 초지상적 세계를 잇는 다리"로서 "신적 인간의 상징이 된다."[28]

그러므로 우리는 이렇게 말할 수 있다. 참된 의미의 선이란 인간과 인간 외의 다른 존재에게 두루 열려 있을 때 비로소 가능하다. 선한 삶이란 두루 열려 있는 삶이다. 연민이 인간을 넘어 세계의 모든 것을 향할 때, 그래서 이 모든 것이 그의 '친척'이 될 때, 올바름은 비로소 온전해진다.

여기에도 물론 갈등과 오해가 없을 수 없다. 그러나 그는 싸우거나 때리지 않는다. '투쟁'이나 '폭력'은 선한 자의 이름이 아니다. 이때의 그는 사물을 함부로 대하지 않는다. 자기 속에서 자기 아닌 것에 열려 있기에 그는 객체와 분리되지 않고, 지상적인 것과 천상적인 것은 그 속에서 배치되지 않는다. 그리하여 인간의 목소리에는 자연의 목소리가 배어 있고, 사람이 하는 일은 사람

---

28) *Ebd.*, S. 460.

밖의 피조물이 처한 심연에까지 닿아 있다. 선한 사람은, 참된 얘기꾼이 그러하듯이, 존재하는 모든 것의 최상위와 최하위에 고루 닿아 있는 것이다. "이야기꾼에게는 (피조물의) 가장 낮은 층이 가장 높은 층과 직접적으로 연결되어 있다."[29)

'인간에게 고유한 삶의 불빛이 구제된다'는 것은 아마도 이 같은 점들, 즉 가장 낮은 것이 가장 높은 것과 연결되는 것을 두고 말한 것일 것이다. 이때의 선함이란 이미 신적으로까지 고양되어 있기 때문이다. 이것을 '수직적 해후'라고 한다면, 이 수직적 해후를 우리는 수평적으로 번역할 수도 있다. 즉 가장 가까이 있는 것이 가장 멀리 있는 것과 만나는 것도 하나의 구제적 행위요 신적 고양이 될 수 있다. 아우라의 경험은 바로 그런 것을 지칭하는 것 아닌가? 그것은 '먼 것의 일회적 드러남'으로서, 현상적이고 정서적이며 풍경적인 것의 겹침이다. 이 겹침에서 인간은 인간을 넘어 객체적으로 고양되고, 따라서 신화적 몽매로부터 벗어나 해방을 경험할 수 있다.

레스코프가 오리게네스의 아포카타스타시스에서 읽어낸 것도, 또 벤야민이 레스코프의 이야기꾼이나 그 어머니에게서 읽어낸 것도 바로 이 구제적 고양의 계기들이지 않았나 나는 생각한다. 이것은, 다시 줄이면, 어떻게 될까? 그것은 사람이 주변세계와 조화를 이루며 평화롭게 사는 '지상적 구제'의 문제로 수렴될 것이다.

그러나 조화라는 말은, 다시 주의하건대, 간단치 않다. 거기에는 여러 가지 곡해와 기만이 언제 어떤 식으로든 개입할 수 있기 때

---

29) *Ebd.*, S. 463.

문이다. 내세워진 말은 겉멋의 수사에 그치기 쉽다. 선한 삶은 무엇보다 자기를 비우는 데서 시작해야 한다. 어떤 이익이나 혜택을 보려는 생각을 지워야 하는 것은 말할 것도 없고, 이렇게 지워야 한다는 결의나 다짐마저 때로는 넘어설 수 있어야 한다. 말하자면 거짓은 물론이고, 일체의 전략이나 의도와도 결별할 준비를 해야 한다. 하나의 다짐이 필요하다면, 그것은 선한 의지로 인해 초래될 수 있는 손해는 기꺼이 감수하겠다는 것, 그 정도가 될지도 모른다. 그리고 이것은, 중요한 것은 바로 이것인데, 홀로 견뎌내야 한다. 우리가 상대방에게 흔히 '섭섭하다'고 말하거나 '실망했다'거나 '밉다'라고 토로하는 감정들도 얼마나 자주 자기 감정의 일시적인 흥분이나 편향된 이해관계에 연유하는 것인가? 벤야민이 '조화'나 '통일성', '명상' 같은 이상화된 개념들을 불신했던 것도 이 개념들의 자기기만성 때문이었을 것이다.

이처럼 벤야민의 글에는 고요하고 침잠적이며 내면적이고 신성한 요소가 있다. 단순히 있는 정도가 아니라 가장 벤야민적이라고 불러야 할 만큼 깊은 울림을 주면서 글의 바탕으로, 짙은 뉘앙스로 그것은 자리한다. 벤야민 문예미학의 반향판은 바로 이 점, 즉 신성으로까지 나아가는 선한 삶의 자연스런 영위를 강조하는 데 있다고 나는 믿는다. 이 점을 간과한다면, 그의 글의 울림은 상당부분 사라질 것이다.

고요와 침잠 속에서 선한 인간은 그 자체로 있다. 이 세상에 자기자신으로 거주하면서 그는 그 밖의 세계로 열려 있다. 실존의 이와 같은 내외적 조응상태는 모든 사물이 제자리에 있는 자연상태와 이어진다고 할 것이다. 사물이 자체로 있으면서 그 밖으로

통할 때, 이것들이 있는 지상의 세계는 곧 천국으로 이어질지도 모른다. 아니 지상의 삶에 이미 천국의 빛을 어느 정도 구현하고 있다고나 할까? 그것이 구제된 지상적 삶의 모습이다. 그리하여 이때의 지금은 저기 저편과 이어지고, 세속적 질서에는 메시아적 표정이 배어 있을 것이다.

유대신비주의에서 말하는 구원의 상태도 이와 다르지 않다. 그래서였던가? 유대신학에 골몰했던 벤야민은 지금 여기의 구원가능성에서 행복의 비밀스런 색인을 읽어내곤 했다. 이 점에서 나는 다시 기억의 작업을 떠올린다. 이 모든 일은 기억 속에 간직되고 기록을 통해 전승되어야 하기 때문이다. 그렇지 않다면, 고통의 악순환 고리는 끊기기 어렵다.

2. 기도와 포용

우리는 기억과 기록이 지닌 문화정치적 의미를 생각할 수 있어야 하고, 그 물질적 토대를 고려할 수 있어야 한다. 물질성의 존중 없이 문화의 인간화는 불가능하기 때문이다. 그러면서 기록과 기억의 문화적 의미는 오늘의 여기를 넘어선 형이상학적·신적 차원에 닿아 있다. 과연 우리는 기억의 신적 차원을 생각할 수 있는가?

벤야민은 적었다. "기억은 완결되지 않은 것(행복)을 완결된 것으로 만들 수 있고, 완결된 것(고통)을 완결되지 않은 것으로 만들 수 있다. 그것이 신학이다."[30] 행복은 충족될 때까지 완결될 수 없고, 고통은 지금까지의 경험만으로도 충분히 완결되었다고 말할

---

30) Walter Benjamin, "Das Passagenwerk," *GS* V/1, *a. a. O.,* S. 589.

> **"** 신성한 무엇을 경배하면서도 우상시하지 않고,
> 불안과 현기증 속에서도 삶의 비밀과 심연을 인정하는 일,
> 그런 가운데서도 더 선한 것의 가능성을 잊지 않는 삶에는
> 정의와 어짐, 선함과 아름다움이 함께 모여 있다. **"**

수 있다. 그런데 이렇게 생각할 수 있는 것은 물론 우리가 기억하기 때문이다. 기억은 해소된 고통만 행복의 목록으로 만든다. 모든 불우한 것은 망각에서 시작되고, 이 망각으로부터 사실은 왜곡되기 시작한다. 그리하여 기억은 구원으로 나아가는 한 길이 될 수 있다.

그렇다면 기억의 구원을 위해 무엇을 해야 할까? 우선 주위를 돌아보아야 하고, 감각을 가능한 한 열어둬야 한다. 의식의 작동은 이때 필요하다. 이 열린 의식으로 우리는 무엇보다 '주의注意해야' 한다. 벤야민은 「프란츠 카프카」라는 글의 마지막에서 주의가 지닌 신적 특성을 분명하게 언급한다.

"비록 카프카는 기도하지 않았지만—우리는 그것을 알지 못한다—그러나 말브랑슈Malebranche가 '영혼의 자연적 기도'라고 불렀던 것, 말하자면 주의注意는 그에게 최고로 고유한 일이었다. 그는 이 주의 속에서, 성자들이 기도로 그러하듯, 모든 피조물을 포용했던 것이다."[31]

---

31) Walter Benjamin, "Franz Kafka," *GS*, Bd. II/2, Frankfurt/M., 1977, S. 432.

폭력 때문에 세계는 더 이상 나아지지 않을 것이다. 혁명도 폭력을 내외적으로 구비하고 있는지도 모른다. 테러리즘의 많은 사례는 혁명과 결부되어 있지 않은가? 역사는, 그것이 적어도 권력관계 아래 움직이는 한, 권력이 물리력으로 변질되는 것을 피하기 어려울 것이다.

우리가 선택할 수 있는 것은 무엇인가? 혁명도 폭력도 아닌 공존의 길이 인간사회에서는 있을 수 있는가? 더디지만 어떤 폭력에도 기대지 않고, 집단적 힘뿐만 아니라 개인적 힘의 자의적 횡포도 허용하지 않는 가운데 오늘 여기의 삶을 조금씩 더 낫게 할 수 있는 길이 과연 가능할까? 혹 혁명을 선택한다면, 이렇게 선택한 혁명은 기존의 혁명사가 보여준 이데올로기적 왜곡과 생명의 자의적 희생을 전적으로 벗어나야 할 것이다. 그것은 과연 어떤 형식이 될까? 그 실천적 내용은 구체적으로 무엇인가? 벤야민이 던진 이 같은 물음에 대한 답변에는 메시아적 뉘앙스가 담겨 있다. '기도'나 '영혼'의 흔적이 바로 그것이다.

벤야민은 「카프카론」에서 "말브랑슈가 '영혼의 자연적 기도'라고 불렀던 것, 말하자면 주의Aufmerksamkeit를 카프카가 "최고로" 소유했다고 진단한다. "그는 이 주의 속에서, 성자들이 기도로 그러하듯이, 모든 피조물을 포용했던 것이다." 기도할 때의 몸짓과 표정, 그 자세와 마음가짐을 떠올려보자. 그는 고개를 숙이고 있거나 무엇인가 삼가며 주위를 살피고 조심스럽게 자세를 취한다. 그래서 꼽추는 기도하는 자의 원형적 모습이 되는 것일까?

사실 카프카의 작품에서 쪼그려 앉거나 고개 숙인 인물들은 자주 등장한다. 기도는 조심, 주의, 삼가, 포용, 경애의 다른 표현이다. 아마도 주의-삼가-포용을 통해서만 인간은 자기한계를 넘어 영혼적인 것에 도달할 수 있을지도 모른다. 그렇게 닿으려는 것이 아마도 영혼의 자연적 기도가 될 것이다. 그렇다면 이 모든 것에는 말의 깊은 의미에서 어떤 종교성 또는 종교적인 것이 놓여 있다고 할 수 있다.[32] 살아 있는 모든 것을 친척으로 대했던 레스코프의 어머니도, 또 가장 낮은 계층이 가장 높은 계층과 어울리도록 하는 이야기꾼의 삶도 이렇게 기도하는 자와 다르지 않은 것이다.

신성한 무엇을 경배하면서도 우상시하지 않고, 불안과 현기증 속에서도 삶의 비밀과 심연을 인정하는 일, 그러나 그런 가운데서도 더 선한 것의 가능성을 잊지 않는 삶에는 정의와 어짊, 선함과 아름다움이 함께 모여 있다. 진선미는 흩어져 있는 게 아니라 함께 모여 하나를 이루고, 이 하나됨의 결과가 삶으로 나타나는 것이다. 그리하여 선한 자는 기존질서에 대한 항구적 소송 속에서도 어떤 초월적 차원에 열려 있다. 참된 의미는 오직 미래로 끝없이 유보되

---

32) 주의력, 삼가, 경건함, 두려움, 존경, 조심스러움은 낮게는 자신의 안전이나 목숨에 대한 근심에서 나오는 것이지만, 높게는 귀중한 대상 즉 모든 생명적인 것에 대한 존중심의 표현이기도 하다. 바로 이 점에서, 뉘앙스의 차이는 있는 채로, 성리학의 경(敬)이나 칸트미학의 숭고미, 슈바이처의 '생명에 대한 외경', 틸리히(P. Tillich)의 실존신학, 하이데거의 존재론 그리고 현대물리학(특히 우주물리학)은 서로 만난다고 김우창은 말한다. 여기에서 그는 종교 이상으로 '종교적인 것'의 의미를 강조하면서, 존재의 넓이와 깊이에 대한 외경심이 삼투된 사회가 좋은 사회라고 지적한다(김우창·문광훈, 『세 개의 동그라미: 마음·이데아·지각』, 한길사, 2008, 732쪽). 벤야민의 신학적 이해를 스케치하는 우리 글의 방향도 결국에는 좋은 사회모델을 향한 이 같은 갈구와 무관하지 않을 것이다.

는 가운데 현재에서 부분적으로만 얻어지는 것인가? 그래서 이야기와 기억은 세헤라자드처럼 계속되고, 소송과 부정과 비판 역시 무한하게 이어진다. 그러므로 궁극적인 것은 삶의 비밀이요 신비요 수수께끼인지도 모른다. 그것은 해명하는 가운데 유보되는 것이며, 그러나 이 유보 속에서도 여전히 파악되어야 할 무엇이다. 여기에서 나는 삶의 신학적 차원을 떠올린다.

작게 되는 것, 그리하여 마침내 보이지 않는 것, 이렇게 보이지 않는 것을 아무렇지도 않은 듯 감수하는 것은 근본적으로 신학적 열망이다. 이 열망 속에서 신학은 경험적인 것을 절대화하고자 한다. 그에 반해 이론은, 나아가 철학과 예술은 그 자체로 절대화하기보다는 탐구하고 해명하며 표현하고자 한다. 그러면서 타자를 존중하고 배려한다.[33] 이것을 우리는 가네뱅J.M. Gagnebin의 말을 빌려, "지상적 내재성"이라고 말할 수 있을 것이다.

---

33) 호르크하이머는 아도르노의 사유를 설명하면서 "그가 신학이 행하는 보편타당하고 전능한 실존의 '주장'은 보편타당하고 전능한 존재에 대한 '그리움'으로 변모되어야 하며, 이 역사에서 일어나는 불의가 지속적으로 나타나지 않도록 애써야 한다"고 생각했다고 말한 바 있다(Max Horkheimer, "Zur Zukunft der Kritischen Theorie"(Gespräch mit C. Grossner), Max Horkheimer, GS Bd. 7, Frankfurt/M., 1985, S. 432). 비판이론이든 미학이든, 철학이든 문예론이든, 이 모든 이론적 성찰에는 더 나은 것에 대한 이성적 열망이 자리한다. 그것은 타자에 대한 열망이지만, 더 간단하게는 일종의 그리움이라고 할 수도 있다. 이 그리움을 지탱하는 것은 물론 나날의 먹고사는 문제다. 생계-그리움-타자 열망은 서로 무관한 것이 아니라 매우 밀접하게 겹쳐 있는 것이다.

"신학적 시선은 역사의 어떤 유토피아적 내세가 아니라, 역사적이고 물질적이며 세속적인 현실충일성 안에 자리한 다른 가능성으로 만들어진 하나의 격자세공, 하나의 직물—이런 의미에서 하나의 텍스트인데—을 드러내준다. 신학의 자리는 그럼으로써 환하게 빛나는, 그래서 근접할 수 없는 내세가 아니라 지상적 내재성irdische Immanenz이다. 난쟁이는 (체스놀이) 장치의 내부에 숨어 있기 때문이다. 그래서 역사는, 비록 그것이 신학적으로 이해되어야 한다 해도, '직접 신학적 개념으로' 적혀야 하는 것이 아니다."[34]

'지상적 내재성'이란 무엇인가? 그것은 삶의 더 나은 가능성을 저기 저곳이 아니라 지금 여기에서 구하고, 나와 우리의 현재적 조건에서 모색하는 일이다. 여러 실천의 모형이 있을 수 있지만, 결국 그것은 지금 여기의 일상에서 구해야 한다.

더 바르고 더 아름다우며 더 선한 것은, 마치 기도하듯이, 조심스럽게 주의하고 경애하는 가운데 구현되어야 한다. 그것이 타자의 포용이고, 타자의 배려다. 타자성에 주의하는 것은 모든 성찰과 사고와 이론의 필연적 계기다. 이 타자적 필연성을 예술 안에서 구제하려 한 것이 현대미학, 특히 아도르노 미학의 일반적 경향이라면, 글쓰기에서 실행하는 것은 학문의 방법일 것이다. 또 이를 생활에서 구현한다면, 그것은 행복한 삶의 한 방식이 될 수

---

34) Jeanne Marie Gagnebin, "Über den Begriff der Geschichte," Burkhardt Lindner(Hg.), *Benjamin Handbuch, a. a. O.*, S. 298.

도 있을 것이다. 타자성, 주의, 경애, 겸손은 학문과 철학과 글과 예술의 목표이자 태도가 되고, 결국 삶 일반의 기술이 된다. 벤야민의 구상은 이 점을 보여주며, 가네뱅은 이것을 '지상적 내재성'이라는 개념으로 요약한다.

패배, 모자람, 부조리, 오해, 편견, 환멸, 때늦음, 맹목과 어리석음······으로 인한 불행의 파고波高야말로 인류사의 근원풍경 Urlandschaft이다. 그리하여 지금 여기의 삶에, 그 생명의 신성한 물결에 주의하고 삼가는 삶은 선하고 아름답고 정의롭다. 행복은 이 선하고 아름답고 정의로운 생활 가운데서 생겨난다. 삶의 최고행복은, 적어도 벤야민이 파악한 그것은, 이 경외감에서 얻어질 것으로 진술된다. 그러나 그것은, 거듭 말하여, 지극히 어려운 일이다.

전혀 희망할 것이 없다는 것을 수락한 후의 희망이란 과연 어떤 희망인가? 그것은 도대체 '희망'이라고 불릴 수 있는 것인가? 어쩌면 이 믿기 어려운 희망의 언어야말로 인간 현실의 이름에 어울리는 말인지도 모른다. 어떤 것에도 만족하지 않지만, 그렇다고 어떤 것에 절망하지도 않는 것, 이것이야말로 우리가 벤야민과 카프카에게서 배울 수 있는 점일 것이라고 나는 해석하고 싶다.

벤야민에게 유토피아는 신학적 교리의 한 항목이 아니라 현실 속의, 지금 여기 현재적 순간의 문제였다. 현실이 부당함과 억압과 폭력으로 차 있는 것이라면, 유토피아적 사유는 이 현실을 교정하는 가장 강력한 비전이기도 하다. 그러나 이 비전은 마르크스주의가 상정하는 발전과 진보의 이념에 의존하지 않는다. 그는 이 이념이 단순히 불필요하다는 것이 아니라, 이 이념에 자리한 독단적 가능성을 문제시한다. 벤야민의 구상이 '계급 없는 사회'라

> **벤야민에게 유토피아는
> 신학적 교리의 한 항목이 아니라 현실 속의,
> 지금 여기 현재적 순간의 문제였다.
> 그는 다른 방식의 진보적 가능성을 탐색했다.**

는 마르크스주의의 틀을 넘어 역사철학적 비판이 되고 신학적 명상이 되는 것은 바로 이 대목이다. 그것은 구체적이면서도 비의적이고 비판적이면서도 회고적이다. 그러면서 여전히 현재적 순간에 충실하고 이 현재의 쇄신에 전념한다. 그것은 먼 미래를 위한 구상이 아니라 지금 여기에서의 현실개입 방식이다. 그리고 이 개입은 오늘의 현실을 넘어 그 이상으로 나아간다. 이렇듯 벤야민의 문제의식은 복합적이고 다차원적이다. 그러니까 벤야민은 역사의 진보를 부정하는 것이 아니라 '다른 식의 진보적 가능성'을 탐색한 것이라고 말해야 옳다.

구원은 일체의 지배형식이 철폐될 때 비로소 실현될지도 모른다. 지배가 불가피하다면, 지배적 힘 가운데 자의성을 최대한 줄이게 될 때 행복이 잠시 찾아들지도 모른다. 그러므로 유토피아는 자의적 지배를 철폐하는 대안적 구상으로서, 여전히 유효한 규제적·조정적regulativ 이념이 된다.

6. 카프카: 또 다른 오디세우스[35)]

위에서 살펴보았듯이, 자연스런 삶의 영위는 레스코프 어머니의 생애에서 잘 나타나지만, 카프카 자신에게도 그런 면모가 없었던 것은 아니었다고 나는 생각한다. 이 수줍고 부끄러움이 많았던 작가 역시, 비록 신앙생활을 한 것은 아니었지만, 기도하는 듯한 주의력으로 사물을 포용했다고 벤야민은 해석했다. 그것은 삶의 밑바닥에 존재하는 것에게 그 나름으로 다가가는 행위였고, 그러니만큼 인간과 세계, 물질과 영혼을 잇는 구원적 행위이기도 했다. 그것은 벤야민적 맥락에서 보면 유물론적 신학의 부정성否定性을 실천하는 일이었고, 가네뱅의 말을 빌리면 지상적 내재성을 구현하는 일이었다. 카프카의 경우 이 구현방식은 사람을 대하거나 세상 사는 방식에서 우선 나타나지만, 작가인 까닭에 글의 관점이나 이해, 묘사방식에서 더 첨예하게 드러난다고 할 것이다.

작가는 글을 통해 억압된 것들에 메시아적 얼굴을 부여한다. 이것을 잘 보여주는 것이 카프카의 작품이다. 그의 문학에서 세계는 암울하고도 억압적인 분위기 아래 나타난다. 이것은 카프카의 세계이면서 동시에 현대적 삶의 일반징후라고 벤야민은 해석한다. 아래에서 살피게 될 면모는 그 점이다.

"성이 있는 마을의 K처럼, 오늘날 인간은 육체 속에 살고 있다. 그러나 이 육체는 그를 벗어나 있고, 그래서 적대적이다. 어

---

35) Walter Benjamin, "Franz Kafka," *a. a. O.*, S. 415.

느 날 아침 사람이 깨어나 갑충으로 변신하게 되는 것도 이렇게 일어날 수 있다. 낯선 것들, 낯선 존재는 그의 주인이 되었다. 이 낯선 마을의 공기가 카프카에게 불고 있고, 그래서 그는 종교작가가 되려는 유혹에 빠지지 않는다. 시골의사가 타고 갈 말이 나오는 돼지우리나, 클람이 담배를 물고 맥주 한 잔 앞에 앉아 있는 숨 막힐 듯한 뒷방, 두드리면 파멸을 초래할 농가의 문, 이런 것들이 마을에 있다. 이 마을의 공기는 제대로 되지 못한 것과 너무 익어버린 것이 서로 뒤섞인 채 썩어간다. 카프카는 이 썩은 냄새를 평생 동안 맡지 않으면 안 되었다. 그는 점술가도, 종교작가도 아니었다. 어떻게 그는 이것을 견뎌냈을까?"[36]

현대적 삶에서는 어떤 진전도 없다. 있다면 그것은 퇴행의 진전이다. 나아감이 아니라 떨어짐의 지속이나 추락의 되풀이만 있다. 아니 되풀이 속의 정체停滯와 그 악화만 있는 것이 오늘의 삶이다. 썩음은 이 끝없이 되풀이되는 막힘과 멈춤과 고임에서 온다.

현대사회를 특징짓는 것은, 벤야민에 의하면, "제대로 되지 못한 것과 너무 익어버린 것이 서로 뒤섞인 채" 나는 "썩은" 냄새다. 이 냄새는 "돼지우리"나 "농가의 문" 그리고 "뒷방"에서 나고, 그래서 마을 전체에서 풍긴다. 이 부패한 현실에서 내 몸은 나의 것이 아니다. "육체는 그를 벗어나 있고, 그래서 적대적이다." 세계가 썩은 냄새를 풍기듯이, 이 세계에서 살아가는 내 육체도 썩어간다. 그래서 그것은 친숙하지 않고 낯선 것이다. "낯선 것들, 낯선

---

36) *Ebd.*, S. 424.

존재는 그의 주인이 되었다." 그러니 이 몸이 『변신』의 잠자Samsa처럼 갑충으로 변한다고 해도, 그것은 놀랄 일이 아닌지도 모른다. 자기 몸이 벌레가 되는 듯한 경악의 감정은 현대인에게 결코 드물지 않다.

지속과 반복은 신화의 기본성격이다. 이 신화적 굴레에서는 아무도 성숙성이나 완전성에 도달하지 못한다. 완전성이란 단순한 온전함 이상의 투명성을 전제하기 때문이다. 그 대신 조야함과 경직성, 폐쇄성이 끝없이 재생된다. 그러니 새로운 것은 감행되기 어렵다. 자유와 생기, 발랄함과 명료성은 질식되고, 폐쇄성과 정체성, 퇴락과 부패가 현대적 삶의 신화적 특성을 이룬다. 변화는, 적어도 말의 근본적 의미에서, 어디서도 불가능해 보인다. 아래 분석은 이 점을 잘 보여준다.

"그 어떤 사람도 확고한 자리, 대치될 수 없는 확고한 윤곽을 가지고 있지 않다. 올라가거나 떨어지는 찰나에 있지 않은 사람은 아무도 없다. 자신의 적이나 이웃과 교체될 수 없는 사람은 없다. 자기 시대를 보냈지만 그럼에도 미숙하지 않은 사람은 없다. 매우 피폐해 있지만 그럼에도 기나긴 지속의 처음에 있지 않은 이는 없다. 여기에서 질서나 위계에 대해 말하는 것은 불가능해 보인다. 신화의 세계는, 이 신화에 구원을 약속한 카프카의 세계보다 훨씬 젊다. 우리가 아는 것은 단지 다음 사실, 즉 카프카는 신화의 유혹을 따르지 않았다는 사실이다. 또 다른 오디세우스로서 그는 먼 곳을 향한 시선으로 사이렌을 벗어나고, 사이렌은 그의 결연함 앞에서 사라지고 만다."[37]

> **카프카는 항구적으로 반복되는 현대적 신화세계에서 이 세계처럼 몰락하거나 퇴락해가는 대신 저항적 글쓰기로 이 세계를 넘어서려 했다. 그는 점술가나 종교가 아니라 계몽주의자에 가깝다.**

카프카를 논평하는 벤야민의 어조는 카프카의 어조만큼이나 아무런 수식도 없다. 그것은 건조하고도 차분하게 가라앉아 있다. 이 가라앉은 어조의 담담함은 그 자체로 읽는 재미를 준다. 읽는 재미는 물론 생각하는 재미에 있다. 그러니까 생각할 자료를 주는 것은 작품만이 아니다. 좋은 평문은 이 평문의 원천인 작품만큼이나 '작품적인' 것이다. 즉 창의적이다. 나는 카프카의 작품처럼 이 작품을 해석하는 벤야민의 글도 또 하나의 독창적인 작품으로 느끼며 읽는다. 좋은 글에는, 그것이 작품이든 비평이든, 어디서나 성찰적 깊이의 독창성이 담겨 있다.

카프카의 작품에 등장하는 인물의 특성은 네 가지로 살펴볼 수 있다.

첫째, 어떤 사람도 확고한 윤곽이나 자리를 가지고 있지 않다. 이것은 개체적·사회적 정체성의 상실을 뜻한다고 할 수 있다. 둘째, 모든 것이 추락 또는 상승의 순간에 있다. 이것은 그만큼 삶이 불안정하다는 것이다. 셋째, 그래서 인간은 언제든지 교체될 수 있다. 인간의 기능화 또는 기호화라고나 할까? 넷째, 정체성의 상

---

37) *Ebd.*, S. 415.

실과 불안, 기능화 속에서 인간의 발전은 기대하기 어렵다. 성장이나 성숙은 그의 일이 되지 못한다. 미성숙과 정체는 현대적 인간의 항구적 징후다. 결국 인간과 그 역사는 앞으로 계속될 "기나긴 지속의 시초"에 서 있는 것처럼 나타난다. 이것을 벤야민은 이렇게 표현한다. "신화의 세계는 이 신화에 구원을 약속한 카프카의 세계보다 훨씬 젊다." 신화는 늙을 줄 모른다. 그것은 단순히 오래전에 사라진 세계가 아니라 아직도 계속되는, 여전히 유효한 그래서 젊디젊은 최근사인 셈이다. '늙은 신화'는 없다.

벤야민의 카프카 해석은 여기서 끝나지 않는다. 그는 지속되는 신화세계에 카프카가 그 나름으로 대항했다고 본다. "또 다른 오디세우스"란 그렇게 저항한 카프카의 이름이다. 그렇다면 글쓰기란 그가 선택한 문학적 저항의 방식이다. 그는 현대세계가 그리 현대적이지 않다는 것, 오히려 신화적 퇴행을 반복하고 있다는 점에서 차라리 원시적이며, 그 때문에 오늘의 인간은 역사적 시련과 누적된 경험, 그 피로에도 불구하고 '기나긴 지속의 처음'에 있다고 썼다. 카프카는 항구적으로 반복되는 현대적 신화세계에서 이 세계처럼 몰락하거나 퇴락해가는 대신 저항적 글쓰기로 이 세계를 넘어서려 한 것이다. "그는 먼 곳을 향한 시선으로 사이렌을 벗어나고, 사이렌은 그의 결연함 앞에서 사라지고 만다." 현실의 신화적 성격에도 불구하고, 이 신화에 굴복하는 것이 아니라 현실을 직시함으로써 삶을 탈신화화하는 데로 카프카는 나아갔다. 그 점에서 그는 점술가나 종교가 아니라 계몽주의자에 가깝다.

물량이 증가하고 외양이 발전했는데도 인간 현실이 이전과 크게 다르지 않다면, 그래서 역사의 동질성이 난공불락처럼 여겨진다면, 우리는 이 흐름을 거스를 수 있는가? 불가능할지도 모른다. 거스르는 것은 고사하고 그 도도한 흐름에 휩쓸리지 않고 목숨을 부지하기조차 지극히 힘겨울 것이다. 절망이 카프카에게 치유되기 어려웠던 것은 그 때문이었을 것이다. 절망은 그에게 거의 생래적이다. 그러니 신화적 맹목체제 아래 문학을 고수한다는 것은 얼마나 터무니없고 무모하게 여겨졌을까? 자기책망은 카프카에게 운명적이었다고 말해야 할 것이다. 이 운명적인 절망 앞에서 패배감은 오히려 평범하다. 다음과 같이 썼을 때, 벤야민은 이 점을 분명하게 포착한 듯 보인다.

"카프카는 유언에서 자기 작품을 불태워버리라고 했다. 카프카를 다룰 때 빠뜨릴 수 없는 이 유언이 보여주는 것은 그의 작품이 그를 만족시키지 않았다는 사실이다. 그는 자기 노력이 실패했다고 생각했고, 자신을 좌절한 작가로 간주했다. 문학을 어떤 가르침으로 만들고, 우화로서 문학에 견고성과 꾸밈없음—이것은 이성의 관점에서 보았을 때 유일하게 합당한 것으로 보였는데—을 부여하고자 한 그의 위대한 노력은 좌초되었다. 그 어떤 작가도 '너는 스스로 우상을 섬겨서는 안 된다'는 말을 그처럼 정확히 따르지는 못했다."[38]

만족한다는 것은 어떤 점을 수긍하고 인정한다는 것이다. 그리고 이 인정에는 용인되는 몫이 어느 정도 묻어 있다. 그런데 느낌

---

38) *Ebd.*, S. 427f.

과 생각은 이렇게 용인되는 것에 의해, 스스로 용인하는 것 앞에서 더 이상 나아가지 못한다. 그것은 곧 '멈춰버린다.'

우리는 우리가 만족하는 것 앞에 멈춰 서서 이를 유보 없이 믿으며, 이렇게 믿은 것을 판단의 근거로 삼아 대상을 결정한다. 그러니까 대상은 대상 그 자체로 파악되는 것이 아니라 '주체가 용인하는 느낌과 사고의 몫만큼', '이 몫이라는 저울을 통해', '이 몫의 창문 없는 단자를 통해' 파악될 뿐이다. '우상'은 이 관점적 제한에서 만들어진다. 관점의 제한이란 세계관적 제한이다. 그러므로 감각적·정신적 자족은 신화적 상태, 즉 맹목의 강제상태를 유발하는 한 계기일 수 있다. 몰락이나 부패는 이렇게 생겨나기 시작한다.

카프카는 자기 작품에 최선을 다했지만, 이렇게 쓴 작품도 그에게는 흡족하게 여겨지지 않았던 것 같다. 그는 자기 시도가 실패했다고 판단했고, 그래서 자신의 작품을 불태워버리라고 친구 브로트M. Brod에게 유언했다. 그는 우상이 될 수 있는 그 무엇도 스스로 용납할 수 없었던 것이다.

그리하여 카프카의 문학을 특징짓는 것은, 벤야민이 보기에, 실패와 좌절 그리고 불만족의 연속이었다. 더 정확하게 말하면, 자기 작품에 대해 '실패'와 '좌절'이라고 내린 자기평가의 엄격성이었고, 이 엄격성을 지탱하는 실존적 양심이었다. 문학적 양심을 지탱하는 것은 실존의 양심이다. 이 양심에 찬 자의식으로 그는 글을 썼고, 이렇게 쓰면서 자신의 삶을 마감했다. 그는 자신이 쓴 어떤 것도 쉽게 허용하지 않았다. 그러니 그의 엄격함을 다른 누구와 비교하기란 어려워 보인다. 아니 엄격함이라기보다는 가혹함에 가까웠고, 자학으로까지 느껴지기도 한다.

그러나 카프카의 자학은 윤리적 자학이다. 그의 자기학대는 폭력성이 아니라 철저성에서 나오기 때문이다. 그래서 그것은 작가적 양심의 다른 표현이 된다. 카프카는 누구보다 양심적이었기에 누구보다 자기 일에 철저하려 했고, 이 철저성이 자기투시의 자의식을 학대의 지경에 이를 정도로까지 그를 몰고 갔던 것이다. 수치심은 아마도 이 자학의 도덕적 표현일 것이다. 벤야민도 인용하듯이, 『소송』의 마지막 문장은 바로 그것이었다. "수치심이 그보다 더 오래 살아남는 듯 보였다."[39] 카프카는 그의 양심이 작품을 넘어섰다고 할 만큼 도덕적 염결성이 높았던 작가의 희귀한 예라고 나는 생각한다.

자의식을 가진 인간에게 자기모욕감, 즉 수치심은 평생 동반된다(예컨대 도스토예프스키의 거의 모든 작품에서 수치심은 주인공의 어떤 항상적 정서감으로 나타난다). 이때의 수치심은 물론 경험 대상과 관련하여 일어나지만, 이 부끄러움은 대상을 향한 것만큼이나 자신을 향한다. 자신을 향한 수치심은, 타인의 관점에서 보면, 수치스러워하지 않아도 될 만한 것일 수도 있다. 첨예한 자의식에게는 자학의 이유가 될 수 있지만, 다른 차원에서 보면 양심이나 철저한 반성력의 결과일 수도 있다. 그래서 그것은 긍정적 계기, 말하자면 생산적 에너지일 때가 많다. 카프카는 자학에 가까운 자의식이 강했고, 이 자의식은 우상타파적이었다. 이 우상타파적 자의식이 그를 뛰어난 작가로 만들었을 것이다.

---

39) *Ebd.*, S. 428.

카프카는 처음부터 어떤 이념이나 슬로건을 내세운 것이 아니다. 또 확정된 의미나 지향점을 추구한 것도 아니다. 그는 사람이 어떤 현실에 살고 있는지, 이때의 고통과 좌절은 어떠하고, 이 좌절에도 불구하고 그 이유는 왜 드러나지 않는지 보여준다. 어떤 이는 죄가 없는데도 체포되거나 감금되고, 또 누구는 알 수 없는 명령으로 불려가 돌아오지 않는다. 여기에는 거대한 관료기구와 이 기구의 보이지 않는 서열관계와 권력이 작용한다. 권력이 정치법률적 관계에 작용하는 모호함이라면, 이 모호함은 진리를 추구하거나(철학적·인식론적 차원) 선과 미를 추구하는 데서도(도덕실천적 차원과 문학예술적 차원) 나타난다. 모호성이나 무의미성 같은 카프카적 주제는 이렇게 얼마든지 더 넓은 지평에서 해석적 여지를 남긴다.

카프카는 삶의 권력성이나 모호성을 은폐하지도 않고 예찬하지도 않는다. 그는 명징한 언어로 이를 서술하고 암시한다. 그의 언어를 이른바 '관청언어'Amtssprache로 부르는 것은 이 때문이다. 그는 사람과 사람의 관계, 이 사회적 관계의 왜곡, 소통과 오해, 의미와 무의미가 어떻게 조직되어 있으며, 이 요소들이 어떻게 이어지고 끊어지는지, 여기에서 인간은 얼마나 어처구니없는 요인에 휘둘리는지 잘 보여준다. 무엇을 꾸미거나 지어내는 것이 아니라, 또 뭔가 중대한 것이 들어 있다는 듯이 심각하게 서술되는 것이 아니라, 많은 것은 이미 알려진 것처럼 무감정적으로 묘사된다. 카프카 문학이 '제스처Gestus 형식'을 띠고 있다고 벤야민이 말한 것도 이런 이유에서다. 의미의 가능성이 이질적 요소들의 새로운 구성에서 이미 열리기 시작한다면, 카프카의 즉물적 서사정신은 불투명한 현실의 한 출구가 될지도 모른다.[40] 그래서 이렇게 벤야민도 적었을 것이다. "카프카는 우화작가였지만, 종교작가는 아니었다."[41]

그러므로 카프카는 글쓰기에서 신화적·형이상학적 교의에 의존하지 않았다. 그의 현실대응법은 종교적이 아니라 문학적이며, 형이상학적이 아니라 형이하학적이다. 그러면서 이 구체성은, 그것이 형이상학적 지평으로 열려 있다는 점에서, 경험현실의 파편성을 넘어선다. 그래서 신학적 모티프로 이어지기도 한다. 카프카에게 구원은, 이 '구원'이라는 말을 쓸 수 있다면, 종교적 구원이 아니라 문학적 안간힘이었고, 언어적 표현을 통한 현실응전이었다.

악취나는 현실은 카프카의 글에서 악취나지 않는 것, 즉 오염되지 않은 공간을 함의한다. 악취를 묘사한 그의 글은 그러나 썩은 것이 아니다. 자본주의 현실은, 그것이 이러이러하다고 묘사되는 가운데 신화적 현실과는 다른 무엇, 말하자면 우상 없는 삶의 가능성을 암시한다. 카프카는 현실의 어디에서도 우상을 만들지 않았고, 이러한 반우상적 성격은 자기자신에게도 해당되었고, 나아

---

40) 카프카는 「학술원에서의 보고」에서 이렇게 쓰고 있다. "되풀이하자면, 인간을 흉내 내고 싶은 마음은 없었습니다. 난 출구를 찾고 있었기 때문에 흉내 냈지요. 다른 이유는 없어요"(Franz Kafka, "Erzählung," *Gesammelte Werke in 8 Bänden*, v. M. Brod(Hrsg.), Frankfurt/M., 1983, S. 146). 여기의 '흉내 내다'에 해당하는 원문은 nachahmen이고, 이것은 그리스어인 mimesis에서 온 것이다. nachahmen은 단순한 흉내 내기의 동작이면서 사실은 예술언어의 핵심 대상에 대한 표현적 개입을 통한 출구창출의 뜻을 내포한다.

41) Walter Benjamin, "Franz Kafka," *a. a. O.*, S. 424.

가 자신과 작품의 관계에서도 해당되는 것이었다. 그는 신화의 유혹에 굴복한 것이 아니라 우상을 불허하는 부정적 글을 통해 이 유혹에 저항한 것이다. 그가 벤야민의 눈에 '또 다른 오디세우스'로 나타난 것은 이런 까닭이었을 것이다.

카프카는 신화적 구속, 말하자면 정체성 상실과 미성숙 그리고 부자유가 항구적으로 지속되는 자본주의적 반복강제를 거스른 작가였다. 그의 이 우상파괴성은 벤야민에게도 타당해 보인다. 벤야민 역시 사유의 자기우상화를 경계한 또 한 명의 오디세우스였기 때문이다.

7. 동류인간적 박애: 하나의 길

오늘날 종교와 과학의 경계선은 그 어느 때보다 희미하게 지워지거나 급격하게 소멸하는 듯하다. 그래서인지 역설적으로 상호소통의 필요성은 그 이전보다 더 자주 강조되는 것 같기도 하다. 그러나 정말 그러한가? 아니면 그것은 표면적인 모습에 지나지 않는가?

어쩌면 소통이란 미명 아래 종교는 종교성을 잃고, 과학은 과학성을 잃어버렸다고 말하는 것이 더 적절한 말일지도 모른다. 이 둘은 상호양해의 공통분모를 마련하기보다 원래 있던 제자리마저 잃어버렸다고 하는 것이 오늘의 실상에 더 맞을 수 있다. 이것은 종교의 이런저런 문제가 심화되고, 과학도 '과학주의'라는 말에서 보듯이, 계산 가능성에 대한 맹신으로 위축되어버린 데서도 확인된다. 이 글에서 나의 초점은 종교의 형이상학적 차원이 아니라 생활세계적 차원이고, 과학의 기계주의가 아니라 그 객관성에 대한 존중에 놓여 있다. 좀더 나아가면 생활세계적 종교와 객관적 과학이 어떻게 상호소통의 폭을 넓힐 수 있을 것인가라는 문제에 있다.[42] 그리고 이 소통은 물론 오늘의 인간과 이 땅의 현실을 더 정확히 이해하기 위해서다.

조금 다른 시각에서 보면, 매일 살아가면서 웃고 울고 사랑하고 좌절하는 가운데, 그래서 이 좌절 속에서 죽음을 생각하고 우주에서의 자기 위치를 떠올릴 때, 우리는 잠시 종교적으로 되기도 한다. 이런 감정이 좀더 오래 지속되면, 그래서 종교적 의례에 의존하지 않고도 생활 속에서 종교의 일반적인 가르침인 사랑과 평화와 공존의 가치를 스스로 육화할 수 있다면, 우리는 그 나름의 '신앙적 실천'을 하고 있다고 말할 수도 있다. 여기에 비판적 성찰이 더해진다면? 그것은 벤야민의 유물신학적 구상과 아주 멀지는 않다고 말할 수 있을지도 모른다.

벤야민은 오늘날의 신학이 '작고 추한' 것이 되어버렸다고 토로했지만, 그의 현실은 꼽추의 시선을 빌리지 않고는 나아지기 어려

---

42) Thomas P. Weber, "Von Atheisten und anderen Gläubigen, Über Evolutionsbiologie und Religion," *Neue Rundschau*, Heft 2, 2007, S. 128. 생활세계에서 형이상학을 견지하는, '생활방식'(ways of life)으로서의 종교를 토마스 베버는 종교와 진화생물학의 관계나, 종교와 과학적 합리성, 생활세계의 관계 속에서, 특히 스웨덴의 신학자 스텐마르크의 말을 빌려 언급한다(Mikael Stenmark, *Rationality in Science, Religion, and Everyday Life*, Norte Dame: The University of Notre Dame Press, 1995). 이것은 종교적 실천이 신앙공동체의 어떤 활동 속에서뿐만 아니라, 기도나 봉사처럼 생활 속에서 이미 행해진다고 보는 어떤 생각과 이어질 것이다.

운 것으로 보였다. 현실은 작고 추한 것들에 대한 주의 속에서 겨우겨우 개선되어왔기 때문이다. 예외적 정신의 관점에서 보면, 삶은 언제나 후진적이고 야만적으로 나타났고, 이것은 앞으로도 크게 변하지 않을 것이다. 그러나 이처럼 낙후된 현실에서도 선구적 삶은 늘 있었다. 성자들의 삶이 그렇고, 앞서 살펴보았듯이, 예수의 삶도 그렇다. 벤야민의 맥락에서 그것은 전통적 이야기꾼의 삶이라고 할 수도 있고, 레스코프 어머니의 생애이기도 하고, 카프카의 생활방식이라고도 할 수 있다. 그 가운데 레스코프의 어머니나 카프카의 이미지는 독특해 보인다.

레스코프의 어머니는, 위에서 살펴보았듯이, 자연스런 삶의 성자로서 사람을 사랑으로 대하고 동물을 연민으로 돌보며 살았다. 어떤 억압이나 강제가 아니라, 과시나 선언의 몸짓을 통해서가 아니라 소박한 생활 가운데 올바름과 선함을 놓치지 않고 살았던 것이다. 그것은 자기 속에서 자기를 넘어가는 삶이었고, 생명을 통해 무생명적인 것으로 이어지는 삶이었다.

레스코프 어머니의 이 지혜로운 삶은, 벤야민의 해석을 따라가 보면, 나의 느낌으로는 카프카의 생애에 닿아 있는 것처럼 보인다. 카프카는 사랑하는 연인을 두었지만, 연인에 대한 이 사랑이 문학에 대한 사랑을 해칠까 두려워 세 번의 약혼과 두 번의 파혼을 거듭하지 않았던가? 그래서 그는 독신으로 살다가 이 세상을 떠났다. 나는 이 예민하고 여린 카프카를 읽을 때마다, 그가 삶의 연약함과 부조리, 억압과 불평등을 글로 기록하면서 세상을 포용하려 했던 사람이지 않았나 생각하곤 한다. 그에게 주의注意와 포용, 사랑과 두려움, 부끄러움과 정직성은 결코 둘이 아니었다. 이

> **“** 동류인간적 박애의식은,
> 인간의 종적 차원을 넘어 뭇 생명까지 존중하고,
> 무생명적 자연의 깊이에까지 열려 있는 것이어야
> 한다는 점에서 인간의 영역을 벗어난다. **”**

주의력은 카프카에게 와서, 그것이 생활의 영위법으로만 작용하는 게 아니라 글쓰기의 원칙으로 변용되기에, 더 적극화된다고 말할 수 있다. '또 다른 오디세우스'는 그렇게 결정화結晶化된 작가의 면모다.

초월적 불가지론을 인정하지 않는다면, 이성에 대한 탐구도 오래가기 어려울 것이다. 그렇듯이 삶의 신비를 허용치 않는 문학의 의의는 획득되기 어렵다고 말해야 할지도 모른다. 이 점에서 신에 대한 물음은 곧 인간 삶의 현존적 의미에 대한 물음이 아닐 수 없다. 우리 사는 세계가 더 이성적이고, 이 세계가 더 인간적인 모습을 띠도록 희구하는 것, 그래서 가난과 폭력과 전쟁이 없어지고 화해와 평화가 더 넓게 지배하도록 바라는 데는 신학적 열망이 분명 개입한다. 이것은 민주주의를 제도적·법률적 차원에서뿐만 아니라 삶의 내재적·생활적 형식으로 이해하는 데도 신학적 표상이 필요한 것과 같을 것이다. 이 신학적 표상이란, 더 풀어쓰면 '동류인간성Mitmenschlichkeit에 대한 공감의식'과 같은 것인지도 모른다. 동류인간성은 기독교적 이웃사랑과 마르크스주의적 연대성의 원리를 결합한 박애의식이라고 일단 정의할 수 있을 것이다.

그러나 내가 말하는 동류인간적 박애의식은 단순히 인간중심주의적인 것은 아니다. 우리는 인본주의가, 가령 독일의 교양이상주의에서 나온 보수성에서 보듯이, 역사적으로 여러 가능성뿐만 아니라 그 폐해도 노출시켜왔음을 잘 안다. 벤야민은 교양인본주의 Bildungshumanismus의 신랄한 비판자이기도 했다. 동류인간적 박애의식이 오늘날에도 필요하다면, 그것은 단순히 인간중심주의를 설파하는 데 그쳐서는 곤란하다. 그것은, 인간성의 가치를 믿는다는 점에서 인간에게서 출발하지만, 이렇게 출발한 인간주의가 인간의 종적 차원을 넘어 뭇 생명까지 존중하고, 이때의 존중심이, 레스코프의 어머니가 보여주듯이, 무생명적 자연의 깊이에까지 열려 있는 것이어야 한다는 점에서, 인간의 영역을 벗어난다. 이 대목에서 그것은 더 이상 인간중심주의가 아니다. 그것은 '종교'라기보다는 '종교적인 것'이고, 종교적이라기보다는 '믿음 일반의 덕목'에 가까울 것이다.

예를 들어 폴랑J. Paulhan의 말한 바 '세계에의 믿음'confiance au monde은 바로 이 단계에 해당될지도 모른다. 이때의 믿음은 내세적 신성의 경배가 아닌 현세적 경애의 실천이 될 것이다. 적어도 이 단계에 이르면 사람은 세속적으로 근거지워진 경애에 대한 갈구, 다시 말해 동류인간적 박애의식을 본능적으로 구비하고 있을 것이다. 이것은 '경건한 무신론자'의 길이 될 수도 있고, '신앙을 가진 생활주의자'의 길이 될 수도 있다. 무교회주의의 신학자가 그 예라고 말할 수 있을까?

어쨌거나 종교적 교리나 지침서가 행동의 준거가 아니라 보편적 인권의식, 이를테면 자유·평등·박애의 이념을 개인적 행동의 가치론적 근거로 삼는 이들도 그때쯤 생겨날 수 있을 것이다. 이들은 전해 내려오는 문답서나 주해서가 아니라, 인간성의 이름으로 일체의 독단과 억압과 특권에 대항하면서 새로운 연대를 구축하게 될지도 모른다. 이것을 '진화론적 인문주의'라고 부르건 '자연적 무신론'이라 부르건 아니면 '반성적 범신론'이라 부르건 그 명명방식은 부차적이다. 중요한 것은 스스로 싸우지 않고도 세상의 싸움을 줄여가는 일이다. 그것은 기독교에서처럼 부활을 신의 개인적 변용이라는 관점에서 보는 것이 아니라, 또 벤야민이 그러했듯이 유물론적 신학의 우상파괴적 입장에서만 볼 것이 아니라, 나날의 삶 속에서, 심지어 '부활'이나 '구원', '신학'이란 단어를 굳이 쓰지 않고도, 자기갱신과 사회갱신을 동시에 수행해가는 길이 있을 수 있음을 잊지 않는 것이다.

남은 일은 무엇일까? 인간이 유례없이 무자비한 무한생존의 싸움에 처해진 오늘날, 그가 단순히 '이기적 유전자'로서가 아니라 현실의 폭력을 거리감 아래 성찰하면서 삶의 공존적 가능성을 부단히 모색하는 일일 것이다. 오늘의 세계에서 현실을 반성하고, 이 반성의 심급으로서 신학적 모티프를 염두에 둔다고 할 때, 벤야민의 신학적 사유는 이성적 사회의 방향을 고민하는 데 의미 있는 한 자극제가 될 것이다.

제3부

예술의 소송과 삶의 구제

참으로 아름다운 것에는 숭고함과 신적인 것이 배어 있다.
모든 예술적 표현은 이 무표현적인 것, 다시 말해 껍질에 감싸인
비밀에 열려 있고 이 숨은 비밀을 지향한다.
예술의 진실은 무표현성−무−타자성에 결부되어 있다.

제3부에서는 벤야민의 예술론과 이 예술이 갖는 의미를 살펴보고자 한다.

우선 제8장에서는 벤야민 예술론의 이론적 근거로서 바로크와 낭만주의에 대해 이해하고자 했다. 벤야민의 시선은 삶의 번영보다는 그 폐허를 향하고, 의미보다는 무의미의 영역에 더 오래 머문다. 그의 글에서 기쁨보다 우울이 지배하는 것은 자연스럽다. 알레고리란 삶의 폐허를 탐사하는 우울의 정신이다(1절 「바로크론」). 이 우울의 성찰적 힘으로 현실의 각질을 벗겨내면서 진실에 다가서려는 것이 비평가의 역할이다(2절 「낭만주의론」).

제9장 「여운의 궤적: 글쓰기」는 벤야민 글쓰기의 특징을 다룬다. 그의 글이 섬세한 서정과 강인한 현실인식으로 '비늘처럼 겹쳐진' 삶의 내막을 추적하는 데 있다면, 이런 성격이 가장 잘 나타난 예는 프루스트, 카프카, 레스코프에 대한 평문일 것이다(제10장 「글의 자연사: 문학비평」). 그는 삶을 왜곡하는 힘들에 소송을 제기하면서(카프카론), 이 현실의 불행을 기억하는 가운데(프루스트론), 마치 아무것도 바라지 않는 것처럼 생명과 무생명의 전체로 나아

간다(레스코프론). 글은 문화사의 아주 작은 분야이지만, 이 문화사는 문명사와 더불어 자연사의 일부일 뿐이다. 그리하여 글은 자연사의 광대한 미지영역을 떠올리지 않을 수 없다.

제11장은 벤야민의 언어관을 살펴본 것이다. 그는 언어로 나타낼 수 있는 것과 나타낼 수 없는 것을 의식하면서 무엇보다 이 후자에 더 주목한다. 제대로 된 언어란 표현되지 못한 것들을 고려해야 하고, 이 숨은 타자와 만나는 것 가운데 '부단히 성장해야' 한다. 언어는 그에게 마치 "정거장에서의 중얼거림"(기형도)처럼 잠시 지나가는 언어이고 조각난 언어이기 때문이다. 이 조각난 비평언어로 그는 삶을 복원하려 한다.

제8장

비애와 성찰: 예술철학적 근거

> 모든 이념은 하나의 태양이고, 그래서 태양(항성들)이
> 서로 관계하듯이, 각 이념은 그와 비슷한 것과 관계한다.
> 그런 본성들의 울리는 관계가 진리다.
>
> ■ 벤야민, 『독일 비애극의 원천』(1928)

벤야민은 근본적으로 비평가이고 철학자이며 현실분석가이고 문예학자이지만, 그의 사상을 처음부터 끝까지 일관되게 관통하는 것은 미학적·예술철학적 관점이 아닌가 나는 해석한다. 그만큼 그의 사상은 근본적으로 예술적/미학적으로 구조화된 것처럼 보이기 때문이다. 적어도 예술적 진리에 대한 생각과 입장이 그 외의 모든 사안에 대한 생각과 태도의 일관된 토대가 되는 것은 틀림없다고 여겨진다.

이 글에서 내가 다루려는 문제는 벤야민 사상을 지탱하는 미학적·예술철학적·문예이론적 근거가 무엇인가 하는 물음이다. 이런 근거는 물론 여러 저작에 광범위하고 다양한 형태로 분산되어

> **바로크 논의나 낭만주의 비평론은**
> **변증법적 사유의 움직임으로 인해**
> **상대의 것을 서로 비추고 담아낸다.**
> **벤야민의 진리관과 미 이해가 두 논의를 결합한다.**

있다. 그리고 이렇게 흩어진 것은 후기에 갈수록 계속 변주되면서 심화되고 확대된다. 하지만 그런 생각의 핵심은 이미 초기 저작에 충분하다고 말할 수 있을 정도로 분명하게 드러난다. 특히 『독일 낭만주의에서의 예술비평개념』1920과 『독일 비애극의 원천』에서 집중적으로 논의된다.

앞의 책이 스위스 베른대학에서의 박사학위논문이라면, 뒤의 논문은 1916년부터 1925년 사이에 작성되어 프랑크푸르트대학에 제출되었으나 여러 가지 이유로 거부된,[1] 교수자격취득을 위

1) 여러 가지 이유 중에서 가장 결정적인 것으로 1920년대 당시 독일 대학에서 횡행하던 파시즘적 반유대주의 모티프가 거론된다. 당시 독문학에서는 실증주의적 문헌학과 문학사 서술로부터 정신사적·철학적 해석으로의 패러다임 전환이 일어났기 때문에, 벤야민은 자신의 사변적·철학적·신학적 저술이 그가 박사학위를 받았던 철학 분야보다는 근현대 독문학 분야에 더 적당하다고 여겼고, 그래서 이 분야에서 그 논문을 제출한다. 그러나 그의 교수자격취득 논문은 문학사 영역에서 미학 영역으로 옮겨졌다. 이것은 당시 학장이었던 슐츠(F. Schultz)가 이 논문에 대한 책임을 회피하고자 했던 것으로 얘기된다. 미학 분야는 그때만 해도 젊은 학자가 학문적 경로를 밟기에는 아무런 전망도 없는, 말하자면 독립분과로서의 지위가 결여되어 있었다. 하지만 여러 가지 서류의 검토를 통해서도 논문 거절에 대한 뚜렷한 정치적 이유를 발견하기는 어렵다. 하지만 확실한 사실은 슐츠가, 벤야민

한 글이었다. 이 독일 비애극 논문은 플라톤의 이데아론과 라이프 니츠의 단자론, 언어이론과 정치가론, 고대비극론, 운명과 역사철학과 미학의 문제 등 그 이전에 다뤄진 거의 모든 주제가, 린트너가 정확하게 지적했듯이, "지시되거나 숨겨진 자기인용"의 형태로 들어가 있는 "벤야민 초기 저작의 결산물"이라고 할 수 있다.[2] 그러나 이 논문은 교수자격을 얻기 위한 시도가 실패한 지 3년이 지난 1928년에서야 책으로 출간되었다. 또 이렇게 출간된 책도 당시에는 별다른 주목을 받지 못했다.

그 사이 3년 동안 벤야민은 러시아를 방문했고 라디오 방송 일을 했으며, 파리에 반년간 체류하면서 『아케이드 저작』을 쓰기 시작했다. 또 프루스트의 『잃어버린 시간을 찾아서』 제1권인 『꽃피는 아가씨들 그늘에』를 친구 헤셀F. Hessel과 공동으로 번역해서 출간하기도 한다.

어떻든 초기의 언어철학이나 예술비평론 그리고 『아케이드 저작』에 나타나는 후기의 인식이론적 성찰은 이 비애극론에 나오는 '표현'이나 '국면' 또는 '이름'이라는 열쇠어에 상당 부분 녹아 있

이 망명할 무렵, 그 당시 대부분의 반유대주의자들처럼 히틀러의 정권획득을 '하늘의 섭리'로 환호하고, 프랑크푸르트 시에서 일어났던 분서갱유에 참여했다는 점이다. 여기에 대한 더 자세한 설명으로는 Burkhardt Lindner, "Habilitationsakte Benjamin: Über ein 'akademisches Trauerspiel' und über ein Vorkapitel der 'Frankfurter Schule'(Horkheimer, Adorno)", Burkhardt Lindner(Hg.), *Walter Benjamin im Kontext* 2, erw. Aufl. Königstein/Ts., 1985, S. 324~341. S. 328f.

2) Burkhardt Lindner, "Allegorie," Michael Opitz/Erdmut Wizisla(Hg.), *Benjamins Begriffe*, 1 Bd. Frankfurt/M., 2000, S. 54.

다. 특히 출간할 때 첨부된 「인식비판적 서언」의 내용은 단순히 비애극 논문의 본문을 규정하는 데 그치지 않고, 진리인식과 관련된 철학적·사상사적 전환을 모색하는 매우 중대한 문제의식을 내장하고 있다. 이 저작 역시, 그의 다른 글이 그러하듯이, 간단하지 않다. 그래서 제대로 이해하려면 여러 가지 사항을 검토해야 한다. 예를 들어 이 글이 작성된 1920년대 독어독문학 연구에서 독일문학사의 성격이 어떠했고, 당시의 바로크 연구는 어떠했는지에 대한 사전 스케치가 필요하다. 또 그가 비판적으로 검토한 니체의 비극개념이나 슈미트의 주권성 개념, 바르부르크A. Warburg 학파의 활동과 우울에 대한 이해, 베버의 근대화/합리성 개념도 언급되어야 한다.

복잡하기 이를 데 없는 이런 주제들을 모두 논의하는 것이 아니라 몇 가지 핵심 개념어를 중심으로 '이해의 별자리'Konstellation를 만들어봄으로써 나는 벤야민의 예술철학적 근거를 파악하려 한다. 여기에서 바로크 논의는, 나의 판단으로는, '비애의 감정'을 중심으로 서술되고, 낭만주의 논의는 '성찰의 비판성'을 중심으로 서술되는 듯 보인다. 앞의 논의가 주로 문예미학적·역사철학적· 신학적·예술사적 지평에서 다뤄진다면, 뒤의 논의는 예술철학적 ·문예비평론적 지평에서 다뤄진다. 그래서 앞의 논의에서 주로 폐허-죽음-파편-우울-운명-죄-역사-자연이 서술되는 반면, 뒤의 논의는 반성-운동-사유-해체 사이를 왕래한다. 그리고 이 뒤의 것은 실제비평론으로서의 비평가론으로 이어진다. 이것은 3절 「가면 벗기기」에서 다뤄진다.

어찌 되었건 바로크 논의나 낭만주의 비평론은 변증법적 사유의 움직임으로 인해 상대의 것을 서로 비추고 담아낸다. 벤야민의 진리이해나 미의 인식은 이렇게 이어진 고리가 결정화된 결과다. 2절 「폐허와 이월, 참 그리고 아름다움」은 이것을 다룬 것이다. 그러니까 그의 진리관과 미 이해가 바로크 논의와 낭만주의 논의를 결합한다. 이 두 가지가 「괴테의 친화력」에서 다뤄지는 가상개념으로 보충된다면, 벤야민 예술철학의 핵심은 전체적 맥락 아래 어느 정도 파악될 수 있으리라고 나는 생각한다. 우선 바로크 논의를 살펴보자.

1. 파편의 비애: 바로크론

바로크론의 성좌를 이루는 주요 별의 이름은 파편-폐허-알레고리-죽음-우울-비애-운명-죄-유령-역사-자연사-기억-구제-의미-기록 등이다. 이 모두는 제각각 앞뒤와 좌우로 긴밀하게 연결되어 있어서 어느 하나를 전체의 그물망에서 따로 떼내어 다루기 어렵다. 하지만 이해의 편의를 위해 깊게 연관되는 것끼리 한번 묶어보자. 맨 먼저 다뤄야 할 것은 비애극 개념이다. 이 의미는 비극과의 비교에서 어느 정도 드러난다.

1. 비극과 비애극

벤야민의 비애극Trauerspiel 논의는 기존의 지배적 연극 장르인 비극Tragödie에 대한 비판적 검토로부터 시작된다. 비극의 주된 대상이 신화라고 한다면, 이 비극은 신화에서 삶의 불투명성, 다시 말해 마법적 이중성을 어떻게 극복하고, 죄악의 의미론과 어떻게 결별할 수 있는지를 묘사한다. 여기서 이야기는 주인공이 비참하게 죽는 것으로 대개 끝난다.

비극의 중심은 비극적 인간이다. 공동체는 이 비극적 개인을 부정한다. 부정된 개인은 자기 속에 격리되고, 이 격리된 주인공이 할 수 있는 말은 없다. 그에게 허용되는 유일한 것은 침묵이다. 비극적 주체는 차가운 고독 속에서 자기 자아를 만들어간다. 그러나 이렇게 만들어진 문제의식은 현실에서 출구를 찾지 못한다. 그래서 그의 고민은 침묵 속에서, 이 침묵을 극대화한 죽음을 통해 해소된다. 그가 주인이 된다면, 오직 침묵하는 몸속에서나 가능하다. 그리하여 비극은 말없는 고통의 주인으로 살다가 고통 속에 죽는 고독한 개인을 보여준다. 비극은 희생자의 이념 위에 서 있는 것이다. 그런데 벤야민은 독일 관념주의의 이 같은 비극개념에 반대한다. 왜 그런가?

우선 전제되어야 할 것은 비극과 비애극의 엄격한 구분은 불가능하다는 사실이다. 그것이 가능하다면, 편의를 위해 대략 그려볼 수 있다. 비극의 대상이 신화적 삶이라면, 비애극의 대상은 시대의 역사적 삶이라고 일단 이해할 수 있다. 이 역사적 삶에서 비애극의 주인공은 집단적으로 얽혀 있다. 그래서 비극에서 죽음이 개별적 운명에 나타난다면, 비애극에서 그것은 공동의 운명으로 나타난다. 비극의 결말이 유한성으로 특징지어진다면, 비애극의 결말은 무한성으로 특징지어진다. 이것은 비애극이 공동의 운명을 대변하는 주인공에 의해, 자연의 역사처럼 끝없이 이어지는 소멸과 쇠락과 죽음의 슬픔을 보여주는 데서 잘 나타난다. 여기에서 진실한 것은 유령처럼 존속한다.[3]

> ❝ 비애극은 완성을 거부하는 예술형식이고,
> 이 안에서 애도와 놀이는 서로 만나 계속된다.
> 바로크 비애극은 소멸하는 피조물의 운명에 대한
> 끝없는 항의와 소송의 형식이다. ❞

이런 구분은 말할 것도 없이 이분법적이다. 더 자세히 들여다보자. 벤야민은 비극의 주인공에 해당되는 인물이 비애극에서는 '전제군주' 또는 '제후귀족'으로 나타난다고 본다. 이 전제군주는 역사의 대변자로 등장한다. 독재자든 순교자든, 그는 주권자로서, 즉 자기권리를 스스로 결정하고 행사하는 사람으로 자리한다. 그는 권력도취 속에서 절대와 한계, 최상의 차원과 현실의 차원 사이에서 움직인다. 그는 한편으로 신에게서 권력을 위임받은 만인의 지배자로 살지만, 다른 한편으로 여느 사람들처럼 병들어 죽는 존재이기도 하다. 즉 하나의 피조물로 산다. 그 안에는 고대 그리스적 승리의 주인공이 숨 쉬고 있고, 신적 존재가 자리하면서도 동시에 지상적이고 유한한 오점 투성이의 존재가 자리한다. 나아가 이 둘

---

3) 이것은 비극의 시공간이 일정하게 정해져 있는 반면, 비애극의 그것은 고정되어 있지 않다는 설명과도 연결되는 것처럼 보인다. 그러나 비극과 비애극의 공간성에 대한 벤야민의 설명(Walter Benjamin, "Ursprung des deutschen Trauerspiels," *GS* I/1, Frankfurt/M., 1974, S. 297ff.)은 불분명해 보인다. 비극이든 비애극이든 무대 위에서 묘사되는 연극적 사건은 근본적으로 제한되어 있고, 그것이 제한되지 않는다면 어떤 상상적 공간을 상정함으로써 가능할 것이기 때문이다. 이렇듯이 비극과 비애극에 대한 그의 구분에는, 물론 이것이 바로크론의 핵심은 아니지만, 문제시해야 할 부분이 있지 않나 여겨진다.

은 서로 뒤섞인 채 양립한다.

그리하여 바로크적 전제군주는 죽지 않는 정치적 육체와 죽어가는 자연적 육체 사이에서 서성인다. 그는 순교자처럼 한편으로 신적 영광과 불멸을 희구하면서도 다른 한편으로 소멸과 폐허에 희생되어가는 나약한 인간으로 살아가는 것이다. 그는 절대적 권능과 허약한 몸 사이에서 분열을 앓는다.

전제군주는 이 두 가지 대립되는 축, 말하자면 세속과 내세, 왕권과 전능, 세간사와 구원사 사이를 오고간다. 세속에서의 최고 권력자가 전제군주라면, 내세에서의 최고 권력자는 신(예수)이라고 할 수 있다. 그리하여 땅 위의 현세적 신은 여러 비유적 우회로에 기대어 신적 동질성을 추구한다. 이 우회로는 '전이' 또는 '번역' 또는 '거리'('figura'의 원래 뜻)를 통해 표현된다. 이 동질성 속에서 전제군주는 순교자의 특성을 지닌다. 그는 절대적 권능을 누리지만, 그렇다고 예수 같은 존재는 아니다. 그는 역사를 구원의 무대로 만들 수 없기 때문이다. 그는 전제군주이면서도 허약한 육체를 지닌 인간, 즉 역사 속의 희생자로 몰락해간다. 따라서 그의 몰락은 역설적이다. 이 역설 속에서 비애극은 변화하는 역사적 사건이 아니라 '역사적인 것 자체의 자연성', 다시 말해 자연법칙화된 역사를 보여준다.

여기에 드러나는 하나의 사실은 인간의 역사가 아니라 '자연으로서의 인간사'다. 이 역사는 파편-조각-무질서-비완결의 형태를 갖는다. 역사의 이 파편 앞에서 인간의 삶도 '하나의 조각'으로서 '슬픈Trauer 놀이Spiel'가 된다. 바로크 비애극에 대한 벤야민 특유의 독해방식은 바로 이 점에 있다. 이런 독해는 슈미트의 주권성 이론과의 비판적 대결 아래 이뤄진 것이다.[4] 어떤 점에서 그러한가?

전제군주의 힘은 명령권에 있고, 이 명령권은 다름 아닌 자기에게 귀속되어 있다. 슈미트의 견해에 따르면, 모든 국가이론은 주권성 이론이고, 이 주권성 이론은 세속화된 신정정치적神政政治的 개념이다. 다시 말해 왕권제란 '세속화된 구원의 권력'으로서 신적 전지전능의 현세적 형태가 된다. 그래서 왕은 이 권력을 전쟁이나 혁명 또는 재앙 같은 비상적 사태에 즈음해 실행할 수 있다. 비상적 사태란 계엄사태 같은 예외적 상황이다. 이 '예외적 상황'은 일반적인 법률규범으로 포착될 수도 없고, 따라서 규정할 수도 없다. 그 때문에 비상상황의 법률적 근거는 부재한다. 적어도 이같은 관점에서 보면, 전제군주적 결정권의 근거는 슈미트가 지적하듯이, 분명한 것이 아니라 무에서 오는 것이다.

국가와 권력에 대한 슈미트의 신정주의적이고 신비화된 견해를 벤야민은 따르지 않는다. 그는 비상상태란 전제군주가 결정할 사항이 아니라 그렇게 결정하기 전에 일어나고, 그래서 사실로서 주어진다고 생각한다. 문제는 이렇게 전제된 비상상태가 바로크 군주의 절대적 질서를 지탱한다는 점이다. 이것은, 신적 관점에서 보면, 구원사적 질서가 방해받은 상태이고, 따라서 아직 구현되지 않은 상태를 뜻한다. 그러니까 '무엇을 행할 것인가'에 대한 전제

---

4) 바로크 비애극에 대한 벤야민의 생각과 슈미트의 주권성 이론이 갖는 상호관련성에 대한 이하의 생각은 멩케의 논지(Bettine Menke, "Ursprung des deutschen Trauerspiel," Burkhardt Lindner(Hg.), *Benjamin Handbuch*, Stuttgart, 2006, S. 215ff.)에 기댄 것이다.

군주의 결정은 순수하게 무에서 행해지는 것이 아니라, 멩케가 정확히 지적하듯이, "법률철폐적 행위와 법률유지적 행위가 교차하는" 가운데 있고, 그러니만큼 그것은 "어떤 순수한 결정이 아닌"[5] 것이 된다. 군주의 결정권은 불순하거나 불합리한 것이다. 그것은 납득할 만한 합리적 근거를 갖지 못하기 때문이다.

권력과 주권성을 둘러싼 논의, 벤야민과 슈미트의 이론적 유사성과 차이점 그리고 이 차이점이 바로크 비애극에 대한 해석에서 나타나는 방식 등의 문제는 지극히 복잡하다. 그러나 단순화시키면 다음과 같이 정리할 수 있을 것이다.

법률에 대한 결정주의적 견해를 따르는 슈미트와는 다르게 벤야민은 역사의 자연적 속성, 즉 소멸과 몰락과 사라짐을 강조하는 것으로 보인다. 권력 자체는 절대적이지만, 이 권력을 행사하는 사람은 온갖 감정과 변덕에 노출된 인간이고, 따라서 그지없이 취약하다. 그런 이유로 권력자의 권력사용은 얼마든지 왜곡될 수 있다. '주권성의 역설'은 바로 결정의 무근거성에 있다. 전제군주는 주권성의 이 같은 역설을 수행해가는 자이고, 그래서 절대적으로 강력하면서도 절대적으로 취약한 인물이다. 이 같은 취약성 때문에 그는 역사적인 것의 자연적 성격인 몰락을 자신의 몸으로 보여준다. 바로크 비애극에서 표현되는 것도 바로 이 점이다. 군주는 단순히 '역사 속의 예수'가 아니라 '모든 역사적 시도의 자연적 몰락'을 대변한다. 이런 벤야민의 이해는 아폴로적인 것과 디오니소스적인 것을 대립시키면서, 비극적인 것을 순수미학적인 현상

5) *Ebd.*, S. 216.

으로 이해한 니체의 비극이해와도 다른 것이었다. 자연의 몰락은 피조물에게 불가피하고도 필연적이다. 피조물의 상태 자체가 몰락의 근거가 되는 셈이다.

역사가 우발성 아래 퇴락해갈 때, 그것은 자연을 닮는다. 자연에는 역사가 없다. 또는 역사는, 장구한 지질학적 시간의 관점에서 보면, 오직 자연의 한 형식으로 자리한다. 그래서 거기에서는 소멸로서의 자연사적 역사만 항구적으로 반복되는 것이다. 이렇게 반복되는 소멸의 사건이 곧 재앙이다. 어떤 개선이나 혁신이 자리할 수 없기 때문이다. 그리하여 사람이 '이룬' 업적의 산물이라는 역사와 문화도 자연 속에서, 이 자연의 무심한 일부로 입김처럼 사라지는 허망한 것이 된다. 인류의 문명사 전체도 조만간 찾아들 폐허의 전조일 뿐이다…… 이런 식으로 역사를 고찰하는 것이 곧 알레고리적 관점이다. 바로크 주인공은 재앙적인 자연사의 이 무화적無化的 상황을 보여준다고 벤야민은 해석한다. 이런 해석은 엄격히 말하면, 바로크 비애극에만 해당되는 게 아니다. 그는 바로크 비애극에 대한 이 관점을, 『아케이드 저작』에서 보듯이, 역사 일반을 이해하는 데로 확장시킨다. 그의 역사철학의 핵심은, 앞서 보았듯이 역사를 재앙과 억압의 연속으로 파악하는 데 있었다.

인간의 역사도 넓은 의미의 자연사의 일부로 있고, 그래서 사라지는 자연의 한 기호로 자리한다. 거꾸로 말하면, 자연은 소멸하는 역사에 대한 알레고리적 기호다. 연극은 역사의 이 소멸성이 표현되는 무대다. 그래서 비극에는 일정한 해석의 끝이 있는 반면에, 비애극에서의 해석은 '애도하는 놀이'로서 끝도 없이 이어진다. 비극이 유한성의 슬픈 형식이라면, 비애극은 슬픔의 무한형

> **알레고리는 질서가 아닌 무질서를 강조하고**
> **정지가 아닌 변화를 암시하면서**
> **존재의 바닥 모를 깊이에 닿는다. 그 점에서**
> **인간의 역사가 아니라 자연사의 속성까지 구현한다.**

식이다. 이런 표현은 다소 모호하지만, 그런 점이 있다는 것은 사실이다. 그래서 비애극은 완성을 거부하는 예술형식이고, 이 형식 안에서 애도와 놀이는 서로 만나 계속된다. 바로크 비애극은 소멸하는 피조물의 운명에 대한 끝없는 항의와 소송의 형식인 것이다.[6]

2. 알레고리와 상징

전통적인 예술관에서 중시되어온 것은 상징개념이었다. 상징은 고전주의나 낭만주의 작가들에게 높은 미학적 범주로 평가된 반면, 알레고리는 '질 낮은' 것 또는 '뒤떨어진' 것으로 평가되어 왔다. 괴테의 생각도 그랬다. 문제는 이것이 미학적 범주의 가치평가에 그치는 것이 아니라는 데 있다. 상징개념을 둘러싼 심미적 논란과 가치의 오용에는 심각한 이데올로기적 의도와 정치적 전략이 들어 있다.

현실을 살펴보자. 1919년에 탄생된 바이마르 공화국은 첫 회의

---

6) 이것은 카프카에 대한 논평에서 벤야민이 '영원한 소송'을 강조하는 것을 상기시킨다. 제10장의 2절 「영원한 소송」을 참조할 것.

를 '독일문화의 고향'이라고 말할 수 있는 바이마르Weimar에서 개최함으로써 독일 고전주의의 이념을 신생 공화국의 정신적 토대로 삼고자 했다. 이것은 국내적으로는 제1차 세계대전 이후 지리 멸렬해진 독일민족의 에너지를 결집하기 위해 필요한 것이었고, 국제적으로는 강력한 제국건설의 에너지를 대외에 천명하기 위해 요구되는 것이었다. 괴테를 '문화적 초인'이자 '지도자'로 간주하는 이른바 '괴테 숭배'가 시작된 것도 이즈음이었다. 상징의 이데올로기적 함의가 대중적으로 설파되고 확산된 것도 이 무렵이었다. 그러나 이 같은 예술형이상학적 신화화가 얼마나 정치적으로 심각한 폐해를 동반했는가는 이 선전의 담당자들이 얼마 가지 않아 나치독일의 이데올로기를 대변했다는 사실에서 잘 드러난다.

알레고리에 대한 벤야민의 관심은 이런 시대적 맥락 아래 자리한다. 그는 상징의 일방적 가치와 그 신화화에 반대하면서 알레고리의 표현적 권리를 복원시키고자 했다. 물론 상징과 알레고리의 관계도 개념사적 경로를 고찰해보면, 여러 가지로 분화되고, 작가나 사조마다 조금씩 다르게 나타난다. 그러니만큼 매우 복잡한 주제가 아닐 수 없지만, 간단히 상징은 총체적이고 통일적인 비유인데 반해 알레고리는 부분적이고 이질적인 비유라고 일단 정의할 수 있다. 알레고리에는 우울이나 상형문자학, 가상, 양의성, 이율배반 등의 개념이 겹쳐 있다. 알레고리는 형체 없이 조각난 것들, 말하자면 "무형적 파편"과 관계한다. 벤야민은 이렇게 쓴다. "예술상징, 조각적 상징, 유기적 총체성의 이미지에 대하여 알레고리적 글자 모양이 보여주는 무형적 파편만큼 더 강력한 대립물은 생각하기 어렵다."[7]

더 자세히 살펴보자. 상징의 총체성에 대하여 알레고리는 파편-조각-폐허에 충실하다. 알레고리적 직관 속에서 세계의 총체성이나 통일성 그리고 단일성이 의심된다. 사물은 철저하게 이원적이거나 다원적으로 나타나기에 모순은 알레고리에 어울린다. 그것은 사물 자체의 속성으로 간주된다. 존재하는 사물은 항구적 형태로 시종여일하게 자리하는 것이 아니라 쉼 없이 변화하는 것으로, 더하게는 소멸하는 것으로 자리하기 때문이다.

사물은 끝없이 소멸하고 고갈되며 퇴락하고 몰락해간다. 이의성 또는 다의성이야말로 세계의 속성인 것이다. 이 속성에 대해 벤야민은 다음과 같이 쓴다. "왜냐하면 실체^{Eidos}는 꺼져가고, 비유는 죽으며, 우주는 그 안에서 말라간다. 남아 있는 메마른 그림 수수께끼에 통찰이 있고, 이 통찰은 혼란에 빠져 골똘히 생각하는 사람에게 파악된다. 감각적이고 아름다운 신체의 부자유와 불완전 그리고 허약성을 인식하는 것은 의고전주의^{Klassizismus}에게 완전히 거부된다. 바로 이 점을 바로크의 알레고리는, 그 멋진 화려함 아래 숨은 채, 예기치 않게 강조하며 보여준다."[8]

알레고리적 사물이란, 벤야민이 정확히 지적하듯이, "꺼져가고", "죽으며", "말라가는" 것들이다. 그것은 생성과 생명의 자연이 아니라 퇴락과 소멸의 자연이다. 여기에서 "감각적이고 아름다운 신체"는 거부되고, "부자유와 불완전, 허약성"이 찬미된다. 그리하여 현존의 폐허에 대한 투시가 이뤄지는 것이다. 이렇게 투시

7) Walter Benjamin, "Ursprung des deutschen Trauerspiels," *a. a. O.*, S. 351.

8) *Ebd.*, S. 352.

하는 것이 곧 알레고리적 시선이다. 알레고리는 질서가 아닌 무질서를 강조하고 정지가 아닌 변화를 암시하면서 존재의 바닥 모를 깊이에 닿는다. 그 점에서 그것은 역사, 다시 말해 인간의 역사가 아니라 자연사의 속성까지 구현한다. 깨우침은 이때 일어난다.

'멜랑콜리'는 이 몰락을 느끼는 정조情調를 일컫는다. 그리고 이 우울한 정조를 가진 사람은, 뒤러의 「멜랑콜리아 I」에서 보듯, "골똘히 생각하는 사람"Grübler이다. 또는 셰익스피어의 햄릿 같은 인물이라고 할 수 있다.[9] 멜랑콜리적 인간은 사물의 화려한 외관 뒤에 숨은 퇴락과 소멸을 통찰한다. 그의 시선 아래에서 사물은 꺼져가거나 시들어 있거나 죽어가는 것으로 나타난다.

이런 관점은, 벤야민이 지적하듯이, (의)고전주의에서는 없던 것이었다. 알레고리는 상징이 지닌 "총체성의 거짓가상"을 문제시하는 까닭이다.[10] 그러나 이런 문제의식은, 위에서 언급했듯이, 상징에만 향한 것이 아니다. 중요한 것은 이런 거짓 위에 선 고전주의 예술관념 전체다. 고전주의적 예술관념은 파편적인 것이 아니라 그 자체로 완결된 것, 말하자면 조소적彫塑的인 것과 유기적인 것 그리고 정연되고 확정된 체계를 중시하는 것이었다. 그것은 세계가 하나의 조화로운 섭리 아래 완결된 형태로 자리한다고 믿는다. 바로크는 이 완결된 세계관을 거부한다. 그것은 아무도 거들떠보지도 않던 파편과 폐허, 소멸과 몰락의 가치에 주목함으로

---

9) 벤야민은 셰익스피어의 『햄릿』만 우울적 침잠을 통해 바로크적 우울을 극복하고 기독교성에 도달했다고 평가한다. *Ebd.*, S. 335.

10) *Ebd.*, S. 352.

써 단순히 의미가 아니라, 의미 이전의 세계를 구제하려 한 것이다. 그리하여 바로크적 정신은, 멩케가 바르게 지적하듯이, "심미적 통합에 대한 이의제기"가 된다.[11]

바로크적 이의제기는 작게는 '구제적 비평'으로 알려진 벤야민의 예술비평적 실천의 예를 잘 보여주면서, 크게는 '토르소'로서의 문화사에 대한 그의 이해와도 어느 정도 이어진다. 여기서 더 나아가면, 그것은 '억압의 연속사'로서 역사를 파악하는 그의 역사철학적 입장에 닿아 있다고 말할 수 있다. 그리고 이 모두를 관통하는 것은 전승되는 가치가 그 자체로 하나의 재앙일 수도 있다는 그의 생각이다.[12] 역사의 많은 것이 상투적으로 반복되고, 이렇게 반복되는 가치와 관념에는 지배체제적이고 지배담론적인 어떤 의도가 담겨 있다면, 그래서 그것이 시대적 권력관계의 한 반영에 불과할 뿐이라면, 이런 가치와 관념은 '언제나 동일한 것의 가상'에 지나지 않는다. 이런 가상은 예술관념이나 문화이해, 역사인식 등 넓은 영역에 하나의 지배이데올로기로서 서식한다. 따라서 이 거짓가상은 전복되고 단절되고 파괴되어야 한다.

벤야민은 연속사의 반복과 그 부당성을 문제시함으로써 기존의 직선적 역사발전 개념 그리고 이 개념 위에선 문학사/예술사의 작업에 거스르고자 한다. 그의 변증법적 사유는 이런 관점적 가상을 다시 검토하기 위한 성찰의 움직임이며, 해체와 구성은 이 성찰이

11) Bettine Menke, "Ursprung des deutschen Trauerspiel," Burkhardt Lindner (Hg.), *Benjamin Handbuch, a. a. O.*, S. 223.

12) Walter Benjamin, "Das Passagenwerk," *GS* V/1, v. R. Tiedemann (Hrsg.), Frankfurt/M., 1982, S. 591.

적용되는 구체적 방법론이라고 할 수 있다. 폐허의 역사 앞에 선 인간은 우울하다. 역사의 폐허는 인간의 폐허인 까닭이다.

3. 우울: 현존의 폐허

> 진정으로 행복한 사람은
> 거의 말을 하지 않으며, 웃지도 않는다……
> 우울은 즐거움의 벗이다.
> ■ 루소, 『에밀』(1762)

> 순수한 호기심은 비애로부터 생겨나고, 이 비애를 심화한다.
> ■ 벤야민, 『아케이드 저작』

역사는 한편으로 영원한 생성의 과정으로 보이지만, 다른 한편으로 끊임없이 이어지는 쇠락의 과정이기도 하다. 그것은, 알레고리가 보여주듯이, 소멸의 기호로 자리한다. 이 기호 안에서는 어떤 것도 불변으로 남을 수 없다. 어떤 것도 의미의 지속적 체계 안으로 온전히 통합될 수 없으며, 설령 의미가 드러난다 해도, 그것은 곧 잦아들거나 해체될 운명에 있다. 그리하여 알레고리적 관찰 아래 드러나는 사물은 모두 부서졌거나 부서지고 있거나 부서져 갈 것들이다. 바로크적 멜랑콜리는 이 균열에서 생겨난다. 벤야민이 비애극에서 보여주는 감정은 이 우울의 감정이다.

여기에서 드러나듯이, 바로크 세계에서 의미는 산산이 조각나 있다. 그것은 허물어져 있고 비틀려 있으며 말라죽거나 뿔뿔이 흩어져 있다. 당연하다고 평가되어온 것들이 기존 가치의 옷을 벗고, 이상적이라고 여겨져온 것들이 새 가치를 껴입는다. 그것이 알레고리의 탈가치화요 재가치화다. 대상과 언어, 기호와 의미, 실체와 이미지의 관계는 점차 벌어지면서 틈을 보이고, 이렇게 벌어진 틈 사이로 새 형태가 들어선다. 사물의 가치는 정해진 것이 아니라 불확정적이고, 그래서 부단히 변질되어간다. 마치 왕좌가 감옥으로 변하듯이 낙원이 묘지가 되고, 백합꽃이 쐐기풀로 변하듯이 환락에 찬 밀실이 지하납골당으로 변하는 것이다.[13] 사물의 위상은 확실하지 않고 그 관계는 지극히 유동적이다. 알레고리 아래 세계는 항구적 전락가능성 아래 서 있는 것이다.

그리하여 바로크 세계에서는 여하한의 지식이나 가치도 무력할 뿐더러 개념이나 언어도 지배력을 상실하고 만다. 그러니만큼 우울의 감정은 피할 길 없다. 알레고리적 시선 아래 사물과 언어, 기호와 의미의 상호관계는 전적으로 불안정하고 불투명하기 때문이다. 그것은 가까우면서도 아득하고, 아득하면서도 더 아득하다. 알레고리의 의미가 근본적으로 균열적이라면, 이 균열을 느끼는 정서는 복합적으로 균열적이다.

그러나 알레고리에서 생겨나는 우울은 단순한 위로가 아니다. 그것은 현실로부터의 도피를 갈구하지도 않는다. 오히려 삶의 핵심으로서의 죽음을 직시하고, 사물의 물질성을 외면하는 것이 아니라 그 심부에 집요하게 다가서고자 한다.[14] 사물의 본성에 충실

---

13) Walter Benjamin, "Ursprung des deutschen Trauerspiels," *a. a. O.*, S. 404f.
14) 벤야민은 이렇게 적고 있다. "비애의 의도에 새겨져 있는 집요함은 사

하려는 슬픈 마음, 그것은 호기심에서 나온다. 우울한 인간은 이 호기심에 기대어 "불운한 국면의 침투불가능한 것으로 간주되는 질서"를 늘 의식한다.[15] 그는 불확정적 관계를 의식하고, 이 관계의 이질성을 염두에 두는 가운데 이 차이의 세부 안으로 파고든다. 알레고리를 읽는다는 것은 이질적 차이의 관계를 읽는다는 것이고, 이 관계의 공허성을 깊은 감정으로 느낀다는 것이다. 벤야민은 우울과 관련하여 '심층감각'(또는 깊은 느낌Tiefsinn)이라는 단어를 자주 쓴 바 있지만, 세계의 공허성은 우울과 같은 깊은 슬픔을 갖는 자에게만 지각된다.

알레고리적 우울은 세계가 노정하는 이질적 관계 속에서 이 관계의 허망함을 느끼고, 이 허망함에서 타자의 암시를 읽으며, 이렇게 타자와 만나는 가운데 삶의 아포리아를 넘어서고자 한다. 우울은 세계의 바닥 또는 그 벽과 만날 때 생겨나는 감정의 상흔이다. 그래서 그것은 상실과 공허, 죽음에 둘러싸여 있다.

대상과 기호, 현실과 언어 사이에 의미론적 균열이 있다면, 이 균열은 주체에 의식되면서 정서적 균열을 야기한다. 우울은 이렇게 금이 간 정서의 이름이다. 대상이 완전할 수 없는 것이라면, 그래서 쉼 없이 무너지고 사라지며 떠나가는 것이라면, 그것은 우울한 감정을 일으키지 않을 수 없다. 소멸과 몰락의 현상 앞에서 인간은 우울과 비애를 겪는다. 그러나 우울한 자는 마냥 슬퍼하지

물세계에 대한 비애의 충실성에서 태어난 것이다." (Walter Benjamin, "Ursprung des deutschen Trauerspiels," *a. a. O.,* S. 334).

15) *Ebd.,* S. 333.

않는다. 그는 오히려 균열의 원인과 근거를 찾으려 한다. 그가 조용히 앉아 주변을 돌아보고 과거를 회상하는 것은 이 때문이다. 그는 명상과 관조를 통해 의미의 발생경로, 즉 '의미의 근원사'로 들어간다. 거기에는 역사가 있고 자연이 있다. 자연은 말 없는 사물의 세계다. 역사가 끊임없는 쇠락의 과정이라면, 자연의 역사란 이 쇠락한 역사의 말 없는 배경으로 자리한다. 그래서 자연은 역사보다 더 차갑고 무심하다. 자연에서 존재는 오직 부재 속에 있다. 아니 그것은 부재의 부재이고, 부재의 배경이자 테두리로 자리한다.

우울한 자는 근본적으로 침잠하고 명상하는 자다. 이 침잠과 명상 속에서 그는 퇴락하는 역사로서의 자연의 역사이자 인간의 역사를 돌아보고, 이 역사의 근원적 성격을 떠올리면서 자신을 돌아본다. 그 근원의 성격에는 공허와 수수께끼, 어둠과 난관이 있다. 죽음은 그 근원성격의 중심을 이룬다. 우울한 자의 시선 아래 사물은 자신의 비밀인 죽음의 근원성을 드러내 보인다. 그래서 벤야민은 적는다. "우울은 앎을 위하여 세계를 폭로한다. 그러나 그 끈기 있는 침잠은 죽은 사물을 명상 안으로 받아들여 구제한다."[16] 우울의 감정은 소멸하는 세계에서 소멸하지 않는 것을 떠올리고, 이 소멸하지 않는 것에 견주어 자신을 만난다. 그것은 일시적인 것과 영원한 것, 지상적인 것과 천상적인 것 사이를 움직이고, 이렇게 움직이면서 명상하고 침잠하는 가운데 '슬프게'traurig '노닌다'spielen. 슬프게 놀면서 자신을 구제한다. 이것을 벤야민은 "공

16) *Ebd.*, S. 334.

> **"우울한 자는 침잠과 명상 속에서 퇴락하는 역사로서의 자연의 역사이자 인간의 역사를 돌아본다. 우울한 자의 시선 아래 사물은 자신의 비밀인 죽음의 근원성을 드러내 보인다."**

허한 세계를 가면처럼 부흥시킨다"고 표현한다.[17] 사물은 소멸과 퇴락 속에서만 자신을 드러낸다. 바로크적 비애극은 소멸의 자연사에 대한 알레고리적 인상학이다.

비유가 일반적으로 어떤 하나를 다른 것으로 넌지시 말하는 일이라면, 알레고리는 이렇게 말하는 것에 스민 어떤 균열, 즉 의미생성의 균열을 암시한다. 그 점에서 그것은 비유에 대한 비유이고, 그래서 메타비유적metafigurativ이다. 이것이 알레고리의 이중성이고, 알레고리의 이율배반이다. 그것은 단순히 기호에 대한 특정한 암시에 그치는 것이 아니라, 여기에서 나아가 기호와 의미에 내재하는 불협화음까지 드러낸다. 이 균열은 생래적이다. 그래서 피할 수 없다. 기호와 의미, 언어와 내용의 균열은 언어를 사용하는 인간과 그 삶이 불완전한 것인 한 불가피한 것이기 때문이다.

균열과 모순은 삶에 필연적이다. 그래서 균열은 해소되기보다는 계속 뒤로 미뤄지면서 다른 균열에 의해 대체된다. 그러니 우리가 할 수 있는 것은 이미 말한 것을 취소하고, 이미 제시된 것을 정정하는 일이다. 남는 것은 기호와 의미, 대상과 주체, 현실과 의

17) *Ebd.*, S. 318.

도 사이의 무한한 유예이자 이동이고, 이렇게 이동하면서 견지해야 할 감각과 사유의 올바름이다. 그러므로 필요한 것은 불가피한 균열에 대한 전적인 해소책의 마련이 아니라(이것은 지나치게 낙관적인 시도이기 때문에 불가능하다), 그 나름의, 그래서 성공할 수도 있고 실패할 수도 있는, 그러나 포기할 수 없는 어떤 대응방식이다. 알레고리적 의미에서 의미란 전일적으로 배제되지도 않고, 그렇다고 전적으로 포함되지도 않는다.

균열, 틈, 파편, 폐허는 언어와 의미, 대상과 기호 사이에 나타나는 것이면서 자연의 근본성격이기도 하다. 여기에서 세계는 거대한 폐허의 알레고리, 이 알레고리를 담은 거대한 책으로 읽힌다. 인간의 역사는 자연사의 알레고리로서 끊임없이 이어지는 몰락 과정의 한 단계로 자리한다. 그리하여 폐허적 속성은 자연사의 성격이면서 이 자연사를 비유하는 알레고리의 성격이고, 나아가 알레고리가 그 일부로 되는 역사의 성격이기도 하다. 그래서 그것은 "알레고리의 알레고리"가 된다.[18] 마치 알레고리가 비유의 비유로서 메타비유적 성격을 갖고 있듯이, 현실은 사실이면서 이 사실이 드러나는 비유의 형식으로도 존재하는 것이다. 세계라는 공간이, 우리가 그 속에서 살아가는 장소이면서 동시에 무엇인가 깨닫고 배우며 읽어내는 곳이 되는 것은 그 때문이다.

세계의 곳곳에 소멸과 폐허가 있다. 이 소멸과 폐허가 드러난 것과 숨겨진 것, 현재의 것과 미래의 것 사이에 놓인 차이를 보여준다. 이 차이의 틈이 바로 삶의 우울을 야기한다. 그래서 우울한

---

18) Bettine Menke, "Ursprung des deutschen Trauerspiel," *a. a. O.,* S. 223.

인간은 현실과 의미의 차이를 즐겨 명상한다. 그에게 죽음과 재생의 이율배반은 낯선 것이 아니다. 그것은 마치 친지인 것처럼 친숙하다. 우울은 균열에 친숙하다는 정서적 표시다. 사물의 우울이 있듯이 기호의 우울이 있고, 도시의 우울이 있듯이 감각과 사유의 우울이 있다. 그리하여 세계는 읽혀져야 할 책자冊子, 수수께끼 같은 폐허의 책자다. 세계의 이 지속적 몰락이 바로 멜랑콜리를 낳으면서 바로크적 비애의 원천을 이룬다. 알레고리는 사물의 몰락하는 원천에 충실함으로써 심미적 통합과 통일의 관념에 저항하고, 이 저항을 통해 주변적 존재, 말하자면 개념과 논증을 벗어나는 난외적欄外的 존재를 포용한다.

사물과 의미의 차이는 완전히 극복될 수 없다. 하지만 그것은 우울한 정신의 집요함 속에서 어느 정도 좁혀질 수도 있다. 글에서도 공허감은 피하기 어렵지만, 적어도 이 피하기 어렵다는 의식만은 분명하게 글로 포획할 수도 있다. 이 헛된 가능성으로부터 작가는 부질없는 위로를 받는다.

4. 의미와해의 의미: '자연사의 인상학'[19]

파괴와 쇠락, 소멸과 풍화는 자연의 근본 모습이다. 그러나 이 자연관도 처음부터 있었던 것은 물론 아니다. 자연의 소멸성에 대한 인식은 근대에 들어와서야 나타나기 시작한다. 그 이전에, 그러니까 14~16세기까지 사람들이 가졌던 자연관은 주로 '신에 의해 창조된 자연'이었다. 그것은 변용된 의미의 자연이었고, 이 변

---

19) Walter Benjamin, "Ursprung des deutschen Trauerspiels," *a. a. O.*, S. 353.

> **"**알레고리적 의도는 무의도적 의도이고,
> 이 무의도적 의도에서 존재의 끝 모를 깊이,
> 세계의 심연이 드러난다.
> 이 심연에 닿아 있는 것이 곧 진리다.**"**

용의 중심에 신이 자리했다. 그 당시까지 신을 상정하지 않은 자연은 생각할 수 없었다.

바로크 시대에 들어서면서 자연은 이 같은 기존의 신적 속박에서 점차 벗어난다. 자연은 더 이상 신적 휘광에 둘러싸인 것이 아니라 가차 없이 거친 것, 말하자면 폭력적이고 광포한 대상으로 드러난다. 그것은 모든 것을 없앤다. 자연은 이제 숲이나 꽃, 나무나 새들의 울음 속에서 마냥 찬미되는 것이 아니라 영원한 소멸과 파괴를 의미한다. 그래서 사랑의 묘사도 부질없는 것이 되고, 사람 사는 세계도 한없이 낯설게 나타난다. 이 소멸을 피하는 것은 신 외에는 아무도 없다. 신적인 것이 바로크 예술에서 숭배의 대상이 되는 것은 그 때문이다. 이렇게 하여 사물의 광범위한 신격화apotheose가 일어난다.

신적인 것 외에 모든 지상적인 것은 사라진다. 이것이 자연사의 인상학이다. 이때 역사와 자연에는 구분이 없다. 그것은 하나가 되고, 폐허는 이렇게 하나된 모습이다. 알레고리는 이 폐허를 표현한 비유의 형식이다. 그래서 이때 이후 알레고리는 전권全權을 누리기 시작한다. 그렇다는 것은, 역설적으로 폐허의 이미지가 '의미론적으로 구제된다'는 것을 뜻하는 것이기도 하다. 모든 소멸하는 것은 우울의 명상 속에서 알레고리적 형식을 통해 죽음과 망각에서 구제되는 것이다. 따라서 알레고리란 폐허를 구제하는 예술형식이다.

어떤 것도 시간의 풍화를 견딜 수 없다. 폐허가 시간의 성격이고 시간적 압박의 결과라면, 이 폐허를 우리는 벌거벗은 그 자체로 드러내야 한다. 폐허야말로 사물의 변함없는 인상학이기 때문이다. 이 같은 관점에서 알레고리의 의미를 논의한 것이 바로 『독일 비애극의 원천』이라면, 이런 문제의식 아래 현대의 폐허성, 즉 근대도시의 자연사적 성격을 다룬 것이 『아케이드 저작』이다.

아케이드 작업에서 고찰 대상은 그 자체로 폐허성을 구현한다. 이 책의 자료들은 거친 인용과 그에 대한 들쑥날쑥한 논평으로 어지럽게 배열되어 있고, 그 의미는 비동질적으로 구성되어 있다. 독자는 이 이질적 의미의 광장에 어쩔 수 없이 직접 노출된다. 그래서 논리의 틈을 스스로 메워야 하고, 서로 다른 의미구성에 일정한 일관성을 부여하면서 읽지 않을 수 없다. 예술작품에서 아우라가 탈각되어 있다면, 야우스Jauß가 지적했듯이, 독자는 이 누락된 의미의 공동생산자로서 자리한다. 현실이 논리/의미의 약속을 지키지 못하면, 우리는, 이 약속을 지키기 어렵다는 사실의 인정 아래, 다시 이 약속을 촉구하는 도리밖에 없다. 알레고리는 그런 역설의 사유법이고 표현형식이다.

그러나 알레고리가 아무리 소멸과 퇴락을 암시해도, 그 역시 소멸되는 것의 일부임에는 틀림없다. 그것은 생성과 소멸 가운데 소멸을 비유하고, 이 같은 비유 아래 생성의 가능성을 다시 암시한다. 그러니까 알레고리는, 정확히 말해 의미 자체가 아니라 의미의 진공상태를 보여준다. 의미의 진공이란 의미의 부재상태다. "그것(알레고리에서의 악 – 옮긴이)은 자신이 표상하는 것의 부재를 정확히 의미한다."[20]

알레고리는 단순히 어떤 의미를 보여주는 게 아니다. 그것은 의미의 부재상태, 즉 무의미를 보여준다. 그래서 어느 한 지점에 머무는 게 아니라 하나의 의미에서 또 다른 어떤 의미로 옮아간다. 여기에는 어떤 의도도 없다. 의도가 있다면, 그것은 존재에서 부재로 또는 비유에서 (무)비유로 옮아가는 데 있고, 이 옮아감에서 의도는 휘발된다. "비유에서 비유로 알레고리적 의도는 바닥없는 깊이의 현기증에 희생된다."[21] 그러므로 알레고리적 의도는 무의도적 의도이고, 이 무의도적 의도에서 존재의 끝 모를 깊이, 말하자면 세계의 심연이 드러난다. 이 심연에 닿아 있는 것이 곧 진리다. 여기에서 우리는 왜 벤야민이 알레고리에 주목했고, 그 무의도적 의도성에 주의했는지 확인할 수 있다. 그것은 알레고리가 다름아닌 진리를 드러내는 방식이었기 때문이다. 벤야민에게 알레고리, 무의도성, 진리관은 이렇듯 긴밀하게 얽혀 있다.

기호와 의미, 외부와 내부의 차이는 말끔하게 해소될 수 없다. 기껏해야 그것은 의식하는 가운데 '어느 정도 그리고 잠시' 지양될 수 있을 뿐이다. 알레고리는 의미의 몰락과 일탈 또는 잉여에 대한 투시이기 때문이다. 그러니까 의미 자체가 아니라 의미 없음을 드러내고, 의미의 형성이 아니라 그 와해를 보여주는 것, 그것

---

20) *Ebd.*, S. 406.
21) *Ebd.*, S. 405.

이 알레고리의 형식이다. 의미와해 또는 덧없음 자체가 알레고리에서는 하나의 독자적인 의미작용을 하는 것이다.

비애극의 분석에서 벤야민은 알레고리적 운동을 통해 사물의 근원사, 즉 발생과 소멸의 경로가 드러난다고 적는다. 사물은 알레고리적 표현 속에서 의미가 박탈되면서 의미 이전의 세계를 보여준다. 의미 이전의 세계란 무의미의 세계다. 무의미의 세계란 의미가 부여되기 전의 상태, 곧 "의미하기의 근원사"다.[22] 이것을 보여주는 것이 알레고리적 의도라고 한다면, 이 의도는 의도 없는 의도이기도 하다(벤야민의 사유에 깊은 세례를 받은 아도르노는 예술의 진리가 '의도 없음의 의도'라고 적은 바 있다). 알레고리가 존재의 폐허를 보여주려고 한다면, 이 의도는, 이때의 폐허가 존재의 부재상태라는 점에서, 곧 무의도이기도 하다. 그리하여 알레고리는 무의도적 표현 속에서 하나의 비유와 또 하나의 비유 사이를 부단히 오간다. 아니, 이렇게 오고가는 '그 사이'에 알레고리의 부재하는 의미는 구현된다. 그 점에서 알레고리는 자연사의 의미를 체현하는 형식이다.

사물을 알레고리적으로 관찰하는 자는 멜랑콜리적 인간이다. 그는, 뒤러의 「멜랑콜리아 I」에서 보듯이, 턱을 괴고 앉아 즐겨 명상한다. 그가 명상하는 것은 현실과 기호, 사물과 의미, 의미부여와 의미박탈, 존재와 부재 사이의 어떤 균열이다. 이 균열에는 바닥 모를 나락이 자리한다. 소멸, 몰락, 휘발, 파괴는 이 나락의 내용이다. 우울한 인간은 파괴된 나락을 응시하면서 의미생성의 근

---

22) *Ebd.*, S. 342.

뒤러의 「멜랑콜리아 I」(1514).

절망하지 않는 사유는 사유가 아니다. 한계를 의식한 사유-반성적 사유만이 진실하다.

> **❝** 자연사로서의 인류사에서 자연과 인류, 사물과 사람은
> 본질상 크게 다르지 않다. 자연은 역사이고,
> 살아 있는 것은 이미 죽어 있는 것을 내포한다.
> 비애극은 이 자연사로서의 인간사를 무대 위에 선보인다. **❞**

원사를 떠올린다. 그러므로 나락이란 삶의 나락이고 생명의 나락이며 의미의 나락이자 역사의 나락이다. 세계의 근원은 존재의 나락을 투시함으로써 비로소 드러난다. 어디에도 편재하는 나락은 "세계의 고통사로서의 역사"를 보여준다.[23)]

예술은 바로 삶의 이 한계영역으로 들어간다. 한계영역으로 들어가 이곳의 어둠과 침묵을 전혀 다른 표현으로 드러내고자 한다. 그것이 좁게 보면 알레고리라는 형식이고, 넓게 보면 예술의 언어다. 그것은, 미학적 차원에서 보면, 예술의 한계 넘기다. 이 한계넘기는 표현에 의해 이뤄진다. 삶의 곳곳에 죽음과 고통과 몰락이 있다면, 이 모든 것은 회피됨으로써가 아니라 예술에 의해 강밀하게, 그러나 이전과는 다르게 파악되고 표현됨으로써, 다시금 대응할 만한 것으로 변모된다.

자연이, 그것이 알레고리적 표현형식 아래 드러나는 것처럼, 처음부터 소멸과 퇴락의 이미지로 나타난 것은 아니다. 이런 식의 자연이해는, 앞서 언급했듯이, 미학사적 · 예술이론적 관점에서 보면, 17세기 바로크 시대에 이르러 퍼지게 된 것이다. 그렇다면 그

23) *Ebd.*, S. 353.

이전에는 어떠했는가? 15세기를 전후한 르네상스 시대에 자연은 근본적으로 신에 의해 창조된 것이었다. 자연은 신적으로 변용된 것으로 이해되었고, 예술의 과제는 이 신적 자연을 모사하는 데 있었다. 바로크적 자연은 변용된 자연개념에 정반대되는 것이었다. 그것은 근본적으로 무너지고 부서지며 사라지고 소멸하는 것이기 때문이다. 바로크적 표상에서 무너지는 것은 자연만이 아니다. 인간의 모든 성취도 헛되이 무너진다. 인간이라는 피조물 자체가 쓰러지며, 이 피조물이 만드는 생산물과 업적의 전체가 무너진다.

이 보편적 몰락의 중심에는 역사가 있고, 모든 의미론적인 문화활동이 들어선다. 역사의 마당에서는 이렇게 취약한 인간이 스스로 무너지는 가운데 무너지지 않으려는 안간힘으로 세운 것들의 퇴락과정도 펼쳐진다. 인간과 역사, 사건과 문화가 예외 없이 자연의 소멸하는 속성을 구현한다. '자연사로서의 인간의 역사'는 이런 맥락에서 나온다.

"자연의 얼굴에는 소멸의 기호로 된 '역사'가 있다. 비애극을 통해 무대에서 제시되는 자연-역사의 알레고리적 인상학은 폐허로서 실제로 현재한다…… 그렇게 형성될 때, 역사는 어떤 영원한 생명의 과정으로서가 아니라 끊임없는 퇴락의 과정으로서 각인된다. 그럼으로써 알레고리는 미의 저편에 있다. 사물의 왕국에 폐허가 있다면, 알레고리는 사상의 왕국에 있다."[24]

24) *Ebd.*, S.353f.

자연사로서의 인류사에서 자연과 인류, 사물과 사람은 본질상 크게 다르지 않다. 이 둘은 그 물질성에서 서로 가까이 다가가거나 서로 닮는다. 이때 자연은 역사이고, 살아 있는 것은 이미 죽어 있는 것을 내포한다. 비애극은 바로 이 자연사로서의 인간사를 무대 위에 선보인다.

이제 인간의 역사는 자연의 역사를 내재화하면서 펼쳐진다. 철저하게 물질화된 것, 즉 사물화된 인간의 역사가 이어지는 것이다. '언제나 동일한 것의 반복'이라는 벤야민의 역사철학적 구상은 이렇게 해서 나온다. 억압과 재앙의 연속사라는 그의 역사이해나 토르소로서의 문화사적 인식도 이와 유사한 배경 위에 서 있다. 자연의 역사에 허약한 인간의 역사가 배어 있듯이, 인간의 역사에는 자연의 소멸하고 순환되는 흔적이 담겨 있다. 그래서 그는 쓴다. "자연의 얼굴에는 소멸의 기호로 된 '역사'가 있다." 그것은 근본적으로 취약하고 소멸하는 것이며, 따라서 불구의 것이다. 이 불구성은, 거기에 지배권력의 의도가 더해지면, 고통과 억압을 배가시킨다. 그러나 이 고통의 메커니즘 또한, 냉정하게 보면, 소멸하는 자연의 일부임엔 틀림없다. 그리하여 자연사도 인간사처럼 영원한 소멸의 알레고리적 인상학을 구현한다. 이 인상학에서 의미의 순수성과 통일성은 더 이상 유지되지 못한다.

사물은 오로지 지금의 것에서 다른 어떤 것으로 옮아가는 데 있고, 이 옮아감 속에서 퇴락하는 데 있으며, 이 퇴락에서 알레고리는 의미 발생의 근원사를 보여준다. 그런 점에서 알레고리는 폐허를 인식하는 힘이다. 폐허가 사물의 본성이라면, 폐허를 인식하는 알레고리는 사유의 힘이다. 이 사유의 힘으로 알레고리는 사물의 물질성을 존중한다. 인간이 아니라 물질이, 연속성이 아니라 파편성이 알레고리적 사유의 중심이 되는 것이다. 그래서 벤야민은 다음과 같이 쓴다. "인간적인 것에 대한 사물의 우위 속에서, 전체적인 것에 대한 파편적인 것의 우위 속에서 알레고리는 상징에 양극적으로, 그러나 바로 그 때문에 강력하게 대립된다는 사실이 오늘날 매우 자명하다."[25]

결국 알레고리는 언어 속에서 언어 이전으로, 비유 속에서 비유 이전으로 돌아가려 하고(그 점에서 근원회귀적이다), 이 회귀를 통해 물성物性 자체의 본성을 닮으려 하며(그 점에서 유물론적이다), 이런 닮음 아래 인류의 본래적 꿈을 상기시킨다(그 점에서 신학적이다). 알레고리는 의미와해의 의미를 드러내는 우울한 예술정신이다.

2. 폐허와 이월, 참 그리고 아름다움

이 대목에서 나는 벤야민의 진리관을 스케치해야 할 필요를 느낀다.

그는 비극과 비애극을 구분하고 알레고리와 상징을 나눔으로써 삶의 폐허에 주목한다. 이 폐허로부터 우울의 감정이 자라난다면, 우울은 어떤 갈망, 말하자면 이념에 대한 갈망 때문에 생겨나는 것임에 틀림없다. 존재가 이념을 구현한다면, 이렇게 구현되는 내용은 진리가 될 것이다. 비애극 같은 심미적 형식 아래 드러나는 것은 이 이념의 영역이고, 진리는 이 이념의 영역을 채우는 내용

---

25) *Ebd.*, S. 362.

이다.[26] 이 진리 옆에는 아름다움에 대한 생각이 붙어 있다.[27] 그러니 진리관이나 미의 이해, 알레고리적 사유, 폐허의식은 밀접하게 연관되어 있는 것이다.[28] 벤야민의 사유는 무의도성 속에서 세계의 껍질을 파헤치면서 삶의 한계를 부단히 위반하고자 한다.

벤야민의 진리관과 미 이해를 제대로 파악할 때, 그의 변증법적 사유와 그 움직임의 이유를 우리는 이해할 수 있다. 바로크 논의와 낭만주의 비평개념은 이 대목에서 만난다. 즉 진리와 미 개념은 그의 바로크론과 낭만주의론을 잇는 철학적 고리 역할을 한다고 할 수 있다. 이 글이 두 논의 사이에 놓인 것은 그 때문이다. 벤야민의 진리이해는 어떠한가? 이것은 비애극론의 서문인 「인식비판적 서언」에 잘 나타나 있다.

1. 무의도적 진리

> 왜냐하면 사람들은 연인을 믿을 때조차 연인을 의심하고,
> 다른 속셈이나 다른 의도 없이 오직 나만을 위한 어머니의 키스 같은,
> 그렇게 완전하게 연인의 마음을 소유하는 것은 불가능하기 때문이다.
> ■프루스트, 『잃어버린 시간을 찾아서』(1919)

진리론은 벤야민의 바로크론의 바탕으로서 또는 그 전제로서

---

26) 이것은 1절 「무의도적 진리」에서 다뤄진다.
27) 이것은 2절 「껍질 속의 미: 심미적 허위」에서 다뤄진다.
28) 진리관과 미이해를 바탕으로 한 사유의 운동은 3절 「'한계위반'」에서 다뤄진다.

> **진리는 경험적 현상의 형태로서가 아니라 이 경험을 포괄하는 이념적 형태로 자리한다. 그것은 특정 이념의 정해진 내용이 아니라 표현과 형식과 스타일에 따라 그때그때 드러나는 '사건'에 가깝다.**

자리한다. 그는 어떤 것에서 진실한 것을 보고, 무엇이 삶과 세계의 바른 모습이라고 보는가? 이것은 철학적 문제이고, 진리를 캐는 인식론적 문제이기도 하다. 그의 진리관은 어디에 있을까? 그것을 한마디로 줄이면 어떻게 될까? 그것은 간단히 '무의도적 진리'라고 말할 수 있다. 그는 「인식비판적 서언」에서 이렇게 적는다.

"진리는 결코 어떤 관계에, 특히 어떤 의도적 관계에 들어가지 않는다. 개념의도 속에서 규정되는 것으로서의 인식의 대상은 진리가 아니다. 진리는 이념으로부터 형성된 의도 없는 존재다. 따라서 진리에 적절한 행동은 인식 속에서 의미하는 것이 아니라, 진리 속으로 들어가 사라지는 것이다. 진리는 의도의 죽음이다⋯⋯ 어떤 이념적인 것으로서 진리의 존재는 현상들의 존재방식과 다르다. 즉 진리의 구조는 무의도성에서 사물의 소박한 존재와 닮아 있지만, 그러나 지속성에서 이 소박한 존재를 능가하는 존재를 요구한다."[29]

---

29) Walter Benjamin, "Ursprung des deutschen Trauerspiels," *a. a. O.*, S. 216.

벤야민의 글은, 특히 이론적 논의는 매우 압축적이고 밀도가 높다. 그래서 한 개념씩 풀어 해석하거나 일정한 관계망 아래 전체적으로 이해해야 한다. 그렇지 않으면, 많은 경우 제대로 된 이해를 얻기 어렵다. 위의 문장도 마찬가지로 보인다. 나는 두 번째의 방식으로, 즉 일정한 관계망 속에서 그의 생각을 해석해보려 한다.

이 관계망에서 드러나는 주요 개념어는 두 갈래로 나뉘어 있다. 하나는 진리-무의도-이념-존재-표현-형식의 무리이고, 다른 하나는 의도-현상-사물-개념의 무리다. 벤야민은 진리란 존재의 영역을 드러내는 "이념적인 것"이고, 이 이념에는 아름다움이 녹아들어 있다고 본다. 그는 플라톤의 『향연』을 읽으면서, 철학적 진리란 에로스에 대한 내재적 관계를 지니며, 이 에로스가 미의 표상인 한 철학적 진리도 미를 드러낸다고 보았다. 그래서 미는 진리와 밀접하게 이어진다. 미는, 적극적으로 표현하여, 진리의 내용이다. 그러나 이 진리는 개념으로 포착될 수 없다. 개념은 일정한 의도와 계산에서 나오기 때문이다. "개념 속의 통일성으로서가 아니라 존재 속의 통일성으로서 진리는 의심할 바 없다."[30] 그러므로 진리는 개념적으로 포착되거나 확정될 수 있는 것이 아니라 묘사Darstellung에 의해 드러나야 한다.

여기에서 '개념'이 학문의 논증방법에 사용된다고 한다면, '묘사'는 예술의 형상화 방법에 사용되는 것이라고 일단 구분할 수 있다. 개념이 진리를 포착할 수 없다고 본 것은, 그것이 대상규정적이기 때문일 것이다. '대상규정적'이란 확정적이고 단정적이라

---

30) *Ebd.*, S. 210.

는 뜻이다.[31] 이에 비해 예술의 묘사는 대상을 단정하지 않는다. 그것은 형상Gestalt으로 대상을 드러내고, 이렇게 드러난 형상에 대하여 평가나 진술 또는 판단을 삼간다. 그것은 대상에 대한 거리를 유지한다. 이것이 '심미적 거리'다. 예술은 경험현실의 세부에 밀착한다는 점에서 직접적이지만, 이렇게 이해한 것을 언어나 음표 또는 색채를 통해 묘사한다는 점에서 간접적이다.

그러므로 예술의 표현은 비매개적 매개의 방법을 채택한다고 말할 수 있다. 비매개적 매개의 우회로는 진리를 추구하는 하나의 방법이 될 수 있고, 묘사는 이 방법이다. 그래서 벤야민은 쓴다. "방법은 우회로다. 우회로서의 묘사."[32] 진리의 존재에서 대상은 직접적으로 나타나고, 이때 인식이 개별대상을 향해 있다면, 비매개적 매개의 예술언어는 이 점에서 진리-존재-이념과 직접 만나면서 이를 포착하고 표현할 수 있다. 벤야민이 예술언어의 표현적 계기에 주목한 것은 이런 이유에서일 것이다.

지금까지의 논의에서 확인한 것은, 진리란 단순히 논리적·논증적·개념적으로 파악될 수 없다는 사실이다. 그것은 주체의 의지나 의도, 소망과 충동으로부터 벗어나 있기 때문이다. 진리는 경험적 현상의 형태로서가 아니라 이 경험을 포괄하는 이념적 형태로 자리한다. 그렇다는 것은 언어를 떠난 형태, 말하자면 일체의 의도와 주관성의 영역을 넘어설 때 진리가 나타난다는 뜻이고, 그

---

31) 벤야민이 「인식비판적 서문」에서 '학문을 필연적으로 예술로 사고해야 한다'고 말한 것은 이런 맥락에서일 것이다.

32) *Ebd.*, S. 208.

런 만큼 진리 자체가 아니라 진리를 드러내는 방식, 즉 스타일·표현·형식이 중요하다는 뜻이다. 진리는 특정 이념의 정해진 내용이 아니라 표현과 형식과 스타일에 따라 그때그때 드러나는 '사건'에 가깝다. 뵈메H. Böhme와 에렌슈펙Y.Ehrenspeck이 설득력 있게 지적하듯이, "벤야민에게 진리란 묘사와 동일하고, 이 묘사란 이중적 의미에서, 즉 '묘사'란 재현이자 산출이라는 점에서 그렇다."[33] 그러니까 이때의 묘사-형식-스타일은 단순히 서술기교적 차원을 의미하는 것이 아니라, 내용적·실질적 차원을 배제하지 않는 형식구성적 측면이 될 것이다.

이념-진리-존재는 직접적으로 드러나지 않는다. 그것은 일정한 형식을 통해, 이 형식의 매개에 기대어 나타난다. 예술은 존재의 이념이 드러나는 또는 이 이념을 드러내는 매개형식이다. 그것은 전체적 그물망 속에서 밤하늘의 별자리 같은 형세 아래 대상에 다가가고, 이 대상을 이해하며 표현하기 때문이다. 벤야민에게 진리란 그 자체로 있는 것이 아니라 언어에 의해 표현으로, 재현의 형식을 통해 드러나는 데 있다. 거꾸로 말해 언어의 재현에서 존재의 진리는 드러난다. 이 존재에는 주관성의 개입도 없고, 따라서 의도도 없다. 그래서 그것은 이념적인 것을 포함하면서 진리를 담는다. 언어가 진리나 이념에 다가서는 것은 이 무의도성과 무개념성 때문이다.

---

33) Hartmut Böhme/Yvonne Ehrenspeck, "Zur Ästhetik und Kunstphilosophie Walter Benjamins," *Walter Benjamin, Aura und Reflexion, Schriften zur Kunsttheorie und Ästhetik*, Frankfurt/M., 2007, S. 461.

그러므로 개념적 의도에 의해 규정된 인식은 결코 참되지 않다. 참된 것은 일체의 의도적·주관적·개념적 차원을 넘어서 있기 때문이다. 그래서 아름답다. 아름다움은 진리가 드러나는 표현적 계기 속에 깃든다. 벤야민은 이렇게 쓴다. "진리 속에서 표현적 계기는 아름다움 자체의 피난처다."[34] 이때 표현은 사물의 신비로서의 존재의 비밀을 파괴하는 것이 아니라 존중한다. "진리는 비밀을 없애는 폭로가 아니라 그 비밀에 충실한 계시다."[35] 언어가 미의 내용이 되는 것은, 그것이 단순히 비밀을 폭로하는 것이 아니라 이 비밀을 존중하고 그에 충실하기 때문이다. 이렇게 충실함으로써 언어는 존재에 다가가고, 이 다가감 속에서 진리를 포함한다. 플라톤이 『향연』에서 물은 것도 진리와 아름다움과 존재의 이런 상호관계였다.

벤야민은 진리와 아름다움, 진리와 인식, 비밀과 계시, 경험과 전체의 관계를 고정된 것으로 파악하지 않는다. 그는 이 둘의 관계를 유동적인 것으로 이해하고자 하고, 이 유동성의 근거를 경험현실에 밀착시키려 하며(유물론적 사유로 인해), 이렇게 밀착된 세부에 대한 충실을 다시 전체 속에서 파악하려 하고(별무리적 사유에 의해), 이 맥락적 이해방식으로 현상을 구제하려고 한다(메시아적 신학관 때문에). 명상과 기억이 이런 구제의 소극적 방법이라면, 기억과 표현은 적극적 방법이다. 이 모든 관계의 유동성을 유지하는 데 비개념적 언어와 표현적 계기, 의도 없음의 진리관, 사유의 파

---

34) Walter Benjamin, "Ursprung des deutschen Trauerspiels," *a. a. O.*, S. 211.
35) *Ebd.*

편성과 불연속성에 대한 지속적 관심은 핵심 역할을 한다.

2. 껍질 속의 미: 심미적 허위

미에 대한 벤야민의 생각은 파편처럼 흩어져 있다. 그 중요한 글의 하나는 「괴테의 친화력」1922이다. 이 저작은 『독일 낭만주의에서의 예술비평개념』이나 『독일 비애극의 원천』과 더불어 초기의 대표적인 예술철학적 저술로 간주될 수 있다. 그러나 이 두 저작처럼 「괴테의 친화력」도 매우 까다롭다. 여러 핵심개념이 서로 뒤얽힌 채, 그 논의가 펼쳐지기 때문이다.

그런 논의를 지탱하는 사유적 복합성 옆에는 언어의 아름다운 광채도 함께 빛난다. 언어의 빛이란 사유의 빛이다. 이 사유의 빛이 감각의 빛에서 오는 것이라면, 벤야민에게 언어와 사유와 감성은 높은 곳에서 낮은 현실을 비추면서 하나로 된다. 높은 곳이 이념과 진리와 꿈의 장소라고 한다면, 낮은 현실은 경험이자 사실의 세계가 될 것이다. 감성과 사유와 언어가 하나된 것의 이름은 글이나 책 아니면 표현이나 성찰이 될 것이다. 언어는 이 성찰의 궤적에 다름 아니다. 그가 남긴 성찰의 궤적을 우리는 어떻게 따라갈 수 있을까? 하나의 좋은 방법은 미에 대한 생각에서부터 시작하는 일이 아닐까 싶다. 여기에 적절한 예문이 있다.

"말하자면 가상에 대하여 표현 없음은 대립되어 있다. 그러나 그것은 필연적 관계여서, 바로 아름다운 것은, 비록 그 자체는 가상이 아니지만 가상이 아름다운 것에서 사라진다면, 본질적으로 아름다운 무엇이기를 그친다. 왜냐하면 가상은 껍질로서 아름다운 것에 속하며, 그래서 미는 그 자체로 껍질로 싸인 것에서만 나타난다는 것이 미의 본질법칙으로 드러난다."[36]

위의 인용문에서 미-가상-표현 없음-껍질-본질-비평(비판)-진리는 뒤엉킨 채 자리한다. 이 개념들은 서로 무관한 채 따로 놓인 것이 아니라, 밤하늘의 별처럼 서로 어울리면서 관련되고, 서로가 서로를 비추며 존재한다. 마치 가상이 표현 없음과 관계하며 자리하듯이, 미와 가상이 관계하며 자리하는 것과 같다. 이것을 좀더 일목요연하게 설명할 수 있을까?

이렇게 얽힌 논의의 여러 갈래를 풀어 한마디로 줄이자면, 그것은 '미란 껍질 속에 있다'는 생각이 될 것이다. 그것은, 벤야민에 따르면, "미의 본질법칙"이다. 왜 미가 껍질에 감싸여 있는가? 그것은 가상 때문이다. 미는 단순한 경험현상처럼 나타나지 않기 때문이다. 만약 미가 현상적인 것이라면, 여기에는 어떤 본질적인 게 포함되어 있다. 그래서 미는 '이념적인 것의 표현'이 된다. 그

---

36) Walter Benjamin, "Goethes Wahlverwandtschaften," *GS* I/1, Frankfurt/M., 1974, S. 194.

것은 보이는 현상 속에서 그러나 껍질에 싸인 채 어떤 비밀처럼 드러난다. 비밀 그리고 이 비밀에 싸인 각질 속의 존재, 이것이 아름다움의 가상을 이룬다. 그렇다고 껍질 자체가 곧 미인 것은 아니다. 그러나 껍질 없이 미가 자리하지 않는다는 것도 사실이다. 그래서 벤야민은 쓴다. "아름다운 것은, 비록 그 자체는 가상이 아니지만, 가상이 아름다운 것에서 사라진다면, 본질적으로 아름다운 무엇이기를 그친다."

중요한 것은 미와 가상, 고갱이와 거죽 사이의 복합적인 관계방식이다. 그러니까 대상도 아니고, 이 대상을 감싸는 각질도 아닌 이 각질 속의 미가 핵심적인 것이다. 껍질 속의 대상이야말로 아름다움이기 때문이다. "왜냐하면 아름다운 것이란 껍질도 아니고 껍질에 싸인 대상도 아니며, 껍질 속에 있는 대상이 아름다움이기 때문이다."[37]

그렇다면 예술작품에서 아름다움은 쉽게 드러날 수 없다. 그것은 사물을 '감싸고 있는'verhüllend 것이지만, 이렇게 대상을 감싸는 그 자신도 '감싸여 있고'verhüllt, 이 감싸인 은폐 작용 아래 자신의 '껍질을 벗겨내는'enthüllend 것이다. 이 대목에서 나는 벤야민의 예술이해가 하이데거의 그것과 겹치는 것을 본다. 하이데거도 존재의 의미를 드러내는 것은 숨기는 것과 이어져 있고, 예술적 진리의 현현은 그 은폐를 수반한다고 보았기 때문이다. 그러나 하이데거가 가상개념을 실존적이고 존재론적으로 이해했다면,[38] 벤야

---

37) *Ebd.*, S.195.
38) 그러나 예술이 '존재의 고갈될 수 없는 의미'를 경험케 한다는 하이데거의

민은, 특히 초기의 그는—「괴테의 친화력」이 쓰인 것은 1924/25년이었다—반조화론적이고 반이상주의적으로 접근했다. 군돌프의 괴테 해석과 이 군돌프가 속한 슈테판 게오르게 학파의 심미주의에 대한 벤야민의 반발은 이런 맥락에서 이해될 수 있다.

벤야민의 가상개념은 이율배반적이다. 그것은 상호주관적이면서 역사유물론적이고, 나아가 신학적이다. 예술적 가상은, 그가 보기에, 단순히 진리나 이념을 보이게 하는 것이 아니라 그 비밀을 보여준다. 그러니까 아름다운 가상에서 드러나는 것은 진리 자체라기보다는 진리의 비밀이다. 이 비밀은 작품 속에서 자기의 껍질을 벗으면서 이 껍질을 그대로 두기도 한다. 중요한 것은 껍질의 벗김과 벗기지 않음, 드러남과 숨음의 역학이고, 이 역학의 긴장된 에너지다.

예술은 근본적으로 이 '은폐 속의 드러남'을 보여준다. 그렇듯이 예술비평의 이념은 '드러남의 은폐'라는 변증법을 보여준다. 예술비평의 진실성은 단순히 진실을 드러내는 데 있는 것이 아니라 이 진실의 드러내기 어려움을 또는 진실의 드러낼 수 없음을 보여주는 데 있는 것이다. "그러므로 모든 아름다운 것에 대하여 껍질 벗기기의 이념은 껍질을 벗길 수 없다는 이념이 된다. 이것이 예술비평의 이념이다. 예술비평은 껍질을 벗겨내는 것이 아니라, 오히려 껍질을 껍질로서 가장 정확히 인식함으로써 비로소 아름다운 것의 진실된 직관으로 고양되어야 한다."[39] 진실의 표현

예술철학은, 그것의 존재론적 정태성의 위험에도 불구하고, 경청할 만해 보인다. 그 점에서 의미의 발굴은 곧 의미의 은폐이기도 하다.

이상으로 중요한 것은 이 표현의 어려움 또는 이 진실의 표현불가능성에 대한 자각이다. 껍질의 인식 자체가 이미 아름다움을 진실하게 인식하도록 만든다.

미의 진리는 대상을 껍질 속에 드러내는 것, 즉 껍질의 벗겨냄에 있다. 이 탈각화가 예술의 진리를 이룬다. 그러나 탈각화는, 다시 한 번 강조하면, 탈각할 수 없다는 인식을 수반한다. 껍질은 벗겨지는 것만큼이나 벗겨낼 수 없는 것이기도 하다. 이 드러낼 수 없다는 사실, 껍질을 벗겨 폭로할 수 없는 것이야말로 죽지 않는 것이기 때문이다. 이념적인 것도 이 죽지 않는 것에 속한다. 이것이 바로 심미적 가상의 진리기능이다.

껍질 벗길 수 없는 것의 껍질 벗기기 또는 껍질 벗길 수 있다는 것의 근본적 불가능성이 예술의 인식내용이다. 그리하여 예술은 현실을 화해불가능성 속에서 보여주면서 역설적이게도 화해의 진리를 말하는 것이다. 벤야민이 미를 특이하게도 앎/지식의 대상이라고 말한 것은 이런 어려움 때문인지도 모른다.[40] 예술은 단순히 이념을 보여주는 것이 아니라 그 비밀, 그 탈각적 불가능성의 비밀을 드러낸다. 이 비밀은 쉽사리 표현될 수 없다. 그래서 벤야민은 이 덮여 있는 진실, 껍질 속에 감싸인 비밀스런 진리를 '무표현적인 것'das Ausdruckslose이라고 부른다. "도덕적 세계의 법칙에 따라 현실적 세계의 언어를 규정하는 진실된 것의 숭고한 힘이 표현

---

39) Walter Benjamin, "Goethes Wahlverwandtschaften," a. a. O., S. 195.

40) 벤야민은 이렇게 쓰고 있다. "지속되는 미는 지식의 대상이다…… 내부에 알 만한 가치가 있는 것이라는 사실 없이 어떤 미도 존재하지 않는다" (Walter Benjamin, "Ursprung des deutschen Trauerspiels," a. a. O., S. 357).

될 수 없는 것에 나타난다. 모든 아름다운 가상 속에서 혼란의 유산으로 여전히 계속되는 것들—거짓되고 잘못된 총체성, 즉 절대적 총체성을 무표현적인 것이 부숴버린다."[41]

비밀로서의 진리는 언제나 비밀로 남는 것이 아니다. 그것은 이미 자리한 것들 사이에서 드러난다. 보이는 것과 보이지 않는 것, 드러난 것과 숨겨진 것 사이에서 진리는 잠시, 거의 감지하기 어려운 순간성 속에서, 스쳐 지나가듯이 발생한다. 이것이 예술의 진리다. 예술의 심미적 진리는 '사이의 사건이자 변증법'으로 자리하는 것이다.

삶의 진리는, 그것이 오로지 언제라도 부서질 수 있고 어느 순간에라도 떠나갈 수 있다는 점에서만, 잠시 화해를 약속한다. 화해가 근본적으로 신학적 개념이라면, 진리는 인식적·철학적 개념이고, 그러는 한 신학과 철학은 쉽게 통일될 수 없다. 하지만 이 둘은 벤야민에 와서, 그것이 진리를 인식하면서도 이 인식이 삶의

---

41) Walter Benjamin, "Goethes Wahlverwandtschaften," *a. a. O.*, S. 181. 거짓 총체성 또는 일반개념의 실체화에 대한 거부는 「괴테의 친화력」과 『독일 비애극의 원천』을 두루 관통하는 가장 중대한 문제의식의 하나라고 할 수 있다. 단지 그 거부가 「괴테의 친화력」에서는 "표현할 수 없음"이나 "껍질" 또는 "폭로할 수 없음" 등과 결부되어 있다면, 『독일 비애극의 원천』에서 그것은 알레고리-페허-거짓가상-죽음-덧없음-부재 등과 결부되어 있다. 벤야민은 '휴머니즘'이나 '르네상스'라는 말도, 그것이 "다원천적이고 다형태적이며 다정신적인 삶에 실재적 본질통일성의 거짓된 가상을 부여하기" 때문에, "자의적이고 잘못된" 것이라고 지적한다. Walter Benjamin, "Ursprung des deutschen Trauerspiels," *a. a. O.*, S. 220. 진선미에 하나의 실체만을 고집하는 본질통일성은 거짓이다.

> **❝** 참으로 아름다운 것에는 숭고함과
> 신적인 것이 배어 있다. 모든 예술적 표현은
> 이 무표현적인 것, 다시 말해 껍질에
> 감싸인 비밀에 열려 있고 이 숨은 비밀을 지향한다. **❞**

화해를 겨냥한다는 점에서, 하나로 모아진다. 이것이 철학과 신학의 벤야민적 통합이다. 미학자 보러K.H. Bohrer가 초기 낭만주의에 의지하여 '갑작성의 미학'Die Aesthetik des Ploetzlichen을 정립하게 되는 것도, 철학자 테일러Ch. Taylor가 미학에 윤리적 의미를 부여하게 되는 것도, '순간의 에피파니' 또는 에피파니를 통한 진리의 영적 계기를 강조한다는 점에서, 벤야민과 유사한 맥락 속에 있다고 할 수 있다.

이 대목에서 나는 탈각불가능성과 표현불가능성이 일정한 개념적 친화성 아래 있음을 확인한다. 즉 사물의 껍질을 벗기기 어려운 것은 이 사물의 비밀 때문이고, 이 비밀 속에 진리가 감싸여 있기 때문이다. 사물은 이 비밀스런 진리로 인해 '표현할 수 없게' 된다. 그리하여 표현불가능성에는 단순히 표현할 수 없는 사물의 속성이 아니라 그 진실성, 즉 "진실된 것의 숭고한 힘"이 들어 있다. 이 숭고한 힘이 기성담론에서 흔히 진리로 간주되는 "거짓되고 잘못된 총체성, 즉 절대적 총체성"을 "부수어버린다." 왜냐하면 여하한의 총체성을 자임하는 것은 사물의 무표현적 진리를 호도하는 심미적 이데올로기이기 때문이다. 이런 맥락에서 보면, 비밀 속에 아름다움의 신적 토대가 놓인 것은 당연한지도 모른다.

참으로 아름다운 것에는 숭고함과 신적인 것이 배어 있다. 모든 예술적 표현은 이 무표현적인 것, 다시 말해 껍질에 감싸인 비밀에 열려 있고, 이 숨은 비밀을 지향한다.

그러므로 예술의 진실은 무표현성-무-타자성에 결부되어 있다. 무표현적 진리는 벤야민적 맥락에서 보면, 궁극적으로 신적이고 숭고한 것으로 나아간다. 사물은 오직 자기 비밀을 드러낼 때 진실해지며, 삶의 화해는 오직 신적인 것과 결부될 때 실현될지도 모른다. 벤야민은 괴테의 『친화력』에 나오는 인물인 오틸리에에게서 아름다운 가상이 구현되어 있다고 보았다. 표현과 무표현, 드러남과 숨음, 가상과 진실의 결속관계가 예술적 진실내용을 이룬다.

비평의 이념은 표현불가능한 진리 속에서 일체의 총체성을 거부한다. 예술작품이나 그 언어는, 그것이 사물의 표현할 수 없음을 의식하는 한 파편적으로 될 수밖에 없다. 진실한 세계는 오직 폐허의 유산을 더듬음으로써 파편으로 남는다. 그래서 그것은 토르소의 불완전한 이미지가 되는 것이다. 총체성이 진실인 것이 아니라, 파편성이 거짓이 아닌 것이다. 표현할 수 있다는 자신自信이 진실한 것이 아니라, 표현할 수 없음의 자인自認이야말로 진실되다. 예술비평은 이 파편화된 세계를 새로 구성해야 한다. 또 기존세계가 완전하게 드러난다면, 거꾸로 그 구조를 해체시켜야 한다. 벤야민이 비평을 일러 "작품의 사멸"이라고 부른 것은 이 때문일 것이다.[42] 이것은 「괴테의 친화력」에서 언급된 진리내용Wahrheitsgehalt과 사실내용Sachgehalt이라는 두 개념으로 다시 생각해

---

42) Walter Benjamin, "Ursprung des deutschen Trauerspiels," *a. a. O.,* S. 357.

볼 수 있다.

벤야민은 「괴테의 친화력」 첫 부분에서 "비평이 한 예술작품의 진리내용을 찾는 데 반해, 논평Kommentar은 그 사실내용을 찾는다"고 쓴 바 있지만,[43] 비평가는 사실내용과 진리내용을 작품에서 동시에 찾아내야 한다. 사실내용이 현실에 일어나는 경험사건이라고 한다면, 그것은 작품에서, 즉 작품의 형상화된 구조로 하여 진리내용이 된다. 형상화/형식화란, 간단히 말해, 사실내용을 진리내용으로 전환시키는 예술적 변형과정이다. 이 변형을 통해 사물은 거죽이 아니라 참모습을 드러낸다. 그것이 '껍질 벗기기'이고 '탈각화'며 진리의 출현경로다. 진실 속에서 지상의 모든 아름다움은 잠정적인 것 또는 조만간 소멸해갈 운명으로 나타난다. 그래서 작품은 아름다움의 폐허공간이 된다. 이 폐허를 통해 미래적 생성이 암시된다. 아름다움은 작품에서 부서져 있거나 갈라져 있다. 그러나 삶의 망가진 세부는 형상화 속에서 예술적으로 구제된다. 세부에 대한 충실은 진리의 표징일 수 있기 때문이다. 벤야민이 이해한 비애극의 이념은 이런 것이다.

다시 문제는 껍질 벗길 수 없는 것, 그래서 표현할 수 없는 것의 위치가치다. 이 표현할 수 없는 것은, 일반적 관점에서 풀이하면, 타자성의 영역에 속한다. 여기에는 진선미 같은 심미성의 긍정적 범주뿐만 아니라 악이나 거짓 또는 공포 같은 부정적 범주도 포함된다. 우리는 선처럼 악도 실체화할 수 없고, 진眞처럼 위僞도 절대적으로 규정할 수 없기 때문이다. 그것은 예측하기 어렵고 인식하

---

43) Walter Benjamin, "Goethes Wahlverwandtschaften," *a. a. O.*, S. 125.

기 어려우며 포착하거나 서술하기 어렵다. 우리는 이 타자성의 영역에 주목하고 주의함으로써 온갖 가상, 말하자면 거짓되고 절대화된 총체성을 문제시할 수 있다. 이 문제시를 통해 현존적 역사의 신화인 재앙과 억압의 동일성이 단절될 수도 있다. 구원이 가능하다면, 그것은 동질성 신화와의 이런 단절 속에서 다가올지도 모른다. 화해나 희망은 구원의 이 표상 옆에 있다.

벤야민적 맥락에서 희망은 삶의 이편이 아니라 저편에, 그리하여 이념적인 것의 영역에 머무는 것처럼 보인다. 그것은 지상에서는 도달되거나 획득될 수 없다는 것, 따라서 잠정적으로만 접근될 수 있는 것으로 이해된다. 화해의 가능성이 있다면, 그것은 현존적 차원을 벗어난 곳에서, 이를테면 죽음이나 시체와 결부되어 나타난다. 그리하여 「괴테의 친화력」의 마지막 문장은 이렇게 끝난다. "희망이란 오직 희망 없는 자들을 위해 우리에게 주어진다."[44] 희망은 오직 자포자기의 직전에 이르기까지 절망적으로 추구될 때만 잠시 우리의 것이 될지도 모른다.

벤야민의 진리이해에서 핵심이 '무의도성'에 있다면, 미의 이해에서 핵심은 '표현할 수 없음'에 있다. 사물의 진리는 껍질에 감싸여 있기에 쉽게 드러나지 않는다. 쉽사리 드러날 수 없기에 그것은 가상의 일부가 된다. 그리하여 아름다움이나 이념은 언제든지 거짓으로 퇴락할 수 있다. 그러면서 그것은 진리를 내포한다. 그러니까 예술의 진리는 가상의 형식으로서의 진리다. 바로 이것이 예술의 비밀을 이룬다. 그렇다면 작품에 대한 비평은 이 같은 비

---

44) *Ebd.*, S. 201.

밀, 말하자면 드러날 수 없고 표현할 수 없지만 그럼에도 불구하고 삶을 비춰주는 예술적 가상의 진실성에 대한 존중으로부터 시작한다고 할 수 있다.

비평은 표현할 수 없는 것을 인정하고, 이 인정 속에서 다시 표현하고자 한다. 그러려면 사고와 성찰은 그리고 예술의 정신은 움직이지 않으면 안 된다. 이런 이유에서 '한계위반'은 심미적 사유의 본성이 된다.

3. '한계위반'

> 중요한 작품은 장르를 수립하든지 지양한다.
> 그래서 완전한 작품에서 장르의 수립과 지양은 하나가 된다.
> ■벤야민, 『독일 비애극의 원천』

다시 한 번 상기해야 하는 것은, 진리에 대한 인식이건 미의 이해건 간에, 이 모두는 벤야민에게 예술과 관련하여 일어난다는 사실이다. 그렇다는 것은 진리관이나 미 이해가 결국 예술의 가능성에 대한 생각으로 수렴된다는 뜻이기도 하다. 예술의 가능성은 예술의 비판적 잠재력에 대한 성찰에서 온다.

앞에서 우리는 알레고리가 일체의 의미와 질서, 순수성과 통일성을 거스르는 예술형식임을 살펴보았다. 알레고리적 고찰은 의미의 단일성이나 순수성을 거부하듯이, 그 확정성이나 총체성을 거부한다. 그것은 어떤 법칙이나 고정성 또는 질서를 허용하지 않는다. 그것은 언제나 어딘가로 나아가려 하고, 이 나아감 가운데 어떤 다른 것을 지칭하려 하며, 지칭 속에서 이런 호칭마저 벗어나고자 한다. 말하자면 그것은 의미 속에서 의미일탈과 의미와해를 지향하고, 어떤 한계 속에서 이 한계를 넘어서려 한다. 그것은, 벤야민이 호스트C. Horst의 말을 빌려 표현하듯이, "다른 방식의 한계 넘어서기"이고 "한계위반"이다.[45] 세계는 의미론적 위반 속에서 이전과 다르게 고찰된다.

이 전복적인 고찰에서 확인되는 것에는 한편으로 세속적 세계의 퇴락적 속성이 있고, 다른 한편으로 신적 세계의 변함없는 타당성이 있다. 세속적 세계질서는 알레고리적 고찰을 통해 탈가치화하면서 고양되는 것이다.[46] 탈가치화와 고양이란 다른 식으로 말하면 가치박탈과 가치부여다. 즉 사유의 한계 넘기는 가치의 박탈과 부여라는 모순된 두 계기를 갖는다. 그 점에서 변증법적이다. 그것은 움직임이고 진행이고 경과다. 이 경과 속에서 그것은 대립된 것을 하나로 모으기 때문이다. 단순히 모으는 것이 아니라 모으면서 흩뿌리고, 흩뿌리면서 다시 세운다. "알레고리는 사상의 왕국에 있다"고 벤야민이 쓴 것은 이 모순된 두 계기를 알레고리적 사고가 보여주기 때문일 것이다. "그것(바로크적 신격화 – 옮긴이)은 극단적인 것의 급변 속에서 실행된다. 이 외심적外心的이고 변증법적인 운동 속에서 의고전주의의 대립 없는 내면성은 이미 어떤 역할도 못한다."[47]

그러므로 한계위반적 사유는 대립을 회피하거나 모순을 배제하

---

45) *Ebd.,* S. 353.

46) *Ebd.,* S. 351.

47) *Ebd.,* S. 337.

> **"한계위반적 사유는 대립을 회피하거나 모순을
> 배제하지 않는다. 바로크적 한계 넘기는
> 고전주의적 예술관과 전혀 다른 방식을 갖는다.
> 그것은 "극단적인 것의 급변속에서 실행되는" 것이다."**

지 않는다. 대립 없는 조화를 선호한 것은 고전주의적 예술관이었
다. 바로크적 한계 넘기는 이와 전혀 다른 방식을 갖는다. 그것은,
앞서 언급했듯이, "극단적인 것의 급변 속에서 실행되는" 것이다.
여기에 나오는 "극단적인 것의 급변"Umschlagen von Extremen은 벤야
민 사유의 한 핵심으로 강조될 만하다. 여기에는 어떤 대립도 허
용하지 않는 조화롭고 통일된 세계관, 즉 부르주아의 인본주의적
세계관과 예술이해에 대한 강력한 비판이 들어 있기 때문이다. 그
가 동일성이나 정체성을 옹호했다면, 그것은, 숄렘에게 보낸 편지
에서 적었듯이, 처음부터 끝까지 변함없는 형태로 지속하는 것이
아니라 "그 방향이 어떻든지, 어느 하나에서 다른 하나로의 역설
적 급변 속에서만, 행동의 모든 관찰이란 충분히 가차 없이 급진
적으로 이뤄진다는 전제에서만 입증되는 동일성"이다.[48]

벤야민은 쉴러처럼 소박한 이상세계를 염원하거나 괴테처럼 조
화와 화해의 이념을 견지하지 않는다. 그가 신뢰한 세계는, 루카치

---

48) Walter Benjamin, *Briefe* 1~2, v. G. Scholem u. Th. W. Adorno(Hrsg.),
   Frankfurt/M., 1993, S. 425. 같은 쪽에서 그는 이렇게 적고 있다. "내가 어느
   날 공산당에 입당해야 한다면, 나의 신조는 가장 중요한 일에서 언제나 급
   진적으로 그러나 결코 확고하지 않게 일을 처리하는 것이네."

미학이 겨냥하듯이, 유기적 총체성의 세계도 아니다. 또 니체처럼 예술이 세계를 대체하는 심미주의적 입장을 견지하지도 않는다. 그의 사유는 균열에 차 있으면서도 가차 없고, 급진적이면서도 일관되지 않다. 그것은 지극히 파괴적이고 비약적이면서도 훼손되지 않는 삶의 어떤 근원풍경을 언제나 사유의 어슴푸레한 배경으로, 그 배후의 울림으로 지닌다. 이것은 그의 독서목록이 얼마나 다양하고, 그의 친교관계가 얼마나 폭 넓은가에서도 어느 정도 확인된다. 그는 자기가 읽거나 만나는 사람들에게 끊임없는 자극과 동기부여를 받았고, 이를 철저한 이념적 단절 속에서 자신의 것으로 소화할 수 있었다. 그는 거의 한 번도 교조적이거나 독단적이지 않았다고 내게는 여겨진다. 아니다, 『일방통행로』에서의 어떤 구절들은 과격하게 느껴진다. 그러나 이 글 역시 이것이 나온 시대적 험악성을 고려한다면 이해될 수 없는 것도 아니다.

가차 없는 급진성을 유연하게, 그리하여 불연속적으로 수행하는 것은 벤야민의 사유를 지탱하는 하나의 핵심원리다. 이 원칙은 그의 인식론에 해당하고, 역사철학에도 해당하며, 미의 이해나 문화사 파악에도 해당한다. 그는 진리의 존재론을 여하한의 전제된 형식으로 상정하지 않는다. 그의 근원/원천 개념은 논리적이지도 않고 실체적이지도 않다. 오히려 그것은 철저히 역사적이고 따라서 가변적이며 불완전하다. 그는 근원과 관련하여 이렇게 쓴다. "근원은 소용돌이로서의 형성의 물결 속에 있으며, 발생의 자료를 그 물결의 리듬 속으로 몰아넣는다."[49] 이 점에서 그의 사유는 형

---

49) Walter Benjamin, "Ursprung des deutschen Trauerspiels," *a. a. O.,* S. 226.

이상학적으로 정초되는 플라톤의 이데아론이나, 폐쇄된 단위를 고집하는 라이프니츠의 단자론과 구분된다. 나아가 역사의 객관성이나 실체를 주장하는 역사주의의 입장과도 분명히 구분된다.

진리-근원-이념은 앞선 역사와 뒤따르는 역사 사이에 자리하고, 이 사이에서 일어나는 쉼 없는 물결의 소용돌이 가운데 만들어진다. 예술작품은 이렇게 형성되는 이념이 펼쳐지는 표현의 자리이고 심미적 형식이다. 단순히 경험현상이 서술되는 곳이 아니라, 이 현상 가운데 진실하고 선하며 아름다운 계기들이 포착되어 기록되는, 그래서 삶이 구제되는 곳이다. 구제된 현상은 참된 존재에 가깝다. 사물은 구제를 통해 비로소 제 모습을 갖는다. 그래서 그것은 이념을 포함하고, 마침내 아름다운 것이 되는 것이다.

그러므로 진리나 역사는 형성의 물결, 이 물결의 부단한 리듬, 이 리듬의 유동적인 관계망 속에서 마침내 바르게 파악될 수 있다. 유동적인 관계망이란 대상과 주체의 활발한 상호작용이고, 일회성과 반복성 사이의 변증법적 삼투다. 주체는 사고의 삼투작용에 의지하여 변화하는 현실에 탄력적으로 대응하면서 자기입장을 유지할 수 있다. 이 대응 속에서 사물의 리듬은 곧 이 리듬에 대응하는 주체의 리듬이다. 사물의 형성적 물결은 주체의 형성적 경로가 되고, 사물의 부단한 리듬은 주체 자체의 움직이는 리듬이 된다. 그리하여 사물의 리듬과 주체의 리듬 사이에는 빈틈이 없다. 형성의 리듬은 사물과 인간, 자연과 주체가 공유하는 속성이 되는 것이다.

바로 이 상호리듬적 속성이 사유의 탄력성을 이루고, 이 탄력성은, 그 원천은 물론 여러 군데이지만, 여기서는 알레고리적 형식에서 온다. 비애극을 지배하는 것이 모순이요 이 모순의 쉼 없는 변형이라면, 변형의 가능성을 생각하는 것 자체가 사유의 변증법적 리듬 없이 불가능하다. "끊임없이 변신하면서, 해석하고 심화하는 가운데 그것(비애극-옮긴이)은 자신의 그림(이미지)을 서로 교환한다. 여기에서는 무엇보다 대립이 지배한다."[50]

한계위반적 움직임에서 다시 확인하게 되는 것은 조화나 완결성, 전체성이나 화해의 이념이 아니다. 그것은 알레고리의 이중적이고 다중적인 움직임이다. 이 움직임은 근본적으로 외심적이고, 극단적인 전환 아래 일어나며, 극단의 변혁을 추구한다. 도대체 정지나 완결, 완성이나 조화는 알레고리적 속성에 전혀 낯설다. 알레고리의 힘은 부단한 변신과 이 변신을 통한 해석적 심화 그리고 이 모든 것을 추동하는 움직임에 있기 때문이다. 이 움직임은 대립과 모순을 배제하는 것이 아니라, 오히려 생산적 계기로 삼는데서 온다. 알레고리는 '극단적인 것의 급변'을 내재화하며 실행한다.

알레고리적 형식, 달리 말하여 진리의 운동은 단순히 하나의 목표로 나아가는 것이 아니다. 그것은 하나의 목표에서 또 다른 하나의 목표로 옮아가고, 이렇게 옮아가기 위해 극단적인 것의 에너지를 이용하며, 이 에너지 속에서 실천적으로 성찰한다. 그래서 그것은 하나의 성찰이 아니라 성찰의 성찰에 가깝고, 더 나아가 성찰의 성찰의 성찰이 된다. 그것은 여하한의 존재론적 절대화에 대한 부정이자 거역이다. 그래서 다중적인 움직임이고 다중적

50) *Ebd.*, S. 404.

인 고찰이 된다. 아니, 다중적 고찰 사이의 긴장이자 이 긴장에 의한 항구적 자기쇄신의 움직임이다. 심미적 형식은 이 긴장을 자기에너지로 삼아 역사의 완결성과 영원성의 진리론에 맞선다. 그것은 인간현존의 우발성과 그 부질없음에 주의하기 때문이다. 알레고리적 사유가 말의 근본적 의미에서 메타성찰적 차원에서 일어나는 것은 그런 이유에서다.

3. 성찰: 낭만주의론

『독일 낭만주의에서의 예술비평개념』은 1918년부터 쓰여 1919년에 스위스 베른대학 철학과에 제출한 벤야민의 박사학위논문이다. 이 저술은 1920년에 출판되었다. 여기서 그는 낭만주의의 대표이론가인 슐레겔의 문학이론을 주로 논의하지만, 이 논의는 독일문학사에서 흔히 '반고전주의의 3대 작가'로 불리는 횔덜린J.C.F. Höderlin, 노발리스Novalis, 장 파울과의 관련 아래 이뤄진다. 그러니만큼 이것은 그 당시 문단을 지배하던 이른바 괴테 숭배의 분위기, 말하자면 고전적 정전에 대한 비평적 반기가 된다. 이 반정전적 문제제기의 중심에 있는 것이 초기 낭만주의자들, 특히 슐레겔의 예술비평 개념에 대한 재검토다.

이 글에서 살펴보려는 것은 첫째, 낭만주의 예술비평론에 나타난 벤야민의 문제의식은 무엇인가라는 것, 둘째, 이것이 그의 바로크 알레고리론과 어떻게 연결되며, 셋째, 이 생각들이 어떤 방식으로 그의 예술이론적·미학적 토대가 되는가다. 낭만주의 예술비평론과 알레고리론에 그의 예술철학적 근거가 들어 있다고 판단되기 때문이다. 이런 근거의 핵심에는 예술의 성찰성과 성찰의 왕복운동, 비판의 무한성, 자기회귀성, 불완전성과 파편성 같은 주된 문제의식이 연속해서 자리하고 있다고 나는 생각한다.

이런 논의는 세 단계에 걸쳐 이뤄진다. 첫째, 예술적 성찰의 특징이 무엇인가를 논한다(여기에서 성찰은 '비완결적 자기회귀성'으로 요약된다). 둘째, 슐레겔의 성찰이 피히테와 어떤 점에서 나뉘면서 벤야민 자신의 것이 되며, 이때 벤야민의 논의는 어떤 현재적 중요성을 가지는지를 다룬다(여기서는 성찰 또는 비평적 사유의 모호성·파편성·해체성이 강조된다). 셋째, 비평적 사유는 그의 실제 비평에서 어떤 모습으로 나타나는지 언급한다(여기에서 비평가는 허위의식의 가면을 벗기는 폭로자, 즉 '놀이 방해자'로 자리 매겨진다).

1. 비완결적 자기회귀성

벤야민의 낭만주의 비평론의 중심에 있는 것은 무엇보다 '성찰' reflexion 개념이고, 이 성찰 개념의 운동성이다. 성찰은 철학의 사유 작업에서와 같이 예술의 표현활동에서도 나타나고, 창작된 작품에 대한 분석에서도 나타난다. 비평/비판은 이런 성찰의 운동으로 행해진다.

예술작품은, 단순화시키면, 근본적으로 성찰의 매체다. 이 성찰은 우선적으로 작가의 성찰이다. 작품이란, 이것이 삶을 경험하고 반성하면서 만들어지는 한, 작가의 성찰적 결과물이다. 나아가 작가의 이 성찰은, 작품 내용에 대한 독자의 느낌과 생각과 각성을 동반한다는 점에서, 독자 자신의 성찰로 전염된다. 작가의 예술현실과 독자의 사실현실, 작품 속 주인공의 삶과 작품 밖 사람들의 삶은 성찰하는 가운데 서로 만나 삼투한다. 이때 이뤄지는 삼투가 작가성찰과 독자성찰의 교류라고 한다면, 이 교류는 자기 생각에 대한 생각, 즉 성찰의 성찰을 야기할 수 있다. 슐레겔이 썼듯이, 이해를 이해하는 것이 필요한 것처럼, 우리는 성찰을 성찰할 필요가 있다. 세계를 사고하듯이, 이렇게 사고하는 나 자신을 내 스스로 사고하고 이해할 수도 있어야 한다. 사고와 성찰의 다중적인 회로는 이런 식으로 생각할 수 있다.

우리는 교차적·순환적 고려를 통해 자기자신 또는 자기 자리로 돌아가는 것을 배운다. 이것이 자기를 '다시'^{re} '비춘다'^{flex}는 성찰 reflexion의 본래 의미다. 성찰의 힘은 자신을 돌아보면서 평정심을 회복하는 데 있다. 이 평정심의 회복이 다름 아닌 예술의 반성력이다. 예술은 결국 자신이 자신을 잃지 않는 능력이고, 자신을 잃지 않으려는 안간힘이다. 예술의 힘은 반추적 자기성찰력을 장려하는 데 있다.

예술작품의 성찰은 타자인식과 아울러 주체인식을 초래한다. 벤야민은 이것을 슐레겔에게서, 부분적으로는 노발리스에게서 읽어낸다. 이들에게 자아는 절대적인 것이고 모든 인식의 근거다. 그것은 세상의 모든 것을 생각하는 중심적 심급이다. 이 세상에는 대상뿐만 아니라 이 대상을 생각하는 주체도 포함된다. 그래서 예술의 성찰은 대상에게 적용되는 것이면서 동시에 이렇게 적용하는 심급으로서의 주체 자신에게도 적용된다. 즉 대상의 성찰은 주체의 성찰로 돌아오며, 그렇게 돌아올 수 있어야 비로소 온전한 것이 된다. 그래서 벤야민은 적는다. "모든 인식의 싹은 사고하는 존재의 성찰 과정이고, 이 존재를 통해 사고존재는 자기자신도 인식한다. 사고하는 존재가 모두 인식되는 것은 그 자신의 자기인식을 전제한다."[51]

그러므로 자기인식이 타자인식으로 확장되어야 하는 것처럼, 타자인식은 자기인식으로 회귀해야 한다. 행복은 자기확장과 자기회귀 사이의 이 왕복운동에서 체험된다. 이 성찰의 왕복운동이야말로 자유의 움직임이기 때문이다.

낭만주의의 예술철학은 칸트적 체계사고에서 나왔다고 할 수 있다. 그것은 작품의 체계화이면서 다른 한편으로 이 체계를 절대성 속에서 해체하고자 한다. 그래서 낭만주의자는 분석과 종합, 해체와 결합 사이에서 늘 움직인다. 이렇게 움직이며 좀더 고양된 것을 추구한다. 성찰은 그런 움직임이자 이 움직임을 위한 기제요 계기라고 할 수 있다.

이 성찰의 움직임에서 분석과 종합은 상호보완적이다. 그것은 절대성의 지향 속에서 서로 교정하면서 만난다. 마치 분석된 개별적인 것들을 다시 원래 형태로 복구하는 데 종합이 필요하듯이(이

---

51) Walter Benjamin, "Der Begriff der Kunstkritik in der deutschen Romantik," *GS* I/1, Frankfurt/M., 1974, S. 55.

것이 '주관적인 것의 객관화 작업'이다), 이 종합된 것을 이전의 낱낱으로 돌리는 데는 분석이 필요하다(이것이 '객관화된 것의 주관화 작업'이다). 예술비평은 경험과 개념, 현상과 맥락 사이를 왕래하면서 주관적인 것과 객관적인 것의 분석적 종합을 겨냥한다. 그리하여 벤야민의 개념에서 "언어와 사고, 문헌학과 철학, 구성기술과 개념작업, 이름과 진리는 수렴되며", 이러한 글쓰기의 방법론은 『독일 낭만주의에서의 예술비평개념』에서부터 이미 시작된다.[52] 예술의 성찰은 주관적이면서 동시에 객관적이다. 참된 것은 개별적이고 화학적인 분석과 유기적이고 통일적인 종합 사이를 오가면서 오직 '잠정적으로만' 얻어지는 것이다.

그러나 비판적으로 보면, 낭만주의적 예술이론은 자아를 절대시함으로써 대상을 자아의 주관영역 안으로 환원시켰다고 할 수 있다. 그것은 주체와 객체, 대상과 자아의 교류를 지향했지만, 이 움직임을 끌고 가는 것은 어디까지나 주관성이기 때문이다. 낭만적 자아는 절대화된 주관이다. 절대적 주관의 전횡은 주체와 객체의 건전한 교류를 장려하는 것이 아니라 훼손한다. 그리하여 낭만주의 예술론에서 주객관계는 균형 잡힌 변증법에 이르렀다고 보기 어렵다. 주객의 교차가 객체의 고유성에 주의하는 주체의 자

---

52) Justus Fetscher, "Der Begriff der Kunstkritik in der deutschen Romantik," Burkhardt Linder(Hg.), *Benjamin Handbuch*, Stuttgart, 2006, S. 164. 다른 비평가나 학자에게서 찾아볼 수 없는 독특한 개념은 벤야민 글쓰기의 이 같은 해체구성적 방법론이 예증하는 언어적 표현이라고 할 수 있다. 예를 들면, '가장 최근에 사라진'(jüngstvergangen)이나 '지금 시간'(Jetztzeit), '위험국면'(Gefahrenkonstellation)이나 '정신의 현재'(Geistesgegenwart) 또는 '파사젠 작업'(Passagenarbeit) 같은 개념이 그렇다.

발적인 양보 아래 이뤄지기보다는 주체가 대상을 지배하면서 자신에게 맞는 것만 대상에서 보고자 하기 때문이다. 그것은 타자의 낯선 영역을 포용하지 않거나 포용하는 데 소극적이다. "모든 존재는 자기자신에게 맞는 것만 인식하고, 그에 맞는 존재를 통해서만 인식된다."[53]

주체에 대한 이 낭만주의적 경사는, 그러나 넓게 보면, 대상인식의 활동에서 피하기 어려운 것인지도 모른다. 자신과 유사한 것을 대상에서 보려고 하는 것은 존재일반의 속성이기 때문이다. 분명한 것은 세계가 주체의 인식분량만큼 존재하는 것이 아니라 주체의 인식과는 무관하게, 다시 말해 이 주체로부터 늘 떨어진 채 차갑고도 무심하게 '저기에 있다'는 사실이다. 그러면서 그것은, 내가 인식하는 정도에 따라 오직 그만큼만 나타난다.

낭만주의의 비판적 성찰은 비완결적인 것이고, 그러니만큼 단속적이며 불연속적이다. 그것은 일정한 체계나 통일성을 전제하기보다는 이 통일성을 문제시하면서 끝도 없이 이뤄진다. 말하자면 비완결적 완결성 또는 비체계적 체계성의 특성을 띤다. 그 점에서 그것은 알레고리 형식을 떠올리게 한다. 알레고리 역시, 앞서 보았듯이, 의미의 단일성이나 통일성이 아니라 다의성과 파편성을 중시하기 때문이다. 문제의식의 발전사적 측면에서 보면, 낭만주의 비평개념론에서 보이는 이 같은 유동성/비완결성/자기회귀성에 대한 관심은 벤야민에 와서 알레고리론의 파편성과 폐허/우울/다의성에 대한 관심으로 이어진다고 할 수 있다.

53) *Ebd.*, S. 56.

주목해야 할 것은 사유의 자기추동력 또는 자기운동성의 사유다. 성찰의 자기운동성은 다른 식으로 말하면 사유운동의 자기회귀성이기도 하다. 자기회귀성은, 사유의 대상이 작품이건 사물이건 자아건 간에, 모두 해당된다. 그것은, 뵈메/에렌슈펙이 적절하게 지적했듯이, "칸트적 의미에서 인식가능성의 선험적 조건"을 지칭하는 것이 아니라 "사물 자체에서의 사물의 성찰이고, 사고 속에서의 사고의 성찰이며, 예술매체 자체 속에서의 예술작품의 성찰"이다.[54] 그러니까 비평적 사유의 성찰은 작품의 외부로부터, 말하자면 취향이나 판단력과 관련하여 이뤄지는 것이 아니라 작품 자체로부터 시작되고, 이 작품으로부터 비평의 주체로 전달된다. 이렇게 전달된 주체의 성찰이 다시 작품에 대한 성찰로 반영된다. 그리하여 주체와 작품, 사물에 대한 성찰에서 비완결적 지속성은 '공통적으로 내재하는' 것이다. 또는 공통적으로 내재하는 '비완결적 성찰의 지속성'이 예술비평의 전 과정을 이룬다.

여기에서 성찰의 비완결적인 경로가 보여주는 것은 크게 두 가지다. 첫째, 성찰의 대상과 성찰의 주체, 작품과 비평은 그 어떤 분리도 허용하지 않는다. 둘째, 성찰운동이란 작품 내부에서, 말하자면 비평작업을 통해 이뤄진다. 그렇다는 것은 비판이 비평활동의 산물에 그치는 것이 아니라 예술 자체가 비판적이라는 뜻이기도 하다.

---

54) Hartmut Böhme/Yvonne Ehrenspeck, "Zur Ästhetik und Kunstphilosophie Walter Benjamins," *Walter Benjamin, Aura und Reflexion, Schriften zur Kunsttheorie und Ästhetik*, Frankfurt/M., 2007, S. 455.

예술 자체의 비판성도 두 가지 차원에서 일어난다고 할 수 있다. 하나는 작가가 작품을 만들면서 실행하는 생산미학적 형상화의 차원이고, 다른 하나는 이렇게 만들어진 작품을 독자/비평가가 읽으면서 경험하는 수용미학적 감상의 차원이다. 비평 또는 비평적 성찰은 자기산출적이고 내재적이며 자기발생적이다. 그렇다는 것은 비평이 그 자체로 하나의 독자적 예술장르이기도 하다는 뜻이다. 이때 작품의 형상화와 문예이론은 구분되기 어렵다. 이런 정황은, 왜 낭만주의자들에게 장르혼합이 광범위하게 일어나는지, 그래서 시와 소설이 만나고, 작품과 비평, 예술과 예술이론이 만나며, 작품과 아포리즘, 서평과 단편 사이의 경계가 지양되는지를 잘 설명해준다. 뛰어난 비평은 그 자체로 예술적 독창성을 구현한다.

성찰 또는 더 넓게 비평적 사고의 비완결성과 무한성을 지탱하는 것은 무엇인가? 그것은 낭만주의 예술이론을 추동하는 자아다. 이 자아는 절대적이다. 절대적 자아는 세계의 그 어떤 대상에 대해서도 우월한 위치에서 무조건적으로 작용한다. 그것은 가치와 판단의 최종심급이다. 이른바 낭만적 아이러니Romantische Ironie는 절대화된 자아의 이 같은 예술정신을 일컫는다. 피히테의 철학은 자아의 이 절대성을 개념적으로 체계화한 사유라고 할 수 있다.

2. 예술성찰

슐레겔에게 중요한 것은 피히테 철학 자체가 아니었다. 그가 주목한 것은 자아의 절대성이 아니라 비완결적 사고의 구조였고, 이 무한한 구조의 의미였다. 그래서 그는 피히테를 비판적으로 검토한다. 사고의 구조는, 피히테에 따르면, 두 가지 종류, 즉 '성찰'과 '설정'Setzen/자리 잡기으로 나뉜다. 성찰과 설정은 자아의 행위방식으로서 밀접하게 관련된다. 그러나 설정이 현실의 구체적 공간에 '자리 잡는 것'을 뜻한다면,[55] 성찰은 이렇게 자리 잡은 것을 토대로 '생각을 행하는 것'을 뜻한다고 할 수 있다. 따라서 성찰은 "인식의 물질적 측면이 아니라 순수형식적 측면"이고, "무한한 설정이 실행되는 형식"이다.[56]

초기 낭만주의 이론은 흔히 피히테에 의존하고 있다고 생각되지만, 벤야민은 이런 통상적 견해에 동의하지 않는다. 그는 오히려 슐레겔과 피히테의 차이점에 주목한다. 슐레겔은, 벤야민에 따르면, 사유의 구조에 대한 피히테의 생각을 그대로 따르는 것이 아니라 이론적 영역을 고수하고자 한다. 그에 반해 피히테는 "자아행위의 무한성을 이론적 철학의 영역으로부터 배제하여 실천적 철학의 영역에 포함시키려고 애썼다…… 슐레겔은 실천적 철학에 거의 관심을 두지 않았다."[57] 그러니까 낭만주의자에게 인식과정의 무

---

55) 'setzen'이란 더 정확하게 말하자면 타동사, 즉 '자리 잡게 하고 위치 짓는다(position)'는 뜻이다. 언어란 대상을 지칭하거나 서술함으로써 '어딘가에 자리 잡게 하는 데' 있다. 폴 드 만이 언어의 수행적 힘을 단순히 '창조적으로 구성적'이거나 '관습적'이 아닌 '정립적'(positional)이라고 칭한 사실은 이 같은 맥락에서 이해될 수 있다. Paul de Man, "The Reistance to Theory in Paul de Man," *The Resistance to Theory*, Mineapolis: Minnesota University Press, 1989, p. 19. 드 만의 이러한 규정은 사실상 벤야민의 『독일 낭만주의에서의 예술비평개념』에 크게 빚진 것으로 보인다.

56) Walter Benjamin, "Der Begriff der Kunstkritik in der deutschen Romantik," *GS* I/1, Frankfurt/M., 1974, S. 23.

한성이 중요하다면, 이 무한성이 실천적 차원보다는 이론적 차원
에서 어떠한가라는 문제에 슐레겔은 관심을 가졌고, 이 이론적 차
원은 설정보다는 성찰의 행위에서 더 잘 나타나는 것으로 이해된
것이다. 즉 슐레겔은 사유의 이론적·형식적 측면인 성찰의 무한
성을 자신의 예술이론적·예술철학적 토대로 삼고자 한 것이다.

슐레겔에게 중요한 것은, 되풀이하건대, 피히테의 절대자아 개
념이 아니라 사유의 무한성과 이 사유의 성찰작용이다. 자아가 아
니라 성찰의 움직임이 중요하고, 이 성찰로 지탱되는 예술이 중요
했던 것이다. 예술이라는 매체에 의지하여 실행되는 성찰이 그의
핵심적 문제의식인 것이다. 그에게 예술은 무엇보다 무한한 성찰
의 반성기관으로 자리한다. 그래서 벤야민은 적는다. "낭만주의적

---

57) *Ebd.*, S. 22. 이 부분은 애매하다. 피히테가 사고의 무한성을 이론적 철학영
역으로부터 떼어내어 실천영역에 포함하고자 한 데 반해, 슐레겔은 이론철
학을 구성하려고 했고, 따라서 실천영역에는 관심이 없다고 벤야민은 쓰
고 있다. 하지만 이것을 거꾸로 해석할 수도 있을 것 같다. 즉 슐레겔이 사
고의 무한성을 성찰의 형태로 정초하고자 한 것은 이론적 영역이지만, 그
것이 '예술이라는 매체에 의지하여' 이뤄진다는 점에서 실천적 또는 실천
연관적 영역이기도 하다. 또 피히테의 실천철학적 관심은, 논증적·개념
적 언어에 기대고 있다는 점에서, 근본적으로 이론적이라고 할 수 있다. 그
러니까 벤야민의 서술과는 정반대로 피히테가 실천영역에 대한 관심에도
불구하고 이론적 영역에 머문 반면, 슐레겔은 예술적 충동과 표현 덕분에
피히테보다 현실에 더 열려 있었다고 할 수도 있다. 이런 식으로 나는 해석
하고 싶다. 그러나 이 둘은 모두, 지성사적 좌표축에서 보이듯이, 이상주의
적·관념주의적 테두리 안에서 움직였다. 단지 슐레겔의 경우 이 이상주
의적 색채가 낭만주의 고유의 유동적인 에너지 때문에, 또 예술창작 덕분
에 조금 더 줄어든 차이를 보여주었다고 말할 수 있을 것이다.

> **❝** 비평은 작품에 대한 대상성찰로부터
> 삶에 대한 자기성찰로 귀결한다.
> 비평은 자기회귀 속에서 행해지는 초월의 시도다.
> 비평의 창조성과 무한성도 이 초월적 움직임에서 나온다. **❞**

예술직관이 주장하는 것은, 사고의 사고 속에 어떤 자아-의식도 생각되지 않는다는 점이다. 자아 없는 성찰은 예술의 절대성으로 행해지는 하나의 성찰이다…… 그것(슐레겔의 빈디쉬만 강연 두 번째 부분 – 옮긴이)은 예술비평을 예술매체에서의 성찰로 다룬다."[58]

이것은 다시 풀어쓰면, 성찰이 반드시 자아의 소산이 아니라 자아 없이도 가능하다는 것, 따라서 사물이나 자연도 성찰할 수 있다는 것이고, 이 자아-주관이 없는 성찰은 예술이라는 매체 속에서 일어난다는 것이다. 뵈메와 에렌슈펙이 정확히 지적하듯이, "낭만주의는 성찰성을 철학영역으로부터 예술영역으로 몰고 갔고" 그래서 "예술은 성찰의 특권화된 매체로 승진한다."[59]

이제 인식이나 사고에서 자아가 반드시 있어야 하는 것은 아니

---

58) Walter Benjamin, "Der Begriff der Kunstkritik in der deutschen Romantik," *GS* I/1, Frankfurt/M., 1974, S. 39f. 빈디쉬만 강연(Windischmannsche Vorlesungen)이란 1804년부터 1806년까지 파리와 쾰른 등에서 행해진, 출판업자 빈디쉬만의 이름을 딴 슐레겔의 강연으로, 벤야민은 이 강연이 슐레겔의 예술철학과 인식이론을 이해하는 데 필수적이라고 간주한다(S. 16, 34).

59) Hartmut Böhme/Yvonne Ehrenspeck, "Zur Ästhetik und Kunstphilosophie Walter Benjamins," *a. a. O.*, S. 458.

다. 적어도 낭만주의 비평이해에서는 그렇게 간주된다. 자아가 없어도 주체는 생각하고 성찰할 수 있다. 이 주체는 반드시 인간이 아니어도 좋다. 인식과 성찰은 단순히 인간의 독점물이기를 그치고 인간의 능력이면서 동시에 자연의 일이 된다. 사물일반은 대상에게서 자신을 보고 자신을 생각한다. 이것은 인식의 과정이 비슷한 것들을 통해, 즉 유사성이나 유추를 통해 이뤄진다는 뜻이다. 여기에는 벤야민의 '비감각적 유사성' 이론이나 미메시스론, 나아가 보들레르적 상응 즉 '교감'correspondences 개념이 관련되어 있다.[60] 그 옆에는 그의 언어이론과 번역이론이 자리한다.

내가 대상에게서 보는 것은 이 대상 속에 깃든 나와 비슷한 면모다. 그렇듯이 대상적 유사성은 나의 어떤 면을 반영한다. 이런 식으로 대상은 나의 인식과 성찰에 참여한다. 성찰 속에서 나와 대상, 주체와 객체는 얽힌 채 작용하고, 이 작용을 통해 서로 만난다. 이 상호작용은 그 자체로 미메시스적 능력이 되고(주체적 차원에서), 넓게는 주관적 · 인간적 속성에 그치는 것이 아니라 세계의 근본구조가 된다(객체적 차원). 벤야민은 교감적 상응이 어떤 구제작용을 한다고 보았다.[61]

이렇게 보면 예술비평은 단지 작품을 향한 것에 그치지 않는다.

---

60) *Ebd.*

61) 벤야민은 괴테의 『친화력』을 분석하면서 "구제적 교감"(rettenden Korrespondenzen)이라는 표현을 쓰고 있다. Walter Benjamin, "Goethes Wahlverwandtschaften," *GS* I/1, S. 196. 아름다움은 현상과 이념, 껍질과 실체 사이의 상응/교감/일치로부터 생겨난다. 이런 예술적 교감은 삶의 어떤 구제적 가능성을 예비한다.

그것은 작품에 대한 것이면서 이 작품에 대한 비평주체의 관점이고, 이 주체가 갖는 사유의 움직임이다. 예술 쪽에서 보면, 그것은 작품이 그 자체로 완성되어 고전주의 예술관이 주장하듯이 어떤 비평도 필요로 하지 않는 것이 아니라 오히려 지속적인 해석을 요구한다는 뜻이다. 비평은 예술작품에 기대어 자기를 무한하게 전개시켜 나가는 일이다.

위에서 보았듯이, 주체의 운동은 객체의 속성과 어울린다. 예술의 비평에서 나와 대상, 주체와 객체는 서로 만나 작용하며 현실을 구성한다. 세계의 구조는 이 같은 성찰로 만들어진다. 그렇듯이 주체의 삶도 이 성찰로 엮어진다. 작품은 처음부터 완결된 것이 아니라 성찰과 비판으로 비로소 완성된다. 그리하여 성찰적 비완결성은 낭만주의적 의미의 이중성/모호성/파열성을 이루고, 이 모호성은 낭만주의자들의 현대적 개방성을 증거한다. 낭만주의의 운동성이 예술작품의 완결성을 전제하는 고전주의적 예술관에 어긋나는 것도 이 때문이다(괴테에게 작품이란 완전하고도 완성된 것의 표현이었다). 성찰과 비평의 무한성은, 그것이 예술법칙의 안정성과 질서에 거스른다는 점에서, 한편으로는 고전주의에 대한 반기가 되면서, 다른 한편으로는 이 반기는 알레고리적 한계일탈과 상응한다. 이렇듯이 낭만주의 비평개념에 대한 벤야민의 논의는 바로크 알레고리론으로 연결된다.

벤야민이 낭만주의 예술철학을 연구한 것은 낭만주의가 '신화적 전통의 세속화'를 그 나름으로 완성했다고 보았기 때문이다. 신화적 전통의 세속화가 가능하게 된 것은, 여기에도 프랑스 혁명 같은 사회정치적 경험 외에 여러 요인이 있겠지만, 성찰력이 큰 몫을 한다. 사람이 자신과 그 주변을 돌아보는 것이 시대경향으로 된 일 자체가 급변한 현실로 인한 것이다. 성찰이 대상을 신비화하려는 것이 아니라 개념의 분리와 결합, 분석과 종합 사이에서 움직이면서 대상을 파악하는 것이라면, 이 같은 성찰 위에 선 낭만주의 예술론은, 그리고 이 예술론에 대한 탐구는 전통을 구제하는 현대의 작업이 된다. 비평은 주관적이자 객관적인 과정, 다시 말해 대상을 인식하면서 인식하는 자신을 인식하는 이중적 성찰의 과정이다. 그것은 대상에 대한 사고이자 사고 자체에 대한 사고이기 때문이다.

여기에서 대상사고가 현실에 대한 검토라면, 사고의 사고는 이 현실의 검토에 대한 검토, 즉 메타적 차원에 대한 성찰이다. 이 메타적 차원을 포함하는 한 비평의 성찰과정은 이상적이자 현실적인 사유의 실험과정이다. 이 실험 속에서 주체는 자기자신의 변형을 시도한다. 그리하여 참된 비평의 활동은 작품에서 논평을 시작하여 자신의 삶을 돌아보는 데로 수렴되어야 한다. 비평은 작품에 대한 대상성찰로부터 삶에 대한 자기성찰로 귀결한다. 이 이중의 움직임 속에서 그는 자신의 한계를 넘어선다. 비평은 자기회귀 속에서 행해지는 초월의 시도다. 비평의 창조성과 무한성도 이 초월적 움직임에서 나온다.

성찰/비판/사고의 자기반영성 또는 자기회귀성에 대한 의식은, 더 넓은 맥락에서 보면, 현대성의 징표이기도 하다. 이런 생각은 어떤 논의가 주체관련성 없이 '대상적으로' 모두 해소될 수 있다는 문제의식에 대한 반발에서 나온다. 흔히 기계적인 논리와 논증과 절차를 강조하는 이른바 '체계철학'이 그런 문제의식을 보여주는 좋은 예다. 이런 통일적이고 체계적인 사유방식과는 다르게, 낭만주의자들은 글의 파편적 형식을 선호한다. 이들이 아포리즘이나 단편, 서평, 격언 등 다양한 형식실험을 통해 논리의 통일성/체계성을 문제시하는 것은 이런 맥락에서다. 이 문제시에서 여전히 중심은 성찰하는 주체/자아다. 이 주체의 의식은 통일적/전일적이 아니라 단편적/이질적/우발적이다. 단편적인 것은 벤야민이 선호한 글쓰기 형식이기도 했다. 그는 에세이와 논평, 강연과 논설, 논문과 서평, 비평과 선집, 번역과 시와 주석, 단상과 보고서와 저술 등 글의 장르와 양식을 가리지 않고 전방위적으로 썼다.

벤야민은 게릴라 작가다. 그의 잠언적이고 비의적인 언어나 해체구성의 방법론은 이 다채로운 형식에 대한 실험적인 창의정신의 결과다. 20세기 초 아방가르드의 다양한 형식실험이나 장르혼합도 새로움을 두려워하지 않는 모험정신에 닿아 있다. 이 장르적 탈경계화의 경향은 20세기 후반에 유행한 포스트모더니즘의 장르혼합/페티시즘이나 데리다의 해체주의적 구성과도 이어진다.

그러나 강조점의 차이가 없는 것은 아니다. 벤야민의 알레고리 개념은 작품의 다의성이나 해석의 복수성을 찬미하는 데 자족하는 해체주의나 포스트모더니즘 또는 후기구조주의와 뚜렷하게 구분된다. 그는 현존의 폐허에 주목하지만, 그렇다고 이 현대사상의 주류처럼 의미나 진리의 가능성을 전적으로 부정하는 것은 아니기 때문이다. 바로크론에서 살펴보았듯이, 벤야민은 '의미와해의 의미'를 말하고 '무의도성의 진리'를 옹호한다. 가상과 표현 없음, 껍질과 한계위반에 관한 논의는 바로 이 점을 향한 것이었다. 그는 현대의 이론가들처럼, 보편개념의 실체화를 의문시하고 거짓 총체성을 비판하지만, 그렇다고 진리와 주체와 저자와 역사의 죽음을 말하는 데까지 나아가지는 않는다. 그런 점에서 벤야민의 사유는 포스트모더니스트들의 역사부재와 그 집단적 방향상실과는 분명하게 차이난다.

삶과 논리, 사유의 전개와 성찰의 실행에서 막다른 곳이 없을 수 없다. 난관과 비밀과 신비는 현실의 도처에 자리한다. 그러나 이것을 '참된 신비'라고 부른다면, 이 신비는 사실을 호도하는 이데올로기나 현실을 외면하는 미숙한 정신과는 구분되어야 한다. 현실을 절대화/신화화하는 것은 거짓신비주의이고 이데올로기다. 우리는 삶의 신비를 존중하지만, 이 신비의 절대화 속에서 나타나는 이성의 나태 가능성도 경계해야 한다. 삶의 난관은 인정해야 하지만, 그렇다고 이 난관에 대한 탐구를 멈출 수는 없다. 참된 것으로 간주된 것이 허황된 신비주의의 소산이어서는 곤란하다. 이 점에서 이성/비판/성찰은 여전히 유효하다.

3. 가면 벗기기

초기의 신학적 사고가 1920년대 중반을 지나 1930년대를 거치면서 유물주의적으로 확대됨에 따라 벤야민의 비평사유는 현실에 더 밀착하는 방법이 무엇인지 더 고민하게 된다. 그는 이른바 '내재적 비평'을 불신한다. 문학을 역사적 맥락에서 격리시켜 그 현실적 관련성을 고려하지 않기 때문이다. 그는 비판적 사고와 정치적 전략을 결합시킬 때 비평이 제대로 된다고 보았고, 이 요구가 역사적 유물론의 바탕 위에서 충족될 수 있다고 생각했다.

비평은 말할 것도 없이 사회정치적 맥락 아래 작품을 평가해야 한다. 그것은 도서시장의 생산관계를 고려하지 않고는 책/문학/독서의 의미를 알기 어려운 것과 같다. 작품평가에 관한 한 중립적 관점이란 없다고 간주되는 것이다.

평화주의의 파시즘적 토대

벤야민은 스스로를 좌파로 규정했지만, 그럼에도 교조적이지 않으려고 무던 애썼다. 그는 마르크스나 엥겔스를 부지런히 읽었지만, 그 이데올로기에 복무하지는 않았다. 또 유물론적 역사관을 견지했지만, 이 역사관은 신학적 모티프나 유연한 지각적 개방성에 힘입어 여타의 독단론과 거리를 둘 수 있었다. 그는 (극)우파를 비판하는 것과 동일한 강도로 (극)좌파를 비판한 것이다. 아마도 벤야민만큼 좌파적 사유에 철저하면서도 기존 좌파의 사상적 지형도 안에 편입시키기 어려울 정도로 다채로우면서도 섬세하고 창의적인 이론가는 거의 없을 것이다. 그는 좌파의 계보학에서도 유례없는 국외자다. 이토록 독보적인 국외자로서 사상과 이론의 역사에서 살아남았다는 사실은 그의 사유의 보편성을 입증한다.

이런 맥락에서 벤야민이 지식인의 사회적 위치와 역할을 늘 고민했고, 동시대에 통용되던 말과 글을 불신했던 것은 당연한지도 모른다. 그는 문학의 '영원한 가치'를 주장하면서 고전주의를 이 같은 가치가 구현된 영웅시대로 찬양하는 민족주의자들이나 기술을 찬미하는 문화보수주의자들의 견해에 동조하지 않았다. 독문학자 코머렐M. Kommerell이나 보수작가 윙어 그리고 게오르게S. George 서클의 사람들이 여기에 속한다. 이들은 '진정한 독일성'의 예찬자로서 제국주의 전쟁의 조력자로 활동했다. 기술주의에 대한 맹신도 이들에게서 나왔다. 이들에 대한 비판은, 융어가 편찬한 『전쟁과 전사戰士』에 대한 서평인 「독일적 파시즘의 이론들」¹⁹³⁰에 잘 나타난다.

　　"제국주의적 전쟁은 바로 그 혹독함과 치명성에 있어 한편으로 기술의 거대한 수단과 다른 한편에서의 보잘것없는 도덕적 해명 사이에 갈라진 균열로 규정된다. 경제적 본성에 따르면, 부르주아 사회는 모든 기술적인 것을 이른바 정신적인 것으로부터 사실상 격리시키고, 기술적 사고를 사회질서에 대한 공동규정권으로부터 가능한 한 단호히 배제하는 것 외에는 아무것도 할 수 없다. 다가오는 모든 전쟁은 동시에 기술의 노예봉기다."[62]

　　벤야민이 보기에 제국주의적 전쟁은 "기술이라는 거대한 수단"과 "보잘것없는 도덕적 해명 사이에 갈라진 균열로 규정"된다. 이 균열은 부르주아 사회의 경제적 본성이기도 하다. 왜냐하면 이 본성은 "모든 기술적인 것을 이른바 정신적인 것으로부터 격리시키고", 기술적 사고가 "사회질서에 대한 공동규정권" 아래 있음에도 이 공동규정권으로부터 기술적 사고를 "가능한 한 단호히 배제"하려고 하기 때문이다. 그리하여 기술은 사람의 제어를 벗어난다. 그것은 이성으로부터 벗어나 하나의 독자적 존재로 자리하고, 마침내 인간을 지배하기에 이른다. 이것이 기술과 정신의 분리이고,

---

[62] Walter Benjamin, "Theorien des deutschen Faschismus," *GS* III, Frankfurt/M., 1991, S. 238.

노동과 의미의 소외다. 벤야민은 이 맹목화된 기술주의를 "기술의 노예봉기"라고 부르면서, 미래의 모든 전쟁은 기술의 이 같은 노예봉기가 될 것이라고 통찰력 있게 경고한다.

기술의 봉기에 편승하는 것은 거대하고 무분별하며 비인간적인 것들이다. 이것은 모두 이성을 벗어난 끔찍한 것이다. 전쟁은 모든 인간적인 것을 비이성적으로 변질시키는데, 이 변질은 역설적이게도 이성의 이름으로 행해진다. 이것이 이른바 이성의 질병이고 이성의 비이성화다. 전쟁은 이성의 이름으로 행해지는 비이성적 왜곡의 가장 큰 재앙이다. 이런 전쟁들 중에서 가스전의 결과는 혹독하다. 벤야민이 특히 가스전에 반대한 이유는, 그것이 모든 전쟁 중에서 가장 잔혹한 것이기 때문이다. 독가스가 공중에 뿌려지면 피할 수 있는 방법은 없다. 전쟁에 찬성하는 사람들과 반대하는 사람들의 구분이 무의미해지는 것과 마찬가지로, 이 구분 위에 자리한 국제법^{Völkerrecht}도 가스전은 무효화한다. 그리하여 새로운 전쟁이론은 "전쟁의 신격화", 말하자면 '예술을 위한 예술'의 테제가 전쟁으로 제어 없이 옮겨진 것"이라고 규정한다.[63]

하나의 끔찍한 사실은 전쟁의 이 신비주의에는 제국주의자들의 기술맹신 이상으로 평화주의자들의 평화이상도 이어져 있다는 사실이다. 이들 역시, 다른 방향에서이기는 하나, 자신들의 이념을 우상화하기 때문이다. 그래서 벤야민은 「평화상품」^{1926}이라는 짧은 서평에서 이렇게 쓴다. "모든 평화전문가의 위대한 산문은 전쟁에 대해 말했다. 자기자신의 평화 사랑을 강조하는 일은 전쟁을

<hr>

63) *Ebd.*, S. 240.

> **현실의 부정적 조건을 문제시하지 못할 때,
> 평화주의는 구호가 된다. 전쟁주의자나 단순 평화주의자는
> 사실의 직시를 회피함으로써 부당한 죽음을 야기한다는
> 점에서 서로 일치하는 셈이다.**

일으킨 이들에게 가까이 있다. 정말 평화를 원하는 자는 전쟁에 대해서도 말하는 게 좋을 것이다."[64]

벤야민이 평화주의자들을 문제시한 것은 이들의 평화 사랑을 부인해서가 아니다. 평화는 그 자체로 고귀한 가치임에는 틀림없다. 그러나 소박하고 안이한 사고 아래에서는 좋은 이념도 언제든지 폭력에 기여할 수 있다. 이 같은 사례를 그는 운루F. v. Unruh의 책『나이키의 날개』에서 읽는다. 벤야민이 보기에 독일에서 평화론은, 마치 운루의 평화주의가 그러하듯이, '신화'나 '형이상학' 위에 근거해 있다.[65] 그것은 현실을 회피하고 역사의 불행을 외면한다. 칸트적 평화사상이 세속적이고 정치적이며 법률적이고 제도적인 차원에서 고려되지 않는다면, 그리하여 국제법적 틀 안에서 규정되지 않는다면, 그것은 쉽게 도구화될 수 있다. 평화의 이념이 반성되지 않을 때, 그래서 우상화되고 절대화될 때, 그것은 '상품'으로 타락한다. '평화상품'은 그래서 나온 것이다.

그러므로 평화를 말하기 위해서는 무엇보다 평화를 방해하고

---

64) Walter Benjamin, "Friedensware," *GS* III, Frankfurt/M., 1991, S. 25.
65) *Ebd.*, S. 24.

훼손하며 오용하고 더럽히는 것들, 즉 평화의 불가능한 조건을 우선 지적해야 한다. 죽음은 이렇게 훼손되는 것들의 결과이고, 전쟁은 죽음을 야기하는 대규모의 야만현상이다. 이 야만적 현상은, 1920년대 중반의 시점에서 보면, 불과 몇 년 전에 일어난 제1차 세계대전에서 광범위하게 체험된 것이었다. 그러니까 죽음과 전쟁을 말한다는 것은 현실을 직시한다는 것이고, 무역사주의의 오류를 되풀이하지 않는다는 뜻이다.

그러나 융어나 운루 같은 이들은, 벤야민이 보기에, 이 얼마 전의 역사적 고통을 외면하는 대표적 인사였다. 이들은 사이비 평화설파자였던 것이다. 현실의 부정적 조건을 문제시하지 못할 때, 평화주의는 구호가 된다. 그래서 '영원한 평화'는 이 세상의 일이기 어렵다. 전쟁주의자나 단순 평화주의자는 사실의 직시를 회피함으로써 부당한 죽음을 야기한다는 점에서, 서로 일치하는 셈이다. 사실 1920~30년대에 걸쳐 독일문학의 비의성을 예찬하고 독일민족의 영웅주의를 설파한 많은, 어쩌면 '거의 모두'라고 할 수 있는 대부분의 지식인은 조만간 있게 될 파시즘 전쟁에, 명시적이든 암묵적이든, 상당 부분 동의하고 있었다.

사실회피와 현실호도는 대상의 사물화요 사고의 사물화다. 이 사물화된 사고에 근거한 신비화된 현실인식이, 벤야민에 따르면, 지난 전쟁(제1차 세계대전)을 야기했듯이 다가올 전쟁(제2차 세계대전)을 예비하는 것이다. 그러므로 필요한 것은 상품화된 평화와 진실된 평화를 이성적인 시선 아래 명료하게 구분하는 일이다. 그렇듯이 상품의 안락 속에 깃든 사물화된 현실인식을 문제시할 수 있어야 한다. 우리는 현재상황의 성격과 아울러 이 성격을 사고하는 내 자신의 원인에 대해서도 물을 수 있어야 한다. 마치 기술을 이용하면서도 이 기술을 신봉하는 것이 아니라 그 폐해까지 인식해야 하듯이, 평화 역시 이념적 타당성뿐만 아니라 그 오용적 가능성까지 주의하지 않으면 안 된다.

기술이든 평화든 그 악취를 맡지 못하면, 이념은 언제든 야만의 싹이 될 수 있다. 야만성은 특별히 악한 사람들의 소행이거나 어떤 특별한 위기상황에 찾아드는 것이 아니라, 아무 때나 누구에게나 일어날 수 있기 때문이다. 그래서 그것은 지극히 평범하고도 일상적인 일이 된다. 문제는 악과 폭력과 불평등의 일상화다.

이 대목에서 나는 아렌트가 말한 '악의 평범성'Banalität des Bösen을 떠올린다. 또는 악의 평범성을 '현대적 불안의 편재성'으로 재해석한 바우만Z. Baumann의 『유동적 공포』*Liquid Fear*를 떠올린다. 나치 야만주의는 특정한 몇 사람이 저지른 악행이 아니라 나치시대를 산 대부분의 사람이, 의식적이든 무의식적이든, 다함께 공모하여 일어난 사건이기 때문이다. 야만은, 개인적 주의注意와 사회적 이성이 없는 곳에서는, 그래서 개개의 양심과 정직성이 휘발된 곳에서는 언제 어디서나 출현할 수 있다. 예측불가능성·인식불가능성·통제불가능성이 오늘날 사회에서 심화되고 있다면, 이로인한 불평등과 불합리를 우리는 줄여갈 수 있어야 한다. 만약 그렇게 줄여갈 수 없다면, 우리는 계몽주의라는 역사적 시대를 거쳐왔다고, 지금 이성의 시대를 살아간다고 말하기 어렵다. 그렇다면 오늘의 세계는 '계몽 이후'의 근대세계가 아니라 '계몽 이전'의 중세적 상황과 비슷해진다. 지금은 현대적 중세시대인 것이다.

현대는 일상화된 폭력과 불안과 공포와 불평등의 시대다. 우리는 그럴듯한 술어가 어디에서 오는지를 그 이데올로기적 유래와 지향을 분명하게 밝혀야 한다. 온갖 가치의 판매상을 주의 깊게 검토해야 한다. 과거/역사/문화적 전승에 대한 재해석의 당위성은 이 지점에서 생겨난다. 평화를 말하기 위해 평화를 방해하는 폭력을 말해야 하듯이, 화해를 원한다면 이 화해는 오직 부정적 검토를 통해 가능할지도 모른다. 비평가는 바로 이 일에 관여한다.

비평가: '놀이 방해자'

그리하여 거부와 부정을 통한 사실직시는 비평가의 근본책무가 된다. 비평가는 잘못된 현실을 폭로해야 하고, 이 폭로를 통해 억압받는 계층의 의식화에 기여해야 한다. 이 작업의 모범적 예를 벤야민은 크라카우어나 되블린A. Döblin에게서 본다.

특히 『사무원들』1930이라는 책에서 대도시 사람들의 소외된 삶과 그 허위의식을 묘사한 크라카우어를 벤야민은 "가면을 벗기는 방해자" 또는 "놀이의 훼방꾼"이라고 특징짓는다.[66] 이 서평에서 그는 무엇인가를 입안하고 정초하며 지도하는 것이 아니라—이 점에서 그는, 지식인이 지도자여야 한다는 코머렐의 생각에 동의하지 않는다—이리저리 개별자로 돌아다니면서, 새벽녘의 넝마주이처럼, 언어와 경험의 허위의식을 폭로한 크라카우어의 글을 예찬한다. 이때 '인간성'이나 '내면성', '심오함'이라는 가치도 베일을 벗는다. 진실한 비평가는 시대정신의 방해꾼인 것이다.

---

66) Walter Benjamin, "Ein Aussenseiter macht sich bemerkbar, Zu S. Kracauer, *Die Angestellten*," *GS* III, Frankfurt/M., 1991, S. 220, 225.

> **비평은 단순히 작품을 미화하거나
> 치장하는 것이 아니라 해명하는 것이고,
> 평가나 진단에 그치는 것이 아니라
> 해명을 통해 현실의 가면을 벗겨내는 일이다.**

비평은 해명이고 폭로며 가면 벗기기다. 그것은 시대의 지배의식과 이 의식이 요구하는 이데올로기적 강제로부터 해방되고자 한다. 그 점에서 비평은 텍스트 실천이다. 이 실천은 물론 비평적 성찰에서 이뤄진다. 성찰에서 벤야민은 비평의 실험성을 읽는다. "비평이란 예술작품에서의 실험이고, 이 실험을 통해 작품에 대한 성찰이 환기되며, 이 실험으로 작품이 자신을 의식하고 인식한다."[67] 비평은 작품에 대한 실험적인 성찰방법이다. 성찰은 작품을 집중적으로 고찰하는 데 필요하다. 그리하여 성찰의 방법은 곧 비판의 방법이다. 벤야민에 따르면 비평은, "그에 대한 오늘날의 견해와는 완전히 다르게, 그 본질적 의도에서 평가가 아니라, 한편으로 작품의 완성이고 보충이고 체계화이면서 다른 한편으로 절대적인 것 속에서 작품을 해체하는 것이다. 이 두 과정은 궁극적으로······ 일치한다."[68]

벤야민의 사유는 현대적이다. 그것은 어느 한 편을, 적어도 확정

---

67) Walter Benjamin, "Der Begriff der Kunstkritik in der deutschen Romantik," *a. a. O.*, S. 65, 78.

68) *Ebd.*, S. 78.

된 지점을 고집하지 않는다. 완성이든 비완성이든, '보충'이든 '해체'든, 이 둘은 동시에 파악되지 어느 한쪽만 옹호되지 않는다. 그는 모순되고 이반되는 대립항을 자신의 문제의식 안에서 버무리고 소화하면서 어떤 생산적 계기로 전환시키는 것이다.

그리하여 비평은 한편으로 작품을 보충하고 완성해나가면서, 다른 한편으로 이 완성을 다시 해체시켜간다. 완성과 해체의 이같은 운동은 이중적이다. 해체가 방법적·형식적 실험에 해당된다면, 완성은 이 실험을 통한 인식을 위한 것이다. 이렇게 완성된 인식은 그러나 다음 단계에서 다시 해체된다. 사유의 이 이중적 운동 속에서 그는 현상의 각질을 넘어 조금 더 진리에 가까이 접근해간다. 진리란 단순히 폭로될 수 없기 때문이다. 또는 폭로로 모든 것이 해결되지는 않기 때문이다. 진리가 예술적 직관 아래 포착될 수 있다면, 그것은 단순히 폭로되기보다는 껍질에 대한 정확한 인식을 통해 사고실험적으로 다가갈 수 있다. 그 점에서 비평은 비판적 사유실험의 단련장이다.

비평은 단순히 작품을 미화하거나 치장하는 것이 아니라 해명하는 것이고, 평가나 진단에 그치는 것이 아니라 해명을 통해 현실의 가면을 벗겨내는 일이다. 세계는 일종의 가면극으로 우리 앞에 나타나기 때문이다. 1920~30년대의 문학적 평가가 흔히 그러했듯이, 프루스트에게서 부르주아 개인주의 작가의 전형이 아니라 가차 없이 탈마법적이고 탐정가적인 면모를 벤야민이 읽어낸 것은 각질을 벗겨내는 비평안 덕분이었을 것이다. 문예란 비평이나 신문서평은 이 같은 논거를 현실과의 대결 속에서 검토하는 실천의 마당이었다. 이 무렵 그는 현실을 다각도로 파악하기 위해

방대한 자료를 몽타주처럼 구성하고 모자이크처럼 배열하면서 쓰기도 한다. 『일방통행로』는 이 실험적 글쓰기의 좋은 예다. 글의 마당은 그에게 이론과 현실, 사고와 실천의 접점이었다. 글은 이론적 탐구의 실천매체였다.

문학에서 증거적 기능은 중요하다. 하지만 문학이 단순한 기록물이나 계몽과 공시를 위한 자료로 그친다면 곤란하다. 벤야민이 마르크스주의 문예이론가를 비판한 것도 이런 이유에서다. 그는 삶의 해명을 위한 실험방법을 다양한 통로로, 가령 영화기법이나 사진기술에서 배우고자 했고, 심지어 넝마장이의 수집방식에서 암시를 구하기도 했다. 이 기이한 방법은 좌파 급진주의의 전통에서는 없었거나 배척되었던 낯선 것이었다. 하지만 속류좌파에게 괴상하게 비쳤던 푹스의 사료수집 방식은 그를 얼마나 열광시켰던가?

벤야민은 언어와 경험과 사고의 파편적인 이미지를 조립함으로써 새로운 지각적 충격을 야기하고자 애썼다. 그는 숨겨진 것, 밀려난 것, 비밀스런 것에 언제나 주의했고 작고 사소한 세부에서 본질적인 것을 읽어내고자 노력했다. 그는 "진리란 비밀을 절멸시키는 것이 아니라 이 비밀에 충실한 계시"라고 비애극론에서 썼다.[69] 이 점에서 그는 전통 마르크스주의자 이론가와 분명히 구별된다. 1931년에 잡지 『위기와 비판』의 출간이 좌절됐던 것도 이 모임에 속한 사람들의 각기 다른 입장, 즉 문학의 정치성을 둘러싼 견해 차이에서 비롯되었다.

우리는 벤야민 비평이 보여주는 어떤 성취, 예컨대 현실밀착과 실

---

69) Walter Benjamin, "Ursprung des deutschen Trauerspiels," *a. a. O.,* S. 211.

험성의 적극적인 수용을 배울 필요가 있다. 그러나 그는 사회적·물질적 토대만 중시한 게 아니다. 문헌주석에도 누구보다 충실했고, 이 문헌학적 충실이 형이상학적 지평을 외면하지 않도록 텍스트 외의 맥락에도 열려 있고자 했다. 그가 강조하듯이 이념이 상반되는 것의 어울림과 이 어울림의 별자리적 형세 아래 드러나는 것이라면, 이것은 예술비평에도 해당된다.

참된 비평은 사실내용과 진리내용, 역사적·현실적 해명과 철학적 평가가 어울리는 가운데 마침내 자리한다. 현실에 대한 그의 탈환각적 시선은 때때로 독단적으로 느껴질 만큼 가차 없지만, 그렇다고 작품의 내재적 논리를 무시한 것은 아니다. 작품을 자체로부터 해명하는 것은 「괴테의 친화력」에서 그가 내세운 목표이기도 했다. 우리가 배워야 할 것은 바로 이 점일 것이다. 내재적·형식분석적 비평과 외재적·사회정치적 관점을 동시에 견지하도록, 그래서 내재주의 비평의 탈역사화 경향을 비판하면서도 이때의 현실비판이 작품 자체의 자율성을 존중할 수 있도록 우리는 오늘의 비평방향을 새롭게 고민할 수 있어야 한다.

신화화되고 사물화된 사고를 문제시한 벤야민적 계몽주의는 존중되어야 한다. 그러나 오늘의 관점에서 보면, 이 계몽주의는 이성의 비이성적 폐해까지 직시할 수 있는 것이어야 한다. 따라서 이전보다 더 유연하고 더 복합적이어야 한다. 그러면서 이때의 관점이 현실의 사실적 맥락을 잊지 않도록 만드는 것은 더 중요하다. 그의 미시적 집중력은 놀라울 정도로 이 점에 닿아 있다. 남은 문제는 이 같은 엄정성을 지금의 현실에서 독자로서의 나/우리가 얼마나 견지할 수 있는가가 될 것이다.

4. 자기투시: 예술의 능력

> 말 없는 피조물은 의미되면서 구원을 희망할 수 있다.
> ■벤야민,『독일 비애극의 원천』

지금까지 살펴보았듯이, 벤야민의 바로크론이나 낭만주의론에는 그의 사유를 지탱하는 여러 중요 개념이 분리불가능할 정도로 얽혀 있다. 그것은 하나의 그물망처럼 얽힌 채로 또는 밤하늘의 별자리처럼 서로가 서로를 비추면서 자리한다. 따라서 그것은 전체적 얼개나 국면 또는 짜임새나 배치관계 아래 이해되지 않으면 안 된다. 설령 개별적으로 논의된다고 해도 이렇게 논의되는 각각의 것은, 적어도 그 옆에 위치한 개념들과의 상호관계를 의식하면서 파악되어야 한다. 관계성-맥락-전체구조-배치관계가 벤야민 사유를 이해하는 데 결정적인 것이다.

이 글에서 내가 물으려는 것은 벤야민의 낭만주의 비평개념이나 바로크 알레고리 논의가 아니라 이들 논의에 배어 있는 그의 예술철학적 문제의식이고, 이 문제의식을 통한 새로운 사유지평의 가능성이다. 이것은 더 넓은 맥락에서, 그러니까 미학사적 관점에서 제기되어야 할 물음이다.

1. 미학의 근본 교정?: 표현의 물질성

벤야민의 예술철학적 사고가 미학사에서는 어떤 위치를 차지하는가? 바로크론에서 전개된 비애극과 알레고리에 대한 생각, 낭만주의론에서 전개된 예술비평에 대한 생각은 미학사적·문예이론적 관점에서 보았을 때 기존과는 어떤 변별성을 가지는가?

이것은 물론 초기의 예술철학적 논의가 바로크론 이후에 펼쳐지는 여러 논의, 말하자면 1920년대 말부터 죽기 전까지 그가 골몰했던 근대성 분석이나 도시론, 매체론과 역사철학 등과의 관련 속에서 다뤄질 때 그런대로 온전하게 대답할 수 있을 것이다. 이 후기의 논의에 포함될 수 있는 대표적인 것은 『아케이드 저작』 같은 방대한 저술이나 「기술복제시대의 예술작품」, 「사진의 작은 역사」를 포함한 일련의 자전적 에세이다. 그중 아우라 상실에 따른 예술의 기능전환을 다룬 「기술복제시대의 예술작품」은 핵심적이다.

벤야민이 예술철학적 논의를 통해 거듭 문제시한 것은 기존의 순응주의적 문화, 즉 그 편협한 예술이해와 미의식 그리고 인식론과 역사철학이었고, 무엇보다도 이것이 야기하는 극심한 정치윤리적 폐해였다. 예컨대 자율적 가상의 개념은, 한편으로 현실공간과는 다른 상상적 공간을 가정함으로써 예술의 고유영역을 생각하는 데 기여했지만, 다른 한편으로 예술의 사회정치적 격리를 정당화하는 데로 이어진다.

그 폐해는 여기에 그치지 않는다. 그것은 현실외면을 넘어 기술폄하와 대중선동, 정치오용으로 나아간다. 그래서 그것은 파시즘 전쟁의 이데올로기적 보호막 역할을 맡게 되는 것이다. 전체주의적 정치가 예술형이상학에 기대어 대중을 선동하면서 스스로 신화화하게 되는 것은 그런 맥락에서다. 이른바 '정치의 미학화'란 이 현상을 지칭한다. 벤야민이 사진·영화·라디오 등 새로운 대중매체에 주목한 것도 이들 매체가 기술혁신에 기대어 파시즘적 정치의 미학화에 반대할 수 있고, 이 반대를 통해 '미의 왕국'이란 거짓 가상의 껍데기를 벗겨낼 수 있다고 보았기 때문이다.

이 거짓은, 더 간단히 말하면, 예술을 신학화한 데 있다.[70) 벤야민이 '창조성'이나 '영원성', '천재'나 '비밀' 같은 관념주의적 개념유산을 문제시했던 것도 이런 이유에서다. 그는 기술적 복제가능성과 지각방식의 관계, 이 관계가 초래한 예술이해의 변화, 여기에 자리하는 아우라 개념의 의미를 생각함으로써 전통예술의 퇴행적인 담론에 혁신적인 비판을 가했던 것이다.

기술발전에 따른 예술의 기능전환에서 중시된 것은 예술의 정신성이 아니라 물질적·하부구조적 조건이다. 그러나 벤야민은, 기존의 마르크스주의 문예이론가가 흔히 그러하듯이, 하부구조적·유물론적 접근에 만족하지 않는다. 그는 상부구조의 기능에, 특히 표현적 속성에 주목했다.[71) 그의 시각은 물질적·기술적·매체론적 조건에 주목한다는 점에서 유물론적이지만, 이 물질적 조건이 지각방식의 변화를 초래한다고 보는 점에서 경험적이고 현상학적이다. 더 적절하게 말하면 그것은 변증법적이다. 그는 감각과 사유, 물질과 정신의 상호 얽힘을 중시하기 때문이다. 여기에는 신학적 모티프와 자전적 에세이의 실존성 그리고 첨예할 정도로 예민한 감수성도 일정한 역할을 한다. 이 점에서 그의 논의는 예술

---

70) 사진이나 영화와는 달리 19세기 말의 '예술을 위한 예술'(L'art pour l'art)이나 심미주의를, 이것이 예술의 세속성을 성스럽게 한다는 점에서, "예술의 신학"이라고 벤야민은 간주했다. Walter Benjamin, "Das Kunstwerk im Zeitalter seiner technischen Reproduzierbarkeit," a. a. O., S. 481.

71) 이 점은 제14장「화해적 단절─문화사 이해」의 4절「문화: 상하부 구조의 '표현적 얽힘'」에서 자세히 다룬다.

작품의 상품적 성격에서 출발하는 브레히트의 리얼리즘론이나 아도르노의 문화산업론과도 분명한 차이를 보인다. 벤야민에게 중요한 것은 단순히 '복제'가 아니라 '복제가능성'이고, 더 중요한 것은 '기술적 복제가능성이 초래하는 예술작품의 개념변화, 예술이해와 그 수용방식에서의 변화'이고, '이 변화에서 생겨날 수 있는 어떤 영향력의 가능성'이다.

이 일련의 분석에서 우리는 기술발전과 이 발전으로 인한 지각적 변화 그리고 이 같은 변화를 대중적 각성의 계몽적 계기로 삼으려는 벤야민의 의도를 읽을 수 있다. 그것은, 다른 시각에서 보면, 기술적·물질적 조건과 미학적·예술적 구상의 매개가능성에 대한 탐구다. 그러는 한 그것은 사회 속의 문학 또는 정치 앞의 예술이 감당해야 할 중대한 현실문제이기도 하다. 이 생각은 그의 미학사적 위상을 보여준다.

벤야민 저작에 대한 가장 정평 있는 전문가의 한 사람으로 평가받는 린트너는 벤야민의 사유가 아우라와 아우라의 상실, 종교성과 세속성, 근원시간과 현재시간, 제의가치와 전시가치, 화가와 외과의사, 영화관과 극장, 정관靜觀과 기분전환 등의 이항대립적 사유체계 안에서 움직인다는 점에 착안하여, 그것이 "양극성의 사유"를 보여주며, 이 양극적인 사유를 통해 그는 단순히 매체기술적 차원을 보여주는 것이 아니라 '미메시스에 대한 새로운 규정' 속에서 미학의 근본적 교정에 이르렀다고 진단한다.[72] 이것은 중

---

72) Burkhardt Lindner, "Das Kunstwerk in Zeitalter seiner technischen Reproduzierbarkeit," ders.(Hg.), *Benjamin Handbuch*, Stuttgart, 2006, S.

요한 지적이 아닐 수 없다. 이 지적을 통해 우리는 오늘날의 유행적 편향성, 말하자면 예술과 인문학에 대한 매체기술적이고 문화콘텐츠적 접근현상을 경계할 수 있기 때문이다.

아우라와 붕괴된 아우라, 종교성과 세속성, 근원성과 현재성 등 벤야민의 사유를 지탱하는 두 축은 헤겔의 변증법에서처럼 서로 대립하면서 지양-해소되는 것이 아니다. 그것은 역사적 상황의 전체국면에 따라 그때그때 자리를 옮기지만, 이렇게 형성된 두 축 자체는 변함없이 유지된다. 심미적 범주에 대한 새로운 이해는 이 맥락 아래 일어난다. 미메시스도 이 같은 범주의 하나다. 미메시스란, 린트너의 진단에 따르면, 대상과 동화하려는 원래의 의미가 아니라 '가상과 놀이' 사이의 완결되지 않은, 따라서 긴장된 관계

247f. 미학사적 맥락에서 살펴보면, 미가 처음부터 주도적 역할을 했던 것은 아니다. 가령 헤겔은 '예술의 종언'이라는 테제 아래 절대정신이 이성을 실현해가는 기나긴 도정의 한 요소로 미를 파악했다. 그래서 미는 그의 철학에서 종속적이고 부차적인 역할만 부여받는다. 미의 이런 역할 축소는, 시대적으로 보면, 18세기를 지나면서 시작되는 현실화와 연결되어 있다. 즉 낭만주의적·기독교적 표상으로부터 미 개념이 점진적으로 해방됨으로써 미에 대한 이해가 더욱 현실화/경험화/내실화된다. 이에 반해 괴테에게 심미적 가상은 여전히 중대하다. 그러면서 이 미의 중요성은 시간이 흐를수록 조금씩 약해진다. 가령 하이데거는 벤야민과는 달리 예술의 물질적·매체기술적 조건에 주의한 것이 아니라 본질주의적으로 접근한다. 그리고 아도르노는 벤야민의 복제가능성 논문에 나타난 지성의 예속 위험성—집단과의 동화나 예술의 도구화 같은—을 지적하면서, 자율적 예술작품의 내재적 법칙이 갖는 비판적 부정성을 강조한다. 그러나 현대의 대표적 미학자인 하이데거나 아도르노가 벤야민의 매체이론적·물질적 조건에 대한 성찰을 공유하지 못한 것은 분명해 보인다. 위의 글, 238쪽 이하 참조.

를 포함하는 것이고, 그러니만큼 변증법적으로 사유하는 자는 이 긴장관계를 주목하게 된다. 그리고 이 긴장으로 말미암아 미메시스 개념은 "벤야민에게 역사적 담보로 맡겨진 정치적·분석적 도구를 새롭게 사유하는 기회를 열어준다"는 것이다.[73] 이것은 무슨 뜻인가?

린트너의 이 벤야민 해석에 대하여 나는 상반된 것을 느낀다. 그것은 한편으로 '미메시스 개념의 미학적 교정'이라는 벤야민 사유의 변별성을 분명하게 보여주면서도, 다른 한편으로 아직도 많은 문제가 이전과 그대로 있음을 보여준다. 즉 여전히 많은 것은 완결된 것이 아닌 질의해야 할 것으로 남는다. 첫째, 미메시스 개념에 들어 있는 가상과 놀이는 어떻게 관계하는지, 둘째, 미학사적으로 그것은 칸트의 놀이개념이나 쉴러의 놀이개념과 어떻게 구분되는지, 셋째, 미메시스와 예술은 어떻게 서로 관계하고, 넷째, 여기서 말하는 변증법적 사유에 미메시스는 어떻게 작용하는지 등 우리는 계속 묻지 않을 수 없다. 어떤 식으로 대답되건, 분명한 사실은 이 주제들에 대한 벤야민의 언급이, 비록 그 문제제기의 전체 성격은 확연하다고 해도, 적어도 세부적으로 들어가면 단편적이거나 비약적이어서 불충분한 인상을 준다는 점이다.

이런 이유에서 미메시스 개념의 미학적 교정이 벤야민 글에서 납득할 만한 완성도로 주제화되었다고 말하기는 어려운 것 같다.

---

73) *Ebd.*, S. 249. 아우라가 어떤 신비롭고 성스러운 것이 아니라 역사적 과정을 탐구하는 '노동개념'으로 자리한다고 린트너가 이해한 것도 이런 맥락에 서일 것이다(*Ebd.*, S. 237). 다시 말하여 미학적 범주의 궁극적인 의미는, 그것이 역사와 현실을 새롭게 사유하는 데 기여할 때 비로소 의미를 지닌다.

이 불완전성은 아마 벤야민 글의 파편성에서 올 것이고, 이 파편성이 거꾸로 그가 가졌던 주제의식의 분산을 초래했을 것이다. 나아가 이 파편화된 글은 파리 망명시절 극도로 곤궁하고 위태로웠던 그의 삶에 닿아 있다. 그리하여 미메시스 개념의 근본적 교정이라는 린트너의 해석이 하나의 있을 수 있는 지적일 수는 있어도 벤야민 논리 자체의 비약성을 덮어주지는 못한다고 나는 생각한다. 그러나 이 말은 물론 벤야민 사유의 창의성을 부정하는 것이 아니다. 오히려 그것은, 이 미학적 교정의 시도가 그의 글을 읽고 있는 독자/수용자가 지금 여기에서 예술철학적 논의를 통해 앞으로 실행해나가야 한다는 점에서, 대부분 우리의 과제로 남는다는 뜻이다.

벤야민의 미메시스 개념이 그의 문헌학에서 어떤 위치를 차지하고, 그에 대한 일급 문예학자들의 해석이 어떤지 알아보는 것은 필요하다. 또 그것이 알레고리나 비애극 개념과 어떻게 이어지고, 예술비평 개념과는 어떻게 관련되는지도 살펴보아야 한다. 그러나 그와 별개로 우리 논의에서 중요한 것은, 예술의 진실성이 가상과 놀이의 긴장관계 속에서 어떻게 현실에 대응하는가 따져보는 일이다. 그리고 이 생각은 단순히 성찰적인 차원에 머무는 것이 아니라 현실의 이해와 그 이성적 조직가능성을 고민하는 데로 이어져야 한다. 예술을 헤겔이 말한 대로 '감각적 이념의 드러남'이라고 한다면, 예술에 대한 경험은, 그것이 연구든 논의든 감상이든 간에, 종국적으로 진리이념의 구현과 분리되어서는 결코 안될 것이기 때문이다. 또 그렇게 이어진다면, 우리의 시도는 급박한 현실에서 자기 방향을 잃지 않고자 노력했던 벤야민의 문제의식과 다시 만날 수 있을 것이다. 예술은 현실에 대한 개입이고 삶의 개선에 대한 제안인 까닭이다.

예술은 현실을 개선하려는 하나의 성찰적 제안으로 자리한다. 그렇다는 것은 현실과 역사가 아직 완결되지 않았다는 것, 그래서 예술의 작업도 완결될 수 없다는 것이며, 따라서 예술은 항구적인 변형과정 아래 있다는 인식과 통한다. 나아가 그것은 예술활동의 현재적 의의가 된다. 이 의의의 핵심에는 수용자 개개인의 노력이 있다. 예술은 가만히 있어도 즐거움과 각성의 대상이 되는 것은 아니다. 거기에는 일정한 시간과 정열, 관심과 사랑이 필요하다. 심미적 훈련에는 쉽지 않은 노고가 요구되고, 이 노고에는 숙련을 위한 시간적 경과가 필요하다.

그러므로 중요한 것은 '예술의 대중화' 테제를 내거는 것이 아니라, 제각각의 사회구성원이 어떻게 의식적 각성(개인적 차원)과 사회의 합리적 구성가능성(집단적 차원)에 동시적으로 열려 있어야 하는가를 함께 고민하는 일이다.[74] 예술은 주어진 현실과의 아

74) 벤야민이 발레리, 헉슬리, 아른하임 같은 문화보수주의자들을 옹호한 것은, 이들이 보수적 견해를 갖고 있으면서도 단순히 예술의 대중화를 옹호하기보다는 오히려 교양 형성의 오랜 노력을 의식했기 때문이었다. 린트너는 이 점을 정확히 지적한다. Burkhardt Lindner, "Das Kunstwerk im Zeitalter seiner technischen Reproduzierbarkeit," ders.(Hg.), *Benjamin Handbuch, a. a. O.,* S. 236. 이른바 '진보'나 '보수'는 삶에 대한 관점의 차이를 보여주는 중요한 기준이지만, 그러나 그것은 하나의 기준일 뿐이다. 현실의 어떤 대목에서는 이 '입장의 차이' 자체가 무(효)화되어버리는 '지점'이 있고, 이 지점에서는 삶의 본질에 대한 투시나 본질을 투시하려는 노력이 단순한 관점과 입장의 차이보다 훨씬 중요할 수도 있다. 큰 작가나 이

무러한 타협이 아니라, 이 현실에 대한 관여이고 간섭이고 훼방이자 참여이고 제안이어야 한다.

2. 버려진 것들의 기억

위에서 나는 벤야민의 예술철학적 논의가 미학사에서 어떤 의미를 지니는지 살펴보았지만, 그 의미가 어떠하건 그것은 결국 진선미의 문제로 수렴된다고 할 수 있다. 비애극론의 서문은 이 점에 집중한다. 그는 『향연』에서의 가장 내밀한 문제가 "진리란 미에 적절할 수 있는가"이고, 이 물음에 플라톤은 "진리란 미에 대하여 존재를 보장하는 데 있다"라고 썼다는 것이다.[75]

그런데 이것은 진리와 미와 존재, 선의 관계에 대한 논의로 다시 번역할 수 있다. 말하자면 미의 추구가 어떻게 진실한 것일 수 있는가(진리/인식론적 차원), 이 진실이 선할 수 있는가(선/윤리적 차원), 선과 진리는 어떻게 미로 이어지는가라는 문제다. 더 정확히 말하면, 예술 안에서의 진과 선의 문제다. 이런 문제의식은, 그가 비애극론의 서문인 「인식비판적 서언」에서 모토로 내세운 괴테의 말, 즉 "우리는 학문을 필연적으로 예술로서 생각해야 한다"에서도 확인된다.[76] 예술의 미는 진과 선에 어떻게 이어지는가? 또는 예술과 현실은 어떻게 관계하는가? 중요한 것은 예술의 현실접

론가는 대개 특정한 입장의 고수를 넘어 삶의 이 배후를 투시하려는 열망에 차 있다. 배후를 투시하려는 열망이란 곧 삶의 진실에 대한 열망인 까닭이다.

75) Walter Benjamin, "rsprung des deutschen Trauerspiels," *a. a. O.,* S. 211.
76) *Ebd.,* S. 207.

> **"**알레고리는 하나의 파편에서 또 다른 파편으로
> 옮아가고, 하나의 의미에서 또 다른 의미로 나아간다.
> 사라지는 것에 사라지지 않는 것을 이어주고,
> 유한한 것과 무한한 것을 연결한다.**"**

근법이다. 나는 다시 알레고리적 사유의 우울과 폐허, 예술성찰의 비완결성을 떠올린다.

왜 알레고리는 파편과 폐허에 머무는가? 알레고리적 사유는 왜 극단적인 것의 급변을 통해 비유에서 비유로 옮아 다니고, 한계일탈을 통해 의미의 근원사로 돌아가며, 그리하여 급기야 의미 이전의 의미발생의 경로를 보여주는가? 그것은, 위에서 보았듯이, 인간 역사의 자연사적 성격을 보여주기 위해서다. 그러나 여기에는 더 중요한 계기가 있다. 그것은 벤야민이 보기에 구제적 충동이다. "사물의 소멸성에 대한 통찰과 이 통찰을 영원한 것으로 구제하려는 근심은 그러나 알레고리에서 가장 강력한 모티프의 하나다."[77]

아름다움은 영원하지 않다. 그것은 일시적이다. 아름다움은 피어났다가 머무르고 그러다가 곧 사라진다. 영원성이 아니라 일시성이, 머묾이 아니라 사라짐이 세계의 본성이다. 그렇다면 이 사라짐은 포착되어야 한다. 왜 그런가? 그저 사라짐 자체를 구제하기 위해서가 아니다. 사물의 사라지는 본성에 대한 통찰을 "영원

---

77) *Ebd.*, S. 397.

한 것으로 구제하기 위해서"다.

소멸에 대한 인식이 알레고리적 고찰의 속성이라면, 이 소멸의 허망함을 어떤 영원한 것으로 구제하려는 것은 알레고리의 근본 충동이다. 이런 생각으로부터 벤야민은 멜랑콜리적 절망에 대한 도상학적 연구를 시도하는 것이 아니라, 이 절망을 헛됨Vanitas의 가톨릭적 관념과 '피로한 삶'taedium vitae에 대한 신교적 관념과 연결시키면서 신정정치에서의 체념으로 해석한다. 유한한 존재로 살아가는 인간에게 삶은 폐허로 느껴지지 않을 수 없고, 그래서 공허함은 불가피하다. 멜랑콜리는 이 근본적인 누락과 결핍에 대한 슬픔의 감정이다. 그러면서 그것은 현실에 대한 표현적 대응인 까닭에 공허한 삶에 대한 대처방법이자 이의제기의 형식이기도 하다.

그러므로 우울은 어떤 정해진 대상에 대한 것이 아니라고 말할 수도 있다. 그 상실감은 특정 대상에게서 오지 않는다. 차라리 삶의 근본적 소멸성과 유한성에서 온다. 그것은 사라지는 어떤 것과 이것이 촉발하는 주관적 감정이 아니라, 이 모든 것의 바탕으로서의 죽음이나 상실 또는 공허에 닿아 있다. 왜냐하면 이것들은 인간 이전에 존재하는 사물의 속성이자 생명의 근원형태이기 때문이다. 그런 점에서 우울의 상실감은 모든 대상에 '앞서' 있다. 소멸, 죽음, 공허는 세계의 존재론적 속성이다. 여기에서 사물은, 적어도 그 외양은 진짜로서가 아니라 거죽으로서, 그래서 가짜로서 나타난다. 진짜로 보이는 대부분의 것은 많은 경우 진짜를 가장한 가짜인 것이다. 많은 것은 가면을 쓰고 일어나는 한바탕의 춤판, 즉 가면무도회를 닮는다. 바로 이 가면무도회적 속성이 우울한 인간의 도저한 슬픔을 일으키고, 그에게 상처를 남긴다. 의미는 이 상처에서 생겨난다.

우울은 세계의 속성을 향하고, 사물은 이 우울한 시선 아래 새로 고찰된다. 사물은 그 자체로 보이거나 느껴지는 것이 아니라 그 근본적 속성인 소멸의 운명 아래 파악된다. 의미에서 무의미로, 흔적에서 흔적의 소거消去로 변하는 것은 우울한 정신이 지나는 경로다. 가치의 탈가치화는 이 경로를 통해 일어난다.

알레고리적 표현형식이란 가치의 탈가치화에 다름 아니다. 그것은 가치의 탈가치화를 허용하거나 그에 주의한다. 알레고리적 고찰 속에서 사물은 의미나 의미부재가 아니라 의미로부터 무의미로 옮겨지고, 무의미로부터 다시 의미로 돌아온다. 말하자면 사물과 기호, 의미와 무의미의 관계인 균열이나 누락, 결핍과 틈이 의식되고 인식되고 표현되는 것이다. 의미의 변전變轉과 이 변전을 통한 새 가치부여는 이 관계의 고찰에서 일어난다. 이 경로는 이중적이다. 그것은 한편으로 우울의 감정을 자아내지만, 다른 한편으로 명상 아래 의식됨으로써 사물이 새로 이해된다. 새로 이해되는 것에 이미 구제의 계기가 있다.[78] 사물은 가치박탈된 죽음의 상태로부터 명상적 침잠에 기대어 새롭게 부활하기 시작하는 것이다.

알레고리는 단순히 소멸과 헛됨을 예찬하거나 폐허나 파편 위에 머무는 게 아니다. 그것은 하나의 파편에서 또 다른 파편으로 옮아가고, 하나의 의미에서 또 다른 의미로 나아간다. 그것은 사

---

78) *Ebd.*, S. 334.

라지는 것에 사라지지 않는 것을 이어주고, 유한한 것과 무한한 것을 연결한다. "사라짐과 영원성이 가장 가까이에서 만나는 바로 그곳에서 알레고리는 가장 지속적으로 거주한다."[79]

그러므로 알레고리에는 종결도 완성도 없다. 그것은 관계하는 모든 것을 변화시키고 움직이게 하면서 동시에 떠나가게 한다. 그것은 사물의 헛됨을 말하면서 이 헛됨 너머의 무엇까지 암시한다. 그리고 이 암시 또한 헛됨의 일부를 이룬다. 그런 점에서 의미와 무의미, 통찰과 맹목성은 알레고리에서 별개가 아니다. 문학비평가 드 만이 쓴 책 제목 『맹목과 통찰』*Blindness and Insight*, 1971도 이런 문제의식을 따온 것인지도 모른다. 그는 실제로 바로크 알레고리 개념에 큰 관심을 가진 이론가였다. 우리는 알레고리적 작품에서, 이 작품이 문학이건 회화건 간에, 모호함과 이질성을 느낀다. 그러나 이 이질성은, 다시 강조하건대, 작품의 의미론적 잠재력이기도 하다.

알레고리적 이질성은 유한성과 무한성, 내재성과 초월성 사이의 긴장에서 올 것이고, 이 긴장의 생산력은 몇 가지 개념으로 고갈될 수 없다. 알레고리 작품이란 늘 의미의 자리를 옮기고 자신을 해체하는 가운데 다른 곳으로 나아가기 때문이다. 그것은 자신에 대해 말하는 순간에서조차 말해진 그것에 만족하지 않는다. 알레고리에 의미가 있다면, 그것은 자기분산과 자기해체의 움직임 속에 있다. 그것은 전혀 낯선 것으로의 격변 한가운데 있다. 그래서 그것의 이름은 정해진 무엇이 아니라 정해지지 않은 무엇이고, 자

---

79) *Ebd.*

라남이고 변해감이며, 따라서 생성과 소멸의 과정이다. 이것을 벤야민은 "가면을 쓴 채 공허한 세계를 새롭게 재생시킨다"고 썼다.

알레고리는 그 어떤 비판적 해체에도 준비되어 있다. 이 부단한 운동 아래 그것은 상환할 수 없는 것, 그래서 다시는 회복할 수 없는 것을 암시한다. 바로크 작품에 신학적 계기가 들어 있다는 것은 이런 이유에서일 것이다. 벤야민의 구제적 관심도 여기에 놓여 있다. 구제적 관심은 우울과 기억 또는 우울한 기억으로 적극화된다. 소멸하는 사물은 기억 속에서 기존과는 다르게 재생될 수 있기 때문이다.

우울 속에서 인간은 자신을 새로 만난다. 이 만남은 자신을 넘어선 다른 사람으로 이어진다. 참된 우울은 자신에게서 분리되어 타자와 만나는 것이다. 타자와의 만남에서 사물세계에 대한 충실이 이뤄진다. 충실은 사물과 기호, 대상과 언어의 관계를 기존과는 다르게 파악하는 데서 나타난다. 사물은 이런 식으로 구제될 수 있을지도 모른다. 그러므로 우울은 사물에 대한 충실을 통해 그 소멸성에 주의하고, 이 주의 속에서 사물의 유래를 기억하려고 한다. 알레고리적 읽기란 사물의 유래를 기억하는 일이다. 사물이 시간과 더불어 소멸하고 해체된다면, 의미생성과 의미박탈의 기나긴 경로를 살펴보고 이 의미의 근원사를 상기하면서 인류사를 떠올리는 알레고리적 한계위반은 그 자체로 구제적 행위다. 그래서 그것은 아름다울 수 있다. 그러나 이 아름다움은 다시 한 번 말하여 폐허에서 생겨난 아름다움이다. 그것은 번영과 융성의 미가 아니라 패잔과 쇠락의 미다. 알레고리의 미는 폐허의식의 미다.

아름다운 것은 우리에게 늘 새로운 삶을 느끼도록 한다. 이 몸

의 새 느낌은 새로운 생각, 말하자면 어떤 정신의 각성으로 이어
질 수 있다. 그리하여 인간은 몸의 감각과 정신의 사고가 만나는
가운데 자신과 그 주변을 둘러보게 된다. 현실과 세계, 삶과 사회
는 이 영육적靈肉的 통일 속에서 기존과는 다르게 파악되는 것이
다. 고대 그리스에서의 영육적 완성인 칼로카가티아kalokagathia는
바로 이 점을 지칭한 것이었다.

이렇듯이 예술에서의 미의 추구는 단순히 미 자체로 끝나는 게
아니다. 심미적 경험은 진선미의 관계에 이어져 있다. 그것은 어
떻게 미가 옳은 것을 배반하지 않으면서 동시에 이 옳은 아름다움
이 선하게 실행될 수 있는가로 귀결되기 때문이다. 예술의 가치는
진리의 인식과 선의 실천에 기여하는 것이다. 그리하여 심미적인
것의 궁극적 문제는 삶의 문제와 구별될 수 없고, 이 삶에서 진과
선과 미는 결국 하나로 만난다. 바로 이 점을 잊지 않는 것이야말
로 예술철학적 근본이 아닐 수 없다. 그래서 이 근본문제는 인간
을 둘러싼 삶의 조건과 현실의 테두리를 다시 돌아보게 한다. 이
테두리 안에서 진과 선과 미는 다시 한 번 스스로의 왜소함을 자
각한다.

전체는 가차 없는 세계, 말하자면 너무나 차갑거나 너무나 뜨
거운, 그리하여 광막하기 그지없는 세계다. 거기에는 어떤 생명도
없고 온기도 없다. 없는 것이라고, 지금 현재로서는 볼 수밖에 없
다. 이 세계의 밖, 즉 지구나 우주의 밖에 자비가 존재한다고 우리
는 가정할 수 있는가? 그것은 어려운 일이다. 그렇다는 것은, 선이
나 정의가 있어야 한다면, 그것은 '우리 세계 안에서', '우리들의
관계 속에서' 존재해야 한다는 뜻이다. 그러나 선과 정의가 오래

가는 것은 결코 아니다. 영원한 것은 더더욱 아닐 것이다. 불이나 고통, 경악은 인간의 삶에서 온전히 제거되기 어려울 것이다. 정의나 기쁨은 결코 오래가지 않는다. 그 때문에 그 존재는 부인되기도 한다. 그러나 이 변덕스런 사실이 '정의나 기쁨이 있어야 한다'는 윤리적 당위성을, 더 넓게 보아 '삶이 삶다워야 한다'는 실존의 내면적 요구를 해칠 수는 없다. 그리하여 우리는 다시 묻는다.

세계의 어둠이 사라지고 지상의 비참함이 제거되는 현실은 과연 있는가? 과연 있을 수 있을 것인가? 설령 그와 같은 것이 있다고 해도 그것은 인간의 생각이고, 이 생각 역시 죽어가는 인간과 더불어 사라지게 될 것이다. 유한성의 인간조건을 넘어선 무한성의 실체를 설명할 수는 없다. 그러나 적어도 상상할 수는 있을 것이다. 우리는 무한성에 대해, 이 무한성의 흔적을 담은 성스러움에 대해 오직 사고 속에서 하나의 그리움으로, 이 그리움의 잔재로 접근할 수 있을 뿐인지도 모른다.

3. 표현 너머

> 모든 비애에는 침묵의 성향이 있고, 이것은
> 전달할 수 없음이나 전달하기를 꺼림 그 이상으로 무한하다.
>
> ■벤야민, 『독일 비애극의 원천』

벤야민은 언제나 지금 여기의 세목細目에 주목하면서도 이 세목의 깊이로서의 사물의 질서와 그 심연으로 파고든다. 그래서 그의 텍스트는 감각과 사유, 먼 것과 가까운 것, 깨어남과 꿈, 유물론과

> **❝** 예술은 침묵하는 폐허의 공간을 드러내야 한다.
> 무너지는 것들의 궤적을 투시함으로써
> 고통스런 인간사, 억압과 재앙의 반복사를
> 조금 더 인간적으로 만들고자 한다. **❞**

신학, 정치와 이념 같은 이질적 요소로 차 있고, 특수한 것과 일반적인 것, 자기와 타자, 내면과 외면, 신화와 현대, 전근대와 근대, 폭력과 계몽 같은 대립적인 것이 서로 어우러지는 가운데 가늠하기 힘든 의미론적 파장을 일으킨다. 제각각의 요소들은 나름의 차이 속에서 자기 아닌 다른 것들을 지시하고 그와 관계하면서 자리한다. 장미가 가시로 되듯이 명성은 소멸로 변하고, 쐐기풀이 백합꽃으로 되듯이 죽음은 구원으로 자리한다. 얽힘과 떨어짐, 긴장과 이완, 진술과 보충이 더해지면서 의미는 늘 이전과 다르게 생성되는 것이다.

그리하여 벤야민의 글은 무한한 성찰운동이 일어나는 사유실험의 무대이자 의미생성의 현장처럼 보인다. 여기서 중요한 것은 개별적인 것의 환원될 수 없는 특수성이고, 이 특수성의 고유한 사연들이다. 그러나 더 중요한 것은 이 고유한 파편들이 어울리며 만들어내는 전체 분위기요 그 맥락적 성격이다. 이 맥락을 드러내기 위해 사용되는 비유가 별자리Konstellation고 배치구조이며 형세이고 국면Konfiguration이다. 삶의 이념은, 『독일 비애극의 원천』이 거듭 강조하듯이, 별자리처럼 흩어져 있는 개별 현상들의 전체적 국면 속에 나타난다. 이 국면 아래 하나는 그 낱낱으로 나타나는 것이 아니라 다른 것과의 어울림 속에서, 긍정과 부정의 조율 아래 나타나기 때문이다.

모든 것은 무너져 내린다. 인간이 만드는 모든 것은 예외 없이 시간의 경과에 따라 스러진다. 그래서 산산조각난 폐허의 흔적만 남긴다. 우울이 폐허의 심연에 생겨나는 감정이라면, 알레고리는 이 심연을 바라보는 사유의 방식이고 이 심연을 드러내는 표현형식이다. 우울한 알레고리스트는 삶의 심연을 마주하면서 지칠 줄 모르고 해석하고 변용하며 심화시킨다. 그래서 알레고리의 표현법은 비가悲歌라는 형태를 띤다.

진리도 죽음에서 오고, 정의도 죽음에서 오며, 아름다움도 죽음에서 온다. 죽음-시체-폐허-해골-파편-와해는 알레고리적 사유의 지향점이다. 이 지향은 그 표현만으로도 영원성·완전성·전체성의 증거이자 그에 대한 항의가 된다. 부활은 덧없음의 직시로부터 가능할 것이기 때문이다. 알레고리는, 그것이 모든 시간적 흔적을 지운다는 점에서, 어떤 근원적인 지점으로 다가가고, 이 지점에서 이념적인 것으로서의 진리와 존재를 닮는다. 이 점에서 알레고리의 정신은 예술적 성찰방향이 되고, 심미적 형식의 목표가 된다. 그것은 그 자체로 변증법적 사유의 운동을 구현한다. 그것은 자연사의 얼굴에 새겨진 소멸과 퇴락을 암시하기 때문이다. 이 소멸과 퇴락이야말로 인간과 자연의 역사에 담긴 알레고리의 인상학이다.

예술의 비평정신이 무한한 성찰에서 온다면, 이 성찰은 알레고리가 의미하는 삶의 폐허에 다가감으로써 잠시 완성되는 것처럼 보인다. 내가 벤야민의 바로크론과 낭만주의론에서 관심을 갖는 것은 이 때문이다. 심미적 사유가 의미 있는 것은, 아니 더 정확히 말해, 그나마 '덜 부질없는' 이유는 그것이 인간현존의 기원과 그 지향을 성찰하게 하는 까닭이다.

지금 여기의 부서지기 쉬운 삶에서 이 부서지기 쉬운 현존의 헛됨을 넘어 더 의미 있고 좀더 오래가는 것들을 잠시라도 떠올릴 수 없다면, 그래서 영원과 불멸의 가장자리라도 잠시 가늠할 수 없다면, 이 글이란 무슨 소용일 것이고, 예술과 문화란 과연 무엇을 위해 있을 것인가? 삶의 덧없음은 인간 현존의 기원과 그 지향을 추구하는 데서 잠시, 허구적으로라도, 넘어설 수 있는지도 모른다. 바로 이 지점으로 나아가기 위해 비평의 사유는 대리석 같은 명징성을 유지하지 않으면 안 된다. 비애의 알레고리와 비평의 성찰을 가로지르는 핵심은 바로 이 점, 즉 "사유가 어떻게, 어느 정도로 명징성의 수위水位를 현실 안에서 견지할 수 있을 것인가"라는 물음으로 귀결된다고 할 수 있다. 이것을 통해서만 언어와 사유는 현실에 오염됨 없이 이 현실을 직시하고, 아름다움에 열려 있으면서도 이 아름다움에 눈멀지 않을 수 있기 때문이다.

한 걸음 물러나자. 아무리 예술의 언어가 그리고 이 언어를 읽는 비평적 사유가 명징성을 견지한다고 해도 이 언어의 둘레에는 표현할 수 없는 것들이 있다. 세계를 채우는 것은 인식할 수 없는 것들, 말하자면 인식과 개념과 언어와 논증을 넘어서는 것들의 무한한 연쇄다. 우울-비애-슬픔-애도는 여기에서 나온다.

이 비애는 침묵으로 귀결할 수밖에 없다. 그래서 벤야민은, 위의 모토에서 인용했듯이, 이렇게 썼던 것이다. "자연은 슬픔 때문에 말이 없다. 모든 비애에는 침묵의 성향이 있고, 그것은 전달할 수 없음이나 전달하기를 꺼림 그 이상으로 무한하다. 슬퍼하는 자는 인식할 수 없는 것에 의해 철저히 인식되고 있다고 느낀다. 이름 불린다는 것은, 그 이름을 부르는 자가 신과 같은 존재이거나 죽은 자라고 해도, 늘 슬픔의 예감으로 자리하는 듯하다."[80] 슬픔에는 말이 없다. 예술은 이 말 없는 슬픔을 담는다. 모든 표현도 비애의 흔적이다. 예술에 비애가 담겨 있지 않다면, 그래서 슬픔의 예감이 없다면, 그 표현은 예술일 수 없다.

삶의 많은 것은, 수백 년 수천 년의 논리적 해명에도 불구하고, 여전히 모호한 채 있다. 그 점에서 그것은 근원적 슬픔을 일으킨다. 이 슬픔은 인간의 슬픔이기도 하고, 이 인간을 에워싼 사물의 슬픔이기도 하며, 나아가 자연의 슬픔이기도 하다. 다시 인용하자. "자연의 슬픔은 자연을 말 없게 만든다. 모든 비애에는 침묵의 성향이 있고, 그것은 전달할 수 없음이나 전달하기를 꺼림 그 이상이다."

자연의 말 없는 비애를 표현하려면, 표현의 주체는 침묵에 다가가야 하고, 그 형식도 침묵을 포함해야 한다. 알레고리란, 그것이 의미 속에서 의미를 뛰어넘고 표현 속에서 표현의 부재를 지향한다는 점에서, 이 도저한 슬픔을 드러내는 데 적절해 보인다. 예술은 이 침묵하는 폐허의 공간을 드러내야 한다. 폐허와 잔해, 조각과 파편 그리고 우울과 비애가 인류사의 후경을 이루기 때문이다. 존재하는 것에서 붕괴는 불가피하다. 무너지는 것은 패배자만이 아니다. 승리를 자축하는 승전탑이나 기념비도 결국 무너져내리

---

80) *Ebd.,* S. 398.

지 않는가? 상품이 닳아가듯이 작품도 잊혀진다. 기록된 연대기가 그렇고, 인간의 도시가 그러하며, 문명사의 궤적도 예외가 아니다. 예술은 무너지는 것들의 궤적을 투시함으로써 고통스런 인간사, 억압과 재앙의 반복사를 조금 더 인간적으로 만들고자 한다.

오늘의 삶이 어디에서부터 왔고 어디를 향해 가고 있는지를 예술작품이, 이 작품에 대한 비평이 보여주지 못한다면, 그리고 작품과 비평을 읽는 독자의 관심이 여기에까지 이어지지 못한다면, 예술이란 무엇이고 비평이란 무엇인가? 또 예술의 심미적 경험이란 무슨 소용인가? 인간이 이룩한 숱한 문화적 성취란 비뚤어져 있거나 훼손되어 있거나 불완전하기 때문이다. 설령 제대로 된 것이라고 해도, 그것은 상당 부분 누락되어 있거나 앞으로 삭제되어 갈 것이다.

인간을 에워싼 사물도, 정도의 차이가 있는 채로, 그러하다고 말해야 한다. 생명 있는 것이건 생명 없는 것이건, 의미와 이 의미의 영원한 고갈 사이에 삶의 모든 것이 자리한다. 존재하는 것들은 의미하는 가운데 스스로 휘발된다. 그 속성과 특징은 어느 정도 밝혀지지만, 그러나 완전히 해명되지 못한다. 이 점에서 소멸과 폐허를 쫓는 예술의 시선도 그 자체로 치유책이 될 수 없을 것이다. 치유책이 될 수 있다면, 그것은 사라지는 것들에 대한 비애를 통해, 아니 이 비애의 감정을 형식적으로 전환시킴으로써, 그리하여 오직 예술의 형상화를 통해 마련될 수 있을지도 모른다. 소멸하는 것에 대한 표현적 개입이 예술활동이라면, 구제의 계기는 이 예술의 형상적 개입 속에 들어 있을 수도 있다. 예술은 쇠락하는 삶의 운명 그 너머를 우울하게 바라본다. 바로 이 점에 벤야민은 위태롭기 짝이 없는 희망을 둔 것처럼 보인다.

이제 무엇이 남았는가? 그것은 독자로서의 나/우리의 자세일 것이다. 다르게 말하여 수용미학적 차원의 과제가 남아 있다. 나는 다시 비평-글쓰기-재구성을 생각한다. 비평이 작품에 대해 갖는 관계는 관찰이 자연대상에 대해 갖는 관계와 비슷하다. 이 점에서 사물에 대한 관찰은 곧 작품에 대한 성찰과 이어진다. 그러나 관찰이 물리적 대상(제1의 자연)을 향한 것이라면, 비평은 인공적 대상(예술작품)을 향한 것이고, 그 점에서 작품은 '제2의 자연'이라고 할 만하다. 그리하여 작가가 '현실의 구성자'라면, 작가가 만든 작품을 읽고 해석하며 다시 쓰는 비평가는 '구성자의 구성자'라고 할 수 있다. 비평은 구성된 것(예술작품)을 재구성하는 일이다.

예술작품에 묘사된 사물은 단순히 현상이 아니다. 그것은 표현된 사물이고, 이 사물에는 이념-존재-아름다움-진리가 녹아 있다. 참된 예술에는 진리인식에 대한 요구가 내재되어 있다. 이 진리인식이 인간의 삶을 행복하게 만든다. 왜냐하면 예술의 경험에서 육체와 이념, 감각과 정신, 진리와 선과 미는, 적어도 이상적으로는, 하나로 되기 때문이다. 이 하나됨에서 앞서 말했던 교양이상, 즉 영육의 칼로카가티아적 통일이 나온다. 그러므로 행복한 예술경험은 육체와 영혼의 상호조율을 지향한다.

이론적 성과와 현실의 성격, 이 사이의 간극을 극복하기는 어려울 것이다. 어디선가 벤야민이 썼듯이, 그것은 달을 손으로 쥐어 상자에 넣으려는 시도처럼 헛된 것인지도 모른다. 그러나 비평은 다시 출발선에 기꺼이 선다. 비평의 의의는 만들어진 세계를 다시 만드는 데 있다. 하지만 그것은 단순히 무로부터의 창조가 아니다. 그렇듯이 이미 있는 것의 재생적 기억에도 있지 않다. 예술이 현실의 미화가 아니라 그 직시와 해부에 있다면, 그래서 직시와 해부를 통해 현실을 '다시 발견하는' 데 있다면, 비평은 이 발견을 작품에서 해내려 한다. 분석과 논평을 통해 그것은 더 넓고 큰 현실, 즉 현실과는 다른 질서를 염원한다. 예술이든 비평이든, 이 두 활동은 단순히 무로부터의 창조가 아니라, 페르세우스의 방패에서 보듯이, 메두사 같은 현실을 미메시스적 수단으로 제어하면서 그 악마적인 위력을 걷어내고자 한다. 구성은 이때 필요하다.

그리하여 비평은 단일적 구성이 아니라 복합적 구성이고, 구성의 구성이다. 구성이 성찰로 이뤄진다면, 비평은 성찰의 성찰이다. 예술창작이 구성의 구성이라면, 작품에 대한 비평은 성찰의 성찰이다. 이 거듭된 성찰들의 결과는 책이다. 비평은 하나의 비판적 논평이기에 과학적 작업이지만, 새 지평을 여는 작업이기에 창조적이기도 하다. 그래서 비평에서는 예술과 과학, 창조와 논증이 서로 만난다. 적어도 좋은 비평이라면, 예술과 과학의 이분법을 넘어선다. 예술에서도 크게 다르지 않다. 예술 역시, 적어도 그것이 뛰어난 것이라면, 단순히 예술주의나 심미주의를 고집하는 것이 아니라 이 심미주의의 대척점에 있는 과학성과 논리 그리고 이성적 사유를 외면하지 않는다.

그러므로 예술의 창작적 구성이든 비평의 성찰적 사유든, 좋은 저작은 창조적 구성과 성찰적 사유의 왕복운동으로 마침내 아름다워진다. 이 아름다움은, 그것이 현실에 대한 직시이자 이념에 대한 지향인 한, 진실과 선의로 이어진다. 예술의 궁극적인 아름다움은 성찰의 성찰, 구성의 구성, 비판의 비판이라는 사유의 항구적인 움직임을 통해서만 비로소 실현된다.

제9장

여운의 궤적: 글쓰기

어떤 먼 곳도 안개 속에서 두 선로가 만나는 곳보다
더 멀지 않았다. 그러나 나를 여전히 에워싸고 있던
가까움도 내게서 멀어지고 있었다.
　　　　　　　■ 벤야민, 『베를린의 어린 시절』

1. '특수한 경우'

벤야민은 프루스트의 열광적인 애독자였다. 『잃어버린 시간을
찾아서』를 평하면서 그는 프루스트에게는 "신비가적 침잠과 산문
가의 기술, 풍자가적 활기, 학자적 지식, 편집광적 편파성"이 하나
로 얽혀 "자전적 작품을 이루고 있으며", 이렇게 얽힌 여러 징후는
역설적이게도, 모든 위대한 작품이 그러하듯이, 새롭게 "하나의
장르를 정립하거나 해체하기도" 하는 "특수한 경우"가 된다고 진
단한다.[1] 이 흥미로운 평가는, 프루스트만이 아니라 벤야민 자신

---

1) Walter Benjamin, "Zum Bilde Prousts," *GS* II/1, Frankfurt/M., 1977, S. 310.

에게도 해당된다고 여겨진다. 그 역시 글쓰기의 독자적 장르를 개시한 하나의 특수한 사례로 판단되기 때문이다.

벤야민의 글은 유례없다. 어떤 점이 유례없는가? 이 독특함의 특성에는 여러 가지가 있다. 전통적 유산에 깊이 관여하면서도 이 유산을 전혀 새롭게, 현대적으로 읽어내고 있고, 이때의 독해 방식이 정치사회적 현실에 밀착되어 있으면서도 비의적이고 신학적이며, 텍스트의 사회역사적 테두리를 잊지 않으면서도 지각적으로 생생하고 구체적이다. 그러면서 감각의 구체성은 변화하는 현실의 부정적不正的 전개에, 기술의 비약적 발전에 그리고 이 산업 발전이 인간의 경험이나 지각방식에 미치는 크고 작은 영향에 열려 있다. 전통과 현대의 혼란스런 교차로에 서서 그는 현실적 영향이 대중의 계몽에 어떤 효과를 낼 수 있는지 고민한다. 이 고민은 역사에 대한 단절적인 이해나 몽타주적 작업방식으로 세분화된다. 그리하여 그의 글은 한마디로 요약하기 어려운 사유의 만화경적 모습을 보인다.

이 복잡성은 벤야민의 독특성을 단점으로 만드는 요인이 되기도 한다. 이런 단점 중의 하나는 그의 글을 읽어내기가 무척 까다롭다는 사실이다. 그것은 의미전달에 있어 직접적이라기보다는 간접적이고, 그 논리는 자주 비약한다. 이미지의 연결은 때때로 엉뚱하고 급격하게 일어나고, 그래서 적잖이 낯설다. 문장이나 단락의 함의도 많은 경우 촘촘하고 긴밀하기 이를 데 없다. 많은 사람이 벤야민 읽기를 포기하거나 이미 읽은 글도 다시 읽게 되는 것은 그런 이유에서일 것이다. 나 역시 대학원 시절부터 그를 읽기 시작했고 독일에서 공부할 무렵부터는 체계적인 자료수집과 함께 본격적으로 읽었지만, 그는 늘 이해의 그물망을 빠져나간다는 느낌을 받았다. 그의 글은 확고한 입장을 무화시키는 낯선 비유와 풍부한 착상 그리고 다층적 시각을 내장하고 있다. 이 같은 복합적인 관점에 신학적 비전뿐만 아니라 무엇보다 내밀한 뉘앙스와 극도로 민감한 성격도 큰 몫을 한다. 그러면서 이 모든 입장에는 그만의 목소리가 스며 있다.

벤야민적 목소리란 어떤 것인가? 나는 벤야민을 특징짓는 많은 요소 가운데 가장 중요한 하나는 미시적 세말사細末事에 대한 감각이요 사고요 언어라고 생각한다. 미시충실의 언어로 인해 그의 글은 미묘한 여운과 기나긴 뉘앙스를 지닌다. 한 문장에서 나온 여운은 그 문장을 지나 다음 문장을 읽어갈 때도 우리 곁을 떠나지 않는다. 떠나지 않고 남아 다음의 문장을 이해하고 해석하고 생각하는 중에도 계속 우리 주변에 맴돌면서 어떤 심상을 끊임없이 만들어간다. 적어도 내게 그의 글은 이렇다고 할 수 있다. 이것은 많은 글에 나타나지만, 아무래도 지난 경험을 반추하는 자전적 수기인 『일방통행로』나 『베를린의 어린 시절』에 특히 잘 나타난다고 할 수 있다. 간단한 예로 시작해보자. 『일방통행로』의 「안경사」에는 이런 문장이 있다.

"여름에는 뚱뚱한 사람이 눈에 띄고, 겨울에는 홀쭉한 사람이 눈에 띈다.

봄에 밝은 햇살이 비칠 때면 우리는 어린 잎사귀를 알아보게 되고, 찬비가 내릴 때면 잎이 다 저버린 가지를 알아보게 된다.

손님이 있던 저녁이 어떻게 지나갔는가를 뒤에 남은 사람은 접시와 찻잔, 잔과 음식의 위치를 보고 안다."[2]

1924년을 전후하여 벤야민의 사상은 근본적 전환기를 맞는다. 그 전환이란 비의적이고 신비적인 문필가에게서 정치적인 저널리스트로의 질적 변화를 말한다. 이 무렵에 쓰인 『일방통행로』를 관통하는 기본생각은 사실 급진적이고도 과격한 정치비판이다. 그렇지만 위에서 인용한 글은 그리 복잡하지 않다. 한번 휘 읽으면 그 의미가 들어온다. 그러면서 어떤 여운을 남긴다.

위의 세 문장이 남기는 여운은 어떤가? 이것은 뒤에 남겨진 것, 그래서 원래의 풍성함과 소음과 야단법석과 윤기를 다하고 난 뒤에 드러나는 사물의 사후事後 풍경을 서술하고 있다. 이 뒤의 모습이 본래의 지속적인 이미지라고 한다면, 풍성함과 소음과 야단법석과 윤기라는 앞의 모습은 한때의 이미지라고 할 수 있다. 뚱뚱한 것, 햇살 속의 어린 잎사귀, 떠들썩한 여흥이 깃든 잔치는 오래 가지 않는다. 그것은 멀지 않아 "홀쭉한" 모습으로 되고, "잎이 다 저버리게" 된다. 그렇듯이 파티에서 사용된 식기류는, 이것저것 묻은 채, 여기저기에서 나뒹군다. 벤야민의 자아는 남겨진 것들이 풍기는 텅 비고 앙상하며 여윈 이미지를 본래의 형태대로 보여준다. 이 이미지들은 다음 글에서 조금 더 미묘한 모습을 띤다.

"극히 복잡한 지역이어서 내가 오랫동안 피해왔던 거리의 망

2) Walter Benjamin, "Einbahnstraße," *GS* IV/1, Frankfurt/M., 1991, S. 125.

은, 어느 날 사랑하는 사람이 이곳으로 이사해 들어왔을 때, 갑자기 내게 쉽게 전망할 수 있는 곳이 된다. 마치 그 사람의 창문에 서치라이트가 설치되어 그 지역을 빛다발로 해부하는 것처럼." —「응급조치」

"아주 가까운 사람이 죽어 우리를 떠나갔을 때, 그 후 몇 달 동안 다음과 같은 일—그가 살았더라면 우리가 그와 함께 즐겨 했겠지만, 이젠 오직 그의 떠남 때문에 일어날 수 있다고 우리가 생각하는 일이 일어난다. 그때 우리는 그와 마침내 어떤 말로 작별하지만, 이 말을 그는 더 이상 이해하지 못한다."
　—「조기弔旗를 걸고」[3]

벤야민의 글은 아련하다. 그리고 조용하다. 앞의 인용문이 사랑으로 인해 거리와 장소가 변하는 것을 말하고 있다면, 뒤의 것은 죽음으로 인해 야기되는 일상의 미묘한 변화를 추적한다. 한 장소와 친숙하게 되는 것은 어떤 계기 때문이다. 그리고 이 계기가 사

---

3) *Ebd.*, S. 110, 94.

랑이 될 때, 사랑하는 이와의 사건이 될 때, 그 친숙성은 조금 더 완벽해진다. 마치 "서치라이트가 설치되어 그 지역을 빛다발로 해부하는 것처럼" 말이다. 사랑에 관계될 때, 삶은 마치 한꺼번에 조망할 수 있기라도 하는 것처럼 여겨진다. 이것이 사랑의 기적이던가? 아니면 묘약이던가? 그러나 이런 사랑은 이대로 계속되지 않는다. 사람 하는 모든 일이 그러하듯이 사랑도 일정하게 제한되는 까닭이다.

유한성이야말로 인간존재의 움직일 수 없는 조건이다. 그것은 언제 어디서나 결국에는 인간의 활동을, 그래서 온갖 실천을 제약하는 불변의 요인으로 등장한다. 죽음은 이 불변의 요인들 가운데 가장 확실한 것이다. 그러나 죽음의 여파는 단박에 드러나지 않는다. 그것은 시간을 두고, 이 시간이 지나는 동안에, 어쩌면 죽음 이후 "몇 달이 전개되는 동안에" 조금씩조금씩 나타나는 것이다.

슬픔은 한 사람의 죽음에서 곧바로 나타날 수도 있다. 그러나 더 큰 슬픔은 그 이후에 나타나는 것이고, 그래서 시간의 간격을 두고 천천히 찾아드는 것이다. 참으로 큰 슬픔은 두고두고 닥치는 슬픔이다. 이 슬픔은 그 사람이 살아 있었더라면, "우리가 즐겨 그와 나눌" 일로 인해 아마도 생겨나지 않을지도 모른다. 그러나 그 일을 우리는 그와 함께 더 이상 할 수 없다. 그것은 나/우리 혼자 맞닥뜨려야 한다. 사랑하는 사람의 죽음 이후 사람은 홀로 모든 것을 처리하지 않으면 안 된다. 남겨진 자의 고통의 사연은 아무도 이해할 수 없다. 사랑을 잃은 자의 슬픔은 누구에게서도 이해받기 어렵다. 아니 누구에게서도 이해받으려 해서도 안 되고, 누구에게 설명할 필요도 없는 것이다.

바로 이 무렵, 떠난 자의 빈자리가 남은 자의 가슴에 송곳처럼 박힐 때에야 우리는 죽은 자의 실체와 이 실체의 텅빈 공허와 마침내 작별한다. 이 작별의 언어를 죽은 자가 이해할 리 없다. 사랑하는 이가 살아 있을 때 불충분한 말로 그 사랑을 속삭이듯이, 그가 떠났을 때도 우리는 그의 말을 이해하지 못한 채 그와 작별하는 것이다.

앞의 인용문도 그렇고 그 앞의 것도 그렇지만, 벤야민의 산문은 남겨진 것과 떠나가버린 것 또는 잃어버린 것에 대한 아련한 기억을 담고 있다. 그것은 부재와 유한을 둘러싼 상실과 회한의 감정이고 비탄과 우울의 정서다. 그러나 이 같은 느낌은 무작정 토로되지 않는다. 그것은 여과 없이 분출되거나 발설되기보다는 사건이나 사물과 연관하여, 더 정확하게 말하여 사건과 사물에 대한 지금의 기억 속에서 묘사된다. 이 감정을 일으킨 사건이 있었던 곳, 아니면 그 자리에 있던 사물의 그때 흔적들. 파티장의 그릇, 접시, 컵, 우리가 보게 되는 나뭇잎이나 햇살, 연인이 사는 거리 또는 사랑하는 사람과의 추억…… 이런 것들이 순서 없이 아스라이 회고될 뿐이다.

세부에 충실하면서 이 세부의 미묘한 사연이 이미지의 언어로 충일하게 재현된다. 나는 이것이 '세부충실의 표현윤리'라고 생각한다. 작가의 윤리란 어쩌면 파란 많은 세부를 공정하게 드러내는 언어적 표현력, 즉 미메시스적 능력에서 시작하고 끝나는지도 모른다. 사물은, 우리가 매일 보고 듣고 생각하는 그 모든 것은 우리의 흔적을, 이 유한성의 어찌할 바 없는 흔적을 담고 있다. 세계에는 오래가지 못할, 그래서 곧 스러져갈 우울이 각인되어 있다. 벤야민의 사물들은 예외 없이 유한성의 여운을 숨기고 있다. 말할 수 없는 비애와 한탄의 여운. 이 여운의 세부는 무엇일까? 그것은 어떤 내용을 가지고 있을까?

2. 비늘처럼 겹쳐진

사람이 겪는 많은 것은 회상과 기억 속에서 되새김된다. 그러나 이보다 더 많은 것이 사실은 잊혀진다. 잊혀지는 것에 비하면 회상되는 것은 사소한 일부에 불과하다. 그러나 이 기억되는 것에도 그저 왔다가 사라지는 것이 있는가 하면, 어떤 것은 삶을 관통하는 것이 되고, 그래서 거기에는 잊을 수 없는 정조情調가 배어 있을 수도 있다. 이때의 기억이 글로 기록된다면? 이 표현에 삶의 굴곡과 주름과 사연이 진하게 스며들어 있다면? 그것은 생애의 미세한 풍경이 될 수도 있다. 많은 사람이 인정하듯이, 프루스트의 『잃어버린 시간을 찾아서』는 그 뛰어난 예라고 할 만하다. 그렇다면 벤야민은 어떠한가?

벤야민의 산문은 미묘하고 미시적이며 섬세하고 아련하다. 그것은 그가 경험하고 느낀 삶의 거의 모든 단편을 담고 있다. 어떤 거리와 친구와 가족관계, 책과 장난감과 한때의 감정, 꽃과 사진과 골동품, 시계와 가로등, 환자와 우표, 거지, 벽보, 필기구 등 그의 글에서 열거되지 않은 사물은 없어 보인다. 기록된 사물들은 마치 이 사물들을 쓴 그, 즉 서술자아처럼 홀로 있거나 일회적인 것으로 있다. 그것은 외롭고 순간적으로 나타나고, 불연속적으로 이어져 있다. 불연속적인 경험의 순간성, 부재의 찰나, 유한성과 아련함이 기억된 과거의 끝없는 흐름을 구성한다. 벤야민적 멜랑콜리는 여기에서 온다.

이것뿐인가? 아닐 것이다. 벤야민 글의 서정성은, 앞서 언급했듯이, 도저한 현실인식, 분석과 진단의 해명의지, 이 의지에 담긴 비판성과 교차한다. 비판성이란 사회정치적 시각이나 역사이해와 어울려 있다. 그의 미묘하고 뉘앙스 풍부한 산문을 지탱하는 것은 미학적·철학적·정치적 충동이다. 그리고 이 충동은 말할 것도 없이 사회의 변혁, 즉 억압과 지배 없는 공동체를 염원한다.『베를린의 어린 시절』에 나오는 세 편의 글을 읽어보자.

"우리 집 정원에는 황량한, 썩어가는 정자亭子 하나가 있었다. 그 다채로운 색의 창문 때문에 나는 그것을 좋아했다. 그 창틀 안을 하나하나 색칠할 때면 내 자신이 변신해갔다. 때로는 작열하듯이 때로는 먼지 쌓인 채, 때로는 메마르고 때로는 풍성하게 창문에 어렸던 그 풍경처럼 나는 나를 색칠했다."─「색채」

"내가 어떤 눈송이에 친밀감을 느끼게 되자마자 그 눈송이 속으로 갑작스레 들이닥친 다른 눈송이에게도 나 자신을 맡겨야 된다는 것을 나는 알았다…… 그 이야기에서 만났던 먼 나라들은 눈송이들처럼 서로 어울려 놀았다. 눈이 내리면, 먼 곳은 더 이상 멀리 가는 것이 아니라 내 안으로 들어왔다. 그래서 바빌론이나 바그다드, 아코Akko와 알래스카, 트롬쇠Tromsö나 트란스발Transvaal도 내 마음속에 놓여 있었다."─「헌책」

"다른 어떤 곳도 알지 못한 채, 나는 부유한 지역에 닫힌 듯이 살고 있었다. 가난한 사람들—내 나이 또래의 아이들에게 그들은 그저 거지일 뿐이었다. 변변치 못한 돈을 받고 일하는 치욕과 함께 가난이 처음으로 내게 떠올랐을 때, 그것은 인식의 거대한 발전이었다." —「거지와 창녀」[4]

위 글에서 우선 눈에 띄는 것은 뒤섞임 또는 상호조응이다. 상호조응은, 그것이 사람과 사물(정자) 사이에서 일어나건, 사람과 자연(눈송이) 사이에서 일어나건, 부유한 자와 가난한 자 사이에 일어나건, 두 개 또는 그 이상의 다른 것들 사이에 자리한다. 그것은 일종의 뒤섞임이고, 이 뒤섞임 속의 교류이자 교차이고 호응이자 삼투다. 이 상호삼투를 통해 하나의 것은 다른 낯선 것들과 친숙해진다. 친숙해가는 과정이란, 인식론적 차원에서 보면, 이해의 확장이자 심화의 과정이 된다. 그것은 나와 사물, 주체와 타자, 인간과 자연 사이의 만남이다. 하나씩 더 자세히 살펴보자.

첫 번째 글에서 서술주체/내가 정자를 좋아하는 것은 창문의 다채로운 색깔 때문이다. 그것은 하나로 고정된 것이 아니라 "때로는 작열하듯이 때로는 먼지 쌓인 채, 때로는 메마르고 때로는 풍성하게" 풍경을 비춰준다. 이렇게 변해가는 창틀을 색칠하는 것이 색칠하고 있는 주체까지 변화시킨다. 그래서 자아는 풍경을 색칠하면서 결국 자신도 색칠하게 된다고 말한다. 그렇게 색칠하면서

4) Walter Benjamin, "Berliner Kindheit um Neunzehnhundert," *GS* IV/1, 1991, S. 263, 275, 287.

그는, 색칠되는 풍경이 변화하는 것처럼, 자신도 변해간다고 느낀다. 변화하는 사물의 채색은 이렇게 사물을 색칠하는 주체 자신의 색채가 된다. 대상을 그린다는 것은 궁극적으로 자기자신을 그리는 것과 다르지 않다. 대상을 그리는 것과 내 자신을 그리는 것은 결코 분리될 수 없는 일이다.

그러므로 모든 표현은 재귀적이다(그런 점에서 글에는, 원하든 원하지 않든, 자전적 요소가 들어 있다). 이런 생각은 그 앞에 실린 「무메 레렌」이라는 글에도 들어 있다. "내가 섞었던 색채가 나를 색칠했다. 그 색깔로 무엇인가 그리기도 전에 그 색은 나 자신을 변모시켰다."[5] 우리는 대상을 묘사한다고 생각하지만, 이렇게 대상을 묘사하는 것 이상으로 이 묘사된 것에는 묘사하는 자신이 반영되어 있는 것이다. 대상묘사와 주체묘사는 동시에 진행된다. 이것이 표현을 통한 주체와 객체의 상호조응이다.

인간과 대상의 이 같은 조응은 두 번째 글에서도 나타난다. 이번에 이 대상은 건물이 아니라 자연물, 즉 눈송이다. 우리가 친숙해지는 자연의 사물이란 하나의 사물로 보이지만, 사실 사물들의 무리에 속한다. 어떤 사물이건 개별사물은 다른 개별사물들과 이어져 있는 까닭이다. 그리하여 친숙해지는 눈송이란 하나의 눈송이가 아니라 눈송이의 덩어리이자 그 전체다. "내가 어떤 눈송이에 친밀감을 느끼게 되자마자 그 눈송이 속으로 갑작스레 들이닥친 다른 눈송이에게도 나 자신을 맡겨야 된다는 것을 나는 알았다." 이 눈송이는 상대를 밀치지 않는다. 그것은 "서로 어울려" 논

---

5) *Ebd.*, S. 262.

다. 그리하여 어울려 노는 눈송이를 맞는 나도 이들과 어울린다. 낱낱의 개별적인 것을 통해 우리는 전체와 만나는 것이다.

그리하여 개별적인 것은 더 이상 개별적인 것이 아니다. 그렇듯이 먼 것 또한 더 이상 먼 것만이 아니다. 멀리 있는 것들도 이미 나의 마음으로 들어와 내 일부가 될 수 있고 또 그렇게 되어간다. "눈이 내리면, 먼 곳은 더 이상 멀리 가는 것이 아니라 내 안으로 들어왔다. 그래서 바빌론이나 바그다드, 아코와 알래스카, 트롬쇠나 트란스발도 내 마음속에 놓여 있었다." 사물은, 내가 교감하는 한, 나와 하나되어 전체적으로 되울린다. 벤야민은 「회전목마」에서 이렇게 적는다. "오케스트리온(일종의 자동악기 – 옮긴이)이 천천히 연주되면, 공간은 더듬거리기 시작했고, 나무들은 골똘히 생각하기 시작했다."[6] 세계는 서로 어울리는 덩어리다. 그것은 상호조응적 개체들의 집합체요 그 우주다. 단지 우리는 너무 바빠서, 너무 바쁘다는 핑계 아래, 그저 그토록 둔감하기에 그것을 절실한 것으로 못 느낄 뿐이다.

우리의 논의가 이 대목에서 끝난다면, 우리는 서정적인 감정에 젖어드는 것으로 자족하게 될지도 모른다. 그러나 『베를린의 어린 시절』은 단순한 서정주의나 감상주의와는 아무런 관련이 없다. 그 글은 지난 경험의 미묘한 얽힘을 나직한 어조로 기록하고 있지만, 단순한 회고취미의 소산이 결코 아니다. 그것은 영탄과 비탄에 잠겨 있는 것이 아니라 기억의 회상 속에서도 지나간 경험과 현재적 기억의 현실적 토대를 잊지 않는다. 이 현실적 의미는 세 번째 글

---

6) *Ebd.*, S. 268.

> **❝** 말해진 것에 또 다른 말이 포개지고,
> 이미 서술된 것에 또 다른 서술이 겹쳐진다.
> 글의 의미는 이런 식으로 증폭된다.
> 글의 가면이고 기호의 가면이다. **❞**

인 「거지와 창녀」에서 좀더 분명한 형태로 드러난다.

벤야민은 부유한 지역에서 살았던 자신의 삶이 다른 지역으로 부터 격리된, 그래서 "닫힌" 것과 같았다고 회상한다. 그는 "변변 치 못한 돈을 받고 일하는" 것을 "치욕"과 결부시키면서, 이렇게 치욕과 가난을 생각하던 것이 자신에게는 "인식의 거대한 발전" 이었다고 토로하고 있다. 여기에서 확인되는 사실은 그에게 개인 사와 사회사, 내면의 심리사와 외면의 현실사가 별개의 것이 아니 었다는 점이다. 잃어버린 것 그리고 잊혀진 것은 집단적 역사에만 해당되는 게 아니다. 그것은 집단을 구성하는 이름 없는 다수의 생애를 구성한다. 존재하는 모든 것은 상호조응적 관계 아래, 보 이거나 보이지 않게, 부단히 이어지지 않는가? 개인적 실존의 크 고 작은 사연들이 잠시 머무는 것, 그래서 이내 떠나가는 것의 하 나가 된다면, 벤야민은 이것을 변증법적 이미지로 포착하는 가운 데 자신의 개인적·사회정치적 정체성을 확고하게 세우고자 했다.

서정적 글에 담긴 정치적 면모는 벤야민에게 독단적이라고 할 만큼 급진적이고 혁신적인 모습으로 나타날 때도 있고, 정감적이 고 온화된 형태로 나타날 때도 있다. 그리고 이런 면모는 책의 내 용에서와 같이 그 형식에서도 드러난다. 형식적 혁신성의 예를 우

『일방통행로』에 담긴 글은 내용이나 형식 모두에서 혁신적이다. 벤야민은 "파괴할 수 있는 자만이 비평할 수 있다", "비평의 덕목은 파괴에 있다"고 썼다.

리는 『일방통행로』의 표지사진에서 확인할 수 있다. 그것은, 알려져 있듯이, 1920년대 아방가르드 작가인 사샤 스톤Sasha Stone의 사진 몽타주를 사용한 것으로 당시 책의 표지로는 이례적이었다. 글의 온화한 성격은 벤야민의 신학적·내성적 요소에 힘입었을 것이다. 그의 글쓰기를 여러 차원이 마치 '비늘처럼 겹쳐진 혼종성' 또는 '부재하는 자아의 목소리'로 특징지어 이해한 리히터G. Richter의 지적은 이 점에서 설득력 있어 보인다.

"개인적 고백과 문화적 비평을 비늘처럼 겹치고 있는 혼종적 텍스트로서 벤야민의 텍스트들은 기억을 떠받치는 사유의 단편적이고 직물적textual 성격과 조응하기 위해 자서전의 전래적 장르와 결별한다. 이들의 서사적 제스처는 멀리 있는 또는 부재하는 목소리의 메아리를 자의식적으로 가정하는데, 이 목소리만, 마치 얽혀 있는 흔적의 오솔길을 따라가듯이, 텍스트의 자아를 동반할 수 있다. 기억이 텍스트로 나타나는 재현의 순간을 벤야민이 문제시하고 있다면, 그 이유는 재현이란 언제나 어긋나려는 것이어서, 표현에 생기를 부여하는 주체가 말하려는 것을 전복시키려고 하기 때문이다."[7]

그렇다. 벤야민의 글에는 "개인적 고백과 문화적 비평", 내밀하고 차분한 실존적 회상과 사회정치적이고 역사적인 현실진단이 얽혀 있다. 그래서 "혼종적"이다. 이것은 수미일관된 주제와 화자의 단일한 목소리를 전제하지 않는다. 그 점에서 그것은 전래적의미의 자서전과 분명한 차이점을 보여준다.

벤야민 글의 자아는 멀리 있는 어떤 것 또는 이미 떠나가버린 무엇을 늘 뒤쫓는다. "마치 얽혀 있는 흔적의 오솔길을 따라가듯이", 그것은 지금 여기에 부재하는 아련하고 아득한 것을 추적한다. 그러니만큼 언어로 재현된 것에는 모자람이 있다. 이 모자람은, 인식론적으로 보면 균열이자 단절을 이룰 것이고, 정서적으로

---

7) Gerhard Richter, "Acts of self-portraiture: Benjamin's confessional and literary writin," David S.Ferris(ed.), *Walter Benjamin*, Cambridge University Press, 2004, p. 225.

보면 아쉬움이나 우울이 될 것이다. 사고의 이율배반은 이 같은 균열의 의식적·논리적 측면일 것이고, 불안이나 공포는 이 균열의 심리적·실존적 차원이 될 것이다. 어쨌든 균열이란 표현되는 대상과 표현하는 언어의 간극에서 온다. 이 간극으로 인해 재현은 결핍을 겪는다. 표현된 모든 것은 결핍의 병을 앓는다. 재현된 언어의 한 곳은 비어 있기 때문이다. 그리하여 사물은 언제나 표현과 언어와 형식을 미끄러지듯 도망간다. 세계는 말하고자 하는 주체의 의도를 늘 넘어선다. 결핍이 언어의 이름이라면, 충일은 세계의 이름인 것이다.

벤야민이 설정한 글의 목표는 시대를 진단하는 것 이상으로 자기자신의 초상화를 그려내는 일이었다. 서술적 자아는, 그의 자전적 작품에서 잘 나타나듯이, 한두 가지 성격으로 고정되기 어렵다. 동물원, 카이저 파노라마, 전화기, 마권판매소, 주유소 같은 현대적 소재가 있는가 하면, 거리나 지역, 도시와 광장 그리고 회랑과 같은 공간적 소재가 있고, 숨바꼭질이나 성性, 지각, 채집, 열병, 독서대나 바느질통, 장난감이나 골동품 같은 개인의 사연이나 취향을 보여주는 내밀한 소재도 있다. 그런가 하면 죽음이나 수수께끼, 플라네타리움 같은 좀더 신비로운 소재도 자리하고, 화재경보기나 꼽추난쟁이, 응급조치 같은 어떤 급박한 현실관이나 신학적 요소를 담은 소재도 있다. 이 다양한 자료를 다루는 그의 시각은 그러나 일관되지 않다. 그것은 다양한 관점과 가치, 여러 측면의 판단을 담고 있다.

자전적 글쓰기의 전통형식이 연대기적이고 서열적으로 전개된다면, 벤야민의 글은 이질적이고 불연속적이다. 그것은 시간적 순서에 따른 순차적인 것이 아니라, 뒤의 것이 앞으로 가기도 하고 앞의 것이 뒤로 가기도 하는 역전가능한 것이다. 대상은 사건 속에서 기억되고 서술되지만, 이 대상은 시간의 물리적인 경과를 반드시 따르지 않는다. 그것은 비직선적이고 단절적이며 무규칙적으로 나타난다. 그리하여 글의 이미지는 대개 일시적이고 순간적이다. 많은 경우 글의 의미가 존재하면서도 부재하는 것으로 나타나는 것은 이 때문이다. 이 같은 불연속성은 글의 소재에서 우선 나타나지만, 이 소재에만 해당되는 것은 아니다. 그것은 소재 이상으로 이 소재를 다루는 관점이나 시각에도 해당되고, 이 시각이 녹아 있는 글의 형식에도 나타난다. 그리고 궁극적으로는 이런 관점을 가진 서술자아의 성격으로 귀결된다.

벤야민의 서술주체는 자기동일적이고 연속적인 주체개념을 거부하는 것으로 보인다. 주체의 불연속성은 소재의 이질성이나 관점의 다양성, 형식의 불연속성이나 내용의 비통일성에 상응한다. 그래서 그의 글은 언어가 말하려는 바를 늘 벗어나거나 위협하고 방해하는 것처럼 보인다. 이것은 그가 언어의 무기력 또는 재현의 불가능성을 의식하고 있었음을 알려준다.

벤야민은 사안의 직접적 설명이나 제시를 꺼려했던 듯하다. 그래서 말해진 것에 또 다른 말이 포개지고, 이미 서술된 것에 또 다른 서술이 겹쳐진다. 글의 의미는 이런 식으로 증폭된다. 그래서 마치 기호 자체가 가면을 쓴 것 같은 느낌을 준다. 그렇다. 그것은 글의 가면이고 기호의 가면이다. 이 가면의 무한한 행렬 속에서 의미는 끝없이 퍼져가고 흩어진다. 바로 이런 점이 그의 글을, 드만의 알레고리적 해석에서 보듯이, 해체주의나 포스트모더니즘

쪽에서의 독해를, 비록 그와 같다고 말하기는 어렵다고 해도, 허용하는 면모가 되지 않나 생각한다.

재현불가능성 속에서 삶의 부재를 드러내는 것은 재현대상 자체도 아니고 그렇다고 그 부재만을 강조하는 것도 아니다. 그것은 재현불가능성의 의식에서만 드러나는 삶의 그림자 또는 그 배후 또는 그 일부다. 벤야민의 글은 독자에게 무엇보다 삶의 바탕으로서의 그림자와 파편을 자각하도록 한다. 이른바 '타자성'이라는 이 그림자와 파편의 알 수 없는 전체라고 해야 할지도 모른다. 여기에는 그의 문학이해뿐 아니라 정치학과 미학, 역사이해와 언어철학, 신학이해가 겹쳐 있고, 이들의 바탕에는 내밀하고 복합적인 자기이해가 있다. 문화사를 '토르소의 역사'로 이해하는 그의 문화론도 여기에 이어진다고 할 것이다.

3. 서정의 비판성

> 나라와 바다는 우표에서는 지방일 뿐이고,
> 왕은 제멋대로 색깔을 바꾸는 숫자의 용병에 지나지 않는다.
> ■벤야민, 「우표상」, 『일방통행로』, *GS* IV/1

『베를린의 어린 시절』은 벤야민이 죽고 난 후인 1950년에 출간되었지만, 쓰이기 시작한 것은 1931년부터다. 처음에 『베를린 연대기』로 시작됐지만, 그 후 완전히 새롭게 재구성되면서 1938년 무렵 완성된다. 그러므로 이 책을 이해하는 데는 1931년을 전후한 독일 상황을 살펴보는 것이 중요하다.

독일에서 일어난 폭력, 방화, 살인은 1920년대 말부터 일상화되었지만, 히틀러가 집권했던 1933년 이후에 더 조직적으로 전개된다. 또 흔히 생각하듯이, 히틀러의 집권이 급작스럽게 이뤄진 것은 아니다. 1932년 4월 프로이센 주의회 선거에서 나치당이 9석에서 162석으로 급격히 증가했고, 이에 힘입어 좌익과 우익의 투쟁이 심화되면서 대낮의 테러나 각종 행사에서의 난동과 방해 그리고 반유대주의 폭력은 점차로 확대되어간다. 1932년 7월 17일 함부르크 노동자 지역에서 일어난, 파시스트에게 17명이 죽임을 당했던 '알토나의 사건'은 이 위태롭던 상황에서 일어난 한 예일 뿐이다. 히틀러가 제국수상으로 등장한 후 민주주의의 상징인 제국의회가 불질러졌고, 언론과 방송은 나치당의 손아귀에 들어간다. 그 무렵 많은 유대인이 체포되어 심문받거나 집단수용소로 끌려가 살해되었다. 벤야민의 동생 게오르크도 그렇게 죽었다. 이 무렵 브레히트, 블로흐, 크라카우어도 이런 체포와 박해를 피해 독일을 떠난다.

이 전반적인 정황을 고려하면, 벤야민이 1930년을 지나면서 정치적 사안에 더욱 골몰하게 된 것은 당연하다고 해야 할지도 모른다. 아니 이 말은 고쳐져야 한다. 단순히 '골몰하게 되었다'가 아니라 그렇게 '골몰하지 않으면 아무것도 할 수 없었다'로 다시 써야 한다. 그는 1933년 3월 17일 마침내 베를린을 떠나 파리로, 이비사 섬으로 간다. 그것은 물론 폭행과 살인이 자행되고 출판이 금지되는 사회정치적·문화적 현실의 억압성 때문이다. 이 무렵의 글을 보면, 그가 나치즘의 악몽에 얼마나 시달렸는지 잘 드러난다. 현실상황은 그만큼 절망적이었고, 일상은 생존조차 위태로울 만큼 급박하게 돌아갔다. 그는 살아남기 위해 온갖 일을 다했다. 책의 출판이나 서평, 논평과 토론, 잡지 편집, 신문기고 등 할 수 있는 일은 다하려고 발버둥쳤다. 그래도 최저생계비를 마련하기 어려웠다. 그래서인가, 그는 1934년 무렵 이미 이혼한 아내인 도라의 하숙집에서 5개월이나 지내기도 한다. 말하자면 '빌붙어' 지낸 것이다. 그때의 심정은 어떠했을까?

이렇게 본다면, 위의 「헌책」에서 읽었던 "다른 눈송이"나 "먼 곳"은 한갓 그리움의 대상인 것만은 아닐 것이다. 하나의 눈송이에 다른 눈송이가 스며들 듯이, 또 먼 곳이 나의 내부로 파고들 듯이, 사회현실도 나의 내부로 파고들고 시대적 사건도 개인의 삶을 각인지을 수 있다. 눈송이나 먼 곳은 더 이상 서정적 표현의 대상이기를 그치고, 현실적 위협이며 재난상황일 수도 있다. 이렇게 읽는다면, 여기에는 이미 정치적 함의가 들어선 셈이다. 그렇다면 벤야민의 글에는, 또 서정적인 글에서도, 경험현실이 없다고 말할 수 없다. 오히려 그것은 철저하게 경험적이고 구체적이라고 말해야 한다.

모든 것은 원래의 가치를 인정받지 못한 채, 그저 한때의 기준과 규정과 이데올로기에 의해 재단되고 평가받고 왜곡되면서 고갈된다. 부당함과 불충분함은 지극히 작은 사적 관계로부터 거대한 역사적 기획에 이르기까지 삶의 거의 모든 것을 관통한다. 그러니 이 부당함을 말하는 서술에는 정치성이 들어 있고, 선한 삶에 대한 윤리적인 물음이 깔려 있다. 내밀한 글쓰기가 갖는 이 정치적 의미를 리히터는 매우 정확하게 지적한다.

> **❝** 하나의 눈송이에 다른 눈송이가 스며들듯이,
> 사회현실도 나의 내부로 파고들 수 있다.
> 눈송이나 먼 곳은 서정적 표현의 대상이길 그치고,
> 현실적 위협이며 재난상황이 될 수도 있다. **❞**

"작가적 자아의 분산은 벤야민에게 분명 정치적 행위다. 안정된 구상과 고정된 의미를 지닌 파시스트적 기계와는 반대로, 그의 글은 투명한 의미의 퇴각을 실행한다. 그리하여 이런저런 형태의 강제적·도구적 이성의 정치학이나 단일성의 의미에 전유되는 위협에 저항한다. 정말이지 『베를린의 어린 시절』은 그의 망명과 박해라는 가장 어려웠던 시절에 쓰였기 때문에, 이 책의 어디에도 파시즘의 이미지와 위협의 흔적이 없는 곳이 없다."[8]

안정된 생각과 통일적 의미란 의미론이나 철학의 사안이면서 현실적이고 정치적인 사안이기도 하다. 안정은 평화로운 사회에서 중요한 덕목임에는 틀림없다. 하지만 그것이 만고불변의 덕목인 것은 아니다. 예컨대 전체주의 사회에서 안정이란 체제의 전체성에 기여하는 순응성이다. 따라서 전체의 요구에 조금이라도 어긋나는 것은 가차 없이 타기된다. 안정성은 체제의 구조적 폭력성을 정당화하는 지배이데올로기가 되기도 한다. 이 이데올로기는 도구적·강제적 규율의 형태를 띤다. 그러므로 "이런저런 형태의

---

8) *Ibid.*, p. 231.

강제적·도구적 이성의 정치학이나 단일성의 의미"는 모두 "파시스트적 기계"의 산물이라고 할 수 있다.

그러므로 안정성을 지탱하는 일사분란한 통일성은, 적어도 이 통일성이 자발적이지 않고 강제된 것이라면, 분산되고 해체되어야 한다. 벤야민 글에서 해체구성적 작업은 자아의 여러 형태에서뿐만 아니라 소재의 다양성, 문제의식(이념과 철학)의 분산, 관점이나 시각의 복합성, 형식의 다채로움을 통해 실행된다. 그것은 기존 관점을 의문시하면서 다른 세계관적 가능성을 타진한다는 점에서 정치적이다. 그의 정치성은 현실공간에서만 해당되는 게 아니라, 삶의 새로운 가치와 인식적 가능성을 탐색하는 데로 이어진다. 그렇듯이 그의 서정도 단순한 서정주의를 넘어선다. 그것은, 여느 감성주의자들이 그러하듯이, 값싼 감상感傷에 젖어 있거나 탄식이나 비탄조의 애상으로 흐르지 않는다.

벤야민은 좌파정당의 독단이념과 스탈린 정책의 허구성을 분명하게 인식하고 있었다. 그는 혁명적 낙관주의의 허위성을 누구보다 예리하게 의식했다. 그러나 이 의식은 『일방통행로』에 나오는 작가와 비평가에 대한 어떤 테제처럼 직접 표출되는 경우도 없지 않지만, 대개 우회적으로 드러난다. 사실 우회적 접근은 그의 주된 방법론이기도 했다.[9] 미시감각의 글쓰기와 사유이미지를 담은 글은 이 같은 문제의식에서 나온 것이다. 서정과 정치성, 현실성

---

9) 벤야민은 『독일 비애극의 원천』에서 이렇게 적고 있다. "방법은 우회로 (Umweg)다. 우회로서의 묘사." Walter Benjamin, "Ursprung des deutschen Trauerspiels," *GS* I/1, Frankfurt/M., 1974, S. 208.

과 우울한 인식이 만난다고나 할까?[10] 그의 글은, 특히 문학적 글은 우울한 서정의 비판성을 내장한다.

사물에 접근하는 벤야민의 방식은 독특하다. 그것은, 위에서 살펴보았듯이, 다채로운 생각과 의지, 자의식과 비판이 물고기의 비늘처럼 겹겹으로 포개져 있다. 우회적인 묘사, 대상에 대한 친화력과 거리감, 집중력과 세심함, 냉소와 친절, 확신과 유보, 비판과 회의 사이를 부단히 왕래하면서 그는 더 바르고 더 온당한 지점을 향해 나아간다. 그러니 이 모든 것을 지탱하는 것은 체험적 진실에 대한 갈구가 될 것이다.

체험적 진실이란 삶의 진실과 다르지 않다. 그의 비평적 사유는 결국 삶의 진실을 위해 매진한 것이다. 그러나 이 갈구의 저류를 형성하는 것은 여전히 우울의 정조情調라고 하지 않을 수 없다. 이 우울은, 다시 강조하건대, 사사로운 우울이 아니다. 그것은 사회적으로 확장되고 비판적으로 무장되어 있으며 신학적 구원을 향해 전진한다. 벤야민의 멜랑콜리는 사회적 멜랑콜리다. 이 멜랑콜리를 지탱하는 것은 섬세한 실존의 영혼이고, 이 영혼이 갈구하는 구원의 빛이다. 그는 우울한 비판의 실천가다. 그는 자신의 비판

---

10) 이런 쪽에서의 본격적인 논의가 이뤄진 글이 『독일 낭만주의에서의 예술비평개념』이라고 할 수 있다. 슐레겔이나 노발리스 같은 최고의 낭만주의자는, 흔히 생각하듯이, 환상이나 감정의 문제에만 매달리지 않았다. 이들이 감성 이상으로 중시한 것은 명징성(die Nüchternheit)이었고, 이 명증성은 벤야민이 보기에 예술의 본질을 규정하는 것이기도 했다. Walter Benjamin, "Der Begriff der Kunstkritik in der deutschen Romantik," *GS* I/1, Frankfurt/M., 1974, S. 106f.

이 곧 구원의 한 방식이 되는 어떤 희귀한 길을 열망했던 것이다.

하지만 벤야민은 아무리 사실적이고 객관적인 것도, 투쟁적 사안이 걸려 있을 때에는, 이 파당정신에 복속해야 된다고 확고하게 믿었던 전략가이기도 했다. 그리고 이것이 곧 비평가의 '기술'이라고 그는 생각했다. "'즉물성/객관성'Sachlichkeit은, 투쟁하는 사안이 가치 있을 때, 파당정신에 언제나 희생되어야 한다."[11] 이 정도로 그는 단호했다. 이 단호함은 그가 처한 사회정치적 현실이 위태로워감에 따라, 특히 1933년 11월 15일 파리 망명 이후 더 강하게 나타난다. 「생산자로서의 작가」[1934]에서 예술가의 정치적 자율성을 문제시한 것은 그런 맥락에서 이해할 수 있다.

벤야민에게는 변화된 현실에 변화된 의식으로 대응하는 것이 중요했고, 그 때문에 변화를 구현한 새 표현수단의 발굴은 절실했다. 그가 사진 몽타주의 방법을 익히고, 이미지 기술을 글쓰기에 동원한 것은 이 때문이었다. 그는, 『일방통행로』에서 보여주듯이, 팸플릿이나 플래카드, 간판 글귀나 광고전단 같은 즉각적인 언어의 충격적인 전달력에도 관심을 가졌다.[12]

이렇듯이 벤야민의 글은 그 어디에서도 단일화된 목소리나 일목요연한 방법론을 거부한다. 그리고 통일적·전일적 시각에 동의하지 않는다. 그는 어떤 글에서도 대상을 일도양단하는 단순성을 보이지 않는 것이다. 그 때문에 명쾌함은 희생되는 듯 보이지만, 바로 그런 이유에서 대상은 어떤 스펙트럼 아래, 전체적 분위기를

---

11) Walter Benjamin, "Einbahnstraße," *GS* IV/1, Frankfurt/M.,1991, S. 108.

12) *Ebd.*, S. 85.

띠면서 차츰 드러난다. 그의 글에는 과장된 몸짓이나 작위적인 요소가 없다. 그 대신 불안과 공포, 아쉬움과 한숨이 현실을 밝혀가는 성찰의 과정에 배어 있고, 이 사실해명의 노력 옆에는 회상과 휴식 그리고 안타까움도 녹아 있다. 현실의 위협은 언어의 불충분성에 대한 자의식에서도 결코 사라지지 않는다. 벤야민 글의 풍부한 뉘앙스와 짙은 여운은 이렇게 해서 생겨난다.

그리하여 나는 이렇게 말하고 싶다. 어두운 시대의 체험이 벤야민의 우울을 만들어냈고, 이 우울은 희망을 조탁하는 절망적 실천 속에서 그 글의 일부가 되었다고. 글의 논리가 비약적이고 그 의미가 압축적이라는 점에서 그는 독자에게 불친절해 보이기도 하고 문장 속의 생각이 쉼 없이 이어진다는 점에서 절제를 잃은 듯 보이기도 하지만, 그럼에도 그의 글은 비견할 수 없이 아련한 향수를 자아내기도 한다. 바로 이 점에서 그것은 아름답다.

중요한 것은 벤야민의 모든 것을 흡수하는 것이 아니라—그렇게 하기도 어렵다—우리의 관점에서 보아 '납득할 만한' 것이 있다면 그 문제의식을 기꺼이 배우고 오늘의 현실에 적용하는 일이다. 그래서 지금 여기의 삶을 고찰하는 데 의미 있는 자양분으로 삼는 일이다. 그렇다면 그의 글을 독특한 것으로 만드는 이 같은 특징들, 말하자면 우울과 비판, 서정과 정치, 극도의 미시성과 대범한 조감이 비늘처럼 겹쳐 있는 이미지는 어디에서 오는가? 이것을 가능하게 한 언어에 대한 그의 생각은 어떠한가? 여기에서 나는 그의 미메시스론이 언급되어야 할 필요를 느낀다.

4. 미메시스적 능력

유사성을 만들어내는 것은 이미 자연에서 나타난다. 그러나 이 능력을 가장 잘 가지고 있는 것은, 벤야민이 보기에는, 인간이다. 미메시스 능력이란, 그에 의하면, 유사성을 "보고"sehen, "인식하며"erkennen, "창출하는"hervorbringen 능력이다.[13] 인간에게는 자연과 닮으려는 어떤 원초적 충동이 있고, 이 충동 속에서 그는 자연에 다가간다. 모방적 능력은 인간학적 능력이다. 벤야민은 이렇게 적는다. "인간이 가진 고도의 기능 가운데 미메시스 능력을 통해 결정적으로 조건지어지지 않는 더 높은 기능이란 아마도 없을 것이다."[14] 인간은 미메시스 능력 덕분에 보고 느끼고 인식하고 창출하는 것을 좀더 높은 단계에서 할 수 있다.

미메시스적 능력에는 오감이 작용한다. 사람은 보고 듣고 느끼고 만지고 맛보면서 대상을 모방하기 때문이다. 원시적 춤이나 제의 또는 점성술은 미메시스적 능력의 좋은 예다. 그러나 이 인간학적 미메시스 능력은 근대의 인간에게는 퇴화되어 흔적으로만 남는다. 이 흔적의 하나가 언어다. 언어는 원래의 미메시스적 능력이 변형되어 보존된 매체다. 그것은, 미메시스적 과정을 정확하고 정밀하게 만든다. 그래서 그것은, 벤야민에 따르면, "미메시스적 행동의 최고 단계이고, 비감각적 유사성의 가장 완벽한 문서

---

13) Walter Benjamin, "Über das mimetische Vermögen," *GS* II/1, Frankfurt/M., 1977, S. 210f.

14) *Ebd.*, S. 210.

보관소"다.[15] 왜 '비감각적 유사성'일까? 왜냐하면 그것은 단순히 유사성을 '느끼는 데' 그치는 것이 아니라 '인식하는 일'에 이어지기 때문이다. 인식행위란 감각을 넘어, 그러니까 비감각적으로 유사성을 포착해내는 능력이다. 그러므로 미메시스적 능력은 감각적 차원을 넘어서는 정신적 차원을 포함한다. 그것은 '감각적 인식' 또는 '인식의 감각능력'이다. 무엇인가를 적고 기억하며 그와 유사한 것을 창출하는 데 미메시스적 능력은 필요불가결하다.

나와 대상, 주체와 객체의 유사성은, 벤야민에 따르면, 마치 섬광처럼 또는 불꽃처럼 순간적으로 나타난다. 그러므로 우리는 섬광처럼 나타나는 유사성을, 이 유사성 속에 깃든 진실을 읽어내야 한다. 아무도 말하지 않았던 것을 말하고, 아무도 쓰지 않았던 것을 쓰며, 아무도 보지 못했던 것을 보기 위해 우리는 주어진 사물의 배후를 읽어내야 한다. 묻혀 있는 진리를 빛 밖으로 드러내는 것은 모든 읽기와 쓰기, 말하기의 핵심이다. 또 그렇게 할 수 있다면, 미메시스적 행위는 그 자체로 공식적 담론과 지배문화로부터 제외된 것을 구출해내는 행위가 된다. 이것은 그의 문예론과 관련하여 두 가지 사실을 알려준다.

첫째, 벤야민의 언어이론은 단순히 언어학적 이해도 아니고 기호론적 차원에서의 진술도 아니다. 그것은 언어학적·기호론적 차원을 넘어 그의 인식론으로 이어지고, 이 인식론은 현실이해와 역사서술에 대한 생각과 관계한다. 둘째, 미메시스 언어능력은 행복에 대한 그의 표상과도 깊게 연결되어 있다. 미메시스 능력이 이

---

15) *Ebd.*, S. 213.

> **미메시스적 능력은 감각적 차원을 넘어서는 정신적 차원을 포함한다. '감각적 인식' 혹은 '인식의 감각능력'이다. 그것이 실현된 공간이 텍스트다.**

질적인 것에서 유사성을 보는 것이라면, 이 능력에서 주체와 객체, 가까운 것과 먼 것은 서로 무관하지 않고 밀접하게 이어진다. 행복은 이 접점에서의 긍정적 경험이라고 할 수 있다. 아우라란 어쩌면 이 교차경험의 현상학적 표현이라고 말할 수 있을지도 모른다. 이 점에서 행복의 이미지는 신비주의적이고 종교의식적인 면모를 띤다.

왜 이질적인 두 축의 교차가 행복한 것인가? 미메시스적 능력을 통해 어떤 다른 것은 반드시 다른 것에 그치는 것이 아니라 이편의 것과 어울린다. 그래서 친숙하게 여겨지면서 나와 어우러진다. 나와의 어울림은 이질적인 것의 동질화다. 이 이질성의 동질화를 통해 나는 그만큼 넓어지고 깊어진다. 그러므로 미메시스 능력은 이질적인 것의 동질화를 통해 나를 확장하고 심화시킨다. 행복이란 감각과 사고의 이 확장적 심화를 경험하는 데서 온다. 이 미메시스 능력이 실현된 공간이 텍스트다. 텍스트에서는 이질적인 것이 동질적인 것과 직물처럼 교차되고, 이 교차는 촘촘하게 이루어지기 때문에 오래간다. 프루스트 텍스트만큼 '촘촘하고 오래가는' dicht und dauerhaft 것이 없다고 벤야민은 말했지만, 그 자신의 글도 이와 다르지 않다. 이 촘촘하고 오래가는 성격, 즉 긴밀한 내구성이란 텍스트의 내구성이면서 이 텍스트를 만들어낸 감각과 사고의 내구성일 것이다.

감각과 사고는 스스로 심화되고 확장되면서 행복을 경험한다. 이 경험에서 주체는 자아가 갱신됨을 느낀다. '객관적으로 고양되는' 것이다. 그러므로 아름다움이란 주체의 객관화를 통한 실존적 고양의 체험에서 생겨난다. 그것은 낯선 타자를 친숙하게 느끼는데서, 이렇게 느끼는 가운데 일어나는 이질적인 것의 동질화 속에서 생겨난다. 이질적인 것의 동질화란 곧 실존의 자기갱신적 교차 경험과 다르지 않다. 미는 주체의 자기갱신적 경험이고, 이 변형적 경험을 통한 객관적 고양화다.

유사성과 아름다움의 관계에 대해 벤야민은 보들레르를 다룬 한 글의 각주에서 자세히 논의한다. 여기에서 그는 미를 두 차원에서, 즉 역사에 대한 미의 관계와 자연에 대한 미의 관계로 나눠 생각한다. 어느 쪽이나 문제시되는 것은 가상Schein이라는 개념이다. 우선 역사에 대한 미의 관계에서 미적 가상은, 그에 따르면, 작품에서 발견될 수 없다는 것, 미는 "이전 세대가 느꼈던 쪽으로 결집하라는 호소"가 된다.[16] 이어 자연과의 관계에 대해 그는 이렇게 적는다.

> "'자연'에 대한 관계에서 아름다움은 '본질상 그 자체로 베일 속에만 머무르는' 것으로 규정될 수 있다…… 교감correspondance

---

16) Walter Benjamin, "Über einige Motive bei Baudelaire," *GS* I/2, Frankfurt/M., 1974, S. 639.

은 그런 은폐 아래 무엇이 생각될 수 있는지 알려준다. 우리는 이 은폐를, 과감히 줄이면, 예술작품에 들어 있는 '모사/모방하는 것'으로 말해도 좋다. 교감은 심급을 표현하는데, 이 심급 앞에서 예술의 대상은 충실하게 모사되어야 하지만 모사될 수 없는 난관적 대상으로 나타난다. 언어 재료 자체로 이 난관을 모사하려면, 우리는 아름다움을 유사한 상태에 있는 경험의 대상으로 규정할 수 있을 것이다. 이 규정은 발레리의 정식과 아마 일치할 것이다. 아름다움은 사물에서 정의할 수 없는 것에 대한 순종적 모방을 요구하는지도 모른다.[17]

위 글에 드러난 생각은 복잡하다. 우리는 벤야민의 의도대로 그를 이해할 수 있을까? 또 자연에 대한 관계와 미의 본질을 정확히 포착할 수 있을까? 의구심이 없지 않지만, 한번 시도해보자. 그것은 먼저 글을 읽는 나의 논리 속에서 순차적으로 정리되어야 한다. 벤야민은 첫째, 자연과의 관계에서 아름다움이란 그 자체로 드러나는 것이 아니라 은폐된 채로, 즉 베일에 숨은 듯 머무른다고 이해한다. 둘째, 교감이란 이 베일 아래 무엇이 숨겨져 있는가를 생각하는 것이다. 예술이 묘사하는 것도 숨겨져 있다. 무엇이 숨어 있는가?

예술은 교감을 통해 은폐된 것을 드러낸다. 대상의 속성으로 다가가 그 분위기에 젖고(그 점에서 예술의 표현은 제의적祭儀的이다), 이 교감을 통해 대상을 드러내면서 이렇게 표현하는 자신도 확인

17) *Ebd.*

한다. 그리하여 교감이란, 벤야민이 보들레르에 기대어 말하듯이, "위기 속에서 자신을 확고하게 정립하고자 하는 어떤 경험"이 된다.[18]

예술적 교감에서 나타나는 것은 단순히 과거의 것만은 아니다. 그보다 더 근원적인 것, 즉 다시는 올 수 없는 역사 이전의 것이 경험된다. 이것은 간단하지 않다. 왜냐하면 이 경험에는, 벤야민이 보기에, 어떤 의식가치Kultwert가 내포되기 때문이다. 의식가치란 그의 맥락에서는 아우라적 진품성이다. 이 진품성은 현대사회에 와서 광범위하게 훼손되었다. 따라서 예술에서 의식가치를 담아내는 것은 차라리 거의 불가능한 일, 즉 '난관적인'aporetisch 일이 된다. 아우라적인 아름다움이 소수의 예외적 예술가에게만 포착될 수 있는 것은 그 때문일 것이다. 그가 보들레르에 주목한 것은 이 시인은 현대적 붕괴가 무엇을 의미하는지 누구보다 완전하게 포착했기 때문이다.

예술이 해결불가능한 아포리아를 언어로 묘사한다면, 이렇게 묘사된 것에는, 그것이 대상을 표현한 것인 한, 대상과 닮은 것이 담겨 있다. 그러나 이 닮은 성격에도 불구하고 대상은 완전히 드러나지 않는다. 즉 숨겨져 있다. 아름다움은 닮으면서 숨겨진 이 '은폐된 유사성'에 있다. 교감이란 유사성을 느끼고 추출할 수 있는 감성적 인식능력이다. 이 능력이 뛰어난 사람은 물론 예술가다. 시인은 대표적 예술가다.

그러므로 시적 능력이란, 간단히 말해, 유사성을 추출하는 능력

---

18) *Ebd.*, S. 638.

이다. 예술적 표현력이란 유추의 능력이다. 이질적으로 보이는 것들 사이에서 비슷한 것을 추출해서 모으고, 이렇게 모아진 것에 일정한 형식을 부여하면서 의미를 만들어내는 능력이다. 가령 보들레르는 여인의 머릿결이나 가슴에서 나는 향기에서 또는 아치 모양의 푸른 하늘이나 구름, 불꽃과 돛대로 가득 찬 항구와 물결과 동굴을 보고 상상하면서 사물의 이질적 이미지들을 서로 결합했다. 그리고 이 조응적 결합을 통해 과도한 열정은 좌절할 수밖에 없었고 모든 위안은 허망할 뿐인 삶을 노래했다. 이 미숙하고 결핍된 삶에서, 벤야민이 평하듯이, "우울은, 악마가 독충들의 지배자인 것처럼, 숱한 시간들의 지배자"가 된다.[19) 교감이란 이질적인 것들의 상상적 결합을 통해 대상과 새로 만나는, 이렇게 만나면서 대상을 새로 비추는 시적 감수성이다.

보들레르가 시를 통해 이질적 세계와 교감했듯이, 이렇게 적힌 시와 교감하면서 프루스트는 이 시인을 흠모했다. 이 흠모의 감정이 안타까움과 우울과 그리움으로 녹으면서 불멸의 작품인 『잃어버린 시간을 찾아서』를 쓰게 되었을 것이다. 프루스트와 보들레르를 모델로 삼아 벤야민은 놀라운 선구성과 완벽성 속에 문학적 산문을 썼다. 사물은 유추되는 가운데 서로 이어지고, 이렇게 잇는 시적 교감은 또 다른 감수성을 불러들인다. 그리하여 아름다움은 결코 말할 수 없는 것을 '시중들 듯 순종하며' 그리는 가운데 생겨난다. 결국 미메시스 능력이란 대상과 내가 교감하면서 자연에 숨은 아름다움을 지금 여기로 불러내는, 불러내어 그것에 의미를 주

19) *Ebd.*, S. 641.

는, 의미를 주면서 마침내 살아 있게 하는 행위다.

이 같은 예술의 표현활동은 그러나 현대사회에 들어와 위기에
처한다. 그것은 특히 복제기술의 발달로 인해 그렇다. 가령 사진
술은 기억의 저장고에 들어 있는 일들을 고스란히 재생할 수 있
고, 영화는 평소에 인지되기 어려운 동작의 순간순간을 완벽하
게 기록할 수 있다. 또 전통회화는 이제 복제판으로 무한정 인쇄
될 수 있다. 이 재생된 것에는 사물에 깃든 고유한 몸짓이나 분위
기가 더 이상 담겨 있지 않다. 많은 것은 내용적으로 빈약해지면
서 깊이를 상실한다. 깊이의 상실과 분위기의 휘발은 기억의 형태
를 변질시키면서 급기야 상상의 영역마저 축소시켜버린다. 나아
가 예술의 성격이나 아름다움의 존재방식까지도 변질시키고 만
다. 예술적 재현활동이 근본적으로 변화를 겪는 것이다. 벤야민은
이것을 아우라 개념으로 설명한 바 있다.

"아우라의 경험은 인간사회에 흔히 있는 반응형식을 인간에
대한 무생물 또는 자연의 관계로 전이시키는 데 있다. 보여진
것 또는 보여졌다고 믿는 것은 시야를 열어준다. 한 현상의 아
우라를 경험한다는 것은 그것에 시야를 여는 능력을 부여하는
일이다. 이것은 무의지적 기억mémoire involontaire의 자료와 일치
한다. (즉 그것은 일회적이다. 기억은 이 자료를 자기 것으로 만들고자
하지만, 자료는 기억을 빠져나간다.) 그럼으로써 아우라 개념은 지
탱되는데, 아우라는 '먼 것이 일회적으로 나타나는 것'을 그 자
료에서 파악하기 때문이다. 이런 규정은 현상의 의식적儀式的 성
격을 선명하게 만든다. 본질적으로 멀리 있는 것은 다가갈 수

없다. 즉 다가갈 수 없는 것은 의식이미지Kultbild의 주된 특징이
다."[20]

아우라의 경험은, 벤야민에 따르면, 사회의 여러 "반응형식을
인간에 대한 무생물 또는 자연의 관계로 전이" 또는 번역시키는
일이다. 그것은, 위에서 언급한 보들레르와 관련지어 말하면, 교감
의 한 형식이라고 이해할 수도 있다. 그래서 느끼고 기억하고 생
각하는 주체만의 문제가 아니라 주체와 화응하는 객체의 문제이
기도 하다. 우리가 시선을 주면 시선을 받은 대상은 이 시선에 의
해 자기 시선을 열고, 이렇게 열린 시선으로 우리를 쳐다본다. 즉
시선 자체가 상호소통적이다. 벤야민은 적는다. "한 현상의 아우
라를 경험한다는 것은 그것에 시야를 여는 능력을 부여하는 일이
다." 아우라의 경험이란 시선의 주고받음이고, 먼 것과 가까운 것
의 정서적 교감이며, 나와 타자, 인간과 자연의 교감적 만남이다.
그러므로 아우라에서는 반응형식의 전이와 번역, 확산과 이월
이 발생한다. 주체와 객체의 교감은 이 전이적 움직임, 이 움직임

20) *Ebd.*, S. 646.

속의 이월, 이 이월을 통한 확장에서 나온다. 따라서 아우라적 교감은 의식적이기보다는 무의식적이고, 의지적이라기보다는 무의지적인 것이다. 거기에는 쉽게 규정할 수 없는 것들, 말하자면 다가가기 힘든 어떤 분위기와 종교의례적인 요소가 담겨 있다. 벤야민이 적고 있듯이, 본질적으로 멀리 있는 것은 모두 다가가기 어렵지 않은가? 멀리 있는 것은 언제나 멀리 있을 뿐이다. 가까이 온 것은 원래 가까이 있었거나, 가까이 있었음에도 우리가 알아채지 못한 것일 뿐이다. 그러면서도 그것은 주변에 있다. 행복 그리고 아름다움이란 다가갈 수 없이 멀리 있는 것의 다가갈 수 있을 듯한 수많은 목록이다. 이 목록을 제대로 헤아리기는 어렵다. 그것은 생애의 다음에도 불가능할 것이다.

이 멀리 있는 불가능한 것들이 우리의 것으로 될 때도 물론 있다. 그러나 드물다. 하지만 드물기에 그것은 행복할 경우가 많다. 그것은 기억을 통해, 기억 속의 묘사로 지난 순간이 지금 여기로 상기될 때다. 이때 아우라는 경험된다. 아우라를 경험케 하는 것, 이 경험으로 감각의 눈을 뜨게 하는 것이 바로 시이고 예술이다.

'눈을 뜨게 한다'는 구절 아래 벤야민은 다음과 같은 중요한 각주를 달고 있다. "이렇게 (시야를 여는 능력을) 부여하는 것이 시의 원천이다. 인간·동물·무생물은 시인의 덕분에 눈을 뜬 채 먼 곳으로 나아간다. 그런 식으로 일깨워진 자연(본성)의 시선은 꿈을 꾸면서 시인의 꿈을 쫓아간다."[21] 사람은 무엇인가 끊임없이 찾아 헤매지만 아무런 경험도 누적되지 않고, 그래서 삶은 덧없는

---

21) *Ebd.*, S. 647.

파편들의 무의미한 연속이기 쉽다. 삶이 역사가 되기란 어렵다. 이에 반해 시는 저 먼 곳이나 멀리 떠나가버린 곳의 기억으로 앞으로 다가올 것을 알려준다. 시간의 물화를 넘어설 수 있는 것은 예술밖에 없을지도 모른다.

다시 점검하자. 앞의 인용문과 그전 인용문에서 나는 가상-자연-아름다움-모방-유사성-난관-의식가치 사이에 놓인, 의미론적으로 매우 긴밀한 연관항을 본다. 의식가치에서 보듯이, 여기에는 아우라 같은 벤야민 사상의 핵심개념도 연결되어 있다. 또 방금 인용한 글에서는 반응방식의 인간적·무생물적 전이형식이 교감이고, 이 교감으로 인해 주체와 객체, 인간과 사물이 서로 교류한다는 것을 보았다. 그런데 이 교감으로서의 아우라적 경험이 시의 원천에서 온다고 앞의 인용문 각주는 분명하게 적고 있다. 이것은 두 가지로 요약될 수 있다.

첫째, 시 또는 예술의 경험이란 시선의 교차며 개시開示다. 그것은 주체와 객체의 혼용을 경험하는 것이고, 먼 것과 가까운 것의 상호조응을 체험하는 일이다. 그것은 무의지적 기억처럼 의식적으로가 아니라 무의식적으로 일어나는 일에 가깝다. 그래서 행복의 내밀한 이미지와 연결된다. 나아가 아우라적 지각과정은, 그것이 행복을 담고 있기에, 구원의 이미지와 분리될 수 없다. 둘째, 현대사회의 한 특징을 '아우라적 경험의 붕괴'라고 한다면, 이 붕괴는 시와 예술의 붕괴라고도 할 수 있다. 따라서 아름다움이 조각나서 기형적으로 변모하는 것은 오늘날에 불가피한 운명이라고 해야 할지도 모른다. 아름다움의 파편화는, 조금 더 넓게 보면, 의미론 일반의 붕괴, 가령 정의나 진리 개념의 혼란이나 인식론의 상대화 또는 분열이나 해체와도 무관하지 않다.

이 의미론적·인식론적 혼란상이, 『아케이드 저작』에서 드러나듯이, 1850년 전후부터 시작된다고 벤야민은 보고 있고, 20세기에 와서, 특히 제1차 세계대전 이후 사회정치적 위기상황에서 좀더 명백해졌다고 이해하는 듯하다. 이야기꾼—우리나라에서 '전기수'傳奇叟라고 부르는—의 소멸은 이런 예다. 그러니까 현대는 그 속성상 예술에 결코 우호적일 수 없다. 그것은 오히려 적대적인 환경을 제공한다고 할 수 있다. 의사소통의 직접성이 증발하고 체험의 가치가 하락되는 것, 불안이나 체념, 절망과 소외, 당혹과 혼돈이 확산되는 것은 현대성의 이 일반적 징후에 해당된다. 그러므로 상실과 무정형은 역사적 시기로서의 지금 현실에서 근본적으로 피하기 어려운 것인지도 모른다.

5. 희망 없는 몸글: 비평의 아르카디아

> 언어는 하나의 몸을 가지고, 몸은 하나의 언어를 가진다.
> ■ 벤야민, *GS* III(1928)

> 나는 돌 위에 돌을 놓듯이 한 문장 한 문장씩 생각한다……
> 나는 쓰면서 내가 실제로 무얼 말하고자 했는지 비로소 파악한다.
> ■ 돈 드릴로(Don DeLillo, 2007)

주체가 타자에게서 보는 것은 주체 안에 이미 있다. 거꾸로 타자에게 있다고 가정되는 것은 주체 속에 있는 것이기도 하다. 상응 또는 교감이란 이 겹침을 일컫는다. 그것은 지성의 동일화 원리이고 예술의 표현문제이면서, 사실은 그 이전에 신체적으로 작동하는 무엇이다. 신체의 신진대사란 영혼의 문제보다 더 본능적이고 더 직접적이기 때문이다. 예술가란 주객의 교감에 민감하고, 이 교감의 기술에 능한 자다.

이것은 비평가에게도 어느 정도 타당하다. 그는 작품과의 교감에 능한 사람이기 때문이다. 그는 작품을 통해 작가와 교감하고, 이 작품이 드러내는 현실과 이 현실에서 활동하는 소설 속 인물들과 교감한다. 그러므로 비평적 교감은 단순히 문체론적·방법론적 기능을 넘어선다.

글에서 문체나 방법은 중요하다. 그러나 문체나 방법은 일정한 현실이해와 정치적 신념을 전제로 한다. 나아가 그것은 행동과 실천의 윤리적 문제와도 이어진다. 글은 사적이고 실존적인 표현의 문제이면서 이 표현에는 삶의 사회역사적이고 정치적인 요소를 포함한다. 즉 글은 모든 것을 투신投身하는 일이다. 벤야민이 기고나 서평을 통해 여러 작가나 비평가와 대결을 벌이는 것은 그 때문이다. 그 대결은 서로 다른 입장들 사이의 정치적 충돌이자 가치론적 투쟁이고 세계관적 검토이기도 하다.

좌파 아웃사이더로서 벤야민의 입장 규정은 『일방통행로』를 쓰고 있던 1924년을 전후로 더 첨예화된다. 이 정치화는, 전기적 맥락에서 보면, 형이상학적이고 신비주의적인 문필가에서 정치적 논객으로, 또 문예 저널리스트이자 사회분석가로 변모해가는 일련의 각성과정과 맞물려 있다. 그러나 현실성과 이념성, 유물론과 신학의 관계는 그에게 비중과 정도의 문제이지 양자택일의 문제는 아니었다. 초기만큼이나 말년에도 그는, 「역사의 개념에 대하여」에 나타나듯이 신학적·형이상학적이었고, 말년 이상으로 초기에서도, 은사 비네켄과 함께한 학교개혁 운동에서 나타나듯이 사회현실적이었기 때문이다.

벤야민은 지속적인 현실개입과 그 검토를 통해 기성의 문필가를 감싸던 신화화된 휘광과 오류를 걷어내고자 했다. 괴테 전문가이던 군돌프의 해석적 오류나 융Jung이나 클라게스Klages의 반동적·비역사적 생각 속에 깃든 나치적 사고를 문제시한 것이 그 좋은 예다. 글은 현실로, 이 현실을 구성하는 사회와 역사로 나아가고, 이렇게 나아간 것은 다시 역사 속의 인간으로 돌아와야 하며, 이렇게 돌아온 것의 종국지점은 마땅히 자기자신이어야 한다. 결국 모든 것은 단 하나, 삶의 문제로 귀결되어야 한다.

벤야민의 문장은, 특히 그의 자전적 연대기는 '삶의 글을 쓰고 글로서의 삶을 살았던' 한 문필가의 생애를 잘 보여준다. 나는 그렇게 받아들인다. 그는 누구보다 지독한 책벌레였고, 활자뿐만 아니라 온갖 이미지에 열광적으로 골몰하던 작자作者였다. 그래서 하루라도 쓰지 않고 보내는 날은 없었지만, 이 글은 어떻든 발표되어야 했다. 발표되어 원고료를 받아야 했고, 이 원고료로, 적어도 1933년 이후에는, 망명생활의 허기와 가난을 매일매일 다독거려야 했다. 당시 그의 생활조건과 출판조건은 열악하기 그지없었고, 최소한의 생존도 하루하루 위태로웠다. 그가 끊임없이 주거지를 옮긴 것도 방세를 줄이기 위해서였고, 이혼한 아내가 있던 산레모를 찾아간 것도 거기서는 공짜로 기거할 수 있었기 때문이었다. 이처럼 물질적으로 곤란했던 망명시절1933~40에도 그는 「기술 벤야민의 육필 원고. 그는 쉼 없이 읽고 썼으며, 종이 한 장에 100줄의 글이 들어갈 만큼 촘촘하게 쓰려 했던 기이한 열망의 소유자였다. 그러나 그 열망은 생계의 어려움과 정치현실의 위급함 때문이기도 했다.

복제시대의 예술작품」이나 『베를린의 어린 시절』, 「역사의 개념
에 대하여」 같은 뛰어난 글을 남긴다.

벤야민은 원고료 문제로 작가 만K. Mann과 관계를 끊기도 했다.
하지만 제기되는 이견에 대해서는 가능한 한 받아들이고자 애썼
다. 그러나 투고한 글이 통보도 없이 삭제될 때면, 그는 편집자에
게 항의하곤 했다. 그는 쉼 없이 읽고 썼으며, 생각이 떠오르지 않
을 때는 그동안 쓴 것을 '깨끗이 정서하였고', 이렇게 정서하는 동
안 '직관이 깨어날 것'이라고 스스로 다독이기도 했다. 그는 또,
친구 숄렘의 전언에 따르면, 종이 한 장에 100줄의 글이 들어갈 만
큼 촘촘하게 쓰려 했던 기이한 열망의 소유자이기도 했다. 이 같
은 기이함은, 환각경험을 몸으로 직접 겪고 이 체험을 기록하기
위해 환각제인 해시시Haschisch를 의사 처방대로 그가 복용한 데
서도 확인할 수 있다(그의 자료보관실에는 이때의 체험을 기록한 자료
가 아직도 쌓여 있다). 이처럼 그는 글에 대해 열렬한 믿음을 가지고
있었다. 하지만 그렇다고 해서 글쓰기를 신화화하여, 문학이 마치
고상한 천재의 활동이나 되는 것처럼 여기지는 않았다.

현실변혁을 위해 필요한 것은 만하임K. Mannheim식의 '자유롭게
부유하는 정신'이 아니라 어떤 당파성Parteilichkeit이라고 벤야민은
믿었고, 이 정치적 당파성을 통해 기존의 가치와 준거를 재구성하
는 것이 필요하다고 생각했다. 그러나 그 재구성의 방식은, 지금
껏 살펴보았듯이, 그에게 매우 다양하게 나타난다. 그는 혁명이야
말로 메시아의 도래라고 믿었지만, 그 혁명적 실천의 방식은 여
러 차원에서 시도된다. 비평작업, 더 넓게 말하여 글쓰기도 그 중
의 하나였다. 글은 그에게, 정치적 비전을 군이 언급하지 않더라

도, 현실로 나아가고 이 현실을 교정하는 하나의 대응방식이었던 것으로 보인다. 그것은 이 교정 속에서 구원의 빛을 느낄 수도 있는, 그래서 행복의 이미지와 분리될 수 없는 하나의 출구였다. 그러니까 비평은, 창작처럼, 단순히 창조성이나 자율성 또는 천재성의 고상한 산물만은 아니었다.

글에 대한 벤야민의 믿음은 이보다 더 깊고 사실적이었다. 이런 생각들은 어린 시절부터 그에게 이미 익숙한 것이었다. 말하자면 글이나 이야기의 치유적 능력이라고나 할까? 이런 것에 대한 믿음은 아래 글에도 잘 나타나 있다.

> "이야기를 채우던 강한 물줄기는 내 몸을 관통해 흐르면서 충동처럼 병든 것을 씻어냈다. 고통은 이 이야기에 처음에만 저항하던 강둑이었다. 그것은 이야기가 진행됨에 따라 침식되거나 망각의 나락 안으로 씻겨버렸다. 어머니는 날 쓰다듬으며 이야기의 흐름에 자리를 펴주었다. 나는 어머니의 손길을 사랑했는데, 이 손길에서 이야기가 이미 바스락거리기 시작했고, 이야기는 곧 그녀의 입에서 쏟아져 나올 것이었기 때문이다."[22]

벤야민에게 글쓰기란 어떤 것이었던가? 그는 어떤 방향으로 글을 이끌고 갔던가? 어머니가 들려준 이야기처럼, 글도 몸을 관통하면서 "병든 것을 씻겨내 준다." 고통은 처음에 저항하지만, 이

---

22) Walter Benjamin, "Berliner Kindheit und Neunzehnhundert," *GS* IV/1, 1991, S. 271.

저항은 오래가지 못한다. 이야기가 진행할 때처럼 글 역시 쌓이고 쌓이면, 고통을 "침식"시키고 "망각의 나락 안으로 씻겨가버린다." 그리하여 벤야민은 이런 이야기를 들려준 어머니의 손길을 사랑하듯이 글을 사랑했던 듯하다. 치유의 계기는 글 가운데 어디서도 쏟아져 나오기 때문이다.

벤야민은 늘 지식과 역사의 빈자리를 주시했고, 마치 토르소처럼 상처와 잔해로 남은 세계의 무너진 자취를, 그리하여 역사의 결락지점을 어떤 식으로든 메우고자 애썼다. 이런 바람은 그러나 단순히 어떤 의지나 욕망만으로 되는 게 아니다. 사악한 권력욕은 물론이거니와 순수한 의도마저 권력욕에 오용될 수 있다. 이것을 피하려면 쓰는 사람은 무엇보다 깨어 있어야 한다. 깨어 있음, 그것은 엄격한 규율을 뜻한다. 그것은, 벤야민이 「작가의 기술에 대한 13가지 테제」에서 적절하게 비유하듯이, "관청의 외국인 등록부"처럼 철저해야 한다. "자기도 모른 채 생각이 스쳐 지나가도록 내버려두지 말 것. 그리고 관청의 외국인 등록부처럼 엄격하게 네 노트를 할 것."[23]

그리하여 벤야민은 쓴다. "저녁부터 그다음 날 아침이 밝아올 때까지 붙들고 있지 않았던 그 어떤 작품도 완벽하다고 생각하지 마라."[24] 이런 엄격성은 그러나 어떤 전략이나 의지의 결과가 되어서는 곤란하다. 차라리 글은, 앞서 예술철학적 토대에서 살펴보았듯이, '의도 없음'에서 나와야 한다. 그는 의도 없음에서 진실의

---

23) Walter Benjamin, "Einbahnstraße," *GS* IV/1, Frankfurt/M., 1991, S. 106.
24) *Ebd.*, S. 107.

조건을 보았기 때문이다. 이것을 이어받아 아도르노도 예술적 진리를 '무의도의 진리'로 이해했다.

글이 자연스런 흐름을 타야 하는 것은 이런 이유에서다. 마치 만년필에서 잉크가 흘러나오듯이, 벤야민은 자기 글이 술술 흘러나오기를 염원했다. "담배 끝에서 연기가 피어오르듯, 만년필에서 잉크가 스며 나온다면, 나는 작가로서의 아르카디아에 있을 터인데……"[25] 그가 이상적으로 생각한 글쓰기 상태는 바로 이 점에 있다. 엄격한 기율 속에서도 이 기율을 넘어선 자연스러운 상태, 이 상태에서 글과 몸은 따로 놀지 않는다. 글을 쓰는 육체는 문자와 하나가 되어 이 문자를 부리고 이 문자와 어울린다. 그리하여 뜻은 의도하지 않아도 이제 몸의 것이 되어 있고 이 글 속에 이미 배어 있다. 그래서 글은 곧 몸이 되고, 육체는 문자가 된다. 몸이 된 글에서 글은 어떤 것을 의도하지 않아도 뜻을 나른다. 글을 쓰는 손의 움직임은 곧 정신의 움직임이기 때문이다. 손과 글과 몸과 뜻과 길은 결국 하나인 것이다.

글과 몸, 뜻과 길, 육체와 문자가 손가락의 자유로운 기율 속에서 하나가 되는 것, 이것을 벤야민은 '작가의 아르카디아'로 불렀던 것 같다. 그것은 비평의 아르카디아로 불려도 무방할 것이다. 모든 비평은 글이 된 육체, 즉 글의 몸 또는 몸의 글을 지향한다. 이것이 비평의 이상이고 비평의 낙원상태다. 그는 실제로 숄렘에게 보내는 1934년 8월 11일자 편지에서, 카프카 작품이 보여주듯이, "삶을 글로 변신케 하는 시도에서 나는 '전환'Umkehr의 의미를

---

25) *Ebd.*, S. 112f.

보네"라고 쓴 적이 있다.[26] 카프카의 경우 이 전환은 '이웃 마을' 같은 비유를 통해 나타난다면서, 이 전환 속에서 그의 메시아적 생각이 드러나 있다고 벤야민은 진단한다. 글과 몸이 일치한 상태에서 구제적 전환이 일어나고, 이 전환 때문에 하나가 된 글과 몸은 문학의 아르카디아가 될 수 있다.

그러나 글몸 또는 몸글의 아르카디아는 도달되기 어렵다. 생각과 문자, 육체와 언어는 적대적이기 때문이다. 그것은 서로 거스르거나 어긋나는 것이고, 그래서 그 일치는 거의 불가능해 보인다. 글과 몸의 일치는 매우 드물게 일어난다. 적어도 글쓰기에 관한 한, 희망은 예외적이고 절망은 일반적이라고 말하지 않을 수 없다. 벤야민은 카프카적 인물이 아름다운 것은 '희망 없음' 때문일지도 모른다고 쓴 적이 있지만, 몸이 곧 글이 되는 비평의 낙원도 희망부재의 도저한 절망 위에 서 있을 것이다. 글은, 이 글로써 원하는 바가 이뤄질 수 없을 것이라는 체념과 절망 속에서만 겨우 행해지는, 아름다움의 실천인지도 모른다. 벤야민은 이 절망적인 상태에서 쓴 글이 역사의 훼손된 지점, 말하자면 잊혀지고 패배한 곳을 구원의 약속인 것처럼 비춰주기를 바랐고, 이 비춤이 궁극적으로 자기로 돌아오기를 원했다. 왜 그런가? 글의 자기회귀야말로 행복의 귀착점이라고 보았기 때문이다.

벤야민의 글은 사회진단이면서 자기회고이고, 자아의 실험과 검토이면서 현실의 분석이자 시대사적 증언이다. 얼핏 보기에 양

---

26) Walter Benjamin, "Briefe 1-2," v. G. Scholem u. Th. W. Adorno(Hrsg.), Frankfurt/M., 1993, S. 618.

> **글과 몸, 뜻과 길, 육체와 문자가 손가락의
> 자유로운 기율 속에서 하나가 되는 것을
> 벤야민은 '작가의 아르카디아'로 불렀다. 모든 비평은
> 글이 된 육체, 즉 글의 몸 또는 몸의 글을 향한다.**

립할 것 같지 않은 이 두 축은 그에게 그러나 따로 자리하지 않는다. 그것은 늘 하나로 모아진다. 이것은 아마도 프루스트의 내밀한 고백적 글쓰기, 브레히트의 첨예한 사회인식, 마르크스주의자로서의 유물론적인 역사인식, 이 유물론적 지평을 넘어서는 신학적 염원이 결국에는 하나로 수렴되는 데서 생겨날 것이다. 그는 이 모든 이질적 문제의식을 자신의 실존적 현존 아래 하나로 버무려낸다.

글은 이렇게 묶여진 다양한 목소리의 통일적 표현형식이다. 적어도 이 한 지점에서만큼 벤야민은 양보하지 않았던 것으로 보인다. 또 이 같은 확신 아래 있었으므로 그는 「경험과 궁핍」1933이라는 글에서 다음과 같이 적었을 것이다. "새로운 것에서 시작할 것. 얼마 되지 않는 것으로 견뎌낼 것, 얼마 되지 않는 것으로 구성하고, 이 구성 시에는 좌도 우도 쳐다보지 말 것."27)

다시 한 번 더 묻자. 글은 어떤 에너지가 될 수 있을까? 그것은 정녕 삶을 쇄신시키는 의미 있는 항체가 될까? 벤야민은 삶의 많

27) Walter Benjamin, "Zum Bilde Prousts," *GS* II/1, Frankfurt/M., 1977, S. 215.

은 것이 몇몇 단어로 복원될 수 없으며, 설령 복원된다고 해도 제대로 읽히기 어려움을 잘 알고 있었다. 그는 진리가 삶의 비밀을 말살하는 '폭로'가 아니라 이 비밀을 존중하는 '계시'가 되기를 원했다.[28] 그가 언어보다 이미지를 선호한 것도 그 때문일 것이고, 직설적이고 주장적인 명제보다는 다양한 비유와 삶의 신비에 골몰한 것도 그 때문일 것이다. 그럼에도 다시 강조해야 할 것은 이 고민의 중심에는 여전히 경험현실이 자리한다는 너무도 자명하지만, 이 자명함 때문에 빈번히 잊혀지는 삶의 사실이다. 그는 사회정치적·역사적 상황에 주목하면서 삶을 기록하고 기억하며 비판하고 표현한다. 그는 "위대한 성취란 노력과 비탄, 환멸의 결과"임을 잘 알고 있었다.[29]

벤야민은 그 어디에서도 자기 글의 독창성을 내세우지 않았지만, 그의 비평은 언제나 이 점을 의식했던 것으로 보인다. 이것은, 목적의식이 없지 않았음에도 불구하고 일체의 전략과 의도를 그가 포기하려 했다는 점, 이 포기에서도 체험에 뿌리박은 언어를 구사했다는 사실에서 잘 드러난다. 벤야민은, 이성의 신화건 기술의 신화건 아니면 감정의 신화건 간에, 즉물성을 침해하는 그 어떤 관념이나 시도에도 굴복하지 않는다. 카프카가 종교작가가 아닌 것처럼, 벤야민 또한 어떤 초월적·초자연적 심급으로 도피하지 않는다. 그는 부정否定의 정신을 글 속에 유기적으로 조직할 줄

---

28) Walter Benjamin, "Ursprung des deutschen Trauerspiels," *GS* I/1, Frankfurt/M., 1974, S. 211 참조.

29)) Walter Benjamin, "Zum Bilde Prousts," *a. a. O.*, S. 313.

알았던 것 같다. 삶의 희망은 절망적이지만, 이 절망을 증언하는 사실적 열정 덕분에 그는 이 절망이 절망 이상이 되도록, 그래서 쉽사리 무너지는 희망을 지피는 어두운 불꽃이 되게 했다.

그러나 이 벤야민에 대해서도 거리를 두자. 오늘의 세계는 벤야민이 살던 세계와 분명 다르다. 지금은 더 이상 양차 세계대전 사이에서 불안에 떨던 당시의 정치경제적 혼돈상황과는 다르다. 오늘의 세계는 적어도 가스실의 대량학살 같은 '문명사적 파국'은 앞두고 있지 않다고 말할 수 있을지도 모른다. 그러나 정말 그런가?

재앙은, 그것이 자연적이든 인간적이든, 전지구적인 규모로 닥쳐오고 있고, 또 얼마든지 닥쳐올 수 있는 것은 아닌가? 갈등과 싸움, 전쟁과 폭력은 이전처럼 지금도 그치지 않고 있고, 강대국의 이기利己로 인한 약소국의 기아와 환경파괴적 재난은 이전보다 결코 덜한 것이 아니다. 우리는 이제 TV와 인터넷, 무선통신과 대중매체의 가속도 시대에 산다. 글은 더 이상 이전처럼 강력한 파급력을 갖기 어렵다. 그 때문에 문자가 의식의 각성에 기여할 가능성도 현저하게 낮아졌다. 무엇을 할 수 있을까? 이제 많은 것은 더 이상 글/언어/사고/성찰/문화로써 나아질 수 없다는 사실의 인정 속에서, 비관적일 수밖에 없는 현실직시로부터 시작되어야 하는지도 모른다.

사실과 꿈, 사건과 대화 같은 현실의 파편을 마치 탐정처럼 수집하고 조사하여 9·11 테러 이후의 세계에 대해, 이 세계에서 개인이 겪는 공포와 상실감을 묘사했던 미국의 소설가 데릴로D. Delillo는 "작가란 여론이 간주하는 사람이 되는 것을 피해야 한다. 만약 그렇게 하지 못한다면, 그는 얼어버린 상태로 자기서술의 포즈 속에 굳어버린다"라고 말한 적이 있다.

작가는 시대현실을 주시하면서도 이 현실에 휘둘리지 않는, 그래서 현실 이상의 것을 표현할 수 있어야 한다. 그것은 의식적인 것 이상으로 무의식적이기를 요구한다. 글은 동시대인의 시야에서 가장 멀리 벗어나면 벗어날수록 더 의미 있는 것이 될 수도 있다. 그렇듯이 가장 사사로운 세계에 골몰하고 증언하는 것이 곧 공동체적 전체에 대한 헌신이 될 수도 있다. 단순히 역사학자처럼 어떤 사실을 입증하거나 정치학자처럼 사회를 진단하고 분석하는 데 만족하는 것 이상이어야 한다. 작가는 그 어떤 정치적 파당성으로 자신을 확정짓고 제한짓지 말아야 한다. 그러면서 증명과 분석보다 더 넓은 현실, 더 넓은 정치의 옳은 가능성을 사고할 수 있어야 한다.

글을 쓰면서 우리가 겪는 것은 환희가 아니라 좌절이다. 이 좌절은 때때로 그 끝을 보이지 않으면서 지속되기도 한다. 이 절망 속에서 맞닥뜨리는 작은 일은 그러나 작은 것이 아니다. 그것은 가끔 새로운 빛 아래 새로운 모습으로 나타난다. 이것이 축적되면, 주체는 글에서 자신을 풀어헤치는 듯 방면시킨다. 나를 규정하고 나를 각인지우며 나를 지배하던 온갖 것, 이를테면 생각과 논리, 시각과 말들에서 나는 조금씩 풀려나는 듯하다. 풀려나서 아직 확정되지 않은 것, 그래서 다르게 될 수도 있는 것이 떠오르고, 이렇게 떠오르는 것 가운데 잊혀진 것들, 외면하고 부주의한 것들도 나타난다. 삶의 많은 것은 글을 쓰는 가운데 어떤 유동적인 것으로, 새롭게 형성될 수도 있는 움직임으로, 그리하여 미지의 가능성으로 나타나는 것이다. 글을 쓴다는 것은, 쓰는 동안 무엇인가 만들어낸다는 점에서, 이미 생성적이고 창출적인 의미화 행위다. 그래서 그것은 고귀할 수 있는 의미실천이다. 이런 식으로 나는 글에 메시아적 계기를 부여했던 벤야민을 이해한다.

글은 사실과 꿈, 과학과 열망, 한숨과 웃음, 정치와 교육 사이에 있다. 글은 한편으로 그 글을 쓰는 사람을 나날의 긴박한 일로부터 멀어지게 만들기도 하고 물질적인 제약에 둔감하게 만들기도 하지만, 바로 이 거리감 속에서 그는 활동과 계획 때문에 불가피했던 이런 제약들이 없었던 시절을 떠올려주기도 한다. 이때의 나는 본래적 자유의 한 *끄트*머리에 닿아 있고, 이것은 가장 여리고도 미묘한 생애의 몇몇 장면이 되기도 한다.

그리하여 나는 그 만남에서 현존의 어떤 원형을 보는 듯한 느낌도 갖는다. 적어도 이 지점에서 나는 세계를 어느 한편으로 편듦 없이, 삶을 이분화하는 온갖 규정을 삼가면서, 어떤 온전한 현실과 만나게 되는 것 같기도 하다. 세계를 부단히 문제시하면서도 내 정체성을 포기하지도 않은 채 경탄하는 길은 분명 어딘가에 있을 것이다. 그 길 위에서 억눌리고 배제된 것들의 잊혀진 이름들이 다시 상기될 수도 있을 터이다. 이것을 환기하면서 존재하는 현재의 아름다움을, 이 아름다움의 순간순간을 키워가는 것이 문학언어의 실천적 의미인지도 모른다.

그러나 이 미메시스적 성찰도 때로는 무력하고 허황되어 보인다. 아름다움의 추구마저 맹목적 의지에 추동되는 아집의 표현일 수도 있다. 사랑도 눈먼 편견 아래 행해질 수 있듯이, 아름다움도 현실을 왜곡시키면서 추구될 수 있다. 19세기 말의 유미주의자가 그러했다. 어떤 선의도 그 자체로 완전할 수 없다.

그리하여 글은, 이 글의 오용적 가능성까지 염두에 둘 때, 비로소 조금 의미 있는 것이 된다. 글은 아무것도 아닌 무이면서 그냥 글이라는 것, 그래서 허무맹랑한 기호들 위에 지금의 의미화 작업이 있음도 아쉽지만 인정하자. 글은 종국적으로 글 자체의 목적성 또는 일체의 의도성까지도 비워낼 수 있어야 하고, 이렇게 비우는 것에 즐거워할 수 있어야 한다. 그것이 예술의 언어와 비평언어가 가진 아름다움이다. 어쩌면 모든 기호작업에 동반되는 그 불가항력적 무의미를 인식하고 허용하는 가운데 기존과는 어떤 다른 의미가 비의도적으로 만들어질지도 모른다.

삶은 의미를 쌓기에는 너무도 다채롭고, 무의미를 일삼기에는 너무 덧없어 보인다. 끊임없이 일어나는 사건적 흐름 가운데 인상적인 것을 포착하여 눈앞에 드러내는 일, 거기에 독특한 표정과 활력과 몸짓을 부여함으로써 그 대상을 생생하게 살아 있도록 하는 일, 그럼으로써 시간의 단절과 한계를 넘어서고자 하는 것이 절실하다. 불충분한 많은 것은 지금 여기의 기록 속에서 현재의 사건이 된다. 그렇다는 것은 많은 것이 앞으로 채워가야 할 공백임을 알려준다. 벤야민이 뛰어난 문예이론가요 문필가라면, 그 성취는 그의 언어에 담긴 고민과 좌절, 비탄과 환멸을 오늘의 에너지로 우리가 불러들이기 전까지는 아마도 헛된 몸짓으로 남아 있을 것이다. 비평은 삶의 몸글이어야 한다.

제10장

글의 자연사自然史 : 문학비평

> 인간이 만든 모든 것은 인간에 의해 파괴될 수 있다.
> 지울 수 없는 것은 자연이 새겨놓은 것밖에 없다.
> 그런데 자연은 왕족도 부자도 귀족도 만들지 않는다.
>
> ■루소, 『에밀』(1762)

> 자연은 슬픔 때문에 말이 없다.
>
> ■벤야민, 『독일 비애극의 원천』

벤야민은 어떤 작가를 가장 즐겨 읽었을까? 이것은 물론 어리석은 질문이다. 그 시대 그 누구와도 비견하기 어려울 정도로 집요하게 책을 읽었고 명석하게 작품을 해석해냈으며, 이 해석을 명징하고도 함축적인 글쓰기를 통해 풀어냈던 이 문예비평가의 규모를 그가 즐겨 읽은 몇 명의 작가로 환원하는 것은 부질없는 일이기 때문이다. 그럼에도 그가 친화성을 느낀 작가는 누구이고, 이들에게서 무엇을 얻어냈는지, 적어도 그 궁극적인 지향점은 무엇이었는지 여전히 궁금하다. 그렇게 읽어낸 내용이란 이들 작가의

> **❝프루스트와 카프카 해석에서 보이는
> 벤야민의 문학적 문제의식은 레스코프론에 와서
> 삶의 방식에 대한 예술적 문예미학적 탐구로 심화된다.
> 우리가 배워야 할 것은 이 탐구의 현재적 의미다.❞**

특성일 뿐만 아니라, 적어도 이 둘 사이에 이른바 '영혼적 친화력'이 있었다면, 그것은 곧 벤야민 자신의 실존적 궤적이 될 것이기 때문이다. 그가 즐겨 읽었고, 단순히 읽는 데 그친 것이 아니라 세계관과 현실대응의 방식을 배우면서 그와 똑같이 살아가고자 했던 작가는 누구라고 할 수 있을까?

벤야민은, 알려져 있듯이, 독일의 고전과 근현대문학에 대한 뛰어난 전문가였을 뿐만 아니라──그의 박사논문은 독일 낭만주의의 예술비평개념에 대한 것이었고, 교수자격논문으로 제출한 글은 독일 바로크 시대의 비애극에 대한 것이었다──러시아문학이나 영문학 그리고 무엇보다 불문학에 정통했다. 또 그는 마르크스나 트로츠키의 저술을 읽으며 흥분된 개안開眼을 경험했고, 크라우스와 카프카, 브레히트, 프루스트, 그린J. Green 그리고 여러 초현실주의자는 그에게 특히 중요했다. 이 같은 중요성은 이들에 대한 여러 편의 에세이에서 잘 확인된다.

1919년 처음 파리에 체류한 이후 벤야민은 프랑스를 자주 왕래했으며, 여기에서 비롯된 프랑스 작가와의 교분은 나치 등장으로 시작된 파리 망명생활에서 본격화된다. 그 당시의 명망 있는 작가들, 이를테면 지드나 로맹J. Romains, 아라공L. Aragon과의 교류는 잘 알려져 있다. 이 모든 전기적인 사실을 고려하지 않고도, 지금 남아 있는 글의 제목만 대충 훑어보아도 그가 당시에 가졌던 교제의 폭을 어느 정도 가늠할 수 있다.

이 많은 작가 중 나에게 인상적이었던 작가는 단연 프루스트와 카프카다. 바로 그 옆에 레스코프가 있다. 이 세 작가에 대한 글은 벤야민의 문학비평론 가운데 가장 깊고도 오랜 울림을 준다고 나는 판단한다. 1938년 7월 25일자 일기에서 벤야민은, 사람들이 마르크스를 읽지 않는 요즘 그의 『자본론』을 읽는 것이 "아주 좋다"고 말하는 브레히트에게, "많이 얘기되는 책들도 유행이 지났을 때 읽기를 가장 좋아한다"고 대답한 적이 있지만,[1] 그의 독법은 늘 시대의 유행과 시류를 거슬렀던 것으로 보인다. 그는 독문학에서 흔히 폄하되던 17세기 바로크 연극에 주목하여 알레고리의 가치를 복권시키는가 하면, 문학비평을 기존의 아카데미즘 영역에서 벗어나 대중교육적 관점에서 지속적으로 평가하기도 했다. 그것은 물론 강단활동이 막힌 상황에서 나온 자구책이기도 했다. 하지만 다른 한편으로 그가 오랫동안 고민해온 현실개입 방식을 탐색하는 의미 있는 사례이기도 했다. 문예란에 기고하고 라디오 방송에 참여한 것도 그런 맥락 아래 있다.

이 세 작가에 대한 세 편의 에세이는 다른 글에서 논의되는 여러 문제와 주제론적으로 얽혀 있다. 각각의 작가론에 이미 여러 문제의식이 녹아 있기 때문에, 문예론은 얼마든지 넓게는 사회비

---

1) Walter Benjamin, "Fragmente, Autobiographische Schriften," *GS* VI, Frankfurt/M., 1991, S. 537.

평과 정치진단, 현실이해와 역사인식으로 이어질 수 있고, 좁게는 장르론이나 내용형식론, 매체론, 서사론으로 연결될 수 있다. 벤야민이 선호한 작가는 말할 것도 없이 이들만이 아니었다. 횔덜린이나 헤벨, 괴테나 보들레르, 크라우스 같은 작가도 그가 즐겨 읽었던 작가에 속해 있었다. 이들에 대한 논의가 그의 문학론에 닿아 있는 것은 자명하다. 이런 이유에서 세 작가와 관련하여 내가 다룰 주제는 한정되어야 한다.

이 글에서 내가 관심 갖는 것은 첫째, 벤야민 문학관의 핵심이 무엇이고, 둘째, 이 핵심은 프루스트와 카프카 에세이에서, 또 레스코프를 다룬 글에서 어떻게 나타나며, 셋째, 문학관이 궁극적으로 '삶의 방식에 대한 탐구'라고 한다면 이 방식은 어떤 내용인가라는 것이다. 이런 질문에서 각 작가의 문제의식은, 적어도 넓은 틀에서는, 크게 다를 수 없다. 단지 그 방식, 즉 접근법이나 관점, 서술방식이나 언어적 뉘앙스가 다르게 나타날 뿐이다. 따라서 나는 이들 작가를 일단 구분하되 유기적인 관련성 아래 다룰 것이며, 그러면서도 제각각의 목소리가 드러나도록 할 것이다. 그래서 결국 벤야민의 이 독자적 목소리가 어떻게 현실과 인간에 대하여 지금 들어도 되새길 만한 울림을 주는지 살펴보게 될 것이다.

이것은 첫째, 프루스트와 카프카의 문학세계를 살펴보는 벤야민의 시선을 따라가면서 이 두 작가를 이해하는 가운데 일어날 것이고, 둘째, 이렇게 이해하는 벤야민의 관점이 무엇인지 고찰할 것이며, 셋째, 이렇게 이해된 결과가 어떻게 레스코프론에 의해 하나로 지양되는지 알아볼 것이다. 문학 안에서의 논의가 세상살이의 전체로 열리는 것은 이런 지양의 결과다.

이 대목에 이르면 더 이상 '문학에 대한 논의'가 아니라 이 논의에 내포된 '삶을 살아가는 방식'이 중심을 이룬다. 그러니까 나는 벤야민을 통해 프루스트와 카프카를 이해하고, 이렇게 이해된 프루스트와 카프카의 문학 가운데 의미 있다고 판단된 내용들을 레스코프론 안으로 수렴시키면서 어떤 인생론적 탐구, 말하자면 현실에 대한 어떤 권장할 만한 대응방식을 추출해내고자 한다. 나는 프루스트와 카프카 해석에서 보이는 벤야민의 문학적 문제의식이 레스코프론에 와서 삶의 방식에 대한 예술적·문예미학적 탐구로 심화된다고 여긴다. 우리가 배워야 할 것은 이 탐구의 현재적 의미다.

그러므로 프루스트·카프카·레스코프와 이 세 작가를 해석한 벤야민의 관점과 벤야민을 읽는 나 사이에는 세 겹의 관점적인 층위가 교차한다. 이 세 겹의 해석적 층위를 관통해나가며 어떤 믿을 만한 그래서 지혜로운 삶의 방식을 결정해내는 것은 흥미로운 일이다. 사실 예술의 경험은 단순화하자면 다양한 실존적 층위 사이를 오가면서 이뤄지는 관점의 확장과 축소와 이로 인한 유쾌하고도 불편한 교차경험에 있지 않은가? 그렇다면 이 일의 출발점으로 무엇이 적당할까? 나는 프루스트의 기억을 떠올린다.

1. 프루스트

1. 지나가는 투로 얘기하기: 무의지적 기억

> 다른 소설인물들이 뭔가 말해야 할 때, 그들은 그것이,
> 비록 가장 중요하고 놀랄 만한 것이라고 해도, 지나가는 투로
> 그래서, 그가 기본적으로 오래전에 알고 있었을 거라는 듯이 말한다.
> 마치 그 무엇도 새로운 것은 없다는 듯이, 잊었던 것이
> 그저 떠오르도록 주인공에게 슬쩍 요구하듯이 말이다.
> ■ 벤야민, 「프란츠 카프카」, *GS* II/2

프루스트[1871~1922]는 카프카[1983~24]와 더불어, 아니 카프카보다 더 오랫동안 그리고 더 내밀하게 벤야민이 교감한 작가인지도 모른다. 그는 프루스트에 대해, 마치 카프카에 대해서처럼 문학 에세이를 썼을 뿐만 아니라 무엇보다 그의 작품을 헤셀과 함께 1920년대에 이미 번역했고, 이 번역경험에서 심화된 생각을 여러 가지 방식으로 풀어냈기 때문이다. 문학과 예술, 역사와 시간, 기억에 관한 그의 철학적 사유는 프루스트에게 크게 빚진 것이다.

어떤 대상을 파악하고자 할 때, 그것을 개별적 술어를 통해서가 아니라 일정한 관계망 속에서 이해해보는 것은 어떨까? 말하자면 주요 개념들을 각각의 특수한 단위 속에서 상호고립적이고도 배제적으로 파악하는 것이 아니라, 나뉜 개체를 서로 잇고 연결짓는 가운데 마침내 하나의 전체 이미지가 드러나도록, 그리고 이렇게 드러난 온전한 이미지를 통해 그 대상을 파악하는 방식 말이다.

대상의 대략적 얼개는 이 의미론적 그물망 아래에서 비로소 어느 정도 이해될 수 있기 때문이다. 이 그물망적인 접근방식은 대상일 반을 파악할 때도 해당되지만, 문학비평의 한 설득력 있는 방법론 으로도 수용할 수 있다. 즉 그것은 프루스트를 이해할 때도 적용 할 수 있고, 이 프루스트를 해석하는 벤야민의 글을 우리가 소화 할 때도 적용할 수 있는 것이다.

벤야민의 프루스트 이해에서 하나의 핵심은 기억개념이다. 이 기억개념은 순간-위기-우발성-무의지-별자리-변증법적 이미 지-구원 등으로 구성되는 의미의 그물망 아래에 자리한다. 기억 은 어떤 예상된 시간에 일어나는 것이 아니라 불현듯, 갑자기, 예 기치 않게 일어난다. 그래서 그것은 단조롭고 평이한 일상에 파열 음을 일으킨다. 기억은 일종의 '위기'인 셈이다.

이때 기억은 단편적일 수도 있지만 온전한 무엇을 구성하기도 한다. 그것은 과거에 대한 단순기억이 아니라 그 전체를 새롭게 엮어내는 기억이고, 그러는 한 전복적이다. 이때 과거와 현재, 체 험과 허구, 여기 이편의 유한한 것들과 저기 저편의 무한한 것들 은 하나로 엮인다. 그러나 이 결합이 매끈할 수 없다. 그것은 차라 리 들쑥날쑥하고 불안정하며 파편적이다. 그러면서 그 파편들은 마치 모자이크처럼 어떤 통합적 이미지를 이루기도 한다. 기억 속 에서 이질적인 것들은 유기적으로 결합된다. 작품의 생생한 형상 화는 이 같은 결합의 효과라고 할 수 있다. 벤야민이 프루스트에 게서 읽어낸 것은 바로 이 점이었다. 죽음을 앞둔 천식환자로서 프루스트는 자기가 겪은 삶의 전체를 체험적이고도 허구적이며 논평적이면서도 회상적인 하나의 총체적 서사물로 조형해낸다.

> **"** 기억은 어떤 예상된 시간에
> 일어나는 것이 아니라 불현듯, 예기치 않게 일어난다.
> 그래서 단조롭고 평이한 일상에 파열음을 일으킨다.
> 기억은 일종의 '위기'인 셈이다. **"**

프루스트의 이런 생각은 다시 구성되어 벤야민의 「역사의 개념에 대하여」나 『아케이드 저작』 등 여러 글에 흩어져 있다.

프루스트의 기억 개념은 베르그송에게서 온 것이다. 베르그송은 정신과 물질을 대립시켜 시간과 기억에 대한 두 개념을 도출한다. 그는 정신에는 유동적이고 연속적이며 질적이고 따라서 계측 불가능한 특징을 부여한다. 이에 반해 물질에는 단절적이고 공간적이며 불연속적이고 수적인 특징을 부여한다. 그가 말한 기억의 '지속'durée은 정신의 속성이다.

여기에 대해 벤야민은 이 지속을 중단시킬 전환과 충격의 파괴적 계기가 필요하다고 여겼다. 이 단절을 통해 인간은 '깨어날' 수 있다고 여긴 까닭이다. 그래서 무엇보다 '침착성'Geistesgegenwart 과[2] 이 현재하는 정신을 통한 '드러냄'vergegenwärtigen이 그에게 중요했다. 단순히 사유하는 것이 아니라 최대의 집중력으로 지나온 삶을 글로 눈앞에 생생하게 그려내고자 한 것이다. 기억을 통해 과거를 지금 여기의 순간에 현재화할 때, 인간의 현존은 갱신되고

---

2) Walter Benjamin, "Abhandlungen," *GS* I/3, Frankfurt/M., 1974; *GS* I/3, S. 1242, 1244.

삶은 회생될 수 있다고 그는 믿었다. 주의할 것은 이때의 기억이 아무러한 기억이 아니라 '무의지적인 기억'unwillkürliche Erinnerung/ mémoire involontaire이라는 점이다.

프루스트와 벤야민의 맥락에서 '무의지적'이란 자의적이고 비의도적이며 임의적이라는 뜻이다. 그것은 한편으로 어떤 의지나 의도 없이 불쑥 찾아드는 기억이고, 다른 한편으로 바로 그 때문에 기존의 개념이나 인식틀로부터 자유로운, 그래서 순수직관에 가까운 본원적 인식이 된다. 프루스트 문학과 벤야민 비평에서 '순간(성)'이 중요한 것은 이런 이유에서다.[3] 이런 전체 맥락은 아래 글에서 잘 드러나는 것 같다.

"지나간 것을 역사적으로 명료히 표현한다는 것은 동일한 순간의 국면에서 함께 나타나는 것을 과거 속에서 인식한다는 뜻이다. 역사적 인식은 유일하게, 오직 역사적 순간에 가능하다. 역사적 순간의 인식은 그러나 늘 어떤 순간에 대한 한 인식이다. 과거는 순간으로— 변증법적 이미지로— 결합되면서, 인류의 무의지적 기억이 된다.

변증법적 이미지는 구원된 인류의 무의지적 기억으로 정의될 수 있다."[4]

---

3) 이 순간성에 착안하여 '갑작스러움'을 문학적 인식의 한 원리로 주제화한 미학자는 보러(K. H. Bohrer)다. 여기서는 문학과 예술의 경험에서 일어나는 순간적 각성, 즉 조이스식의 에피파니란 개념이 결정적이다.

4) Walter Benjamin, "Abhanglungen," GS I/3, S. 1233.

벤야민이 지적하듯이, 지나간 과거의 경험이 언제나 눈 앞에 나타나는 것은 아니다. 그것은 우리가 인식하는 순간, 다시 말해 현재적으로 인식하는 "역사적 순간"에 나타난다. 이때 중요한 것은 "국면"Konstellation, 별자리이라는 개념이다. 밤하늘의 별자리에서 별은 어느 하나만 있는 것이 아니다. 어느 하나는 그 옆에 있는 많은 것과 어울려, 이 수많은 것의 하나로서 전체구조와 관계하면서 나타난다. 우리가 인식하는 과거도 이와 비슷하게 현존적 순간 속에서 어떤 전체적 구조 아래 자리한다. 이것을 인식하는 것은 의지만으로 되지 않는다.

벤야민에 따르면, 또 그가 인용하는 프루스트의 묘사에 따르면, 여기에는 무의지적 기억이 작용한다. 어느 날 어느 순간 우리는 알 수 없는 계기로 과거의 어떤 경험을 떠올리고, 이렇게 떠올린 경험의 파편 속에서 그 전체 이미지를 조금씩 깨닫는다. 여기에서 무의지적 기억은 하나의 좁고도 작은 문이고, 이 문은 집단적이고 근원적인 꿈으로 이어질 수도 있다. 그리하여 구원의 가능성은 눈에 띄지 않는 것들에 주목하는 가운데, 드물고 예기치 않게, 열리는 것이다. 알 수 없는 어두운 것들이 무정형적인 형태 속에서 현재화되는 것은 이런 기억의 만남을 통해서다. 예술은 부재하는 것을 존재케 하는 것, 즉 아도르노의 말을 빌리면 "어두운 것들에 대한 참여methexis"인 까닭이다. 이렇게 인식된 과거의 일부는 격리된 파편이 아니라 전체의 구성요소로 자리한다. 다시 말해 변증법적 이미지로 변형되는 것이다. 이 변증법적 인식을 통해 인류는 기존과는 다르게 자리할 수 있는 새 질서의 가능성을 얻는다.

기억의 이미지는 "인식 가능한 지금 속에 번쩍이는 과거의 이미지"다.[5] 이 인식의 순간은 느긋하고 속 편한 상황이 아니다. 오히려 그것은 "위기국면"eine Gefahrenkonstellation이고, 그 때문에 과거를 서술하는 자는 정신의 현재성을 보존해야 한다.[6] 긴장된 정신의 침착성을 가져야 어떤 전통이 올바르고 어떤 전통이 그른 것인지 직시할 수 있고, 이 직시를 통해 연속적 역사의 부당한 지속을 해체시키면서 그와 단절될 수 있기 때문이다. "역사는 거슬러 빗질되어야 한다."[7] 그래서 쓰이지 않은 것을 읽고, 부른 적이 없는 것을 부르며, 그려지지 않은 것을 그릴 수 있다. 프루스트에게 이 위기란, 개인적으로는 죽음을 앞둔 자신의 실존적 상황일 것이고, 문학사회적으로는 전통적 형식의 붕괴로 난관에 처하게 된 서사적 재현상황이 될 것이다.

프루스트는 이 예술적 위기를 자서전과 회상록, 전기와 허구, 개인적 고백과 시대적 진단을 뒤섞음으로써, 말하자면 하나의 불연속적인 세계상의 전체를 보여줌으로써 대응하고자 했다. 그러나

---

5) *Ebd.*, S. 1243.
6) *Ebd.*, S. 1242. 벤야민에게 변함없이, 특히 프랑스 망명이 시작된 1933년 이후 중요했던 것은 위기의 현실을 '전체적 국면'(Konstellation/Konfiguration) 아래 파악하는 것이었고, 이렇게 파악한 것을 가능한 한 '즉물적이고 생생하게 드러내는'(vergegenwärtigen) 일이었다. 현상은 전체적 국면 아래 비로소 이념과 더불어 나타나고, 서술대상은 서술주체와 얽혀 좀더 온전하게 파악될 수 있기 때문이다. 심미적 형식의 진실성은 바로 이 점, 다시 말해 현상의 구제 또는 현상과 이념의 혼융을 지향한다. 그가 『독일 비애극의 원천』에서 '이념을 통한 현상의 구제'를 강조하는 것도 이 때문이다. Walter Benjamin, "Ursprung des deutschen Trauerspiels," *GS* I/1, S. 215.
7) Walter Bejamin, "Abhandlungen," *GS* I/3, S. 1240.

그것은 의식적으로 기획되었다기보다는, 카프카 작품의 한 인물이 K에게 말하듯이, '지나가는 투로', 그래서 '눈에 띄지 않게' 이야기했다고 하는 것이 옳을 것이다. 그런 점에서 무의식적 기억은 무의지적 서술에 이어진다고 볼 수 있다. 여기에서 프루스트와 카프카는 서로 만난다.

진리의 문이 작아 눈에 띄지 않는다면, 이 문으로 난 서사의 길도 아무렇지 않은 듯 걸어가야 한다. 용단이나 결의 또는 단호함이나 분기憤氣는 구원의 몸짓에 어울리지 않는다. 그것은 문학의 바른 태도도 아니다. 구원의 언어는 미미하다. 아니다. 오직 미미함 속에서 강력하다.

2. 위기-구원-행복

그러나 벤야민은 파괴와 단절이 곧 역사의 진보를 가져올 것이라고 믿지 않았다. 그는 오히려 진보에 대한 믿음을 불신했다. 단절과 부정이 없는 믿음이란 재앙이요 파국이라고 여겼기 때문이다. 구제적 계기는 현재를 위기로 보는 인식 속에서만 가능하다고 그는 생각했다. 그것은 달리 말해 시선은 과거를 향하지만 발걸음은 미래로 향해 있는 '역사의 천사' 이미지와 상통할지도 모른다. 또는 방법론적으로 기존을 해체하고 구성하면서, 이렇게 파괴하는 일이 곧 구축작업이 되게 하는 일이다. 해체적 구성의 이런 정열을 그는 "참된 인간성의 기후(상황)"라고 부른다.[8] 정신의 현재란 구제를 위한 것이다.[9]

---

8) *Ebd.*, S. 1243.

존재했던 것은 위기의 순간에 기억으로 새로워질 수 있다. 시간과 영원성, 변화와 지속, 과거와 미래는 이 순간에 교차하면서 서로 만난다. 강렬한 삶은 이 교차의 충격에서 생겨난다. 벤야민은 이 점에 대해 이렇게 적는다. "프루스트는 우리에게 부여된 현존의 진정한 드라마를 살 수 있는 그 어떤 시간도 우리 모두 갖지 않는다는 진실로 삼투되어 있다. 우리를 늙게 만드는 것은 바로 이 점이지 다른 무엇이 아니다."[10] 삶의 진정한 드라마는 지난 시절의 어두운 창고에 쌓인 기억의 무수한 단편을 확인하는 데 있는지도 모른다. 그런 순간이 없다면, 사람은 제 삶의 참된 주인이라고 말할 수 없을 것이다.

그리하여 세계는 고독한 기억 아래 새롭게 조직된다. 이 조직은 변증법적 조직이다. 왜냐하면 기억된 과거는 단순히 과거의 것이 아니고, 기억하는 주체도 지금까지의 주체가 아니기 때문이다. 기억은 이미 지나간 것과 지금 여기의 것, 나와 타자를 매개하면서 이 모두를, 무엇보다 기억의 주체를 변화시키고, 이 주체의 삶을 변화시킨다. 삶은 기억으로 직조되면서 새로 소생한다. 프루스트와 보들레르에 대한 노트에서 벤야민이 적었듯이, "기억은 젊게 한다."[11] 진실로 삶의 강렬한 체험은 여기에 있다. 이것이 프루스트의 생각이었고, 벤야민이 읽어낸 프루스트 문학의 요체였다.

그러나 벤야민의 프루스트 읽기에는 모순되는 사항도 있다. 유

9) *Ebd.*, S. 1244.

10) Walter Benjamin, "Zum Bilde Prousts," *GS* II/1, S. 320f.

11) Walter Benjamin, *GS* II/3, Frankfurt/M., 1977, S. 1063.

물론적 역사관의 토대가 되는 세 가지 계기인 "역사적 시간의 불연속성, 노동자 계급의 파괴적 힘, 억눌린 자의 전통"을 말할 때,[12) 그의 이런 생각은 분명 유물론적 역사가의 파당적 관점을 표현한 것이고, 그러니만큼 프루스트와 같이 '대단히 부르주아적인' 또는 '부르주아적이라고 일컬어진' 작가의 관점과 어떻게 병존할 수 있는지 의문스럽다. 하지만 벤야민의 프루스트 해석은 속류 마르크스주의적 해석과는 달랐다.

벤야민이 이해한 프루스트의 관점은 근본적으로 거시적이면서도 미시적이고, 사회역사적이면서도 개인적이다. 그의 시선은 프루스트의 그것처럼 내밀하고 미세하며 은근하다. 그는 "탐정가의 면모"를 가진 프루스트가 "자아와 사랑 그리고 도덕에 대한 환상 없고 가차 없는 탈마법자"이며,[13) 바로 이 탐정가적 시선으로 부르주아 상류층의 허위의식을 고발했다고 적는다. "상부의 수만 명은 그에게 하나의 범죄집단이었고, 어떤 다른 부류와도 비교될 수 없는 공모단체, 즉 소비자의 비밀결사였다. 그들은 생산에 관계되는 모든 것을 자기 세계에서 배제했다."[14) 그리하여 "프루스트의 속물주의 분석은", 벤야민의 예리한 독해는 이렇게 결론짓는데, "그가 보여준 예술의 신격화보다 훨씬 중요하고, 그래서 그의 사회비판에서 정점을 보여준다."[15)

이런 점에서 프루스트의 기억은 단순히 사사로운 차원에 머물

---

12) Walter Benjamin, *GS* I/3, S. 1246.
13) Walter Benjamin, "Zum Bilde Prousts," *GS* II/1, S. 318f.
14) *Ebd.*, S. 319.
15) *Ebd.*

> **❝**기억은 이미 지나간 것과 지금 여기의 것,
> 나와 타자를 매개하면서 이 모두를, 무엇보다
> 기억의 주체를 변화시키고, 이 주체의 삶을 변화시킨다.
> 삶은 기억으로 직조되면서 새로 소생한다.**❞**

지 않는다. 그것이 사적 요소를 가진 것은 자명해 보인다. 그러면서도 사적인 것만 묘사되지 않았다. 프루스트의 기억이 사적이라면, 그것은 개인적 삶의 환원될 수 없는 고유성과 내밀함을 간직하고 있다는 뜻이고, 그것이 사회적이라면 이 사적 고유성 속에서 한 시대의 전모가 전형적으로 투시되어 있다는 뜻에서다. 그리하여 그것은 한 시대의 개인적 사회성이나 전체적 특수성을 전례 없는 서사구조로 구현하는 데 유례없는 성공을 거둔다.

이러한 구현방식은 말 그대로 변증법적이다. 말하자면 개인적인 것과 집단적인 것, 인간적인 것과 역사적인 것, 주관과 객관, 시간과 영원이 서로 만나 삼투하면서 하나의 독자적 서사우주를 체현하는 것이다. 그러므로 프루스트의 기억은 전체적 차원으로 확장된 개인의 기억, 다시 말해 '보편적 개인의 사회문화적 기억'이 된다. 그가 "자신의 계급을 앞질러 갔다"고 벤야민이 진단한 이유를 나는 이런 관점에서 받아들인다.[16]

이 같은 삼투를 가능하게 한 것은 물론 그물망처럼 연결된 프루스트 특유의 문장들이다. 그것은 놀라운 것이지 않을 수 없다. 이

----

16) *Ebd.*

것은 벤야민이 인용하는 다음 문장에서도 단편적이나마 잘 느껴진다. "그르렁거리는 나의 숨소리는 내 펜의 소리와 아래층에서 나는 욕조 소리를 뒤덮고 있다." 프루스트 문장에 대한 벤야민의 논평도 예사로운 게 아니다. "그의 문장구조에는 (천식 때문에) 질식되어 죽을지도 모른다는 불안감이 도처에서 리듬을 타며 담겨 있다."[17] 끊임없이 이어지는 실잣기처럼, 그렇게 짜여진 의미의 직조물처럼, 프루스트의 문장은 불안과 갈망, 꿈과 깨어남, 우울과 기쁨, 변덕과 의지를 오가면서 삶을 기록한다. 그러면서 육체와 영혼이 둘이 아니듯이, 죽음과 삶 또한 별개가 아니라는 사실을 그것은 보여준다. 삶의 이질적 국면은 그의 글에서 물결처럼 어른 거리며 뒤섞인다.

프루스트는 숨 쉬기조차 힘든 천식을 견디면서 밤낮으로 썼고 꿈꾸며 또 썼다. 이런 가운데 몸은 더욱 기진맥진해갔다. 천식이 몸의 고갈상태를 보여준다면, 불안과 착란은 정신의 고갈상태라 고 할 것이다. 육체는 탈진하기에 이르렀고, 정신은 마모되어 난 관에 봉착했다. 죽어가는 몸으로 그는 불안이 엄습하기 전에 자신 의 온 생애를 기억으로 되살리려 했고, 이 되살림의 기록이 곧 『잃어버린 시간을 찾아서』였다.

현재의 매 순간은 과거로 자리를 내주면서 미래로, 미래의 알 수 없는 순간으로 접어든다. 지나간 것은 이 순간으로 끝없이 달 려들고, 이렇게 다가선 과거의 파편은 그리 분명한 게 아니다. 그 것은 희미하고 파편적이며, 그래서 어슴푸레하게 흔들린다. 현재

---

17) *Ebd.*, S. 323.

라는 순간은 덧없고 진부하게 자리했다가 곧 사라지고 만다. 그것의 이름은 불완전성이다. 과거의 이름이 그러했듯이, 현재의 이름도 불완전하다. 기억된 것마저 망실된다. 이 망실된 것을 작가는 글 안으로 끌어들이려 한다. 낮의 기억을 통해 밤의 꿈을 현실로, 현실의 살아 있는 경험으로 그는 만든다. 프루스트가 쓴 교정지의 여백은 늘 빼곡히 채워져 있었고, 문장은 단락 구분도 없이 줄줄 이어졌다. 그렇게 그는 문선공文選工을 절망시키곤 했다고 벤야민은 적고 있다. 하지만 이런 프루스트를 추억하며 쓴 벤야민의 글역시 그와 크게 다르지 않다.

벤야민의 글도, 베를린의 문서보관소에 남아 있는 원고가 잘 보여주듯이, 마치 그물처럼 촘촘하게 짜여 있다.[18] 원래 텍스트text란 말도 '직물'texture에서 나온 것이다. 텍스트의 여백을 자신의 갈망으로 빽빽이 채움으로써 그는 맹목적이고 무의미한 삶에 유의미한, 그래서 즐거워해도 좋을 시간을 마련하고자 했던 것일까? 텍스트 공간은 곧 열망의 공간이다. 문자의 궤적은 꿈과 기억의 열망적 궤적에 다름 아니다.

우리는 삶의 현실을 언어로 표현하고 사고로 구축하면서 꿈과

18) 텍스트나 편지에서 벤야민이 쓴 글자의 크기는 1~7밀리미터에 이른다고 한다. 글자체의 이러한 공간적 밀도는 아마도 그의 사유의 밀도를 드러낼 것이고, 표현의 경제는 그가 처했던 생계적 어려움과 무관하지 않을 것이다. 이런 글씨체를 두고 어느 학자는 '미시서법' 또는 '현미경적 글쓰기법'이라고 불렀다(Erdmut Wizisla, "Walter Benjamins Archive. Bilder, Texte und Zeichen," Daniel Weidner, Sigrid Weigel(Hrsg.), *Benjaminstudien* 1, *a. a. O.*, S. 238). 여기에는 작고 사소한 것들에 대한 벤야민 특유의 애착이 드러나 있다.

열망을 글에 담아 세계의 혼돈에 대항한다. 글로 의미의 형성과 해체를 실험하는 것은 세계의 생성과 소멸에 상응하는 텍스트적 실천이다. 사람의 행복은 형성과 해체, 생성과 소멸 사이에 잠시 머물다 사라진다.

3. '구제적 교감': 프루스트-벤야민-나

절실한 것은 우리의 손을 쉽게 빠져나간다. 그것은 기억을 빠져나가고 언어를 빠져나가며 우리의 감각과 정신을 빠져나간다. 나누어야 했으나 나누지 못한 것, 말해야 했으나 말하지 못했던 것은 개념과 논리를 넘어서 있다. 몇 마디 말로 파악할 수 있을 것 같아 보이는 것들을 경험하는 데도 얼마나 집요하고 무자비한 노력이 필요한 것인가?

이런 노력을 몇 차례 하는 가운데 인간의 생애는 허망하고도 무심하게 소모되어간다. 시간은 마치 황사처럼, 아니 쓰나미처럼 나날의 일상을 덮치며 생명의 흔적을 지워버린다. 그리하여 그가 추구하는 많은 것은 결국 소모와 낭비의 집적체, 헛된 몸부림으로 판명난다. 인간의 행복은 위태롭고 허약하며 잠정적이다. 불멸은 그에게 가당찮다. 그는 몸을 가진 생물학적 존재이고, 이 몸은 성장하고 번성하듯이 노쇠하여 꺼져간다. 죽어야 할 자의 안타까운 자기위로, 그것이 행복의 이념인지도 모른다. 벤야민의 행복의지는 삶과 죽음, 사라짐과 생성, 떠나감과 다가옴이라는 위태로운 경로를 가로지른다. 그래서 역설적이고 모순적이며 불가해한 모습을 체현한다. 그것이 삶의 변증법이자 "행복의 변증법"이다.[19] 이 변증법에서 불행은 행복과 멀지 않다. 삶의 송가頌歌는 비가悲

ᵏ와 다를 수 없다. 지상의 노래는 짧고 불완전하기 때문이다. 삶은 송가와 비가로 착잡하게 얽혀 있다.

그러나 거꾸로 보면, 모든 역사적인 것은 이 불완전한 길에서 때때로 메시아적 행복과 만나기도 한다. 그래서 기쁨은 우울과 우울, 비애와 비애 사이를 오갈 때 잠시 주어진다. 행복감은 기쁨의 경험이면서 이 기쁨은 고통의 심연에 닿아 있다. 시간이 갈수록 사람이 점점 말을 잊고 행동을 주저하게 되는 것은 이 심연의 접촉과 관계 있는지도 모른다. 가슴을 멎게 하는 데는 뼈저린 체험이 녹아 있다.

이 좁고 위태로운 길 외에 삶의 어떤 길이, 자신을 위로할 어떤 다른 방식이 인간에게 있을 것인가? 아마도 없다고 말해야 할지도 모른다. 벤야민이 썼듯이, 시스티나 성당의 천장 벽화를 드러누운 채 그렸던 미켈란젤로처럼, 프루스트는 침상에 누워 죽어가면서도 상실된 것들을 기억의 그물로 건져 올렸다. 그의 글은 전적으로 불가능하리라는 예감 속에서, 육체의 병과 정신의 갱신을 오가면서 기억으로 엮어낸 삶의 회고록이다. 이 언어의 직조술에서 이루 형언하기 힘든 독창적 수공품이 엮어졌고, 그렇게 엮어진 작품이 곧 『잃어버린 시간을 찾아서』라는 텍스트였다.

예술은 사라질 운명 속에서 사라지지 않는 무엇을 추구하는 무모한 일이다. 작가는 자기 하는 일의 허망함을 알고, 이 앎에도 불구하고 무엇인가에 매진하지만, 그러나 이 매진의 결과를 묻지 않는다. 마치 자연이 사라지는 가운데 오는 무엇을 장려하면서도 말

---

19) *Ebd.*, S. 313.

이 없는 것처럼.

행복은 자연사적 무위無爲를 스스로 체화하는 데서 생겨나는지도 모른다. 이 체화된 무위의 삶이란 곧 아름다운 삶이다. 인간실존의 성격과 세계성, 행복의 속성, 미의 표상은 이 무위에서 만난다고 말해야 한다. 아무것도 아닌 것으로 남고, 이 아무것도 아닌 것을 기억하며, 아무것도 아닌 것으로 설령 남는다고 해도 이를 탓하지 않는 삶, 그것은 무로서의 생애를 긍정하는 삶이다. 그러나 이 긍정에도 불구하고 삶을 견뎌내려는 의지 속에서 무위는 어떤 다른 것으로 지양될 수도 있다. 이 지양은, 그것이 좀더 높은 단계로 이동한다는 점에서, 고양高揚이기도 하다. 예술은 이 고양에 대한 몸부림이다. 그것은 무목적성 속에서 자기목적을 이룬다.

기억한다는 것은 순간의 별자리에 나타나는 전체구조를 지나간 일에서 인식한다는 뜻이다. 역사적 인식은 오직 역사적 현재의 순간 속에서 가능하다. 역사적 인식은 늘 역사 속의 어떤 순간에 대한 인식이다. 벤야민에게 인간을 구제하는 것은 정신의 현재, 현재하는 정신의 침착성과 비판성을 유지하는 일이었다. 이 침착한 의식으로 그는 역사의 연속성에 균열이 일어나기를 원했다. 역사서술자는 그리고 문학을 읽고 연구하는 자는, 아니 예술을 경험하는 시민일반은 비판적 사유의 현재성 아래 위기의 전체국면을, 이 국면의 변증법적 전환가능성을 헤아릴 수 있어야 한다. '비판한다'는 것은 사유 속에서 어떤 국면이 다른 국면으로 변형가능함을 모색한다는 뜻이다.

우리는 지금 여기의 상황에서 기존과는 다른 시작의 계기를 주형해낼 수 있어야 한다. 근원의 지점은 파악되기 어렵고 묘사될 수도 없다. 그것은 타자성의 영역이기 때문이다. 자연의 세계는 무경계성 속에서 파악되는 것이 아니라 스스로 사라진다. 이 사라지는 전체, 이 전체의 차가운 무심함 속에 인간세계는 자리한다. 예술가의 의무란 세계의 이 말 없는 속성을 이해하는 일이다. 이 이해로부터 세계의 쇄신도 가능할 것이다.

기억은 무언가를 젊게 하고 소생시키며 갱신시킨다. 기억의 소생술에서 삶은 새롭게 조명된다. 이렇게 기억으로 재발견되는 것은 시간만이 아니다. 그것은 모든 것의 친근성, 즉 '먼 것의 가까이 있음'이다. 멀리 있는 것이 가까이 나타남을 벤야민은 '아우라'라고 불렀지만, 아우라는 오늘의 사회에서 철저하게 낯선 것이 되어버렸다. "여기 시간 속에서 추방되는 것은 영원성뿐만 아니라 가까이 있는 먼 것이다."[20] 우리는 기억을 통해 이미 사라져버린 것, 그리하여 이제는 우리 것이 아닌 무엇을 떠올려야 한다. 그것이 일상의 시간에서 어떤 본질적인 것을 체험하는 방법이다. 기억은 지나가고 잊혀지며 망실된 것의 소생술이다.

이 점에서 기억의 소생술은 보들레르적 교감correspondances이나 좀더 넓게는 미메시스적 능력과도 이어지는 것 같다. 기억은 기억하는 주체만의 활동이 아니라 주체가 대상과 만나 하나로 이어지면서 무엇인가 새롭게 창출하는 행위이기 때문이다. 그러는 한 인식주체와 인식대상, 인간과 사물은 기억 속에서 교류한다. 대상 편에서 말하자면, 사물은 기억의 매개에 기대어 인식과 성찰에 참여한다. 그리하여 기억활동은 인간의 주관적 활동이면서, 주관적

20) Walter Benjamin, *GS* II/3, S. 1063.

프루스트는 침상에 누워 죽어가면서도 상실된 것들을 기억의 그물로 건져 올렸다. 그의 글은 전적으로 불가능하리라는 예감 속에서, 육체의 병과 정신의 갱신을 오가면서 기억으로 엮어낸 삶의 회고록이다.

감각과 인식에 세계의 구조가 화응하는 일이다. 그래서 그것은 하나의 구제적 행위가 된다.[21] 기억이란 주체와 대상, 인간과 세계의 교감활동이고, 이 일치를 위한 미메시스적 능력이다.

그러므로 미메시스적 능력이란 주체가 세계의 객체와 만나 행하는 상호교감적인 창조활동이다. 미메시스적 능력은, 그것이 세계의 경험을 '형상화'하는 동시에(생산적 차원), 이렇게 형상화된 것을 다시 검토하는 일(수용적 차원)이기에, 창작과 비평에 공통적으로 일어난다고 할 수 있다. 이런 식으로 우리는 시민교육적 차원에서도 미메시스적 능력의 의의를 생각해볼 수 있다.

기억 속에서 우리는 외로워지기도 하지만, 이 고독 때문에 역설적으로 우리를 둘러싼 세계의 속살과 만나게 되기도 한다. 세계는 홀로 있음, 홀로 있음의 차가움, 이 차가움의 무한한 지속이기 때문이다. 이 무심함은 그러나 쉽게 잊혀진다. 사람은 하루하루 살기에도 바쁜 존재다. 경황 없는 그에게 세계는 늘 그의 존재 밖에

---

21) 아름다움이 현상과 이념의 교감이라면, 그리고 교감이 그 자체로 구제적이라면, 아름다움의 경험은 구제적 가능성으로 나아간다. 아름다움의 경험 이외에 구제의 길은 인간에게 없을지도 모른다.

있는 것으로, 그래서 무관한 것으로 여겨진다. 기억은 잊혀진 세계의 이 여일한 냉혹함을 떠올려준다. 그에 비해 예술적 미메시스는 기억에 기대어 작품의 창작과 비평에 적용되고, 그 때문에 신화적·제의적 미메시스보다 적극적인 것이라고 할 수 있다. 프루스트가 묘사하는 인물들은 대체로 소비적이고 허황된 사교 모임 안에서 살지만, 그 일부는 이 틀에서 물러나 삶을 반추하고 성찰하며 기억한다. 작품의 화자는 이런 인물의 예다. 이 성찰을 통해 사회의 변화가 모색된다고 한다면, 프루스트의 소설은 그 점에서 전복적이라고 할 수 있다.[22]

남은 문제는 거리다. 더 정확하게 말하면, 거리감각을 얼마나 다차원적이고 복합적으로 내면화할 것인가. 이것은 프루스트 소설의 여러 인물이 보여준다. 한 사건이 일어날 때, 이 사건에 직접 연루된 인물이 있는가 하면, 이렇게 연루되면서도 이 사건을 거리감 아래 관찰하는 인물이 있다. 그리고 이 관찰은 단순히 성찰로 끝나는 것이 아니라, 작가 프루스트처럼 언어로 조직하여 하나의 작품을 형상화하는 데로 이어지는 경우도 있다. 여기에 프루스트를 읽는 독자/우리의 감상적 관점이 더해질 수 있다. 또 우리 가운데 누군가가 이 작품에 대해 글을 쓴다면, 그것은 또 하나의 작품, 즉 비평집이나 창작집이 될 수 있다. 독자는 또 한 명의 비평가나 작가로 변신할 수도 있다.

이런 식으로 우리는 거리감을 그때그때의 정황에 따라 두세 겹 또는 그 이상으로 투여할 수 있다. 거리감은 이렇게 전염되고 확

---

22) Walter Benjamin, *GS* II/3, S. 1064; "Zum Bilde Prousts," *GS* II/1, S. 315.

장된다. 심미적 거리감이란 예술의 정신이다. 이렇게 전염된 예술의 정신이 예술의 역사를 이룬다. 변신의 폭은 이때 투여되는 거리감의 정도, 다시 말해 거리감각의 복합화 정도에 비례한다. 여기에서 핵심은 프루스트와 벤야민 그리고 이 둘을 읽는 우리/나의 관계다.

벤야민이 쓴 프루스트를 읽으면서 나는 또 한 명의 프루스트와 만난다. 이 다른 프루스트에는 벤야민의 마음 한구석이 들어 있다. 그리고 이렇게 읽은 두 작가의 면모는 나 자신을 비추는, 이렇게 비추며 읽게 되는 삶의 거울이 된다. 이것은 마치 프루스트를 읽으면서 벤야민이 프루스트와 더불어 결국 자기자신을 이해하게 된 것과 비슷하다. 이것은 벤야민이 프루스트의 독자에서 자기자신의 독자가 되고, 나아가 또 한 명의 작가가 되는 경로를 보여준다. 심미적 경험의 이런 확장과정은 나의 수용경험에도 그대로 적용된다. 즉 나는 프루스트와 벤야민을 읽으면서 결국 나 자신을 읽고, 나의 독자에서 나의 기록자, 즉 나에 대한 작가로 변신할 수도 있다. 가장 이상적인 독자는 작가로 자라나는 독자일 것이다. 이 교차지점에서 작품과 해석, 작가와 독자의 교감이 일어난다. 책의 독자는 궁극적으로 자기 삶의 독자여야 한다. 그는 하나의 작품에서 이 작품을 쓴 작가 이상으로 이 작가에 교감하는 자신의 흔적을 읽어내고, 이렇게 읽어낸 것은 자기자신의 창조에 이어질 때, 비로소 잠시 완성된다.

독서에서 잃어버린 시간을 되찾는다면, 이렇게 되찾는 시간은 예전 그대로의 시간이 아니다. 그것은 지난 시간 속에 묻어 있던 삶의 경험이고, 자기자신의 전혀 새로운 재경험이다. 재발견된 시간차원이란 재발견된 실존의 경험이다. 이 재발견에서 우리는 각자의 삶을 이중화하고 다중화한다.

삶의 이중화 또는 다중화란 무엇인가? 그것은 감각과 사고의 전이요, 이 전이를 통한 소통이다. 그것은 과거에서 현재로 옮아가고 지금에서 이전으로 돌아가듯이(시간차원), 나에게서 너에게로 나아가고, 타자에게서 나 자신으로 돌아온다(실존차원). 이러한 전이는 그 자체로 변증법적 경로를 보여준다. 그것은 여러 단계에서 진행된다. 예를 들어 프루스트에게 현실과 허구, 경험과 기억이 글 안에서 변증법적으로 결합되듯이, 이 결합은 프루스트와 이 프루스트를 읽는 벤야민에서도 일어나고(제1차 전이), 벤야민 자신과 그가 쓴 글 사이에서도 일어난다(제2차 전이). 또 그것은 벤야민과 벤야민을 읽는 나 자신 사이에서도 일어나듯이(제3차 전이), 나 자신과 내가 쓰고 있는 지금의 이 글 사이에서도 일어난다고 말할수 있다(제4차 전이). 이런 식으로 심미적 경험의 전이는 계속 이어진다.

이러한 전이의 원형적 형태는 물론 작가의 활동이다. 즉 전이는 그의 경험과 기억, 체험과 표현, 깨어 있음과 꿈꿈 사이에서 우선 일어난다. 그는 낮과 밤, 의식과 무의식을 왕래하면서 자기경험을 언어적 의미로 조직해낸다. 그래서 그것은 페넬로페의 실잣기를 닮아 있다. 기억은 겪었던 일을 언어의 실로 엮어내는 말의 직조술이다. 그 점에서 작가는 철저하게 생산자다. 그는 기억의 수공업자다. 그리고 이런 작가의 기술은 그의 작품을 읽는 비평가와 이 작품과 비평을 읽는 독자에게로 이중/삼중으로 점차 확대된다.

이렇듯이 변증법적 상호교감의 변증법적 경험은 작가와 비평가, 작가와 독자, 비평가와 독자 사이에서 창작과 수용의 차원을 달리하면서 얼마든지 퍼져나가고 언제까지나 계속될 수 있다. 심미적 경험은 이 변증법적 경로를 통해 기존과는 다른 시간을 경험케 한다. 다른 시간의 경험이야말로 진정한 삶의 드라마, 자본과 소비와 물신주의에 오염되기 전의 어떤 근원상태로 우리를 이끈다. 예술은 다른 사고와 경험 속에서 우리를 소생시킨다. 다른 시간경험에 대한 갱신적 참여야말로 예술경험의 진실이다.

2. 카프카

> 말해야 할 가장 중요한 것을 그는 늘 크게 포고하지는 않는다.
> ■ 벤야민, 「프루스트의 이미지에 대하여」(1929), *GS* II/1

벤야민의 카프카론은 프루스트론과 더불어 그가 가장 공들였던 문학론이었다고 여겨진다. 프루스트론[1929]이 헤셀과 공동으로 작업한 프루스트 번역으로 심화되었다면, 카프카론[1931/1934]은 1934년 이후부터 이어진 브레히트와의 대화에서 큰 자극을 받는다. 이때의 자극이란 물론 브레히트의 관점을 그대로 답습하는 게 아니라 공감과 비판을 동반하는 것이었다. 브레히트의 카프카 이해는 단편적이고 피상적이어서 벤야민을 놀라게 하기도 했다. 내 관심을 끄는 것은 벤야민 글에 담긴 카프카의 모습이 어떠하고, 이 모습은 오늘의 관점에서 그의 문학을 생각하는 데, 또 오늘의 삶을 검토하는 데 어떤 의미를 지니는가라는 점이다.

1. '현존의 왜곡'[23]

카프카 세계에 등장하는 대부분 인물은 길을 잃은 것처럼 보인다. 『성』의 K처럼 그들은 길을 찾지 못하고 방황하면서 무엇인가를 기다리고 있다. 그들은 단순한 방황이나 기다림 속에 있는 게아니라 누구에게 소환되거나 체포되고, 또 죄를 저질렀다고 하여재판받는다. 그러나 소환의 이유나 죄의 내용은 알려지지 않는다. 당사자는 도대체 이 세계의 법칙, 물리적일 수도 있고 형이상학적일 수도 있고 신학적일 수도 있는 법칙에 완전히 무지하다. 그런점에서 이들의 처지는 동물과 같아 보인다. 아니면 피조물적 무생명을 닮아 있다고나 할까? 카프카의 인물은 동물처럼 어디를 헤매고 어디론가 끌려가며, 알 수 없는 이유로 벌을 받아 고통당한다. 알지 못함, 무지, 불명료성, 밝혀지지 않은 고통과 죄과는 수세적이고 맹목적인 삶의 정황에 대한 증표가 된다.

큰 작가에 대한 해석이 대체로 그러하듯이, 카프카에 대해서도다양한 해석과 정평 있는 관점이 여럿 있다. 벤야민은 기존의 여러 접근방식 가운데 하스[W. Haas]에게서 해석적 단초를 얻었지만, 1920~30년대 당시 지배적이던 신학적 해석에는 반대하는 쪽이었다. 이 같은 해석에 큰 역할을 한 사람은 친구인 브로트와 숄렘이었다. 벤야민은 카프카 문학의 의미가 유대메시아주의와 관련되는 것을 부정하지 않는다. 이것은 카프카의 작품을 '자리 바뀐신학'[inverse Theologie]이라고 해석했던 아도르노에도 해당한다. 그러

23) Walter Benjamin, "Franz Kafka: Beim Bau der chinesischen Mauer" (1931), *GS* II/2, Frankfurt/M., 1977, S. 678.

면서도 그는 카프카의 작품이 메시아적 표상으로 환원될 수 없다고 여겼다. 그가 비밀이나 수수께끼 같은 신학적 모티프를 강조하지 않았던 것은 그 때문이다. 그러나 다른 한편으로, 바로 이점이 그의 시각의 균열점이기도 한데, 이 같은 비밀이 결여된 비평은 좋은 〈유물론적 문학〉비평일 수 없다고 여기기도 했다.

실제로 '심판'이나 '죄악', '고통의 역사'나 '구원' 같은 신학적 용어는 벤야민의 글에 자주 등장한다. 그렇다면 중요한 것은 유물론과 신학, 세속성과 신성의 관계를 어떻게 잡느냐가 된다. 이 점에서 변증법적 포용을 생각하면 어떨까?

벤야민은 이질적인 견해에 대해 변증법적으로 포용하고 지양하는 방식을 가졌던 것으로 보인다. 그는 견해가 달랐던 숄렘이나 브레히트와의 대화 또는 편지교환을 통해 자기생각을 계속 보충해간다. 예를 들어 숄렘은 카프카에게서 '계시'나 '법칙'을 중시했지만, 벤야민은 구원, 그것도 '세속적 구원'을 중시했다. 그는 문학표현을 신학적 표상에 그치는 것으로 이해하기보다는 현실적 차원의 구체적인 개선 가능성에 연결시키려 했다. 그의 정치적 프로그램은 현실개선을 위한 전략적 형태이고, 행복론은 이 행태에 담긴 내밀한 내용이다. 여러 글에서 그가 시각이나 촉각 같은 지각능력을 중시했고, 에로스나 도취(마약경험)를 강조한 것도 이와 연관된다. 벤야민이 지적한 대로, 카프카 문학에 "현존의 왜곡"이 있다면, 이 왜곡된 현존이란 현재적으로 존재하는 모든 것, 즉 인간이면서 사물이고 가치이며 세계관을 포함한다고 할 것이다. 그러니까 현존의 왜곡이란 세계상 전체의 왜곡이다. 이 왜곡의 뿌리는 가족관계로 보인다.

가족은, 그것이 굳이 죄악은 아니라고 해도, 사람 사이의 갈등과 미움이 발생하는 하나의 원형적인 구조라고 할 수 있다. 가족 안에서 누군가가 벌을 주면, 다른 누군가는 그 벌을 받는다. 카프카 작품에서 벌을 주는 대표적 인물은 아버지로 나타난다. 카프카와 아버지의 관계가 억압적이었다는 것은 잘 알려져 있지만, 아버지는 대개 고발하는 검찰의 역할이거나 벌을 주는 법원의 역할이기도 하다. 인간은 범법과 처벌, 과오와 책임의 이 굴레를 벗어나지 못한다. 그래서 운명적으로 된다. 그러나 이 죄를 굳이 법률적이거나 신학적인 의미에서만 볼 필요는 없다.

바람직한 것은 넓은 맥락에서 해석하면서 새로운 의미를 포착하는 일이다. 그런 점에서 죄는 죄악일 뿐만 아니라 소통불능이나 서열화된 권력관계 같은 일반적 갈등의 표현이기도 하다. 더 나아가면, 사건을 야기하는 원인의 근본적 뒤얽힘과 그 모호성이라고 할 수도 있다. 그것은 어찌할 수 없는 불가항력적 세계이고, 이 세계의 불가항력 때문에 우리는 절대적인 존재를 떠올리게 된다.

말할 수 없는 것들은 우선 경험적으로 지각되지만, 그것이 전형적으로 나타나는 것은 신학적 영역 안이라고 할 수 있다. 신의 이름은 말할 수 없다. 그것은 의미 있거나 의미 없어서가 아니라 의미/무의미와는 별도로 존재한다. 또는 의미 없는 가운데 모든 의미의 근원으로 신은 자리한다. 그래서 개념을 넘어선 개념, 즉 무개념적 개념의 절대성이 된다. 이것은 어떤 부호나 기호로 지시될 수 없다. 신적 비밀은 우리 사는 세계를 넘어 물리적 무한성을 상기시킨다. 이 무한성의 비밀에서는 어떤 언어와 논리와 개념도 허술해 보인다. 그래서 침묵하게 된다. 아니 침묵하지 않을 수 없다.

> **카프카는 실패한 자와 패배한 자의 궤적에 주목했다.**
> **그의 문학적 의의는 좌초한 자들의 궤적을**
> **발굴한 데 있다고 벤야민은 해석한다.**
> **"완전하지 않고 서투른 자를 위해 희망은 있기" 때문이다.**

신적 무한성에 어울리는 유일한 것이 있다면, 그것은 침묵이다. 오직 이 침묵 속에서 타자의 전체성은 체험될 수 있다. 문학은 타자성의 표현을 통해 신학의 상속자가 될 수 있을지도 모른다. 문학은 늘 신학의 가면을 쓴다. 타자적 침묵을 포용할 수 있을 때, 인간의 언어는 비로소 창조적으로 된다고나 할까? 그것은 신에 닿아 있는 까닭이다. 침묵은 창조적 언어의 메아리다.

인간은 알 수 없는 운명에 이리저리 휘둘리는 삶을 산다. 그런 점에서 그는 '현존이 왜곡된' 생애를 살아가는 불구의 존재다. 꼽추는 이 불구적 존재를 지칭하고, 소외된 사회는 그 시대적 이름이다. 소외된 사회에서 불구적 인간은 제 존재를 인정받지 못하고, 그의 목소리는 박탈되며, 그래서 그는 제 삶의 길을 깨닫지 못한다. 그는 늘 다시 물어야 하고, 언제나 새로 시작해야 한다. 이 굴레를 벗어난 것으로 여겨지는 사람들은, 카프카의 작품에서 보면 아주 드물다. 이들은 드물지만 반복적으로 나타난다. 벤야민은 조수나 급사, 학생 또는 바보 같은 이 변두리 인물에 주목한다. 이들은 가족에게서 벗어나 있거나 사회적으로 격리되어 있다. 카프카는 성공한 자와 승리한 자가 아니라, 실패한 자와 패배한 자의 궤적에 주목했던 것이다. 그의 문학적 의의는 좌초한 자들의 궤적을 발굴한 데 있다고 벤야민은 해석한다. 왜냐하면 이 "완전하지 않고 서투른 자를 위해 희망은 있기" 때문이다.[24]

　아름다움은 성공이나 실패 자체에 있는 것이 아니라 실패의 희미한 궤적을 추적하는 데 있다. 문학예술은 패배의 흔적을 즐겨 더듬는다. 카프카가 말했듯이, 희망은 우리를 위한 것이 아니지만, 패배한 자의 사연을 더듬는 가운데 우리는 희망의 불길을 일으킬 수 있다. 문학은 절망적 희망의 탐색작업이다.

2. 영원한 소송(과정)

　프루스트의 작품이, 적어도 겉으로 보기에, 19세기 말 프랑스 상류사회의 희희낙락한 사교모임과 전원 풍경을 그리고 있는 데 반해 카프카의 작품은 20세기 초 대도시의 사무적이고 억눌린 상황과 그 인간을 그린다. 카프카에서 '소송'이나 '법', '체포', '소환', '법정' 같은 정치법률적 용어가 자주 등장하는 것도 이런 맥락 아래 있다.

　이 전형적인 카프카식 용어는 그러나 단순히 정치경제적인 측면에서만 해석될 것이 아니라 신학적이고 형이상학적인 측면에서도 이해될 수 있고, 나아가 언어이론적이고 역사인식론적 측면에서도 접근될 수 있다. 그의 인물들은 자기가 사는 세계를 잘 알지 못한다. 그들은 이유 없이 끌려가고, 죄가 없음에도 심판받는다. 자기현실을 알지 못한다는 것은 현실의 법칙을 인식하지 못한다

---

24) Walter Benjamin, "Franz Kafka, Zur zehnten Wiederkehr seines Todestages" (1934), *GS* II/2, S. 415.

는 뜻이다. 더럽고 부패하고 위압적이며 부정의하고 모호한 것은 이 현실의 원리다. 그것은 세상의 법칙이기도 하다. 카프카의 인물들은 대개 이 원리에 낯설거나 미숙하며, 그래서 쫓기거나 추방된 자처럼 나타난다. 그런 점에서 이들은 수동적이고 무기력하다. 그들이 자주 침묵하거나 단식하거나 고개를 숙인 채 등장하는 것도 그 때문일 것이다. 망각은 의식의 이 소극적 상태를 지칭할 것이다.[25)]

나락과 모호함과 유혹과 불가해가 현실의 도처에서 입을 벌리고 있다. 입을 벌린 채 그것은 인간의 삶을 삼켜버리는 듯하다. 세계는 근본적으로 타향과 같고, 인간은 법정의 피고처럼 고개 숙인 채 시대의 선고문, 다시 말해 공식적 언어와 담론 그리고 지배이

---

25) 망각은 기억만큼 중요하다. 삶의 고통은 기억되어야 하지만, 이 기억은 망각을 동반하거나 전제한다. 어쩌면 오직 잊혀짐으로써 삶은 새롭게 기억된다고도 말할 수 있다. 그러니 기억과 망각의 관계는 흔히 상정하는 것보다 훨씬 복잡하게 얽혀 있다고 봐야 한다. 벤야민은 망각이 가장 좋은 것과 연관될 수도 있고, 그 점에서 구원의 가능성이 된다고 적은 바 있다(*Ebd.*, S. 434). 이와 관련하여 지적되어야 할 사실은 우리가 흔히 '기억'이라고 번역하는 'Erinnerung', 'Gedächtnis', 'Eindenken'은 독일어에서 조금씩 다르다는 점이다. 'Erinnerung'이 기억이라고 한다면, 'Gedächtnis'는 기억의 보존과 쇠락을 동시에 포함한다. 그러니 '회상'이라고 부를 수 있을까? 벤야민이 즐겨 사용한 'Eindenken'이라는 단어는 흔히 쓰지는 않는 말로, 좀더 내밀하게(Ein) 사유하는(denken), 그러면서도 다소 전복적인 함의를 지닌다고 할 수 있다. Eindenken은, 적극적으로 말하면, 벤야민에 의해 현재성과 파괴성, 내밀함과 정치성 같은 새로운 뉘앙스를 얻은 개념이라고 보아도 좋을 것이다. 이에 적당한 한글 개념은 무엇일까? 이것은 더 생각해보아야 한다.

데올로기를 묵묵히 들어야 한다. 벤야민은 카프카의 인물을 이런 식으로 해석한다.

"성이 있는 산속 마을의 K처럼, 오늘날 인간은 육체 속에서 산다. 그는 이방인이고 쫓긴 자이며, 몸을 좀더 높은 질서와 이어주는 법칙에 대해 아무것도 모른다. 이것은, 카프카가 왜 그의 이야기 중심에 그토록 자주 동물들을 놓았는가에 대해 많은 것을 알려준다…… 이런 칩거는 그 세대와 세계의 격리되고 법칙 모르는 사람들에게만 적절했을 것으로 작가에게 여겨진 것이다. 이 무법칙성은 그러나 하나의, 되어버린 무법칙성이다. 그가 말하는 이 세계가 낡고 녹슬었으며, 먼지투성이인 채 살아남은 것으로 그리는 데 카프카는 지치지 않는다."[26]

인간의 세상에서는 왜 항의와 탄원이 그치지 않는가? 사람이 세계에 항의하는 것은 이 세계가 부조리하기 때문이다. 단순히 부조리하기 때문만 아니라 부정의하고 부패하고 가난하여 폭력과 갈등으로 뒤덮여 있기 때문이다. 삶의 불평등, 이 불평등에 대한 둔감함은 인류사의 항수恒數로 보인다.

그러나 이 항구적인 부당함을 해소할 수 있는 길은 없어 보인다. 정당한 항의에 답변해줄 사람도, 그에 대해 바른 판단을 해줄 심급이나 존재도 없는 듯하다. 설령 답이 있다고 해도, 그것은 모

---

26) Walter Benjamin, "Franz Kafka, Beim Bau der chinesischen Mauer," *a. a. O.*, S. 681f.

호하거나 불충분하다. 신은 오지 않고, 메시아는 대답하지 않는다. 모든 질문은, 전혀 질문되지 않은 것처럼, 미지의 껍질에 쌓여 있다. 그리하여 인간은 이 답답한 분위기에 억눌린 채 항소하지 않을 수 없다. 그러나 이 항소는 제대로 표현되지 못한다. 그래서 인간은 알 수 없는 말을 자주 중얼거리거나 더듬거린다. 웅얼거림, 하소연, 잠꼬대, 횡설수설, 실어증, 침묵…… 이것이 인간이 행하는 항소의 표현인지도 모른다.

카프카 소설의 등장인물들은 그럼에도 계속 항의한다. 세상은 항구적 소송Prozess의 공간이 되고, 이 소송은 하나의 지속적 과정 Prozess을 이룬다. 인간의 세계소송은 영원히 끝나지 않을지도 모른다. 그리하여 삶은 인간에게 "항구적으로 지속되는 소송과정"[27] 이다. 세계사를 '세계심판의 역사'라고 불렀던 헤겔의 정식은 이런 이유에서 이해될 수 있다. 이때 인간적 질서와 신적 질서, 역사와 자연은 같이 나타난다. 그러나 그것은 화응하는 체계가 아니라 어긋난 체계다. 갈등과 오해, 불평등과 부당함, 모호함과 불합리성은 이렇게 어긋난 결과다. 이 편만하는 불일치 속에서 카프카는 인간의 세속적 질서와 신의 내세적 질서를 두루 조망한다. 이 점이 카프카를 읽는 벤야민의 독해방식이다.[28]

"카프카에게 그가 산 시대는 근원적 시초에 대한 어떠한 진보도 뜻하지 않는다."[29] 이렇게 벤야민은 카프카론에서 썼다. 역사가

27) Walter Benjamin, "Franz Kafka, Zur zehnten Wiederkehr seines Todestages," *a. a. O.,* S. 412.
28) Sigrid Weigel, "Zur Franz Kafka," Burkhardt Lindner(Hg.), *Benjamins Handbuch,* S. 546.

> **"** 카프카 소설에서 세상은
> 항구적 소송Prozess의 공간이 되고, 이 소송은
> 하나의 지속적 과정Prozess을 이룬다.
> 인간의 세계소송은 영원히 끝나지 않을지도 모른다. **"**

나아가는 것이 아니라면 대체 무엇인가? 어떤 진전도 없는 역사, 시간이 아무리 진행되며 변화를 겪는다고 해도 이 변화가 끝없는 반복이고 하나의 순환이라고 한다면, 그것은 말의 바른 의미에서 '발전'이나 '진보'가 될 수 없다. 이 변화에서 최신의 것은 최고最古의 것과 겹쳐 있기 때문이다. 첨단의 문명성은 가장 오래된 원시성을 되풀이할 뿐이다. 그리하여 삶의 경과는 그저 시초의 반복에 불과한 무엇이다.

그러나 이런 사실을 우리는 잊고 지낸다. 잘 안다고 해도 삶의 이 근본적 불변성을 인정하려 하지 않는다. 그래서 가능한 한, 마치 없는 듯이, 여긴다. 그러나 현실의 폭력은 바로 이 현실의 무지나 외면에서 생긴다. 자발적 망각으로부터 신화적 폭력이 이전처럼 지금도 행세하며 지속되는 것이다.

그리하여 신화와 계몽, 과거와 현재, 시초와 끝, 퇴행과 진보는 서로 만난다. 서로 무관한 것이 아니라 오히려 일치한다. 이 점에서 인간의 역사는 자연의 역사와 다를 수 없다(인류사가 자연의 근원사를 반복한다는 테제는 벤야민 사유의 한 핵심이고, 이 문제의식이 19세기

---

29) Walter Benjamin, "Franz Kafka," S. 428.

대도시 분석을 통해 드러난 것이 『아케이드 저작』이다. 그는 대도시의 상품 생산과 인간유형, 건축과 유행과 소비의 활동에서 집단적 욕망의 근본적 속성, 즉 '동일한 것의 영원한 회귀'를 추출해낸 바 있다). 이 대목에서 우리는 문명의 구조가 자연의 그것과 근본적으로 다르지 않고, 유기적 생명의 세계가 무기적 무생명의 세계와 이어져 있음을 확인한다.

인간의 역사는 자연의 야만성을 정도의 차이가 있는 채로 일정하게 계승한다. 카프카의 세계는, 바이글S. Weigel이 적절하게 지적했듯이, "자연과 문화, 비유기성과 유기성의 문턱에서, 형성과 퇴락의 상태에 동시에" 놓여 있다.[30] 인간 삶의 가치적·이념적 질서도 물리적으로 작동하며 구조화되어 있는 것이다. 이 인식론적 변화에는 물론 동시대 자연과학이 이룬 인식론적 성취가 큰 역할을 한다. 흥미롭게도 벤야민은, 영국의 물리학자 에딩턴A.S. Eddington 의 한 책에 의지하여, 물리학의 상대성이론과 양자이론이 초래한 세계관적 혁신의 문학적 표현이 카프카 문학이라고 언급한다.[31]

그렇다면 외양에 젖은 부르주아 사회에서 이 사회의 속물성을 가차 없이 분석하고 비판하는 가운데 행복을 갈구했던 프루스트나 출구 없는 현실에서 진리를 모색했던 카프카에게 공통되는 점은 무엇일까? 이들이 추구한 새로운 삶의 형식이란 무엇이었을까? 낙원의 불가능성뿐만 아니라 현세적 삶의 끝없는 퇴행을 인식했던 그들에게 남아 있던 가능성이란 무엇이었고, 이들은 과연

---

30) Sigrid Weigel, *a. a. O.*, S. 553.
31) Walter Benjamin, "Briefe 1-2," v. G. Scholem u. Th. W. Adorno(Hrsg.), Frankfurt/M., 1993, S. 760ff.(Bd. 2).

어디에서 출구를 발견했던 것일까? 도대체 그런 출구가 있기라도 했던 것인가? 희망이 아직도 가능하다면, 그것은 어떤 경로를 통해 드러나는 것인가?

아마도 작가에게 그런 출구는 글쓰기에 있을 것이다. 그러나 그 글은 이전과는 전적으로 다른, 영민하고 혁신적이며 전략적이어야 했다. 이것은 일반 작가에게뿐만 아니라 무엇보다 자신에게 먼저 요구한 예술실존적 원칙이었을 것이고, 그러는 한 삶의 태도였다고 말해도 좋을 것이다. 그것은 더 이상 조화나 명상을 한가하게 읊조리는 것이 아니라 위기에 찬 현실과 직면하는 데 있었을 것이고, 이 현실에 개입하여 전승되는 가치를 재구성하는 일이어야 했고, 그럼에도 과거와의 비밀스런 약속에 귀 기울이는 어떤 내밀하고 나직한 것이지 않으면 안 되었다. 그가 규범적 미메시스 개념을 거부하고, 기술Technik과 몽타주 개념을 중시한 것도 이런 맥락에서 이해할 수 있다.

카프카는 미숙하고 서투른 변두리적 존재 속에서, 이들의 절망적 삶에서 너무도 작은 희망의 계기를 보았다고, 생성의 가능성은 오직 퇴락의 찰나에서 찾아질 수 있다고 벤야민은 썼다. 하지만 이 절망과 퇴락이야말로 다시 살아야 할 이유가 될지도 모른다. 말하자면 전적인 가능성을 신뢰하고 확인하는 데서가 아니라, 그와 정반대로 도처에 자리한 현실의 어둠과 늪을 인정하고 직시하는 가운데, 그리고 이 직시 속에서 시간을 새롭게 조직하는 데서 삶은 조금씩 변모될 수 있을지도 모른다. 이제 필요한 것은 미래에 대한 어떤 약속이나 전망이 아니다. 또 단호한 결의일 수도 없다. 차라리 절실한 것은 말없음이고, 이 말없음 속에서, 마치 아무

렇지도 않게, 꾸준히 실행하는 것이다. 우리가 해야 할 것은 이미
수없이 말해져온 것이기 때문이다.

이에 대한 대답이 「이야기꾼」의 마지막에 어느 정도 암시되고
있다고 나는 생각한다. 벤야민이 다룬 레스코프는 어떤 인물인가?

3. 레스코프

> 그러나 궁극적인 것은 동물과 식물, 들과 산과 물, 이러한 것이지요.
> 죽어서도 생각날 만한 것이 삶의 본질이라고 할 수 있습니다.
> 돈은 생각나지 않을 것 같은데요. 감투도 그렇고.
>
> ■ 김우창, 『세 개의 동그라미』, (2008)

「이야기꾼」(1936)에서 펼쳐지는 중요한 테제의 하나는 전통적
이야기 기술이 20세기에 들어와 종말에 이르렀다는 사실이다. 여
기에는 1920년대를 전후로 보급되기 시작한 라디오나 일간신문,
특히 문예란의 위력이 결정적 역할을 한다. 하지만 산업화가 본격
적으로 전개되는 1850년대를 전후로 변화는 이미 시작되었다고
할 수 있다. 대도시화와 기술의 발전, 대중의 출현, 상품의 대량생
산은 이 시기를 규정짓는 주된 술어다.

문제는 이로 인한 기존 세계상의 요동이고, 이 요동이 야기하는
경험적·지각적 형식의 급변이다. 이 때문에 전통과의 새로운 관
계설정이 불가피해진다. 전통적 서사형식, 즉 이야기의 의미가 쇠
락하는 것도 이 같은 맥락 아래 서 있다. 그러나 이런 측면 외에도
이 글에는 문학이론적이고 매체사적이며 문화사적인 이해의 여러

측면이 언급되어 있다.

벤야민이 말하는 이야기꾼은 작가가 가공해낸 소설의 허구적 인물이 아니다. 그는 자기경험과 과거의 사건을 현실에서 전달하는 인물인 농부나 선원 같은 사람을 말한다. 「이야기꾼」에서는 허구적 작품이 아닌 실제 삶에서 활동하던 이야기꾼에 대한 논의가 중심을 이룬다. 그는 이야기꾼과 장편작가를 대립시키면서 이 이야기꾼에게 정서적으로 기운다. 이야기꾼의 몰락은 산업화로 인한 전통적 가치문화의 몰락, 즉 경험의 궁핍과 아우라의 쇠퇴, 나아가 자연과의 불가능한 조화와도 이어진다. 그러면서도 그는 경험의 궁핍을 반드시 결함으로 생각하지 않는다. 그것은, 「기술복제시대의 예술작품」에서 보여주듯이, 대중과의 소통적 가능성을 모색할 수 있는 어떤 새로운 출구가 될 수도 있기 때문이다. 그러나 전체적으로 보면, 이 글은 이미 사라져버린 것에 대한 일종의 향수를 담고 있는 것처럼 느껴진다.

이 비감어린 논의를 벤야민은 「기술복제시대의 예술작품」에서처럼 매체변화나 글자-이미지에 대한 분석으로 발전시키는 것이 아니라, 이야기의 원형적 성격과 이 성격에 배인 아련한 무엇에 대한 고찰로 한정시킨다. 내가 주목하는 것은 바로 이 무엇의 내용이다.

1. '무생명적 자연의 깊이'[32]

이런 이유 때문에 「이야기꾼」에서 서사이론, 매체론, 문화론이라는 측면만 강조한다면, 많은 것을 놓친다고 나는 생각한다. 이

---

32) Walter Benjamin, "Der Erzähler," *GS* II/2, S. 462.

글의 중심에 있는 것은 이야기꾼과 장편작가의 대립이나, 전통적 의미의 이야기꾼에 대한 분석만이 아니다. 그 이상으로 중요한 것은 여기에 숨어 있는 어떤 지향점, 말하자면 자연과의 조화가 가능했던 시절에 대한 서술이고, 이때 드러나는 어떤 마음의 결이다. 왜냐하면 여기서 확인되는 삶의 모습이 그가 갈망한, 그래서 우리가 추구할 수도 있을 인간적 삶의 한 모델이 될 수 있으리라고 나는 판단하기 때문이다.

이것을 살펴보기 위해서는 거쳐야 할 몇 단계가 있다. 이 논의는, 줄이면, 이야기꾼의 성격에 대한 세 가지 서술로 모아질 수 있다. 첫째, 이야기꾼은 "지구의 내부에까지 이르고 구름 속으로 사라지는 사다리", "위에서 아래위로 움직이기" 때문에[33] 개인적 체험뿐만 아니라 집단적 체험을 전해준다. 둘째, 이야기꾼은 "세상에서 가장 자연스런 방식으로 성자의 모습을 닮아가는, 대체로 단순하고 활동적인 사람"으로서, "세상에 너무 깊게 자기를 연루시킴 없이 그럭저럭 이 세상에 살아가는 사람"이다.[34] 이런 이유에서 셋째, 그가 창조한 인물들도 "지혜와 선함 그리고 세상의 위로를 체현하는" 사람들이다.[35] "정의로운 사람은 피조물의 대변자이자 이들의 최상의 체현자다."[36]

그리하여 선하고 정의로운 이야기꾼은 인간이면서 자연의 피조물, 그러니까 생물뿐만 아니라 무생물의 사물적 차원에까지 뻗어

33) *Ebd.*, S. 457.
34) *Ebd.*, S. 441.
35) *Ebd.*, S. 459.
36) *Ebd.*

> **"선하고 정의로운 이야기꾼은 인간이면서
> 자연의 피조물, 그러니까 생물뿐만 아니라
> 무생물의 사물적 차원에 열려 있으면서
> 이들과 깊은 의미에서 교류한다."**

있고, 이 차원에 열려 있을 뿐만 아니라 이들과 깊은 의미에서 교류한다. 이 점에서 우리는 카프카와 관련하여 위에서 언급했던 자연과 문명, 생명적인 것과 무생명적인 것의 교차가 여기서도 되풀이됨을 확인한다. 흥미로운 사실은 이런 점이 레스코프가 들려주는 그의 어머니 모습에서도 잘 구현한다는 것이다.

"그녀는 영혼이 선하여 어떤 인간에게도 고통을 줄 수 없었지요. 심지어 동물에게도 말이지요. 그녀는 고기도 생선도 먹지 않았는데, 그것은 살아 있는 것들에 연민을 가졌기 때문이에요. 아버지는 그 때문에 어머니를 타박하곤 했어요…… 그렇지만 엄마는 이렇게 대답했죠. '나는 이 동물새끼들을 손수 키웠고, 그래서 그것들은 내 아이들이나 다름없어요. 내 자식을 먹을 수 없잖아요!' 이웃집에 가서도 그녀는 고기를 먹지 않았다. 그녀는 말하길, '난 이 동물들이 살아 있을 때 본 걸요. 그것들은 내 친척이지요. 내 친척들을 잡아먹을 수는 없어요.'"[37]

---

37) *Ebd.*

선한 영혼을 가진 레스코프의 어머니는 인간에게뿐만 아니라 동물에게도 고통을 주지 않는다. 심지어 그녀는 "고기도 생선도 먹지 않는다." 그것은 "살아 있는 것들에 대한 연민" 때문이다. 그녀는 집에서 키우는 동물도 자기의 '아이들'이자 '친척'으로 여긴 것이다. 레스코프의 어머니는 나날의 삶에서 '선함과 세계의 위로'를 체현하고 있었던 셈이다.

선이란, 살아 있는 모든 것을 친구로 또 자신의 아이로 삼을 수 있을 때, 자라난다. 살아 있는 것에 대한 연민 없이 어떤 지혜도 생겨나기 어렵다. 나아가 연민은 생명 있는 것에만 향하지 않는다. 그것은 생명 없는 것에까지 퍼져나간다. 이 확대된 모성적 선은 이미 지혜로운 것이 아닐 수 없다. 그것을 정의라고 한다면, 이 정의란 사회정치적 차원을 넘어서는 정의, 즉 인간학적 정의에 가까워 보인다. 넓고 깊은 의미의 위로는 여기에서 온다. 세계의 위로는 인간의 심성이 살아 있는 것만 아니라 생명 없는 것에까지 이를 때, 그래서 피조물 세계의 서열체계에서 가장 높은 곳으로부터 가장 낮은 곳까지 걸쳐 있어서 이 모든 것을 포용할 수 있을 때, 비로소 생겨난다. 사랑이란 이 포용의 능력에 다름 아닐 것이다.

이때 가장 높은 것이 신이라면, 가장 낮은 것은 무생물, 즉 "살아 있지 않은 것의 나락" 또는 "살아 있지 않은 자연의 깊이"다.[38] 그래서 벤야민은 적는다. "이 모든 피조물의 세계는 인간의 목소리뿐만 아니라, 그의 가장 중요한 이야기책의 한 제목인 '자연의 목소리'라고 부를 수 있는 것으로 레스코프에게 말을 건다."[39]

---

38) *Ebd.*, S. 460, 462.

역사가가 세계의 역사^{Weltgeschichte}를 고수하는 반면 연대기 기록자는 세계의 경과^{Weltlauf}를 고수한다고 벤야민이 쓴 적 있지만,[40] 이때의 연대기 기록자란 좁게 보면 이야기하는 사람이지만, 넓게 보면 문학가이고, 더 넓게는 예술가로 해석할 수 있다. 그러니만큼 그것은 '역사'가 될 만한 크고 거창한 일보다는 그 변천의 과정을 주시하고, 무엇보다 그 경과의 성격을 기록하는 사람이다. 이 경과란 소멸과 풍화, 퇴락과 상실로 이어져 있다. 이 상실의 과정에서 죽음은 가장 중요한 계기가 된다. 자연의 역사를 결정적으로 단계화하는 것은 죽음이기 때문이다. 생멸의 메커니즘에서 중심은 아무래도 죽음이다. 이 죽음이 생성과 더불어 자연의 역사를 구성한다. 벤야민의 다음 글은 이 점을 지적한 것으로 읽힌다. "죽음은 이야기꾼이 알려줄 수 있는 모든 것에 대한 인준이다. 죽음으로부터 그는 자신의 권위를 빌려왔다. 다른 말로 하면, 그의 이야기가 되돌아가 언급하는 것은 자연사다."[41]

이 대목에서 나는 문학과 예술의 자연사 그리고 글 자체의 자연사를 떠올린다. 글이 인간의 목소리뿐만 아니라 자연의 목소리도 담아야 한다는 것은 모든 존재하는 것의 근원을 상기한다는 뜻이고, 존재근원으로서의 무^無라는 바탕을 돌아본다는 뜻일 것이다. 그것은 좁게는 감정을 줄이면서 즉물적으로 되는 것이고,[42] 가능

---

39) *Ebd.*, S. 460.

40) Walter Benjamin, "Johann Peter Hebel 3," *GS* II/2, S. 637.

41) Walter Benjamin, "Der Erzähler," *a. a. O.*, S. 450.

42) 감정을 줄이고 즉물적으로 된다는 것은 인간적인 것보다 사물적인 것에 근접한다는 뜻이다. 사실 여기에는 알레고리적 고찰의 핵심이 들어 있다.

> **❝**자연사를 고려함으로써 우리는 의미 이전의 역사를
> 의식하게 된다. 의미의 폐허 속에서 의미 이전을
> 떠올리는 것, 피조물의 세계와 닮아가는 것은
> 신적인 것으로 다가가는 일이다.**❞**

한 한 선입견을 버리고 판단하는 것이며, 넓게는 서사의 주제를
자연사의 영역으로 확장하는 것을 뜻한다. 그것은 또 알레고리적
시선으로 피조물의 사물세계를 응시한다는 뜻이고, 알레고리스트
로서 폐허 속에서 비상과 구원을 명상하는 일이다.

벤야민은 헤벨J.P. Hebel만큼 깊게 자신의 이야기를 자연사 속으
로 삼투시켜 서술한 사람은 없다고 쓴 적이 있지만,[43] 자연사를
고려함으로써 우리는 황막하고도 그침 없는 역사, 다시 말해 의
미 이전의 역사를 의식하게 된다. 의미의 폐허 속에서 의미 이전

왜냐하면 알레고리란 근본적으로 '인간적인 것에 대한 사물적인 것의 우
위'를 뜻하기 때문이다. 벤야민은 『독일 비애극의 원천』에서 이렇게 쓴다.
"인간적인 것에 대한 사물적인 것의 우위에서, 전체적인 것에 대한 파편
적인 것의 우위에서 알레고리는 상징에 양극적으로, 그러나 바로 그 때문
에 강력하게 대립된다는 사실이 오늘날 매우 자명하다." Walter Benjamin,
"Ursprung des deutschen Trauerspiels," *GS* I/1, Frankfurt/M., 1974, S. 362.
그러니까 벤야민 문예미학의 자연사적 성격은 순수성이나 총체성보다는
무형적 · 비유기적 파편성을 지향하는 그의 알레고리적 사유에서 나온다.
레스코프론에서 잘 나타나듯이, 그의 글쓰기 또한 여러 우회로가 있는 채
로, 결국에는 이 비유기적 파편성의 진실을 지향한다고 나는 생각한다.

43) Walter Benjamin, "Der Erzähler," *a. a. O.*, S. 451.

을 떠올리는 것, 그리하여 피조물의 세계와 닮아가는 것은 신적인 것으로 다가가는 일에 다름 아닐 것이다. 화해-아름다움-진리는 이 피조물적 세계가 의미의 대상으로 포용될 때 가능하게 될지도 모른다. 자연사의 과정이란 소멸의 과정이고 무화의 경로라면, 이 무화의 심연을 주시하면서 그 비애를 언어로 표현해낼 때, 삶은 헛됨을 줄여갈 수 있기 때문이다. 소멸의 경로에 대한 각성 없이는 그 어떤 이야기도 진실되기 어렵다. 소멸과 무, 침묵과 자유를 관통할 때, 문화는 비로소 지금 사람들이 제기하지 않는 질문에 대해서도 대답할 여지를 마련할 수 있을 것이다. 우리는 공간과 시간, 이성과 개인성의 전혀 다른 차원에서 사람의 생애를 다시 기술할 필요가 있다.

인류의 역사가 중요하다고 해도, 그것은 자연사의 일부로 자리한다. 그렇다면 예술은 이 자연사의 일부로 자리하는 인류사의 한 모퉁이에서 발생하는 일이다. 글은 이렇게 이뤄지는 예술적 성취 가운데 문학적 형태로 있다. 그러므로 글이 그 근원, 즉 자연사적 무를 상기하고 이 무의 근원으로 돌아가는 것은 자명한 일이다. 글 속에는 늙어감과 변화, 시듦과 사위어감이 마땅히 표현되어야 한다. 입김이 스러지는 소리를 담고 있지 않다면, 글은 삶과 생명을 대변할 수 없다.

예술은 자연의 순환과 그 무화에 대한 인식과 기억 그리고 그 기록으로부터 시작된다. 이때 죽음은 예술에서 가장 높은 권위를 띤다. 죽음 옆에 무생명적 사물이 이 죽음을 에워싸고 있고, 무생명적 사물에서부터 생명적 삶은 조금씩 펼쳐진다. 이런 생각은 그 자체로 '어떤 양성적 지혜'라고 말할 수 있을지도 모른다. 뛰어난 예술가는, 벤야민에 따르면, 사물과 인간, 생명과 무생명 사이의 "화음"을 읽어내는 "영혼과 눈과 손"을 가지며, "자기의 고유한 내부에서 이 화음을 파악하여 표출할 수 있다."[44] 양성적 지혜의 힘으로 예술주체는 지금 여기와 그때 저기, 이미 오래전에 사라져 버린 것과 오늘에 남은 것을 서로 이을 수 있는 것이다. 이렇게 잇는 작업은, 벤야민의 맥락에서는, 변증법적 변용의 계기가 된다. '부활'이란 이 변용의 종교적 용어이고, '탈마법화'란 그 사회학적 용어이며, '해방'은 그 정치학적 용어이고, '계몽'은 그 철학적 용어가 될 것이다.

인간에게서 사물로 나아가고, 사람의 사유가 생명적인 것에서부터 무생명적인 것으로 확대되지 않는다면, 우리의 감각은 빈곤하다고 할 수밖에 없다. 마찬가지로 인간적인 것과 신적인 것, 인간과 만물 사이를 오고가지 못한다면, 사람의 사고는 경직되어 있다고 할 수 있다. 무생명적인 것에서부터 생명적인 것으로 나아가듯이 인간에게서 신적으로 확대되고, 이 신적인 것에서부터 지금 여기의 사물로 돌아오면서 우리는 지혜롭거나 선하거나 정의롭게 될지도 모른다. 이렇게 사유가 그 자체로 영역이월적/경계초월적이지 못하다면, 세계의 위로는 우리의 밖에 머물게 될 것이다.

2. 아포카타스타시스

벤야민은 「이야기꾼」에서 알렉산드리아의 신학자 오리게네스와 관련하여 그의 아포카타스타시스, 즉 "모든 영혼이 낙원으로

---

44) *Ebd.*, S. 464.

들어가는 것/복원"을 말한 적이 있다.[45] 아포카타스타시스 교리는, 신이 참으로 선한 세계를 창조했음을 강조한다는 점에서 기독교적이지만, 천지창조 후의 신이 모든 인간과 사물에 내재한다고 말한다는 점에서 이교도적이다.

전능한 신은 참된 세계를 창조했기에 어느 누구도 영원히 저주받을 수 없다는 것, 그래서 아무리 죄지은 자라고 해도 신의 은총을 받는다고 이 교리는 말한다. 우리 글에서 중요한 것은 낙원적 삶의 복구restitutio란 인간활동이 '무생물적인 심연의 깊이'에 닿아 있을 때, 그래서 우리의 목소리가 인간의 목소리뿐만 아니라 존재하는 자연의 모든 목소리도 포함할 때, 가능하다는 점이다. 어떻게 보면 먼 곳과 가까운 것의 아우라적 뒤얽힘이라고 해석할 수 있을지도 모른다. 이것을 역사와 관련시켜 말하면, 이렇게 될 것이다. 지금까지 주목되지 않은 영역에 새 분류법을 적용하여 과거의 복원작업을 하는 것이다.[46] 소외와 착취가 없는 삶, 노동이 그 자체로 존엄시되는 삶은 이 복원의 현대적 내용이 될 것이다. 그때 우리는 신화적 폭력의 반복으로부터 마침내 해방되어 행복할 수 있을지도 모른다. 행복이란 이렇게 도달된 자연과 인간의 공생상태일 것이기 때문이다. 무생명적인 것의 심연-부활-연민-지혜-정의로움-자연의 목소리는 이토록 긴밀하게 연결되어 있다.

레스코프의 어머니에 대한 이런 논의가 예술이론적·예술철학

45) *Ebd.*, S. 458.
46) Walter Benjamin, "Das Passagenwerk," *GS* V/1, v. R. Tiedemann(Hrsg.), Frankfurt/M., 1982, S. 573.

적 관점에서 중요한 것은 그것이 이야기의 방향 또는 이 이야기로 대표되는 예술의 방향에 시사점을 던져주기 때문이다. 배제된 영역의 복원은 역사서술의 권장할 만한 방향이면서 예술의 목표이기도 하다. 진실이 이미 실현된 것과 아직 실현되지 않은 것 사이에 존재한다면, 이 중간영역은 확정되어 있지 않다. 비규정적 영역이란 타자성의 영역이다. 예술은 비규정적 영역의 타자성을 복원함으로써 역사의 진실에 참여한다. 이것은 벤야민이 레스코프와 관련하여 인용하는 발레리의 글에도 나타나 있다.

"예술적 관찰은 거의 신비로운 깊이에까지 이를 수 있다. 예술적 관찰이 이뤄진 대상은 그 이름을 상실한다. 즉 예술적 관찰에서 그늘과 양지는 매우 특수한 체계를 형성하여 어떤 과학에도 의존하지 않고, 어떤 실천으로도 파악될 수 없으며, 오직 일정한 화음으로 그 현존과 가치를 얻게 되는 매우 독자적인 물음을 표현한다. 이런 화음은 타고난 재능을 가진 사람의 영혼과 눈과 손 사이에 나타나며, 이 사람은 자신의 고유한 내부에서 이 화음을 파악하여 표출할 수 있다."[47]

위 글은 벤야민을 엄격한 역사적 유물론자나 좌파 문예이론가로 간주하는 사람에게는 충격을 줄지도 모른다. 일정한 당파적 입장과 이 입장의 과학성 그리고 그 결연함을 천명하는 사람에게 어울리지 않는 술어들을 많이 포함하기 때문이다. "신비로운 깊이"

---

47) Walter Benjamin, "Der Erzähler," *a. a. O.,* S. 463f.

나 "어떤 과학에도 의존하지 않고"나 "화음" 또는 "독자적 물음"
이나 "영혼과 눈과 손 사이에" 같은 말은, 정통 마르크스주의적 문
예이론의 관점에서 보면 분명 일탈적이다. 노선의 일사분란한 진
행을 방해할 수 있는 기만적이고 '불필요한' 생각일 수도 있기 때
문이다. 그러나 정말 그러한가?

　우리는 엄격한 유물론적 입장과 정반대되는 방향에서도 이 글
을 이해할 수 있다. 즉 벤야민을 위기에 직면한 좌파지식인의 전
형이면서 '동시에' 그 이상으로 이 정통적 교설의 독단성을 문제
시한 경계인적인 이론가로 이해한다면, 이 글은 자연스럽게 여겨
질 수도 있다. 그는, 신학적 사유나 변증법적 이미지 또는 기억론
에서 보여주듯이, 또 「사유이미지」 같은 글이 잘 보여주듯이, 극
도로 예민하면서도 치밀하고 정교하면서도 섬세한 사유를 펼쳐
보인다. 이것은 현실과 사실에 착근한 미세한 감성과 정밀한 사유
의 결과다. 이 감성과 사유가, 적어도 도식적이지 않은 한, 일정한
방향을 잃지 않도록 그는 무진 애를 썼다. 사물의 작고 미묘한 차
이를 포착하고 살려내는 뉘앙스 풍부한 글의 힘은 여기에서 온다.
위 글은 그런 힘이 비평이론적·예술철학적 차원에서 관철된 작은
예로 간주될 만하다.

　더 자세히 살펴보자. 예술적 관찰은, 벤야민이 보기에, "매우 특
수한 체계"를 가진다. 그 특수성은, 예술의 언어가 "어떤 과학에
도 의존하지 않고, 어떤 실천으로도 파악될 수 없다"는 것, 그래
서 "오직 일정한 화음으로 그 현존과 가치를 얻게 되는 매우 독자
적 물음을 표현한다"는 데 있다. 하지만 이 화음을 누구나 파악할
수 있는 것은 아니다. 그것은 "자신의 고유한 내부에서 이 화음을

> **❝** 글은 나로부터 나의 온전한 무엇,
> 말하자면 생명적이고 무생명적인 전체로 나아가는
> 해방적 계기다. 문학이 비판과 성찰을 행한다면,
> 그것은 인간의 해방을 위해서다. **❞**

파악하여 표출할 수 있도록 태어난" 사람, 말하자면 천부적 재능을 가진 사람에게만 포착될 수 있다. 그리고 그것은 무엇보다 그의 "영혼과 눈과 손 사이에서 나타나며", 따라서 그는 육체적·영혼적 차원의 동시적 작동 속에서 삶의 어둠과 밝음을 투시할 수 있다.

이러한 진술은 앞에서 서술한 생명적인 것과 무생명적인 것, 지상적인 것과 천상적인 것 사이에 열려 있는 선하고 지혜로운 자의 삶과 상응하는 것처럼 보인다. 이야기 형식 그리고 이 형식에 대한 분석은 사회진단과 별개가 아니고, 현실의 이해는 신학적 표상과 분리될 수 없다. 그리고 이 모든 것은 궁극적으로 이것을 읽는 오늘 현실에 이어진다. 그러니만큼 그것은 현실의 이성적 조직에 대한 관심에 닿아 있다. 마치 레스코프의 시도가 벤야민에게 잃어버린 영혼의 구제(아포카타스타시스)를 의미했듯이, 벤야민의 레스코프론은 이 글을 읽는 우리의 현실에 어떤 영육적 전환점이 될 수도 있다. 이 같은 전환에 핵심적인 것은 다시 문학의 방향, 즉 프루스트·카프카·레스코프가 품었고 그렇게 품었다고 벤야민이 해석했던 예술의 어떤 지향이다. 그 핵심에는 자연사 개념이 들어 있다고 나는 생각한다.

예술은 자연사의 상기요 그 복원이다. 그것은 단순히 발전과 승리에 대한 예찬이 아니라 차라리 반복과 퇴행에 대한 기억이며, 이 퇴행에서 감내해야 했던 고통스런 패배에 대한 상기다. 예술은 패배의 기억을 통해 삶을 교정하고 쇄신하고자 한다. 예술이 부정이라면, 그것은 기존의 관점에 대한 부정이고, 그것이 긍정이라면 갱신적 의미의 긍정이다. 이 부정과 긍정을 추동하는 것은 어떤 결손의식, 말하자면 지금 현실이 여러 가지로 부족하고 결여되어 있다는 의식이다. 현실에 대한 결손의식을 가진다는 것은, 적극적으로 말하면, 지금 여기를 넘어선 타자적 지평으로 열려 있다는 뜻이다. 따라서 결손의식이란 선한 의지의 표현이기도 하다.

벤야민은 레스코프를 빌려 이야기 또는 이야기 형식의 소멸상황을 말하면서, 예술의 지향과 삶의 해방적 계기가 어디에 있는지 분명히 말한다. 글은 결국 나에게서부터 나의 온전한 무엇, 말하자면 생명적이고 무생명적인 전체로 나아가는 해방적 계기가 된다. 문학이 비판과 성찰을 행한다면, 그것은 인간의 해방을 위해서다. 글이 소생을 약속하는 양성적 지혜가 되는 것도 그 때문이다. 이것은 현존의 부정을 통해 가능할 것이지만, 이 부정이 반드시 거창할 필요는 없다. 그 실천은, 레스코프의 어머니가 보여주었듯이, 오히려 작고 표 나지 않는 것일 수도 있다.

현존의 부정이 없다면, 예술은 진실되기 어렵다. 진실은 부재하는 것들의 복원에 있고, 기억은 이 복원의 예술적 방식이다. 예술은 아직 존재하지 않는 것, 더 옳고 더 선하며 더 아름다운 것을 희구한다. 이 희구에서 하나의 척도는 자연사다. 예술의 최종 권위는 자연사에서 온다.

제11장

파편언어들 사이에서: 언어형이상학

벤야민의 여느 이론적 구상들이 그러하듯이, 그의 언어이론도 간단하지 않다. 거기에는 언어학이나 사회학, 유아심리학이나 사회심리학은 말할 것도 없고, 민속학과 유대메시아주의 등 여러 학문적 성과가 누적된 채 결합되면서 그 배경을 이루고 있기 때문이다. 또 그의 언어이론은 초기와 후기로 나뉘고, 이 같은 구분 아래 어떤 것은 지속적으로 나타나기도 한다. 언어의 근원 문제나 의미하는 것과 의미되는 것의 관계, 파편과 전체, 유사성과 이질성의 문제는 이렇게 논의되는 주제의 변함없는 핵심으로 보인다.

이 글에서 나는 이 모든 주제를 다루는 것이 아니라 하나의 문제의식, 즉 벤야민의 언어론과 번역론을 추동하는 근본관심이 무엇인지 다루고자 한다. 이것은 두 가지 질문으로 나뉜다. 첫째, 그의 언어번역론이 말하는 바는 무엇인가? 둘째, 그의 언어번역론을 읽는 우리의 언어번역론, 즉 지금의 언어론과 번역론은 어떤 형태로 되는 게 좋은가? 그러나 이런 질문은, 벤야민의 언어개념이 인간의 언어만 지칭하는 것이 아니라 그보다 포괄적인 것인 한, 언어를 지탱하고 조건짓는 몇 가지 주요 개념, 즉 '표현'이나 '미메

시스', '비감각적 유사성' 같은 술어가 무엇을 뜻하는지 다룸으로
써 이해될 수 있다.

따라서 이 글에서 첫째, 언어와 관련된 주요 개념인 '표현', '미
메시스', '비감각적 유사성' 개념을 주로 후기의 글들인 1933년의
미메시스론과 유사성론을 통해 알아보고, 둘째, 초기의 언어론과
번역자 논문을 스케치한 후, 셋째, 그 핵심이 어디 있는지, 그것은
오늘날의 관점에서 어떤 의미 있는 성찰자료가 되는지 검토해보
고자 한다.

1. 표현과 미메시스 그리고 유사성

세계라는 넓은 통사법에서 상이한 본질들은 서로 닮는다. 그래서 식
물은 동물과 통하고, 땅은 바다와 인간은 그 모든 주변과 통한다. 유
사성은 이웃에게 옮겨져, 이 이웃이 다시 유사성을 보증한다. 장소
와 유사성은 뒤엉킨다. 그래서 조개껍질 위에는 이끼가 자라고, 숫
사슴의 뿔에는 식물이, 인간의 얼굴 위에도 일종의 풀이 자라게 된
다…… 구름이 누적되면 배가 부풀어 오르고, 천둥이 치면 오줌보가
터진다.

■ 푸코, 『말과 사물』(1966)

언어와 관련하여 벤야민의 관심을 끈 것은 인간의 언어가 지닌
특징이 무엇인가라든가, 언어는 어떻게 사물을 지시하고 생각을
전달하는가와 같은 물음이 아니었다. 그가 관심을 가졌던 것은,
후기의 언어성찰이 담긴 「유사성에 대한 교훈」Lehre vom Ähnlichen,

1933이나 「미메시스적 능력에 대하여」Über das mimetische Vermögen, 1933에 잘 나타나 있듯이, 동물언어와 인간언어에 공통된 표현적 기능이었다. 언어는, 그가 보기에, 동물적 본능의 한 형식이고, 그래서 근본적으로 의성어적 성격을 지닌다. 이것은 원시인들이 들리는 모든 것을 모방하고자 한 데서, 그래서 사냥하거나 춤출 때 또는 제의를 거행할 때 동물의 소리를 지르는 데서 잘 확인된다. 언어의 의성어적 성격은 표현적/표출적ausdrückend이다. 이런 모사 능력은 처음에는 소리에 한정되었지만, 시간이 지남에 따라 색채와 언어 등으로 확대된다.

벤야민의 미메시스 개념은 지극히 복잡하다. 위의 글 두 편을 꼼꼼히 되풀이하여 읽어도 그 뜻이 금방 드러나지 않는다. 그의 많은 글이 그러하듯이, 미메시스 개념을 제대로 이해하려면 그 나름의 절차 속에서 이해한 것을 거듭 확인해야 하고, 이렇게 확인된 내용을 바탕으로 그와 연관된 다른 글을 이해해야 하며, 이 일련의 맥락적 이해를 통해 독자 자신의 일정한 해석논리를 차근차근 쌓아가야 한다.[1] 그러나 이런 논리의 구축은 말할 것도 없이

---

1) 미메시스 개념이 예를 들어 원시시대(근대 이전)와 근대 이후와 현대사회에서 각각 어떤 점에서 다르고, 어떤 점에서 비슷하게 자리하는지에 대한 논의는 벤야민의 서술에서 불분명하다. 나의 판단으로 미메시스 개념은, 의성어적 성격이 강조되는 원시시대를 지나면서 내부적으로 더 높은 명징화 단계를 걷는 것으로 보인다. 그래서 '인간의 언어' 같은 논리적이고 추론적인 기호체계를 통해 이전의 마술적·주술적·직접적 요소는 점차 줄어들고, 이 마술적 요소의 축소과정은 그대로 세계에 대한 좀더 의식적인 동질화, 즉 논리적 의미화 활동이 좀더 적극적으로 일어나는 것과 상응한다고 할 수 있다. 이와 별개로 일반적 관점에서 미메시스의 의미는 다음과 같이 소묘할 수 있

먼저 벤야민의 텍스트에 충실하는 데서 시작한다.

우선 미메시스 개념을 스케치할 필요가 있다. 미메시스는 간단히 '모방'이고 '모사'를 뜻한다. 그것은 근본적으로 대상을 '닮으려는' 충동이다. 이 점에서 그와 이웃한 개념들, 즉 '전달'이나 '재현'이라는 개념과 구분된다. 미메시스 개념에서는, 이것이 원시적이고 마법적인 요소를 강하게 포함하는 만큼, 대상에 동화하고 이 대상을 모방하려는 요소가 강하다. 이에 반해 재현은 예술의 표현 기능이다. 이미 '있는'present 것을 '다시 있게 하는're-present, 그래서 형태의 부여 속에서 '형상화하는'gestalten 활동이다. 또 전달이나 지시는 언어의 1차적 기능으로서 '뜻하는 내용을 있는 그대로 가리키는 것'이다(벤야민은 언어가 지시적·전달적 기능을 넘어서는 데 있다고 보았다. 그래서 그의 언어관은 '언어신학적'이라고 일컬어진다). 이와 달리 미메시스적 기능에서는, 이미 언급했듯이, 대상과 동질화하려는 충동이 강하다. 그래서 원시적이고 주술적이며 의식적儀式的이라고 할 수 있다. 벤야민이 미메시스를 설명할 때 의성어적 성격을 강조한 것은 그 때문이다.

의성어적 성격이 '입말의 미메시스'라고 한다면, 언어의 차원으

을 것이다. 우리가 미메시스와 재현을 대립시킬 때, '미메시스'라는 말에는 원시적 모방성을 더 많이 함의한 것이고, '재현'이란 그것이 '이미 있는 것을 다시 드러낸 것'인 한 간접적 구현이라는 뜻을 강하게 내포한다. 예를 들어 '예술의 미메시스'라고 할 때, 이 미메시스는 '모방'이라는 일반적 의미를 가진 것으로 보면 될 것이다. 예술도 넓게 보면 미메시스적 활동이기 때문이다. 아우어바흐(E. Auerbach)의 『미메시스』는 좋은 예다. 벤야민은 미메시스적인 것을 사회학적이고 역사유물론적인 관점에서 설명하고자 했다.

> **❝**의성어란 대상의 소리를 흉내 낸 주체의 소리다. 사물에 투여된 주체의 조응능력이다. 미메시스적 능력이 주체의 대상모방적 조응능력이라면, 그것은 곧 사물과 인간의 유사성을 체현하려는 노력과 같다.**❞**

로 옮아간 모사능력은 '글말의 미메시스'라고 부를 수 있다. 모방행위가 의성어적 차원에서 언어적 차원으로 옮아갈 때, 미메시스적 능력은 역사적으로 보면 탈신화화의 경로로 들어서게 된다. 인간의 미메시스 능력은 더 이상 마법적·신화적·주술적 세계에 고착되어 있는 것이 아니라 논리와 추론을 통해 더 정치하게 되고, 이 정치화精緻化/논리화/세련화 과정에서 언어는 결정적 역할을 한다. 거꾸로 말하면, 언어란 그런 정치성의 결과이자 논리적 체계다. 그러니까 원시적 표현능력이 마술적·물활론적物活論的·의성어적 성격 위에 놓여 있었다면, 원시 이후의 표현능력은 언어적 재현과 지시와 논리 위에 놓여 있는 것이다.

이전의 마법적·물활론적 지각방식이 점차 더 포괄적인 유사성의 틀 속에서 확대되어간다면, 언어는 이 틀에서 가장 대표적인 것에 해당될 것이다. 여기에는 물론 근대 이후에 전개된 합리화/계몽화 과정이 결정적인 역할을 하고, 자연과학의 발달이나 이로 인한 논리-추리-이성의 점증하는 기능이 핵심요소로 자리한다.

그러나 합리화 과정은 다른 한편으로 (원시적) 모방능력의 퇴화를 동반했고, 이 때문에 인간은 여러 미메시스적 능력 가운데 많은 요소를 잃는다. 눈과 귀와 입과 몸을 통한 세계와의 어떤 육체적·원초적 교신이 서투르게 되는 것이 그 예일 것이다. 아주 오랜 옛날에는, 헤세의 『유리알 유희』에 그 예가 잘 나오듯이, 강우사降雨士 같은 존재가 살지 않았던가? 종교의식적 행사나 춤 같은 장르에서 경험되던 지각적 교감능력은 근대 이후에 들어와 점차 줄어들면서 언어에 부여된다.[2]

하지만 세계의 합리화가 철저하게 진행되었다고 해서 이전의 마법적 성격이 완전히 사라진 것은 아니다. 그것은 오늘의 세계에서도 아직 잔재적 형태로 남아 있다. 언어에 신비로운 측면이 깃들고, 정신성이 알게 모르게 내재해 있다고 여겨지는 것은 그 때문이다. 벤야민의 후기 언어이론은 이렇게 생각한다. 이런 점에서 언어는 간단한 게 아니다. 마법적·신화적 측면이 원시시대처럼 현대에 와 결정적으로 자리하는 것은 아니지만, 적어도 그것이 알 수 없는 의미에서는 또는 '미묘한 직접성' 속에서는 아직도 작용하고 있다고 할 수 있다(이 점에서 나는 언어존재론을 생각한다). 그러면서도 언어에는 지시나 전달 같은 기능적인 면도 분명 있다(이 점에서 나는 언어의 의사소통적 역할을 떠올린다).

그리하여 언어는 미메시스적 측면과 재현적 측면, 마법적 신화적 측면과 지시적·전달적 측면을 동시에 가진다. 위의 두 글에서 벤야민이 말하는 한 가지 논점은 인간 일반의 미메시스적 능력이, 이 미메시스적 능력 가운데 특히 언어적 능력이 어떻게 역사적으

2) 그래서 언어에서 일어난 이런 전환을 한 논자는 "전근대적 유추구상의 종말"이라고 흥미롭게 지적하고 있다. Anja Lemke, "Zur späteren Sprachphilosophie," Burkhardt Lindner(Hg.), *Benjamin Handbuch*, S. 649f.

로 전개되어왔는가라는 문제였다. 미메시스 개념은, 벤야민적 맥락에서는, '유사성'Ähnlichkeit 개념과 이어져 있다.

유사성이란, '감각적 유사성'이라는 개념과 관련하여 뒤에서 자세히 다룰 것이지만, 일단 두 가지로 이해될 수 있다. 근대 이전에 사람들은 흔히 모든 대상이 정령을 품은 것으로, 그래서 만물에는 영혼이 깃든 것으로 생각했다. 자연에 일어나는 현상들은, 가령 천재지변이나 이상기후는 앞으로 일어날 사건에 대한 어떤 징조로 여겨지곤 했다. 고대인들이 밤하늘의 별자리를 보고 나라의 운세를 점치거나, 로마시대 사람들이 제물로 바쳐진 동물의 내장을 꺼내 앞날을 예언한 것은 이런 이유에서다. 이 글 서두에 인용한 푸코의 글에서 보여주듯이, 공기가 무거워지면 사람이 졸도하고, 천둥이 치면 오줌보가 부풀어오르며, 번개가 치면 사람의 눈이 공포로 번쩍이게 되는 것이다. 사물은, 마치 하나의 자석에 매달린 것처럼, 보이는 보이지 않는 깊은 상호조응 속에서, 자기의 본래 모습은 유지한 채 서로 닮게 되는 것이다. 그래서 "모든 유사성이란" 푸코가 적었듯이 "가장 명백하면서도 동시에 가장 숨겨진 것이다."[3]

사람과 사물, 주체와 대상, 인간과 자연 사이에 일어나는 사건에는 깊은 의미의 유사성과 유대가 깃들어 있다. 이 유사성은 대상에 주체를 동화시킴으로써 주로 몸짓이나 소리를 통해 이뤄진다. 의성어란 대상의 소리를 흉내 낸 주체의 소리다. 그것은 사물에 투여된 주체의 조응능력correspondence이다. 미메시스적 능력이 주체의 대상모방적 조응능력이라면, 그것은 곧 사물과 인간의 유사

---

3) Michel Foucault, *Die Ordnung der Dinge*, Frankfurt/M., 1974, S. 56.

성을 체현하려는 노력과 같다.

인간이 자연과 닮은 삶은 근대 이전의 세계에서 가능했다고 흔히 말해진다. 언어도 이런 유대를 갖고 있었다. 그러나 위에서 말했듯이, 역사의 탈마법화/근대화가 진행되면서 동물적·의성어적 측면은 약화되고 지시적·재현적·전달적·논리적 측면이 강화되기 시작한다. 이것을 벤야민은 '미메시스 개념의 성격전환'이라는 개념으로 설명한다. 그는 미메시스적 능력을 마르크스주의적 요소와 연결시키고자 했다. 비천한 민중언어로 지배계급을 공격할 수 있다고 간주한 니세포로스A. Niceforos의 연구에 의지하여,[4] 그가 유추형성의 능력을 현실개혁의 수단으로 이해한 것은 이런 맥락에서다.

우리는 벤야민처럼 언어를 마법적 측면과 지시적 측면, 무기능적·재현불가적 측면과 기능적·재현적 측면으로 나눌 수 있다. 중요한 것은 이 두 능력이 분리된 것이 아니라 어떻게 합해질 수 있는가이고, 이 합해진 개념인 미메시스 능력에서 무엇을 배울 것인가다. 그의 말대로 미메시스의 근대적 규범이 언어라고 한다면, 언어를 통해 우리는 어떻게 지시와 전달의 기능뿐만 아니라 그 이상, 즉 마법적·물활론적 차원에까지 이를 수 있는가다. 그러려면 언어의 대립되는 두 측면 사이를 오갈 수 있어야 한다. 그리고 이 왕래 속에서 변화하는 현실에 탄력적으로 대응할 수 있어야 한다.

문제는 미메시스 능력 자체가 아니라, 이 능력에서 일어나는 또

---

4) Walter Benjamin, "Probleme der Sprachsoziologie," *GS* III, Frankfurt/M., 1991 S. 463, 464.

는 이 능력을 추동하는 왕래요 긴장이다. 이 긴장을 통해 드러나는 전체국면이고, 이 국면에 대한 정확한 인식이 결정적이다. 「유사성에 대한 교훈」이 강조하는 것도 이 '별자리'Gestirnkonstellation이고, 이 별자리적 국면 아래, 마치 "번갯불처럼", "도망가듯 지나가는" 진리의 순간이다.[5] 이런 시각에서 보면, 벤야민 언어관의 핵심은 어느 정도 드러난다. 그는 진정한 언어란 사물의 전체국면, 즉 보이는 것뿐만 아니라 보이지 않는 면을 지향한다고 보았다.

번갯불 같은 진실된 순간은, 그것이 대상과 주체의 유사성을 경험케 한다는 점에서 벤야민 언어철학의 핵심이고, 그것이 진리인식의 시간적 계기를 말한다는 점에서 그의 철학과 이어지며, 그것이 소멸과 침묵을 지향한다는 점에서 예술이해와도 연결된다. 또 그것이 역사의 종언과 더불어 나타나는 메시아적 출현의 급작성을 암시한다는 점에서, 그의 역사철학적·신학적 이해와도 상관있는 것이다. 이렇듯이 그에게 언어이해와 미메시스론, 언어철학과 인식론, 예술론과 진리관, 역사철학 그리고 신학이해는 서로 밀접하게 이어진다. 언어이론의 핵심을 이루는 '비감각적 유사성' 개념도 이런 전체 구조 아래 있다.

---

5) Walter Benjamin, "Lehre vom Ähnlichen," *GS* II/1, S. 206, 209. '섬광처럼'(blitzartig), '섬광'(Aufblitzen), '획 스쳐 지나가다'(huscht vorbei)는, 「역사의 개념에 대하여」에서 나오듯이, 벤야민의 진리관이나 역사철학, 행복이해나 신학관과 관련하여 그 핵심적 성격을 내포하는 술어다(Walter Benjamin, "Über das mimetische Vermögen," *GS* II/1, Frankfurt/M., 1977, S. 213). 진리인식이나 행복의 경험, 신의 나타남도 이처럼 순간적으로 체험되고 순간적으로 명멸할 것이다.

"비감각적 유사성"이란 무엇인가?[6] 대상과 기호, 사물과 언어, 의미하는 것과 의미된 것, 글자와 의미는 일치하지 않는다. 그 사이는 늘 벌어져 있다. 언어의 의미론적 균열과 이 균열로 인한 사회적 갈등은 많은 경우 여기서 발생한다. 그러는 한 이 간극을 어떻게든 메우고, 나아가 일치시키려고 하는 것은 모든 언어의 꿈이라고 할 수 있다. "비감각적 유사성"은 바로 이런 꿈, 즉 '상상된 일치의 상태'를 지칭한다. 비감각적 유사성이란, 벤야민 자신의 규정에 따르면, "간단히 말해, 말하여진 것과 의미한 것뿐만 아니라 쓰여진 것과 의미된 것, 그리고 말해진 것과 쓰인 것 사이의 팽팽한 긴장을 일으키는 것"이다.[7]

여기서 중요한 것은 일치가 아니라 "팽팽한 긴장"Verspannung이다. 대상과 기호, 언어와 의미는 완벽하게 일치하기 어렵다. 그러므로 우리가 상정할 수 있는 것은 둘 사이의 팽팽한 긴장과 이 긴장에서 나오는 어떤 생성적·변형적 가능성일 것이다.

벤야민은 비감각적 유사성의 예를 필적 해독법에서 찾는다. 글자의 모양이나 획에서 그 의미, 즉 글을 쓴 사람의 의식적·무의식적 특징을 읽어낼 수 있기 때문이다. 일반적으로 그것은 의성어에서도 확인할 수 있다. 의성어란 소리 나는 대로, 들리는 대로 적은 글/말이기 때문이다. 벤야민은 의성어나 필적 해독법에서 보이는 글의 모양에서 이 글이 지칭하는 내용을 그대로 경험할 때, 대상

---

6) "비감각적 유사성" 개념은 여러 군데에서 나온다. Walter Benjamin, "Schicksal und Charakter," *GS* II/1, Frankfurt/M., 1977, S. 211ff.; "Lehre vom Ähnlichen," *a. a. O.,* S. 207.

7) Walter Benjamin, "Über das mimetische Vermögen," *a. a. O.,* S. 212.

"인간은 마치 우주처럼
스스로의 힘으로 자신의 삶을
운영하고 보살펴야 한다."
· 플라톤

한길사 인 문 도 서 목 록

"새 정신은 새 시대에 있다.
새 시대의 정신에 몸을 던지란 말이다.
그것이 정말 혁명이다."
· 함석헌

"문학은 인간이라는 거대한 텍스트에 대한
끊임없는 물음과 대답의 퇴적물이다.
고전은 이 퇴적물 가운데 우뚝 서 있는 작품이다."
· 임철규

142 **도덕감정론**

애덤 스미스의『도덕감정론』정본 완역!
더 좋은 삶과 더 많은 행복을 고민하다

"우리의 도덕적 능력이 기초하고 있는 것이 무엇
이라고 상정되든 간에, 즉 그것들이 이성의 일정
변형에 기초하든, 도덕감각이라고 불리는 본디
본능에 기초하든, 아니면 인성의 다른 어떤 원리
기초하든 간에, 그것들이 현세에서의 우리의 행
을 안내하고 있다는 점은 믿어 의심될 수 없다."
애덤 스미스 | 김광수
신국판 | 양장 | 760쪽 | 35,000원

141 **고딕건축과 스콜라철학**

아비투스 개념을 정초한 문제작
역사학과 사회학에 큰 영향을 미치다

"우리는 고딕예술과 스콜라철학 사이에서 단순
'평행현상'보다 더 구체적인 연결 그리고 화가
조각가나 건축가에게 학식 있는 조언자가 주는
별적인 (그리고 매우 중요한) '영향들'보다 더 내
면적인 연결을 목격할 수 있다. 이런 관계는 일
의 심적 습성이라고 일컬을 수 있는 어떤 것이
져나감으로써 생겨난다."
에르빈 파노프스키 | 김율
신국판 | 양장 | 252쪽 | 22,000원
2016 세종도서 우수학술도서

129 **운화측험**

개화 철학의 선구자 최한기
새로운 보편학문을 내세우다

"인간이 하는 일에는 자연히 날마다 행하는 크
작은 일과 그것을 처리하는 작은 단위가 있다. 인
간은 이 물건과 저 물건을 비교하면 헤아림이 생기
고, 한 가지 두 가지 일을 계속 경험하고 거치면
험(證驗)을 얻는다."
이한기 | 이종란
신국판 | 양장 | 376쪽 | 25,000원
2015 세종도서 우수학술도서

개화기의 주거생활사
경상남도 가옥과 취락의 역사지리학

"갑오개혁 전후시기의 가호안·양안·호적 등 기초
자료의 치밀한 분석. 수천 년간 우리 선조들이 보
존하고 가꾸어온 전통적인 주거경관의 특성과 지
역구조의 원형을 찾는 동시에 일제에 의해 맥이
끊겼던 취락발달사의 멸실고리를 복원한다."

최영준 지음 | 신국판 | 양장 | 400쪽 | 26,000원
2014 대한민국학술원 우수학술도서

중국시가의 이미지
의상, 상을 세워 뜻을 표현하다

"속된 것으로써 우아한 것을 만들고(以俗爲雅)
옛것으로써 새로운 것을 만들어(以故爲新)온 3천
년 중국 고전시가의 의상 창조의 정신을 읽어내
며, 그것의 변화·발전의 역사를 종관한다."

천즈어 지음 | 임준철 옮김
신국판 | 양장 | 1,056쪽 | 48,000원
2014 세종도서 우수학술도서

후설과 메를로-퐁티 지각의 현상학

"이 책의 목표는 후설의 초월론적 현상학이 정적
현상학과 발생적 현상학으로 나누어진다는 사실
에 주목하면서, 후설의 현상학과 메를로-퐁티의
지각의 현상학을 그 근본구도에 초점을 맞추어 비
교하고, 그 유사성과 차이점을 해명하는 데 있다."

이남인 지음 | 신국판 | 양장 | 495쪽 | 27,000원
2014 대한민국학술원 우수학술도서

근대영국헌정
역사와 담론

"제국주의자인 처칠이 영국헌정의 핵심제도인 의
회를 가리켜 "전 세계 자유인의 성스러운 전당"이
라고 찬양한 것은 과장을 넘어 기만에 가깝지만
영국이 "전 세계 의회들의 어머니"라는 빅토리아
시기의 자부는 용납할 만하다."

이태숙 지음 | 신국판 | 양장 | 408쪽 | 30,000원
2013 문화체육관광부 우수학술도서

과 기호, 말과 의미의 상관관계가 "번갯불처럼" 드러나고, 그래서 호프만슈탈이 말한 것처럼 "결코 쓰인 적이 없는 것을 읽는" 상태에 들어설 수 있다고 말한다.[8] 그런 점에서 언어는 "미메시스적 행동의 최고단계이자 비감각적 유사성의 가장 완전한 문서보관소"다.[9] 이것은 어떻게 이해할 수 있을까? 단계적으로 생각해야 한다.

같은 의미의 단어라도 말은, 그것이 문장에서 어떻게 자리하고 어떤 문맥 아래 놓이는가에 따라 같게도 나타나고 다르게도 나타날 수 있다. 언어에서 의미는 확고한 체계로 정해진 것이 아니라 전체구조 아래, 또 다른 단어와의 관계 속에서 잠시 규정된다. 그러니까 사물과 언어, 의미하는 것과 의미되는 것, 입말과 글말, 기표와 기의는 얼마든지 변화할 수 있는 가능성의 의미공간 안에서 이 가능성의 탄력 있는 얼개 아래 쉼 없이 서로 작용한다. 개별단어의 의미가 유동적이라면, 이 단어들로 엮어진 전체구조는 물론 일의적으로 서술되기 어렵다. 개별단어와 그 텍스트의 의미는, 유동적 전체의 동력학을 고려할 때, 기껏해야 어느 정도 잠정적으로 파악될 수 있을 뿐이다. 그리하여 우리는 언어의 비의도적·자의적 계기를 믿듯이, 의미의 비의도성과 잠정성 그리고 불확정성을 전제하는 가운데 그 나름의 진리를 추구할 수 있다.

이 대목에 이르면, 우리는 단순히 언어이론적 측면이 아니라 주객관계적이고 진리인식적인 측면과 만나게 됨을 확인한다. 언어

---

8) *Ebd.*, S. 213.
9) *Ebd.*

에 대한 이해란 언어에 국한된 것이 결코 아니다. 언어는 느낌으로부터 자라난다. 느낌을 생각에 담아 표현하는 매체가 언어라고 한다면, 언어는 감각과 사유, 표현 이전의 혼돈과 표현 이후의 질서 사이를 오가는 것이다. 세계의 전체 아래 인간 개체의 의미도 자리하고, 거꾸로 이 개체가 지닌 고유하고도 실존적인 성격으로부터 세계의 전체 모양이 만들어진다. 그렇다면 언어는 개체와 전체, 혼돈과 질서, 감각과 사유, 표현할 수 있는 것과 표현할 수 없는 것을 왕래하면서 이 둘을 잇고, 이렇게 잇는 가운데 구조의 전체적 꼴을 만든다. 언어도 그리고 이 언어가 낳는 의미도 이런 조건 아래 발생한다.

그러므로 참된 언어는 단순히 전달적·설명적 기능에 한정되는 것이 아니라, 말하지 않는 것을 함의할 수 있고 표현하고자 한다. 적어도 좋은 언어는 지칭되지 않은 미지의 영역으로 기꺼이 들어가는 언어다. 그렇듯이 논리적 형식으로 번역될 수 없는 것을 언어가 늘 배제하는 것은 아니다. 적어도 오래가는 언어는 그렇다.

다시 문제는 삶의 전체국면이고, 이 국면의 살아 있는 유동성이다. 이 유동성을 어떻게 삶 속에서, 우리 스스로 살아가면서 확보하느냐 하는 문제가 절실하다. 우리에게 필요한 것은 이 유동적 국면에 내재된 역설과 이반, 모순과 괴리에 대한 주의이고, 그에 대한 형식부여다. 왜냐하면 이 형식부여를 통한 세계는 좀더 온전히 파악되고, 이 파악을 통해 삶의 공간은 좀더 이성적으로 조직될 수 있기 때문이다. 대상을 제대로 파악할 수 있다면, 우리는 이 대상을 그 나름으로 버무릴 수도 있을 것이다. 현실과 사물에는 이 역설과 균열이 담겨 있다. 세상은 알 수 없는 역설을 담고 있고,

이 역설을 표현하는 한 언어 자체가 역설적으로 되기도 한다. 따라서 언어와 사고, 감각과 지각은 적어도 이것들이 진실되고자 한다면 대상의 이런 자기배반적 본성에 열려 있어야 한다.

그리하여 주체의 탄력적 대응은 곧 언어와 사고와 감각의 탄력성에서 온다. 이것은 읽기와 쓰기 그리고 해석하기에서 나타나고, 번역 활동에도 해당된다. 설명과 전달에만 치중하는 번역이 좋은 번역일 수 없듯이, 설명과 전달의 기능에만 골몰하는 언어는 무능한 언어다.

지금까지 나는 벤야민의 언어개념을 표현이나 미메시스, "비감각적 유사성"이라는 거시적 관점 아래 살펴보았다. 그의 언어번역론에서 언어란 인간이 사용하는 언어만 지칭하는 게 아닌 까닭이다. 여기에서는 인간학적이고 인류학적이며 구원사적이고 역사철학적인 고찰이 이뤄진다. 언어를 규정하는 주변조건이 검토되었으니, 이제부터 언어론으로 들어가자. 논의될 대상은 초기 글인 「언어일반과 인간의 언어에 대하여」[1916]와 「번역가의 과제」[1921]다.

2. 언어의 안과 밖

벤야민의 초기 언어론에서 특이한 점은, 이미 언급했듯이, 언어를 인간에게만 고유한 것으로 보지 않는다는 점이다. "언어의 현존은 인간적 정신표명의 모든 영역에만 걸쳐 있는 것이 아니라…… 모든 것에 걸쳐 있다. 생명적 자연이건 무생명적 자연이건 간에, 언어에 일정하게 참여하지 않는 사건이나 사물은 없다. 왜냐하면 자신의 정신적 내용을 전달하는 일은 모든 것에게 본질적이기 때문이다."[10] 벤야민이 보기에 말하는 것은 인간만이 아니다. 세계가 말을 하듯이 우주가 말을 하고, 꽃이 말하듯이 나무와 바람과 하늘과 땅이 말을 한다. 그리하여 존재하는 모든 것이 말을 하는 것이다.[11]

인간의 언어가 있는가 하면 사물의 언어가 있고, 예술의 언어가 있듯이 신의 언어가 있다. 세상에는 무수한 말이 널려 있고, 그래서 자연은 알 수 없는 상형문자로 글을 쓰는 원초적 작가로 이해된다. 이렇게 되면 세상은 그 자체로 거대한 책이고 신의 말 없는 언어가 된다. 이 언어의 책은 다른 시대의 무수히 다른 삽화조각으로 구성된다. 이 조각 속에서 언어는 본질을 드러낸다. 그러니까 모든 언어는 그 자체에서 자신의 존재와 실체를 '직접적으로' 드러낸다. 이 직접적 드러냄 또는 이 드러남으로서의 언어적 본성은 곧 사물의 본성이자 인간의 본성이기도 하다. 벤야민 언어관의

---

10) Walter Benjamin, "Über Sprache überhaupt und die Sprache des Menschen," *GS* II/1, Frankfurt/M., 1977, S. 140.

11) 이런 언어형이상학은 파라셀수스(Paracelsus)와 셸링에서 시작하여 노발리스를 지나 현대의 블루멘베르크(H. Blumenberg)에 이르기까지 지속적으로 견지되던 생각이었다. 이 흐름에서 아담은 모든 사물에게 본성에 맞는 이름을 부여한 첫 번째 명명자로 간주되는데, 이 같은 생각은 뵈메(J. Böhme)나 하만(Hamman) 그리고 벤야민에 이르기까지 이어지는 언어적 성찰의 토대로 자리한다. Hartmut Böhme/Yvonne Ehrenspeck, "Zur Ästhetik und Kunstphilosophie Walter Benjamins," *Walter Benjamin, Aura und Reflexion*, Schriften zur Kunsttheorie und Ästhetik, Frankfurt/M., 2007, S. 450.

> **❝** 언어에서 우리가 만나는 것은 언어만이 아니다.
> 사물의 본성을 만나고, 인간의 진실을 보며,
> 세계의 존재를 확인한다. 세상은 우리가 읽어야 할
> 거대한 책이고, 자연은 최초의 위대한 작가다. **❞**

신학적·형이상학적인 성격은 이 점에 있다. "모든 언어는 그 자체 '속에서' 자신을 전달한다."[12]

사물은 언어 '를 통해' 무엇을 말하는 것이 아니라, 그 이전에 존재 자체로, '그 존재 속에서' 언어적이며 또한 언어적으로 나타나는 것이다. 그래서 그것은 뭔가를 드러내는 계시의 통로이자 매체가 된다. 존재하는 모든 것 안에 언어는 공통적으로 자리하는 것이다. 이 직접성을 벤야민은 '마술적'magisch이라고 칭한다.[13]

모든 것이 언어적이라면, 인간의 언어는 사물의 언어와 어떻게

---

12) Walter Benjamin, "Über Sprache überhaupt und die Sprache des Menschen," *a. a. O.,* S. 142.

13) 우리는 이 '마법/마법적'이라는 것의 의미를 정확히 해두어야 한다. 벤야민의 언어론이나 번역론에만 나오는 것이 아니라 그의 신학관이나 인식론에도 해당되는 핵심사항인 까닭이다. '마법(적)'이란 벤야민의 논의맥락에서는 '직접적' 또는 '매개 없이'라는 말과 통한다. 또는 '술어 이전적'이고 '비의도적'이라는 뜻과 비슷하다고 할 수 있다. 다시 말해 언어의 정신적 내용이 무엇인가에 의지하지 않고, 즉 중개를 거침 없이 직접 나타난다는 뜻이다. 이것은 진리를 '의도 없음의 표현'으로 그가 생각했던 사실과 상통한다. 아무런 매개가 없다는 것은 일체의 의지나 의도가 개입하지 않았음을 뜻하기 때문이다.

다른가? 인간은 '말로써 말을 하는 존재'라는 점에서 그의 언어는 여타의 언어와 다르다. 인간은 말을 통해 말을 하고, 이 말로써 사물에 이름을 붙인다. 인간의 언어는 명명하려는 유일무이한 언어다. 그래서 이름 붙여진 것에는 그의 정신적 본질이 나타난다. "인간의 언어적 본질은 사물을 명명하는 데 있다."[14]

여기서 아담은 '최초로 명명한 자'에 해당한다. 신이 세상을 창조했다면, 이렇게 창조된 사물에 아담은 이름을 부여한다. 이 이름은 각각의 본성에 어울리는 것이고, 그러는 한 그것은 신의 창조적 행위를 닮은 일이다. 명명을 통해 창조하는 신과 이름 짓는 인간 사이에 어떤 접점이나 만남이 이뤄지는 것이다. 언어를 통한 신적 본질에 대한 참여라고나 할까? 그러나 이 언어적 본성은 원죄 이후 오염되기 시작한다. 그래서 언어는 본래의 직접적·마법적 성격을 잃는다. 언어는 그만큼 우발적으로 되고, 이 우발적 기표와 도달불가능한 기의 사이에는 틈이 벌어진다. 판단의 어려움은 여기에서 생긴다. 거꾸로 기호와 의미가 일치한다면, 판단/구분은 정확할 뿐만 아니라 불필요하게 된다. 언어마법적 에너지의 이런 상실은, 위에서 언급했듯이, 근현대의 세속화 과정과 이어지고, 벤야민적 맥락에서 보면 우울의 기호로서의 알레고리 형식이나 아우라의 쇠퇴현상과 연결된다.

그렇다면 언어적 본질이라고 할 때의 '본질'이란 구체적으로 무엇인가? 그것은, 벤야민에 따르면, 언어에 내재하는 "양립불가능하고 유일무이한 무한성"이고, 이 무한성은 "외부로부터 제한되

---

14) *Ebd.*, S. 143.

거나 측량될 수 없다."[15] 그의 초기 언어론의 핵심은 바로 여기, 무한하고 측량할 수 없는 것들의 이름에 있다. 인간의 가장 내밀한 본질이 사물의 이름을 붙이는 데 있다고 그는 생각한 것이다. 인간은 사물에 이름을 지어주면서 그 본성에 다가서고, 사물의 존재를 경험하고 인식한다. 이름짓기가 중요한 것은, 이를 통해 그 본질을 인식할 수 있기 때문이다. 판단은 이 인식을 바탕으로 이뤄진다. 따라서 명명하는 언어란 인식의 언어이고 판단의 언어다. 사물의 언어적 인식은 이름짓기에서 온다. 사물의 이름을 부름으로써 인간은 그 사물과 깊고 근본적인 의미에서 교류하는 것이다.

정리해보자. 벤야민 초기 언어론의 한 특징이 이름 짓기에 있다면, 두 번째 특징은 이 언어에서 언어적 차원뿐만 아니라 어떤 정신적 차원이 드러난다고 보는 점이다. 그럼으로써 물질과 정신, 객체와 정신의 이원성이 지양된다. 왜냐하면 언어의 말에서는 말할 수 없는 것이 묻어나기 때문이다. 그는 이렇게 쓴다. "모든 언어적 형상에는 말하여진 것, 말할 수 있는 것과 말할 수 없는 것, 말해지지 않은 것 사이의 충돌이 지배한다."[16] 이 말할 수 없는 것 그리고 말해지지 않은 것은, 어떻게 보면, 신의 언어다. 말해지지 않은 것은 인간이 못 미치는 낯선 영역인 까닭이다. 신의 언어는 언어적 차원을 넘어선다. 이렇게 언어를 이해한다면, 이 언어적 형상에는 신의 흔적이 얼마간은 배어 있다고 할 수 있다. 그래서 벤야민은, "이름 속에서 인간의 언어적 본질은 신을 전달한다"

---

15) *Ebd.*
16) *Ebd.*, S. 146.

라고 쓰고, "이성의 '어머니'이자 '계시'이고, 이성의 알파와 오메가인 '언어'"라는 하만의 말을 인용한다.[17]

그러므로 언어에서 우리가 만나는 것은 언어만이 아니다. 우리는 언어를 통해 사물의 본성을 만나고, 인간의 진실을 보며, 세계의 존재를 확인한다. 세계의 사물은 그 자체로 자신을 드러내고 계시한다. 세상은 우리가 읽어야 할 거대한 책이고, 자연은 최초의 위대한 작가다. 우주는 알 수 없이 무한한, 그래서 해독해야 할 암호와 수수께끼 문자로 가득 차 있다. 이 암호적 성격은 무엇보다 언어가 체현하는 것이다.

언어의 정신적 측면은 벤야민에게 마술적이고 신적이며 형이상학적인 모습으로 나타난다. 그것은 다른 식으로 말하여 직접성의 표현이고 무한성 또는 근원의 표식이기도 하다.[18] 신은 이 무한성과 직접성, 침묵과 근원을 구현한다. 그리하여 모든 언어와 의미와 표현은 신 앞에서 멈춘다. 이 같은 언어형이상학적 관점은 그

---

17) *Ebd.*, S. 144, 147.
18) 벤야민의 언어이론적 맥락에서 직접성과 마법성 그리고 근원성 나아가 신성은 겹쳐 있는 것으로 보인다. 그는 이렇게 쓰고 있다. "모든 언어는 그 자체 '속에서' 자신을 드러내고, 그것은 가장 순수한 의미에서 전달의 '매체'(Medium)다. 매체적인 것(das Mediale), 그것은 모든 정신적 전달의 '직접성'이고, 언어이론의 근본문제이며, 이 직접성을 우리가 마술적으로 부르고자 한다면, 언어의 근원문제는 언어의 마법이다"(*Ebd.*, S. 142f.). 여기에서 매체 혹은 매체적인 것이란 단순히 언어의 내용을 실어 나르는 '수단'이나 '도구'라는 뜻이 아니다. 그것은 '전달의 내용을 직접적으로 구현하는 것'에 가깝다. 즉 언어라는 매체는 언어의 순수성과 진실성을 스스로, 그 자체로, 그 몸 안에서 구현하고 있다. 즉 '체현(體現)한다.' 그리하여 "사물적 언어정신"(dinglichem Sprachgeist)이라는 표현이 나온다(*Ebd.*, S. 147).

의 후기에서도 이어진다. 그렇지만 그 이전에도, 예를 들어 1923년에 쓴 「번역가의 과제」라는 글에도 나타난다.

3. 숨은 것: 번역론

「번역가의 과제」는 벤야민이 31세 때 보들레르의 「파리 풍경」 Tableaux Parisiens을 번역하면서 그 서문으로 작성한 글이다. 여기에서 그는 번역의 실천과 의미를 언어이론적 · 텍스트성찰적 차원에서 논의한다. 그의 언어론은, 위에서 보았듯이, 「언어일반과 인간의 언어에 대하여」1916에서 이미 나타나고, 그 뒤에 쓴 「유사성에 대한 교훈」1933이나 「미메시스적 능력에 대하여」1933에서도 보인다. 그러나 이런 성찰은 그 외에도 많다. 번역가 논문을 작성하던 시기의 앞뒤에 쓴 중요한 글인 『독일 낭만주의에서의 예술비평개념』1920이나 『독일 비애극의 원천』1923~25에서도 언어의 문제는 다른 주제와 함께 심도 있게 고찰된다.

벤야민은 「번역가의 과제」에서 "전달"Mitteilung이나 "진술" Aussage이란 문학에서 "비본질적인 것"이라고 분명하게 적시한다. 이것에 치중한다면, 그 번역은 "나쁜 번역"이라는 것이다.[19] 이렇듯이 그는 단호하다. 그가 생각하는 좋은 번역이란 무엇일까? 그것은 문학의 본질적인 것, 즉 "파악할 수 없는 것, 비밀에 찬 것, '시적인 것'"을 드러내는 것이다.[20] 그런데 파악할 수 없고 비밀

---

19) Walter Benjamin, "Die Aufgabe des Übersetzers," *GS* IV/1, Frankfurt/M., 1991, S. 10.

에 찬 것은 문학의 본질적 요소이기 전에 언어에 본질적인 요소다. 언어는 단순한 전달이나 진술에 그치는 것이 아니라 그 이상으로 뻗어가고, 그 이상을 담으려 하며, 그 이상에 열려 있기 때문이다.

"한 언어형상물의 의미가 전달과 동일하다고 해도, 언어형상물에는 모든 전달을 넘어서는 어떤 궁극적이고 결정적인 것이, 그것이 아무리 가까이 있으면서 끝없이 멀고, 아무리 숨어 있거나 더 분명하게 나타나도, 또 부서져 있거나 더 강력하게 보여도, 남게 된다. 그것은 모든 언어와 그 형상물에서 전달가능한 것의 밖에서 자리하는 전달할 수 없는 무엇으로 남는다."[21]

다시 확인하자. 벤야민은 언어에서 전달의 기능을 부정하지 않는다. 그는 언어의 사회적 소통기능을 분명 인정한다. 소통기능을 단순히 인정할 뿐만 아니라, 이 기능은 예술활동에서 핵심적이기도 하다. 이것은, 그가 언어전달력을 바탕으로 대중의 정치적 계몽가능성을 염원했던 마르크스주의적 문예이론가라는 사실을 고려하면 조금 더 분명해진다.

하지만 벤야민은, 이것은 더 중요한 점인데, 언어의 의미가 기능적 차원으로 해소된다고 여기지 않았다. 언어에는 전달적·정보적 차원을 넘어서는 "어떤 궁극적이고 결정적인 것"이 있고, 이 궁극

---

20) *Ebd.*
21) *Ebd.*, S. 19.

적인 것은 "가까이 있으면서 끝없이 멀고", "숨어 있거나 더 분명하기도" 하고, "부서져 있거나 더 강력하게" 나타나기도 한다. 그리하여 언어의 궁극적 요소는 "모든 언어와 그 형상물에서 전달 가능한 것의 밖에서 전달할 수 없는 무엇으로 남는다." 언어는 전달할 수 있으면서 동시에 전달할 수 없는 것이다. 그것은 한편으로 숨어 있고 멀리 있으며 강력하지만, 또 다른 한편으로 가까이 있고 분명하며 부서져 있는 것이기도 하다.

언어에 대한 이런 복합적이고 모순된 생각들은 '멀리 있는 것의 가까이 나타남'이라는 아우라 개념을 상기시킨다. 사실 벤야민의 인식론이나 예술이해 또는 신학적 표상에는 아우라적 분위기가 곳곳에 짙게 깔려 있다. 이 분위기란, 엄정한 시각에서 보면, 모순된 것이다. 그러니만큼 그것은 이중적이다. 이 이중적 언어관은 표현할 수 있는 것에서 표현할 수 없는 것을 사고하려는 예술철학적 입장에도 나타나고, 유물론적인 것에서 메시아적인 것을 떠올리는 신학적 입장에도 배어 있다. 언어이해에서 이 이중성은 창세기 이야기와 관련하여 설명된다.

창세기 이야기에 기대어 벤야민은 언어를 신의 언어와 인간의 언어로 구분한다. 신의 언어는 창조적 언어다. 그것은 아무런 매개 없이 존재한다. 그 작용은 직접적이다. 신의 언어는 일체의 의미를 뛰어넘는다. 그에 반해 인간의 언어는 결함이 많다. 처음부터 그랬던 것은 아니다. 인간언어는 원래 아담의 낙원언어였다. 신이 세계를 '창조'했다면, 이렇게 창조한 세계의 사물에 '이름을 붙인' 것은 다름 아닌 아담이었다. 이브를 '하와'라고 부른 것도 신이 아니라 아담이었다. 이름을 붙일 수 있었다는 것은 지능과 인식과 판단 능력이 있다는 뜻이다. 그 능력이란, 정확하게 말해, 선악의 구분능력이고, 이 능력은 신적 속성이었다. 그러나 바로 이 때문에 아담은 원죄를 저지른다. 즉 '눈이 밝아져 신처럼 영생할 것'이라는 뱀의 유혹에 넘어가게 되고, 신의 율법을 거스르는 것이다. 그가 낙원에서 추방되는 것은 이 때문이다.

인간의 탐욕은 여기서 그치지 않는다. 낙원타락 이후에도 그의 믿음은 나아지지 않는다. 그것은 강해지기보다는 약해진다. 그들은 노아의 방주에 올라타지 않았고, 홍수가 있고 난 뒤 '이제 더 이상 물의 재앙은 없으리라'는 신의 말씀을 거스르면서 물에 휩쓸리지 않을 망대를 쌓기 시작한다. 바벨탑의 건설도 신에 대한 인간의 불신에서 시작한 것이다. 이것은 한편으로 있을 수 있는 재앙을 막기 위한 것이면서, 다른 한편으로 "하늘까지 닿는 탑을 쌓아 자기 이름을 날리기 위한" 것이었다(「창세기」, 11: 4). 그리하여 야훼는 가만 두면 못할 게 없을 인간의 말을 섞어, 마침내 이들을 온 땅에 흩어지게 만든다(「창세기」, 11: 9). 낙원추방이건 바벨탑 이야기이건, 이 모두는 결국 호기심이기도 하고 욕심이기도 한 마음에서 비롯된 것이다. 호기심은 한편으로 금기시된 영역으로 나아가는 에너지이면서, 다른 한편으로 탐욕과 결합되어 자신을 몰락케 하는 요인으로 작용한다.

특이한 점은 바벨탑 이후의 언어타락에도 벤야민은 언어를 단순히 수단으로 파악하지 않는다는 점이다. 그는 언어의 기능적 측면을 간과하지 않지만, 그렇다고 언어가 어떤 목적에 봉사하거나 그렇게 봉사하는 수단이 된다고 여기지 않는다. 그는 명료하고 즉물적인 글쓰기를 강조하면서도, 비의적이고 선험적이며 형이상학적인 면을 잊는 법이 없다. 형상적이고 이미지적이며 회화적인 것에 대한 관심도 이 옆에 있다.[22] 이런 특징은 그가 유대적 계시종교의 신학적 사고나 언어신비주의로부터 영감 받았다고 해석되는 근거가 되기도 한다.[23] (계시란, 다른 식으로 말해, 언어와 정신/신이 결합되는 최고 단계라고 할 수 있다. 거기에는 신의 말씀이 들어 있기 때문이다. 벤야민은 '언어정신'Sprachgeist이라는 단어를 즐겨 쓴다)

참된 언어에는 사물의 정신적 본질이 드러나고, 그래서 언어는 형이상학적 경험에 대한 요구를 충족시킬 수 있다. 이 점에서 그의 언어철학과 역사철학 나아가 신학은 깊은 의미에서 만난다.[24] 그러나 비도구적 언어마법이론[25]은 언어에 대한 바른 이해를 하

---

22) 벤야민이 바로크적 형상물을 좋아한 것은 그것이 사물의 이미지를 대상으로 하기 때문이고, 필적감정학에 관심을 가졌던 것은 글쓴 사람의 성격과 표현력이 글자 안에 담겨 있다고 보았기 때문이다. 다른 식으로 말해 그것은 의미하는 것과 의미되는 것의 일치. 글에는 글로 표현할 수 없는 것들이 담긴다고 그는 본 것이다. 의성어나 아나그램이 그 좋은 예다.

23) 계시란, 다른 식으로 말해, 언어와 정신/신이 결합되는 최고 단계라고 할 수 있다. 거기에는 신의 말씀이 들어 있기 때문이다. 벤야민은 '언어정신 (Sprachgeist)이라는 단어를 즐겨 쓴다

24) 예를 들면 『독일 비애극의 원천』에서 벤야민은 역사도 신학적 입장에서, 말하자면 '세속적인 것이 구원을 통해 해소되는 무엇'이라는 관점에서 사고한다. '역사신학'이 그 예다. Walter Benjamin, "Ursprung des deutschen Trauerspiels," *GS* I/1, Frankfurt/M., 1974, S. 390. 이 책에서 다룬 알레고리란 이 이중의식, 즉 사물의 덧없음에 대한 통찰과 이 덧없음에도 불구하고 사물을 영원성 속에서 구제하려는 근심어린 충동 사이에서 자라 나오는 표현형식이다. 다르게 말하면, 순간성과 영원성은 알레고리에서 가장 가까이 만난다(*Edd.*, S. 397).

25) 벤야민이 비도구적 언어관을 견지한 데는 그 당시의 정황, 가령 부버가 발

는 데 장애가 될 수밖에 없다. 그것은 모순되고 이중적이기 때문이다. 이 모순된 언어이해 앞에서 어떻게 해야 하는가? 우리는 어떻게 언어를 부려야 언어에서 거짓되지 않는 모습을 만날 수 있는가? 나는 두 가지 측면을 강조하고 싶다.

첫째, 벤야민의 언어이론은 일관된 신학적 뉘앙스에도 불구하고 순수종교적이라기보다는 인식비판적 성격이 강하다. 이 인식비판적 면모는 무엇보다 『독일 비애극의 원천』의 서문에서 직접 주제화된다. 하지만 넓게 보면 그의 사상을 지탱하는 일관된 성향이라고 할 수 있다. 비판적 문제제기는 그의 언어와 비평, 문학과 예술과 철학과 문화이해를 관통하는 주된 에너지다.

둘째, 언어마법적 입장에서 핵심은 기능적 차원을 넘어가는 영역, 즉 말할 수 없는 것에 대한 언어적 관계다. 언어문제는 결국 언어 이전적 존재에 대한 언어의 관계를 어떻게 설정하느냐에 달려 있다. 이것은 그의 언어론이나 번역론뿐만 아니라 법개념, 예술비평론, 진리론에 핵심적이다. 왜냐하면 이 모든 것에서 말할 수 없

행하던 월간잡지인 『유대인』에 동참을 거부한 데서도 확인할 수 있다. 그가 거부한 것은 이 발행자나 여기에 실린 많은 글이 전쟁의 발발에 기여했기 때문이다. 그러는 한 그것은 정치적 항의의 표시다. 그러나 더 큰 이유는 언어를 행동과의 관련성에서 하나의 수단으로 파악한 그 당시 널리 퍼진 견해를 그가 공유할 수 없었기 때문이다. 이 점에서 보면, 도구적 언어이해에 대한 그의 비판은 '정치적으로 오용되는 언어의 맹목성이나 폭력성에 대한 거부'라고 이해할 수 있다. 벤야민과 부버의 관련성은 1916년 7월 17일자 부버에게 보낸 벤야민의 편지에 잘 나타난다. 여기에 대해서는 Samuel Weber, "Der Brief an Buber vom 17. 7. 1916," Burkhardt Lindner(Hg.), *Benjamin Handbuch, a. a. O.,* S. 603~609를 참조할 것.

는 것 또는 쓰이지 않은 것 또는 침묵의 영역은 언어와 사고의 목표가 되기 때문이다. 이 점에 대한 강조는 내가 보기에 데리다의 벤야민 해석에서 가장 창의적으로 드러나지 않는가 여겨진다.[26]

4. '언어의 성스러운 성장'

위에서 드러나듯이, 벤야민은 '숨은' 언어를 지향했다. 숨은 것으로 나아가는 그의 언어신학적 입장은 좀더 구체적으로 서술될 수 있는가? 다음 구절에는 그 핵심이 담겨 있는 것으로 보인다.

"언어들의 모든 초역사적 친화성은 오히려 다음 사실, 즉 전체로서의 각각의 개별언어에서 그때그때 동일한 것을 의미하지만, 그럼에도 그들 중 개별적 언어가 아니라 언어들이 상호보완하는 의도의 모든 것만 도달할 수 있다는 점에 있다. 이것이 순수한 언어다. 말하자면 외국어의 단어, 문장, 연관항 같은 모든 개별적 요소는 서로 배제하는 반면 이 언어들은 그 의도 자체에서 서로 보충한다. 이것은 언어철학의 기본법칙 중 하나인데, 이 법칙을 정확히 파악하는 것은 의미된 것의 의도와 의미하기의 방식을 구분하는 데 있다."[27]

---

26) 이 점에 대해서 필자는 다른 글에서 다룬 적이 있다. 제13장 「언어채무: 벤야민 번역론에 대한 데리다의 시각」 참조.

27) Walter Benjamin, "Die Aufgabe des Übersetzers," *a. a. O.*, S. 13f.

위 글에는 벤야민의 언어론과 번역론이 지향하는 최종목표인 '순수한 언어'에 대해 중요한 정의가 적혀 있다. 그것은 크게 네 가지다.

첫째, 그것은 개별언어가 획득하는 것이 아니라 개별언어의 총체, 즉 "언어들이 상호보완하는 의도의 모든 것만 도달할 수 있다." 이렇게 도달된 상호보완적 의도를 가진 언어를 그는 언어들의 "모든 초역사적 친화성"이라고 부른다. 둘째, 개별 언어들은 각각의 요소에서 서로 배제하지만, "그 의도 자체에서 서로 보충한다." 셋째, 여러 언어 사이에 존재하는 이 상호보완적 의도를 정확히 파악하는 것이 "언어철학의 기본법칙"이다. 넷째, 이 법칙은 줄이면 "의미된 것의 의도Intention vom Gemeinten와 의미하기의 방식 die Art des Meinens을 구분"하는 데 있다.

벤야민에 따르면, 개별언어에서 의미된 것은 상대적으로 독립되어 있지 않고, "의미하기의 모든 방식이 조화된 상태로부터 순수한 의미의 언어가 되어 나올 수 있을 때까지", "부단한 변화 속에 있다."[28] 이 변화 속에서 순수한 언어는 "오랫동안 숨어 있다."[29] 이렇게 나온 순수한 의미는 더 이상 상호배제적이지 않다.

---

28) *Ebd.*, S. 14.

29) *Ebd.*, "더 높은 언어의 껍질 덮인 싹"(S. 14) 또는 "순수한 언어의 싹"(S. 17)이라는 표현을 벤야민이 쓸 때, 이것은 모두 의미의 숨겨짐 또는 숨은 의미를 암시한다. 여기에서 중요한 것은 "껍질"이라는 비유의 빈번한 등장이다. "껍질 덮인"(verhüllt)은 "껍질을 씌우며"(verhüllend)나 "껍질"(Hülle), "껍질을 벗기며"(enthüllend) 등과 더불어 벤야민의 예술철학, 즉 그의 진리관과 미이해에서 중대한 바탕을 이루는 개념이다. 미와 진리는 이 껍질에 싸여 있는 것으로 파악되고, 예술비평은 이 껍질을 벗겨내는

그것은 다른 언어와 상응하고 상호보충하는 조화로운 관계 속에 있다. 그러니까 순수언어란 다른 언어들 사이에 존재하는 어떤 공통된 친화력, 즉 초역사적 보편지평에 닿아 있는 것이다. 그것은 순수언어가 의도의 상호보완적 작용 속에서 숨겨진 것들을 이미 체현하기 때문일 것이다. 그래서 "진리의 언어"와 같아진다. "모든 사고가 추구하는 궁극적인 비밀이 아무런 긴장 없이, 그 자체로 말없이 보존되어 있는 진리의 언어가 있다면, 진리의 이 언어는 진실한 언어다."[30]

벤야민의 언어론은 순수하고 진실한 언어, 그 자체로 말없이 존재하는 언어를 향한다. 말없이 존재하는 언어에 삶의 비밀은 간직되어 있기 때문이다. 이 언어는 정체되어 있거나 자족적이지 않다. 그리고 폐쇄적이지도 않다. 그것은, 위에서 살펴보았듯이, 끊임없이 변화하고 생성하며 성장해간다. 다음 문장은 이 점을 잘 보여준다.

"그러나 이것들(개별언어들 – 옮긴이)이 언어역사의 메시아적 종말에 이르기까지 성장한다면, 작품의 영원한 삶과 언어들의 무한한 재생에 불을 붙이는 것은 번역이며, 언어들의 성스런 성장을 새롭게 시험하는 것도 번역이다. 언어의 숨겨진 것이 계시

___

데 있기 때문이다(Walter Benjamin, "Goethes Wahlverwandtschaften," *GS* I/1, Frankfurt/M., 1974, S. 195). 그러나 벤야민의 예술비평론에서 주의할 것은, 비평적 껍질 벗기기란 오히려 껍질을 벗기는 것이 불가능하다는 의식에 의해 동반된다는 사실이다.

30) Walter Benjamin, "Die Aufgabe des Übersetzers," *a. a. O.*, S. 16.

와 아무리 멀리 떨어져 있고, 이 멀리 있는 것에 대한 지식 속에
숨겨진 것이 아무리 현재한다고 하더라도."[31]

번역이란 무엇인가? 그것은 개별언어가 "언어역사의 메시아적
종말에 이르기까지 성장한다고 할 때", "작품의 영원한 삶과 언어
들의 무한한 재생에 불을 붙이는 것"이다. 그럼으로써 그것은 "언
어들의 성스러운 성장을 새롭게 시험한다". 번역은 있어온 것을 단
순히 확인하는 데 그치는 것이 아니다. 그것은 "무한한 재생" 속에
서 대상을 새롭게 드러내야 하고, "영원한 삶"과 이어지도록 해야
한다. "언어의 성스러운 성장"은 그때에야 가능하다. 이 성장 속에
서 우리는 언어의 "숨겨진 것"과 "계시", "멀리 떨어진 것"과 "현재
하는" 것을 함께 만날 수 있다. 번역을 통해 먼 것과 가까운 것은
서로 다가서고, 드러난 것과 숨겨진 것은 서로 회우會遇한다. 이러
한 회우는 작품의 생명을 영원하게 하고, 언어를 무한하게 재생시
킨다.

이 같은 현상은 우선 번역에 해당되지만, 번역이 다른 언어들

31) *Ebd.*, S. 14.

사이의 옮김이고 그 상호작용인 한, 언어일반의 성격에서도 적용될 수 있다. 여기에서 나는 언어일반의 존재근거를 읽는다. 즉 언어가 존재하는 것은 언어 자체의 "성스러운 성장을 새롭게 시험" 하고, "언어의 무한한 재생"을 시도하는 데 있다.

"성스러운 성장", "재생", "영원한" 같은 술어는 분명 종교적인 뉘앙스를 갖는다. 그러나 이러한 요소들이 종교의 독점사항은 아니다. 성스러운 것이나 신성한 것 또는 경건한 것이 어찌 종교만의 일이겠는가? 그것은 인간 삶의 중대한 일부여야 마땅하다. 더욱이 지금 세계에서 결정적으로 누락된 것이 시적이고 신성하며 초월적인 차원이라고 한다면, 이 초월적 차원의 회복은 그 무엇보다 중대한 일이지 않을 수 없다.[32] 그것은 삶의 여느 다른 분야에서처럼 언어에서도 실행될 수 있고, 또 실행될 만하다. 나아가 그것이 오늘의 현실에서 이뤄진다면, 언어의 성장은 말의 엄격한 의미에서 참되게 될 것이다. 즉 순수하게 될 것이다. 순수언어는 진공적 공간이 아닌 사회역사적 실질공간에서 직조되어야 한다. 그

---

32) 바로 이 점과 관련하여, 드 만은 현대인이 상실한 신성성의 회복이 벤야민의 문학언어가 가진 의의라고 옳게 지적한 바 있다. "다른 한편으로 벤야민은 문학언어에 신성한 것의 차원을 돌려준 사람으로, 그래서 현대성의 관념이 의존하는 문학의 세속적 역사성을 극복한, 적어도 상당할 정도로 정화시킨 인물로 자주 칭찬된다." Paul de Man, "Conclusions: Walter Benjamin's 'The Task of the Translator'," *The Resistance to Theory*, Mineapolis: Minnesota University Press, 1989, p. 78. 상실한 신성성의 이 벤야민적 회복에는 "우울함과 약간의 피로, 누리지 못한 삶과 누리지 못한 행복, 지나간 시간 등의 느낌"이 자리한다(*Ibid.*, p. 85). 그렇다. 신성함이 사라진 곳에서 우울과 피로와 불행의 감정은 배가된다.

것이 가능할까?

원문과 번역, 출발텍스트와 결과텍스트 사이에는 극복할 수 없는 간극이 있다. 이 간극은 한편으로 낯섦의 이유가 되고 왜곡과 오해의 근거가 되기도 하지만, 다른 한편으로 새로운 출발과 창조성의 근거가 되기도 한다. 그 차이는 번역적 매개를 통해, 이 매개에서 이뤄지는 서술의 보충 속에서 줄여질 수 있다. 서술의 보충 속에서 형식과 내용, 의미되는 것과 의미하는 것, 말과 이미지는 서로 만난다. 그러나 이 만남은, 벤야민이 강조하듯이, 순간적으로 이뤄진다. 순간에서 언어는 대상과의 일치를 경험한다. 따라서 바람직한 번역은 일치를 향한 언어운동을 적극화하고, 이 운동을 통해 낯설고 이질적인 것에 다가가는 것이다.

언어의 무한한 재생과 이 재생을 통한 영원한 삶을 떠올리면서 스스로 성장해가는 것은 번역의 성스러운 일이자 언어 자체의 성스러운 과제다. 언어의 성장운동에서 우리는 무엇이 가능하고 불가능한지, 무엇을 해명할 수 있고 해명할 수 없는지 보여줄 수 있어야 한다. 그렇다는 것은 번역이 번역할 수 없는 것과의 싸움이고, 이 싸움을 통한 미지로의 나아감이며, 이 나아감 속에서 번역할 수 없는 미지에도 또다시 의미의 지평을 열어보려는 안간힘이라는 뜻이다. 언어의 가능성이란 전달적·기능적 의미 차원을 넘어 언어 자체의 갱신적 운동을 포함해야 한다.

참된 번역을 통해 번역불가능한 것은 마침내 번역되고, 묘사불가능한 것도 조금씩 묘사된다. 그것은 기존의 의미영역을 끊임없이 벗어나는 일이고, 이 영역 너머로 끊임없이 나아가는 일이다. 재생하고 성장하는 과정이기 때문이다. 이것은 그 자체로 경직성에 저항하는 언어의 운동이고, 언어적 실천이 아닐 수 없다. 모든 번역의 시도는 의미정체라는 근본적 무기력으로부터 시도되는 새로운 의미로의 움직임이고, 이 의미의 가능성으로의 전진이며 탐구다. 이런 면모는 벤야민이 '영원한', '재생', '메시아적' 같은 종교적 술어 외에 생물학적 단어를 즐겨 쓴다는 사실과도 이어진다. '싹'Samen, '성장하다'wachsen, '성숙하게 하다'zur Reife bringen 또는 '형성'은 언어의 식물적 성장에 대한 비유의 좋은 예다. "언어의 형성 속에서 자신을 표현하고, 자신을 만들어내고자 하는 것, 그것이 순수한 언어 자체의 핵심이다."[33]

참된 언어는 스스로 만들고 스스로를 표현한다. 이 재생과 성장과 성숙을 통해 그것은 가까운 것에서 먼 것을 드러내고, 부서진 것에서 강력한 것을 나타낸다. 그러면서 어떤 숨겨진 것, 즉 말할 수 없고 비밀에 차 있는 존재들의 영역으로 들어선다. 전달불가능한 것인데도 무엇인가 전달하기 위해 그것은 나아가는 것이다. 또는 전달 속에서 전달불가능한 것이 울리도록 하고, 드러난 것에서 숨겨진 것이 비쳐 나오도록 한다. 그렇다는 것은 이 언어가 타자의 영역에 근접한다는 뜻이다. 타자의 영역이란 표현 이전의 절대적 사멸영역이다.

"어떤 것도 더 이상 의미하지 않고 어떤 것도 더 이상 표현하지 않는 이 순수한 언어는 모든 언어에서 의미되는 것인 무표현적이고 창조적인 말인데, 이 순수한 언어에서 모든 전달, 모

---

33) Walter Benjamin, "Die Aufgabe des Übersetzers," *a. a. O.*, S. 19.

든 의미, 모든 의도가 결국 사멸하게 되어 있는 한 층위를 만난다."[34]

순수한 언어는 전달이나 지시의 차원만 넘어서는 게 아니다. 그것은, 더 정확하게 말해, 일체의 전달과 의미와 의도도 거부한다. 또는 적어도 의식적이고 의도적인 차원을 넘어서야 한다. 그것은 "어떤 것도 더 이상 의미하지 않고 어떤 것도 더 이상 표현하지 않는다." 그래서 "무표현적이고 창조적인 말"이 된다.[35]

여기에서 중요한 것은 두 가지 사항이다. 첫째, 무표현적 언어는 창조적 언어라는 것과 순수한 언어는 모든 언어에서 의미되는 것이다. 즉 창조적 언어는 일반적이고 보편적인 언어다. 둘째, 순수한 언어는 그 자체로 영원한 것이 아니라 사멸할 운명의 한 층위를 만난다. 다시 말해 순수한 언어는 사멸·죽음·퇴락과 접해 있다. 이 경계에서의 상태가 무표현 또는 침묵이다.

그러므로 우리는 이렇게 말할 수 있다. 벤야민적 의미의 순수언

---

34) *Ebd.*
35) "무표현적인 말"(ausdrucksloses Wort)에서 '무표현적인'이란 벤야민의 사유 전체에서, 특히 예술철학적 관점과 관련하여 매우 중요하다. 표현 없음 또는 표현 부재 또는 표현 이전의 상태는 언어 이전의 무정형적 세계이고 타자성의 세계다. 그것은 절대적 침묵이자 심연이고 암흑이자 혼돈의 미지영역이다. 벤야민은 이 번역자 논문에서 무표현적인 말의 순수언어적 성격을 말하고 있지만, 이것은 그의 미의식이나 진리관 나아가 예술철학에서 결정적인 진술이다. 진리가 무표현의 타자세계에 열려 있듯이, 예술의 언어도 무표현의 타자세계로 박진해 들어가는 것이기 때문이다. 그러므로 언어론과 번역론, 인식론과 미의식은 그에게서 하나로 만난다.

어란 단순히 생성이나 영원이 아니라 생성과 죽음, 변화와 사멸과 만나는 언어라고. 따라서 번역가는 무표현의 사멸영역을 의식해야 한다. 그의 임무란 "낯선 언어 속에 추방된 그런 순수한 언어를 자기언어로 구제하는" 것이다. 마치 "루터와 포스Voß, 횔덜린과 게오르게가 독일어의 한계를 확장했듯이", 번역가는 "자기언어의 낡은 장벽을 부숴야" 한다.[36] 이 장벽 허물기를 통해 언어는 자기를 넘어서는 무표현의 침묵지대로 나아간다. 이것은, 횔덜린의 소포클레스 번역에서 보듯이, "의미가 심연에서 심연으로 떨어지고, 결국에는 바닥 없는 언어의 깊이 속에서 자신을 잃어버리는" 일이기도 하다.[37]

마치 예술이 무한한 것을 추구하는 성찰적 기관이듯이, 번역도 언어적 혼란 속에서 이 언어가 남긴 파편의 자국을 더듬어야 하고, 나락에서 나락으로 옮겨가면서 모든 언어의 근본적 친화성과 그 근원적 화해를 드러내는 메시아적 에너지여야 한다. 또 이렇게 파편의 흔적을 추적할 수 있다면, 언어는 '성스럽게 성장해간다'고 우리는 말할 수 있을 것이다.

번역행위에서 중심은 말할 것도 없이 원전과 번역, 1차적인 것과 2차적인 것, 원형과 도출된 것의 관계다. 그러나 이 대목에서 확인하는 것은 벤야민의 번역론이 지향하는 것이 단순히 원문에 충실한 것도 아니고, 작품을 성실하게 옮기는 것도 아니라는 사실이다. 의역이냐 직역이냐라는 문제나, 원문에 대한 충실함이냐 그

---

36) Walter Benjamin, "Die Aufgabe des Übersetzers," *a. a. O.*, S. 19.
37) *Ebd.*, S. 21.

> **❝** 모든 번역적 시도는
> 의미정체라는 근본적 무기력으로부터 시도되는
> 새로운 의미로의 움직임이고,
> 이 의미의 가능성으로의 전진이며 탐구다. **❞**

로부터의 자유냐 같은 문제는 그에게 중요한 것이 아니다. 또 번역자가 '좋은 번역'으로 작가와 독자의 이해적 가교역할을 하는 것에도 그는 큰 관심을 두지 않았다.[38] 벤야민의 번역론은 언어와 사고, 표현과 이해에 대한 철학적 성찰에 가깝다. 그는 개념적 사고에 대한 인식비판적 관점을 견지하면서 기호체계론적 언어이해를 거부한 것이다.

벤야민이 중시한 것은 그가 '순수한 언어'라고 부른 것과 만나는 일이다. 이 순수한 언어의 진실을 인식하는 일이고, 이렇게 인식한 것을 번역자의 언어 안에서 체현하는 일이 핵심적이다. 그것은 저기 저곳에 있는 진실을 '지금 여기로 불러오는' 일이고, 지

---

38) 이런 점에서 자구 대 자구의 옮김 또는 의미 대 의미의 옮김을 강조하는 이른바 등가적 번역론은 비판적으로 검토될 필요가 있다. 벤야민의 번역론이 번역학적 논의를 훨씬 넘어선다는 사실은 그의 비평개념을 떠올려준다. 비평 역시 그에게는 단순히 작품평가적 차원을 넘어서기 때문이다. 비평은 "한편으로 작품의 완성이고 보충이고 체계화이면서, 다른 한편으로 절대적인 것 속에서의 작품의 해체"다(Walter Benjamin, "Der Begriff der Kunstkritik in der deutschen Romantik," *GS* I/1, Frankfurt/M., 1974, S.78, 69). 그는 하나의 독자적인 문학장르로서 비평이 갖는 고유한 지위를 낭만주의자들의 저작에 기대어 복원시킨다.

금 여기에서 이 진실을 언어적으로 실현하는 일이다. 이 실현방식은 다름 아닌 '표현'이다. 표현을 통해 언어는 비로소 진실해지기 때문이다. 그것은 불완전한 것에서 좀덜 불완전한 것으로, 그래서 조금 더 완전한 것으로 옮겨가는 것을 말한다. 그것은 말 없는 것에서 말 있는 것으로의 이행이고, 이름 없는 것에서 이름 있는 것으로의 변화이기도 하다. 따라서 그것은 "변형의 연속성"을 전제한다.[39] 이런 시각에서 보면, 벤야민이 지적하듯이, "번역의 개념은 언어이론의 가장 깊은 층위에서 논거하는" 일이 아닐 수 없다.[40]

그러므로 벤야민적 의미의 번역은 단순히 언어치환적 작업이 아니라 창조적 활동의 일부라고 해야 한다. 마치 비평이 하나의 독자장르로서 의미의 창조적 생산활동인 것처럼, 번역은 순수한 언어 속에서 타자의 전체, 말하자면 사물의 본질적 친화성과 이 친화성의 조화를 탐색하고, 이 탐색이 기대어 신적 창조로 나아가는 일인 것이다.

이런 점에서 벤야민은, 뵈메/에렌슈펙이 지적했듯이, "어떤 태곳적 근원의 메시아적 해방이라는 매체를 나타내는 현존미학 Präsenzästhetik의 프로그램을 추구한다"고 말할 수 있다.[41] 적어도 언어에서 신학적·형이상학적 모티프를 제거할 수 없는 한, 그의

39) Walter Benjamin, "Über Sprache überhaupt und die Sprache des Menschen," a. a. O., S. 151.

40) Ebd.

41) Hartmut Böhme/Yvonne Ehrenspeck, "Zur Ästhetik und Kunstphilosophie Walter Benjamins," a. a. O., S. 454.

언어관은 실체를 전제하는 현존미학적 관점에 닿아 있지 않나 여겨진다. 그러면서도 이 신학적·형이상학적 요소가 바벨탑 이후의 언어에서는 불가능하다는 것, 그래서 오늘의 언어는 심연에서 심연으로 떨어지는 가운데 헛된 고역을 감당할 수밖에 없으며, 순수는 이 운명적인 공허를 감당하면서 잠시 얻어질 수 있을 뿐이라는 점에서 보면, 그의 언어이해는 여전히 현존부정적이기도 하다. 벤야민의 언어신학은 어쩌면 가장 깊은 의미에서 혁명적이라고 말해야 할지도 모른다.

5. 의미의 재서술 너머

벤야민은 전통적 번역론을 지탱해온 두 개념으로 '충실'과 '자유'를 꼽는다. 충실이 원문의 자구에 대한 밀착을 뜻한다면, 자유는 원문의 의미에서 벗어나 이해하기 쉽도록 옮기려는 노력이라고 할 수 있다. 이 두 개념은 다시 번역론 일반의 맥락에서 풀어쓰면, 직역과 의역으로 볼 수 있다. 직역과 의역은 의미의 재서술Sinnwiedergabe을 추구한다는 점에서 같다고 할 수 있다. 이런 생각은, 훔볼트의 언어관에서 보여주듯이, 전통적 언어번역관의 주류에 속한다. 벤야민은 충실과 자유의 전통적 번역론이 의미 재서술 그 이상을 추구하는 '다른 번역론의 가능성'에 아무것도 기여하지 못한다고 지적한다.[42] 그가 염두에 둔 것은 의미재현이나 사실기술을 넘어선 무엇이다. 그것은 위에서 언급한 "순수한 언어" 또

---

42) Walter Benjamin, "Die Aufgabe des Übersetzers," *a. a. O.*, S. 17.

는 "진실한 언어"와 연관하여 더 생각해볼 수 있을 것이다.

벤야민은, 이미 언급했듯이, 텍스트의 유한한 의미, 즉 정보적·
전달적 의미를 '비본질적인 것'으로 간주했다. 그가 말한 순수언
어란 전달적·정보적 기능으로부터 해방된 언어다. 순수한 언어란
초기 논문에서 말하는 '이름언어'Namensprache와 통한다. 이름의
실체를 의미로 파악할 수 없는 것이라면, 이름언어 또는 순수한
언어는 주체와 객체, 표현과 내용, 자발성과 수용성의 이분법을
언어철학적으로 지양한 것이다. 이것은 이름을 단순히 '축약된 서
술' 정도로 이해하는 부르주아적 언어이해, 예컨대 프레게G. Frege
의 이름이론과 분명 다르다.[43) 이 이름이론에서 사물(대상), 수단
(말), 수신자(인간)는 서로 나뉘기 때문이다.

순수한 언어는 언어의 정신적 본질에 주의하지 대상과 말 그리
고 인간을 구분하지 않는다. 그것은 무엇보다 여러 언어 사이의
초역사적 친화성에 주목했고, 이 친화성이 갖는 의도 없는 본질을
강조한다. 그러나 이때의 본질은, 다시 주의하면, 실체주의적인 것
은 아니다. 그것은 신학적이고 형이상학적 요소를 내포하지만, 그
렇다고 언어를 절대적으로 파악하여 지금의 현실과 무관한 무엇
으로 이해하지 않는다. 언어는 실체substance가 아니라 방식modality
을 보여주기 때문이다. 이 방식은 이름 없는 것에 놓여 있다. 순수
언어는 죽은 것과 격리된 것 또는 탈가치화된 것을 이름에서 포착
한다(탈가치화된 파편의 구제는 무엇보다 알레고리의 목적이기도 하다.

43) Alfred Hirsch, "Die Aufgabe des Übersetzers," Burkhardt Lindner(Hg.),
Benjamin Handbuch, a. a. O., S. 610.

순수언어와 알레고리는 모두 역사적으로 사라지고 잊혀진 사물과 그 이미지를 담고자 한다는 점에서 서로 통한다. 이 생각을 좀더 진척시키면, 벤야민의 언어에 묻어 있는 어떤 자연사적 이념이 될 것이다)[44].

그러나 이름은 인간이 마음대로 하는 게 아니다. 그것은 사물의 알려지지 않은 요구이기도 하다. 이름을 통해 사물세계와 인간세계는 서로 관계하고 대화한다. 초기 논문에서 벤야민이 언어의 신학적·신화적 측면에 치중했다면, 번역자 논문에 오면 언어신학적 요소는 남긴 채로 이름언어 개념에 더 이상 집착하지 않는다. 순수언어를 통한 구원가능성은 부인된다. 그러나 정말 부인되는 것일까? 이 대목은 사실 애매하다. 그가 변함없이 강조하는 것은 전달적 의미에 숨겨진 것들, 즉 말할 수 없는 것의 번역이기 때문이다.

사물이 말할 수 없는 침묵 속에 존속한다면, 이 말할 수 없는 것을 끊임없이 거론하는 일 자체가 언어에서 메시아적 구원가능성을 추구했다는 증표이기도 하다. 말 없는 것을 번역하려면, 번역자는 스스로 언어의 성장운동을 타야 하고, 심연으로의 몰락을 무릅쓰며 부단히 자리를 옮겨갈 수 있어야 한다. 그래서 시인에 가

---

44) 인간의 세상이 몰락을 거듭하는 자연 세계의 한 영역으로 자리한다면, 인간의 문명사도 자연의 역사를 반복하는 것으로 나타난다. 이 점에서 보면, '발전'이나 '진보'도 하나의 순환 안에서 이뤄지는 약간의 도약이고, 이 도약도 머지않아 퇴행 때문에 상쇄되고 만다. 나아가거나 앞선 것은 그만큼의 퇴보와 후진을 전제하기도 하는 까닭이다. 그리하여 인간사의 전체는 전적인 소멸성으로 규정되는 자연의 조건 아래 있다. 벤야민의 글, 특히 문학에세이나 역사철학 그리고 알레고리론에는 이런 깊은 암울함이 도처에 배어 있다. 이것을 나는 제10장 「글의 자연사: 문학비평」에서 자세히 다룬 바 있다.

> **66** 말없는 것을 번역하려면, 번역자는
> 스스로 언어의 성장운동을 타야 하고, 심연으로의 몰락을
> 무릅쓰며 부단히 자리를 옮겨갈 수 있어야 한다.
> 그래서 시인에 가까운 감성과 사유를 가져야 한다. **99**

까운 감성과 사유를 가져야 한다.

번역은 전달적·정보적 차원을 넘어 순수한 언어와 이 언어가 지닌 상호보완적 의도로 나아가게 한다. 거꾸로 참된 번역에는 진실하고 순수한 언어가 숨어 있다. 좋은 번역은, 벤야민의 말을 빌리면, "원문의 메아리가 일깨워지도록" 하는 것이고, "전달되는 언어의 보충으로서, 조화로서, 언어가 지닌 의도의 고유한 방식이 울리도록 하는" 일이며, "원문을 덮는 것이 아니라 처음부터 끝까지 철저하게 비추는" 일이다.[45] 이것은, 벤야민이 인용한 판비츠 R. Panwitz의 말을 다시 번역해 말하면(이렇듯 우리는 벤야민의 인용을 단어에 충실하게 우선 번역하고, 그렇게 번역된 그 글을 다시 문맥의 전후에 맞게 번역해 읽는다), "말과 이미지와 어조가 하나되는 지점"으로 나아가는 일이고, "충실성의 법칙에 따라 언어운동의 자유 속에서 자기자신의 길을 가는" 일이다.[46] 이것은 지속적 시간 아래 일어나는 것이 아니다. 이것은 잠시 일어난다. "마치 접선이 원을 순간적으로 하나의 점에서 만나듯이, 그래서 그 점이 아니라 이 접촉

---

45) Walter Benjamin, "Die Aufgabe des Übersetzers," *a. a. O.*, 차례대로 S. 16, 18.
46) *Ebd.*, S. 20.

이 무한성을 향해 직선적 길을 가는 법칙을 규정하듯이."[47]

그러므로 번역에서 중요한 것은 언어적·사유적·해석적 진행성을 어떻게 실행할 것인가의 문제다. 언어는 단순히 실체가 아니라 방식이고, 언어에서 의미는 그저 생산되고 확정되는 것이 아니라 관계에 의지하여 지속적으로 변형되기 때문이다. 이 변형의 과정성을 어디까지, 어느 선까지 끌고 가느냐에 따라 비로소 작품의 지속성은 보장된다. 이 지속성을 위해 기존의미는 우선 중단되어야 하고, 이 중단을 통해 의미의 치환과 변형이 일어나야 하며, 이 변형에서 새로운 관계가 창출되어야 한다. 언어는 그 자체로 완성되는 것이 아니라 또는 중단되거나 정체되는 것이 아니라 움직이는 것이고 이 움직임 속에서 나아가는 것이며, 이 나아감을 통해 창출하는 것이다. 이것이 순수언어의 무한한 성장운동이다.

순수하고 진실된 언어는 완전하고 유한한 형식으로 제한될 수 없다. 그것은 해체와 구축을 오고가는 무한한 움직임 속에서 일어나고, 이 움직임을 통한 부단한 형성이며, 이 형성을 추진하는 지속적 갱신과정이다.[48] 이 언어의 운동으로부터 이념은 부분적으로 드러나고,[49] 이 이념을 드러내는 것이 곧 좋은 번역의 목표다.

---

47) *Ebd.*, S. 19f. 여기에서 접촉의 순간성은 번역이 원문을 만나는 시간을 말하는 것이지만, 벤야민의 사유에서는 더 넓은 맥락에서, 예를 들어 역사적 진리의 출현이나 신적 계시의 계기로 나타난다고 할 수 있다.

48) 벤야민 언어/번역론의 운동성과 과정성을 강조한 설득력 있는 해석으로는 Alfred Hirsch, "Die Aufgabe des Übersetzers," Burkhardt Lindner(Hg.), *Benjamin Handbuch*, *a. a. O.* S. 617ff.

49) Walter Benjamin, "Der Begriff der Kunstkritik in der deutschen Romantik," *a. a. O.*, S. 87. 해체와 구성 사이의 왕래는 낭만주의자들의 예술이념이자 이

6. 건널목: '지나가는' 언어

이제 원전과 번역에서 문제되는 것은 더 이상 어떤 총체성이나 통일성이 아니다. 둘의 관계는 통일적 상응이나 일치가 될 수 없다. 오히려 이 둘은 불균형적이고 비대칭적으로 관계한다. 이 불균형적 관계에서 경험되는 것은 대상의 온전하고 완전한 것이 아니라 그 파편이나 조각이며, 간극과 균열이다. 다시 말해 번역은 원전의 파편이나 조각과 만나는 일이다. 적어도 근대 이후의 의식에서 글/말/언어는 무엇을 나타내면서 나타낼 수 없는 것을 나타낸다고 생각하기 때문이다. 알레고리가 언어적 의미론의 파편에 주목했다면, 이 파편을 옮기는 번역은 '알레고리적 번역'이 된다.[50]

하나의 개별적 언어는 보편언어의 일부일 수 있다. 작은 언어는 그보다 더 큰 언어의 조각이다. 그렇다면 필요한 것은 작은 언어를 더 큰 언어의 일부로 파악하는 일이다. 벤야민이 적었듯이, 파편이 항아리의 조각으로 자리하듯이 말이다.[51] 주의할 점은 이 파

이념의 가치에 주목한 벤야민의 비평적 방법론이기도 하다. 이 해체구성의 방법론은 그의 예술비평론뿐만 아니라 역사철학, 문화사 이해 그리고 언어이론과 번역론에 두루 해당한다고 할 수 있다. 여기에 대해서는 이 책의 제2장 「폐허의 기념비: 역사이해」, 4절 「'현재의 재배치': 해체구성의 변증법」을 참조할 것.

50) 벤야민이 보들레르의 텍스트에 주목한 것은 이 시인의 작품에서 사물이 마치 알레고리처럼 기존의 의미론적 관계를 철저하게 벗어나 있다고 여겼기 때문이다. 그래서 벤야민 언어론에서 알레고리 형식은 매우 중요하다.

51) Walter Benjamin, "Die Aufgabe des Übersetzers," *a. a. O.,* S. 18.

편이 그저 유한한 언어의 완결된 전체를 구성하는 것으로 끝나지 않는다는 점이다. 그것은 알레고리적 조각으로서 더 큰 언어를 겨냥한다. 하지만 이것은 작은 언어를 버리고 큰 언어를 쫓아간다는 뜻이 아니라, 조각언어도 큰 언어와 같은 비중을 가진다는 뜻이다. 그리하여 역설적으로 개별적인 것의 고유한 가치에 우리는 주의하게 된다. 핵심은 파편이 만드는 연쇄고리이고, 이 연쇄고리에서 생겨나는 제각각의 의미론이며, 이 독특한 의미론에서의 인식가능성이다. 이것은 세 가지 점을 알려준다. 테제형식으로 말하면, 다음과 같다.

첫째, 오늘날 의미는 파편의 형식으로만 가능하다. 둘째, 더 이상 총체성이나 통일성이 아니라 파편과 이 파편이 이루는 불규칙하고 비대칭적인 관계가 중요하다. 셋째, 파편의 연쇄고리는 의미하기의 과정, 다시 말해 생성과 소멸과 재생성의 무한한 과정을 보여준다. 이 점에서 우리는 확정된 의미론이 아니라 의미의 유래와 역사, 그 발생학과 계보학에 주목해야 한다. 이 세 사항은 언어에 대한 이해를 새롭게 만든다. 언어의 의미는 파편으로부터 만들어지고, 이렇게 만들어진 언어의 의미는 곧 무너진다. 생성과 붕괴, 창출과 몰락은 언어의 역사, 더 정확히 말해 언어의 의미형성사를 동반한다. 그것은 생성과 붕괴라는 이중의 과정이고, 그래서 역설적이다.

지금까지 논의한 내용은 언어적 성찰의 핵심이 언어적 의미하기의 발생학을 살펴보는 데 있고, 인간의 언어는 기껏해야 조각난 언어와 조각난 언어 사이에 있음을 보여준다. 우리는 부분언어와 부분언어 그 사이에서 잠시 살다가 곧 사라진다. 인간의 언어는

> **"인간은 그 어떤 총체성의 순수언어에 이르지 못한 채, 항구적 번역의 압박 속에서 살아야 한다. 그래서 그의 언어는 근본적으로 '지나가는 것'이다."**

근본적으로 파편언어다. 아니 파편의 파편으로 자리한다. 인간은 그 어떤 총체성의 순수언어에 이르지 못한 채, 항구적 번역의 압박 속에서 살아야 한다. 그래서 그의 언어는 근본적으로 '지나가는 것'이다. 그것은 본질을, 과객이나 행인처럼, 스쳐 지나가는 것으로 잠시 여기에 자리한다. 우리는 무수한 파편의 언어 사이에서 평생 산다. 그래서 제대로 이해하지 못하고, 그 때문에 늘 새로 시작해야 한다. 많은 것을 기존과 다르게 고찰해야 할 이유도 여기에 있다.

그러므로 번역은 이 불순한 파편언어의 타락한 시대에 불가피하다. 번역의 언어도 원전처럼 파편의 운명을 피하기 어렵다. 번역된 의미의 파편으로 우리는 그다음의 조각난 의미를 만든다. 이 불구의 언어가 의미를 만들고 사유를 담는 한, 파편의 언어는 파편의 의미와 사유를 전제한다. 언어든 사유든 의미든, 우리가 사용하는 모든 것은 파편의 조각난 운명을 피할 수 없다. 파편은 현대적 삶의 가장 근본적 구성요소다. 파편 난 언어, 파편 난 사유, 파편 난 의미를 우리는 피할 길 없다. 그러나 이 절망적 움직임 속에서 우리는 순수한 언어로 나아간다. 또는 그렇게 나아가기를 기대한다. 순수한 언어가 완결될 수도 없고, 포착되거나 실현될 수도 없으며 주제화될 수도 없지만, 이 움직임 속에서 우리는 그것에 좀더 가까이 다가가려 하고, 좀더 다가갈 수 있기를 희망하는 것이다.

과연 그럴 수 있을지, 얼마나 그러할지는 아무도 모른다. 확실한 것은 순수언어를 향한 그 길 위에 놓인 무수한 장애만 곳곳에 흩어져 있다는 사실이다. 그리하여 참된 번역은 항구적 옮아감의 상태, 즉 건널목이자 교차로 또는 지나감^{Übergänge/Passage}이 된다. 그러는 한 그것은 언어의 진행성·무한성·형성성에 열려 있어야 한다. 왜냐하면 번역과정이란 언어적 형성성을 경험하고, 그 발생학적 경로를 추적하며, 더 나아가 그 무한성을 실행하는 과정인 까닭이다.

이 무한한 형성의 과정에서 언어는 단순히 재현되는 데 그치지 않는다. 생산되는 데 그치지도 않는다. 언어의 생성은 소멸로 이어지고, 이 소멸은 그다음의 생성을 준비한다. 그러니까 중요한 것은 생성과 소멸, 소멸과 생성을 오고가는 과정이고, 이 과정에서의 형성성이며, 이 형성성 아래 있을 수 있는 어떤 변화의 가능성이다. 언어는 늘 지나가는 가운데 있는 까닭이다. 이렇게 지나가면서 스스로 만들어가는 데 있기 때문이다. 번역은 이 둘 사이에 이뤄지는 잠시의 결절점이다.

결절점 또는 매듭으로서 번역은 이전의 것을 새것으로 변형하고, 이렇게 변형된 것을 헌것으로 오염시킨다. 그렇다는 것은 언어/번역론에서 소멸, 오염, 낯섦과 파괴와 사멸이 반드시 부정적으로 파악될 필요가 없다는 뜻이다. 벤야민은 이 전달불가능한 낯선 것들을 언어에서 '궁극적이고 결정적인 것'이라고 강조했다.

7. 자라나는 파편언어: 남은 문제

벤야민의 언어론과 번역론은 여러 시각에서 해석할 수 있다. 그것은 서로 다른 언어 사이의 의미론적 전환문제일 수도 있고, 언어의 본성에 대한 철학적 성찰일 수도 있으며, 언어와 실체, 기호와 진실, 사유와 형이상학, 구제의 관계에 대한 좀더 심각한 문제제기일 수도 있다. 이런 문제 중에서 가장 핵심적인 것은 무엇일까? 어떤 문제의식이 이 모든 해석적 가능성을 처음부터 끝까지 관통하는 공통분모라고 할 수 있을까? 나는 그것이 언어를 통한 공동의 이해광장을 어떻게 마련할 수 있는가라는 물음, 즉 보편사적 지평에 대한 그의 관심에서 비롯될 것이라고 여긴다.

이것은 신학적 입장에서 보면 구원의 모티프와 이어지고, 유물론적 입장에서 보면 세속의 계몽기획과 이어진다. 좀더 좁게는, 언어의 사회적 기능을 회복하려는 움직임이라고 할 수 있다. 어떻든 벤야민의 언어번역론은 단순히 번역학적인 차원에 그치는 것이 아니라 언어철학적이고 인간학적인 성찰을 내포한다. 즉 언어의 근본문제에 대한 문제제기를 하는 것이다. 이 근본문제란 줄이면 언어의 성격을 어떻게 이해하고, 그 방향을 어디로 끌고 가며, 인간의 사회를 이성적으로 구조화하는 데 언어는 무엇을 할 것인가에 대한 고민으로 수렴된다.

벤야민은 전달적·정보적 차원을 넘어서는 데 언어의 본질이 있다고 했지만, 전달적 차원이 무가치한 것은 물론 아니다. 그것은 언어의 미메시스적·마법적인 측면이 은폐된 채 드러나는 바탕인 까닭이다. 그러나 원죄타락이라는 성서적 관점에서 보면, 바벨탑의 건설 후에는 이 측면마저 크게 훼손된다. 다양한 언어 자체가 그러한 훼손의 내용이다. 다양한 언어는 한편으로 다양한 민족과 그 역사를 뜻하면서, 다른 한편으로 다양한 이해관계와 그로 인한 이해상충을 의미하기 때문이다. 세계는 더 복잡해졌고, 더 많은 분란과 더 빈번한 폭력이 자리한다.

그러나 이런 문제는 단순히 바벨탑의 신화에 기대서만 이해될 수 있는 것은 아니다. 인류의 역사는, 특히 근대 이후의 역사전개는 이전의 통일적 세계상이 더 이상 불가능할 정도로 철저하게 세분화되었다. 노동의 소외나 사물화된 삶은 그런 분열을 증거하는 가장 흔한 술어로 등장한다. 이때 이후 언어의 불순성과 의식의 분열과 사고의 탈형이상학화는 인간에게 운명처럼 불가피한 것으로 되어버렸다.

이제 진리 또는 근원이미지Urbild는 더 이상 불가능하다. 언어란 근본적으로 불순하다. 신이나 진실, 아름다움이나 실체는 어디에도 없다. 그렇다는 것은 삶의 절대적 차원으로 나아가는 직접적인 통로는 없다는 뜻이다. 어디에서도 순수나 본질 그리고 존재를 직접 경험하기란 어렵게 되어버린 것이다. 언어는 필연적으로 오염되었고, 인식은 토막났으며, 진리는 파생된 채 자리하기 때문이다. 오늘날의 그것들은 낯설고 이질적이며 조각난 것으로 짜여 있다.

언어의 고유한 몸, 순수한 의미와 뜻, 언어를 통한 진실한 의미의 구성가능성을 우리는 이제 쉽게 말하기 어렵다. 신을 직접 만나기는 거의 불가능하고, 진리를 포착하거나 말하기도 쉽지 않으며, 미를 단박에 표현하기란 지난한 일이다. 그것을 말하려면 여러 가지 절차와 조건과 유보를 거쳐야 한다. 이제 인간의 언어는 자신의 근본적 불완전성을 인정하고, 그 파편성에 대한 도저한 한계의식으로부터 시작해야 한다. 언어는 스스로 분열되어 있음을 알고 자신이 작고 미미하다는 것을 인정하며, 진리는 이 조각난 언어의 오점을 통해서만 가능하다는 것을 우리는 알고 있다. 오늘의 언어는 깊은 죄의식이나 부채감 또는 무능력에 사로잡혀 있는 것이다. 그리하여 개별언어는, 각각 서로 만나 공유할 수 있는 이해의 공통된 높이를 어디 정도에서 잡느냐에 따라, 자기 스스로 상정한 보편성의 어떤 수준에 어느 정도 도달할 수 있다. 이렇듯이 언어의 서술방식은 이제 근본적으로 변하지 않을 수 없게 된 것이다.

이런 맥락에서 보면, 언어성찰에서 중요한 것은, 지금까지 그러해왔듯이, 언어의 본질이 무엇이고 그 속성이 무엇인가라는 문제가 아니라, 언어와 언어는 어떻게 관계하는지, 그리고 이 관계가 더 이상 순수하지 않고 복잡하게 되었다면 언어가 이 근본적 불순성 가운데 겨우 할 수 있는 '아주 작은' 일은 과연 무엇인가와 같은 질문이다. 그 성격이 어떻게 변하든 간에, 언어는 여전히 사람의 사회적 관계에서 일어나는 사회적 산물인 까닭이다(이 점에서 나는 언어의 소통기능을 떠나려 하지 않는다). 그러면서 언어는 사회적 차원 너머로 열려 있다. 의미는 단순히 창출된다기보다는 이 유무형의 관계에 기대어, 또 이 사회적·경험적 관계를 넘어서서 부단히 변형된다. 진리의 불가능성과 이 불가능성에도 불구하고 모색되는 창조의 가능성 앞에서 우리는 어떻게 언어적으로 개입할 수 있는가?

우리는 경험현실에서 어떤 언어형식이 더 높은 현실정합성을

> **❝** 이제 인간의 언어는
> 자신의 근본적 불완전성을 인정하고,
> 그 파편성에 대한 도저한 한계의식으로부터
> 시작해야 한다. **❞**

갖는지 물어야 한다. 언어는 그저 언어 속에 머무르기 위해서가
아니라 언어를 통해 이 언어의 밖으로, 좀더 넓고 깊은 현실의 지
평으로 마땅히 나아가야 하는 까닭이다. 이러한 시도를 우리는 언
어학자 야콥슨R. Jakobson의 견해를 빌려, 세 가지 차원—첫째, 하
나의 동일언어의 내부에서, 둘째, 서로 다른 언어 사이의 차원에
서, 셋째, 비언어적 기호를 통한 언어해석의 차원에서[52] 행할 수
있을 것이다. 이런 시각은 벤야민의 번역론과도 이어진다.

위에서 보았듯이, 벤야민이 번역론에서 강조한 것은 의역이나
직역 같은 의미의 재서술 문제가 아니었다. 그것은 또 외국어를
모르는 독자에게 어떻게 봉사할 것인가의 문제도 아니었고, 그 논
의가 언어의 본질이라는 문제에 그친 것도 아니었다. 그가 줄곧
강조한 것은 언어의 '번역가능성'Übersetzbarkeit이었고, 이 번역가
능성을 통한 작품의 성장이었으며, 이 성장 속에서 어떻게 그것이

---

52) 이것을 각각 "언어내부적 번역", "상호언어적 번역", "기호 간의 번역"으
로 야콥슨은 정의한다. Roman Jakobson, Grundsätzliche Übersetzbarkeit:
Linguistische Aspekte der Übersetzung, ders. *Semiotik. Ausgewählte Texte*
1919~1981, Frankfurt/M., 1988, S. 481~491. 데리다의 글(Jacques
Derrida, "Babylonische Türme," *a. a. O.*, S. 128)에서 재인용.

'계속적 삶'Fortleben을 살 것인가라는 문제였다. 그러니까 중요한 것은 '어떻게 삶을 자라나게 하고 키우며 보충하고 다독이는 언어를 가질 수 있는가'다. 이것은 다시 '어떻게 한계의 의식 속에서, 언어의 경제원리를 고려하면서, 그때그때의 현실에 표현형식적으로 대응할 것인가'와 무관하지 않다.

그러려면 언어는 대상을 말하는 가운데 스스로 말할 수 있어야 한다. 또는 스스로 말하는 가운데 대상을 자라나게 하는 것이어야 한다. 이것이 언어의 고유성이고 독자성이다. 이 고유성은 다시 타자와의 만남에서 완성된다. 언어가 경험과 사유와 현실의 표현이라면, 그것은 독자적 실존의 현실대응력을 입증한다.

언어는 항구적으로 변해가는 의미구성의 사건이고, 이질적 의미구성을 위한 부단한 노력이다. 이질적인 것과 동질적인 것, 나의 것과 타자의 것, 주관적인 것과 객관적인 것은 서로 교차하면서 언어 안에서 생성된다. 언어는 근본적으로 이질적 사유에 의한, 사유의 이질성을 위한, 이질적 사유의 교차적 생성운동이기 때문이다. 그러는 한 관건은 개별요소의 파악이 아니라 한 요소와 다른 요소들 사이의 어우러짐, 즉 긴장과 갈등으로 뒤엉킨 길항적 생성관계를 파악하는 일이다.

번역의 핵심도 이 길항적 생성관계를 어떻게 옮기느냐에 있다. 또는 번역의 과정 자체가 변덕스럽고도 비일관된 의미변화의 과정을 그대로 노정한다. 의미변화의 과정을 추적하는 가운데 작품의 삶도 계속될 수 있다. 그렇다는 것은 원문이 번역가능성 속에서 타자의 미지영역에 열려 있을 때, 그래서 의미론적 개방성을 스스로 입증할 수 있을 때, 원문도 번역도 살아남는다는 뜻이다.

이 의미론적 개방성이 궁극적으로 보편성을 향해 나아가는 것임은 말할 것도 없다. 이 보편성은 물론 완성되어 있지 않다. 참된 보편성은 전체적이되 이 전체성을 상정하지 않고, 통일성을 지향하되 이 통일성을 주장하지 않는다. 그런 의미에서 미래의 언어는 "더 큰 언어의 파편으로"[53] 자리할 것이다.

벤야민은 언어가 번역되면서 계속 살아가는 과정을 '언어의 성스러운 성장'이라고 불렀지만, 우리는 신학적 영감에 기대지 않고도 언어의 자기이월적 차원을 생각할 수도 있다. 언어의 일이 사유의 일이고 곧 역사의 일이라면, 언어 속에서 언어를 넘어가는 일은 역사 속에서 역사를 넘어가는 일이기도 하다. 말하자면 언어를 통해 역사의 형이상학적 구조를 헤아리게 된다고나 할까? 이 지점에서 나는 보편사의 이념을 다시 떠올린다. 역사 속에서 역사를 넘어서는 가능성을 떠올린다면, 이렇게 떠올려진 역사 너머의 역사란 보편사적 지평에 맞닿아 있을 것이기 때문이다. 벤야민과 벤야민을 이어받은 아도르노의 자연사 이념도 이 보편사의 일부가 될 것이다. 거꾸로 보편사 역시 자연사의 일부라고 해야 할지도 모른다. 이 보편사 아래에서 언어로 인한 혼란이나 오해는 아마 없을지도 모른다. 이때 언어는 그야말로 '순수하고 진실되게' 될지도 모른다. 그리하여 그때에는 어쩌면 언어조차 불필요하게 될 수도 있다.

그러나 다시 주의하자. 보편성이나 고유성, 창조성이나 근원성은 오늘날 쉽게 말하기 어렵고, 여러 단계와 유보가 필요하다. 우

---

53) Walter Benjamin, "Die Aufgabe des Übersetzers," *a. a. O.*, S. 18.

리는 '근원'이나 '고유성' 또는 '단일성'과 '일체'를 강조한 공식 담론의 정치역사적·이데올로기적 폐해를 잘 알고 있다. 하지만 그렇다고 해도 '화해'의 상징으로서 시초의 이념을, 적어도 이상적으로는, 포기하기 어렵다. 사실 모든 유토피아적 삶의 추구에는 이런 이념적이고 때로는 이상주의적인 전제가 자리한다. 그렇다면 어떻게 해야 하는가?

이 점에서 나는 언어의 언어를 생각하듯이 '번역의 번역'을 생각하고, 사유의 사유를 떠올리듯이 '성찰의 성찰'을 떠올린다. 벤야민은 슐레겔에 기대어 성찰의 성찰을 말하면서 비평적 사고의 운동성을 강조한 적이 있지만, 나는 이 성찰적 운동성이 번역과 언어의 문제에도 적용될 수 있으리라 여긴다. 우리는 언어의 무한한 성찰운동에 기대어 겹겹의 장애를 넘으면서 '의미의 발생사' 또는 '의미론의 계보학'을 작성할 수 있다. 언어와 사유의 과제도 줄이고 줄이면 의미론의 발생경로를 계보학적으로 비판하는 일이라고 할 수 있을지도 모른다. 이것은 전통유산의 올바른 계승문제와 분리된 것이 아니다. 그리고 그러는 한, 그것은 물신화된 가치를 부정하는 벤야민의 문화사 이해와 이어진다. 비판적 부정이나 화해적 단절 속에서 오늘의 정체성(동일성)은, 그것이 자아의 정체성이건 언어의 정체성이건 문화의 정체성이건 간에, 파편적이고 이질적으로 얻어질 수 있을 것이다.

그러므로 언어의 궁극적인 지향점은 여하한의 폭력과 억압이 없는 곳이다. 그곳은 어쩌면 언어가 없는 곳, 다시 말해 언어 없이도 마음이 전달될 수 있고, 명칭에 기대지 않고도 사물의 이름을 부를 수 있는 곳일지도 모른다. 그때에는 나와 너, 우리와 그들은 인간성의 이념 아래 어울릴 수 있을지도 모른다. 이 어울림은 인간과 인간 사이에만 해당되는 것이 아닐 것이다. 인간과 인간이 어울리듯이 인간과 사물, 인간과 자연, 사물과 사물이 깊게 어울리는 것이고, 이 어울림 아래 그 어떤 언어적 폭력이나 신분의 위계화 없이, 그래서 여하한의 계급적 분화나 제국주의적 슬로건 없이, 말 없는 가운데 존재하는 것들은 영혼적 교감을 나눌 수 있을지도 모른다. 이 전면적 화해 속에서 각각의 개별언어는 어떤 종적 보편성을 이미 그 나름으로 체현하고 있을 것이다. 만약 어떤 구원의 상태가 인간사회에 실현된다면, 이와 전혀 무관한 형태로 나타나지는 않을 것이다.

이때의 보편언어란 특정민족의 언어가 아니라 인류 전체의 모국어가 될 것이다. 그 언어는 어떤 모습일까? 그것은 언어 아닌 언어, 다시 말해 언어를 넘어선 회복과 치유의 언어가 될 것이다. 그래서 그것은 너그럽고 신성하고 참될 것이다. 참된 언어는 그 자체로 망가지고 유실된 것을 복원하고 일으켜 세우며 스스로 커가는 가운데 상대를 키우는 언어일 것이다. 그것은 말의 바른 의미에서 '자라나는 언어'일 것이다.

그러나 타락과 형벌, 어리석음과 불순을 겪어온 인간이 그곳으로 갈 수 있을까? 여러 역사와 종족과 분파와 민족으로 나뉘면서 수천 년을 싸워온 인간이 그런 화해의 평화로운 지점에 과연 도달할 수 있을까? 글과 말과 감각과 사유가 쪼개질 대로 쪼개지고 혼란스러워질 대로 혼란스러워진 오늘의 인간이 어떻게 그런 천진했던 삶의 원형적 질서를 기억해낼 수 있을까? 아마도 그것은 불가능할 것이다. 그러나 지금의 언어혼란이 아무리 심각하다고 해

> **❝언어의 궁극적 지향점은 폭력과 억압이 없는 곳이다.**
> **그곳은 어쩌면 언어 없이도 마음이 전달될 수 있고,**
> **명칭에 기대지 않고도 사물의 이름을**
> **부를 수 있는 곳인지도 모른다.❞**

도 본래의 지점을 생각하고, 그 지점으로 나아갈 언어의 형식을 헤아리는 것은 부질없는 일만은 아닐 것이다. 또는 모든 단어가 더 이상 창세기의 말일 수 없다면, 인간의 언어 가운데 몇 개만이라도, 그리고 언제나 그런 것이 아니라 드물게라도, 이 관대했던 언어를 닮을 일이다. 우리가 바랄 수 있는 것은, 죽도록 노력해서 잠시 도달할 수 있는 것은 겨우 이것뿐일지도 모른다.

되돌려주고 보상하는 언어가 우리가 지닌 말과 글의 씨앗이게 할 수 있을까? 그것이 크고 작은 씨앗으로 퍼져 곳곳에서 회생의 싹이 자라날 수 있을까? 희망의 장소로 조금조금씩 나아간다고 믿을 수 있다면, 비록 이 자리가 희망스럽지 못해도, 우리가 선택한 작은 일은 곧 구제적일 수 있다. 이럴 수 있다면, 이 언어는 이미 어느 정도 수행적 윤리를 체현하는 것이 될 것이다. 윤리는 실행으로 입증되기 때문이다.

언어의 과제는 예나 지금이나 크게 변할 수 없다. 사람은 그가 양식common sense을 저버릴 수 없는 한 자기 사는 사회가 여러 역사와 언어를 뚫고 좀더 이성적인 공동체가 되기를 희구한다. 적어도 이성적 양심의 인간은 여건을 검토하며 이 양식의 유예를 삼갈 것이다. 꿈의 비전을 먼저 예술이라는 거울문자로 그려볼 수 없다면, 언어란 인간에게 무슨 소용일 것인가? 벤야민의 언어번역론은 바벨탑 이후의 언어타락과 이 타락 아래 가능할 수 있는 어떤 출발의 형식을 상기시켜준다. 구원의 가능성은 그렇게 출발한 다음에 말해도 늦지 않을 것이다.

제4부

기술 · 매체 · 번역 · 문화

이전 시대로부터 오늘의 우리에게 남겨진 것은,
토르소처럼 어딘가 잘려 있고 부서져 있으며 긁히거나 금가 있다.
우리는 잘려나간 문화의 유산과 그 편린을 다시 모으고 붙이며
새롭게 상상하는 가운데 "미래의 모습을 깎아내야 한다."

제4부에서 논의의 중심을 이루는 것은 매체이론과 문화론이다. 벤야민의 매체론이 사진과 영화의 매체적 가능성에 대한 탐색이라면(제12장), 그의 문화론은 이 두 예술장르를 포함하는 문화 일반의 역사적 의미가 무엇인지를 다룬다(제14장).

　사진과 영화는 새로운 기술 덕분에 19~20세기에 와서 등장한 새로운 예술장르다. 벤야민의 매체론은 기술의 혁신이 어떤 지각적 변화를 야기하는지, 이 지각적 변화를 통해 예술은 어떤 생산적인 영향력을 대중에게 미칠 수 있는지를 묻는다. 그는 두 장르의 정치적 파급력을 진단하기 위해 예술이해의 전통적 유산과 작별하면서 예술의 새 가능성, 즉 기능전환의 가능성을 모색한다. 이러한 시도는 기존 예술관념의 새로운 '번역'이기도 하다. 언어는, 앞서 보았듯이, 그에게 산산조각난 것이고, 따라서 부단히 보충/번역되어야 할 대상이다. 언어는 그 자체로 좀더 온전해져야 할 '빛'을 내장하는 것이다(제13장 「언어채무: 벤야민 번역론에 대한 데리다의 시각」). 그렇듯이 문화도 '토르소'처럼 불완전한 것으로 이해된다. 공식적 지배문화가 일종의 가상이라면, 우리는 기존의 문화사를 비전통적이고 '외전적'外典的인 시선으로 고찰할 필요가 있다.

제12장

기술혁신과 지각변화: 매체이론

우리가 문학적 형식의 엄청난 혼용과정의 한가운데 있다는 것,
이 혼용과정에서 우리가 사고하는 데 익숙했던 많은 대립물은
그 파괴력을 상실할 수도 있다.

■벤야민, 「생산자로서의 작가」, *GS* II/2

벤야민의 매체이론은 여러 글에 흩어져 있지만, 무엇보다 「사진의 작은 역사」[1931], 「생산자로서의 작가」[1934], 「기술복제시대의 예술작품」[1935] 이 세 편에 잘 나타나 있다. 특히 「기술복제시대의 예술작품」은 흔히 문예론적·매체론적·문화사적 분야에서 20세기의 가장 영향력 있고 중대한 논문의 하나로 간주된다.

이 글들에 담긴 이런저런 주제는, 이것들이 나온 1930년대 유럽의 사회정치적 상황과 그 급박함으로 인한 지식인들의 다양한 이념적 반응과 그 고민의 결과로 자리하는 갖가지 문제의식 때문에 한두 가지로 정리하기가 어렵다. 어떤 관점에서, 어떤 문제의식으로, 어떤 주제 아래 보느냐에 따라 얼마든지 다른 시각에서 이 글

들을 언급할 수도 있다는 뜻이다. 하지만 어떤 식으로 보아도 그 중심에는 예술의 사용가치에 대한 고민이 있고, 좌파지식인으로서의 피억압계층에 대한 연대의식이 놓여 있다.

이 장에서 내가 다루려는 것은 벤야민의 매체이해다. 이것도 간단치 않다. 그의 매체이해는 기본적으로 지각과 예술의 매체론적 조건에 대한 매체미학적 성찰이지만, 이 성찰은 작게 보면 매체발전, 예술생산, 지각변화에 대한 문제이고, 크게 보면 미학일반과 매체미학의 관계, 나아가 매체론·문화학·인문학의 관계일반에 대한 문제와도 이어져 있다. 그러니만큼 그 나름으로 정리될 필요가 있다.[1] 이 글은, 이 거시적인 맥락을 염두에 두면서도 무엇보다 하나의 문제, 즉 '복제기술의 발명으로 예술작품의 성격 전체가

1) 쇠트커는 벤야민의 매체미학적 논의에 대한 책을 내면서 붙인 후기에서 이렇게 스케치하고 있다. 미학은 원래 예술과 자연을 주로 다루다가, 바움가르텐(A,G. Baumgarten)의『미학』(1750/1758) 이후 예술과 예술미에 더 집중하게 된다. 그러나 미학이 예술철학/예술이론으로 자리 잡는 동안에도 칸트의『판단력 비판』(1790)에서도 보이듯이 자연경험은 여전히 일정한 역할을 한다. 이런 경향은 헤겔이 그의 미학론(1817~26)에서 미학을 '아름다운 예술의 철학'으로 선언한 후에 뒤로 물러난다. 그러던 것이, 니체의『음악의 정신으로부터의 비극의 탄생』(1872)을 계기로 철학의 후원에서도 벗어난다. 하지만 예술의 역할은 미학에서 여전히 지배적인 것이었고, 이런 사정은 아도르노의『심미적 이론』(1970)에서도 크게 다르지 않았다. 그리하여 예술에 집중하던 미학의 근본성격은, 전체적으로 보면, 18세기 중엽부터 1970년대에 이르기까지 크게 변하지 않는다고 할 수 있다. 미학사의 이 같은 주된 흐름과 비교해 보아도 1920~30년대 시작된 벤야민의 매체론적 성찰은 매우 독보적이고 선구적인 것이라고 말하지 않을 수 없다. Detlev Schöttker, "Benjamins Medienästhetik," *Walter Benjamin Medienästhetische Schriften*, Frankfurt/M., 2002, S. 411f.

어떤 위기에 봉착했으며, 이 위기에서 예술은 어떤 기능전환 속에서 변화된 현실에 대응할 것인가'라는 문제에 집중하고자 한다. 여기에서 논의의 중심은 어디까지나 그의 매체론이 지닌 현재적 관련성이다. 즉 그의 문제제기가 폭발적으로 증대하는 오늘의 매체혼종적 현실, 즉 디지털 세계의 실제적·가상적 현실에서 어떤 의미를 지니는가다.

이 장에서 나의 질문은 세 가지로 요약될 수 있다.

첫째, 기존의 예술과 현대예술의 형식적·매체론적 차이는 무엇인가? 둘째, 이 변화를 기술하는 벤야민의 일정한 입장은 무엇인가? 셋째, 이 같은 관점에 대한 오늘날의 나/서술자/독자의 입장은 무엇인가?

이 세 질문은 겹쳐 있지만 구분할 필요가 있다. 그렇다는 것은 벤야민의 생각을 한편으로 좇아가면서도, 다른 한편으로 그와 거리를 두면서 비판적으로 검토해야 한다는 뜻이다. 이 경로에서 세 개의 핵심 개념을 뽑는다면, 기술과 매체와 현실이다. 즉 기술의 발전이 예술의 매체에 어떤 영향을 미치고, 이 변화된 예술매체는 현실의 변화에 어떻게 작용하는가라는 문제로 요약할 수 있다.

1. '복제가능성'과 전통의 위기

현대적 삶의 특징은 말할 것도 없이 산업화다. 산업화를 추동하는 기술적 발전은 삶의 모든 분야에서 엄청난 변화를 야기한다. 경험의 궁핍과 그 피상화는 그런 변화 가운데 가장 실감 있는 것이라고 할 수 있다. 이것은 근대적 산업화가 본격적으로 시작되는

1850년을 전후해 나타나지만, 그 격렬함은 벤야민이 겪었던 제1차 세계대전¹⁹¹⁴~¹⁸에서도 체험되는 것이었다. 이때 일어난 경제 침체나 그로 인한 정치사회 질서의 동요 그리고 문화세계의 황폐화는 그 같은 혼돈상을 잘 보여준다. 문제는 이것이 그 당시의 (어느 정도는 지금의) 경험과 지각과 인식의 세계에, 또 예술의 성격변화에 광범위하게 미친 영향이다.

지식을 포함한 전통유산은 수백 년 동안 책-활자-인쇄문자의 형태로 고수되어왔다. 즉 글말이다. 이것은 20세기 들어 과학의 축적된 발전과 기술혁신에 의해 전혀 새로운 모습을 띤다. 벤야민이 착안한 것은 바로 이 점이었다. 그는 전통적 유산이 기술변화와 어떤 관련성을 갖는지, 그로 인해 야기된 예술의 기능전환은 어떻게 이뤄져야 하는지, 나아가 그것이 예술의 정치적 과제를 수행하고 대중을 계몽시키는 데 어떤 역할을 할 수 있는지를 성찰한다. 이런 문제의식은 보들레르론이나 「사진의 작은 역사」 외에 「기술복제시대의 예술작품」에서 본격적으로 논의된다. 그러나 그 전에 다뤄야 할 문제가 있다. 예술이 원래 어디에서부터 나왔는가 하는 예술의 근원에 대한 물음이다.

예술은, 잘 알려져 있듯이, 제의적 행사에 뿌리를 두고 있었다. 그러다가 원시적 토대로부터 벗어나면서 (독일 낭만주의와 이상주의에서 보듯이) 한편으로 부르주아 예술의 심미적 가상으로 도피하고 다른 한편으로 이 관념적인 가상개념으로부터도 차츰 결별한다(이것은 19세기 중엽 이후 전개되는 리얼리즘과 모더니즘의 경향에서 잘 나타난다). 이러한 변화에서 결정적인 역할을 하는 것은 과학기술의 발전이다. 하지만 그 결과는 양가적이다. 산업화 과정은 예술의 탈예배적·탈제의적 성격을 강화하는 데 그치는 것이 아니라 소외나 비참 그리고 의식의 균열 같은 여러 병리적 폐해를 야기한다. 대도시화가 진행되고 빈부격차가 심해짐에 따라 전통적 규범이나 가치가 요동치면서 이전과는 판이하게 다른 경험내용이 인간의 삶 속에 자리하게 되는 것이다.

이 대목에서 벤야민이 주목한 개념은 '복제'Reproduktion다. 아니 더 정확하게 말하여 '복제가능성'Reproduzierbarkeit이다. 이것은 무엇보다 시청각적으로 이뤄지는 복사와 재생의 기술이다.

1. 껍질 벗기기

벤야민이 이해한 기술복제의 예는 역사적으로 입증할 수 있다. 그것은 고대 그리스인이 청동제품과 테라코타 또는 주화를 생산한 이래 사회의 다양한 분야에서 지속적으로 발전해왔다. 예술에서의 기술복제도 예외는 아니다. 마치 판화를 목각이나 에칭을 통해 복제할 수 있게 되고, 문자를 활자 인쇄술로 복제할 수 있게 되듯이, 그리고 마침내 판화술이 19세기에 사진술의 도움으로 대량생산의 길로 나아가듯이, 기술복제는 예술작품과 그 생산 그리고 수용과 이해에 엄청난 변화를 일으킨다. 이 변화는, 바로 이 점이 중요한데, 인간의 지각방식에 심대한 결과를 야기한다. 여기에 대해 벤야민은 이렇게 진단한다.

"거대한 역사적 시공간 내부에서는 인간집단의 전체 현존방식과 함께 그들의 감각지각 방식도 변화한다. 인간의 감각지각이 조직되는 방식은, 또 그것이 일어나는 매체는 자연적으로뿐만 아니라 역사적으로도 제약되어 있다."

 "껍질로부터 대상을 벗겨내는 것, 즉 아우라를 파괴하는 일은 지각의 표시다. 이 '세상에서 동일한 것에 대한 지각적 감각'은 너무 커져서, 그것은 복제를 통해서도 일회적인 것에서 동질적인 것을 얻어낼 정도다."[2]

 위 인용문에서 취할 것은 두 가지다. 첫째, 감각지각 방식의 사회역사적 제약이고, 둘째, 대상을 그 각질로부터 벗겨내는 것이 현대적 지각의 특성이라는 점이다. 여기에서 벤야민은 아우라 개념을 끌어들인다. 그는 아우라를 "어떤 먼 것이, 마치 가까이 있는 듯이, 일회적으로 나타나는 것"이라고 정의했지만,[3] 간단히 말해 그것은 일회성, 진짜 같은 분위기, 유일무이성 등으로 옮길 수 있다.

 그러나 아우라의 붕괴는 자연적 대상에만 나타나는 게 아니다. 그것은 사람과 사물의 관계에서도 경험되고, 예술작품의 감상에서도 경험될 수 있다. 아우라적 관점에서 보면, 현대의 예술작품은 탈제의화된ent-ritualisiert 것이고, 그 나름의 고유성이나 일회성이 박탈되어 있다. 그래서 언제든지 교체가능하다.

 여기에서 결정적인 것은 '복제'가 아니라 '복제가능성'이고, 더 나아가면 시청각적으로 이뤄지는 복제가능성인 재생기술이다. 이 기술적 복제가능성으로 인해 아우라적 유일무이성은 치명적

---

2) Walter Benjamin, "Das Kunstwerk im Zeitalter seiner technischen Reproduzierbarkeit," *GS* I/2, S. 478. 479f.

3) *Ebd.*, S. 479.

으로 손상되고, 작품은 변화된 현실에서 이전과는 다른 기능을 부여받는다. 다른 기능이란, 다시 벤야민적 의미에서 보면, '전시가치'요 '교환가치'다. 이것은 인쇄술의 발명으로 전통적 재생방식들, 이를테면 동판화나 석판화 또는 목각의 생산이 줄어들거나 사라지는 데서 입증된다. 예술작품의 경우 아우라는 어떤 '진품성' Echtheit을 가지고 있다.

"전통적 연관항에서 예술작품이 가졌던 원래 방식은 제의에 있다. 가장 오래된 예술작품은, 우리가 알듯이, 제의에 봉사하려고 생겨났다. 이 제의는 처음에 마술적인 것이었고, 그다음에는 종교적이었다. 결정적으로 중요한 사실은 예술작품의 이 아우라적 현존방식이 제의기능에서 결코 완전히 분리된 적은 없었다는 점이다. 다른 말로 하면, '진짜' 예술작품의 유일무이한 가치는 제의에 있고, 이 제의에서 작품은 원래의 그리고 최초의 사용가치를 가졌다는 점이다."[4]

여기에서 알 수 있듯이, 아우라는 일회성과 진품성 그리고 종교의식적 제의에 깊게 뿌리박고 있다. 그것은 "유일무이한" 존재로서 "사용" 자체에 목적을 가진다.[5] 작품, 넓게 말하여 사물의 아우

---

4) *Ebd.*, S. 480.
5) 벤야민은 복제된 작품이 등장하면서 진품성의 척도는 사라진다고 말했지만, 반드시 그런가? 그렇게 보이지 않는다. 오래된 사진이나 영화작품은 오늘날 광범위한 수집과 보관의 대상이 되어 있다. 사진박물관이나 영화박물관은 그런 공적 행위의 제도화된 기구라고 할 수 있다. 그러니까 '기술적으

라적 진품성은 기술발전으로 인해, 특히 복제기술 때문에 크게 위협받는다. 그리하여 이 위협은 '종교의식적 기생寄生으로부터의 해방'이라는 형태를 띤다.

여기서 결정적 예가 되는 것은 여러 개로 인화할 수 있는 사진의 원판이다. 감각적 지각에 상응하는 재현방식이 바야흐로 카메라 렌즈에 적용된 것이다. 즉 카메라 렌즈에 닿은 피사체를 빛 속에서 포착하여 재현하는 것은 복제기술의 역사에서 중대한 전환점이다. 사진술이 등장함에 따라 전통 회화, 그 가운데 초상화 장르는 급격한 쇠퇴를 경험하기 때문이다. 사진에서 진짜와 가짜, 원판과 복사의 차이는 크게 나타나지 않는다.[6] 사진뿐만 아니다.

로 복제된' 작품도 원본 이상으로 문화적 관리의 대상이 되고, 따라서 진품성이나 아우라를 어느 정도 가진다고 할 수 있다. 사물의 진품성 역시 '어느 선까지는 복제가능한 것'이라고 말할 수 있을지도 모른다.

6) 사진의 이런 시도는 시간이 지나면서 소리(음향)의 영역으로 확장된다. 이것은 오늘날 사진, 축음기, 영화에 의해 저장되고 재생되어 소통되던 것이 신문삽화나 만화, 도판 그리고 TV를 지나 컴퓨터와 인터넷(USB나 웹 2.0) 등 다양한 재현방식으로 변형되고 발전하는 데서 잘 나타난다. 여기에는 대상을 가능한 한 작게, 그리고 빠르고 편리하게 만들어 소유하고 운반하며 전달하고 체험하려는 욕구가 반영되어 있다. 요즘 흔히 듣게 되는 '인터넷 논객'이나 '디지털 시민', '네티즌', '대중지성'(또는 집단지성), '스트리트 저널리즘' 등은, 이런 개념에 우리가 동의하건 동의하지 않건 간에, 이미 한국 사회와 현대사회의 중대한 사회정치적·문화적 이슈가 되어 있다. 촛불시위 이후 지금까지 계속되는 여러 가지 문제, 이를테면 대의민주주의의 위기나 새로운 참여정치의 가능성, '인터넷 실명제'와 '사이버 모욕죄'의 입법화 논란도 이런 변화와 관련된다. 원본과 복사, 현실과 가상의 경계를 과연 어디에 둬야 하는가 하는 문제는 간단치 않다. 현대적 인간의 삶은 날이 갈수록 참으로 복잡해진다.

> **"** 사물의 아우라적 진품성은 기술발전으로 인해,
> 특히 복제기술 때문에 크게 위협받는다.
> 이 위협은 '종교의식적 기생寄生으로부터의
> 해방'이라는 형태를 띤다. **"**

20세기 초 축음기레코드나 영화나 라디오의 등장도 수용자의 지각에 막대한 변화를 야기한다. 그렇다면 이 변화가 문학장르에서는 어떻게 나타날까? 기술적 발전으로 인한 문학형식의 혼융과정과 관련하여 벤야민은 다음과 같이 쓴다.

"문학의 형식과 장르에 대한 생각들을 오늘날 상황의 기술적 여건에 견주어 다르게 생각함으로써, 현재의 문학적 에너지를 위한 출발점을 보여주는 표현형식에 도달할 수 있어야 한다. 과거에 늘 소설이 있었던 것은 아니며, 앞으로도 그런 것이 늘 있지는 않을 것이다. 비극도 항상 있는 것은 아니며, 위대한 서사시도 그렇다. 논평이나 번역의 형식들 그리고 모조품마저 그저 문학의 변방에 있던 놀이형식은 아니었다."[7]

벤야민은 문학이란 형식이 영원히 갈 것이라고 믿지 않는다. 문학이 영원하기도 어렵지만, 설령 영원하다고 해도 그 형식이나 장르는 끊임없이 변한다. "과거에 늘 소설이 있었던 것은 아니며, 앞

---

7) Walter Benjamin, "Der Autor als Produzent," *GS* II/2, S. 687.

으로도 그런 것이 늘 있지는 않을 것이다. 비극도 항상 있는 것은 아니며, 위대한 서사시도 그렇다." 그의 사고는 통찰적이다.

흥미로운 것은 이런 변화가 특정 장르의 생성과 소멸에만 관계되는 것이 아니라 자리를 옮겨 나타난다는 사실이다. 그래서 아우어바흐가 『미메시스』에서 지적했듯이, 공식장르가 비공식장르로 되듯이, 변두리에 있던 이른바 하급장르가 장르의 중앙에, 그리하여 공식적인 '고급'장르가 되기도 한다. "논평이나 번역의 형식들 그리고 모조품마저 그저 문학의 변방에 있던 놀이형식은 아니었다."

이 글에서 벤야민이 강조하는 것은 문학형식의 사회적·역사적 제약이다. 이 사회적·역사적 제약조건을 분명하게 인식한다면, 우리는 소극적으로 보아 장르의 소멸을 애달파하지 않을 수 있고, 적극적으로 보면 어떤 장르의 출현가능성을 새롭게 생각할 수도 있게 되는 것이다. 그가 주목하는 것은 새로운 예술형식의 새로운 표현가능성과 그 파급력이었다. 이 점에서 우리는 글자/문자/철자/책/인쇄문화에 연루된 사고방식이, 예컨대 매체이론가 맥루한 M. Mcluhan이나 플루서V. Flusser가 그러하듯이, 변화하고 파괴된다면, 알파벳 이후의 시대는 어떻게 될 것인가라는 물음을 던질 수 있다. 이때의 표현과 소통의 가능성은 어떻게 될 것인가?

이러한 질문들은 단순히 매체론적 관심에서만 던질 수 있는 것이 아니다. 그것은, 적어도 언어가 문화적 의미화 활동에서 고도로 추상적이고 지능적인 행위인 한, 인류의 미래 운명이 걸린 문명사적 문제이기도 하다. 그리하여 필요한 것은 현재적 조건에 대하여 "돌려서 생각하는 일"umdenken이고, "현재의 문학적 에너지를 위한 출발점을 보여주는 표현형식"을 고안하는 것이다.

여기에서 확인되듯이, 아우라 개념은 단순히 풍경미학적·정서적 함의만 갖는 것이 아니다. 그것이 분위기적·지각적 사건인 것은 분명하다. 그러면서 그것은 종교적이고 제의적인 경험이기도 하다. 아우라 경험의 요체는 보이는 것보다는 보이지 않는 것, 그래서 다가갈 수 없이 아득한 것에 있다. 이 점에서 아우라 개념은 신학적 요소를 가지지만, 더 중요한 것은 아우라를 지탱하는 물질적·역사적·매체론적 조건이다. 따라서 이 물질적·매체론적 조건에 주의하고, 이 주의 속에서 현실의 변화가능성을 모색하는 것이 결정적이다. 벤야민이 사고전환을 통해 새 표현형식을 강조한 것도 이 때문이었다. 이런 이유에서 아우라를 "더 자세한 모든 설명을 완전히 빠져나가는 어떤 성스러운 것이 아니라", "역사적 과정을 탐구하고 이 탐구로 새로운 연관관계를 풍부하게 만드려는 하나의 작업개념"이라고 진단한 린트너의 지적은 적확해 보인다.[8] 현실에 대한 해명의지를 제쳐버린다면, 아마도 벤야민의 문제의식을 지탱하는 많은 개념은 공허해져버릴지도 모른다.

이 같은 작업개념 아래 벤야민은 현존과 탈피, 세속성과 종교성, 가까이 감과 멀어짐, 해체와 구성 같은 여러 이질적인 대립항 사이를 오고간다. 이 변증법적 사유운동 속에서 그는 하나의 매체론적 재현가능성 안에 또 다른 재현적 가능성이 잠복해 있을 수 있

---

8) Burkhardt Lindner, "Das Kunstwerk im Zeitalter seiner technischen Reproduzierbarkeit," ders.(Hg.), *Benjamin Handbuch*, Stuttgart, 2006, S. 237.

고, 이렇게 잠복된 것이 언젠가는 하나의 독립된 매체로 성장해갈 수 있다고 본 것이다. 그가 판화술에서 미래의 신문을 읽고, 사진에서 미래의 영화를 읽은 것은 이런 맥락에서다. "마치 판화술 속에 그림·신문이 잠재적으로 숨겨져 있다면, 사진 속에는 유성영화가 숨겨져 있다."[9] 이것은 요즘 사람들이 흔히 가지고 있는 소리녹음기인 MP3가 음성과 함께 영상녹화도 되는 MP4로 진화하고, 이것이 다시 PSP나 DMB와 연결되면서 진화하는 데서도 확인된다. 우리는 확장된 디지털 경험이나 이미지 지식의 끝이 과연 어디쯤인지 알기 어렵다.

이 같은 매체변화에서 벤야민이 무엇보다 주목했던 것은, 거듭 강조하건대, 예술의 정치적 기능전환의 가능성이다. "예술생산에서 진품성의 척도가 상실되는 바로 그 순간에 예술의 전사회적 기능도 변혁을 겪는다. 제의에 근거를 두는 대신 이제 예술은 다른 실천, 즉 정치 위에 근거하는 일이 일어난다."[10] 그의 복제가능성 논문이 기존미학, 특히 정관적靜觀的 침잠을 중시한 자율성 미학에 대한 해체작업이 되는 것도 이런 맥락에서 이해되어야 한다. 이전의 자율성 예술이 유일성이나 지속성으로 특징지어졌다면, 현대예술은 순간성과 반복성에 의해 특징지어질 수 있기 때문이다. 복제기술의 혁신은 작품의 고유한 분위기를 없애고 유일무이성을 의심케 한다.

---

9) Walter Benjamin, "Das Kunstwerk im Zeitalter seiner technischen Reproduzierbarkeit," a. a. O., S. 436.
10) Ebd., S. 482.

아우라가 박탈된 작품은 다른 작품과 쉽게 뒤섞이고, 대중은 작품에서 보는 것을 작품의 밖에서도 본다. 박물관에 걸린 원본 그림만큼이나 엽서에 인쇄된 복사판 그림을 우리는 생생하게 느낄 때도 있지 않는가? 이런 경험은 예술감상자의 수용방식에도 작지 않은 변화를 일으킨다.

2. 전통적 개념과의 결별

벤야민은 변화된 현실에 대한 변화된 예술의 대응을 옹호한다. 이 대응이란 단순히 정신적인 혁신에 그치는 게 아니다. 그것은 기술적 개선이며, 이 개선은 여러 방법의 혼용으로 가능하다. 그가 브레히트 서사극을 중시한 것도, 브레히트가 작곡가 아이슬러H. Eisler와의 공동작업 속에서 제도와 기구^{장치}의 기술적 혁신을 도모했기 때문이다.『서푼짜리 오페라』는 다매체적 가능성을 실험한 대표작품이다.

벤야민은 '기술'이나 '작동', '생산'과 '조직', '기능전환'과 '사고전환', '구성'이라는 단어를 거듭 강조한다. 그에게 중요한 것은 "변화하는 현실에 상응하는 문학예술의 변화된 대응방식을 어떻게 실천적으로 구비할 것인가"라는 문제였다. 기술과 구성과 기능전환 그리고 이 모두를 위한 사고의 혁신적 전환이야말로 변화된 삶의 사회정치적 관계를 효과적으로 모색할 수 있는 출구가 될 수 있을 것이라고 그는 생각했다. 상부구조와 하부구조에 대한 그의 독특한 관점도 이런 점에서 접근되어야 한다.

"계급 없는 사회라는 테제는 말할 것도 없고, 권력장악 후 프롤레타리아 예술이 어떻게 될 것인가에 대한 테제보다는 현재의 생산조건 아래 예술의 발전경향에 대한 테제를 말하는 것이 이런(앞으로의 상황에 대한-옮긴이) 요구에 맞다. 생산조건의 변증법은 경제에 못지않게 상부구조에서도 나타난다. 그 때문에 이 테제의 투쟁가치를 평가절하하는 것은 틀리게 될 것이다. 예술발전의 경향에 대한 테제는 일련의 전래적 개념들, 즉 창조성과 천재성, 영원성의 가치, 비밀 같은 개념들을 제거해버린다. 이 개념들이 제어되지 않고(그리고 순간적으로 제어할 수도 없이) 사용된다면, 그것은 파시즘적 의미에서 사실자료의 가공으로 귀착될 것이다."[11]

이 글에서 벤야민이 주목하는 것은 분명 경제주의적 유물론의 관점이 아니다. 그는 "경제에 못지않게 상부구조에서도 나타나"는 "생산조건의 변증법"에 주목한다.[12] 그리고 이것이 예술을 이해하는 전통적인 개념들, 이를테면 "창조성"이나 "천재성" 또는 "영원성"이나 "비밀" 같은 개념들보다 더 중요하다고 본다(서구사회에서 전통문화란 부르주아적·인문주의적 전통문화를 말한다). 이것은 그가 경제와 문화, 하부구조와 상부구조의 관계를 마르크스처럼 인과론적으로나 기계적으로 또는 단일차원적으로 파악하는 것이

11) *Ebd.*, S. 473.
12) 이런 점에서 벤야민의 문제의식은 '스탈린주의적으로' 오해될 수 있었던 블로흐나 루카치의 관점과는 다르다고 할 수 있다. Burkhardt Lindner, "Das Kunstwerk im Zeitalter seiner technischen Reproduzierbarkeit," *a. a. O.*, S. 232.

아니라 그 겹침에 주목한다는 뜻이다. 그래서 아케이드 작업과 관련하여 그가 적고 있듯이, "문화의 경제적 발생이 아니라 문화 속에 깃든 경제의 표현"을 서술하는 게 중요하게 된다.[13]

벤야민은 적는다. "문제는, 다른 식으로 말해, 아케이드에서 일어나는 삶의 모든 것이 생겨나오는 생생한 근원현상으로 경제적 과정을 파악하려는 시도다."[14] 이런 문제의식은 크게 보면 19세기 파리분석을 통해 근대성의 의미를 천착하는 데도 해당되고, 작게 보면 기술과 매체와 경험의 상호관계를 분석하는 데도 해당된다. 벤야민이 전통미학에서 중대역할을 해온 일련의 고답적 개념들, 즉 창조성이나 천재성, 영원성이나 비밀 같은 추상적이고 비의적인 개념들과 결별하게 되는 것도 이 때문이다. 이것은 일종의 예술형이상학의 주요 목록을 이루기 때문이다.[15] 이것은, 이 논문이 쓰인 1930년을 전후로 한 급박한 시대상황을 살펴보면, 쉽게 이해될 수 있다. 이 무렵 전통적 미학개념들이 현실에 끼친 해악이 실로 막대했기 때문이다. '자율성'은 그 가운데 핵심개념이었다.

---

13) Walter Benjamin, "Das Passagenwerk," *GS* V/1, v. R. Tiedemann(Hrsg.), Frankfurt/M., 1982, S. 573f.

14) *Ebd.*, S. 574.

15) 벤야민의 이 비판과는 별개로 주의할 것은 우리가 이 모든 전통적 가치를 부정할 필요는 없다. 현실에서 예술을 전적으로 격리시키는 이상주의적 태도는 비판되어야 마땅하지만, 그렇다고 예술의 자율성까지 부정되어야 하는 것은 아니기 때문이다. 우리는 '정관'과 '명상'에 대한 그의 비판을 양가적으로 판단할 필요가 있다. 즉 그것이 현실도피의 수단으로 쓰인다면 비판되어야 하지만, 좀더 깊고 넓은 차원에서 현실을 반성하는 데 유용하다면, 정관과 명상의 전통적 가치도 필요한 것이다.

여기에는 좀더 자세한 설명이 필요하다.

앞서 보았듯이, 예술은 원래 제의적 가치를 중시하는 일종의 마법적 도구였다. 그러다가 세계사의 합리화 과정에 따라 예술의 성격이 점점 투명하게 되면서 이전의 마술적 기능에서 조금씩 벗어난다. 비의적·종교적 모티프가 아니라 세속적·현실적 주제가 묘사의 중심을 이루면서 미가 인간과 일상적 삶에 대해서도 봉사하게 되는 것이다. 이것은 대체적으로 르네상스를 지나면서 일어나다가 18세기 계몽주의 이후에 본격화된다.

여기에는 그 사이에 생겨난 예술사회사적 현상들, 이를테면 연극관객이나 독자층/감상자층 그리고 전시회와 연주회가 큰 역할을 한다. 예술작품의 공개적·대중적 성격이 강화되는 것이다. 그것은 한편으로 정치경제적·산업적 비중이 비대해지면서 예술 자체의 사물화가 진행되는 것을 뜻하면서, 다른 한편으로 바로 그 때문에 예술문화적 분야가 정치경제 분야와 분리되면서 자율성의 독자영역을 확보하게 됨을 뜻한다. 고전주의와 낭만주의도 자율성 예술의 시대적 표현이다. 그러니까 자율성의 옹호는 삶의 심화되는 사물화에 대한 예술 쪽에서의 반작용인 셈이다. 여기에서 우리는 자율성/가상 개념의 이중성을 확인한다.

부르주아의 고전주의 예술이 기반을 둔 '아름다운 가상'의 세계는 분명 모순적이다. 그것은 한편으로 노동의 일상과 그 경쟁현장으로부터 한 걸음 물러나 있다. 자율성 이념은 이 거리감에서 나온다. 예술은 현실에서 좌초되기 마련인 행복의 요구를 허구의 영역에서 충족시킨다. 그것은 기존현실을 부정적으로 파악하는 것이 아니라 최적의 것으로 묘사함으로써 그 비참을 은폐하고 사회의 부정의를 미화하기도 한다. 예술의 사회윤리적 책임을 벗어나는 것이다. 부르주아 예술의 허위의식은 이렇게 생겨난다.[16]

우리는 이상주의적 관념문화가 내세우는 화해의 감정이 개인성이나 영혼 또는 내면성을 강조함으로써 기성질서에 대한 비판적 시선을 무디게 하고, 이 의식의 둔감화를 통해 기성질서에 대한 순응을 키운다는 사실을 부인하기 어렵다. 이것은 기성문화의 '거짓화해'요 '거짓지양'이라고 부를 만하다.

그렇다고 아름다운 가상의 이념이 완전히 거짓인 것은 아니다. 한계 속에서나마 기존과는 다른 질서를 암시하는 까닭이다. 인간성, 자율성, 개인적 자유에 대한 존중, 우정, 더 행복한 삶은 이런 맥락에서 나온다. 그러나 이것은, 다시 강조하여 사회적 차원의 연대성과 결합될 때, 좀더 온전해진다. 그런 점에서 문학예술의 정치성은 거듭 강조될 필요가 있다. 부르주아의 예술문화에 물질적 재생산을 넘어서는 욕구들이 보존되어 있다면, 이 넘어섬도 사회역사적 인식 속에서 장려되어야 한다. 이런 점에서, 벤야민은 자신이 좌파작가임을 잊은 적이 없었던 게 아닌가 여겨진다.

벤야민은 매체론에서, 특히 「생산자로서의 작가」에서 자신이 분명 좌파작가임을 밝히고 있지만, 좌파적 문제의식을 드러낸다고 해서 그가 문학의 질적 특성을 도외시한 것은 결코 아니다. 그

16) 이것은 부르주아 순응문화에 대한 마르쿠제(H. Marcuse)의 비판적 논의에서 잘 나타난다. 그러나 벤야민의 분석은 마르쿠제의 이데올로기 비판적 논의와 다르다. 벤야민의 관심은, 알레고리에 대한 분석이 보여주듯, 한편으로 기존의 공식문화가 아닌 폄하된 변두리 문화에 놓여 있고, 다른 한편으로 사진이나 영화 같은 새로운 대중매체의 지각적 가능성에 놓여 있다.

는 "작품의 올바른 정치적 경향이란 문학적 특질을 포함하고—
그 이유는 한 작품의 올바른 정치적 경향이란 문학적 '경향'을 포
함하기 때문이다—작품의 문학적 특성을 포함한다"고 했다.[17]
이 '올바른 관계'를 위해 작가는 시대상황에 적절하게 대응해야
한다. 이 상황에서 핵심은 사회정치적인 생산관계다.

작가나 작품은 한 시대의 생산관계에서 어떻게 자리하는가? 그
것은 현실의 적극적 변혁을 모색하는가 아니면 수동적 순응에 머
무는가? 벤야민은 트레차코프^{S. Tretjakow}의 예를 들면서 그가 한
일, 즉 "대중집회 소집, 트랙터 구입을 위한 대금 모금, 개별농민의
콜호스 가입 설득, 독서실 감독, 벽신문의 창간, 콜호스 신문 지도,
모스크바 신문에 대한 보도, 라디오와 순회영화관"을 칭찬한다.[18]
이런 현실개선적 노력에는, 벤야민이 보기에, 작품의 질적 수준에
대한 고민도 없는 것이 아니었다. 하지만 이 소설가의 작품이 실
제로 얼마나 그러한지에 대해 더 자세한 언급은 없다. 이 점을 우
리는 계속 물어보아야 한다.

이러한 일을 오늘날에도 그대로 따라할 필요는 물론 없다. 중요
한 것은 그런 노력들이 지금 사회에서 '어떻게 변형된 방식으로
재조직될 수 있는가'를 고민하는 일일 것이다. 부르주아 예술이해
에 대한 벤야민의 비판도 이 같은 관점에서 이해되어야 한다.

전통문화는, 이미 언급했듯이, 소수의 교양특권에 의지하여 개
인과 영혼, 정관靜觀과 초월 그리고 조화를 중시했고, 그래서 현

---

17) Walter Benjamin, "Der Autor als Produzent," *GS* II/2, *a. a. O.*, S. 685.
18) *Ebd.*, 686f.

실을 도피하거나 현실의 불의를 미화하는 구실로 작용했다. 자율예술이 명상과 침잠Versenkung 아래 개인적으로 감상되었다면, 아우라가 상실된 후의 현대예술은 집단적으로 그리고 기분전환 Ablenkung 속에서 이뤄진다(이것은 거친 이분법이어서 더 섬세한 보충을 필요로 한다. 하지만 이전의 소비층인 부르주아의 사적 개인이 대도시의 노동자 집단으로 바뀐다는 지적에는 일리가 없는 것이 아니다). 작품감상은 사회적으로 이뤄지는 대신 그만큼 산만해지고, 진지성은 상투화된다. 그러나 다른 한편으로 오늘날 감상은, 대개 대중매체에 의해 집단적으로 향유되는 만큼 계발적이고 비판적으로 될 수 있다. 이런 식으로 되기를 벤야민은 기대했다.

벤야민의 지적은 좁게는 부르주아 문학이해에 대한 비판이지만, 넓게는 이상주의적 전통문화의 전체, 말하자면 독일 낭만주의와 관념주의에 대한 비판이다. 20세기 들어 독일 시민계층이 나치즘의 도래를 막는 데 실패한 것은 벤야민의 시각과 같은 비판적 언급이 1920~30년대에 없었거나 부족했기 때문이다. 그것은 특권시된 교양이념의 폐해에 대한 지적이다. 파시즘 전체주의는 이 왜곡된 도덕주의, 말하자면 문화적 순응주의의 정치적 변주다. 그런 점에서 벤야민의 전통비판에는 작가 미화와 현실도피, 교양특권과 정치적 전체주의, 그로 인한 인문주의 문화의 기만이라는 현실경험에 대한 도저한 비판이 숨어 있다.

조금 더 넓게 보자. 벤야민의 비판은 그가 살았던 당대현실에 대한 비판으로 그치는 것일까? 그렇게 보이지 않는다. 그가 지적한 현실의 폐해는 오늘날에도 기묘한 방식으로 일반화되어 있기 때문이다. 우리는 요즘도 '도덕'이나 '양심' 또는 '내면성'이 실제로 생활 속에서 말없이 실행되기보다는 그저 '미덕'이기 때문에 사회적으로 선전되거나 권고되고, 그래서 가난하고 힘없는 이들의 선한 행동이 돈 많고 힘센 자들에게 봉사하는 경우를 자주 본다. 선의가 계급적으로 악용되는 것이다. '계급도덕'Klassenmoral이라는 용어도 여기서 나온 것이다. 이 계급도덕적 사회에서는 몰염치한 판결도 '주관이 뚜렷한 정직성의 표현'이 되고, 생각 없이 굽신대는 삶도 '인간성이 좋은 예'로 치부된다. 이 같은 왜곡은 지금의 소비문화 속에서 더욱 심화되는 듯하다. 이제 사람들은 유행상품을 앞서 구입하려 애쓰고, 이른바 '명품' 없이 나서지 않는다. 아니면 '짝퉁'이라도 두세 개를 걸쳐야 안심한다. 그것이 시대에 뒤떨어지지 않은 현대인이고 현실에 걸맞는 시민인 것인가?

오늘날 사람들은 시장과 상품과 소비와 유행에 지나치게 침윤되어 있다. 불의나 부패에 대한 싸움도 거대한 시장에서 이뤄지는 소비의 한 형식으로, 여흥과 오락과 여가와 흥행의 일종으로 취급한다. 말하자면 선의의 이벤트화다. 마치 폭력에 대항한다는 명분으로 또 하나의 폭력적 전쟁이 아무렇지도 않게 수행되듯이, 아니면 교양 있는 계층이 '시민적 참여'라는 이름으로 권력의 행사에 동참하게 되듯이. 이런 점에서 대상의 탈각화는 여전히 중요하다.

대상의 껍질을 벗기면서 그 실체를 보고자 할 때, 우리는 자연히 이 대상과 거리를 두게 된다. 이 탈각화 속에서 이전의 환상이나 감정이입은 자리하기 어렵다. 전통적 유산의 각질을 벗겨냄으로써 그 가치를 재구성하는 것은 지금의 학문에서 가장 시급하고도 중대한 일이 아닐 수 없다. 우리는 지배질서가 강요하는 모든 이상화에 대한 요구, 즉 도덕적 정당화의 허울을 벗겨낼 수 있어야 한다. 그래서 우파적 유산에 대해 그러하듯이, 좌파적 유산도 재검토해야 한다. 더 정확히 말하면, 그 비판적 재검토에서는 좌우파의 구분은 불필요하다. 또는 부차적인 문제다.

어디까지나 기준은 마땅히 보편성이고 공정성이며 사실성이어야 한다. 인권과 평등, 평화주의, 비폭력은 이 보편적 원칙의 예에 해당될 것이고, 비판과 성찰은 이 원칙을 고수하기 위한 권고할 만한 방법이다. 사유는, 어떤 입장에서건, 또 어느 한편을 내세우지 않아도, 의도 없음의 진실성 아래 서로 연대할 수 있어야 한다. 사유는 오직 탈이데올로기화한 진실성 아래에서 다른 사유의 가능성과 만난다.

2. 사진과 영화

영화와 더불어 사진은 벤야민에게 비판적 매체실천을 위한 좋은 예로 간주된다. 이 같은 논의는 「사진의 작은 역사」에서 주로 펼쳐진다. 이 글에서 그는 사진술이 산업화되기 전의 사진작가들, 예를 들어 힐D. O. Hill이나 카메론Cameron, 후고Hugo나 나다르Nadar 등의 작품에 관심을 갖는다.

이 초창기 사진작가들의 작품은 산업시대의 상품형식이 아닌 대목장에서의 공예품에 가까웠다.[19] 그러나 기계의 기술적 혁신으로 사물을 있는 그대로 포착하겠다는 사진의 본질적인 의도에

---

19) Walter Benjamin, "Kleine Geschichte der Photographie," *GS* II/1, Frankfurt/M., 1977, S. 368.

대해서는 여전히 불신이 팽배했다. 그 당시부터 시작된 사진이론적 논쟁에서도 "이런 물신주의적이고 근본적으로 반기술적인 예술개념"이 지속되어왔다고 벤야민은 지적한다.[20] 이런 시각에서 보면, 예술이 근본적으로 반기술적이고 반물질적이었다는 사실은 부인하기 어려워 보인다.

1. '시각적 무의식'과 반기술주의

초창기의 여러 사진가 가운데 벤야민이 주목한 사람은 다게르Daguerre와 힐이다. 초상화가였던 힐은 1843년 스코틀랜드 교회의 프레스코 벽화를 그리면서 그 기초자료로 자신이 찍은 초상화 사진을 여러 장 이용한다. 시간이 지난 후 그는 초상화가로서보다는 사진가로서 이름을 남기게 되는데, 여기에 한몫하는 것이 유명인사의 초상화가 아니라 "이름 없는 인간의 사진들"이다. 벤야민의 언급을 들어보자.

"예를 들어 뉴헤이븐 출신의 한 어부 아내 사진을 보자. 무심하면서도 유혹적인 부끄러움을 지닌 채 바닥을 쳐다보는 이 여자에게는 예술에 대한 사진가 힐의 증언에서는 나타나지 않는 것, 말하자면 한때 살았으며 아직도 여기에 실제로 있는, 그러나 '예술'에 결코 완전히 속하지 않으려는 여인의 이름을 고집스럽게 갈망하는, 그래서 침묵할 수 없는 어떤 것이 담겨 있다."[21]

---

20) *Ebd.*, S. 369.
21) *Ebd.*, S. 370.

스코틀랜드의 초상화가이자 사진가 힐의 「뉴헤이븐의 어부 아내들」(1843~8).
사실적 차원과 이 차원을 넘어서는 상징적 의미를 내포해야 사진은 비로소 진
실하게 된다. 벤야민은 이것을 사진의 "마술적 가치"라고 부른다.

"예술에 결코 완전히 속하지 않으려는", "여인의 이름을 고집스럽게 갈망하는", "침묵할 수 없는 어떤 것"…… 이런 것들의 정체는 무엇일까? 여기에는 우선 아우라적인 무엇이 내포되어 있다고 말할 수 있을 것이다. 텍스트에서 보면, 이것은 "증언에서는 나타나지 않는 것"이다. 이것은 사진의 즉물적·모사적 차원으로 환원될 수 없기 때문이다. 하지만 좋은 사진에는 바로 이런 점이 담겨 있다. 즉 사실적 차원과 이 차원을 넘어서는 상징적 의미를 내포해야 사진은 비로소 진실하게 된다. 바로 이어지는 구절에서 벤야민은 이것을 사진의 "마술적 가치"라고 부른다.

"가장 정확한 기술은 그려진 그림이 더 이상 소유할 수 없는 어떤 마술적 가치를 그 창출물에 부여할 수 있다. 사진사가 인위적 조작을 하고, 모델의 태도와 관련해서 계획하는데도 불구하고, 우리는 그 사진에서 우연과 지금 여기라는 미미한 불꽃―현실은 이런 불꽃으로 그림의 성격을 완전히 그을려 태우는데―을 찾고, 있을 것 같지 않은 어떤 자리―이 자리에서 미래적인 것은 오래전에 지나가버린 순간의 평범함 속에서 여전히 오늘날에도 그렇게 말하며 깃들고 있어서, 우리가 되돌아보며 그 미래적인 것을 발견할 수 있다―를 찾고자 하는, 물리치기 어려운 충동을 느낀다. 눈에게 말하는 자연과 카메라에게 말하는 자연은 다르다. 무엇보다 다른 이유는, 카메라에는 의식을 가진 인간에 의해 작용하는 공간 대신 완전히 무의식적으로 작용하는 공간이 들어서기 때문이다. 예를 들어 사람의 걸음걸이에 대해, 대충이기는 하나, 평가하는 것은 흔히 있다. 그러나 걸어서 나아가는 순간순간의 단편 동작이 어떤지에 대해 아무것도 확실히 알지 못한다. 사진은 고속도 촬영기계나 확대기 같은 보조수단을 통해 이것을 밝혀낼 수 있다. 우리는 사진술로, 마치 정신분석학으로 충동적이고 무의식인 것을 알아내듯이, 이 시각적이고 무의식적인 것을 비로소 경험한다…… 동시에 사진은 물질에서 가장 작게 사는 형상세계의 인상학적 측면을 열어 보인다. 이 형상세계는 해석될 수 있지만 숨어 있어 깨어 있는 꿈에서나 그 은신처를 발견할 수 있는데, 그러나 이제는 크고 분명하게 정식화될 수 있게 되었다. 이를 통해 우리는 기술과 마술의 차이가 철저히 역사적 변수임을 분명히 알게 되었다."[22]

벤야민의 여느 문장이 그렇듯이, 위 문장도 매우 까다롭다. 그래서 그 의미를 파악하려면, 단어와 단어의 의미론적 맥락을 꼼꼼하게 되짚으며 천천히 읽어가야 한다. 이 인용문에는 「사진의 작은 역사」의 핵심 생각이 들어 있는 것으로 보인다. 사진은 사진가의 의도를 표현하면서도, 알 수 없는 무엇을 담는다. 이것을 벤야민은 사진의 "마술적 가치"라고 부른다. 마술적 가치는 사진에서 의식적으로가 아니라 무의식적으로 작용한다. 그러면서 여전히 시각적으로 나타나는 것이다. 그가 "시각적-무의식적인 것"Optisch-Unbewußte을 말하는 것은 그 때문이다.[23]

---

22) *Ebd.*, S. 371f.
23) '시각적 무의식'에 대한 언급은 이외에도 위 글의 500쪽이나 Bd. II/1, 371 쪽에도 나온다.

사진은, 적어도 좋은 사진은 드러난 현실의 표면을 보여주면서도 표면 아래 현실의 심층세계를 동시에 보여준다. 이 심층세계는 의식으로 포착되지 않는다. 그런데 이것이 카메라의 개발로 가능하게 되었다. 기술의 발전으로 우리는 지금껏 숨겨져온 세계에 한 발 더 가까이 다가서게 된 것이다. 이것은 마치 확대경을 통해 사물의 새로운 면모를 발견하게 되는 것과 같다. 그러나 지각적 혁신의 내용이 무엇인지 규정하기란 간단치 않다. 거기에는 마술적·정신적 내용이 들어 있기 때문이다. 이것은 언어를 전달적·지시적 기능뿐만 아니라 마술적·마법적 기능까지 포함하는 것으로 이해한 벤야민의 언어관과 상통하는 것으로 보인다. 더 나아가면, 사물의 아우라적 성격에 대한 이해와도 무관하지 않다. 중요한 것은 사진의 시각적 무의식이 가진 실제적 효과다.

사진에서 우리가 보는 것은 단순히 지나간 모습이 아니다. 그것은 다가올 무엇도 암시한다. 이 모두를 잇는 것은 사진을 바라보는 주체의 현재적 시간이다. 그리하여 우리는 사진 속에서 "우연과 지금 여기라는 미미한 불꽃"을 확인하고, 이 불꽃에서 "오래전에 지나가버린 순간"과 "미래적인 것"을 발견한다. 이렇게 할 수 있는 것은 카메라가 의식적으로뿐만 아니라 무의식적으로도 작동하기 때문이다.

이 시각적 무의식성에 힘입어 사진에는 사실과 꿈, 현실의 표층과 심층이 뒤섞인다. 이러한 경험은 잠과 깨어남, 꿈과 각성의 중간지대, 즉 "깨어 있는 꿈"Wachträumen에서 일어나는 경험과 비슷하다. 그것은 의식적 일상경험과는 다르다. 그래서 벤야민은 이렇게 썼을 것이다. "눈에게 말하는 자연과 카메라에게 말하는 자연은 다르다." "우리는 사진술로, 마치 정신분석학으로 충동적이고 무의식적인 것을 알아내듯이, 이 시각적이고 무의식적인 것을 비로소 경험한다." 이 지각경험적 변화는, 그에 따르면, 그 자체로 고정된 것이 아니라 "철저하게 역사적 변수"다.

여기서 주의해야 할 점은 기술의 혁신이 예술의 기능 변화와 인식적 갱신을 초래하지만, 그렇다고 기술 자체가 맹신되는 것은 아니라는 사실이다. 벤야민은 기술의 힘을 믿었지만 기술주의적으로 기울어지지 않는다. 그에게 중요한 것은 현실의 인식이고 이 인식을 통한 삶의 개선이지, 기술 자체가 목적이 아니기 때문이다. 이 개선의지에는 아우라 상실로 인한 경험의 궁핍, 더 정확하게 말해 현대적 '경험궁핍의 근본경험'이 자리한다. 그는 경험궁핍이 전통유산의 재검토라는 문제와 직결되어 있음을 분명하게 인식했다. 이 점에 대해 린트너는 이렇게 정확하게 지적한다.

"폭발적으로 팽창하는 이미지 재생과 지식 재생에 사로잡힌 듯 응시할 것이 아니라 우리는, 이것이 벤야민의 특별한 개입지점인데, 경험궁핍의 경험에서 나온 파괴적 전략으로부터 시작해야 한다. 이런 의미에서 새로 시작하기 위해 빈 공간을 마련하는 파괴적 성격의 몸짓이나, 이미 저장된 것의 위력에 놀라지 않는 수집가의 고집스런 파괴성은 결코 추월되지 않는 보완적 대항전략을 이룬다. 이 전략의 바탕에 놓인 것은 참된 전승傳承이라는 기술로 만들어질 수 없으며, 기술은 그 자체로 어떠한 전승물도 만들지 못한다는 통찰이다. 기술적 혁신은 그 자체로 역사에 맹목적이다. 그것은 재앙의 연속성을 폭파하는 데 전

> **❝** 우리는 기술을 이용하면서도 기술 자체의
> 정치윤리적이고 예술문화적인 토대를 잊지 않아야 한다.
> 또 과학기술의 편의가 초래하는 정치적 무관심과
> 이로 인한 불의不義의 확산을 주시할 수 있어야 한다. **❞**

혀 부적절하다…… 우리의 현존이 지금 의지하는 현재의 인식은 이 전승물을 압도하려는 '순응주의'를 파쇄하는 데(I, 659) 달려 있음을 벤야민이 보여주었다면, 이 순응주의는 오늘날 완전히 기술적으로 이미 규정되어 있다präformiert. 그러나 지나간 것은 완결되지 않았고 완결될 수도 없다는 벤야민의 사고는 그 때문에―비완결성 없이 오늘날이라는 것은 파악될 수 없는데―매체비판적 주목을 받는다."[24]

벤야민은 매체론에서, 그 대상이 영화든 사진이든 라디오든 간에, 혁신적 매체에 대한 미학적·담론적 논의를 전개한 것이 아니라, 이 매체들이 지닌 사회정치적 기능의 구체적 내용을 살펴보고자 했다. 그는 무엇보다도 파시즘의 현실 앞에서 어떻게 대중이 집단적 광기에 대항하여 하나의 '심리적 예방접종'psychischen Impfung이라는 정치적이고 계몽적인 역할을 할 수 있는지 고민했다.[25] 카리스마 넘치는 정치 지도자가 내세우는 구원의 약속을 쉽

---

24) Burkhardt Lindner, "Das Kunstwerk im Zeitalter seiner technischen Reproduzierbarkeit," *a. a. O.*, S. 462.

게 맹신하여 그들의 선전을 추종하는 대중의 폐해를 그는 정확히 인식했기 때문이다. 그가 채플린이나 미키마우스 같은 기존의 정전에서 벗어나는 기이하고 우스꽝스런 인물을 선호한 것도 이 같은 맥락 속에 있다. 이런 비딱한 인물들은 비록 하나의 재앙에서 또 다른 재앙으로 줄넘기하듯 아슬아슬하게 살아가지만, 그럼에도 자기를 잃지 않고 살아남는 시대의 승리자인 까닭이다. 이들의 웃음은 전체주의적 일원화에 대한 반감의 표현에 다르지 않았다.

이러한 정황은 벤야민이 이 글을 썼던 1930년을 전후한 사회정치적 위기현실을 살펴보면, 좀더 분명하게 알 수 있다. 벤야민은 단순히, 많은 영화이론가가 그러하듯이, 왜 영화가 예술인지 영화가 예술이 될 수 있는지 묻지 않았다. 그 대신 그는 새로운 재생방식으로 인해 어떻게 예술이 변하고, 더 나아가 우리의 지각방식 자체가 변하게 되는가라는 좀더 근본적인 물음을 제기했다. 그는 재생가능한 매체의 혁신적인 기능을 통해 억압적인 정치현실과 맹목적인 이데올로기를 혁파할 수 있는 어떤 해방적 경험이 이뤄지기를 갈망했던 것이다. 그러므로 기능과 기술에 대한 그의 관심은 단순히 기술주의적인 것이 결코 아니었다. 그것은 무엇보다 삶 자체의 갱신, 다시 말해 "어떤 이성적 질서도 불가능하게 여겨지는 현실에서 어떻게 이성적 삶의 질서가 가능할 수 있는가"에 대한 처절한 고민과 긴밀하게 맞닿아 있었다.

---

25) Burkhardt Lindner, "Nachwort," Walter Benjamin, "Das Kunstwerk im Zeitalter seiner technischen Reproduzierbarkeit," Stuttgart(Reclam), 2011, S.114.

이 사실확인은 벤야민의 매체론을 바르게 이해하는 데뿐만 아니라 그 현재적 중요성을 상기하는 데서도 매우 중요하다. 예컨대, 뒤의 경우와 관련해 말하면, 최근 이 땅의 매체론 연구에서 나타나는(또는 좀더 넓게 이것은 한국의 현 단계 인문학 연구일반의 성격에서도 크게 다를 수 없는데) 어떤 과도한 편향, 즉 매체기술적 접근은 우려할 만한 상황이 아닐 수 없다.

문화콘텐츠에 대한 관심의 급증이나 '문화콘텐츠 학과'의 신설이 그 예다. 이 말은 매체기술적이고 문화콘텐츠적인 관심 자체가 틀리다거나 불필요하다는 것은 아니다. 그러나 그것이 관료적 전시행정의 하나로 기획되고, 이런 기획에 기업의 상업적 이해가 결부된다면, '실용주의'나 '삶과 학문의 연계'라는 미명 아래 아무리 그럴듯하게 포장된다고 해도 그 결과는 재앙적이지 않을 수 없다. 그 병리적 결과는 한두 가지가 아니지만, 이 물량주의적 외양화는 결국 문화활동의 보편적 사물화로 귀결될 수밖에 없다. 그리하여 문화는 여타의 인간활동에 대한 성찰적 비판작업이라는 본래적 책무를 더 이상 수행하지 못하게 된다. 문화 자체가 철저하게 이윤화-상업화-자본화-시장화되어버렸기 때문이다.

오늘날 문화의 '깊이'는 시의적절하지 않다고 해서 기피되고, '성찰'은 고리타분하다고 하여 타기되며, '긴 호흡'은 '이 바쁜 세상에'라면서 짓밟히고 있다. 그래서 학문 밖에서와 마찬가지로 학문 안에서도 경박과 속도, 편의와 매뉴얼이 판치는 것이다. 이른바 피상성 또는 표피화의 완벽한 승리다. 오늘의 세계에서, 특히 한국의 학문공동체에서 프로젝트 관여자, 다시 말해 '지식기술자'가 아닌 학자는 아주 드물거나 있다고 해도 공식문화의 가장자리

에서는 마치 없는 듯이 자리한다. 물론 모든 프로젝트가 그런 것
은 아니다. 하지만 학문이 '수행사업'의 이름으로 불리는 곳에서
생활세계의 전체가 기능화되고 학문적 탐구활동이 기교화될 위험
성은 훨씬 크다. 여기에서 경험빈곤은 새로운 방식으로 일어나고,
현실격리나 탈역사화의 위험성도 이렇게 생겨난다.

탈역사적 경향이란 디지털 컴퓨터 매체가 보여주는 엄청난 지
식생산과 이미지 생산이 한편으로 해방의 징후로 예찬되면서, 다
른 한편으로 바로 이 맹목적 열광 때문에 심대한 망각이 일어나
는 데 있다. 그리고 이 망각은 거꾸로 매체의 현실적 조건과 그 비
참을 간과하게 만든다.[26] 예를 들어 이라크 전쟁에서 나타났듯이,
침공의 실상에 대한 시시각각의 생방송이 이미지/영상의 지속적

26) 린트너의 다음 논문은 바로 이 점을 지적한다. Burkhardt Lindner, "Von
   Menschen, Mondwesen und Wahrnehmungen, Benjamin und die 'Medien-
   wissenschaft'," Christian Schulte(Hg.), *Walter Benjamins Medientheorie*,
   Konstanz, 2005, S. 10f. 그는 시청각적 컴퓨터 매체로 인해 야기된 문자매
   체의 종언에 대한 일방적인 환호는 "마르크스주의적 · 아방가르드적 지
   양, 즉 유토피아의 나쁜 유산만 나타낸다"고 지적한다(같은 곳). 왜냐하면
   참된 미래는, 기술적 성취에 대한 믿음과 그 계획에서 오는 것이 아니라 이
   런 계획이 과거의 바른 이해, 즉 완결되지 않은 전승가치에 대한 제대로 된
   해석과 결부될 때 실현될 수 있기 때문이다. 우리 논의에서 중요한 것은 이
   들 매체이론가와 벤야민이 보여주는 사고의 차이점이다. 즉 맥루한이나
   플루서가 "어떤 우주적 · 언어이전적 소통의 유토피아"로 나아감으로써
   "종교적 목적론을 숨기지 않은" 반면 벤야민의 생각은 "도서의 우위와 도
   서의 태곳적 힘의 회복을 고수한다"(*Edd.*, S. 12). 바로 이 점에서 벤야민은
   인쇄활자매체(도서시대)의 종언을 전제하는 여느 매체이론가와 분명하
   게 구분된다. 컴퓨터 디지털 기술만이 매체이론의 전부인 양 생각하는 것
   도 협소한 생각이다.

세례 속에서 전개되었다. 이런 경우 정치의 가능성은 탈진되고 민주주의는 황폐하게 된다. 이것은 새로운 '정치의 미학화'가 아닐 수 없다. 이 대목에서 우리는 린트너가 예리하게 지적했듯이, "가속화된 매체기술적 혁신과 비판적 성찰 사이의 간격"을 생각하지 않을 수 없다.[27] 이것은 매체론의 현실정합성 관점에서도 바람직하지 않을뿐더러, 기술발전으로 인한 지각변화의 가능성을 매체론적 관점에서 이해하고자 했던, 그래서 경험의 궁핍 속에서도 전통유산을 비판적으로 재구성하려 했던 벤야민의 취지에도 벗어난다.

다시 문제는 디지털 매체기술의 압도적인 현실이 갖는 비현실적 · 비역사적 경향을 직시하는 일이다. 이 비역사적 경향에는 작게 보아 글과 문자 또는 알파벳에 대한 무시의 흐름이 있고, 더 작게는 비판과 성찰에 대한 회피적 풍조가 있다. 우리는 기술을 이용하면서도 기술 자체의 정치윤리적이고 예술문화적인 토대를 잊지 않아야 한다. 또 과학기술의 편의가 초래하는 정치적 무관심과 이로 인한 불의不義의 확산을 주시할 수 있어야 한다.

기술주의로는 재앙의 연속사를 결코 단절시킬 수 없다. 아우라와 탈아우라, 즉 지각의 탈각화를 말하는 것도 우리의 사고방식을 기존의 상투적 각질로부터 끌어내어 어떻게 현재적 위기를 파악하고, 이 파악으로부터 어떻게 현실을 바르게 세울 수 있는지를 고민하기 위해서다. 의식의 탈각화 없이 나날의 생계현실로부터, 기존의 문화사 이해로부터 반성적 거리를 유지하기 어렵다. 이를

---

27) Burkhardt Lindner, "Nachwort," *Ebd., a.a.O.,* S. 116.

위해서는, 린트너의 견해를 빌리면, "파괴적 전략을 가진 수집가의 고집"이 필요하다.

벤야민 예술론에서 핵심은 문화와 기술, 전승물과 현실변화의 새로운 관계설정이며, 이 설정에 필요한 해체적 전략의 가능성이다. 이 전략은, 작게 보면 예술의 기능변화에 대한 관심에서 오지만, 크게 보면 예술의 대중화에 대한 관심에서 온다. 이것은 다시 예술의 정치적 기능을 새로 정초하려는 의지 아래 움직인다. 그러나 더 크게 보면, 여기에는 문화사적 문제의식, 즉 역사를 근본적으로 '완결되지 않은 무엇'으로 이해하려는 적극적 태도나 구성적 의지가 들어 있다. 비완결적 역사이해의 태도야말로, 아무런 객관적 척도 없이, 무자비한 혼돈만 되풀이되는 오늘의 현실에서 우리가 방향상실에 빠지지 않고 살아갈 수 있는 권고할 만한 태도로 보인다. 특히 이것은, 린트너가 지적하듯이, 오늘의 순응주의가 "기술적으로 이미 규정되어" 있다면, 더욱 절실한 것이지 않을 수 없다. 비완결적 역사이해의 태도는, 벤야민의 텍스트에서 보면, "철거를 통한 구축"의 자세와 다르지 않다.[28]

지금까지의 논의를 이렇게 잠정적으로 요약할 수 있다. 그것은

___

28) Walter Benjamin, "Der Begriff der Kunstkritik in der deutschen Romantik," *GS* I/1, Frankfurt/M., 1974, S. 87. '철거를 통한 구축'은 벤야민의 예술비평과 역사철학, 문화사 이해를 관통하는 핵심적인 열쇠어로 간주될 만하다고 나는 생각한다. 이 개념을 하마허는 조금 다른 맥락에서, 즉 벤야민의 「신학적·정치적 단편」을 해석하면서 다룬 바 있다. Werner Hamacher, "Das Theologisch-Politische Fragment," Burkhardt Lindner(Hg.), *Benjamin Handbuch, a. a. O.*, S. 190f. 여기에 대한 더 자세한 접근으로는 제14장「화해적 단절: 문화사 이해」를 참조할 것.

네 가지다.

첫째, 어떤 사진이 뛰어난 것이라면, 그 사진에는 필연적으로 '시각적 무의식'이 담겨 있고, 이 시각적 무의식은 매체의 기술적 조작과 인위성을 넘어서는 사물세계의 마법적·인상학적 면모를 보여준다. 둘째, 이 면모를 통해 수용자는 과거와 미래, 꿈과 각성, 드러난 가치와 숨겨진 욕망의 교차를 확인한다. 대상과 나, 자연과 인간, 지나간 것과 다가올 것, 과거적인 것과 현재적인 것은 뛰어난 형상물에서 서로 만난다. 셋째, 이 만남의 내용은 그 자체로 고정된 것이 아니라 역사적으로 변한다. 그렇다는 것은 기술적 변화의 폭과 성격에 따라 지각적 경험내용도 얼마든지 변할 수 있다는 뜻이다. 넷째, 벤야민의 매체론을 추동하는 것은 기술-구성-방법-해체에 대한 강한 관심이지만, 그렇다고 그것이 기술주의적으로 기우는 것은 아니다. 오히려 그의 매체론은 사회적 삶의 갱신을 위한 반기술주의적 비판 위에 자리한다.

2. 아우라-탈아우라-재아우라

사물의 숨겨진 면모를 빛 아래 드러낸다는 것은, 벤야민의 맥락에서 보면, 아우라 개념과 밀접하게 관련된다. 그는 아우라를 "공간과 시간의 기이한 그물망" 또는 "먼 곳이, 마치 가까이 있는 듯이, 일회적으로 나타남"으로 정의하면서 이렇게 쓰고 있다. "어느 여름 한낮에 쉬면서 지평선에 나타난 산의 그림자나 그림자를 던지는 나뭇가지를 쫓을 때, 우리는 그 현상과 하나가 되는 어떤 순간이나 시간을 갖는데, 바로 이것을 이 산이나 나뭇가지의 아우라를 숨 쉰다고 말한다."[29]

> **❝** 문제는 현대인의 인식이 대개 원본이 아니라
> 복제품에 기대 일어난다는 사실이다.
> 현대사회에서 아우라는 근본적으로 붕괴되어 있고,
> 사물은 대부분 복제품에 불과하다. **❞**

모든 사물은 그 자체로 나타난다기보다는 이 사물을 있게 하는 주변과의 얽힘 아래 드러난다. 그러는 한 그것은 아우라적 전체성이나 그 테두리 속에 있다고 할 수 있다. 사물을 파악한다는 것은, 전체적 테두리 아래 파악한다는 뜻이면서 동시에 그 실체를 포착한다는 뜻이기도 하다. 이 뒤쪽에 무게중심을 둘 때, 그것은 사물을 그 테두리로부터 벗겨내는 일이다. 사물의 실체를 폭로한다는 것은 아우라로부터 사물을 해방시킨다는 것과 다르지 않다. 그러므로 사물의 탈각화란 곧 탈아우라^{entauratisieren} 과정이다. 이에 대한 예는 어떤 것이 적당할까?

벤야민은 블로스펠트K. Bloßfeldt의 몇몇 식물 사진, 즉 "속새풀에서 고대의 원주형식을, 밀추화에서 추기경의 단장을, 열 배 확대된 밤나무와 단풍나무싹에서 토템나무를, 산토끼꽃에서 고딕 원형장식을 보여주는" 작품을 언급한 적이 있다.[30] 가장 미세한 것들에는 삶의 원형적 모습이 배어 있다. 이것은 온갖 계층과 직종 출신의 사람 얼굴을 통해 한 시대 인간 전체의 삶을 인상학적으로

29) Walter Benjamin, "Kleine Geschichte der Photographie," *a. a. O.,* S. 378.
30) *Ebd.,* S. 372.

구현했던 잔더A. Sander의 사진에서도 확인된다.

대상을 감싸고 있는 껍질을 벗겨내면서 이 대상의 실체에 다가서는 것은 탈아우라 과정이자 각성화 과정이다. 그런데 문제는 현대인의 인식이 대개 원본이 아니라 복제품에 기대어 일어난다는 사실이다.[31] 그렇다는 것은 현대사회에서 아우라가 근본적으로 붕괴되어 있고, 그래서 사물은 대부분 진품이 아니라 복제품에 불과하다는 것이다. 그렇다면 복제품의 인식내용은 얼마나 진실한가? 이 점을 물어보아야 한다. 탈아우라적 사회의 현대인에게는 '실체'라고 언급되는 것조차 그림자인 경우가 훨씬 많기 때문이다.

여기에서 확인하는 사실은 아우라의 이중적 성격이다. 그것은 '먼 것의 일회적 드러남'에서 보이듯이 먼 것과 가까운 것, 지나간 것과 미래적인 것, 일회성과 지속성, 꿈과 각성의 교차적 경험이

---

31) 이와 관련하여 벤야민은 이렇게 적고 있다. "오늘날의 사람들은 사물을 대중에게 '가까이 다가가게 하려는' 매우 정열적 경향을 지닌다. 마치 모든 상황에서 복제로써 일회적인 것을 극복하려고 하는 것처럼"(*Ebd.*, S. 378f.). 대상의 껍질을 벗겨내려는 탈아우라적 과정은 현대적 지각의 근본 특징임을 그는 「사진의 작은 역사」에서처럼 「기술복제시대의 예술작품」에서도 반복해서 강조한다(*GS* I/2, S. 479f.). 그런데 이런 욕망은, 내가 보기에, 이중적인 것으로 보인다. 즉 그것은 한편으로 일회적인 것의 근원체험이 더 이상 불가능하다는 절망적 인식의 표현이고, 다른 한편으로 이 절망적 인식에도 불구하고 또다시 아우라에 다가서려는, 비록 이 다가감의 노력이 복제품을 통해서이기는 하지만, 탈아우라적 욕구의 표현이기도 하다. 그러니까 지각적 탈각화라는 현대적 욕구에는 아우라와 탈아우라, 근원체험과 근원불가 사이를 왕래하는 이중적인 균열의식이 작용하고 있지 않나 여겨진다.

다. 그 점에서 그것은 긍정적이라고 할 수 있다. 이 경험은 분위기적이고 자연풍경적이며 시공간적으로 나타나는 것이면서, 이 대상을 '내'가 느끼는 한, 주체의 지각적 현상이기도 하다. 이 지각적 내용에는 현대사회에 와서 지나치게 자극되고 과장되는 면이 있다. 여기에는 우발성이나 충격 같은 현대사회 특유의 성격도 한몫하지만, 그 외에도 더 근본적으로는 물량주의적 상품소비문화가 크게 작용한다.

오늘날 우리는 아우라 자체가 아니라 '아우라적인 것'이나 '사이비 아우라적인 것' 속에서, 마치 이것이 아우라인 것처럼 경험하고 감각하며 수용하며 사는 데 익숙해 있다. 우리가 소비하는 물건의 많은 것은 이 유사아우라적 분위기를 닮고 있다.

가령 인기 연예인에 대한 숭배나, 외국 언론에서까지 보도되는 한국적 짝퉁문화 또는 성형열풍은 정서적으로 변용된 거짓아우라의 물신화된 표현이라고 할 수 있을지도 모른다. 왜냐하면 그것은, 짝퉁문화에서 보듯이, 가짜상품을 통해 진짜상품을 가진 듯이 자랑하려고 하고, 이 '명품상표'가 자기 삶과 인격의 명품성이나 우월성을 보장해주기라도 하는 것처럼 바라는 데서 생겨나기 때문이다. 마찬가지로 성형열풍은 원래 얼굴을 고쳐 표준화된 미에 닿으려는, 그래서 미의 아우라를 체현하려는 거짓욕망의 표현이다. 이 모두는 그야말로 '전형적으로 한국적인' 사이비 아우라 현상의 서글픈 예가 아닐 수 없다.

하지만 아우라의 종류로 전통적 의미의 아우라나 유사아우라만 있는 것은 아니다. 개체 속에서 전체를 느끼는 진실된 의미의 아우라도 있을 수 있다.[32] 이때의 아우라 체험은, 마치 프루스트가

> **❝** 텅 빈 풍경은 이 풍경 속에 살아가는 사람들의
> 내면풍경이기도 하다. 외면풍경과 내면풍경,
> 도시와 사람, 풍경과 마음, 개체와 그 분위기는
> 그렇게 뚜렷하게 분리된 게 아니다. **❞**

개인의 기억을 통해 한 시대 전체를 기록하게 되듯이 또는 보들레르가 꿈의 서술 속에서 집단적 역사의 지나간 상황을 구현해놓듯이, 가장 개별적인 것에서 보편적 전체와 만나게 한다. 그것은 개인의 내밀한 경험이면서 동시에 제의적이고 집단적이며 전체적이기 때문이다.

그러나 현대사회에서는 혼연일체적 경험이 불가능할 뿐만 아니라 있다고 해도 왜곡되거나 은폐되기 십상이다. 주의해야 할 것은 바로 이 대목이다. 아우라적 일체감을 정치적으로 이용한 것은 파시즘 전체주의였다. 전체주의는 나치주의자들이 그들의 유대인 절멸정책을 '하나의 종합예술'로 이해한 데서 정점에 이르렀다. 집단광기의 이 종합예술은 기존 아우라의 현대적 재아우라 Re-auratisierung를 시도한 문화정책적 형태로 이해될 수 있다. 그러

---

32) 이런 점에서 퓌른케스는 아우라를 첫째, '제의적·예배적 아우라', 둘째, (우발성이나 충격 등과 관련된) 물신적으로 변용된 '유사아우라', 셋째, (기억 또는 유년시절과 연관된) '다른 아우라'로 나눈다. Josef Fürnkäs, "Aura," Michael Opitz/Erdmut Wizisla(Hg.), *Benjamins Begriffe* 1 Bd., Frankfurt/M., S. 142f. 진실된 의미의 아우라는 이 세 번째에 해당될 것이다.

앗제의 사진에서 많은 것은 비어 있고, 사물은 멈춰 있다. 어떤 활동이 있기 전과 그 후에는 무엇이 있는가? 세계의 바탕은 멈춤과 고요 그리고 부재이다.

나 이처럼 '하나되는 경험의 모호한 껍데기'는 벗겨져야 한다(오늘날에도 '우리 하나가 되자!'는 구호는 술자리나 대학가에서도 자주 들을 수 있다). 구성원 간의 화목이나 화해는 필요하지만, 일치단결을 촉구하면서 개별적인 것의 고유한 사연은 무시하는 억압적 가능성을 우리는 주의해야 한다. 이 위험성을 벤야민은 '정치의 미학화'라는 개념 아래 지적한 바 있다. 이 점에서도 그는 히틀러와의 화해를 주장하던 당시의 비현실적 평화주의자들과 달랐다. 가령 아도르노도 전쟁은 없을 것이라고 1930년대 초에 믿었지만, 벤야민

멈춤, 고요, 부재가 세계의 근원적 모습이라면, 인간의 삶은, 위 사진에서 드러나듯이, 거울에 '어린' 그림자 혹은 여운으로만 잠시 남겨질 것이다.

은 나치의 제국주의 전쟁이 피하기 어렵다고 여겼다.

사고의 탈각화는 저절로 주어지는 게 아니다. 무엇보다 정치적으로 훈련되어야 하고, 예술교육적으로 연마되지 않으면 안 된다. 벤야민이 보기에 앗제E. Atget는 바로 이런 훈련을 구비한 선구적 사진가였다. 어떤 점에서 그런가?

> "앗제는 '거창한 풍경이나 이른바 표지가 될 만한 지점'을 거의 언제나 지나쳤다. 그러나 길게 늘어선 장화테, 저녁부터 아침까지 손수레가 일렬로 서 있는 파리의 마당, 식사 후의 식탁과 치워지지 않은 수많은 그릇, 그리고 건물 전면의 각기 다른 네 군데에 아주 크게 붙은 5라는 숫자가 달린 사창가 루rue…… 등을 그는 그냥 지나치지 않았다. 기이하게도 이 사진들은 모두 비어 있다…… 고독한 것이 아니라 정취가 없다. 이 사진들에 나타난 도시는 새 세입자를 찾지 못한 집처럼 텅 비어 있다. 이런 성취를 통해 초현실주의 사진은 주변세계와 인간 사이의 치유적 소외를 보여주었다. 이 사진은 모든 친숙함을 걷어내고 세부를 해명하는 마당을 정치적으로 훈련된 시선에게 열어 보인다."[33]

앗제의 작업방식은 참 흥미롭다. 그러나 반드시 '논의'하거나 '설명'해야만 알 수 있는 것이 아니다. 그 의미는 그가 남긴 수백 수천 장의 사진 중에서 그 일부를 묶어놓은 한두 권의 사진집을 천천히 넘겨보노라면 어느 정도 깨달을 수 있다. 그만큼 이미지의

---

33) Walter Benjamin, "Kleine Geschichte der Photographie," *a. a. O.*, S. 379.

뉘앙스와 분위기로 많은 것을 말해주기 때문이다.

이 점을 벤야민도 놓치지 않은 것 같다. 그는 이렇게 적는다. "앗제는 '거창한 풍경이나 이른바 표지가 될 만한 지점'을 거의 언제나 지나쳤다. 그러나 길게 늘어선 장화테 장화 둘레에 끼우는데, 저녁부터 아침까지 손수레가 일렬로 서 있는 파리의 마당, 식사 후의 식탁과 치워지지 않은 수많은 그릇, 그리고 건물 전면의 각기 다른 네 군데에 아주 크게 붙은 5라는 숫자가 달린 사창가루…… 등을 그는 그냥 지나치지 않았다." 앗제는 누구나 몰려드는 화려하고 번잡한 곳이 아니라 아무도 가지 않는 또는 놀고 난 뒤 아무도 돌보지 않는 곳에 다가가 그 모습을 카메라에 담아둔 것이다. 그 풍경은 쓸쓸할 수밖에 없다. "기이하게도 이 사진들은 모두 비어 있다…… 이것은 고독한 것이 아니라 정취가 없다. 이 사진들에 나타난 도시는 새 세입자를 찾지 못한 집처럼 텅 비어 있다." 세입자를 찾지 못한 집처럼 도시는 텅 비어 있고, 이 텅 빈 도시의 풍경에 앗제는 주목한 것이다.

다시 말하자. 앗제의 풍경은 '세입자를 찾지 못한 집처럼 텅 비어 있다.' 그러나 이 풍경은 외부의 모습만 보여주는 것이 아니다. 텅 빈 풍경은 이 풍경 속에 살아가는 사람들의 내면풍경이기도 하다. 외면풍경과 내면풍경, 도시와 사람, 풍경과 마음, 개체와 그 분위기는 그렇게 뚜렷하게 분리된 게 아니다. 앗제는 이 사이에서 공간과 사람이 어떻게 어울리고, 장소와 추억이 어떻게 얽히는지 포착하려 했는지도 모른다. 이 얽힘에서 둘은 만나면서 각기 다른 것으로 되어간다. 도시가 사람에게 자리를 내주듯이 사람은 도시에게 자리를 내주고, 외면풍경에 내면풍경이 묻어 있듯이 이 내면풍경을 외면—풍경은 시간이 흐르면서 지워버리기도 한다.

그리하여 모든 존재는 부재의 흔적을 담는다. 또는 모든 부재에는 한때의 흔적이 어려 있다. 존재하는 사물은 늘 원래 자리로부터 벗어나고, 이렇게 벗어나는 가운데 사물은 자기를 덮씌우던 껍질에서 해방된다. 이렇게 해방된 사물은 이 사물의 본래적 모습이다. 사물의 본래적 모습을 포착하는 것이 앗제 사진의 목표였는지도 모른다.

앗제는 사물의 표피를 벗겨내고자 무진 애썼다. 현실의 화장을 지우는 것은 그의 사진예술이 존재하는 이유이기도 했다. "앗제는 자기 일에 염증을 느껴 가면을 벗고, 현실의 화장마저 지우려 했던 배우였다."[33] 가면을 벗는 일이나 화장을 지우는 일은 지각적 탈각화 과정이다. 그것은 "정치적으로 훈련된 시선"을 갖기 위한 것이다. 표피를 벗기고 난 후의 실체적 모습, 이 실체의 텅 빔을 앗제 사진이 보여주는 바다.

3. 혁신을 위한 예방접종

벤야민이 그르친 것은 없을까? 그는 대중예술로서의 영화를 긍정적으로 파악했다. 그러나 사용예술Gebrauchkunst, 효용성을 강조하는 예술의 기술적 성격과 이 기술을 통한 대중적 영향력을 그는 과대평가한 것 같다. 이것은 재즈의 흥겨운 즉흥성이 소외를 지양한다고 말하는 것과 비슷한 일인지도 모른다.

---

34) *Ebd.,* S. 377.

그러나 재즈경험은 소외를 지양할 수 있지만 강화할 수도 있다. 또 소외에도 내재적 측면과 외부적 측면, 개인적 차원과 사회적 차원이 있다. 즉 우리는 소외를 얼마든지 다양한 층위에서 성찰할 수 있다. 이 말은 다시 예술매체 자체에 비판적 잠재력이 있기보다는 이 매체의 수용자가 얼마나 또 어떻게 받아들이고, 이렇게 받아들인 내용을 어떤 삶의 맥락 아래에서 적용하느냐에 따라 그 효과가 다르게 나타난다는 뜻이다. 그러므로 기술 자체에 '정치적으로 진보적인' 영향력이 있다고 말하기는 어렵다. 더 자세히 살펴보자. 예를 들어 연극배우는 무대에서 연기하는 가운데 이 연기를 관객에 맞춰 조정할 수 있는 반면, 영화배우는 그런 가능성을 상실하고, 영화의 관객은 "배우와의 사적 관계에 영향받지 않는 감정가鑑定家/Begutachter 또는 비평가의 태도"를 가지게 되고, 그래서 대상을 "시험한다"testen고 벤야민은 적은 바 있다.[35]

그러나 반드시 그런 것일까? 그렇지 않다.[36] 비평가적 시각이

35) Walter Benjamin, "Das Kunstwerk im Zeitalter seiner technischen Reproduzierbarkeit," GS I/2, S. 488.

36) 이런 잘못된 진단은 벤야민이 회화와 영화를 비교하는 데서도 나타난다. "그림은 관찰자를 정관하도록 한다. 그림 앞에서 그는 연상의 흐름에 자신을 맡길 수 있다. 영화의 화면 앞에서 그는 그렇게 할 수 없다. 그가 눈으로 바라보자마자, 그 화면은 바뀌어버리기 때문이다. 영화의 화면은 고정될 수 없다."(Ebd., S, 502.) 물론 화면의 유동성 또는 비고정성은 영화매체의 가장 큰 특징의 하나다. 그러나 이 움직임이 그 자체로 정관적 태도를 방해하고, 나아가 비판적 시각을 보장한다는 것은 단순하게 여겨진다. 회화에서도 우리는 얼마든지 정관과 명상을 방해하는 자극과 충격을, 가령 베이컨(F. Bacon)의 여러 초상화에서처럼, 받을 수 있다. 개별 장르에 대한 매체미학적 분류가 이 장르의 표현적 잠재력과 그 효과를 제대로 알려주는

모든 관객에게 절로 주어지는 것은 아니다. 마찬가지로 모든 연극배우가 관객의 반응을 보며 연기할까? 이것도 그렇다고 말하기 어렵다. 비평가적 입장은, 영화 관람객이건 연극 관객이건 간에, 예외적으로만 주어진다고 말해야 할 것이다. 그것은 대체로 일정한 수련을 거친 사람에게 주어지는 능력에 가깝다. 그러므로 새 매체예술에 의미 있는 계기가 있다면, 이 계기는 예술의 체험내용을 생산적 에너지로 전환시킬 수 있는 수용자 자신의 능력 여부에 달려 있다.

문제는 이런 변화가 그 자체로 긍정적이거나 부정적이기보다는 그때그때의 상황과 주체의 능력, 개입의 정도에 따라 다르게 나타날 수 있다는 사실이다. 따라서 그에 대한 평가도 얼마든지 다를 수 있다. 예컨대 영화매체의 대중적 영향력을 인정한다고 해도, 이 영향력이 계몽적 효과를 갖는 것 이상으로 집단의 광기를 부추기는 파괴적 효과를 낳을 수도 있다.

사실상 히틀러 시대의 많은 집회는 대중의 우매화를 위한 광기 어린 스펙터클이었다. 금전의 전횡과 착취는 자본주의 사회에서 막강하지만, 그에 대응하는 독립영화나 작가주의 영화의 노력도 있다. 단지 반자본적 저항의 이 같은 가능성이 날이 갈수록 희박하다는 것이 문제다. 이 점에서 복제가능성이라는 기술적 진보는, 벤야민이 기대한 것과는 전혀 반대로, 혁신성만큼이나 통속성과

것은 아니다. 매체적 유형화는 가능하지만, 이렇게 유형화된 관점은 이질적인 매체간의 상호작용과 혼용의 관점에서 다시 파악되어야 한다.

상업성 그리고 의식적 미성숙성을 배가시킬 수도 있다.[37] 현대란 역사의 최종적 시기이면서 문화적 노폐물의 최정점 시기다. 도처에 문화산업의 폐기물이 있다.

생산관계의 변화를 초래할 수 있는 문화영역의 조건을 인식하는 것은 물론 중요하다. 그러나 이 인식이 어떤 매체적 조건 아래 저절로 주어지는 것은 결코 아니다. 비판, 성숙, 자각, 인식, 계몽은 처음부터 있는 게 아니다. 이것은 마치 모든 희극배우가 채플린 같은 진보적 태도를 가지는 것은 아닌 것과 같다.

이와 관련하여 벤야민이 덕목으로 지적한 것은 "주어진 것의 망 속으로 깊이 파고 들어가는" 카메라맨의 태도다.[38] 그는 카메라맨이 대상과 자연스런 거리를 유지하는 화가와 다르다는 것, 그 때문에 그는 환자의 상태에 깊이 관여하는 '외과의사'를 닮았다고 썼지만, 이 자의식도 모든 카메라맨에게 저절로 주어지는 것은 아니다. 제대로 된 자의식이라면 그것은 생산미학적 차원에 머무는 것이 아니라 수용미학적 차원에까지 연결되어야 한다. 즉 관객의 자의식에 이어져야 한다. 그래야 작품에 대한 새 관점이 생산

---

37) 벤야민이 헉슬리의 관점을 그가 문화보수주의자인데도 인용한 것은 이와 관련된 것으로 보인다. "절대적으로 보나 상대적으로 보나 모든 예술에서 찌꺼기의 생산이 이전보다 더 많아지게 되었다. 사람들이 읽고 보고 듣는 물건을 지금처럼 과도하게 소비해간다면, 이 상황은 계속될 것이다." Walter Benjamin, "Das Kunstwerk im Zeitalter seiner technischen Reproduzierbarkeit," *a. a. O.*, S. 494. Aldous Huxley, Creisière d'hiver. Voyage en Amérique centrale(1933), Paris, 1935, pp. 273~275.

38) Walter Benjamin, "Das Kunstwerk im Zeitalter seiner technischen Reproduzierbarkeit," *a. a. O.*, S. 496.

적 에너지로 전환될 수 있기 때문이다. 카메라맨의 클로즈업이나 확대촬영 또는 고속도 촬영은 현실공간을 색다르게 보여주지만, 이 다른 현실의 간파능력은 수용자에게도 요구되는 능력이다. 이 능력에는 의식뿐만 아니라 무의식도 작용한다. 그리고 무의식은 다시 의식적으로 훈련되어야 한다. 좋은 영화에는 좋은 사진처럼 현실의 표피가 아니라 그 심부가 포착되어 있고, 이 포착에는 의식과 무의식이 동시적으로 관여하기 때문이다.

이런 몇 가지 한계나 맹점이 있는데도 매체와 그 사회경제적 토대에 대한 벤야민의 문제의식은 지금 시각에서 보아도 여러 통찰을 담고 있는 것 같다. 하지만 밝혀야 할 문제는 아직도 많다. 언어의 마법적·신학적 차원에 대한 생각도 그렇다. 그것은 독일의 문헌학적·정신사적 전통의 틀에서만 해석될 수 없다. 예를 들어 매체론에서 볼 때, 글은 의미발견의 문제이기 이전에 자료적·물질적 조건과 관련된 문제다. 글의 표현적 가능성도 매체론적 한계조건 안에서 움직인다. 또 글의 문화란 다른 지각적 가능성, 즉 청각과 촉각과 후각과 미각의 문화를 희생시키면서 이뤄진, 그래서 어쩌면 편향된 산물이라고 말할 수도 있다.[39] (글에 대한 플라톤의 불신

---

39) 이와 관련하여 바르크(K. Barck)는 언어가 마법적 기능을 잃고 사실모사적 기능을 강화하게 되는 것은 문자의 발전과 더불어 듣기에서 보기로 지각적 기능전환이 일어난 결과였다는 미국의 심리학자 제인스(J. Jaynes)의 흥미로운 연구를 언급한 바 있다. Karlheinz Barck, Schrift/Schreiben als Transgression. Walter Benjamins Konstruktion von Geschichte(n), K. Garber u. L. Rehm(Hrsg.), *Global Benjamin* 1, 2, 3, München, 1992, S. 248.

> **예술의 창작과 수용, 그 심미적 경험은**
> **삶의 온전화에 철저히 복무해야 한다. 사실적 세계를**
> **정확하게 직시하면서도 이 표면현실에서 드러나지 않는**
> **삶의 은폐된 암흑지대를 우리는 조금씩 밝혀나가야 한다.**

은 그런 맥락에서 언급될 수 있다.) 현대의 활자문화란 문명사적으로 보면 구텐베르크의 발명 이후에 성립한, 일정하게 제약된 형식이기도 하다. 글자가 갖는 문화사적 위치가치, 서사의 구술적 원천, 인쇄/활자문화에 의한 구전문화의 대치가 갖는 인류학적 성취와 손실이 갖는 의미는 앞으로 더 자세히 논의될 필요가 있다.

이런 맥락관계를 의식하면서 다시 이 글에서의 논의에 집중하면, 영화촬영의 인공적이고 상업적인 조건과 관련하여 벤야민이 지적한 몇 가지 사항, 예를 들어 "영화자본에 장려되는 스타숭배", "상품으로서의 연기", "구매자로서의 관객", "시장을 위한 영화제작" 등은 매우 흥미로운 사실이 아닐 수 없다.[40] 그것은 오늘날 영화의 전반적인 상업화 경향과 이를 포함하는 문화물신주의를 예리하게 선취하고 있기 때문이다. 영화제작에서의 이런 상업성은, 일간신문의 문예란(독자투고란)이 필자와 저자의 기존 관계를 변화시켰다는 지적에서도, 어떤 점에서 반복된다.

예술경험에서 감정이입과 거리, 정신집중과 정신분산(오락), 정

---

40) Walter Benjamin, "Das Kunstwerk im Zeitalter seiner technischen Reproduzierbarkeit," *a. a. O.*, S. 492.

관과 비판은 양자택일적이지 않다. 이것은 하나를 버리고 다른 하나를 택해야 할 사항이 아니라 똑같이 필요하므로 그 자체로 소중하다. 더 나은 것은 이 둘을 아우르면서 예술경험을 어떻게 현실적으로 유효한 에너지로 변용시킬 것인가다. 예술의 창작과 수용, 그 심미적 경험은 삶의 온전화에 철저히 복무해야 한다. 그리하여 사실적 세계를 정확하게 직시하면서도 이 표면현실에서 드러나지 않는 삶의 은폐된 암흑지대를 우리는 조금씩 밝혀나가야 한다. 영화는 "심리적 예방접종"psychische Impfung의 가능성을 대중에게 부여한다고 벤야민은 쓴 적이 있지만,[41] 이 예방접종은 예술경험의 일반에도 해당된다. 좋은 작품의 경험은 감각적·사고적 갱신 속에서 우리를 정신적으로 무장시켜주기 때문이다. 이 무장을 통해 우리는 어긋난 현실의 부당한 힘들에 대한 저항력을 기를 수 있다. 예술경험 자체가 성찰적 예방접종인 것이다.

사고가 반성할 능력을 잃는다면 더 이상 자라나지 않고, 따라서 이미 있어온 타성을 반복할 수밖에 없다. 삶의 추문은 이 맹목적 추종에서 온다. 그것은 엄밀한 의미에서 삶의 지속이 아니라 그 퇴행이다. 주어진 것에 몸을 맡긴 채 살아가고, 그렇게 살아간 삶이 세대적으로 되풀이되기만 한다면, "인간성의 혁신"Erneuerung der Menschheit[42]은 과연 언제 그리고 어디에서 이뤄지겠는가? 우리는 재앙의 인류사적 연속성을 단절시킬 수 있는 어떤 계기를 지속적으로 마련해내야 한다.

---

41) *Ebd.*,(1판), S. 462.
42) *Ebd.*, S. 478.

4. 문화의 거짓지양을 경계하며

> 기술의 이 엄청난 전개 때문에 전혀 새로운 궁핍성이
> 인간을 덮치고 있다.
>
> ■ 벤야민, 「경험과 궁핍」(1933)

우리가 흔히 기의記意라고 생각하는 것은 대체로 하나의 기표記標에 지나지 않는다. 참된 기의는 여러 다른 기표 사이의 잠정적 관계 안에 머문다고 말해야 한다. 의미에 대한 '파괴적 전략'이 필요한 것은 이 때문이다. 이런 생각은 의미를 만드는 언어나 글쓰기, 사유의 가능성이 매체적 성격에 있다고 본 데서 온다.

아마도 벤야민만큼 사고와 언어의 매체성을 철저하게 성찰한 이론가도 없을 것이다. 이 성찰을 통해 그가 고민한 것은, 한 마디로 줄이면, 문화의 거짓가능성을 피하는 것이었다. 거짓문화를 피하려면 사고나 언어는 과장해서는 안 된다. 그것은 사실에 충실해야 하고, 이 사실충실로 진실의 영역을 열어 보여야 한다. 언어의 참된 정치성은 이 점에 있다. 그러나 얼마나 많은 말과 생각이 그럴듯한 수사 아래, 또 평화를 내건 전쟁애국주의에 희생되었는가?

우리는 수집되고 저장되어 문서화된 것의 상징자본적·문화물신적 위력에 짓눌려서는 안 된다. 그렇듯이 '영원성'이나 '비밀' 또는 '신비'나 '조화'라는 가치들에 대해 새로운 문제제기를 해야 한다. 이때 필요한 것은 구체현실에 사회정치적으로 깨어 있는 방법적 의식이다. 이것을 매체론에 적용하면 어떻게 될까?

1. 구성적 개입: 기술주의를 넘어

벤야민의 매체론에는 여러 이론이 포함되어 있다. 아우라론과 사진론 그리고 영화론이 그 예다. 이러한 논의에서 핵심적 고민은 단순히 매체이론적 접근이나 정보이론적 이해에 제한되지 않는다. 그는 '기술'이나 '구성', '방법'이나 '몽타주'를 강조했지만, 그렇다고 그의 문제의식이 기술만능주의에 서 있었던 것은 아니다.

벤야민은 증대된 기술력이 야기한 매체론적·문화사적 지형변화에 누구보다 먼저 주목했고, 또 그 잠재력을 적극 소화하려고 했지만, 그렇다고 기술주의에 빠지지는 않았다. 그는, 위의 모토에서 인용했듯이, 엄청난 기술이 초래한 "전혀 새로운 궁핍"을 지적했다. "기술이…… 펼치는 에너지는 파괴적 에너지다. 그것은 무엇보다 전쟁의 기술과 이 전쟁을 언론적으로 준비하는 기술을 조장한다."[43] 발전된 기술은 단순히 자연과학만의 구성요건이 아니라 역사적 구성요건이고, 따라서 생산관계에 영향받는다는 점을 그는 분명히 인식했다. 기술의 진전으로 일어나는 자연과학의 발전만큼이나 사회의 퇴행가능성도 고려해야 하는 것은 이런 이유에서다(벤야민이 실증주의를 비판한 것은 실증주의가 이 점에 실패했기 때문이다[44]).

따라서 벤야민의 매체론은 송신자–코드–수신자라는 정보이론적 모델이나 기호의 전달·저장·재생에 초점을 맞추는 매체기술

---

43) Walter Benjamin, "Eduard Fuchs, der Sammler und der Historiker," *GS* II/2, Frankfurt/M., 1977, S. 475.

44) *Ebd.*, S. 474.

적 관점만으로 파악되기 어렵다. 그래서 기술주의적 시각을 넘어서야 한다. 벤야민에게 중요한 것은 무엇보다 기술발전이 초래한 지각의 변화이고, 지각적 변화를 통한 전통적 문화가치의 재해석이다. 벤야민은 한 편지에서 "전통의 병듦"을 언급한 적이 있지만,[45] 사실 현대사회의 많은 것은 병리적이다. 이 병리 가운데 가장 대표적인 개념의 하나가 도구적 이성이다. 도구화된 이성 아래 삶의 세계는 기술주의적으로 미리 규정된다. 하지만 기술만으로 온전한 문화가 창출될 수 없다. 문화의 전승이나 보존도 그렇다. 현실의 그 어떤 것도 완결된 것이 아니라면, 우리는 문화적 성취의 비완결성 또는 진행성이라는 관점에서 현실을 파악할 수 있어야 하고, 이 진행적·비완결적 차원에서 예술과 문화에 대한 순응주의 비판도 시작할 수 있다. 매체론에 대한 검토도 이런 관점에서 가능하다.

예술의 기능전환에 대한 검토는 이렇게 재해석되는 문화적 가치의 일부로 자리한다. 그것은, 생산미학적 측면에서 보면 작가가 현실변화에 맞게 내용형식적 실험 속에서 작품을 형상화한다는 뜻이고, 수용미학적 측면에서 보면 작품을 위대한 개인의 창조물로 보는 기존의 관점에서 독자가 과감하게 벗어나야 한다는 뜻이다. 의미도 인식이나 지각처럼 역사적으로 조건지어지고 상황에 따라 변주되는 것이기 때문이다. 전승되는 가치는 오늘의 현실조

---

45) 벤야민은 숄렘에게 보낸 1938년 6월 12일자 편지에서 "카프카의 작품이란 전통의 병듦을 표현한다"고 썼다. Walter Benjamin, *Briefe* 1-2, v. G. Scholem u. Th. W. Adorno (Hrsg.), Frankfurt/M., 1993, Briefe Bd. 2, 763.

건 아래 얼마든지 다르고도 새롭게 고찰될 수 있다. 역사적 의미 변형의 이 깊은 곳에서는 지각적 차원을 넘어서는 인간성의 혁신에 대한 염원이 놓여 있고, 이 염원은 벤야민의 경우 신학적 모티프와 결합되어 인류의 구원가능성에 대한 도저한 탐구로 이어진다. 따라서 매체변화에 따른 예술형식의 변화나 지각경험의 변화는 정보이론적·매체기술적 차원을 넘어서는 인식론적·역사철학적·정치윤리적 함의를 가진다.

벤야민은 아우라의 전반적 붕괴에 즈음하여 그 상실을 단순히 한탄하지 않는다. 또 아우라가 파괴되었다고 이전의 예술개념인 부르주아의 자율성 개념을 다시 불러들이지도 않는다. 그는 오히려 지금껏 하찮게 취급된 예술개념들, 이를테면 바로크 비극이나 알레고리 개념을 새로운 시각 아래 복원시킨다. 그러면서 변화된 현실과 이 현실을 표현하는 예술의 변화된 성격을 냉정하게 관찰하고 서술한다. 새로운 삶은 기술의 적극적인 수용과 전통의 새로운 해석을 통해 가능하다고 여겼기 때문이다. 특히 전쟁이나 폭력, 군사주의나 전체주의, 자본주의의 종교적 가치에 대한 그의 생각이나 해체적 문화사 이해에 대한 성찰은 값진 것이 아닐 수 없다. 그러나 다른 한편으로 이런 진단이 일정하게 유형화되어 있음도 사실이다. 예를 들어 아우라와 아우라의 붕괴, 제의가치와 전시가치, 정관靜觀과 기분전환, 화가와 외과의사에서 보는 이항 대립적 관점이 그렇다. 이런 한계를 우리는 오늘의 관점에서 지적할 수 있어야 한다.

나는 사진론과 영화론에서 가장 중요한 벤야민의 전언은 아우라-탈아우라-재아우라의 과정에서 이뤄지는 의식적 각성 또는 마비에 대한 경계심의 촉구라고 생각한다. 새로운 매체를 통한 대중적 교육/계몽의 가능성도, 기술복제와 매체혼융을 통한 새로운 경험지평의 출현가능성도 대상의 탈각화를 통해 기존현실을 정확하게 인식해야 한다는 정치윤리적 요구로 수렴되지 않나 여겨지기 때문이다.

대상을 그 표피로부터 벗겨내는 일에서 의식의 각성이 이뤄진다면, 이것은 좁게 보아 예술의 기능전환에서 경험될 수도 있고 (작품 내부에서), 넓게 보아 사람의 지각을 현실변화에 열어둠으로써도 가능하다(작품 외부에서). 이것은, 기존 미학이 그러해왔듯이 심미적 대상을 철학적으로 사고하는 데 그치는 게 아니라 첫째, 그 매체론적 조건을 고려한다는 것이고, 둘째, 매체의 물질적 조건 아래 예술의 사회적 존재이유를 살펴본다는 것이며, 셋째, 이렇게 살펴보는 가운데 주체/나/수용자의 현실을 돌아본다는 것이다. 그리하여 그것은 대상의 성격과 이 대상을 바라보는 주체의 삶을 함께 성찰하는 일이 된다.

이 이중과제의 필요성은, 오늘의 삶이 예측하기 어려울 정도로 급변하고 있다는 사실을 떠올리면 자명해진다. 지식(인)의 자본의 존성이나 학문의 시장종속성, 지식의 층위분화나 교양문화의 특권화 나아가 매체적 공공성의 절대적인 혼탁은 이렇게 변화된 삶의 몇 가지 조건에 해당한다고 할 것이다. 한국사회에서 '자유롭고도 상식적인 공론장'은 과연 있는가? 우리는 대상에 대한 인식과 공식적 담론의 진위기준을 해체주의로 귀결됨 없이 과감하게 분해할 필요가 있고, 이렇게 분해된 것을 구성주의에 빠져듦 없이 또다시 구축할 필요가 있다.

우리는 무엇보다 앎-지각-인식의 역사적 변형가능성에 자기자신을 닫지 않아야 한다. 그것은, 여러 이유가 있겠지만, 줄이면, 독자적 삶을 영위하기 위해서라고 할 수 있다. 복제기술이 종교의식에 기생해온 예술을 해방시켰듯이, 지각과 인식의 역사적 변형을 생각하는 것은 의식의 독립성을 이루자는 뜻이다. 의식의 독립이란 결국 삶의 독립에 다른 것이 아니라면, 독립된 의식은 곧 자율적 삶을 영위하기 위한 것이다.[46]

예술의 사회정치적 혁신가능성을 되묻는 것은 이렇게 탐구하는 주체가 살아가면서 일궈내야 할 삶의 혁신적 가능성과 분리될 수 없다. 이 같은 혁신은 그것이 예술기능적 차원이건 주체의 의식적

---

46) 다시 언급하거니와, 이 '자율성' 개념에는 신중한 접근이 필요하다. 그것은 무엇보다 벤야민이 경계했던 고전적·이상주의적 핵심술어이기 때문이다. 예술이 사회현실과 전적으로 독립된 영역이라는 이해는 잘못되었지만, 그렇다고 예술에 독자적 영역이 없다는 것도 단순한 시각이지 않을 수 없다. 문제는 예술과 사회의 긴장, 즉 자율성의 정치적·역사적·윤리적 연관성을 어떻게 일정한 변증법 아래 파악하여 그로부터 효과적 잠재력을 이끌어낼 것인가다. 이 같은 문제의식이 동반되지 않는다면, 우리는 18세기의 공허한 자율성 개념을 21세기 초두에 되풀이하는 오류를 범하게 될 것이다.

차원이건 일체의 신비화에서 벗어나는 데서 시작된다. 탈신비화는 자동화된 의식에 대한 문제제기에서 가능한 것이다. 이 혁신을 위해 우리는 아우라와 탈아우라를 오갈 수 있어야 하고, 이렇게 오가며 현실을 부단히 재발견할 수 있어야 한다. 대상의 "폭로 또는 구성" 그리고 구성을 통한 가차 없는 개입이 필요한 것은 이 때문이다.[47]

벤야민은 "구원을 위해서는 확고하고 얼핏 보기에 잔혹하기까지 한 개입이 필요하다"고 썼다.[48] 적극적 개입이 없다면, 드러난 사건은 많은 경우 하나의 해프닝 이상이 되지 못한다. 삶에서 경험하는 무수한 사건이 무의미한 도취이거나 내용 없는 추문이 되어왔음을 우리는 잘 안다. 그것은 특히 대중이 우둔하고 이 우둔함을 불순한 정치가 이용할 때, 독단과 편견의 엄청난 폭파력을 가진다. 집단적 몽매화는 그렇게 나온다. 대중의 우매화는 전체주의 체제 아래에서만 서식하는 것이 아니다. 그것은 지금, 민주주의 체제 아래에서도 얼마든지 있을 수 있다.

우리는 더 높은 수준의 더욱 정밀한 각성을 지향해야 한다. 단순히 자신의 이미지를 관리하기 위해서가 아니라, 사회와 역사의 현재적 실상을 제대로 파악하기 위해서다. 자기 삶의 바른 영위는 외적 현실인식의 올바름 속에서만 가능하기 때문이다.

2. 복제의 복제: '짝퉁명품' 사회에서

---

47) Walter Benjamin, "Kleine Geschichte der Photographie," *a. a. O.*, S. 383.
48) Walter Benjamin, "Das Passagenwerk," *GS* V/1, *a. a. O.*, S. 592.

벤야민은 복제품으로 대상을 지배하려는 현대인의 욕구를 언급한 적이 있지만, 아우라는 오늘날 어떤 실체적 의미로 자리하지 않는다. 무엇이 진짜인지, 원작原作과 위작僞作의 경계는 어디쯤인지 지금처럼 모호했던 역사적 시기도 아마 없을 것이다. 지금은 많은 것이, 그것이 가짜까지는 아니라도, 적어도 일정한 모조가능성이나 복제가능성 아래 자리한다는 것은 틀림없다. 거꾸로 말하면 복제된 것 가운데 실체처럼 나타나지 않는 것은 드물다. 무엇보다 뛰어난 재생기술로 얼마든지 원본의 진품성을 구현할 수 있기 때문이다. 그래서 가짜는 진짜인 것처럼 나타날 뿐만 아니라, 진짜를 대체하는 무서운 현실이 되어 있다. 이 현실은 거짓현실이다. 사이비 현실이 계속되고 이 현실에 익숙해지면, 사람은 급기야 진짜/원작/창조성을 묻는 일조차 잊어버린다.

사실 이 땅에서만큼 복제판이, 비디오건 DVD건, 성행하는 곳도 없다. 복제된 것이 원판보다 질적으로 떨어진다고 말하기도 어렵다. 복제품의 이런 진품행세는 자주 일어나는 학력위조 사건과는 어떤 관련을 가질까? 논문표절 사건과는? 아닌 게 아니라 한국사회는 '자금세탁'이건 '학벌세탁'이건 광범위한 세탁이 전사회적으로 자행되는 곳이다. 여기에서 세탁이란 사실은폐이고 진품위장을 뜻한다. 우리 사회에는 단순히 명품과 짝퉁만 있는 게 아니라 여러 짝퉁 중에서 최고의 진짜처럼 행세하는 '짝퉁명품'도 있다. 놀라운 일이 아닐 수 없다. 이처럼 한국사회의 거짓과 위장은 다차원적으로 실행된다. 다시 말해 한국사회란 거짓과 엉터리와 허위가 '체계적으로 구조화된' 짝퉁명품사회인 것이다.

한국사회에서 복제가 짝퉁문화의 허위의식에 연결되어 있다면,

> **“**어떤 매체론적 논의도 현실과 역사의
> 구체적 경험 안에서, 주체의 개입 가능성과
> 이 개입을 통한 후기자본주의 사회의 이성적 가능성을
> 되묻는 가운데 논의되어야 한다.**”**

과학기술에서의 복제는 상품의 생산과 소비의 형태에 그리고 이를 통한 지각방식에 엄청난 결과를 야기한다. 사실상 오늘날 지식은 복제된 것에 광범위하게 의존한다. 흔히 사용되는 CD나 USB, 외장하드는 정보의 이 같은 재생·저장·복사에 관계한다. 이제 인쇄본(책)은 많은 경우 '전자책'으로도 나온다. 또 옛날 사진을 대량복제하는 것은 대량생산으로 인한 가격저하 때문에 아우라도 인위적으로 만들어질 수 있음을 보여준다.

바야흐로 우리는 재생된 것을 단순히 '복사판'이나 '아류'라고 폄하하기 어려운 시대로 접어들었다. 그것은 원본과 그리 다르지 않고, 때로는 그보다 더 큰 실감을 줄 수도 있다. 재생된 것은 원본보다 더 오래가기도 한다. 게다가 디지털 매체의 복제능력과 그 놀랄 만한 발전속도로 지탱된다면, 복제품의 파급력이란 상상하기 어려울 정도다. 그리하여 많은 학자는 새로운 매체의 폐해 가능성과 아울러 그 해방적 가능성에, 때로는 벤야민에 의존하면서 골몰한다. 예컨대 보드리야르J. Baudrillard나 비릴리오P. Virilio가 그렇다. 전승된 유산에 대한 현대적 지식의 대부분은 이미 복제판 또는 복제판의 복제판 위에 서 있다.

매체이론가 맥루한이나 플루서가 주장하듯이, 컴퓨터나 디지털

매체로 인해 글자/알파벳/책/인쇄문화에 변화가 생기고, 이에 따라 지식과 인식이 변해갈 것이라는 점에 대해 우리가 동의하든 동의하지 않든 관계없이, '문자시대의 종언'이라는 이들의 테제는 일정 부분 수긍하지 않기가 어렵게 되었다. 하지만 이른바 디지털 혁명이 일어난다고 해도, 그것이 비현실 또는 현실의 일부로서의 가상공간 안에서 일어난다는 지적도 사실이다. 더 중요한 문제는 그런 가상공간적 실험이 단순 가상에 그치는 것이 아니라, 경험적 지각방식의 변화에 이어진다는 사실이다. 가상공간에서의 재현작업이 경험적·육체적·물질적 지각과 사고의 과정에 어떤 영향을 미칠 것인지는 또 다른 문제다. 그것은 다시 물어보아야 한다. 중요한 것은 현실을 단순인과론적이고 결정주의적으로 단정하지 않는 일이다.

그러므로 거듭 던져야 할 질문은 경험과 정보, 현실과 프로그램이 어떻게 만나는가이고, 이 접점에서의 사회적·실존적 의미다. 현실이 입력과 출력과 가공으로 구성되는 정보이론적 조합이나 프로그램의 조작만으로 이뤄지는 것은 아니기 때문이다. 디지털 컴퓨터 기술이 아무리 발전한다고 해도, 이렇게 발전된 시청각적 매체의 재현형식이 아무리 그럴듯하다고 해도, 그것이 우리 현실에 그리고 내 지각과 사고와 행동에 어떤 의미를 지니는가 하는 문제는, 내가 이 재현형식을 어떻게 번역하고 수용하는가에 달려 있다. 컴퓨터가 할 수 있는 것은, 린트너가 정확하게 지적하듯이, 오직 "대상 영역에 대한 무제한적 중립성과 무관계성"에 근거해 있다.[49)]

그리하여 디지털 매체의 중성성과 무관계성은 궁극적으로 개인적·사회적 개입으로 일정하게 규정된다. 매체의 현실성·역사성·물질성이 변함없이 중요한 것은 이 때문이다. 어떤 매체론적 논의도 현실과 역사의 구체적 경험 안에서, 주체의 개입가능성과 이 개입을 통한 후기자본주의 사회의 이성적 가능성을 되묻는 가운데 이뤄져야 한다.

이런 의미에서 복제판도 그 자체로 존재하는 것이 아니라 어떤 것 '으로부터 나온' 파생품이라면, 그 현실적 위력과는 별개로 그것이 나올 때마다, 재생의 횟수가 거듭될 때마다 얼마나 변형되거나 왜곡되는지 우리는 물어야 한다. 이 물음을 통해 새로운 소통의 가능성과 변화된 생산관계도 다시 설정될 수 있기 때문이다. 이 가능성에는 지금까지 외면되어온 글자 이미지의 통합기호적 표현가능성도 자리한다. 나아가 이런 질문은 극심한 시대사적 위기와 예술매체적 변화 그리고 정치적 오용 앞에서 현실을 직시하면서 삶의 방향을 잃지 않으려 했던 벤야민의 안간힘과 결코 무관하지 않다. 경험궁핍의 위기 속에서 참된 경험을 찾고자 한 그의 고민은 곧 이성적 소통의 가능성에 대한 물음과 다르지 않기 때문이다. 참된 문화적 가치도 이 물음을 통해 납득할 만한 형태로 전승될 수 있을 것이다.

그러나 이런 작업이 제자리를 잡기란 쉽지 않다. 그것은 실패할

---

49) 이런 의미에서 린트너는 맥루한이나 플루서가 주장하는 것과는 다르게 인쇄매체가 지닌 분해적이고 격리적이며 반미메시스적인 성격이 컴퓨터 논리에 의해 극복되리라는 생각을 매우 의문스런 것으로 평가한다. Burkhardt Lindner, "Von Menschen, Mondwesen und Wahrnehmungen," *a. a. O.*, S. 17.

확률이 훨씬 높다. 현실은 오히려 이 같은 변화를 오용하는 무리로 들썩인다. 파시즘 정권의 예술선전화는 그 예다. 전체주의자들은 정치적 폭력을 미학화하고자 애썼다. 오늘의 관점에서 더 중요한 것은 문화의 이런 거짓지양이 파시즘 체제에서만 있었던 것이 결코 아니라는 점, 그것은 오늘의 민주주의 현실에서도 얼마든지 반복될 수 있다는 사실을 잊지 않는 일이다.

사실 문화상품주의나 허영으로서의 문화향유는 오늘날 여러 변형된 형태로 온존한다. 적어도 정치적 외피를 안 갖추었을 뿐 집단의 우매화나 그로 인한 의식의 퇴행은 오락적 대중매체를 통해 또는 소비적 상품문화 속에서 광범위하게 일어난다. 이 폐해는 물론 여러 가지다. 그중 하나는 현대인의 탈아우라적 욕구, 다시 말해 모조품을 통해 사물의 유일무이성을 극복할 뿐만 아니라 이 유일무이한 진품성을 대체하고 급기야 망각하려는 모조욕구/복제욕구가 가속화된다는 점이다. 이 같은 탈아우라적 욕구에는 사물과의 유대가 결락缺落되어 있다. 문제는 바로 이것이다. 탈아우라적 욕구의 증대로 인해 현대인이 궁극적으로 상실하는 것은 사물과의 관계이고, 이 관계를 지탱하는 자연과의 근원적 일치감이다. 자연과의 관계가 상실된 곳에서 성찰력/반성력/비판력은 자리하기 어렵다. 반성적 성찰력이 궁극적으로 상기시켜주는 것은 자연과의 일체감이고 그 근원적 유대이기 때문이다.

그러므로 다시 문제는 비판적·성찰적 사고의 편재화된 부재다. 오늘의 영상압도적 현실에서 사고의 문맹자가 더 많아지고 있는 것은 당연한 일인지도 모른다. 글-문자-활자-책은 근본적으로 성찰매개적이기 때문이다. 글은 영상/이미지보다 추상적이지만, 바로 그 때문에 그보다 더한 깊이를 가진다고 할 수 있다. 이것은 더 넓은 맥락에서 보면, 역사를 지배해온 문자/텍스트의 시대가 영상/이미지의 시대로 옮겨가고 있다는 사실과 연결된다. 벤야민적 맥락에서 보면, 복제품에서 삶의 진품성을 확인하려는 현대적 경험의 일반성격이기도 하다.

이 글의 논의에서 중요한 것은 경험의 이 근본적 궁핍성을 직시하는 것이 '정치적으로 훈련된 시선'의 임무라는 사실이다. 경험의 궁핍이 곧 사물과의 유대의 결핍이라면, 이 결핍에 대한 비판적 성찰은 본래의 경험을 회복하는 일이면서 사고의 성찰력을 기르는 길이다. 나아가 그것은 현대의 탈아우라적 경향에 거스르면서 삶의 온전성을 기억하는 일이다. 이 온전한 삶은 문화의 거짓 지양을 경계하는 데서 시작할 것이다.

도처에 복제적 또는 유사복제적 현상이 있다. 예를 들어 진선미에 대한 이해도 오늘날 크고 작은 허상 위에 있다. 그것은 실체가 아니라 이미지적인 것에 가깝기 때문이다. 이미지는 진상眞相이 아니라 허상虛像이고, 그러니만큼 가짜일 확률이 높다. 우리는 이 이미지가 무엇을 의미하는 것인지 이상으로 그 뒤에 뭐가 있는지 물어야 하고, 이렇게 던진 우리의 물음이 자동화된 지각습관에 포박된 것은 아닌지 따져보아야 한다. 그러기 위해 매체이론적·정신분석적·영화학적 접근이 필요하다. 우리는 고유한 것과 파생된 것, 원래의 것과 유래한 것을 구분하면서, 아우라가 대변하는 의식의 동일성을 넘어 동일성과 비동일성의 변증법 그리고 이 변증법으로부터 있을 수 있는 어떤 새로운 의미의 창출가능성도 고려할 수 있어야 한다. 이것이 전통적 문화가치를 오늘의 맥락에서

> **❝** 결핍에 대한 비판적 성찰은 본래의 경험을
> 회복하는 일이면서 사고의 성찰력을 기르는 길이다.
> 나아가 그것은 현대의 탈아우라적 경향에 거스르면서
> 삶의 온전성을 기억하는 일이다. **❞**

재검토하는 일이다.

예술과 학문의 성취는 끔찍함 없이 이해할 수 없다. 이 끔찍함을 정면으로 직시하지 않는다면, 문화와 역사는 순응적이고도 소모적인 소비패턴을 반복할 것이다. 그것은 재앙적 역사의 거짓지양이자 그 끔찍한 반복과 다름없다. 역사서술자가 그러하듯이, 또 참된 작가나 문학연구자가 그러하듯이, 매체연구자도 대상에 대한 정관적 태도를 때로는 버릴 수 있어야 한다. 역사가가 역사를 단순히 모방하는 것이 아니라 '구성적으로' 이해해야 하듯이, 매체론도 기성매체에 해체구성적으로 접근할 필요가 있다. 매체론도 역사나 현실개념처럼 원칙적으로는 미완결성으로 특징지어지기 때문이다. 물신화된 문화사 개념에 대한 거부는 매체론적 논의가 수렴되는 하나의 중대지점이다.

우리는 예술문화의 민주화를 지향하면서도 일체의 특권으로부터 거리를 유지하고, 손쉬운 대중화에 반대하면서도 지식의 개방성을 견지할 수 있는가? 지식인의 자본의존성을 직시하는 가운데 매체적 공공성의 조건을 성찰하고, 이 성찰의 바탕 위에 다시 예술의 영향사적 잠재력을 탐색할 수 있는가? 이것이 벤야민의 매체론을 다루면서 떠올리는 질문이라면, 의식의 탈각화, 정치적 예

방접종, 사물과의 유대, 문화적 거짓지양의 경계는 매체혼용의 이 성찰적대적 현실에서 하나의 유효한 답변이 될 수 있지 않나 여겨 진다.

제13장

언어채무: 벤야민 번역론에 대한 데리다의 시각

언어와 번역에 대한 벤야민의 생각은 「번역가의 과제」 등 여러 글에 흩어져 있다. 어떤 것이든지 그 생각은 언어학적·번역이론적 차원에만 국한되지 않는다. 그것은 더 넓은 맥락, 말하자면 언어철학적이고 문예이론적이며 비교문화적인 차원들을 함의한 것으로 보인다. 그 때문에 그것은 언어학적 접근을 필요로 하면서도 상호기호적이고 문화횡단적으로 이뤄지는 소통과 이해의 가능성을 고민하게 한다. 그러면서 언어란 과연 무엇이고, 무엇을 해야 하는가라는 근본적인 문제를 되뇌게 만든다. 이 폭넓은 해석의 가능성에 기여한 것으로 여러 논의가 있지만, 그중에서도 해체주의적 시각이 좋은 성찰거리를 제공한다고 여겨진다. 데리다와 드 만은 이런 시각의 대표자다.

이 글은 벤야민의 언어론과 번역론을 이에 대한 세 편의 글, 즉 데리다의 「바빌론의 탑. 길, 우회로, 잘못된 길」[1987], 「번역의 신학」[1990], 드 만의 「결론: 발터 벤야민의 '번역가의 과제'」[1983]를 중심으로 살펴보고자 한다. 드 만의 관점도 그렇지만, 특히 데리다의 그것은 벤야민 번역론의 핵심을 관통하는 해석적 힘이 있지 않나 여겨진다. 인식이 곧 해석의 능력에서 온다면, 그의 글은 해석적 차원을 넘어 언어와 사유, 글쓰기와 철학, 인문학의 어떤 요체를 건드리고 있는 것으로 생각된다. 그러니까 그것은 벤야민의 번역론에 의지하여 언어-표현-의미-실천을 둘러싼 문화적 활동의 근본성격이 무엇인지 되짚게 만든다. 하나의 독창성은 오직 또 다른 독창성을 만날 때만 빛나는 것인가?

이러한 논의에는, 정확하게 말해, 세 단계가 있다. 첫 단계는 벤야민의 언어번역론이고, 두 번째 단계는 데리다가 가진 벤야민 해석이며, 세 번째 단계는 벤야민과 데리다 이후 나/우리가 언어와 번역에 대해 어떤 해석시각을 가질 것인가다. 우리의 글이 나아갈 종국적인 방향은 물론 세 번째 단계이고, 이를 위해 나는 두 번째 문제에 집중하기로 한다(첫 번째 논의는 제11장 「파편언어들 사이에서: 언어형이상학」에서 이미 다루었다). 이 논의를 시작하기 전에 벤야민의 언어관을 간단히 스케치해볼 필요가 있다.

대상과 언어, 언어와 사고, 기호와 상상의 관계를 어떻게 보느냐 또는 언어 사이의 차이나 다양성을 어떻게 보느냐에 따라 언어철학사에서의 입장은 다양하게 갈라진다. 이 문제는 다시 언어가 인식을 가능하게 하는가 가로막는 것인가라는 물음과 이어진다. 흔히 언어는 사회적 의사소통을 위한 대상지시와 의견전달의 기능을 가진 것으로 얘기된다. 그것은 언어의 여러 층위, 즉 어휘론적·문장론적·의미론적·화용론적 차원에서 부단한 변화를 겪으며, 이 변화는 사회역사적 틀에 의해 조건 지어진다. 그 점에서 언어는 자의적이고 임의적이다. 그러나 다른 한편으로 언어에는 전달할 수 없는 것도 들어 있다. 이 전달할 수 없는 것에는 낙원상태의

> **❝** 번역되지 못하는 것은 늘 남는다.
> 번역의 과제는 단순히 원본에 충실하는 것이 아니라
> 모든 전달할 수 없는 것 또는 숨겨진 것을 향하는 데 있다.
> 언어의 신비로운 핵심은 전달할 수 없는 것에 있다. **❞**

언어가 포함된다. 벤야민의 언어론은 이 점에서 출발한다.

낙원의 언어란 벤야민적 의미에서 '순수언어'나 '아담적 이름언어'다. 낙원언어는 대상에 이름을 부여함으로써 이 대상을 존재하게 한다. 그런 만큼 근원적이다. "하느님이 땅 짐승과 새를 흙으로 빚으셨다. 그리고 이들을 아담에게, 그가 어떻게 이름 짓는지 보기 위해, 데려다주셨다. 왜냐하면 동물의 이름은 아담이 그 이름을 붙여주는 그대로 불려야 했기 때문이다"(「창세기」, 2: 19). 아담의 언어는 쉽게 번역되거나 전달하기 어렵다. 이 근원적 단일언어는, 아담이 뱀의 유혹으로 선악과를 먹은 다음 낙원에서 추방됨에 따라, 타락하게 된다.[1]

낙원추방이 제1의 인간타락이라면, 바벨탑의 건설은 제2의 타

---

1) '선악과를 먹는다'는 것은 '선악이나 진위를 구분한다'는 것이다. 여기에는 두 가지 상반된 뜻이 있다. 이것은 신적 매개 없이 인간이 자신의 삶을 자기 자신의 감독 아래 둔다는 것이면서 동시에, 바로 그 때문에, 신적 능력과 지위를 참칭하는 것이기도 하다. 어리석은 인간은 지식을 제어하지 못해 오용한다. 아담이 벌을 받는 것은 그 때문이다. 이때 이후 인간은, 아브라함이나 노아 같은 예외적 경우를 제외하면, 신과 거의 소통하지 못한다. 그래서 신과 인간의 대면은 거의 나타나지 않는다.

락이라고 할 수 있다. 바벨탑의 건설 이후 인간의 언어는 신의 벌로 말미암아 여러 개로 나뉘면서 혼란은 피할 수 없게 된다. 사물과의 근원적 일치를 잃음으로써 각각의 언어는 더 이상 조화롭게 양립하기 어려워진다. 그리하여 바벨탑 이후 인간 언어는 번역되지 않으면 이해될 수 없다. 그러나 번역된다고 해서 그 언어가 온전하게 이해되는 것은 아니다. 번역한다고 해도 번역되지 못하는 것은 늘 남아 있기 때문이다. 그것은 마치 말할 수 있는 것 사이에 말할 수 없는 것이 남아 있는 것과 같다. 그리하여 번역의 과제는 단순히 원본에 충실하는 것이 아니라 모든 전달할 수 없는 것이나 숨겨진 것을 향하는 데 있다. 언어의 신비로운 핵심은 전달할 수 없는 것에 있다. 이 모호한 핵심을 벤야민은 '마법적'이라고 부른다.[2]

관건은 '무엇이 원래 있었던가'라는 랑케L. v. Ranke식의 실증주의적·객관적 문제제기가 아니라, 벤야민이 호프만슈탈에 기대어 말하듯이, '결코 쓰이지 않은 것의 읽기'다. 쓰이지 않은 것, 말할 수

---

2) Walter Benjamin, "Über Sprache überhaupt und die Sprache des Menschen," *GS* II/1, Frankfurt/M., 1977, S. 142. '마법'(Magie)이나 '마법적'(magisch)의 의미를 우리는 정확히 해두어야 한다. 이것은 벤야민의 언어론이나 번역론뿐만 아니라 그의 신학관이나 인식론에도 해당되는 핵심적 사항인 까닭이다. '마법(적)'이란, 그의 논의 맥락에서는, '직접적으로'나 '매개 없이'라는 말과 통한다. 또는 '술어 이전적'이고 '비의도적'이라는 뜻과 비슷하다고 할 수 있다. 다시 말하여 언어의 정신적 내용이, 무엇인가에 의지하지 않고, 그래서 중개를 거침없이, '직접' 나타난다는 뜻이다. 이것은 진리를 '의도 없음의 표현'으로 본 사실과 상통한다. 아무런 매개가 없다는 것은 일체의 의지나 의도가 없음을 뜻하기 때문이다.

없는 것, 표현할 수 없는 것의 드러냄이 결정적이다. 이것이 「번역가의 과제」의 한 요점이라고 할 수 있다.

그러므로 번역론에서 문제는, 작게 보면 원문과 번역, 대상과 언어가 어떻게 관계하는가가 되고, 크게 보면 사유와 표현과 이해의 문화적 토대로서의 언어나 번역은 어떻게 자리해야 하는가가 된다. 이것은 다시 언어와 언어의 양립불가능성은 어떻게 소화될 수 있는가 또는 타자성을 어떻게 언어의 동질적 세계 안으로 포용할 수 있는가라는 물음으로 수렴된다. 그러니까 벤야민의 번역론과 언어론이 지닌 핵심은 타자의 문제 또는 타자성의 소화문제다. 그것은 자기 언어 안에서 다른 언어의 이질성을 어떻게 소화하고 표현해낼 것인가라는 문제와 다르지 않다.

특별한 점은 이 언어번역론에 "언어의 성스러운 성장", "언어 역사의 메시아적 종말에 이르기까지 자라나다" 같은 신학적 모티프나 "작품의 계속적 자라남", "싹", "성숙해지다" 같은 식물적 비유가 빈번히 등장한다는 사실이다.[3] 이 점에서 그것은 언어신학적·언어형이상학적 차원으로 넘어간다. 벤야민의 언어번역론은 이 정도로 스케치하고, 이제 데리다의 시각이 어떠한지 살펴보자.

---

3) Walter Benjamin, "Die Aufgabe des Übersetzers," *GS* IV/1, Frankfurt/M., 1991, S. 11, 14, 17. 이것은 벤야민이 회화론에서 '색채 메시아주의'—대상 없는 추상성 속에서 그림이 절대화된다고 보는—를 생각하는 것과 통한다. 그러나 그의 색채론은 그리 선명하거나 논리적인 체계를 갖고 있다고 말하기 어렵다.

1. 바벨탑의 언어: 혼돈으로부터

벤야민의 번역가 논문에 대한 데리다의 해석은 바벨탑의 서사에서 시작된다. 알려져 있듯이, 성경에는 언어와 관련하여 두 계기가 언급된다. 첫 번째 계기가 낙원에서의 타락이라면, 두 번째 계기는 바빌론에서의 배반이다.

인간은 낙원에서 쫓겨난 후에도 신의 말에 귀 기울이지 않는다. 모여 살게 되면서부터 사람들은 늘어나고 세대는 거듭되지만, 믿음은 원죄타락과 그 형벌의 경험에도 더 굳어지지 않는다. 오히려 갈수록 약해진다. '물로 망하리라'는 노아의 전언을 무시하게 되는 것은 그 때문이다. 마침내 홍수가 밀려오다가 잦아들었을 때 무지개는 '다시는 물로 징벌하지 않겠다'는 하느님의 약속의 표징이었지만, 인간은 이 전언도 믿지 않는다. 바벨탑은 그렇게 해서 축조되었다. 이제 사람은 어떤 홍수도 닿지 않을 만큼 높은 곳에 탑을 짓는다. 그러니 이 탑은 신에 대해 인간이 쌓은 불신의 탑이다. 신은 이 불신을 벌하려고 세상의 말을 섞어버리고, 사람들을 온 사방으로 흩어지게 만든다(「창세기」, 11:9).

원래 바벨Babel에서 '바'Ba는 '아버지'라는 뜻이고, '벨'Bel은 '신'이라는 뜻이다. 그것은 신의 도시, 즉 성스러운 도시를 뜻한다. 옛사람은 자기 살던 수도를 흔히 '바벨'로 불렀다. 신이 만든 성스러운 곳에서 신을 경배하며 산다고 믿었기 때문이다. 그러나 바벨탑을 건설하면서부터 인간은 자기 이름을 갖고자 했고, 이렇게 만든 이름으로 사물을 부르고자 했다(바벨탑 이후 인간언어는 근본적으로 '이름짓기'라는 점에서 아담의 언어를 닮아 있지만, 아담의 언어가—적어도 낙원추방 이전에—신과 소통한 '단일언어'였던 반면, 바벨탑 이후 언어는 혼돈을 딛고 선 '복수언어'라는 점에서 구분된다). 인간은 신이 준 이름에 만족한 것이 아니라 자기에 대한 이름을 스스로 부여하고, 사물에 그 이름을 주려고 한다. 그러나 이 시도는 대가를 치러야 한다. 이름의 원천은 신이기 때문이다. 오직 신만 이름을 부여하는 자인 까닭이다. 그러니까 인간이 신을 노하게 한 것은 단순히 8만 1,000걸음 높이의 탑을 세워서가 아니라 이렇게 하늘에 닿음으로써 '자기 자신의 이름Eigenname, 고유명사을 가지려' 했기 때문이다.

사물에 이름을 부여하는 것은 이 사물을 '있게' 하는 일이다. 그것은 사물을 인식하는 것이고, 비로소 존재하게 한다. 그러는 한 이름을 짓는다는 것은 신의 창조활동과 유사하다. 또는 이 활동을 위협하는 일이다. 그것은, 데리다가 정확하게 지적했듯이, "자기 스스로 유일무이하고 모든 것을 포괄하는 하나의 계보학을 자기 것으로 만들고 확보하려는 시도"이기 때문이다.[4] "탑을 세운다는 것은 한 도시를 건설하는 것이고, 보편적 언어로—이 언어는 하나의 관용어법이기도 한데—이름을 짓는다는 것이며, 공동의 족보를 가진 사람들을 모은다"는 뜻이다.[5] 그러므로 자기 이름을 갖는다는 것은 그 자체로 신적인 행위다.

신의 언어에서 말과 이름은 동일하다. 그래서 그것은 하나의 언

---

4) Jacques Derrida, "Babylonische Türme. Wege, Umwege, Abwege," Alfred Hirsch(Hg.), *Übersetzung und Dekonstruktion*, Frankfurt/M., 1997, S. 123.
5) *Ebd*.

> **❝**모든 언어는 말없는 사물의 사연을 기억해야 하고,
> 그 침묵에 주의해야 한다. 이 침묵은 번역되어야 한다.
> 번역되어 옮겨지고 해석하고 보충되어야만 하는
> 불완전한 언어가 바벨탑 이후의 인간언어다.**❞**

어가 된다. 이에 반해 인간의 언어에서 말과 이름의 관계는 다르
게 나타난다. 인간은 여러 언어를 가지며, 따라서 자기 언어로 다
른 언어를 이해하기 어렵다. 동일한 사물도 다르게 불릴 수 있는
까닭이다. 차이와 이질성, 오해와 복잡화는 타락된 언어의 속성이
다. 그리하여 결함은 이제 언어에 필연적이다.

바벨탑의 사건 이후 수많은 언어가 발생한다. 인간은 서로 이해
하지 못하고, 인사를 한다고 해도 그 인사를 알아듣지 못한다. 손
을 잡거나 고개를 끄덕이거나 미소를 지을 뿐, 입으로 꺼내는 모
든 말은 이상한 소리를 내며 흩어져버린다. 만나자는 약속조차 이
제는 제대로 하기 어렵다. 이렇게 발생한 각각의 언어는 불완전하
고, 이 불구의 언어에서 인간은 소통 없이 제각각 살아간다. 언어
가 사유와 의미의 토대라면, 언어의 결함은 사유와 의미의 결함이
다. 그리하여 바빌론의 이야기는, 누군가 지적했듯이, 언어적·사
유적·의미론적·구원사적 위기의 시작을 대변한다고도 할 수 있
다.[6] 이 위기 이후 인간은 이름의 순수성을 잃는다. 그것은, 이미

---

6) Alfred Hirsch, "Die Aufgabe des Übersetzers," Burkhardt Lindner(Hg.),
Benjamin Handbuch, Stuttgart, 2006, S. 611.

언급했듯이, 사유와 인식의 불순성을 표시하는 것이기도 하다. 적어도 이때 이후 인간의 언어는 순수할 수도 없고 단순하기도 어렵다. 그것은 여러 겹의 중개와 여러 겹의 왜곡 가능성을 늘 예비해야 한다. 그리하여 옮겨 적기로서의 번역은 불가결하다. 이것은 모든 언어활동에서 확인될 수 있다.

바벨탑 이후 인간은 각자의 이름 아래 산다. 이제 인간은 여러 다른 언어 때문에 서로 알아보지 못하고 알아듣지도 못한다. 그러니 분열은 항존한다. 언어는 질서와 명료성의 기호가 아니라, 차라리 혼돈과 모호성의 기호다. 본질이나 존재, 진리나 투명성은 그들의 일이 아니다. 그것은 그들로부터 낯설게 그리고 먼 곳에 있다.

이런 분열을 우리는 뵈메/에렌슈펙의 견해를 빌려 세 가지 차원의 단절로 언급할 수 있다. 그것은 첫째, 자기 자신으로부터의 단절이고, 둘째, 이름언어의 상실로 인한 사물로부터의 단절이며, 셋째, 언어창조로부터 멀어진 데서 오는 신과의 단절이다.[7] 원래 바벨은 신성한 신의 도시를 지칭하는 고유명사였지만, 이 신화 이후 '혼란'이라는 일반적 의미를 지닌다. 바벨탑 이후 언어는 비고유성의 궤적을 걷는다. 그렇다면 바벨탑 이후의 언어는 이 세 가지의 균열, 즉 인간과 사물 그리고 신으로부터의 단절을 기억하지 않으면 안 된다. 예술의 언어는 특히 기억의 언어지만, 그 외의 언어 일

---

7) Hartmut Böhme/Yvonne Ehrenspeck, "Zur Ästhetik und Kunstphilosophie Walter Benjamins," *Walter Benjamin, Aura und Reflexion*, Schriften zur Kunsttheorie und Ästhetik, Frankfurt/M., 2007, S. 452.

반에 기억이 하나의 책임으로 주어지는 것은 이 때문일 것이다.

모든 언어는 말 없는 사물의 사연을 기억해야 하고, 그 침묵에
주의해야 한다. 그러면서 이 침묵은 번역되어야 한다. 번역되어
옮겨지고 해석하고 보충되어야만 하는 불완전한 언어가 바벨탑
이후의 인간언어인 것이다.

그러므로 바벨탑 이후 언어의 번역은 절대적으로 불가결하다.
이 절대적 불가결성 또는 '반드시 있어야 할 것'으로서의 번역의
의미는 벤야민이 쓴 글의 제목에서 이미 암시된다. 그것은 '번역
의 문제'나 '번역의 중요성' 같은 것이 아니었다. 그것은 '번역가
의 과제'다. 여기에서 '과제'Aufgabe란 '반드시 해야 하는 것'을 뜻
하고, 그러니만큼, 데리다가 적절하게 해석하듯이, "당위이고 빚
이고 책임"이고 "참여"이며, "번역자가 대답하고 책임져야 할 명
령되거나 위임된 것"이고 "법칙"이기도 하다.[8] (이 이외에 Aufgabe
에는 '포기'라는 뜻도 있다.) 그의 관점을 더 읽어보자. "번역은 법이
되고, 그것은 의무가 되고 당위로 그리고, 사람이 그로부터 빠져
나올 수도 없고 갚을 수도 없는 빚으로 된다. 이 지불 불능성을 우
리는 바벨에서, 이름에서, 자체로 보여줄 수 있다. 이 이름은 번역
될 수 없다. 그것은 한 언어에 속하면서 속하지 않는다. 이름은 그
자체로 지불할 수 없는 빚을 만들고, 마치 타자인 것처럼 그 자체

---

8) Jacques Derrida, "Babylonische Türme," *a. a. O.,* S. 130f. 조금 더 뒤에서 데
리다는 다음과 같이 적는다. "언제나 문제되고 있는 것은 동일하게 가치 지
어진 의미다. 의무, 당위(들), 죄/빚(들), 부담, 이자, 세금, 상속부담, 유산의
짐─창조로 나아가는 어중간한 길에서의 고귀한 의무와 강제노동, 끝없는
숙제, 본질적인 불완전성"(*Ebd.,* S. 157).

안에 빛을 만든다. 그런 식으로 우리는 바벨의 표상과 행동과 사건을 서술할 수 있을 것이다."[9]

바벨탑의 이야기는 성경에 나오는 하나의 비유적 삽화이고, 넓게 보아 서양의 언어철학적 성찰에서 하나의 알레고리를 이루는 텍스트다. 여기에 동의하든 동의하지 않든, 이 경험 이후에 맞닥뜨려야 하는 문제의 핵심에는 언어의 번역 불가능성, 즉 언어의 빚과 책임, 의무와 윤리가 있다. 이것을 독해해낸 것은 데리다다. 그의 시각은 예리하고 독창적이다. 그가 읽어낸 이 내용은 반드시 부정적 함의만 갖지 않는다. 번역불가능성 또는 그 원인인 언어의 다양성은 새로운 가능성의 계기가 될 수 있다. 여기에는 근대적 언어성찰이 일정한 역할을 한다.

언어의 다양성과 이질성은, 적어도 서구사상에서는, 오랫동안 결함으로 간주되었다. 예를 들어 플라톤은 언어가 진리의 산출에 참여하지 못한다고 여겼다. 그는 언어가 진리로 이끌기는 하지만 이 진리를 직접 드러내지 못한다고 생각했다. 그래서 언어에는 철저히 부차적인 기능이 부여된다. 이런 생각은 근대에 이르기까지 계속되는데, 라이프니츠 이후 조금씩 고쳐지기 시작한다. 그래서 훔볼트에 이르면, 언어는 이미 있는 것의 재현수단에 그치는 것이 아니라 '알려지지 않은 것의 발견'이라고 이해된다. 언어의 다양성이나 이질성은 진리인식을 위한 가능성의 조건으로 새로 평가되는 것이다. 이때 이후 다양한 언어는 단점이 아니라 장점이 되고, 결함이 아니라 도약을 위한 발판이 된다. 벤야민의 생각은 이

---

9) *Ebd.*, S. 129f.

홈볼트적 전통, 즉 언어 이질성에 대한 적극적인 태도에 이어져 있다.[10] 그가 언어의 성장과 성숙을 거듭 강조하는 것은 이런 맥락에서다.

벤야민이 번역을 성장과 성숙의 관점에서 이해할 때, 이 번역론은 한 언어와 다른 언어의 의미론적 전환이라는 뜻에만 국한되지 않는다. 그것은, 위에서 바벨탑 신화와 관련하여 언급했듯이, 언어와 사고, 철학과 인식에서의 어떤 총체화나 완전성 또는 순수성이 어렵다는 사실과 이어져 있다. 그것은 소극적으로 인간 존재의 유한성, 즉 죽을 수밖에 없는 삶의 짧음과 허약성을 일깨워주고, 적극적으로 우리의 사고와 언어가 오직 완성되지 않은 구조와 관계하며, 따라서 스스로도 불완전할 수밖에 없음을 알려준다. 그것은, 데리다식으로 말하면, 불충분성의 보전불가능성 또는 부채의 지불불가능성으로 이어진다. 그러는 한 그것은 하나의 부담이고 책임이며 빚이다. 그리하여 바벨탑 이후 언어적 책임의식이 인간사유의 중심에 자리 잡게 된다. 그리고 이 빚과 책임과 참여는 벤야민을 읽는 데리다의 해석적 요체이기도 하다. 좀더 자세히 살펴보자.

2. '유기적 전체'에 대한 책임

어떤 책임의식인가? 그것은, 듬성하게 말하면, 인간의 언어가 갈등과 폭력의 수단이 되지 않게 하는 것, 인간의 언어가 지배와

---

10) Alfred Hirsch, "Vorwort," ders.(Hg.), *Übersetzung und Dekonstruktion*, Frankfurt/M., 1997, S. 10f.

오해를 양산하는 계기가 안 되도록 하는 것이다. 바벨탑 이후 모든 언어 사용자는 이런 부채의식을 공유하며, 또 공유할 수 있어야 한다.

여기서 되짚어야 할 사실은, 번역이 한편으로는 필요한 것이지만, 다른 한편으로는 인간의 언어가 신의 보편언어일 수 없는 한, 온전한 번역은 어디에서도 불가능하다는 것을 다시 인정하는 일이다. 그러니까 정확하게 말하여, 바벨탑 이후 번역이란 '근본적 번역불가능성에 대한 절망적 번역의 시도'다. 원전의 번역이 불가능하다는 것은, 번역할 때 어떤 의미론적 누락이나 원전과의 균열이 불가피하다는 뜻이다. 그 말은 원전의 손상을 피할 수 없다는 뜻이고, 따라서 과오는 필연적이라는 뜻이다. 못다 함-불충분성-과오-균열-누락은 모든 번역적 시도의 전제이자 바탕이다. 이런 불충분성에 대한 의식에서 출발할 수 없다면, 언어의 발전과 성숙이 이뤄질 토대는 마련되기 어렵다. 그러나 다른 한편으로 번역의 불충분성은 온전한 번역의 가능성, 다시 말해 번역의 원형을 떠올림으로써 조금씩 상쇄될 수도 있을 것이다. 벤야민이 문학텍스트나 성서를 언급하면서 '순수한 언어'를 말하는 것은 그 때문일 것이다.

책임의 구체적 내용은 어떠한가? 그것은 첫째, 언어의 불투명성과 단절 그리고 혼탁함을 인정해야 하고, 둘째, 이 불투명성 아래모든 번역은 '비동일적 통일성'을 지향해야 하며, 셋째, 이 지향 속에서 어떤 화해를 약속하는 윤리적 실천이어야 한다.

1. 불투명성, 단절, 혼탁

번역의 문제, 나아가 언어의 문제에서 결정적인 것은 한 언어와 다른 언어, 언어와 의미의 불일치 관계다. 한 단어가 어떤 의미를 가지는지 확정하는 것은 어렵다. 거꾸로 보면, 결정불가능성이야말로 고유한 언어를 얻기 위해 번역이 있어야 하는 이유이기도 하다. 모든 이야기가 언어로 서술되고 전달되는 한, 이 언어는 번역되어야 한다.

이 번역에서 바벨탑의 신화는 의미론적 결정불가능성에 대한 하나의 중대한 암시다. 그것은, 데리다가 지적한 대로, "신화의 원천에 대한 신화", 즉 "비유의 비유, 이야기의 이야기, 번역의 번역"으로 자리한다.[11] 이때 원천이란 결정불가능한 의미이고 불완전성이며 과오와 균열의 불가피성이다. 결정불가능성은 이제 모든 신화와 이야기에 구성적으로 본질적이다. 「번역의 신학」이라는 글에서 데리다가 주제화한 것도 여러 우회로를 거쳐 이 문제로 수렴된다.

데리다가 「번역의 신학」에서 셸링에 기대어 줄곧 강조하는 것은 세계는 '하나'라는 사실이다. 이 하나된 세계를 궁구하는 철학은 근원지식의 학문이다. 철학은 통일된 세계파악으로 자신의 유한성을 극복하려 한다. 인간은 유한한 존재로서 차이와 분리의 일정한 규정 아래 묶여 있기 때문이다. 전체는 그러나 이 모든 분리너머에 있다. 그리하여 근원지식은 개별적 존재가 아니라 종적 존재, 즉 일반적 존재에서 구현될 수 있다. 대학은, 칸트에 따르면, 이 종적 이성이념에서 도출된 것으로서 살아 있는 유기적 총체성

---

11) Jacques Derrida, "Babylonische Türme," *a. a. O.* S. 119.

을 구현해야 한다. 학문의 근원지식, 특히 철학의 지식이 추구하는 것도 이 유기적 전체다. 이 전체성은 비록 인간의 유한성 때문에, 또 유한한 존재의 유한한 서술 때문에 손상되지만, 이렇게 훼손되어 사라진 것, 다시 말해 신적 계시의 총체성에서 누락된 것을 보여주는 것이 번역이라고 데리다는 적는다.[12]

여기에서 데리다는 유기적 전체 또는 근원지식을 번역의 목적으로 삼고 있지만, 나는 두 가지 사항을 점검하려 한다. 첫째, 그가 말하는 '전체'나 '근원지식' 또는 '살아 있는 총체성'은 그 자체로 완결된 통일성이 아니다. 그것은 처음부터 확정된 가치체계가 아니다. 만약 그렇다면, 그것은 전통적인 관념주의 철학과 별 차이가 없다. 데리다는 근원지식에 대한 셸링의 입장에 주목하면서도 이 입장이 지닌 위험성을 칸트에 의지하여 지적한다.

"하나로 되는 총체성 또는 하나로의 형성이라는 셸링의 사고는 일반화된 번역으로서, 단절과 혼탁함이 없는 존재신학적 번역으로서 그리고 일반적으로 성찰하는 번역으로서 국가를 총체화하는 절대화에 이를 수 있는데, 칸트는 이것을 위험하고 부자유스런 것으로 간주했다. 자유로움은 아마도 분리, 코드의 이질성과 언어의 다양성, 일정한 한계의 돌파 불가능성, 불투명성을 전제할 것이다."[13]

---

12) Jacques Derrida, "Theologie der Übersetzung," Alfred Hirsch(Hg.), *Übersetzung und Dekonstruktion*, *a. a. O.*, S. 34.
13) *Ebd.*, S. 29.

셸링을 읽는 데리다의 시각은 이중적이다. 그것은 한편으로 전체성을 상정하는 전통문헌학의 유산에 기대면서도, 다른 한편으로 이 기댐이 단순한 추종이 아니라 비판적으로 작동하기를, 그래서 그 유산을 해체주의적으로 재구성하는 데로 이어진다. 그는 단일한 의미체계를 분해와 철거 속에 부정하면서 이렇게 만들어진 파편화된 의미로 기꺼이 나아간다.

그러므로 데리다가 말하는 살아 있는 총체성이란 셸링적 의미의 완결된 총체성이 아니다. 그것은 "총체화하는 절대화"가 아니라 분리와 이질성을 허용하는 총체성이다. 그것은 균열이 있는 총체성 또는 다양성과 이질성을 전제하는 전체성이다. 근원지식이 모든 담론의 최종심급으로서 신에 대한 절대적 지식이라면, 그는 이 절대적 총체성을 추구하는 순수 존재신학적 입장의 위험성을 안다.[14] 그는 어디에서도 대상을 절대화하거나 총체화하지 않는다. 참으로 자유롭다는 것은, 그가 적고 있듯이, "분리, 코드의 이

14) 데리다가 셸링에게서 읽어내는 '존재신학적 입장', 즉 언어를 하나의 살아 있는 현상이나 살아 있는 정신으로 이해하는 입장을 우리는 이중적으로 이해할 수 있다. 한편으로 그것은 벤야민이 그러하듯이 언어를 전달적이고 정보적인 단순차원을 넘어서는 것으로 파악한다는 점에서 받아들일 만하다. 하지만 다른 한편으로 언어의 신격화라는 신비주의적 위험성이 거기에 내재한다는 바로 그 점에서 거리를 둘 필요가 있다고 생각한다. 비판적 관점을 버리지 않는다면, 그가 시인이든 소설가든 문학연구자든, 언어로 작업하는 모든 사람에게 언어 메시아에 대한 믿음은 버리기 어려운 것인지도 모른다. 그렇다면 중요한 것은 언어의 존재신학을 버려야 한다거나 그것이 위험하다고 끝내는 것이 아니라, 이 존재신학적 구상을 얼마나 납득할 만한 현실인식 아래 재위치시킬 것인가가 될 것이다.

질성과 언어의 다양성, 일정한 한계의 돌파 불가능성, 불투명성"
없이 불가능하기 때문이다. 이때의 자유란 이질성을 허용하고 불
투명성을 전제하며 여하한의 절대화를 거부하는 움직임이다. 자
유의 움직임이란 사유와 감각과 언어와 인식의 움직임이기도 하
다. 이 점은 두 번째 사항으로 이어진다.

둘째, 사고가 분리와 이질성 그리고 불투명성을 허용해야 한다
는 데리다의 입장은 학문 일반의 활동, 특히 언어와 번역 나아가
글쓰기의 문제와 깊게 연관된다. 데리다가 셸링이나 칸트에 기대
어 근원지식을 말하는 것은, 이 근원지식에서 지식과 행동이 분리
되지 않기 때문이다. 즉 지식과 행동은 동일한 세계의 형성물이고
모사물이며 번역물이다. 철학이 근원지식의 학문이라면, 이른바
실증학문으로 불린 분과, 이를테면 신학·법학·의학 같은 학문은
'철학을 제도적 측면에서 번역한 것'이라고 할 수 있다(적어도 당
시에는 그렇게 생각했다). 그렇다면, 이 두 영역의 차이도 사실상 근
원과 실용, 지식과 행동의 분리 위에 서 있다고 할 수 있다. 따라서
이 이분법은 비판될 만하다.[15] 그리고 이 비판은 다시 이질성과

---

15) 데리다는 이렇게 쓰고 있다. "모든 '분과학문의 싸움은…… 언어 사이의
   번역불가능한 다양성, 더 엄격하게 말하면, 분리 위에 놓여 있는데, 이 분리
   는 (확인적) 진리언어/(수행적) 행동언어, 공적 언어/사적 언어, (대학내부
   적) 학문언어/(대학 외부적) 서민언어, 정신/문자 등이라는 담론방식에 나
   타난다"(*Ebd.*, S. 28). 그러니까 지식과 행동의 인위적 범주구분은 각 분과
   와 영역, 층위와 차원을 달리하면서 근대 이후의 세계를 특징짓는 것이다.
   그 말은, 현대의 인간이란 보이는 보이지 않는 무수한 구분들, 즉 끝없이 세
   분화된 의미의 파편성에 포박된 존재라는 뜻이기도 하다. 그러니 의미 있
   는 의미가 어떻게 오늘날의 세계에서 나올 것인가? 의미가 오늘날에도 가

불투명성에 대한 옹호로 이어져야 하고, 그 때문에 절대성과 총체성에 대한 부정의 성격을 띠지 않을 수 없다.

2. 비동일적 통일성: 겹겹의 번역

그렇다면 이질적이고 불투명한 것을 옹호하고, 절대적이고 총체적인 것을 부정하는 데리다가 나아가는 곳은 어디인가? 그는 근원지식을 말하면서도 그 절대화를 의문시하고, 단절과 불투명성을 말하면서도 여전히 지식과 행동의 통일성을 염두에 둔다. 이 모순된 입장은 어디에 도달하는가? 여기에는 고유이름-언어-진리-인식-법-역사-근원 등의 문제가 얽혀 있다. 이것은, 줄이면, '바벨탑 이후의 언어는 어떻게 해야 하는가'의 문제로 수렴된다고 할 수 있다. 사람은 언어의 불가피한 혼란을 극복할 수 있는가? 데리다는 이렇게 적는다.

"그것들(언어들 – 옮긴이) 각각의 개별적 언어와 모든 언어들이 의미와 더불어 번역에서 겨냥하는 것은 바빌론적 사건으로서의 언어 자체다. 그것은 라이프니츠적 의미의 보편언어도 아니고, 개별적이고 분리된, 그 자체로 존재하는 자연적 언어도 아닌 언어를 목표로 한다. 그것은 언어의 언어성, '그 자체로서의' 언어를 겨냥하고, 자기동일성이 없는 통일을 겨냥한다. 이 통일성은

능하려면, 그 의미는 무수한 장애와 결함을 거치면서, 그래서 모순과 왜곡과 파행을 내면화하면서, 통과해야 한다. 현대의 의미가능성은 전적인 의미불가능성 속에서나 잠시 있을 수 있는 자기모순적인 우연의 소산이다.

언어 '들'이 있도록, 존재하는 언어가 언어 '들'의 다양성이 되도록 영향주거나 조건짓는다."[16]

데리다가 말하는 요지는 무엇인가? 그것은 "바빌론적 사건으로서의 언어 자체"이지만, 이 언어 자체란 "어떤 보편언어"를 지향하지도 않고, 그렇다고 "개별적이고 자연적인 언어"를 지향하지도 않는다. 그것이 목표로 삼는 것은 "언어의 언어성"이고, 이 언어성이란 "자기동일성이 없는 통일을 겨냥한다." 그것은 하나의 언어가 아니라 "언어 '들'"을 지향한다. 이것은 무슨 뜻인가? 상술할 필요가 있다.

자기동일성이 없는 통일성의 언어를 데리다가 바빌론적 사건의 언어로 규정했을 때, 이것은 비동일적 통일의 언어로 보인다. 바벨탑 이후의 언어는 더 이상 개별적 자연언어도 아니고, 하나의 보편언어도 아니다. 근본적으로 여러 언어의 불화가능성을 인정해야 한다. 그렇다는 것은 진리나 미의 인식에서 절대적 준거를 전제해서는 안 된다는 뜻이다.

가치나 이념에서 우리는 이제 어떤 고유성과 근원성을 상정하기 어렵다. 이것은 마치 주체나 인간에게서 어떤 본성이나 본질을 상정하기 어려운 것과 비슷하다. 바벨탑 이후 언어는 수많은 이질적 텍스트와 상호텍스트로 삼투되어 있고, 따라서 히르슈가 적확하게 지적했듯이, "질서구성적으로 '불순한'" 것이다.[17] 이 질서

16) Jacques Derrida, "Babylonische Türme," a. a. O., S. 159.
17) Alfred Hirsch, "Vorwort," ders.(Hg.), *Übersetzung und Dekonstruktion*, a. a.

> **❝바벨탑 이후의 언어 사용자는**
> **직접적이든 간접적이든 번역자가 아니 될 수 없다.**
> **사람은 이제 온전한 의미를 직접 접하는 것이 아니라**
> **조각난 의미를 번역해서 읽어내야 한다.❞**

구성적 불순성은, 번역론과 언어론에서 보면, 대상과 기호, 의미되는 것과 의미하는 것, 주체와 객체의 관계에서 비슷하게 나타난다. 벤야민은 이 대립축을 넘어서는 무엇에 의해 진실성이 가늠될 것으로 믿었고, 그래서 인위적이고 세속적인 이분법을 넘어서야 한다고 보았다.

이 이분법은 언어나 경험, 사유와 표현의 영역에서 나타나고, 그 내용은 수동성과 능동성, 듣기와 말하기, 자발성과 수용성, 감각과 사유라고 할 수 있다. 이 둘은 서로 구분될 것이 아니라 통합되어야 하고, 그래서 하나로 얽혀야 한다. 이렇게 하나가 될 때, 언어는 비로소 살아 숨 쉬는 것이 되고, 나무처럼 자라나게 된다. 벤야민이 염원한바 '언어의 성스러운 성장'은 이때 비로소 가능하다. 여기에서 언어는 말 속에서 말할 수 없는 것과 숨겨진 것을 드러낼 수 있기 때문이다. 바로 이런 언어신학적이고 언어형이상학적인 뉘앙스로 하여 그의 언어관은 직관과 오성의 칸트적 구분을 전제하는 근대의 의식철학적 입장에 대한 비판이 된다.[18] 벤야민은 숨

O., S. 12.

18) Uwe Steiner, "Über Sprache überhaupt und über die Sprache des

겨진 것과 말할 수 없는 것을 드러내는 것이야말로 언어의 구제적
행위라고 보았고, 이것은 그의 '구제비평적' 입장이 지향하는 것
이기도 하다. 이것을 데리다는 언어가 지닌 본래의 계약적 의무로
해석한다.

이질적 언어들은 서로 얽히면서 충돌할 수 있어야 하고, 이 충
돌 속에서 새 관계는 만들어진다. 이 관계가 중요한 것은, 그것
이 언어적 의미 이전의 영역과 접하는 데 자리하기 때문이다. 예
를 들어 신의 언어는 언어적 의미작용의 이전에 자리한다. 그것
은, 인간의 언어와는 다르게, 말하거나 전달하는 것이 아닌 언어
다. 즉 언어 아닌 언어 또는 언어를 넘어선 언어. 따라서 그것은
이해의 대상이 될 수 없다. 그저 예외적으로 깨달아지거나 깨달
을 수 없는 무엇이다. 의미가 이해되거나, 이렇게 이해된 내용이
전달되려면, 그것은 인간의 언어를 통과해야 한다. 이런 이유에서
바벨탑 이후의 언어사용자는 직접적이든 간접적이든 번역자가 안
될 수 없다. 사람은 이제 온전한 의미를 직접 접하는 것이 아니라
조각난 의미를 번역해서 읽어내야 한다. 그래서 그의 마음은 자주
비애에 젖는다(비애의 감정은, 벤야민이 『독일 비애극의 원천』에서 보여
주듯이, 주로 언어의 파편화에서 온다).

번역은 이제 빚이고 임무이며, 채무이자 책임이고 당위다. 번역
자는, 데리다가 번역가 논문의 제목에서 읽어내듯이, "빚을 진 주
체로서", "상속자의 상태로", "살아남은 모습으로 하나의 계보학
으로 이입되는" 상태에 처하게 된다.[19] 언어사용자는 이제 기나

Menschen," Burkhardt Lindner(Hg.), *Benjamin Handbuch*, *a. a. O.*, S. 600.

긴 빛의 계보학을 구성하는 하나의 항목일 뿐이다.

그러나 기존과는 다른 언어에서 또는 언어의 번역가능성에서 역사의 다른 가능성도 생겨난다. 그러나 이 다른 역사가 이해와 공존을 증진하는 것이 아니라 갈등과 폭력을 야기한다면? 다른 언어 때문에 균열과 심연, 나락과 불충분이 불가피하다면, 이 균열은 마땅히 줄어들어야 한다. 이 균열된 현실에서 번역자는, 넓게 말하여, 글을 쓰는 사람은 빚을 진다고 느낀다. 그는 빚진 자의 채무의식으로 다른 언어와 역사에서 오해를 줄이려 한다. 이 줄임은 단순히 거짓을 삼가고 선의를 장려한다는 데 있지 않다. 그것은 의미의 진실을 추구하는 데 있지도 않다. 그것은 더 구체적이고 더 근본적이어야 한다. 그것은 무엇보다 의미하기의 경로, 즉 의미의 발생사와 계보학을 세세히 살피는 일이다.[20] 이 계보학적 탐구는, 벤야민의 맥락에서는, 그의 알레고리론이 보여주듯이, 무엇보다 의미생성이 아닌 의미와해의 경로를 주목하는 데 있다.

와해된 의미란 조각난 의미다. 바벨탑 이후 삶은 파편들 사이에 자리한 파편적 삶이다. 이 인간의 삶은 유한하다. 그의 생애는 하나의 파편으로서 또 다른 파편과 만나는 가운데 고갈된다. 이것은 언어에서 적나라하게 나타나지만, 이 언어가 느낌과 생각을 매개

---

19) Jacques Derrida, "Babylonische Türme," a. a. O., S. 134.

20) 이렇게 나는, 데리다가 "번역자의 부채가 어떻게 형성되는지, 그의 계보학이 어떻게 구성되는지 우리는 물을 수 있다"라고 썼을 때(Jacques Derrida, "Babylonische Türme," a. a. O., S. 136) 해석한다. 데리다 해석이 지닌 한 가지 통찰은 바로 의미형성의 계보학적 경로에 대한 문제제기에 있다고 나는 생각한다.

하는 활동인 한, 파편성은 감각과 사유와 인식과 표현에 두루 나타난다.

인간의 모든 것은 유한성의 근본한계 아래 있다. 그러므로 불충분성이라는 결함은 그에게 운명적이다. 이 한계가 세속적 삶의 끝없는 불화를 초래한다. 이 불화는 흔히 폭력으로 귀결하지만, 드물지 않게 죄가 되고, 때로는 침묵으로 이어진다. 얼마나 많은 좌절이 결국에는 입을 닫게 하는가? 그러나 바벨탑 이후의 인간은 순수한 언어가 불가능하다는 것 이상으로 이 불순한 언어로 또 다른 질서를 찾아야 한다는 것도 안다. 그것은 하나의 난관이다. 그런 의미에서, 히르슈가 지적하듯이, "바벨탑의 사건 자체가 원형 arche 없이, 그리고 목적telos 없이 존재하는 언어적 질서를 알레고리화한다."[21]

인간의 언어에는 이제 어떤 중심도, 어떤 통일적이고도 최종적인 심급도 없다. 하나의 판단은 또 하나의 판단으로 이어지고, 하나의 서술은 또 다른 서술로 이어지며, 하나의 해석은 다른 해석으로 이어진다. 이 이어짐을 채우는 것은 결함이고 불충분성이며 불완전성이다. 그리하여 어떤 지배적 원형도 자리하지 못한다. 모든 것은 쉼 없이 돌고, 끊임없이 이어진다. 이것은 내가 논평대상으로 삼은 벤야민의 글이나, 이 벤야민 글에 대한 데리다의 글에도 해당된다.

벤야민은 「번역가의 과제」를 보들레르의 「파리 풍경」에 대한 자기 번역의 서문으로 썼다. 벤야민의 글에 대한 데리다의 논평

---

21) Alfred Hirsch, "Die Aufgabe des Übersetzers," *a. a. O.*, S. 624.

은, 이것이 강디야크[M. de Gandillac]의 벤야민 번역을 읽고 쓰여진 것인 만큼, 강디야크의 벤야민 번역문에 대한 번역문이 된다. 벤야민이 쓴 '서문'이란 글이 보들레르 시에 대한 '안내적 번역'이라고 한다면, 벤야민의 글은 보들레르 글의 번역에 대한 번역이 되는 셈이다. 따라서 데리다의 글은 결국 보들레르 글에 대한 벤야민 서문(번역자 논문)에 대한 강디야크의 번역에 대한 데리다 자신의 해석적 번역이다. 그리고 이 모두는, 특히 벤야민의 번역자 논문은 쉽게 이해하기 어렵다. 즉 번역되기 어렵다. 그렇다면 벤야민의 텍스트는, 드 만이 정확하게 지적하듯이, "그 텍스트가 그 자체로 예시하는 것에 대한 한 사례가 된다." 다시 말하여 "번역에 대한 이 텍스트는 그 자체가 번역이고, 이 텍스트가 그 자신에 대해 언급하는 번역불가능성은 자기 자신의 짜임새 속에 거주하며, 내가 지금 시도해서 실패하고 있는 것처럼, 다음 차례에 번역을 시도할 어떤 사람에게도 거주할 것이다."[22]

벤야민의 번역자 논문이 번역불가능하다면, 그 텍스트는 그 자체로 번역불가능성에 대한 하나의 좋은 사례다. 그리고 이 번역불가능성은 번역자 논문의 번역자뿐만 아니라 이 논문에 대한 해석자와 논평자에게도 해당되고, 나아가 언어에 대한 여하한의 시도에도, 정도의 차이는 있는 채로, 두루 해당된다고 말할 수 있다. 그리하여 의미의 치환불능성은 모든 언어사용자에게 이어진다. 곳

---

22) Paul de Man, "Conclusions: Walter Benjamin's 'The Task of the Translator,'" *The Resistance to Theory*, Mineapolis: Minnesota University Press, 1989, p. 86.

곳에 의미의 파편이 있고, 그 불순성이 있다.

그렇다면 나의 이 글은 어떠한가? 그것은 보들레르의 작품–벤야민의 번역–벤야민의 서문–강디야크의 번역–데리다의 논문에 대한 하나의 논평이다. 다시 말하여, 나의 이 글은 다섯 번을 걸친 메타번역적 작업에 대한 비평적 논평이다. 우리는 번역의 번역의 번역의 번역의 번역이라는 번역의 기나긴 경로를 거쳐온 셈이다. 마치 원문과 원문 사이에 쓰이는 성서의 행간번역Interlinearversion처럼, 우리는 원전과 번역, 의미와 의미를 헤매며, 이 방황 속에서 어떤 의미의 계시를 기대하면서, 무수히 쓰인 것 위에 또다시 번역의 언어를 쓴 셈이다(벤야민은 이 행간번역이 모든 번역의 원형이라고 여겼다). 이 번역이 곧 번역불가능성이라면, 그래서 원문에 대하여 전적으로 파편화된 관계에 있다면, 어떤 온전한 지식도 불가능하고, 온전한 의도나 의미도 불가능하다. 번역의 번역의 번역……은 번역불가능성의 번역불가능성의 번역불가능성……으로 끝도 없이 이어지고, 이것은 곧 파편의 파편의 파편……과 다른 것일 수 없다. 순수언어가 있다면, 적어도 바벨탑 이후 그것은 이렇듯이 "항구적 괴리"a permanent disjunction ── "가장 심하게 쫓겨나고 가장 소외된 언어"가 된다.[23]

항구적 괴리를 앓아야 하는 추방되고 소외된 언어, 이것이 현대의 언어가 처한 자리이면서 의미의 자리이고, 이 언어와 의미로 구성되는 사회와 문화와 역사의 성격이기도 하다. 문학내적으로 보면, 그것은 비평의 자리이고, 문학이론의 방향이며 현대담론의 성격이자 비판철학의 길이다. 여기에는, 드 만의 문학비평이 주제화하듯이, 일체의 정전적 권위에 대한 탈정전화, 즉 의미의 유동성에 대한 옹호이자 여하한의 본질주의에 대한 의혹이 담겨 있다.[24]

순수한 언어의 부재와, 이로 인한 항구적 자리옮김과 의미의 괴리, 근원/원천/원문의 근본적 파편화 앞에서 번역과 해석과 논평은 불구일 수밖에 없다. 그래서 그것은 불완전한 형태로 무한하게 이어진다. 이것은 원형도 목적도 더 이상 불가능해진 시대를 사는 모든 자의 불행한 숙명이다. 문학과 비평의 언어와 시의 언어가 걷게 될 운명도 이와 다르지 않다. 이제 시의 언어는 순수한 언어와 아무런 관계가 없다. 그것은 순수하고 성스러운 것에 대한 '부정적 관계' 속에 있는 까닭이다.[25] 이 부정적 관계에서 번역자는 원문의 삶이 살아남게 만드는 일에 종사하고, 비평가는 작가의 작품을 살아남게 하는 데 복무한다. 그렇다면 나의 글은, 나의 비평적 해석은 살아남을 수 있을까? 우리는 이렇게 물을 수 있어야 한다.

오늘의 언어는 무수한 일탈과 붕괴, 파편화와 부정합을 견뎌내

---

23) *Ebd.*, S. 92..

24) *Ebd.*, S. 83. Paul de Man, "Reading and History," *Ebd.*, S. 57, 62.

25) Paul de Man, Conclusions: Walter Benjamin's 'The Task of the Translator,' *Ibid.*, p. 92.

야 한다. 나는 다시 언어의 가능한 성격과 사유의 성격, 문학적 성찰의 의미와 역사의 방향을 떠올린다. 글과 번역의 문제는 이 물음을 피할 수 없고, 피해서도 안 된다.

3. 번역-화해-약속-윤리

그렇다면 무엇을 할 수 있는가? 벤야민은, 이미 보았듯이, 원전과 번역, 낯선 언어와 자기 언어의 차이를 인정한다. 차이는 불가피하다. 그렇다면 핵심은 원전과 번역, 낯선 언어와 자기 언어, 출발텍스트와 도착텍스트의 관계이고, 이 관계의 중간지대이며, 이 중간지대가 갖는 매개적 가능성이다. 즉 매개를 통해 각자의 것을 어떻게 더 높은 수준으로 지향될 수 있는가가 관건이다. 왜냐하면 각각의 두 축은 그 자체로 완결된 실체가 아니기 때문이다. 매개의 지양은 그 자체로 화해적 행위다(데리다는 화해의 약속에 번역가의 가장 긴급한 과제가 놓여 있다고 보았다[26]).

언어의 화해는 도달할 수 없는 것, 다가갈 수 없는 것, 만질 수 없고 표현할 수 없으며 말할 수 없는 것으로 다가가는 데 있다. 이렇게 다가감, 다가가서 표현함 자체가 하나의 화해적 행위이고, 화해를 위한 약속의 실행이다. 데리다의 벤야민 읽기는 바로 이 점을 겨냥한다.

"그러한 영역, '언어들의 화해영역과 충족영역'은 번역으로 결코 도달되지도, 만져질 수도, 들어설 수도 없다. 어떤 손댈 수

---

26) Jacques Derrida, "Babylonische Türme," *a. a. O.*, S. 149.

없는 것이 있다. 이런 의미에서 화해는 하나의 약속이다. 그러나 하나의 약속은 아무러한 것이 아니다. 번역은, 약속을 지키기 위해 이 약속에 누락된 것만으로 특징지어지는 것은 아니다. 번역은 약속으로서 이미 하나의 사건, 즉 한 계약의 결정적 서명이다…… 화해를 약속할 수 있고, 화해에 대해 말할 수 있으며, 화해에 대한 갈망을 가지거나 그 갈망을 일깨울 수 있는 번역은 하나의 드문 그리고 중대한 사건이다."27)

데리다의 글은, 그의 다른 글이 그러하듯이, 요설체를 닮아 있다. 그것은 말놀이를 하듯이 한편으로 비슷한 뉘앙스를 띠며 끝없이 이어져 몇 가지 개념으로 요약하기가 어렵다. 그러나 다른 한편으로 그렇게 장황하게 이어지면서 번득이는 창의성을 보여주기도 한다. 그래서 놓칠 수가 없다.

위의 논의에서도 그러하다. 한 가지 핵심을 고른다면, 그것은 '번역의 화해적·약속적 속성'이라고 할 수 있다. 언어가 희원하는 '충족'이나 '화해'는, 그에 의하면, "결코 도달되지도, 만져질 수도, 들어설 수도 결코 없는" 것이다. 그렇지만 그것이 "아무것도 아닌 것은 아니다." 그것은 "화해에 대해 말할 수 있으며, 화해에 대한 갈망을 가지거나 그 갈망을 일깨울 수 있"기 때문이다. 그래서 "하나의 드문 그리고 중대한 사건"이 된다. 이 사건은 어떻게 이뤄지는가? 그것은 아마도 총체성이나 통일성 또는 절대성을 기대하지 않는, 그래서 섣부른 화해나 충족을 거부하는 비동일적

27) *Ebd.*, S. 148.

움직임, 이 움직임의 무한히 작은 시도가 될 것이다.[28] 이 화해적·약속적 성격으로 인해 번역은 의미 있는 사건이 된다. 우리는 이 점에서 '번역의 윤리'를 말해도 좋을 것이다.

원전이 언제나 동일하게 남아 있는 것은 아니듯이, 번역도 한번 시행되면 그것으로 영원히 고정되는 게 아니다. 원전과 번역은 상호작용하는 가운데 같이 변한다. 이런 변화는 결함이면서 동시에 가능성이고, 창출이면서 한계이기도 하다. 결함이고 한계인 한, 그것은 부채이며 책임이다.

인간은, 특히 바벨탑 이후 인간은 단일적 순수성으로부터 추방된 것으로 여겨진다. 그런 까닭에 모든 번역자/언어사용자/필자에게는 의미의 불순성과 불충분성 그리고 이로 인한 부채의식을 짊어져야 할 책무가 있다. 이 책임은, 소극적으로 보면 상이한 언어는 서로 관계해야 한다는 것을 의식하는 데 있고, 적극적으로 보면 이 교류가 화해로 이어져야 함을 자각하는 데, 그래서 스스로 충족되는 상태에 이르는 데 있다. 언어의 복원과 복원을 통한 상호이해, 이 이해 속에서의 화해는, 쉽게 도달되거나 획득될 수 없지만, 그에 대한 열망을 통해 그리고 이 열망을 실천하는 책임감 속에서, 조금씩 이뤄질지도 모른다. 그것은 거부되는 화해, 즉 화해불가능성에 대한 화해적 시도다. 불가능한 화해를 약속하고, 이렇게 약속된 내용을 지키고자 애쓰는 것은 그 자체로 윤리적이

---

28) 벤야민이 번역가 논문에서 강조한 핵심구절의 하나는 "언어들의 미리 규정된, 포기된 화해영역과 성취영역" 그리고 "의미의 무한히 작은 점들"이었다. Walter Benjamin, "Die Aufgabe des Übersetzers," *a. a. O.,* S. 15, u. S. 20.

> **" 불가능한 화해를 약속하고,**
> **이렇게 약속된 내용을 지키고자 애쓰는 것은**
> **그 자체로 윤리적이다. 번역의 윤리적 지평은**
> **무수한 불충분과 왜곡의 장애를 뚫고서 마침내 열린다. "**

다. 번역의 윤리적 지평은 무수한 불충분과 왜곡의 장애를 뚫고서 마침내 열리는 것이다. 번역으로 원전의 결함이 커질 수도 있듯이, 번역으로 순수언어가 더 멀어질 수도 있다. 이렇게 멀어지는 가운데 비순수와는 다른 무엇이 추구될 수도 있다.

그러므로 중요한 것은 왜곡과 불충분을 가로질러 말할 수 없는 것을 말하고, 표현할 수 없는 것을 표현하려는 지치지 않는 시도다. 왜냐하면 이름할 수 없는 것, 전달하고 지시할 수 없는 것에 언어의 객관적 토대는 자리하기 때문이다(번역의 객관성이란 신에게서 보장된다고 벤야민이 썼을 때,[29] 이 번역은 언어와 사유로 번역될 수 있을지도 모른다. 사유와 언어의 절대적 객관성이란 신 또는 신적 영역에서만 도달될 것이다). 그리하여 우리가 겨냥할 것은 단순히 언어 사이의 전달이나 소통, 재현이나 진술만이 아니다. 그것은 언어의 1차적 기능으로 사회적 관계에서 필수불가결하지만, 언어의 지향은 그 이상이어야 마땅하다. 무엇이 절실한 것일까? 이것을 나는 네 가지로 줄이고자 한다.

---

29) Walter Benjamin, Über Sprache überhaupt und die Sprache des Menschen, *a. a. O.*, S. 151.

첫째, 필요한 것은 원전과 번역의 깊은 차이나 균열을 인정하는 것이고, 둘째, 이 차이 속에서의 부채감과 책임의식을 지니는 것이며, 셋째, 언어적 부채의식 아래 손상되고 상실된 것을 광범위하게 복원시키려는 일이고, 넷째, 지속적 복원을 통해 대상과 언어, 의미되는 것과 의미하는 것, 과거와 현재, 객체와 주체의 화해와 공생을 도모하는 일이다.

여기에서 드러나듯이, 원문과 번역의 관계는 언어학적 의미전환의 차원으로 그치는 것이 아니다. 그것은 여러 형태로 변주될 수 있다. 신의 언어와 인간언어의 관계이듯이 사물언어와 인간언어의 관계로도 해석될 수 있고, 말 없는 타자와 말하는 사람의 관계이기도 하며, 더 나아가 이름할 수 없는 것과 이름된 것, 표현할 수 없는 것과 표현할 수 있는 것의 관계로도 읽을 수 있다. 이 앞의 것, 즉 말 없는 자연의 사물영역에 비하면, 말하는 인간의 표현영역이란 하잘것없다. 그러나 바로 그 때문에 이 관계를 제대로 조직해야 할 책무가 우리에게는 있다.

공생은 단순히 약속만으로 이뤄지지 않는다. 화해는 실행되어야 한다. 우리의 언어와 사유는 공생을 위한 왕래의 움직임, 즉 반성적 사유의 부단한 운동이어야 한다. 이 운동이 부단해야 하는 이유는 세계가 무한하기 때문이다.

모든 언어와 사유와 표현의 의미론적 노력은 아직 밝혀지지 않은 가능성의 무한지평으로 나아갈 수 있어야 한다. 그런 점에서 언어적 표현은 의미복원에 대한 약속이고, 이 약속을 통한 화해에 대한 시도다. 우리는 말할 수 없는 것의 예술, 침묵하는 것의 정치학, 표현할 길 없는 것의 윤리를 생각할 수 있어야 한다. 또 이렇게 생각할 수 있다면, 우리의 언어는 화해와 공생으로 나아가는 수행적 사건의 일부가 이미 되어 있다. 이 사건은 결국, 하나로 줄이면, 타자성에 대한 지향이고 타자성의 복원적 추구라고 할 수 있을 것이다. 타자성을 얼마나 포용하고 번역할 수 있느냐에 비례하여 인간언어의 윤리적 정도도 정해질 것이다. '오래가는' 언어, 이 언어의 지속성은 바로 이 윤리성에서 올 것이다.

3. '나락에서 나락으로'

그렇다면 문제는 언어와 사고가 지식의 총체성을 추구하면서도 이 추구가 동질성과 무차별성을 고집하는 것이 아니라 이질성에 열려 있고, 단절과 불투명성을 허용하면서도 유기적인 전체성에 대한 감각을 놓치지 않는 것이다. 그것은 아마 기존과 전혀 다른 방식으로 존재와 진리로 나아가는 길이 될 것이고, 이 길은 오늘의 경험적 구체를 외면하지 않아야 할 것이다. 남은 것은 무엇인가?

나는 여러 가지 것을 떠올린다. 데리다의 언어는 수사학적이고 현란하며, 그 사고는 전복적이며, 이때의 논리는 비약적으로 진행된다. 그러면서 많은 부분 반복되고, 그 가운데 어떤 것은 지극히 신선한 착상을 보여주기도 한다. 그리고 이 모든 것은, 강조될 사항은 이 점인데, 엄밀한 문헌학적 해석 위에 서 있다. 그의 독창적 사고는 어쩌면 이렇게 드러나는 착상의 신선함, 이 신선함이 펼쳐 보이는 새 의미지평이라고 해야 할 것이다. 벤야민 번역론에 대한 그의 시각에서 그 신선한 의미란 무엇일까? 번역의 문제를 바벨탑의 신화-신-신학-죄-부채-법-윤리의 문제로 연결지은 것은 데리다였다. 이 점에서 나는 오늘날 글쓰기가 갖는 의미에 대한 어떤 중대한 문제제기, 말하자면 단순히 언어나 번역의 문제를 넘어 사고와 표현과 언어일반의 지향성에 대한 근본적 통찰이 들어 있다고 생각한다.

다시 뒤집어 생각해보면, 이 문제의식은 데리다 해석에서 논의의 중심을 이루지만, 벤야민에게도 없는 것은 아니다. 어쩌면 그것은 벤야민 사유의 핵심이라고 해야 할지도 모른다. 그런 만큼 데리다의 해석방향은 적확한 것이었다고 할 수 있다. 벤야민 언어번역론의 요체는 "언어의 성스러운 성장"이나 "어떤 더 큰 언어의 조각", "아주 가까이 그러나 무한하게 먼"이나 "의미의 무한하게 작은 점들" 또는 "의미는, 그것이 바닥 없는 언어의 깊이에서 자신을 상실하게 될 때까지 나락에서 나락으로 떨어지고" 등에 들어 있다고 해야 할지도 모른다.[30] 더 간단히 말해, 그것은 '번역가능성'이고 '계속 살아남'이며 '성숙해간다'는 것이다. 그것은 하나의 언어가 더 크고 넓은 언어로 나아가는 일이고, 더 진전시키면 언어 자체가 없어지는 곳으로, 즉 무한하게 작고 먼 영역으로 침투해 들어가는 일이며, 그래서 급기야 언어 자체를 지우는 일이 된다.

언어는 언어의 부재, 다시 말해 침묵과 무표현의 영역으로 나아가야 하고, 이 영역의 이질성을 받아들일 수 있어야 하며, 그러기

---

30) Walter Benjamin, "Die Aufgabe des Übersetzers," *a. a. O.,* S. 14, 18, 19, 20, 21.

위해 무수한 단절과 균열을 넘어서야 한다. 벤야민의 번역론과 언어론뿐만 아니라 벤야민을 읽는 데리다의 핵심적인 해석 시각도 바로 이 점에 있는 것 같다.

그렇다면 나는 어떻게 해야 하는가? 언어와 번역과 글과 사유에 대한 우리의 생각은 어떤 식이어야 하는가? 이것은 벤야민과 데리다를 읽는 현재의 이유이기도 하다. 벤야민과 데리다를 읽는다는 것은 오늘의 학문활동에서 어떤 의미를 지니는가? 현대의 관점에서 바벨탑의 언어를 생각하고 아담의 언어와 야훼의 전언을 기억하며, 근원지식을 떠올리면서도 여하한의 총체화가 불가능하게 되었지만, 그런데도 살아 있는 유기적 전체를 생각하는 것은 무슨 의미를 지니는가? 그리고 이 혼탁하고 단절된 전체성 아래 글을 쓴다는 것은, 사고와 문화의 옮김 행위란 과연 무슨 의미를 지니는가?

벤야민의 언어번역론과 이 벤야민을 읽는 데리다의 관점에는 언어메시아적 시각이 들어 있다. 그러나 이것은 그 해석적 시도가 의미의 법칙을 처음부터 내세적·초월적 차원에서 추구하지 않는다는 점에서 신학적이지 않다. 또 이들이 염두에 두는 의미의 총체성이 단일한 통일성을 전제하지 않는다는 점에서, 그것은 전통 관념론과도 구분된다. 오히려 의미의 균열과 와해, 이질성과 불투명성을 전제한다는 점에서 전복적이고, 따라서 현대적이다. 이 현대적인 벤야민의 사유에는 물론 해체주의라는 급진주의적 방법론이 큰 역할을 한다고 해야 한다. 그러나 중요한 것은 동원되는 방법론이 무엇인가라기보다는 이 방법론이 보여주는 논의의 설득력 정도다. 이 설득력의 관점에서 보면, 벤야민을 읽는 데리다의 해석에는, 나의 판단으로는, 중요한 문제의식이 들어가 있는 것으로 보인다. 그 문제의식이란 이것이다.

이제 인간의 언어는, 적어도 현대의 언어는 여하한의 의미동일성을 고집할 수 없다. 의미의 순수성이 보장되는 안온하고 편리한, 그래서 무갈등적인 진공상태에서 글을 쓰는 것은 더 이상 불가능하다. 우리는 우리의 언어가 심연에서 심연으로 추락하는 것을 피할 수 없고, 이렇게 거듭되는 추락 속에서 의미가 증발하고 전체가 소멸되는 운명을 회피해서도 안 된다. 데리다가 다음과 같이 썼을 때, 그는 이 점을 직시한 것으로 보인다. "나락에서 나락으로 그것(『창세기』의 텍스트 - 옮긴이)은 바벨탑을 부순다. 그것은 모든 탑을, 모든 어법과 모든 길을 해체하고, 탑들과 어법들, 모든 종류의 길을 일정한 리듬에 따라 해체한다."[31] 우리는 의미의 무한한 추락과 소멸에서 낯선 타자와 만난다. 그리고 이 만남에서 어떤 책임성, 즉 있을 수 있는 통합이나 근원지식에 대한 의무를 느낀다.[32]

도의란 빚이다. 빚이란 반드시 갚아야 하는 것, 그래서 당위이

---

31) Jacques Derrida, "Babylonische Türme," *a. a. O.*, S. 162.
32) 벤야민의 번역사고에서 주제화되는, '언어의 저편으로 다가간다'는 것은 타자의 텍스트에 다가간다는 뜻이 될 것이다. 이 점에서 그의 사고는 레비나스의 언어철학적 사고와 이어진다고 볼 수 있다. "타자에 노출된 윤리적 상황", "타자에게 무심할 수 없다는 것", "타자에의 빚짐" 또는 부채의식은 "모든 소통과 번역의 조건"이기도 하다. 여기에 대해서는 Alfred Hirsch, "Die geschuldete Übersetzung. Von der ethischen Grundlosigkeit des Übersetzens," ders.(Hg.), *Übersetzung und Dekonstruktion, a. a. O.*, S. 421. 이렇게 레비나스의 관점은 데리다의 시각과 일정하게 겹쳐진다.

고 책임이 된다. 우리가 어떤 새로운 통일성을 떠올리는 것은, 그래서 지식과 행동이 분리되지 않고, 도덕적인 것과 정치적인 것이 서로 만나며, 시와 철학을 함께 생각하는 유기적 전체를 떠올리는 것은 바로 이 대목에서다. 그러나 이 전체성이란 즉각적인 전체성이 아니라 여러 우회로를 거쳐온 전체성이고, 그 때문에 매끈한 전체성이 아니라 상처투성이의 전체성이다. 이 전체성이야말로 벤야민의 '성스러운 언어의 성장'과 데리다의 해체주의적인 벤야민 독해가 맞닿는 지점으로 보인다.

그러므로 언어는 의미 동일성이나 의미 이질성의 문제가 아니라, 이 둘 사이의 긴장이고 운동이며 상처이고 싸움이다. 그것은 이 운동을 통한 현실의 견딤이고, 이 견딤 속에서 세계의 타자성으로 나아가는 도전이다. 전체화하는 여하한의 노력들이 해체되어야 하듯이, 해체되어 파편화된 것들은 다시 통합될 필요가 있다. 상위분과와 하위분과, 이론적 분야와 실증적 분야, 경험의 차원과 형이상학의 차원은 말의 궁극적 의미에서 분리될 수 없다.

인공적으로 구분된 범주는 근대 이후의 구분화하는 인식틀 위에 놓여 있고, 그러는 한 근원지식에 대한 잘못된, 그래서 바람직하지 못한 번역이 된다. 그러므로 분리된 것은 통합되어야 하고, 통합된 것은 해체되어야 한다. 이런 생각은 언어와 번역에서 우선 타당하지만, 나아가면 이론과 사유, 철학과 글쓰기의 한 지향점이 될 수도 있다. 그것은 새로운 창출의 문제이고, 이 창출을 통해 어떻게 진리에 다가가고, 이 진리나 신의 법은 어떻게 이해될 수 있는가라는 문제와 분리될 수 없다.

데리다의 벤야민론에서 문제시된 것은 단순히 바벨탑의 언어가 아니라 바벨탑이 붕괴된 후의 언어이고, 이 언어가 가진 수행적이고 실천적 측면이었다. 그러는 한 언어는 '현실의 해명과 그 갱신'이라는 실제 문제에 관여한다. 그리고 이 관여 뒤에는, 의식하든 의식하지 않든, 근원지식이나 화해에 대한 염원이 자리한다. 모든 글과 사유는 단절과 불투명에 열린 근원지식에의 참여이고, 이 참여를 통한 현실교정에의 시도이며, 이렇게 개입하면서 이뤄지는 수행적 실천의 사건인 것이다.

그러므로 중요한 것은 한 언어와 다른 언어, 한 텍스트와 다른 텍스트의 관계방식이고, 이 관계방식이 드러내는 불균형적이고 비대칭적인 중간세계를 어떻게 파악할 것인가이며, 이 파악을 통해 우리가 어떻게 새로운 의미지평을 열어 보일 것인가다. 다시 말해 관계의 변형가능성에 대한 주의, 그리고 이 유동적 중간항의 포착 속에서 언어는 자신의 숨겨진 면모를 보여주고, 이 숨겨진 가능성으로 인해 작품은 더 오래 살아남는다. 이것이 바로 벤야민이 말하는 것처럼 "좀더 높은 언어의 감춰진 씨앗을 성숙하게 하는 것"이고, "언어의 성스러운 성장"을 기하는 일이다.[33]

생성과 소멸의 과정은 곧 언어의 역사를 이룬다. 언어의 이질성이 언어의 문장론적이고 의미론적이며 화용론적 차원을 갱신시키면서 한 언어를 비로소 살아 있게 만들고, 그 생성변형의 역사를 추동한다. 이 언어가 문화적 의미형식에서 대표적인 것인 한, 언어의 변형과정은 곧 문화의 변형과정이다. 자기 것과 타자의 것, 고유한 것과 이질적인 것의 관계는 모든 언어의 내용이자 문화의

---

33) Walter Benjamin, "Die Aufgabe des Übersetzers," *a. a. O.*, S. 14.

혼종화 그리고 그 결정화結晶化 과정을 구성한다. 그러니까 우리는 언어적 갱신을 통해 문화적 의미론의 재구성에 참여하게 되는 것이다.

그러므로 우리는 낯선 타자와의 만남, 그 포용과 혼합에 적극적일 필요가 있다. 우리는 수많은 언어의 낯섦에 열려 있어야 하고, 그 이질성에 개방적이어야 한다. 순수하고 진실한 언어의 씨앗은 타자성의 이 낯선 영역 안에 거주하기 때문이다. 이 낯섦을 언어로 옮기는 가운데 기존과 다른 제3의 것은 마침내 창출될 수 있을지도 모른다. 그러니까 이질성은 절대적 타자성 속에서 고립되어야 할 것이 아니라 자기 언어 속으로 불러져야 하고, 각자의 모국어 안으로 부단히 옮겨져야 한다. 이렇게 부단히 번역될 때, 사물의 타자성은 조금씩 구제될 수 있을 것이다.

단순히 언어의 한 표현이나 어떤 의미가 중요한 게 아니라 이 의미와 의미, 표현과 표현의 상호교차가 중요하고, 번역을 통한 상호소통의 가능성과 이해확장에 대한 시도가 중요하다. 이 소통가능성이란 벤야민이 강조한 번역가능성이고, 데리다가 주목한 언어의 윤리적 수행성일 것이다. 상호교차에서 관계의 의미론적 망은 구성된다. 이쯤에서 나는 관계의 언어와 관계의 사유, 긴장의 언어와 긴장의 사유를 떠올린다.

4. 부채의식으로부터: 바벨탑 이후의 언어

> 왜냐하면 더 이상 근원적인 언어—절대적으로 처음이었고,
> 담론의 무한한 운동을 근거짓고 제한했던—는 이제 없다.
> 앞으로 언어는 시작 없이, 끝도 없이 그리고 약속도 없이 자라날 것이다.
> 문학의 텍스트는 이 공허하고 근본적인 공간의 경로로 그려진다.
>
> ■ 푸코, 『말과 사물』(1966)

벤야민의 언어번역론에는, 이미 여러 차례 언급했듯이, 신학적 요소가 짙게 깔려 있다. 그것은 '언어의 가장 내밀한 관계'나 문학의 본질로서의 '측량할 수 없는 것, 비밀에 찬 것'을 강조하는 데서 우선 나타나지만, 의미가 근본적으로 언어에 '숨어 있다'고 보는 데서 좀더 분명하게 나타난다. 더 나아가면, 언어가 언어적 역사의 메시아적 종말에 이르도록 성장해야 한다고 주장하는 데서도 나타난다. 그러나 궁극적으로 보면, 그의 언어신학적 입장은 언어와 번역이 삶의 구제를 지향한다는 점으로 수렴되는 것으로 보인다. 이 언어신학적 입장은 한편으로 논지를 흐리게 하면서, 다른 한편으로 이 논지에 어떤 함의나 깊이를 부여한다.

벤야민적 의미에서, 참된 언어는 침묵과 무긴장 속에 남는다. 이 긴장 없는 휴식, 이 휴식의 말 없음에서 언어는 사물을 닮아 있다. 그것은 절대의 언어이고 영원의 언어이기 때문이다. 또는 신적인 언어일 수도 있다. 그것은 말해진 말이 아니고, 입 밖에 내어진 말이 아니다. 입속에 머물고 있는 언어이고, 어쩌면 이 입안에는 아예 없는 언어인지도 모른다. 그러나 이 언어에 도달하기란 쉽지

않다. 도달, 성취, 화해는 오직 약속의 형식으로 남는다고 했다. 이 절대의 언어에 인간이 도달할 수 없다면, 우리가 할 수 있는 것은 무엇인가? 이러한 물음은, 바꾸어 말하면, '바벨탑 이후의 인간언어는 어떠해야 하는가'가 된다.

그러나 바벨탑의 신화를 서구문화에서처럼 굳이 거론하지 않더라도, 현대세계는 와해될 대로 와해되어 있다. 푸코가『말과 사물』에서 거듭 강조한 것도 언어와 세계, 말하는 것과 보이는 것 사이의 근본적 단절이었고, 이 단절은 근대세계, 즉 바로크 이후의 인류사에 나타나는 주된 특징의 하나였다. 이것은 오늘날에 와서 더 심각하게 되었다.

언어는 다양하고 의식은 분열되어 있으며, 국가와 국가의 정치경제적 관계는 살벌하고 문화적·종교적 갈등이 역사의 그 어느 때보다 첨예하게 대립되어 있다. 이 갈등의 편재화 속에서 인간의 언어가, 사유와 표현과 번역의 활동이 이전과 같을 수 없다. 데리다의 해석이 벤야민 문제의식의 1990년대식 번역이었다면, 우리는 데리다의 이 해석을 자본주의적 금융체제가 그 중심부로부터 무너져 내리고 있고, 인간의 생활세계가 그 어느 때보다 양극화로 치닫고 있는 오늘의 현실에서 재구성해야 한다. 그러면서 우리는 데리다의 문제의식으로부터 한 걸음이라도 더 앞으로 내디뎌야 한다. 이 걸음이 언어에서 행해진다면, 그것은 어떻게 될까? 이점에서 나는 언어와 사유의 층위를 생각하고, 양피지palimpsest처럼 쓰인 것을 지우고 그 위에 다시 쓰는 것으로서의 의미론적 구성작업을 떠올린다.

바벨탑 이후의 언어는 근본적으로 의미의 균열과 소통의 부재

그리고 표현할 수 없다는 무능력을 자인하는 데서 시작한다. 마치 실낙원의 인간이 흙으로 돌아갈 때까지 땀을 흘려야 하듯이, 가시덤불과 엉겅퀴로 뒤덮인 언어의 텃밭에서 그는 의미의 낱알을 하나씩 일궈야 한다. 그는 영원히 살 수도 없고, 구제받을 수도 없다. 전적인 불투명성 속에서 말은 행해지고 글은 쓰여진다. 언어는 무수히 적힌 것 위에 덧쓰는 것이고, 사유는 무수히 행해진 것 위에 또다시 포개어지는 것이다. 최종근거 또는 근원적 언어는 없기 때문이다. 언어와 번역, 표현과 의미는 이렇게 겹겹이 쌓이고 허물어지며 더해지고 빼지는 가운데 다시 시도된다. 현대의 문화란 이 눈먼 분투 속에 누적된 허망하기 짝이 없는 유산의 전부를 지칭하는 것인지도 모른다. 그러면서 그것은, 마치 인간의 몸처럼 흙에서부터 나와 다시 흙으로 돌아간다. 인간을 뜻하는 '아담'Adam의 히브리어 원뜻은 '흙'adama에서 왔다.

그렇다면 이 글 역시 무한하게 이어지는 의미와 무의미의 끝없는 원환에서 하나의 파편이나 무의미한 흙덩이로 자리한다. 번역 후의 번역, 언어 이후의 언어를 생각하는 나는 종이 한 장의 가볍고 덧없으며 하찮고 무의미한 무게를 떠올린다. 4.8그램의 A4용지 한 장에 과연 무엇을 담을 수 있을까? 그것은 무자비할 정도로 중대할 수도 있다.

이제 필요한 것은 무엇보다 인간 언어의 왜소함, 그 제한적이고 간접적이며 부분적인 성격을 인정하는 것이다. 그러면서 그것은 더 나은 가능성에 대한 약속으로 자리한다. 그것은, 적극적으로 보면, 인간 언어의 근본적 상대성이나 단계성이나 전적인 불완전성을 고민하는 것인지도 모른다. 이 말은, 우리의 언어가 어떤 것이건 좀더 크고 넓은 언어의 일부임을 자각한다는 뜻이기도 하다. 그것은 자신의 언어를, "마치 파편이 그릇의 조각을 이루듯이, 좀 더 큰 언어의 조각으로 인식하는 것"이다.[34] 또는 자기 언어의 변 방성을 자각한다고나 할까?

언어의 근본적 결함을 생각하면서, 그러나 이 결함이 있는데도 어떤 다른 가능성도 저버리지 않으면서, 바로 이 희망의 힘으로 해 석하고 번역하며 주석하는 과제를 무한히 치르면서, 그리하여 이 언어가 오직 미래에 열린 약속이 될 때, 우리의 언어는 진실해질 수 있다고 말할 수 있을지도 모른다. 적어도 이런 겹겹의 문제의식 이 없다면, 우리의 언어는 '골짜기의 통용어'가 되지 않기 어려울 것이다.[35]

---

34) *Ebd.*, S. 18.
35) 얼마 전에 읽은 실로네(I. Silone)의 『빵과 포도주』(최승희 옮김, 한길사, 1981)에는 이런 재미있는 대목이 있다. 그것은 '바벨탑 이후의 인간 언어' 가 처해 있는 근본적 왜소성을 생각하는 데 좋은 생각거리를 제공해주는 것으로 보인다.
"샤탑 노인은 골짜기 전체에서 샤탑이라는 그 이름으로 알려져 있었 다…… 젊었을 적에 그는 아메리카에서 그와 같은 고향사람 밑에서 일꾼 으로 일했는데, 카를로 캄파넬라라는 그 사람은 뉴욕 멜베리 가에서 겨울 에는 석탄을 팔고 여름에는 얼음을 파는 사람이었다. 사실 그 사람은…… 뉴욕에선 찰스 리틀 벨 얼음석탄 주식회사 사장이 되었던 것이다. 그는 그 의 일꾼을 짐 나르는 짐승으로 취급했다. 그 불쌍한 짐승이 불평할 때마다, 리틀 벨 씨는 그에게 '샤탑!'이라고 고함쳤다.
샤탑이라는 말은 영어로 '입 닥쳐!'라는 뜻인 모양이었다. 아메리카에서 4, 5년을 보낸 뒤, 샤탑이 피에트라세카 마을로 돌아왔을 때, 그가 아는 유일 한 영어는 '샤탑'뿐이었고, 그는 기회 있을 때마다 그 말을 되풀이하였다. 그의 마누라는 도대체 입도 벙긋할 수가 없었는데, 그녀가 입을 열 때마다 카프카는 '견해란 저술에 대한 절망의 표현'이라고 썼지만, 사물에 대한 저술도 절망의 표현이라고 할 수 있다. 그렇다면 책이나 언어에 대한 언어는 절망에 대한 절망의 표현인 셈이다. 새로운 시도는 이 절망적인 안간힘에서 온다. 우리는 원전과 번역의 간극을 서술하면서 전달불가능성을 드러낼 수 있다. 이 전달불가능성은 또 무한하게 이어질 수도 있다. 순수한 언어는 무한하게 이어지는 이 흔적을 담는다고 할 수 있다. 이 흔적의 기록 속에서 번역의 불충분은 조금씩 상쇄되고 경감되며 보충될 수도 있을 것이다. 그러나 언어의 서술과 보충 그리고 표현에서 간극의 허전함

남편이 손가락을 입에 갖다대며 '샤탑'이라는 뜻을 넌지시 알리기 때문이었다.

이렇게 해서 샤탑이라는 말은 그 골짜기의 통용어가 돼버리고 말았다. 그것은 피에트라세카 마을에 알려진 유일한 영어표현이었고, 그 예스럽고 변변찮은 농민 전통 속에 끼어든 현대적인 외국문명의 유일한 요소였다"(301~302쪽).

인류 전체의 영어가 있다면, 뉴욕의 영어가 있고, 이 뉴욕에 사는 얼음석탄 사장(리틀 벨)의 영어가 있는가 하면 그 밑에서 '샤탑'이라고 욕을 들으며 짐승처럼 일하던 일꾼(샤탑 노인)의 영어가 있다. '셧업'(shut up)이 '샤탑'으로 변질되고, 이 샤탑의 의미는 이탈리아의 농촌마을에서는 현대적 외국문명을 대변하는 "유일한", "골짜기의 통용어"로 다시 변질된다. 현대인의 언어란, 그 경로는 다를지언정, 마치 '샤탑'처럼 축소될 대로 축소되어버린 궁색한 골짜기 언어라고 해야 할지도 모른다. 또는 오늘날 사람들은 몇 가지 자기 분야의 전문술어를 가지고, 마치 그것이 언어적 지시/표현 가능성의 전체인 양 여기며 살아가는 샤탑 노인과 같은지도 모른다. 인간은 가죽만 남은 타락한 언어에서, 그 실체는 한 번도 알거나 만져보지 못한 채, 그 껍데기만 지칠 대로 만끽하면서 전 생애를 탕진하는 가련한 존재인지도 모른다.

은 그저 조금씩 충족될 뿐이다. 진리의 언어는 얻기 어렵지만, 그래서 언어적 불화를 해소할 수 있는 가능성은 어디에도 없지만,[36] 설령 진리의 언어를 얻는다고 해도 그건 순간에 불과하지만, 그럼에도 그것을 찾아내려는 노력은 소중하다.

다시 묻자. 어떤 책임인가? 그것은 의미의 전적 불가능성 속에서 온전한 것 또는 이 온전함에 가까운 것으로 가능한 한 다가가야 하고, 이것을 만들어야 하며, 이렇게 만들어야 하는 사실을 하나의 빚으로, 과제로 그래서 책임으로 여기는 일이다. 그래서 이 책임의식에서 언어의 윤리를 찾고 글쓰기의 의미를 찾는 것이다. 말하지 못한 것, 생각하지 않은 것을 사고의 안과 밖에서, 또 언어의 경계선 위에서 종횡으로 드러내는 것, 여하한의 기원과 본성과 동일성에 저항하면서 삶의 주변을 채우는 어두운 그림자로 나아가는 것, 그리하여 모든 억눌린 것을 복원하고 소생시키는 것이 바벨탑 이후의 언어적 책임이다. 그럴 수 있다면, 이 언어는 정치윤리적일 수 있을 것이다. 어둠과 침묵과 친교하는 한, 그 언어는 이미 타자의 일부인 까닭이다.

채권자가 아닌 채무자의 의식, 온전한 전체의 부채의식이 오늘의 윤리적 언어를 지탱한다. 그리하여 우리는 이렇게 말할 수 있

---

36) 「번역자의 과제」에서 전개된 언어적 불화의 해소불가능성이라는 벤야민의 생각은 기독교적 · 해석학적 언어사고와는 대조를 이룬다고 히르슈는 지적한다. 후자의 경우, 성령강림절(오순절)을 통해 예수의 권능이, 언어적 능력을 포함하여, 제자들에게 나누어지고, 그 때문에 언어적 불화는 그 나름으로 해소된다고 볼 수 있기 때문이다. Alfred Hirsch, "Die Aufgabe des Übersetzers," *a. a. O.*, S. 621f.

다. 언어의 불충분성을 인식하고 재구성하려는 노력보다 언어활동에서 더 중대한 것은 없다라고. 죽을 운명의 인간이 가진 언어와 사유와 행동은, 궁극적으로 보면, 이 지점으로 수렴된다고 말할 수 있을지도 모른다.

문제는 항구적 언어불화 속에 자리한 대상과 언어, 원문과 번역, 의미되는 것과 의미하는 것, 표현과 내용의 관계이고, 이 관계의 중간항에서 자라는 균열을 좁히려는 구성적 노력이다. 오늘날 시도되는 구성적 노력은 의미구성의 근본적 불순성을 넘어서야 한다. 여기에서 핵심은 다시 전달할 수 없고 표현할 수 없으며 말할 수 없는 것들의 낯선 질서이고, 이 질서를 이루는 무한히 작은 요소들이다. 이 허다한 목록 앞에서 심연과 심연, 나락과 나락을 오고가며 느끼는 무력감과, 무기력한데도 견지되어야 할 타자성의 침투, 이 침투를 통한 낯선 것의 포용, 그리고 이 포용 속에서 실현되는 어떤 화해의 드문 몸짓…… 이것이 화해의 약속을 지키는 실천행위들이다. 이것이 바벨탑의 건설 이후 언어가 자기의 부채를 탕감하는 납득할 만한 방식이다.

그렇다. 권리의식이 아니라 부채의식이 오늘의 언어를 지지한다. 이것은 바벨탑 이후의 언어가, 특히 문학과 예술과 비평의 언어가 지닌 하나의 납득할 만한 목표가 될 수 있을 것으로 보인다. 그러므로 복원되어야 하는 것은 전체에 대한 감각이고, 지식의 전체성이며 유기적 총체성이다. 또는 이성과 이 이성의 통일적 표현으로서의 합리적 행동을 지향하는 것이다. 그러나 이 통일성은, 거듭 강조하건대, 순수한 동질성이나 무차별성이 아니다. 그것은 균열을 포용하고 이질성에 열려 있으며, 여하한의 순진한 전체성을 간섭하는 것이다. 오직 그럴 수 있을 때 언어는 자라날 수 있고 작품은 살아남을 수 있다.

부단히 성장해가고 이 성장으로 살아남는 것을 '약속'하지 못한다면 언어는 언어가 아니다. 적어도 그것은 믿을 수 있는 언어가 되기 어렵다. 이제 언어는 그야말로 전방위적 감시, 다시 말해 타자감시뿐만 아니라 자기감시의 시선을 내장해야 한다. 그것은 대상언어이면서 주체언어가 된다는 것을 뜻한다. 진실한 언어는 언어 이전의 언어에 주의하듯이, 언어 이후의 언어에도 귀 기울여야 한다. 그것은 일체의 장르구분적 제약을 넘어 광대한 저편으로서의 타자적 무한성과 교통할 수 있어야 한다. 이 접점에서 언어는 침묵이 되고, 침묵은 표현이 되며, 시는 철학이 되고, 음악은 그림이 될지도 모른다. 우리는 하나로 되는 포용적 활동 속에서 비로소 존재로 나아갈 수 있을지도 모른다. 시가 되는 철학 속에서 신의 질서 안으로 들어설 수 있을까? 여기서 언어는 풀처럼 자라날 것이며, 사유는 잎처럼 번성할 것이다. 이렇게 자라나는 시의 언어는 시 이외의 영역, 다시 말해 비시적 전체에 대한 성찰을 멈추지 않을 것이다. 성스러운 언어는 근본적으로 타자지향적이다.

그러므로 참된 언어는 언어의 언어여야 한다. 그것은 언어 너머의 언어여야 하듯이 언어 이전의 언어여야 하고, 동시에 언어 이후의 언어여야 한다. 진실한 언어는 그 어디에서도 대상을 지시하거나 전달하는 데 자족하지 않을 것이고, 억누르거나 자기 자신을 특권화하지 않을 것이다. 그것은, 대상이든 자기든, 절대화하는 심급으로부터 자유롭고자 하고, 오직 부단히 매개적이고 부단히 번역적이고자 한다.

이 번역적 매개를 통해 언어는 감각적인 것과 지적인 것, 현실적인 것과 이념적인 것을 하나로 모을 수 있을지도 모른다. 그래서 스스로 갱신해나갈 수 있다. 성장과 갱신과 교정을 거듭하지 못한다면, 언어는, 그것이 문학의 언어든 철학의 언어든, 진실되기 어려운 까닭이다. 성장과 갱신은 말의 법이 모든 언어의 사용자에게 부과하는 빚이다. 이 빚은, 언어의 사용자가 언어를 통한 반성을 겹겹으로 실천해나갈 때, 조금씩 탕감될 수 있을 것이다. 그러므로 언어가 내딛는 걸음걸음은 그 자체로 새로운 도전이고 출발이며 시작이다. 이 도전은 이질적인 것이나 양립불가능한 것과의 만남에서 이뤄진다. 여기에 대한 윤리적인 부담을 짊어지지 않는다면, 언어는 달리 쓸모 있기 어려울 것이다.

결국 언어는, 그것이 자기 아닌 것에 얼마나 열려 있고, 불투명하고 순수하지 않은 것을 얼마나 포용하며, 이렇게 포용하는 자신의 언어가 얼마나 보편적인 언어로 번역될 수 있는가에 따라, 오직 그만큼만 정당성을 얻을 것이다. 타자로 열린 정도만큼만 언어의 자기 정당성은 확보될 것이다. 언어는 그때에야 비로소 '성스럽게 자라날' 수 있을지도 모른다.

언어적 성스러움은 타자적 개방성의 정도 또는 의미의 나락으로부터 또 다른 의미의 나락으로 얼마나 자신을 투신할 수 있는가, 그래서 언어가 얼마나 무언어에 자신을 노출시킬 수 있느냐에 달려 있을 것이다. 순수언어의 상환불가능성이 번역의 운동을 추동하고, 언어와 사유의 무한한 반성을 이끈다. 이 움직임이 성공하기란 지극히 어렵지만, 계속해서 기존과 다르게 번역되고 해석되고 쓰이지 않는다면, 구원은 아마도 인간의 것이 되기 힘들 것이다.

제14장

화해적 단절: 문화사 이해

인류는 자신의 과거와 화해적으로 결별해야 한다.

■ 벤야민, 『아케이드 저작』, V/1

'앞으로 발터 벤야민을 어떻게 읽을 것인가'에 대한 가장 간단한 답변은, 지금까지 그를 어떻게 읽어왔는지를 살펴보면, 어느 정도 드러난다. 이른바 수용사다. 그의 수용사는, 1차적으로 1950년대 이후 전개되는 다양한 이론적 전취경로를 보면 대략 스케치된다. 여기에는 문예학적 관점뿐만 아니라 마르크스주의나 유대 메시아주의의 해석도 있고, 매체론이나 문화학, 젠더연구와 기억론 나아가 해체주의 쪽에서 한 논의도 있다.[1] 그러나 이런 흐름을 굳이 의식하지 않는다고 해도, 그의 글은 어느 것이나 몇 가지 도식으로 환원되기 어렵고, 그래서 언제나 어떤 개념적 규정을 빠져나간다. 그렇다는 것은 더 많은 관점과 더 복합적인 사고로 그 글

---

1) Thomas Küpper u. Timo Skandies, "Rezeptionsgeschichte," Burkhardt Lindner(Hg.), *Benjamin Handbuch*, Stuttgart, 2006, S. 17~56.

을 이해해야 함을 뜻한다.

사실상 이런 이해와 해석의 어려움은, 독창적인 비평가이자 문예학자로서 벤야민이 가진 문제의식이 다채롭게 퍼져나가는 것인 만큼 당연하다고 해야 할 것이다. 일반적인 관점에서 보더라도, 그의 글에서는 많은 주제가 간단하게 분류하기가 불가능하리만큼 착잡하게 얽혀 있다.

예를 들어 언어의 문제에는 해석과 번역의 문제가 녹아 있고(언어 이론, 미메시스론, 유사성론), 언어의 문제에는 필연적으로 진리와 인식의 문제뿐만 아니라 구원과 초월의 문제도 겹쳐 있다(인식론과 유물론적 신학론). 이것이 글쓰기와 관련되면, 저널리즘 활동과 문예평론으로 이어지고(여기서는 피억압자에 대한 연대의식이나 예술 비평관이 드러난다), 이 경우 좌파 지식인으로서의 정치적 자기입장은 더 면밀하게 규정되며, 윤리적 태도는 좀더 의식적으로 된다. 이 정치적 입장은 매체론에서 직접적으로 표명되지만, 문학 에세이에서는 어느 정도 중화되면서 더 풍부해진 함의가 담긴 글로 나타나고(프루스트론이나 카프카론이 그렇다), 자전적 수기에서는 '사고이미지'라는 형태로 아주 내밀한 울림을 남긴다. 행복의식은 이 어디쯤의 곳곳에 흩어져 있다. 내밀하고 사적인 뉘앙스는 다시 역사에 대한 강력한 이념적 구성과 이어지고(역사철학), 이 구성의지는 19세기 파리 분석을 통해 총체적인 형태로 구현된다(근대성 분석과 현대도시론).

하지만 이런 관점에서만 벤야민을 이해할 수 있는 것은 아니다. 요즘 흔히 말해지는 문화학적 시각에서, 또 후기식민주의적 문화 상황의 관점에서 우리는 벤야민을 이해할 수도 있다. 여기서도 기억의 개인적·집단적 의미나 성정체성의 조건, 상호문화적 맥락이나 문화지리학적 요인, 음성중심주의나 문자문화 또는 현존철학에 대한 비판 등 다양하게 접근할 수 있다. 또는 호미 바바Homi Bhabha나 스피박G. Spivak이 쓴 일련의 논의가 보여주듯이, 서구문화의 헤게모니 권력과 그 패권적 모델을 넘어 제3의 탈식민적 문화지형을 만들어내려는 비평적 노력도 그 옆에 자리한다(영미권에서 요즘 유행하는 '다시 쓰기'rewriting 작업은 바로 이런 문제의식에 이어져 있다). 지배적 서구의 다수와 피지배적 비서구의 다수 사이의 관계 설정이나, 이주·이질문화 간의 갈등, 해석권력과 보편적 역사서술의 가능성 등 많은 것이 이런 주제에 얽혀 있다. 유럽 중심주의나 '담론의 제국성'에 대한 비판은 이런 시각에서 나오는 대표적인 생각들이다.

이런 비평적 시각이 보여주는 것은, 벤야민을 어떤 주제와 관련하여 어떤 측면에서 이해하느냐에 따라 그가 얼마든지 다르게 나타날 수 있다는 사실이다. 가령 『아케이드 저작』과 관련하여, 우리는 그를 유럽 지성인으로서 한편으로는 유럽 현대문화의 중심도시인 파리의 연구에 몰두했지만, 다른 한편으로는 전 지구적 맥락에서 동시대적 문제를 파악하지 못했다고 지적할 수 있을지도 모른다. 하지만 이런 진단은 이른바 '근원사'에 대한 염원을 배경으로 하고 있고, 이 염원의 바탕에는 '피억압자의 메시아'라는 신학적 모티프가 자리한다. 그러는 한 그것은 '억압된 목소리의 복원'이라는 탈식민주의의 주요 관심과 직접 연결될 수도 있다. 이렇게 보면, 벤야민의 문제의식은 데리다나 호미 바바의 번역론 논의나 아감벤의 폭력론 논의에서 보듯이, 현대의 복잡다기한 담론틀 안에서 다양한 방식으로 재생산되고 있기도 하다.

그러므로 중요한 것은 그때그때 유행하는 담론에 한 사상가의 이론이 들어맞는지 안 맞는지에 대한 논란을 벌이기보다는 이 이론이 연유한 시대현실의 사회정치적 성격에 주목하고, 현실의 위기에 대응하여 나타난 이론의 실제적 중대성을 현재의 관점에서 다시 설득력 있게 재구성하는 일이다. 문화론이 '문화에 대한 연구'가 아니라 '문화의 연구에 대한 연구'라는 지적도 있지만,[2] 이론적 구상은 현실에 뿌리를 내리지 못한 채 모호한 논쟁과 추상적 주장으로 끝나기 쉽다. 이렇게 되면 이론이 출발한 토대로서의 구체적 경험현실은 휘발되어버리고 만다. 그러나 현실에 착근하지 못한 이론은 죽은 이론이다.

이론적 탐구는 현실과 추상, 경험과 개념 사이의 팽팽한 긴장을 견뎌낼 수 있어야 한다. 긴장을 견뎌낸다는 것은 이 둘 사이를 부단히 오가면서 자신의 시각과 문제틀을 갱신해간다는 뜻이지만, 이 움직임의 바탕은 경험현실의 구체적 물질성이다. 이 물질적 토대로 이론은 언제나 그리고 궁극적으로 회귀할 수 있어야 하고, 이 회귀 속에서 자신의 이론적 수위를 늘 조절하고 검증해야 한다. 그러면서 이론은 다시 종합화의 추상으로 나아간다. 그렇지 않다면, 논의는 많은 경우 해석적 탈맥락화의 오류를 피하기 어렵다. 그러므로 이론적 탐구는, 그것이 전진과 재귀, 구체와 추상을

---

2) 이 점을 퀴퍼와 스칸디스는 레슬리(Esther Leslie, "Space and West End Girls: Walter Benjamin Versus Cultural Studies," *New Formation* 38, pp. 110~124)와 관련하여 지적한다. Thomas Küpper u. Timo Skandies, "Rezeptionsgeschichte," *a. a. O.,* S. 51.

오가면서 현실과 사고의 상호관계를 좀더 높은 수준에서 결합할
수 있을 때, 비로소 살아남을 수 있다.

1. 물신화된 역사이해를 거부하며

인간은 역사 속에서 일흔 남짓의 생애를 산다. 그러나 그가 이
시간을 늘 의식하는 것은 아니다. 오히려 나날의 삶은 경황없기
일쑤이고, 차라리 시간의 흐름과 단절되어 있는 것처럼 보인다.
단절된 시간의 흐름은 기억을 통해 적극적으로 의식될 수 있을
까? 벤야민의 고민은 이 점에 닿아 있다. 그는 이렇게 묻는다. 과
거에 대한 기억 속에서, 이 기억을 통한 구제적 기록 속에서 삶의
억압성이 줄어들고, 세상은 조금 더 살 만한 곳으로 변모될 수 있
을까?

벤야민은 과거의 시간과 현재의 시간, 역사의 패배와 미래의 전
망은 현재의 인식적 빛 속에서 충돌해야 한다고 여겼다. 그렇지
않다면, 1940년대 파시즘의 득세가 보여주듯이, 새로운 공포가 이
세상을 뒤덮을 것이라고 그는 믿었다. 그는 인간의 역사를, 특히
이 역사 가운데서도 의미활동이 적극적으로 일어나는 문화의 역
사를 어떻게 이해했을까?

1. '끔찍함 없이 볼 수 없는'[3)]

문화는 흔히 문명에 대립되는 것으로 간주된다. 문명이 기술과 물

---

3) Walter Benjamin, "Eduard Fuchs, der Sammler und der Historiker," *GS* II/2,

질의 경로인 반면, 문화는 이 기술적 전개과정을 성찰하는 지적·정신적 측면을 가진 것으로 이해된다. 그러나 이러한 구분은 일면적이다. 자연과 인간은 확연하게 구분되기보다는 자연적/물질적인 것의 상징적 매개를 통해 부단히 서로 작용하고, 이렇게 작용하고 삼투된 결과물로서의 전체 의미체계가 결국 문화의 내용이 되기 때문이다.

하지만 간단히 문화적 차원을 '정신적 성찰내용'이라고 한다면, 이 문화적 차원은 언제나 바른가? 문화는 그 자체로, 말하자면 문화가 단지 '문화'라는 이유로 정당할 수 있는가? 그렇지 않다. 여기에도 어두운 면이 있다.

과거의 유물이 '오늘의 형태로 있다'는 것은, 그래서 '오늘의 형태로 제시된다'는 것은 어떤 의미를 지니는가? 그것은 그 자체로 받아들여도 좋을 만큼 옳은 것인가? 지금 사회에서 통용되는 문화에 대한 공식적이고 표준화된 평가는 과연 납득할 만한가? 그것은 혹시 지배계층의 지배적 담론의 한 형태는 아닌가? 그래서 공식적 가치와 규범을 선전하고 전파함으로써 기존 질서를 정당화하고 그 체제유지에 복무하는 것은 아닌가? 이런 식으로 우리는 계속해서 물을 수 있다.

사실 많은 문화적 의미론은, 마치 역사기술이 그러하듯이, 일정한 계층과 그 관점 그리고 그 이해관계의 반영이기가 쉽다. 그래서 어떤 정치적이고 관념적인 편향성의 표현이거나 파당적 이해관계의 소산일 가능성이 크다. 지배적 언술이 한 시대 지배계층의

Frankfurt/M., 1977, S. 476.

이데올로기가 되는 것은 이런 맥락에서다. 그러나 공식적 담론이 반드시 이데올로기적 성격을 띠지 않는다고 해도 문화적 전승물이 역사에서 일어난 일을 공정하고도 온전하게 담고 있지 못하다는 사실은 분명하다. 그래서 오늘을 살아가는 사람들과 무관하게 교과서의 한 목록이 되기도 하고, 현재적 의식의 개입 없이 또는 공정한 검증과정을 누락한 채 박물관에 소장되어 있기도 하다. 전승되는 규범과 가치는 적지 않게 여러 불합리한 근거와 납득하기 힘든 원칙 아래 정리되고 배열되며 전시되고 공표되는 것이다. 그렇다고 한다면, 이 지속은 불의^{不義}의 지속이다.

전해지는 문화적 유산은 현재의 해석적 개입 없이 온전하기 어렵다. 문제는 이 개입의 공정성이다. 공정하거나 공정하려는 개입이 누락된다면, 문화는 야만의 기록물이 아니기 어렵다. 따라서 이 신화의 각질은 벗겨져야 한다. 벤야민은 아래 글에서 이 점을 정면으로 문제시한다.

"문화유산의 현존재는 그것을 만든 위대한 천재들의 노고뿐만 아니라 많건 적건 동시대 이름 없는 강제부역자들에 힘입은 것이다. 문화의 기록물은 그것이 동시에 야만의 기록물이지 않은 채로 존재한 적은 결코 없었다. 이 근본적 사실에 대하여 지금까지 어떤 문화사도 공정치 않았고, 현재로도 그렇게 되기를 희망하기 어렵다."[4]

4) *Ebd.*, S. 476f. 똑같은 구절이 그의 「역사의 개념에 대하여」에서도 나온다. *GS* I/2, S. 696.

모든 사물에 그렇듯이, 문화에도 어둠과 그늘과 결락과 악취가 있다. 아니 문화야말로, 그것이 인간의 적극적 산물인 한, 온갖 숨은 전략과 의도와 계산 아래 산출된 것이라고 해야 할지도 모른다. 문화적 산물은 끔찍함과 부당함 위에 서 있다. 그렇다면 어둠-불의-의도-왜곡-전략-술수는 문화적 성찰의 낯선 목록이 아니라 주된 목록으로 간주되어야 한다.

지금 있는 모든 문화적 성취가 원래 어떠한 것인지 제대로 알고자 한다면, 우리는 그 유래를 묻지 않을 수 없다. 즉 그것이 어떻게 생겨나서 전해졌는지, 이렇게 전해진 것은 한 시대의 어떤 욕구와 필요에 따라 선택되고 배열되었는지 물어야 한다. 이것은 문화의 끔찍한 내부를 헤집는 일이다. 우리는 문화의 이 착잡한 내부를, 그 어두운 생성과 전승의 방식을, 고대 그리스 비극의 인물들처럼 냉정하게 직시할 수 있어야 한다. 예술문화의 일은 이 전율할 만한 현실의 명징한 직시에 있다.

역사 그리고 이 역사에서 쌓이고 전승되는 문화의 실체를 바라보는 벤야민의 시선은 날카롭고 강력하다. 그는 사실의 실상이 어떠한지 에둘러 말하지 않는다. 그는 비유나 암시를 선호했지만, 그렇다고 근거 없이 수식하거나 미화하지 않는다. 곧바로 먹잇감으로 뛰어드는 호랑이처럼, 추호의 여유도 주지 않고 그는 그 핵심으로 곧장 돌진한다(그는 「역사의 개념에 대하여」의 15번째 테제에서 '지나간 사실로 뛰어드는 호랑이의 도약'을 말한 바 있다). 이렇게 직진하여 내놓는 테제의 핵심은, 위에 적혀 있듯이, '문화란 야만의 기록물'이라는 것이다.

오늘의 삶에서 역사는 바르게 자리하고 있는가? 지금 우리가 배

> **❝**우리는 문화의 이 착잡한 내부를,
> 그 어두운 생성과 전승의 방식을, 고대 그리스 비극의
> 인물들처럼, 냉정하게 직시할 수 있어야 한다.
> 예술문화의 일은 이 전율할 만한 현실의 명징한 직시에 있다.**❞**

우고 익히는 문화적 가치는 정녕 바른 것인가? 그렇다고 대답하기 어렵다. 벤야민이 말한 대로 문화의 역사가 야만의 기록물이라면, 정치사나 사회사 또는 경제사 같은 다른 영역의 역사는 어떠한가? 사건을 기록하는 자료는 이런저런 이유로 이미 망실되거나 배제되었고, 구출된 사료는 불완전한 형태로 박물관에 모셔져 있거나 창고의 먼지더미 아래 파묻혀 있다. 각종 기념비에서는 패자의 아픔보다는 승자의 업적이 더 자주 칭송된다. 그것은 이루지 못한 일에 대한 아쉬움이 아니라 해놓은 것에 대한 과시적 자부심에 가깝다.

 벤야민은 당나라 묘의 부장품에 나타나는 완벽한 익명성을 언급한 적이 있지만,[5] 이른바 위대한 문화를 만든 사람의 개인적 이름은 거의 모든 경우 처음부터 삭제되어 있다. 그래서 그는 쓴다. "이 근본적 사실에 대하여 지금까지 어떤 문화사도 공정치 않았고, 현재로도 그렇게 되기를 희망하기 어렵다." 불공정한 문화사

---

5) *Ebd.*, S. 503. 그래서 옛날의 문화유산은 "개별적 · 예술적 결과가 결코 중요한 것이 아니라, 모든 사람이 어떻게 세계와 사물을 그 당시에 보았는가에 대한 하나의 중요한 증거"를 보여준다는 푹스의 말을 벤야민은 인용한다 (같은 곳).

는 과거의 일이면서 현재의 일이고, 이 부당한 현실은 미래에도 지속될 공산이 높다. 변함없는 것은 불공정한 문화사의 연속이다.

벤야민은 문화사의 기원을 "끔찍함 없이 볼 수 없는" 것이라고 했다. 이 점에서 그는 비의적이거나 무사안일하지 않다. 오히려 그의 관점은 누구보다 예리하고 우상파괴적이며 전복적이다. 모든 긍정적 술어는, 그것이 자아에 대한 것이건, 현실이나 자연 또는 타자에 대한 것이건, 부정否定의 성찰성 아래 검토되어야 한다. 그렇지 않다면 전래되는 경험은 억압적 상투성 속에서 영원히 순환한다. 상투적 언어로 현실을 바로 보기 어렵다면, 이 현실이 여전히 억압적이라면, 상투적 표현은 현실의 억압에 기여한다.

사물화된 의식이란 상투성 속에 고착된 견해다. 그것은 벤야민적 맥락에서 보면, '대상을, 그것이 발생한 생산과정으로부터 격리한 채 고찰하는 의식'이다. 사물화된 문화란 생산과정으로부터 독립하여 존재하는, 그래서 그 자체로 완결된 것으로 파악된 유형무형의 유산이다. 사물화된 의식은 크게 보면 집단적 역사에서 나타날 수 있고, 작게 보면 개인적 경험의 이해에서 생겨날 수 있으며, 텍스트 차원에서 보면 의미나 해석 또는 번역에서도 나타난다. 그것은 더 간단하게 나날의 감각이나 사고에서 겪을 수 있는 일이기도 하다. 매일처럼 경험하는 얼마나 많은 것이 상투적 반복의 사물화 속에 죽어 있는가?

2. 깨어남

벤야민 사유에서 예술과 정치, 세속성과 초월성, 과거와 현재, 꿈과 각성, 침잠과 참여는 둘이 아니다. 이것은 상반된 채 나타나는 것이 아니라 서로 삼투한다. 각성은 이렇게 삼투하기 위한 생산적 계기다. 과거와 현재, 예술과 정치가 만나기 위해 우선 '깨어나야' 한다. 신화적 망상의 꿈은 깨져야 한다. 참된 역사서술은 바로 이 각성에서 시작한다. "프루스트가 자기 삶의 이야기를 깨어남에서 시작했듯이, 모든 역사서술은 깨어남에서 시작해야 한다."[6] 벤야민의 변증법적 실천방식은 이런 각성 아래 행해지는 과거에 대한 올바른 기억에 있다. 그가 『아케이드 저작』에서 19세기 파리를 바라보는 관점도 각성의 시각이다.

개인적이면서 집단적이고 내면적이면서도 시대적인 꿈 속으로 침잠해 들어가는 것, 이렇게 침잠하는 가운데 기억하고 상기하며 기록하는 것이 변증법적 실천이고, 이 실천을 통해 드러나는 전체 모습이 변증법적 이미지다. 변증법적 실천을 통해 이미 있어왔던 것들, 말하자면 가장 가까이 있고 흔한 것 그리고 시시하고 하찮은 것들은 새로운 의미내용을 부여받는다. 글쓰기란 세계를 살아 있는 것, 그래서 다시 성찰해야 할 것으로 이해하고 바라보는 것이고, 그렇게 성찰하고 표현하는 방식이다. 이 실천에는, 그것이 유물론적이고 마르크스주의적으로 추동되는 만큼, 현실에 대한 변혁의지가 자리한다. 이 변혁은 기존의 동일사적 강제질서로부터 벗어남으로써 가능하다.

이것이 각성의 일반적 의미라고 한다면, 문화사적 이해에서 각성은 어떻게 나타날까? 그것은 여하한의 경직된 해석에 대한 거

---

6) Walter Benjamin, "Das Passagenwerk," *GS* V/1, v. R. Tiedemann(Hrsg.), Frankfurt/M., 1982, S. 580.

부에서 시작할 것이다. 사물화된 이해란 경직된 해석방식이다. 즉 문화를 유물론자의 입장에서, 즉 생산과정에서 독립된 것이 아니라 그 과정 속의 일부로서 파악하고, 경제적 토대와 기술적 변화 아래 이해하는 것이다. 일반적으로 보면, 그것은 문화적 산물을 '완결되지 않은 것'으로 파악하는 것이고, 문화사를 역사일반의 한 부분으로 파악하는 것을 뜻한다. 그래서 벤야민은, 괴테나 빙켈만의 예술론에서 나오는 것처럼, '아름다운 가상'이나 '조화', '다양한 것의 통일성', '영감' 또는 '천재성' 같은 기존 예술론의 핵심개념과 과감히 작별했던 푹스를 높게 평가한다.[7] 그렇다고 그가 고전주의의 성취를 무시한 것은 물론 아니다. 그에게 르네상스는 예술사의 가장 중대한 시대였다. 단지 예술과 문화가 모든 사람의 향유물이기보다는 특정 계층의 독점적인 소유물인 것이 문제시된다. 독자대중을 겨냥한 푹스의 작업원칙을 그가 칭찬한 이유도 이와 관련된다.

벤야민은 이렇게 쓴다. "문화사는 인류의 등 위로 쌓이는 보물들의 무게를 더하고 있는지도 모른다. 그러나 그것을 손에 넣기 위해 털어내는 힘을 문화사는 인류에게 주지 않는다."[8] 그러니까 중요한 것은 "인류사의 등에 쌓이는 보물들의 무게"를 그저 향유하는 것이 아니다. 그에게 결정적인 것은 "흔들어 털어내는" abschütteln 것, 말하자면 문화의 옥석을 가려내는 일이다. 야만적이고 부당한 것을 버리고 억눌리고 잊혀진 것을 골라내어 그 본래의

7) Walter Benjamin, "Eduard Fuchs," *a.a.O.,* S. 478.
8) *Ebd.*

권리를 복원시킬 때, 문화의 월권행위는 교정되고 문화사적 범주에 대한 척도도 바르게 세워지기 때문이다. 이렇게 될 때 문화는 사물화된 것이 아니라 말의 바른 의미에서 '전취된 것'이 된다. 그러므로 올바른 문화사 이해는 고답적 인식틀을 뒤흔드는 파괴와 해체의 재구성 과정을 거쳐야 한다.

털어내야 할 것은 문화의 물리적인 대상에만 한정되지 않는다. 그것은, 위에서 언급했듯이, 문화적 산물을 사회경제적 생산관계의 차원에서 파악하지 않는 의식에도 해당한다. 이 의식이란, 벤야민적 맥락에서 보면, '비변증법적' 의식이다. 비변증법적 의식은 문화를 이미 안정된 것, 그래서 결함 없는 것으로 파악한다. 비변증법적 의식 아래 문화는 '완결된 것'이다. 그럴 경우 문화산물은 비판될 것이 아니라 주어진 대로 수용되어야 하고, 현재의 해석은 기존 해석을 따르며 반복되어야 한다. 사물화된 문화사란 이렇게 반복된 도식적 해석에서 생겨난다. 그러므로 완결적 문화이해의 구태의연한 방법은 교정되어야 한다.

벤야민의 현실적 관심에는 여러 지인과의 관계의 영향이 크게 작용했다. 그것은, 앞서 언급했듯이, 특히 브레히트와의 교류를 통해 강화된다. 그래서 초기의 비의적·신학적 사고도 브레히트의 만남이 계속됨에 따라 차츰 중화된다. 그러면서도 예술활동은 계급투쟁의 일환이어야 한다는 생각은 정치적 이유에서 포기되지 않는다. 이것은 이른바 '세속적 계시'의 사고에 잘 나타난다.

왜 벤야민에게 계시는 세속적인가? 벤야민의 구원개념이 유대신학적 메시아주의와 깊은 관련을 맺고 있다는 것은 잘 알려져 있다. 하지만 그가 계시의 가능성을 어떤 종교형식으로부터, 말하자면 신의 현현이나 신을 희구하는 기도자의 태도에서 찾는 것은 아니다. 몽타주 기법이나 단절적 역사이해가 보여주듯이, 그는 충격효과를 통해 수용자/관람자의 감정과 인식을 뒤흔들고자 시도한다. 그 점에서 그는 초현실주의자들의 아방가르드적 방법론에 의존한다. 그가 한때 마약실험을 한 것도 이 때문이었다. 그러나 그의 마약복용은 영감을 얻기 위한 것이었지 도취나 일탈을 위한 것이 아니었다. 이때의 영감도 경험적으로 기반한 것이었다. 그는 이렇게 적는다. "그러나 종교적 계시의 참된 창조적 극복은 정말이지 마약에 있지 않다. 그것은 '세속적 계시'profane Erleuchtung에, 유물론적이고 인간학적 영감에 있다. 해시시나 마약, 그 밖의 것은 이 영감을 줄 수 있는 예비단계일 뿐이다."[9]

메시아적 염원은 벤야민에게 단순히 종교적으로 채색된 것이 아니라 역사변화의 관점에서 구조화되어 있다. 그리고 역사변화의 관점은 거꾸로 무의식적인 것의 에너지에 대한 초현실주의적 탐구를 할 때도 일종의 풍향계 역할을 한다. 무엇을 위한 풍향계인가? 그것은 재앙의 역사와 이 역사의 연속성 그리고 이 연속성에 기반을 둔 물신화된 문화이해에서 벗어나기 위한 것이다. 유물론적이면서도 비의적이고 실험적이면서도 동시에 전통적이었던 그의 상반된 입장은 내성적이고 성찰적인 인성의 바탕 위에서 초기부터 말년까지, 그때그때 시대상황에 따른 정도의 차가 있는 채로, 늘 그의 사상적 저류를 형성하는 것이었다. 세속적·신학적 계시와 혁명적·정치적 행동의 거리는 멀지만, 바로 이 모순이 벤야

---

9) Walter Benjamin, "Der Surrealismus," *GS* II/1, Frankfurt/M., 1977, S. 297.

민 사유의 한계이자 창의성을 구성하는 것이다.

놀라운 것은 지금 여기의 현실 '안'에 자리한다. 초월적 형이상
학도 현실과 별개로 존재하는 것이 아니라 그 일부임에 틀림없다.
문제는 이 일부가 모호하게 가려져 있다는 사실이다. 벤야민은 여
느 마르크스주의자와는 다르게 이 점을 무시하지 않는다. 이런 면
모는 자유로운 형식의 글인 『베를린의 어린 시절』이나 『일방통행
로』 같은 에세이에 널리 퍼져 있다.

기존의 인본주의적 관념사가 조화와 화해와 안정과 지속을 강
조한다면, 벤야민에게 역사적인 것과 신학적인 것, 세속적인 것과
비의적인 것은 하나로 만난다. 이 변증법적 교차에서 많은 것이
새로 밝혀지고, 의식은 다시 깨어나며, 기존질서는 완성된 것이
아니라 완성되어야 할 것, 따라서 비완결적인 것으로 나타난다.
그가 푹스의 문화사적 고찰에 큰 관심을 가졌던 것은 이 때문이었
다. 이 역사가의 작업은 캐리커처나 성애적 묘사, 풍속화 등 당시
까지 배제되거나 꺼려지던 작품들을 광범위하게 수집하고 저술함
으로써 예술사의 천편일률적인 도식과는 전혀 다른 영역을 개척
했다. 뛰어난 예술작품은 예외 없이 한계영역을 탐구한다. 푹스는
구제적 비평을 미술사와 문화사에 적용한 탈물신화된 문화이해의

선구자로 자리했던 셈이다.

초세속적 현실도 벤야민에게는 정치적 현실만큼이나 중요했던 것으로 보인다. 신학적 모티프가 정치적 의지의 이념적 토대가 된다면, 그는 이 신학적 모티프에 의존하여 종교적 영역에 머무는 것이 아니라 다시 역사의 현실로 나아간다. 역사를 신학적 입장에서 바라볼 때, 그것은 아직 완성되지 않은, 그래서 앞으로 완성되어야 할 것이다. 이와 다르게 부르주아 실증주의 역사학은 역사를 완결적 관점에서 파악한다. 그렇게 되면 과거의 사건은 '객관성'이라는 미명 아래 신비화되고, 사실을 은폐하는 몽환의 화환이 씌워진다. 벤야민이 지적한 인식의 허깨비, 다시 말해 재앙적 연속성의 판타스마고리는 이렇게 생겨난다. 이 허깨비는 현대적 삶의 일상을 지배한다. 상품은 이것이 가장 잘 구현된 예라고 할 수 있다.

3. 보편화된 상품형식

상품은 사람의 노동을 통해 생산되지만, 이렇게 생산된 것은 그의 손을 벗어난다. 이것은 유행의 주기에 따라, 아니면 신제품이 출하할 때마다 사람의 욕구를 자극한다. 그때그때 구입하지 않으면 뭔가 뒤처지는 것 같고, 누군가에게 따돌림을 받는 듯한 느낌마저 갖는다. 상품은 나의 독자적 욕망에 따라 구매되기보다는 미리 마련된 수익조건에 따라 공급자에게서 소비자에게로 일방적으로 제시된다. 형태와 색깔과 성능과 용량과 크기도 최대 수익을 창출하기 위한 종속조건일 뿐, 상품의 모든 것은 선전과 광고의 전략 아래 관할된다.

사람은 이제 어떤 상품을 원하는 대로 쓸 수 있는 것이 아니라 돈을 주고 구입해야 하고, 이 구입도 자기욕구 아래 실행되기보다는 외적 자극에 의해 촉진된다. 구매는 언뜻 보아 자발적 선택으로 보이지만, 사실은 상품의 생산과 소비, 공급과 수요 사이의 인위적 주기에 의해 조건지어진다. 그러니만큼 소비자의 의지가 아닌 시장/기업/자본의 입김이 결정적이다. 이 대목에서 확인되는 것은 상품의 우상화다. 인간이 상품을 사용하는 것이 아니라 상품 자체가 스스로를 독자적으로 만든다. 즉 자립적인 존재가 된다. 이제 상품은 인간의 제어를 벗어나 독자적인 삶을 산다. 독자적으로 살 뿐만 아니라 독자적인 존재로서 인간의 존재와 그 삶을 지배한다. 인간이 개를 산책시키는 것이 아니라 개가 인간을 산책시키는 그랑빌의 어떤 판화에서처럼, 삶의 주인은 인간과 그 의지가 아니라 이 의지를 육화한 상품과 수익과 이윤이다. 이것이 마르크스가 말한 '상품의 물신화物神化'다.

상품의 물신화란 무엇을 말하는가? 다양한 차원에서 고찰할 수 있다. 그것은 한 개인이 자기 삶에서 스스로 주인이 되지 못하는 것이고(삶의 타자화), 그의 사고가 종속적으로 되는 것이며(사고와 의식의 비독립성), 그 행동이 타율적으로 되는 것이다(행동의 종속성). 그래서 그는 새 상품형식에 깃든 가상, 즉 허위의 이데올로기를 간파하지 못한다. 나날이 소비하는 상품이란 전적으로 새롭기보다는 그저 '새롭다고 흔히 간주되는 것'에 지나지 않는다. 그것은 오히려, 제3장 「자본주의적 반복강제」에서 이미 다루었듯이, '언제나 있어왔던 것의 다른 형식'일 뿐이다. 그런 점에서 거짓이요 지옥이다. 현대의 상품세계는 "시장의 판타스마고리"이고, "상

품의 물신성격은 역사의 참된 범주를 지워버린다"고 벤야민은 지적한다.[10]

　그러나 상품사회에서 허깨비는 상품형식에만 나타나는 게 아니다. 그것은 상품을 생산하고 소비하는 인간의 생활에도 나타나니만큼 그의 감각과 사고를 특징짓기도 한다. 물신주의적 속성은 상품에 특별히 나타나면서 좀더 넓게 현대적 삶의 전반에 침투해 있다. 유행과 인기에 휘둘린 삶이 물신주의의 상품소비적 형태라면, 공식문화에 대한 맹목적 답습은 물신주의의 해석적 형태가 될 것이고, 기존 가치에 대한 비판 없는 맹종은 물신화된 사유의 표현일 것이다. 어떤 형이건 이 모두는 행동의 주체가 자기의 관점과 주체적 판단력을 상실하고 있다는 점에서 같다. 벤야민이 날카롭게 지적하듯이, "상품성격이 사물세계에 보편적으로 확장되는 것"을 경험하는 것이다.[11]

　그리하여 시장의 허깨비는 삶 일반의 허깨비, 즉 문화와 역사의 허깨비로 확장된다. 낡은 것들은 새로움의 이데올로기 아래 삶의 형식 전체를 물신화한다. 상품천국은 곧 상품지옥이다. 신격화되는 것은 상품에 있고, 이 상품을 쓰는 사람에게 나타나며, 결국 사람이 사는 시대현실과 이 시대의 진행으로서의 역사에 배어든다. 나아가 상품과 사람, 시대현실과 역사의 물신화는 사람이 만드는 예술작품에도 당연히 내재한다. 이때 많은 것은 주체 스스로 만들어가는 것이 아니라 이미 만들어진 것으로, 외부에서 만들어져 부

10) Walter Benjamin, "Das Passagenwerk," *GS* V/2, *a. a. O.*, S. 1256, 1166.

11) *Ebd.*, S. 1222.

과된다. 주체는 이렇게 부과된 외적 조건을 아무런 생각 없이 받아들이며 산다. 기성가치와의 타협이고, 가상과의 거짓화해다. 이 거짓화해에서 주체성과 자율, 책임과 참여 같은 시민성의 덕목은 사라지거나 잊혀진다. 물신성은 감각과 사유, 판단과 행동, 언어와 인간관계를 전방위적으로 사물화하면서 작용한다. 무서운 것은 삶의 이 전반적 사물화다. 이 사물화에서 인간은 부재한다. 주체의 책임 있는 개입가능성도 상품사회에서는 철저하게 외면된다.

인간의 책임성이 휘발되는 사물화된 공간에서 문화는 역설적으로 '누릴 만한 것'으로 느긋하게 간주되고, 역사는 아무런 탈이 없는 '조화롭고 순수하고 인간적인 것'으로 이해된다. 이 순응주의적 이해에서 한 발짝 더 나아가면 갈등이나 대립을 천시하고, 이질성이나 타자성을 적대시하는 상태에 이른다. 다른 생각과 느낌에 대한 광범위한 배제의 메커니즘이 작동하게 되는 것은 이즈음이다. 역사를 갈등 없는 조화의 연속으로 보는 기만적 태도는 이렇게 해서 나온다. 이것은 기존의 역사실증주의적 관점이나 부르주아적 인본주의의 이데올로기 그리고 발전사관에서 잘 나타난다. 나는 이것을 모두 '물신화된 역사이해'로 지칭하고자 한다. 벤야민의 역사이해와 문화사 이해는 주체성과 자율성, 책임성과 윤리성이 거세된 이 물신주의적 역사이해에 대한 반기에서 시작한다.

2. 토르소

벤야민의 반反물신적 역사이해는 어디로 향하는가? 그것은 물론 다양한 방향으로 흘러든다. 하지만 문화사의 측면에서 보면,

그것은 결국 경험사실의 구체를 존중하는 데로 수렴되지 않나 여겨진다.

왜 벤야민은 자질구레한 경험현실에 그토록 세심하게 반응하는 가? 왜 그것을 고고학자처럼 파헤치고, 수집가처럼 모으며, 마치 프루스트처럼 기억을 통해 낱낱이 기록하려 하는가? 그는 아닌 게 아니라 문학비평계의 프루스트이고, 문학예술사의 푹스이기도 하다! 그리고 철학자 푸코처럼 기존 학문의 인식체계 전체를 전복시키려 한다. 왜 그런가? 그것은, 간단히 말하여, 현재의 인간에게 주어지는 과거란 모두 상처투성이로 남아 있기 때문이다. 이런 문제의식은 '토르소'라는 비유에서 가장 선명하게 나타난다고 여겨진다. 『일방통행로』에 실린 「토르소」라는 글에서 그는 적는다.

> "자기 과거를 강제와 곤궁의 유산流産으로 파악할 줄 아는 사람만 과거를 모든 현재에서 자신을 위한 가장 가치 있는 것으로 만들 수 있을 것이다. 한 사람이 살았다는 것은 기껏해야 운반 도중 사지가 잘려나간, 그래서 귀중한 덩어리 외에는 아무것도 남지 않은 아름다운 조각상에 비교할 수 있기 때문이다. 그는 이 덩어리로부터 미래의 자기 모습을 깎아내야 한다."[12]

거듭 지적했듯이, 벤야민의 글을 정확히 이해하려면 몇 단계의 해석적인 절차가 필요하다. 단어의 의미에서부터 하나의 단어와 다른 단어가 이루는 구절의 의미, 이 구절로 된 문장들과, 이 문장

---

12) Walter Benjamin, "Einbahnstraße," *GS* IV/1, Frankfurt/M., 1991, S. 118.

들로 이뤄진 단락의 의미를 단계적으로 파악해야 한다. 이렇게 파악된 특정 단락은 다시 앞뒤 단락과 이어지면서 한 텍스트의 전체 맥락을 구성한다.

위 글에서 먼저 살펴볼 것은 '유산'의 의미다. 첫째로, 유산이란 아이가 어머니 뱃속에서 여러 가지 이유로 더 이상 자라나지 못할 때, 그래서 자연스런 성장이 중단될 때 생겨난다. 이 중단은 물론 죽음을 뜻한다. 아이는 말할 것도 없이 부모에게 무엇과도 바꿀 수 없는 소중한 존재다. 이 존귀한 생명이 둘째, '강제와 곤궁'으로 멈춘다. 셋째, 이렇게 멈추는 것은 과거의 생명이다. 그리하여 과거는 마치 '토르소'처럼 몸뚱이만 남는다. 지금 우리 눈앞에 현재하는 것은 어느 것이나 어떤 상실과 훼손을 겪고 있다. 그러므로 잘려나간 이 '귀중한 덩어리'를 생각할 수 있을 때, 우리는 과거를 비로소 "자기 자신을 위해 가장 가치 있는 것으로 만들 수 있다".

여기에는 벤야민의 두 가지 생각이 들어 있다. 하나는 과거를 '강제와 곤궁의 유산'으로 파악하는 역사인식의 방식이고, 또 하나는 올바른 과거의 이해란 이 유산을 주어진 대로 수긍하는 데 그치는 게 아니라 원형에 맞도록 복구하는 데 있다는 생각이다. 그렇다. 이전 시대로부터 오늘의 우리에게 남겨진 것은, 지식이건 역사건, 담론이건 문화건 간에 또는 철학이나 사상 아니면 이론이건 간에 온전한 것이 결코 아니다. 그것은 토르소처럼 어딘가 잘려져 있고 부서져 있으며 긁히거나 금이 가 있다. 이 같은 왜곡은 단순한 파손에 머무는 것이 아니라(이것은 왜곡의 소극적 차원이다) 덧칠되고 미화되고 장식되는 데로 이어진다(이것이 왜곡의 적극적 차원이다). 가령 박물관이라는 공공기관을 통해 문화재가 전시되면서 생겨나는 폐해는 원형의 덧칠과 이 덧칠로 인한 실체의 체계적 상실이다. 벤야민이 푹스의 말을 다음과 같이 인용하는 것도 그 때문일 것이다. "우리는 이것(과거의 문화 - 옮긴이)을 축제일의 화려한 의상으로 보지만, 근무일의 초라한 옷차림으로 보는 것은 매우 드물다."[13]

문화재라는 이름 아래 우리가 경험하는 것은 여러 경로의 선택을 통해 '걸러진 것들'이다. 그것은 일정한 의도와 목적이 반영된 결과다. 이 결과는 사소한 것일 수도 있지만, 벤야민이 지적하듯이, '야만적일' 정도로 훼손된 것일 수도 있다. 그러므로 우리는 잘려나간 문화의 유산과 그 편린을 다시 모으고 붙이며 새롭게 상상하는 가운데 "미래의 모습을 깎아내야 한다." 왜냐하면 참된 것은 오직 순간에 드러나기 때문이다.

"과거의 진실한 이미지는 '휙 스쳐 지나간다.' 과거는 그 이미지를 알아보는 순간에 마치 섬광처럼 반짝이는, 다시는 볼 수 없는 이미지로서만 포착될 수 있다. 그것이 참된 것은 순간성 덕택이다. 이 순간성에 유일한 기회가 있다. 이 진실은 허망한 것이어서 혹 불기만 해도 사라지는 바로 그 같은 이유로, 많은 것이 이 순간성에 달려 있다."[14]

---

13) Walter Benjamin, "Eduard Fuchs," *a.a.O.*, S. 502.
14) Walter Benjamin, "Anmerkungen der Herausgeber," *GS* I/3, Frankfurt/M., 1974, S. 1247.

그렇다고 해야 할 것이다. 많은 것은 지금 여기의 현재적 순간에 녹아 있다. 이 순간성은 인간이 경험하는 대상의 성격이면서 이 대상을 경험하는 인간 자신의 속성이기도 하다. 인간의 속성은 유한성 또는 더하게는 순간성으로 조건 지어지기 때문이다. 실존의 유한성은 너무도 짧고 미미하고 허약하여 단 한 번의 숨결로 사라질 수 있다. "진실은 허망한 것이어서 훅 불기만 해도 사라지"고 만다. 그러나 유한성은 무한성으로 이어지는 것이기도 하다. 영원성은 이 무한성의 특징이다. 무한성과 연결되면서 실존의 순간은 어떤 진실한 것으로 드러날 수 있다. 인간실존은 현존의 순간성을 넘어 영원성으로 나아갈 때, 그 진실성을 입증한다.

그러므로 이렇게 말할 수 있다. 토르소적 성격, 다시 말해 불완전성·파편성·순간성은 역사에만 해당되는 것이 아니다. 그것은 크게 보아 문화일반의 모습이고, 이 문화적 의미활동을 하는 인간의 실존적 성격이면서 그 생애의 전체적 속성이기도 하다. 나아가 이것은 인간 삶을 묘사하는 예술작품의 주된 내용을 이룬다. 즉 이념에 대한 예술작품의 관계나 진리에 대한 언어의 관계에도 그것은 나타난다. 이런 생각은 벤야민의 초기작인 『독일 낭만주의에서의 예술비평개념』에서 이미 확인된 바다. "이상理想에 대한 관계에서 개별작품은 마치 토르소처럼 자리한다. 근원형상Urbild을 묘사하는 것은 개별적 노력이어서, 근원형상은 단지 모범Vorbild으로서 그와 비슷한 다른 형상들과 존속하지만, 이 형상들은 생생하게 결합되어 이상 자체의 통일성으로 자라날 수 없다."[15)]

---

15) Walter Benjamin, "Der Begriff der Kunstkritik in der deutschen Romantik,"

> **"** 이전 시대로부터 남겨진 것은, 토르소처럼
> 어딘가 잘리고 부서져 있으며 긁히거나 금이 있다.
> 잘려나간 문화의 유산과 그 편린을 다시 모으고 붙이며
> 새롭게 상상하는 가운데 "미래의 모습을 깎아내야 한다." **"**

앞의 벤야민 문장은 간단하지 않다. 독자의 숙고 과정을 거쳐야 한다. 위의 인용을 풀어쓰면, 다음과 같이 될 것이다. 예술작품은 그 자체로 통일된 이상형이 아니다. 그것은 이상/이념에 대해 파편화되어 있고, 따라서 개별적으로 자리한다. 그것이 토르소적 성격을 갖는 것은 그 때문이다. 이 토르소적 성격은 예술의 속성이면서 예술이 생산된 사회와 역사의, 특히 근대역사의 성격이다. 무엇보다 그것은 사회와 역사에 대한 인간의 인식론적 성격이다. 우리는 세계를 파편적이고 불구적인 형태로밖에는 알지 못하는 까닭이다. 이것은 거꾸로 인간이란 오직 토르소의 형태로 진리에 접근할 수 있다는 뜻이 된다. 온전하고 완전한 것은 완벽하게 인간을 떠나 있는지도 모른다. 어쩌면 그것은 원래부터 모든 인간적인 차원을 벗어나 있을 수도 있다.

이념은 파편화된 토르소에서 그 흔적을 남긴다. 예술작품은 지금 여기의 파편화된 형상 속에서 파편 이전의 어떤 통일된 이상을 구현한다. 그러나 다시 강조하건대 그것은 파편적 형상으로 드러나는 것이니만큼 어떤 부분이 잘려나가 있고 어떤 부분은 아예

GS I/1, Frankfurt/M., 1974, S. 114.

형체도 없다. 그래서 불완전하다. 그러면서 이 불완전성은 역설적으로 전체에 닿아 있고, 그래서 전체의 흔적을 갖는 것이기도 하다. 말하자면 예술작품은 파편과 전체, 불완전성과 완전성, 조건적인 것과 무조건적인 것 사이의 해소되지 않는 길항작용 아래 자리한다. 예술작품은 그 자체로 움직임과 유동성의 긴장에 찬 산물인 것이다.

예술이 개별적 제약 속에서 이 제약을 넘어 어떤 원형적 전체성을 드러내는 것은 이 긴장을 견디면서 일어난다. 문화의 성격도 그렇고, 문화에 대한 인간의 이해도 그렇다. 그리하여 중요한 것은 문화의 사회역사적 기원이고, 이 기원을 의식하는 수용자의 현재적 태도다. 그 기원은 '불연속적으로' 이뤄져 있다. 이 점은 다음 절에서 더 자세히 논의할 것이다.

3. 불연속적 전통의 권리

벤야민은 결론적으로 말해 불연속적이고 단절적이며 억압되고 잊혀진 역사를 옹호한다. 그는 재앙과 억압의 역사가 계속되고 있고, 이렇게 계속되는 역사의 재앙적 동질성을 파괴시키지 않고는 인류가 구원될 수 없다고 보았다. 그는 '불연속적 전통'의 가치를 옹호하고 그 권리의 복원을 요구한 것이다. 이 믿음의 배경은 간단치 않다. 이것도 단계적으로 살펴보아야 한다.

이 절에서 내가 선택한 것은 다섯 단계다. 첫째, 공식적이고 지배적인 역사는 연속성을 강조하지만, 이 연속적 역사는 가상이라고 벤야민은 여긴다. 둘째, 역사의 연속성에 대하여 그는 불연속적이고 파편적이며 개별적인 것의 독자성을 중시한다. 셋째, 그는 연속적 역사의 부당함을 급진적으로 해체하고자 하고, 이런 해체 의지에는 억압현실, 말하자면 1920~30년대 독일 바이마르 공화 국의 열악한 정치경제 상황이 놓여 있다. 넷째, 문화는 단순히 경제결정론적으로 이해될 수 있는 것이 아니라 상부구조와 하부토 대가 '표현' 속에서 만나 이뤄지는 것이다. 다섯째, 이 네 가지 관점을 토대로 문화사에 대한 그의 구성적 개입이 이뤄진다. 이것을 차례대로 살펴보자.

1. 가상으로서의 연속사

벤야민은 역사를 연속성과 불연속성, 억압하는 자와 억압되는 자의 관계로 설명한다. 이 구분은, 역사의 복합성이라는 측면에서 보면, 다소 소박하고 이분법적인 관점이 아닐 수 없다. 그러나 연속적인 것으로 상정되는 역사가 가상/거짓이라는 그의 지적은 주목할 필요가 있어 보인다.

"전통의 연속성이란 가상일 수도 있다. 그러나 (역사가) 지속한다는 가상의 지속성이야말로 그 자체로 연속성을 야기한다. 근본적 아포리아는 이것이다. 억압된 자들의 역사는 하나의 불연속성이다. 역사의 과제는 억압된 자들의 전통을 획득한다…… 역사의 연속성은 억압하는 자의 연속성이다. 연속의 표상이 모든 것을 무너뜨리는 반면, 비연속성의 표상은 참된 전통의 토대다."[16]

지배하는 자는 역사에서 일정한 연속성을 가정한다. 그 연속성이란 직선적이다. 왜냐하면 그들은 현실의 승리자로서 지금의 현실에 그럴듯한 정당성을 부여하고자 하기 때문이다. 현실의 역사는 지배계층의 지배적 관점에 힘입어 일정하게 분식되고 뒤틀린 모습으로 나타난다. 연속성의 담론에 온갖 예찬과 합리화가 등장하고 위업과 성취가 공시公示되는 것은 이런 이유에서다.

그러나 역사의 연속성은, 전통의 연속성이 그러하듯이, 가상일 수 있다. 가상이 지속된다면, 그것은 빠져나올 수도 없는 것, 즉 '아포리아'가 된다. 하지만 이미 있는 것에 자족한다면, 새것은 자리하기 어렵다. 고여 있는 것에는 새로움이 부재할 뿐만 아니라 부패가 쌓인다. 아포리아란 이렇게 쌓이고 쌓인 불의의 빠져나올 수 없는 난관을 뜻한다. 이것은 무엇보다 거짓의 난관이다. 이것은 문제시되어야 한다. 벤야민이 적고 있듯이, "역사의 과제는 억압된 자들의 전통을 획득하는 것이다." 역사의 연속성이 억압하는 자들의 연속성이라면, 역사의 비연속성은 억압된 자들의 흔적이다. 이 무정형의 흔적은 발굴되고 조사되며 기억되어야 한다. 이것이 참된 역사의 참된 전통을 세우는 길이다. "연속의 표상이 모든 것을 무너뜨리는 반면, 비연속성의 표상은 참된 전통의 토대다."

여기에서 나는 역사에 대한 벤야민의 시각이 이원적인 것임을 본다. 역사의 연속성과 비연속성, 억압자의 역사와 피억압자의 역사를 상호대립시키는 그의 서술은 매우 강력한 테제임에 틀림없

16) Walter Benjamin, "Abhandlungen," *a. a. O.*, S. 1236.

다. 하지만 이 강력함은 이분법이라는 단순도식을 대가로 얻어진 것이다. 그러니까 그의 시각적 예리함은 역사의 복잡다기한 양상을 배제한 결과다. 이분법적 사고란 가장 손쉬운 대상파악의 방식이고, 그러는 한 경직성의 표현이기도 하다. 그러나 다른 한편으로 기존역사의 연속성을 중단시키고, 그것을 패배자의 억압된 시선으로 재해석하려는 관점은 중대한 의의를 갖는다. 그것은 역사의 유산에서 지금껏 망실되어온 문화적 가치의 결락 부분을 회복시키고자 하기 때문이다. 이 생각들은, 기존의 역사주의가 갖는 세 가지 입장에 대해 그 문제점을 열거하면서 조목조목 그가 반박할 때, 좀더 구체화된다.[17]

역사주의의 특징은, 요약하면, 세 가지로 볼 수 있다. 첫째, 보편사의 이념이다. 이것은 "공허하고 동질적인 시간" 속에서의 "진보"를 전제한다. 둘째, "역사란 이야기될 수 있다"는 생각을 갖는다. 그러나 역사는 단순히 이야기될 수 있는 것이 아니라 "이름 없는 자의 기억"으로 "구성"될 수 있을 뿐이다. 셋째, "승자에 대한 감정이입"이다. 역사주의는 감정이입을 통해 사건의 대다수 참여자가 아닌 소수의 지배자 관점이나 공식적 담론을 대변한다. 그러므로 연속적이고 동질적인 역사의 관점, 단순 서사성에 대한 안락한 자족, 승자와 지배자를 대변하는 보편사적 역사이해는 문제적이지 않을 수 없다. 그래서 청산되어야 한다. 벤야민은 이렇게 적는다. "역사는 거슬러 읽혀져야 한다."[18]

---

17) *Ebd.*, S. 1240ff.
18) *Ebd.*, S. 1240. 벤야민은 「역사의 개념에 대하여」에서 역사적 유물론자의

> **역사의 연속성이 억압하는 자들의 연속성이라면,**
> **역사의 비연속성은 억압된 자들의 흔적이다.**
> **이 무정형의 흔적은 발굴되고 조사되며 기억되어야 한다.**
> **이것이 참된 역사의 참된 전통을 세우는 길이다.**

　우리가 '과거'라고 부르는 것은 '참으로 있었던 것'인가? 그리고 그것은 '참으로 일어났다고 여겨지는 것' 그대로인가? 흔히 말하여 과거를 '있는 그대로' 보여주고 기술한다는 역사는 참으로 진실된 역사인가? 이것은 간단한 문제가 아니다. 적어도 참된 역사가 쉽게 기술될 수 없다는 입장을 역사서술에서 인정하지 않는다면, 그것은 정당성의 유무를 떠나, 납득할 만한 것이 되기 어렵다는 사실만큼은 확실하다. 이런 이유에서 역사적 기술의 난관을 인정하지 않는 역사관, 예컨대 랑케^{L. v. Ranke}가 말하는 "있는 그대로의 역사"^{wie es eigentlich gewesen ist}라는 개념은 허구가 아닐 수 없다. 역사는 그 자체로 종결된 것도 아니고 종결될 수도 없기 때문이다. 벤야민은 쓴다. "사태를 '그것이 실제로 있었던 그대로' 보여주었던 역사학은 이 세기(19세기 – 옮긴이)의 가장 강력한 마취제였다."[19]

　만약 역사를 하나의 종결된 단위로 본다면, 이 종결된 현재에 동

과제가 '역사 거슬러 읽기'에 있다고 지적한다. Walter Benjamin, "Über den Begriff der Geschichte," *GS* I/2, Frankfurt/M., 1974, S. 697.

19) Walter Benjamin, "Das Passagenwerk," *a. a. O.*, S. 578.

시대인이 개입할 수 있는 것은 무엇인가? 그 여지는 없거나 아주 미미할 것임에 틀림없다. 문제는 여기에 그치지 않는다. 더 중요한 것은 이 시각이 현실의 부당함과 그로 인한 지속적 고통을 용인하는 데 기여한다는 사실이다. 객관성과 완결성을 상정하는 역사주의적 이해는 역사의 망각으로 기능할 뿐만 아니라 그 건망증을 확산시킨다. 그리하여 현실의 상실과 고통은 줄어들기 어렵다.

하지만 역사는 그 자체로 끝나서 어딘가에 모셔져 있거나 파묻혀 있는 것이 아니다. 설령 그때그때 사건이 종결될 수 있다고 해도, 이 종결은 '종결된 것으로 보일 뿐' 참으로 해소된 것을 뜻하지 않는다. 하나의 사건은 그에 앞선 시간과 그 뒤에 오는 시간에 밀접하게 이어져 있다. 사건의 진위나 중요성/사소성, 의미/무의미는 이 사회역사적·시공간적 맥락의 관련성 속에서 정해지기 때문이다. 따라서 역사의 어떤 사건도 그 자체로 자기밀폐적 단위일 수 없다. 우리가 역사실증주의나 비판역사학의 굳은 체계보다 비완결적 국면을 중시해야 하는 것은 이런 이유에서다.

푸코는 인간/주체에 대한 표상도 근대 이후 '약 200년간의 발명품'이라고 쓴 적이 있지만, 이것은 역사의 시간에 대해서도 어느 정도 타당하다고 말할 수 있을지도 모른다. 현재라는 시간도 그렇다. '현재'라고 지칭되는 것은 사실상 매우 불안정하고 취약한 의미론적 구성물이다. 이 구성물은 시간적이고 사회적으로 규정된다. 나아가 이런 불안정성은 현재를 구성하는 주체에게도 해당되고, 이 주체의 관심이나 의도에도 해당되며, 여러 다른 주체로 구성되는 사회의 역사적 조건에도 해당된다.

사회의 한 담론이 어떤 설득력을 갖고 있다면, 그것은 여러 공식적·비공식적 힘들의 복잡다기한 함수관계 속에서 일정한 방향으로 결정된 내용의 잠정적 결과물일 뿐이다. 그렇다는 것은 '우리가', '지금', '타당하다'고 받아들인 의견이나 사고도 한때의 진실에 불과할 수도 있다는 뜻이고, 우리 아닌 그들이나 여기 아닌 저 너머의 곳에서는 거짓으로 평가될 수도 있음을 뜻한다.

역사의 근본적 비완결성 그리고 담론의 시간적·사회적 구속성에 대한 이 같은 시각 때문에 벤야민은 '영원한 진리' 또는 '무시간적 진리'라는 개념과 단호히 결별한다. 그는 '영원한 것'das Ewige 이란 하나의 이념이라기보다는 "옷의 가장자리 주름장식" 같은 것이라고 썼다.[20] 영원성이든 진리든, 이것은 이념이나 실체로서 절대적으로 존재하는 것이 아니라 그것을 느끼는 나, 감각하는 주체와 관련된다. 그것이 주체가 사는 현재에 인식되는 것이고, 그래서 몇 겹으로 접혀진 주름과 같은 것이다. 그렇다면 그 의미는 지금 여기에서 늘 새롭게 파헤쳐지지 않으면 안 된다.

따라서 의미와 의미의 형성과정은 단절과 중단을 내포한다. 그래서 위태롭다. 주체도 대상도 그리고 인식의 기준도 언제든지 무너져 내릴 수 있는 것은 그 때문이다. 이 무너짐을 벤야민은 '폭파'라고 했고, 이 폭파는 "의도의 죽음"에서 가능하며, 이 의도의 죽음은 "참된 역사적 시간의 탄생, 즉 진리의 시간과 일치한다"고 썼다.[21] 진리를 경험하기 위해 우리는 여하한의 의도를 없애야 한다. 진리는 대상과의 무의도적 만남에서 비로소 나타나기 때문이다.

---

20) *Ebd.*
21) *Ebd.*

2. 개체적 독자성의 옹호

벤야민에게서 의미가 만들어진다면, 그것은 전체 그림에서 추출되거나 배후의 관념에서 연역되는 것이 아니다. 그것은 하나하나의 구체적 사안과 이 사안의 전체 사이의 강력한 대조에서 온다. 이 같은 대조는 불연속적이고 균열적인 의미망을 이룬다. 그것은 단일적이지도 않고 전체적이지도 않다. 의미는 그에게 전체나 위에서부터 구성되는 것이 아니라 아래나 개체로부터 구성되며, 이 개체의 어울리는 관계에서 엮어진다. 말하자면 그는 개체의 독자성에 환원될 수 없는 특권을 부여한 것이다. 역사는 거대서사의 단순한 집합이 아니라 거대한 개체의 생생한 덩어리이기 때문이다. 이런 사유의 특징은, 그의 변증법을 헤겔의 그것과 비교해보면 잘 드러난다(이 책 서문 1절 "전적인 새로움"에서 부분적으로 다뤘다).

헤겔의 역사이해는 이성의 절대정신 아래 규정되고, 궁극적으로 이성으로 환원된다. 그 점에서 그것은 논리적이고 체계적이다. 하지만 바로 그 때문에 기계론적이고 경직된 것이기도 하다. 그에 반해 벤야민의 역사이해는 비체계적이고 비종합적이라고 할수 있다. 이 비체계성에 논리가 없는 것은 물론 아니다. 단지 그 논리는 드러난 논리라기보다는 숨은 논리이고, 명시적이라기보다는 암묵적인 것에 가깝다. 역사적 유물론이나 몽타주적 서술원리가 그런 논리의 한 모습이라고 한다면, 이 유물론은 기존의 기계적 유물론과 다르고, 몽타주 원리는 실험적이되 구체현실을 외면하지 않는다. 그리하여 벤야민의 방법론은 헤겔에서처럼 정형화되어 있지 않다. 그것은 차라리 무정형적이고 유동적이다. 이질적 사안들을 일정한 원리 아래 조합하지만(이 점에서 체계적이다), 이 조합이 개별요소를 하나의 통일적 원리 아래 복속시키며 이뤄지지 않는다. 그것은 여하한의 목적론이나 체계론을 상정하지 않기 때문이다(이 점에서 비체계적이다).

벤야민의 글과 사유는 근본적으로 '직접적'이다. 그는 직접적으로 나타나는 것들, 메를로퐁티의 말을 빌리면, '거친 존재'에 닿아 있다. 인식은 개념의 매개 아래 드러나는 반면, 진리는 비매개적으로 드러난다. 거친 존재는 언어나 개념으로 포착되기 어렵다. 그것은 스스로 표상하는 그 어떤 대상도 의미하지 않는 알레고리를 닮아 있다. 알레고리가 흥미로운 것은 그것이 존재의 개념일탈적 성격을 닮은 비유법일 것이다.

벤야민은 체계논리가 내세우는 진리의 유일성과 통일성을 문제시했고, 학문/과학의 빈틈없는 귀납연관항을 의문스럽게 여겼다. 『독일 비애극의 원천』의 서문에서 그가 다룬 주요 논점의 하나는 바로 이것이었다. 그의 글은 언어를 넘어서는 거친 존재를 바로 이미지적 언어로 '구현'하려고(단순히 '포착'하려는 것이 아니라) 노력하기 때문이다. 언어 속에서 언어를 넘으려는 이 같은 노력은 그의 글에서 대개 확인된다. 말하자면 어떤 글에서나 대상의 핵심에 닿고자 전방위적인 노력을 한다고나 할까? 이것은 모호한 표현일 수 있다. 그러나 그의 글은 사실적 세부의 유일무이성에 근접하려는 절실한 충동을 예외 없이 담고 있다.

벤야민은 현실변혁을 염두에 두지만, 그렇다고 헤겔처럼 정신의 발전단계나 이성의 절대화를 전제하지 않는다. 그는 차라리 단편적이고 부차적인 세부에 인상학적으로 골몰한다. 게다가 그는

> **벤야민은 개체의 독자성에**
> **환원될 수 없는 특권을 부여한다.**
> **역사는 거대서사의 단순한 집합이 아니라**
> **거대한 개체의 생생한 덩어리이기 때문이다.**

정통 마르크스주의자와 다르게 삶의 신비나 비밀을 외면하지 않았고, 파편적이고 어긋난 것에도 주의했으며, 세부적 관심을 통한 신적 구원의 가능성을 놓치지 않았다. 그가 프루스트론이나 카프카론에서 강조한 것도 이 대목이다. 그러면서도 그는 경험의 구체성으로 다시 돌아왔고, 동시에 전체에 대한 구상을 잊지 않는다. 벤야민의 글은 체계적 비체계성 또는 파편적 전체성을 띤다. 이것은 바로크 해석에서 이미 확인되는 것이었다.

벤야민이 알레고리적 인물에 관심을 가졌던 것은 신적·종교적 관점에서만이 아니었다. 그보다는 피와 육체를 가진, 그래서 타락하고 부패하며 죽어가지 않을 수 없는 인간 삶의 필연적인 유한성에 대한 관심에서다. 이것은 예술사적으로 보면 중세부터 계속된 근대의 세속화 과정에서 나온다. 바로크 예술은 이 과정에서 탈중세적 세계관이 표출된 첫 번째 강력한 예술사조였다. 인간은 선과 악을 가졌고 피와 육체로 이뤄졌다는 현세적·물질주의적 인간이해는 삶과 현실을 과장하는 대신 있는 그대로 파악하려는 노력의 표현이었다. 바로 이 같은 점에 그는 주목했다. 이런 관심은, 바로크 연극이 고전비극의 '타락한 형식'으로 간주된 당시의 일반적인 평가를 고려할 때, 혁신적인 것이었다. 벤야민은 문학사의 망각으로부터 바로크 연극을 끄집어내어 그 권리를 복원시켰던 것이다. 그의 비평은 이 같은 단절적 사유법 때문에 '구제적 비평'으로 불린다.

그러므로 단절과 구제의 계기는 벤야민에게 단순히 기술적 방식에 그치는 것이 아니다. 그것은 전통적 부르주아의 표기법과 명명법과 의미론에 대한 항거의 표현이기도 하다. 그는 단절의 사유와 구제의 비평으로 삶과 문화적 산물에 대한 '전혀 다른 관계'를 희구했던 것이다. 그 점에서 그것은 삶의 태도에 가깝다. 이런 생각은 그의 모든 저작을 관통하는 실천적 주도모티프Leitmotiv로 자리한다고 할 수 있다. 그에게 중요한 것은 대상에 대한 이미 있어왔던 규정이나 평가가 아니라 이 대상을 바라보는 전혀 새로운 방식이자 이 방식의 신선함이었고, 이 신선한 시각을 통한 대중교육적·시대계몽적·정치윤리적 잠재력의 모색이었다. 그가 숄렘이나 아도르노에게서 아쉬워했던 것도 바로 이 점이었고, 반대로 브레히트에게서 친화력을 느꼈던 것도 이 점이었다.

가령 브레히트는 부르주아 예술관에서 흔히 칭송되던 작가적 미덕들, 이를테면 '자유롭고', '독창적이며', '고독한' 같은 술어들을 불신했다. 그는 이것이 '위대한 작가'의 재능 목록이 아니라고 보았다. 그는 사회현실이나 문학작품을 기존 인습과는 다른 기준에서 해석하고자 했다. '서사극' 이론이나 '제스처 이론'은 이런 문제의식에서 나온 성취다. 벤야민이 브레히트의 서사극에서 높게 본 것은 그 '시도적' 성격, 즉 행동과 제스처의 실험적 성격과 이 성격에 배인 교육적인 잠재성 때문이었다. 그것은 단순히 의식이나 지식의 문제를 넘어가는 일이었다. 세계는 어떤 식으로든 충격과 단절과 실험과 기술을 통해 지금까지와는 다른 모습을 띠는 것이어야 했고, 예술의 창작이나 비평도 이러한 다른 변화를 도출하는 데 기여하는 것이어야 했다.

그러나 현실혁신에 대한 벤야민의 이 같은 관심은 시간이 지남에 따라 사회주의 리얼리즘의 영향을 받은 브레히트에서 점점 벗어나 더 유연하고 포괄적인 모습을 띤다. 여기에는 물론 그의 신학적인 입장이나 내성적인 성격이 작용했을 것이다.

3. 바이마르의 현실과 해체적 급진성

바이마르 공화국의 정치경제적 위기와 다가오는 전쟁의 위협(나치즘) 앞에서 많은 것은 다시 물어봐야 할 사안이 되었고, 또 기존과는 다르게 조직되어야 했다. 이것은, 학문과 예술문화 그리고 사상의 관점에서 보면, 새로운 문화사 서술의 문제로 수렴된다.

벤야민이 저널리즘 활동으로 강단학문의 도식주의를 비판하고 부르주아 문화의 관념적 순응주의를 문제시하며, 기술발전으로 인한 전통적 서사형식의 와해와 아우라의 붕괴, 그리고 이로부터 도출될 수 있는 예술의 기능전환이나 시청각적 매체의 표현가능성을 말한 것은, 나아가 자본주의적 상품사회의 반복강제성을 지적함으로써 인류의 근원사를 기억하면서 자유로운 사회의 해방가능성을 염원하고, 이 염원이 실현될 수 있도록 현재적 인식가능성의 의의를 언급한 것은 새로운 문화적 자기이해를 위한 대담한 시도로 보인다. 급변하는 파국적 현실에서 문화는 이 파국을 막을 수 있는가? 만약 그렇다면, 그 계기는 문화의 어떤 잠재력으로부터 구할 수 있는가? 예술과 철학과 비평은 해방된 사회의 이성적 구성에 어떻게 기여할 수 있는가? 이 합리적 문화의 새로운 시작은 정녕 가능한가? 벤야민이 던진 질문은 이와 같은 것이었다.

이에 대한 벤야민의 입장은 급진적이었고, 이 급진성은 이중적으로 나타난다. 「파괴적 성격」이나 「수집가 푹스」에 잘 나타나듯이, '파괴적 성향'이나 수집가적 면모가 그것이다. 그는 한편으로 전통주의자 사이에서—이들 중에는 문화적 보수주의자가 많았다—이들처럼 모으고 보존하고 배열하고자 했고, 다른 한편으로 그들과는 다르게 해체하고 분해하면서 새롭게 조직하고자 했다. 보존을 위해서는 집중과 세심함이 필요했고, 해체를 위해서는 용기와 구성력이 필요했다. 이 둘을 충족시키려면 섬세하면서도 대담해야 하고, 과감하면서도 공정해야 한다. 그러나 이것은 얼마나 어려운가? 우리는 대담하면서도 섬세하고 공정함을 잃지 않은 채 과감할 수 있는가? 보존과 혁신, 해체와 구성의 이원적 방법은, 한마디로 표현하면, "철거를 통한 구축"이다.[22]

기존 역사는 벤야민이 보기에 대체로 지배자나 승자의 관점에서 서술된 것이었다. 그는 역사적 사건들이 파편과 부스러기로 이뤄졌다고 보았다. 그래서 원래 속한 맥락에서 그것을 절단시킨 다음 전혀 다른 위치에 놓음으로써 새로운 의미를 담을 수 있으리라고 보았다. 그의 해체구성의 방법론은 철거와 구축, 단절과 재구축의 이런 방법이었다. 해체구성의 몽타주 원리는 이렇게 해서 기존 역사학에 적용된다. 공식문화적 시각을 구태의연하게 반복하

---

22) Walter Benjamin, "Der Begriff der Kunstkritik in der deutschen Romantik," *a. a. O.,* S. 87.

는 것이 아니라 패자의 관점, 또는 더 넓게 변두리의 시각에서 기존의 역사가 다시 서술된다. 여기서 삶의 국면은 새로 배치된다. 이 새로운 배치관계 아래 지금까지 무가치하거나 사소하게 보였던 것들, 사건이나 경험, 관점이나 시각이 다시 조명된다. 역사의 구제를 향한 해석적 실천이라고나 할까? 이 구제적 복원을 통해 그는 '끊임없는 진보의 연속사'로서 간주되어온 자본주의의 승리사와 그 유토피아적 환상을 폭로하고자 한다.

'철거를 통한 구축'이라는 개념은 원래 예술작품을 해석할 때, 특히 이념과의 관계에서 현상을 이해할 때 요구되는 것이지만, 더 넓은 맥락에서 적용할 수 있다. 예컨대 기존 전통을 해석할 때도 해당된다. 즉 전통적 유산은 그대로 보존되는 것이 아니라 오늘의 현실에 맞게 비판적으로 재구성되어야 한다.

벤야민은 철거와 구축을 동시에 실행한다. 보존과 해체의 변증법적 왕래가 전통유산에 대한 그의 입장이었다. 이 입장을 추동하는 것은 물론 비판적 성찰이다. 성찰이란 사유의 움직임을 통해 이뤄지고, 이 움직임은 내 속에서 나를 넘어서는, 그래서 주체로부터 대상으로 나아가는 자기확대적 반성과 성찰의 운동이다(이 점에서 보면, 낭만주의자들이 말한 '진보적 보편시학'이라는 주체 속에서 이뤄지는 반성의 무한운동이다). 그의 『아케이드 저작』은 이런 문화사적 문제의식의 표현이다.

"지금까지 광기만 들끓었던 지역을 개간하는 것. 깊은 원시림에서 유혹하는 공포의 제물이 되지 않기 위해 이성의 잘 갈린 도끼를 갖고 좌고우면 없이 돌진해가는 것. 모든 바닥은 이성으로 한번 개간되어야 하고, 광기와 신화의 덤불은 제거되어야 한다. 이것은 19세기 토대에 대해서도 행해져야 한다."[23]

벤야민은 이미 있어온 역사를 있어온 대로 받아들이지 않는다. 그는 기존역사를 공식문화의 지배적 관점과 다르게 이해하고자 했고, 이 다른 이해를 다른 해석과 다른 관점의 힘으로 관철시키려 했다. 이 관철은 무엇보다 자기나름의 정식화 속에서 체계화될 수 있음을 그는 알았다. 그가 보기에 시종일관된 발전의 역사가 없듯이, 순전한 타락의 역사도 없다.

긍정의 역사는 얼마든지 부정적으로 이해될 수 있었고, 부정의 역사도 얼마든지 긍정적으로 파악될 수 있다. 벤야민의 『독일 비애극의 원천』이 17세기의 독일 연극사를 긍정적으로 파악하려는 시도라면, 『아케이드 저작』은 19세기의 근대성을 파리라는 대도시에 기대어 긍정적이면서도 부정적으로 서술한 것이었다. 그러나 뒷글에서의 관점은, "꿈의 영역에서" 머묾으로써 인상주의적이고 신화적 요소가 남아 있었던 초현실주의자들과는 다르게, "역사공간 속에서의 '신화'의 해체"를 겨냥하는 것이었다.[24] 그에게는 "있었던 것에 대한 아직 의식되지 않은 지식의 각성"이 중요했고,[25] 이 각성을 통해, 그가 보르하르트R. Borchardt의 말을 빌려 분명히 밝히듯이, "역사적 그늘의 깊이를 입체적이고 차원적으로 볼

---

23) Walter Benjamin, "Das Passagenwerk," *GS* V/1, *a. a. O.*, S. 570f.

24) *Ebd.*, S. 571.

25) *Ebd.*, S. 572.

수 있도록 이미지 창출적 매체를 교육시키고자"[26] 했던 것이다. 그래서 뒤러의 「멜랑콜리아 I」은 운명적·신화적 굴레에서 나오는 인간해방의 표현이면서 노동에 대한 증거이자 잃어버린 것에 대한 우울과 애도의 표현일 수 있게 된다.

이렇게 하여 이제 역사에 대한 "잔혹한 개입"이 시작된다. 벤야민은 다음과 같이 결의하듯 단호하게 쓴다. "구제를 위해서는 확고한, 얼핏 보기에 잔혹한 개입이 필요하다."[27] 그는 영속성·객관성·절대성 같은 전통개념들과 결별하는 가운데 '비연속성의 표상'을 옹호하고, 이 비연속적 표상 위에서 "참된 전통의 토대"로 새로 만들려고 한다. 이것은 분명 진보물신주의Fortschrittsfetischismus에 대한 경계다. 그 시각은 신선하고 건강해보인다. 진보에 대한 맹목적 믿음을 '발전물신주의'라고 한다면, 기술의 발전에 대한 맹목적 믿음은 기술주의 또는 기술물신주의가 될 것이다. 벤야민의 매체론은, 이 책 제12장 3절 "혁신을 위한 예방접종"에서 이미 다뤘듯이, 기술에 의한 현실의 변화가능성을 이용하려는 것이었지 기술주의에 빠진 것은 결코 아니었다.

절대적인 것을 경계하는 벤야민은 비연속적 전통의 진실성이라는 테제 아래 역사의 신화주의적 표상들을 부숴버리고자 한다. 그것은 발전과 진보 그리고 해방이라는 미명 아래 역사의 실제를 호도할 뿐만 아니라, 부당한 역사의 영속성을 보장하면서 있을 수 있는 해석의 가능성도 차단해왔기 때문이다. 이 점에서 그의 사

---

26) *Ebd.*, S. 571.

27) *Ebd.*

> **❝** 벤야민은 철거와 구축을 동시적으로 실행한다.
> 보존과 해체의 변증법적 왕래가
> 전통유산에 대한 그의 입장이었다.
> 이 입장을 추동하는 것은 비판적 성찰이다. **❞**

유는 푸코와도 이어진다고 여겨진다. 푸코 역시 합리성이나 계몽, 해방과 이성의 담론이란 근대 200년 역사의 '한 발명품'에 지나지 않는다고 생각했기 때문이다.

우리가 무엇의 '진리'라고 지칭하는 것 또는 '옳은 것'이라고 말하는 것은 무엇 그 자체의 성격이 아니라, 그 무엇에 대한 표준화된 진술방식(담론체계)일 뿐이다. 이 진술방식은 일종의 권력기술이고 지배의 장치로 작동한다. 그리하여 자기지배라는 것도 자율적으로 행해지기보다는 외적으로 부과되느니만큼 의식적이든 무의식적이든 오랜 기간에 걸쳐 훈육된 결과일 가능성이 높다.[28] 승리와 지배 그리고 권력의 이데올로기는 벤야민에게 연속성의 담론에 담겨 있다. 이 연속성의 담론은 결락이나 누락으로서의 인간사를 호도하는 관념체계에 가깝다. 그러므로 우리는 그럴듯한 술어가 약속하는 거짓가능성에 눈멀지 않아야 한다.

이와 관련하여 벤야민은 '새로운 긍정적 야만성'neues positives Barbarentum이라는 개념을 언급한다. "야만성이라고. 그렇다. 이것

---

28) 푸코의 'government/Gouvernementalität/Führung' 개념은, 자유주의 경제사회에 대한 비판과 관련하여, 바로 이 점을 지적한 것이다.

을 말하는 것은 하나의 새로운 긍정적 야만성의 개념을 도입하기 위해서다…… 새로운 것에서 시작하는 것. 적은 것으로 견디는 것. 적은 것을 가지고 구성하고, 여기서 왼편이든 오른편이든 바라보지 않는 것 말이다."[29] 마치 데카르트가 기존의 철학사를 '나는 생각한다, 그러므로 나는 존재한다'라는 명제 아래 오직 회의의 정신으로 새롭게 열어젖히듯이 또는 아인슈타인이 상대성이론으로 현대물리학의 새 지평을 열어보였듯이. 그래서 벤야민은 이 두 사상가에게서 "처음부터 시작하는 일"Vonvornbeginnen의 "구성자"Konstrukteur를 본다.[30]

망각된 사실을 계속 망각할 때 역사는 부재한다. 하지만 망각된 내용은 거듭 망각될 것이 아니라 기억 속에서 새로 재생되어야 한다. 과거의 일은, 우리가 그것을 현재적 빛 아래 꺼낼 때, 이렇게 꺼내어 다시 경험하고 공감하며 새롭게 구성해갈 때, 비로소 살아 있는 오늘의 사건이 된다.

그러므로 역사를 하나의 완결사로 보는 관점이나 과거에 어떤 객관성을 상정하는 태도는 중단되어야 한다. 역사를 발전신앙적으로 파악하는 것 자체가 지배하는 자의 지배적 관점을 대변하는 것이기 때문이다. 그래서 벤야민은 쓴다. "발전(진보)의 개념은 재앙의 이념에 근거한다."[31] 그것은 정적靜的 관조를 통해 향유하거나 명상할 것이 아니라, 각성과 거리감을 통해 비판적으로 해체되

29) Walter Benjamin, "Erfahrung und Armut," *GS* II/1, Frankfurt/M., 1977, S. 215.
30) *Ebd.*
31) Walter Benjamin, "Das Passagenwerk," *GS* V/1, *a. a. O.* S. 592.

어야 한다. 그는, 앞서 지적했듯이, '정관'靜觀이나 '명상'을 '천재성'이나 '창조성' 그리고 '조화'의 이념처럼 기존 질서를 정당화하는 부르주아적 예술이해 방식으로 철저히 배격했다. 공식적 지배역사가 연속성의 담론 아래 현실의 고통과 야만을 은폐한다면, 이제 필요한 것은 "왼편이든 오른편이든 바라보지 않고", "모든 것을 처음부터" 시작하는 "거친 야만성"이다.

그러므로 역사는 진보와 발전의 연속사가 아니라 파괴와 단절의 역사가 되어야 마땅하다. 나아가 이 같은 파괴와 단절을 통해 그것은 정확히 말해 파괴로 나아갈 것이 아니라, 그래서 파괴 자체를 숭배하는 것이 아니라 좀더 평등하고 더 비억압적인 질서를 구성하는 데로 연결되어야 한다. 가버린 역사는, 이렇게 새로이 재구성되지 않는 한, 다가오는 역사이기도 하기 때문이다. 반성되지 않는다면, 지나간 억압은 미래에도 되풀이될 것이기 때문이다. 그것은 마치 루이 보나파르트의 1850년 파리 제국이 1933년의 히틀러 독재로 계승되는 것과 같다. 여기에서 비판이란 공식술어—담론—이데올로기—지배규범에 대한 엄정한 성찰이다. 이것은 오늘의 지구사회에서, 또 한국사회에서 다른 것일까? 그렇지 않다. 어쩌면 20세기 초 이상으로 2010년대의 세계에서 비판적 성찰은 더욱 절실한 것인지도 모른다.

한국사회에서 '통일'이나 '선진사회'라는 술어가 그러하듯이 또는 전세계적으로 '세계화'나 '시장의 자유'라는 말이 그러하듯이, 우리는 지배술어가 약속하는 과장과 거짓의 마취에 현혹되어서는 안 된다. 이것은 통일을 반대한다거나 선진사회가 필요 없다는 뜻이 아니다. 오히려 절실하고 중대한 목표일수록 거리감 속에서 고찰해야 한다는 뜻이다. 비판적 문제제기가 없다면, 개인적 선의는 집단 속에서 언제든 비틀릴 수 있고, 선의로 시작한 일은 얼마든지 폭력으로 귀결될 수 있기 때문이다.

4. 문화: 상하부구조의 '표현적' 얽힘

벤야민의 단호한 개입은 해석작업에서 잘 나타난다. 마르크스주의 문예이론에 대한 그의 태도가 그렇다. 그는, 유물론적 문예비평가들이 흔히 그러하듯이, 상부구조와 하부구조의 관계를 결정론적으로 이해하는 데 만족하지 않는다. 그는 이 관계를 단순히 '반영'Abspiegelung이 아닌 '표현'Ausdruck으로 규정한다.[32]

하부구조는 사고나 경험의 '소재'로서 상부구조를 규정하지만, 이 두 축은 직선적으로 이어지기보다는 비틀리고 얽히면서 연결된다. 다시 말해 기계적 인과관계가 아닌 복합적 상호작용이 일어난다. 벤야민이 '표현'이라고 한 것은 이 상호작용적 매개를 뜻하는 것으로 보인다. 이에 대한 펜스키M. Pensky의 설명은 명료하다. "물질적이고 문화적인 생산의 관계를 '결정'이라기보다는 '표현'으로 간주함으로써 벤야민은 한 시대의 구별되는 문화적 표현물들이 물질적 '이면서 또한' 상징적이라는 것, 경제적 '이면서 또한'

---

32) *Ebd.*, S. 495. '표현과 반영' 또는 '표현과 전달(Mitteilung)' 같은 벤야민 특유의 구분은 마치 '모나드'(Monade)나 '정지된 변증법'(Dialektik im Stillstand) 또는 '침잠'(Versenkung)이나 근원적 언어로서의 '사물의 언어' 같은 개념처럼, 아도르노의 저작에서 그대로 이어진다. 예술이란 아도르노에게 사물이 가진 근원적 침묵의 언어로 파악된다.

문화적이라는 사실을…… 주장했다."[33]

마르크스에게 문화는 경제적으로 결정되는 것이었다. 그래서 재생산 과정에서 차지하는 상징적이고 문화적인 요소의 중요성을 그는 철저히 평가절하한다.[34] 여기에서 상품물신주의가 나온다. 그러나 상품은, 벤야민이 보기에, 변증법적으로 구성된 것이다. 그것은 경제적·산업적으로 생산되는 것이면서 상징적 의미를 갖는다. 상품형식에는 경제와 정신, 물질과 의미가 하나로 통합되어 있기 때문이다. 상품은 이제 인간이 사용하는 데 그치는 것이 아니라 인간이 행하는 의미론적 활동에 개입함으로써 스스로 하나의 주체로 전환한다. 소외란 하나의 주체로 독립한 상품 앞에서 인간이 느끼는 격리감이다. 그것은 사물의 주체화이자 인간의 대상화다.

현대인간은 자신이 원하여 상품을 구매하기보다는 유행에 따라, 광고와 선전을 보고, 또 신상품이 나오면 구입한다. 우리의 욕망은 자신에게서 나온 것이 아니라 외부에서 표준적으로 주어진 것, 즉 조작되고 투여된 욕망에 지나지 않는다. 그래서 펜스키는 이렇게 쓴다.

"'실패한' 상품의 조금씩 낡아가는 것에서, 비판적으로 보면,

33) Max Pensky, "Method and time: Benjamin's dialectical images," David S. Ferris(ed.), *Walter Benjamin*, Cambridge University Press, 2004, p. 183.

34) 이 점에서 물질의 물신화는 자본주의적 삶의 성격을 보여주는 것이면서 이 삶을 진단한 마르크스주의적 사유 안에도 들어 있다고 할 수 있다. 그래서 결정론적 태도는 사유 자체의 사물화 또는 사물화된 사유의 표현이다.

자본주의의 가장 어두운 비밀이 드러난다. 즉 새로운 상표의 유혹은 반복되는 끝없는 강제로서의 자본주의의 본질을 숨긴다. 원래의 빛이 제거되어 다시 배치되면서 문화적 산물은 자신의 참된 지위, 즉 강제와 폭력 그리고 계속되는 실망의 역사로부터 밝혀지는 화석으로 되돌아간다."[35]

펜스키의 정식은 뛰어나다. 문화적 산물은, 그가 옳게 지적했듯이, '화석'일 뿐이다. 문화는, 적어도 궁극적 시각에서 보면, 화석이 될 운명에 처해 있다. 상품도 그런 문화적 산물의 하나다. 오늘의 자본주의 사회에서 사실 그것은 문화의 주된 산물이다. 상품이 매력을 갖는 것은 신선함을 잃지 않을 때다. 즉 유행하고 있는 동안만 상품의 매력은 유효하다. 그러나 이 유행은 그리 오래가지 않는다.

유행의 특징은 단명하는 것, 그래서 머잖아 대치된다는 점에 있다. 그것은 잠시 또는 그다음의 유행이 나타날 때까지만 이어진다. 그러니까 상품의 새로움이란 말의 바른 의미에서 새로운 것이 아니라 새로움을 선전하거나 가장하는 허울에 지나지 않는다. 그래서 이데올로기다. 상품을 포함하는 문화적 산물의 "참된 지위"는 "강제와 폭력 그리고 계속되는 실망의 역사로부터 밝혀지는 화석"인 것이다. 그러므로 자본주의 상품사회의 비밀은 "반복되는 끝없는 강제"an endless compulsion to repeat에 있다. 이 "반복되는 끝없는 강제"를 하버마스는, 더 축약적으로 표현하여, "신화적 반복강

---

35) Ibid., p. 187f.

제mythischen Wiederholungszwang, 즉 새로운 것에서의 언제나 동일한 것"이라고 정식화한 바 있다.[36] 이 강제된 반복 메커니즘 속에서 맹목성과 폭력은 교대로 등장하면서 사람을 현혹시킨다.

새것에 대한 환호가 광기에 이르면, 사람은 상품을 제대로 제어하기 어렵다. 상품은 하나의 새로운 주체로서 오히려 '사물인간'을 지배한다. 그리하여 인간주체와 사물객체가 서로 자리를 바꿔 앉고, 이 자리바꿈에서 상품은 유령처럼 변신한다. 상품의 이 유령적 성격을 마르크스는 '신학적 변덕'이라고 말한 바 있지만, 이 상품은 물질적·경제적 성격을 넘어 정신적·이데올로기적 성격도 내포한다. 그것은 산업기술적 방향을 드러내면서 동시에 집단적·유토피아적 환상도 포함한다. 상품의 흔적은, 벤야민의 통찰이 보여주듯이, "삶의 수천 배치관계 속에"in tausend Konfigurationen des Lebens 들어 있다.[37] 그러는 한 그것은 집단적 소망이자 그 좌절 형식이다. 그가 대도시 분석을 통해 현대 자본주의의 허깨비적 성격을 해명하려 한 것은 이런 이유에서일 것이다.

5. 개입의 조건

그렇다면 이 개입은 어떻게 이뤄지는가? 해체구성의 변증법이

---

36) Jürgen Habermas, "Bewußtmachende oder rettende Kritik die Aktualität Walter Benjamins," *Zur Aktualität Walter Benjamins*, v. S. Unseld(Hrsg.), Frankfurt/M., 1972, S. 189. 이 점에 대해서는 이 책 제3장「자본주의적 반복강제: 오늘의 상품소비사회」의 2절 "언제나 똑같은 것의 새로움"을 참조.

37) Walter Benjamin, "Das Passagenwerk," *GS* V/1, *a. a. O.*, S. 47.

개입의 방식이라면, 그 조건은 무엇일까? 나는 세 가지 특징을 들고 싶다. 첫째, 현재적 인식가능성이 중요하다는 것을 깨닫는 것이고, 둘째, 유물론적 역사이해에 대한 교정이며, 셋째, 이 교정에서 갖는 신학적 모티프의 중대성이다.

첫째, 현재적 인식가능성과 관련하여.

과감하고 서슴없는 개입은 오늘의 인식가능성 속에서, 즉 "지금이라는 현재적으로 충만한 시간 속에서" 이뤄져야 한다. 왜 그런가? 벤야민은 분명히 적는다. "이 순간에 무엇이 행해지고 있는가를 알아차리는 것이 멀리 있는 것을 예지하는 것보다 더 결정적이다. 전조와 예감, 신호가 밤낮을 가리지 않고 우리의 신체조직을 파동처럼 지나간다. 해석하느냐 이용하느냐, 그것이 문제."[38] 그러니까 수미일관된 총체적 이론을 처음부터 상정하고 그에 무조건 복종하는 것이 아니라, 어떤 이론적 일관성의 상정 없이, 오직 상황 속의 매 순간에 열려 있고, 이 열린 정신을 통해 자신과 현실을 구성하려는 태도가 중대하다.

진리는 명상과 정관의 감정이입 속에서가 아니라 거리감과 해체구성의 변증법 속에서, 그리하여 매 순간 하나에서 다른 하나로 넘어가는 전환과 변이와 교차의 역설적 계기를 이용할 때, 마침내 포착될 수 있다. 『독일 비애극의 원천』에서 보여주듯이, 알레고리적 변증법이나 단자론적 변증법은 이것을 보여준다. 이 점에서 벤야민의 변증법은 하나의 총체적이고도 통일적인 세계상을 전제하는 헤겔적 변증법과 분명하게 대조된다. 필요한 것은 지금 이 자

---

38) Walter Benjamin, "Einbahnstraße," *GS* IV/1, *a. a. O.*, S. 141.

리에 널려 있는 전조와 예감과 신호를 열린 감각과 정신으로 포착하는 일이다.

둘째, 유물론적 역사이해의 교정과 관련하여.

벤야민은 물질과 정신, 하부구조적 토대와 상부구조적 이데올로기의 관계를 이전보다 더 복합적으로 해석한다. 비경제적 요소들인 비의적이고 신화적인 면모를 자기사유 안으로 끌어들여 주제화한 것도 이 같은 맥락에서다. 그는 상품이 삶을 사물화하면서 동시에, 그것이 집단적 소망을 내포하고 있는 만큼, 역사 이전의 무계급적 사회와 같은 낙원적 이미지를 암시한다고 믿었다. 그리고 바로 이 점이 역사의 연속성을 중단시킬 수 있는 폭발적인 에너지가 될 수 있다고 그는 생각했다. 역사유물론에 대한 이런 탄력적 해석은 혁명주체로서의 프롤레타리아를 그가 포괄적으로 이해한 데서도 나타난다. 그는 여느 마르크스주의자처럼 프롤레타리아에게서 역사의 진행을 중단시킬 힘을 본다. 그렇다고 해서 그가 무산자 계급만 고수한 것은 아니다. 그의 시야는 이보다 더 넓다. 즉 그는 피억압 계층의 전체를 염두에 둔다. 그가 억압의 연속사와 이 연속사를 지탱하는 공식적 지배담론의 폐해를 거듭 문제시하는 것도 무산자를 그 일부로 하는 고통받는 인류를 생각하기 때문이다. 변혁의 주체는 이렇듯이 더 유연하게 상정될 수 있고, 또 그렇게 상정할 수 있어야 한다.

이렇게 상정할 때, 우리의 시각은 이미 하나의 단일국가적 경계나 민족적·인종적 차원을 넘어 삶의 보편적 지평으로 나아간다. 이 보편적 의미지평 아래 서 있다면, 우리는 예컨대 재일한국인의 불평등한 근로조건을 문제시하듯이 이 땅에 있는 외국인 노동자의 열악한 근로조건도 문제시할 수 있을 것이다. 마찬가지로 과거사 문제를 반성치 않는다고 일본인을 탓하는 것 이상으로 베트남전에서의 한국군 활동에 대해서도 엄정하고 객관적으로 검토할 수 있을 것이다. 인류의 미래적 삶과 지구 현실의 이성적 질서는 그 후에야 가능할지도 모른다. 이것은, 다른 시각에서 보면, 정치를 일상적·생활세계적 차원에서 이해하는 일이다. 정책적·제도적 차원에서의 '정치'the politics보다는 생활세계적 차원에서의 '정치적인 것'the political을 고민한 무페C. Mouffe의 생각도 이와 연관된 것으로 보인다. 발전개념과의 단호한 결별을 통해 우리는 실천의 주체로서의 피억압자를 이전보다 더 포괄적이고도 탄력적으로 파악할 수 있다.

'피억압자를 더 포괄적으로 파악한다'는 것은 무슨 뜻인가? 피억압자에서 노동자 계층은 예나 다름없이 주류가 될 것이다. 하지만 노동자 계층만 억압받는 것은 아니다. 다른 곳에서처럼 이 땅에서도 사회적으로 외면받는 사람들은 여성과 아이, 노약자, 이주노동자, 장애인 그리고 사회극빈층이고, 여기에는 570만 명의 비정규직도 있다. 우리는 더 작고 미묘하고 사소한 삶의 일상적 계기에 주목해야 한다. 삶의 구체적 계기에 대한 미세한 포착은 사실 벤야민에게 낯선 것이 결코 아니었다. 그의 '사유이미지'에서 이는 이것을 특출하게 보여준 사례다.

셋째, 신학적 모티프와 관련하여.

벤야민의 변증법적 시간개념에는 메시아적 함의가 들어 있다. 변증법의 이미지는, 그의 마지막 글인 「역사의 개념에 대하여」에 나타나듯이, 메시아적 시간의 신학적 비전 속에 분명하게 전개된

> **66** 사소한 것들에 깃든 매 순간의 변화계기를
> 포착하는 것이 중요하다. 연속적 시간진행의 파괴는
> 정치적 슬로건의 거창한 차원에서가 아니라,
> 일상적 삶의 미시적 차원에서 실행되어야 한다. **99**

다. 유대메시아주의에서 구원은 끔찍한 현재에 의해 보증된다. 즉 현재의 삶이 잔혹할수록 유토피아적 미래는 더 확고하다고 간주된다. 변증법적 이미지의 시간이란 메시아적 시간이고, 그러니만치 종말적이고도 파국적인 분위기 아래 상정된다. 여기에는 비의적인 면이 분명 있기에 비판될 수 있다.

그러나 이 글을 적던 1940년 당시 벤야민이 처한 생존현실의 위급함을 고려한다면, 이 비판은 조금 완화될 수 있을 것이다. 나치즘이 유럽 전체로 확산되던 그 무렵의 저술작업이 위태로웠던 것은 말할 것도 없다. 그는 '무국적자'로서 매일매일의 각박한 생계현실과 싸워야 했다. 무엇보다도 그의 생명이 도처에서 위협받고 있었다. 그 불안정한 상황에서 부정不正현실을 하나의 파국으로 간주하고, 이 현실의 연속성을 단절시키는 데 메시아적 전언은 구원적 힘으로 작용했을 것이다. 그 점에서 그의 글은 지독하게 어둡던 시대에 예술과 비평의 정치적 가능성을 탐색한 하나의 절망적인 모델이다. 또 그 같은 이유로 신학적 비전은 불가피했다고 말할 수도 있을 것이다.

단순히 거창하고 위대한 역사를 공식화하는 데 자족하는 것이 아니라, 사소한 것들과 이것들에 깃든 매 순간의 변화계기를 포착

하는 것은 오늘날에도 여전히 중요하다. 연속적 시간진행의 파괴는 정치적 슬로건의 거창한 차원에서가 아니라, 무엇보다 일상적 삶의 미시적 차원에서 실행되어야 한다. 왜냐하면 개별적 계기 속에는—이 계기를 벤야민은 '단자'Monade라고 불렀다—다른 중요한 계기들이 포함되어 있기 때문이다. 마치 하나의 단자에 모든 다른 단자가 겹쳐 있듯이, 작고 사소한 개별계기에는 어떤 이념세계가 겹쳐 있을 수 있다. 각 사물의 세부에는 이념이 단자론적으로 각인되어 있다. 그러는 한 거기에는 아직 동화되지 못한, 낯설고 거칠며 정연되지 않은 진실성이 들어 있다. 그렇다. 진실은 낯설고 거칠며 정리되지 않은 세부사실에 배어 있다.

그때그때 경험하는 모든 현재적 순간에는 세계의 전체상이, 마치 축도縮圖처럼, 압축된 채 들어 있다. 역사적 전망은 이 전체상에 의지할 때 깊어진다. 말하자면 현재로부터 과거로 돌아가듯이 과거에서 미래로 나아감으로써 시간적 경계의 여러 차원이 지양된다. 앞선 역사와 그 뒤 역사로의 지평확장은 이렇게 일어난다. 구원의 계기는 이렇게 확장된 지평의 깊이 속에 들어 있을지도 모른다. 그러므로 억압된 자의 '다른 역사'는 이 이질요소를 발굴하고 수집하며 기억하고 해석하며 기록하는 데 있다. 이것이 유물론적 신학의 역사서술이 지닌 단자론적 이해법이다. 다른 현재와 다른 미래의 가능성은 그다음에 과연 올 수 있을까?

4. 문화사로서의 예술사

> 사람들은 역사의 긴장을 풀어 '문화사'를 만들어냈다.
>
> ■ 벤야민, 「수집가 푹스」, *GS* II/2

우리에게는 '연속된 삶을 산다'고 여기는 경향이 있다. 그 이유는 시간의 단위를, 역사를, 변화하는 현재를 '완결된' 것으로 파악하기 때문이다. 이것은 역사실증주의의 관점이기도 하다. 역사주의는 늘 경험적 사건들을 일정한 연결고리 속에 나란히 배열하면서, 이 배열된 대상에 이해하기 쉬운 통일성을 부여한다. 그래서 단절이나 개입의 여지는 있기 어렵다. 이 경우 주체가 할 수 있는 일은 별로 없기 때문이다.

그러나 거듭 확인하건대, 역사는 완결된 것이 아니다. 그것은 닫힌 것이 아니라 열려 있다. 과거가 완결된 것이 아니듯이, 시간이나 이 시간 속 사연을 담은 작품은 완결된 것으로 이해될 수 없다. 과거의 이미지는 지금 여기 살아 있는 주체의 깨어 있는 의식 속에서, 이 각성된 의식의 변증법적인 중단 아래 새로 정의될 수 있다. 이렇게 정의할 수 있는 힘이 곧 변증법적 사고다. 중단이란 기존의 의미론적 연속성에 대한 변증법적 개입이고 파괴며 간섭이자 훼방이다.

과거는 나와 무관하게 있는 것이 아니다. 그것은 나에게, 나와 더불어, 내가 느끼고 인식하는 한, 얼마든지 다르게 자리한다. 과거에 대한 나의 관계는 수동적인 것이 아니라 능동적이고, 폐쇄된 것이 아니라 개방적이다. 따라서 그것은 나의 관심과 열정과 문제

의식으로 얼마든지 구성될 수 있는 종류의 것이다(역사학에서 이것
은 '역사구성주의'가 된다).

　지금 여기에서 현실이 문제시되지 않는다면, 이 현실의 현재는
사라진 현재와 다르지 않다. 그것은 과거에 대해 생성적 계기로
작동하지 않는다는 점에서 죽은 현재와 같다. 지금 이 순간이 문
제적으로 의식된다면, 그것은 기나긴 변화의 시작이 될 수 있다.
그래서 의미 있는 변화를 위한 출발점이 될 수도 있다. 이 단절과
출발과 변화의 관점은 과거에 대한 주체의 적극적 관심에서 가능
하지만, 예술과 문화의 역사를 바라보는 넓은 시각에서도 가능하
다. 벤야민의 생각은 이 점에 있다. 그의 문화이해는 단절적이고
불연속적이며 비동일적이다.

　물론 인간활동의 모든 것이 문화적 산물로 자리매김되는 것은
아니다. 그 활동 가운데 의미 있는 구성물로 변형된 궤적이 곧 문
화의 역사다. 과거에 일어난 일은 그렇게 현재의 관심과 이어지
고, 이 현재적 관심 아래 지나간 일은 일정하게 구획되고, 어떤 가
치를 부여받으면서 미래를 위한 성찰자료가 된다. 그러므로 지식
이나 예술은 경험에 대한 인간의 의미론적 변형의 결과다. 특히
예술적 형상화란, 지식(학문)이 이해된 것의 논리적 체계화인 반
면 예술은 논리적 일관성을 넘어서는 표현의 복합화 작용이라는
점에서, 학문보다 더 직접적이고 중층적 의미를 경험의 자료에 부
여하는 행위라고 할 수 있다. 그런 점에서 예술에서 허용되는 자
유의 폭은 학문 일반에서보다 훨씬 넓다. 예술이 문화사의 핵심분
야가 되는 것은 이 점에서 자명하다. 예술사는 인간의 의미론적
문화활동 가운데 가장 정채精彩 있는 분야로 자리하는 것이다. 예

술사에 대한 벤야민의 비판시각도 이런 문제의식 아래 있다.

예술사는 흔히 '회화사'와 동일한 의미로 다뤄지지만, 예술사에 대해서도 다양한 층위의 다양한 견해가 있다. 이 가운데 형식주의적 접근은 19세기 이래 미술사 연구에서 주된 흐름이었다. 바로 이 점을 벤야민은 문제시한다. 부르크하르트J. Burckhardt 이래 뷜플린Wölfflin, 리글A. Rieg, 바르부르크A. Warburg 같은 미술사가들은 이 형식주의적 부당성, 다시 말해 예술작품의 양식적 특성을 연구함으로써 예술사를 문화사와 분리시킨 문제점을 드러내기 때문이다.[39]

작품의 외적 속성에 대한 탐구는 미술사가 하나의 독립적인 예술과학(예술학)으로 정립되기 위한 하나의 전제조건이었고, 그 때문에 불가피한 측면도 가진다. 그러나 다른 한편으로 작품이 사회정치적·경제적·기술적 토대와 얽힌 채 생겨난다는 사실도 자명하다. 예술작품의 의미는 형식적 자율성만 강조함으로써 얻어지는 것이 아니라 사회경제적·역사적·물질적 조건 아래 파악될 때, 그래서 예술사를 역사일반의 일부로 고찰할 때 비로소 얻어진다. 벤야민이 뷜플린의 형식주의보다 푹스의 유물론적 예술사 논의를 더 높게 평가한 것은 그 때문이다.

그러나 벤야민의 유물론적 관점을 유물주의적 시각에서만 이해하면 곤란할 것 같다고 나는 생각한다. 그의 유물론적인 관점은

---

39) 케이길(Caygill)의 뛰어난 논문은 이 점을 명료하게 보여준다. Howard Caygill, "Walter Benjamin's concept of cultural history," David S. Ferris (ed.) *Walter Benjamin*, Cambridge University Press, 2004, p. 74ff.

기존의 형식주의적 예술이해가 사회역사적 맥락을 외면한 데 대한 반발에서 나온 것이고, 여기에는 물론 사회변혁을 지향하는 그의 정치적 입장이 녹아 있다. 하지만 그것을 좀더 넓고 균형잡힌 시각에서 지금까지 잊혀지고 외면되고 배제된 가치를 복원시키려는 '구제적' 의지에서 나온 자연스런 결과라고 보는 것이 더 타당할 것이다. 그의 비평을 '구제비평'으로 부르는 것은 이 때문이다. 이것은 기존의 평가기준에서 '실패한 장르'로 간주되었던 바로크 연극을 그가 새롭게 파악한 데서 이미 확인된 바다.

사물의 진리 내용은 기존의 의미를 단순히 반복하는 데 있는 것이 아니다. 그것은 새로운 그러나 아직 공식화되지 못한 존재를 밝혀낼 때 조금씩 드러난다. 이런 의미발굴은 연역적이 아니라 귀납적으로 이뤄져야 하고, 구체적 세부에 밀착해 실행되어야 한다. 미술사가의 논의에 대해서도 벤야민은 이런 시각으로 대응했다. 그는 예술의지Kunstwollen/artistic will 같은 리글의 개념을 한편으로는 받아들이면서도, 다른 한편으로는 리글이 예술과 문화사의 연관관계를 무시했기 때문에 거리를 둔다.[38] 그는 정전으로부터 배제된 시대와 이 시대의 인물 그리고 이 인물들이 쓴 장르를 연구함으로써 정전의 고답적 전통을 문제시한다. 말하자면 잊혀진 소수의 권리를 복원시키려는, 철저히 변방적이고 국외적인 작업을 수행한 것이다. 왜냐하면 문화사의 작업이란 기존평가에 대한 문제제기에 그치는 것이 아니라, 잊혀진 자료의 적극적 발굴과 재배열을 통한 의미론적 치환의 시도인 까닭이다.

40) Ibid., p. 82.

이런 식으로 벤야민은 예술과 문화사를 통합적으로 고찰한다. 이 통합적 관점은 물론 유물론적 역사이해 위에 자리하고, 나아가 비정전적·국외자적 관점 아래 추동된다. 통합적 관점에서 보면, 그는 파노프스키E. Panofsky나 카시러E. Cassirer를 키운 바르부르크와 유사하다. 벤야민과 바르부르크는 뵐플린이나 리글과 다르게 부르크하르트의 문화사적 유산을 이어받으면서도, 개인이 쓴 텍스트나 개별작품에도 주의했다. 나아가 이들은 과거의 유산과 현재적 해석, 전통과 모더니즘의 유기적인 관계에, 이 관계의 설정을 통한 새로운 가치 부여의 가능성에 주목했다. 그러나 차이점도 있다. 바르부르크의 예술사 통합방법이 사회심리학적·인본주의적 관점에서 행해졌다면, 벤야민의 그것은 반인본주의적이고 해체적이었다. 벤야민은 부르주아의 인본주의적 전통에 비판적이었다. 더 자세히 살펴보자.

바르부르크는 예술작품이 사회적·이데올로기적·심리적 갈등을 '조화롭게 완화시킨다'고 보았다. 여기에서 예술은 삶의 긴장과 불협화음을 치유하는 어떤 특권적인 장소로 간주된다. 이 점에서 그의 예술관은 고전적이고 이상주의적이다. 따라서 순응적인 측면도 있다. 그러나 이렇게 물을 수도 있다. 예술은 정말 특권적인 장소인가? 또 치유는 예술의 주된 기능이지만, 그것으로 예술의 존재의의가 끝나는 것인가?

우리는 이 물음을 조금 더 진전시킬 수 있다. 모든 사회적·이데올로기적 갈등을 심리적으로 해석하는 바르부르크의 입장은 정말 타당한가? 이런 물음은 바르부르크 입장의 특정한 측면을 예각화한다는 느낌이 들 만큼 공격적으로 여겨지기도 한다. 하지만 그의 치유적·조화적 예술이해에 동의할 수 있는 부분이 있듯이, 이를 문제시하는 물음에도 타당성은 있다. 벤야민의 문화사적 관점은 바로 이런 문제의식과 이어져 있다. 그는, 케이길이 정확히 지적했듯이, "사회적 긴장을 심리적 긴장으로 환원하고, 문화를 단순히 긴장의 해소책 정도로만 간주하는" 바르부르크를 비판하는 쪽에 서 있는 것이다.[41]

비조화적이고 균열적인 요소들, 다시 말해 부정적이고 파편적인 것이며 망실된 것은 지금까지 평가절하되어왔다. 이것은 예술사의 주된 경향이었을 뿐만 아니라 철학사와 지성사의 주된 경향이다. 그래서 문화사 일반의 지배적 조류가 된다. 벤야민은 지금까지 '부정적으로' 간주되어온 비조화적·균열적 속성들을 바르부르크와 다르게 또는 어떤 점에서 바르부르크보다 더 적극적으로 받아들인다. 예술작품은 말할 것도 없이 사회적 갈등을 중화시키고 심리적 억압을 완화하는 치유 기능을 가진다. 인간은 알 수 없는 것들에 이름을 붙임으로써 우주론적 공포에서 벗어나기도 한다. 이런 관점은 자연이나 신화의 무정형적 힘을 인본주의적으로 변형하려는 매우 오래된, 예술 고유의 미메시스적 충동이기도

---

41) Ibid., p.85f. 그러면서도 케이길은 바르부르크의 이른바 '므네모쥔느 프로젝트'와 벤야민의 '아케이드 프로젝트'가 역사적 기억의 변증법적 이미지를 담고 있다는 점에서 유사하며, 이 유사성은 벤야민이 『독일 비애극의 원천』의 복사본을 바르부르크에게 보내면서, 비록 성공하지는 못했지만, 이 선구적 미술사가에게 다가가고자 했다는 점, 그래서 그 복사본이 런던의 바르부르크 문화연구소 도서관에 아직도 보관되어 있다는 점을 지적한다. Ibid., p.83과 각주 18번 참조.

하다(이것은 뒤러의 「멜랑콜리아 I」에 대한 바르부르크의 해석에서 잘 나타난다). 그 점에서 이것은 중요하다. 그러나 다른 한편으로 삶의 균열을 교정하기보다는 그대로 두면서 그와 타협하려는 이상주의적 관점의 표현이라고 할 수도 있다. 화해는 필요하지만, 화해라는 말로 해소되지 않는 갈등도 있는 것이다.

삶에는 해소되지 않는, 그래서 끊임없이 반복되고 존속되는 갈등도 많다. 모든 신화가 지식으로 수렴되는 것은 아니며, 모든 갈등이 예술작품으로 형상화되는 것도 아니다. 왜 수십 년이나 수백 년에 걸쳐 외쳐졌음에도 인간해방은 아직도 실현되지 않고 있는가? 숱한 갈등을 해소하고 신화를 인간화하는데도 삶의 억압은 왜 계속되고 있는가? 현실의 고통은 어쩌면 어떤 예술로도 치유될 수 없고, 어떤 지식으로도 교정될 수 없을지도 모른다. 폭력이나 전쟁 같은 물리적인 거대갈등에서부터 오해나 소통부재 같은 작고도 미묘한 생활상의 갈등에 이르기까지 삶의 고통은 차라리 인류사적 항수라고 말하는 것이 옳을지도 모른다.

신화나 연대기는 역사의 이 끔찍한 동일성, 즉 고통과 야만의 자기동일적 순환을 보여준다. 그러는 한 되풀이되는 폭력에 대한 조화론적·심리적 이해에는, 앞서 말했듯이, 순응적이고 기만적인 면이 있다. 따라서 그것은 거부되어야 한다. 케이길은 이 점을 이렇게 적확하게 쓴다.

"그리하여 지식이나 예술은 자연력의 인간적 변환에 바쳐진다. 그러나 벤야민의 관점에서 보면, 문화사를 죽음이나 자연적 운명에 대응하여 삶과 인간자유의 긍정으로 보는 이 같은 이해는 야만주의의 기록물로 남는다. 역사와 예술에서의 긍정은 이 긍정이 자연적·피조물적·인간적 고통에서 갖는 대가를 증거하지 못한다."[42]

예술작품이란, 바르부르크가 지적했듯이, 외부 현실의 압도적인 힘, 말하자면 미신적이고 신화적인 힘을 인간주의적으로 변형시킨 결과다. 그래서 거기에는 불안과 우울에서 벗어나게 하는 정서적·심리적 효과가 자리한다. 그러나 이렇게 끝난다면, 예술의 현실대응은 수세적일 수밖에 없다. 왜냐하면 이 긍정적 효과의 강조가 이 강조로 인한 고통의 대가를 묻어버리기 때문이다. 벤야민이 문제시하는 것은 바로 이 점이다.

예술문화사는, 벤야민에 따르면, 순응주의에 대한 거부와 부정의 형식이다. 적어도 삶과 죽음 같은 자연적 운명을 단순히 긍정하는 것으로 끝난다면, 그것은 케이길이 지적하듯이 인간적이고 생물적이며 자연적인 고통을 외면하거나 은폐할 수 있다. 그럴 경우 문화사는 '야만의 기록물'이 된다. 그러나 문화가 야만의 단순한 기록물일 수는 없다. 또 그래서도 안 된다. 야만의 기존사를 거스르는 '새로운 야만', 다시 말해 문화사의 거친 재해석이 시작되어야 한다. 인간의 역사는 부단히 중단되고 해체되며 재구성되고 재조직되어야 한다. 그것은 결코 완성을 모르는 검토와 해명의 지속적 창조과정이다. 삶의 모든 긍정은, 그것이 고통에 대한 기억이라는 대가 없이 행해진다면, 언제든 기만적일 수 있다.

----

42) Ibid., p. 89.

> **❝** 문화가 야만의 단순한 기록물일 순 없다.
> 또 그래서도 안 된다. 그러므로 야만의 기존사를
> 거스르는 '새로운 야만', 다시 말해 문화사의
> 거친 재해석이 시작되어야 한다. **❞**

5. 벗어나는 것들

벗어나는 다른 것들, 그것이 내게는 나의 경로를 규정하는 자료들이다.
■ 벤야민, 『아케이드 저작』, *GS* V/1

『계몽의 변증법』이 지적하듯이, 계몽의 현대적 신화화는 이성의 발전 자체가 퇴행적이었음을 보여준다. 그리하여 오늘날 새로운 계몽이 필요하다면, 이전의 계몽과 같아서는 안 된다. 현대의 계몽은 계몽주의 시대의 계몽을 넘어서야 한다. 즉 기존의 계몽을 계몽시키면서 '동시에' 이 역사적 계몽의 성취에 기대 현대의 도구화된 계몽도 계몽할 수 있어야 한다. 이것을 하버마스는 '이중의 학습과정'으로 이해했다.

참된 이성의 계몽은 자신의 퇴행적 가능성에 눈멀지 않을 때 비로소 실현될 수 있다. 그것은 바로 '계몽의 재계몽화'이자 '계몽의 탈계몽화'다. 이성의 부정적 유산(도구적·기계적·산술적 속성)을 문제시하면서 동시에 그 긍정적 유산(비판적·성찰적 속성)을 종합적으로 재구성할 수 있어야 한다.

마찬가지로 문화의 성취도 탈마법화되어야 한다. 그래야 그 속에 담긴 억압적인 잔재들, 즉 불공정한 타성과 편견에 찬 관습을 떨쳐버릴 수 있다. 그러려면 계몽의 계몽이 필요하듯이 이성의 재이성화가 요구된다. 문화의 탈문화화, 탈문화의 재문화화는 이 대목에서 생각해볼 수 있다. 즉 '좋게 보이는' 많은 개념을 비판적으로 다시 독해하는 것이다. 감각과 사유의 탈각화라고나 할까? 그렇다는 것은, 벤야민적 맥락에서 보면, 우선 문화의 해석과 수용에서 단절적·파괴적·해체적 계기를 가진다는 뜻이다. 역사적 경험의 진실성은 전래되는 것에 대한 단절 속에서만 오늘의 것으로 전취될 수 있기 때문이다. 그렇지 않다면? 그것은 지배의 역사이고, 억압과 재앙의 역사며 따라서 역사의 오용이 된다.

단절적·파괴적·해체적 계기가 없는 문화사는 참된 문화사일 수 없다. 이 파괴와 해체와 단절을 통해 억압된 전통과의 진실한 유대가 생겨날 수 있다. 그러므로 문화사는 근본적으로 지배의 역사에 대한 해체적 해석과정을 내포하고, 이 해석과정을 허용하며 장려할 수 있어야 한다. 이것이 변증법적 문화사 이해다.

앞으로 도달해야 할 보편성은, 그것이 이념의 보편성이건 문화의 보편성이건, 역사의 그 어느 때보다 다다르기 힘든 보편성일 것으로 보인다. 그것은 이쪽뿐만 아니라 저쪽도 살펴야 하고, 주체의 입장 이상으로 타자의 입장을 고려해야 하며, 한 지역이나 나라 또는 인종의 관점뿐만 아니라 탈국가적이고 탈경계적이며 인류보편적인 가치를 전 지구적 관점에서 공유할 수 있어야 한다. 인권이나 평화, 평등과 사랑은 그런 보편가치의 예다.

1. 불연속적 복원의 문화로

명성 없는 명예에 대해

영광 없는 위대함에 대해

급료 없는 품위에 대해

■ 벤야민, 『독일인들』(1936)

예술작품의 의미를 만드는 것은 현재화된 시간에서 이뤄지는 인식적 개입가능성에 있다. 이 현재적 인식가능성 속에서 기존의 것은 새로 고찰될 수 있다. 의미론적 연속성은 이 고찰을 통해 다시 검토된다. 주의할 것은 이 중단의식이 역사의 밖에서가 아니라 그 안에서 이뤄진다는 사실이다. 인식할 수 있는 현재란 역사의 과거와 현재를 이어주는 접점, 이 접점 속의 정점頂点이다. 이 정점에서 변화는 점화한다. 이 현재적 순간에 불타오르는 변화의 불꽃, 바로 이 점이 중요하다.

많은 것은 다시 고찰할 수 있고 다시 사유할 수 있으며 다시 조직할 수 있다. 새롭게 구성되는 가운데 절대적인 것은 자신의 윤곽을 허문다. 이렇게 하는 가운데 진리는 다르게 이해되거나 새로운 자리로 옮겨 앉는다. 이 모든 것을 가능하게 하는 것은, 거듭 강조하건대, 현재적 순간의 인식적 에너지다.

지금 이 순간에 삶의 시간이 새롭게 인식되지 않는다면, 시간이란 도대체 무엇인가? 그것은 무수히 이어지면서 반복되는 영원성의 고리, 즉 살아 있는 것이 아니라 죽은 고리다. 매 순간이 죽은 고리로 이어질 때, 삶은 의미 있게 조직되기 어렵다. 그래서 무의미해진다. 무의미한 삶이란 현재적 계기가 굳어 있는 것을 뜻한다. 벤야민이 이미지적 사유를 즐겨 한 것은 이 사유가 시간의 경직된 틀을 허물고 유동적인 것, 그래서 변화가능한 것으로 현재를 파악했기 때문이고, 이 유동적 계기를 사유이미지가 담을 수 있다고 믿었기 때문이다. 말하자면 그것은 순수논리적·이론적 추상성을 떠날 수 있는 한 방식이었다. 그가 생각한 몽타주는 단순히 형식의 문제나 실험의 문제에 그치는 것이 아니다. 그것은 현실과 역사를 새롭게 인식하고 구성하려는 적극적인 대응법이다.

위에서 고찰했듯이, 벤야민이 이해한 진보의 역사는 '재앙의 이념'에 근거한다. 역사실증주의는 이 이념을 구현한 폐쇄적 사관史觀이라고 할 수 있다. 그것은 진보를 선전하고 새로움을 내거는 가운데 있어온 그대로의 역사 또는 있는 그대로의 역사를 가정한다. 그러나 가장 현대적인 것은 가장 오래된 것이기도 하다. 그것은 이미 낡아 있는 것이다. 이 낡은 것은 이미 있어왔던 것이지만, 스스로 새로운 것이라고 가장하기도 한다. 그러니까 유행이나 진보 그리고 새로움에는 사실상 오래된 것이 배어 있다. 이 오래된 것 위에 늘 새로움의 허위적 바탕이 조성된다. 그리하여 재앙의 이념은 결국 항상 있어왔던 것의 새로움, 즉 동일성의 신화가 된다.

역사의 동일성이란 가상이다. 동일성 속에서 역사는 화석화된다. 역사의 연속성·동일성·완결성을 전제하는 것들은 모두 거짓이다. 여기에도 물론 장점은 있다. 예컨대 동시대적 혼란 속에서 사회의 결속력이 필요할 때 그것이 요구되곤 한다. 하지만 그것은 역사 자체의 속성이라기보다는 '만들어진 속성'이다. 역사에 연속성이 필요하다면, 그것은 해체와 중단 그리고 단절의 작업을 거쳐야 한다. 이 점에서 벤야민의 예술사적 관점은 여타의 예술사가 보다 급진적일 뿐만 아니라 더 개방적이고 그래서 세련된 것으로 보인다. 이 방법론적 세련성은 그가 몽타주 원리 같은 아방가르드적 기법을 역사서술에 적용한 데서도 나타나고, 태도의 개방성은 그 당시 거들떠보지 않던 바로크 알레고리를 탐색한 데서도 입증된다. 그는 역사의 단순인과론적 서술에 동의하지 않았고, 종합과 체계를 강조하는 헤겔적 변증법을 신뢰하지도 않았다. 역사 속의 삶은 듣기 좋고 우아한 술어가 아니라 거친 사실에 대한 미세한 주의를 통해, 이 착종된 사실을 기억하고 '거슬러' 기록함으로써, 조금씩 줄어질 수 있기 때문이다.

그러므로 참된 역사는 보편화된 재앙의 역사와 이 역사의 억압적 동질성을 폭파시켜야 한다. 그렇지 않다면, 여전히 역사의 동일성 담론에 포박되기 때문이다. 동일성 담론이란 지배계층의 지배적 담론이고 신화이고 이데올로기다. 벤야민은 참된 역사의 가능성을 역사유물론에서 찾고 있지만, 우리는 이 역사유물론을, 그가 역사개념에 대해 그러했듯이, 반드시 있는 그대로 받아들일 필요는 없다. 그것은 마땅히 현실의 시공간적인 성격에 따라 그리고 우리의 요구에 맞게 어느 정도 변형되어야 한다. 그것은 방식과 내용이 어떠하건 결국 교조적이고 독단적인 이해의 차원을 넘어서야 한다. 어려운 현실상황이 이 상황의 무기력을 정당화할 수는 없다.

역사실증주의를 지탱하는 재앙이념이 동질성의 신화라면, 이 신화는 역사의 새로운 구성을 위해 중단되어야 한다. 기존역사가 중단될 때, 몰락과 쇠퇴는 불가피하다. 몰락의 폐허는 그러나 새 출발의 조건이기도 하다. 그렇다면 어떤 질적 변화가 단절로부터 일어날 수 있는가? 벤야민은 계급 없는 근원사Urgeschichte의 이미지는 집단적 무의식 속에 숨어 있다고 보았다. 이 요소들이야말로, 그것을 기억하고 수집하여 묘사하고 표현하는 한, 사회변혁의 에너지로 변모될 수 있다고 그는 믿었다. 우리는 이 무의식의 집단적 꿈이라는 언어를 해독해내야 한다. 이 꿈의 독해작업은 그 자체로 19세기 진보서사를 비판하는 반反진보적 진보작업이다. 반진보주의적 시간개념을 가다듬고 변증법적 이미지의 역사적 내용을 이론화하는 것은 실천을 위한 탐구작업과 분리될 수 없다.

다시 문제는 이미 있어왔던 것에 대한 아직 존재하지 않는 관점을 일깨우는 것이고, 이렇게 일깨워진 관점을 통해 역사의 깊은 그늘을 다차원적으로 파악하는 것이며, 이 파악 속에서 꿈의 공간이 아닌 역사의 공간에 자리한 신화와 광기와 폭력을 줄여가는 일이다. 이것은 그 자체로 '각성의 국면', 즉 일깨움의 그물망을 조직하는 일이다. 이 일에서 좌고우면할 것은 없다. 그것은 연마된 이성으로, 마치 미지의 영역을 개척하듯이, 돌진하면서 이뤄져야 한다. 이 일은 "온전한 과거가 역사적 복원 속에서 현재 안으로 들어서게 될 때까지 계속된다"고 벤야민은 적는다.[43] "역사적 복원"에서 '복원'이란 '아포카타스타시스'로서 '구제'나 '구원'이라는

---

43) Walter Benjamin, "Das Passagenwerk," *GS* V/1, *a. a. O.*, S. 573. 아포카타스타시스라는 개념은 여기 외에 벤야민의 「이야기꾼」(*GS* II/2, S. 458)에도 나온다. 나는 이 개념을 '모든 영혼의 구원'이라는 신학적 의미에서뿐만 아니라 그보다 넓게, 다시 말해 글/예술의 한 궁극적 지향점으로 해석하고자 했다. 이 책의 제10장 「글의 자연사: 문학비평」, 특히 3절 참조.

뜻을 갖는다. 역사의 복원이 곧 인간적 삶의 구제행위인 셈이다.

벤야민이 희구한 문화사는 역사의 잘려나간 부분, 즉 불연속적인 것을 복원하기 위한 문화사다. 그것이 '불연속적인' 것은 기존 역사가 지배와 소유의 계급적/계층적 입장 아래 서술된 억압의 연속사이기에 중단되어야 하기 때문이고(이 점에서 단절적이다), 그것이 '복원'이어야 하는 것은 이 이데올로기로 오염된 동일성 원리에서는 많은 것이 새로 구제되어야 하기 때문이다(이 점에서 화해적이다). 그리하여 그의 문화사는, 이 글의 모토에서 인용했듯이, "과거와 화해적으로 결별해야" 하는 자기모순적인 이중의 과제가 된다.

불연속적 복원의 문화사 또는 화해의 문화사는 재앙과 억압의 일반사를 반복하는 것이 아니라, 그래서 자기동일적 가상의 이데올로기를 지속하는 것이 아니라, 지금 여기의 인식가능성 아래 기존의 진보서사를 해체하는 작업이다. 벤야민의 문화사는 화해적 단절을 통해 역사를 새로 구성하고자 한다. 참된 진보가 동일한 시간경험을 반복하는 것이 아니라 이렇게 반복되는 경험의 동일성을 간섭하고 중단하는 데 있다면, 불연속적 복원의 문화사는 그 자체로 (거짓)진보에 대항하는 진보적 방식이 될 만해 보인다. 그러는 한 이 변증법적 실천경험은, 그가 쓰고 있듯이, 그 자체로 정치적이다. "언제나 동일한 것 그리하여 역사에서의 반복가상을 흩뜨리는 것은 가장 고유한 변증법적 경험이다. 참된 정치적 경험은 이 가상으로부터 절대적으로 자유롭다."[44]

변증법적 작업을 통해 벤야민은 과거의 전체를 복원하고자 했고, 이 억압된 역사의 복구는 곧 해방된 사회의 인간화된 질서를 구성하는 일로 이어진다. 참으로 진실된 것은 현재적 의식의 명징한 각성 속에서 전승가치에 대한 개입을 통해 비로소 획득될 수 있다. 그에게 중요한 것은 부정-비판-개입-기억-애도-구제를 지탱하는 이성적 명료성이었다.

이성적 원칙 아래 행해지는 부단한 검토와 개입이 없다면, 현실은 이미 있어온 것이 '새것'이라는 미명으로 사람을 눈멀게 하는 재앙의 지옥일 뿐이다. 이 점에서 이 복원작업에는 낙원적 삶에 대한 갈망이 들어 있고, 이 갈망은 신학적이다. 그러나 이 신학적 갈망을 지탱하는 것은 벤야민에게 있어, 다시 강조하건대, 세속적 계몽의 의지다. 그는 전혀 새로운 구분법과 구성원리를 통해 배제된 과거의 영역으로 들어서기를, 이렇게 들어서서 이 부당한 영역을 올바르게 재조직하기를 원했던 것이다.

하버마스가 썼듯이, 현대성이 근본적으로 '미완의 프로젝트'라고 한다면, 이 미완성의 보완은 마땅히 여러 관점 아래 실천될 수 있고 또 실행되어야 한다. 그렇다면 벤야민의 반휴머니즘적 인간학, 다시 말해 신학적 유물론으로 무장된 해체구성의 문화사 이해는 하나의 설득력 있으면서도 강력한 대응법이 아닐 수 없다. 이제 남은 것은 무엇인가? 이 모든 고민을 지금 여기에서 실행할 수 있는 작으나 구체적인 몸짓은 어떤 것인가? 나는 이것을 '외전적 시선'에서 읽는다.

44) Walter Benjamin, "Das Passagenwerk," *GS* V/1, *a.a.O.*, S. 591.

2. '외전적'外典的 시선

오늘의 사회는 복잡하기 그지없다. 그 얽히고설킨 위계관계와 서열조직에서 자기가 선 위치가 어딘지 알기란 쉽지 않다. 교리문답서나 제품설명서는 많아도 삶의 진리를 알려주는 것은 매우 드물다. 있는 것은 그에 대한 추측이고 소문이며 암시일 뿐이다. 그래서 우리 각자는 외롭게 선택하고 결정하고 행동해야 하며, 그 결과에 스스로 책임을 져야 한다. 여기에 과오가 없을 수는 없다. 이 과오는 주체의 무능에서만큼이나 알 수 없는 현실의 위력 때문에 생겨나기도 한다. 삶에는 그 어떤 위안도 소용없게 만드는, 그래서 사람을 좌절케 하는 대목이 셀 수 없이 많다. 그러나 이 불가항력에 대해서도 우리는 시간이 지남에 따라 무감각해지고 만다. 현대세계에서는 특히 그렇다.

현대의 인간은 지극히 사적이고 개별적인 관심사 안에 고립되어 있다. 그는 자기 옆에서 어떤 일이 일어나는지, 만나거나 스쳐가는 사람이 누구인지 모를 뿐만 아니라 자기 삶조차 분명히 파악하지 못하는 경우가 많다. 스스로 어떻게 살아가고 있고, 자신이 속한 사회는 어떤 모습인지 그는 별 관심이 없다. 이 무관심은 한편으로 나날의 일과나 생계의 압박 때문에 일어나지만, 다른 한편으로 사회발전의 근본적인 가속도로 하여 더욱더 심화되어가는 듯하다. 그러나 이러한 무관심은 다른 편에서 보면, 신경 써야 할 일을 줄여주는 까닭에 편리하게 여겨지기도 한다. 안락한 삶은 바로 이 무관심 덕분에, 아니 이 일반화된 무관심에도 불구하고 지속된다. 하지만 이러한 안락함에는 대가가 따른다. 문명의 안락함은 사실 많은 것이 희생된 결과다. 무엇이 희생되었는가?

우리는 현대사회가 상실한 목록을 여러 차원에서 열거할 수 있다. 그러나 한 가지로 줄이면 어떻게 될까? 나는 그것을 '온전성'이라고 말하고 싶다. 온전성이란 간단히 말해, 마치 동그라미처럼 완전하고 둥글며 원형적인 것이다. 이것은, 벤야민적 맥락에서 보면, 아우라이고 진품성이며 유일무이성이라고 일단 번역할 수 있다. 이 온전하고 유일무이한 것들 대신 파편적이고 우발적이며 불완전한 것이 들어선 것이 현대인이 살아가는 현대사회의 일상적 삶이다.

그리하여 현대사회는 우연적이고 우발적인 요소로 가득 차 있다. 여기에서는 진리가 아니라 진리의 잔해가 생활세계를 채운다. 그래서 진리를 찾아 헤매는 일도 수월치 않고, 이렇게 찾은 잔해의 해독이 어떤 전체적 조망으로 이어지기도 어렵다. 찾아낸 것들은 서로 이어져 꿰맞춰져야 한다. 이렇게 맞춰진 것이 그러나 납득할 만한 의미가 되기란 어렵다. 설령 그렇다고 해도 이때의 의미가 온전한 형태가 되는 것은 드물고, 진리라고 한들 다른 사람에게 그것이 제대로 전달되리라는 보장도 없다. 그러니 한 세대에서 다음 세대로 진리를 전승하는 일은 전혀 다른 차원의 문제다. 어디를 보나 진리는 이제 인간의 일이 아니게 된 것인지도 모른다. 이 무기력에서 오는 자괴감이 현대적 수치심의 바탕을 이룬다. 이 무기력이란 진리인식의 불가능성이고 진리접근의 불가능성이지만, 더 우울한 것은 진리전달의 불가능성이다.

아무리 진리가 접근할 수 있고 인식될 수 있다고 해도 그것이 다른 사람과 다음 세대로 이어지지 못한다면 무슨 소용인가? 진리의 전달통로는 오늘날 도처에서 막혀 있다. 그것은 개인적 차원

> **벤야민의 문화사 이해는 의미 이전의 의미, 곧 의미부재의 자연사적 근원상태를 상기한다. 그럼으로써 문화는 오늘의 왜곡된 좌표를 좀더 바르게 재설정할 수 있다.**

에서뿐만 아니라 사회적 차원에서도 그렇고, 예술문화적·학문적 차원에서뿐만 아니라 사회정치적·경제적 차원에서도 그렇다. 현대적 편리의 많은 것은 이 보편적으로 관철된 장애, 아도르노식으로 말하여 '철저히 관리된' 격리 때문에 생겨난 사물화된 삶의 분절성 위에 자리한다(한국사회의 온갖 지역적·학문적·혈연적·종교적 파벌주의도 이런 분절성이 야기한 대표적 병폐들이다). 따라서 오늘의 상품소비적 쾌적함이 어디에서 오는지, 그것이 어떻게 만들어져 어떤 결과를 야기하는지 우리는 주시해야 한다. 기술이 제공하는 안락함 이상으로 그 파괴적 결과를 문제시해야 하고, 이 기술로 인한 생활세계의 왜곡상을 주시해야 한다. 이 점은 문화사 이해에서도 유효하다.

벤야민의 문화사 이해에서 두드러지는 것은 비관례적이고 탈인습적이며 탈정전적인 시선이다. 그는 예술사에 통용되는 형식주의적 틀이나 도식화된 낙관주의와 타협하지 않는다. 오히려 그는 상투적 틀을 문제시하고, 그와 다른 관점을 지탱해줄 새로운 예증을 찾아 나선다. 이것은 무엇보다 그가 푹스의 강점으로 보았던 "외면당한, 경전외적經典外的 사물들에 대한 시선"으로 가능한 것이었다.[45] 그러나 누군가의 장점을 포착할 수 있다는 것은 이렇게 포착한 당사자 자신의 장점이기도 하다. 그리하여 경전외적 시선은 역사가 푹스의 특장特長이면서 벤야민 자신의 특장이었던 것이다. 이 공인되지 않은 관점에 기대어 벤야민은, 마치 푹스가 그러했듯이, 마르크스주의적·유물론적 문화이해가 "시작밖에는 보여주지 못한 것을", "자기 자신의 힘으로" 개척한 것이다.[46]

벤야민의 경전외적 시선은 우리가 알고 있는 역사가 있는 그대로의 역사가 아니며, 있는 그대로의 역사 역시 더 알아야 할 역사임을 알려준다. 그것은 역사의 균열구조를 의식하도록 만들고, 지나간 사실과 전승되는 담론에 안일한 자세를 교정시켜준다. 문화사를 설명하는 많은 해석과 범주가 부적당하고, 그 평가와 분류의 기준이 불완전하거나 무효한 것이다.

그렇다면 벤야민의 문화사 이해는 문화적 기록물의 야만성을 폭로하는 데 그치는 것일까? 그것이 '재앙과 억압의 연속사'로서의 역사를 문제시하는 데 있다면, 이것으로 그 의미는 끝나는 것일까? 나는 그렇게 생각하지 않는다. 그의 문화사 이해는 더 넓은 곳으로 나아간다. 더 넓은 곳이란, 그가 『독일 비애극의 원천』에서 말하듯이 "인간적인 것에 대한 사물적인 것의 우위"[47]를 생각하는 일이기도 하고, 「이야기꾼」에서 적었듯이 "무생명적 자연의 깊이"[48]이기도 하다. 그것은 다른 식으로 말해 의미 이전의 근원상

---

45) Walter Benjamin, "Eduard Fuchs," *a.a.O.*, S. 505.

46) *Ebd.*

47) Walter Benjamin, "Ursprung des deutschen Trauerspiels," *GS* I/1, Frankfurt/M., 1974, S. 362.

48) Walter Benjamin, "Der Erzähler," *GS* II/2, *a.a.O.*, S. 462. 여기에 대해서는

태라고 말할 수 있을지도 모른다. 벤야민의 문화사 이해는 의미의 자연사적 상태를 기억하고자 한다. 의미뿐만 아니라 의미 이전의 의미, 곧 의미부재의 자연사적 근원상태를 상기함으로써 문화는 오늘의 왜곡된 좌표를 좀더 바르게 재설정할 수 있기 때문이다.

그러므로 문화의 한 과제는 부당한 역사의 억압성을 폭로하는 일이다. 그러나 더 중요한 일은 문화사적 문제의식이 삶의 자연적 바탕, 다시 말해 무생명적 사물의 넓이와 깊이에 주의하는 데로 나아가도록 하는 것인지도 모른다. 인간의 문화활동이 공간과 시간, 이성과 개인성의 근본한계에서 자유로울 수 없다면, 그래서 그 의미론적 활동이 오직 그 한계 안에서 더 넓고 깊은 삶의 가능성을 추구할 뿐이라면, 문화는 이 편재하는 한계 너머의 지평을 살필 수 있을 때 좀더 온전해질 수 있기 때문이다. 우리는 전혀 다른 차원의 공간과 시간, 전혀 다른 차원의 무의식과 이성, 그리고 전혀 다른 차원의 개인성과 종말과 무로부터 시작하는 문화의 가능성도 생각할 수 있어야 한다. 적어도 이러한 미지의 가능성에 열려 있을 때, 인간의 문화활동은 '인간학적으로 왜곡될 가능성을 스스로 줄일 수 있을 것'이다. 벤야민의 외전적 문화사 이해가 갖는 학문적·문예미학적·정치적 에너지는 여기에 있다고 나는 생각한다.

그러나 외전적 시선의 에너지가 현실에서 얼마나 유효할 것인지는 또 다른 문제다. 차라리 그 의미는 현실에서, 우리의 역사이해나 문화사 이해가 지금껏 보여주듯이, 실패해왔다고 할 수 있

제10장 「글의 자연사: 문학비평」에서 강조한 적이 있다.

다. 벤야민은 어려울 수밖에 없는 이 문화사적 과제를 지적하며 푹스론을 끝맺고 있다.

"이름 없는 것들과 이 손의 흔적을 보존했던 것들을 향한 그런 관찰이 사람들을 새로 덮치고 있는 것으로 보이는 지도자 숭배보다 인류의 인간화에 더 기여하게 될 것인지 아닌지라는 문제는, 과거가 가르쳤지만 헛되었고, 미래가 언제나 다시 가르쳐야 하는 많은 문제와 같음에 틀림없다."[49]

이 글에서 핵심어는 물론 "인류의 인간화"Humanisierung der Menschheit다. 그러나 더 중요한 것은 이 인간화의 명제들이 "헛되었다"는 사실의 인정이고 확인일 것이다. 이 헛됨은 동시대 인간에게 널리 퍼진 "지도자 숭배", 즉 히틀러 숭배에서 입증된다.

세상이 아직도 폭력적이고, 불의와 불평등이 현실을 지배하는 것은 옳은 말이 없어서가 아닐 것이다. 또 옳은 생각을 갖지 않아서도 아닐 것이다. 문제는 그것을 실행하지 않는 데 있다. 많은 정당한 명제는, 벤야민이 분명히 적고 있듯이, "과거가 가르쳤지만 헛되었고, 미래가 언제나 다시 가르쳐야 하는 많은 문제와 같"은 것이다. 벤야민의 문화사 이해가 푹스론에서 가장 잘 드러난다면, 이 문화사 이해는 '전망'이 아니라 '우려'로 끝난다. 그것은 단순히 지금까지의 성취를 자축하는 것이 아니라 그 실패를 확인하고 이 확인을 통해 미래에 우리가 무엇을 해야 할 것인가라는 과제의

---

49) Walter Benjamin, "Eduard Fuchs," *a. a. O.*, S. 505.

검토로 끝난다. 이 대목에 우리는 주의하지 않을 수 없다. 벤야민은 문화의 가능성을 평가할 때도 사실을 직시하려 하지 덧칠하거나 과장하는 법이 결코 없다. 문화작업의 핵심적 과제는 경전외적 시선을 통한 문화사의 복원에 있다.

문화사적 복원은 불연속적 전통을 지향하기에 단절을 중시하고, 이 단절 속에서 더 공정하고 이성적인 질서를 지향하기에 화해적이다. 이 화해적 단절은 '비판적 포용'이라고 지칭할 수도 있다. 이 비판적 포용 속에서 우리는 과거와 화해적으로 결별할 수 있어야 한다. 그것은 결정론적이지도 않고, 안이한 낙관주의 위에 서 있지도 않다. 그것은 재앙의 연속사와 단절한다는 점에서 급진적이고 진보적이지만, 이 단절이 기존문화의 성취에 열려 있다는 점에서 포용적이고 심지어 보수적이기도 하다. 그것은 물질적 조건의 토대 위에서 물질 이상의 사상과 형이상학까지 겨냥한다. 물질-돈-상품-수익만을 위해 살아간다면, 오직 그것을 위해 살아가야 한다면, 우리는 자본과 시장의 하수인이 안 되기 어렵다. 그 점에서 삶의 물리적이면서 형이상학적 가능성에 대한 탐색은 오늘날의 후기형이상적 시대에서도 절실한 과제이지 않을 수 없다.

여기에서 비평의 외전적 관점은 연속적 역사의 억압적 요소들로부터 시대와 삶 작품의 의미를 구제해내고자 한다. 고전적·관념적 예술이해를 문제시하는 이런 관점을 통해 벤야민은 변화된 세계에서 예술의 기능이 어떻게 전환되었는지, 경험위축이 현대적 삶을 어떻게 변질시켰는지 알려주고자 했다.

현실은 변화되어야 한다. 그러나 이 변화는 물질적·제도적·사회적·정치적 변화만 의미하지 않는다(여기에는 냉정함과 이성이 필요하다). 그것은 정확하면서도 내밀해야 하고, 이 내밀성이 자아의 외부로 나아가야 하며, 이 사회역사적 영역으로부터 초월적이고도 형이상학적인 차원으로까지 열려 있어야 한다(여기에는 정열과 비의秘意가 필요하다). 그러면서 이 모든 일은 다시 지금 여기에서, 내가 느끼고 생각하는 현재적 경험의 밀도 속에서 실행되어야 한다. 과학, 이성, 진보 그리고 정열은 이 추구에서 하나의 원칙이 될 만하다. 그러나 이 원칙은, 거듭 말하건대, 과학주의나 이성주의 또는 진보신앙으로 귀착되어서는 안 된다. 그것은 '반성된 과학'이고 '감성의 이성'이며, '진보를 거스르는 진보'여야 한다. 여기에서 나는 미래의 비평, 다시 말해 우리가 앞으로 추구할 문예론과 미학과 문화론의 예술철학적 근거와 그 방향을 가늠한다. 이같은 조건을 그 나름으로 감당하지 못한다면, 앞으로 이뤄질 문예학적·미학적 논의는 아마 오래가지 못할 것이다.

역사의 무대로 오르는 것은 승자들이다. 그들은 돈과 권력과 명예와 지위 속에서 산적한 전리품을 누린다. 이들의 언어가 모두 거짓된 것은 아니다. 그들의 승리는 그 나름의 이유와 노고와 대의大義의 결과이기도 하다. 문제는 이 이유와 대의의 실상實相이다. 그렇게 드러나는 진실이 진실적 가능성의 전부는 아니기 때문이다. 승자의 언어가 진실하기란 패자의 그것보다 어렵다. 그것은 사실에 충실하기보다는 갖가지 명분과 미사여구로 치장되기 일쑤고, 이 같은 수사修辭는 숨은 권력의 전략일 경우가 많다. 역사를 쓰는 것은 분명 패자가 아니라 승자다. 그러나 승자의 역사가 반드시 정의로운 역사는 아니다.

현실의 승자는 자기 역사뿐만 아니라 패자의 역사까지 기록한

> **" 이제 우리는 고삐 풀린 자본의
> 전방위적 내습과 결별할 필요가 있다.
> 삶의 대안체제적 가능성을 탐구하는 데
> 벤야민의 사유는 중요한 참고틀이 될 수 있다. "**

다. 그리하여 남겨지는 것은 승자가 쓴 장황한 승리의 업적이다. 패자의 생애는 없거나 있다고 한들 매우 드물게 나타나며, 이렇게 나타난 것도 부당하게 취급되거나 왜곡되기 일쑤다. 비틀린 현실은 인간적 공동체이기 어렵다. 그래서 지옥에 가깝다. 지옥현실은 가버린 것으로써가 아니라 오늘의 삶에 여전히 자리한다. 벤야민은 그렇게 본다. "지옥은 우리에게 앞으로 다가올 것이 아니라 여기의 삶 자체다."[50] 역사의 아우성은 저기 저 나락 아래 있는 것이 아니라 여기 현실에서도 숨죽이고 있다. 바로 이 점을 그는 주시한다. 그의 사유는 전승戰勝의 행렬을 따르는 것이 아니라, 이 대열에서 짓밟힌 자들의 고통과 그 잔해를 더듬는다. 그것은 기록된 것이 아니라 망실된 것이고, 그래서 앞으로 구제되어야 할 것들이다. 이 잊혀진 것들을 기억하고 서술하는 것이 역사가의 의무이고, 문화사 이해의 궁극적 방향이다.

한 걸음 물러나자. 오늘의 상황은 벤야민이 겪었던 현실과는 많이 다르게 보인다. 아마도 그 시절이 사회정치적·경제적 차원에

---

50) Walter Benjamin, "Das Passagenwerk," *GS* V/1, v. R. Tiedemann(Hrsg.), Frankfurt/M., 1982, S. 592.

서 지금 현실보다 훨씬 더 혹독한 위기에 차 있었기 때문일 것이다. 그러나 지금 현실이 그때보다 더 호전된, 그 시절의 위기에서 벗어나 있는 안전한 상태라고 우리는 말할 수 있을까? 전체주의적 성격이 이전에는 정치체제에 구현되었다면, 오늘의 생활세계는 자본과 시장과 소비와 광고와 선전의 위력 아래 좀더 철저하게 왜곡되어 있는지도 모른다. 아닌 게 아니라 오늘날에는 이 삶의 왜곡상태를 비판하는 문화활동 내부까지 오염되어 있다.

오늘날의 삶은, 이전에 전체주의적 우민화 정책이 그랬듯이, 집단적 공공행사나 거대한 기념비 건설, 매체선전이나 여론조작 같은 명백한 대중동원의 형식을 띠기보다는 갖가지 문화적 치장 속에서, 말하자면 상품소비의 '자율적' 방식이나 사이버 공간의 '직접민주주의' 구현 또는 '지식대중'의 활성화라는 그럴듯한 미명 아래 '더욱 자발적으로' 영위되는 것처럼 보인다. 지금의 순응이나 추종은, 아이돌 가수의 인기나 '명품' 열풍에서 보듯이, 외부적으로 직접 명령되고 지시되기보다는, 많은 경우 이 외적 현상을 주체 스스로 모방하거나 학습한 결과이고, 따라서 주체가 내면적으로 육화한 것에 가깝다. 그리하여 이것을 참된 의미의 자발성이나 자율성이라고 말하기 어렵다. 이런 시민적 덕목들은 오늘날의 전방위적 소비생활 아래 차라리 증발된 것이라고 말해야 옳을 것이다. 이것은 소문이 증거를 대신하고, 감정이 사실로 둔갑하는 데서, 그래서 철마다 사회적 유행과 대중적인 호기심 그리고 매체적 이슈가 급변하는 데서 잘 확인된다. 한국사회의 집단적 방향상실은 여기에서 올 것이다. 대중의 이 같은 혼돈은 심화되는 양극화로 증폭된다.

대중의 혼돈과 타율적 삶을 추동하는 시대적 범주가 신자유주의적 시장이데올로기임은 말할 것도 없다. 오늘의 탈규제화된 시장경제는 역사상 전례 없는 독점성으로 정치와 경제, 사회와 문화뿐만 아니라 교육과 복지와 의료, 나아가 자연자원과 환경정책 등 삶의 거의 모든 분야에서 가늠하기 힘든 재난을 일으키고 있다. 세계와 생존의 문제가 간단히 해결될 수 없다는 데 동의한다면, 이 해결불가능성이 오늘날 점점 더 가중되고 있음도 인정할 필요가 있다. 시대적 문제를 해결하는 어려움이 더해지면 더해질수록, 역으로 감각적 자극에 호소하는 기이하고도 병적이며 퇴행적인 형식들도 늘어날 것이다.

이제 우리는 이 고삐 풀린 자본의 전방위적 내습과 결별할 필요가 있다. 우리는 사회와 정치에 대해, 철학과 문화에 대해, 삶과 행복에 대해, 자연과 사물에 대해 전적으로 새로운 생각의 입안을 시작해야 한다. 공생共生을 위한 보편적 연대의 가능성은 그렇게 생각할 수 있는 미래의 가장 큰 그림이 될 것이다. 자본주의 체제만이 인간의 공동체가 지향해야 할 유일한 질서는 아닐 것이기 때문이다. 삶의 이 대안체제적 가능성을 탐구하는 데 벤야민의 사유는 중요한 참고틀이 될 수 있다.

벤야민의 사유가 비평론, 예술론, 매체론, 역사철학, 근대성 이해, 소비사회분석, 현실진단, 언어론과 번역론, 글쓰기, 신학론 등을 포괄하면서 웬만한 것을 다 논의하고 있다면, 우리는 그의 문제의식을 오늘의 관점에서 재구성하면서 다시 비판적으로 고찰할 필요가 있다. 그러나 다른 한편으로 우리의 문제의식은 벤야민보다 어떤 점에서 더 유연하고 복합적이어야 할 것이다. 특히 정치적 관점이나 대중이해가 그렇다. 예를 들어 영화를 통한 대중의 계몽교육적 가능성에 대한 그의 믿음은 지금의 시점에서 보면 소박하다고 할 수 있다. 또 그의 정치적 관점에는 경직된 측면이 없지 않고, 이 경직성은, 누차 언급했듯이, 당시의 급박한 사회정치적 현실에 연유한 것이지만, 그래서 현실정합성이 떨어진다고 단정하기는 어렵지만, 그럼에도 보완되어야 한다.

더 중요한 결함은 언어의 비의성 또는 더 정확히 말하여 선명하지 못한 언어적 정식화라고 말해야 할지도 모른다. 이 표현의 불분명성은 많은 경우 글 자체의 파편성에서 오지 않나 여겨진다. 물론 이 같은 언어이해에도, 사유이미지의 글들이 보여주듯이, 장점이 없는 것은 아니다. 그 장점은 유례없을 정도로 특출나다. 그러나 이 장점만큼이나 단점도 많아 보인다. 벤야민의 언어와 표현법 그리고 정식화의 방법은 재평가될 필요가 있다. 그리고 이것은, 언어에 사유와 감각과 세계관이 담겨지는 한, 사유의 내용과 방식에 대한 문제제기로 이어질 수 있다.

우리는 피억압자의 편에서 메시아의 얼굴을 돌려주라던 벤야민의 메시지를 받아들이면서도, 이 메시지를 마땅히 오늘의 지구 현실에 맞게, 또 한반도의 사회정치적 현실에 적절하게 재조정해야 한다. 이러한 요구를 삶의 여러 분야에서, 또 주제에 따라 어떻게 구체화할지는 각자의 문제로 남는다.

제15장

입김이 머무는 동안: 행복의식

세속적인 것의 질서는 행복의 이념 위에 세워져야 한다.

■ 벤야민, 「신학적·정치적 단편」(1920~21)

벤야민은 어떻게 행복을 이해하는가? 그에게 행복 개념은 어떤 식으로 자리하는가? 그의 핵심개념이 대체로 그러하듯이, 이것도 여러 다른 개념과 얽혀 있다. 그의 글 어디에서도 행복에 대한 본격적인 논의는 펼쳐지지 않는다. 그 대신 파편적인 형태로 퍼져 있다. 그래서 그의 행복관을 가늠하려면 이렇게 흩어진 생각들을 모아야 하고, 이렇게 모아진 것에서 일정한 공통분모를 추출해내야 한다.

내가 보기에, 벤야민의 행복 이해는 세속적인 것, 메시아, 몰락, 정치, 자연적 삶 등과 연결되어 있는 것으로 보인다. 그 내용은 무엇인가? 이것을 논의하기 전에 일반적 의미에서 행복이 무엇인지 먼저 스케치할 필요가 있다.

1. 행복이란 무엇인가?

행복에 대한 사람들의 관심은 예나 지금이나 매우 큰 것으로 보인다. 하고 있는 일과 살아가는 방식이 달라도 자기 하는 일에서 행복하려는 사실만은 누구에게나 한결같다. 이 행복의 추구는, 여기의 내게 시간적·정신적 여유가 있고, 몸이 아프지 않고, 더욱이 어느 정도의 물질적 여건이 구비되어야 가능함은 말할 것도 없다. 그렇지 않다면 행복을 떠올리는 일조차 버거울 때가 많다. 동시대 현실과는 관계없는 한가한 음풍농월吟風弄月쯤으로 여겨질 수도 있다. 생활이 곤궁하면 행복을 상상하는 일조차 호사스럽게 보이지 않는가? 그러나 그렇지 않은 경우라도 행복의 표상은 신산스런 삶의 버팀대 구실을 하기는 한다.

행복이란 무엇인가? 그것은 어떻게 규정될 수 있는가? 간단치 않은 물음이다. 무엇이 행복한 것인가? 행복이란 물질적 조건을 말하는가 아니면 영적 상태도 포함하는가? 그것은 육체적 욕구의 충족상태이면서 동시에 정신적 성장이나 고양도 내포하는가? 행복은 사람의 사적 공간에 제한되는가, 아니면 공적 공간까지 포함하는가? 행복의 감정이란 한 사람이 경험하고 체험하는 영역에만 적용되는가, 아니면 비가시적이고 초경험적이며 형이상학적인 영역도 아우르는가? 과연 '궁극적 행복'이란 있는가? 있다면 그것은 인간에게 무엇인가? 그 어떤 질문에도 간단한 답변은 없어 보인다. 행복을 정의하는 것은 불행을 정의하는 것보다 더 어려워 보인다. 그렇다면 각자가 가졌던 행복의 경험으로부터 시작해보면 어떨까?

1. 순간적 행복

사람은 행복의 느낌을 흔히 자신의 어떤 경험과 결부시키곤 한다. 이 경험은 거창한 의미나 존재와 관련되기보다는 사소하고 미미한 것에 가깝다. 그것은 항구적인 것이 아니라 어떤 순간이나 한때의 사실과 관련된다. 행복은 또 경험 당시에 느껴지기도 하지만, 사후적事後的으로 일어나기도 한다. 사실 행복의 계기는 큰 일에도 일어나지만, 그 이상으로 작은 일에도 예기치 않게 일어난다. 그래서 행복감은 작고 사소한 사건에 숨어 있는 때가 많다.

예를 들어 누군가를 우연히 만났다거나 어떤 물건을 찾았다거나 아니면 오랫동안 품어오던 의문이 해결되었을 때 그것은 나타난다. 좋은 음악을 듣거나 그림을 보았을 때, 농담 섞인 문장에서 작가의 활기를 확인할 때, 그것이 기쁜 감정을 유발할 수 있다. 아니면 낯선 도시의 후미진 골목을 어슬렁거리며 돌아다니거나 울창한 숲 속 계곡물에 손을 담글 때, 또는 5월의 보리밭 들녘을 홀로 지나갈 때나, 뜻하지 않은 친지의 엽서를 받게 될 때, 케케묵은 감정의 골 사이로 신선한 바람 한 줄기가 불어댈 수도 있다. 이 신선한 기운은 갓난아이의 잠자는 모습이나, 이불 위에 가지런히 줄지어 선 장난감 인형을 아이 방에서 보게 될 때 또는 햇살에 마른 빨랫감을 저녁밥을 먹은 후 하나둘씩 갤 때, 아니면 잠들기 전에 갖는 한두 시간의 조용한 휴식과 평화…… 이것은 더 일상적인 행복의 예라고나 해야 할 것이다. 이 경험은 모두 불현듯 찾아든다.

여기에서 보듯이 행복의 경험은 논리적 연쇄 속에 일어나지 않는다. 그때의 감정도 지속되지 않는다. 어떤 종류든 그것은 순식간에 찾아왔다가 순식간에 사라진다. 특정한 준비와 연습을 하는

> **행복에 대해선 좀더 기나긴 관점이 필요하다.**
> **참된 행복은 순간적 욕구의 충족에 매달리지 않는다.**
> **매 순간의 현존적 느낌을 중시하면서도 이때의 충족이**
> **삶화 이상의 포괄적 국면에 걸쳐 있어야 한다.**

가운데 오기보다는, 아무런 통보 없이 그저 그렇게 찾아든다. 행복은 별다른 신호나 징후를 알려주지 않는다. 그러면서 '다시는 돌이킬 수 없는 아스라하고 아득한 무엇'을 내포하는 것이기도 하다. 괴테가 '순간이여 멈추어라, 너는 아름답다'고 외친 것은 아마도 매 순간이 내포하는 이 같은 아쉬움의 감정에서였는지도 모른다. 삶의 일은 늘 예측보다 앞서 일어나는 것이다. 필연성이 아니라 우연성, 인과성보다는 우발성이 행복의 사건을 규정한다.

그러나 다시 생각해보자. 순간에 매달리는 행복이 건강한 행복일까? 그렇지는 않다. 그것은 소중한 것이지만, 그 이상으로 불안정하기도 하고, 때로는 비도덕적일 수도 있다. 철학자 젤M. Seel은 어떤 경험의 순간이나 단계에서의 행복을 '에피소드적 행복'이라 부르고, 삶의 특질과 관계되는 더 오랜 행복을 '포괄적 행복'이라고 부르면서, 이 두 행복 사이에 일종의 통일이 필요하다고 말한다. '바른 행복론'은 이 통일에서 나오기 때문이다. "모든 행복의 이론은 개별적 행복의 상태와 인간적 삶의 질적 통일성 사이의 관계를 해명하려는 과제를 가진다."[1] 포괄적 행복의 가능성에 대한

---

1) Martin Seel, *Versuch über die Form des Glücks*, Frankfurt/M., 1999, S. 62.

그의 지적은 설득력 있어 보인다.

행복을 경험하는 순간의 에피소드는 중요하다. 그러나 순간의 경험만으로 삶이 엮어지는 것은 아니다. 우리는 즐거운 것만큼이나 즐겁지 않은 순간들도 시시각각 경험한다. 그러니 행복에 대해서는 좀더 기나긴 관점이 필요하다. 참된 행복은 순간적 욕구의 충족에 매달리지 않는다. 그것은 어떤 목적을 지향하면서도 이 지향이 외부의 것에, 이것이 다른 사람의 견해이건 사물의 경험이건, 열려 있어야 한다. 그것은 매 순간의 현존적인 느낌을 중시하면서도 이때의 충족이 삽화 이상의 포괄적 국면에 걸쳐 있어야 한다. 이 전일성의 느낌에서 인간은 한순간이나 한 사건이 아닌 삶의 전체적 형성에 참여하기 때문이다. 이때 행복의 이해는 좀더 건전하게 될지도 모른다. '길이 곧 목표'라는 말은 이즈음 나온 것이다.

2. 아포리아

이렇듯 행복은 지극히 사적인 사안이면서도 내가 너나 그들과 함께 나눌 수 있는 것이기도 하다. 칸트는 심미적 판단과 관련하여 '주관적 일반성'이라는 말을 쓴 적이 있지만, 주관적 일반성이나 구체적 보편성은 행복의 감정에도 해당된다고 할 수 있다. 행복은 각 개인에게 유일무이한 독특성으로 있으면서도 사람이면 누구나가 공유하는 일반적 경험이기 때문이다. 우리는 행복에 대한 아련한 기억을 누구나 가지고 있지 않은가?

그렇다고 그 기억이 늘 이성적일 수는 없다. 정의正義이론을 입안했던 롤스J. Rawls는 "사람이 행복해지는 것은 이성적 계획을 성공적으로 수행할 때"라고 쓴 적이 있지만, 행복은 꼭 이성적 일에서만 오는 것은 아니다. 공적 사안도 사적 지원이나 개인적 충실 없이는 공허하기 쉽다. 가족의 사랑이 없는 정치가의 성공적 삶은 어떠한가? 거꾸로 가족사랑만 중시한 정치가에게 공적 정의란 어디에서 실현될 것인가? 넓은 의미의 행복은 개별과 전체, 개인과 사회 사이에서 상호주관적으로 상승작용하면서 점차로 확장되는 것이다.

그렇다고 행복감의 근본적 주관성/개체성을 부인할 수는 없다. 행복의 경험은 내밀하고 사소한 요소로 인해 객관적이기보다는 주관적으로 기울어져 있기 때문이다. 그래서 그 경험은 말로 옮기기가 어렵고, 그 느낌을 다른 사람에게 전달하기가 쉽지 않다. 행복의 미묘한 느낌은 번역하기 어렵고 묘사불가능한 무엇이다. 그렇지만 이 느낌은, 위에서 언급했듯이, 사적 정원에만 밀폐되어 있지 않다. 그것은 나를 넘어 너에게로 건너가고, 우리에게서 그들에게로 열려 있는 즐거움이다. 주관성과 객관성, 구체성과 보편성의 바로 이 같은 교차로 인해 행복은 더욱 규정하기 어렵다. 소망하는 주체와 소망되는 대상의 차이는, 주체가 자신의 감정적·인식적 틀을 완전히 벗어나지 못하는 한, 극복되기 어렵다. 서술하는 것과 서술되는 것, 경험과 언어의 다리는, 항구적 의미에서 보면, 놓아질 수 없을지도 모른다. 아포리아aporia는 여기서 생겨난다.

사건과 기억, 과거와 현재의 간극은, 적어도 종국적 의미에서는 극복될 수 없을 것이다. 그것은 삶 안에서의 일인 한 극복의 문제라기보다는 차라리 '다른 간극의 형식으로 치환될' 것이다. 또는 이 간극과 화해하는 방식으로 모순은, 궁극적 해결을 모른 채 계속 유예되는 것인지도 모른다. 아마도 그렇다고 해야 할 것이다.

삶의 대부분의 문제는 그때그때 해소되기보다는 다음의 시간으로 유예될 뿐이다. 어떤 기억도 기억되는 과거의 삶을 그대로 재현할 수는 없고, 그때의 삶은 오늘의 어떤 언어로도 온전하게 되살릴 수 없다. 이것은 자명하다. 곳곳에 모순이 자리하고, 이렇게 모순을 지각하는 의식의 몇 군데에도 금이 가 있다.

그러므로 행복을 묘사하기 어렵다는 사실은 불가피해 보인다. 그렇다는 것은 우리가 살아가는 한 불완전성의 몇몇 아포리아를 껴안고 살아갈 수밖에 없다는 것, 이렇게 모순과 더불어 사는 것이 어쩌면 더 현명할지도 모른다는 사실을 보여준다. 모순과의 공생 또는 아포리아와의 타협은 현실에서 불가피하다. 이 점이 삶을 깊은 의미에서 모순적이게 만든다. 삶의 우울은 타협을 인정할 수밖에 없는 사실의 이 엄혹성에서 오고, 바로 이 인정으로 인해 우리는 역설적이게도 삶을 더 살 수 있는 (부조리한) 근거를 얻는다. 이것은 분명 빠져나갈 수 없는 난관이다. 행복의 근본적 주관성을 떠올리자면, 이 난관의 뿌리는 더 깊어진다.

물론 행복 규정의 어려움을 어느 선에서 난관이라고 해야 할지, 또 어느 선에서 해결가능한 것으로 말할 수 있을지 분명하지 않다. 행복의 이해는, 각자가 간직한 소망의 종류와 크기 그리고 그 충족 정도에 따라, 얼마든지 다르게 나타날 것이다. 그러나 행복하기 위해서는 공적 삶을 훼손하는 일체의 요소가 줄어들어야 할 것이라고 일단 가정해보자.

예를 들어 사회적 불평등이나 정치의식적 낙후성, 조세제도의 미비, 편견과 독단과 부패의 만연, 신화화된 가치와 자연파괴 등은 이 교정목록에 해당한다고 할 수 있다. 그와는 달리 언어의 자

> **"** 모순과의 공생 또는 아포리아와의 타협은
> 현실에서 불가피하다.
> 이 점이 삶을 깊은 의미에서 모순적이게 만든다.**"**

의성이나 표현의 불충분성, 인간존재의 유한성, 지식의 사회역사적 규정성, 인간존재의 생물학적·물질적 토대는 좀더 근본적인 한계에 해당한다. 그러니만큼 그것은 완전히 지양될 수는 없는 문제다. 전적으로 해결되기보다는 차라리 계속하여 문제를 제기해야 할 사안에 가깝다. 한계조건 자체가 없어질 수 없는 만큼 그 고통의 얼마만큼은 감수하면서도 동시에 그 문제를 논의의 의식적 대상으로 삼으면서 폐해를 조금 줄여가는 길이 있을 뿐이다. 삶의 아포리아를 포용할 필요를 말한 것은 이런 맥락에서다.

어떤 불충분성 또는 의미결핍이 적어도 공적 삶을 훼손하는 것이 아니라면, 아포리아로 긍정되어야 한다. 그러면서 삶의 불합리는 동시에 줄여가는 것이 바람직하다. 이 시도는 물론 개인적 삶의 자유가 신장되고 그 자율성이 장려되는 방향에서 행해져야 한다. 삶의 내밀한 목록을 훼손하는 것은 사적 영역에서건 공적 영역에서건 바람직하지 않기 때문이다. 좋은 것은 공적 선의를 외면하지 않으면서도 사적 고유성도 존중하는 일이다. 벤야민의 행복 이해도 이 아포리아와 이어진 것으로 보인다. 거기에는 모순과 만나는 긴장이 느껴진다. 아포리아란 그에게 '몰락' 또는 '사멸'이지 않나 싶다. 몰락하고 사멸하는 것이란 모든 생명 있는 것이고,

무엇보다 땅 위에 사는 것이다. 넓게 보면 이것들로 세속적인 것 또는 세상적인 것das Profane/das Weltliche이 구성된다. 신적이고 메시아적인 것은 이 세속적인 것에 대립된다. 그의 논의는 이런 중심 술어가 서로 엮이며 펼쳐진다. 이것을 차례대로 살펴보자.

3. 행복: 생멸의 리듬

행복에 대한 벤야민의 이해는 「신학적·정치적 단편」에 나타나 있다. 그 논의는 매우 복잡하다. 이 복잡성은, 예컨대 모순된 진술이 선명하게 나타나는 것이 아니라 모호하게 나타나는 데에서, 그래서 참으로 모순된 것인지 불명료한 데에서도 잘 확인된다. 이같은 대목은 그의 문장에 드물지 않다. 단계적으로 살펴보자.

첫째, 모순성이다. 벤야민의 행복 논의는 얼핏 보면 모순된 것처럼 보인다. 사실 그것은 모순된 것이다. 왜냐하면 그는 한편으로 "세속적인 것의 질서는 신의 왕국에 대한 생각으로 구축될 수 없다"고 말하면서도, 다른 한편으로 "메시아 자체가 모든 역사적 사건을 완성시킨다"고 적고 있기 때문이다.[2] 신의 왕국이란 그가 보기에 역사의 목표로 설정될 수 없다. 신의 왕국에서 역사는 종결되는 까닭이다. 정치도 여기에서는 아무런 의미를 갖지 못한다. 이런 이유에서 그는 '신정정치'가 아무런 정치적인 의미도 없다고 지적한 블로흐에게 동의한다.

그렇다면 모든 세속적인 것은 신적인 것과 무관한 것인가? 그렇

---

2) Walter Benjamin, "Theologisch-Politisches Fragment," *GS* II/1, Frankfurt/ M., 1977, S. 203.

지 않다. 벤야민의 글에서는 모순된 논리도 일목요연하게 나타나는 것이 아니라, 어떤 분위기 속에서 일종의 휘광을 남기며 안개 속처럼 나타날 때가 많다. 여기에서 두 번째 특징, 즉 세속적인 것과 신적인 것의 관련성이 나온다. 벤야민은 이렇게 적는다.

"화살의 한 방향이 세속적인 것의 동력이 작동하는 목표를 나타내고, 화살의 다른 방향이 메시아적 강렬성의 방향을 나타낸다면, 자유로운 인류의 행복추구는 물론 그 메시아적 방향과 멀어진다. 그러나 하나의 힘이 자기 길을 감으로써 반대방향으로 가는 다른 힘을 촉진시킬 수 있듯이, 세속적인 것의 세속적 질서도 메시아적 왕국의 도래를 촉진할 수 있다. 그러니까 세속적인 것은 그 왕국의 한 범주는 아니지만, 하나의 범주, 즉 신의 왕국이 가장 나직하게 다가오는 가장 적절한 범주다."[3)

위 글에서 핵심은 인간의 세속적 추구와 메시아적 방향은 결코 어긋나는 것이 아니라는 점이다. "세속적인 것의 세속적 질서도 메시아적 왕국의 도래를 촉진할 수 있다." 세속적인 것은, 비록 신의 왕국을 구성하는 범주는 아니지만, 그 왕국이 "가장 나직하게 다가오는 가장 적절한 범주"이기 때문이다. 세속적인 것과 메시아적인 것, 역사적인 것과 신적인 것은 서로 대립되는 것이 아니라 밀접하게 관계한다. 어떻게 관계하는 것인가? 그것은, 내가 보기에 유한성의 조건에 대한 의식을 통해서다. 몰락과 소멸은 이 조

3) *Ebd.*, S. 204.

건에 해당한다.

셋째, 흥미로운 사실은 인간이 몰락 속에 소멸하는 가운데 다름 아닌 행복을 추구한다는 점이다. 이것을 벤야민은 다음과 같이 까다로운 문장으로 적는다.

"왜냐하면 행복 속에서 모든 지상적인 것은 자신의 몰락을 추구하지만, 그러나 행복 속에서만 그는 몰락을 발견하도록 되어 있다…… 불멸로 나아가는 고결한 종교적 복원은 몰락의 영원성으로 나아가는 속세적 복원과 일치한다. 영원히 사멸해가는, 그 총체성 속에서 사멸해가고 그 공간적·시간적 총체성 속에서 사멸해가는 속세적인 것의 리듬, 메시아적 자연의 리듬이 행복이다. 자연은 그 영원하고 총체적인 사멸로 인해 메시아적이기 때문이다."[4]

모든 지상적인 것이 행복 속에서 자신의 몰락을 추구하고, 이 행복 속에서만 몰락을 발견하게 된다는 것은 무슨 뜻인가? 이것은 아마도 행복이 곧 몰락을 추구한다기보다는 이 행복의 감정에는 몰락에 대한 의식이 동반된다는 뜻이 아닐까? 또는 몰락을 의식하기에 인간은 비로소 행복할 수 있다는 것은 아닌가? 그래서 인간은 행복에서 몰락을 발견하는 것이 아니라, "이 몰락이 그에게 발견되도록 규정되어 있다"ist ihm der Untergang zu finden bestimmt고 벤야민은 적었을 것이다. '규정되어 있다'는 것은 '운명지어져 있

4) *Ebd.*

다'는 뜻이다.

몰락 자체가 아니라 '의식된 몰락'은 영원성으로 나아간다. 그래서 거기에는 영원성으로 이어지는 '복원'의 움직임이 있고, 이속세적 복원은 곧 "고결한 종교적 복원"에 상응한다. 자연의 생멸하는 리듬은 공간이나 시간의 총체성마저 사멸시켜버린다. 행복은 바로 이 덧없는 생멸의 메커니즘을 자각하고 의식하는 데 있다. 그리고 바로 그 점에서 메시아적이다. "자연은 그 영원하고 총체적인 사멸로 인해 메시아적이기 때문이다." 여기에서 두 가지 사실이 드러난다.

첫째, 벤야민은 자연의 무상함에서 신적·메시아적 자취를 읽는다. 우리는 이것을 '신학의 자연화' 또는 '자연의 신학화'라고 부를 수 있을까? 둘째, 자연의 덧없는 리듬을 그는 행복이라고 부른다. 특이한 사실은 그가 영원하고 총체적인 사멸을 추구하는 것을 "세계정치의 과제"로 파악했다는 점이다.[5] 그러니까 그의 정치개념에는 행복개념이 배제되는 것이 아니라 포함되고, 이렇게 포함되는 것에는 몰락이나 사멸이라는 개념도 자리한다. 아니 단순히 포함되는 데 그치는 것이 아니라, 사멸에 대한 추구를 정치의 과제로 삼은 것이다. 이것은 기이한 일이지 않을 수 없다. 세속적 삶의 질서는 사멸과 몰락 속에서 추구되는 행복의 표상 위에 자리한다.

다시 묻자. 행복이란 무엇인가? 그것은 여전히 불확실하다. '이것이 행복이다'라고 말하는 것이 확실치 않은 것처럼, '무엇이 행복이 아니다'라고 확신 있게 말하기도 어렵다. 분명한 하나의 사

---

5) *Ebd.*

실은 이렇게 말하는 순간에도 행복의 계기는 지나가고 있고, 우리의 나날은, 그리고 이 나날 속의 육체와 사물의 모든 것은 이울고 있다는 점일 것이다. 가라앉는 것은 시공간적 총체성까지 포함된다. 이 같은 사실은, 위에서 본 것처럼, 벤야민의 행복이해에서도 확인되는 것이었다. 그러므로 자연사의 퇴락과정을 피해갈 수 있는 생명은 없다. 행복의 이념이 몰락과 사멸에 대한 의식을 포함해야 한다는 것은 이런 뜻이 아니었을까? 그것은 단순히 인간이 사멸해야 한다는 것이 아니라 사멸이야말로 '자연의 항구적 리듬'이기에 이 리듬에 대한 의식이야말로 우리의 덧없는 삶을 덜 덧없게, 그리하여 조금은 더 의미 있게 만들 수 있다는 의미 아닐까?

행복은, 내가 두 눈 뜨고 내 삶을 돌보고 그 주변을 살피는 만큼, 오직 그만큼의 밀도로만 찾아드는 것일 것이다. 왜냐하면 신적인 것은 이렇게 사소하리만큼 세속적인 목록 가운데 찾아들기 때문이다. 그리하여 몰락은 곧 복구이자 복원의 시작일 수 있다. 더 정확히 말해, 몰락 자체가 아니라 몰락에 대한 의식은 복구적이고 복원적인 행위일 수 있다. 따라서 그것은 구원의 징표다. 영원히 사라지고 소멸하는 것들의 리듬 속에 행복의 표상은 배어 있다. 신적인 것도 이 표상 옆에 자리한다. 사라지는 것의 리듬 속에 자리하는 행복의 표상이 신적 구원이다.

그러므로 삶을 돌보고 그 주변을 살핀다는 것은 개인적 사안이면서 사회적 사안이고, 역사적이면서도 메시아적 활동이다. 두 눈을 뜬다는 것은 지각적 개방성 그 이상을 뜻한다. 지각활동이란 느낌에서부터 사고로 나아가고, 감각에서부터 상상력으로 걸쳐 있으며, 이 상상 속에서 저기 저 너머의 초월적 차원과 이어지기 때문이다. 몰락이 눈앞에 있기에 인간은 잠시 행복할 수 있고, 모든 것이 사멸하기에 메시아적인 것이 절실한 것이다.

행복해진다는 것은 주체에서 객체로 나아가듯이 사물에게서 나에게로 옮아가고, 느낌으로부터 사고로 나아가듯이 기억에서 표현으로 옮아가며, 이렇게 옮아간 것이 다시 나에게로, 나의 오늘의 현실로 돌아온다는 것을 뜻한다. 그것은 주체와 대상, 자아와 사물, 느낌과 사고 사이의 왕복운동이고 교차의 움직임이다. 그것은 '리듬을 탄다'는 뜻이고, 이 리듬으로 '지금 여기의 현재적 삶을 채운다'는 뜻이다. 이 현재적 삶이 영원의 계기에 닿아 있다면, 현재에 충실하다는 것은 곧 불멸을 돌보는 일이다. 그리하여 행복의 감정이란 영원으로 뻗어가는 현존의 순간과 그 테두리에 충실하다는 뜻이다.

그러므로 행복은 바로 오늘의 현재적 삶에서 매 순간 체험되어야지 그것을 벗어난 데서는 구해지지 않는다. "세속적인 것의 질서란 행복의 이념 위에 세워져야 한다"[6]라고 벤야민이 썼을 때, 그것은 바로 이런 의미에 닿아 있을 것이다. 이 일에 충실하기 위해 다른 많은 것은 가능한 한 단순화되어야 한다. 그래서 절제는 불가피하다. 절제의 경제 없이 행복의 리듬을 얻기 어렵다.

그러나 더 바람직한 것은 이 같은 결의나 다짐 없이도, 어떤 리듬 속에서, 지각과 사고의 개방성으로 의미의 항구적 결손을 의식하면서 지금 여기에 착근着根하는 일이다. 현재적 삶에 충실하면

---

6) *Ebd.*, S. 203.

> **❝** 행복은 바로 오늘의 현재적 삶에서
> 매 순간 체험되어야 하지
> 그것을 벗어난 데서는 구해지는 것이 아니다.
> "세속적인 것의 질서란 행복의 이념 위에 세워져야 한다." **❞**

서 행복을 구하는 일이야말로 자유로운 인간이 '신적으로 복구하는' 활동인지도 모른다. 이 점에서 보면, 삶의 많은 일은 행복의 감정에서 시작된다고 말할 수 있다. 글은, 그것이 행복을 그 어떤 다른 활동보다 적극적으로 의식한다는 점에서, 각별하다. 지금의 이 글도 그러할까?

이 글에서 나는 벤야민의 행복 이해를 일반적인 맥락에서 파악해보고자 한다. 이것은 세 단계로 이뤄진다. 첫째, 「신학적·정치적 단편」에서 나타난 그의 행복관을 더 평이하게, 그러니까 다른 몇 편의 글과의 관계 아래 논의하려고 한다. 둘째, 이렇게 논의하는 나의 글 자체가 즐거운 것이어야 한다. 그래서 결국, 셋째, 이 글도 벤야민의 어떤 산문처럼 그 자체로 행복의 이미지를 담고 있다면 더 바람직할 것이다. 이 세 가지를 염두에 두면서 나는 아래의 글을 썼다.

2. 구석

> 그(시인 – 옮긴이)의 우울은 진부함에서 온다.
> 진부하다는 것은 자기의 특이체질을 잃어버린 채,
> 구토하는 재능을 포기했다는 뜻이기 때문이다.
> 그리고 이것이 우울하게 한다.
> ■ 벤야민, 「좌파 멜랑콜리」(1931)[7]

벤야민을, 특히 그의 산문을 읽고 나면 떠오르는 이미지가 있다. 이 이미지는 하나가 아니다. 여러 모습으로 떠오른다. 하지만 한결같이 남아 있는 이미지가 내게는 하나 있다. 늘 어디론가 배회하고 무엇인가 관찰하고 모으고 생각하며 적는 그의 모습이다. 무엇을 그는 그토록 열심히, 그렇게 집요하고도 일관되게 모으고 읽고 생각하고 기록했던 것일까?

가만히 보면, 경험이란 그리 한결같지 않다. 어떤 일에서 받는 느낌은 다른 느낌과 이어져 있고, 한때 생각은 이전 생각이나 그후의 생각과 이런저런 식으로 겹쳐 있다. 이 생각에는 이전의 상상이나 회한, 말이나 몸짓이나 안타까움도 묻어 있다. 그러나 이것들은 제대로 알려지지 않고, 기억의 공간에 제대로 정렬되지도 못한다. 가지런히 정렬되어 이해되기도 전에 그다음 경험이 덮쳐오는 까닭이다. 우리는 경험하는 것의 내용을 제대로 생각하기도 전에 다음 생각으로 접어들고, 내 느낌을 음미하기도 전에 다음

---

7) Walter Benjamin, "Linke Melancholie," *GS* III, Frankfurt/M., 1991, S. 280.

느낌에 마음의 자리를 내준다. 이런 불충분한 느낌과 생각 사이에 글이 있고 세계가 있고 이해가 있고 말이 있다. 내 삶과 우리의 현실은 이 어중간한 느낌과 생각과 말과 이해 사이에서 늘 요동친다.

사실과 이미지는 조각난 파편처럼 불안정하다. 그렇다면 이 파편을 해석하고 이해하는 논리의 체계인 인식과 이 인식의 체계로서의 지식은 어떠한가? 이것 역시 파편과 크게 다르지 않다. 학문과 지식도 흩어져 있는 잔해 같은 사실들을 모으고 구분하며 새로 배열하는 가운데 잠시 성립한다. 음미하고 해석하며 평가하고 구성하면서 진리나 아름다움 그리고 선에 대한 이해도 일정하게 정립되는 것이다.

대상의 경험은 이 개념적 구분과 배열, 해석과 평가를 통해 새로운 관계의 구조 안으로 들어선다. 의미는 이때 발생한다. 사실은 이제 이전의 무정형과 무질서, 일시성과 우발성의 단계에서 벗어나 새 좌표축 아래 일정한 가치를 부여받는다. 무정형한 것에 대한 이 같은 가치 부여가 구성작업이다. 벤야민은 이렇게 가치를 부여하는 가운데 메시아적 빛이 스며든다고, 그래서 역사의 고통이 치유될 수 있다고 믿었다. 마치 없는 듯 존재하는 사실들이 제대로 수집되고, 이렇게 수집된 자료를 올바르게 기록한다면, 인류사의 고통은 조금씩 덜어질 수 있을지도 모른다.

벤야민에게 수집과 구성, 기억과 기록은 다르지 않다. 그는 수집가를 '사물세계의 인상학자'라고 지칭한 바 있지만, 수집이란 단순히 모으는 것이 아니다. 그것은 사물에 대한 소유욕이나 이 소유욕에 따른 물신주의를 뜻하지 않는다. 그것은 구성이고, 이 구성은 기록으로 이어진다. 기억과 수집과 구성과 기록은 그 자체로 변증법적인 이미지의 조직과정인 것이다. 이렇게 조직하는 가운데 사물의 질서는 기존질서를 답습하는 것이 아니라 그와 '다른 방식으로 변형될 수도 있는 무엇'이 된다. 새 질서는 이렇게 창출된다. 따라서 이런 과정에는 기존의 분류체계에 대한 저항이 있고, 새로운 체계정립을 위한 의지가 있다. 이 의지를 추동하는 것은 개별적인 것 또는 숨겨진 것에 대한 충실이다. 결국 변증법이란 구태의연한 전형에 대한 저항과 숨은 진실에 대한 충실, 이 둘을 연결시키는 방법인 것이다. 세계는 이 변증법적인 과정 속에 새로 구성되면서 더 나은 의미체계를 만들어낸다.

수집은 곧 구성이고, 기억은 곧 기록이다. 이 재구성의 과정은 벤야민에게 철저하게 비판적인 것이었다. 이 비판적인 재구성으로 그는 역사에 대한 인식을, 역사서술을, 역사의 이미지를 새롭게 조직할 수 있는 대상으로 이해하고자 했다. 이 변증법적 이미지에서 주체와 객체, 과거와 현재, 역사와 자연은 구분되지 않는다. 그러는 한 이것은 현대사회의 반복강제적 미신을 거스를 수 있는 하나의 방식이 될 수 있을지도 모른다. 행복은 바로 이 이미지의 적극적 조직에서 생겨난다. 그에게 행복의 이미지가 지난 날을 회고하는 장면에서, 또 이 장면을 기억하고 기록하는 데 있다는 사실은 많은 경우 이와 관련된다. 변증법과 구성, 기억과 기록, 행복의 이미지는 깊게 이어져 있다.

지금 이곳의 중대성을 강조하는 것은 단순히 현재만 중시해서가 아니다. 현재가 중요한 것은, 이것이 과거로부터 이어져온 것이고, 또 미래로 나아가는 길목이기 때문이다. 그러니까 현재는 과거와 미래가 교차하는 한 접점이면서, 이 접점은 단순히 정태적인 것이 아니라 동태적인 것이고, 따라서 얼마든지 확장되거나 축소될 수 있는 가변적인 지점이다. 그리하여 현재가 지닌 변화의 폭에 따라 과거도 새롭게 이해될 수 있고, 미래 또한 이전과는 다르게 전망될 수 있는 것이다.

그러므로 과거와 미래의 조직방식은 현재의 자기 조직방식에 달려 있다. 벤야민에게 '지금 여기'의 인식이 중요한 것은 기존역사가 현재적 인식의 가능성 속에서 오늘의 시간과 이어져 있고, 이 관련성으로부터 과거는 지금까지 구성되어온 것과 다르게 해석될 수 있기 때문이다. 이것은 현재와 미래의 상호관계에도 타당하다. 즉 그것은 한편으로 과거와 현재, 현재와 미래의 연속성을 보여주면서 다른 한편으로 그 불연속성도 보여준다. 그러니까 과거와 현재, 현재와 미래는 이 두 관계가 연속적인 것만큼 서로 교류하고, 불연속적인 것만큼 서로 단절되는 것이다. 이때의 연속성을 전래적인 것의 계승이라고 한다면, 불연속은 그 파괴라고 할 수 있다. 이러한 생각은 과거와 현재의 연속성을 가정하는 해석학 일반의 관점과는 분명 다르다. 왜 그랬을까?

벤야민은 왜 잔해와 폐허의 이미지에 골몰했고, 수집과 구성과 불연속과 단절을 부단히 강조했던 것일까? 이미 위에서 살펴보았듯이, 가장 간단하게는 그가 살았던 시대의 열악했던 정치현실을 들 수 있다. 이 야만적 현실은 '문명의 파국'이라는 나치학살에서 정점에 이른다. 폐허의 감정은『독일 비애극의 원천』에서 알레고리의 의미와 함께 체계적으로 논의되었지만, 그렇다고 그 이전에 없었던 것은 아니다. 그것은 1920년대 초부터 쓴 자전적 기록물인『일방통행로』에서도 도처에 나타난다.

> **＂**왜 벤야민은 주저와 당혹 속에서도
> 부단히 느끼고 회상하며 기록하려 했을까?
> 그것은 대상을
> '우리 앞에 현존하도록 하기 위해서'인지도 모른다.**＂**

　많은 것은 떠나가는 가운데 자리하고, 이 떠나가는 존재를 바라보는 서술자의 감정은 슬프다. 숄렘은 벤야민에게 있던 '심오한 슬픔'을 말한 적이 있지만, 이 슬픔은 문학내적으로 보면 사물과 사건, 거리와 풍경, 장소와 도시를 회고하는 데에서도 묻어나고, 문학외적으로는 청년기부터 지속된 형이상학적·유대신비주의적 관심 때문에 생겨난 것이기도 하다. 그것은 그가 좋아한 작가였던 프루스트나 카프카, 보들레르나 크라우스에게서 발견해낸 요소이기도 했다. 작가가 열정적으로 묘사한 대상들의 내용은 이 대상의 것이면서도 사실은 이 대상을 묘사하는 작가 자신의 것일 때가 많다. 이런 특성은 그의 글을 읽는 독자에게도 어느 정도 전달된다. 독자가 즐겨 읽는 작가의 책이란 작가 자신의 것으로 존재하는 것이면서 이렇게 존재하는 많은 것은, 독자가 공감하면 공감할수록 그만큼 더 많이 독자의 것이기도 하다. 단지 그것은 작가에게서 더 명료하게 결정화되어 있는 반면, 독자에게 그것은 '싹'으로 또는 잠재적 형태로 숨어 있는 것이기 쉽다.

　어떤 점에서 사람은 자신에게 있는 것만 타인에게서 경험하는지도 모른다. 동류의식이라고 할까? 또는 정신과 영혼의 친화력이라고 할까? 예술의 특이체질은 오직 또 다른 특이체질과 만날 때

메아리친다. 벤야민은 무엇보다도 내성적이고 명상적인 사람이었던 것으로 보인다. 이 같은 성격은 멀리 갈 것 없이 그저 그의 글을 읽어보면, 그 단어와 문자의 뉘앙스에서 벌써 느껴지는 것 같다. 이런 성향은 특히 문학 에세이에서 잘 나타난다.

벤야민은 우울하고 지극히 주저하는 듯한 성격이었던 것 같다. 그는 한 편지에서 '주저란 자신의 본성'이라고 고백한 적이 있지만, 그는 어떤 일에서나 단호하기보다는 여러 가지 것을 고려하는 쪽이었던 것 같다. 복합적이고 중층적으로 사유했다고나 할까? 이것이 때때로 주위 사람들에게 당혹감이나 우유부단으로 비쳐지기도 했을 것이다. 그러나 그것은 그만큼 그가 자의식에 차 있었던, 그래서 몹시도 섬약한 사람이었음을 보여준다. 이 섬세함으로 그는 여느 사람들에게는 당연시되었을 일도 당연하게 여기지 않았고, 흔히 잊혀지는 일도 잊지 않고 기억해내려고 애썼던 것이 아니었을까? 그것은 무엇이었을까? 왜 그는 주저와 당혹 속에서도 부단히 느끼고 회상하며 기록하려 했을까? 그것은 간단히 말해 대상을 '우리 앞에 현존하도록ver-gegenwärtigen 하기 위해서'인지도 모른다. 상상과 기억과 기록은 무엇보다 사라져가는 것들의 현재화 방식이다. "사물을 우리 앞에 현존하도록 만드는 참된 방법은 그것을 (사물의 공간이 아니라) 우리의 공간 안에서 상상하는 것이다."[8]

글쓰기란 이렇듯 마음의 공간 안에서 대상을 상상하고, 이 공간

---

8) Walter Benjamin, "Das Passagenwerk," GS V/1, v. R. Tiedemann(Hrsg.), Frankfurt/M., 1982, S. 273.

안으로 불러들여 서술하는 일이다. 여기에 전제되는 것은 집중이고 주의注意다. 집중 속에서 대상은 그 세부를 드러내면서 풍요롭게 현상하기 때문이다. 대상은 집중의 정도에 따라 얼마든지 폭넓게 높은 밀도 아래 나타날 수 있다. 이 능력이 바로 상상력이다. 벤야민은 이렇게 적는다.

"상상력이란 무한하게 작은 것들 속에서 가필하는 것, 다시 말해 외연적으로 확장된 것으로서의 모든 밀도 속에서 새롭고 압축된 충일성을 만들어내는 것, 간단히 말해 펼쳤을 때 비로소 숨을 쉬고 새로운 폭과 함께 사랑하는 사람의 특징을 그 내면에서 보여주는 접혀진 부채와 같은 모든 이미지를 취하는 능력이다."9)

벤야민은 "무한하게 작은 것들"의 "모든 밀도"로부터, 마치 "접혀진 부채"가 펼쳐지듯이, "새롭고 압축된 충일성"을 만들어내고자 한다. 이 충일성으로 인해 사물은 "비로소 숨을 쉬"게 된다. 거꾸로 말하면, 세부적 충일성이 살아 숨 쉬게 하지 못한다면, 사물은 죽은 것이나 다름없다. 상상력이 대상의 밀도를 충만성 속에서 상기하는 능력이라면, 표현력은 이 충만함을 형식화하는 능력이다. 그리하여 상상력에는 고도의 집중이 필요하고, 표현력에는 뉘앙스 풍부한 언어가 요구된다.

벤야민이 가진 한 재능은 경험대상이 무엇이든 이 대상을 놀라

---

9) Walter Benjamin, "Einbahnstraße," *GS* IV/1, Frankfurt/M., 1991, S. 117.

운 집중력으로 미세하게 관찰하고 밀도 있는 언어로 정확히 표현한다는 점에 있지 않나 나는 생각한다. 사물은 세부의 충일성 속에서 새로 드러나면서 기존의 반복강제, 말하자면 의미론적 동일성의 억압강제로부터 벗어난다. 기존과 다르게 지각되는 한, 사물은 이전의 상투적 틀을 되풀이할 수 없기 때문이다. 그것은 어떻든 새로운 시각 아래 드러나야 한다. 그러니까 제대로 된 표현은 그 자체로 사물을 의미론적 강제의 신화적 주술권呪術圈으로부터 해방시키는 것이다. 이 해방 덕분에 사물은 나의 감각과 사유 아래 새롭게 지각된다. 참된 사유와 언어는 늘 동일성의 강제신화를 거스른다. 비평언어가 지향하는 것도 이와 같다. 벤야민 비평의 진면목도 여기에 있다.

그러나 표현이 선사하는 해방의 순간은 길지 않다. 그것은 차라리 허황되리만큼 짧다. 표현된 항목은 표현되지 않은 항목에 비하면 몇 되지 않고, 설령 표현된 것이라 해도 그 내용은 시간이 감에 따라 신선함을 잃어버린다. 그리하여 많은 것은 다시 상투적으로 변질되고, 이 상투성은 점점 더 커져 표현 이전의 모호함과 무정형에 가까워진다. 우울은 이 대목에서 배가된다.

시인이 자신의 특이체질을 잃어버릴 때, 그리하여 상투적 사물에서 낯섦을 느끼지 못할 때, 그래서 이 낯섦에 구토하지 못할 때, 우울해진다고 벤야민은 적었다. 구토가 물질적 이질감에서 오는 신체현상이라면, 우울은 그 정신적 반응이다. 시인이 배회하는 것은 구토감 때문이다. 그는 상투적 지각을 넘어 세계를 언제나 새롭게 보고, 삶을 다시 이해하고자 애쓴다. 그래서 이미 다녔던 길이 아닌 한 번도 다니지 않은 길, 낯설고 황량하며 후미진 길을 그는 즐겨 걷는다. 그러므로 우울의 감정이란 구석의 감정이다. 그것은 구석을 즐겨 찾는, 구석에서 안락함을 느끼는 자발적 격리의 감정이다.

구석은 진리의 존재론적 자리이자 그 성격이다. 시인은 구석진 곳의 존재처럼 진실되게 살아가고자 한다. 그리운 것들은 늘 구석진 것으로 기억되고 또 사라진다. 모든 필멸의 존재는 생명이 있거나 생명이 없거나 상관없이 구석진 것을 닮아 있다. 수많은 구석이 중앙의 변두리에 있다. 이 변두리가 중앙을 에워싼다. 따라서 존재는 대상의 전면과 배후, 그 전경과 배경처럼 겹겹으로 주름을 이루며 자리한다. 사물이 '생기를 띤다'는 것은 이 구석과 주름이 비춰질 때다. "마치 부조가 모든 주름과 모든 구석에서 생기를 띠듯이, 생각이 생기를 띠게 되는" 것이다.[10] 사고가 주름진 구석에서 생기를 띠는 것은 사랑하는 사람과 있을 때라고 그는 적었지만, 글 또한 이와 다르지 않다.

좋은 글은 존재의 주름과 구석을 생생하게 드러낸다. 이 생기는 사랑으로부터 연유한다. 사물의 구석과 주름을 살피는 것은 사랑하는 마음 덕분에 가능하기 때문이다. 사랑하는 기록의 마음은 그 자체로 진부함에 대한 반기이자 동일성을 거스르는 저항이고 신선함에 대한 갈구가 된다. 그리하여 글은 주름을 펴고 구석에 생기를 불어넣는 사랑의 일이다. 이렇게 갈구한다면, 우울의 마음은 조금 덜어질까? 이 사랑이 있다면, 우리는 역겨움 없이 살아갈 수 있을까? 어렵다. 아마도 어려울 것이다. 삶의 현실은 언제나처럼 위

---

10) *Ebd.*

험과 위기로 가득 차 있다. 벤야민 시절의 현실은 특히 그랬다.

3. '위험국면'과 '정신의 현재'

행복을 방해하는 요소는 곳곳에 있다. 그것은 사적 영역에서와 마찬가지로 공적 영역에서도 나타나고, 개인의 내밀한 성찰적 시간에서처럼 집단의 활동적·실천적 시간에서도 생겨난다. 벤야민에게 그것은 현실을 논의할 때, 특히 역사인식의 문제에서 강조되는 듯하다.

눈에 띄는 사실은 위기상황에서 벤야민은 비관이 아닌 낙관의 비판적 계기를 읽는다는 점이다. 그에게 비판적 계기는, 거듭 지적했듯이, 파괴나 단절과 연결되어 있고, 역사는 이 파괴적 단절의 관점에서 이해된다. 전통적 역사이해가 연속성 아래 이뤄진다면, 그가 옹호한 역사는 불연속성 아래 자리하는 것이었다. 단절의 역사이해는 별 갈등이나 문제없이 진행되어온, 그렇게 진행되어왔다고 간주되고 지시되고 가르쳐온 기존역사의 연속성을 중단시키고자 한다. 연속성이나 동질성의 지배담론도 오랫동안 훈육된 결과에 지나지 않는 것이다.

"역사서술의 파괴적 또는 비판적 요소는 역사적 연속성의 폭파에서 정당해진다. 참된 역사서술은 쉽지 않은 대상을 선택한다. 그것은 대상을 파악하는 것이 아니라 역사적 진행으로부터 폭파시켜 떼낸다. 역사서술에서 이 파괴적 요소는 전승되는 것(대상)뿐만 아니라 전승물의 수용자까지 위협하는 위험한 국면에 대한 한 반응으로 이해될 수 있다. 역사서술은 이 위험국면에 대응한다. 이 국면에 즈음하여 역사는 침착성Geistesgegenwart을 보존해야 한다. 위험국면에서 변증법적 이미지는 섬광처럼 번쩍인다."[11]

위 글에는 벤야민의 역사이해를 지탱하는 몇 가지 핵심 요소가 서로 얽힌 채 함축되어 있다. 간추려보면 다음과 같다.

첫째, 기존 역사는 재앙과 파국으로서의 연속성을 지닌다. 둘째, 벤야민이 이해하는 참된 역사는 이 재앙적 연속성을 "폭파하여", 대상을 "역사적 진행으로부터", "떼내는" 것이다. 이것이 역사서술의 "파괴적·비판적 요소"다. 셋째, 연속성을 폭파하는 순간은 흔히 있는 일상적이고도 평범한 순간이 아니다. 그것은 오히려 위태로운 상황이다. 이 상황을 그는 "위험국면"Gefahrenkonstellation이라고 부른다. "이 위험국면에서 역사의 변증법적 이미지는 섬광처럼 번쩍인다." 구원의 이미지는 이 섬광에 들어 있다. 그리하여 역사의 변증법적 이미지는 재앙의 연속성을 파괴하는 순간적 계기 속에서만 구원처럼 드러난다.

'위험국면'이란 무엇인가? 이것은 물론 벤야민이 살았던 당대 현실의 맥락에서 구체적으로 생각해봐야 한다. 그런 시각에서 보면, 그것은 우선 1940년 히틀러와 스탈린이 맺은 '독소獨蘇불가침조약'이라고 할 수 있다. 당시의 양심적인 지식인은 대부분 소련

---

11) Walter Benjamin, "Anmerkungen der Herausgeber," *GS* I/3, Frankfurt/M., 1974, S. 1242.

> **❝** 위기상황에서 벤야민은
> 비관이 아닌 낙관의 비판적 계기를 읽는다.
> 그에게 비판적 계기는 파괴나 단절과 연결되어 있고,
> 역사는 이 파괴적 단절의 관점에서 이해된다. **❞**

공산주의의 이념적 순결성을 여전히 믿고 있었다. 그러나 스탈린은 좌파지식인들의 이런 기대를 무시하면서 히틀러와 결탁한다. 이것은 「역사의 개념에 대하여」의 열 번째 테제에서, "파시즘의 반대자들이 희망을 걸었던 정치가들이 파시즘 앞에 무릎 꿇고 그들의 대의를 저버리는……"이라는 구절에 잘 나타난다. 하지만 이 같은 위기상황은 그 당시에만 있지 않았다. 그것은 이전부터 이어져오던 것이었다. 역사의 진보에 대한 믿음, 대중에 대한 신뢰, 정치적 기구에 대한 맹신은 오랫동안, 적어도 계몽주의 시대 이후의 역사가 꾸준히 동반하던 현상의 하나였다. 제1차 세계대전이나 그 후의 패전은 이 계속되는 위기의 한 증상일 뿐이다.

　제1차 세계대전에서 패배한 후 독일은 막대한 배상금을 지불해야 했고, 이것은 엄청난 경제적 공황으로 이어졌다. 1923년을 전후하여 독일 화폐 1마르크는 무려 1조 마르크의 가치로 떨어졌다. 빵 한 조각을 사려면 한 트럭분의 지폐가 필요했다. 사회정치적 혼란과 대량실업, 빈부격차, 굶주림 그리고 문화적·정신적 불안은 가중되었다. 이것은 그 당시의 문예사조이던 표현주의의 시나 희곡 작품 그리고 회화에서 빈번하게 주제화되었다. 불안이나 절규, 공포와 아우성은 이때 표현된 대표적 시대감정이요 그 표현들이다.

이런 사회경제적·문화적 위기는 정치적 이념투쟁의 장에서는 이렇게 전개된다. 1919년 독일 사민당의 강경파이던 리프크네히트K. Liebknecht와 로자 룩셈부르크R. Luxemburg는 반정부 노동투쟁을 주도했고, 이 투쟁은 결국 실패로 끝난다. 독일 노동인구의 3분의 1이 실업자로 전락했고, 이 사회경제적 혼란을 틈타 공산당과 나치당이 급증하면서 나라의 구조가 전체주의적으로 재편성된다. 급기야 1933년에 나치가 선거로 득세하면서 모든 정당을 폐쇄하고 노동조합까지 해체시켜버린다. 지방의회가 해산되고 일체의 노동쟁의가 금지되며, 비판적 논조를 담은 책이 불태워진 것도 이즈음이다. 벤야민이 말한 위기상황이란 1910년대 말 이래 계속되던 바이마르 정치현실의 이 같은 파국적 상황을 지칭한다.

넷째, 구원의 계기는 저절로 오지 않는다. 그것은 비판적·성찰적 정신의 힘으로 비로소 포착된다. 벤야민은 이것을 '침착함'이라고 말한다. 침착함이란 독일어로 'Geistesgegenwart'이고, 이것을 직역하면 '정신의 현재'다. 어쩌면 이 직역이 글의 맥락에 더 어울리는지도 모른다. 이 현재하는 정신의 침착함으로 그는 역사적 야만의 연속성을 폭파해야 한다고 믿었다.

현재의 순간은 현존하는 정신의 각성으로 촉발되어 과거의 순간과 만난다. 이 만남에서 어떤 국면은 새로 조직된다. 그러나 현실상황의 재편은 간단하지 않다. 그것은 아무 일 없는 평상상태가 아니라 위험에 찬 긴장적 사건에 가깝다. 과거와 현재, 주체와 객체가 대면하는 순간은, 흔히 말하듯이, 위기이면서 기회다. 그것은 갈등과 폭력을 내포하고 메시아적 힘도 내장한다. 변증법적 인간은 역사를 늘 '위험의 국면'으로 파악한다고 벤야민은 적었지만,

여기서 중요한 것은 주체가 어떻게 현재적 인식가능성 속에서 현실과 만나느냐다. 왜냐하면 그에 따라 해방의 가능성이 열릴 수도 있고, 반대로 닫힐 수도 있기 때문이다. 과거에 대한 현재적 인식의 강렬성이야말로 변혁의 계기를 여는 데 결정적이다. 그가 구상한 참된 인식의 변증법적 이미지는 바로 이것이다. 변증법적 이미지는 혁명적 기회의 순간과 일치한다.

여기에서 강조되어야 할 것은 '정신의 현재성'이라는 단어다. 이것은 더 자세히 논의할 필요가 있다. 이때 정신이란 단순히 관념이나 이념을 뜻하지 않는다. 그것은 부당한 역사의 연속성과 단절하려는 비판의 태도이고, 강제되는 신화적 반복성에서 벗어나려는 해방의 의식이다.[12] 해방적 비판정신은, 그것이 현실의 변화를 겨냥한다는 점에서 사회적이고 계몽적이지만, 이때의 변화가 구원을 갈망한다는 점에서 신학적이고 초월적이다. 그러므로 벤야민의 '현재하는 정신'은 사회적이고도 동시에 초월적인 비판정신이다. 이 반성적 비판력으로 그는 역사적 위험의 순간을 포착하면서 메시아적 기회를 현실에서 만들어내고자 한다.

현재하는 정신의 비판적 가능성 속에서 과거의 잔해들은 새로운 의미를 얻을 수 있다. 그러니까 새 의미부여는 곧 구원의 징표다. 기억은 구원을 위한 생리적·의식적 작업이고, 글쓰기는 의식의 이 움직임을 수공업적으로 조직하는 노동이다. 이 모든 활동의 근간

---

12) 신화의 성격은 여러 가지로 이해할 수 있지만, 그 핵심은 '반복강제' (Wiederholungszwang)라고 할 수 있다. 그것은 더 나은 방향으로 나아가는 것이 아니라 일정한 구조의 순환체제다. 그래서 반복성과 동일성은 신화적 세계관의 특징이 된다.

은 다시 현재하는 정신이고, 비판정신의 침착성이다. 그래서 벤야민은 쓴다. "구원하는 것으로서의 정신의 현재, 순간적 이미지를 파악하는 가운데 자리하는 정신의 현재."[13] 역사의 다른 가능성은 오직 비판적 사고의 현존성에서 드러난다. 현실의 위기구조를 비판적으로 사고할 수 있다면, 그 현재는 구제될 수도 있는 것이다.

벤야민에게 내가 놀라는 것은 바로 이 점, 즉 위험국면과 행복의 이미지를 함께 사고한 데 있다. 그는 행복의 표상을 떠올릴 때도 '성찰적 사고의 비판력'을 잊지 않는다. 성찰적 사고의 비판력이란 곧 정신의 힘이다. 이것은 마치 그의 멜랑콜리에 사회적 흔적이 배어 있고, 그의 알레고리적 시선에 역사의 폐허와 진보에 대한 열망이 묻어 있는 것과 같다. 그는 일평생 지독한 외로움을 앓고 있었지만, 그 외로움은 자폐적인 것이 결코 아니었다. 그것은 오히려 사회정치적이고 역사현실적 지평으로 열려 있었다. 그는 초월적·형이상학적 열망을 품고 있었지만, 이 열망도 반드시 초역사적인 것은 아니었다.

그러므로 벤야민의 신학적 사고는 현실과 그 경험을 결코 떠나

---

13) *Ebd.*, S. 1244.

지 않는다. 그의 초월적 열망은 비의적이고 신학적이기는 했어도 언제나 지각현상적 구체성에 닿아 있었고, 삶의 물질적 토대를 진단하되 시대적 조건과 그 제약을 넘어서려 했다.

삶의 신비를 섣불리 말하는 것은 곤란하다. 그러나 이 신비를 초자연적이고 영적인 무엇에 의존하지 않고, 오히려 오늘의 생활 영역 안에서 견지하는 것은 지극히 어렵다. 경험적 토대에 충실하면서도 자연적 인과성을 넘어서는 광대한 차원에 시선을 주는 이 까다로운 요구를 벤야민은 충족시켜주는 듯하다. 그는 '순수한 성찰', 말하자면 대상과 관계없이, 또 현실과 무관하게 이뤄지는 자폐적 성찰을 하지 않았기 때문이다. 그는 누구보다 선명한 현실변혁의 프로그램으로 자신을 무장했지만, 삶의 미로와 인간의 불가해 그리고 우주의 비밀을 결코 잊는 법이 없었다. 그의 이념은 언제나 역사적 경험현실과 대결하고, 이 대결 속에서 삶의 진리를 밝히고자 했다. 말에 대한 신뢰 속에서 이 말이 있기 전과 후의 침묵을 떠올리고자 한 것도 그 때문이었을 것이다. 벤야민은 그 나름의 온전성 또는 세계관의 동그라미를 추구했던 것이다.

4. 메아리

1932년부터 쓰기 시작한 『베를린의 어린 시절』에는 이런 구절이 있다.

"우리는 이미 본 것déjàvu을 종종 적는다. 이렇게 쓰는 것이 적절한가? 우리는 마치 메아리처럼 우리가 접한 일에 대해 말해야 하지 않는가? 메아리가 울렸던 공간은 언젠가 흘러가버린 삶의 어둠 속에서 사라진 듯 보인다."[14]

벤야민의 글은 메아리를 닮아 있다. 그 어떤 것은 아련한 반향을 일으키기 때문이다. 그것은 잠들어 있던 마음의 한 켠을 가만가만 두드려주는 듯하다. 그래서인가? 나는 그의 글을 읽어내려가면서 내 감정의 울타리가, 이 울타리 구석의 한 곳이 소리 없이 허물어지거나, 허물어지듯 새로 열리는 것을 느끼게 된다. 이렇게 열린 틈으로 미처 예상치 못한 낯선 느낌들이 순서 없이 쏟아져 들어오고, 이 착잡하고 신기한 느낌으로 인해 나는 그 글을 다시 처음부터 한 번 더 읽게 되는 것이다. 이번에는 소리를 내어 천천히 그리고 더 나직하게.

과거는 단순히 "이미 본 것"대로 또는 한때의 소리와 느낌으로 오지 않는다. 원래 있었던 것의 이미지는 차라리 어떤 '메아리'처럼 되울린다고 말해야 할지도 모른다. 그것은 방금 들은 한 단어나 구절처럼, 아니면 어쩌다가 맞닥뜨린 어떤 장면처럼, 온전하고 생생하게 나타나기보다는 단편적인 이미지로, 이 이미지의 알 길 없는 조각들로 구성된다. 과거의 순간을 있는 그대로 복원하기 어려운 것은 그 때문일 것이다. 우리는 그것을 완전히 기억할 수도 없고, 제대로 추적할 수도 없으며, 그래서 완벽하게 재현하기란 불가능에 가깝다. 우리는 우리가 지나온 일들을, 마치 이 일의 밖

---

14) Walter Benjamin, "Berliner Kindheit und Neunzehnhundert," *GS* IV/1, 1991, S. 251.

에서 겪은 것처럼, 그저 희미한 파편 몇 개만 끼워 맞추며 어렴풋이 떠올릴 뿐이다. 사람의 경험이란 늘 남의 경험처럼 일어난다. 그래서 그가 겪는 것은 메아리처럼 어둠의 공간 속으로 휘발되어 버린다.

우리가 경험한 것들은, 그것을 감지하려는 순간, 이미 떠나간다. 우리가 이해할 수 있는 형태로 의식하고자 하는 순간, 이전의 것은 증발되고 만다. 지나가버린 것은 늘 순간적으로만, 그저 아련한 메아리의 형태로 남는다. 이런 생각이 가장 잘 나타난 곳은 「역사의 개념에 대하여」의 두 번째 테제일 것이다.

"부러움을 일으킬 수 있는 행복은 우리가 숨 쉬었던 공기 속에만, 우리가 얘기했던 사람들과, 우리에게 자신을 내줄 수도 있었던 여인들과 함께 있다. 다르게 말하면, 행복의 표상에는 양도할 수 없는 구원의 표상이 함께 울린다. 역사가 다루는 과거의 표상도 그렇다. 과거는 구원을 가리키는 어떤 비밀스런 색인을 가지고 있다. 이전의 것들 주위에 있었던 대기의 숨결이 우리 자신에게도 스쳐가지 않는가? 우리가 귀로 들으려 했던 그 목소리에는 한때의 메아리가 지금 잦아들고 있지 않는가? 우리가 연연했던 여인들은 그녀들 스스로는 알아채지 못한 누이는 아니었는가? 그렇다면 과거의 인간들과 지금의 우리 사이에는 비밀스런 약속이 있는 셈이다. 그렇다면 우리는 이 땅에서 뭔가 기다리며 있다. 그렇다면 우리 앞의 모든 세대처럼 우리에게도 어떤 '희미한' 메시아적 힘이 주어진 것이고, 과거는 이 힘을 요구한다. 이 요구가 값싸게 처리될 수는 없다."[15]

「역사의 개념에 대하여」를 펼칠 때면, 나는 이 구절을 버릇처럼 되풀이해 읽곤 한다. 그것은 행복의 이미지인 것처럼 아쉽고 안타깝고 아련하기 때문이다. 그래서 그 여운이 오래도록 남는다. 적어도 내게는 그렇다. 이 글을 읽으면 내가 마치 벤야민의 폐부 깊숙히 가 닿은 듯한 착각이 일곤 한다. 그는 한순간에 생애 전체를 살려고 갈망했지만, 이 같은 갈망이 눈멀고 유한한 인간의 삶에서는 불가능하리라는 것도 알았던 것으로 보인다.

여기에 나타나는 생각의 핵심은 과거와 현재의 얽힘이고, 이 얽힘을 풀어내는 해석의 중요성이다. 또 지난날을 기억하는 일의 행복감이고, 이 행복감에 배인 어떤 메시아적 구원이다. 행복은 단순히 사람에게만 국한되어 있지 않다. 그것은 사물과 더불어 자리하기도 하고 이 사물과 나의 교감, 사람과 사람 사이에 나누던 대화나 그때의 분위기, 어떤 아련한 이미지와 관련하여 일어나기도 한다. 또 이렇게 교감하는 한, 과거는 늘 은밀한 구원의 빛을 담고 있고, 이 빛을 해독하는 한 그는 행복할 수 있다. 벤야민은 글을 통해 이 구원적 교감에, 이 교감이 약속하는 드문 행복에 그 자신이 젖어들었는지도 모른다. 그것이 아마도 거칠고 가파른 현실에서 그가 누렸던 유일무이한 기쁨의 원천이었는지도 모른다.

행복은 우리가 대화를 나누었던 사람이나 사랑하던 어떤 연인에게 있는 것처럼, "우리가 숨 쉬었던 공기 속에"도 있고, 과거를 둘러쌓던 "대기의 숨결"에도 있다. 그리고 이 숨결을 떠올리는, 이

15) Walter Benjamin, "Über den Begriff der Geschichte," *GS* I/2, Frankfurt/M., 1974, S. 693f.

제는 "잦아들고 있"는 "한때의 메아리"에도 그것은 자리한다. 그러니까 행복은 우리가 겪어온 모든 것, 말하자면 희구하고 열망하고 만나고 꿈꾸어온 모든 것 속에 그 자취를 남기는 것이다. 그리하여 그것은 구원의 계기가 될 수 있다. 이 구원 속에서 과거와 현재, 나와 대상은 더 이상 둘이 아니다. 그것은 하나로 묶여 있다. 바로 이 하나됨의 느낌 덕분에 나는 행복해질 수 있고, 행복해도 좋은 것이다. 이것을 벤야민은 이렇게 표현한다. "행복의 표상에는 양도할 수 없는 구원의 표상이 함께 울린다."

이 글에서 중요한 것은 두 가지로 보인다. 첫째, 행복의 표상과 구원의 표상은 "함께 울린다"mitschwingen는 것이다. 즉 공명한다. 이때 공명의 주어는 과거와 현재일 수도 있고, 이 시간에 살던 사람들, 즉 과거의 사람과 현재의 우리일 수도 있다. 둘째, 이렇게 공명하는 두 축은 서로 무관하게 떨어져 있는 것이 아니라 무슨 "비밀스런 약속"인 것처럼 연결되어 있다. 그래서 다른 것에 위임하거나 매각할 수 있는veräußern 것이 아니다. 비밀의 약속처럼 내게 붙어 있어 그것은 어느 다른 사람에게 팔 수도 없고 줄 수도 없다. 매매와 양도가 불가능한 것이 행복이고 구원이며, 행복한 구원의 모습이다. 행복에는 구원의 이미지가 불가피하게 녹아 있는 것이다. 벤야민에게 이 이미지는 말할 것도 없이 기억과 회상 그리고 이 회상에서 일어나는 글쓰기에 있을 것이다.

기억과 글쓰기는 왜 행복한 것인가? 그것은 구원과 이어지기 때문이다. 기억 속의 글은 해방의 기회를, 적어도 상상적 형식으로라도 만들어준다. 그래서 망각과 오류에 대항하는 하나의 방식이 되고, 역사의 야만적 반복을 거스르는 실천적 방법이 된다. 기억이 생리적·지각적 작용이라면, 구원은 행동적·실천적 사안이다. 글쓰기는 이 기억과 구원을 잇는 수행적 방식, 즉 실천으로서의 의미화 작업이다. 이 작업은 벤야민에게 파괴와 구성의 동시적 성격을 띤다. 그것은 한편으로 전래되는 관습과의 단절이면서, 다른 한편으로 이 단절을 통한 새로운 조직화로 나아간다. 연속성을 되풀이하는 것은 오류의 답습이고, 이 답습에서 부당한 것은 잊혀지고 말기 때문이다. 망각 아래 현실은 새로 해석되는 것이 아니라 지금까지의 방식대로 억압된다. 억압현실은 동일성의 이데올로기로 강화된다.

지배담론은 기존 논리를 답습하고 전파하고 확대하면서 현실의 비참을 은폐하고 미화한다. 이 미화로 인해 현실적 비참은 세세연년 이어진다. 잘못된 역사의 사건과 이 사건을 해석하는 그릇된 논리와 이 논리로 유지되는 기성체제는 맞물린 채 돌아가는 것이다. 그리고 이렇게 돌아가면서 그것은 표준화된 지식형식을 확대재생산한다. 역사의 변화가 어려운 것은 이 때문이다.

그리하여 기존의 논리에 저항하는 논리는 '불온하다'고 하여 쉽게 억압되거나 배제된다. 거짓해석을 문제시하는 해석은 '위험한 것'으로 질타되거나 무시된다. 벤야민은 이 거짓발전의 논리를 단절시키려 한다. 그래서 기만의 반복강제에서 벗어나고자 한다. 필요한 것은 거짓발전에 대한 잘못된 인식을 중단시키는 것이다. 기억과 서술은 이 같은 저항의식에 닿아 있다. 올바른 삶은 동질적 지배형식에 대한 항거 속에서 억눌려진 과거를 해방시키는 데 있다.

삶에서 과실을 따기는 어렵다. 또 의미는 환멸 없이 얻어지지 않는다. 우리는 초라하기 그지없는 기억의 양과 가늠하기 힘들 만큼 거대한 망각 사이에서 불안하게 요동치며 살아간다. 낮은 기억하고 밤은 망각한다고 했던가? 이 가운데서 지금 여기 일상적인 것의 경험이야말로 우리가 자신을 찾는, 우리 자신을 찾아가는, 그렇게 찾아가야만 하는 본래적 시간이다. 이 시간 속에서 삶은 기억되기 때문이다. 물론 망각도 필요하다. 그러나 망각은 그것이 기억해야 할 것을 잊지 않을 때만 의미를 갖는다. 그러므로 기억하는 시간이야말로 삶의 본래적 시간이 된다. 기억하는 시간에 빛이 있고, 기억하면서 조직하는 시간에 구원이 있다. 그리하여 기억 속에서 우리는 행복할 수 있다.

벤야민에게 행복과 기억, 구원은 하나로 이어진다. 그러면서 행복의 감정은 단순히 기쁨이나 환희를 구가하는 데 만족하는 것이 아니라 이 기쁨이나 환희가 땅 위에서는 실현되기 어렵다는 사실에 주목한다. 그것은 행복의 상태를 손쉽게 약속하거나, 마치 실현된 것처럼 향유하기보다는 이것이 내팽겨쳐진 헐벗은 현실을 더 자주 주시한다. 참된 행복감은 황량함과 벗하기 때문이다. 그것은 릴케식으로 말하여 아름다움이 끔찍함을 수반하는 것과 같다. 그는 이렇게 적었다. "이 행복은 위로할 길 없음과 황량함 위에, 이

> **행복하기 위해 우리는 황량함을,**
> **위로할 길 없는 불행의식을 정면으로 관통해야 한다.**
> **삶의 과제는 아름다움의 헐벗은 폐허에서**
> **행복의 가능성을 매일매일 타진하는 것이다.**

황량함은 우리 자신의 황량함이기도 했는데, 자리해 있다."[16] 행복하기 위해 우리는 황량함을, 그리고 위로할 길 없는 불행의식을 정면으로 관통해야 한다.

아름다움에서 행복을 찾는 것도 쉬운 것이 아니다. 그러나 더 어려운 것은 아름다움의 잔해로부터, 이 아름다움이 오기 전과 오고 난 다음의 폐허에서도 아름다움은 포기될 수 없다는 것을 증거하는 일일 것이다. 삶의 과제는 아름다움의 헐벗은 폐허에서 행복의 가능성을 매일매일 타진하는 것이다. 그것이 어리석고 맹목적인 인간 삶의 실상에 맞다. 구원은, 마치 토라^{Thora} 경전과 기도가 유대인에게 그러하듯이, 언제 '어느 순간에라도' 다가서는 것인지도 모른다.

인간이 들어설 그 통로는 매우 좁다. "그들(유대인 – 옮긴이)에게 매 순간은 작은 문이고, 이 문을 통해 메시아는 들어올 수 있다."[17] 벤야민에게 구원의 메시아는 발전이나 진보의 길 위에 있지 않다.

---

16) Walter Benjamin, "Das Passagenwerk," *GS* V/1, v. R. Tiedemann(Hrsg.), Frankfurt/M., 1982, S. 600.

17) Walter Benjamin, "Über den Begriff der Geschichte," S. 704.

또 어떤 길의 끝에 오는 것도 아니다. 그것은 오히려 일체의 순응주의, 말하자면 안락한 행복과 자동적 쾌락 그리고 손쉬운 화해를 거절하는 데서 생겨난다. 그가 연속성의 신화를 무너뜨리고자 한 것도 이런 거부의 표현일 것이다. 그 저항은 위험에 찬 것이고, 때로는 모든 사람에게서 내버려진 것 같은, 그래서 아무에게도 위로받을 수 없는 상태에서 홀로 행해진다. 어쩌면 그것은 이미 잦아진 메아리를 찾아 헤매는 일과 같을지도 모른다.

그렇다. 행복은 한때 들렸던 메아리를 환청으로나마 다시 들으려는, 이렇게 듣기 위해 약속되지 않은 길을 떠나는 숨은 열망이다. 그것은 행복과 구원에 대한 열망이기도 하다. 이 행복은 늘 위험 속에 숨어 있지만, 정신이 현재한다면 구원의 빛이 될 수도 있을 것이다.

5. 현존의 드라마

지금까지 보았듯이 행복의 의미는 벤야민에게 삶의 구석진 곳, 작고 사소하고 하찮고 어두운 곳을 향해 있다. 그것은 오늘의 현실이, 마치 지배담론이 설파하듯이, 그렇게 조화롭고 화해로울 수 없다는 것, 오히려 세상은 이전과 똑같이 아니면 그 이상으로 부당하고 비참하며 불평등하다는 사실을 보여준다. 어쩌면 푸코가 지적한대로, '해방'이나 '계몽' 또는 '이성' 위에 자리한 근대성의 담론이란 한낱 '거울내각'Spiegelkabinett, 즉 기만인지도 모른다. 우리가 흔히 '진리'라고 부르는 것도 권력과 지배의 규율사회에 훈육된 결과이고, 따라서 표준화된 진술형식에 불과할 수 있기 때문이다.

이러한 생각은, 푸코의 경우에서처럼 본격적으로 주제화되지는 않지만, 벤야민이 거듭 강조하는 '위험국면'에 잘 나타난다. '현재하는 정신'이란 위기상황에 깨어 있는, 즉 위기를 의식하는 비판정신이다. 이 정신에 기대어 그는 경험사실을 기억하고 회상하며 기록한다. 이 기록을 통해 여린 것들, 이를테면 세상의 숨결과 메아리, 어떤 순간과 분위기는 재생된다. 벤야민의 행복론은 토르소처럼 파편으로 남은 과거의 이미지를 부단히 떠올리는 데 있다. 그 이미지는 이리저리 조각나서 어느 하나도 온전치 않다. 그래서 파편과 잔해 그리고 폐허의 흔적으로 자리한다. 삶이 남긴 이 생채기의 의미를, 그 불완전한 문화유산을 우리는 해독해내야 한다. 그렇게 읽어내 오늘을 북돋우는 에너지로, 그래서 지금 여기를 돌이켜 볼 수 있는 의미 있는 반성적 재료로 삼을 수 있어야 한다. 그가 이해한 프루스트의 서술방식은 이 점과 연결된다.

프루스트는 미메시스적 능력에 기대어 지나간 사건을 기억하고, 이 기억을 이미지로 느끼고 생각하며 표현한다. 마주치는 사물의 이런저런 현재적 모습에서 향수어린 추억을 떠올리면서 그는 지나온 삶을 오늘의 상황 아래 다시 구성한다. 그래서 그것은 이루 말할 수 없이 사적이고 독특하며 내밀한 비밀에 가득 차 있다. 그러면서도 거기에는 그가 살았던 당대 현실의 삶이, 그 사회적 관계가, 이 관계에 녹아 있는 갖가지 시대적·계급적·정치적 사연들이 스며 있다.

바로 이 미묘한 전일성全一性, 다시 말해 경험현실의 세부적 충일성을 담은 프루스트의 글을 벤야민은 몹시 좋아했던 것 같다.

그래서 이 작가를 독일어로 번역하기도 했고, 그에 대해 여러 편의 글을 쓰기도 했다. 이렇게 쓴 글의 하나가 「프루스트의 이미지에 대하여」다. 이 글에서 그는 적는다.

"프루스트는 엄청난 것을 투입하여 한 인간의 전체적 삶을 둘러싼 온전한 세계를 한순간에 변모시켰다. 평소에는 그저 시들고 저물어갈 것이 섬광처럼 소진되는 이 같은 집중력이야말로 우리를 젊게 만든다. 『잃어버린 시간을 찾아서』는 전체적 삶을 고도의 정신적 현재 속에서 포착하려는 부단한 시도다. 성찰이 아니라 우리 눈앞에 생생하게 드러내는 것이 프루스트의 방식인 것이다. 우리에게 주어진 현존의 진실한 드라마를 살 시간이 우리 모두에게 없다는 진실에 그는 깊게 침윤되어 있었다. 이것이 우리를 늙게 한다. 다른 어떤 것이 아니다."[18]

많은 것은 어쩔 수 없이 시들어간다. 그리고 이렇게 시들어간다는 반성도 시간의 벽을 넘지 못한다. 이 중첩된 허망함에, 프루스트는 "전체적 삶을 고도의 정신의 현재 속에서 포착하려고" 노력하면서 대응하고자 했다. 여기에서 우리는 '정신의 현재'라는 단어가 반복되고 있음을 다시 확인한다. 이 단어는 앞에서 '위기국면'에 대응하는 주체의 태도로 나온 것이었다. 인용한 글에서 현재적 정신, 즉 침착함은 허망함에 대응하는, 그래서 이 허망함을

18) Walter Benjamin, "Zum Bilde Prousts," *GS* II/1, Frankfurt/M., 1977, S. 320f.

이겨내려는 프루스트의 서술방식이다. 단순한 서술방식에 그치기보다는 차라리 산문정신에 해당한다고 보는 것이 나을 것이다.

벤야민이 이해한 프루스트의 현실대응법은 성찰 같은 철학적 방식이 아니다. 그것은 대상을 '생생하게 현재하는 것으로 드러내는 것'이다. 이것은 단순히 지시하거나 규정하는 것이 아니라, 몽타주 방식처럼 '드러내 보이는 것'vorzeigen이다. 드러내 보임은 가령 브레히트가 변증법적 연극론을 설명하면서 한 말, 다시 말해 "세계의 수수께끼는 해결되는 것이 아니라 제시되는gezeigt 것"이라는 언급과도 연결될 수 있을지도 모른다. 벤야민은 브레히트의 연극론이 대중의 계몽에 크게 기여할 것이라고 확신했다. 그 이유는 논리적 해석이나 철학적 성찰을 통해서가 아니라(그 점에서 개념이나 논리, 성찰이나 철학은 불충분하다고 말할 수 있다), 지금 여기의 우리 눈앞에 생생하게 그려낼 때, 삶은 진면목을 보여준다고 믿었기 때문이다. 그래서 그것은 "현존의 진실한 드라마"를 다시 살 수 있는 방법으로 비쳐졌을 것이다. 이론과 사상도 사실의 생생한 복원을 위해 복무해야 한다.

그러나 참된 드라마를 살 시간이 인간에게는 충분하지 않다. 시간은 완벽하게 부족하다. 이 절대적인 한계 때문에 우리는 늙어가지만, 그러나 순간의 집중으로 세계를 변모시킬 수도 있다. 바로 이 때문에 우리는 젊어지기도 한다. 참된 행복은 정치경제적·기술적 발전에 근거하는 것만 아니다. 물질적인 토대는 늘 중요하다. 그러나 이 발전의 내용과 방향은 벤야민의 맥락에서 다시 고찰되어야 한다. 해방된 공동체는 역사적 발전의 연속성에서보다는 그 단절 속에서 더 진실되게 경험될 수 있기 때문이다. 우리는

> **❝** 현재는 느껴져야 하고 생각되고 인식되어야 한다.
> 나의 현존성은 먼저 '느껴져야' 하는 것이다.
> 벤야민이 파악한 구원의 가능성은 이 각성의 순간에 있다.
> 그리하여 변증법적 전환은 곧 구원적 순간이 된다. **❞**

재앙의 연속성을 중단시킴으로써 동일성의 신화를 벗어난 새 삶을 메시아적 빛 아래 조직할 수 있다. 행복은 이 고양의 순간에 서식할 것이다.

지금 여기는 과거에 존재했던 것들이 깨어나는 순간이다. 그러나 이 순간은 자동적으로 깨어나지 않는다. 현재는 느껴져야 하고 생각되고 인식되어야 한다. 여기에는 상상과 지성이 필요하고, 지각과 인식도 필요하다. 그러면서 무엇보다 감각이 결정적이다. 나의 현존성은 먼저 '느껴져야' 하는 것이다. 이 느낌의 순간순간에 나는 과거의 것들이 현재의 순간으로 소환됨을, 소환되어 지금의 생생한 느낌 속에 용해됨을 깨닫게 되기 때문이다. 이 용해되는 이미지가 변증법적 이미지라면, 이 변화하는 순간에 일어나는 각성은 변증법적 체험의 내용이다. 벤야민이 파악한 구원의 가능성은 이 각성의 순간에 있다. 그리하여 변증법적 전환은 곧 구원적 순간이 된다. 프루스트의 글은 그에게 이 전환을 증거했다. 그래서 그 자체로 구원적인 것으로 여겨졌다. "작품을 통해 자신이 속한 계급을 앞지르는"데 프루스트가 성공했다고 벤야민이 생각했던 것은 이 때문이었을 것이다.

프루스트의 실존은 기억의 주체이고 회상하는 자아며, 이 회상 속에서 삶을 거듭 반추하고 체험하는 자다. 그는 이 모든 것을 글쓰기로 실행한다. 프루스트의 문장은 어떤 아련하고 모호하며 뉘앙스 풍부한 무엇을 담고 있다. 그러면서 거기에는 신비하고 비타협적이며 어떤 집요한 이미지도 자리한다.

그래서인가? 프루스트를 읽을 때면 나는 마치 어떤 결사단체에 들어선 것 같은 내밀한 느낌을 받곤 한다. 오직 문학에 헌신하고 복무하는 '예술의 비밀결사'라고나 할까? 회상의 내용은 시적 밀어 속에서 끝없이 이어지고, 이 끝없는 서술의 의식적·무의식적 경로를 따라 우리는 광활한 미지의 세계를 종횡무진으로 돌아다닌다. 묘사의 형식은 이렇게 여기저기에서 저자가 쏟아내는 걷잡을 수 없는 기억의 내용을 풍성하게 담고 있다. 기묘한 언어와 형식에 담긴 늘 그러했던 세계의, 그러나 전혀 그렇지 않은 독특한 모습들. 프루스트는 가장 일상적인 삶의 모습을 가장 기이한 형태로 재조직하고 재창조한 것이다. 이렇게 재창조된 삶으로 그는 지나온 삶을 '다시 살게' 만든다. 경험해온 삶을 다시 온전하게 경험하게 하는 것이다.

삶의 많은 것은 시시각각 주의하지 않으면 소멸되거나 잊혀지고 만다. 그래서 우리는 경험의 많은 내용, 다시 말해 인상과 말투, 형태와 몸짓, 목소리와 장면과 분위기에서 비슷한 어떤 것을 찾아내고자 한다. 찾아내어 기록하고 회상하면서 기억하고자 한다. 쓰기 또는 쓰인 것으로서의 이야기는 이렇게 생겨난다. 이야기된 삶은 현실을 다시 이야기하게 하고, 기억된 삶은 현실을 새롭게 기억하게 만든다. 우리는 이야기된 삶을 읽으면서 우리 자신의 삶을 기존과는 다르게 바라보고, 조금은 새롭게 체험한다. 그것은 오늘의 삶 가운데서 지나온 삶을 다시 체험케 한다. 이야기를 만들고 듣는 가운데 삶은 비로소 더 온전한 형태로 다가서는 것이다. 기억을 통한 이야기 방식은 불가능한 현존의 드라마를 마침내 가능하게 하는 하나의 설득력 높은 방식이고, 그 때문에 우리는 그 방식 속에서 '거듭 그리고 완전히 살기'를 꿈꿀 수 있는 것이다.

이 놀라운 일에서 기억과 쓰기, 수집과 구성이 서로 관계하는 것은 자연스럽다. 이 관련성을 의식하는 것, 그리고 단순히 의식하는 데 그치는 것이 아니라 그 관련성을 적극적으로 만들어내는 것이 문학의 서사과정이고 예술의 표현활동이다. 이 표현활동은 미메시스적 욕구에서 온다. 미메시스적 의지는 기억으로 유발되지만 느낌 속에서 절실해지고, 이 느낌은 사고로 연결되면서 내용적으로 단단해진다. 사고의 내용은 표현에 힘입어 마침내 구체적 형상을 얻는다.

여기에서 확인하는 것은, 행복한 순간에 구원의 계기가 있다는 벤야민의 깨달음이 단순한 인식에 그치지 않고 글쓰기로 전환된다는 사실이다. 그가 살아생전에 한 고민은, 그의 비극적인 죽음과는 별도로, 그가 남긴 저작에 빼곡히 담겨 있다. 행복에 구원의 가능성이 스며 있다면, 이 가능성은 오늘의 현실에 구현되어야 한다. 하지만 현실에 구현된 내용은 대개 좌절된 행복으로, 그래서 지켜지지 않은 약속의 한 파편으로 자리한다. 벤야민은, 마치 프루스트가 그러했듯이, 글쓰기에서 행복을 체험하고 이 행복을 생성시키고자 한 듯하다. 그는 '모방이 구원'이라는 카프카의 말을 인용한 적도 있지만, 이때의 모방이란 단순 모사가 아닐 것이다. 그것은 차라리 '표현'이라는 일반적 의미에 가깝고, 더 나아가면

> **❝** 행복의 언어는 많은 경우 허황되게 여겨지기도 한다.
> 그러나 벤야민의 그것은 아스라한 여운으로 인해
> 그 어떤 것보다도 삶의 실상에 다가서 있는 것처럼 여겨진다.
> 삶의 무게를 외면한다면, 어떤 언어도 진실되기 어렵다. **❞**

예술활동 일반을 의미한다고 해야 할 것이다. 그런 점에서 '모방이 구원'이라는 말은 '예술적 표현이 곧 구원의 몸짓'이라는 명제와 이어질 수 있다. 그는 예술언어가 삶의 구제에 어떤 식으로든 기여할 것이라고 믿었던 것 같다.

미메시스적 능력이란 느끼고 기억하며 생각하고 표현하는 일련의 형상화 과정을 하나로 꿰는 능력이다. 그것은 이질적인 것들 가운데 유사한 것을 포착하여 의미 있게 엮어낸다. 예술의 표현이란 이 의미화 작업이고 미메시스적 활동이다.

이질적인 것들은 미메시스적 능력에 기대어 차이를 넘어 하나로 만난다. 그렇듯이 사물의 동질성은 언제나 동질적인 것으로 남아 있지 않는 것이 아니라, 표현적으로 매개되면서도 미세한 차이를 존중하여 간직한다. 그러면서 이 차이는 동질성과의 만남으로 조금씩 중화되기도 한다. 이질성과 동질성, 낯섦과 친숙성은 미메시스적 혼융 속에서 더 높고 넓은 수준에서 하나로 만나는 것이다. 교류나 교감, 호응이나 충돌은 이 상호만남과 그 작용을 지칭하는 술어들이다. 아름다움이란 이 같은 만남의 신선한 결과일 것이다. 이질적인 것 가운데 동질적인 것을 찾아내고, 동질적인 것 속에서도 이질적인 것을 헤아리는 데에서 심미적 감정은 생겨난다.

예술활동이란 낯선 것과의 교감을 통한 이해지평의 확대이고, 이 확대의 경험 속에서 주체는 자신과 그 삶을 교정해 나간다. 행복의 감정은 이 교감과 확대와 교정에서 온다. 왜냐하면 교감과 확대와 교정에서 신선한 삶의 감정이 체험되기 때문이다. 신선한 감정이란 아름다움의 감정과 다르지 않다. 이 점에서 나는 미메시스적 실천이 에피소드적 행복을 넘어 질적 행복의 체험으로 나아가는 하나의 선한 방식이 될 수 있다고 생각한다.[19)]

---

19) 이 점에서 나는 젤과는 견해가 다르다. 그는 키르케고르에 의지하여 순간의 '직접성' 속에서 자기 자신을 보존하는 경우를 '심미적 행복'이라고 하고(104쪽), 일정한 목적에 따라 합리적 삶을 영위하는 경우를 '목적론적 행복'이라고 규정한다(Martin Seel, "Versuch über die Form des Glücks," *a. a. O.*, S. 95). 그러면서 이 두 행복을 하나로 결합하는 것이 '포괄적 행복'으로서의 자기규정성인데, 이 규정성은 삶의 길을 내외적 강제 없이 스스로 선택하는 자유에 있다고 언급한다(*Edd.*, S. 114). 이 같은 논의는 엄밀한 개념구분을 통해 높은 설득력을 보여주면서도, 바로 이 엄밀성 때문에 사안이 지나치게 분절적으로 이해된다는 인상을 준다.

심미적 행복은 반드시 순간적 사건으로 끝나고 마는가? 그것은 늘 포괄적 행복이 되기에 부족한 것인가? 또 자유나 자기규정성의 문제가 심미성과 무관한 것인가? 그래서 그것만이 젤이 말하는 "과정적 행복개념"과 연결되는 것인가? 그렇지 않을 것이다. 선한 삶과 이 삶에서 추구되는 포괄적 행복의 가능성은 "심미적인 것의 복잡미묘한 역학 안에서" 정초될 수 있으리라고 나는 여긴다. 물론 그 근거를 대는 일이 간단할 수는 없다. 그것은 문예론적 · 미학적 · 철학적 · 인문학적 문제의 한 핵심에 속한다. 그러나 단순화하면, 심미적 경험과 그 실천은 새로운 의미영역을 개시하고 경험케 함으로써 자율적 삶과 세계개방적 태도를 동시에 장려한다. 그 점에서 그것은 "주관적으로 고유한 것이면서 상호주관적으로 윤리적인 삶의 방식"이라고 할 수 있다. 행복은 이런 삶에서 온다고 할 것이다. 더 중요한 것은 이런 사실을 개념적 · 논증적 논의를 통해서보다는 심미적 경험의 구체

사고가 감각의 내용을 명료화하는 것이라면, 이 명료화는 언어를 통해 그 형식을 입는다. 글은 생각한 것의 단순한 표현이라기보다는 그 구현이다. 글은 사고의 집이라고나 할까? 그것은 생물학적·실존적·사회역사적 제한 속에서 자기의 느낌과 믿음에 윤곽과 틀을 부여하는 일이다(이 점에서 글의 저자는 자유로움을 느낄 수 있다). 이 개인적 삶은 형상화 작업에서 인간 일반의 삶과 이 삶의 사회적 조직에 참여한다(이 점에서 저자의 활동은 윤리적이다). 이렇듯이 자유와 윤리, 개인적 자기형성과 사회적 현실참여는 작가의 표현활동에서 매개되지만, 이렇게 표현된 결과로서의 작품을 감상하는 일에서도 나타난다. 즉 독자는 작품을 경험하면서 자기 삶을 반성하고, 이 반성 속에서 인간 일반의 더 넓은 세계로 나아간다.

그러나 이 같은 매개가 가장 강렬하게 나타나는 것은 아무래도 예술의 미메시스적 표현행위에서라고 해야 한다. 예술가의 표현활동은 이 표현이 드러난 작품의 수용활동에서보다는 훨씬 적극적이고 본격적인 의미창출화 과정이기 때문이다. 그리하여 미메시스적 실천은 개인성과 사회성을 이으면서 인간의 현존적 가능성을 극대화시킨다.

예술의 미메시스는 행복과 구원을 매개한다. 이 미메시스적 실

적 예를 통해 입증하는 일일 것이다. 이 점에서 나는 한편으로 젤의 논리적 체계화 작업을 존중하면서도, 다른 한편으로 그 방식이란 삶 안에서, 그러니까 "나날의 성찰을 생활 속에서 시민적으로 육화하는 가운데 지양되어야" 한다고 여긴다. 예술의 심미경험은 바로 이 일, 말하자면 나날의 생활 속에서 자기 삶을 '비강제적으로' 돌아보게 하는, 그래서 삶을 부단히 상쇄시켜주는 일을 한다.

천을 벤야민이 비평에 적용한 것은 자연스러워 보인다. 그는 비평이 단순히 작품을 분석하거나 해석하는 데 머문다고 생각하지 않았다. 그것은 꼼꼼한 읽기 속에서 무엇보다 작품을 '살리고 북돋는' 일이다. 그래서 그는 적는다. "비평은 한 작품의 평가라기보다는 작품을 완성하는 방법이다."[20] 완성된 비평은 마치 작품처럼 새로운 것을 드러낸다. 이때 비평은 '시적으로' 변모한다. 즉 비평과 예술, 비평과 시의 경계가, 슐레겔이 적었듯이, 소멸하는 것이다. "비평은 작품으로부터 생겨나지만, 그것이 존속하는 것은 작품으로부터 독립되어 있다. 그 점에서 비평은 그 자체로 예술작품과 근본적으로 구분될 수 없다."[21] 뛰어난 글은 창조적 해석의 주권성에 힘입어 하나의 독자적 장르로, 그래서 새로운 예술로 탄생한다. 문학비평은 문학작품의 부속물이 결코 아니다.

미메시스적 능력으로 인해 나와 타자, 낯선 것과 친숙한 것, 먼 것과 가까운 것은 서로 만난다. 이념의 기조나 정신의 방향뿐만 아니라 소리나 빛깔, 향기와 풍경, 분위기는 이런 만남이 이뤄지는 시발점이다. 예술은 이 이질적 만남을 의미 있는 형식으로 변형시킨다. 미메시스가 예술주체와 사물대상을 하나로 잇는다면, 주체의 반성성은 예술의 내용을 구성한다.

우리는 예술 속에서, 그것이 이상적이라면, 반성을 통해 매 순간의 경험에 열려 있고, 자기규정의 형식에서도 자유로울 수 있다.

---

20) Walter Benjamin, "Der Begriff der Kunstkritik in der deutschen Romantik," *GS* I/1, Frankfurt/M., 1974, S. 69.

21) *Ebd.*, S. 108.

그때그때 삶의 조건 앞에서 행동의 방향을 자기의 느낌과 사고와 경험으로 결정하는 것, 그러면서 이렇게 결정된 삶을 또 다른 교정의 가능성 아래 두는 것, 하지만 이것이 강제적으로서가 아니라 자율적으로 이뤄지고, 외부적 요인이 아닌 내부적 원칙에 따르게 하는 것, 이것이야말로 참된 심미능력이다. 그러므로 심미적 소화능력은 곧 개인적 삶의 주체적 조직화에 기여하는 것이다.

심미적 주체는 타자를 작품 안으로 불러들이면서 이 타자를 이해하고, 이 타자이해에 의지하여 자기정체성을 교정해간다. 자기나 세계에 대한 시각이 열리는 것은 이즈음이다. 예술은, 벤야민이 낭만주의론에서 거듭 강조하듯이, 근본적으로 반성적인 매체다. 반성적 능력에 의지하여 주체는 대상과 비판적으로 만나고, 이 만남을 의미 있는 구성물인 작품으로 변형시킨다.

그러므로 심미적 형상화에는 소리와 시선, 메아리와 색채, 느낌과 경험 등이 여러 차원에서 개입한다. 이것은 글쓰기로, 글을 쓸 때 떠오르는 회상과 기억을 통해 직조된다. '먼 것의 일회적 나타남과 이 나타남 속의 일치'를 아우라라고 한다면, 그리고 이 아우라에 행복의 기미가 녹아 있다면, 이 기미를 포착하려는 글쓰기란 곧 아우라의 경험이고 행복의 체험이다. 글쓰기에서 주체는 주체를 넘어서고, 반성은 반성을 이겨내며, 철학은 철학 자체를 반성하는 힘으로 변화하기 때문이다. 자기변형적 경험 속에서 우리는 불행을 항구화하는 자기동일적인 독단체계를 줄여갈 수 있을지도 모른다. 글은, 여러 우회로를 돌고 돌아 결국 행복을 조직하는 데로 이어진다. 아마도 하나의 최고경험이 삶에 있다면, 그것은 예술로부터 유래하는 자기 변형적 구원에 대한 이 같은 시도가 될지도 모른다.

행복이나 희망 또는 구원을 말하는 벤야민의 목소리는 참으로 작다. 너무도 작아 그것은 차라리 침묵을 닮아 있는 것처럼 보일 때도 있다. 그래서인가, 그의 산문에는 인간의 가열찬 시도들이 덧없는 이미지 아래 아련하고도 희미한 어조로 묘사되는 대목이 많다. 그것은 대부분의 절망과 꺼질 듯 위태롭게 놓인 아주 작은 희망 사이에서 겨우 부지되는 듯하다. 그의 우울은 아마도 이 아스라함, 그 속의 불분명한 그리움에 있을 것이다. 오늘날 행복의 언어는 많은 경우 허구적으로 보이고, 그래서 허황되게 여겨지기도 한다. 그러나 벤야민의 그것은 바로 이 아스라한 여운으로 인해 그 어떤 것보다도 삶의 실상에 다가서 있는 것처럼 여겨진다. 삶의 무게를 외면한다면, 어떤 언어도 진실되기 어렵다.

6. 둘레

오늘의 사회는 크게 보면 태초의 원시적 야만성을 물질적 차원에서 벗어났고 제도적 차원에서도 크게 벗어났다고 말할 수 있다. 그러나 과학에서의 '발전'이 정말 발전이고, 역사에서의 '진보'가 정말 진보인가? 경제적·물질적으로 진전했는데도 이전의 야만성이 오늘날 완전히 철폐되었다고 말할 수 없기 때문이다.

어떤 것은 이전의 무자비함을 그대로 지니고 있고, 또 어떤 것은 이른바 '관리사회' 아래 과거보다 더 교묘하게 작동한다고 할 수 있다. 게다가 환경의 문제에서 자연의 파괴는 거의 재앙적 수준에 이른다. 현대인의 한 발은 우매함의 수렁에 놓여 있고, 다른 한 발은 이 수렁 밖의 영리함에 놓여 있는지도 모른다. 그러나 영리함도 맹목적이라면, 그것은 또 다른 형태의 늪이 아닐 수 없다. 지능주의 또는 과학만능주의의 늪이라고나 할까? 그러므로 어떤 일이든 오늘의 처지에 거스르는 무엇인가 행해져야 하고, 이 실천은 기존의 운동과는 달라야 한다. 이 부정적否定的 실천을 우리는 나날의 평범함에서, 매일매일의 생활 속에서 시작할 수 있을까? 벤야민도 마치 카프카나 프루스트처럼 주변에서 잊혀지는 자잘한 것들에 지칠 줄 모르고 주의注意하고자 했고, 이 주의를 통해 현재적 위기에 깨어 있으려 했다.

　벤야민에게 주의는 기억으로 이어지고, 이 기억은 이해와 해석 그리고 기록으로 옮겨간다. 그는 글쓰기를 통해 발전과 진보를 앞세우는 역사라는 기관차의 브레이크를 밟고자 애썼다. 그러나 그것은 어림없는 일이었다. 그의 글은 미래를 낙관하는 것이 아니라, 이 낙관이 얼마나 힘겨운 것인지를 보여준다. 단순히 희망은 아름답다고 말하는 것이 아니라 이 희망이 얼마나 실현되기 어려운 위태롭고 허황된 것이며, 설령 실현된다고 해도 그 아름다움은 이런저런 독단에 얼마나 쉽게 오염되는지를 보여준다. 그것은 희망의 약속이 아니라 차라리 체념의 확인이고, 그 때문에 기대 아닌 환멸을, 정말이지 해묵고 만성적인 환멸을 불러일으킨다. 그러나 이 체념의 확인과 환멸의 무장으로부터 그는 역설적으로 지금의 삶이 얼마나 경이로운 드라마인지 다시 느끼게 한다. 내가 벤야민에게 경탄하는 것은 바로 이런 이유에서다.

　벤야민은 현재의 상황에서 과거가 어떻게 재구성될 수 있는지 부단히 묻는다. 이를 통해 참된 미래가 일정한 모습으로 주형될

> **"** 내부에 골몰하자. 그러면서 둘레를 주시하자.
> 나로부터 나를 넘어 타자로 나아가는,
> 이 타자로 구성된 존재의 둘레…… 그러면서 다시 나로,
> 우리 자신으로 돌아오자. **"**

수 있도록, 그래서 독자가 떠올릴 수 있도록 그는 글을 쓴다. 그가 근원을 말하는 것은 원래의 근원으로 복귀하기 위해서가 아니다. 그것은 신화적 반복강제 상태에 붙박혀 있기 때문이다. 또 원래의 형태를 있는 그대로 복원시킬 수도 없다. 지금 필요한 것은 과거를 현재의 실천 속에서 오늘에 맞게 재구성하는 일이다. 그러니 구제되어야 할 과거는, 신화나 종교나 형이상학이 가정하듯이, 불변의 형태로 자리하는 게 아니다. 그것은 존재론적 불변체가 아니라 지금 여기의 입장에 의해, 우리의 문제적 시각과 해석의 밀도에 따라 얼마든지 변할 수 있고, 또 그렇게 변해야 한다.

이제 결론을 대신하여 나는 이렇게 말하고 싶다.

오로지 사소한 것들, 토르소처럼 남은 지식과 인식, 문화와 역사의 부스러기 속에서 이 폐허의 잔해들을 현재의 인식적 강렬성 아래 독해하는 것, 그리고 이 독해가 그 자체로 행복의 경험이 되게 할 일이다. 그렇게 할 때, 행복은 개인의 행복이면서 사회적으로 확장되는 행복일 수도 있다. 벤야민의 행복은 유기적이다. 그것은 유물론적 토대로부터 신비적·신학적 초월의 영역으로 열려 있다. 이 확장된 행복 속에서 다시 자신에 골몰하며 현실을 새롭게 적는 것, 이것이 바로 그가 지향한 해방적 실천의 방식이었는지도 모른

다. 자신을 모르면 신도 알기 어렵다. 그렇듯이 현실을 모르면 구원도 놓칠 수밖에 없다. 진실은 사물을 에워싼 세계의 베일들, 말하자면 사건과 추억과 골목과 구석과 메아리에서 그 비밀을 희미하게 드러낸다. 이 비밀의 중심에는 나의 비밀이 있고, 자아의 비밀은 세계의 비밀과 비늘처럼 겹쳐 있다. 내부에 골몰하자. 그러면서 둘레를 주시하자. 나에게서 나를 넘어 타자로 나아가는, 이 타자로 구성된 존재의 둘레…… 그러면서 다시 나에게로, 우리 자신으로 돌아오자.

사랑이나 진리, 정의나 연대 같은 개념은 사회적 삶에서 절대적으로 중요하다. 그러나 이 모든 것의 바탕을 이루는 변함없는 것이 하나 있다. 그것은 알 수 없는 것들, 말해지지 않은 것들이다. 세계의 어두운 에너지들, 즉 비밀과 수수께끼의 타자적 목록은 이미 드러난 삶의 사실들을 에워싸고 있다. 아직 드러나지 않은 것, 신비스럽고 헤아리기 힘든 것들의 목록 앞에서 사랑과 진리는 우리가 소중히 해야 할 것의 일부다. 나는 다시 인간 생애의 짧음을 떠올린다.

사소하지만 이해하지 못한 것, 아직 알지 못하거나 듣지 못한 것, 그러면서도 엄연히 존재하는 것은 늘 자리한다. 잊어버릴 수 없는 사연들이 삶의 곳곳에서 어두운 심연을 이루며 입 벌린 채 있다. 그곳은 타자성이 거주하는 모태다. 노래보다 무서운 것은 노래가 끝난 뒤의 침묵이다. 그러나 이 침묵이 우리로 하여금 다시 노래하게 한다.

사람의 맹목은 지루함을 모른다. 그것은 섬뜩하리만큼 질기면서 허망하게 잊혀진다. 우리는 삶의 어두운 힘들이 어떻게 우리

앞에 나타나는지, 이렇게 나타나 현재를 얼마나 무자비하게 지배하면서 어느 한 곳으로 몰아가는지, 그리하여 어떻게 여기에서 스스로 처신해야 하는지 우리는 잘 알지 못한다. 우리는 더 이상 서로에게 묻지 않거나, 묻는다 해도 그 대답은 이미 주어진 것처럼 귀 기울이지 않는다. 등 굽은 꼽추처럼 몸을 웅크린 채, 불안과 주저 속에 병들기 쉬운 육체를 고갈시키면서, 그렇게 자기만큼이나 타인도 쉼없이 버겁게 만들면서, 우리는 매일을 허비해간다.

그러나 희망은 미숙하고 모자라며 서투른 사람들을 위해 존재한다고 했던가? 카프카가 보여주었듯이, 그런 카프카를 벤야민이 이해했듯이, 아름다움은 희망 없음 속에서 잠시 엿보는 섬광과 같은 것인지도 모른다. 그것은 순간적으로 피어나 순간적으로 사라지는 입김 같다. 행복은 허공에 내뿜은 입김이 머무는 동안만, 오직 그 동안에만 찾아들 것이다. 그러나 그것은 이 땅에 행복이 전혀 없는 것이 아니며, 구원이 저기 저곳만의 일이 아니라는 사실을 자명하게 보여준다. 이렇게 생각해도 좋은 것인가? 영원한 구원이 불가능하다는 것이 확실한 것처럼, 순간의 행복이 우리의 노력에 따라 지금 당장 체험될 수 있다는 사실도 자명하다. 이 행복감이 순간의 에피소드가 아닌 삶의 전체를 포괄한다면, 적어도 이 전체성과 잠시라도 이어지는 것이라면, 그것은 '좋고도 선한' 삶이 될 수 있다. 이 점에서 참된 예술의 경험은 비윤리적일 수 없다. 음울한 인간의 생애에서 유쾌해도 좋을 이유는 바로 여기에 있을지도 모른다. 이것은 지상적 행복의 한 정당한 근거가 될 수 있을까?

청년기 같은 가장 활기찬 시절에 자기 일에 골몰하지 않고서는

> **"** 너는 벤야민의 메시지를 기억하고 있는가?
> 그의 체념어린 약속을,
> 그 아름다움의 무희망성을 살펴보는가?
> 너는 경악 없이 네 자신을 알아보게 되는가? **"**

그 어떤 의미 있는 것도 삶에서 얻어낼 수 없다는 것, 그리고 그렇게 몰두한다고 해도 때로는 그것이 허망하게 끝나기도 한다는 데 대해 심각하게 고민하지 않고, 아무렇게나 여기에서 저기로 어제에서 오늘로 오늘에서 내일로 기계처럼 나아가고, 그리하여 하루하루를 무감각하게 탕진하는 것을 나는 이해할 수 없다. 무엇이든 행해져야 한다. 혀는 움직여야 하고, 귀는 열려 있어야 하며 눈은 부릅뜬 채 현실을 직시해야 한다. 그렇듯이 문필가라면, 그는 늘 새롭게 세계를 읽고 해석하고 생각하며 서술해야 한다.

타자성의 낯선 영역들은 도처에 있다. 그것은 개인적으로 경험할 수 있는 것이면서 이 개인적 차원을 넘어, 이 경험과 더불어 개념 이전적이고 언어이전적인 틀 안에서 움직인다. 바로 이 틀이 나와 타자, 인간과 자연을 잇는다. 예술이 말하고자 하는 것도 이 이어짐, 즉 근접성의 경험이다. 시나 음악, 철학과 사랑은 이 연결의 끈을 놓치지 않기 위해 악전고투한다. 근접경험은 역사 속에서 체험될 수 있지만, 더 근본적인 계기는 죽음이라고 할 수 있다. 죽음에서, 더 정확하게 말해 죽음을 앞두고, 우리는 지금껏 간직해 온 경험과 지식과 판단의 온갖 자료를 내던지고 원래적 무로 돌아가기 때문이다. 예술은 죽음과는 달리, 그러나 죽음과 어떤 점에서 유사한 방식으로 전^前개념적 타자성의 전체를, 이 전체성의 일부를 경험케 한다. 그리하여 개인과 세계의 균형은 예술에서 잠시 복구된다고 할 수 있다. 결코 도달할 수 없을지도 모를 그곳으로 내가 늘 나아가고자 한다는 사실을 나는 벤야민과 프루스트와 카프카의 글에서 느끼곤 한다.

여기 이 자리에 서서 나는 나의 둘레, 저기 저 먼 곳을 돌아본다. 그리고 묻는다. 너는 벤야민의 메시지를 기억하고 있는가? 그의 체념어린 약속을, 그 아름다움의 무희망성을 살펴보는가? 너는 경악 없이 네 자신을 알아보게 되는가? 너 자신을 알고 네 삶을 돌아보지 않는다면, 너는 아직 행복하지 않은지도 모른다. 행복하지 않다면, 아득한 것은 다시 돌아오지 못할 것이다.

구제적 개입: 벤야민 이후

거짓 위에 세워진 문명에서 예술은 어떻게 규정될 수 있는가?

■ 벤야민, 「파리 편지 1」(1936)

지금까지 나는 벤야민을 읽으며 그에 대해 썼다. 그것은 벤야민을 통해 오늘의 세계와 역사 그리고 인간의 현실과 삶을 성찰하는 일이었다. 그렇게 성찰하고 난 다음의 일, 즉 '벤야민 이후'는 어떻게 될까?

벤야민을 읽고 난 후 남은 것은 무엇인가? 그의 문학과 비평과 언어와 매체를 생각한다는 것은 무엇이고, 사회와 정치와 법과 문화와 역사와 신학에 대한 그의 사고를 이해한다는 것은 어떤 의미를 갖는가? 그의 행복개념은 나와 우리의 행복을 마련하는 데 어떻게 이어지는가? 오늘의 지구현실을 파악하고, 우리의 현실과 사회를 구성하며, 내가 내 삶을 살아가는 데 벤야민은 과연 어떤 도움이 되는가? 이것이 벤야민을 읽고 고민한 이후에 남은 질문들이다.

벤야민의 생각은 매우 폭발력 높은 인화물질로 되어 있다. 그것은 곳곳에 '화기엄금'이나 '취급주의'라는 경고문이 붙은 지뢰밭 같아 보인다. 언제 어디에서 어떻게 터질 지 모르는 지극히 위험한 곳이다. 마치 지금 이 순간 내 삶에 관여하고 침투하여 이 삶을 뒤흔들어버릴 수도 있는, 극도로 긴장된 과열지대다. 그래서 불안정하고 위태로워 보인다. 하지만 바로 그 때문에 그의 글은 무언가 약속하는 듯하고, 또 약속하지 않으면 안 되는 것처럼 절박하게 느껴진다. 삶의 상황은 늘 예외적이다. "예외적 상황이야말로 규칙"이라고 벤야민은 쓴 바 있지만, 현실상황이란 위기의 상황이면서도 "무엇인가 다른 것이 일어나야 하는" 사건적 상황이기도 하다. 글은, 직접적이든 간접적이든, 그런 '사건으로서의 미래'를 살아 있는 하나의 징후로, 희망을 약속하는 어떤 전조前兆로 삼아 불러들이는 것이어야 한다. 과연 그럴 수 있을까?

벤야민을 읽고 생각하고 쓰고 다시 해석하고 쓰면서 이렇게 한 권의 책을 탈고하게 된 지금 남은 것은 무엇인가? 그의 사유의 메아리는 어디로부터 울려와서 어디로 잦아드는가? 그 메아리가 의미 있는 것이라면 무엇 때문인가? 아니, 왜 우리는 벤야민을 읽어야 하는가? 이런 일련의 질문에 납득할 수 있는 논리로 선명하게 대답할 수 있어야 그를 '잘못 읽지 않은 일'이 될 수 있다. 그렇게 대답할 수 있어야 우리는 비로소 '제대로 된 벤야민 이후'를 말할 수 있다.

벤야민의 글은 그 글을 읽는 사람에게 읽은 것 이상으로 생각하고, 이렇게 생각한 것 이상으로 다시 쓰게 한다. 여기에도 여러 이유가 있다. 가장 큰 이유 가운데 하나는 그의 글이 지닌 논리적 비약 때문에, 이 비약으로 인한 생각의 빈틈을 메꿔야 하기 때문인 것 같다. 그러나 더 절실한 이유는 그의 글에 내장된 미래선취적 광채, 다시 말해 현실과 구원, 정치와 꿈, 마르크스주의적 유물론과 초월적 메시아주의 사이의 길항관계 때문일지도 모른다. 이런 긴장으로 가득 차 있기에 그의 글은, 아무리 구석에 있는 것이라고 해도 많은 경우 사물의 전모로 열려 있거나 이 전모를 꿰뚫는 투시력을 가진 듯하다. 이 투시력은, 궁극적으로 보면, 아마 자기 내부에 대한 시선에서 올 것이다.

벤야민의 구상을 이어받은 어떤 저술이 다른 시대에 또 다른 문화권에서 가능하다면, 그것은 예컨대 이 땅에서는 어떻게 될까? 1800년대 말 이후 개항과 강요된 근대화, 일제식민지, 스스로 쟁취하지 못했던 8·15 해방과 6·25 전쟁 그리고 1960년대 이후의 경제부흥과 군부독재, 정치의 민주화, 사회경제적 빈부격차의 심화, 2000년대 이후의 시장자본주의와 급변하는 지구환경 등의 역사적 조건 아래 있는 한국사회에서 벤야민의 문제의식은 어떻게 재구성되어야 할까?

존재하는 현실을 새로 서술하는 데에서 오는 기쁨은 그 현실을 다르게 조직하려는 꿈과 다를 수 없다. 글은 그리고 예술은 미지의 것에 대한 권리청구다. 아직 실현되지 못한 것의 권리를 위해 표현은 자리한다. 그것은 새로운 시각과 해석의 요구이고, 일의 기쁨이며, 새 출발을 위한 의지다. 이 기쁨을 확인하는 것은 세계비판을 겨냥한 벤야민의 정치윤리적 원칙과 어긋나지 않는다.

1. 굳어 있는 역사풍경과 새로운 사유

벤야민의 글을 특징짓는 술어는 여럿 되지만, 아마도 파편성은 그 가운데 가장 두드러진 특징이 될 것이다. 이 파편성은 폐허지에서 발굴된 토르소의 이미지에서 선명하게 확인될 수 있다. 토르소적 불완전성은 그의 세계이해에서, 이 세계가 사물이건 인간이건 문화나 역사 또는 예술이건 간에, 모두 해당되는 것으로 보인다.

토르소적 세계관, 그것은 무슨 뜻인가? 사물은 드러난 것 이상으로 숨겨져 있고, 그런 점에서 부분적이다. 인간의 이해는 잠정적이고, 그 문화는 왜곡되어 있으며, 역사는 억압의 연속사로서 단절되어야 마땅하다. 그리하여 예술이 표현 속에서 표현될 수 없는 것으로 나아가는 것은 자연스럽다. 세계의 거의 모든 대상은 불완전하고 지엽적으로 파악되는 까닭이다. 벤야민의 글은 이 대상적 파편성을 육화하는 듯 보인다. 그래서 그의 글은 하나의 한계를 이루면서, 그것을 읽는 독자나 연구자에게 어떤 도전적 가능성으로, 그래서 대개의 좌초와 드문 보람의 근거로 자리하는 듯하다. 말하자면 독자가 어떤 주제에 어떤 시각을 가지고 접근하고, 얼마만큼 그를 이해하며, 이렇게 이해한 것을 어떤 문제의식 아래 자기 자신의 언어로 풀어내느냐에 따라 지극히 다른 결과가 나올 수 있는 것이다.

아마도 20세기 문예학자나 철학자 또는 미학자 가운데 벤야민만큼 비판적 재구성의 사유공간을 폭넓게 허용하는 저자도 드물 것이다. 이 모범적 재구성의 예로 나는 벅-모스의『보는 일의 변증법: 발터 벤야민과 아케이드 프로젝트』1991가 적당한 것 같다.

> **❝** 20세기 초 벤야민은
> 21세기 한국사회에서의 벤야민으로 거듭나야 하고,
> 이렇게 거듭난 '한국적 벤야민'은 다시
> 세계의 보편적 지평에 열려 있어야 한다. **❞**

이 책은 벤야민의 문헌에 충실하면서도 그의 사유가 지닌 정치적·인식론적 에너지를 기존에 있었던 방식과는 다르게 풀어낸 새롭고도 창의적인 이야기로 보인다. 벤야민 텍스트가 제공하는 문제의식을 텍스트 밖의 현실에 비추어 19세기 역사를 읽고, 이 반성적 결과에 기대 20세기 동시대 현실을 읽는 것이다. 그 점에서 이 책이 영미권의 벤야민 관련문헌 가운데 하나의 표준서가 된 것은 이해할 만하다. 바로 이런 재구성의 방식을 나는 이 벤야민론을 쓰면서 염두에 두고자 애썼다.

벤야민의 글이 허용하는 드넓은 놀이공간Spielraum은 새로운 모험, 즉 다시 해석하고 쓰고 생각하는 일의 가능성을 열어주는 것이면서, 동시에 어떤 나락으로 떨어질 위험성까지 내장한다. 아닌 게 아니라 그를 다룬 적지 않은 논문과 저술은, 내가 보기에, 원본에 담긴 여러 난관과 틈, 낭떠러지와 계곡에 갇혀 있거나, 거기에 빠져 허우적거리는 듯한 인상을 준다. 간단치 않은, 때로는 지극히 난삽하고 복잡하기 그지없는 그의 글은 오역이나 불충분한 검토에서부터 문헌학적 답답함과 언어적 생경함을 지나 편향된 시각이나 균형 잃은 판단에 이르기까지 갖가지 잘못을 범할 수 있는 대목을 곳곳에 내장하기 때문이다. 이런 과오도 꼭 불필요한 것은 아니다. 그러나 이 과오가 불가피하다고 한다면, 그것은 모든 일에 과오가 있다는 뜻에서, 말하자면 '있어도 되지만 없으면 더 좋다'는 뜻에서다. 정확히 말해, 그런 오류가 전체에 대한 관망으로 이어지지 못한다면, 그것은 문제적이다. 벤야민에 대한 해설서의 많은 경우는 이런 불충분과 한계를 드러낸다.

지금까지의 벤야민 해석, 특히 한국 인문학에서의 그것에서 내가 아쉬워하는 것은 바로 이것이다. 벅-모스의 저술이 돋보이는 것은 그것이 전체적 관망을 잃지 않으면서도 세부에 천착했고, 이 같은 천착이 새로운 시야의 지평을 열어 보이는 데로 나아간다는 사실에 있다. 이 점에서 벤야민의 글은 독자/연구자의 해석적 입장과 언어와 사고의 능력, 그리고 세계관적 토대를 측정할 수 있는 하나의 훌륭한 시금석처럼 보인다. 처음부터 끝까지 이 책은, 아래의 세 가지 사항을 의식하면서 썼고, 이런 문제의식이 이 글 안에 구현되도록 나는 노력했다.

첫째, 벤야민의 글에 대한 정밀한 독해다. 그의 글은 오랜 시간에 걸쳐 두고두고 반복해서 곱씹어야 하고, 이렇게 곱씹은 문자의 의미는 다른 문장의 그것과 연결되어야 하며, 이렇게 연결된 것을 그 단락에서, 논문에서 그리고 나중에는 벤야민 저작의 전체 지형도에서 어떤 의미를 갖고 있는지 거듭 숙고해야 한다. 문장적 세부와 저술 전체의 맥락적 관계망을 빈번히 오고가면서 나는 이 책을 퇴고했다.

둘째, 벤야민 글에 대한 여러 논자의 해석이 있다면, 나의 벤야민 해석은 우선적으로 이들 논자들의 해석에 대한 나의 재해석을 통해 이뤄졌다. 그러면서 내 글이 그 나름의 일관되고도 고유한 논리를 갖도록 애썼다. 벤야민에 대한 문헌학적 연구에는 말할 것도 없이 많은 학자가 참여하고 있다. 그러나 여기에도 다양한 관점과 입장의 보이는/보이지 않는 위계가 있다.

나는 이 모든 학자의 논의를 백과사전식으로 종합한 것이 아니라─그것은 별로 의미없는 일이다─각각의 주제에 따른 대표적인 논자와 그 저술을 가능한 한 모두 살펴보고자 애썼다. 특히 독일어권의 저작에 대해서 그렇다. 나의 검토는 이 학자들 가운데 대표적인 해석가를 논의의 주된 대상으로 다루었고, 이 논의에서 어떤 것은 받아들이고(이것은 인용의 형태로 나타난다), 어떤 것에 대해서는 거리를 두고자 했다(이것은 비판적 논평에서 잘 드러날 것이다). 그러니까 나는 하나하나의 사안과 관련하여 나의 검토가 한편으로는 정확하면서도 다른 한편으로는 다른 주제에 대한 검토와 연결되도록 했고, 이 일관된 관점이 한두 가지 사항으로 수렴되기보다는 여러 방면으로 퍼져나갈 수 있도록 했으며, 나아가 이 확장된 전체에 어떤 통일적 원리를 부여하려고 했다.

셋째, 벤야민의 문제의식을 탐색하는 글이 벤야민에게만, 그리고 벤야민에 대한 이런저런 논자의 평가에 대해서만 머물러서는 곤란하다. 이것이 1차적으로 중요한 것은 말할 것도 없다. 그러나 그만큼이나 중요한 사실은 그의 현재적 의의다. 즉 그의 글을 읽는 독자/우리의 현실에서, 한국의 문예학과 문화론에서 그의 성취가 갖는 의미에 대한 냉정하고도 엄밀한 검토다. 한국에서의 현실적 의의에 대한 비판적 성찰이 벤야민 논의의 핵심이 되는 것이다.

20세기 초 벤야민은 21세기 한국사회에서의 벤야민으로 거듭나야 하고, 이렇게 거듭난 '한국적 벤야민'은 다시 세계의 보편적 지평에 열려 있어야 한다.[1] 보편적 지평과 소통될 수 없는 언어와 사유는 편향되지 않기 어렵기 때문이다. 또 하나의 이데올로기를 갖기 위해 한 사상가를 공부하는 것이라면, 그것은 얼마나 헛된 일인가? 벤야민이 고민한 것은, 그것이 역사철학이건 신학이건 문학비평이건, 미이해건 현실진단이건 간에 편향되거나 편견에 찬 것이 아니라, 드넓게 열린 그래서 인간적인 것의 이름으로 공존할 수 있는 삶의 넓고 깊은 가능성이었다. 치우친 것은 어떤 사람이나 한 집단을 잠시 만족시킬 수는 있어도, 여러 사람을 오랜 시간에 걸쳐 설득시킬 수는 없다.

크게 나누어, 이 세 가지 문제의식을 나는 내가 선택한 15개 주제에서, 이 주제를 풀어내는 나의 해석과 관점과 언어 속에 담길 수 있도록 애썼다. 그것은 제목에서부터 시작하여 글의 구성, 소제목, 각 장에서의 해석 내용, 결론에 이르기까지 각각의 글에 드러날 것이다. 그리고 이런 글들로 엮어진 책의 전체 내용과 형식에서 차례대로 밝혀질 것이다.

그러나 이 글도, 위에서 말했듯이, 벤야민 저작이 허용하는 자

---

1) 한 서평에서 나는 한국에서의 벤야민 수용이 갖는 단계를 간단히 네 가지로 언급한 적이 있다. 첫째, 정확하게 번역하는 작업이 우선 이뤄져야 한다. 둘째, 이 번역서를 바탕으로 믿을 만한 안내서/개론서가 여러 권 나와야 한다. 셋째, 그의 사상에 대한 비판적 검토를 담은 좋은 단행본이 쌓여야 한다. 넷째, 이렇게 독자적 해석과 관점을 내장한 단행본이 여러 권 있게 된 다음에야 비로소 한국에서도 고유한 문예이론을 가진 창의적인 저자가 나올 것이다. 한국에서의 벤야민 읽기도 이 네 번째 단계에 이를 때, 일정한 방식으로 '완성'되지 않을까 나는 생각한다. 문광훈, 「감성은 섬세, 사유는 견고한 산문가」, 『경향신문』 2007년 12월 8일자 참조.

유로운 놀이공간의 위험성을 피해가기는 어려울 것이다. 이 위험을 나는 의미 있는 성찰을 위한 새로운 계기로 삼고자 했다. 문학과 철학과 예술과 비평이 약속하는 것을 이루기 위해 글이 무엇이어야 하고 어떠해야 하는지를 배우기 위해서가 아니라면, 이렇게 배운 것을 지금 여기에서 실행하기 위해서가 아니라면, 우리는 왜 벤야민을 공들여 읽을 것인가? 그는 이전의 벤야민적인 것에서 나왔듯이, 그 이후의 벤야민적인 것을 기다린다. 이런 식으로 참된 사유는 화석화된 사유풍경을 뒤흔드는 해석적 실천을 기다린다. 글쓰기란 그 자체로 세대를 넘어서는 실천적 개입이다.

2. 학문과 예술의 결합: 무국적 지식인의 경계 넘기

벤야민처럼 복잡다기한 사유를 가진 학자를 한마디로 정의하려는 것은 무모한 일이다. 하지만 이것이 필요할 때도 있다. 그 모든 곁가지를 쳐내고 사유의 둥치나 그 뿌리를 파악하려면 어떻게 해야 될까? 그것은 아마도, 그의 불우했던 생애를 돌아보면, 가장 분명하게 드러나지 않는가 싶다. 그가 사망하던 무렵의 시대상황은 어떠했는가?

1940년을 전후한 프랑스에서 이주자들을 감금하라는 결정은 쉽게 내려졌다. 독일과 소련 사이에 불가침협약이 맺어진 후 독일의 폴란드 침공이 일어났을 때, 공산주의자들은 히틀러 적대자에서 하룻밤 사이에 그 동맹자로 변한다. 이로 인해 많은 좌파 지식인은 실망하면서 분노에 찬 밤을 보내기도 했다. 당시 대부분의 프랑스인에게 히틀러 반대자나 히틀러 옹호자는 그리 큰 차이가 되지 못했다. 시대상황은 극도로 얽혀 있어서, 그때그때의 사건에 대해 바르게 판단내리기가 어려웠기 때문이다. 우편상황도 불안 정했다. 전달도 불확실했을뿐더러 감시와 검열은 더욱 심했다. 그래서 편지를 쓸 때도 가명이나 약자를 흔히 썼다. 벤야민의 말년은 이 위태로운 상황 아래 놓여 있었다.

1940년 9월 프랑스에서 스페인으로 가기 위해 벤야민은 피레네 산맥을 넘어야 했는데 이 길은 헌병대가 봉쇄하고 있었다. 그가 소개받은 안전하다던 길은 사람들이 다니지 않는 곳이었고, 그래서 더 위험했다. 그 험준한 길을 그는 새벽 5시에 떠나 오후 2시에 도착했다. 거의 아홉 시간 걸린 셈이다. 그가 프랑스-스페인 국경을 넘은 이유는 게슈타포에게 원고를 빼앗기지 않기 위해서였다. 그는 일행과 함께 피레네 산맥을 넘었지만, 스페인 검문소를 통과하지 못했다. 나치정부로부터 시민권이 박탈된 무국적자였기 때문이다. 무국적자는 국경을 통과시켜서는 안 된다는 것이 상부의 명령이었다. 어렵사리 넘어온 바로 그 길로 독일군이 탱크로 진격해오고 있었고, 힘들게 도착한 길의 끝에서 통과하지 못했다면, 우리는 과연 무엇을 할 수 있을까? 다시 프랑스로 되돌아갈 수 없다는 사실은 확연했다. 벤야민은 많은 양의 모르핀을 삼키고 스스로 목숨을 끊는다.

그때나 지금이나 살아남기 위해서는 장애는 교묘하게 피하고 이점은 이용하는 영리함이 있어야 한다. 명민하지만 소심했고 시대에 밝지만 현실에는 기민하지 못했던 벤야민은 아마 그리 하기 힘들었을 것이다. 게다가 그는 그 무렵에 심장병을 앓고 있었다. 육체적으로나 정신적으로 그는 무자비한 시대에 희생되기에 쉬운

사람이었는지도 모른다. 아마도 그럴 것이다. 그러나 정말 그런
가? 정말 그래도 좋은가? 누구라도 그렇게 되어서는 안 된다. 죽
음을 강제해도 좋을 현실이란 없다. 정치체제란 누구를 위해 있는
것인가? 이념이나 예술은 무엇을 위해 있고, 글은 무엇 때문에 쓰
여지는 것인가? 이렇게 솟아나는 물음을 토로해보아도 그의 때이
른 죽음이 남긴 안타까움은 쉽게 가시지 않는다. 무국적자로 국경
을 넘어갔지만, 검문소 출입이 거부되자 목숨을 끊은 벤야민의 최
후는 여러 가지 착잡한 생각을 불러일으킨다.

벤야민은 불우하게 살다 갔다. 그의 사상적 분투는 혼란스럽고,
인간관계는 여러 겹으로 얽혀 있었다. 그러나 그는 생각을 공유했
던 무리 속에서도 늘 혼자였다. 지적 전통의 계승에 있어서, 학문
적 경로를 정하는 데에서, 또 망명지 파리에서 살아갈 때나 자신
의 사상방향을 설정할 때, 그리고 무엇보다 나날의 생계를 이어가
는 일이나 글쓰기의 내용과 형식에서 그는 남달랐고, 그가 다룬
어떤 주제도 일목요연하지 않았다. 그는 어떤 학파도 남기지 않았
고, 정해진 교의나 교설의 그 어떤 것도 추종하지 않았다. 그래서
그의 글은 단순하지 않다. 그는 전적으로 불리한 상황에서 어떤
정당한 세계관적 기초를 창출해내려고 고군분투한 사상가였다.

수용소에 감금되었던 당시 벤야민은 걷기조차 힘들어 어느 청년이 부축해야 할 정도였다고 전해진다. 그러나 그는 하루하루의 생존만이 절박했던 그곳에서도 공동의 것, 말하자면 사회적 선의를 위해 신문을 발행하려고 했고, 신문을 발행하기 위해 일주일에 두세 번씩 모임을 가졌다. 이것은 어떻게 가능했을까? 아마도 그가 거듭 강조한 침착성—"육체적 정신의 현재"leibhafter Geistesgegenwart없이 불가능했을 것이다.[2] 이런 벤야민을 지금의 내 글이 조금이라도, 반의 반의 반이라도 닮을 수 있을까?

벤야민의 삶은, 지식인이란 궁극적으로 여하한의 경계범주, 말하자면 국가적·민족적·종교적·인종적·문화적 경계 같은 일체의 인위적 구분을 넘어선 자유로운 인간이어야 한다는 것, 그래서 무소속성은 자유로운 인간의 유일무이하게 참된 정체성이어야 한다는 점에서, 하나의 전범인 것 같다. 그의 글은 문학비평적·학문적·철학적 엄정성과 예술적 상상력 그리고 신학적 초월성의 결합이고, 이 이질적이고 모순된 결합 속에서 그는 분과학문적으로 파편화된 경계를 훌쩍 넘어선다.

그리하여 분석의 냉정함과 꿈꾸기의 메아리는 벤야민의 글에서 하나로 이어진다. 그러니 그를 어떤 유파나 이념 아래 정렬하기란 지극히 어렵다. 이 무소속성이란 단순히 어디에도 속하지 않는 부유浮遊하는 인간이란 뜻이 아니다. 그것은 일정하게 소속되면서도—이 소속은 불가피하다—이 같은 소속의 있을 수 있는 협애함을 의식하고 부단히 넘어서려 한다는 뜻에 가깝다. 그래서 그는

2) Walter Benjamin, "Einbahnstraße," *GS* IV/1, Frankfurt/M., 1991, S. 142.

세계시민적 관점 아래 전 지구적 정체성global identity의 한 예를 구현한다고 할 수도 있을 것이다. 이 확대된 시각 아래 많은 것은 다시 읽혀지고 해석되어야 한다.

해석과 읽기 그리고 쓰기는 이것이 근본적으로 권리복원적이고 구제적이라는 점에서 서로 이어지고 또 유사하다. 지식이 구제되듯이 역사가 구제되어야 하고, 문화가 구제되어야 하듯이 텍스트가 구제되어야 한다. 말하자면 모든 예술적·문학적·문화적·정치경제적 유산은 조금 덜 부당하고 조금 더 정당한 방향에서 해석되어야 하고, 좀더 높은 이성적 차원에서 다시 쓰여야 한다.

3. 지식/현대성의 구제

벤야민은 글에서 상정되는 어떤 전체성의 형식도 불신했고, 이 전체성을 자임하는 공식적이고 권위적이며 지배적인 형식 대신에 삶의 가장자리에 놓인 작고 사소하며 미묘한 것들에 언제나 주목했다. 이것은 대체로 간과되거나 잊혀진 것 또는 억압되거나 배제된 것들이다. 그래서 자신의 존재권리가 박탈된 것이다. 그는 이 무력한 것들의 원래 권리를 회복시켜줌으로써 동일성 담론의 신화, 말하자면 일원화된 가치 아래 그 밖의 가능성을 억압하는 역사의 야만적 연속성을 중단시키고자 했다. 왜 그런가? 역사는, 그가 『독일 비애극의 원천』에서 적고 있듯이, "죽어 있는 얼굴"facies hippocratia로서 "굳어 있는 근원풍경"erstarrte Urlandschaft을 이루고 있기 때문이다.[3]

여기에서 자연의 역사와 인간의 역사는 나란히 자리한다. 그것은 퇴락과 죽음, 소멸과 고통의 운명을 피할 수 없다. 그리고 바로 그 때문에 그것은 어떤 식으로든 복구되어야 한다. 그의 비평이 구제적 개입이 되는 것은 이런 이유에서다.

구제비평적 글쓰기는, 독자 쪽에서 보면, 주어진 역사의 연속성 교리에 수동적으로 따르는 것이 아니라 그에 거스르는 부정적 계기를 제공한다. 이 계기란 절대화된 것이 아니라 반성된 것이다. 이 반성은 대상적으로만 적용되지 않는다. 그것은 외적 기준에 거스르는 것 이상으로 자신의 내적 기준도 검토한다. 그러니까 구제적 비평은 자신과의 갈등관계조차 회피하지 않는 올바름의 정신이다. 그것은 삶을 짓누르는 불균형과 왜곡관계를 의식하면서 그에 문제를 제기하고 이 문제를 주제화하려고 한다. 그렇지 않다면, 글은 신화화되기 때문이다. 신화화된 절대적 이미지는 삶을 바르고 공정하게 파악하는 데 도움되지 않는다. 그리하여 이것은, 페리스가 정확하게 지적하듯이, "지식에 대한 끊임없이 이어지는 매 순간의 구제"a continually momentary rescue of knowledge라고 할 만하다.[4] 벤야민 글의 수용효과에 대해 그는 이렇게 쓴다.

"이 구제를 읽는다는 것은 단순히 벤야민의 사상을 경험한다는 것뿐만 아니라 사상이 주어지는 형식들이 어떻게 그 독자에게 비판적 효과를 가지는지 경험하는 것이다. 이 비판적 효과는

3) Walter Benjamin, "Ursprung des deutschen Trauerspiels," *GS* I/1, Frankfurt/M., 1974, S. 343.
4) David S. Ferris, "Introduction: Reading Benjamin," David S. Ferris(ed.), *Walter Benjamin*, p. 15.

벤야민 산문이 추구하는 숨 돌리기를 위한 휴식에서 추적될 수 있지만, 비판적 경험은, 모든 글 읽기에 위험스럽게 잠복해 있는 순응성 또는 손쉬운 이해의 성향에 어떻게 이 산문이 저항하는지에 대한 독자의 확대된 각성 속에서 실현된다."[5]

역사는 몇 가지 주요 사건이나 서사로 이루어지지 않는다. 이 사건이나 서사가 '주요한' 것으로 되는 것은 일정한 분류체계와 기준에 의한 것이고, 이 기준에는 어떤 크고 작은 의도가 개입한다. 말하자면 그것은 '지배의도'일 수 있다. 그러나 역사는 절대적으로 확정된 것이 아니다. 무엇을 '절대적인 것'이라고 확정하는 이해방식은 어떤 특정한 방식으로, 그러니까 '기성의 권력이 공식화한 일정한 관계에 따라 조건지은 것'이다. 그러는 한 그것은 온전하지 않을, 그래서 거짓된 것일 확률이 높다.

인간의 삶은 그리 매끈하게 정렬될 수 없다. 거꾸로 말하여 그렇게 매끈하게 정리될 수 있는 것이라면, 그것은 그만큼 이질적이고 불명료하고 복잡한 요소들을 제거한 결과다. 벤야민의 글은 거대한 것과 왜소한 것, 중요한 것과 사소한 것의 모자이크적 병치를 통해 인간사를 지금까지와는 다른 맥락 아래 보여준다. 그럼으로써 그것은, 페리스가 위에서 지적하듯이, "모든 글 읽기에 위험스럽게 잠복해 있는 순응성 또는 손쉬운 이해의 성향"에 어떻게 좋은 산문이 "저항하는지" 보여준다.

공식담론과 가치체계가 선전하는 연속성을 훼방하고 그 단절을

5) Ibid.

> **"**근대성/현대성/현재성을 문제시하는 벤야민의 글쓰기는
> 지배적 공식문화에 대한 안티테제로 그치지 않는다.
> 지배질서와는 다른 삶의 양식이 가능하다는 것,
> 나아가 그런 삶을 실제로 살아갈 수 있음을 희구한다.**"**

시도하는 것, 그래서 이 단절 속에서 지금까지의 현실적 경로를 다시 한 번 성찰하게 만드는 것은 그 자체로 비판적 계기를 지닌 다. 이 연속성의 단절을 통해 오늘의 현실을 이루는 현대성의 체 제와 이 체제를 떠받치는 담론 전체가 검토된다. 페리스는 이렇게 덧붙인다.

"어떠한 철학에서, 어떤 정치학과 언어에서 현대성이 자신의 현재와 미래를 표현하고 있는가? 이 표현들이 자주 과거의 그리 고 역사 자체의 검토형식을 띠고 있었다는 사실이 모순된 것으 로 파악되어서는 안 된다. 왜냐하면 현대성이 표현되는 것도 현 재가 과거를 읽는 방식을 통해서이기 때문이다. 이런 이유에서 벤야민은 과거가 우리에게 알려지는 방식들—이 과거는 벤야 민에게 문학과 예술, 문화와 철학의 여러 형식을 취하는데—에 대한 예리한 독자로서 처음이자 최상으로 읽혀질 만하다."[6]

한 사회나 시대에서 지배적인 힘이 곧 지배자의 권력이고 그

<hr>

6) Ibid., p. 2f.

집단적 관념체계가 공식적 이데올로기라고 한다면, 벤야민의 방법은 이 지배권력과 동시대적 이데올로기에 대항한다. 이 대항은 '거슬러 읽기'로 실행된다. 여기에서 공식문화란 물론 지배권력의 이데올로기 아래 공시되고 선전된다. 어느 시대나 그 세계는 이렇게 공시된 몇 가지 지배담론과 이 담론이 퍼뜨리는 거대관념 아래 서술되고 조직되고 관리되고 제어된다. '일치'나 '단결'이라는 구호가 그렇고, '(단일)민족'이나 '혈통'의 순수성이라는 슬로건이 그렇다.

그러나 거대관념의 폐해가 어디 이데올로기에만 해당되겠는가? 정도의 차이는 있는 채로, 현대의 정치와 철학과 역사에도 그런 폐해, 말하자면 '만들어지고 구성된 관념' 위에 자리한다. 이 모든 것은 오늘의 시점에서 과거와 대상을 읽는 '하나의 방식이자 진술체계'일 뿐이다. 벤야민은, 페리스의 통찰이 보여주듯이, "과거가 우리에게 알려지는 방식들에 대한 예리한 독자"로서 "처음이자 최상으로 읽혀질 만하"고, 이 방식을 서술한 뛰어난 저자로 간주될 만하다. 그러니까 벤야민 사유에서 핵심적인 것은 '과거를 읽고 해석하고 수용하는 현재의 방식으로 정립된 현대성' 자체에 대한 급진적 문제제기이고, 이 문제의식에 기대어 그가 시도한 지식구제의 노력이다. 이 시도란 좀더 정당하고 좀더 올곧으며 좀더 공정한 것을 위한 것이었다.

모더니티modernity는, 이 개념은 물론 여러 가지로 해석되지만, 줄이면 '근대성'이자 '현대성'이다. 그것은 크게 보아 프랑스 혁명 이후 그러니까 18세기 말 이후 지금까지의 역사적 흐름을 지칭하지만, 넓게는 르네상스 이후의 역사라고 할 수 있다. 또 오늘의 시대를 포함할 때, 그것은 현대성이라는 말과도 함의상으로 겹친다. 그렇다는 것은 근대성이란 현대성으로 이어지고, 좁게 보면 지금 여기의 삶을 포함한다는 뜻이다. 그렇다면 근대성의 구제는 곧 현대성의 구제이고, 현재적 순간의 구제로 이해할 수도 있다.

벤야민이 시도하는 근대성의 구제는 마땅히 현대적 삶의 정당성을 확보하려는 노력으로 이해되어야 한다. 그리고 이것은, 페리스가 앞서 지적했듯이, 지식의 구제이기도 하다. 더 넓게 보면, 그것은 담론의 구제가 되고 인식과 행동, 이해와 윤리의 구제이기도 하다. 나아가 이 모든 것은, 지식과 담론과 인식과 행동과 윤리가 현대성을 구성하는 주된 요소이니만큼, 현대성 자체의 구제로 수렴된다. 이 수렴점은 현대인이 살아가는 삶의 일상적 내용이라고 할 수 있다. 결국 지식의 구제이건 현대성의 구제이건, 모든 것은 각자가 살아가는 일상적 삶의 질적 내용 속에 구현되고 체험되며 확인되는 것이어야 한다.

오늘날 우리가 지닌 담론의 진위는 지금까지 있어온 것을 우리가 어떻게 읽고 해석하고 받아들이는 방식 위에 자리한다. 그렇다는 것은 독법과 해석과 수용의 이 같은 방식을 바꾸면, 현재적 정당성의 여부도, 그것이 역사든 문화든, 철학이든 예술이든 아니면 정치나 경제든 간에, 얼마든지 바뀔 수 있다는 것을 의미한다. 현대성의 담론이란 우리가 어떻게 과거를 읽고 해석하며 다시 쓰는가라는 방식에 대한 지속적 반성을 통해 비로소 더 올바른 형태로 자리할 수 있는 것이다. 반성이 넓고 깊으면, 우리가 경험할 정당성도 그만큼 넓고 깊어진다. 거꾸로 말해 반성이 일차원적이라면, 현재적 정당성도 표피적일 수밖에 없다. 정당성이 피상적일 때,

삶이 어떻게 충일하고 진실할 수 있겠는가?

그러므로 근대성/현대성/현재성을 문제시하는 벤야민의 글쓰기는 단순히 지배적 공식문화에 대한 안티테제로 그치지 않는다. 그것은 지배질서와는 다른 삶의 양식이 가능하다는 것, 나아가 그런 삶을 실제로 살아갈 수 있음을 희구한다. 이제 부정만으로는 불충분하다. 삶에 대한 비판은 이렇게 비판하는 삶 속에서 이미 어떤 다른 형식을 구현하고 스스로 입증할 수 있어야 한다. 그 점에서 현대성에 대한 문제제기는 철저히 권력의 변방, 즉 무력한 존재들의 편에 설 뿐만 아니라, 억눌린 이들 존재의 권리를 복원시키는 데 실천적으로 개입한다. 현대성을 재검토하는 지식구제적 독해는 잊혀지고 억압되고 무기력한 것들을 새롭게 끌어들여 서로 잇고 연결하면서 제 지위를 부여하고자 한다. 이 복권적 행위에서 변혁의 계기는 어떤 식으로든 마련될 수 있다. 그 점에서 이 시도는 텍스트 실천의 모범적 사례라고 할 만하다.

벤야민을 읽는다는 것은 읽고 해석하며 다시 쓴다는 것은 그가 염원한 더 바람직한 역사의 이미지를 지금 여기로 불러들이고, 이 이미지에 녹아 있는 '의미를 실제로 사는' 일이다. 그것은 마땅히 우리가 살아가는 오늘의 삶을 다시 위치 짓는 일과 이어진다. 지식의 구제란 현대성의 재검토이고, 이 현대성 아래 살아가는 우리 삶의 좌표축을 각자가 재설정하는 일이다.

4. 우울의 시선

벤야민의 글에서 내가 독자로서 느끼는 것은 현재와 과거의 대조, 그리고 이 대조를 통한 과거의 단순한 복원이 아니다. 또 잊혀진 것들의 무조건적 복원도 아니다. 복원되어야 할 과거의 모든 것이 가치 있는 것은 아니기 때문이다.

벤야민을 읽으면서 내가 던지는 문제의 하나는 지금 읽는 책과 우리가 경험하는 현실이 무엇이고, 우리가 느끼는 현대성이 어떠하며, 이때 느끼고 생각한 것은 이성적 삶을 위해 어떻게 조직되어야 할 것인가다. 이것은 마땅히 오늘의 관점에서, 즉 지금 여기의 절실성과 현실적 정합성 아래 다시 검토되어야 한다. 그리고 이렇게 검토되면서 물론 모든 것이 칭송되는 것이 아니라, 어떤 미비는 비판되고 어떤 성취는 존중되어야 한다. 예를 들어 근대성이나 자본주의를 비판할 때, 이 비판의 주체가 철학적 일반개념이 가정하는 유럽 중심적인 보편주의로부터 얼마나 해방되었는지에 대해서도 우리는 물어볼 필요가 있다.

여기에서 하나의 절대적이고도 변함없는 기준은 현실이다. 필요한 것은 구체현실의 직시이고 분석이며 이 현실을 지탱하는 감각적 물질성에 대한 충실이다. 글 읽기와 해석과 글쓰기는 마땅히 구체적 물질성의 토대로부터 출발해야 한다. 글은 인간과 사물, 이 둘의 관계 그리고 이 관계로 이뤄지는 세계의 현실을 지금까지와는 다른 관계 아래 볼 수 있어야 한다. 그런 점에서 벤야민이 말한 '지금 여기의 인식가능성'도 이해될 수 있다. 이때 검토의 기준은 물론 공정할 뿐만 아니라 옳아야 한다. 정당성은 설득력에서 온다. 설득력은 정해진 법칙에서 오는 것이 아니라 이 법칙을 납득할 만한 형태로 만들어가는 가운데 얻어진다. 절대화된 정당성은 바른 정당성이 아니다. 그것은 지금의 현실적 필요와 이 필요를 넘어서는 보편적 지향 사이에서 비로소 마련될 수 있는 무엇이다. 그러니 유동적일 수밖에 없다. 이 유동적이고 복합적인 시선 아래 역사도 새롭게 해석하고 다시 써야 한다.

역사는 언제나 이미 있는 것이면서 다시 현실화될 필요가 있다. 그것은 지금 여기에서 우리가 보는 현실의 총체이면서, 이 총체는 이런저런 식으로 결여된 무엇이다. 역사의 실현은 늘 역사의 배제이기도 하기 때문이다. 이것은, 벤야민식으로 말하여, 역사의 죽은 얼굴을 직시하고 그 경직된 근원풍경을 헤아림으로써 가능하다. 근원풍경의 해체는 재앙의 연속성이라는 꿈에서 깨어나 기존의 역사를 새로 읽고 해석하고 구성하는 데에서 이뤄진다. 이때 필요한 것이 멜랑콜리아의 깨어 있는, 주시하는, 검토하는 시선이다. 그리하여 역사는 지금 자리한 것으로서의 모습과 앞으로 자리할 것으로서의 모습을 모두 고려해야 한다. 현재의 성취와 배제도 동시에 부정해야만 바른 역사가 존재할 수 있다. 그것은 시간 속에서 시간을 넘어가는 차원을 사고한다는 뜻이다. 과거나 현재에만 머문다면, 역사이해의 시각은 비역사적일 수밖에 없다.

그러므로 역사는 미리 주어진 것들의 연속성 아래 이해될 수도 없고, 그렇게 이해되어서도 안 된다. 과거로부터 현재에 이르기까지 많은 것은 깡그리 잊혀지거나, 남아 있다고 해도 상처투성이가 된 것이 대부분이다. 온전히 살아남는 것은 없다. 온전하게 보이는 것이 있다면, 이 온전함은 수많은 것을 왜곡시킨 결과일 뿐이

> 보편적 가치의 거울에 비추어 역사에서 무엇이 누락됐는지,
> 그러한 미비와 편향은 어떻게 고칠 수 있는지 물어야 한다.
> 지난 역사는 다시 읽히고 새롭게 쓰이면서
> 오늘의 현실로 소환되어야 한다.

다. 그래서 지나온 것과 겪은 것들은 현재의 인식 아래 새롭게 재정렬되어야 한다. 더하게는 이렇게 재정렬되기 전에 감각적으로 우선 느껴야 한다. 이 감각이 사유로 나아가고, 사유는 다시 언어로 표현된다. 과거의 총체는 지금 여기 나의, 내 살아 있는 자아의 감각과 사유와 언어와 인식 속에서 얼마든지 새롭게 창출될 수 있거나 구태의연하게 반복될 수도 있다. 역사를 이해한다는 것은 기존의 연속 메커니즘에 균열을 내면서 새로운 의미론적 가능성을 만들어내는 데 있다.

역사는, 지식은, 담론과 문화는 오늘의 경험과 이 경험이 남기는 이미지 속에서 무엇보다도 이 축적된 경험과 이미지를 이해하고 해석하는 나의 고유한 관점과 절실한 관심 속에서 새로 드러난다. 다시 쓰기는 이런 문제의식의 소산이다. 이 글로부터 현재와 과거는 서로 만나고 다가올 미래와 축적된 과거도 함께 어울린다. 여기에서 지식이나 담론, 철학과 문화는 순응적 순환관계의 상투적 틀을 벗어나야 한다. 기존논리를 답습하는 언어에서는 어떤 새 역사도 자라날 수 없고, 어떤 새 인식도 열리기 어렵다.

현실의 인식은 이 현실 속에 있으면서도 그 인식의 내용은 고정된 계기를 띠지 않는다. 그것은 시간의 흐름을 타듯이 움직이고,

시간의 밖에 자리하는 듯이 자유로워야 한다. 그것은 현재 속에서 과거로 던져지는 것이어야 하고, 과거로 향한 것처럼 미래를 향해서도 열린 것이어야 한다. 그러면서 모든 경험의 원천인 현재에 뿌리내려야 하고, 이 현재를 충분히 의식하는 것이어야 한다.

하지만 그렇다고 해서 유동적인 것이 아무런 척도도 갖지 않는다는 뜻은 아니다. 변할 수 없는 가치의 상수도 분명 있다. 이 보편적 가치에는 정의와 평등, 사랑과 인의仁義, 빈부해소와 자연환경의 중요성, 인간성과 살아 있는 것들의 존엄성, 상호존중과 관용과 용서의 미덕 등이 포함된다. 이 보편적 가치의 거울에 비추어 우리는 역사에서 무엇이 누락되었는지, 그러한 미비와 편향은 어떻게 고쳐질 수 있는지 계속 물어야 한다. 지난 역사는 이렇게 다시 읽혀지고 새롭게 쓰이면서 오늘의 현실로 소환되어야 한다. 내가 벤야민에게 배우려는 것도 이 같은 시각이다. 그의 글은 여하한의 순응성을 거스르는 구제적·복권적 글쓰기다.

글은, 이 글을 나르는 언어와 이 언어에 담긴 사유의 근본한계를 직시하는 가운데, 여하한의 순응적 경향과 도식적 견해와 싸우면서, 지속적으로 쓰여야 한다. 비평론과 예술론, 윤리학과 정치학, 인식론, 시학, 문화이론, 인문주의가 다시 정립되어야 할 이유도 여기에 있다. 글쓰기의 과정은 지식의 발굴 속에서 이 지식을 구제하고 새로 정립하는 지속적 문제제기의 과정이다. 고고학자처럼 폐허의 파편을 뒤적이고, 탐정처럼 사물의 인상착의에 유의하는 것, 그럼으로써 수집가처럼 버려진 문명의 잔해를 모으고 모아 세계의 그물코를 하나하나 짜맞춰가는 것…… 이런 것들을 벤야민은 자신의 글쓰기에서 실제로 수행했다.

이 수행적 실천 앞에서 우리는 세계가 지속적으로 비참해지는
데도 오늘의 어떤 측면은 아직 아름다울 수 있고, 이 아름다움은
추악한 현실에 대한 직시 속에서 향유되어야 함을 깨닫는다. 그러
나 오늘날의 아름다움은 문명의 거짓을 관통할 때에만, 예술이 문
화의 어두운 배후를 반성적으로 응시할 때에만, 우리의 것이 되어
줄 것이다. 오늘의 예술정신은 굳어 있는 역사풍경 앞에서 우울하
지 않기 어렵다. 그러나 이 우울의 정신으로 우리는, 우울을 유쾌
한 자산인 양 여기며, 한 걸음씩 나아갈 수 있을 것이다.

『가면들의 병기창』을 위한 몇 가지 첨언

■ 제3쇄 출간에 즈음해

『가면들의 병기창: 발터 벤야민의 문제의식』2014이 출간된 후 3년의 시간이 지나갔다. 그동안 이 책은 내가 쓴 다른 책에 비해 주목을 많이 받았다. 그중에는 물론 이견異見과 비판도 있었다. 그런 반응은 그 나름으로 나를, 나의 글쓰기 작업을 다시 돌아보게 했다. 그와 관련해 나의 생각을 몇 가지 덧붙이고자 한다.

벤야민의 '규모'에 대해

발터 벤야민의 문제의식은, 사상사나 이론사의 거장巨匠이 대체로 그러하듯이, 넓고 깊다. 사유의 규모는 넓이와 깊이에서 온다. 그의 글은 비판적으로 보면 파편적인 데가 많고, 내용은 난삽하며, 문장론적으로는 까다로울 때가 많다. 그래서 쉽게 접근하기 힘들다. 그의 사유는 당대의 사회정치적 현실에 뿌리박고 있으면서도 메시아적 구원을 지향하고, 도시와 자본주의 현실을 분석하면서도, 문학비평에서 잘 드러나듯이, 인간의 행동방식이나 감정 그리고 지각에 열려 있다. 그것은 대단히 전투적이고 논쟁적이면서도 '동시에' 더없이 섬세하고 여리며, 때에 따라서는 어떤 말할 수 없는 여운과 뉘앙스로 가득 차 있기도 하다. 그래서 그의 문장은 한편으로 수정水晶처럼 명징하고 정확하지만, 다른 한편으로 비의적이어서 모호하게 끝난다.

벤야민 사유의 이런 다층적 면모를 한두 가지나 서너 가지로 간단히 환원시키지 않고 어떻게 일목요연한 전체 구도 아래에서 정밀하고도 섬세하게 추출해낼 것인가? 이러한 물음은 이 책을 쓰던 내내 나를 따라다녔고 내 글쓰기를 끌고 가던 고민거리이기도 했다. 이런 고민을 하면서 나는 그의 사유세계를 결국 15개의 장章으로 나누고, 그 앞에는 서문으로 「추방된 자의 원고: 왜 벤야민을 읽는가」를 붙여 시작했고, 맨 뒤에는 결론으로 「구제적 개입: 벤야민 이후」를 붙여 마무리지었다.

「서문」에서 "미래의 비평, 미래의 예술"이라는 항목에서 밝혔듯이(20쪽 이하 참조) 나는 나의 벤야민론을 다섯 단계의 원칙 아래 썼다. 첫째, 벤야민의 주요 저작과 그 문헌에 대한 정확하고도 체계적인 검토, 둘째, 이 2차 문헌에 담긴 주요 논자의 핵심 견해와의 비판적 대결, 셋째, 이런 대결의 결과를 나의 언어로 일관되게 버무려내는 일, 넷째, 여기에서 추출해낸 벤야민의 이모저모가 논문의 단편적 형태가 아니라 단행본의 독립적 형태가 되도록 서로 유기적으로 결합하는 일, 다섯째, 이런 읽기가 그저 '벤야민 연구'로 그치는 것이 아니라 '여기 이곳, 즉 한국에서의 문학과 문화라는 현실에서 어떻게 자리할 것인가'라는 현재적 정당성의 문제를 염두에 두면서 글을 써내려갔다.

벤야민 사유의 전체 지형을 염두에 두면서도 내가 중요하게 여기는 몇몇 사항에 집중했고, 그래서 그 점을 강조하고 싶었다. 그것은 첫째, 기존의 벤야민 연구에서 간과되거나 상대적으로 평이하게 취급되었기 때문이고, 둘째, 나의 성향이나 기질과도 상응하는 것으로 여겨졌기 때문이다. (누군가가 어떤 대상의 어떤 면모에게서 친화력을 느끼는 것은, 그래서 그에 대해 더 자세히 파고드는 것은 기질이나 성향상으로, 좀더 나아가면 세계관적 지향에 있어 그와 비슷하기 때문일 것이다. 대상의 무엇을 중시한다는 것 자체가 대상의 성격이면서 그 이전에 나의 어떤 점을 드러내는 것이기도 하다.) 이것은 벤야민론의 전체 배치나 형식적 구도에서도 드러나지만, 작게는 「서문」 가운데 "4절 현세적 쇄신: 내재적 초월성"이나 "6절 이율배반과의 싸움", "7절 급진적 사유의 온화함"에서도 드러난다. 또 「제9장 여운의 궤적: 글쓰기」, 「제13장 언어채무: 벤야민 번역론에 대한 데리다의 시각」 그리고 「제15장 입김이 머무는 동안: 행복의식」 등에서도 어느 정도 드러나는 것 같다.

예를 들어 '내재적 초월성'은 벤야민에게서 보는 나의 철학적 지향이고, '이율배반과의 싸움'은 적어도 근대 이후 서구사유의 한 근본적 문제의식이며, '급진적 사유의 온화함'은 벤야민 사유의 독특성이라고 나는 판단한다. 그렇듯이 제9장의 글쓰기나 제15장의 행복의식에 대한 내용은 한국에서의 벤야민 수용에서뿐만 아니라 독일이나 영미권의 벤야민 연구에서도, 내가 아는 한, 거의 없거나 드물다고 할 수 있다. 즉, 나만의 해석적 시각이나 구성의식이 들어 있다고, 적어도 출간 당시의 시점에서, 나는 자부했다.

나는 벤야민을 정치적으로, 더 나아가 유물론적이거나 마르크시즘적 비평의 시각에서 해석하는 것에 반대하지 않는다. 분명히 그런 시각이 있고, 그 시각은 단순히 있을 뿐만 아니라 벤야민을 지탱하는 근본적 기둥의 하나이기도 하다. 그러나 벤야민을 읽고 해석하고 수용하는 시각이 정치적·유물론적 관점뿐이라면, 그것은 그의 전체를 담지하기에는 너무나 빈곤할 뿐만 아니라 더 나아가 무책임한 것이라고 나는 판단한다. 벤야민은, 거듭 강조하건대, 한두 가지 틀로 환원시켜 이해해도 좋을 그런 도식적이고 일차원적인 이론가가 아니기 때문이다. 그런 상투적 시각 아래에서는 벤야민의 주옥같은 사유는 상당 부분 휘발되어버릴 것이기 때문이다. 예를 들어 『1900년경 베를린의 유년시절』에는 지나간 과거의 사연을 탐사하는 얼마나 놀라운 기억의 형상술이 있는가? 그의 문학비평은 면밀한 분석력과 섬세한 감성으로 말미암아 곳곳에 통찰을 담고 있어서 때로는 문장 하나하나가 그 자체로 살아 있는 듯한 발견의 기쁨을 느끼게 한다. 그의 「역사철학테제」는 또 어떤가? 그것은 역사의 파국 앞에서 부서지기 쉬운 인간의 행복이 어떻게 '마치 색인索引'처럼 숨겨진 채 갈망될 수 있는지를 안타깝게 기록한다.

한국의 학문적 공론장에서는, 사회에서와 마찬가지로, 여전히 정치적 시각이 압도적이다. 되풀이하건대, 나는 작품 해석이나 이론 소개에 있어 사회정치적 요소가 사소하다고 결코 생각하지 않는다. 그것은 물론 중요한 사항이고, 벤야민처럼 국적마저 박탈당한 지식인을 제대로 이해하기 위해서는 더더욱 필수불가결한 요소다. 그러나 그럼에도 그것은 고려해야 할 '중대한 하나의 요소'일 뿐이다. 벤야민을 역사유물론적 틀로 가둔 후 그것이 마치 그의 전모인 양 결론내리는 해석은, 적어도 벤야민 논의를 10년, 20

년 이상 추적해온 그리고 그렇게 읽었을 뿐만 아니라 벤야민의 한 국적 재구성 가능성을 고민해온 사람에게는 지루하고 답답한 일 이지 않을 수 없을 것이다. 여기에 대해서는『가면들의 병기창』출 간 직후「한국일보」(2014. 10. 31)나「한겨레신문」(2014. 11. 6)과 한 인터뷰 등에서 일부 밝힌 바 있다.

벤야민을 읽는 방식에 대해

벤야민은, 지성사의 거장들이 그러하듯이, 독자의 관심과 취향 에 따라 얼마든지 다르게 읽을 수 있다. 그러나 이 말은 벤야민을 아무렇게나 읽어도 좋다는 뜻이 물론 아니다. 오히려 그것은 벤야 민의 사유가 각 독자가 지닌 세계관적 방향에 따라 얼마든지 다채 롭게 반응할 만큼 탄력적이고 열려 있다는 뜻에 가깝다. 그런 관 심과 취향에 따라 읽되, 벤야민의 현실적 거점과 출발점을 거듭 확인할 필요가 있다. 그 출발점이란, 간단히 말해, '더 나은 사회' 를 향한 열망이 될 것이다.

그러나 이성적인 사회로 나아가는 방법은 사람마다 다를 수 있 다. 아마도 가장 바람직한 방법은 벤야민을 이해하는 데 처음부터 하나의 관점을 전제하지 않는 데 있을지도 모른다. 그것은 해석의 독점, 즉 특권화된 관점을 허용하지 않는 공정한 또는 공정하려는 태도일 것이다. 그러려면 열려 있어야 한다. 즉 감각과 사고 그리 고 언어와 세계관에 있어 가능한 한 자기주장을 가능성의 상태로 두고, 이 가능성의 조건 아래서 자신을 부단히 변형시켜 가면서 논의대상과 현실을 읽어가야 한다. 이른바 '해체구성의 변증법'은 이런 경우 필요할 것이다(제2장 4절 참조).

감각과 사고와 언어의 부단한 쇄신은 정치학이나 사회학에서가 아니라 적어도 문학에서, 좀더 넓게 인문학에서, 그 어떤 마르크시즘적 시각보다 더 근본적인 의미에서 사회의 이성적 변화에 기여할 것이라고 나는 생각한다. 다른 행동의 가능성은 무엇보다 풍성한 감각과 합리적 사고 그리고 정확한 언어로부터 시작할 것이기 때문이고, 문학은 바로 이런 다른 감각과 사고와 언어를 아무런 강제 없이, 독자마다 서로 다른 감성과 자발적 의지를 존중하면서 북돋아주기 때문이다. 어설픈 느낌과 생각과 말은 곧 어설픈 행동주의를 낳는다. 그러므로 독자는 자신의 주장을 처음부터 확정짓는 것이 아니라, 미리 설정된 관점과 판단으로 벤야민을 재단하기보다는 해체구성의 반성적 변증법으로 읽으면서 그것의 좋은 점을 적극적으로 수용하고, 이 수용을 통해 무엇보다 자기자신의 삶을 풍성하게 만들어가기를 나는 희망한다. 벤야민을 읽는 것은 결국 벤야민 자체를 위해서가 아니라 지금 살아 있는 나 자신을 위해, 내 삶의 질적 고양을 위해 있기 때문이다.

'에세이' 형식에 대해

이런 목적을 위해 나는 나의 감각과 사고 그리고 언어를 오랫동안 연마해왔다. 그것은 간단치 않았으나 즐거운 과정이었다. 그것은 벤야민을 읽으면서 나를 읽고, 벤야민의 사유구조를 구축하면서 내 삶의 집을 만들어가는 이중적 축조과정이기도 했다. 그리하여 벤야민 읽기와 자기읽기는 나뉘면서도 때로는 나뉘기 어려운 것이었다. 벤야민과 나 사이에 이성적 거리감이 자리했다면, 그 합치에는 감정이입이 필요했다. 벤야민에 대한 내 해석의 어떤 부분은, 만약 이 같은 감정이입이 없었다면, 감정이입을 통한 영혼적 상호삼투의 친화력이 없었다면, 적어도 나의 경우에는, 이처럼 쓰이지 못했을 것이다. 나의 에세이 스타일은 그런 내밀한 욕구에서 나온 것이다.

『가면들의 병기창』이 출간된 후 나온 비판 가운데 가장 많은 것이 이 에세이라는 형식에 대한 것이었다. 즉 나의 글쓰기는 '에세이적'이어서 '분석적'이지 못하고, 그래서 '주관적'이거나 '자아과잉적'이라는 것이었다. 내 글이 주관적이고, 때로는 자아가 과잉되어 있다는 점을 나는 부인하지 않는다. 그러나 그것이 반드시 부정적일까? 여기에 대해 두 가지를 덧붙이려 한다.

첫째, 나는 나의 글이 감성적이거나 자아도취적이지 않도록 늘 주의하는 편이다. 그러나 그렇다고 나의 실존이, 나의 현존감각이 배제되는 것을 나는 정말이지 원치 않는다. 왜냐하면 내가 글을 쓰는 이유는, 그리하여 나의 모든 글을 추동하는 가장 중요한 동력은 바로 나의 현존적 상태, 즉 '지금 여기 살아 있음'에 대한 아직 해소되지 못한 어떤 갈망 때문이다. 이 갈망의 내용이 무엇인지는 이 자리에서 간단히 말하기 어렵다. 아마도 그것은 서너 권의 책을 써도 모자랄지도 모른다. 지금까지 쓴 열 권 남짓의 책은 바로 그런 갈망의 표현이라고 할 수도 있을 것이다. 어떻든 현존감각은, 간단히 말하면, '나의 지금 여기 있음'이고, '여기 있음 속에서 이뤄지는 삶 전체와의 쉼 없는 교통'이 될 것이고, 이 '교통/삼투 속에서 행해지는 자기변형의 시도'가 될 것이다.

현존감각에서 사회정치적인 것은 배제되는 것이 아니라 현존적 전체의 일부를 이루면서 세계로 열려 있을 것이다. 나는 글쓴이의 현존감각이 누락된 글이, 적어도 인문학에서는, 좋은 글이라고 판단하지 않는다. 그러나 글의 이러한 현존감각은 직접적으로 노출되기보다는 반성적으로 여과되어야 마땅하다. 그런 점에서 내 글이 이 같은 원칙을 늘 지켰다고 말하기는 어려울 것이다. 내 글이 만약 비분석적이거나 주관적이라면, 그것은 내가 이런 객관적 거리유지에 실패했기 때문일 것이다.

둘째, 에세이에 비분석적이고 비학술적인 요소가 있을 수 있다. 그러나 에세이 형식 자체가 반드시 비분석적이고 비학술적인 것은 아니다. 따라서 '에세이적'이라는 말과 '비분석적' 또는 '비학술적'이라는 말을 동일시하는 것은 잘못이다. 내 글이 비분석적이고 비학술적이었다면 어떻게 자본주의 이해(제3장, 제5장)나 법과 정의에 대한 논의(제6장) 또는 예술철학에 대한 규명(제8장)을 단계적으로 서술할 수 있었겠는가? 거꾸로 이렇게 물어볼 수도 있다. 학술적인 글은 모두 분석적이고 객관적인가? 반드시 그렇다고 말하기는 어렵다.

논문이 학문적으로 중요한 표현형식이라는 사실은 말할 필요가 없다. 그러나 얼마나 많은 논문이, 특히 인문학에서 그것이 파편화되어 있는가? 독문학에서의 글이든, 아니면 영문학이나 국문학에서의 글이든, 오늘날 많은 논문은 문헌학적으로 지엽적인 사안이나 소재적으로 부차적인 문제에 골몰하고 있다. 이것은 외국에서 벤야민에 대해 논의할 때도 크게 다르지 않다. 벤야민에 관한 논문 가운데 얼마나 많은 것이 그 발치에서, 말하자면 그의 심장이나 숨결 또는 그 영혼에는 가닿지도 못한 채, 온갖 각주와 인용과 전거典據의 파편적 미로 속에서 허우적거리다가 끝나고 마는가? 50편의 벤야민 논문이 있다면 심각한 의미에서 비판적 대결을 벌일 만한 글은 대략 4~5편이 될 것이고, 많아도 10편은 넘지 않을 것이라고 나는 생각한다. 그렇다면 그 외의 논문은? 그냥 스케치하듯 읽어가며 참조하면 될 것이다.

나는 학술논문이라는 명분으로 쓰인 글이 온갖 인용과 각주로 이어지다가 마지막에 가서, 심지어 이 마지막 부분에서도 반 이상은 또 남의 말로 채워진 채 끝나는 경우를 드물지 않게 보아왔다. 이것이 자연과학의 글이라면 어느 정도 이해할 만하다. 그러나 문학 분야의 글에 그 글을 쓴 사람 나름의 관점과 느낌과 언어가 없다면, 대체 그의 삶은, 그의 실존적 고민과 가치는 어디에 있는가? '학술논문'이라는 명분으로 객관성을 빙자하고 '분석'이라는 명분으로 실존을 외면한 글이 어떻게 설득력을 가질 것이고, 어떻게 독자의 삶에 호소할 것인가? 좋은 에세이는, 몽테뉴 이래의 저 놀라운 전통이 보여주듯이, 일상적이면서도 사변적이고 자기진술적이면서도 현실분석적이다. 이것은 데카르트의 책에도 해당된다고 할 수 있다. 그의 『제1철학에 관한 성찰』1641이나 『방법서설』1637은 엄밀한 수학적 논리를 지녔으면서도 이런 논리를 깨고 개념적 도식을 벗어나려는 어떤 안간힘, 즉 체험현실에 대한 실존의 생생한 관찰을 담고 있다. 그의 책이 프랑스에서 철학텍스트로서뿐만 아니라 문학텍스트로 간주되는 것은 전혀 이상할 것이 없다.

분석된 개별요소는 삶으로 통합되어야 하고, 이 삶의 전체는 다시 개별요소로 세분되어야 한다. 이 두 개의 축, 즉 개별과 전체, 분석과 통합의 변증법은 글의 스타일style 속에서 융합될 것이다. 그러나 이때의 융합방식은 철학에서처럼 개별사안을 일반개념 아래로 환원시키는 것이 아니라, 개별사안의 구체성으로부터 전체 사안으로 나아가는 데 있을 것이다. 그것이 이른바 '구체적 보편 성'의 경로다. 여기에서 무게중심은 개체의 구체적 · 실존적 상황 이다.

문학은 이 개별적 실존의 구체적 진실을 존중한다. 그러면서 그 너머의 보편적 차원으로 나아간다. 거듭 말해 문학은 구체적 보편 성의 진실을 추구하는 것이다. 이것은 문학뿐만 아니라 예술 일반 의 방법이고, 좀더 나아가면 인문학 전체의 경로이기도 하다. 아 도르노가 말년 대작인 『심미적 이론』1969에서 구상한 에세이 개념 도 이와 비슷한 것이었다. 말하자면 에세이는 그 어떤 대상도 보 편성의 이름 아래 복속시키거나 환원시키는 것이 아니라, 오직 개 별대상의 구체적 사안에 주목하고 그 세목을 존중하면서 개별적 차원 너머의 지평으로 나아간다. 예술의 진실은 개별적 · 개인적 진실에서 시작하는 것이다.

결국 에세이에 대한 고민은 스타일에 대한 고민이라고 할 수 있 다. 이때 스타일이란 단순히 '문체'만을 뜻하지 않는다. 그것은 조 금 더 넓게 말하면 품새이고 인격적 전체이기도 하다. 글이 그 글 을 쓴 사람의 삶에서, 그 삶의 가치관과 지향에서 나오는 것이라 면, 그것은 그 사람의 가치와 지향이 구현된 생애적 전체가 아닐 수 없다. 글은 그 글을 쓴 사람을 그저 미화하거나 치장하는 수사 적修辭的 화장술일 수 없다. 글은 말보다 덜 생생할 수 있으나 훨씬 무겁고 진지하다. 입말보다 글말이 한 나라 기록문화의 근간이 되 는 것은 그런 이유에서일 것이다. 인문학의 글은 특히 그럴 것이 다. 글은 그 글을 쓴 사람이 하나의 단어와 단어, 하나의 문장과 문장을 쓰면서 의미에 대해 묻고 질문하는 속에서 그의 삶을 기존과는 다르게 축조해가는 의미굴착의 경로이고 자기변형의 과정인 것이다. 그러면서도 그것은 하나의 가능성일 뿐이다.

자기글쓰기에 대해

인문학의 공부에서 남는 것은, 벤야민 읽기든, 몽테뉴 읽기든, 그것을 읽고 난 후의 벌거벗은 자아, 즉 단독자로서의 자기모습일 것이다. 아니 더 정확히 말하면, 대부분의 거장 읽기에서 독자는 거의 남지 않는다. 거장은 그 거장을 어느 정도라도 이해하는, 이해한다고 스스로 여기는 사람이 일목요연한 읽기의 결과물을 만들어낼 때 비로소 드물게 남기 때문이다. 그러니 1,000명이 벤야민을 읽어도 벤야민론을 쓰는 사람은, 한국에서 벤야민 수용현황이 보여주듯, 몇 되지 않을 것이다. 그러나 이런 저작들도 시간이 경과하면서 선의의 경쟁을 통해 또다시 여러 차례에 걸쳐 걸러질 것이다. 그런 검증을 견뎌낸 몇 권만이 마침내 '표준서'로 자리할 것이다.

그러나 벤야민은 그를 그답게 읽으면서도 '동시에' 해석자 자신에게 어울리는 방식으로 읽어낸 사람에게서 그 의미 있는 영향력을 남길 것이라고 나는 생각한다. 그 방식은 두 가지 방향에서 진행된다. 한편으로는 대상에 대한 강렬한 감정이입이 필요하고, 다른 한편으로는 이 감정이입과의 거리두기가 필요하다. 앞의 것이 대상과의 일치를 겨냥하는 주관적 접근법이라면, 뒤의 것은 그 일치를 파괴하고 방해하는 객관적 접근법이다. 아마도 이 이중적 왕복운동, 즉 주체와 대상, 감정이입과 거리두기를 오고 가는 반성의 변증법 속에서 전래적 해석이나 상투적 문구의 경직성은 점차 해소될 것이다. 그리하여 도스토옙스키의 문학이 베르댜예프N. Berdyaev의 비평 속에서 사라지는 것이 아니라 전혀 다른 그의 해석 덕분에 새롭게 조명되듯이, 그래서 결국 도스토옙스키뿐만 아니라 베르댜예프도 제각각의 방식으로 자신만의 고유한 길을 가게 되듯이, 해석의 역사는 오직 저마다 다른 주체적 관점 속에서 비로소 독립적으로 살아남게 될 것이다.

주체적 시각의 표현은, 달리 말해, 삶 자체의 형식을 바꾸고 싶다는 욕망에서 올 것이고, 삶의 형식 변화를 통해 자기자신의 존재를 자발적으로 만들어가고 싶다는 자유의지의 표현일 것이다. 자유는 단순한 주석으로 실행될 수 없다. 새로운 삶은 주석되는 것이 아니라 창안되어야 한다. 삶의 자유는 오직 창안 속에서 획득될 수 있다. 이것은 비평사나 이론사가 증거하는 바이기도 하다. 벤야민의 의미 있는 수용사 역시 구태의연한 해석의 도식적 틀이 아니라 기존과는 전혀 다른 재구성 속에서 비로소 면면히 이어질 것이다. 거기에는 무엇보다 자료에 대한 완벽한 숙달능력 Materialbeherrschung; mastery of materials이 필요할 것이다. 자유자재한 대상 제어력이 없으면 주체적 글쓰기는 어렵다. 자유란 아마도 인간에게 자기삶의 형식을 주체적이고 자발적이며 독립적으로 형성해나가는 유쾌한 권리 외에 다른 무엇이 아닐 것이다. 그것은, 좀더 넓게 보면, 르네상스 시대 이후 근대적 인간과 그 자의식이 거쳐온 거대한 해방의 과정이 보여주는 바이기도 하다.

이 대목에서 나는 '책임', 즉 글의 윤리성을 떠올린다. 관련되는 자료를 철저하게 찾고 수집해 면밀하게 읽고, 이렇게 읽은 것을 일관되게 해석해내며, 이런 해석을 자기언어로 최대한 설득력 있게 풀어내는 일 그리고 이렇게 풀어낸 것을 서로 유기적으로 구성하고, 마침내 그 결과물인 저작에 책임지는 것으로 한 저술의 집필은 끝난다. 글은 탐구에서 시작해 그 글을 쓰면서 글 쓰는 자의 삶을 조직하고 그 표현적 주체를 좀더 높은 수준에서 형성하면서 마무리된다. 남은 것은 하나의 가능성을 탐구하면서 그 잔재로 남은 글의 내용과 형식에 책임지는 일이다.

나는 내 벤야민론에 책임질 준비가 되어 있다. 나는 내 자신의 머리로 사유하는 것 못지않게 내 고유의 언어로 표현하기를 희구한다. 그리고 바로 그런 언어와 사유로 벤야민을 읽는 독자의 평가를 기다린다. 아마도 그 독자는 벤야민을 기존과는 전혀 다른 식으로 읽어내고 재구성해낸 또 한 명의 저자에게서 나올 가능성이 높을 것이다.

2017. 10. 9.
문광훈

찾아보기

문광훈 文光勳

고려대학교 독문학과와 같은 대학원을 졸업하고
독일 프랑크푸르트 대학에서 독문학 박사학위를 받았다.
2001년부터 2007년까지 고려대 아세아문제연구소 연구교수로 재직했다.
현재 충북대 인문대학 독어독문학과 교수로 재직하고 있다.
자신만의 예술론과 미학론을 정립하는 일을 학문적 목표로 삼아온
그는 지금까지 네 방향에서 글을 써왔다.
첫째는 독일문학과 문예론으로 이에 대한 여러 논문을 발표했고, 박사학위
논문을 번역한 『페르세우스의 방패―바이스의 '저항의 미학' 읽기』가 있다.
둘째는 한국문학과 문화에 대한 저서로서, 『시의 희생자 김수영』
『정열의 수난』(장정일론), 『한국현대소설과 근대적 자아의식』을 펴냈다.
셋째는 예술론과 미학으로, 사진평론 『거친 현실의 내면: 강운구론』과
『숨은 조화』『교감』(『영혼의 조율』로 개정), 『렘브란트의 웃음』
『심미주의 선언』(근간)을 썼다.
넷째는 김우창 읽기로, 『구체적 보편성의 모험』 이후
『김우창의 인문주의』와 『아도르노와 김우창의 예술문화론』을 거쳐
『사무사(思無邪)―'궁핍한 시대의 시인' 다시 읽기』에 이른다.
그 사이 김우창 선생과의 대담집인 『세 개의 동그라미: 마음-지각-이데아』를
출간했으며, 사진집 『요제프 수덱』, 쾨슬러의 소설 『한낮의 어둠』,
바이스의 희곡 『소송/새로운 소송』을 번역했다.